PHILOSOPHISCHES WÖRTERBUCH

UNTER MITWIRKUNG DER PROFESSOREN
DER PHILOSOPHISCHEN FAKULTÄT
DER HOCHSCHULE FÜR PHILOSOPHIE, MÜNCHEN,
UND ANDERER

HERAUSGEGEBEN VON
WALTER BRUGGER

HERDER
FREIBURG · BASEL · WIEN

DURCHGESEHENE SONDERAUSGABE

19., nach der neu bearbeiteten vierzehnten Auflage

Alle Rechte vorbehalten – Printed in Germany
© Verlag Herder KG Freiburg im Breisgau 1976
Imprimatur. – Freiburg im Breisgau, den 24. Februar 1976
Der Generalvikar: Dr. Schlund
Herstellung: Freiburger Graphische Betriebe 1988
ISBN 3-451-20410-X

Aus dem Vorwort zur dreizehnten Auflage

Das Philosophische Wörterbuch will die großen Menschheitsfragen, die Probleme der modernen Philosophie und der Gegenwart aus jener abendländischen Tradition heraus sichten, die in den Namen eines Platon, Aristoteles, Augustinus und Thomas von Aquin gipfelt. Es soll dem Leser eine Hilfe sein, über sich und seine Stellung zur Wirklichkeit, diese nach all ihren Dimensionen verstanden, eine sachgerechte Auffassung zu gewinnen. Wer philosophiert, muß sich der Verantwortung dessen, was er tut, bewußt sein.

Die Neuordnung des Lebens anhand gesunder Prinzipien ist eine Aufgabe, die immer wieder an uns alle herantritt. Das Philosophische Wörterbuch soll seinen Teil dazu beitragen. Was es bieten will, ist nicht Belesenheit, sondern Geistesbildung. Nicht darauf kommt es uns an, jeden Ausdruck, der vielleicht nur selten gebraucht wird, zu erklären, nicht darauf, ein Konversationslexikon oder Fremdwörterbuch zu ersetzen, sondern die philosophischen Begriffe, die in die abendländische Tradition eingegangen und im heutigen Philosophieren lebendig geblieben sind, in ihrem sachlichen Zusammenhang darzustellen. Darum schien es auch geboten, nicht atomisierend jedem Ausdruck einen eigenen Artikel zuzuordnen, sondern der Tatsache Rechnung zu tragen, daß es zumal in der Philosophie auf den Zusammenhang der Gedanken ankommt. Vieles, was in seinen sachlichen Verknüpfungen ohne lange Erklärung verständlich wird, müßte, für sich allein behandelt, unverständlich bleiben. Das Begriffswortverzeichnis wird dennoch eine schnelle Auffindung gesuchter Ausdrücke ermöglichen, ohne jedoch ein Studium des Artikels, in dem der Ausdruck vorkommt, überflüssig zu machen. Beim Leser wird freilich eine gewisse geistige Aufgeschlossenheit vorausgesetzt. Von dieser ausgehend, versucht das Wörterbuch zum Vollzug dessen, was man Philosophieren nennt, in etwa hinzuleiten, indem es nicht nur philosophischen Stoff behandelt, sondern bemüht ist, diesen Stoff auch philosophierend darzubieten. Es will daher nicht bloß Texte aus der Geschichte der Philosophie zusammentragen, sondern die philosophischen Gehalte in ihrem geschichtlich gewordenen Sinn durch eigenes Denken aufschließen.

Wenn hinter einem deutschen Ausdruck ein fremdsprachlicher in Klammern steht, so geschieht das nicht deshalb, weil das deutsche Wort den Sinn des Begriffes nicht allein auszudrücken vermöchte, sondern um das fremdsprachliche Wort, dem Zweck des Wörterbuches entsprechend, zu erläutern.

Für das Zustandekommen des Wörterbuches ist der Herausgeber den Mitarbeitern zu Dank verpflichtet. Besonders gilt das für das Professorenkollegium des Berchmanskollegs in Pullach bei München, und hier besonders für P. J. B. Lotz und P. Jos. de Vries, die dem Herausgeber sowohl bei der Planung als bei der Schlußredaktion unermüdlich zur Seite standen und an der Vollendung des Werkes keinen geringen Anteil haben. Von den ersten Mitarbeitern sind inzwischen bereits acht in die Ewigkeit abberufen worden; zum Teil sind andere an ihre Stelle getreten. Seit dem Jahre 1947 hat das Philosophische Wörterbuch, mit der vorliegenden zusammen, dreizehn deutsche und sieben fremdsprachige Auflagen (spanisch, italienisch, portugiesisch) erlebt. 1953 und 1960 ist es bearbeitet und um neue Artikel vermehrt worden. Die gegenwärtige 13. Auflage wurde ebenfalls neu bearbeitet. Außer sonstigen kleineren Änderungen betrifft dies insbesondere die Bibliographie, die ergänzt wurde. Neu geschrieben wurden folgende Artikel: Dialektischer Materialismus; Dritten, Satz vom ausgeschlossenen; Erkenntnis; Ehe; Mathematik, Philosophie der M; Zahl.

Neu hinzu kamen die Artikel: Analytische Philosophie, Demokratie, Geschichtlichkeit, Historischer Materialismus, Kybernetik, Pluralismus, Quantenphysik, Toleranz.

Möge das Buch auch weiter seine guten Dienste tun.

Pullach, den 7. März 1966 *Walter Brugger S.J.*

Vorwort zur vierzehnten Auflage

Im Laufe der Zeit ändern sich im Geistesleben Problemstellungen, Lösungsversuche und typische Einstellungen. Dieser Tatsache will die Neubearbeitung des Philosophischen Wörterbuchs, unter Beibehaltung der Grundauffassung und der Gesamtanlage, gerecht werden. Zu diesem Zweck wurden der gesamte Text und die Bibliographien durchgesehen. Eine Reihe weniger gebräuchlicher Themen wurden als eigene Artikel gestrichen, aber, meist verkürzt, an anderer Stelle mitbehandelt. Außer vielen kleineren Änderungen und Zusätzen wurden gegen vierzig Artikel neu aufgenommen und über hundert Artikel umgeschrieben oder neu verfaßt. Zu den bisherigen Verfassern sind vierzehn neu dazu gekommen. Ihnen und allen, die an der Neubearbeitung und Drucklegung in geduldiger Kleinarbeit mitgewirkt haben, sei auch an dieser Stelle aufrichtiger Dank gesagt.

München, den 29. November 1975 *Walter Brugger S.J.*

Inhalt

Aus dem Vorwort zur 13. Auflage V
Vorwort zur 14. Auflage VI
Mitarbeiter VIII
Zureichung IX
Abkürzungen X
Begriffswortverzeichnis XII
Artikel 1
Abriß der Geschichte der Philosophie 487
  Morgenländische Philosophie 487
    Indien 487
    China 490
    Japan 492
  Abendländische Philosophie 494
    Philosophie des Altertums 494
    Philosophie des christlichen Altertums und Mittelalters 503
    Philosophie der Neuzeit 517
Philosophiegeschichtliches Verzeichnis 566

Mitarbeiter

Blandino, Giovanni, Rom
Bleistein, Roman, München
Brugger, Walter, München
Ehlen, Peter, München
Fisseni, Hermann Josef, Bonn
Frank, Karl
Fröbes, Josef
Funiok, Rüdiger, München
Gemmel, Jakob
Haas, Adolf, Pullach b. München
Heinrichs, Johannes, Frankfurt am Main
Huber, Eduard, Rom
Junk, Nikolaus, Frankfurt am Main
Keller, Albert, München
Kerber, Walter, München
Kern, Walter, Innsbruck
Kleinhappl, Johannes, Wien
Listl, Joseph, Bonn
Lotz, Johannes B., München – Rom
Mulde, Norbert, München
Naumann, Viktor, Innsbruck
v. Nell-Breuning, Oswald, Frankfurt am Main
Puntel, L. Bruno, München
Rast, Maximilian
Richter, Vladimir, Innsbruck
Ricken, Friedo, München
Riesenhuber, Klaus, Tokyo
Rotter, Hans, Innsbruck
Sala, Giovanni, München
Santeler, Josef
Schmidt, Josef, München
Schröteler, Josef
Schuster, Johannes
Trapp, Georg
de Vries, Josef, München
Weissmahr, Béla, München
Willwoll, Alexander
Zwiefelhofer, Hans, München

Zureichung

Das Philosophische Wörterbuch besteht der Hauptsache nach aus den Artikeln und dem Abriß der Geschichte der Philosophie. Da nicht alle Begriffe in einem eigenen Artikel, sondern jeweils in ihrem sachlichen Zusammenhang behandelt sind, geht den Artikeln ein Begriffswortverzeichnis *voraus*. Begriffsworte suche man dort zuerst auf. Sind sie GROSS gedruckt, so werden sie als eigener Artikel mit titelgleicher Überschrift behandelt; andernfalls verweist das Wort hinter dem Doppelpunkt auf den Artikel, in dem das Begriffswort behandelt wird, sei es in einer Definition oder in einem Zusammenhang, der den genauen Sinn oder die Bewertung erkennen läßt. Findet sich das Begriffswort an mehreren Stellen, so ist die Hauptstelle *kursiv* gedruckt. Zahlen in eckigen Klammern verweisen auf den Abriß der Geschichte der Philosophie.

In der Literaturauswahl, die fast jedem Artikel zur weiteren Vertiefung beigegeben ist, weist a) auf Klassische Texte, b) auf weiterführende Lit, c) auf andere Auffassungen, d) auf Lit zur Geschichte des Problems oder Begriffs, e) auf Lit zur ersten Einführung. Es sind jedoch nicht immer alle Gruppen besetzt.

Sucht der Leser Angaben über Philosophen (Lebenszeit, phil Richtung, Werke, Lehre), so schlägt er am besten zuerst das *hinter* dem Abriß der Geschichte der Philosophie stehende Philosophiegeschichtliche Verzeichnis nach. Zahlen hinter dem Namen verweisen auf die fortlaufenden Nummern am äußeren Rande des Abrisses der Geschichte der Philosophie, die Titel auf Artikel, in denen Richtung oder Lehren des betreffenden Philosophen oder Autors erwähnt werden.

Die Artikel sind meist so geschrieben, daß ein erstes Verständnis möglich ist, ohne daß die andern Artikel, auf die verwiesen wird, aufgeschlagen werden. Die Verweisungen durch Pfeile ↗ dienen der Vertiefung des Wissens. Sie erlauben ein systematisches Studium des Philosophischen Wörterbuchs.

Abkürzungen

Die Titel der Artikel werden im Text mit dem Anfangsbuchstaben oder Anfangslaut gekürzt. Abweichungen werden durch Anführung in Klammern ( ) kenntlich gemacht. Desgleichen werden andere Abkürzungen, die für die Erstreckung eines Artikels gebraucht werden, jeweils bei der ersten Verwendung durch Anführung in Klammern ( ) angezeigt. Die Beugung wird nur, wo es des Verständnisses halber nötig erscheint, angegeben. Die Kürzungen einiger Endungen häufig gebrauchter Wörter und die Abkürzungen der Titel im Literaturweiser sind durch den Zusammenhang lesbar. Auf die Betonung fremder Namen weist im Artikelteil ein unter die Silbe gesetzter Strich hin.

a: articulus
allg: allgemein
anorg: anorganisch
Ausg: Ausgabe
B: Beispiel(e); bei der Lit: Buch
begr: begrifflich
betr: betreffend
Bibliogr: Bibliographie
buddh: buddhistisch
Bull Thom: Bulletin Thomiste
bzgl: bezüglich
bzw: beziehungsweise
christl: christlich
d: der, des
ders: derselbe
dh: das heißt
d i: das ist
Dict (de) théol cath: Dictionnaire de théologie catholique
Disp metaph: Disputationes metaphysicae
dt: deutsch
ed: editio, Ausgabe
einschl: einschließlich
eth: ethisch
Gesch: Geschichte
gesch: geschichtlich
ges Schr: gesammelte Schriften
gg: gegen
Ggs: Gegensatz
gr; griech: griechisch
Greg: Gregorianum
hg: herausgegeben
Hgb: Herausgeber
hl: heilig
HWPhil: Historisches Wörterbuch der Philosophie, hg. von J Ritter, 1971 ff
insbes.: insbesondere
Jb Phil spek Theol: Jahrbuch für Philosophie und spekulative Theologie
Jht: Jahrhundert
Joh: Johannes
Kap: Kapitel
kath: katholisch
Kom; Komm: Kommentar
L: London
lat: lateinisch
lib: liber
Lit: Literatur
log: logisch
math: mathematisch
m a W: mit anderen Worten
n Chr: nach Christus

Nikom Eth: Nikomachische Ethik
NY: New York
ökon: ökonomisch
org: organisch
P: Paris
Ph Jb: Philosophisches Jahrbuch
Phil: Philosophie
phil: philosophisch
q: quaestio
Qu disp: Quaestiones disputatae
Rev Métaph Mor: Revue de Métaphysique et de Morale
Rev Néoscol de Phil: Revue Néoscolastique de Philosophie
Rev phil Louv: Revue philosophique de Louvain
Riv (di) Fil Neosc: Rivista di Filosofia Neoscolastica
s; sect: sectio
SBd: Sammelband
Schol [im Literaturweiser]: Scholastik (Zeitschrift)
SDG: Sowjetsystem u Demokratische Gesellschaft. Eine vergleichende Enzyklopädie, 6 Bde, Freiburg 1966–72
sittl: sittlich
Slg: Sammlung
sog: sogenannt
soz: sozial
Staatslex: H Sacher, Staatslexikon ^{6}1957–1963
St d Zt: Stimmen der Zeit

Summa c Gent; ScG: Summa contra Gentiles (dt: Summe wider die Heiden 1935–37)
Summa theol; STh: Summa theologiae (dt-lat Ausg seit 1933)
TB: Taschenbuch
theol: theologisch
Theol Phil: Theologie u Philosophie = Forts der Scholastik (Zeitschrift)
Thom Aq; Thom v Aq: Thomas Aquinas; Thomas von Aquin
Totok: W Totok, Handbuch der Geschichte der Phil I 1964, II 1973 [Bibliogr]
trl: transzendental(e)
u: und
ua: unter anderem
u a: und andere
Üb: Übersetzung
v Chr: vor Christus
vgl: vergleiche
W (im Abriß der Gesch Phil): Werke
WBPol: O v Nell-Breuning u H Sacher, Wörterbuch der Politik 1947–53
zB: zum Beispiel
Z (f) kath Theol: Zeitschrift für katholische Theologie
↗: siehe (verweist gewöhnlich auf einen anderen Artikel oder, mit einer Zahl in eckigen Klammern [ ], auf den Abriß der Geschichte der Philosophie)

Begriffswortverzeichnis

Die hervorgehobenen WORTE verweisen auf selbständige Artikel. Wenn ein Zusatz folgt, heißt das, daß der Begriff (noch) in einem andern Artikel behandelt wird. Stichworte, die aus einem Eigenschafts- und Hauptwort zusammengesetzt sind, werden, wenn nichts anderes angegeben ist, in dem durch das Hauptwort bezeichneten Artikel behandelt; so zum Beispiel *begrenzter Akt* unter Akt. Ebenso suche man aus mehreren Hauptworten zusammengesetzte Stichworte unter dem inhaltlich führenden Hauptwort, zum Beispiel *Enge des Bewußtseins* unter Bewußtsein. Über philosophische Schulrichtungen vergleiche auch das Philosophiegeschichtliche Verzeichnis am Ende des Werkes. Dorthin verweisen auch die [Ziffern].

A: Kategorische Schlüsse
Abbildtheorie: Erkenntnis
Abbildung (math): Funktion, Zahl
Aberglaube: Glaube
Abgeschiedenheit: [114]
Abgötterei: Religion
Ableitung: Deduktion
Abscheu: Schönheit
Abschreckungszweck der Strafe: Vergeltung
Absicht (sittl): Beweggrund
ABSOLUT
Absolute, das: Absolut, Deutscher Idealismus
Absolute Vernunft: Deutscher Idealismus (Schelling)
Absolutes Wissen: Deutscher Idealismus (Fichte)
Abstammungslehre: Evolution
Abstractio formalis, totalis: Abstraktion
ABSTRAKT
Abstrakt (Hegel): Konkret
ABSTRAKTION
Abstraktionsprozeß, -vermögen: Abstraktion

Abstraktiv: Anschauung
Absurdität: Existenzphilosophie
Abtreibung: Lebensrecht
Abzählbar: Zahl
Achtteiliger Pfad (buddh): Buddhismus
Actio: Wirken
Actio, passio: Leiden
Actio immanens, transiens: Leben
Actualitas: Wirklichkeit
Actus incompletus: Hylemorphismus
Actus purus: Gott
Actus secundi: Unbewußtes
Adaequatio rei et intellectus: Wahrheit
Adäquation: Wahrheit
Ad-hoc-Gruppe: Gruppe
Adjunktion: Disjunktion, Logistik (Tafel)
Adoleszenz: Entwicklungspsychologie
Advaita: Vedantaphilosophie
Aevum: Ewigkeit
Affekt: Gefühl
Affektion: Kritizismus, *Sinnlichkeit*

Affiziertwerden der Sinne: Kritizismus
Agere sequitur esse: Wirken
Aggregat (soz): Sozialpsychologie
AGGRESSION
AGNOSTIZISMUS
Ähnlichkeit: *Identität*, Qualität
Akademie: Platonismus
Akkumulationstheorie: Marxismus
AKT
Aktbewußtsein: Bewußtsein
Aktualismus: Akt
Aktualität, reine: Gott
Aktualitätsphilosophie: Seele
AKZIDENS
Akzidentell: Prädikabilien
Akzidentelle Form: Akzidens
Algorithmus: Wissenschaftstheorie
Aliquote Teile: Teilbarkeit
Allaussage: Erkenntnisprinzipien, Logistik (Tafel)
All-Buddha: Buddhismus
Allegorie: Symbol
All-Eins-Lehre: *Monismus*, Pantheismus
ALLGEGENWART
ALLGEMEINBEGRIFF
Allgemeine Sätze: Erkenntnisprinzipien
Allgemeingeltung: Geltung
Allgemeingültigkeit der Wahrheit: Relativismus
ALLMACHT
Allquantor: Logistik (Tafel)
Alltagssprache: Analytische Philosophie
ALLWISSENHEIT
Alogisch: *Logos*, Irrational
Als-ob-Philosophie: Schein
Alter: Entwicklungspsychologie
Alternative: Logistik (Tafel)
Altruismus: Liebe
Amidismus: [20]

Amoralismus: Ethik
Anagenese: Evolution, Teleologie
Anagogisch: Methode
Analogate: Analogie
Analoge Gotteserkenntnis: Gottesidee
Analoger Begriff: Begriff
ANALOGIE
Analogieschluß: Schluß
ANALYSE
Analytik, existenziale: Existenzphilosophie
Analytik, transzendentale: Kritizismus
Analytisch: Analyse
ANALYTISCHE PHILOSOPHIE: Positivismus
Analytisches Urteil: *Erkenntnisprinzipien*, Analyse
Anámnēsis: Platonismus
Anarchismus: Freiheit
Anbetung: Religion
Ancilla theologiae: *Theologie*, Scholastik
Angeborene Ideen: Begriffsbildung
Angenehme, das: Gute, das
Angleichung: Erkenntnis
ANGST: Gefühl, Existenzphilosophie
Animatismus: Religion
Animismus: Religion
ANLAGE
Anorganisch: Organismus
ANSCHAUUNG
Anschauung, Anschauungsformen (Kant): Kritizismus
An sich: Absolut, Dasein
Antagonismus: Dialektik
Anthropogenese: Evolution, Teleologie
ANTHROPOLOGIE
Anthropologischer Materialismus: Mensch

Anthropologismus: Anthropologie, Psychologismus
Anthropomorph: Gottesidee
Anthroposophie: Theosophie
ANTINOMIEN
Antinomismus: Freiheit
Antipathie: Liebe
Antithese: Deutscher Idealismus
Antithetik: Antinomien
Antizipation: Voraussetzung
Antrieb: Bewegung, Trieb
Apagogischer Schluß: Schluß
Apeiron: Unendlich; Mathematik, Philosophie der
Apodiktische Urteile: Modalität
Apokatástasis: [78]
Aporien: Problem
A POSTERIORI
Apperzeption: Wahrnehmung
Apperzeption, transzendentale: Kritizismus
Appetitus, appetitus elicitus, naturae: Streben
Apprehension: Wahrnehmung
A PRIORI
Apriorisches Erweiterungsurteil: Erkenntnisprinzipien
Aprioristisch: A priori
Äquiprobabilismus: Moralsysteme
Äquivalenz (log): Logistik (Tafel), Urteil; (ökon): Gerechtigkeit
Äquivok: Analogie
Äquivokation (log): Trugschlüsse, (eth): Lüge
Arational: Irrational
ARBEIT: Entfremdung, Marxismus
Arbeitshypothese: Hypothese
Arbeitsmaschinen: Technik
Arbor Porphyriana: Kategorien
Archē: Prinzip
Archetypen: Symbol, Unbewußtes
Argumentum: Beweis
Argumentum ad hominem: Beweis

Aristokratie: Demokratie
ARISTOTELISMUS
ART: Evolution
Artbegriff: Art
Artbildender Unterschied: Art
Artlogos: Lebensprinzip
Aseitas: Gott
Askese: Tugend
Assertorische Urteile: Modalität
Assimilation (intentionale): Erkenntnis
Assistierende Form: Lebensprinzip
ASSOZIATION
Assoziationsgesetze, -psychologie: Assoziation
ÄSTHETIK
Ästhetik, transzendentale: Kritizismus
Astrologie: Wechselwirkung
Ataraxie: Epikureismus, [48]
ATHEISMUS
Atman: Vedantaphilosophie, [1]
Atom: Atomismus, [32]
ATOMISMUS
Atomismus, logischer: Analytische Philosophie
Atomtheorie: Atomismus
Attribut: Eigenschaft, (Spinoza): Spinozismus
Attribute Gottes: Gott
Attributionsanalogie: Analogie
Aufeinanderfolge: Zeit
Aufhebung: Negation
AUFKLÄRUNG
Aufstiegstheorien: Geschichtsphilosophie
Aufweis: Beweis
AUGUSTINISMUS
Ausdehnung: Quantität
AUSDRUCK
Ausdrücklich: Analyse
Auslegung: Epikie, Hermeneutik
Auslese: Evolution
Auslösung: Kausalität

Ausmessung: Raum
Aussagenlogik: Logistik
Aussagenvariable: Logistik (Tafel)
Außenbegriffe: Kategorische Schlüsse
AUSSENWELT
Außenweltsrealismus: Realismus
Außernatürlich: *Übernatürlich*, Natur
Ausschließende Disjunktion: Logistik (Tafel)
Austromarxismus: Marxismus
Auszählbare Teile: Teilbarkeit
Automatentheorie: Tier
Autonome Moral: Autonomie
AUTONOMIE
AUTORITÄT: Macht, Staat
Averroismus: Begriffsbildung
Averroisten: Wahrheit
Axiologie: Wertphilosophie
Axiomatik: Wissenschaftstheorie
Axiomatische Methode: Erkenntnisprinzipien
Axiomatische Richtung (math): Mathematik, Philosophie der
Axiome: *Erkenntnisprinzipien*, System

Badener Schule: Neukantianismus
Bedeutung: Sprache, Supposition
Bedeutungskomplex: Begriffsbildung
Bedingt: Relativ
Bedingt zukünftige Handlungen: Vorherwissen Gottes
Bedingung: Relativ
Bedingung, notwendige: Ursache
Bedingungsurteil: Urteil
Befehl: Autorität
Befriedigungswert: Gute, das
Begehrendes Strebevermögen: Sinnlichkeit
Begehrungsleidenschaften: Leidenschaft
Begierlichkeit, böse: Böse, das

BEGREIFBARKEIT
BEGRIFF: Deutscher Idealismus (Hegel)
Begriffe, abgeleitete, ursprüngliche: Begriffsbildung
Begriffsbestimmung: Definition
BEGRIFFSBILDUNG
Begriffsrealismus: Realismus
Begründung (log): *Grund*, Beweis; (sittl): Beweggrund
Begründungssysteme: System
Behauptung: Setzung
BEHAVIORISMUS
Bejahung: Urteil
Belief: Glaube
Beobachtung: Erfahrung
Beraubung: Privation
Berufsethik: Sozialethik
Berufsfreiheit: Freiheit
Berufsstände: Kulturphilosophie
Berührung: Raum
Beschaffenheit: Qualität
Beschauung: Mystik
Besitz: Eigentum
Besserungszweck der Strafe: Vergeltung
Bestimmung: Eigenschaft, (begr): Begriff, Ziel
Bestimmung des Menschen: Glückseligkeit
Beweger, erster: Gottesbeweise
BEWEGGRUND
BEWEGUNG
Bewegungssatz: Kausalprinzip, metaphysisches; Kausalsatz
BEWEIS
Bewußt: Tiefenpsychologie
BEWUSSTSEIN: Dialektischer Materialismus
Bewußtsein, gesellschaftliches: Marxismus
Bewußtsein, reines: Phänomenologie

BEWUSSTSEIN ÜBERHAUPT
Bewußtsein, zweites: Unbewußtes
Bewußtseinsformen: Marxismus
BEZIEHUNG: Transzendental
Beziehungsgrund, -träger, -ziel: Beziehung
Bhakti: [13]
BILD
Bildende Künste: Kunst
Bildphilosophie: Bild
Bildung: Pädagogik
Bilokation: Raum
Binärcode: Kybernetik
Biogenese: Evolution
Biogenetisches Grundgesetz: Evolution
Biologie: Organismus
Biologischer Materialismus: Mensch
BIOLOGISMUS
Biologistische Ethik: Biologismus
Bios: Logos
Bisubjunktion: Logistik (Tafel)
Bit: Kybernetik
Bittgebet: Freiheit Gottes, Vorsehung
Bodhisattva: Buddhismus
Bonitas: Wert
Bonum: Wert
Bonum commune: Gemeinwohl
Bonum delectabile, honestum, utile: Gute, das
Bonum morale (subiectivum, obiectivum): Gute, das
Bonum per se: Gute, das
Bonum physicum: Gute, das
Böse Begierlichkeit: Böse, das
BÖSE, Das
Brahman: Vedantaphilosophie, [1]
BUDDHISMUS

Cantors Paradies: Zahl
Caritas socialis: Sozialethik
Causa: Ursache

Causae occasionales: Okkasionalismus
Causa exemplaris: Idee
Causa sui: Gott
Chaos: Logos
Charakter: Persönlichkeit
Charakter, intelligibler, empirischer: Kritizismus
Charakterologie: Persönlichkeit
Choleriker: Persönlichkeit
Chorismos: Form, Platonismus
CHRISTLICHE PHILOSOPHIE
Circulus vitiosus: Trugschlüsse
Codieren, Decodieren: Kybernetik
Cogito, ergo sum: Kartesianismus
Cognitio: Erkennen
Cognitio per connaturalitatem: Erfahrung, Irrational, Weisheit
Coincidentia oppositorum: Gegensatz, *Gottesidee*, [133]
Common sense: Fideismus
Computer: Technik
Concursus divinus: Mitwirkung Gottes
Concursus simultaneus: Mitwirkung Gottes
Conscientia: Bewußtsein
Contiguum: Quantität
Continuum: Quantität
Conversio ad phantasmata: Anschauung, *Verstand*
Corruptio: Hylemorphismus
Creatio continua: Evolution

Darwinismus: Biologismus
DASEIN
Dasein Gottes: Gottesbeweis
Dauer: Zeit
DEDUKTION
Deduktion, transzendentale: Kritizismus
Deduktive Wissenschaft: Rational

DEFINITION
Definitive Gegenwart: Raum
DEISMUS
Demiurg: *Schöpfung*, Platonismus
DEMOKRATIE
Demonstratio quia, propter quid: Beweis
DENKEN: Deutscher Idealismus (Hegel), Kritizismus
Denkformen: Kritizismus, *Typus*
Denkgesetze: Logik
Denkgestalt: Sensismus
Denknotwendigkeit: Denken
Denkökonomie: Pragmatismus
Denkökonomie, Prinzip der: [173]
Denktypen: Psychologismus, *Typus*
Depression: Geisteskrankheit
Desintegrierte: Integration
Deszendenztheorie: Evolution
Determination: Eigenschaft, Begriff
Determinierende Tendenzen: Determinismus
DETERMINISMUS
Deterministen: Willensfreiheit
DEUTSCHER IDEALISMUS
Diachronisch: Struktur
DIALEKTIK
Dialektik, transzendentale: Dialektik, *Kritizismus;* materialistische, subjektive, objektive: Dialektischer Materialismus
Dialektische Logik: Dialektischer Materialismus
Dialektischer Gegensatz: Gegensatz
DIALEKTISCHER MATERIALISMUS
DIALEKTISCHE THEOLOGIE
Diallele: Trugschlüsse
DIALOG
Dialogphilosophie: Dialog, [199₂]
Diamant-Fahrzeug: Buddhismus
Dianoetische Tugenden: Tugend
Diánoia: Vernunft
Dienstwert: Gute, das

Differentia specifica: Art
Differenz: Unterscheidung
Differenz, ontologische: Existenzphilosophie, Sein
Differenzierung: Entwicklung, Evolution
Diktatur des Proletariats: Marxismus
Dilemma: Hypothetische Schlüsse
Dimension: Raum
DING
DING AN SICH
Dingerfassung: Wahrnehmung
DISJUNKTION: Logistik (Tafel)
Disjunktiver Schluß: Hypothetische Schlüsse
Disjunktives Urteil: Disjunktion
Diskursives Denken: Denken
Disparat: Unterscheidung
Dispositio: Anlage
Distanz: Raum
Distinktion: Unterscheidung
Docta ignorantia: Gottesidee, [133]
Dogmatik: Theologie
DOGMATISMUS
Dogmatisch: Dogmatismus
Dominium: Recht
Doppelte Moral: Ethik
Doppelte Wahrheit: Wahrheit
Drei-Stadien-Gesetz: Positivismus
Dreiwertige Logik: Dritten, Satz vom ausgeschlossenen
DRITTEN, SATZ VOM AUSGESCHLOSSENEN
Du: Dialog
Du-Welt: Dialog
DUALISMUS
Dualität: Dualismus
Duell: Ehre
Duo-Monismus: Leib-Seele-Verhältnis
Dynámei Apeiron: Mathematik, Philosophie der
Dynamis: Potenz

Dynamisch: Dynamismus
Dynamischer Gegensatz: Gegensatz
DYNAMISMUS
Dysteleologie: Zweckwidrigkeit

E: Kategorische Schlüsse
Ebenbild: Bild
Ebenbild Gottes: Mensch
Echtheit (gesch): Geschichtliche Gewißheit
Edle, der (konfuz): Konfuzianismus
Eductio formae de potentia materiae: Hylemorphismus
Edukandus: Pädagogik
Egoismus: Selbstliebe
EHE
Ehebruch, -scheidung, -vertrag: Ehe
Ehrabschneidung: Ehre
EHRE
Ehrenhaftigkeit: Ehre
Ehrfurcht: Liebe, *Sozialpsychologie*
Eidetiker: *Anschauung*, Vorstellung
Eidetische Reduktion: Phänomenologie
Eidetisches Anschauungsbild: Vorstellung
Eidola (Demokrit): [32]
Eidos: Art
Eigenbegriff: Begriff
EIGENSCHAFT
Eigenschaften Gottes: Gott
EIGENTUM
Eigentümlichkeit: Eigenschaft
Eigentumsrecht: Eigentum
Eigenwert: Wert
Einbildungskraft: Phantasie
Eindeutig: Analogie
Eindeutiger Begriff: Begriff
Eine, das (neuplat): Neuplatonismus
Einehe: Ehe
Eineindeutig: Zahl
Einerleiheit: Ordnung
Einfache Folgerung: Schluß

EINFACHHEIT
Einfühlung: Verstehen
EINHEIT
Einheit der Wesensform: Hylemorphismus
Einklammerung: Phänomenologie
Einklang der Gegensätze: Gottesidee
Einschließlich: Analyse
Einsehen: Begreifbarkeit
Einsicht: *Erkenntnisprinzipien*, Tugend
Einsichtig: Begreifbarkeit
EINTEILUNG
Einzelbegriff: *Begriff*, Allgemeinbegriff
Einzeller: Zelle
EINZELNE, das
Einzelwesen: Einzelne, das
Einzelwissenschaft(en): Wissenschaft, Wissenschaftstheorie
EINZIGKEIT
Eirene: Frieden
Ekel: Existenzphilosophie
EKLEKTIZISMUS
Ek-sistenz: Dasein
Ekstase: Mystik
Élan vital: Dynamismus, *Lebensphilosophie*
Eleatische Schule: Vorsokratiker
Element: Atomismus, Prinzip
Elementarorganismus: Zelle
Elementarteilchen: Körper
Elimination: Ganzheit
Elternrecht: Familie
Emanation: Theosophie
Emanzipation: Autonomie
Emergent: Entwicklung
Eminenti modo: Teilhabe
Emotion: Gefühl
Emotionale Präsentation: Wertphilosophie
Empeiría (arist): Erfahrung

EMPFINDUNG
Empfindungsintensität: Empfindung
Empfindungsqualitäten: Sinnesqualitäten
Empiriokritizismus: Neukantianismus
Empirische, das: Erfahrung
Empirische Psychologie: Psychologie
Empirischer Charakter: Kritizismus
Empirische Realität (Kant): Kritizismus
EMPIRISMUS
Ende (räumlich): Quantität
ENDLICH
Endlichkeit der Welt (räumlich): Raum
Enérgeia: Akt
Energie: Masse
Ens: Sein
Ens rationis: Gedankending
Ens sociale: Sozialethik
Entelechie: Aristotelismus, Teleologie, *Form*, Lebensprinzip
Entfernung: Raum
ENTFREMDUNG: Marxismus
Enthymēm: Schluß
Entpersonalisation: Persönlichkeit
Entpersönlichung: Masse
Entropiebeweis: Gottesbeweise
Entscheidung: Existenzphilosophie
Entscheidungsverfahren: Wissenschaftstheorie
ENTWICKLUNG
Entwicklung, schöpferische: Dynamismus
Entwicklungshilfe: Weltverantwortung
Entwicklungsphilosophie: Entwicklung
ENTWICKLUNGSPSYCHOLOGIE
Epagogē: Induktion
Epicherēm: Schluß
Epigenese: Entwicklung

EPIKIE
EPIKUREISMUS
Epiphänomen: Bewußtsein
Epistemologie: Erkenntnistheorie
Episyllogismus: Schluß
Epochē: Skeptizismus, [48]
Erbbild: Vererbung
Ereignis: Existenzphilosophie
ERFAHRUNG
Erfahrungsphilosophie: Empirismus
Erfahrungsurteil: Erfahrung
Erfahrungswissenschaften: Wissenschaftstheorie
Erhabene, das: Schönheit
Erhaltung der Welt: Schöpfung
Erinnerung: Gedächtnis
Erkennbarkeit der Welt: Begreifbarkeit
Erkennen Gottes: Allwissenheit
ERKENNTNIS
Erkenntnis(gültige):Erkenntnistheorie
Erkenntnis, adäquate, inadäquate: Wahrheit
Erkenntnis, affektive: Erfahrung
Erkenntnis, sittl: Sittliche Erkenntnis
Erkenntnisform: Form
Erkenntnisgrund: Grund
Erkenntniskritik, -lehre: Erkenntnistheorie
Erkenntnismetaphysik: Erkenntnis, *Erkenntnistheorie*
Erkenntnismittel (obj): Evidenz
Erkenntnisordnung: Prinzip
ERKENNTNISPRINZIPIEN
Erkenntnispsychologie: Erkenntnis
ERKENNTNISTHEORIE
Erkenntniswahrheit: Wahrheit
ERKLÄRUNG
Erläuterungsurteil: Analyse, *Erkenntnisprinzipien*
ERLEBEN
Erlebnistypen: Erleben
Erleiden: Leiden

Erleuchtung (Augustinus): Illumination
Erlösung: Sühne, (indisch): Vedantaphilosophie, [2]
Eros: Platonismus
Erringungsleidenschaften: Leidenschaft
ERSCHEINUNG
Erscheinungen: Spiritismus
Erscheinungsbild: Vererbung
Erstbegriffe: Begriffsbildung
Erste Intention: Reflexion
Erste Materie: Materie
Erste Philosophie: Metaphysik
Erste Prinzipien: Prinzip
Erster Beweger: Gottesbeweise
Erstreben: Streben
Erwachsenenalter: Entwicklungspsychologie
Erwehrungsleidenschaften: Leidenschaft
Erweiterungsurteile: Synthese
Erziehung: Pädagogik
Erziehungsautorität: Autorität
Erziehungspflicht, -recht: Familie
Erzwingbarkeit des Rechts: Recht
Es: Dialog
Es-Welt: Dialog
Esse: Sein
Essentialismus: Sein
Essenz: Wesen
ETHIK
Ethik, formale: Wertethik
Ethiko-Theologie: Gottesbeweise
Ethik, politische: Sozialethik
Ethik, positivistische: Moralpositivismus
Ethiksysteme: Ethik
Ethisch: Sittlichkeit
Ethologie: Humanwissenschaften, Verhalten
Ethos: Logos, *Sittlichkeit*
Etwas: Abstraktion, Ding

Eudaimonie: *Glückseligkeit,* (arist): Aristotelismus
Eudaimonismus: *Glückseligkeit,* Lust, Ethik
Eudoxische Proportionslehre: Zahl
Euthanasie: Lebensrecht
Eutrapelie: Lust
EVIDENZ
Evidenz, absolute, hypothetische, physische, moralische: Gewißheit
EVOLUTION
Évolution créatrice: Lebensphilosophie
Evolutionismus: Entwicklung
Ewige Wiederkehr des Gleichen: Dialektischer Materialismus, (Nietzsche): Welt
Ewiges Gesetz: Sittengesetz
EWIGKEIT
Exakte Naturwissenschaften: Naturwissenschaften
Exakte Wissenschaften: Wissenschaftstheorie
Exekutive: Völkerrecht
Exemplarismus: Ideal
Exemplarursache: Idee
Existentialismus: Existenzphilosophie
Existenz: *Dasein,* Existenzphilosophie
Existenz, mathematische: Dasein
Existenzaussage: Logistik (Tafel)
Existenzial: Existenzphilosophie
Existenziale: *Existenzphilosophie,* Kategorien
Existenziell: Existenzphilosophie
Existentieller Wahrheitsbegriff: Wahrheit
EXISTENZPHILOSOPHIE
Existenzquantor: Logistik (Tafel)
Existenztheologie: Existenzphilosophie
Experientia: Erfahrung
Experiment: Erfahrung, *Induktion*

Experiment, psychologisches: Psychologie
Explicite: Analyse
Extensio: Quantität
Extensionslogik: Logistik

Fachsprache: Wissenschaft
Faktum: Tatsache
FALSCHHEIT
Falsifikationsprinzip: Wissenschaftstheorie
Falsifizierbar: Erkenntnisprinzipien
Falsifizierung: Rationalismus
Falsiloquium: Lüge
FAMILIE
Familienrecht: Recht
Fangschlüsse: Trugschlüsse
Fatalismus: Vorsehung
Fehlschluß: Trugschlüsse
Fetischismus: Religion
FIDEISMUS
Figuren (syllog): Kategorische Schlüsse
Fiktionalismus: Schein
Film: Kunst
Finalität: Teleologie
FINALITÄTSPRINZIP
Finis: Teleologie
Fluidum: Konfuzianismus
Folge: Grund
Folgerichtigkeit: Schluß
Folgerung, einfache: Schluß
FORM
Form, akzidentelle: Form, *Akzidens;* assistierende: Lebensprinzip
Form (als Ursache): Ursache
Form des Leibes: Leib-Seele-Verhältnis
Forma: Form
Forma formarum: Form
Formalabstraktion: Abstraktion
Formale Ethik: Wertethik
Formalisierte Sprachen: Sprache

Formalismus: Form, Skotismus
Formalismus (eth): Ethik, Kategorischer Imperativ, Wertethik
Formalistische Schule: Mathematik, Philosophie der
Formalobjekt: Gegenstand, Begriff, Wissenschaft
Forma substantialis: Form
Formbegriffe: Abstrakt
Forschungsfreiheit: Freiheit
Fortgang ins Unendliche: Grund, Satz vom zureichenden
Fortpflanzung: Organismus
FORTSCHRITT
Frau: Mensch
Freie Gewißheit: Gewißheit
FREIHEIT: Grund, Satz vom zureichenden
Freiheit (Sartre): Existenzphilosophie
FREIHEIT GOTTES
Freizeit: Kultur
Fremd-Ich: Sozialpsychologie
Fremdrasse: Rasse
Fremdseelisches: Sozialpsychologie
Fremdwert: Gute, das
Freude: Lust
FRIEDEN
Friedensforschung: Frieden
Frohgefühl: Gefühl
Früher: A priori
Frühscholastik: Scholastik
Frustration: Aggression
Fühlen, intentionales: Gefühl
Führer: Gruppe
Führung: Gesellschaft
Fundamentaldemokratie: Demokratie
Fundamentalmetaphysik: Erkenntnistheorie
Fundamentalontologie: Existenzphilosophie
Fundamentalphilosophie: Metaphysik, Wissenschaftstheorie
Fundamentaltheologie: Theologie

Fundamentum in re: Gedankending
FUNKTION
Funktionäre: Souveränität
Funktionslust, -unlust: Funktion
Funktoren: Logistik
Für sich: Dasein
Futura contingentia: Kontingenz
Futuribilia: Vorherwissen Gottes

Ganze, das: Ganzheit
GANZHEIT
Ganzheitsfaktor: Ganzheit
Ganzheitspsychologie: Psychologie
Gattung (log): Prädikabilien
Gattungsbegriff: Art
Gebet: Religion
Geburt Gottes: [114]
GEDÄCHTNIS
Gedächtnisbild: Vorstellung
GEDANKENDING
Gefallen: Schönheit
Gefolgschaftspflicht: Gesellschaft
Gefüge: Ordnung
GEFÜHL
Gefühlsglaube: Glaube
Gefühlsmoral: Ethik
Gefühlsreligion: Religionspsychologie
Gegebene, das: Erfahrung, Gegenstand
GEGENSATZ
GEGENSTAND
Gegenstandstheorie: Phänomenologie
Gegenwart: Raum
Gegenwärtig: Zeit
Gehalt: Form
GEHEIMNIS
Geheimnis (eth): Lüge
Gehorsam: Autorität
Gehorsamspotenz: Potenz
GEIST: Deutscher Idealismus
GEISTESKRANKHEIT
GEISTESWISSENSCHAFTEN

Geistige Materie: Hylemorphismus, Potenz
GEISTIGES SEIN
Geistseele: Geist
Gekrümmter Raum: Raum
Gelegenheit: Ursache [mus
Gelegenheitsursachen: Okkasionalis-
Gelehrtes Nichtwissen: Gottesidee
GELTUNG
Gemäßigter Realismus: Realismus
Gemeingut: Gemeinwohl
Gemeinhaftung: Solidarismus
GEMEINSCHAFT
Gemeinsinn: *Sinneserkenntnis*, Synthese
Gemeinverstrickung: Solidarismus
Gemeinwesen, öffentliches: Staat
GEMEINWOHL: Weltverantwortung
Gemeinwohlgerechtigkeit: Gerechtigkeit
Gemeinwohlliebe: Sozialethik
Gemischte Vollkommenheiten: Gott
GEMÜT
Gene: Anlage
Generalisation: Abstraktion
Generatianismus: Seele
Generatio: Hylemorphismus
Genesis: Hylemorphismus
Genetisch: Definition
Genetische Anthropologie: Entwicklungspsychologie
Genotypus: Vererbung
Genugtuung: Sühne
Genus (log): Prädikabilien
Genußwert: Wert
GERECHTIGKEIT: Tugend
Gesamtgeist: Geistiges Sein
GESCHICHTE
GESCHICHTE DER PHILOSOPHIE
GESCHICHTLICHE GEWISSHEIT
Geschichtliche Notwendigkeit: Geschichte
Geschichtlich fruchtbar: Geschichte

GESCHICHTLICHKEIT: Christliche Philosophie, Wahrheit
Geschichtslogik: Geschichtsphilosophie
Geschichtslos: Geschichtlichkeit
Geschichtsmetaphysik: Geschichtsphilosophie
GESCHICHTSPHILOSOPHIE
Geschichtstheologie: Geschichtsphilosophie
Geschichtswissenschaft: Geschichte
Geschlecht: Mensch
Geschlechterpolarität: Mensch
GESCHLECHTLICHKEIT
Geschlechtsreife: Entwicklung
Geschmack: Ästhetik
GESELLSCHAFT
Gesellschaft, freie, natürliche: Gemeinschaft
Gesellschaft, natürliche, vollkommene, vollständige: Staat
Gesellschaftliches Bewußtsein, Sein: Marxismus
GESELLSCHAFTSPHILOSOPHIE
Gesellschaftsvertrag: Staat
GESETZ
Gesinnung: Sittlichkeit
GESTALT
Gestalt, geschlossene: Tier
Gestalt, pflanzliche, tierische, offene, geschlossene: Pflanze
Gestaltpsychologie: Gestalt, Struktur
Gestaltsinn: Sinn
Gestaltungskraft: Sinneserkenntnis
Gestaltveränderung: Veränderung
Gestaltwahrnehmung: Gestalt
Getrenntes Sein: Form
Geviert: Ding
Gewalt: Staat, Zwang
Gewaltenteilung: Staat
GEWISSEN
Gewissensbildung: Gewissen
Gewissensfreiheit: Freiheit, *Gewissen*

GEWISSHEIT
Gewohnheit: Gewöhnung
GEWÖHNUNG
Geworfenheit: Existenzphilosophie
GLAUBE
Glaubensphilosophie: Fideismus
Glaubwürdigkeit: Geschichtliche Gewißheit
Glaubwürdigkeitsgründe: Glaube
Gleichheit: Identität
Gleichsinnig: Analogie
Gleichzeitigkeit: Zeit
Glieder: Organismus
GLÜCKSELIGKEIT
Glückseligkeitsstreben: Glückseligkeit
Gnadenstreit: Molinismus
Gnoseologie: Erkenntnistheorie
Gnosis: Gnostizismus
GNOSTIZISMUS: Böse, das; Patristische Philosophie
Gödelscher Satz: Analytische Philosophie, *System*
GOTT: Aristotelismus, Kritizismus, Platonismus
Gottesbegriff: Gottesidee
GOTTESBEWEIS
GOTTESBEWEISE
Gottes Ebenbild: Mensch
GOTTESERFAHRUNG
Gotteserlebnis: Gottesbeweis
GOTTESIDEE
Gottesliebe: Liebe
Gottesverehrung: Religion
Gott-ist-tot-Theologie: Atheismus
Gottlosigkeit: Atheismus
Gottvereinigung: Mystik
Götzendienst: Religion
Grad: Intensität
Grammatica speculativa: [116]
Graphologie: Ausdruck
Grenzbegriff: Kritizismus
Grenze: Endlich

Grenze (räumlich): Quantität
Grenzen der Erkenntnis: Erkenntnistheorie
Grenzen des Wachstums: Technik
Grenzsituation: Existenzphilosophie
Größe: Quantität
Großgruppe: Gruppe
GRUND
GRUND, SATZ VOM ZUREICHENDEN
Grundbegriffe: Kategorien
Grundentscheidung: Tugend
Grundrechte des Menschen: Mensch, Naturrecht
Grundsätze: *Erkenntnisprinzipien,* System
Grundwissenschaft: Metaphysik
GRUPPE
Gruppenanarchie: Pluralismus
Gruppendiktatur: Pluralismus
Gruppendynamik: Gruppe
Gruppentherapie: Gruppe
Gültigkeit: Geltung
GUTE, DAS
GÜTER
Guter Wille: Sittlichkeit, (Kant): Autonomie

Habitudo: Beziehung
Habitus: Gewöhnung
Haecceitas: Einzelne, das; (skot): Skotismus
Halbkultur: Kultur
Halluzination: *Vorstellung,* Schein
Handlungsfreiheit: Freiheit
Handlung, vollmenschliche: Verantwortung
Handwerk: Technik
Harmonia praestabilita: Leib-Seele-Verhältnis, (Leibniz): Monade
Harmonie: Ordnung
Haß: Leidenschaft, *Liebe,* (in Gott): Wollen Gottes
Häßliche, das: Schönheit

Hauptursache: Instrumentalursache
HEDONISMUS
Heilig: Heiligkeit
Heilige, das: *Heiligkeit,* Religion
HEILIGKEIT
Heiligkeit Gottes: Wille Gottes
Hellsehen: Okkultismus
Henologisches Prinzip: Einheit
HERMENEUTIK: Anthropologie, Existenzphilosophie
Hermeneutischer Zirkel: Hermeneutik
Herrenmoral: Ethik
Herrschaft: Macht
Heterogene Ausdehnung: Quantität
Heteronomie: Autonomie
Heuchelei: Lüge
Heuristischer Wert: Hypothese
Hīnayāna: Buddhismus
Hinreichende Ursache: Kausalprinzip, metaphysisches
Historischer Materialismus: Marxismus
HISTORISMUS
Hochscholastik: Scholastik
Höchstes Gut: Glückseligkeit
HOFFNUNG: Theodizee
Holismus: Ganzheit
Homogene Ausdehnung: Quantität
Homöomerien: [31]
Homöostase: Kybernetik
Honestum, bonum: Gute, das
Horizont: Hermeneutik, Verstehen
Humanismus: Anthropologie, Marxismus, Mensch
Humanitas: [46]
Humanität: Mensch
HUMANWISSENSCHAFTEN
Hylē: Materie
HYLEMORPHISMUS
Hylozoismus: Vorsokratiker
Hypostase: Person
HYPOTHESE

Hypothetischer Imperativ: Kategorischer Imperativ
HYPOTHETISCHE SCHLÜSSE
HYPOTHETISCHES URTEIL

I: Kategorische Schlüsse
ICH, DAS
Ich (Kant): Kritizismus, (Fichte): Deutscher Idealismus
Ichbewußtsein: *Ich*, Bewußtsein
IDEAL
Ideal der reinen Vernunft: Kritizismus
Ideales Sein: Sein
IDEALISMUS
Idealismus, deutscher: Deutscher Idealismus
Ideal-Realismus: Realismus
Ideation: Phänomenologie
IDEE: Deutscher Idealismus (Hegel)
Ideen: Kritizismus
Ideenlehre: Platonismus
Identisch: Identität
IDENTITÄT
Identität des Ununterscheidbaren: Identität
Identität, partielle: Wahrheit
Identitatis indiscernibilium, principium: Identität
Identitätsphilosophie: Deutscher Idealismus (Schelling)
Identitätsprinzip: *Identität;* Widerspruch, Satz vom
Identitätstheorie: Leib-Seele-Verhältnis
Identitätsurteile: Urteil
Identitätsverlust: Einzelne, das
IDEOLOGIE: Gesellschaftsphilosophie
Ideologiekritik, -verdacht: Ideologie
Idole: Ideologie
Ignoratio elenchi: Trugschlüsse
Illation: Schluß
ILLUMINATION
Illuminationstheorie: Illumination

Illusion: Schein
Illusionen: Vorstellung
Imaginäre Zeit: Zeit
Immanenter Sinn der Geschichte: Geschichtsphilosophie
Immanentes Wirken: Wirken
IMMANENZ
Immanenz Gottes: Immanenz
Immanenzmethode: Immanenz
Immanenzphilosophie: Immanenz
Immaterialität: Geist
Imperativ: Kategorischer Imperativ, Sittengesetz
Impetus: Bewegung
Implicite: Analyse
Implikation: Hypothetisches Urteil
Imputabilität: Verantwortung
Indefinite, das: Unendlich
Indeterminismus: Determinismus
Indeterministen: Willensfreiheit
Indifferent (sittl): Sittlichkeit
Indifferentes Werturteil: Willensfreiheit
Indifferentismus: Religion
INDIREKTER BEWEIS
Individualbegriff: Einzelne, das; Begriff
Individualbestimmtheit: Einzelne, das
Individualethik: Sozialethik
INDIVIDUALISMUS
Individualität: Statistik
Individuation: Einzelne, das
Individuationsprinzip: Einzelne, das
Individuum: Einzelne, das
INDUKTION
Induktive Metaphysik: Metaphysik
Inferenz: Statistik
Infinite, das: Unendlich
Information: Erkenntnis, Kybernetik
Informationsgehalt: Kybernetik
Informativ: Teleologie
Inhalt: Begriff, Form, Gegenstand

Inhärenz: Akzidens
Inkommensurable Größen: Mathematik, Philosophie der
Innenwelt: Außenwelt
Innerer Sinn: Sinn
Inspiration: Anschauung
INSTINKT
INSTITUTION
Institutionalismus: Institution
Instrumentalismus: [257]
INSTRUMENTALURSACHE
Integral: Integration
INTEGRATION
Integrierende Teile: Teilbarkeit
Integrierte Typen: Integration
Intellectus: *Vernunft*, Anschauung
Intellectus agens, possibilis: Begriffsbildung
Intellectus principiorum: Anschauung
Intellekt: Verstand
INTELLEKTUALISMUS
Intellektuell: Rational
Intellektuelle Anschauung: Kritizismus, Deutscher Idealismus
Intellektuelles Werterfassen: Wert
Intelligenz: *Instinkt*, Verstand, Tier
Intelligibel: Realismus
Intelligibile in sensibili: Abstraktion, Verstand, Wesenserkenntnis
Intelligibilitas: Wahrheit
Intelligible Welt, Charakter: Kritizismus
Intensionslogik: Logistik
INTENSITÄT
Intensitätsgrad: Intensität
Intention: Beweggrund
Intention, erste, zweite: *Reflexion*, Prädikabilien
INTENTIONAL
Intentionales Fühlen: *Gefühl*, Wertphilosophie
Intentionales Sein: Sein
Interaktion: Gruppe

Internationales Privatrecht: Völkerrecht
Interpretation: Geschichtliche Gewißheit, *Hermeneutik*
Intersubjektiv: Realismus, Subjekt
INTERSUBJEKTIVITÄT
Interventionen: Völkerrecht
Introspektive Methode: Erkenntnistheorie
Intuition: *Anschauung*, Intuitionismus
INTUITIONISMUS: Mathematik, Philosophie der
Intuitionistische Theorien: Begriffsbildung
Intuitiv: Anschauung
Intuitiver Verstand (Kant): Kritizismus
Ionische Naturphilosophie: Vorsokratiker
Ipsum Esse: Sein
Ironie: *Sokratik*, Romantik
Irradiationstheorie: Illumination
IRRATIONAL: Zahl
Irrationalismus: Irrational
Irreale Sinngebilde: Urteil
Irritabilität: Pflanze
IRRTUM
Irrtumsquellen: Irrtum
Isomorphie: Erkenntnis
Ius gentium: Völkerrecht
Ius normativum, obiectivum, potestativum, subiectivum: Recht

Jenseits von Gut u Böse: Ethik
Jetztpunkt: Zeit
Jugendalter: Entwicklungspsychologie
Jüngere Naturphilosophie: Vorsokratiker
Jungfräulichkeit: Ehe
Junktor: Logistik
Juristische Person: Recht

K: siehe auch C
Kalkül: Logistik
Kalokagathie: Sittlichkeit
Kanon: Idee
Kapitalisten: Marxismus
Kardinaltugenden: Tugend
Karma: *Seelenwanderung*, Vedantaphilosophie, [2]
KARTESIANISMUS
Kastration: Lebensrecht
Kasualismus, biologischer: Zufall
Kasuistik: Gewissen
Kategorial: Kategorien
Kategorie (Kant): Kritizismus
KATEGORIEN
KATEGORISCHER IMPERATIV
KATEGORISCHE SCHLÜSSE
Kategorische Urteile: *Kategorische Schlüsse*, Hypothetisches Urteil
Katharsis: Neuplatonismus
KAUSALITÄT
Kausalität der Natur, der Freiheit (Kant): Antinomien
Kausalität, personale: Kausalprinzip, metaphysisches
KAUSALPRINZIP, METAPHYSISCHES
KAUSALSATZ
Keimentwicklung: Entwicklung
Kennzeichnende Eigenschaften: Eigenschaft
Kettenschluß: Schluß
Keuschheit: Leib
Ki: [22]
Kindheit: Entwicklungspsychologie
Klasse: Einteilung, Gesellschaft, Logistik
Klassenkämpfe: Marxismus
Klassifikation: Einteilung
Kleingruppe: Gruppe
Klugheit: Tugend
Koexistenz: Zeit
Kohäsion: Gruppe
Kollektiv: Kollektivismus

Kollektivbegriff: Allgemeinbegriff
KOLLEKTIVISMUS
Kollisionsnormen: Völkerrecht
Kommunikation: Gruppe, Kybernetik
Kommunismus: Eigentum, Marxismus, Sozialismus
Komplementarität: Quantenphysik
KOMPLEX
Komprehensive Erkenntnis: Allwissenheit
Komprinzipien: Seinsprinzipien
KOMPROMISS
Konditionalismus: Ursache
Konditionalsatz: Hypothetisches Urteil
Konditionalschluß: Hypothetische Schlüsse
Konditionalurteil: Urteil
KONFLIKT
KONFUZIANISMUS
Konjunktion: Hypothetisches Urteil, Logistik (Tafel)
Konjunktiver Schluß: Hypothetische Schlüsse
Konklusion: Schluß
KONKRET
Konkupiszenz: Böse, das
Konsequenz: Schluß
Konservativismus: Tradition
Konstante: Logistik
Konstanz der Natur: Kausalsatz
Konstanztheorien: Evolution, Geschichtsphilosophie
Konstituierende Teile: Teilbarkeit
Konstitutive Prinzipien der Erkenntnis: Kritizismus
Konszientialismus: Idealismus
Kontakt: Raum
Kontemplation: Mystik
KONTINGENZ
Kontinuum: Mathematik, Philosophie der

Kontradiktionsprinzip: Widerspruch, Satz vom
Kontradiktorischer Gegensatz: Gegensatz
Kontradiktorischer Gegensatz im Vollzug: Gegensatz
Konträrer Gegensatz: Gegensatz
Konvention: Erkenntnisprinzipien, Sittengesetz
Konvergenzschluß: Induktion, Schluß
Konzeptkunst: Kunst
KONZEPTUALISMUS
Kopula: *Setzung*, Urteil
KÖRPER
Korrelativ: Relativ
Kosmogenese: Evolution, Teleologie
Kosmogonie: Welt
Kosmologie: Naturphilosophie, *Welt*
Kosmologische Idee (Kant): Kritizismus
Kosmologischer Gottesbeweis: Gottesbeweise
Kosmos: Logos, Ordnung, *Welt*
KRAFT
Kraftmaschinen: Technik
Kreislauftheorien: Geschichtsphilosophie
Kreisschluß: Trugschlüsse
Kreuzung: Vererbung
Krieg: Frieden, Lebensrecht
Kriteriologie: Erkenntnistheorie
Kritik der reinen Vernunft: Kritizismus
Kritische Theorie der Gesellschaft: Marxismus, [199₃]
Kritischer Rationalismus: Rationalismus
KRITIZISMUS
Kult: Heiligkeit, *Religion*
KULTUR
Kulturfortschritt: Kulturphilosophie
Kulturgeschichte: Kulturphilosophie

Kulturkonstanz: Kulturphilosophie
Kulturkritik: Kulturphilosophie
Kulturmorphologie: Kulturphilosophie
Kulturmythus: Kultur
Kulturnation: Volk
Kulturoptimismus: Optimismus
Kulturpessimismus: Pessimismus
KULTURPHILOSOPHIE
Kulturreform: Kulturphilosophie
Kulturwissenschaften: Geisteswissenschaften
KUNST: Tugend
Kunstarten: Kunst
Kunstphilosophie: Ästhetik
Kunstschöne, das: Kunst
Kunststile: Kunst
KYBERNETIK: Organismus

Lage: Raum
Laster: Böse, das; *Tugend*
Latentes Wissen: Gedächtnis
LEBEN
Leben Gottes: Leben
Lebensanschauung: Glückseligkeit
Lebensgesetze: Zufall
Lebensgüter: Güter
Lebenspflicht: Lebensrecht
LEBENSPHILOSOPHIE
LEBENSPRINZIP
Lebensqualität: Fortschritt
LEBENSRECHT
Lebenssinn: Glückseligkeit
Lebenstätigkeit: Leben
Lectio: Scholastik
Leere, das: Raum
Leere (Demokrit): [32]
Leere Begriffe (Kant): Kritizismus
Legalität (Kant): Autonomie, Recht
Lehrfreiheit: Freiheit
Lehrsätze: System
LEIB
Leibgüter: Güter

LEIB-SEELE-VERHÄLTNIS
LEIDEN
Leiden (buddh): Buddhismus
Leidender Verstand: Verstand, Begriffsbildung
LEIDENSCHAFT
LEISTUNG
Leistungsgesellschaft, -prinzip: Leistung
Leninismus: Marxismus
Leptosom: Charakterologie
Lernen: Gedächtnis, Kybernetik
Lex aeterna: Gesetz
Lex naturalis: Gesetz
Lex talionis: Lebensrecht
Liberalismus: Freiheit, *Individualismus*
Liberum arbitrium: Willensfreiheit
Libido: Trieb
Licht (geistiges): Illumination
Lichtmetaphysik: Illumination
LIEBE: Leidenschaft, Wille, Wille Gottes
Limitationsprinzip: Endlich
LOGIK
Logik, drei- oder mehrwertige: Dritten, Satz vom ausgeschlossenen
Logisch: Logos
Logisch konkret: Abstraktion
Logische Gesetze: Logik
Logischer Positivismus: Positivismus
Logischer Transzendentalismus: Logizismus, Objektivismus, Sachverhalt, *Wahrheit*
Logisches Sein: Sein
Logismus: Logizismus
LOGISTIK
LOGIZISMUS: Mathematik, Philosophie der
Logoi spermatikoi: Augustinismus, *Stoizismus*
LOGOS: Ontologie
Logos (Heraklit): [30], (Philon): [60]

Lohn (sittl): Vergeltung
Lohnmoral: Ethik
LÜGE
LUST
Lustwert: Gute, das

MACHT: Eigentum, Recht
Mäeutik: Sokratik
Magie: Religion, Symbol
Mahāyāna: Buddhismus
Makrokosmos: Seinsgrade
Manas: Theosophie
Mangel: Privation
MANICHÄISMUS
Manie: Geisteskrankheit
MANIPULATION
Manisch-depressiv: Geisteskrankheit
Mann: Mensch
Mannigfaltigkeit der Welt: Vielheit
Märchenphantasie: Phantasie
MARXISMUS
Marxismus-Leninismus: Marxismus
Maschinentechnik: Technik
Maschinentheorie des organischen Lebens: Mechanismus
Maß: Raum
MASSE
Massenpsychologie: Masse
Mäßigkeit, Mäßigung: Tugend
Materiale Wertethik: Wertethik
Materialisationen: Okkultismus
MATERIALISMUS
Materialismus, dialektischer u historischer: Dialektischer Materialismus, Marxismus
Materialobjekt: Begriff, Gegenstand, Wissenschaft
Materia prima: Materie
Materia secunda: Materie
MATERIE: Dialektischer Materialismus, Neuplatonismus
Materiell: Materie
MATHEMATIK, PHILOSOPHIE DER

Mathematische Existenz: Dasein
Mathematische Logik: Logistik
Mathesis universalis: Wissenschaftstheorie
Maxime (Kant): Kategorischer Imperativ
Maya: Vedantaphilosophie
Mechanisch: Mechanismus
MECHANISMUS
Mechanistische Weltansicht: Mechanismus
Mechanizismus: Mechanismus
Medien: Okkultismus
Meditation: Theorie
Medius, terminus: Kategorische Schlüsse
Mehrdeutig: Analogie
Mehrheit der Wesensformen: Hylemorphismus
Mehr-Welten-Lehre: Welt
Mehrwert: Marxismus
Mehrwertige Logik: Dritten, Satz vom ausgeschlossenen
Mehrzeller: Zelle
Meinung: Gewißheit; Grund, Satz vom zureichenden; *Wahrscheinlichkeit*
Melancholiker: Persönlichkeit
Menge: Mathematik, Philosophie der; Zahl
Mengenlehre: Mathematik, Philosophie der
Mengentheoretische Grundlegung der Zahl: Zahl
MENSCH: Evolution, Marxismus
Menschennatur: Mensch
Menschenrechte: Naturrecht
Menschenwürde: Sittlichkeit
Menschheitskultur: Kultur
Merkmal: Begriff, Abstraktion
Meßbarkeit des Raumes: Raum
Messen: Intensität
Metábasis eis állo génos: Beweis

Metalogie: Logistik
Metalogik: Logistik
Metapher: Symbol
Metaphorisch: Analogie
METAPHYSIK
Metaphysik der Sitten: Ethik
Metaphysisch: Metaphysik
Metaphysische Grade: Kategorien
Metaphysisches Wesen Gottes: Gott
Metaphyten: Tier
Metasprache: Sprache
Metazoen: Tier
Metempsychose: Seelenwanderung
METHODE
Methode der Geisteswissenschaften: Verstehen
Methode der Metaphysik: Metaphysik
Methodenlehre: Methode
Methodisch: Methode
Methodologie: Methode
Mikrokosmos: Seinsgrade
Minderheiten: Volk
Mitleid: Liebe
Mittel(sittl): Beweggrund
Mittelbegriff: Kategorische Schlüsse
Mittleres Wissen: *Molinismus*, Vorherwissen Gottes
MITWIRKUNG GOTTES
Mixta: Hylemorphismus
Modale Logik: Modalität, Logistik
Modales Urteil: Modalität
MODALITÄT
Modalität des Urteils: Urteil
Modalitätsschlüsse: Modalität
Modell: Kybernetik, Wissenschaftstheorie
Modellvorstellungen: Wissenschaftstheorie
Modernismus: *Immanenz*, Wahrheit
Modi des Absoluten: Pantheismus
Modi des Schließens: Kategorische Schlüsse

Modi des Seins: Kategorien
Modi (Spinoza): Spinozismus
Modus ponens, tollens: Hypothetische Schlüsse
Mögliche, das bloß: Möglichkeit
MÖGLICHKEIT: (Bloch): Akt
MOLINISMUS
Moment: Abstraktion, Zeit
MONADE
Monadenlehre: Monade
Monadologie: Monade
MONISMUS: Dialektischer Materialismus
Monogamie: Ehe
Monopsychismus: Aristotelismus
Monotheismus: Theismus
Moral: Ethik, Sittlichkeit
Moralempirismus: Moralpositivismus
Moralisch: Sittlichkeit
Moralische Gefühle: Sittlichkeit
Moralische Gewißheit: Wahrscheinlichkeit
Moralischer Sinn: Sittlichkeit
Moralisches Naturgesetz: Sittengesetz
Moralität (Kant): Autonomie
Moralphilosophie: Ethik
MORALPOSITIVISMUS: Ethik
Moralprinzip: Sittengesetz, Sittlichkeit
Moralpsychologie: Ethik
Moralrelativismus: Moralpositivismus
MORALSTATISTIK
MORALSYSTEME
Moraltheologie: Ethik
More geometrico: Rationalismus
Morphē: Form
Morphologie: Form
Motiv: Beweggrund
Motivation: Beweggrund
Mündigkeit: Recht
Muße: Kultur
Mutakallimūn: Okkasionalismus

Mutatio: Veränderung
Mysterien: Geheimnis
Mysterium: Geheimnis
MYSTIK
Mythenphantasie: Phantasie
Mythologie: Mythus
MYTHUS

Nachbild: Vorstellung
Nacheinander: Zeit
Nachrichten: Kybernetik
Nachsatz: Schluß
Nächstenliebe: Liebe, Selbstliebe
Nähe: Raum
Nation: Volk
Nationalismus: Biologismus, Volk
Nationalsozialismus: Biologismus
Nationalstaat: Staat, Volk
Nativismus: Begriffsbildung
NATUR
Natur (Schelling): Deutscher Idealismus
NATURALISMUS
Natura naturans, naturata: Pantheismus
Naturerkenntnistheorie: Naturphilosophie
Naturfinalität: Teleologie
NATURGESETZ
Naturgesetz, moralisches: Sittengesetz
NATURKAUSALITÄT
Natürlich: Natur
Natürliches System: System
Natürliche Theologie: Theologie
Naturmetaphysik: Naturphilosophie
Naturmythus: Mythus
Naturordnung: Natur
NATURPHILOSOPHIE: Deutscher Idealismus
NATURRECHT
Naturreligion: Religion
Naturschöne, das: Kunst

Naturstreben: Streben
Naturwidrig: Natur
NATURWISSENSCHAFT: Statistik
Naturwissenschaftliches Weltbild: Naturwissenschaft
Naturzustand: Natur
NEGATION: Dialektik, Logistik (Tafel)
Negation der Negation: Dialektischer Materialismus, Negation
Negative Philosophie (Schelling): Deutscher Idealismus
NEGATIVE THEOLOGIE
Negator: Logistik
Negierte Äquivalenz: Logistik (Tafel)
Neudarwinismus: Zufall
Neuentwicklung: Entwicklung
NEUKANTIANISMUS
Neukonfuzianismus: Konfuzianismus
NEUPLATONISMUS
Neupositivismus: Positivismus
Neurose: Geisteskrankheit
NEUSCHOLASTIK
Neuthomismus: Neuscholastik
Nicht-Euklidische Geometrien: Mathematik, Philosophie der
NICHTS
Nichts (Nishida): [26], (Sartre): Existenzphilosophie
Niedergangstheorien: Geschichtsphilosophie
Nihilismus: Nichts
Nihilum: Nichts
Nirvāna: Buddhismus
Noëma: Phänomenologie
Noësis: Phänomenologie
Nóēsis noēseōs: Aristotelismus
Noëtik: Erkenntnistheorie
Nominaldefinition: Definition
NOMINALISMUS
Nomotheismus: Gott
Noosphäre: Anthropologie
NORM: Idee

Normales Seelenleben: Geisteskrankheit
Normative Wissenschaften: Wissenschaftslehre
Nötigung, innere: Zwang
Notlüge: Lüge
Notwehr: Lebensrecht
Notwendige Bedingung: Ursache
NOTWENDIGKEIT
Notwendigkeit, äußere, innere: Zwang, (gesch): Geschichte
Noumenon: Ding an sich, Kritizismus
Nous = Nus
Nullklasse: Einteilung
Numerische Verschiedenheit: Einzelne, das
Numinose, das: Religion
Nus: Vorsokratiker, (Anaxagoras): [31], (Platon): Platonismus, (neuplat): Neuplatonismus, Vernunft
Nutzfinalität: Teleologie
Nutzungen: Eigentum
Nutzwert: Wert; Gute, das

O: Kategorische Schlüsse
Oberbegriff: Kategorien
Obersatz: Kategorische Schlüsse
Obiectum materiale, formale: Wissenschaft
Objekt: Gegenstand, Subjekt
Objektbewußtsein: Bewußtsein
OBJEKTIV
Objektivationen des Geistes: Geistiges Sein
Objektiver Geist: Geistiges Sein
Objektivierbar: Objektiv
Objektivierter Geist: Geistiges Sein
Objektivierung: Gegenstand, Realismus
OBJEKTIVISMUS
Objektivität: *Objektiv*, Wissenschaft
Objektkunst: Kunst
Objektsprache: Sprache

Occasionales, causae: Okkasionalismus
Ochlokratie: Demokratie
OFFENBARUNG
Offenbarungsglaube: Glaube
Offenbarungsreligionen: Offenbarung
Offenbarungstheologie: Theologie
Öffentliches Recht: Recht
OKKASIONALISMUS
Okkult: Okkultismus
OKKULTISMUS
Ökonomie, Prinzip der: [117]
Ökonomischer Determinismus: Institution
Oligarchie: Demokratie
Ontisch: *Ontologie*, Existenzphilosophie
Ontochronie: Ontologie
Ontogenese: Entwicklung, Evolution
ONTOLOGIE: Metaphysik, Sein; Existenzphilosophie
Ontologie, regionale: Phänomenologie
Ontologisch: *Ontologie*, Existenzphilosophie
Ontologische Geltung: Geltung
ONTOLOGISCHER GOTTESBEWEIS
ONTOLOGISMUS
Operatio: Wirken
Opfer: Religion
Opinio: Wahrscheinlichkeit
Opposition: Gegensatz
OPTIMISMUS
Opuscula: Scholastik
ORDNUNG
Ordnung (gesellsch, rechtl): Recht
Ordo (iuridicus, socialis): Recht
Organbildung: Pflanze
Organe: Organismus
Organisation (biol, übertr): Organismus, (gesellsch): Gesellschaft, Sozialpsychologie

Organisch, Organisches Leben: Organismus
ORGANISMUS
Organizismus: Solidarismus
Ort: Raum
Ortsveränderung: Veränderung

PÄDAGOGIK
Palingenese: Seelenwanderung
Panentheismus: Pantheismus
Panlogismus: *Logizismus*, Pantheismus
Panpsychismus: Teleologie, Pantheismus
PANTHEISMUS
Panvitalismus: Teleologie
Paradox: Existenzphilosophie
Parallelismus, psychophysischer: Leib-Seele-Verhältnis
Paralogismus: *Trugschlüsse*, Kritizismus
Paraphysik: Okkultismus
Parapsychologie: Okkultismus
Parsismus: Böse, das
Parteilichkeit: Dialektischer Materialismus
Participatio: Teilhabe
Passio: Leiden
Passiones: Leidenschaft
PATRISTISCHE PHILOSOPHIE
Peergroup: Gruppe
Per accidens: Prädikabilien
Perfectio: Vollkommenheit
Peripatetische Schule: Aristotelismus
Per se: Prädikabilien
PERSON
Person, juristische: Recht
Persönliche Kultur: Kultur
PERSÖNLICHKEIT
Persönlichkeitspsychologie: Persönlichkeit
Persönlichkeitsspaltung: Persönlichkeit, Seele

Perspektivismus: Relativismus
Perzeption: Wahrnehmung
PESSIMISMUS
Petitio principii: Trugschlüsse
Pfad, achtteiliger: Buddhismus
PFLANZE
Pflanzenseele: Pflanze
PFLICHT
Pflichten: Ethik
Pflichtenkollision: Gewissen
Pflichtethik: Ethik
Phänomen: Erscheinung
PHÄNOMENALISMUS
Phänomenismus: Phänomenalismus
PHÄNOMENOLOGIE
Phänomenologische Methode: Phänomenologie
Phänomenon: Erscheinung
Phänotypus: Vererbung
PHANTASIE
Phantasiebild: Vorstellung
Phantasma: Vorstellung
Philanthropie: Liebe
Philosophia perennis: Philosophie
PHILOSOPHIE
Philosophie der Mathematik: Mathematik, Philosophie der
Philosophie der Offenbarung: Deutscher Idealismus (Schelling)
Philosophie der Technik: Technik
Philosophische Theologie: Theologie
Philosophischer Glaube: Glaube
Phlegmatiker: Persönlichkeit
Phobien: Zwang
Phthora: Hylemorphismus
Phylogenese: Evolution
Physik: Naturwissenschaft
Physikalismus: Mechanismus
Physiko-theologischer Gottesbeweis: Gottesbeweise
Physiognomik: Ausdruck
Physis: *Natur*, Metaphysik
PHYSISCH

Physisches Wesen Gottes: Gott
Physizismus: Naturalismus
Pietät: Familie, Tugend
Platonische Liebe: Platonismus
Platonisierung: Mathematik, Philosophie der
PLATONISMUS
PLURALISMUS: Sein
Pneuma: Leib-Seele-Verhältnis
Poiesis: Praxis
Polarer Gegensatz: Gegensatz
Polarität: Gegensatz
Politik: Macht, Staat, Wirtschaft
Politologie: Staat
Polygamie: Ehe
Polylemma: Hypothetische Schlüsse
Polysyllogismus: Schluß
Polytheismus: *Theismus*, Atheismus
Popularphilosophie: Aufklärung
Porphyrischer Baum: Kategorien
Positive Philosophie (Schelling): Deutscher Idealismus
Positives Recht: Naturrecht
POSITIVISMUS: Phänomenalismus
Possibilien: Möglichkeit
Posterius: A posteriori
Post hoc, ergo propter hoc: Irrtum
Postprädikamente: Kategorien
POSTULAT
Potentia obedientialis: Potenz
Potentiell unendlich: Mathematik, Philosophie der
POTENZ
Praedeterminatio physica: Mitwirkung Gottes
Praedicamenta: Kategorien
PRÄDIKABILIEN
Prädikamental: Kategorien
Prädikamentale Zahlen: Zahl
Prädikatenlogik: Logistik
Prädikatsfunktion: Logistik (Tafel)
Praemotio physica: Mitwirkung Gottes

Präexistenz der Seele: Seelenwanderung
Präformationstheorie: Entwicklung
Präformativ: Teleologie
Pragmatik: Zeichen
PRAGMATISMUS
Prakriti: [9]
Praktisch: Theorie
Praktische Wissenschaften: Wissenschaftstheorie
Prälogische Sprache: Sozialpsychologie
Prämissen: Schluß
PRAXIS: Dialektischer Materialismus
Präzisiv immateriell: Sein
Pressefreiheit: Freiheit
Primärgruppe: Gruppe
Primat des Geistes: Mensch
Primat des Lebens: Mensch
Principium exclusi tertii: Dritten, Satz vom ausgeschlossenen
Principium identitatis indiscernibilium: Identität
PRINZIP
Prinzip der durchgängigen Begreifbarkeit alles Seienden: Begreifbarkeit
Prinzip des Ununterscheidbaren: Einzelne, das
Prinzip vom zureichenden Grund: Grund, Satz vom zureichenden
Prius: A priori
PRIVATION
Privativer Gegensatz: Gegensatz
Privatrecht: Recht
Probabiliorismus: Moralsysteme
Probabilismus: Moralsysteme
PROBLEM
Problematik: Problem
Problematische Urteile: Modalität
Problematizismus: Problem
Produktionsverhältnisse: Marxismus
Produktivkräfte: Marxismus

Progressismus: Tradition
Projektive Geometrie: Mathematik, Philosophie der
Prólēpsis: Voraussetzung
Proletarier: Marxismus
Proportion: Beziehung
Proportionale Teile: Teilbarkeit
Proportionalitätsanalogie: Analogie
Proportionslehre, eudoxische: Zahl
Proprium: *Eigenschaft*, Prädikabilien
Prosyllogismus: Schluß
Protisten: Tier
Protokollaussagen: Positivismus
Protozoen: Tier
Psyche: Seele
Psychische Kausalität: Kausalität
Psychische Präsenzzeit: Zeit
Psychisches: Psychologie, Tiefenpsychologie
Psychische Vererbung: Vererbung
Psychische Zeit: Zeit
Psychoanalyse: Tiefenpsychologie
PSYCHOLOGIE: Verhalten
Psychologische Idee (Kant): Kritizismus
Psychologisches Experiment: Psychologie
PSYCHOLOGISMUS: Ethik
Psychopathie: Geisteskrankheit
Psychopathologie: Psychologie
Psycho-physischer Parallelismus: Leib-Seele-Verhältnis
Psycho-physische Tätigkeit: Leib-Seele-Verhältnis
Psychose: Geisteskrankheit
Psychosomatik: Leib
Psychotechnik: Psychologie
Pubertät: Entwicklungspsychologie
Purusha: [9]
Pyrrhonismus: Skeptizismus

Quaestio: Dialektik
Quaestiones: Scholastik

QUALITÄT
Qualitätssprung: Dialektischer Materialismus
Quandocatio: Zeit
Quantelung: Quantenphysik
QUANTENPHYSIK
QUANTITÄT
Quantität des Urteils: Urteil
Quantitative Weltanschauung: Quantität
Quantoren: Logistik
Quaternio terminorum: Trugschlüsse
Quellen (gesch): Geschichtliche Gewißheit
Quidditas: Wesen
Quidditas rei sensibilis: Abstraktion

Rangordnung der Güter: Güter
RASSE
Rassenpflege: Rasse
Rassenphilosophie: Lebensphilosophie
Rassenpsychologie: Rasse
Rassenseele: Rasse
Ratio: Anschauung, Irrational, *Vernunft*
Ratiocinium: Schluß
RATIONAL
Rationale Psychologie: Psychologie
Rationale Wissenschaft: Rational
Rationale Zahl: Rational
RATIONALISMUS
Rationes aeternae: Illumination
Rationes seminales: Augustinismus
RAUM
Raumanschauung (Kant): Kritizismus
Raumkunst: Kunst
Reaktionswert: Gute, das
Real: Wirklichkeit
Realdefinition: Definition
Realgeltung: Geltung
Realgrund: Grund
Reale, das: Realismus
Realisierung: Realismus

REALISMUS
Realität: Wirklichkeit
Rechenmaschine: Technik
RECHT
Rechtsformalismus: Recht
Rechtsordnung: Recht
Rechtsphilosophie: Recht
Rechtspositivismus: Gesetz, Moralpositivismus, Recht
Rechtssoziologie: Recht
Rechtswissenschaft: Recht
Rechtszwang: Zwang
Redefreiheit: Freiheit
Reditio completa: Erfahrung, Geschichtlichkeit, Ich, Reflexion
Reduktion: Phänomenologie
Reduktive Methode: Methode, Psychologie
Reduktive Wissenschaft: Rational
Redundanz: Leib-Seele-Verhältnis
Reflexbewegung: Tier
Reflexe Allgemeinbegriffe: Prädikabilien
Reflexe, bedingte, unbedingte: Assoziation
REFLEXION
Reflexionsbegriffe: Reflexion
Reflexionsphilosophie (Hegel): Deutscher Idealismus
Reflexionsurteil: Reflexion
Reflexologie: Assoziation
Regel: Idee
Regelmäßigkeit der Natur: Kausalsatz
Regionale Ontologie: Phänomenologie
Regionen: Phänomenologie
Regressus in infinitum: *Grund, Satz vom zureichenden;* System
Regulative Prinzipien der Erkenntnis: Kritizismus
Reine Anschauung: Kritizismus
Reine Begriffe: Kritizismus
Reine Erkenntnis: Kritizismus

Reine Logik: Logik
Reine Potenz: Hylemorphismus
Reiner Wille: Autonomie
Reines Bewußtsein: Phänomenologie
Reines Ich (Fichte): Deutscher Idealismus
Reine Vernunft: Kritizismus
Reine Verstandesbegriffe: Kritizismus
Reine Vollkommenheiten: Gott
Reine Wahrheit: Wahrheit
Rein geistige Wesen: Geist
Reizbarkeit (biol): Pflanze
Reize: *Pflanze*, Empfindung
Reizschwelle: Empfindung
Relation: Beziehung
Relationenlogik: Logistik
Relationismus: Relativismus
Relationserfassung: Begriff
Relatio rationis: Beziehung
RELATIV
Relativer Gegensatz: Gegensatz
Relativierung: Geschichtlichkeit
RELATIVISMUS
RELATIVITÄTSTHEORIE
RELIGION: Entfremdung, Marxismus
Religionsersatz: Religion
Religionsfreiheit: Freiheit
Religionsphänomenologie: Religionsphilosophie
RELIGIONSPHILOSOPHIE
RELIGIONSPSYCHOLOGIE
Religionssoziologie: Religionsphilosophie
Religiöse Anlage: Religionspsychologie
Religiöser Akt: Religionspsychologie
Religiosität: Tugend
Repraesentatio: Vorstellung
Reproduktives Denken: Denken
Republik: Demokratie
Res: Ding
Reservatio stricte, late mentalis: Lüge
Res publica: Staat

Restitution: Sühne
Retorsion: Schluß
Rettung der Phänomene: Erscheinung
Reue: Gewissen
Revisionismus: Marxismus
Revolution: Konflikt
Rezeptivität: Erfahrung
Rezeptivität der sinnlichen Anschauung (Kant): Kritizismus
Rhythmus: Bewegung
Ri: [22]
Richtigkeit (log): Logik
ROMANTIK
Ruf, guter: Ehre
Ruhe: Bewegung
Ryoki: [22]

Sacherklärung: Definition
Sachgrund: Grund
Sachkultur: Kultur
Sachlichkeit: Objektiv
SACHVERHALT: Wahrheit
Sakral: Heiligkeit
Säkularismus: Christliche Philosophie
Sammelbegriff: Allgemeinbegriff
Samsara: [2], Seelenwanderung
Samurai: [24]
Sanguiniker: Persönlichkeit
Sanktion: Vergeltung
Satori: [23]
Satz: Logik, Sprache, *Urteil*
Sätze an sich: Urteil, Wahrheit
Schadenlüge: Lüge
Schamhaftigkeit: Leib
Schätzungskraft, -vermögen: Instinkt, *Sinneserkenntnis*
SCHEIN
Schein, transzendentaler: Kritizismus
Scheinkultur: Kultur
Scheinprobleme: Problem
SCHEMA: Instinkt
Schemata: Empirismus
Schematismus (Kant): Schema

Scherzlüge: Lüge
Schichten: Seinsgrade, (psychol): Persönlichkeit
Schicksal: Vorsehung
Schizophrenie: Geisteskrankheit
Schlagworte: Irrtum
Schlecht (sittl): Böse, das
SCHLUSS
Schlußkraft: Schluß
Schlußweisen: Kategorische Schlüsse
SCHMERZ
Schmerzpunkte: Schmerz
Schola: Scholastik
Scholastische Methode: Scholastik
Scholasticus: Scholastik
SCHOLASTIK
SCHÖNHEIT
Schöpferische Entwicklung (Bergson): Dynamismus
Schöpferische Phantasie: Phantasie
Schöpferisches Denken: Denken
SCHÖPFUNG
Schöpfungsziel: Schöpfung
SCHULD: Strafrecht
Schuldgefühl: Schuld
Schwere: Masse
Scientia media: Molinismus, *Vorherwissen Gottes*
SEELE
Seele (neuplat): Neuplatonismus
Seelenfünklein: [114]
Seelenteile: Seele
Seelenvermögen: Seele
SEELENWANDERUNG
Seelischer Schmerz: Schmerz
Seiend durch Teilhabe: Kausalprinzip, metaphysisches
Seienden, Prinzip der durchgängigen Begreifbarkeit alles: Begreifbarkeit
Seiendes: Sein
SEIN
SEINSERKENNTNIS
Seinsformen: Form

Seinsgeltung: Geltung
SEINSGRADE
Seinsgrund: Grund
Seinsgrundlage: Gedankending
Seinsmächtigkeit: Macht
Seinsordnung: Prinzip
SEINSPRINZIPIEN
Seinswahrheit: Wahrheit
Seinsweisen: Kategorien
Sein-zum-Tode: Tod
Sekundärgruppe: Gruppe
Selbst: Ich
„Selbst" (Jung): Ich
Selbstabbildung: Zelle
Selbstbestimmungsrecht: Volk
Selbstbewegung: Leben
Selbstbewußtsein: Bewußtsein, Ich
Selbsterhaltung: Leben
Selbsterkenntnis: Ich
Selbstgebärung: Gott
Selbsthilfe: Subsidiarität
SELBSTLIEBE
Selbstlosigkeit: Liebe
Selbstmord: Lebensrecht
Selbstorganisation: Leben
Selbstreproduktion: Leben
Selbstsein: Existenzphilosophie
Selbstverleugnung: Selbstliebe
Selbstverstümmelung: Lebensrecht
Selbstverwaltung: Subsidiarität
Selbstwert: Gute, das; *Wert*
Selektion: Evolution
Semantik: Zeichen
Semantischer Sinn: Sinn
Semantisches Verstehen: Verstehen
Semiotik: Zeichen
Sensibile per accidens: Abstraktion, Wahrnehmung
Sensibilia communia, per accidens, per se, propria: Sinneserkenntnis
SENSISMUS
Sensualismus: Sensismus
Sensualitas: Sinnlichkeit

Sensus communis: *Sinneserkenntnis*, Synthese
Sensus intimus: *Bewußtsein*, Sinneserkenntnis
SETZUNG
Sexualität: Geschlechtlichkeit
Shalom: Frieden
Sic et non: Dialektik, [92]
Sicherheit: Gewißheit
Signal: Instinkt, Kybernetik
Significatio: Supposition
Silbe: Sprache
Simplifikation: Ganzheit
Singularität: Statistik
SINN
Sinn (rel): Religionspsychologie
Sinnbild: Symbol
Sinn der Geschichte: Geschichtsphilosophie
Sinnenschein: Schein
Sinnenseele: Seele
Sinnenwelt: Außenwelt
Sinnesenergien, spezifische: Sinnesqualitäten
SINNESERKENNTNIS
Sinnesorgane: Sinneserkenntnis
SINNESQUALITÄTEN
Sinnesreize: Sinneserkenntnis
Sinnestäuschung: Schein
Sinnfrei: Sinn
Sinngebilde, irreale: Urteil
Sinnliche Anschauung (Kant): Kritizismus
SINNLICHKEIT
Sinnlos: Sinn
Sinnteleologie: Teleologie
Sinnvoll: Sinn
Sinnwidrig: Sinn
Sitte: Sittlichkeit
SITTENGESETZ
Sittennorm: Sittengesetz
Sittlich: Sittlichkeit
SITTLICHE ERKENNTNIS
Sittliche Güter: Güter
Sittliches Bewußtsein: Sittlichkeit
Sittliches Subjekt: Sittlichkeit
SITTLICHKEIT
Situation: Existenzphilosophie
SITUATIONSETHIK
Sitz der Empfindung: Empfindung
SKEPTIZISMUS
SKOTISMUS
Skrupel: Gewissen
Societas completa, naturalis, perfecta: Staat
SOKRATIK
SOLIDARISMUS
Solidaritätsprinzip: Solidarismus
SOLIPSISMUS
Sollen: Gesetz, kategorischer Imperativ, *Pflicht*, Sittengesetz
Sophismata: Trugschlüsse
Sophistik: Skeptizismus
Sorites: Schluß
Sosein: Wesen
SOUVERÄNITÄT
SOZIAL
Sozialdarwinismus: Biologismus
Soziale Affinität: Sozialpsychologie
Soziale Frage: Sozial
Soziale Gerechtigkeit: Gerechtigkeit
Soziale Instinkte: Sozialpsychologie
SOZIALETHIK
Sozialeudaimonismus: Ethik
Sozialhaltung, geistige: Sozialpsychologie
Sozialisation: Gruppe
SOZIALISIERUNG
SOZIALISMUS: Marxismus
Sozialmetaphysik: Solidarismus
Sozialorganismus: Sozialpsychologie
SOZIALPSYCHOLOGIE
Soziologie: Gesellschaftsphilosophie, Verhalten
Soziologischer Determinismus: Institution

Soziologismus: Ethik, Gesellschaftsphilosophie
Später: A posteriori
Spatium: Raum
Spätscholastik: Scholastik
Species (in der Erkenntnis): Form, (log): Art
Species impressa, expressa: Erkenntnis
Species intelligibilis: Abstraktion, Begriffsbildung
Specifica, differentia: Art
Spezifische Sinnesenergien: Sinnesqualitäten
SPEKULATION: Transzendenz
Spekulative Logik: Dialektik
Spekulative Wissenschaften: Wissenschaftstheorie
Spezialisierung der Wissenschaften: Wissenschaft
Spiel: Arbeit
Spielphantasie: Phantasie
SPINOZISMUS
SPIRITISMUS
SPIRITUALISMUS
Spiritus: Geist
Spontan: Verantwortung
Spontaneität des Denkens (Kant): Kritizismus
Sprachanalyse: Analytische Philosophie
SPRACHE
SPRACHPHILOSOPHIE
Sprachspiele: Analytische Philosophie
Sprachwissenschaft, vergleichende: Sprachphilosophie
Spuke: Spiritismus
Spukgeister: Geist
STAAT
Staat (plat): Platonismus
Staatsautorität: Staat
Staatsformen: Staat

Staatsgewalt: Staat
Staatsnotstand: Souveränität
Staatsomnipotenz: Staat
Staatsorgane: Souveränität, Staat
Staatsphilosophie: Staat
Staatsvolk: Volk
Staatswissenschaften: Staat
Stalinismus: Marxismus
Stammbegriffe: Kategorien
Stand: Gesellschaft
Standpunktserkenntnis: Relativismus
Stärke: Intensität
Starkmut: Tugend
Statisch: Dynamismus
STATISTIK
Status: Gruppe
Sterilisierung: Lebensrecht
Stetige Ausdehnung: Quantität
Stimmung: Gefühl
Stoa: Stoizismus
Stoff: Materie, (als Prinzip): Ursache
Stofflich: Materie
STOIZISMUS
Strafe: Strafrecht, Vergeltung
STRAFRECHT
Strafzwecke: Strafrecht
STREBEN
Strebevermögen, sinnl: Sinnlichkeit
STRUKTUR: Ganzheit
Strukturalismus: Struktur
Strukturpsychologie: Struktur
Stufenbeweis: Gottesbeweise
SUAREZIANISMUS
SUBJEKT
Subjektbewußtsein: Bewußtsein
SUBJEKTIV
Subjektiver Geist: Geist
SUBJEKTIVISMUS
Subjektivistisches Anschauungsbild: Vorstellung
Subjunktion: Hypothetisches Urteil, Logistik (Tafel)
SUBSIDIARITÄT

SUBSISTENZ
Sub specie aeternitatis: Weisheit
Substantialität des Ich: Ich
Substantielle Einheit von Leib und Seele: Leib-Seele-Verhältnis
Substantielle Form: Hylemorphismus
Substantielle Veränderung: Hylemorphismus
SUBSTANZ
Substanz (Spinoza): Spinozismus
Substrat: Subjekt
SÜHNE
Sühnopfer: Sühne
Sukzession: Zeit
Summe: Ganzheit
Summen (schol): Scholastik
Sünde: Böse, das; *Schuld*
Supernaturalismus: Übernatürlich
SUPPOSITION
Suppositum: *Person*, Subsistenz
Syllogismus: Schluß
SYMBOL
Symbolik: Symbol
Symbolische Logik: Logistik
Symbolismus: Symbol
Symbolum: Symbol
Synästhesien: Vorstellung
Synchronisch: Struktur
Synderesis: Gewissen
Synechés: Mathematik, Philosophie der
Synkretismus: Eklektizismus
Synonym: Analogie
Synorganisation: Evolution
Synsemantisch: Atheismus
Syntaktik: Zeichen
SYNTHESE: Deutscher Idealismus
Synthetisch: Synthese
Synthetisches Urteil a priori: Erkenntnisprinzipien
Synthetische Urteile: Synthese
SYSTEM

Systematik: System
Szientismus: Wissenschaft

Talionsprinzip: Strafrecht
Tao: [15]
Tapas: [5]
Tapferkeit: Tugend
Tathandlung (Fichte): Deutscher Idealismus
Tätigkeit: Wirken
TATSACHE
Tauschgerechtigkeit: Gerechtigkeit
Täuschung: Schein
TAUTOLOGIE
Tautologisch: Tautologie
Tautologisches Urteil: Urteil
TECHNIK
Technokratie: Technik
Teil: Ganzheit
TEILBARKEIT
Teile (Arten): Teilbarkeit
TEILHABE
Teilklassen: Einteilung
Teilnahme: Teilhabe
Teilsubstanzen: Substanz
Teilung: Einteilung
Teilung der Gewalten: Staat
Telästhesie: Okkultismus
Telekinese: Okkultismus
TELEOLOGIE: Ethik
Telepathie: Okkultismus
Telephysik: Okkultismus
Telos: Teleologie
Temperament: Persönlichkeit
Tendenz: Streben
Termini: [121]
Terminismus: Nominalismus
Terminologie: Methode, *Wissenschaft*
Terminus medius: Kategorische Schlüsse
Tertii, Principium exclusi: Dritten, Satz vom ausgeschlossenen

Tertium non datur: Dritten, Satz vom ausgeschlossenen
TEST
THEISMUS
THEODIZEE
Theologia naturalis: Theologie
THEOLOGIE
Theologie, dialektische: Dialektische Theologie
Theologik: *Theologie*, Philosophie
Theologische Ethik: Ethik
Theologische Idee (Kant): Kritizismus
Theologische Tugenden: Tugend
Theoretische Wissenschaften: Wissenschaftstheorie
Theoria: Spekulation
THEORIE
THEOSOPHIE
These: Deutscher Idealismus
Thesen: System
THOMISMUS
TIEFENPSYCHOLOGIE
TIER
Tierintelligenz: Tier
Tierseele: Tier
Tiersprachen: Sprache
TOD
Todesstrafe: Lebensrecht, Strafrecht
TOLERANZ: Gewissen
Totalabstraktion: Abstraktion
Totaler Staat: Staat
Totem: Religion
Totemismus: Religion
Tötung, indirekte: Lebensrecht
TRADITION: Geschichte, Kulturphilosophie
Traditionalismus: Tradition, [211]
Traduzianismus: Seele
Trägheitssatz: Bewegung
Tragik: Existenzphilosophie
Tragischer Pessimismus: Pessimismus

Trance: Okkultismus
Transcendentia: Transzendental
Transeuntes Wirken: Wirken
Transformismus: Evolution
Transintelligibel: Begreifbarkeit
Transsubjektiv: Außenwelt
TRANSZENDENTAL
Transzendentale Analytik, Apperzeption, Ästhetik, Deduktion, Dialektik, Schein: Kritizismus
Transzendentale Ästhetik, Logik, Einbildungskraft, Einheit der Apperzeption: Transzendental
Transzendentale Dialektik: Dialektik
Transzendentale Erfahrung: Erfahrung
Transzendentale Idee: Idee
Transzendentale Logik (Kant): Logik
Transzendentale Methode: Methode, Erkenntnistheorie
Transzendentales Ego: Bewußtsein überhaupt
Transzendentales Ideal: Ideal
Transzendentale Wahrheit: Wahrheit
Transzendentale Zahlen: Zahl
TRANSZENDENTALIEN
Transzendentalismus, logischer: Logizismus, Objektivismus, *Wahrheit*
Transzendentalphilosophie: Transzendental
Transzendenter Sinn der Geschichte: Geschichtsphilosophie
TRANSZENDENZ: Existenzphilosophie
Traumphantasie: Phantasie
Trennbarkeit: Teilbarkeit
Treue: Tugend
Triaden: Neuplatonismus
Trichotomismus: Seele
TRIEB
Triebhandlung: Trieb
Triebperversionen: Trieb
TRUGSCHLÜSSE

Trugwahrnehmung: *Schein*, Vorstellung
TUGEND
Tutiorismus: Moralsysteme
Typenbilder: Sensismus
Typenpsychologie: Psychologie
Typologischer Psychologismus: Psychologismus
TYPUS
Tyrannis: Demokratie

ÜBEL: Böse, das
Überbau: Marxismus
Über-Ich: Gewissen
Überkategorial: Kategorien
Überlieferung: Kulturphilosophie, *Tradition*
ÜBERNATÜRLICH
Überrational: Irrational
Übersetzung: Sprache
Übersinnlich: Transzendenz, Übernatürlich
Übervernünftig: Geheimnis
Überweltlichkeit (Seele, Gott): Transzendenz
Überzeugung: Gewißheit
Ultra-Realismus: Skotismus
Umfang des Begriffs: Begriffsbildung
Umstände (eth): Sittlichkeit
Umwertung aller Werte: Ethik
Unabhängige Moral: Autonomie
Unauflöslichkeit der Ehe: Ehe
Unbedingt: Absolut
Unbedingter Wert des Sittlichen: Sittlichkeit
UNBEWUSSTES
UNENDLICH
Unendlich, potentiell: Mathematik, Philosophie der
Unerfahrbarkeit: Transzendenz
Unermeßlichkeit: Allgegenwart
Ungegenständlich: Gegenstand
Unglaube: Glaube

Uniformität der Natur: Kausalsatz
Unitas: Einheit
Universale directum, reflexum: Allgemeinbegriff
Universalienproblem: Scholastik
Universalsprachen: Sprache
Universum: Welt
Univok: Analogie, Begriff
Unkeuschheit: Leib
Unlogisch: Logos
UNMÖGLICHKEIT
Unschärferelation: Quantenphysik
Unsinn: Sinn
UNSTERBLICHKEIT
Unteilbarkeit: Einfachheit
Unterbegriffe: Kategorien
Unterbewußtsein: Unbewußtes
Untersatz: Kategorische Schlüsse
UNTERSCHEIDUNG
Unterschied: Unterscheidung
Unterschiedsempfindlichkeit: Empfindung
Unterschiedsschwelle: Empfindung
Unterwerfungsvertrag: Staat
Untugenden: Tugenden
Unum per accidens, per se: Hylemorphismus
Ununterscheidbaren, Prinzip des: Einzelne, das
UNVERÄNDERLICHKEIT
Unvernünftig: Geheimnis
Unverträglichkeit: Logistik (Tafel)
Unvollständige Substanz: Substanz
Unwert: Wert
Unwissenheit (sittl): Pflicht
Unzucht: Leib
Urbegriffe (log): Kategorien, (psychol): Begriffsbildung
Urbestimmungen des Seins: Kategorien
Urbild: Bild, Idee, Ursache
Urgrund: Grund
Ur-Objekte: Atomismus

URSACHE
Ursache, hinreichende: Kausalprinzip, metaphysisches
Ursächlichkeit: Ursache
Ursprungsgrund: Prinzip
Urstoff: Materie
URTEIL
URTEILSKRAFT
Urteilstheorie: Urteil
Urzeugung: Evolution
Usurpierte Gewaltdiktatur: Staatsform
Utile, bonum: Gute, das
Utilitarismus: Ethik
Utopie: Gesellschaftsphilosophie

Vakuum: Raum
Variable: Logistik
VEDANTAPHILOSOPHIE
Vegetatives Leben: Organismus
Verallgemeinerung: Abstraktion
VERÄNDERUNG
VERANTWORTUNG
Verbum mentis: Abstraktion, Erkenntnis, Logos
Verdienst (sittl): Vergeltung
Verdrängung: Trieb
VERERBUNG
Vererbungsgesetze: Vererbung
Vergangen: Zeit
VERGELTUNG
Vergottung: Mystik
VERHALTEN
Verhältnis: Beziehung
Verherrlichung Gottes: Schöpfung
Verifikation: Hypothese
Verifikationsprinzip: Wissenschaftstheorie
Verifizierbar: Positivismus, Erkenntnisprinzipien
Verkehrsgerechtigkeit: Gerechtigkeit
Verleumdung: Ehre
Vermittlung: Dialektik

Vermögen: Potenz
Verneinung: Negation
Vernichtung der Welt: Schöpfung
VERNUNFT
Vernunftbegriffe (Kant): Kritizismus
Vernunftgefühl: Fideismus
Vernunftrecht: Naturrecht
Vernunftseele: Seele
Verpflichtung: *Ethik*, Pflicht
Verschiedenheit: Unterscheidung
Verschiedenheit (numerische): Einzelne, das
VERSTAND
Verstandesbegriffe, reine (Kant): Kritizismus
Verstandestugenden: Tugend
VERSTEHEN: Hermeneutik
Verwandte Rassen: Rasse
Verworrene Begriffe: Rationalismus
VIELHEIT
Vier Wahrheiten (buddh): Buddhismus
Virtuell: Prinzip
Vis aestimativa: Instinkt, *Sinneserkenntnis*
Vis cogitativa: Sinneserkenntnis, Schema
Vitalismus: Lebensprinzip
Vitalseele: Seele
VOLK
VÖLKERRECHT
Volkssouveränität: Souveränität
Vollakte: Unbewußtes
Vollendungswert: Gute, das
Vollklassen: Einteilung
VOLLKOMMENHEIT
Vollkommenheitsgrade: Seinsgrade
Vollmenschliche Handlung: Verantwortung
Vollsubstanz: Substanz
VOLUNTARISMUS
Voluntarium: Verantwortung
VORAUSSETZUNG

Voraussetzungslosigkeit: Vorausset-
Vorbehalt, innerer: Lüge [zung
Vorbestimmte Harmonie: Leib-
Seele-Verhältnis, (bei Leibniz):
Monade
Vorbild: Ideal, Ursache
Vordersätze: Schluß
Vorhandene, das: Dasein
VORHERWISSEN GOTTES
Vorpositive Rechte: Naturrecht
Vorrational: Irrational
Vorrechtliches Recht: Recht
Vorscholastik: Scholastik
VORSEHUNG: Stoizismus
VORSOKRATIKER
VORSTELLUNG
Vorstellungstypen: Vorstellung
Vorurteile: Voraussetzung

Wachstum: Entwicklung
Wahlfreiheit: Willensfreiheit
Wahrhaftigkeit: *Lüge*, Wahrheit
WAHRHEIT
Wahrheit, Allgemeingültigkeit der: Relativismus
Wahrheit an sich: Wahrheit
Wahrheit, doppelte: Wahrheit
Wahrheiten an sich: Urteil
Wahrheiten, vier: Buddhismus
Wahrheitsbefähigung: Erkenntnistheorie
Wahrheitsethos: Wahrheit
WAHRHEITSKRITERIUM: Dialektischer Materialismus
Wahrheitswerte: Logistik (Tafel)
WAHRNEHMUNG
Wahrnehmungsurteil: Erfahrung
WAHRSCHEINLICHKEIT: Quantenphysik
Washeit: Abstraktion, Wesen
Weber-Fechnersches Gesetz: Intensität
Webersches Gesetz: Empfindung

WECHSELWIRKUNG
Wechselwirkungstheorie (psych): Leib-Seele-Verhältnis
Weise, der (stoisch): Stoizismus
WEISHEIT: Tugend
WELT
Welt (Kant): Antinomien, Kritizismus
Weltall: Welt
Weltalter-Philosophie: Deutscher Idealismus (Schelling)
Weltanfang: Welt
WELTANSCHAUUNG
Weltbejahung: Optimismus
Weltbild: Weltanschauung
Weltbildner: Schöpfung
Welteinheit: Welt
Weltende: Welt
Weltflucht: Pessimismus
Weltknoten: Wertphilosophie
Weltoffenheit: Optimismus
Weltordnung: Teleologie, Welt
Weltplan: Vorsehung
Weltrecht: Völkerrecht
Weltregierung: Vorsehung
WELTSEELE: Pantheismus
WELTVERANTWORTUNG
Weltverneinung: Pessimismus
Weltvernunft: Pantheismus
Weltweisheit: Philosophie
Weltziel: *Schöpfung*, Welt
WERDEN
Werkfinalität: Teleologie
Werkzeuge: Technik
Werkzeugursache: Instrumentalursache
WERT
Werterfassen, intellektuelles: Wert
Werterfassung: Wert
WERTETHIK
Wertfreiheit: Wissenschaftstheorie
Wertfühlen: Phänomenologie
Wertfühlen, intentionales: Wertethik
Wertgefühl: Gefühl

Wertidealismus: Wert
Wertirrationalismus: Irrational
Wertlehre: Wertphilosophie
Wertlehre, metaphysische: Wert
WERTPHILOSOPHIE
Wertpsychologismus: Wertrelativismus
Wertrationalismus: Wert
Wertrealismus: Wert
WERTRELATIVISMUS
Wertstufen: Wert
Wertsubjektivismus: Wertrelativismus
Werttheorie: Wertphilosophie
Wert, unbedingter des Sittlichen: Sittlichkeit
Werturteil: Beweggrund
WESEN
Wesen Gottes: Gott
Wesenheit: Wesen
Wesensbegriff: Allgemeinbegriff, Wesenserkenntnis
Wesensbestimmung: Definition
Wesensbeziehung: Beziehung
Wesenseigenschaften: Wesen
WESENSERKENNTNIS
Wesensform: Form
Wesensgleichheit: Identität
Wesensschau: *Wesenserkenntnis*, Phänomenologie
Wesensteile: Teilbarkeit
Wesensteleologie: Teleologie
Wesensverhalte: Sachverhalt
Widerlegung: Schluß
Widersinnig: Sinn
Widerspiegelung: Dialektischer Materialismus
Widerspruch: Dialektik
WIDERSPRUCH, SATZ VOM
Widerstandsrecht, -pflicht: Souveränität
Widerstreit der Pflichten: Gewissen
Widervernünftig: Geheimnis

Wiedererkennen: Gedächtnis
Wiedergeburt: Seelenwanderung, [1]
Wiedertod: [1]
WILLE
WILLE GOTTES
WILLENSFREIHEIT
Willenskraft: Wille
Willensmotiv: Wille
Willensstärkung: Gewohnheit
Willenstugend: Tugend
Willentlich: Verantwortung
Wille, reiner: Autonomie
Wir: Dialog
Wir-Gefühl: Gruppe
WIRKEN: (als Ggs zu Leiden): Leiden
Wirkender Verstand: *Begriffsbildung*, Verstand
Wirklich: Wirklichkeit
Wirkliche, das: Realismus
WIRKLICHKEIT: (Bloch): Akt, (Hegel): Deutscher Idealismus
Wirkung: Ursache
Wirkungsquantum: Quantenphysik
Wirkursache: Ursache
WIRTSCHAFT
Wirtschaften: Wirtschaft
Wirtschaftliche Güter: Güter
Wirtschaftsethik: Sozialethik
Wirtschaftsphilosophie: Wirtschaft
Wissen: Glaube, Wissenschaft
Wissen der einfachen Einsicht: Allwissenheit
Wissen der Schau: Allwissenheit
Wissen, latentes: Gedächtnis
WISSENSCHAFT
Wissenschaften, angewandte, formale, inhaltliche, normative, praktische, theoretische: Wissenschaftstheorie
Wissenschaftsethik: Wissenschaftstheorie
Wissenschaftskritik: Wissenschaftstheorie

Wissenschaftssoziologie: Wissenschaftstheorie
WISSENSCHAFTSTHEORIE
Wort: Logik, Logos, Sprache
Worterklärung: Definition
WUNDER

Yang: [14]
Yin: [14]
Yoga
Yogin: Yoga

ZAHL
Zauberei: Religion
ZEICHEN
ZEIT
Zeitanschauung (Kant): Kritizismus
Zeitkritik: Kulturphilosophie
Zeitkunst: Kunst
Zeitlos: Ewigkeit
Zeitmessung: Zeit
Zeitpunkt: Zeit
Zeitrichtung: Zeit
Zeitsinn: Zeit
Zeittheorie: Zeit
Zeitvorstellung: Zeit
ZELLE
Zellularität: Zelle
Zen: [23]
Zergliederung: Analyse
Zeugnisse (gesch): Geschichtliche Gewißheit
Zeugniswissen: Glaube
Ziel: Teleologie, Ursache
Zielgebote: Kompromiß
Zielsicherheit, Satz der: Finalitätsprinzip
Zielstrebigkeit: Teleologie
Zielstrebigkeit, Satz der: Finalitätsprinzip
Zirkelschluß: Trugschlüsse
Zirkumskriptive Gegenwart: Raum
Zivilisation: Kultur
Zölibat: Ehe
Zornmütiges Strebevermögen: Sinnlichkeit
ZUFALL: Teleologie
Zufällig: Zufall
Zufällige, das: Kontingenz
Zufallstheorie: Zufall
Zugleichsein: Zeit
Zukünftig: Zeit
Zulassen: Theodizee
Zurechnungsfähigkeit: Verantwortung
Zurückführung auf das Widerspruchsprinzip: Indirekter Beweis
Zusammensetzung: Einfachheit
Zustimmung: Gewißheit
ZWANG
Zwangsantriebe: Zwang
Zwangsgewalt: Staat
Zwangsvorstellungen: *Zwang*, Vorstellung
ZWECK: Teleologie, Ursache
Zweckmäßigkeit: Teleologie, *Zweck*
ZWECKWIDRIGKEIT
Zweideutigkeit: Lüge
ZWEIFEL
Zweitbegriffe: Begriffsbildung
Zweite Intention: Reflexion
Zweites Gesicht: Okkultismus
Zwei-Welten-Theorie: Sokratik

Absolut (unbezogen, *unbedingt, an sich*) ist, was unter irgendeiner Rücksicht oder schlechthin losgelöst ist von der Beziehung zu anderem. - A dem Begriffe nach ist das, was ohne Beziehung auf anderes definiert werden kann. - A dem Sein nach ist 1. dasjenige, dem ein Sein an sich (als Substanz oder sog absolutes ↗ Akzidens) zukommt, also nicht bloß, sofern es ↗ Beziehung zu anderem ist, 2. dasjenige, was nicht bloß Seinsbestimmung an einem anderen ist = ↗ Substanz, 3. jenes Sein, das jede wirkliche Beziehung zu anderem ausschließt (= *das Absolute*). Da alles Endliche verursacht u deshalb auf eine Ursache bezogen ist, kann das Absolute nicht anders als ursachlos u unendlich sein. Hingegen widerspricht es dem A nicht, daß es selbst Zielpunkt von Beziehungen ist. Der Begriff des A fällt weder mit dem theistischen noch mit dem pantheistischen Gottesbegriff ohne weiteres zusammen. In pantheistischer Auffassung ist die Gesamtheit alles gegenseitig Bezogenen unbezogen (das All). In theistischer Auffassung hingegen ist auch die Gesamtheit alles gegenseitig Bezogenen noch auf anderes, das selbst unbezogen ist (Gott), bezogen. ↗ Immanenz, Transzendenz. - A dem Gelten nach ist das, was unabhängig von einer in Betracht kommenden Bedingung gilt. - Da Begriffsinhalte, ohne Beziehung zu ihrem Träger betrachtet, dessen einschränkenden Bedingungen nicht unterliegen, bedeutet A oft: in der vollen Bedeutung des Begriffs, uneingeschränkt, unbedingt (zB ,die' Weisheit). - ↗ Relativ, Gott, Pantheismus.

a) *I Kant:* Krit d rein Vern ^{2}1787, 380-2; *Hegel:* Enzyclop^2 § 384ff. - *M Rast:* Welt u Gott 1952; *J Heiler:* Das A-e 1921; *F Grégoire:* Condition, Conditionné, Inconditionné, in: Rev phil Louv 46 (1948) 5-41; *W Cramer:* Das A-e u das Kontingente 1959; *P Levert:* Le principe absolu, in: Dieu (Ét philos 1959, 3); *L Leahy:* L'inéluctable absolu, P 1965. - d) *O Lacombe:* L'Absolu selon le Védânta, P 1966; *G Huber:* Das Sein u das A-e [zur Spätantike] 1955; *E Fräntzki:* Nik v Kues u das Probl d a Subjektivität 1972; *B Brülisauer:* Der Begr des A-en i der neuzeitl Phil 1969; *W Cramer:* Die a Reflexion I (Spinozas Phil des A-en) 1966; *W Brugger:* Das Unbedingte i Kants Krit d rein Vern, in: Lotz, Kant u die Schol heute 1955, 109-54; *H Radermacher:* Fichtes Begr des A-en 1970; *J Möller:* Der Geist u das A-e [zu Hegel] 1951.   Brugger

Abstrakt sind Vorstellungen, denen keine sinnliche Anschauung entspricht oder die ihren Gegenstand ohne die Merkmale der Vereinzelung darstellen. A-e Vorstellungen dienen entweder der Übersicht schaffenden Einteilung, indem der Verstand durch Absehen von den Besonderungsmerkmalen zu allgemeineren Begriffen fortschreitet, zB Mensch, Sinnenwesen, Lebewesen usw (= abstractio totalis), oder der Erkenntnis des logischen Aufbaus der Begriffe und des metaphysischen Aufbaus der Wirklichkeit, indem der Verstand, vom Träger absehend, die formgebenden Bestandteile aussondert, zB vom Weisen die Weisheit (= abstractio formalis). A-e Vorstellungen sind demnach entweder *Allgemeinbegriffe*, die noch konkret sind, insofern sie aus Träger (↗ Subjekt) u ↗ Form zusammenwachsen (der Mensch), oder *Formbegriffe*, die die Form ohne Träger zum Inhalt haben (die Menschheit, das Menschsein). – Die Abstraktion vom Träger ist aber nicht überall dieselbe. Im *physischen Formbegriff* wird wenigstens noch die Beziehung zu einem (unbestimmten) Träger mitgedacht, weil die physische Form wesentlich Bestandstück eines physischen Konkretums ist (wie zB die Rundung am Runden). Im *metaphysischen Formbegriff* hingegen wird auch von jeder Beziehung zu einem Träger abgesehen. Diese metaphysische Betrachtungsweise zielt also auf die Form als solche, rein an sich, u ist ohne weiteres nur anwendbar bei den sog reinen Vollkommenheiten (↗ Gott), die auch ohne Träger, allerdings dann nur identisch mit dem subsistierenden Sein (↗ Subsistenz), wirklich sein können. Dieses metaphysisch A-e ist darum das Allerrealste, was allerdings erst durch Schlußfolgerung erkannt wird. – Die vollständige menschliche Erkenntnis führt über das A zur tieferen Erfassung des Konkreten zurück. Über das A bei Hegel ↗ Konkret. – ↗ Abstraktion.

a) *Cajetanus* (Thomas de Vio): Comment in De ente et essentia quaest I, quoad tertium (ed Laurent, nr 5). – b) *J Lindworsky:* Experim Psychol ⁵1931. – *H Hempel:* Konkretum u Abstraktum als sprachl Kategorien, in: Kantstud 48 (1956/57) 134–160. – *W Wundt:* Zur Gesch u Theor der abstr Begriffe, Kleinere Schriften II, 1910–11. – e) *J de Vries:* Denken u Sein 1937 [Register].   Brugger

Abstraktion bedeutet dem Wortsinn nach ein „Abziehen", Herauslösen eines Teilinhaltes aus einem Ganzen; im phil Sprachgebrauch wird nur das gedankliche Herauslösen A genannt, u zwar nicht eines konkreten, wirklich trennbaren Teils von einem Ganzen (zB des Astes vom Baum), sondern eines unselbständigen, getrennten Daseins unfähigen (↗ abstrakten) *Merkmals* oder „*Momentes*" (zB der Gestalt) aus einem ↗ konkreten, in der ↗ Erfahrung gegebenen Ganzen. Das Ergebnis der A ist ein ↗ Begriff. Man unterscheidet das Merkmal, „das" abstrahiert (dh gedanklich für sich allein erfaßt) wird, u den zurückgelassenen Rest, „von dem" abstrahiert wird, dh, der im abstrahierten Begriff weggelassen wird.

In der Psychologie denkt man bei A (1) gewöhnlich nur an dieses gedankliche Herausheben eines unselbständigen Merkmals aus einem gegebenen anschaulichen Gebilde. Dieses Herausheben setzt die Richtung der ↗ Aufmerksamkeit auf das betr Merkmal voraus. Würde die A nicht mehr leisten, so würde sie nur eine Verminderung des Inhalts bedeuten, u der ↗ Empirismus behielte recht. Demgegenüber lehrt die von *Aristoteles* angedeutete, in der Scholastik auf verschiedene Weise weiterentwickelte *Abstraktionstheorie* in ihrer klassischen Gestalt, daß bei der A (2) die unleugbare Minderung des Inhalts durch den erreichten Tiefgang mehr als aufgewogen wird: durch die A wird irgendwie das ↗ Wesen, besser gesagt: etwas Wesenhaftes im Gegenstand erfaßt. Das setzt voraus, daß die A nicht das bloße Herauslösen eines Merkmals aus dem sinnlich Gegebenen ist, sondern ein zweistufiger Vorgang *(Abstraktionsprozeß)*, in dem zunächst etwas Wesenhaftes *im* Gegebenen geistig erfaßbar gemacht u erfaßt wird, das dann *aus* dem konkreten Verband herausgehoben wird. Dabei dürfte das Ergebnis der ersten Stufe das sein, was *Thomas von Aquin* als Werk der „wirkenden Vernunft" *„species intelligibilis"* (geistiges Erkenntnisbild) oder *„intelligibile in sensibili"* (intelligibler Gehalt im sinnlich Gegebenen) nennt, während die zweite Stufe zum *„verbum mentis"*, dem eigentlichen Begriff, führt (↗ Begriffsbildung).

Das, was das geistige Erkenntnisbild – nicht getrennt vom sinnlich Gegebenen, sondern in ihm – für die Vernunft aufscheinen läßt, wird von *Thomas von Aquin* als *quidditas rei sensibilis* bezeichnet. Der Ausdruck ist oft so verstanden worden, als sei es das (substantielle) ↗ Wesen des in den sinnlichen „Akzidentien" erscheinenden Seienden, das so ohne jede gedankliche Bemühung unmittelbar erfaßt werde. (Die mißverständliche Deutung „Washeit des sinnlich gegebenen *Dinges*" – statt „des sinnlich gegebenen *Etwas*" – mag dazu beigetragen haben.) So würde also zB bei der sinnlichen Wahrnehmung eines Pferdes sogleich das Wesen des Pferdes sichtbar werden. Das ist offenbar gegen alle Erfahrung. Daß es auch von *Thomas* nicht so gemeint ist, geht zB aus seiner Aussage hervor: „Unser Verstand kann nur mit Mühe (vix) durch die sinnlich gegebenen Akzidentien zur vollkommenen Erkenntnis der Natur eines innerweltlichen Dinges (inferioris naturae) gelangen" (ScG IV, 1). Das substantielle Wesen wird nach ihm aus den wahrnehmbaren Akzidentien erkannt wie die Ursache aus ihrer Wirkung, dh durch Schlußfolgerung (De ente et essentia c 5 [6] n 25). Tatsächlich dürfte mit der unmittelbaren A der *Washeit* nur das „wesenhafte" Erfassen gewisser sinnlich wahrnehmbarer Merkmale, insbes der anschaulich gegebenen räumlich-zeitlichen Bestimmungen, gemeint sein. Sie werden nicht unmittelbar *als* Akzidentien, dh als etwas in einem ↗ Subjekt (bzw in einer ↗ Substanz) Inhärierendes, erfaßt, sondern nur in ihrem eigenen Sosein. Daß aber die so gewonnene Erkenntnis die bloß sinnliche wesentlich übertrifft, geht daraus hervor, daß sie unmittelbarer Ausgangspunkt einer ↗ apriorischen Wissenschaft, nämlich der (anschaulichen) Geometrie, sein kann, was man von der nur sinnlichen Wahrnehmung der Tiere gewiß nicht behaupten wird.

Die A, soweit sie A „aus" dem Sinnlichen ist, reicht jedenfalls nicht über den kategorialen Bereich (↗ Kategorie) hinaus. Wenn die kategoriale Washeit trotzdem spontan „als Seiendes" gedacht wird, so ist das bereits ein Hinzufügen eines nicht wahrgenommenen Inhalts, der in den Bereich dessen fällt, was Thomas *„sensibile per accidens"* nennt ↗ Sinneserkenntnis. Der ↗ transzendentale Bereich der reinen ↗ Vollkommenheiten, insbes des ↗ Seins u des Seienden, ist gegenüber dem kategorialen Bereich „a priori", „früher", nicht in der zeitlichen Ordnung des Werdens der Erkenntnis, wohl aber in der logisch-metaphysischen Ordnung der Grundlegung. In diesem Sinn sagt Thomas: „Das, was die Vernunft zuerst empfängt (concipit) als das Bekannteste u worauf als letzte Grundlage ihre Analyse alle Denkinhalte (conceptiones) zurückführt, ist das Seiende" (De ver 1,1).

Daß die Weise, wie der menschliche Geist dieses Erste „empfängt", nicht hinreichend reflektiert wird, hängt damit zusammen, daß die A ausdrücklich nur als A aus der „äußeren" sinnlichen Erfahrung zum Thema gemacht wird; ihr gegenüber tritt die innere Erfahrung zurück. Schon *Aristoteles* weiß zwar, daß „wir unsere sinnliche Wahrnehmung selbst sinnlich wahrnehmen" (Nikom Eth 9,9; 1170 a 31 f). Aber daß wir durch A aus dieser Wahrnehmung die Begriffe der sinnlichen Akte (zB des Sehens, des Verlangens, der Lust u Unlust) gewinnen, wird nicht ausdrücklich gesagt. Allerdings bleibt auch diese A im kategorialen Bereich.

Gilt dasselbe auch von der A aus der geistigen Erfahrung der eigenen geistigen Akte? Der Geist selbst ist allerdings von sich aus geistig erfaßbar (ipsa mens est intelligibilis in actu: De ver 10,6). Darum bedarf es keiner „Erleuchtung" durch die wirkende Vernunft. Trotzdem: solange die Begriffe der geistigen Akte mit ihrer „menschlichen" Eigenart (zB das Urteil, insofern es in „Verbindung oder Trennung" von Begriffen sich vollzieht) durch A aus dem menschlichen Gesamtvollzug herausgehoben werden, sind auch die so gewonnenen Begriffe noch kategoriale Begriffe. Es ist aber möglich, in der „vollkommenen Rückkehr" (reditio perfecta) des Geistes zu sich selbst die im eigenen Sein verwirklichten reinen Vollkommenheiten (zB Einsicht, Wollen, Sein) durch formale A als metaphysische Formbegriffe zu gewinnen (↗ abstrakt). Entsprechend können dann auch die nur noch im logischen Sinn „konkreten" transzendentalen Begriffe des Guten, des ↗ Geistes usw u in alledem der Begriff des Seienden gewonnen werden ↗ Seinserkenntnis. Diese Begriffe sind „*logisch" konkret*, insofern sie in unserer Denkweise eine Zusammensetzung enthalten (Seiendes = etwas, dem Sein zukommt), „nur" logisch konkret, insofern in dieser Denkweise doch keine metaphysische Zusammensetzung aus Subjekt u Form als ↗ Seinsprinzipien bezeichnet wird.

Die A einer ↗ Form (sei es einer physischen oder einer metaphysischen) vom ↗ Subjekt wird *Formalabstraktion (abstractio formalis)* genannt. Ihr steht die A des Allgemeinen vom Einzelwesen (zB des Begriffes „Mensch" von bestimmten Einzelmenschen) gegenüber; weil in ihr das abstrahierte Allgemeine noch ein metaphysisch Ganzes (totum) ist, zusammengesetzt aus einem unbestimmten Subjekt u einer „Form" (Mensch = ein Subjekt, das die menschliche Natur hat), wird diese Art der A *Totalabstraktion (abstractio totalis)* genannt. Soweit die „Form" wesenhaft erfaßt wird, bedarf es für die A des Allgemeinen keiner induktiven *Verallgemeinerung (Generalisation)*. Wohl aber ist die Bildung der empirischen ↗ Allgemeinbegriffe, soweit sie ein dauernd miteinander verbundenes Ganzes von Merkmalen besagen (wie etwa der Begriff „Pferd"), von einer Art ↗ Induktion abhängig. Darin besteht die relative Berechtigung des Empirismus.

a) *Aristoteles:* Über die Seele 3, 4–8; *Thom v Aq:* STh I q 84 a 6; q 85 a 1; In Boeth de Trin q 5 (ed Decker). – b) *J Kleutgen:* Phil der Vorzeit I ²1878; *E Husserl:* Logische Untersuchungen II/1 ³1922; *J Maréchal:* Le point de départ de la métaphysique I–V, P 1922–47; *N Balthasar:* L'Abstraction métaphysique, Louvain 1935; *J Laporte:* Le problème de l'abstraction, P 1940; *K. Rahner:* Geist i Welt

²1957; C *Fabro:* Percezione e pensiero, Mailand 1941; G *Fausti:* Teoria dell'astrazione, Padua 1947; B *Lonergan:* Verbum and Abstraction, in: Theol Studies 10 (1949) 3–40; G *Van Riet:* La théorie thomiste de l'abstraction, in: Rev phil Louv 50 (1952) 353–393; L *Ferrari:* „Abstractio totius" and „abstractio totalis", in: Thomist 24 (1961) 72–89; *J de Vries:* La pensée et l'être, Louvain 1962, 274–283 (hier zum Teil verbessert), 362–375. – d) *PE Gohlke:* Die Lehre v der A bei Platon u Aristoteles 1914; *JB Geiger:* Abstraction et séparation d'après s Thom, in: Rev des Sciences phil et théol 31 (1947) 3–40; *G Siewerth:* Die A u das Sein nach der Lehre des Thom v Aq 1958; *L Oeing-Hanhoff:* Wesen u Formen der A nach Thom v Aq, in: Ph Jb 71 (1963) 14–37.   de Vries

Aggression bedeutet ein Verhalten u dessen begründende psychische Emotion, das auf Zerstörung eines als bedrohlich vorgestellten Gegenstandes bzw Beseitigung eines Widerstandes abzielt. Biologen neigen dazu, A auf einen instinktiven Trieb zurückzuführen, dem wichtige Funktionen zur Selbsterhaltung u Arterhaltung zukommen. Übermäßige Emotionen wären durch gesteuerte Abreaktion unschädlich zu machen. In der Sozial- u Lernpsychologie vertritt man vielfach die Auffassung, A sei das Resultat von *Frustration* (verhinderte Trieberfüllung) u verfestige sich bei häufiger Wiederholung zur Charakterhaltung. Man sollte also durch eine möglichst frustrationsfreie („antiautoritäre") Erziehung das Entstehen von A verhindern. Schließlich gibt es Theorien, die verschiedene angeborene, erlernte u in der jeweiligen Situation liegende Momente als Grund für A ansehen. – Eine phil ↗ Anthropologie, die menschliche Freiheit nicht leugnet, wird davon ausgehen, daß die Emotionalität das Handeln nicht schlechthin determiniert, sondern daß die Natur im Prozeß der Entwicklung zu einer Kultur geformt werden kann, die eine Eindämmung u Steuerung der A im Sinn ethischer Zielsetzungen erlaubt. Als emotionale Grundlage menschlichen Verhaltens ist A noch vorsittlich. Sittlich negativ wird sie erst dann, wenn die gewaltsame Durchsetzung des angestrebten Zieles mit übergeordneten Werten in Konflikt gerät.

K Lorenz: Das sog Böse, Wien 1963; *J Dollard* u a: Frustration and Aggression, New Haven 1939; *J Rattner:* A u menschl Natur, Olten 1970.   Rotter

Agnostizismus (von griech ágnostos = unerkennbar). Das Wort wurde von *ThH Huxley* 1869 in die phil Sprache eingeführt. Dem Wortsinn nach bedeutet es die Lehre von der Unerkennbarkeit, dem phil Sprachgebrauch nach die Richtung der Phil, die das Übersinnliche, insbes das Göttliche, für unerkennbar hält u damit die ↗ Metaphysik als Wissenschaft leugnet. Die Erkenntnis wird auf das Innerweltliche eingeschränkt, das Transzendente (↗ Transzendenz) – unter Verkennung der Möglichkeit analoger Erkenntnis – als höchstens durch ein ↗ irrationales Ahnen, Fühlen oder „Glauben" erfaßbar betrachtet. Der A findet sich als Leugnung der theoretischen Erkennbarkeit Gottes im ↗ Kritizismus *Kants,* ebenso in der von ihm abhängigen Religionsphilosophie der Erlebnistheologie u des Modernismus, als Leugnung jeder phil Erkennbarkeit Gottes wenigstens in der Frühzeit der ↗ dialektischen Theologie. Eine noch radikalere Form des A ist in der Lehre des ↗ Positivismus, namentlich des Neupositivismus, eingeschlossen, der alle Wörter, die sich nicht durch die sinnliche

Erfahrung „verifizieren" lassen, für sinnlos erklärt. Von ihm leitet sich als heutige Form des A die Lehre vieler Vertreter der ↗ analytischen Phil ab, die jedes Sprechen über Gott für unmöglich halten. So ist das Problem des A von einem Problem der Erkenntnistheorie zu einem der ↗ Sprachphilosophie geworden.

a) *Thom v Aq:* STh I q 13. – b) *G Michelet:* Dieu et l'Agnosticisme contemporain, P [4]1920; *St Breton:* Peut-on parler de Dieu?, P 1967/68; *IM Bocheński:* Logic of Religion, NY 1965 (dt: Logik der Religion 1968); *WA de Pater:* Theol Sprachlogik 1971. – c) *JAT Robinson:* Honest to God, L 1963 (dt: Gott ist anders [8]1964); *L Dewart:* Die Zukunft des Glaubens 1968; *ders.:* Die Grundlagen des Glaubens, 2 Bde, 1971; *H. Fischer:* Glaubensaussage u Sprachstruktur 1972. – d) *F Ferré:* Language, Logic and God, L 1962.

de Vries

Akt (griech *enérgeia*) u ↗ Potenz sind jene Aufbaufaktoren des Endlichen, durch die zuerst *Aristoteles* u dann die Scholastik das Werden erklären. Im Ggs zur Potenz sagt der A die entfaltete Wirklichkeit. Je nachdem, ob es um diese oder jene Art des Werdens geht, prägt er sich jeweils anders aus; schließlich gründet alles Werden im Überwerdehaften, das sich als A von einzigartiger Sinngebung darstellt.

Im Wesen des A liegt stets eine gewisse Fülle, dh ein Ausmaß von Möglichkeiten, die in reicherem oder weniger reichem Maß verwirklicht sein können; man denke etwa an den größeren oder geringeren Umfang des Wissens. Sind alle Möglichkeiten eines A erschöpfend verwirklicht, so ist das ein *unbegrenzter* A, zB die Fülle alles Wissens ohne Beschränkung durch irgendein Nicht-Wissen. Ein *begrenzter* A hingegen umfaßt nur einen Ausschnitt der betr Möglichkeiten, zB Wissen des Menschen, von so viel Nicht-Wissen durchsetzt. Dabei sind (in der Begriffsordnung) zu unterscheiden der *nicht-reine (gemischte) A,* der schon in seinem Wesen Begrenzung sagt u deshalb einer unbegrenzten Verwirklichung unfähig ist, u der *reine (einfache) A,* dessen Wesen keine Begrenzung enthält u deshalb auch eine unbegrenzte Verwirklichung zuläßt. So ist das sinnliche Erkennen als solches wesenhaft ein nicht-reines, mit Nicht-Wissen gemischtes Wissen, da ihm das Übersinnliche nicht offensteht; das geistige Erkennen aber ist seinem Wesen nach reines, einfaches (mit Nicht-Wissen nicht zusammengesetztes) Wissen, wenn es auch seiner Verwirklichung nach im Menschen von Nicht-Wissen gebrochen wird. Der begrenzte A ist immer ein *aufgenommener A,* weil er je nach der Aufnahmefähigkeit, d i der Potenz, seines Trägers begrenzt wird; vgl das Wissen im Menschen. Bleibt hingegen der reine A (in der Wirklichkeitsordnung) von jedem beschränkenden Träger frei, existiert er somit als auf-sich-selbst-gestellter (subsistierender) u *nicht-aufgenommener A,* so ist er die volle Auswirkung seiner selbst u darum unbegrenzt: das ist beim Überwerdehaften, das als solches die Potenz ausschließt, namentlich bei Gott der Fall.

Weil das Sein (im Unterschied etwa zu Wissen oder Wollen) Wirklichkeit in jeder Hinsicht besagt u Gott das subsistierende Sein ist, hat er vermöge dieses einen A-es die schlechthin unbegrenzte Fülle in absoluter Einfachheit inne. Das Endliche hingegen ist zusammengesetzt aus mehreren Teilakten, denen die ihnen zugeordneten Potenzen gegenübertreten; dabei sind drei Bereiche zu unterscheiden: Beim Werden, kraft dessen dasselbe Seiende anders wird, hebt sich der substantielle Kern als der *erste A* (1) von den akzidentellen Bestimmungen als dem *zweiten Akt* ab. Meist aber wird die Substanz, ausgestattet mit ihren Wirkvermögen, *erster A* (2) genannt, während das Wirken selbst der *zweite A* heißt, zB ein Willensakt. Vollzieht sich das Werden in allmählichem Wachstum, so sind die unfertigen Zwischenstufen *unvollkommene A-e*, die vom fertigen Abschluß als dem *vollkommenen* oder *letzten A* gekrönt werden (vgl die Entwicklung des Kindes zum Mann). Beim Werden, das ein Seiendes in ein anderes wandelt, zeichnet sich im substantiellen Kern selbst u damit in der Wesenheit die Spannung zwischen dem *formalen A* oder der Wesensform, die das „Was" bestimmt, u der Materie als dem bestimmbaren Substrat ab (als Beispiel diene die Assimilation der Nahrung); hierher gehört auch die Unterscheidung von Seele u Leib. Zu diesen Arten des Werdens, die schon *Aristoteles* untersuchte, kommt unter dem Einfluß der christl Offenbarung jenes uneigentliche Werden, durch das Seiendes schlechthin aus dem Nicht-Seienden hervorgeht u das als Erschaffen-Werden bezeichnet wird; hieraus ergibt sich die Zweiheit des *entitativen A-es*, der das reale ↗ Dasein (Existenz) meint, u der individuellen Wesenheit als der ihm zugeordneten Potenz.

Heute spricht auch etwa *E Bloch* von *Wirklichkeit* (A) u *Möglichkeit* (Potenz), wobei diese nach ihm jener vorausgeht u sie stets unabsehbar überschreitet. Das trifft auf den auf die Potenz bezogenen A zu, nicht aber auf den reinen oder subsistierenden A, der jeder Möglichkeit vorausgeht u jede (wesenhaft endliche) Potenz unendlich überschreitet. – Häufig tritt gegenwärtig der A als Vollzug so sehr in den Vordergrund, daß sein substantieller Träger vernachlässigt u sogar geleugnet wird, was auf die Spielarten des *Aktualismus* zutrifft. Namentlich akzentuiert man bei der ↗ Person (Scheler) oder der ↗ Existenz fast allein das A-Gefüge, in dem sie sich vollzieht. Zugegeben ist, daß sich die Person erst in dem A ihres wissenden u freien Selbstvollzugs ganz als solche ausprägt, wodurch jedoch ihre substantielle Personalität nur vollendet, nicht aber verdrängt oder ersetzt wird.

a) *Aristoteles:* Metaphysik IX; *Thom v Aq:* In metaph Arist IX. – b) *G Manser:* Das Wesen d Thomismus ³1949; *C Giacon:* Atto e potenza, Brescia 1947; *H Beck:* Der A-Charakter des Seins 1965 *MF Sciacca:* Akt u Sein, Freiburg 1964. – c) *L Fuetscher:* A u Potenz 1933; *L Lavelle:* De l'acte 1937. – d) *J Stallmach:* Dynamis u Energeia. Untersuchungen am Werk des Aristoteles zur Problemgesch v Möglichkeit u Wirklichkeit 1959. Lotz

Akzidens im weitesten Sinn ist alles, was bestimmend zu einem ↗ Subjekt hinzukommt. In der logischen Ordnung ist A jede Bestimmung, insofern sie einem Subjekt sowohl zukommen als fehlen kann (*logisches A:* zB schwarzhaarig bzgl des Menschen) ↗ Prädikabilien. In der Seinsordnung ist A das, was eine ↗ Substanz, die schon durch sich eine bestimmte Seinsstufe einnimmt, weiterhin bestimmt (*ontologisches A:* zB die Denktätigkeit bzgl der Seele). Das A bestimmt die Substanz (Subst) entweder an sich selbst, wie Quantität u Qualität (*absolute Akzidentien*), oder in Beziehung auf anderes, wie zB Orts- u Zeitbestimmungen *(relative A-en)*. Die *akzidentelle Form* unterscheidet sich von der substantiellen dadurch, daß diese überhaupt erst das Wesen einer Sache konstituiert (wie die Seele den Leib als lebendigen Leib), jene hingegen das Wesen der Sache schon vollendet voraussetzt u eine weitere Bestimmung der Subst ist. Ein A kann niemals als Subst existieren; es verweist seiner Natur nach auf eine Substanz. Wenn ein A (wie viele bei der eucharistischen Wesensverwandlung annehmen) tatsächlich getrennt von der Subst fortbesteht, wird deren tragender Einfluß durch Gottes Allmacht ersetzt. Auch das A ist ein Seiendes, aber in wesentlich von der Subst verschiedener Weise ↗ Analogie. Das Anhaften des unselbständigen A an der Subst *(Inhärenz)* ist trotz des realen Unterschieds beider nicht ein äußerliches Dazufügen (wie die Kleidung zum Menschen hinzutritt), sondern innere seinsmäßige Einigung, kraft deren die Subst anders wird. Es hat eine Ähnlichkeit mit der Einheit von Leib u Seele, kann aber, da immer nur die konkrete Einheit von Subst u A der Erfahrung unterliegt, niemals seines geheimnisvollen Charakters entschleiert werden. Die Inhärenz der A-en läßt Stufen zu; sie kann unmittelbar oder mittelbar sein (zB Quantität u Bestimmungen der Quantität; aktive Potenz u ihre Akte). Die Inhärenz ist das Resultat eines aktiven Verhaltens der Subst; so emanieren aus ihr die charakteristischen A-en *(Propria)*, ferner Spontanakte der Lebewesen, während andere A-en Reaktionsweisen u deren Prägungen sind.

Die Annahme wirklicher, von der Subst verschiedener A drängt sich auf beim Wandel der Dinge, die sich trotz Beibehaltung desselben Wesensbestandes in anderer Hinsicht ändern. Diese Auffassung steht in der Mitte zwischen der Anschauung derer, die wie *Hume* u andere Empiristen nur die substanzlosen u fließenden Erscheinungen als wirklich gelten lassen, womit ein sich durchhaltender Wesensbestand der Dinge ausgeschlossen wird, u der Ansicht *Descartes'* u *Spinozas*, die die A-e selbst (wie Quantität u Denken) zum substantiellen Sein erheben. Die akzidentelle Bestimmung einer Subst kündet immer deren Endlichkeit an; denn mit der Einfachheit des Unendlichen ist akzidentelles Sein unvereinbar. Umgekehrt gehört die akzidentelle Bestimmung notwendig zum geschaffenen Sein. Denn das ↗Wirken, das jedem Sein folgt, kann in keinem Endlichen das substantielle Sein selbst ausmachen.

a) *Aristoteles:* Metaphysik VII, 4–5; *Thom v Aq:* De ente et essentia c 7 (dt v. Allers): *Suárez:* Disput metaph d 32, 37–39; *Descartes:* Principia philosophiae I 52–3, 56, 63–5. – b) *J Gredt:* Die arist-thom Phil II 1935, 120; *L Baur:* Metaphysik ³1935, § 31; *J de Vries:* Denken u Sein 1937, 217f; *J Lotz:* Ontologia 1963, nr 536–68; *E Coreth:* Metaphysik ²1964, § 34. – c) *Descartes* ↗a)

Santeler – Lotz

Allgegenwart. Die A Gottes ist sein Gegenwärtigsein in allen Dingen. Die Körper nehmen einen Raum ein durch ihre Ausdehnung, kraft deren sie andere Körper verdrängen, die reinen Geister hingegen, da sie den Gesetzen des Stoffes nicht unterliegen, durch ihr Wirken auf Ausgedehntes. So ist auch Gott in den Dingen zugegen, indem er sie erhält u in ihnen wirkt. Da er selbst unräumlich u einfach ist (↗Einfachheit), können die räumlichen Dinge keine räumliche

Beziehung zu ihm haben. In diesem Sinne ist Gott weder „innerhalb" noch „außerhalb" der Welt. Weder erfüllt er die Welt nach Art eines feinen Äthers, noch wirkt er von „außen" auf sie, sondern ist ihr dem Sein nach ganz innerlich (immanent) u doch von ihr geschieden (transzendent), da er nie zu einer Einheit mit ihr verschmilzt. Darum ist der unendliche Raum auch nicht eine Eigenschaft oder Erscheinung Gottes *(Spinoza)*. – Während die A das Dasein der geschaffenen Dinge voraussetzt, also eine relative u „zeitliche" Eigenschaft Gottes ist, die aber nur von seiten der Dinge eine wirkliche Beziehung zu Gott besagt, ist die *Unermeßlichkeit* Gott selbst, insofern er vermöge seiner Unendlichkeit immer größere Welten schaffen u erhalten, also in ihnen gegenwärtig sein kann. – ↗ Immanenz, Unendlich.

a) *Thom v Aq:* STh I q 8; ScG III, 68. – b) C *Nink:* Phil Gotteslehre 1948: *M Rast:* Welt u Gott 1952; *M Frickel:* Deus totus ubique simul 1958; *W Brugger:* Theologia naturalis 1964, nr 309–12.   Rast

Allgemeinbegriff. Der ↗ Begriff, genauer: der durch Totalabstraktion (↗ Abstraktion) gewonnene Begriff ist A, insofern sein Inhalt von mehreren, einzeln genommen, mit Vervielfältigung seiner selbst ausgesagt werden kann. Durch die Aussagbarkeit von mehreren unterscheidet sich der A vom *Einzelbegriff;* insofern sein Inhalt jedem „einzeln genommen" zukommt, steht er dem *Sammelbegriff (Kollektivbegriff)* gegenüber; dieser bedeutet eine Gesamtheit, zB der Begriff „Herde" eine Gesamtheit von Tieren, ist aber nicht von den einzelnen Tieren der Herde aussagbar (auch er ist allerdings A bzgl mehrerer gleichartiger Gesamtheiten, zB mehrerer Herden); durch die Bestimmung „mit Vervielfältigung des Inhalts" unterscheidet sich der A von jener Gemeinsamkeit, mit der der Begriff „Gott" nach der christl Lehre von den drei Personen der Dreifaltigkeit, u zwar von jeder ganz, ausgesagt wird, ohne daß eine Vervielfältigung der göttlichen Natur anzunehmen ist; im A dagegen wird die bezeichnete Form (Natur) vervielfältigt: Peter ist Mensch, Paul ist Mensch, Peter u Paul sind zwei Menschen. – Je nachdem die Einheit des Begriffsinhalts eine vollkommene oder unvollkommene ist, unterscheidet man *eindeutige* u *analoge A-e;* erstere sind im strengsten Sinn A-e, doch werden auch letztere immer wieder unbedenklich A genannt ↗ Analogie.

Der A, wie er von den Dingen ausgesagt wird, heißt der *direkte A (universale directum)*. Sein Inhalt ist normalerweise zugleich Seinsinhalt wirklicher Dinge (↗ Realismus), wenn er auch „auf andere Weise" verwirklicht ist als im Denken, nämlich nicht ↗ abstrakt, losgelöst von den anderen Merkmalen des Dinges, sondern in ↗ konkreter Ganzheit mit andern Merkmalen (insbesondere der Individuation) zu realer Einheit „zusammengewachsen". Die Abstraktheit des A begründet seine Aussagbarkeit von vielen, dh seine Allgemeinheit. In logischer ↗ Reflexion auf den direkten A kommt uns diese Aussagbarkeit ausdrücklich zum Bewußtsein; so können wir einen zweiten A bilden, in dem wir die abstrahierte Washeit als von mehreren aussagbar, zB den Begriffsinhalt „Mensch" als

↗ Art, gedanklich erfassen; dieser zweite A heißt *reflexer* oder *logischer A (universale reflexum)*. Da die Allgemeinheit mit zu seinem Inhalt gehört, ist er als solcher nicht in der Seinsordnung verwirklicht; er ist ein ↗ Gedankending, das freilich in der Wirklichkeit seine Seinsgrundlage hat. Der logische A wird eingeteilt in die fünf ↗ Prädikabilien. – Der direkte A ist *Wesensbegriff*, insoweit er das ↗ Wesen der Dinge wiedergibt (↗ Wesenserkenntnis), *empirischer A*, insoweit er nur die vielen gemeinsame, nicht ihrem Wesen nach durchschaute Erscheinungsform darstellt; von letzterer Art sind zB die auf der Anschauung beruhenden Begriffe der verschiedenen Arten von Tieren u Pflanzen.

Über die Geltung der A-e ↗ Realismus. Ihre Bedeutung ergibt sich daraus, daß ohne sie kein ↗ Urteil möglich ist, da in jedem Urteil wenigstens das Prädikat ein A ist; erst recht gibt es ohne sie kein allg Urteil u deshalb – da jeder ↗ Schluß mindestens ein allg Urteil als Vordersatz verlangt – kein fortschreitendes Denken, kein Hinausschreiten über die unmittelbare Erfahrung, keine ↗ Wissenschaft, vor allem keine ↗ Metaphysik. – Zur Bildung der A-e ↗ Begriffsbildung.

a) *Thom v Aq:* De ente et essentia c 3 u 4. – b) *A Brunner:* Erkenntnistheorie 1948; *H Meyer:* Systemat Phil I 1955, 182–201; *IM Bocheński, A Church, N Goodman:* The Problem of Universals, Notre Dame, Ind 1956; *JP Schobinger*, Vom Sein der Universalien 1958; *G Küng:* Ontologie u logist Analyse der Sprache 1963; *JE Heyde:* Die Objektivität des Allg 1965; *R Carls:* Idee u Menge 1974. – c) *RI Aaron:* The Theory of Universals, Oxford 1952; *W Stegmüller:* Glaube, Wissen u Erkennen. Das Universalienproblem einst u jetzt 1965. – d) *J Maréchal:* Le point de départ de la métaphysique I–IV, P 1922–47; *R Hönigswald:* Abstraktion u Analysis 1961; *J Lebacqs:* De l'identique au multiple, Louvain 1968. – e) *J de Vries:* La pensée et l'être, Louvain 1962, 87–111, 263–96.   de Vries

Allmacht ist jene Eigenschaft Gottes, vermöge deren er alles verwirklichen kann, was nicht einen inneren Widerspruch in sich schließt. Auf seiten Gottes setzt sie die Schöpferkraft (↗ Schöpfung) voraus. Denn nur durch die Unabhängigkeit von jedem bereits existierenden Stoff sind seinem Wirken keine Grenzen gezogen, indes wir in unserem Schaffen auf den Stoff angewiesen u durch ihn beschränkt sind. – Von seiten der zu verwirklichenden Dinge ist deren innere Widerspruchslosigkeit (objektive ↗ Möglichkeit) erfordert. Ein in sich unmögliches Ding, zB einen viereckigen Kreis, kann Gott nicht schaffen, weil es ein Nichts ist. Ebenso kann er nicht sündigen, weil dies einen begrifflichen Widerspruch zu seiner wesensnotwendigen, absoluten Heiligkeit besagt. Gott kann also die metaphysischen u sittlichen Prinzipien nicht ändern. Die Behauptung *Descartes',* Gott könne auch in sich widerspruchsvolle Dinge verwirklichen, ruht auf der irrigen Voraussetzung, daß die innere Möglichkeit der Dinge in ihren Grundzügen nicht im Wesen Gottes, sondern in seinem freien Willen gründe. Was allerdings die konkrete Ordnung der Welt angeht, so beruht diese auf dem freien Entwurf der Weisheit Gottes, der auch ein anderer sein könnte. Obwohl dieser Entwurf gegebenenfalls auch ↗ Wunder (etwa als Beglaubigung von ↗ Offenbarung) einschließt, so kann in der Welt doch deswegen nicht Beliebiges geschehen, da Gottes A u Weisheit eins sind.

a) *Thom v Aq:* STh I q 25; ScG II, 6–10; III, 98–100. – b) *M Rast:* Welt u Gott 1952; *W Brugger:* Theologia naturalis 1964, nr 391–98. – d) *É Gilson:* Die Phil des hl Bonaventura 1960, Kap 5.

Rast

Allwissenheit besagt, daß das *Erkennen Gottes* unendlich ist und deshalb alles Erkennbare auf die vollkommenste Weise umfaßt. – Als rein geistiges Wesen u ohne jede Potentialität (↗ Akt, Potenz) ist Gott immer erkennend. In dieser Erkenntnis sind erkennendes Subjekt, erkannter Gegenstand u erkennender Akt dasselbe. Gott ist daher in stetem Selbstbewußtsein immer bei sich selbst, durchschaut sein innerstes Sein in einem einzigen, unveränderlichen Akt in unendlicher Klarheit (= *komprehensive Erkenntnis*). Da jedoch sein unendliches Wesen der Seinsgrund für die innere ↗ Möglichkeit der endlichen Wesen ist, erkennt Gott in seiner Wesenheit auch alle möglichen Dinge und Wahrheiten *(Wissen der einfachen Einsicht)*. Die Wirklichkeit der Dinge hingegen sowie alle (für uns) vergangenen, gegenwärtigen u zukünftigen Ereignisse erkennt er in seinem Entschluß, sie hervorzubringen bzw sie (mit den Geschöpfen) zu wirken (↗ Mitwirkung Gottes) (= *Wissen der Schau).* Dieser Entschluß hat jedoch bezüglich der freien Akte der Geschöpfe nach dem ↗ Molinismus das sog *mittlere Wissen* (↗ Vorherwissen Gottes) zur Voraussetzung, kraft dessen Gott die bedingt zukünftigen freien Akte der Geschöpfe seit Ewigkeit in seiner einfachen Wesenheit erkennt. Gottes Wisssen ist demnach in keiner Weise passiv. Gott wird nicht, wie wir, von den Dingen durch deren physischen Einfluß zum Erkennen bestimmt, sondern er kennt deren Sosein u Dasein aus der Erkenntnis des eigenen Wesens u Willensentschlusses.

a) *Thom v Aq:* STh I q 14; ScG I, 44–71. – b) *M Rast:* Welt u Gott 1952; *W Brugger:* Theologia naturalis 1964, nr 331–64. – d) *É Gilson:* Die Phil d hl Bonaventura 1960, Kap 4; *C Schneider:* Das Wissen Gottes nach der Lehre des hl Thom v Aq 1884–86.

Rast

Analogie, schon von den Griechen als Wort geprägt, kommt von ‚aná-logon', das ‚nach Verhältnis' bedeutet. Hiermit ist zunächst die A der Erkenntnis gegeben, die ein Seiendes nach seinem Verhältnis zu einem andern erfaßt. Das Sein eines Seienden wird also durch Vergleich mit einem andern erschlossen oder wenigstens verdeutlicht, zB der Gedanke traf mich wie ein Blitz. Diese A kann man im Deutschen als ‚Erkenntnis durch Vergleich' umschreiben. Sie setzt voraus, daß das Seiende, mit dem verglichen wird, (mindestens unter dem Gesichtspunkt des Vergleichs) bekannter sei als das andere u daß zwischen beiden Übereinkunft u Verschiedenheit zugleich bestehe. Ohne Übereinkunft liegt überhaupt keine Vergleichsmöglichkeit vor; ohne Verschiedenheit bietet der Vergleich bloß eine Wiederholung desselben ohne neuen Aufschluß. Daher wurzelt die analoge Erkenntnis in der A des Seins, kraft deren zwei oder mehrere Seiende in ihrem Sein zugleich übereinkommen u sich unterscheiden. Von dieser ist im folgenden die Rede. Sie spiegelt sich in unseren Begriffen u Worten.

Wegen des Fehlens der Übereinkunft bleibt das *mehrdeutige (äquivoke)* Wort (*ein* Begriff liegt hier nicht vor) hinter der A zurück; es vereinigt zwei völlig verschiedene Gehalte rein zufällig unter demselben Namen (vgl ‚Strauß' als Kampf u als Blumengebinde). Wegen des Fehlens der Verschiedenheit scheiden die *gleichsinnigen (synonymen)* u die *eindeutigen (univoken)* Begriffsworte aus; denn die ersteren decken sich inhaltlich völlig (vgl. vernunftbegabtes Sinnenwesen u Mensch), die letzteren aber heben aus zwei Begriffen, die als ganze verschieden sind, einen Ausschnitt heraus, in dem sie sich inhaltlich völlig decken, in dem sie also ohne Verschiedenheit übereinkommen (vgl. die Gattung ‚Sinnenwesen' in bezug auf Tier u Mensch). Für die analoge Erkenntnis kommen einzig die Begriffe in Betracht, die Übereinkunft u Verschiedenheit untrennbar *(metaphysische A)* oder wenigstens ungetrennt *(physische A)* in sich enthalten; im ersten Fall ist der Begriff bis in seinen metaphysischen Kern hinein analog, also in keiner Hinsicht univok, während im zweiten Fall der Begriff nur in seiner konkret-physischen Verwirklichung analog, in seinem metaphysischen Kern aber univok ist. Der zweite Fall liegt bei der Gattung ‚Sinnenwesen' vor; der erste Fall, der allein den eigentlich oder wesenhaft analogen Begriff besagt, im Begriff des Seienden (scholastisch genommen).

Zur genaueren Bestimmung des analogen Begriffs selbst sind die beiden Grundtypen von A zu betrachten, die Attributions- u Proportionalitäts-A heißen. Dabei muß man den gemeinsamen analogen Begriffsinhalt bzw Namen (zB das Seiende) scharf von den Trägern des analogen Verhältnisses oder *Analogaten* (zB Gott u Geschöpf) unterscheiden. In der *Attributions-A* (attribuere: zuteilen) wird das analog Gemeinsame dem zweiten Analogat in Abhängigkeit vom ersten zugeteilt. Da kraft dieser Abhängigkeit entweder allein der analoge Name oder auch der damit gemeinte Inhalt auf das zweite Analogat übertragen werden kann, gibt es eine *äußere* u eine *innere Attributions-A*. Als Beispiel für die erste diene das Prädikat ‚gesund'; das erste Analogat ist der menschliche Körper, der den Gehalt des Gesundseins in sich verwirklicht; zweite Analogate sind etwa die Gesichtsfarbe oder die Nahrung, die wegen ihrer Beziehung zur Gesundheit des Körpers den Namen ‚gesund' empfangen (als Zeichen oder als Baustoff für die Gesundheit), nicht aber den Gehalt des Gesundseins selbst in sich tragen. Als Beispiel für die zweite diene das Seiende; Gott wird als erstes Analogat ‚seiend' genannt, das Geschöpf aber als zweites, weil es in sich wirklich seiend ist, jedoch in absoluter Abhängigkeit von Gott. Zwischen beiden besteht Übereinstimmung im Sein, die jedoch wesentlich von Verschiedenheit durchschnitten ist, weil Gott das Sein unabhängig u vollkommen innehat, das Geschöpf hingegen abhängig u deshalb unvollkommen.

Die *Proportionalitäts-A* gründet darin, daß jedes der Analogate eine Beziehung einschließt, in der sie zugleich übereinkommen u auseinandergehen. Es handelt sich um das analoge Verhältnis zweier Verhältnisse zueinander, was auch ‚Proportionalität' als Wort besagt. Diese ist eine *eigentliche*, wenn die Beziehung in beiden Analogaten auf den gemeinsamen Wesensgehalt selbst geht, eine nur *uneigentliche* aber, wenn das zweite Analogat nicht auf den gemeinsamen Wesensgehalt selbst bezogen ist, sondern nur auf eine Wirkung, die der von dem Wesensgehalt ausstrahlenden irgendwie gleicht. Gott u die Geschöpfe sind auf das Sein in seinem Wesensgehalt bezogen, doch auf wesentlich verschiedene Weise, nämlich Gott notwendig, das Geschöpf aber kontingent. Sprechen wir von einer ‚lachenden' Wiese, so nicht, weil sie etwa wirklich lacht, sondern nur deshalb, weil sie uns in ähnlicher Weise aufheitert wie ein lachendes Menschenantlitz. Das nennt man eine *metaphorische* (übertragene) Redeweise.

Die Bedeutung der A zeigt sich vor allem am Gottesproblem. Insofern sie Übereinkunft besagt, überwindet sie ein völliges Auseinanderfallen von Welt u Gott; damit ermöglicht sie gegen allen ↗ Agnostizismus u namentlich gegen die Grenzziehung des ↗ Kritizismus ein Erkennen Gottes. Insofern sie aber zugleich Verschiedenheit besagt, schließt sie den pantheistischen oder panentheistischen *(Hegel)* Ineinsfall von Gott u Welt aus; damit wird sie Gott als Geheimnis gerecht u verwehrt so dessen rationalistisches Begreifen-Wollen.

In der nichtscholastischen Phil der Neuzeit kommt der A keine zentrale Bedeutung mehr zu. *Kant* versteht unter A die vollkommene Ähnlichkeit zweier Verhältnisse zwischen ganz unähnlichen Dingen. Er spricht von ihr im Rahmen der dynamischen Grundsätze a priori des Verstandes (A-n der Erfahrung bzw der Erscheinung) u bzgl des Denkens über Gott (A als begriffliche Bestimmung des höchsten Wesens nicht an sich selbst, sondern nur in der Beziehung auf die Welt u uns). Im 20. Jht wurde die A von E Przywara in origineller Weise neu interpretiert u zum zentralen Prinzip des phil u theol Denkens erhoben. Reiche Verwendung findet die A als Erkenntnisform in den Wissenschaften, besonders der Biologie, u im *Modell*denken der Wissenschaftstheorie.

a) *Thom v Aq:* STh I q 13 a 5; De ver 2, 11; De pot q 7 a 7; In metaph Arist IV, lect I (ed Cathala 536–39); *Cajetanus* (Thomas de Vio): De nominum analogia; *Suárez:* Disput metaph d 32, sect 2. – *Kant:* Prolegomena § 58. – b) *E Przywara: Analogia entis* 1932; *RM McInerny:* The Logic of Analogy, The Hague 1961; *G Söhngen:* A u Metapher 1962; *G Siewerth:* Die A des Seienden 1965; *L Puntel:* A u Geschichtlichkeit 1969; *F Inciarte:* Eindeutigkeit u Variation 1973. – c) *A Perger:* A-n i unserem Weltbild 1963; *E Melandri:* La linea e il circolo. Studio logico-filos sull'analogia, Bologna 1968. – d) *P Grenet:* Les origines de l'analogie phil dans les dialogues de Platon, P 1948; *B Montagnes:* La doctrine de l'analogie de l'être d'après s Thom d'Aquin, P 1963; *M Bange:* Eckeharts Lehre vom göttl u menschl Sein 1931; *Sueo Takeda:* Kant u das Prol der A, Den Haag 1969; *B Lakebrink:* Hegels dialekt Ontologie u die thom Analektik 1955; *E Heintel:* Hegel u die analogia entis 1958; *J Terán Dutari:* Christentum u Metaph. Das Verhältnis beider nach der A-lehre E Przywaras 1973.

Lotz

Analyse bedeutet dem Wortsinn nach Auflösung (eines Ganzen in seine Teile). Im phil Sprachgebrauch bezeichnet A vor allem die ↗ Methode der gedanklichen *Zergliederung* eines Ganzen – sei es eines wirklichen Ganzen, sei es eines begrifflichen Gebildes – in seine Teilinhalte; so werden die anfänglich nur *einschließlich (implicite)*, dh in ihrem ungegliederten Zusammen erkannten Teilinhalte im einzelnen herausgehoben und so *ausdrücklich (explicite)* erkannt. Die entgegengesetzte Richtung des Denkens heißt ↗ Synthese. – Im besonderen bezeichnet A eines Begriffs die Zergliederung eines Begriffsganzen in die einzelnen, zunächst nur einschließlich mitgedachten Teilinhalte, die hier Merkmale genannt werden. Wird dann eines dieser Merkmale in einem Urteil als Prädikat von dem durch das Begriffsganze bezeichneten Subjekt ausgesagt, so spricht man, entsprechend der Urteilseinteilung *Kants*, von einem *analytischen Urteil (Erläuterungsurteil;* zB: das Quadrat hat vier rechte Winkel). – Ein etwas anderer Sinn von A liegt vor, wenn das Zurückgehen von den Folgerungen auf die zugrunde liegenden Ursätze (↗ Erkenntnisprinzipien) A genannt wird oder auch die Klärung eines Seienden, besonders eines seelischen oder geistigen Aktes, durch Zurückführung auf seine Aufbauelemente, inneren u äußeren ↗ Prinzipien (B: A des Urteils, A des Glaubensaktes). – *Analytisch* bezeichnet das sich der A als Methode Bedienende oder das durch A Gewonnene bzw zu Gewinnende.

a) *Kant:* Krit d rein Vern B 10-14. – b-c) *G Söhngen:* Über analyt u synthet Urteile 1915; *H Ritzel:* Über analyt Urteile, in: Jb f Philos u phaenomenolog Forschung 3 (1916) 253-344; *H. Scholz:* Mathesis universalis 1961, 192-201; *J Lechat:* Analyse et Synthèse, P 1962; *P Weingartner* (Hgb): Deskription, Analytizität u Existenz 1966, 159-174, 182-214, 317-339. de Vries

Analytische Philosophie ist eine Sammelbezeichnung für verschiedene seit Beginn dieses Jht besonders im angelsächsischen Raum verbreitete phil Strömungen, die durch Anliegen und Methode der phil *Sprachanalyse* verbunden sind. Sachliche Fragen werden in linguistisch-logische Fragen nach den Sprachformen und Wörtern, in denen die sachliche Frage gestellt ist, übersetzt; dann werden Bedeutung und Sprachgebrauch dieser Ausdrücke analysierend geklärt, wobei phil Termini so auf nicht-phil Ausdrücke (zB Ausdrücke über Sinnesgegebenheiten, Wörter der Umgangssprache) zurückgeführt werden, daß (fast) alle phil Probleme sich als sinnlose, sprachlich illegitime Scheinfragen erweisen.

Die *historisch* wichtigsten Schulen der APh unterscheiden sich in der näheren Eigenart der Methode: *GE Moore* (↗ [241]) analysiert ohne strenge Methode, ausgerichtet am common sense, während *B Russell* (↗ [241]), der Meister der APh, verlangt, alle inhaltlichen Ausdrücke mit streng formalen, logistischen Mitteln auf Ausdrücke über Sinnesdaten zurückzuführen. Der frühe *Wittgenstein* (↗ [244]) sieht, auf dem Hintergrund eines transzendental gefärbten Ansatzes, die Sprache als isomorphe Abbildung der Wirklichkeit u versucht, sie auf ihre letzten Elemente *(logischer Atomismus)* hin zu analysieren, betont jedoch zugleich die überragende Bedeutung des in sprachlich-gegenständlicher Logik Unaussagbaren („Mystischen"). Verengt u einseitig interpretiert, wurde er zum Anreger des Neu-↗ Positivismus (*Wiener Kreis* ↗ [175]; *Ayer* ↗ [244]), der unter Ablehnung der Umgangssprache eine nur auf sinnlich Erfahrbares beschränkte Idealsprache mit logistischer Struktur fordert. Der späte *Wittgenstein* (↗ [244]) u im Anschluß an ihn die *Cambridge-Schule (AJ Wisdom* ↗ [244]) gehen von der positivistischen Auffassung der Bedeutung als Gegenstandsabbildung ab u fassen die Bedeutung eines Wortes als seine Gebrauchsweise u Funktion in der gewöhnlichen Sprache; ihre Analyse der komplexen, logistisch nicht nachkonstruierbaren Alltagssprache soll zeigen, daß phil Probleme nur entstehen, wenn Ausdrücke in einem ihnen unangemessenen Kontext (außerhalb ihres *Sprach-*

spiels) u in ungewöhnlicher u daher sinnloser Funktionsweise gebraucht werden. Die *Oxford-Schule (Ryle ↗ [244])* verbindet den Einfluß des späten Wittgenstein u Moores; ohne fixierbare Methode u ohne a priori feststehende (positivistische) Axiome sollen der richtige Gebrauch u damit der Sinn phil bedeutsamer Ausdrücke erarbeitet werden; die methodisch u sachlich betont undogmatische Einstellung der Oxfordschule schließt zwar die Möglichkeit der Metaphysik nicht von vornherein aus, doch lassen sich starke empiristisch-positivistische Nachklänge u ein Hang zu philologischer statt phil Forschung nicht übersehen. Die APh ist heute vor allem in Nordamerika (logistische Richtung), England (an der Alltagssprache orientierte Richtung) u in Skandinavien (positivistisch-logistische Richtung) verbreitet.

Sachlich läßt sich die APh, leicht schematisiert, in zwei Gruppen aufteilen: a) Nach der ersten Gruppe ist die Alltagssprache vieldeutig, irreführend und logisch fehlerhaft; daher sucht die Phil mit Hilfe der ↗ Logistik eine künstliche Sprache aufzubauen, in der die Bedeutung der inhaltlichen (nicht rein formalgrammatischen) Ausdrücke meist auf sinnlich Erfahrbares zurückgeführt wird. Die Phil stellt sich als Sprachkritik, -konstruktion u Wissenschaftstheorie in den Dienst der Einzelwissenschaften. – Diese Richtung übersieht oft, daß eine absolut klar systematisierte u beherrschbare Sprache prinzipiell unmöglich ist, da jede Konstruktion bleibend von der Alltagssprache abhängt u auf diese als ihre höchste Metasprache (↗ Sprache) rückverweist *(Gödelscher Satz).* Zudem beweisen konventionelle, willkürliche Einschränkungen der Sprache auf den Bereich des sinnlich Erfahrbaren nie die sachliche Unmöglichkeit der Metaphysik, setzen vielmehr einen über-empirischen Standpunkt bereits voraus. Soweit sich diese Richtung jedoch nur mit der Konstruktion logistischer Systeme beschäftigt, ist sie eine Einzelwissenschaft, die den in ihr implizierten phil Gehalt nicht selbst zu begründen vermag. Beachtlich bleiben die Leistungen dieser Richtung in der Wissenschaftstheorie.

b) Die andere Gruppe sieht die *Alltagssprache* (die Sprache in ihrer gewohnten, normalen Funktionsweise) als prinzipiell zureichend, ja als letzte Norm an, will aber deren Struktur nicht auf ein vereinfachendes (logistisches) Schema festgelegt wissen; der Phil bleibt so nur die Aufgabe, in sorgfältigen Einzelanalysen die differenzierten Möglichkeiten des Gebrauchs eines Wortes in seinem Bedeutungsfeld *(Sprachspiel)* darzustellen u andere Gebrauchsweisen desselben Ausdrucks als sinnlos zurückzuweisen. – Dieser Richtung droht die Gefahr, ein bestimmtes Gebiet der Sprache (die Umgangssprache, die Sprache des common sense) unreflektiert mit der gesamten Sprache überhaupt gleichzusetzen u so zum absoluten Maßstab für die anderen Sprachbereiche, auch für die Sprache der Phil oder die religiöse Sprache, aufzuwerten. Sie übersieht die Möglichkeit analoger Begriffsbildung u Spracherweiterung u nähert sich einer in sprachphilosophische Terminologie umgesetzten Common-sense-Philosophie.

Zur *Beurteilung* des Ansatzes der APh: Für jede große Phil war u bleibt die Klärung ihrer sprachlichen Ausdrucksformen eine entscheidende Aufgabe, in der ihr heute die durch die APh entwickelten Methoden nützlich sein werden. Wird jedoch, wie in der APh, die Aufgabe der Phil grundsätzlich auf *Sprachanalyse* beschränkt, so verkennt diese durch Sprachanalyse selbst nicht begründbare Einschränkung die Offenheit u Selbsttranszendenz menschlichen Verstehens (u Sprechens) zum Wesen der Dinge selbst hin als zu den Sachproblemen als solchen. Wenn die APh weiterhin dazu neigt, menschliches Sprechen u Erkennen grundsätzlich auf die Hinnahme u Analyse des (sinnlich u alltäglich) Gegebenen zu beschränken, so übersieht sie die Befähigung des menschlichen Geistes zu phil Synthese, also zu metaphysischem Eindringen in das Gegebene. Dieser in der APh weitverbreitete metaphysische Agnostizismus, der meist auf positivistische u skeptizistische Axiome zurückgeht, zeigt sich dann deutlich in der Auffassung, phil Probleme seien nicht sachlicher, sondern nur sprachlicher Natur, verlangten also keine Antwort, sondern den Aufweis der sprachlichen Sinnlosigkeit der phil Frage. Der innere Widerspruch dieser selbst metaphysischen Position erweist, daß Sprache u Erkennen des Menschen sich immer schon fragend und sagend im Raum der Metaphysik bewegen. Löst sich die APh jedoch von ihrer positivistischen Vergangenheit, wie sich dies zunehmend im englischen Raum abzuzeichnen scheint, so öffnet sich die Chance eines Gesprächs mit der hermeneutischen Sprachtheorie u eines neuen, methodisch wie sachlich fruchtbaren Zugangs zu zentralen Fragen phil Denkens.

a) Vgl die Werke der zit Autoren in [175], [241], [244], [258], von *Pap, Quine, Carnap, Tarski*. – *A Flew* (Hgb): Logic and Language, I Oxford 1952, II Oxford 1953; *AJ Ayer* (Hgb): Logical Positivism, Glencoe, Ill 1959; *JL Austin:* How to do Things with Words, L 1962 (dt 1972); *VC Chappell* (Hgb): Ordinary Language, Englewood Cliffs, NY 1964. – b) *MJ Charlesworth:* Phil and Linguistic Analysis, Louvain 1959; *EK Specht:* Die sprachphil u ontolog Grundlagen i Spätwerk L Wittgensteins 1963: *FP Ferré:* Language, Logic and God, NY 1969; *KO Apel:* Transformation der Phil, I: Sprachanalytik, Semiotik, Hermeneutik 1973; *C Donally:* Logical Analysis and Contemporary Theism, NY 1972. – d) *M Macdonald:* Phil and Analysis, Oxford 1954; *JO Urmson:* Philosophical Analysis, its Development between the Two World Wars, Oxford 1956; *G Ryle* (Hgb): The Revolution in Phil, L 1956; *GJ Warnock:* English Phil since 1900, L 1958 (dt 1971); *La Phil* analytique (Cah de Royaumont, Phil 4), P 1962. – *E v Savigny:* Die Phil der normalen Sprache 1969; *ders:* APh 1970. Riesenhuber

Angst ist ein Gefühl der Beunruhigung über ein bevorstehendes Übel. Obwohl gewöhnlich objektorientiert, kann sie auch objektlos aus ihrer physisch-psychischen Grundlage aufsteigen.

Während die ↗ Aggression den Menschen bewegt, ein Übel zu bekämpfen, motiviert A dazu, dem Übel auszuweichen oder zu entfliehen. Wo das unmöglich wird, schlägt A vielfach in Aggression um. A spielt besonders bei Lernprozessen eine motivierende Rolle. Auch Sittennormen werden nicht wirksam ohne die mit ihnen verbundenen negativen Sanktionen (↗ Strafe), die im ↗ Gewissen zu Bewußtsein kommen. Trotz ihrer grundsätzlichen Zweckmäßigkeit ist A nicht immer vorteilhaft, sondern kann auch lähmen, hindern u zu pathologischen Störungen führen. Die Erziehung soll u kann zwar A nicht ausschalten, aber sie sollte krankhafte Intensivierungen vermeiden (Mut, Tapferkeit, ↗ Tugenden). A bezieht sich nicht nur auf materielle Übel, sondern auch auf die Bedrohung geistiger Werte u des Sinnes menschlicher Existenz (↗ Existenzphilosophie). Das Ausmaß u die Bewältigung solcher Existenz-A (besonders intensiv in der Todes-A) steht deshalb auch in Zusammenhang mit menschlichem Selbstverständnis u Glauben.

S Kierkegaard: Der Begriff A (dän) 1844; *M Heidegger:* Sein u Zeit 1927; *G Benedetti* u a: Die A, Zürich 1959; *W v Baeyer, W v Baeyer-Katte:* A 1971; *F Riemann:* Grundformen der A ¹⁰1975.

Rotter

Anlage. Unter A im weitesten Sinn versteht man jede Fähigkeit, irgend etwas zu bewirken oder zu erleiden. So genommen ist A sinngleich mit subjektiver ↗ Potenz. Die Gesamtheit der A-en eines Lebewesens bestimmt seinen Lebensraum, seine *Umwelt*. Unter A im engeren Sinn versteht man die angeborene Beschaffenheit eines Lebewesens zu besonderen (nicht allen Wesen derselben Art gemeinsamen) Weisen des Wirkens, Erleidens, der Reaktion, der Entwicklungsrichtung usw. In der Biologie nennt man die den einzelnen Merkmalen des Organismus zugeordneten A der Erbmasse *Gene*. In der Psychologie u Anthropologie nimmt man den Begriff der A weniger in bezug auf Einzelmerkmale, sondern bezeichnet damit die angeborene u ganzheitlich geordnete Beschaffenheit einer Grundfunktion (wie Erkennen, Wollen, Fühlen) oder des Seelischen überhaupt (die Charakter-A, ↗ Persönlichkeit).

Die A gibt zwar die Grund-möglichkeit zu besonderen Weisen des Wirkens, Erlebens usw, aber noch nicht die Fertigkeit u volle Bereitschaft. Diese muß durch Übung u ↗ Gewöhnung erworben werden, u zu ihr drängt die jeder A innewohnende Triebkraft. Wie die A-n jedem Lebewesen eine bestimmte Richtung seiner Betätigung geben, so setzen sie ihm auch gewisse Schranken. Innerhalb ihrer hängt die Ausbildung der A-n von der Umwelt, den Lebensnotwendigkeiten, beim Menschen auch von seiner freien Willensentscheidung ab ↗ Vererbung. – A ist die Wiedergabe des lat *dispositio,* zunächst im Sinne von Anordnung (zB eines Textes). Weiter bezeichnet Disposition jedoch nicht bloß angeborene u bleibende, sondern auch erworbene u vorübergehende Beschaffenheiten u Bereitschaften, wie Stimmungen usw.

G Kerschensteiner: Theorie der Bildung 1926; *G Pfahler:* Vererbung als Schicksal 1932; *ders:* Warum Erziehung trotz Vererbung? ⁴1939; *F Reinöhl:* Die Vererbung der geist Begabung ²1939; *R Goldschmidt:* Die Lehre v der Vererbung ⁴1952; *W Botsch:* Morsealphabet des Lebens 1965.

Brugger

Anschauung im strengen Sinn ist der direkte Hinblick auf das existierende Einzelne, das sich in seiner konkreten Fülle unmittelbar (dh ohne Vermittlung anderer Erkenntnisinhalte) zeigt. Daher kann *intuitiv* im strengen Sinn nur eine Erkenntnis heißen, die ihren Gegenstand in seinem gegenwärtigen Selbstsein erfaßt, im Ggs dazu ist alles Erkennen *abstraktiv,* das von der leibhaftigen Gegenwart seines Erkannten absieht. – Die A kommt in zwei Arten vor, als sinnliche u als geistige A; letztere heißt auch geistige Schau.

Die *sinnliche A* findet sich beim Tier u (vollkommener) beim Menschen. An körperliche Organe gebunden, ist sie auf die Erscheinungen der Körperwelt beschränkt. Der Name A kommt von dem im Menschen führenden Gesichts-sinn her; doch haben auch die übrigen Sinne auf ihre Weise eine (mehr oder weniger hochwertige) „A". Im Vollsinn kann nur die unmittelbare Wahrnehmung als A bezeichnet werden, weil sie allein in den sinnlichen Erscheinungen die Existenz des Einzelnen mit-darstellt. In einem weiteren Sinn heißt auch die ↗ Vorstellung anschaulich, insofern sie sich aus lauter sinnlich anschaulichen Elementen aufbaut, aber von der Existenz des vorgestellten Einzelnen absieht. Zwischen Vorstellung u Wahrnehmung stehen die sog „subjektiven Anschauungsbilder" der *Eidetiker* (vom griech eidos: Bild): wie gewöhnliche Vorstellungen von der Phantasie (nicht vom Gegenstand) erzeugt, kommen sie doch an plastischer Deutlichkeit, bei gewissen Typen auch an Unwillkürlichkeit, den Wahrnehmungen gleich ↗ Vorstellung. – Die sinnliche A als Wahrnehmung u Vorstellung ist von größter Bedeutung für das menschliche Denken, weil dieses viele seiner Erst-begriffe aus ihr erarbeitet und auch in seinem weiteren Verlauf ständig in sie eingebettet bleibt (*conversio ad phantasmata* der Scholastiker; Begriffe ohne A sind leer: *Kant*) ↗ Begriffsbildung, Verstand.

Die *geistige A (Intuition)* besitzt, streng genommen, nur der reine Geist; ihr Urfall ist die Schau, in der Gott sich selbst erfaßt u dann im Spiegel seiner selbst alles endliche Existierende (↗ Allwissenheit). Sie richtet sich auf das Sein (im Ggs zur Erscheinung) u damit beim Körperlichen auf dessen Wesenskern, von dem her sie die Erscheinungen sichtet. Deshalb ist sie nicht allein (undurchleuchtetes) Feststellen des tatsächlich Vorhandenen (wie die sinnliche A), sondern notwendig zugleich dessen Begreifen aus seinem Grund. Diese geistige A ist dem Menschen versagt, obwohl der ↗ Ontologismus u vielfach auch der ↗ Idealismus sie ihm beilegen. Doch gibt es in seinem geistigen Erkennen A im weiteren Sinne, insofern es an einzelnen Wesenszügen der geistigen A teil-hat.

Ihr kommt am nächsten das Erfassen der geistigen Akte des Denkens u Wollens. Weil sie sich unmittelbar als einzelnes Existierendes zeigen, kann hier von A die Rede sein, aber nicht im Vollsinn, denn sie erschließen sich nicht im direkten Hinblick, sondern einzig durch ↗ Reflexion. – Unsere begriffliche Erkenntnis erscheint zunächst als Gegenpol jeder A, da sie auf das Allgemeine geht, vom Existieren absieht u aus der konkreten Fülle immer nur einzelne Züge heraushebt; auch ist sie nie unmittelbares Ergreifen, sondern stets durch sinnliche A oder durch Reflexion vermittelt. Da jedoch das Allgemeine zunächst als ganz in diese anschaulichen Erfassungsweisen eingebettet erkannt wird, gewinnt selbst der Begriff eine gewisse Anschaulichkeit, kann von „Wesensschau" die Rede sein. Außerdem nennt man das begriffliche Erkennen insofern schauhaft, als es unmittelbar, dh ohne Vermittlung einer Denkfolge oder eines Schlusses, seine Gegenstände ergreift, seien es nun einzelne Wesensgehalte oder Wesenszusammenhänge. In diesem Sinne spricht Thom v Aq von *intellectus principiorum* u unterscheidet zwischen *intellectus* u *ratio* als dem schauhaften u dem diskursiven Erkennen, wobei ersteres nach ihm eine Mindest-Teilnahme an der Schau des reinen Geistes darstellt. – In ausgezeichneter Weise spricht man von

Intuition, wenn jemand größere Zusammenhänge mit *einem* Blick (ohne diskursive Vermittlungen) umspannt; vor allem gilt das von der künstlerischen Schau, weil sich bei ihr das Geschaute auch in sinnlich anschaulichen Gestalten verdichtet. Eröffnet eine solche Schau plötzlich ungeahnte Weiten u tritt sie ohne eigenes Zutun, sozusagen gnadenhaft geschenkt auf, so empfindet man sie als *Inspiration*. – Daß das hier umschriebene schauhafte Erkennen nicht radikal von dem diskursiven verschieden ist, zeigt sich bei Thomas darin, daß intellectus u ratio nur zwei Funktionen des einen geistigen Erkenntnisvermögens bilden.

Die neuzeitliche Philosophie trennt vielfach das Schauhafte in unserem geistigen Erkennen zu sehr vom Begrifflich-Diskursiven. Dadurch werden diesem das An-sich u besonders das Metaphysische wie auch die das Leben formenden Einsichten entzogen, was für *Kant* u später für *Bergson* zutrifft. Dementsprechend werden die genannten Bereiche einem rational nicht faßbaren Schauen *(Bergson)* oder schweigendem Vernehmen (erster *Wittgenstein*) vorbehalten, an deren Stelle auch der praktische Glaube *(Kant)* oder emotionale Erfassensweisen treten können. Hierher gehören außer der ↗ Lebensphilosophie die „emotionale Präsentation" u das „intentionale Fühlen" der neueren ↗ Wertphilosophie, ebenso das irrationale Gottergreifen der zeitgenössischen Religionsphilosophie. Wenn solche Richtungen an einer Unterbewertung des Rationalen kranken, so haben sie doch machtvoll das Ungenügen der neuzeitlich verflachten, mathematisierten u technisierten Ratio herausgearbeitet. Auch lehren sie, daß erst die Einbettung in die Gesamtheit der Seelenkräfte dem Erkennen seine volle Kraft u Lebendigkeit verleiht, wobei oft ein ganzheitlich schauendes Ergreifen dem rationalen Zergliedern vorauseilt.

a) *Thom v Aq:* STh I q 79 a 8; q 84 a 6–7; q 85 a 1. – b) *R Jolivet:* L'intuition intellectuelle et le problème de la métaph, in: Arch de Phil XI 2 (1934); *K Rahner:* Geist in Welt ²1957; *M Müller:* Sein u Geist 1940, bes 207–32; *J Santeler:* Intuition u Wahrheitserkenntnis 1934; *A. Willwoll:* Über das Verhältnis v A u Denken i Begriffserlebnis, in: Beitr zur Problemgesch der Psych 1929; *E Jaensch:* Über den Aufbau d Wahrnehmungswelt, I 1928, II 1931; Grundformen menschl Seins 1929; *G Siewerth:* Definition u Intuition, in: Stud Gen 9 (1956) 579–92. – c) *I Kant:* Krit d rein Vern, bes A 50–7; *J König:* Der Begriff der Intuition 1926; *M Heidegger:* Kant u das Probl der Metaph 1929; *H Bergson:* L'évolution créatrice; La pensée et le mouvant; *E Rothacker, J Thyssen:* Intuition u Begriff 1963; *W Flach:* Zur Prinzipienlehre der A, I 1963. – d) *SJ Day:* Intuitive Cognition. A Key to the Significance of the Later Scholastics, NY 1947, Franc Inst; *B Jansen:* Aufstiege zur Metaph 1933, 341–64 (Kant u Thomas); *S Geiger:* Der Intuitionsbegriff i der kath Religionsphil der Gegenw 1926; *E Lévinas:* Théorie de l'intuition dans la phénoménologie de Husserl 1963; *Almeida Sampaio*, L'intuition dans la phil de J Maritain 1963. – ↗ Religionsphil, Lebensphil. Lotz

Anthropologie kommt als Wort aus dem Griechischen u heißt: Lehre vom Menschen (M). Dabei wird der M als jener gesichtet, der stets nach sich fragt u eine Auslegung seiner selbst vollzieht u so immer schon zu einer gelebten oder *vorwissenschaftlichen* A gelangt. Aus dieser erwächst die *wissenschaftliche* A, die zunächst als einzelwissenschaftliche oder *empirische* A auftritt; sie untersucht, wie sich der M in dieser oder jener Hinsicht darstellt, u entfaltet sich etwa als *psychologische, soziologische, physiologische* u *genetische* A; die beiden letzteren gehen ineinander über u sind meist allein gemeint, wenn einfachhin von

A die Rede ist. Der empirischen Forschung dienen natur- u geisteswissenschaftliche, neuerdings vermehrt auch statistische Methoden. Ihre Ergebnisse begegnen uns in den ↗ Humanwissenschaften, die für die spezielle ↗ Ethik sowie für die *phil A* unentbehrlich sind. Diese hat sich seit ihrem Bahnbrecher Scheler mehr u mehr durchgesetzt; sie betrachtet den M nach seiner Ganzheit u ist besonders bestrebt, zu dem, was er zuinnerst ist, vorzudringen. Hierbei wendet sie zusammen mit der phänomenologischen *(Husserl, Scheler)* die über *Kant* hinaus vollendete transzendentale Methode an, indem sie das menschliche Verhalten auf dessen ermöglichende Gründe im M selbst zurückführt u so dessen Wesensstruktur freilegt. Die phil A tritt an die Stelle der früheren phil Psychologie, wofür entscheidend ist, daß wir heute das menschliche Ganze mehr als die von *Descartes* übertriebene Zweiheit von Seele u Leib im Blick haben.

Zur geistesgeschichtlichen Würdigung der Wende zur A müssen hier wenige Andeutungen genügen. Gewiß ist die Frage nach dem M irgendwie ‚das' Thema der Phil; doch bildete es früher nicht den beherrschenden Mittelpunkt. Die Antike kreiste um den ‚Kosmos' oder die in sich ruhende Natur u sah den M in deren Zusammenhang. Dem Mittelalter war der M ein Glied der von Gott ausgehenden ‚Ordnung'. Die Neuzeit löste zwar den M von solchen tragenden Gründen u stellte ihn auf sich selbst, aber vorwiegend als ‚Subjekt' oder Vernunft, wobei diese schließlich als transzendentales Subjekt oder pantheistisch absolute All-Vernunft den M zu einem Moment im Entwicklungsgang des Absoluten verflüchtigte. Als dem M die Unhaltbarkeit derartiger Übersteigerung zum Bewußtsein kam, merkte er, daß er sein eigentliches Selbst weithin verloren u besonders das Leben dem abstrakten Schein-Begriff geopfert hatte. Die Neugeburt begann, sobald er sich auf sich selbst zurückgeworfen sah, u zwar (im Ggs zum einseitig verstandenen Idealismus) auf die personale u geschichtliche Konkretheit seines allem Begriff vorausgehenden u jedem Begriff überlegenen Lebens. So wird der M sich selbst zu ‚dem' Thema alles Philosophierens; den M gilt es zu erforschen u alles andere nur in ihm. Deshalb geht die Phil mehr oder minder in A über, oft auch in A auf. Den ersten Durchbruch vollziehen gegen *Hegel* der spätere *Schelling* u *Kierkegaard*. Dann schreitet die Entwicklung über *Nietzsche*, die ↗ Lebensphilosophie u die ↗ Phänomenologie zu *Scheler* hin, der das anthropologische Thema als solches ausdrücklich formuliert. Schließlich bringt die ↗ Existenzphilosophie eine weitere phil Vertiefung, die vom transzendentalen Denken zu einem gewissen Abschluß geführt wird. – ↗[195 bis 198]

Die verschiedenen Richtungen der A zeigen zugleich die Gefahren, die sie in sich birgt. Tritt das vorwiegend vom Leib her gesehene Leben in den Vordergrund, so kommt der Eigencharakter des M nicht voll zur Entfaltung; das ist bei *Nietzsche* u dann vor allem beim späteren *Scheler* u bei *Klages* zu spüren. Hieraus folgt meist ein biologistisches, relativistisches, psychologistisches Verflüchtigen der übrigen menschlichen Gegebenheiten. Das trifft nicht für *Teilhard de Chardin* zu, der die *Biosphäre* durch die *Noosphäre* (des Geistes) vollendet. Andere arbeiten gerade den Eigencharakter des M heraus, der als Existenz durch seinen freien Selbstvollzug allem bloß Vorhandenen überlegen ist; so bereits *Kierkegaard* u dann überhaupt die ↗ Existenzphilosophie. Doch macht sich hier des öfteren die Neigung bemerkbar, alle menschlichen Bezogenheiten, besonders die Bindung an Gott, auf Weisen des Existierens des M zurückzuführen, wofür der *Humanismus* von *Sartre* ein Beispiel bietet u wovon auch die ↗ Transzendenz bei *Jaspers* nicht ganz frei ist; diese Einstellung verkehrt A in *Anthropologismus*. Den M als isoliertes Subjekt überwindet *Heidegger* durch das „In-der-Welt-sein" u später durch den „Anspruch des Seins"; den bei ihm kaum angedeuteten ↗ Dialog fügen *Buber* u a als weiteres entscheidendes Moment hinzu. Die marxistisch bestimmte A eines *Bloch* wirft den M wieder auf sich selbst zurück, insofern die ihm eigene Hoffnung zwar ein Transzendieren, aber keine ↗ Transzendenz zuläßt. Eine wichtige Wurzel der aufgezeigten Gefahren sehen wir in jener Methode, die nicht über die Selbsterfahrung des Lebens oder des M hinausgeht u nur deren Auslegung oder Hermeneutik *(Dilthey)* oder phänomenologische Analyse (von *Husserl* her) kennt, ohne zu einer wahrhaft transzendental-metaphysischen Grundlegung fortzuschreiten.

Zur Beurteilung der A ist zu sagen, daß auf sie nie die gesamte Phil zurückgeführt werden kann *(Anthropologismus!)*; das hat *Heidegger* entschieden herausgestellt. Doch steht der M im Mittelpunkt des Philosophierens, insofern sich von ihm her alles andere erschließt, insofern er, in den Weisen seines Existierens auf die über ihn hinausliegenden Wirklichkeiten bezogen, diese zugänglich macht. Deshalb öffnet sich einzig im Durchgang durch eine fundamental-ontologische Auslegung des M der Weg in die einzelnen Gebiete der ontologischen Phil. In diesem Sinn ist die A das Tor zur Phil, die darum in der Weise ihres Aussagens anthropologisch bestimmt bleibt, nie aber im Anthropomorphen untergeht.

Naturwissenschaftlich: *R Martin, K Saller*: Lehrb der A in systemat Darstellung, 4 Bde, ³1956–1966; *P Teilhard de Chardin*: Le phénomène humain 1955 (dt 1960); *H Muckermann*: Vom Sein u Sollen des Menschen 1954; *A Gehlen*: Der Mensch. Seine Natur u seine Stellung i der Welt ⁸1966. – Soziologisch: *L v Wiese*: Homo sum 1940. – Phil: a) *Thom v Aq*: STh I q 75-6. – b) *P Wust*: Der M u die Phil 1946; *R Guardini*: Welt u Person ⁴1955; *B v Brandenstein*: Der M u seine Stellung i All 1947; *A Dempf*: Theoretische A 1950; *A Marc*: Psychologie réflexive, Brüssel 1949; *JM Hollenbach*: Der M als Entwurf 1957; *PL Landsberg*: Einf i die phil A ²1960; *H Plessner*: Die Stufen des Organischen i der M ²1965; *A Vetter*: Personale A 1966; *E Coreth*: Was ist der M? 1973; *M Müller*: Philos A 1974; *W Brugger*: Grundzüge einer philosophischen A 1986 – c) *M Scheler*: Zur Idee der M (Umsturz der Werte I) ³1927; *ders*: Die Stellung des M i Kosmos 1928 u ö; *M Buber*: Das Probl des M ⁴1971; *H Lipps*: Die Wirklichkeit des M 1954; *HE Hengstenberg*: Philos A ³1966; *A Schaff*: A Phil of Man, L 1963 [marx]; *F Pöggeler*: Der M i Mündigkeit u Reife 1964; *B Groethuysen*: Philos A, Neudr 1969. – d) *J Lotz*: Das christl M-bild i Ringen der Zeit 1947; *W Brüning*: Philos A. Historische Voraussetzungen u gegenwärt Stand 1960; *R Cantoni*: Il problema antropologico nella filosofia contemporanea, Mailand 1963. – e) *J Lotz, J de Vries*: Phil i Grundriß 1969; *G Haeffner*: Philos A 1982. Lotz

Antinomien. Unter A versteht man den scheinbaren Widerspruch zwischen bewiesenen Sätzen oder den wirklichen Widerspruch zwischen scheinbar bewiesenen Sätzen. Der Schein des Widerspruchs kann objektiv begründet sein, wenn es sich um Gegenstände handelt, die von uns nur analog erkannt werden können. Die Auflösung der A läßt dann zwar erkennen, daß es sich nicht um einen formellen Widerspruch handelt, nicht aber, wie die Gegenstände sich an sich selbst zueinander verhalten. So schließen zB die Begriffe der Unveränderlichkeit u ↗Freiheit Gottes, wenn sie richtig gefaßt werden, einander nicht notwendig aus, ohne daß jedoch die Möglichkeit ihres Zusammenbestehens positiv eingesehen werden kann.

Nach *Kant* gerät die menschliche Vernunft unvermeidlich in Widersprüche, sobald sie ihr Prinzip der unbedingten Einheit auf die Welt der Erscheinungen anwendet. Die Untersuchung dieser notwendigen Widersprüche u ihrer Ursachen heißt *Antithetik*, der Widerstreit selbst A.

Die erste A (der Quantität) betrifft die Endlichkeit bzw. Unendlichkeit der Welt nach Raum u Zeit: Die Welt hat der Zeit nach einen (keinen) Anfang u dem Raum nach eine (keine) Grenze. Die zweite A (der Qualität) betrifft die Teilung eines gegebenen Ganzen in der Erscheinung: Jede (Keine) zusammengesetzte Substanz besteht aus einfachen Teilen. Die dritte A (der Relation) betrifft die Art der Kausalität, durch welche die Erscheinungen entstehen: Die Kausalität nach Gesetzen der Natur (im Ggs zur Kausalität durch Freiheit) ist (nicht) die einzige, aus welcher die Erscheinungen insgesamt abgeleitet werden können. Die vierte A (der Modalität) betrifft die Existenz eines notwendigen Wesens: Zur Welt gehört (nicht) als Teil oder Ursache ein schlechthin notwendiges Wesen.

Die Beweise in den ersten beiden (den sog *mathematischen*) *A* setzen nach Kant voraus, daß die *Welt* (der Inbegriff aller Erscheinungen) ein an sich existierendes Ganzes sei. Da diese Voraussetzung aber falsch ist, sind auch die Folgerungen falsch. Der Gegensatz dieser A ist nicht kontradiktorisch, sondern konträr. – Lösung der ersten A: Die Welt als Erscheinung (die bloß im empirischen Regressus auf empirische Bedingungen gegeben ist) ist weder unendlich noch endlich; dh der empirische Regressus kann von jedem erreichten Punkte aus weitergeführt werden (in indefinitum). – Lösung der zweiten A: Alle Teile eines Ganzen sind zwar in der Anschauung gegeben, niemals aber die ganze Teilung, die (hinsichtlich der bloßen Erscheinung im Raum) in indefinitum fortschreiten kann.

Während bei den mathematischen A der Rückgang notwendig zu gleichartigen, sinnlichen Bedingungen erfolgte, kann bei den *dynamischen A* (der dritten u vierten) auch ein Rückgang auf eine ungleichartige, bloß intelligible (der Vernunft zugängliche) Bedingung zugelassen werden, so daß beide, Thesis u Antithesis, wahr sein können. – Lösung der dritten A: Alle Erscheinungen hängen zwar untereinander nach einer Regel zusammen *(Kausalität der Natur)*, haben aber vielleicht noch Gründe, die nicht selbst Erscheinung sind u demnach auch nicht durch Erscheinungen zu ihrer Kausalität bestimmt werden *(Kausalität der Freiheit)*. – Lösung der vierten A: Im Inbegriff aller Erscheinungen kann allerdings kein notwendiges Wesen gefunden werden. Doch widerstreitet es nicht, wenn die ganze Reihe der Sinnenwelt von einem notwendigen Wesen abhängt, das ganz außer ihr steht. Allerdings kann aus den Erscheinungen nicht auf die Existenz eines solchen Wesens geschlossen werden, da Erscheinungen nur Vorstellungen sind.

Zur Kritik: Es ist zuzugeben, daß Schwierigkeiten von der Art der A in der Doppelnatur unserer Vernunft gründen, die einerseits als Vernunft auf das Unbedingte des Seins als solchen ausgerichtet, andererseits als menschliche Vernunft zunächst auf Sinnendinge eingeschränkt ist, so daß sie, auch wenn sie sich über diese erhebt, dennoch in ihrer ganzen Auffassungsweise die körperlichen Gegenstände gleichsam als Modell gebraucht. Auch die Auflösung der A durch die Unterscheidung von Dingen an sich u Erscheinungen enthält einen Wahrheitskern. Denn was von den Dingen als Erscheinungen (Gegenständen der Sinne) gilt, gilt nicht ohne weiteres von ihnen als Dingen an sich (Gegenständen der Vernunft). So ist es gewiß richtig, daß die sichtbare Welt als Ganzes nie Gegenstand einer Erfahrung werden u die vollständige Teilung eines Ausgedehnten in keiner Erfahrung vollendet werden kann. Doch geht Kant zu weit, wenn er die Erscheinungen zu bloßen Vorstellungen macht, statt sie als Widerspiegelungen von Dingen an sich zu betrachten. Auf Grund dieser Voraussetzung wäre eine Kausalität durch Freiheit u ein notwendiges Wesen nicht nur möglich, sondern eine Forderung der Vernunft. – Die Lösung der dritten A ist ungenügend ↗ Freiheit. – ↗ Kritizismus.

I Kant: Krit d rein Vern ²1787, 432–595. – *J Richter:* Die kantischen A 1863; *J Quaatz:* Kants kosmolog Ideen 1872; *F Ehrhardt:* Kritik der kantischen A 1888; *F Evelin:* La raison pure et les antinomies, P 1907; *W Rauschenberger:* Die A Kants 1923; *H Rathschlag:* Die Bedeutung der A für den Kritizismus 1936; *G Martin:* Zu den Voraussetzungen u Konsequenzen der Kantischen A-lehre, in: Ges Abhandl 1961. Brugger

A posteriori bezeichnet ganz allg, daß man in einer geordneten Folge von einem späteren *(posterius)* Element zu einem früheren fortschreitet, gleichgültig ob diese Folge zeitlich ist oder nicht. AP ist dem ↗ a priori entgegengesetzt u bedeutet je nach der Verschiedenheit des Vergleichspunktes jeweils etwas anderes. *Später* kann etwas im Vergleich zu anderem genommen werden der Zeit nach (morgen – heute), der Natur oder Seinsabhängigkeit (Wirkung – Ursache) oder der logischen Abhängigkeit nach (Folge – Grund). – In der scholastischen Logik heißen AP jene Beweise, die von der Wirkung oder Eigenschaft (also dem der Natur nach Späteren) auf die Ursache bzw. Wesenheit schließen. Seit *Kant* heißt AP jene Erkenntnis, deren Gültigkeit logisch von der ↗ Erfahrung (= Wahrnehmung) abhängt. Was logisch oder der Natur nach später ist, muß nicht auch der Zeit nach später sein.

a) *Aristoteles:* Kategorien, 12. Kap (ed Rolfes); Metaphysik V, 11 (ed Rolfes); *I Kant:* Krit d rein Vern ²1787, 1–3. – b) *H Fels:* Was ist a priori u a posteriori, in: Ph Jb 38 (1925) 201–10, 321–32. Brugger

A priori bezeichnet ganz allg, daß man in einer geordneten Folge von einem *früheren (prius)* Element zu einem späteren fortschreitet, gleichgültig ob diese Folge zeitlich ist oder nicht. Damit der Ausdruck AP eindeutig sei, muß immer die Art der Ordnungsfolge feststehen u das Element, im Vergleich zu dem etwas als früher bezeichnet wird, angegeben werden. AP oder früher (Ggs ↗ a posteriori) kann ein Element der Zeitfolge (gestern – heute), der Seinsfolge (Ursache – Wirkung) oder der logischen Denkfolge nach (Grund – Folge) sein. Das *psychologische Apriori* gehört zum AP der Seinsfolge; es umfaßt jene seelischen Vorbedingungen, die die Aufmerksamkeitslenkung u Urteilsbildung mitbestimmen. – In der scholastischen Logik heißen AP jene Beweise, die ihren Ausgang im seinshaft Früheren nehmen, also von der Ursache auf die Wirkung, von der Wesenheit auf die Eigenschaften schließen. Seit *Kant* heißt AP alle Erkenntnis, deren Gültigkeit logisch von der ↗ Erfahrung (= Wahrnehmung)unabhängig ist. Hierdurch wird eine gewisse Abhängigkeit solcher Erkenntnisse von der Erfahrung der Zeit u Entstehung nach nicht in Abrede gestellt. Unter dem *erkenntnistheoretischen Apriori* versteht man den Inbegriff aller apriorischen Bedingungen der Erkenntnis, sofern durch sie die Erkenntnis selbst objektiv möglich gemacht wird. Kant gebraucht für diesen erweiterten Begriff des AP den Ausdruck ↗ transzendental. Das erkenntnistheoretische AP umfaßt die Gültigkeits-, das *psychologische* AP die Existenzbedingungen der Erkenntnis. – Nach *Kant* beruht die Gültigkeit apriorischer Erkenntnisse darauf, daß durch sie die Erfahrung (als allgemeingültiger u objektiver Erkenntniszusammenhang) begründet u möglich gemacht wird. Deshalb bleibt die Geltung apriorischer Erkenntnisse auf den Bereich möglicher Erfahrung beschränkt ↗ Kritizismus. Nach scholastischer Auffassung hingegen gründet die Gültigkeit apriorischer Erkenntnisse auf der Einsicht in die Wesensbeziehungen der Gegenstände. Die absolute Geltung solcher Einsichten für die Seinsordnung wurzelt letztlich darin, daß sowohl der subjektive wie der objektive Bereich beide in derselben reinen Identität des Erkennens u Seins, die den absoluten Geist kennzeichnet, gründen. Die objektive Geltung der apriorischen Sätze erstreckt sich infolgedessen trotz der genetischen Abhängigkeit von der Erfahrung über diese hinaus u ist schlechthin unbeschränkt. – Abwertend für AP ist die Bedeutung: im vorhinein zur Kritik = unkritisch. Dafür besser: *aprioristisch*.

a) *Aristoteles:* Kategorien, 12. Kap (ed Rolfes); Metaphysik V, 11 (ed Rolfes); *I Kant:* Krit d rein Vern ²1787, 1–10. – b) *H Fels:* Was ist a priori u a posteriori, in: Ph Jb 38 (1925) 201–10, 321–32; *J Maréchal:* Le point de départ de la métaphysique III 87 ff (AP bei Kant), Louvain ³1944, V 56–55 (AP i der Schol) ²1949; *J Lotz:* Zum Probl des Apriori, in: Mélanges Maréchal II 1950, 62–75; *M Dufrenne:* La notion d' „a priori" 1959. – d) *L Eley:* Die Krise des AP i der transzendentalen Phänomenologie E Husserls, Den Haag 1962.

Brugger

Arbeit. Der Mensch arbeitet, wenn er seine geistigen oder körperlichen Kräfte betätigt in der Richtung auf ein ernst genommenes Ziel, das erreicht oder verwirklicht werden soll. Lernen u Beten sind echte A, obwohl beide keine Erzeugnisse hervorbringen; andere *geistige* u wohl alle *körperlichen* A-en führen zu einem äußerlich wahrnehmbaren Ergebnis, sei es einem Erzeugnis, sei es einer Zustandsänderung. Die Grenze der A gegen das Spiel mag begrifflich scharf sein, tatsächlich ist sie flüssig; was seinem Inhalt nach unter anderen

Umständen *Spiel* (zweckfreie Betätigung der Kräfte) ist, kann für den Ausübenden ernste u schwere A sein. – Auch das Tier u selbst die Maschine arbeitet, aber nur indem der Mensch sich ihrer Tätigkeit bedient u sie lenkt; das Tier teilt mit der menschlichen A die Mühe, die Maschine nur die Bewegung u zugleich die Überwindung eines Widerstandes über einen Weg (= *physikalische* Begriffsbestimmung der A). A im Vollsinn des Wortes ist ein Vorrecht des Menschen: sie macht seinen Adel aus. – Zielstrebigkeit u Bemühung gehören zur A. Mit ersterer ist gegeben die Leitung durch die Vernunft u damit die sittl Verantwortlichkeit u Würde der A; letztere steigert deren sittl Wert noch insoweit, als sie einen wirklichen Einsatz des Menschen fordert.

Geistige A wurde wohl immer geachtet, die körperliche A zu Unrecht nicht immer. Umgekehrt wurde die A in der Gütererzeugung wegen ihres augenfälligen Nutzens zeitweilig einseitig überbewertet. Die Wertung der A muß an erster Stelle eine ,sittliche' sein; hierfür ist die wirtschaftliche Nützlichkeit des A-Ergebnisses erst an letzter Stelle maßgeblich. Ganz anderen Maßstäben gehorcht die ,wirtschaftliche' Wertung, die darum so bedeutsam ist, weil heute für so viele Menschen der Entgelt („Gegenwert"), den sie für ihre A erzielen, die Grundlage ihrer gesamten Lebenshaltung ist. – Alle Kulturwerte können nur durch A geschaffen u erhalten werden; um so wichtiger ist es, die A selbst u die Lebensbedingungen des arbeitenden Menschen, gleichviel ob seine A geistig oder körperlich, leitend oder ausführend ist, kulturwürdig zu gestalten. Eine auf das Genießertum ausgerichtete Kultur zerbricht; eine die A achtende u ehrende ↗ Kultur gedeiht. – Die A selbst ist niemals ein Fluch, sondern stets ein Segen. Ein Fluch ist es jedoch, wenn viele A-en über das Maß ermüdend u eintönig sind u den Geist erliegen lassen, wenn so manche A nicht zum Erfolg führt, wenn im A-leben Zustände herrschen, unter denen die Menschen sittlich u gesundheitlich verderben, statt zu erstarken u zu reifen.

b) *H Pesch*: Lehrb der Nationalökonomie IV 1914–26; *J Hässle*: Das A-ethos der Kirche 1923; *Th Brauer*: Produktionsfaktor A 1925; *W Bienert*: Die A nach der Lehre der Bibel ²1956; *MD Chenu*: Die A u der göttl Kosmos 1956; *L de Witte*: Kirche, A u Kapital 1964; *FJ Wehner*: Mensch u A 1969. – c) *F Giese*: Phil der A (= Handb f A-wissenschaft X) 1932; *F Battaglia*: Fil del lavoro, Bologna 1951; *RC Kwant*: Phil of Labor, Pittsburgh 1960; ders: Ökonomik der A ⁵1968; ders: Der Mensch u die A 1968; *A Sohn-Rethel*: Geistige u körperl A 1970. – d) *A Bolley, G. Klostermann*: Abhandl z Religions- u A-psychologie 1963; *SZ Lim*: Der Begriff der A bei Hegel 1963; *H Klages*: Technischer Humanismus 1964 [über Marx]; *A Barzel*: Der Begriff der A i der Phil der Gegenw 1973.
v Nell-Breuning

Aristotelismus ist die phil Lehrrichtung des *Aristoteles* (384 bis 322 v Chr) u seiner Schule *(Lyzeum* oder *peripatetische Schule* genannt), die später im Mittelalter bei Arabern *(Averroes),* Juden *(Moses Maimonides)* u seit dem 13. Jht im christlichen Abendland besonders durch *Albertus Magnus* u *Thomas v Aq* beherrschenden Einfluß gewann, allerdings mit wesentlichen Änderungen, die durch den christlichen Glauben bedingt waren ↗ Scholastik. Aristoteles gründet die Wahrheit des menschlichen Erkennens nicht auf eine transzendente, von den Erfahrungsdingen geschiedene Ideenwelt (↗ Platonismus), sondern auf die in den Dingen enthaltenen Formen, die das reale Gegenstück der menschlichen Begriffe bilden. Sinnliche Erfahrung u Abstraktion des Verstandes wirken zusammen bei der Bildung u Entfaltung der menschlichen Erkenntnis. Den höchsten Rang unter den Wissenschaften nimmt die Erste Philosophie oder Metaphysik ein, die Wissenschaft vom Seienden u dessen höchsten Formen. Das kontingente, der Bewegung unterworfene Sein, das Werden u Vergehen kennt, besteht aus einem potentiellen u aktuierenden Bestandteil, Materie u Form. Das Werden ist nicht Entstehen eines ganz Neuen u nicht Dagewesenen, sondern Wesensveränderung, insofern die Materie, der als ewig u ungeschaffen gedachte, bestimmbare Teil, seine vorige Wesensform verliert u unter dem Einfluß einer Wirkursache eine andere, neue Formbestimmung erhält ↗Hylemorphismus. Die genauere Deutung dieser Bestandteile, besonders der Form, u der Unterschied von der platonischen Haltung wird nicht einhellig angenommen. Die Formen sind zugleich inneres Seinsziel oder Telos (daher *En-tel-echie*). Dies gilt besonders von den Formprinzipien des Lebendigen, der Pflanzen-, Tier- u. Menschenseele. Die eine Menschenseele übt auch die Funktionen des vegetativen u animalischen Lebens aus. Die geistige Erkenntnis gewinnt der Mensch nicht schöpferisch aus sich, sondern durch den bestimmenden Einfluß der Sinne; dabei ist er allerdings nicht rein passiv, sondern wirkt durch die spontane Kraft des tätigen Intellekts (intellectus agens), der vom passiven Intellekt verschieden ist. Nur der tätige Intellekt ist unsterblich; er entsteht auch nicht durch Zeugung, sondern kommt „von außen". Die Araber lasen aus den unklaren Texten des Aristoteles einen *Monopsychismus,* die Einheit des intellectus agens in allen Menschen, heraus. Was das Willensleben angeht, wird die Wahlfreiheit gelehrt, allerdings ohne klare Unterscheidung des Freien und bloß Willentlichen. *Gott* wird als reinste Tätigkeit (*noēsis noēseos* = Denken des Denkens) u erster Beweger der Himmelsphären angenommen. Zweifelhaft ist der Persönlichkeitscharakter Gottes. Er ist nicht Schöpfer der Welt. In der Ethik wird das menschliche Lebensziel als *Eudaimonie* (Glückseligkeit) beschrieben, die in der Übung der Tugend besteht, in ihrer höchsten Form jedoch als Betätigung der Wahrheitsschau bezeichnet wird. Die Lust ist nur das Echo der erlangten Vollkommenheit. In der Staatslehre wird der naturhafte Ursprung von Familie u staatlicher Gemeinschaft gelehrt. Die Staatsutopie Platons mit Frauen- u Gütergemeinschaft wird abgelehnt, wie Aristoteles überhaupt seine Lehren in ausgiebiger u umsichtiger, historisch-kritischer Auseinandersetzung mit seinen Vorgängern, den ↗Vorsokratikern u besonders *Platon,* begründet hat. – ↗[41–43, 55 73, 100–102, 107–111, 130, 163]

Aristoteles: Phil Werke, dt v E Rolfes; dt hg v *E Grumach; H Bonitz:* Index Aristotelicus (= Opera V), Neudr 1961. – *MD Philippe:* Aristoteles, Bern 1948 [Bibliogr]; *Überweg-Prächter:* Grundriß der Gesch der Phil ¹²I §§ 44–52, 66, ¹¹II §§ 35–36; *Totok* I 214ff; *H Meyer:* Gesch der abendl Weltanschauung I 1947, 184–303, III 1948, 160–243; *W Jaeger:* Aristoteles, Grundlegung einer Gesch seiner Entwicklung 1923; *M Grabmann:* Mittelalterliches Geistesleben 1926–36; *P Wilpert:* Die Lage der Aristotelesforschung, in: Z f phil Forsch 1 (1946) 123–40; *F Nuyens:* L'évolution de la psychologie d'Aristote, P 1948; *I van der Meulen:* Aristoteles. Die Mitte in seinem Denken ²1968; *DJ Allan:*

Die Phil des Aristoteles 1955; *MD Philippe:* Initiation à la phil d'Aristote, P 1956; *A Mansion* in: Rev phil Louv 57 (1959) 44–70; *D Ross:* Aristotle, L [8]1960; *JG Deninger:* „Wahres Sein" i der Phil des Aristoteles 1961; *W Wieland:* Die arist Physik 1962; *EJ Schächer:* Ist das Corpus Aristotelicum nacharistotelisch? 1963; *P Moraux* (Hgb): Arist i der neueren Forschung 1968; *ders:* Der A bei den Griechen I 1973.

Schuster

Art *(eidos, species)* ist der ganze Wesensbestand eines Seienden, insofern er vielen ⌐ Einzelnen gemeinsam ist. *Platon* faßte die A als eine für sich bestehende, übersinnliche ⌐ Idee auf, an der die sinnlichen Einzeldinge teilhaben ⌐ Teilhabe. Nach *Aristoteles* dagegen ist der artliche Wesensbestand den Einzeldingen der Sinnenwelt innewohnend, die A als solche (als Allgemeines) nur Begriff. Der *A-begriff* (z B Mensch) unterscheidet sich vom *Gattungsbegriff* (z B Sinnenwesen) dadurch, daß dieser unter Auslassung des *artbildenden Unterschiedes (differentia specifica,* z B vernünftig) das Wesen nur in begrifflich unbestimmter Weise gibt, während der aus Gattung u Unterschied aufgebaute A-begriff den ganzen Wesensbestand bietet. – Den so verstandenen A-begriff sucht die vollkommene ⌐ Definition genau zu umgrenzen. Die Unterschiede der unter der gleichen A befaßten Einzelnen betreffen nach der klassischen Theorie nur unwesentliche (akzidentelle) Merkmale, während verschiedene A-en sich durch verschiedene Wesensformen (⌐ Form) unterscheiden. Solange man an diesem streng ontologisch begründeten A-begriff festhält, dürften sich freilich nur sehr wenige A-en mit Gewißheit feststellen lassen. So ist z B die *biologische A,* wie sie seit *Linné* verstanden wird, nicht A in diesem Sinn. Biologische A-en sind die untersten Gruppen von Tieren u Pflanzen, die sich durch erheblich voneinander verschiedene, nicht durch Mittelformen verwischte u erblich sich durchhaltende Merkmale unterscheiden. Unter diesen A-en stehen die Spielarten u Rassen. Tatsächlich verwischen sich aber die Grenzen zwischen A u Spielart oft. Es hängt eben weithin vom Belieben ab, ob Unterschiede als „erheblich" oder wesentlich betrachtet werden oder nicht. So ist schließlich ein rein *logischer A-begriff* möglich, der die Merkmale in sich schließt, die jetzt u hier vom Einteilenden für seinen Zweck als wesentlich betrachtet werden. – ⌐ Evolution, Prädikabilien, Wesen, Typus.

a) *Aristoteles:* Topik VI, 6 (Übers Rolfes 1919); *Porphyrius:* Einl i die Kategorien (Übers Rolfes 1920); *Thom v Aq:* De ente et essentia c 3–4 (dt-lat v Allers 1936). – b) *J Geyser:* Grundlagen der Logik u Erkenntnislehre 1909, nr 117–9; *A Pfänder:* Logik 1921, 145 ff. – Naturwiss: *Nägeli:* Entstehung u Begriff der naturhistorischen Art [2]1865; *AG Cotter:* Natural Species, Weston, Mass 1947; *H Merxmüller:* Fragen des A-begriffes i der Botanik, in: Naturwiss Rundschau 2 (1949) 68–73 [mit Bibliogr]; *A Remane:* Die Grundlagen d natürl Systems der vergl Anatomie u Phylogenetik II 1952 [über den A-begriff]; *H Conrad-Martius:* Das A-problem i naturphil Beleuchtung 1952.

Santeler

Assoziation. Die A besteht in der folgenden, durch ein Reproduktionsgesetz ausgedrückten Tatsache: Wenn seelische Gebilde, sagen wir a und b, einmal gleichzeitig oder in naher Folge bewußt waren, so ruft später die Anwesenheit der früheren Erlebnisse a auch die Vorstellung der Erlebnisse b wach, ohne daß die früheren Ursachen des b tätig sind. Die A ist das Band, das die Überbleibsel von a und b aneinanderbindet. Wird später aus anderem Grund zunächst a allein bewußt, so „zieht es an diesem Band das b über die Schwelle". - Schon *Aristoteles* erwähnt die drei *A-Gesetze* der Ähnlichkeit, des Kontrastes u der Nachbarschaft (Kontiguität) in Raum u Zeit. Das Kontrastgesetz ist leicht auf eine Art Ähnlichkeit zurückzuführen. Zwei kontrastierende Vorstellungen, zB Weiß u Schwarz, sind ja ähnlich (als Farben); zugleich aber auch darin, daß sie die beiden Extreme in der Farbenreihe sind. Das Ähnlichkeitsgesetz kann man zurückführen auf die Substitution: Wenn a mit b assoziiert ist u a_1 dem a ähnlich ist, so besteht nach der Erfahrung eine Neigung, von dem allein bewußten a_1 unmittelbar auf b überzugehen. Das übrigbleibende Gesetz der Nachbarschaft betrifft genau die Zeit; Bedingung ist, daß die Glieder als zueinander gehörig, als ein Ganzes erfaßt werden.

Die Natur der A: Ist sie etwas Materielles oder (unbewußt) Psychisches? Die meisten Neueren betrachteten sie als rein materiell. Doch sind diese Erklärungen regelmäßig nur Umschreibungen der Tatsachen durch mechanische Ausdrücke. *Becher* zeigte, daß besonders bei Wiedererkennen von Gestalten mit veränderten Qualitäten die materielle Erklärung versagt. Daß die Erinnerung vom Gehirn abhängt, wie es feststeht, ist kein Hindernis für unbewußte seelische Überbleibsel, wie es auch keines für bewußte Erkenntnisse ist. Die Grundlage ist mithin eine Disposition, die aus einem materiellen u einem psychischen Element besteht. Die mit dem ersten Bild verbundene Erregung wird durch psychische Disposition so weitergeleitet, daß das assoziierte Bild folgt.

[Nach *Pawlows Reflexologie* tritt zu den *unbedingten Reflexen* (d i den angeborenen direkten Reaktionen auf äußere oder innere Reize) bei den höheren Tieren (u beim Menschen) ein Signalsystem der *bedingten Reflexe* (d i der assoziativ erworbenen u veränderlichen Reaktionsweisen), welche die Anpassung an die veränderliche Umwelt ermöglichen. Dem Menschen ausschließlich eigen ist ein weiteres Signalsystem bedingter Reflexe der Sprachzeichen, wobei das Wort als Signal der Signale durch den damit verbundenen Inhalt wirksam wird. Beide Signalsysteme beruhen jedoch ausschließlich auf einer mehr oder weniger hohen Nerventätigkeit. - Dieser mehr mechanistische als ↗ dialektische ↗ Materialismus wird noch nicht einmal dem, was wir beim ↗ Tier beobachten können, gerecht, geschweige denn dem menschlichen Bewußtsein.] [Brugger]

Die *A-Psychologie* machte einst die A-Gesetze zum Prinzip des ganzen psychischen Lebens, dessen Elemente die bloßen Empfindungen seien. Das würde die allg Geltung der logischen u metaphysischen Prinzipien zerstören, auf denen alle Wissenschaften beruhen. Die logische Verknüpfung unterscheidet sich von der A dadurch, daß sie durch Einsicht in den Sinnzusammenhang begründet wird, was bei der A nicht der Fall ist. Andere erkannten höhere psychische Elemente an, sahen aber in der A die einzige Ursache, daß neue Elemente bewußt werden; das würde die willkürliche Beherrschung der Gedanken aufheben. In Wirklichkeit macht die A, daß neue Elemente auftauchen; aber der Wille behält oder verwirft sie u beherrscht so den Gedankenlauf des Wachlebens.

b) *GE Müller:* Zur Analyse der Gedächtnistätigkeit u des Vorstellungsverlaufes 1911 ff; *J Fröbes:* Lehrb der exper Psychologie II ³1929, 124–62; *J Lindworsky:* Exper Psychologie ⁵1931, 141–66; *W Fischel:* Die Leistungen der höheren Wirbeltiergehirne ²1956. – e) *A Willwoll:* Seele u Geist 1938, 63 ff. – ↗ Lehrb der Allg Psychologie.   Fröbes

Ästhetik wurde als Wort erst von *Baumgarten* (1750) geprägt. Es geht auf das griech ‚aísthēsis': ‚Sinneswahrnehmung' zurück u bezeichnet zunächst die Wissenschaft von der Sinneswahrnehmung im Ggs zu jener von der geistigen Erkenntnis. Diesen allg Sinn hat auch *Kant* im Auge, wenn er in seiner „Kritik der reinen Vernunft" den ersten Teil der Elementarlehre „Die transzendentale Ä" überschreibt. Doch gibt schon *Baumgarten* als Zweck der Ä an: die Vollkommenheit der sinnlichen Erkenntnis als solcher, in der die Schönheit besteht. Hierin liegt der spezielle Sinn von Ä, der sich besonders durch *Schiller* eingebürgert hat. Danach meint Ä die Wissenschaft vom Schönen, deren Kern wiederum die phil Lehre vom Schönen (phil Ä) ist; auf diese kommt es uns hier an; sie wurzelt in jenem Teil der Ontologie, der die ↗ Transzendentalien entfaltet, zu denen das Schöne gehört. Man kann sie nicht ohne weiteres mit *Kunstphilosophie* gleichsetzen; denn sie umfaßt, vom Schönen im allg ausgehend, neben dem Kunstschönen das Naturschöne, wenn auch jenes ihren Hauptgegenstand bildet u ihre meisten Bemühungen auf sich vereinigt.

Einer phil Ä könnte man entgegenhalten, das Schöne (↗ Schönheit) werde vom ästhetischen *Geschmack* oder Gefühl erfahren u sei deshalb dem Begriff der Phil nicht zugänglich. Darauf ist mehreres zu antworten. Gefühl besagt nicht, daß das Schöne eben Gefühlssache, etwas rein Subjektives sei, über das sich nicht streiten läßt; vielmehr besteht das Schöne als etwas objektiv Gegebenes. Ihm tritt der Geschmack nicht als ein völlig irrationales Erleben gegenüber. Wie nämlich dem Schönen Seinsstrukturen innewohnen, so durchdringen auch den ästhetischen Geschmack intelligible Faktoren. Deshalb kann die phil Begrifflichkeit beide fassen, ohne sie zu vergewaltigen. Weil sich jedoch das Schöne, obwohl es ganz u gar Sein ist, nicht in dem von uns begrifflich am Sein Erfaßten erschöpft, sondern ihm eben ein neues Transzendentale beifügt, findet es erst in der Vollgestalt des ästhetischen Erlebens die ihm ganz entsprechende Antwort, noch nicht im Begriff. Der Gesamtmensch kommt in Schwingung, wie auch im Schönen alle Seiten des Seienden ineinanderklingen. Insbesondere verlangt die für uns meist sinnliche Gestalt des Schönen die wesentliche Beteiligung der Sinneswahrnehmung; daher hat der Name „Ä" seine Berechtigung. Wegen des hier erforderlichen Zusammenwirkens vieler Elemente ist das vollendete Schöne eine Ausnahme, ebenso aber auch der vollendete ästhetische Geschmack.

Danach läßt sich die Aufgabe der phil Ä näher umschreiben. Sie hat zunächst das Wesen des Schönen im allg u im besonderen (Natur u ↗ Kunst) vom Sein her zu klären: ontologisch-metaphysische Aufgabe. Dann hat sie das Wesen des ästhetischen Erlebens in seinen zwei typischen Formen (schaffender Künstler u nachvollziehend Erlebender) vom Menschen her aufzuhellen: anthropologisch-existentiale Aufgabe, die freilich ebenfalls ihre ontologisch-metaphysischen Wurzeln hat. Diese Doppelbetrachtung umfaßt von selbst die Probleme des ästhetischen Wertes u der ästhetischen Wertung.

Anfänge einer Ä bieten im Altertum *Platon, Aristoteles* u *Plotin,* in der Väterzeit u im Mittelalter besonders *Augustinus* u *Thomas v Aquin.* In Deutschland begründet die systematische Ä *Baumgarten; Schiller* hat sie mit seinen ästhetischen Schriften sehr gefördert. Eine eigene Gestalt gab ihr *Kant* in seiner „Kritik der Urteilskraft", die im Subjektiven befangen bleibt. Unter den deutschen Idealisten hat *Schelling* die Kunst zum Höchsten erhoben, auch *Hegel* hat sie tief durchdrungen, doch beide pantheistisch oder wenigstens pantheisierend als sinnliche Erscheinung des Absoluten. *Schopenhauer* sieht das Schöne ebenfalls als versinnlichte Idee, die Erlösung vom Weltschmerz bringt. Nachher wurde uns bis in die Gegenwart herein eine Fülle von ästhetischen Werken geschenkt. Genannt seien *Heidegger* (Kunst vollzieht das Ins-Werk-Setzen der Wahrheit als der Unverborgenheit des Seins), *Helmut Kuhn* u *R Berlinger, J Maritain* u *É Gilson, L Stefanini* u *L Pareyson.*

a) *Platon:* Symposion; *Plotin:* Enneaden 1, 6 u 5,8; *Albertus M:* Komm zu De divinis nominibus: De pulchro et bono; *Thom v Aq:* STh I q 5 a 4 ad 1; I q 39 a 8; I. II q 27 a 1 ad 3; *A Baumgarten:* Aesthetica, 2 Bde, 1750–58; *I Kant:* Krit d Urteilskraft, 1. Teil; *G Hegel:* Vorlesungen über die Ä, Jubil-Ausg 12.–14. Bd, 1927–28. – b) *G Schulemann:* Ä 1930; *A Dyroff:* Ä des tätigen Geistes, 2 Bde, 1948; *J Maritain:* Creative Intuition in Art and Poetry, NY 1953; *H Kuhn:* Wesen u Wirkung des Kunstwerks 1960; *ders:* Schriften z Ä 1966; *F Piemontese:* Problemi di Fil del arte, Turin 1962; *É Gilson:* Introduction aux Arts du Beau, P 1963; *N Petruzzellis:* Fil del arte, Neapel ³1964; *D v Hildebrand:* Ä (Ges Werke V); *L Pareyson:* I problemi dell'estetica, Mailand ²1966; *J Lotz:* Ä aus d ontol Differenz. Das An-wesen d Unsichtbaren im Sichtbaren 1984. – *O Külpe:* Grundlagen der Ä (Hgb S Behn) 1921; *J Volkelt:* System der Ä ²1925–27. – c) *A Baumgarten, I Kant, G Hegel:* ↗ a); *B Croce:* L'estetica come scienza dell'espressione ⁵1922 (dt 1905); *ders:* Breviario di estetica 1913 (dt 1913); *N Hartmann:* Ä 1953. – d) *E Grassi:* Gesch der Ä I 1962; *FJ Kovach:* Die Ä des Thom v Aq 1961; *W Gruber:* Vom Wesen des Kunstwerks nach M Heidegger, Graz 1956. – e) *H Lützeler:* Einf i die Phil der Kunst 1934; *W Henckmann:* Einf i die phil Ä 1974. Lotz

Atheismus, die Leugnung der Existenz Gottes (oder pluraler Gottwesen, wie sie der *Polytheismus* annimmt) wie auch – in Abgrenzung gegen ↗ Pantheismus – jeglichen überempirischen, absoluten Weltgrundes, läßt sich nur aus der Geschichte nach seinen Grundtypen näher bestimmen. Er erweist sich dabei als epochal „zeit-bedingt". Aus der Antike ist nur ein A intellektueller Einzelgänger bekannt. Soweit es sich nicht um berechtigte Kritik an zu naivem Anthropomorphismus der Göttervorstellungen handelt wie bei *Xenophanes,* haben die Sophisten *Kritias, Prodikos* u a, später *Lukrez* atheistische Standard-Topoi (Gott als Superpolizist, als personifizierte Naturkraft oder vergöttlichter Heros; geschlossene materialistische Welterklärung) vorweggenommen. Das naturreligiöse Lebensgefühl, das eingebunden ist in den durch u durch numinosen Kosmos, verhinderte jedoch einen radikalen u breitgestreuten A, wie er die Gegenwart kennzeichnet. Seine Entstehung scheint ermöglicht durch die vom christl Schöpfungsglauben erwirkte Entsakralisierung, die „Entgötterung der Natur" (Hegel). Während die modernen empirischen Wissenschaften legitimerweise in *methodischem* A von allen metaphysischen Dimensionen der Wirklichkeit absehen, führte die illegitime Behauptung ihrer Nichtexistenz zum *doktrinären* A einiger französischer Aufklärer (18. Jh), der deutschen Vulgärmaterialisten (19. Jh) u der Systematisierung des ↗ „Dialektischen Materialismus" durch *F Engels,* die in der marxistisch-leninistischen Orthodoxie maßgeblich blieb; heute wäre in etwa zu vergleichen „Zufall und Notwendigkeit" (1971) von *J Monod.* Nicht weil die Welt in ihrem vergangenen Werden ohne Gott erklärt werden kann, sondern weil die Zukunft der vom Menschen zu gestaltenden Welt u damit des Menschen selbst in seiner freien Selbstverwirklichung dies fordere, verwirft der *postulatorische* A (so genannt von M Scheler), auch *humanistischer* A, in seinen beiden Hauptvarianten, der marxistischen, die auf *L Feuerbach* zurückgeht, und der existentialistischen *(F Nietzsche, JP Sartre),* die Existenz Gottes als des Konkurrenten des Menschen: „Ich negiere Gott, das heißt bei mir: ich negiere die Negation des Menschen" *(Feuerbach).* In der Konsequenz des ↗ Positivismus u der gegenwärtigen Neopositivismen liegt ein *skeptischer* oder *agnostischer* A, etwa weil aus sprachtheoretischen Gründen das Wort „Gott" bedeutungsleer sei oder nur einen zu anthropologischer Reduktion nötigenden *synsemantischen* (indirekt mitbezeichnenden) Gebrauch zulasse. Von dieser Problematik wurde auch weitgehend die „*Gott-ist-tot-Theologie*" (1960–1970 in den USA, mit Echo in Deutschland) bestimmt. Das ↗ Theodizee-Problem war u ist als existentieller Erfahrungsgrund ein „Fels des A" (G Büchner; vgl. „Brüder Karamasoff" von Dostojewski, *A Camus).* Es gibt den – phil letztlich nicht auflösbaren – Anlaß zu einem eher „*bekümmerten*" (K Rahner) als *militanten* A. Stärker als früher ist heute auch mit der milieubedingten Möglichkeit des *negativen* A eines völligen Nichtwissens um das Gottesproblem u deshalb mit schuldlosem A als Massenphänomen zu rechnen. Ein fundamentales Verkennen dessen, was die christl-europäische Metaphysik mit ↗ „Gott" meint, liegt allerdings auch den „*positiven*" Atheismen zugrunde (vgl auch manche heutige theol Kritik am ↗ Theismus). Während gegenüber den gekennzeichneten Formen des *theoretischen* A die phil ↗ Gotteserkenntnis (↗ Gottesbeweise) Einwände zu widerlegen bzw Fragestellungen zurechtzurücken vermag, entzieht sich der eher nur getätigte als reflektierte *praktische* A einer anscheinend ganz im Vordergründigen aufgehenden Lebenseinstellung der Diskussion.

H de Lubac: Die Tragödie des Humanismus ohne Gott 1949; *G Siegmund:* Der Kampf um Gott ²1960; *J Lacroix:* Wege des heutigen A 1960; *P Ehlen,* Der A i dial Materialismus 1961; *E Biser:* ‚Gott ist tot' 1962 [zu Nietzsche]; *H Gollwitzer:* Die marx Religionskritik u der christl Glaube ²1967; *C Fabro:* Introduzione all'ateismo moderno, Rom ²1969; *G Morra:* Il senso dell'ateismo contemporaneo, Udine 1966; *J Bishop:* Die „Gott-ist-tot"-Theologie 1968; *G Girardi* (Hgb): L'ateismo contemporaneo I–IV, Brescia 1968 ff; *F Skoda:* Die sowjetrussische phil Religionskritik heute 1968; *G Waldmann,* Chistl Glaube u christl Glaubenslosigkeit 1968; *W Post:* Die Kritik der Religion bei K Marx 1969; *E Coreth, JB Lotz* (Hgb): A kritisch betrachtet 1971 (Bibl dt A-Lit 1960–70); *E Kunz:* Christentum ohne Gott? 1971; *HM Barth:* A Gesch u Begriff 1973; *K Rahner* (Hgb): Ist Gott noch gefragt? 1973. – d) *F Mauthner,* Der A u s Gesch i Abendland I–IV 1922/23, Nachdr 1963; *H Ley:* Gesch der Aufklärung u des A I–II, Ost-B 1966, 1969.   Kern

Atomismus heißt die phil Lehre, welche die ganze Körperwelt auf Atome zurückführt. *Atome* (vom griech á-tomos: ungeschnitten, unteilbar) sind nach *Leukipp* u *Demokrit* die letzten, unveränderlichen u körperlichen Bestandteile alles Wirklichen, auch der Seele. Sie unterscheiden sich nur geometrisch durch Gestalt, Lage u Anordnung im leeren Raum. Dieser antike A, für den es auch in der indischen Phil Entsprechungen gibt, wurde später mehrfach wiederaufgenommen, so von *Pierre Gassendi*. Vom phil A ist die naturwissenschaftliche *Atomtheorie* zu unterscheiden. Auch in der Chemie suchte man letzte Bestandteile der Körper u glaubte sie im 19. Jht zunächst in den chemischen *Elementen* zu finden, die aus gleichartigen Atomen mit jeweils für das Element kennzeichnenden Eigenschaften bestehen. Diese Theorie wurde zwar erfolgreich weiterentwickelt u bewährte sich als Erklärung für den Aufbau der Körperwelt, nicht jedoch, was das Moment der Unteilbarkeit angeht, da das Atom selbst weitere Strukturen (Atomkern u Elektronen) u Substrukturen (Elementarteilchen u elektromagnetisches Feld) enthält. Dabei stellt sich aufs neue die naturphil Frage, ob sich letzte Teilchen finden lassen, von denen man gewiß sein kann, daß sie grundsätzlich keiner weiteren Zurückführung mehr fähig sind. Solchen Fragen geht *CF v Weizsäcker* nach mit seiner Hypothese von den nach der Quantentheorie (↗Quantenphysik) überhaupt möglichen Objekten der Erfahrung, den *Ur-Objekten*, die nur noch durch eine einzige Meßalternative, eine einzige Ja-Nein-Entscheidung definiert werden können. – ↗[7, 32, 47, 131]

Z Bucher: Die Innenwelt der Atome, Luzern ²1949; *W Büchel:* Phil Probleme der Physik 1965; *A Sommerfeld:* Atome u Spektrallinien, I Neudr 1969, II Neudr 1966; *R Lay:* Die Welt des Stoffes I ²1969; *CF v Weizsäcker:* Die Einheit der Natur ³1972. – d) *K Laßwitz:* Gesch der Atomistik v Mittelalter bis Newton ²1926; *E Zeller:* Die Phil der Griechen 1920ff; *VE Alfieri:* Atomos idea, Florenz 1953; *A van Melsen:* Atom gestern u heute. Die Gesch des Atombegriffs 1957. Brugger

Aufklärung nennt man eine Kultur- u Geistesbewegung, die durch Betätigung der Vernunft die gesamte Aufgabenwelt des Menschen meistern will. – Bewegungen dieser Art hat es mehrere gegeben. Insbesondere nennt man so die Zeit des 17. u 18. Jhts. – Ursache der A war der mit dem Mündigwerden der abendländischen Völker verbundene überschäumende Freiheitsdrang der Vernunft, ihr an den Erfolgen der Naturwissenschaft erwachtes Selbstgefühl. Die menschliche Vernunft glaubte sich imstande, die Wirklichkeit restlos begreifen zu können; sie schickte sich an, alle Lebensgebiete ohne Rücksicht auf das geschichtlich Gewordene nach ihren Einsichten umzugestalten. Daher der werbende Charakter der A-Phil u ihre literarische Wirkung auf die Masse der Gebildeten *(Popularphilosophie)*. In religiöser Hinsicht war die A verursacht durch den Überdruß an den religiösen Spaltungen, denen gegenüber man in der gemeinsamen Menschenvernunft ein Prinzip der Einheit u der Versöhnung zu finden hoffte. Man suchte aus den verschiedenen Bekenntnissen das allen Gemeinsame aus u kam so zu einer bloßen Vernunft- u Naturreligion, die jede Offenbarung u übernatürliche Bindung, wie auch alle natürliche gottgegebene Autorität ausschloß oder als bloße „Introduktion" zur Vernunftreligion betrachtete *(Kant)*. Diese gewöhnlich in der Form des ↗Deismus vertretene Religion sah man als die ursprüngliche u reine Religion an.

Ihren Anfang nahm die A in England u Frankreich. In England schloß sie sich an den Empirismus eines *Locke* u *Hume* an, in Holland u Frankreich an *Descartes* u *Spinoza*. Grundzug der französischen u deutschen A *(Leibniz, Wolff, Reimarus, Lessing, Kant)* ist der ↗Rationalismus. Die besonders in England gepflegte Moralphilosophie der A *(Hobbes, Shaftesbury, Bentham)* lehnte sich teils an den Deismus an, teils machte sie sich von jeder religiösen u metaphysischen Voraussetzung frei *(Bayle)*. Ihren Abschluß u ihre Auflösung fand die A im Radikalismus eines *Voltaire* u der Enzyklopädisten u schließlich im krassen Materialismus eines *Holbach* u *Lamettrie*. Neben dem Rationalismus der A u gegen ihn erhob sich eine Strömung, die das Recht des ebenfalls naturgegebenen Gefühls als tiefsten Quells menschlicher Tätigkeit zur Geltung brachte *(Rousseau* ua). Ebenso wandte sich gegen die Geschichtslosigkeit der anfangs rein naturwissenschaftlich eingestellten A die Geschichtsphilosophie *Herders,* die den organischen Entwicklungsgedanken auf die Geschichte übertrug. –↗[142–152]

a) *I Kant:* Was ist A? 1784; ders: Die Religion innerhalb der Grenzen der bloßen Vernunft ²1794. – d) *E Cassirer:* Die Phil der A 1932. – *HM Wolff:* Die Weltanschauung der dt Aufklärung i gesch Entwicklung ²1963; *G Funke:* A. Ausgew Texte 1963; *C v Brockdorff:* Die dt A-Phil 1926; ders: Die engl A-Phil 1924; *O Ewald:* Die franz A-Phil 1924; *W Philipp:* Das Werden der A i theologiegeschichtl Sicht 1957; *F Valjavec:* Gesch der abendl A 1961; *HJ Krüger:* Theol u A. Unters-en z ihrer Vermittlung beim jungen Hegel 1966; *Transactions* of the Second Internat Congr on the Enlightenment, 4 Bde, Genf 1967; *I Mittelstraß:* Neuzeit u A 1970; *S Goyard-Fabre:* La phil des Lumières, P 1972. – e) *S Mark:* Das Jahrhundert der A 1923; *E Coreth:* Einf i die Phil der Neuzeit I 1972.

Brugger

Augustinismus. Der A ist eine konservative, an *Augustinus* (354–430) orientierte phil-theol Schule, vorwiegend des 13. Jhts. Sie zählte nicht nur bei den Franziskanern u Weltpriestern, sondern auch bei den älteren Dominikanern einflußreiche Vertreter. Durch *Albertus Magnus* u *Thomas v Aquin* in der Alleinherrschaft bedroht, wurde sie, nach anfänglicher Verurteilung thomistischer Sätze in Paris u Oxford, an die zweite Stelle gedrängt. Die charakteristischen Lehrpunkte des hl Augustinus u des A sind folgende: Es gibt für den Menschen sichere Wahrheit. Die Selbstgewißheit des menschlichen Bewußtseins ist die unmittelbare u sichere Grundlage der menschlichen Erkenntnis, die sich Augustinus gegenüber seiner eigenen ehemaligen Skepsis errungen hat. Letzter Gewißheitsgrund ist aber Gott. Es findet eine gewisse Berührung mit den ewigen Regeln, Wahrheiten u Normen statt, an denen menschliches Wissen gemessen wird ↗Illumination. Eine neuere Deutung sieht hier nicht bloß die Nachwirkung *Platons* u des ↗Neuplatonismus, sondern die Stellung des gläubigen Christen, der von seiner Glaubensexistenz aus philosophiert. Gott ist Schöpfer u Urgrund der Welt, ihres Seins, ihrer Werte u Stufen; er ist Urwahrheit, Urschönheit, Urgüte, einziger Grund der menschlichen Glückseligkeit. Gott hat bei der Schöpfung in die materielle Welt die Keimformen aller Dinge *(rationes seminales, lógoi spermatikoí* der Stoiker!) gelegt als Prinzipien ihrer arteigenen Entwicklung. Eine Entwicklung von einer Art zur anderen kennt Augustinus nicht. Das Böse u Übel ist kein ursprüngliches, von Gott verschiedenes Prinzip u reales Wesen, wie Augustinus früher mit dem ↗ Manichäismus geglaubt hatte, sondern nur der Mangel der wesensgemäßen Güte u Vollkommenheit. Einziger Grund der Sünde ist der freie Wille, der sich statt dem unvergänglichen Gute den vergänglichen Dingen zuwendet. Die menschliche Seele ist eine immaterielle, einfache, vernünftige, unsterbliche Substanz u naturbestimmendes Wesensprinzip des Körpers. Der höhere Teil der Seele mit Gedächtnis, Verstand u Wille ist ein Bild des dreieinigen Gottes. Doch ist die unsterbliche Seele, anders als bei Thomas, nicht die einzige Form des Leibes. Leib u Seele stehen sich selbständiger gegenüber. Der A lehrt nicht nur, daß auch Seele u Geist aus einer gewissen Materie u einer Form zusammengesetzt sind, sondern vertritt überdies auch die Mehrheit der Formen, wenigstens hinsichtlich des Körperseins, das nicht vom Lebensprinzip oder der informierenden Seele kommt. Individuationsprinzip der menschlichen Seele ist nicht die Materie (materia signata beim hl Thomas), sondern im wesentlichen das Eigensein der geistigen Person. Die Erkenntnis des Geistes wird zwar durch die Sinne angeregt, aber nicht eigentlich durch die spontane Kraft des tätigen Intellekts aus den Sinnen geschöpft, wie Thomas es lehrt. Inhalt u Gewißheitsgrund des Erkennens, vor allem bei den Prinzipien, kann nur aus dem Geiste selbst stammen. Darum gibt es auch direkte u intuitive Erkenntnis der Einzeldinge. Durch den Gebrauch seiner Freiheit in der Wahlentscheidung muß der Mensch das höchste Gut erringen, d i den Besitz der ewigen Wahrheit in der jenseitigen Glückseligkeit durch die Schau u Liebe des dreieinigen Gottes. Regel u Norm der menschlichen Freiheit ist das ewige Gesetz Gottes, der Inbegriff der sittlichen Normen, deren Wahrheit u unverbrüchliche Gültigkeit der menschlichen Vernunft einleuchtet. – ↗ [84, 104]

Ueberweg-Geyer: Grundriß der Gesch der Phil [11]II §§ 12, 33–34, 39; *MF Sciacca:* Augustinus, Bern 1948 [Bibliogr]; *J Mausbach:* Die Ethik des hl Augustinus 1909; *M Grabmann:* Grundgedanken des hl Augustinus über Seele u Gott [2]1929; *É Gilson:* Der hl Augustinus 1930; *G Bardy:* S Augustin, l'homme et l'œuvre, P [4]1940; *J Hessen:* Die Phil des hl Augustinus [2]1958; *ders:* Augustinus' Metaphysik der Erkenntnis, Leiden 1960; *A Wachtel:* Beiträge z Geschichtstheol des Aurelius Augustinus 1960; *C Andresen:* Bibliographia Augustiniana [2]1973. Schuster

Ausdruck ist die Offenbarung seelischer Dauerartung oder vorübergehenden Erlebens in dauernden Erscheinungsformen des Körpers oder in dessen vorübergehender, sei es unwillkürlich-instinkthafter oder willkürlicher Bewegung. Dahin gehört das A-spiel des Auges, der Gesichtsmimik, der Körperhaltung, des Ganges (Tanz, Pantomimik, Eurhythmie) u a. – Von alters her sucht die wissenschaftliche Forschung die einzelnen A-formen genauer zu erfassen u zu sichten, ihre Zuordnung zu bestimmten Formungen des Seelischen u das Werden dieser Zuordnung zu erkunden sowie Bedeutung u Rückwirkung der A-formen für die Gestaltung des Seelischen zu finden. Der Aristotelesschüler *Theophrast* befaßte sich schon damit; ebenso der Rhetoriklehrer *Quintilian.* Im 18. Jht weckten Arbeiten *Galls, Lavaters, Engels'* u *Goethes* das Interesse für *Physiognomik*

(Ausdruckslehre); Carus nahm ihre Arbeit im 19. Jht wieder auf. *Duchenne* u *Gratiolet* untersuchten in Pariser Kliniken die A-bewegungen. *Darwin* u, in anderer Weise, *Wundt* stellten Theorien über das Werden der Zuordnung von Erlebnis u A auf. *Piderit* schuf eine Art Lexikon der A-bewegungen. *Klages* baute die A-lehre wissenschaftlich auf dem Boden seiner Geist-Seele-Metaphysik auf u begründete die wissenschaftliche *Graphologie* (Untersuchung der Handschrift als A seelischer Artung). Rassenpsychologische Interessen führten zu *F Clauß'* Lehre vom physiologischen Rassentyp als A-form des primären rassenseelischen Typs. *K Bühlers* A-lehre bot Zusammenfassung bisheriger Arbeit u weiteren systematischen Ausbau der A-lehre.

Philosophisch bedeutsam ist die Tatsache der A-formen, indem sie auf die enge Verbundenheit von Leib u Seele (↗ Leib-Seele-Verhältnis) sowie auf die Tatsache u Gliederung der Sozialnatur des Menschen hinweist; denn letzter Sinn des A ist offenbar Kundwerden inneren Erlebens für andere. Der unwiderstehliche Drang des Menschen, Seelischem im Leibe u seinen Bewegungen sinnfälligen u symbolischen A zu geben, gründet nicht bloß in der biologisch-instinkthaften Sphäre seines Wesens, sondern auch in der Natur des menschlichen, leibverbundenen Geistes. Umgekehrt sind aber auch Pflege oder Vernachlässigung, Echtheit oder Entartung in Unechtheit u bloßen Formalismus der A-formen des Seelischen von großer rückwirkender Bedeutung für die Gestaltung u den Verlauf des seelischen Erlebens selbst.

K Bühler: A-theorie ²1968; *Ph Lersch:* Gesicht u Seele ⁴1955; *M Picard:* Grenzen der Physiognomik 1937; *L Klages:* Grundlegung der Wissenschaft v A ⁹1970; *ders:* Handschrift u Charakter ²⁶1968; *ders:* Vom Wesen des Rhythmus ²1944; *J Schröteler:* Rhythmik u Erziehung 1925; *A Vetter:* Natur u Person 1949; *G. Trapp* in: Schol 27 (1952) 383-99; *D Wendland:* Ontologie des A 1957; *R Kirchhoff:* A-psychologie 1965; *I Franke:* A u Konvention 1967; *R Buser:* A-psychologie 1973.   Willwoll

Außenwelt. Das „Außen" im Wort A wird in der erkenntnistheoretischen Fragestellung nicht als räumliche Beziehung etwa zwischen dem eigenen Leib oder dem „Kopf" bzw Gehirn als dem „Innen" zu der übrigen räumlichen Welt als dem „Außen" aufgefaßt. Es geht vielmehr um die Beziehung des (nicht als räumlich erlebten) ↗ Bewußtseins des ↗ Subjekts als der „Innenwelt" zu der Gesamtheit der als räumlich erscheinenden Gegebenheiten der äußeren Sinne als der *Sinnenwelt*. Wenn das in ihr Gegebene als unabhängig vom Subjekt an sich existierend aufgefaßt wird, spricht man von ihm als der *transsubjektiven* Welt oder der A. Das Problem ist also nicht, ob die Sinnenwelt räumlich ist – denn das ist unmittelbar anschaulich gegeben –, auch nicht eigentlich, *ob* die Annahme einer realen A berechtigt ist, sondern welches die Gründe sind, *warum* ihr Ansichsein angenommen wird, obwohl es nicht unmittelbar geschaut wird (↗ Abstraktion). Denn obwohl dieses Ansichsein der A in der natürlichen Überzeugung spontan angenommen wird, ist man sich doch der Gründe dieser Annahme nicht reflex bewußt. Überdies bleibt das phil Problem, *inwieweit* die reale Außenwelt in ihrem Sosein mit dem unmittelbar gegebenen Sinnbild übereinstimmt.

Zur erkenntniskritischen Frage der Realität der A ↗ Realismus. Dort auch Lit.

de Vries

Autonomie (vom griech autós: selbst, u nómos: Gesetz). Die Anerkennung der A als eines wesentlichen Merkmals der sittl Handlung ist in der Anerkennung des ↗ Gewissens mit eingeschlossen als des Vermögens, das im Menschen selbst das ↗ Sittengesetz (SG) kundtut u auferlegt. In diesem Sinne handelt es sich um einen Begriff, der so alt ist wie der Begriff des moralischen Gesetzes überhaupt. Auch nach christl Moral sind alle Menschen in einem unabdingbaren Sinne „sich selbst Gesetz" (Röm 2,14), so daß niemand gezwungen werden darf, gegen sein Gewissen zu handeln, nicht einmal wenn es objektiv irrig wäre, da das Gewissen die subjektiv letzte Instanz der sittl Entscheidung ist.

Für *Kant* ist die A oberstes, sogar alleiniges Prinzip der Sittlichkeit, denn „das moralische Gesetz drückt nichts anderes aus als die A der reinen praktischen Vernunft". Der Ggs zwischen A als Eigengesetzlichkeit u *Heteronomie* als Fremdgesetzlichkeit ist der Ggs zwischen der reinen Vernunft als dem alleinigen Bestimmungsgrund des Willens u den anderen Bestimmungsgründen, die alle – auch die „rationalen Prinzipien", wie Vollkommenheit, Wille Gottes – nach Kant auf empirische Bedingungen hinauslaufen. Denn ein zu erreichender oder zu bewirkender Zweck wird zum Bestimmungsgrund des Willens nur durch das Gefühl der Lust. Der *gute Wille*, der den einzigen unbedingten Wert ausmacht, ist allein der *reine Wille*, der das Gesetz um des Gesetzes willen erfüllt (*Moralität*, unterschieden von *Legalität*).

Nun ist es wohl wahr, daß die Anwendung von Maßstäben, die außerhalb des SG liegen, die ↗ Sittlichkeit aufhebt; aber es ist auch wahr, daß das SG, insofern es das Gesetz der Vernunft ist, inhaltlich auf eine objektive Wirklichkeit u eine objektive Ordnung der Werte verweist, in denen sich dieses Gesetz verwirklichen muß. In der Tat muß ich, wenn ich mir die Frage stelle: „Was soll ich tun?" die Wirklichkeit mit ihrer Rangordnung u vor allem den Menschen in Betracht ziehen, um erkennen zu können, was das Gesetz der Vernunft von mir verlangt. Auf diese Weise kann jede innerweltliche Wirklichkeit als Zweck inhaltlicher Beweggrund eines guten Willens werden. Aber es ist das Gewissen, das von sich aus den Maßstab anlegen muß: ob der angestrebte Wert das mögliche Objekt einer vernunftgemäßen Wahl ist. In diesem Urteil vollzieht das autonome Gewissen seine Transzendenz zum unbedingten Guten. Die hier vorgelegte Deutung der A ist imstande, den Ggs zwischen A u *Theonomie* zu überwinden. Die Tatsache, auf die *Kant* selbst hingewiesen hat, daß nämlich in uns keine vollkommene Übereinstimmung zwischen den Forderungen des SG u unserem Willen besteht, weist über unser Gewissen hinaus auf einen Ursprung des SG, dem gegenüber unsere A Verantwortung u Gehorsam ist. Auch die Lehre von Gott als Postulat der praktischen Vernunft weist, wenn auch unvollkommen, in diese Richtung.

Die sittl A ist eine Aufgabe, der sich der Mensch stellen muß, wenn er im echten Sinne Mensch sein will. Die Übernahme der eigenen Verantwortung im Denken u Handeln ist der Anfang eines Prozesses der sich ständig erweiternden A. Nur in ihr u durch sie kann das Streben nach *Emanzipation*, nach Befreiung aus Unmündigkeit, echte Werte verwirklichen, ohne in unsittl Willkür abzugleiten. - ↗ Kategorischer Imperativ. Zur A im politischen Sinne ↗ Volk.

a) *I Kant:* Krit d prakt Vern § 8; *ders:* Grundlegung z Metaph der Sitten, Akad-Ausg IV, 432ff. - b) *L Ihmels:* Theonomie u A i Lichte der christl Ethik 1903; *JB Schuster:* Der unbedingte Wert des Sittl 1929. - *M Scheler:* Das Ewige i Menschen 1921, 630ff; *F Heinemann:* Autonomy or Orthonomy?, in Hibbert Journ (1949) 335-42; *KHD Lewis:* Moral Autonomy and Freedom, in: Hibbert Journ (1949) 350-55; *R Mehl:* De l'autonomie morale, in: Verbum Caro (1950) 2-14; *G Rohrmoser:* Emanzipation u Freiheit 1970. - c) *N Hartmann:* Ethik ²1935, 181ff, 735ff (dagegen: *R Otto:* Freiheit u Notwendigkeit [über A u Theonomie der Werte] 1940). - d) *M Stockhammer:* Kants Zurechnungsidee u Freiheits-A 1961; *Messer-Pribilla:* Kath u modernes Denken [über Gotteserkenntnis u Sittlichkeit] 1924; *M Forschner:* Gesetz u Freiheit. Zum Probl der A bei I Kant 1974; *A Borgolte:* Zur Grundlegung d Lehre v der Beziehung des Sittl z Religiösen [zu N Hartmann] 1938; *I Balsamo:* Eteronomia ed Autonomia nella storia del problema morale, Rom 1952.　　　Sala

Autorität besagt die Summe solcher Eigenschaften von physischen oder moralischen Personen (im weiteren Sinn auch von Gegebenheiten, wie Sitte, Brauch), durch die ein persönliches Jasagen zum Anruf des A-trägers motiviert wird. Sie unterscheidet sich somit vom physischen oder moralischen Zwang wie vom Jasagen auf Grund der Einsicht in den vorgelegten Sachverhalt, aber auch von der bloß tatsächlichen ↗ Macht. Zustimmung des Verstandes auf Grund von A nennt man ↗ Glauben, des Willens u Verhaltens *Gehorsam*. Beruht das Jasagen bloß auf der persönlichen Überlegenheit des A-trägers (nach Erfahrung, Wissen, Können, Charakter), so liegt *persönliche A* vor. Diese verpflichtet an sich nicht, sondern bleibt auf der Ebene des Rates. Beruht die A auf einer von den persönlichen Eigenschaften des Trägers an sich unabhängigen Rechtsbefugnis *(amtliche A)*, so verpflichten ihre kategorischen Anrufe *(Befehl,* Gebot, Verbot) im Rahmen der Rechtsbefugnis im Gewissen unter Sünde oder Strafe.

Die auf einer Rechtsbefugnis beruhende *Amts-A* gründet allg in der Notwendigkeit, das Handeln der Menschen, die einem Gesellschaftsgebilde angehören, wirksam auf die Ziele der betr Gesellschaft (Familie, Staat, Kirche u a) hinzulenken. Sie ist daher verschieden, je nach der Art der betr Gesellschaft. Auch dort, wo die grundlegenden oder allg Leitlinien des Handelns von der Gesamtheit der Mitglieder, unmittelbar oder durch Vertreter, bestimmt werden, bedarf es zur konkreten Ausführung der *Leitungs-A.* Von wem u in welchem Umfang sie ausgeübt werden soll, hängt von der Organisationsform des betr Gesellschaftsgebildes ab. - Von besonderer Artung ist die *Erziehungs-A.* Sie entsteht aus dem Eltern-Kind-Verhältnis. Sie hat die Aufgabe, die fehlende Vernunft des Kindes u Heranwachsenden so weit zu ersetzen, als diese noch nicht ausreicht. Sie ist also wesentlich Ergänzung der sich entfaltenden Vernunft, so daß sie sich selber immer mehr überflüssig macht. Ihr formales Ziel ist die echte Mündigkeit. Inhaltlich soll sie dem werdenden Menschenkind helfen, in organisch wachsendem Maße den gesamten ihm obliegenden personalen u sozialen Pflichtenkreis mit eigener Verantwortung vor Gott zu erfüllen. - ↗ Gesellschaft, Sozialethik.

b) *D v Hildebrand:* Zum Wesen der echten A, in: Vierteljahrsschr f wiss Pädag 1927; *JP Steffes:* Der Wandel der A i der Gegenw 1931; *G Krüger:* Das Probl der A (Festschr K Jaspers) 1953; *A v Silva-Tarrouca:* Das Probl der A, in: Ph Jb (1958/59); *Th Eschenburg:* Über A 1965; *H Beck:*

Machkampf der Generationen? 1970; *JM Boche*ń*ski:* Was ist A? 1974 (TB). – *Y Simon:* Nature and Function of Authority, Milwaukee 1940; *R Hauser:* A u Macht 1949; *D Sternberger:* A, Freiheit u Befehlsgewalt 1959; *W Kessel:* Auctoritas u potestas als Ordnungsgrundlagen der Demokratie, in: Arch Rechts Soz Phil 1959. – d) *F v Tessen-Wesiersky:* Der A-begriff i den Hauptphasen seiner histor Entwicklung 1907; *F Faller:* Die rechtsphilos Begründung der gesellsch u staatl A bei Thom v Aq 1954. Schröteler – Brugger

Begreifbarkeit. Etwas *begreifen* heißt zunächst etwas durchschauen, ihm bis auf den Grund schauen. Was ganz begriffen ist, wird so geschaut, wie es ist, dh von seinem Grund her, aus dem es erwächst. Da aber das Kontingente den zureichenden Grund seines Seins nie in sich selbst, sondern immer in einem andern, seiner Ursache, hat, heißt einen kontingenten Sachverhalt begreifen, ihn aus seinen Ursachen zu erkennen. Dem Begreifen von Naturerscheinungen dient zunächst das ↗ Erklären oder die Zurückführung auf notwendige Naturursachen u Naturgesetze, ergänzend aber auch das Verstehen aus der ↗ Teleologie; dem Begreifen des ↗ geistigen Seins die Zurückführung auf Ziele u geistige Individualität oder das geisteswissenschaftliche ↗ Verstehen. Soll etwas Kontingentes vollständig, dh nicht nur in dieser oder jener Eigenart, sondern in seiner Kontingenz selbst begriffen werden, so muß der Rückschritt zur letzten, aus sich notwendigen Ursache geschehen. Für das Begreifen von wesensnotwendigen Zusammenhängen sagt man meist: *einsehen;* die Wesensbeziehungen selbst sind *einsichtig.*

Dem Begreifen auf seiten des Verstandes entspricht die B der Gegenstände. Die Frage ist, ob die Gegenstände in ihrer Gesamtheit oder das Seiende als solches begreifbar sind. Auf jeden Fall darf die dem Seienden als solchem wesenhafte B nicht bloß auf den menschlichen Verstand bezogen werden. Sie geht auf den ↗ Verstand überhaupt u betrifft daher in erster Linie den reinen u unendlichen Verstand Gottes. Für ihn allein gibt es eine restlose B alles Seienden, da er sich selbst wegen der vollständigen Identität von Erkennen u Sein vollkommen einsichtig ist, alles andere aber von seinem tiefsten Grunde her durchschaut, sofern es aus ihm (u seiner freien Willenssetzung) erfließt. Das *Prinzip der durchgängigen B alles Seienden* kennzeichnet den metaphysischen ↗ Idealismus. Es schließt die Möglichkeit eines an sich *Transintelligiblen*, völlig Unerkennbaren *(N Hartmann),* aus; nicht hingegen schließt es aus, daß die B des Seienden Stufen hat, die den Stufen der verschiedenen Seinsmächtigkeit entsprechen ↗ Seinsgrade. Was nur in einem uneigentlichen u abgeschwächten Sinne *ist,* wie etwa das Potentielle, ist auch nur in einem abgeschwächten Sinne begreifbar.

Dem menschlichen Verstand ist, da er wahrer u echter Verstand ist, auch alles Seiende irgendwie offen, dh es kann irgendwie, wenn auch unvollkommen, Gegenstand seines Erkennens werden. Dem vollen Begreifen hingegen sind Schranken gesetzt. Wir können nicht, wie der ↗ Rationalismus (u der ↗ Dialektische Materialismus in seinem Satz von der *Erkennbarkeit der Welt*) meinte, alles Wirkliche ohne Rest durch Eigenbegriffe (↗ Begriff) erfassen, sondern nur einen mittleren Bereich, u auch diesen nur unvollständig (↗ System), durch

Begriffe bestimmen. Der vollständigen u positiven begrifflichen Bestimmung entzieht sich sowohl die Unbestimmtheit des bei jeder Abstraktion zurückbleibenden stofflichen (unbegrifflichen) Restes u der stofflich bedingten Individualität (↗ das Einzelne) als auch die über alle Form u Begrenzung hinausliegende Unendlichkeit des reinen ↗ Aktes. Im mittleren Bereich aber sind es das ↗ Gefühl sowie die Tatsächlichkeit der freien Entscheidung, die sich einer restlosen Erfassung durch Begriffe entziehen. All diesen Gegenständen kann sich unser Denken nur durch analoge Begriffe (↗ Analogie, Begriff) u Reflexion nähern. So kann der nichtbegriffliche Rest eines Gegenstandes durch die Beziehung zur begrifflichen Washeit, die Unendlichkeit des reinen Aktes als Quelle des endlichen Seins mittelbar u analog erkannt werden. Die Möglichkeit aber, das eigene Fühlen u Wollen (unvollkommen) zu begreifen, ist damit gegeben, daß die Vernunft die übrigen ↗ Seelenvermögen durchdringt u überhaupt nicht die Einzelvermögen für sich, sondern der ganze Mensch durch sie tätig ist. Der Mensch schaut, fühlt u will nicht nur, er weiß auch, daß er das tut, u vermag mit seiner Vernunft darauf zu reflektieren u so eine mittelbare Einsicht in diese Tätigkeiten u ihre Gegenstände zu gewinnen.

b) *G Söhngen:* Sein u Gegenstand 1930; *J Maréchal:* Le point de départ de la métaphysique V, Louvain-P 1926; *K Rahner:* Geist i Welt ³1964; *M Müller:* Sein u Geist 1940; *BJF Lonergan:* Insight, L 1954; *J Quin:* God and the Intelligibility of being, in: Philos Studies 15 (1966) 199–225. – d) *P Rousselot:* L'intellectualisme de S Thomas, P ²1924. – e) *J de Vries:* Denken u Sein 1937, 214-35, 267-84.   Brugger

Begriff. Der B ist die einfachste Form des ↗ Denkens im Ggs zu ↗ Urteil u ↗ Schluß, die aus B-en zusammengesetzte Denkgebilde sind. Während das Urteil einen ↗ Sachverhalt als bestehend aussagt, ist der B eine gedankliche, dh abstraktiv-geistige Darstellung einer „Washeit"; er erfaßt einen Gegenstand nach dem, „was" er ist, ohne schon eine Aussage über ihn zu machen. Der sprachliche Ausdruck des B, der mit diesem zu einer Einheit verschmilzt, ist ein Wort bzw. eine Wortverbindung, die noch keine Aussage ausmachen (zB Zahl, gerade Zahl). Gegenüber dem ↗ Nominalismus (Sensismus) ist zu sagen, daß der B als geistige Vorstellung der ↗ Vorstellung im engeren Sinn, dh der sinnlichen Vorstellung, wesentlich überlegen ist. Durch seine abstraktive Eigenart unterscheidet er sich aber auch wesentlich von der für reine Geister anzunehmenden geistigen Anschauung. Diesen Unterschied hat der ↗ Rationalismus oft verkannt, wie es sich besonders in der Lehre von „angeborenen Ideen" zeigt ↗ Begriffsbildung.

Beim B ist zu unterscheiden: B als Denkakt, B als Denkinhalt u Gegenstand des B. Der B als Denkakt ist ein geistiger, wenn auch in seinem Entstehen wenigstens mittelbar von sinnlichen Vorstellungen abhängiger Akt (↗ Abstraktion, ↗ Begriffsbildung). Nicht nach seinen seinsmäßigen (realen) Eigenschaften, sondern insofern er einen bestimmten Inhalt in idealer (nur vorstellungsmäßiger) Seinsweise in sich trägt (insofern er zB B der Zahl ist), stellt er einen Gegenstand dar; er intendiert, „meint" den Gegenstand, ist ↗ intentional auf ihn gerichtet. ↗ Gegenstand des B ist nicht der diesem innerliche Denkinhalt, sondern der vom B selbst verschiedene Gegenstand, der im B zwar nicht als existierend erkannt, wohl aber gedacht wird; so meint zB der B „Mensch" nicht sich selbst (den Menschen als begrifflich vorgestellten), sondern den wirklichen Menschen. Beim Gegenstand unterscheidet man das *Materialobjekt*, dh das Seiende, von dem der B aussagbar ist, in seiner konkreten Ganzheit, u das *Formalobjekt*, dh den Teilinhalt, das Merkmal bzw die Gesamtheit von Merkmalen, die im B erfaßt ist. Denn als abstraktive Vorstellung gibt der B das Seiende nicht in seiner konkreten Fülle, sondern nur mehr oder weniger abstrakte Merkmale. („*Merkmal*" bezeichnet zunächst die am Gegenstand selbst unterscheidbaren unselbständigen Teilinhalte, dann auch die Teilinhalte des B, während das Wort *Bestimmung [Determination]* zugleich darauf hinweist, daß das so bezeichnete Merkmal zu einem ↗ Subjekt ergänzend hinzutritt ↗ Konkret, ↗ Abstrakt).

Bei jedem B unterscheidet man *Inhalt* u *Umfang*. Der Inhalt des B ist die Gesamtheit der in ihm gedachten Merkmale, der Umfang die Gesamtheit der Gegenstände, von denen der B aussagbar ist. Im allg gilt: Je reicher der Inhalt des B, desto geringer ist sein Umfang, u umgekehrt. Nur eine Bereicherung des Inhalts durch hinzugefügte Wesenseigentümlichkeiten (Propria) vermindert den Umfang nicht ↗ Prädikabilien.

Einteilungen der B-e: Man unterscheidet *einfache* u *zusammengesetzte* B, je nachdem der B eines oder mehrere Merkmale enthält. Ein B wird *klar* genannt, wenn er hinreicht, um den gemeinten Gegenstand von jedem andern zu unterscheiden. Der zusammengesetzte B ist *deutlich*, wenn er die verschiedenen Merkmale voneinander abhebt; einen vollkommen deutlichen B erstrebt die ↗ Definition. – Aufgrund des Umfangs unterscheidet man ↗ Allgemeinbegriff u *Einzel-B (Individual-B);* der B ist zunächst Allgemein-B; dieser wird zumeist nur durch Beziehung auf begrifflich nicht faßbare Gegebenheiten (wie das Hier und Jetzt) zum Einzel-B ↗ Einzelnes. – Weiter unterscheidet man kategoriale u ↗ transzendentale B-e ↗ Kategorie. – Mit dieser Einteilung deckt sich nicht völlig die von *Eigenbegriffen* u *analogen B-en*. Der Eigen-B entstammt der Erfahrung seines Gegenstandes u bietet daher dessen positive Merkmale in ebenfalls positiven Denkinhalten; so ist er seinem Gegenstand angemessen. Der analoge B (zB des Erschaffens) dagegen bestimmt einen grundsätzlich unerfahrbaren Gegenstand aufgrund einer unvollkommenen Ähnlichkeit, die er mit einem erfahrbaren Gegenstand hat; die beiden Gegenständen gemeinsame ↗ Vollkommenheit (zB Bewirken) behält er als positiven Inhalt bei, die dieser Vollkommenheit im unerfahrbaren Seienden (zB Gott) zukommende Seinsweise, die an sich positiv ist, vermag er aber nur durch Negation der Seinsweise des Erfahrbaren (zB: nicht aus vorliegendem Stoff) zu denken; darin liegt zwar keine Falschheit, wohl aber ein Mangel an „Angemessenheit" an den Gegenstand des Denkens. – Mit der genannten Unterscheidung fällt die von *eindeutigem (univokem)* u *analogem* B nicht zusammen; die erstere betrifft das Verhältnis des B zu seinem eigenen Gegenstand, dem er mehr oder weniger angemessen ist, die letztere betrifft das Verhältnis eines logisch übergeordneten (allgemeineren) B zu verschiedenen logisch untergeordneten (weniger allgemeinen) B-en; ist der logisch übergeordnete B in den untergeordneten B-en in gleicher Weise verwirklicht, so ist er ein univoker B (Gattungsbegriff); ist der übergeordnete B dagegen in verschiedener Weise in den untergeordneten B-en verwirklicht, so ist er ein (in diesem Sinn) analoger B (so ist der B des Seienden analog in bezug auf Gott u Geschöpf) ↗ Analogie.

Das begriffliche Denken bleibt wegen seiner Abstraktheit an Inhaltsfülle hinter der ↗ Anschauung zurück; doch übertrifft es die sinnliche Anschauung wegen seiner Geistigkeit an Tiefe der Erfassung ↗ Abstraktion. Und obwohl der B die Fülle der Wirklichkeit nie ausschöpfen kann, ist doch normalerweise sein Inhalt im Seienden verwirklicht, wie der ↗ Realismus gegenüber dem ↗ Konzeptualismus u dem ↗ Kritizismus *Kants* betont. Darum ist die Geringschätzung des B, wie sie dem ↗ Intuitionismus u der ↗ Lebensphilosophie u zT auch der ↗ Existenzphilosophie eigen ist, unberechtigt. Ohne das begriffliche Denken kommt unsere menschliche Erkenntnis nicht zur Vollendung, kann sie den Bereich der möglichen ↗ Erfahrung nicht überschreiten, ja nicht einmal den der tatsächlichen Erfahrung. Damit wäre ihr nicht nur die ↗ Metaphysik, sondern alle ↗ Wissenschaft unmöglich. Anderseits ist es eine Überschätzung des B (oder eine Erweiterung der Wortbedeutung über die sonst übliche), wenn *Hegel* ihn zum Ganzen der Wirklichkeit u zur Triebkraft ihrer Entwicklung macht ↗ Deutscher Idealismus.

a) *Aristoteles:* Über die Seele 3, 4-6; *Thom v Aq:* Komm z Arist „Über die Seele" 3,11. - b-c) *J Geyser:* Über B-e u Wesensschau, in: Ph Jb 39 (1926) 8-44, 128-151; *W Burkamp:* B u Beziehung 1927; *W Schingnitz:* Mensch u B 1935; *JF Peifer:* The Concept in Thomism, NY 1952; *G Frege:* Funktion, B, Bedeutung 1962; *A Testa:* Critica del concepire, Bologna 1962; *E Rothacker, J Thyssen:* Intuition u B. Ein Gespräch 1963. – d) *H Glockner:* Der B i Hegels Phil 1924; *E Horn:* Der B des B. Die Gesch d B u seine metaph Deutung 1932; *N Hartmann:* Aristoteles u das Probl des B 1939. Weitere Lit ↗ Logik. de Vries

Begriffsbildung führt, als Formung unanschaulicher Erkenntnisbilder, zum Erfassen der den Sinnen unzugänglichen „Washeit" der Erkenntnisobjekte. Sie kann (als erstmalige geistige Erfassung von Objekten, auf die die Kraft des Verstandes unmittelbar abgestimmt ist) zu *Ur-* oder *Erstbegriffen* führen oder (durch Kombination aus Urbegriffen) zu abgeleiteten *Zweitbegriffen.* – Die Entstehung von Erstbegriffen vollzieht sich nicht in unmittelbarer Schau der Wesenheiten, wie *intuitionistische Theorien* meinten. Weder stammen die Urbegriffe aus eingeborenen Begriffskeimen *(angeborenen „Ideen", Nativismus: Platon, Leibniz),* noch sehen wir die Wesenheiten der Dinge in unmittelbarer Schau göttlicher Ideen oder des Schöpfungsaktes (↗ Ontologismus: *Malebranche, Gioberti).* Denn die Struktur der Begriffe, die Über-Empirisches nur analog darstellen, weist deutlich auf ihren tatsächlichen Ursprung aus der Erfahrung. Eine unmittelbare Gottesschau ist dem endlichen Geist mit den Kräften der Natur unmöglich.

Erstbegriffe (ursprüngliche Begriffe) werden an Hand äußerer oder innerer Erfahrungsgegebenheiten gewonnen. Damit stellt sich aber das durch Jahrhunderte besprochene Problem: Wie der Überstieg aus dem Sinnenbild (bzw einer Bewußtseinsgegebenheit, die das ↗ Wesen doch bloß in seiner konkreten Vereinzelung bietet) zum universalen Wesensbild des Verstandes möglich sei. Die Abstraktionstheorie, wie sie von *Aristoteles* grundgelegt, von der Scholastik weiter ausgebaut, in Teilfragen bis heute weiterdiskutiert wurde, beruft sich dafür auf eine aktive, produktive Spontaneität des Geistes. Aristoteles nahm neben dem eigentlichen Erkenntnisvermögen (dem die Determinierung empfangenden *leidenden Verstand, intellectus possibilis*) eine aktive geistige Kraft (den *wirkenden Verstand, intellectus agens*) an, die das konkret einmalige Sinnenbild gleichsam „durchleuchte", aus ihm die Wesenheit abstrahiere u durch deren Wesensbild *(species intelligibilis)* den leidenden Verstand zum begrifflichen Erkennen bestimme. Diese aktive Kraft faßte er (nach der Auslegung bedeutender Kommentatoren; ähnlich der *Averroismus*) als eine überindividuelle auf, während später die Scholastik mit Recht darin eine Eigenkraft jedes individuellen Menschengeistes erkannte. Von seinem ↗ Hylemorphismus ausgehend, wonach jedes Sinnending aus der Wesensform u der die Wesensform individualisierenden ↗ Materie besteht, faßt Aristoteles (u ebenso später *Thomas von Aquin*) das begriffliche Erkennen als eine Art Entbindung der an sich universalen Wesensform aus der begrenzenden u individualisierenden Materie auf, so daß das Ergebnis der ↗ Abstraktion ein ↗ Allgemeinbegriff ist. Darüber, ob die Urbegriffe Einzel- oder Allgemeinbegriffe seien, wie auch in der weiteren Deutung u Klärung der Funktionen des wirkenden Verstandes, u endlich darüber, ob diese aktiv spontane Kraft vom eigentlich erkennenden Verstand real geschieden sei, gehen die Ansichten der scholastischen Philosophen in allen Jahrhunderten auseinander. Gemeinsam ist ihnen jedoch die Lehre vom Werden der Urbegriffe in einem Zusammenwirken des konkreten, einmaligen, anschaulichen Erfahrungsbildes u einer aktiven Spontaneität des Geistes.

Zweitbegriffe (abgeleitete Begriffe) erarbeiten wir in bewußtem diskursivem Denken, indem wir aus mehreren, wie immer vorher gewonnenen Begriffen das ihnen Gemeinsame durch Vergleich u Relationserfassung herausheben u es ohne das Unterscheidende darstellen, oder es – bei analogen Begriffen (↗ Analogie) – teilweise verneinen. Auch hier sind anschauliche ↗ Komplexe u Komplexergänzungen von fundamentalster Wichtigkeit, wobei die anschaulichen Vorstellungen den Denkfortschritt bald hemmen, bald fördern. Um zu fördern, müssen sie zumeist unter dem Primat des unanschaulichen Denkens u seiner Zielsetzungen entstaltet u ihre Elemente neu kombiniert werden. Im Kern des Vorganges aber steht die *Relationserfassung* oder Beziehungseinsicht im Vergleichen u im Aufleuchten der „Allgemeingeltungs-Beziehung" des erarbeiteten neuen Begriffes (der reflexe ↗ Allgemeinbegriff). Die Fixierung des Begriffsinhaltes *(Bedeutungskomplexes)* durch ein ihn bezeichnendes Wort der ↗ Sprache dient gemeinhin der Festigung u Beharrung des gewonnenen Begriffes. Die empiristische u positivistische Auffassung der B reduziert diese ganz auf das Sammeln von Merkmalen u deren Verbindung. Das Problem der Gewinnung der Erstbegriffe aus dem Material der Anschauung wird nicht gesehen.

Obgleich B einerseits ein Sichentfernen des Erkennens vom Konkret-Wirklichen in das Gebiet des Abstrakten besagt, bedeutet B dennoch einen überaus wichtigen Erkenntnisfortschritt, weil sie an Stelle der stetig sich wandelnden, zufälligen, auf bloße Erscheinungsweisen eingeengten Sinneserkenntnis das Bleibende, irgendwie Absolute, Wesenhafte der Dinge erfassen läßt u Ordnung in das Erkenntnismaterial bringt. Nicht irrationalistische Geringwertung des begrifflichen Denkens zugunsten verschwommener Phraseologien, sondern Erziehung zur Klarheit begrifflichen Erfassens objektiver Wahrheit ist darum eine bedeutsame Aufgabe der Menschenformung.

b) *J Kleutgen:* Phil der Vorzeit 1878; *J Geyser:* Über Begriffe u Wesensschau, in: Ph Jb 39 (1926) 8-44, 128-51; *A Willwoll:* B 1926; *J Maréchal:* Le point de départ de la métaphysique V, Louvain - Paris 1926. – e) *DL Székely:* B u Operationalismus, in: Synthese X (Bussum); *J de Vries:* Denken u Sein 1937.
Willwoll

Behavio(u)rismus ist eine Forschungsrichtung, die das Verhalten (behavior) zum einzigen Objekt der Psychologie erklärt, darum alle Bewußtseinsprozesse aus der Untersuchung ausklammern will. Als ↗ Verhalten gilt nur eine Reaktion, deren Zusammenhang mit einem zugeordneten Reiz unabhängig von verschiedenen Beobachtern festgestellt werden kann. Verhaltensänderung (definiert als „Lernen"), in seinen Formen u Bedingungen, wird vor allem im Tierexperiment erforscht. Beeinflußt von Darwinismus, ↗ Pragmatismus u russischer Reflexologie, später vom Operationalismus des Wiener Kreises (↗ Positivismus), hat der B immer entschiedener die ↗ Statistik als Prüfinstrument des methodischen Vorgehens bevorzugt. – Als Methode hat sich der B weltweit durchgesetzt. Doch hat er seine Ansprüche nie streng durchgehalten. Oft unbemerkt drangen Bewußtseinsinhalte in behavioristische Formulierungen u Definitionen ein, vor allem bei der Untersuchung des sprachlichen Verhaltens. In der neueren Entwicklung (etwa ab 1960) werden Erlebnisgehalte ausdrücklich in die Forschung aufgenommen.

Der Einwand gegen die behavioristische Methode läßt sich auf die Frage zuspitzen: Welches Kriterium rechtfertigt es, bestimmte Objekte, zB das ↗ Bewußtsein, als wissenschaftliches Problem auszuscheiden? Reicht dafür die „Unfaßlichkeit" des Objekts aus? Die methodische Strenge des B hat sich bewährt; seine methodische Engführung bleibt unbegründet. – Einigen inhaltlichen Annahmen des B läßt sich widersprechen: (a) Der Organismus (von Tier u Mensch) wird fast nur reaktiv gesehen, zuwenig seine Spontaneität beachtet. – (b) Die Zuversicht, jedes erwünschte Verhalten sei erlernbar, tritt pädagogisch als Optimismus auf, der unterstellt, bei angemessenem „Milieu" sei jeder Mensch entsprechend erziehbar. Daß Anlagen Grenzen setzen, wird nicht genügend berücksichtigt. – (c) Zu undifferenziert wird von Tierverhalten auf Humanverhalten geschlossen.

H Bergius: Behaviorist Konzeptionen z Persönlichkeitstheor (Hdb d Psych IV 1960); *ders:* Behaviorist Motivationsbegriffe (Hdb d Psych II 1965): *LJ Pongratz:* Problemgesch der Psych 1967; *H Thomae, H Feger:* Hauptströmungen der neueren Psych (Einf i die Psych 7) ²1972. Fisseni

Beweggrund *(Motiv, Motivation)* im weiteren Sinn (1) ist alles, sofern es auf die Entstehung u Richtung des Wollens (außer der Willensfähigkeit selbst) Einfluß nimmt (Gefühle, Triebe, Vorstellungen usw). Im engeren Sinn (2) versteht man darunter einen vorgestellten ↗ Wert, der als Zielursache ein Streben oder Wollen begründet u sinnvoll macht. Der B (2) liegt also nicht in der Ebene der Wirkursächlichkeit, sondern der Finalität ↗ Ursache. Auch im Verwerfen oder Fliehen eines ↗ Übels wird das entgegengesetzte Gut gesucht. Das Übel als solches kann nie bejahend gewollt werden. Die Bejahung eines Übels geschieht immer im Hinblick auf ein wirkliches oder scheinbares Gut. Der Wert ist somit das Formalobjekt des Wollens, sein Wesensgesetz, in dem sich die innere Sinnrichtung der Seele ausspricht. Daraus folgt einerseits, daß der Wille einen Gegenstand, der sich unter jeder Rücksicht als Wert kundgibt, notwendig, aber ohne ↗ Zwang erstrebt, anderseits aber einem Gegenstande gegenüber, der für ihn sowohl einen Wert wie auch einen Unwert darstellt, frei ist. Sosehr also ein B notwendig ist zum Wollen, so wenig macht der B das Wollen begrenzter Werte notwendig oder unfrei. Dies gilt auch vom tatsächlich *überwiegenden B.* Denn überwiegend ist er weder als übermächtige Wirkursache noch als Darstellung eines größeren Wertes, sondern infolge eines freien *Werturteils,* das den einen Wert bevorzugt u ihn dadurch zum „Überwiegen" bringt. B-e erklären deshalb immer nur, warum so gewählt werden konnte, niemals, warum tatsächlich so gewählt wurde. Der B macht eine Wahl sinnvoll, hebt aber ihre ↗ Kontingenz nicht auf. – Damit aber ein Wert B werde, muß er nicht bloß als Wert an sich, sondern auch als möglicher (erreichbarer, realisierbarer) Wert in seiner Bedeutung für den Wollenden möglichst eindrucksvoll erkannt oder erlebt sein.

Zur *sittl Begründung* einer Handlung ist nicht nur erfordert, daß der B (2) der sittl Ordnung angehöre u so die *Absicht (Intention)* auf einen sittl Wert gehe, sondern daß auch die angewandten *Mittel* u die anderen Umstände der Handlung sittl einwandfrei seien. Sittl B aber können alle Wertmomente, sowohl am unmittelbaren Gegenstand als an den Umständen u weiteren Zwecken sein, sofern sie dem Sittengesetz untergeordnet oder mit ihm notwendig verbunden sind, also nicht bloß die abstrakte Pflicht *(Kant),* sondern zB die Liebe zu Gott, Gehorsam u Ehrfurcht vor seinem Gesetz, Hoffnung auf die jenseitige Vollendung usw.

Hinsichtlich anderer Seelenfähigkeiten außer dem Willen kann von B-en die Rede sein, sofern der Wille auf jene Fähigkeiten einen Einfluß hat. So ist zB bei der sog freien ↗ Gewißheit zu unterscheiden zwischen der logischen Begründung, d i den Gründen, die dem Verstand die Gewähr für die Wahrheit eines Satzes bieten (u ihn so zur Bestimmung veranlassen), u den B-en, die der Wille noch außerdem für die Zustimmung haben kann, sofern sie für ihn ein Gut darstellt.

Psychol: *A Willwoll:* Seele u Geist 1938, 142–53, 162–66; *H Thomae:* Das Wesen der menschl Antriebsstruktur 1944; *R Fuchs:* Gewißheit, Motivation u bedingter Reflex 1954; *J de Finance:* La motion du bien, in: Greg 39 (1958) 5–42; *ders:* La motivation, P 1959; *K Burke:* A Grammar of Motives, Cleveland 1962; *P Keiler:* Wollen u Wert [Motivationslehre] 1970; *W Toman:* Dynamik der Motive, Neudr 1970. – Ethisch: *V Cathrein:* Moralphil I 1924; *ders:* Lust u Freude 1931.

Schuster

Bewegung im weitesten Sinne (1) verstanden ist jede ↗ Veränderung; in dieser Weise wurde der Begriff in der aristotelisch-scholastischen Phil gebraucht. – Nach modernem Sprachgebrauch bedeutet B (2) die stetige Ortsveränderung eines Körpers, die auch bei Aristoteles u in der Scholastik vorzugsweise unter B verstanden wurde. Diese Phil unterschied *natürliche* u *gewaltsame B (2)*. Natürlich ist die B, die auf einen inneren, mit der Natur des Dinges gegebenen Antrieb zum natürlichen Ort hin erfolgt, für schwere Körper nach unten, für leichte nach oben. Die gewaltsame B wird gegen diesen Naturtrieb von außen dem Körper mitgeteilt, so daß die ständig wirkende Ursache außerhalb des Dinges gelegen ist. – Nach heutiger Auffassung, die durch die neuere Naturwissenschaft grundgelegt ist, setzt jede B im bewegten Gegenstand einen *Antrieb (Impetus)* voraus, der vom Beweger eingeprägt ist. Im Sinne des *Trägheitsgesetzes* setzt jedes materielle Gebilde der Änderung seines Bewegungszustandes einen Widerstand entgegen, der durch eine ↗ Kraft zu überwinden ist. Ohne Krafteinwirkung von außen verharrt demnach der Körper im Zustand der Ruhe oder gleichförmig-geradliniger B; durch jede Kraft erfährt er eine Beschleunigung. Ein Körper, dem durch eine Kraft ein Antrieb gegeben ist, ist bewegt oder in B. Infolgedessen verändert er stetig u gleichmäßig seinen Ort im Raum u seine relative Lage zu anderen Körpern ↗ Relativitätstheorie. – Einbezogen in die Finalität, bezeichnet B (3) den Übergang vom unbewegten Anfangs- in den erstrebten Endzustand ↗ Teleologie. Die *Ruhe* als Ende der finalen B ist ein durch Tätigkeit festgehaltener Zustand. Physikalisch ist Ruhe bloß das Fehlen von B (2), also der Zustand, in dem keine Kraft wirkt u der selber auch keine Wirkung einer Kraft ist; relative Ruhe ist das Fehlen von B gegenüber einem Bezugssystem. – *Rhythmus* besagt die nach einem bestimmten Zeitmaß abwechselnde Wiederkehr desselben Zustandes in einem B-vorgang. – In übertragenem Sinn wird auch auf geistigem Gebiete von B (4) gesprochen.

a) *Aristoteles:* Phys III. – b) *J Geyser:* Die phil Begriffe v Ruhe u B i der Körperwelt, in: Ph Jb 9 (1896) 427–36; *J Schwertschlager:* Phil der Natur I ²1922, 106–45; *W Büchel:* Phil Probleme der Physik 1965. – c) *N Hartmann:* Phil d Natur 1950, 226–34; *K Vogtherr:* Das Probl der B i naturphil u physikal Hinsicht 1956; *B Juhos:* Log Analyse der Begriffe Ruhe u B, in: Stud Gen 10 (1957). – d) *L Lange:* Die gesch Entwicklung des B-begriffes 1886; *E Fink:* Zur ontolog Frühgesch v Raum-Zeit-B, Den Haag 1957; *M Schramm:* Die Bedeutung der B-lehre des Arist f seine beiden Lösungen der zenonischen Paradoxie 1962; *JB Skemp:* The Theory of Motion in Plato's Later Dialogues, Amsterdam ²1967; *SE Gersh:* Kinesis akinetos, Leiden 1973 [zu Proklus]; *F Kaulbach:* Der phil Begriff der B. Studien z Arist, Leibniz u Kant 1965; *A Maier:* Zwei Grundprobleme der scholast Naturphil, Rom ³1968.

Junk – Brugger

Beweis (1) im strengen Sinn ist der ↗ Schluß aus wahren u gewissen Vordersätzen, wodurch ein zuvor fraglicher Sachverhalt nicht nur als logisch mit den

Vordersätzen verbunden, sondern als wahr u gewiß erkannt wird. B (2) im weiteren Sinn *(Argumentation)* ist jedes Denken, das einen fraglichen Sachverhalt, auch durch andere Verfahren als den Schluß, als sicher oder wahrscheinlich aufzeigt. Es besteht entweder im unmittelbaren Übergang von einem Satz zum anderen (B: ↗ Gegensatz, Modalität) oder im Aufzeigen der unmittelbaren Evidenz des Satzes durch Analyse u Vergleich der Begriffe *(= Aufweis)*. Jeder B ist eine *Begründung*, insofern durch ihn der Erkenntnisgrund angegeben wird, auf den sich die Zustimmung des Verstandes zum fraglichen Sachverhalt stützt. Bloß für einen bestimmten Gegner gilt das *argumentum ad hominem*, das einen Sachverhalt aus dessen Voraussetzungen begründet. – Während die *demonstratio quia* nur den Erkenntnisgrund anzeigt, gibt die *demonstratio propter quid* auch Einsicht in den Sachgrund. Zu den anderen B-arten: ↗ Indirekter B, Deduktion, Induktion, A priori, A posteriori. – Den Fehler einer *metábasis eis állo génos* begeht, wer bei einem B aus einem logisch geschlossenen Gebiet in ein anderes, zB aus der Möglichkeits- in die Wirklichkeitsordnung, ableitet.

J Lindworsky: Das schlußfolgernde Denken 1916; *J Fröbes:* Logica formalis, Rom 1939; *M Honecker:* Logik 1927; *J Gredt:* Die arist-thom Phil I 1935, 108 ff; *La théorie* de l'argumentation 1963; *SE Toulmin:* The Uses of Argument, L 1964. – d) *N Smart:* Doctrine and Argument in Indian Phil, L 1964; *M Henry:* Der wiss B ⁴1970. Santeler

Bewußtsein im eigentlichen u engeren Wortsinn (1) besagt eine Art Begleit-Wissen *(con-scientia)* um das eigene seelische Sein u seine augenblicklichen Befindlichkeiten. Während die Pflanze zwar ‚lebt', jedoch um ihre Lebenstätigkeiten nicht weiß, kann der Mensch diese durch ein sie begleitendes Wissen um sie ‚erleben', sie als ‚seine Erlebnisse' haben. Vollkommen *reflexes B* richtet sich auf die seelischen Vorgänge und Zustände *(Akt-B)*, auf die Objekt-Gerichtetheit der Akte *(Objekt-B)*, aber auch auf das eigene ↗ Ich als den Träger der Erlebnisse *(Subjekt-B, Ich-B, Selbst-B)*. Das reflexe, d i ausdrücklich gemachte B macht es uns möglich, zwischen Ich, Akt und Objekt zu unterscheiden, uns gleichsam von ihnen zu distanzieren, nach ihren gegenseitigen Beziehungen, nach dem logisch-formalen, erkenntnistheoretischen, ethischen Wert der Akte zu fragen u so zur Geisteskultur zu gelangen. Im unvollkommenen B des Alltagserlebens richtet sich die Achtsamkeit direkt u zumeist auf die Objekte, jedoch so, daß dabei das eigene, objekt-erlebende Selbst als solches von der Achtsamkeit gleichsam gestreift u mitbeachtet wird. (Sonst könnten wir uns nicht später auf vorausgegangene Erlebnisse als eigene zurückbesinnen.) Die Formen des reflexen B eignen nur den geistigen Wesen, u die Fähigkeit dazu gehört zum Wesen des ‚sich selbst besitzenden', ‚bei sich seienden' ↗ Geistes. Aber auch dem rein animalischen Wesen müssen wir wenigstens ein *begleitendes B* zuschreiben, durch das es seine Objektgerichtetheit irgendwie ‚erlebt', wenngleich ohne Möglichkeit der Reflexion auf das eigene Selbst u auf die subjektive Seite der Akte. Das B ist nicht eine bloße Begleiterscheinung *(Epiphänomen)* der Materie, sondern verweist auf eine substantielle ↗ Seele.

In übertragenen Bedeutungen besagt das Wort B (2) vielfach ein Wissen um

Erlebnisse, die nicht mehr der psychischen Präsenzzeit angehören (Erinnerung), ferner (3) Wissen um Wert oder Unwert eigenen Tuns (man ist sich einer guten Tat „bewußt") oder um den Wert eigenen Soseins („„Selbstbewußtheit" als Stolz), endlich die Fähigkeit zu bewußtem Erleben (4) (man „verliert" das B).

Um zu klären, wie seelische Akte bewußt werden, nahmen manche Scholastiker für das sinnliche B gesonderte Akte eines eigenen sinnlichen „Vermögens" (einen *Sensus intimus*), für das reflexe geistige B einen gesonderten Erkenntnisakt des Geistes an. Soweit es sich um B im engeren Sinn, Erleben gegenwärtiger Akte u Zustände, handelt, scheint jedoch ein gesonderter Akt nicht notwendig zu sein. Vielmehr ist es Eigenart des Geistes, durch seine Akte auch sich selbst zu besitzen, Eigenart des geistigen Aktes, durch sich selbst „bewußt" zu sein. Analoges gilt (was letzteres angeht) vom sinnlich bewußten Akt. Der von Hemmung durch die Körpergebundenheit freie Geist würde unmittelbar auch sein geistiges Wesen als solches schauen, während unser körpergebundener Geist dieses Wesen erst erschließen muß.

Die einzelnen Bewußtseinserlebnisse stehen nicht isoliert nebeneinander, sondern sind normalerweise in doppelter Hinsicht geeint: durch ihre Zugehörigkeit zu ein und demselben, im Strom des Erlebniswechsels es selbst bleibenden ↗ „Ich" u durch ihren einsichtig verstehbaren Zusammenhang untereinander. Man spricht darum auch in bildlicher Sprache von B wie von einem Raum, in dem die Einzelerlebnisse als „*Inhalte des B*" stehen, jedoch, was die Klarheit ihres Bewußtwerdens angeht, auf „verschiedenen Bewußtseinsstufen". Während im Zentrum des B jeweils nur ein Sachverhalt auf einmal steht (*„Enge des B"*), kann vielerlei, mehr oder minder schwach beachtet, gleichzeitig am „Rande des B" aufschimmern. Krankhafterweise kann eine in sich noch zusammenhängende Erlebnisreihe sich vom erlebten u verstehbaren Zusammenhang mit den übrigen, gleichzeitigen oder voraufgehenden Erlebnisreihen so weitgehend abspalten, daß von einer „Spaltung der (psychol) ↗ Persönlichkeit" gesprochen werden kann (genaugenommen jedoch nicht von „Doppel-Ich"). Ebenso können einzelne Erlebniskomplexe bzw deren Gedächtnisreste in einer den gesunden seelischen Ablauf schwer beeinträchtigenden Weise ins ↗ Unbewußte verdrängt werden.

Für die Erkenntnistheorie erweist sich das Zeugnis des unmittelbaren B als die erste u sicherste Quelle objektiv sicheren Wissens, so daß realistische ↗ Erkenntnistheorie heute vielfach vom B-Zeugnis u seiner Wertung ausgeht. Wenn die neuere empirische Psychologie weithin keinen Gebrauch von der B-erkundung macht, sondern in Nachahmung naturwissenschaftlicher Methoden nur die äußere Beobachtung von Verhaltensabläufen (↗ Behaviorismus) gelten läßt, so huldigt sie damit einem Methodenmonismus, der sich einer zuverlässigen und inhaltsreichen Erkenntnisquelle verschließt, ohne deren Benützung auch der Sinn der äußeren Beobachtungsdaten nicht erkannt werden kann.

b) *K Oesterreich:* Die Phänomenologie des Ich, I: Ich u Selbst-B 1910; *F. Katzinger:* Inquisitiones psych in conscientiam humanam, Innsbruck ²1924; *J Santeler:* Intuition u Wahrheitserkenntnis

1934; *E Wentscher:* Das Ich als seel Einheit, in: Arch f d ges Psych 1936; *A Mager:* Die Enge des B ³1920; *ders:* Mystik als seel Wirklichkeit 1946; *K Schneider:* Die psychopath Persönlichkeiten ⁴1940; *B Liebrucks:* Sprache u B, 6 Bde, 1964–74; *E Zellinger:* Das Bleibende i Werk Ph Lerschs u die Wandlungen i den Grundlagen der neueren Psych, in: Theol Phil 47 (1972) 528–54. – c) *SL Rubinstein:* Sein u B 1962 [marx]; *H Ey:* La conscience, P 1963; *R Chabal:* Vers une anthropologie phil I 1964; *G Ralfs:* Stufen des B 1965. – d) *F Sladeczek:* Die Selbsterkenntnis als Grundlage der Phil nach dem hl Augustinus, in: Schol 5 (1930) 329 ff; *B Romeyer:* S Thomas et notre connaissance de l'esprit humain, in: Arch de Phil 6 (1932) 2; *G la Fay:* La monté de Conscience 1964 [zu Teilhard de Chardin]; *A Thys:* Conscience – réflexion, collectivation chez Teilhard 1964. – e) *J Geyser:* Lehrb der allg Psych I ³1920; *J de Vries:* Denken u Sein 1937. Willwoll

Bewußtsein überhaupt (B ü) bedeutet bei *Kant* (↗ Kritizismus) nicht bloß, wie sonst die Wortverbindungen mit ü, das B allg betrachtet, sondern im Ggs zum „empirischen B" mit seinen nur für das einzelne Subjekt bedeutsamen Empfindungen u Wahrnehmungen das transzendentale B (↗ Transzendental), das die Sinnesgegebenheiten durch die Kategorien zu allgemeingültigen Objekten der Erfahrung formt (↗ Gegenstand), also das „erkenntnistheoretische B" der Wissenschaft, das aber bei Kant nicht als eine überindividuelle metaphysische Realität aufgefaßt werden darf. Wenn gesagt wird, daß B ü könne selbst nicht Objekt der Erkenntnis werden, so ist das von der „objektiven" Erkenntnis zu verstehen, die sich allein in der Synthese von raum-zeitlicher Erscheinung u Kategorien vollzieht, nicht aber von dem reinen Selbstbewußtsein, das Bedingung der Möglichkeit jeder „objektiven" Erkenntnis ist. Dem B ü Kants verwandt ist das *transzendentale Ego Husserls*.

a) *Kant:* Prolegomena § 20; Krit d rein Vern A 117 Anm; *E Husserl:* Cartesianische Meditationen, Louvain 1950. – b) *J Geyser:* Erkenntnistheorie 1922, 10–39; *J Seifert:* Erkenntnis objektiver Wahrheit 1972, 233–58. – c) *H Rickert:* Der Gegenstand der Erkenntnis ⁶1928. – d) *H Amrhein:* Kants Lehre vom B ü 1909; *A de Muralt:* La conscience transcendentale dans le criticisme, P 1958; *A Diemer:* Edmund Husserl 1956, 73–182. de Vries

Beziehung. Die B hat im Aufbau der Welt eine entscheidende Bedeutung. Von jeher erkannten die Menschen die tiefgreifende Einheit in dem vielgestaltigen Universum. Einige waren von der Einheit so gebannt, daß sie diese für allein wirklich erklärten, während sie die Vielheit zum bloßen Schein oder wenigstens Erscheinung verflüchtigten; so etwa *Parmenides*. Demgegenüber gilt es, die Wirklichkeit auch der Vielheit zu wahren, ohne die Einheit zu verlieren. Beide Erfordernisse verbindet der in sich selbst schwingende ‚Kosmos' der Griechen, den das Mittelalter zu dem in Gott gründenden ‚Ordo' fortbildet. Damit ist die Welt als eine Vielheit von Wesen gesetzt, die durch mannigfache B-en zu ‚einem' Ganzen zusammengeschlossen sind; ohne B gäbe es keine Einheit der ↗ Ordnung. Mit dieser wurzeln die B-en letztlich in der absoluten Einheit Gottes, die alles geeint umschließt, was kraft der ↗ Teil-habe zerteilte die Welt aufbaut. So spiegelt die Beziehungs-Einheit der Schöpfung die absolute Einheit des Urquells wider.

Des genaueren ist die B *(Relation)* das Sich-verhalten *(Verhältnis,* lat: *habitudo)* eines Seienden zu einem andern. Man spricht auch von *Proportion,* doch meist nur im mathematischen Bereich oder in Fällen, die damit verwandt sind.

Eine B setzt voraus den *B-Träger,* das *B-Ziel* u (im Träger) den *B-Grund;* in der B der Vaterschaft ist der Vater der Träger, der Sohn das Ziel u die Zeugung der Grund. Im einzelnen gibt es einseitige und wechselseitige B; solche, die von beiden Seiten der gleichen, u solche, die verschiedener Art sind (vgl Vaterschaft-Sohnschaft); solche, an denen nur zwei oder an denen mehrere teilnehmen (vgl das B-ganze einer Uhr). Außerdem weichen die B-en nach Tiefgang u Dauer voneinander ab (vgl Tätigung eines Kaufes im Ggs zur ehelichen Verbundenheit); auch erwachsen sie teils aus Bedürftigkeit (etwa beim Kleinkind), teils aus überquellendem Reichtum (etwa bei Platon als Haupt der Akademie).

Am wichtigsten ist der Unterschied zwischen der *transzendentalen* oder *Wesens-B* u der *prädikamentalen (kategorialen)* oder *akzidentalen B.* Die eine übersteigt die Grenzen nur einer Kategorie u durchzieht sie alle, auch tritt sie in die Wesenskonstitution ihres Trägers ein (vgl. die B zwischen den ↗ Seinsprinzipien, des Geschöpfes zu Gott, des Fisches zum Wasser). Die andere tritt zu dem in seiner Wesenskonstitution schon vollendeten Träger als weitere Bestimmung hinzu u ist eine eigene ↗ Kategorie des ↗ Akzidens (vgl die B der nicht-wesentlichen Abhängigkeit oder Hinordnung).

Neben der bisher betrachteten *realen* steht die *logische B (relatio rationis).* Dabei werden Tatbestände, die in sich nicht B sind, von unserem Denken als B ausgeprägt, weil wir sie sonst nicht fassen können; solche B-en sind ↗ Gedankendinge, die aber in der Wirklichkeit gründen. Hierher gehören die von uns als B gedachte ↗ Identität eines Seienden mit sich selbst u vor allem jene B-en, die unser abstraktives Denken allererst ermöglichen; sie verbinden etwa das Prädikat mit dem Subjekt im Urteil oder die Glieder eines Schlusses. Ihnen wenden sich vorab die Logik u die Logistik zu.

Der Versuch, die ganze Wirklichkeit auf ein Gefüge von B-en zurückzuführen, entspringt einer positivistischen Grundeinstellung, die lediglich die gesetzlichen Zusammenhänge der Phänomene sieht, oder auch jener Überschätzung des Quantitativen, die nur noch mathematische Verknüpfungen gelten läßt.

a) *Aristoteles:* Kategorien VII; Metaphysik V, 15; *Thom v Aq:* Komm z Metaph des Arist V, lect 17; Komm zur Physik des Arist III, lect 1; V, lect 3; STh I q 13 a 7; ScG II, 18; De pot q 3 a 3; q 7 a 8–11; *F Suárez:* Disput metaph 47; *I Kant:* Krit d rein Vern A 80; *G Hegel:* Wissenschaft der Logik. - b) *A Horváth:* Metaph der Relationen 1914; *H Krings:* Ordo 1941; *A Brunner:* Der Stufenbau der Welt 1950, 157–84; *St Breton:* L'„Esse in" et l'„Esse ad" dans la Métaphysique de la Relation, Rom 1951. - c) *N Hartmann:* Der Aufbau der realen Welt 1940, bes 28. Kap; *Kant, Hegel:* ↗ a). - d) *A Trendelenburg:* Gesch der Kategorienlehre 1846, 117–29; *A Krempel:* La doctrine de la relation chez S Thomas, P 1952; *GW Volke:* Sein als B zum Absoluten nach Thom v Aq 1964; *G Martin:* Wilh v Ockham 1949, 99–182; *CG Korsel:* The Problem of Relation in some Non-Scholastic Philosophers, in: The Modern Schoolman 23 (1945/6) 61–81. Lotz

Bild. Wenn der Mensch eine formlose Masse ge-staltet u formt, entsteht ein Ge-bilde. Sofern dieses auf etwas anderes hinweist, weil es mit ihm der Form u Gestalt nach eins sein u es für den Beschauer gegenwärtigsetzen soll, ist es ein B von jenem. Besitzt jenes die maßgebende Form ursprünglich, so ist es das *Urbild.* Soweit ein Abbild dem Urbild gleich ist, heißt es *Ebenbild.* Vom Begriff unterscheidet sich das B durch seine Anschaulichkeit, von der bloßen Ähnlichkeit (↗ Qualität) durch die Gemeinsamkeit der charakteristischen Züge. Der B-gedanke spielt eine große Rolle in der dem Platonismus verpflichteten *B-philosophie* Augustins u des Mittelalters. – ↗ Form, Gestalt, Idee, Symbol, Ursache, Zeichen.

L Berg: Die Gottebenbildlichkeit i Moralsubjekt 1947; *J Drechsler:* Fichtes Lehre v B 1955; *A Grote:* Zeichen, B u Abbild, in: Z f phil Forsch 17 (1963) 227–44; *O Stephan:* Die Funktion des B-begriffes i der Theol des 12. Jht 1963. Brugger

Biologismus. Unter B versteht man die ungerechtfertigte (die ↗ Analogie nicht berücksichtigende) Ausdehnung spezifisch biologischer (biol) Begriffe u Denkweisen auf außerbiol Wissensgebiete. Dem B liegt die Auffassung zugrunde, daß das durch die Naturwissenschaften erforschte organismische Leben (↗ Organismus) die einzige Form des ↗ Lebens sei u daher alle Wirklichkeit von ihr her erklärt werden könne u müsse. Je nach der naturphil Deutung des organismischen Daseins kann man unterscheiden: (1) den *mechanistischen B,* der den Organismus restlos auf physikalisch-chemische, vor allem molekularbiol Kategorien zurückzuführen sucht (↗ Mechanismus). Nachdem der alte Physikalismus überwunden schien, hat sich neuerdings ein auf ↗ Kybernetik u Informatik begründeter B eingestellt, der vor allem auch das geistbegründete menschliche Leben auf den Physikalismus kybernetischer Vorstellungen zu gründen sucht *(Steinbuch* u a). Auch der Marxismus-Leninismus betrachtet die „allg kybernetischen Prinzipien" als universell anwendbar. Hierher gehört auch die Annahme, daß vom Zufallsgeschehen auf molekularbiol Ebene her das ganze Leben mit Einschluß des menschlichen Verhaltens zu deuten sei *(J Monod* u a). (2) Der *entwicklungsgeschichtliche B,* der Kategorien der biol Einzelentwicklung (Ontogenese) ohne Berücksichtgung der Analogie auf das geistige Leben anwendet *(H Werner, D Morris).* (3) Der *stammesgeschichtliche B,* der durch ausschließlich evolutionistische Kategorien das gesamte Phänomen der Lebensentfaltung bis zum Menschen einschl zu erklären sucht u alle Wissensgebiete dem Evolutionsgedanken unterwirft *(Darwinismus, H Spencer, Sozialdarwinismus, O Spengler, Rensch* u a). (4) Im Bereich des B wurde seit *Darwin* immer wieder eine *biologistische Ethik* versucht, die in der Notwendigkeit der Ethik „ein biol, von der natürlichen Auslese entwickeltes Charakteristikum der Spezies Mensch" sieht *(Simpson).* Vom ethischen B sollte man jedoch die Bemühungen führender Verhaltensforscher *(K Lorenz, Eibl-Eibesfeldt, Wickler* u a) unterscheiden, die auf „moral-analoge" Verhaltensweisen beim Tier u auf angeborene Anteile im menschlichen Verhalten hinweisen. (5) Der *rassenideologische B* wurde bevölkerungspolitisch wirksam im *Nationalsozialismus.* Er leugnet die Einheit der Menschen, sieht Rassenunterschiede als Wertstufen, entwertet Individualität u Personalität zugunsten eines allumfassenden Lebens *(Kolbenheyer, Krieck)* u überindividueller Einheiten, überträgt das Selektionsprinzip – mit verheerenden Folgen – auf kulturelle, soziale u wirtschaftliche Bereiche. Auch moderne Bemühungen in der Humangenetik, Wissenschaftstheorie u Wissenschaftsethik, in Planung u Steuerung der menschlichen Fortpflanzung, in Organismusmodellen moderner soziologischer Systeme u in der Kybernetik zeigen unzweifelhafte biologistische Einflüsse.

Von den verschiedenen Formen des B ist die phil Richtung der ↗ Lebensphilosophie zu unterscheiden, die nicht wie der B das Leben auf die organismische Seinsform einschränkt. Ebensowenig ist der Vorwurf des B bei *Teilhard de Chardin* gerechtfertigt, da dieser nicht wie der B Würde u Wert von ↗ Geist, ↗ Person u ↗ Freiheit verkennt, sondern nur den Akzent auf die kosmischen Bindungen der menschlichen Person u ihre existentielle Verwiesenheit auf die Gesamtmenschheit legt. – Erkenntnistheoretisch steht der B auf dem Boden des ↗ Relativismus u des ↗ Pragmatismus, weil er die Erkenntnis nur nach ihrem Anpassungswert u ihrer Lebensdienlichkeit mißt u damit Eigenständigkeit u Eigentümlichkeit des menschlichen Geistes leugnet.

b) *Ph Dessauer:* Das bionome Geschichtsbild 1946; *H Conrad-Martius:* Utopie der Menschenzüchtung. Der Sozialdarwinismus u seine Folgen 1955; *M Oraison:* Zufall u Leben. Hat die Biologie das letzte Wort? 1972. – c) *HG Holle:* Allg Biologie als Grundlage f Weltanschauung, Lebensführung u Politik ²1925; *E Krieck:* Leben als Prinzip der Weltanschauung u Probl der Wissenschaft 1938; *EG Kolbenheyer:* Die Bauhütte ²1941; *ders:* Die Phil der Bauhütte 1952; *CH Waddington:* The Ethical Animal, L 1960; *B Rensch:* Biophilosophie 1968; *GG Simpson:* Biologie u Mensch 1972; *Biologische* Anthropologie 1972 (dtv 4069-70); *G Mann* (Hgb): B i 19. Jht 1973.   Haas

Böse, Das. Das B oder das *ethisch-moralische* ↗ Übel ruht in der freien Entscheidung des Willens gegen das sittlich ↗ Gute u das ↗ Sittengesetz; es unterscheidet sich somit nicht bloß vom metaphysischen Übel (= geschöpfliche Endlichkeit), sondern auch von den übrigen außerethischen Übeln u Schäden, wie Krankheit, Schmerz, Tod, Häßlichkeit usw (physische Übel). Als Widerspruch gegen das göttliche Gesetz heißt das B *Sünde*, als zurechenbare verantwortliche Tat wird es ↗ Schuld genannt. Die böse Tat ist zwar ein wirkliches Geschehen, das auch positive Eigenschaften haben u als solches erlebt werden kann; aber böse ist sie durch das Fehlen der gesollten Ordnung. Das B besitzt also kein formales Sein, das dem Guten real entgegengesetzt wäre, wie *Parsismus, Gnostizismus* u ↗ Manichäismus lehren, die den ↗ Dualismus eines guten u bösen Weltprinzips behaupten. Sowenig das sittlich Gute zusammenfällt mit dem Edlen u Kraftvollen oder Lebensteigernden, ebensowenig ist das B ursprünglich nur das Schwache, Gemeine u Unedle, wie *Nietzsche* will. Es liegt vielmehr über der biologischen Ebene auf geistigem Gebiet. Böse oder *sittlich schlecht* (↗ Sittlichkeit) ist zuerst die innere, freie, geistige Entscheidung u Gesinnung, dann die Tat u hieraus entspringend die sich verfestigende böse Gewohnheit u Haltung, das *Laster*.

Es kann nicht übersehen werden, daß das B nicht nur den, der es tut, zum Schlechteren verändert, sondern daß sich das B des Einzelnen auch auf die Gemeinschaften, in denen er lebt, auswirkt; daß ferner der Einzelne infolge der Akkumulation der Folgen des B mit Anlagen ins Dasein tritt, die ihn mehr oder weniger zum B geneigt machen (in der Sprache der Theologen: *böse Begierlich-*

keit oder *Konkupiszenz),* u in gesellschaftliche Verhältnisse hineingeboren wird, die ihm ebenfalls Veranlassung u Anreiz zum B geben.

Die Möglichkeit des B als des gewollten Heraustretens aus der auf das unendliche Gute ausgerichteten Ordnung des Handelns beruht darauf, daß der unendliche Wert dem Geschöpf nicht unmittelbar in seiner überwältigenden Anziehungskraft, sondern nur in endlicher Vermittlung gegeben ist, so daß es sich endliche Güter zum letzten Richtpunkt seines Handelns machen kann. Die Tatsache des B als einer freien Entscheidung ist unableitbar u kann nur festgestellt werden. Der Ursprung des B liegt daher weder in einem dem guten entgegengesetzten bösen Prinzip noch in der Nötigung zum B durch Gott.

Die Frage nach dem Sinn des B lautet: Warum läßt der heilige Gott, der das B niemals wollen, bewirken u billigen kann, das B zu, oder warum hindert er die von ihm erschaffenen freien Wesen nicht, ihre Freiheit zum B zu mißbrauchen? Diese Zulassung, die keine positive Billigung u Verantwortlichkeit für das B einschließt, wird motiviert durch überragende Werte. Die sittlich gute Entscheidung als freie Verherrlichung Gottes setzt die Wahlfreiheit u damit die Möglichkeit zum B voraus ↗ Willensfreiheit. Die verzeihende Güte Gottes begnadigt den gefallenen, reuigen Menschen, der durch den Fall Demut u Erlösungsbedürftigkeit lernt. Das vom Nächsten zugefügte Unrecht gibt Gelegenheit zur Geduld u Bewährung in der Liebe. Endlich wird der unbußfertige Sünder für das B seine gerechte Strafe u so die verletzte sittliche Weltordnung ihre Wiederherstellung finden.

a) *Thom v Aq:* STh I. II q 71–89; Quaest disp de malo; *F Suárez:* De bonitate et malitia humanorum actuum. – b) *B Welte:* Über das B 1959. – c) *H Barth:* Das Probl des B 1931; *P Ricœur:* Finitude et culpabilité, 2 Bde, P 1960; *K Lüthi:* Gott u das B 1961 [evgl]; *FP Hager:* Die Vernunft u das Probl des B i Rahmen der prot Ethik Metaphysik 1963. – d) *J Mausbach:* Die Ethik des hl Augustinus ^{2}1929; *F Wagner:* Der Begriff des Guten u B nach Thom v Aq u Bonaventura 1913; *J Maritain:* De Bergson à Thomas d'Aquin 1947 (darin: S Thom et le problème du mal). – e) *F Petit, D Wendland:* Das B, das Übel u die Sünde 1959. Weitere Lit ↗ Theodizee. Schuster-Brugger

Buddhismus. Der B, aus der Predigt des *Buddha* (gestorben um 480 v Chr) entstanden, zählt nicht zu den orthodoxen Systemen der indischen Phil. Da sich die Lehre Buddhas selbst nicht mit Sicherheit feststellen läßt, sei zunächst der B in der ältesten erreichbaren Gestalt beschrieben. Der B ist Heilslehre. Voraussetzung ist die Lehre vom Kreislauf der Geburten (↗ Seelenwanderung). Grundlegend sind die *„vier Wahrheiten":* 1. Das ganze menschliche Leben ist *Leiden,* weil alles vergänglich ist. Im Bereich des uns Faßbaren gibt es keinen festen Urgrund, keine Substanz, alles ist Werden; es gibt kein substantielles Ich. Die Wiedergeburt besteht nicht in der Wiederkehr derselben irdischen Persönlichkeit, sondern im strengen Kausalzusammenhang, der von einer Existenz zur anderen nicht weniger herrscht als von einem Zustand zum anderen innerhalb derselben Existenz. 2. Ursprung des Leidens sind der Durst u die Unwissenheit. Ausführlich wird das Leiden beschrieben in der Lehre vom zwölfteiligen Kausalnexus. Alter u Tod haben zur Voraussetzung die Geburt. Geburt ist aber nur, wenn Werden ist. Werden hat wieder zu seiner Bedingung das Ergreifen. Denn ohne Ergreifen der sinnlichen Welt wäre zu neuer Geburt führendes Leben unmöglich gewesen. Ergreifen geschieht aber aufgrund von Durst oder Begierde. Die Begierde nährt sich durch Wahrnehmung. Diese wird verursacht durch Berührung der Sinne mit den Dingen. Die Sinne haben zu ihrer Voraussetzung „Name u Gestalt"; diese bilden sich, wenn das Bewußtsein des kommenden Menschen in die Mutter eingegangen ist. Das neue Bewußtsein ist die Fortwirkung der Gestaltungen früheren Bewußtseins. Diese Gestaltungen haben aber ihre Ursache in der Unwissenheit. Man muß also diese Unwissenheit aufheben. Dann sind auch die Zwischenursachen u die letzte Wirkung, das Leiden, aufgehoben. 3. Das Aufhören des Leidens folgt aus der restlosen Aufhebung des Durstes. Die bloß teilweise Aufhebung führt zu einer himmlischen oder zu irdischen Existenzen, von denen aus das letzte Ziel, das Nirvāna, erreicht wird. Doch kann dieser Zustand auch schon vor dem Tod eintreten, wenn die Flamme der Begierde gänzlich erloschen ist. Das *Nirvāna* ist nicht das Nichts, sondern das völlige Losgelöstsein von allem Vergänglichen, Leidvollen. Was es außer dieser negativen Bestimmung ist, kann nicht gesagt werden, weil es alle Erfahrung u jeden Begriff, die vergänglich sind, übersteigt. Anschauliche Schilderungen, die sich dem Verständnis weiterer Kreise anzupassen suchten, haben das Nirvāna oft als einen Paradieseszustand erscheinen lassen. 4. Der Weg zu diesem Ziel ist der *achtteilige Pfad*. Er enthält ethische u meditative Forderungen wie der ↗ Yoga. An der Spitze der ethischen Forderungen, die nicht Selbstzweck sind, sondern Mittel zur Wegräumung der Hindernisse beim geistigen Aufstieg, steht die Schonung alles Lebens in Taten, Worten u Gedanken.

Auf dem Weg durch die Geschichte fand der B eine immer reichere Ausgestaltung. Während im *südlichen B (Hīnayāna* = Kleines Fahrzeug) pluralistische phil Systeme die Wirklichkeit rational zu erfassen suchten, entwickelte sich der *nördliche B (Mahāyāna* = Großes Fahrzeug) in einer vom Alt-B teilweise weit abweichenden Richtung. Mit der Verehrung des historischen Buddha verband sich die Verehrung einer Vielzahl von Buddhas u *Bodhisattvas* (Erleuchtungswesen), die, auf einen Ur-Buddha oder *All-Buddha* zurückgeführt, eine Art Panentheismus ergeben. Während im Alt-B nur der Mönch durch die Versenkung das Nirvāna erreichen konnte, gibt die neue Form durch Meditation, Liebe u Freigebigkeit auch dem Laien die Möglichkeit, die Vollendung zu erreichen. Diese besteht aber im Mahāyāna nicht mehr im Zustand der Heiligkeit, sondern in der Erlangung der Buddhaschaft. – Die Erkenntnistheorie des Hīnayāna ist teilweise realistisch, teilweise skeptizistisch, die des Mahāyāna vorwiegend idealistisch. Eine weitere Abart des Mahāyāna-B ist der magische B des sog *Diamant-Fahrzeugs*. – ↗Leiden. [4, 10, 11, 20, 23]

E Conze (Hgb): Im Zeichen des Buddha. Buddhist Texte (Fischer-Bücherei. Bücher des Wissens 144). – *H v Glasenapp:* Der B i Indien u i Fernen Osten 1936; *ders:* Buddhist Mysterien 1940; *D Schlingloff:* Die Religion des B 1962-3; *H Oldenberg:* Buddha. Sein Leben, s Lehre, s Gemeinde, ed v Glasenapp 1963; *J Gonda:* Die Religionen Indiens III 1964; *C Regamey:* Der B Indiens 1964; *G Mensching:* Buddhist Geisteswelt. Vom histor Buddha z Lamaismus, o J - e) *E Conze:* Der B. Wesen u Entwicklung (Urban-TB 5) [4]1971.   Brugger

Christliche Philosophie. Das Problem der ch Ph ergibt sich daraus, daß einerseits ↗ Philosophie im Ggs zu ↗ Theologie wesentlich Erkenntnis aus Vernunftgründen, nicht aus göttlicher ↗ Offenbarung ist u daß anderseits bestimmte geschichtliche Formen einer Welt- u Lebensauffassung, die man unbedenklich Ph nennt, wie die ↗ patristische Ph u die Ph der ↗ Scholastik, ohne einen tiefgreifenden Einfluß des christl ↗ Glaubens nicht zu verstehen sind. Der Begriff ch Ph scheint danach ein innerer Widerspruch zu sein. Muß darum der überlieferte Ph-begriff als rationalistisch aufgegeben u eine „Ph aus dem Glauben" als für den Christen einzig mögliche Ph gefordert werden? Aber kommt man so nicht in die Nähe des ↗ Traditionalismus, den die kath Kirche gerade um der Reinhaltung des Glaubens willen abgelehnt hat?

Die Frage ist wohl unlösbar, solange man die Ph allein nach ihrem abstrakten Allgemeinbegriff betrachtet u ihre wesentliche ↗ *Geschichtlichkeit* vernachlässigt. Gewiß ist Ph nicht aus ihrem allg Begriff heraus christl - sonst wäre es unnötig, das Beiwort ch zu Ph überhaupt hinzuzusetzen. Aber es gibt geschichtliche Formen der Ph, die ch Ph genannt werden können, ja müssen. Der Einfluß, den der ch Glaube auf sie ausübt, darf allerdings nicht von der Art sein, daß dadurch die wesentliche Bestimmung der Ph, Erkenntnis aus menschlicher Vernunft zu sein, aufgehoben wird. Wie jede Wissenschaft außer von ihren logischen Gründen in ihrem Zustandekommen von mancherlei psychologischen, soziologischen u andern geschichtlichen Einflüssen abhängt, ohne die ihre logischen Begründungen, ja vielleicht nicht einmal ihre Probleme, nicht in das Blickfeld kommen könnten, so ist es auch mit der Ph. Und weil die Ph im Ggs zu andern Wissenschaften zu einer umfassenden Erkenntnis des Seienden aus letzten Gründen strebt, sind für sie religiöse oder andere vorwissenschaftliche Überzeugungen „weltanschaulicher" Art von besonderer Bedeutung. Das heißt nicht, daß diese vorwissenschaftlichen Überzeugungen die logischen Grundlagen der Ph abgeben können; aber sie sind es, die zu phil Fragestellungen anregen u oft auch richtungweisend für die Lösungsversuche sind. Daß die abendländische Ph in dieser Weise weithin vom Christentum beeinflußt ist, kann wohl niemand leugnen. „Ch Ph" ist sie allerdings nur insoweit, als auch ihre Antworten zumindest dem ch Glauben nicht widersprechen. Wer grundsätzlich jeden christl, weil nicht-phil Einfluß auf das phil Denken ausschließen will, beachtet nicht, daß gerade auch dieser „*Säkularismus*" ein phil nicht reflektierter „Glaube" ist.

a) *Bonaventura:* De reductione artium in theologiam; *Thom v Aq:* ScG I, 4; II, 4. – b) *J Maritain:* Von der ch Ph 1935; *M Blondel:* La phil et l'esprit chrétien, 2 Bde, P 1944 u 1946; *ders:* Exigences philosophiques du christianisme, P 1950 (dt 1954); *J Pieper:* Was heißt philosophieren? ³1956; *A Naud:* Le problème de la phil chrétienne, Montréal 1960; *C Tresmontant:* La métaphysique du christianisme et la naissance de la phil chrétienne, P 1961; *J Terán Dutari:* Christentum u Metaphysik 1973. – c) *E Frank:* Phil Erkenntnis u religiöse Wahrheit 1951; *J Friese:* Die säkularisierte Welt. Triumph oder Tragödie der christl Geistesgesch? 1967. de Vries

Dasein *(Existenz)* ist das eine Grundmoment, das mit dem andern der Wesenheit (Essenz) jedes Seiende konstituiert u deshalb kennzeichnet. Während die Wesenheit (↗ Wesen) sagt, ‚was' etwas ist, drückt das D aus, ‚daß' etwas ist. Wenn etwas existiert, ist es nicht bloß gedacht oder phantasiemäßig vorgestellt, sondern unabhängig davon in sich selbst u von sich aus einfach da oder wirklich vorhanden. Deshalb wird es von uns vorgefunden, wir sind passiv von ihm betroffen, erfahren seinen Widerstand; wir müssen mit seiner vor-gegebenen Eigenart rechnen u können nicht wie bei dem bloß Gedachten nach unserem Belieben verfahren. Obwohl das naive Bewußtsein immer wieder geneigt ist, bloß das räumlich Sichtbare für wirklich zu halten, gehört das nicht zum Wesen des D; denn wir erfahren in unseren Akten u unserem Ich ein Daseiendes, das keineswegs räumlich-sichtbar u doch wirklich vorhanden, eben geistige Wirklichkeit ist. Immerhin erweist sich unser Innenleben als ein Daseiendes, das noch in der Zeit steht u so erfahrbar bleibt. Doch gehört auch das Zeitlich-erfahrbarsein nicht zum Wesen des D, da der absolut überzeitliche u nicht unmittelbar erfahrbare Gott intensiver als alles andere existiert u deshalb nach dem Aquinaten der (nicht auf endliche Weise) Existierende einfachhin ist.

Metaphysisch betrachtet, gibt es zwei grundverschiedene Arten des D; sie leuchten in dem bisher Gesagten schon durch. Unser u aller Weltdinge D ist begrenzt, in der Tat nur ein *Da*-sein, dh ein auf ein bestimmtes räumliches u zeitliches Da beschränktes Sein. Diese Beschränkung stammt von unserer endlichen Wesenheit, da wir nur nach deren Fassungsweite ↗ Sein aufzunehmen, am Sein teil-zu-haben vermögen. Eine endliche Wesenheit erreicht also nicht die ganze Fülle des Seins u fällt darum nicht mit dem Sein zusammen: Unterscheidung von Wesenheit u Sein im Endlichen. Damit existiert dieses nicht-notwendig (kontingent); da seine Wesenheit nicht von sich aus Sein besagt, kann es sein oder nicht sein, wirklich vorhanden oder nur möglich sein. Dem endlichen Seienden tritt das unendliche Sein gegenüber, das die ganze Fülle des Seins ausschöpft, dessen Wesenheit dem Sein gleichkommt u darum mit ihm zusammenfällt. Es ist das auf-sich-selbst-gestellte (subsistierende) Sein u so schlechthin notwendig.

Innerhalb des Endlichen hebt die ↗ Existenzphilosophie ebenfalls zwei Grundarten des D heraus. Das Untermenschliche erreicht seine Vollwirklichkeit durch das ihm eigene D u dessen notwendiges Entfalten, ohne daß es um das Sein weiß; nach *Kierkegaard* „ist" es einfachhin, *Heidegger* nennt es *das Vorhandene*. Der Mensch hingegen versteht das ihm eigene Sein u damit das Sein selbst, das seiner Entscheidung überantwortet ist; erst in diesem freien Vollzug findet er seine volle Wirklichkeit, wie sie aber auch verfehlen kann; so ist er nicht nur *an sich*, sondern auch *für sich* da. Daher sagt *Kierkegaard* vom Menschen allein, daß er „existiert"; u *Heidegger* nennt ihn allein „Da-Sein", insofern nur in ihm das Da oder Offenbarkeit des Seins geschieht; D aber ist er durch die *Ek-sistenz*, die Hinausstehen in das u Innestehen in dem Sein besagt. – *Mathematische Existenz* kommt einem Denkinhalt der Mathematik (1) in bezug auf eine bestimmte Theorie zu, wenn er gemäß deren Axiomen u Schlußregeln notwendig gedacht werden muß, (2) im weiteren Sinn u allg, wenn er widerspruchsfrei gedacht werden kann.

a) *Thom v Aq:* De ente et essentia (dt-lat Albers 1936), bes c 5; STh I q 3 a 4; ScG I, 22; De pot q 7 a 2 ad 9; *F Suárez:* Disput metaph d 31. – b) *G Siewerth:* Der Thomismus als Identitätssystem 1939, bes 71–129; *G Rabeau:* Le Jugement d'existence, P 1938; *J Lotz:* Das Urteil u das Sein 1957; *EW Beth:* L'existence en Mathématique 1956; *R Ingarden:* Der Streit um die Existenz der Welt I 1964; *J Owens:* An Interpretation of Existence, Milwaukee 1968; *W Carl:* Existenz u Prädikation 1974. – c) *N Hartmann:* Zur Grundlegung der Ontologie 1935, bes 88–150; *K Jaspers:* Existenzphilosophie 1938; *M Heidegger:* Sein u Zeit I 1927; *ders:* Über den Humanismus 1949. – d) *MD Roland-Gosselin:* Le „De ente et essentia" 1926, bes 137–205; *St Adamczyk:* De existentia substantiali in doctrina S Thomae Aquinatis, Rom 1962; *J Gómez Caffarena:* Sentido de la composición de ser y esencia en Suárez, in: Pensamiento 15 (1959) 135-154. Lotz

Deduktion oder *Ableitung* ist der ↗ Schluß vom Allgemeinen zum weniger Allgemeinen oder Besonderen, im Grenzfall auch zum gleich Allgemeinen; Ggs ↗ Induktion. Seit *Bacon von Verulam* wird gegen die D geltend gemacht: entweder sei man sich beim Obersatz schon bewußt, daß er das Besondere einschließe, oder nicht. Im ersten Falle werde das Ergebnis schon durch den Obersatz allein erkannt, im zweiten Falle folge es nicht mit Gewißheit, da man dann nicht wisse, ob der Obersatz allgemein gelte. Der Einwand verkennt, daß der im Obersatz verwendete ↗ Allgemeinbegriff nur die allen unter ihn fallenden Gegenständen gemeinsame Natur enthält, nicht aber angibt, welche Gegenstände unter diesen Begriff fallen. B: in dem Obersatz „Was einfach ist, ist unzerstörbar" wird nur die Wesensbeziehung des Einfachen zum Unzerstörbaren ausgesagt, jedoch nicht angegeben, welche Gegenstände einfach sind. Darüber muß der Untersatz belehren, zB „Die Seele ist einfach". Aus beiden Sätzen folgt dann: „Die Seele ist unzerstörbar". – *Kant* nennt D einen Beweis, der (im Ggs zum Tatsachenbeweis) einen Rechtsanspruch dartut. Die D ist ↗ *transzendental* (oder *objektiv*), wenn sie erklärt, wie sich ein reiner Begriff a priori auf Gegenstände bezieht, *empirisch* (oder *subjektiv*), wenn sie zeigt, wie ein Begriff durch Erfahrung u Reflexion erworben wird ↗ Kritizismus.

a) *Aristoteles:* Zweite Analytik, 1. Buch; *F Bacon:* Novum Organum I, 69. – b) *J Santeler:* Intuition u Wahrheitserkenntnis 1934; *M Honecker:* Logik 1927; *J Donat:* Logica [8]1935; *J Gredt:* Die aristthom Phil I 1935, 51. – c) *Bacon* ↗ a). – Weitere Lit ↗ Beweis. Santeler

Definition *(Begriffsbestimmung)* ist der sprachliche Ausdruck, der kurz, aber vollständig dartut, was unter einem Wort oder unter einer Sache zu verstehen ist. Aufgabe der *Nominaldefinition (Worterklärung)* ist es, die genaue Bedeutung eines Sprachzeichens zu umgrenzen, Aufgabe der *Realdefinition (Sacherklärung),* das artliche ↗ Wesen einer Sache anzugeben. Die D soll kurz sein, dh alle überflüssigen Bestimmungen vermeiden; sie soll vollständig sein, dh alle Merkmale nennen, die notwendig sind, um das Wort oder die Sache nicht bloß von andern zu unterscheiden, sondern auch die inneren Unterschiede u die wesentliche Gliederung des Sinnes hervortreten zu lassen. Einfache Sinngehalte können zwar noch mit einem Wort durch Festsetzung verbunden oder an einem Sachverhalt aufgewiesen, aber nicht eigentlich definiert werden. – Die eigentliche *Wesensbestimmung* geschieht durch Angabe der nächsten Gattung u des artbildenden Unterschiedes (B: Mensch = vernünftiges Lebewesen ↗ Art) oder durch Nennung der Wesensbestandteile (B: Mensch = Wesen, das aus einem Leib u einer Vernunftseele besteht). Oft ist bloß eine *beschreibende (deskriptive)* D möglich, indem man zu einer allg Gattungsbestimmung so viele Merkmale hinzufügt, bis der Gegenstand von jedem andersartigen genügend unterschieden ist. Die *genetische* D bestimmt u erklärt den Gegenstand, indem sie die Weise seines Entstehens angibt. Bei der *impliziten* D wird das zu Definierende dadurch kenntlich gemacht, daß es in einem Zusammenhang gebraucht wird, der sowohl als Ganzes wie in seinen Teilen mit Ausnahme des zu Definierenden schon bekannt ist, also nach Art einer Gleichung mit einer Unbekannten. Besondere Schwierigkeit bietet die D jener Gegenstände, die weder in einer inneren oder äußeren Erfahrung gegeben sind, noch durch bloßes Denken aus einfacheren Sinngehalten konstruiert, sondern nur als (äußere oder innere) Bedingungen für die Möglichkeit erfahrungsgegebener Gegenstände erfaßt werden können. Ihr Sinn kann jedoch in der Entwicklung des Systems dieser Bedingungen genau umschrieben werden. – Regeln der D: Die Teile der D seien bekannter als das zu Definierende. Die D u das Definierte seien miteinander vertauschbar. – Die D findet man, indem man entweder eine höhere Gattung so lange teilt u unterteilt, bis man zu der gesuchten Art gelangt, oder indem man an den Gegenständen, die den Namen des gesuchten Begriffs tragen, jenes Gemeinsame sucht, das allen so bezeichneten Gegenständen, u nur ihnen, zukommt.

H Rickert: Zur Lehre v der D ³1929; *W Dubislaw:* Über die D ²1931; *R Robinson:* D, Oxford 1950; *S Krohn:* D-frage u Wirklichkeitsfrage, Helsinki 1953; *G Siewerth:* D u Intuition, in: Stud Gen 9 (1956) 579–92; *J Stenzel:* Sinn, Bedeutung, Begriff, D 1958; *G Tamás:* Die wiss D, Budapest 1964 [marx]; *W Stegmüller:* Probleme u Resultate der Wissenschaftstheorie u analyt Phil II 1970; *E v Savigny:* Grundkurs i wiss Definieren 1970; *W Essler:* Wissenschaftstheorie I 1970. - Lehrd der ↗ Logik. Brugger

Deismus. Der D, der in England nach der Mitte des 16. Jhts auftritt, anerkennt den persönlichen Schöpfergott, leugnet aber dessen weiteren Einfluß auf die Welt, mithin die Erhaltung u ↗ Mitwirkung Gottes mit den Geschöpfen, die ↗ Wunder u jede übernatürliche ↗ Offenbarung. Es gibt keine Offenbarungs-, sondern nur eine Vernunft- oder Naturreligion. – Der englische D führte in Frankreich zur materialistischen u atheistischen ↗ Aufklärung. In Deutschland fand er seit der Mitte des 18. Jhts Anhänger. – ↗[143]

Religion in Gesch u Gegenw ³II 57-69 [Lit]. – d) *GV Lechler:* Gesch des engl D, Tübingen 1841; *J Engert:* Der D i der Religions- u Offenbarungskritik des Reimarus 1916; *AR Winnett:* Were the Deists „Deists"?, in: Church Quart Review (1960) 70-77. – e) *Ch Pesch:* Der Gottesbegriff 1886; *M Rast:* Welt u Gott 1952. Rast

Demokratie (wörtlich: Volksherrschaft) stellt ursprünglich im griech Denken die Staatsform, in der das Gesamtvolk selbst die politische Herrschaft ausübt, der Herrschaft eines einzelnen *(Monarchie)* oder einer bestimmten Gruppe *(Aristokratie)* u deren Verfallsformen *(Tyrannis, Oligarchie, Ochlokratie)* gegenüber. Im Lauf der Geschichte hat sich die Bedeutung des Wortes vielfach gewandelt; bei *Aristoteles* bedeutet es die Verfallsform der „Politeia" (in der sich D u Oligarchie die Waage halten); heute wird es vielfach einfach als politisches Schlagwort verwendet („Volks-D").

Dem modernen Verständnis der D liegt der staatsphil Gedanke der Volkssouveränität zugrunde, also die Rückführung aller politischen Gewalt auf das Volk als seinen ursprünglichen Träger (↗ Souveränität). Hinzu tritt die Forderung, daß alle zum Gebrauch ihrer Vernunft u ihres Gewissens befähigten Bürger als freie u grundsätzlich gleiche soweit als möglich die sie betreffenden politischen Fragen auch tatsächlich selbst mitentscheiden sollen. Das Volk als ganzes kann aber nur in sehr beschränktem Umfang die Staatsgewalt gemeinsam ausüben *(unmittelbare D).* Deshalb müssen in einer Verfassung rechtliche Verfahrensweisen niedergelegt werden, die dem Volk eine mittelbare Beteiligung an der politischen Willensbildung ermöglichen in Volksabstimmungen u freien u geheimen Wahlen von Volksvertretern auf begrenzte Zeit, nach bestimmtem Mehrheitsprinzip, mit genau umschriebenen Rechten *(repräsentative D).* Eine Mehrzahl politischer Parteien soll durch öffentliche Diskussion u Herausstellung geeigneter Persönlichkeiten dem Volk entscheidungsreife politische Alternativen vorlegen. D in diesem Sinne ist nicht an die Staatsform der *Republik* (in der das repräsentative Staatsoberhaupt vom Volke oder dessen Vertretern gewählt wird) gebunden.

Eine funktionsfähige D setzt politische Reife u Urteilsfähigkeit der Bürger u die Bereitschaft voraus, die Eigeninteressen den Erfordernissen des Gemeinwohls unterzuordnen. Wo die Vorbedingungen gegeben sind, darf einem Volk die von ihm geforderte Beteiligung an der Ausübung der Herrschaftsgewalt nicht verweigert werden. Die rechtmäßig zustande gekommenen demokratischen Entscheidungen müssen als verpflichtend anerkannt werden, weil auch in der D echte ↗ Autorität ausgeübt wird; jedoch bieten die formalen Regeln demokratischer Willensbildung, insbes das Mehrheitsprinzip, aus sich heraus noch keine unbedingte Garantie gegen Unrecht. Vielmehr muß die Regierungsgewalt selbst nach rechtsstaatlichen Prinzipien begrenzt u so ein Schutz der Minderheit in ihren Grundrechten gewährleistet sein. Auch ist mit der *parlamentarischen D* allein eine Kontrolle der politischen Herrschaft durch das Volk noch nicht gesichert; ohne aktive Partizipation der Bürger an der Basis bei der politischen Willensbildung u ohne intermediäre Gruppierungen besteht Gefahr, daß bestimmte Herrschaftseliten (technokratische Bürokratien, Interessenverbände, Massenmedien) die eigentliche Macht ausüben. Deshalb wird heute vielfach die Forderung nach *Fundamental-D* erhoben bis hin zum Wiederaufleben rätedemokratischen Gedankengutes. Zwar finden demokratische Formen der Partizipation an der Verantwortung mehr u mehr auch außerhalb des eigentlich politischen Raumes Eingang (Mitbestimmung, D als Lebensform), doch bedürfen hier noch viele Fragen einer grundsätzlichen Klärung.

a) *A de Tocqueville:* Über die D i Amerika, 2 Bde, 1959–62. – b) *O v Nell-Breuning:* Zur christl Staatslehre (WBPol) ²1957; *Y Simon:* Philos Grundlagen der D, dt 1956; *W Walter:* Die sozial-eth Definition der D 1962. – c) *Th Litt:* Freiheit u Lebensordnung. Zur Phil u Pädag der D 1962; *R Marcic:* Recht – Staat – Verfassung I, Wien 1970; *W-D Narr, F Naschold:* Theorie der D 1971; *Kirche u moderne D* 1973; *U Matz* (Hgb): Grundprobleme der D 1973; *W Hennis:* Die mißverstandene D 1973. – e) *R Zorn:* Autorität u Verantwortung i der D 1960; *H Laufer:* Die demokrat Ordnung. Eine Einf 1966. Kerber

Denken ist die auf Seiendes als solches u dessen Sinnbeziehungen gerichtete unanschauliche Erkenntnisweise. Sie vollzieht sich im menschlichen Geist in verschiedenen Akten des Erfassens (Relationseinsicht, Begriffsbildung, Schlußfolgern) u der Stellungnahme (Frage, Zweifel usw), um in der Urteilszustimmung zum endgültigen (oder doch endgültig gemeinten) Umfassen eines Sachverhaltes zu gelangen. In der heutigen empirischen Psychologie spricht man vom „*Problem-Lösen*". Im rhythmischen Wechsel wendet es sich aus ruhender Schau eines (wie immer erfaßten) Sachverhaltes zum Weiterschreiten u Suchen jeweils neuer Einsichten *(diskursives Denken)* u vom bloßen nachschaffenden Verstehen einer dargebotenen Wahrheit durch Erfassen ihrer logischen Sinnbeziehungen zu anderweitig erworbenen Denkinhalten *(reproduktives Denken)* zu mehr selbständig *schöpferischem Denken* (Inspiration; ↗ Anschauung u unten).

Von der ↗ Sinneserkenntnis unterscheidet sich das D wesentlich. Es richtet sich nicht nur auf Sinnfälliges, sondern auch auf Unanschauliches u im Sinnfälligen auf die den Sinnen nicht faßbare Washeit der Sache. Es folgt nicht nur den Gesetzen sinnblind wirkender ↗ Assoziationen u ↗ Komplexe *(= subjektive Denknotwendigkeit)*, sondern orientiert sich wie die *Denkpsychologie (Ribot, Binet, Külpe)* letztlich am notwendigen Zusammenhang der Inhalte selbst *(= logische oder objektive Denknotwendigkeit)*. Es ist, trotz mannigfacher Bindung an das Stoffliche, doch nicht wie die Sinneserkenntnis ein unmittelbar vom Stofflichen mitvollzogenes Tun, sondern geistig ↗ Geist. Auf das eigentliche ↗ Sein der Gegebenheiten abzielend u darin sein Formalobjekt findend, vermag es irgendwie, wenn auch oft nur analog, alles zu berühren, was irgendwie Sein hat. Es hat deshalb eine unbegrenzte Spannweite. – Trotzdem bleibt menschliches D in der Leib-Seele-Einheit der Sinneserkenntnis (u damit dem Stofflichen u Unbewußten) vielfältig verhaftet, sowohl in den erfassenden wie in den stellungnehmenden Akten. Die Inhalte unserer Begriffe stammen fast alle aus der Sinneserfahrung ↗ Begriffsbildung. Jedes irgendwie komplexere Verstehen von Gegebenheiten u jedes neuschöpferische D bedient sich unbewußter Komplexe u Komplexergänzungen, oft so sehr, daß neuschöpferische „Intuitionen" oder „Inspirationen" fast mehr als ein Werk des ↗ Unbewußten erscheinen konnten. Doch sind diese unbewußten Vorgänge kein eigentliches D; produktive Geistesarbeit vollendet sich durch bewußte Relationseinsicht in geistige Sinnzusammenhänge.

Weiterhin ist unser D vom „psychologischen ↗ Apriori" mitbedingt, insofern die typischen oder zufälligen individuellen Eigenarten des „Denktemperamentes", die Eigenart erworbener u gewohnter D-inhalte (in welche neu zu Verstehendes logisch eingereiht wird) sowohl auf die Prozesse des diskursiven Erarbeitens von Einsichten wie auf deren inhaltliche Gestaltung von (oft unmerklichem, aber dadurch um so bedeutsamerem) Einfluß sind. Hierher gehört auch die Eigenart der formalen D-weise, die sich mehr dem Konkreten oder mehr dem Abstrakten zuwendet, der mehr synthetische oder mehr kritisch sondierende Verstand, der mehr zähflüssige oder bewegliche Aufmerksamkeitstypus, die mehr schizothyme oder mehr zyklothyme, mehr integrierte oder mehr desintegrierte Persönlichkeitsstruktur u endlich das unbedingte Wahrheitsethos. Darum ist menschliches D, je mehr es sich um lebenswichtige Dinge u je mehr es sich um ernstes Suchenmüssen handelt, desto mehr ein „personales Tun", von der Gesamtpersönlichkeit getragen. Wie die Art u Formung der Gesamtpersönlichkeit das D beeinflußt, so ist hinwieder die Erziehung zum Wahrheitsethos, zu verständiger Selbstkritik, zu Klarheit u logischer Richtigkeit sowie zur Aufgeschlossenheit u Lernwilligkeit des D von größter Bedeutung für die Erziehung der Gesamtpersönlichkeit u die objektive Wahrheitsfindung. – Nach *Kant* bedeutet D im Ggs zur Erkenntnis jeder Gebrauch von Begriffen, ob dadurch ein Objekt bestimmt wird oder nicht; im Ggs zur Anschauung bedeutet es die Handlung, das gegebene Mannigfaltige durch Begriffe zu bestimmen u dadurch die Einheit eines Objektes herzustellen, was mit Erkenntnis gleichbedeutend ist. – ↗ [192, 221]

b) *K Bühler:* Die geist Entwicklung des Kindes 1929, § 7; *J Lindworsky:* Theoret Psych ⁴1932; *O Selz:* Zur Psych des produktiven D u des Irrtums 1922; *A Wenzl:* Theorie der Begabung 1934; *H Delacroix:* La croyance, in: Dumas, Nouveau Traité de psychologie V 1936; *J de Vries:* Denken u Sein 1937; *M Blondel:* Das D 1953–56. F Borden: D u Gedanke 1970; *W Fischel:* Psych der Intelligenz u des D o J; *R Oerter:* Psych des D ³1972. – c) *Th Litt:* D u Sein 1948; *FJ Brecht:* Vom menschl D [1955]; *J König:* Sein u D ²1969; *HA Müller:* Psych u Anthropologie des D 1971; *M Heidegger:* Was heißt Denken? ³1971. – e) *A Willwoll:* Seele u Geist 1938, 70–113; *ders:* Über das Verhältnis v Anschauung u D i unseren Begriffserlebnissen, in: Beitr z Problemgesch der Psych (Festschrift K Bühler) 1929   Willwoll

Determinismus ist die dem *Indeterminismus* entgegengesetzte Lehre, daß alle unsere Willensrichtungen durch die Konstellation der einwirkenden Motive u der momentanen, bewußten u unbewußten, seelischen Befindlichkeit eindeutig bestimmt, determiniert werden. Vielfach beruht sie auf einem Fehlverstehen der indeterministischen Lehre von der ↗ Willensfreiheit, als besage diese eine Kraft zu ursachlosem u motivlosem Wollen *(exzessiver Indeterminismus)*. Gemeinhin beruft sich der D vor allem auf das Kausalgesetz, faßt dieses jedoch nicht nur so auf (wie es allein als allgemeingültiges u denknotwendiges Gesetz erwiesen ist), daß jede Wirkung eine hinreichende Ursache haben muß (↗ Kausalprinzip), sondern so, daß jede Wirkung in ihrer Gesamtursache eindeutig vorbestimmt sein müsse (was nicht für den gesamten Bereich alles Wirklichen bewiesen ist ↗ Kausalsatz).

Mehr empirisch vorgehend, deutet der D das Freiheitsbewußtsein als ein Fehlurteil, das aus Unkenntnis der unbewußten Triebfedern *(determinierenden Tendenzen)* erwachse. Er verkennt dabei, daß wir Erlebnisse, die auf unbewußten Komplexvorgängen beruhen, wie zB wissenschaftliche u künstlerische Inspirationen, Gedächtnisversager u a, nicht infolge der Unkenntnis ihrer Verursachung als von uns „frei gewollte", sondern als „rätselhafte" betrachten. Eine weitere empirische Begründung des D weist darauf hin, daß man bei guter Kenntnis von Charakter, Gewöhnung, Neigung u Motivsituation die Willensentschlüsse anderer Menschen weithin voraussagen kann, sowie auf die ein wirkendes Gesetz verratende Regelmäßigkeit vieler „freier" Handlungen, wie sie die ↗ Moralstatistik aufzeigt. Diese Hinweise zeigen jedoch nur, daß es kein motivloses Wollen gibt u daß die Menschen gemeinhin gern ihren Neigungen u ihrem Charakter folgen u Reibungen mit diesen gern ausweichen, entscheiden jedoch nicht die Frage, ob dieses Ausweichen notwendig oder frei sei. Die bei Aufgabe der Willensfreiheit sinnentleerten Begriffe von Verantwortlichkeit, Strafe u a (↗ Willensfreiheit) sucht der D dadurch zu retten, daß er eben den „Charakter" eines schuldigen Menschen für verantwortlich u strafwürdig erklärt (wobei jedoch der Schuldige sich vom Psychopathen nicht mehr unterschiede) u Strafe als bloßes Abschreckungsmittel bzw Mittel zum Schutz der Gemeinschaft gegen asoziale Menschen deutet (womit jedoch die Würde der ethischen Persönlichkeit aufgehoben u der Mensch zum geistigen Dressurwesen gemacht würde). – Konsequent zu ihren Systemgrundlagen bekennen sich zum D alle Arten von Materialismus u Monismus, Pantheismus, Positivismus, Empirismus, der extreme Rationalismus wie der extreme Biologismus. – Naturphilosophisch versteht man unter D die Lehre von der eindeutigen Bestimmtheit alles Naturgeschehens ↗ Kausalsatz, Quantenphysik. – Über den soziologischen u ökonomischen D ↗ Institution.

b) *K Gutberlet:* Die Willensfreiheit ²1904; *K Joel:* Der freie Wille I 1908; *H Groos:* Willensfreiheit oder Schicksal? ²1939. – c) *C Lombroso:* L'uomo delinquente 1876 u ö; *N Ach:* Analyse des Willens, in: Handb der biolog Arbeitsmethoden, Abt 6, 1935; *ders:* Zur neueren Willenslehre, in: Ber über den 15. Kongreß der dt Ges f Psych 1937; *J Lange:* Verbrechen als Schicksal 1929; *F Gonseth:* D u Willensfreiheit, Bern 1948; *S Hook:* Determinism and Freedom, NY 1961; *H Hörz:* Der dialekt D: Natur u Gesellschaft 1962 [marx]; *A Testa:* Determinismo e indeterminismo, Bologna 1964.
Willwoll

Deutscher Idealismus (DI) heißt eine phil Richtung, die von 1790 bis 1831 (u in gewisser Weise bis etwa 1850) die phil Bemühungen zumindest im dt Sprachraum entscheidend geprägt hat u sich durch eine nach der Blütezeit der griech Phil vielleicht nicht mehr erreichte Tiefe u Radikalität des Denkens auszeichnet. Hauptträger des DI sind *Fichte, Schelling* u *Hegel.* Trotz tiefgreifender Unterschiede treffen sie sich darin, daß sie von *Kants* transzendentalem Schritt ausgehen, indem sie ihn sowohl aufheben als auch fortsetzen. *Kants* zentrale These von der ursprünglich-synthetischen Einheit der Apperzeption (↗ Kritizismus) wird in verschiedener Hinsicht u unter verschiedenen Bezeichnungen („Ich", „Vernunft", „Geist", „Idee" usw) zum zentralen Thema des Denkens erhoben u systematisch entfaltet. *Hegels* berühmter Satz „Das Wahre ist das Ganze" dürfte am treffendsten Intention u Gestalt dieser Denkrichtung charakterisieren. Die Ausrichtung auf das Ganze macht die Größe, aber auch die Schwierigkeit des DI aus. Man hat sich weitgehend daran gewöhnt, die im Sinne einer gewagten Selbstinterpretation gemeinten „großen" Aussagen des DI zu wiederholen, ohne die zum Verständnis dieser Aussagen erforderliche, von den Trägern des DI mit bewundernswerter Geduld geleistete Kleinarbeit zu beachten. So haben zB *Hegels* große Aussagen über den Geist, die Idee, das Absolute usw überhaupt keinen Sinn, sie sind leer u nichtssagend, solange man nicht einsieht, daß solche Aussagen als die dargelegten Schritte, Momente eines Gedankenganges zusammenfassende Aussagen zu deuten sind. Die isolierte Betrachtungsweise solcher Momente lehnt der (späte) Hegel als *Reflexionsphilosophie* ab. Es ist ferner zu beachten, daß im Verlauf der Wirkungsgeschichte des DI sich ein Interpretationsschema festgesetzt hat, das erst von der Forschung der letzten Jahrzehnte als eindeutig falsch erwiesen wurde. Dieses Interpretationsbild findet seinen klassischen Ausdruck im Titel des bekannten Buches von *R Kroner* „Von Kant bis Hegel". Demnach wird der DI so dargelegt, daß *Fichtes* „subjektiver Idealismus" durch *Schellings* „objektiven Idealismus" korrigiert u ergänzt worden sei, während *Hegel* beide im „absoluten Idealismus" aufgehoben u vereinigt habe. Diese Interpretation ist schon deshalb falsch, weil die meisten Werke des späten *Fichte* weder Schelling noch Hegel u die Werke des späten *Schelling* Hegel nicht bekannt waren. In Wirklichkeit hat jeder der drei Vertreter des DI einen eigenen Abschluß gefunden, der sich vom Abschluß der anderen radikal unterscheidet.

Das Denken *Fichtes* hat eine bis heute noch nicht ganz erforschte stürmische Entwicklung durchgemacht, in der sich aber eine beharrliche Konsequenz in der Verfolgung eines einzigen Gedankens, des Gedankens vom *Ich,* zeigt. Dies kann anhand dreier Formeln skizziert werden, die von *W Janke* vorgeschlagen wurden: 1. Das Ich setzt sich schlechthin als sich setzend (1794). Die Tätigkeit, durch die das Ich sich selbst setzt, dh sich als Ich bewußt wird u darin Ich wird, nennt Fichte „*Tathandlung*". 2. Das Wissen erblickt sich in der intellektuellen Anschauung als *absolutes Wissen* (1801). Isoliert u auf sich selbst gestellt, vermag das Ich nicht Einheitsgrund u Systemboden zu sein; vielmehr muß das Ich sich in seinem Sich-vorgegeben-Finden erfassen: das Ich ist Sichwissen, insofern es sich als Bild des Seins weiß. Absolut ist dieses Wissen, insofern es sich nicht bloß auf etwas richtet, sondern dabei sich selbst erfaßt: insofern es Bild ist, besagt es Selbständigkeit (*Freiheit* im Sinne Fichtes); insofern es Sein ist, findet es sich selbst vorgegeben. Dieser Zusammenhang wird in der *intellektuellen Anschauung* durchschaut. 3. Der Verstand versteht sich als Bild des *Absoluten* (nach 1804). Das Wissen wird jetzt als Bild u Erscheinung des Absoluten betrachtet. Doch Fichte versteht das so, daß das Absolute nicht mehr bloß im Bildzusammenhang zum Wissen zu begreifen ist, vielmehr muß sich das Begreifen selbst „vernichten", wobei zweideutig bleibt, ob dies nur die Überwindung des gegenständlichen Begreifens oder das Aufhören des Begreifens überhaupt meint.

Unter den Vertretern des DI hat *Schelling* die radikalste Entwicklung durchgemacht. Man pflegt mehrere Perioden seiner Phil zu unterscheiden. Die erste Periode (1795–1800) ist durch verschiedene Ansätze zur Entfaltung einer *Identitätsphilosophie* gekennzeichnet. Im Gegensatz zu Fichte behauptet er die Notwendigkeit einer *Naturphilosophie* als einer objektiven selbständigen Betrachtungsweise, die zum Ergebnis führt, daß die Entwicklung der Natur dem Geist vorgeordnet werden muß. Erst nachdem der Stellenwert des Geistes innerhalb der Gesamtentwicklung aufgewiesen wurde, kann die komplementäre Betrachtungsweise, die transzendentale, ansetzen u zeigen, wie der Geist sich zur Vorstellung einer äußeren Natur bestimmt. Die zweite Periode (1800–1806) ist durch die systematische Entfaltung des Identitätsgedankens gekennzeichnet. Die *absolute Vernunft* wird als übergreifende *Identität* u diese als *Subjekt-Objekt*-Indifferenz begriffen. Aus ihr entspringt das Endliche in der Weise, daß die endlichen Gestalten einen jeweils verschiedenen Anteil an Objektivität *(Natur)* u an Subjektivität *(Geist)* besitzen. Von 1807 bis zu seinem Tod im Jahre 1854 widmet sich Schelling in steigendem Maß der Entfaltung einer „positiven", „christlichen" Phil. Man unterscheidet eine Zeit der „*Weltalter*"-*Phil* u eine Zeit der *Phil der Offenbarung*. Die Phil des späten Schelling wurde lange Zeit als Schwärmerei abgetan, wird aber heute besser verstanden u gewürdigt. Der zentrale Gedanke ist die Unterscheidung zwischen *negativer* u *positiver Phil*, dh zwischen logischem, auf Notwendigkeit beruhendem u geschichtlichem, Freiheit auslegendem Denken. Die Deutung dieser Spätphilosophie ist sehr kontrovers: viele Interpreten mit *W Schulz* sehen in ihr den radikalsten Versuch einer zu Ende geführten Selbstvermittlung der transzendentalen Vernunft u damit die eigentliche Vollendung des DI; andere deuten sie als den Versuch eines ganz neuen Ansatzes, bei der Unmittelbarkeit des Seins u Bewußtseins in eins gehen.

Auch bei *Hegel* kann man eine bedeutsame Entwicklung feststellen, von einer historisch, religiös u sozial-politisch bestimmten Thematik in der Jugendzeit über verschiedene Systementwürfe in der Jenaer Zeit bis zur Veröffentlichung des ersten großen systematischen Werkes, der „Phänomenologie des Geistes", im Jahre 1807; dann wieder von der Abfassung der „Wissenschaft der Logik" über die Veröffentlichung der „Enzyklopädie der philosophischen Wissenschaften im Grundrisse, zum Gebrauch seiner Vorlesungen" zu den von Hegel selbst nicht mehr publizierten großen Vorlesungen über Geschichte, Religion, Ästhetik, Rechtsphilosophie. Ein vollständiges System hat Hegel nie vorgelegt. Man pflegt die drei Teile der „Enzyklopädie": Logik, Natur u Geist, als die drei „Stadien" der Idee darzustellen: die *Logik* als die Wissenschaft der Idee an u für sich, die *Naturphilosophie* als die Wissenschaft der Idee in ihrem Anderssein, die *Phil des Geistes* als Wissenschaft der Idee, die aus ihrem Anderssein in sich zurückkehrt (Enzyklopädie § 18). Doch diese Formulierungen sind zum einen sehr allg, zum andern un- u mißverständlich. Was bei Hegel „*Idee*", „*Geist*" usw bedeutet, kann nur ermittelt werden, wenn Hegels Grundgedanke u die einzelnen Schritte seiner Ausführung berücksichtigt werden. Will man in einigen Worten diesen Grundgedanken formulieren, so kann man sagen: Nach Hegel bilden

"Denken" u "Wirklichkeit" in sehr komplexer Weise eine Entsprechungseinheit. *„Denken"* ist dabei der zusammenfassende Ausdruck (Inbegriff) all unserer Methoden, Betrachtungs- u Artikulationsweisen hinsichtlich des Wirklichen, während *„Wirklichkeit"* jene „Sache" meint, die in der Entsprechungseinheit mit dem so verstandenen „Denken" begriffen, offenbar wird. Indem das Denken als Inbegriff aller Bestimmungen begriffen wird, wird es auch in seiner höchsten, „intensivsten" Bedeutung, als *Begriff selbst* (= *Idee*), erfaßt. Damit ist ein Kriterium oder ein systembildendes Prinzip gewonnen: alle Denkbestimmungen u entsprechungsmäßig alle Bereiche des „Wirklichen" werden von diesem höchsten Bezugspunkt her u auf diesen höchsten Bezugspunkt hin gesehen u dargelegt. Dies u nichts anderes bedeutet Hegels dialektisches Prozeßdenken. Die äußerlichste Darstellungsform dieses Grundgedankens findet sich in der „Enzyklopädie", wo Logik, Natur u Geist rein vorstellungsmäßig als drei „Stadien" der „Idee" skizzenhaft dargelegt werden. Eine angemessenere Darstellung enthält die „Phänomenologie des Geistes" von 1807, jedenfalls ihrer Grundidee nach. Es kann die These aufgestellt werden, daß die eigentlich adäquate Darstellungsform der kurz skizzierten Grundeinsicht von Hegel selbst nur angedeutet wird.

a) *Fichte, Schelling, Hegel:* Werke. – b) *W Janke:* Fichte. Sein u Reflexion – Grundlagen der krit Vernunft 1970; *X Tilliette:* Schelling. Une phil en devenir, P 1970; *LB Puntel:* Darstellung, Methode u Struktur. Unters-en z Einheit der systemat Phil Hegels 1973. – c) *R Kroner:* Von Kant bis Hegel 1921–24. – d) *N Hartmann:* Die Phil des DI ²1960. – *HJ Sandkühler:* FWJ Schelling 1970; *HM Baumgartner, WG Jakobs:* Fichte-Bibliographie 1968; *WR Beyer:* Hegel-Bilder. Kritik der Hegel-Deutungen ³1970; *Hegel-Studien* 1961–; *Hegel-Jahrbuch* 1961–. Puntel

Dialektik. Der Gebrauch des Ausdrucks D hat in der gegenwärtigen Phil ein solches Ausmaß an Verworrenheit erreicht, daß es kaum möglich ist, eine, wenn auch noch so allg Kennzeichnung dieses Begriffs zu geben. Als sinnvoll erscheint nur der Versuch, aufgrund einiger Hinweise auf die Gesch der Phil Bedeutung u Problematik der D aufzuzeigen. Bei *Platon* bedeutet D die aus der Diskussion gegenteiliger Meinungen erwachsende Wissenschaft. Ursprünglicher Ort der D ist die Unterredung (↗ Dialog). Aber schon bei Platon meint D mehr als Unterredungskunst; sie umschreibt eine bestimmte logische Prozedur, mit deren Hilfe Sachprobleme auch unabhängig von der Dialogform erörtert werden. Im einzelnen umfaßt D bei Platon folgende Aspekte: Wissenschaft der Seienden selbst, dh der Ideen; vieldeutige Perspektivität des Geflechts der Seienden; Bereitschaft, Ausdauer und Wandlung der Seele. – Bei *Aristoteles* erhält D eine doppeldeutige Stellung. Ursprünglich umfaßte sie die gesamte ↗ Logik, während sie später in das Gesamtwerk des „Organon" eingeordnet wird u so, im Ggs zum syllogistischen u demonstrativen Beweis („Analytik"), nur noch eine bloß Wahrscheinlichkeit beanspruchende Argumentationsform bedeutet. – Die platonische u aristotelische Bedeutung der D durchzieht in vielfacher Weise die Scholastik u die ganze Gesch der Phil. Einen neuen Stellenwert erhält die D bei *Kant*, der unter D eine „Logik des Scheins" versteht, dh die Aufdeckung der aus der Natur der

Vernunft hervorgehenden Widersprüche. Bei *Fichte, Schelling* u *Hegel* werden Sinn u Reichweite der D beträchtlich erweitert u umgedeutet. Besonders *Hegels* Phil gilt noch bis heute als die dialektische Phil schlechthin. Daraus leiten sich die meisten verhängnisvollen Dunkelheiten dieses Ausdrucks her. Hegel hat die D nie als universale formale Methode, etwa im Sinne des oft zitierten Dreischritts *(These – Antithese – Synthese:* Terminologie von *Fichte),* vertreten; im Gegenteil: er ist einer der schärfsten Kritiker eines solchen Formalismus. Das Dialektische (Dial) ist bei ihm nur *ein,* wenn auch ein wesentliches u notwendiges Moment des vernünftigen oder begreifenden Denkens. Da das Denken Tätigkeit ist, besagt es *Vermittlung,* dh, es schließt die Dimension des „Anderen", des „Gegensatzes" u „Widerspruchs" in sich ein. In jedem Akt des Denkens ist somit das Dial als eines seiner Momente enthalten. Aber *Hegel* läßt es nicht bei dieser allg Einsicht bewenden, sondern entwickelt eine *spekulative Logik,* in der die eigentlich dialektischen Kategorien *("Negation", „Widerspruch"* usw) eine ganz bestimmte Stellung einnehmen, woraus sich die schon ausgesprochene Einsicht ergibt, daß das Dial *ein* Moment des Denkens ausmacht, das sich in ganz bestimmten Kategorien artikuliert. Aber Hegels Phil wurde fast immer dahingehend interpretiert, daß man das Dial u die ihm entsprechenden Kategorien isolierte u verabsolutierte. Dies ist der Fall zB bei der „Umstülpung" der Hegelschen D durch *K Marx* und durch die Aufstellung der „dialektischen Gesetze" der Natur durch *F Engels.* So wird noch heute die D vielerorts verstanden, sei es, daß man die Kategorie des Widerspruchs (oft auch unter der Bezeichnung „Antagonismus") als rein heuristisch-methodische Kategorie betrachtet (so bei vielen Wissenschaftstheoretikern, zB bei *K Popper),* sei es, daß man diese Kategorie als die zur Erfassung der Wirklichkeit wichtigste Kategorie ansieht.

a) *Platon:* Sämtl Dialoge, bes Sophistes, Parmenides, Politeia; *Aristoteles:* Topica, Analytica priora; *GWF Hegel:* Wissenschaft der Logik (ed Lasson 1963). – b) *LB Puntel:* Darstellung, Methode u Struktur. Unters-en z Einheit der systemat Phil Hegels 1973. – c) *W Becker,* Hegels Begriff der D u das Prinzip des Idealismus 1969; *A Sarlemijn:* Hegelsche D 1971; *R Chavers:* D als Wissenschaftsbegriff 1972. – D in: Histor Wörterb der Phil II 164-226; *R Simon-Schaefer:* D. Kritik eines Wortgebrauchs 1973. Puntel

Dialektischer Materialismus (dM) ist, ausgehend von *Marx'* dialektischer Gesellschaftslehre (↗ Marxismus), ein von *Engels, Plechanov* (von dem der Begriff stammt) u *Lenin* grundgelegtes phil System, das versucht, die Welt einschließlich der menschlichen Gesellschaft u des Denkens in ihrer Bewegung vom materialistischen (mat) Standpunkt in Verbindung mit Prinzipien Hegelscher ↗ Dialektik zu erklären; er versteht sich als „Bestandteil der marxistisch-leninistischen Weltanschauung". Als „Grundfrage" jeder Phil betrachtet der dM die Frage nach dem Verhältnis von *„Materie"* (M) u *„Bewußtsein"* u beantwortet sie als „mat Monismus" mit der Erklärung, daß jedes Bewußtsein gegenüber der M sekundär sei. Der dM will damit sowohl dem entwicklungsgeschichtlichen Aspekt, dem erkenntnistheoretischen Aspekt (These: Die Erkenntnisgegenstände werden durch die Erkenntnis nicht mitkonstituiert; Abbildtheorie) u dem ontologischen Aspekt der Frage (These: Die M ist hinreichender Erklärungsgrund für das Werden des geistbegabten Menschen; die Welt in ihrer Bewegung bedarf keines nicht-materiellen Seinsgrundes) gerecht werden.

Die einzige Eigenschaft der M, an deren Anerkennung der dM sich binden will, „ist die Eigenschaft, objektive Realität zu sein, außerhalb unseres Bewußtseins zu existieren" *(Lenin)*. Über diese erkenntnistheoretische Aussage hinaus wird die M aber auch ontologisch bestimmt: sie gilt als unendlich (räumlich, zeitlich u in ihrer dynamischen Potenz), sie ist nie ohne Bewegung, wie es auch keine Bewegung ohne materielles Substrat gibt. Alles, was ist, sei jeweils nach spezifischen Gesetzen sich bewegende M. Der Grund für die Entwicklung zu höheren Bewegungsformen liege in der anorganischen M selbst. Da diese bereits eine Eigenschaft besitze, „die dem Wesen nach der Empfindung verwandt ist, die Eigenschaft der *Widerspiegelung" (Lenin)*, kann sie in „dialektischem Sprung" schließlich auch die „Eigenschaft" Bewußtsein hervorbringen. (Andere Vertreter eines dM, zB *Bloch*, veranlaßt die Schwierigkeit, das Werden erkennenden Geistes aus M zu erklären, diese in Anlehnung an Spinoza als natura naturans zu bestimmen.)

Triebkraft für die von niedrigsten Bewegungsformen auf die menschlich-gesellschaftliche Bewegungsform der M gerichtete Entwicklung sei der Kampf der Gegensätze innerhalb der Einheit eines jeden Dings (auch Elementarteilchens), Prozesses oder Systems. Die neuen Qualitäten werden erreicht, sobald durch die Veränderung von Quantitäten das Maß eines Dinges usw überschritten werde *(Qualitätssprung);* dabei werde nur das der Weiterentwicklung Entgegenstehende negiert u so der Zusammenhang mit dem Vorhergehenden gewahrt; auf höherer Ebene kann diese Entwicklung eine Rückwendung zum Ausgangspunkt einschließen *(Negation der Negation)*. Diese Gesetzmäßigkeit der *objektiven Dialektik*, die als keiner weiteren ontologischen Erklärung bedürfend vorausgesetzt wird, finde ihren bewußten Ausdruck im menschlichen Erkennen *(subjektive Dialektik, dialektische Logik)*.

Der dM glaubt, seine Aussagen durch eine der Induktion gleichkommende „Verallgemeinerung" von Ergebnissen der Einzelwissenschaften u der gesellschaftlichen (ges) Erfahrungen beweisen zu können. Die (ges) *Praxis* ist nicht nur Ausgangspunkt jeder Erkenntnis, sie ist letztlich auch einziges *Kriterium der Wahrheit*, sie schließt als dieses die Interpretation durch die „führende Kraft" der menschlich-ges Praxis, die „marxistisch-leninistische Partei der Arbeiterklasse", ein *(Parteilichkeit)*.

Gesichtspunkte zur Beurteilung: In der Aufnahme der Ergebnisse der Einzelwissenschaften als Beweisgründe in das phil Denken, das dieses vom Entwicklungsstand der Naturwissenschaften u der Produktivkräfte abhängig macht, u in der Ablehnung jeder apriorischen Erkenntnis von Notwendigkeit (↗ Wesenserkenntnis) äußert sich sowohl ein starker Optimismus hinsichtlich der Leistungsfähigkeit naturwissenschaftlichen Denkens für die Erhellung phil Prooleme als auch die Absicht, Fragen, die sich auf den Sinn der Welt als ganzer u darüber hinaus auf einen nicht-welthaften Sinngrund der Welt richten, als „unwissenschaftlich", d i unsinnig, abzuweisen (↗ Atheismus); des weiteren folgt daraus: daß existentiell bedeutsame Fragen (Liebe, Opfer, Leid, Tod) kaum bedacht werden, als auch: daß die Thesen des dM, da die in ihnen dennoch vorausgesetzten apriorischen Prinzipien nicht reflektiert werden, der instrumentellen Verwendung zur Rechtfertigung politischen Machtstrebens ausgesetzt bleiben. Bislang ist es dem dM nicht gelungen, zu zeigen, wie Dialektik Entwicklungsprinzip geistloser Materie sein könne, insbes daß dialektische Widersprüche in der Natur kraft ihrer eigenen Spannung eine „gesetzmäßige" Entwicklung bis hin zum Menschen vorwärtstreiben. Wie fragwürdig ein Fortschrittsoptimismus in einem mat Monismus ist, erhellt aus der These des dM, daß der Begriff der Entwicklung auf die materielle Welt als ganze nicht anwendbar, diese vielmehr die *ewige Wiederkehr* des gleichen Auf u Ab sei *(Engels)*. Erkenntnistheoretisch bleibt ungeklärt, wie durch „Verallgemeinerung" einzelwissenschaftlicher Ergebnisse ohne Zuhilfenahme apriorischer Prinzipien allgemeingültige Erkenntnisse gewonnen u Sinnfragen beantwortet werden können.

b) *H Ogiermann:* Materialist Dialektik 1958; *J de Vries:* Die Erkenntnistheor des dM 1958; *GA Wetter:* Der dM 1960; *ders:* Sowjetideologie heute 1962; *HJ Lieber:* Die Phil des Bolschewismus i den Grundzügen ihrer Entw 1961; vgl die Artikel i SDG mit Bibliogr. - c) *Einführung* i den dial u histor Materialismus 1972; *Grundlagen* der marxist-leninist Phil 1971; *PV Kopnin:* Dialektik - Logik - Erkenntnistheorie 1970; *Marxist* Phil, Lehrb 1967; *G Klaus, M Buhr* (Hgb) Phil Wörterb 1971. Ehlen

Dialektische Theologie. Die dTh ist eine Richtung der protestantischen Th, hauptsächlich durch *K Barth, E Brunner, F Gogarten* vertreten, die eine Erneuerung der ursprünglichen Reformationstheologie anstrebte. Mit *Luther* behauptet sie die volle Unfähigkeit des gefallenen Menschen zur Gotteserkenntnis u zum natürlich Guten. Die Vernunft kann nicht einmal im analogen Sinn etwas über Gott aussagen. Zwischen Gott u der Welt besteht ein Abgrund, der es nicht erlaubt, Gott aus der Welt zu erkennen. Dieser Abgrund wird nur von Gott her durch seine Anrede an den Menschen in der Offenbarung überbrückt. Diese muß sich durch sich selbst rechtfertigen. Ein Nachweis ihrer Tatsache durch die Vernunft ist nicht möglich. Der Gegenstand der Offenbarung kann nur durch gegensätzliche (dialektische) Aussagen bestimmt werden, die weder in einem höheren Dritten (wie bei Hegel) aufgehoben noch (wie das in der Scholastik geschieht) untereinander harmonisiert werden können. In seiner Spätentwicklung hat *K Barth,* der an ihm geübten Kritik weichend, die Härte seiner Lehre dahin gemildert, daß er nun eine gewisse, von Gott gestiftete Analogie der Glaubensaussagen anerkennt.

Die dTh, die hier nur unter dem phil Gesichtspunkt u in ihrer ursprünglichen Schärfe dargestellt wurde, sieht zwischen Gott u Welt bloß den Gegensatz. In der ↗ Analogie des Seins, der „Ursünde" der menschlichen Vernunft, wittert sie eine Lehre, die Gott u Welt auf eine Ebene stellt, in Verkennung der klassischen

Lehre, nach der Gott seinem Wesen nach die Seinsordnung begründet, ohne ihr im mindesten untergeordnet zu sein. Kein Prädikat, auch nicht das Sein, kommt Gott u dem Geschöpf auf dieselbe Weise zu; und welches die göttliche Weise ist, wissen wir nur durch Verneinung. – Geschöpfliches Sein ist für die dTh gleichbedeutend mit Sünde u Abfall von Gott, während nach scholastischer Auffassung das Seiende als solches seinsmäßig gut ist (↗Wert) u auch von Gott als wertvoll anerkannt wird. Die Ursünde hatte nach der kath Theologie den Verlust ↗übernatürlicher Gnaden zur Folge, nicht aber eine Zerstörung oder wesentliche Verkümmerung der menschlichen Natur, der sowohl die grundsätzliche, wenn auch stark eingeschränkte Möglichkeit natürlicher Gotteserkenntnis wie des naturgemäßen sittl Handelns verblieb. – Der ↗Glaube u die geoffenbarte Wahrheit müssen vernunftgemäß sein. Darum muß sich der Mensch über die Tatsache der ↗Offenbarung eine praktische ↗Gewißheit verschaffen. Auch ist vom Gegenstand der Offenbarung, selbst dort, wo dessen innere Möglichkeit nicht eingesehen werden kann, der gläubigen Vernunft eine Auffassung möglich, die frei ist von förmlichem Widerspruch. – ↗[196]

Quellen: K Barth: Dogmatik I 1927; *ders:* Die kirchl Dogmatik II/1 ²1946; *ders:* Dogmatik im Grundriß 1947; weitere Schriften von K Barth ↗Evang Theologie 8 (1948/49) 283–88; *E Brunner:* Religionsphil evangelischer Theol 1927; *ders:* Phil u Offenbarung 1925; *F Gogarten:* Von Glaube u Offenbarung 1923. – *Lit:* b) *M Gierens* in: St d Zt 118 (1929) 196–206; *E Przywara:* Ringen der Gegenw 1929, I 242–50, II 543–79; *K Adam:* Die Theol der Krisis, in: Hochland 23 II (1926) 271 ff; *J Ries:* Die natürl Gotteserkenntnis i der Theol der Krisis 1939; *HU v Balthasar:* Karl Barth, Darstellung u Deutung seiner Theol, Olten 1951; *H Bouillard:* Karl Barth, 3 Bde, P 1957. – c) *H Eklund:* Theol der Entscheidung, Uppsala 1937; *H Thielicke:* Die Krisis der Theol 1938. – d) *J Moltmann:* Anfänge der dTh ²1966–67.   Brugger

Dialog (diálogos) ist das griech Wort für Unterredung, Gespräch. In der antiken Phil war D (1) primär literarischer Gattungsbegriff, wenngleich die D-form bei *Platon* dessen Deutung des Denkens als Rede der Seele mit sich selbst u seine Konzeption der ↗Dialektik voraussetzt. Das Mittelalter kannte vor allem die mündliche Disputation u deren Niederschlag im Aufbau der „quaestiones" u „articuli". Für die Ausprägung eines phil Begriffs von D war jedoch nicht das vornehmlich kosmozentrische Denken der Antike maßgebend, sondern der jüdisch-christl „Personalismus" einerseits u anderseits die fortschreitende Problematisierung des „Anderen" in der Folge kartesischen u transzendentalphil Ausgangs vom Selbstbewußtsein allein. Diese doppelte Herkunft des Begriffs kennzeichnet sowohl die Ansätze zu einem dialogischen Denken im 18. u 19. Jht *(FH Jacobi, L Feuerbach)* wie dessen phänomenologische Ausgestaltung nach dem Ersten Weltkrieg *(Dialogphilosophie* ↗[199₂]).

Im phil Sprachgebrauch bedeutet D (2) eine wechselseitige Mitteilung zwischen Personen, die zu einem interpersonalen „Zwischen", dh zu einem den Partnern streng gemeinsamen, nicht auf die Einzelnen allein rückführbaren Sinnbestand, führt. Der D ist keine Abwechslung von Sprechakten nach einem einseitig-intentionalen Subjekt-Objekt-Schema, sondern ein in sich gegenläufiges Geschehen. Aufgrund dieser inneren Gegenläufigkeit u Gegensatz-Einheit kann der D als die spezifische Dialektik der Freiheit bezeichnet werden. Deren Abgrenzung von der Dialektik Hegels dürfte im Grundansatz darin zu suchen sein, daß die freie Andersheit des antwortfähigen *Du* (im Unterschied zu *es*-hafter Gegenständlichkeit) nicht im Verhältnis der Negativität, sondern noch ursprünglicher im Verhältnis positiver Ermöglichung zur Freiheit des Subjekts steht. Die grundlegende Unterscheidung von gegenständlicher u freier Andersheit darf dabei nicht zu einem unvermittelten Dualismus von *Du-Welt* u *Es-Welt* führen. Jeder normale Sprechakt zeigt die „dialektische" Durchdringung der Momente *Ich* (Redender), *Du* (Angeredeter), *Es* (Beredetes) in der *Wir*-Wirklichkeit des D.

Wie für alle geistigen Akte ist für den D die Reflexivität konstitutiv, jedoch nicht nur als Rückkehr des Subjekts zu sich selbst vom Anderen her, sondern auch als Innewerden der Gemeinsamkeit selbst zugleich mit ihrem je-meinigen Außenbezug. Die Sinnanalyse dieses Reflexionsverhältnisses u der in ihm spielenden Kategorien stellt eine Aufgabe gegenwärtiger Phil dar, zumal dem D-begriff universelle Bedeutung in allen Bereichen der Phil (u Theologie) zuzukommen scheint.

a) ↗[199₂]. – b) *J Heinrichs:* Sinn u Intersubjektivität, in: Theol Phil (1970) 161–91; *B Waldenfels:* Das Zwischenreich des D 1970; *E Simons:* Personalismus, in: Sacramentum Mundi III 1969. – d) *J Böckenhoff:* Die Begegnungsphil 1970; *B Langemeyer:* Der dialog Personalismus i der evgl u kath Theol 1963; *G Günther:* Idee u Grundriß einer nicht-arist Logik I 1959; *J Heinrichs:* D, in: HWPhil II 1972. – e) *M Theunissen:* Der Andere 1966; *B Casper:* Das dialog Denken 1967; *HH Schrey:* Dialogisches Denken 1970.
Heinrichs

Ding hängt dem Worte nach mit „Denken" zusammen u besagt so das Gedachte; ihm entspricht im Lateinischen *res,* das mit ‚reor' in der Wurzel übereinkommt u so das Besprochene bedeutet. Der Sache nach lassen sich in dem, was D meint, drei Stufen unterscheiden. Zunächst bezeichnet D das konkrete, raum-zeitliche Einzelwesen, das uns in unserer sinnengebundenen Erfahrung begegnet; wir sprechen etwa von der ‚Welt der Dinge'. Zwar kann auch der Mensch D genannt werden; gewöhnlich jedoch stellen wir die D-welt dem Menschen gegenüber, da wir ihn als geistige Person nicht unter die bloßen Dinge rechnen. Im weiteren Sinn heißt D der ↗ Gegenstand, über den wir sprechen oder denken, Aussagen machen oder Urteile fällen. So verstanden, ist D gleichbedeutend mit *Etwas;* es umfaßt auch Abstraktes (die Zahl, die Gerechtigkeit) u Übersinnliches (Gott). Auf dieser Ebene wird die erkenntnistheoretische Frage gestellt: Ist uns das ↗Ding-an-sich zugänglich? Im tiefsten metaphysischen Sinn gehört wenigstens ‚res' (im Deutschen sagen wir dafür wiederum ‚Etwas') zu den transzendentalen Grundbestimmungen des Seins (↗Transzendentalien) u damit jedes Seienden überhaupt. Auf das engste mit dem ‚Seienden' verknüpft, hat ‚Etwas' das statische Sosein des Seienden zum Inhalt, während ‚Seiendes' das dynamische Dasein heraushebt. Nach *Heidegger* heißt D das Seiende, insofern darin Himmel u Erde, Götter u Menschen ineinanderspielen u damit das *Geviert* in ihm widerleuchtet.

a) *Thom v Aq:* De ver 1, 1 (dt v E Stein 1931–32); *M Heidegger:* Das D (Gestalt u Gedanke. Jahrb der bayer Akad der schönen Künste, 128–48) 1951; *ders:* Die Frage nach dem D 1962 [zu Kant]. – b) *M Müller:* Sein u Geist 1940; *K Rahner:* Geist i Welt ³1964; *J Lotz:* Einzel-D u Allgemeinbegriff, in: Schol 14 (1939) 321–45; *G. Husserl:* Person, Sache, Verhalten 1969; *E Husserl:* D u Raum (Ges Werke 16) Den Haag 1973. – c) *B Noll:* Kants u Fichtes Frage nach dem D 1936; *W Stern:* Person u Sache 1923–24; *AI Ujomov:* D-e, Eigenschaften u Relationen 1965. – *A Grote:* Die Welt der D-e 1948. Lotz

Ding an sich. Das D-a-s ist bei *Kant* das wirklich Seiende, wie es unabhängig von unserer Erkenntnis besteht, im Ggs zur ↗ Erscheinung, die nicht „an sich", sondern „für uns" besteht. Es ist aber als das, was erscheint, notwendige Voraussetzung der Erscheinung. Es kann nach Kant zwar unbestimmt gedacht, aber nicht durch die ↗ Kategorien bestimmt u in diesem Sinn nicht „objektiv erkannt" werden. Kant nennt das D-a-s *Noumenon* im Ggs zum Phaenomenon, dh Verstandesgegenstand im Ggs zum Sinnesgegenstand, weil es nur einer intellektuellen Anschauung gegeben sein könnte; doch ist der Begriff Noumenon weiter als der Begriff D-a-s ↗ Kritizismus

a) *Kant:* Krit d rein Vern B 294–315. – *E Adickes:* Kant u das D-a-s 1924; *H Herring:* Das Probl der Affektion bei Kant 1953; *H Heimsoeth:* Persönlichkeitsbewußtsein u D-a-s 1956; *O Blaha:* Die Ontologie Kants 1967. de Vries

Disjunktion heißt das Verhältnis der Gliedaussagen eines *disjunktiven* Urteils. Das disj Urteil gehört zu den ↗ hypothetischen Urteilen (im weiteren Sinne). Es besteht aus mehreren Gliedaussagen, von denen bei der *ausschließenden D* nur behauptet wird, daß eine von ihnen notwendig wahr, alle übrigen aber falsch sind („entweder – oder"). Die Gliedaussagen können weder alle zusammen wahr noch alle zusammen falsch sein, sondern eine, u nur eine von ihnen, ist notwendig wahr. Bei der *nicht ausschließenden D* (daher auch *Adjunktion* genannt) wird nur behauptet, daß wenigstens eine von den Gliedaussagen wahr ist, ohne anzugeben, welche („oder"). Die Gliedaussagen können alle zusammen wahr, aber nicht alle zusammen falsch sein. Disj Schluß: ↗ Hypothetische Schlüsse.

↗ Lehrbücher der ↗ Logik. Brugger

Dogmatismus als wissenschaftliche Richtung bezeichnet (1) ursprünglich den Ggs zum ↗ Skeptizismus. *Kant* versteht unter D (2) den ↗ Rationalismus, außerdem jede Phil, in der die Metaphysik ohne Erkenntniskritik fortzukommen sucht. In der Neuscholastik wird auch die Theorie der sog Fundamentalwahrheiten D (3) genannt ↗ [263]. Allg kann jede Auffassung als D (4) bezeichnet werden, die ihre Aufstellungen u Voraussetzungen der berechtigten Kritik entziehen will. Der D (5) als persönliche Haltung neigt dazu, überall das letzte Wort zu sagen u keinen Widerspruch zu dulden. – *Dogmatisch* heißt entweder (1) = ohne Kritik; oder (2) = apodiktisch, streng beweisend, aus bloßen Vernunftgründen notwendig; oder (3) = zur theol Disziplin der Dogmatik bzw zum Dogma (Kirchl Glaubenslehre) gehörig.

a) *I Kant:* Krit d rein Vern B 30, 35 (Vorrede). – b) *J de Vries:* Denken u Sein 1937, 17, 122; *J Santeler:* Intuition u Wahrheitserkenntnis 1934; *Lexikon* Theol Kirche ²III 457; *HWPhil* II 277–79. – c) *K Roghmann:* D u Autoritarismus 1966.   Santeler

Dritten, Satz vom ausgeschlossenen. Wie das ↗ Widerspruchsprinzip an erster Stelle eine Aussage über das ↗ Sein des Seienden ist, so auch der SaD *(Principium exclusi tertii).* So verstanden, besagt der SaD: Zwischen Sein u Nichtsein desselben gibt es kein Drittes, Mittleres, das weder Sein noch Nichtsein ist. Das Dritte dürfte ja nicht Sein (weil vom Sein verschieden) sein und müßte doch auch nicht Nichtsein (weil vom Nichtsein verschieden) sein, dh, es wäre nichtseiend u zugleich doch nicht nichtseiend. Aus diesem ontologischen SaD folgt der logische SaD: Jede (hinreichend bestimmte) Aussage über Sein oder Nichtsein von etwas ist entweder wahr oder falsch, ein Drittes gibt es nicht *(Tertium non datur).* Es ist klar, daß dieser Satz voraussetzt, daß „wahr" bedeutet: von dem, was ist, sagen, daß es ist, oder von dem, was nicht ist, sagen, daß es nicht ist, und daß „falsch" bedeutet: von dem, was ist, sagen, daß es nicht ist, oder von dem, was nicht ist, sagen, daß es ist. Wenn „wahr" u „falsch" anders verstanden werden, ist es nicht ausgeschlossen, daß eine Aussage weder „wahr" noch „falsch" ist. Das ist bei den sog *drei- oder mehrwertigen Logiken* zu beachten. Wenn „wahr" verstanden wird im Sinn von: „als wahr (von Menschen) entscheidbar" u entsprechend „falsch" im Sinn von: „als falsch entscheidbar", so gibt es natürlich das „Unentscheidbare" als Drittes; ebenso wenn „wahr" heißen soll: (für ein bestimmtes erkennendes Wesen) „gewiß wahr" u „falsch": „gewiß falsch", so liegen dazwischen selbstverständlich die verschiedenen Grade der ↗ Wahrscheinlichkeit. Aber so verstanden, sind „wahr" und „falsch" nicht mehr kontradiktorische ↗ Gegensätze, sondern konträre, die ein Mittleres zulassen können. – ↗ Vorherwissen Gottes.

a) *Aristoteles:* Metaphysik IV (Γ), 7. Kap. – *PF Linke:* Die mehrwertigen Logiken u das Wahrheitsprobl, in: Z f phil Forsch 3 (1948) 378–98, 530–46; *P Hoenen:* Het principium exclusi tertii in de branding, in: Bijdragen 10 (1949) 241–63; *AN Prior:* Logic, many-valued, in: The Encyclopedia of Phil V (1967) 1–5. – d) *Ph Boehner:* Ockham and the Problem of Three-valued Logic, in: W Ockham: The Tractatus de praedestinatione, St Bonaventure, NY 1945, 58–88.   de Vries

Dualismus. Der D (Zweiheitslehre) betont, im Ggs zum ↗ Monismus, die in der Wirklichkeit bestehenden Wesensgegensätze zwischen kontingentem u absolutem Sein (Welt u Gott), im kontingenten Bereich zwischen Erkennen u Sein, zwischen Stoff u Geist bzw Stoff u stoffgebundener Lebensform, Sein u Tat, Substanz u Akzidenzien usw. Sosehr diese Entgegensetzungen sich in je ihrem Bereich als wirklich erweisen, so ist doch die Vielheit u Zweiheit *(Dualität)* niemals das Ursprüngliche, sondern auf eine Einheit zurückzuführen, wobei diese dann allerdings nicht als abstrakte Verneinung der Dualität, sondern als deren übersteigender Grund zu denken ist. Wenn diese Ursprungseinheit außer acht gelassen wird, kommt es zum einseitigen D, der dem ↗ Monismus als Extrem entgegengesetzt ist. So erklärt der extreme *metaphysische D* die

Begrenztheit u die Übel in der Welt durch Annahme zweier Weltprinzipien, eines neben Gott ewig bestehenden u seinem Weltgestalten Hemmungen u Wirkgrenzen setzenden „potentiellen" Prinzips (der ewigen Materie *Platons* u *Aristoteles*') oder eines bösen Gegenwesens als unabhängigen Gegenspielers gegenüber dem guten Prinzip ↗ Manichäismus. Auch der anthropologische D, wie er zB von *Descartes* vertreten wird, vernachlässigt über der Zweiheit die Einheit von Seele u Leib im Menschen ↗ Leib-Seele-Verhältnis. – Zum *physikalischen D* ↗ Quantenphysik (Doppelnatur der Elementarteilchen).

<small>F *Klimke:* Der Monismus 1911; *A Vierkandt:* Der D i modernen Weltbild 1923; *G de Montpellier:* Psychologie et D, in: Rev Néoscol de Phil (1938) 534–43; *L Schottroff:* Der Glaubende u die feindl Welt 1970 [z gnostischen D]. Willwoll - Brugger</small>

Dynamismus. Da D vom griech dýnamis, Kraft, aktive Potenz, herkommt, kann D jede phil Theorie heißen, die (1) entweder das, was der Nichtphilosoph als ruhendes Sein betrachtet, durch ↗ Kraft u ↗ Wirken erklärt oder (2) diese Erklärungsart im Ggs zu anderen Philosophen auf größere Gebiete oder (3) gar auf alles ausdehnt = *integraler D. Dynamisch* bezeichnet daher jeweils den Aspekt der ↗ Kraft, des ↗ Wirkens u der ↗ Bewegung. Der diesem entgegengesetzte Aspekt ist der des *Statischen*. Er bezeichnet das wesensmäßig Gleichbleibende der Form oder der Gesetzmäßigkeit eines Wirkens. Beide Aspekte ergänzen sich. – Die Scholastik kennt einen D der ↗ Form, insofern diese ihrem Träger nicht nur ein ruhendes Sein zuweist, sondern ihm auch die Kraft u Hinordnung auf ein zu erreichendes Ziel u damit Streben u Tätigkeit verleiht ↗ Teleologie. Das gilt sowohl von der Wesensform als auch von den ihr folgenden akzidentellen Formen. In Anwendung dieser Theorie auf die Erkenntnis lehrt *J Maréchal,* daß die Beziehung unserer Vorstellungen auf Gegenstände nur durch den dynamischen Charakter der Erkenntnisfähigkeit, wie er sich im ↗ Urteil offenbart, möglich ist = *erkenntnistheoretischer D.* Vom integralen D unterscheidet sich der D der Scholastik erstens dadurch, daß nach ihr die Form nicht bloß, wie *Bergson* will, ein zur Dienstbarmachung des fließenden Seins notwendiger Begriff ist, der die Wirklichkeit unnatürlich zerstückle, sondern ein das Sein des Gegenstandes in seinem Mindestmaß bestimmender u auf seine Fülle hinordnender Wesensbestandteil; zweitens dadurch, daß die Scholastik (thomistischer Prägung) in den körperlichen Wesen einen an sich bestimmungslosen, bloß bestimmbaren u deshalb an u für sich jeder Tätigkeit baren Urstoff annimmt ↗ Materie. Je mehr jedoch das Sein sich von der Materie löst, desto mehr trägt es auch den Charakter der Tätigkeit; im reinen ↗ Sein ist es reine Tätigkeit. – Nach dem integralen D (*Bergson* ↗ Lebensphilosophie) ist die Wirklichkeit ein einziger, stetiger Strom freier Betätigung u *schöpferischer Entwicklung* (ohne davon unterschiedene Träger), die durch den alles durchdringenden, die Wirk- und Zweckursachen ersetzenden Lebensantrieb oder *élan vital* getragen u geführt wird. – Der *kosmologische D* lehrt die dynamische Erfüllung des Raums durch unausgedehnte Krafteinheiten, sei es, daß jede von ihnen für sich allein durch ihr Wirken eine Sphäre des leeren Raums begrenzt (*Leibniz* ↗ Monade, *Boscovich, E v Hartmann*), sei es, daß sie in Gemeinschaft durch gegenseitige Anziehung u Abstoßung den Raum erfüllen *(Kant, Schelling)*. Die moderne physikalische Lehre der Äquivalenz von ↗ Masse u Energie sowie der Möglichkeit der Umwandlung von Masse in Energie u umgekehrt kommt einem solchen D nahe. – ↗ Werden, Voluntarismus.

a) *I Kant:* Monadologia physica (vorkrit); *ders:* Metaphysische Anfangsgründe der Naturwissenschaft (krit); *H Bergson:* Die schöpferische Entwicklung 1921. – b) *J Maréchal:* Le point de départ de la métaphysique V, Louvain-P 1926, 274–327; *E Wingendorf:* Das Dynamische i der menschl Erkenntnis 1939–40; *P Hoenen:* Cosmologia, Rom ²1936, 397–407; *J Bofill:* La escala de los seres, o el dinamismo de la perfección, Barcelona 1950; *J Lebacqz:* Le rôle objectivant du dynamisme intellectuel, in: Rev phil Louv (1965) 235–56. – *J Reinke:* Das dynam Weltbild 1926. – c) *Kant, Bergson* ↗ a); *E Dungern:* Dynamische Weltanschauung 1921. Brugger

Ehe. Der Mensch findet sich vor als Mann u Frau in einer Verschiedenheit, die sich nicht auf das Leibliche beschränkt, sondern sein gesamtes seelisches Erleben prägt u durchwaltet. Erst in der Polarität der gleichwertigen Geschlechter kommt die Fülle des Menschlichen zur vollen Entfaltung. In einer besonderen Form der ↗ Liebe, wie sie zwischen Mann u Frau aufbricht, erfahren sich diese als aufgerufen zu einer freien Entscheidung, sich gegenseitig anzugehören u eine volle Lebensgemeinschaft einzugehen, die sich auch in der körperlich-sexuellen Hingabe ausdrückt und die ursprünglicher, inniger und tiefer greifend ist als alle anderen Formen menschlicher ↗ Gemeinschaft. Das Wesen der E läßt sich so aus einer teleologischen Betrachtung der Geschlechterverschiedenheit mit ihren Wertmöglichkeiten u ihrer Wertdringlichkeit bestimmen als die dem Menschen sittlich vorgegebene Ordnungsform geschlechtlicher Begegnung mit eigenen, nicht der Willkür des Menschen überlassenen Zielen u Eigenschaften.

Von den Zielen wird dabei zunächst unmittelbar die besondere Art der Ergänzung u Hilfe erfahren, wie sie nur in der liebenden Lebensgemeinschaft zwischen Mann u Frau möglich ist u in der auch der Geschlechtstrieb seine Erfüllung u Ruhe findet. Eheliche Liebe drängt aber ihrer Natur nach über sich hinaus zur Fruchtbarkeit in Zeugung u Erziehung von Kindern. Dabei verleiht aber die innige Liebesgemeinschaft der Gatten schon aus sich heraus einer E einen zureichenden Sinn auch dann, wenn aus besonderen Gründen keine Nachkommenschaft erwartet werden kann. Die eheliche Fruchtbarkeit willkürlich (ohne entsprechend schwerwiegenden Grund, zB nur aus egoistischer Bequemlichkeit) oder mit Mitteln einzuschränken, die nicht der menschlichen Würde entsprechen, stellt einen Verstoß gegen die sittliche Ordnung dar. Der ungestörte Ablauf biologischer Gesetzmäßigkeiten als solcher besagt aber allein noch kein ↗ Naturgesetz im Sinne des natürlichen ↗ Sittengesetzes.

Die eheliche Gemeinschaft wird begründet durch den *E-vertrag*, der wegen der sozialen Bedeutung der E öffentlich vor den von der bürgerlichen Gesellschaft (oder für die sakramentale E: von der Kirche) bestimmten amtlichen Zeugen abzuschließen ist. Darin versprechen sich die Gatten gegenseitige Liebe und

Treue, die ein *Ehebruch* aufs schwerste verletzen würde. Die Eigenschaften der
E, Einheit *(Einehe* oder *Monogamie,* Ggs *Polygamie)* u *Unauflöslichkeit* (Ggs
Ehescheidung mit der Möglichkeit der Wiederverheiratung), ergeben sich aus
dem Sinngehalt der Liebeshingabe, die den Menschen in einer solchen Tiefe u
Mächtigkeit ergreift, daß sie als Bejahung eines personalen Du nur einem einzigen Menschen gegenüber sich ganz vollziehen läßt, ferner aus der Verantwortung der Gatten gegenüber den Kindern, die möglicherweise aus der Vereinigung hervorgehen u die einen Anspruch auf die Geborgenheit im Schoße einer
↗ Familie u auf die Liebe beider Eltern haben. Wenn auch das Wertbewußtsein
für die unbedingte Forderung der Einheit und Unauflöslichkeit der E in manchen Kulturen fehlt, so hat sich doch die E nicht erst langsam aus einem Urzustand allgemeiner Promiskuität herausentwickelt.

Trotz der großen Bedeutung des Geschlechtlichen für die personale Reifung
von Mann u Frau ist die E dem Menschen nicht schlechterdings notwendig. Die
aus sittlichen und religiösen Motiven übernommene freiwillige E-losigkeit
(Jungfräulichkeit, Zölibat) ehefähiger Menschen kann den dazu Berufenen besondere Wertmöglichkeiten in der liebenden Ganzhingabe an Gott u in selbstlo-
sem Dienst am Mitmenschen eröffnen.

a) *II. Vatik Konzil:* Pastoralkonstitution über die Kirche i der Welt v heute, nr 47–52. – b) *H Doms:*
Vom Sinn u Zweck der E ³1952; *FX Hornstein, A Faller:* Gesundes Geschlechtsleben ²1955; *A u
R Scherer:* E u Familie 1956; *J Leclercq, J David:* Die Familie ²1958; *F v Gagern:* Eheliche Partner-
schaft ⁴1963. – c) *P Ricœur:* Sexualität 1963. – d) *E Westermarck:* Gesch der menschl E 1893; *H
Günther:* Formen u Urgesch der E 1940. – e) *J Höffner:* E u Familie ²1965.   Kerber

Ehre oder Ehrenbezeigung ist nach Aristoteles ein äußeres Zeichen der Anerkennung irgendeines Vorzugs am anderen als Bekundung der inneren Hochschätzung für seine Person. Diese innere Hochschätzung ist an sich wichtiger
als die einzelne äußere Ehrung. Normalerweise setzt die E die Wahrheit eines
Vorzugs in der geehrten Person voraus. Vorzüglichster Gegenstand der E ist die
sittl *Ehrenhaftigkeit,* die *innere* E. Findet eine Person die sittl Hochschätzung
bei einem größeren, urteilsfähigen Personenkreis, so besitzt sie einen *guten Ruf.*
E u guter Ruf sind wichtige Güter für das sittl Streben des Einzelnen u das
Leben in der Gemeinschaft. Darum ist ein geordnetes Streben nach E u gutem
Ruf erlaubt, ja notwendig. – Aus der obengenannten Bedeutung des guten Rufes
ergibt sich nicht nur die Pflicht, den guten Ruf des Nächsten nicht durch unwahre
Aussagen zu schädigen *(Verleumdung),* sondern einen bestehenden guten Ruf
auch nicht ohne Not durch Offenbarung wahrer, aber geheimer Fehler zu be-
einträchtigen *(Ehrabschneidung).* – Das *Duell* als ein Zweikampf zur Wiederherstellung oder Verteidigung der E mit gefährlichen u todbringenden Waffen
nach gewissen Formen u Regeln einer sozialen Gruppe ist sittl abzulehnen, da
es das Recht des Beleidigten nicht herstellt u seiner Natur nach nicht herstellen
kann, sondern unter Umständen sogar sein Leben gefährdet u vernichtet
(↗ Lebensrecht). – Gott ist die Quelle aller Werte. Darum gebührt ihm zuerst
u zumeist E u Verherrlichung.

b) *F Kattenbusch:* Ehren u E 1909; *M Wundt:* Die E als Quelle des sittl Lebens i Volk u Staat 1927; *M Gierens:* E, Duell u Mensur 1928; *W Rauch:* E, in: Lex Theol Kirche III ¹1931, 575; *JB Schuster:* E u Demut, in: St d Zt 127 (1934) 1–6; *OH Nebe:* Die E als theol Probl 1936; *R Egenter:* Von christl Ehrenhaftigkeit 1938; *H Reiner:* Die E 1956; *OF Bollnow:* Die Ehrfurcht ²1958; *F Haider:* Die E als menschl Problem 1973.   Schuster

Eigenschaft ist eine Art der Bestimmung. *Bestimmung (Determination)* aber ist alles, was ein noch irgendwie Unbestimmtes gerade zu einem so Beschaffenen macht. Dazu gehören auch die charakteristischen Größen qualitativer Beschaffenheiten. Je nachdem etwas dem Sein oder bloß dem Begriffe nach bestimmt wird, unterscheidet man wirkliche Bestimmungen (wie die Wesensform, die Akzidentien) u begriffliche Bestimmungen (zB die artbildenden Unterschiede der Gattungen). Von E-en *(Attributen)* kann man nur sprechen, wo eine (wirkliche oder begriffliche) Bestimmung ein schon irgendwie Bestimmtes zur Voraussetzung hat. Erste Bestimmungen eines noch völlig Unbestimmten sind keine E, sondern bilden den Wesenskern. E-en im strengen Sinn *(Eigentümlichkeit, proprium)* sind solche, die einem Träger notwendig zukommen. Sie können sich auf das Sein überhaupt beziehen, wie die ↗ Transzendentalien, oder auf die Gattung, die ↗ Art, das ↗ Einzelne. E-en, die einem Einzelnen, einer Art, Gattung usw mit Ausschluß anderer zukommen, sind *kennzeichnende E-en.* E-en im weiteren Sinne sind auch die zufälligen Bestimmungen. – ↗ Prädikabilien.

a) *Aristoteles:* Topik I, 5; V (ed Rolfes 1919). – b) *J Geyser:* Grundlagen der Logik u Erkenntnislehre 1909, nr 90. – d) *E Becher:* Der Begriff des Attributes bei Spinoza 1905.   Santeler

Eigentum. Die Sachenwelt ist für den Menschen da; er bedarf ihrer notwendig; ihm als vernunftbegabtem Wesen kommt es zu, die vernunftlosen Dinge sinnvoll zu seinen Zwecken zu nutzen. Gemeingebrauch aller an allem läßt sich nicht durchführen; um die Sachgüter in geordneter u befriedeter Weise zu nutzen, müssen die Bereiche gegeneinander abgegrenzt werden, in denen ein jeder befugt ist, die Sachherrschaft auszuüben, ohne daß andere sich störend einmischen: E. – Die Herrschaft *des* Menschen über *die* vernunftlose Natur vorausgesetzt, regelt das E-↗ Recht, *wie* die Menschen sich in diese Herrschaft zu *teilen* haben. In diesem weiten Sinn ist das E in der Menschennatur begründet u darum ↗ naturrechtlich; seine konkrete Gestalt kann sehr verschieden sein u muß dem Wandel von Kultur, Wirtschaft u Technik immer von neuem angepaßt werden. – Insofern das E gegen jedermann geltend gemacht werden kann, nennen wir es ein „absolutes Recht"; inhaltlich ist es durchaus nicht „absolut", sondern wie jedes Recht gemeinschaftsgebunden u gemeinwohlpflichtig.

Ungesunde Verteilung sowie Mißbrauch des E trieben große Massen der „Enterbten" in die Gegnerschaft gegen das E überhaupt *(Kommunismus)* oder doch an den Produktionsmitteln (↗ Sozialismus). Je mehr Menschen (Familien) Eigentümer sind, um so fester steht die Einrichtung des E, u um so segensreicher wirkt sie. – E gewährt *Nutzungen;* insofern ist E Einkommensquelle oder kann es wenigstens sein. Der Einkommensbezug aus E läßt sich begrenzen; ihn beseitigen wollen hieße das E selbst aufheben. – E ist „rechtliche" Verfügungsmacht *(E-recht)*, wogegen *Besitz* in der „tatsächlichen" Verfügungsmacht über eine Sache („Gewahrsam") besteht. E u Besitz können rechtmäßig, aber auch widerrechtlich getrennt sein. – Übermäßige, aus E sich herleitende ↗ *Macht* muß begrenzt, äußerstenfalls durch ↗ Sozialisierung gebrochen werden; niemals berechtigt E dazu, Macht über Menschen auszuüben.

Die klassische E-lehre kennt nur das *sachen*rechtliche E; auf vermögenswerte Rechte aller Art, die heute auch zum „E" zählen, kann sie nur mit aller Vorsicht übertragen werden.

b) *Christ* u E 1963; *A Antweiler:* E 1967; *G Breidenstein:* Das E u seine Verteilung 1968; *F Klüber:* E u Verantwortung 1968; *HJ Wallraff:* E, Arbeit u Mitbestimmung 1968; *O v Nell-Breuning:* Kapitalismus kritisch betrachtet 1974 (TB). – c) *K Renner:* Die Rechtsinstitute des Privatrechts i ihrer sozialen Funktion 1923 (soz); *H Lutz:* Die E-frage i modernen Katholizismus 1936 (evgl); *Evangel Kirche i Rheinland* (Hgb): Das E als Probl evangel Sozialkritik, in: Kirche i Volk (1949) H 2; *J Schapp:* Sein u Ort der Rechtsgebilde. E u Vertrag, Den Haag 1968. – d) *A Horvath;* E-Recht nach dem hl Thom v Aq 1929; *F Beutter:* E-begründung i 19. Jht 1971. – e) *W Osypka:* Arbeit u E 1965.

v Nell-Breuning

Einfachheit ist eine Art der ↗ Einheit u ist der *Zusammensetzung* entgegengesetzt. Letztere besagt, daß etwas Teile hat, die entweder Ausdehnungs- (quantitative) oder Wesensteile sind; so besteht der Mensch aus Kopf u Rumpf bzw aus Leib und Seele. Werden die Teile voneinander getrennt, so verliert das Zusammengesetzte seine Ganzheit oder geht gar zugrunde. E hingegen bedeutet, daß ein Wesen keine Teile hat, in die es sich auflösen könnte, u ihm deshalb *Unteilbarkeit* zukommt. Den quantitativen Teilen entspricht die *quantitative E,* den Wesensteilen die *E des Wesens;* beide finden sich im reinen, dh nicht körpergebundenen Geist u (weniger vollendet) in der Seele. – Sehr zu unterscheiden sind die *E der Armut* u die *E des Reichtums*. Bei der ersten ist nach Entfernung allen Reichtums nur ein letztes Mindestes übriggeblieben, das dann eben wegen seiner äußersten Armut E besitzt. Hierher gehören zB der mathematische Punkt oder im logischen Bereich der Seinsbegriff, der nur noch das einzige Merkmal des Zukommens von Sein aufweist. Wenn die Physik von Atomen, dh Unteilbaren, spricht, so ist das nicht als eigentliche E zu verstehen, sondern nur in dem Sinne, daß die Auflösung des Atomganzen das betreffende chemische Element zerstören würde. – Bei der zweiten E handelt es sich um Wesen, die ihren Reichtum nicht auf Teile zerstreut, sondern in einer unzerteilten u unteilbaren Einheit gesammelt innehaben; die E ist an sich der *Zusammensetzung* überlegen, weil in dieser die Gebrochenheit durch das Nicht (ein Teil ist nicht der andere) liegt, die jene hinter sich läßt. Solche Wesen sind nicht etwa als mathematische Punkte, sondern als an sich über alle räumlichen Verhältnisse erhaben zu denken. Doch können sie in die räumliche Ordnung eintreten; dann sind sie aber nicht stückhaft im Raume, wozu sie ja Teile haben müßten, um mit dem einen da u mit dem anderen dort zu sein (wie ein Körper); vielmehr können sie auch den einzelnen Teilen des Raumes, den sie erfüllen, nur in ihrer Ganzheit gegenwärtig sein. Ähnliches ist von ihnen bzgl der Zeit zu sagen.

Die E des Reichtums begegnet uns zunächst in der *E der Seele.* Als nicht-ausgedehnter Lebensgrund ist sie mit dem ausgedehnten Leib seinshaft zu dem einen Ganzen des Lebewesens verbunden. Noch unvollkommen erscheint diese E im ↗ Lebensprinzip der Pflanze u in der Seele des Tieres; denn beide hängen trotz ihrer E so vom Körper ab, daß sie ohne diesen nicht sein können. Höher steht die E der ↗ Seele des Menschen, die als geistige auch nach dem Tode des Leibes zu existieren vermag, obwohl sie zugleich auf die Wesenseinigung mit dem Leib hin angelegt ist. Die E aller Seelen wiederum übersteigt jene des reinen ↗ Geistes, der für sich allein schon ein Ganzes u nicht bloß ein Teilelement eines zusammengesetzten Ganzen bildet. Absolut vollendet ist die *E Gottes,* die auch alle jene Zusammensetzungen ausschließt, denen jeder endliche Geist noch unterliegt; insbesondere fallen in Gott Wesenheit u Dasein, Substanz u Lebensakt restlos zusammen.

a) *Thom v Aq:* STh I q 3; ScG I, 16–25; *Suárez:* Disput metaph d 30, sect 3–5, 11; *Leibniz:* Monadologie. – b) *A Willwoll:* Seele u Geist 1938, 10. Kap; *M Rast:* Welt u Gott 1952. – c) *Leibniz:* ↗ a). – e) *J Lotz, J de Vries:* Phil i Grundriß 1969. Lotz

Einheit *(Unitas)* ist die erste u grundlegende unter den Wesenseigenschaften oder ↗ Transzendentalien des Seins. Das bedeutet, daß ↗ Sein wesenhaft E setzt. Jede Verwirklichung des Seins trägt E in sich, u jede Gestalt der E wurzelt im Sein. Wie es kein Sein ohne E gibt, so auch keine E ohne Sein. Maß und Art des Seins bestimmen Maß u Art der E; umgekehrt offenbaren Maß u Art der E eindeutig Maß u Art des Seins. Als erstes Transzendentale steht die E dem Wesen des Seins am nächsten; sie ist mit ihm (anders als bei den übrigen Transzendentalien) unmittelbar, ohne Vermittlung durch ein Wirken gegeben. Als grundlegendes Transzendentale stellt die E sich als Fundament der anderen dar: von Maß u Art der E hängen Maß u Art von ↗ Wahrheit, Gutheit (↗ Wert), ↗ Schönheit ab; sie alle durchherrscht die E. – Der *realen E* des Seins tritt die *logische* des Begriffes gegenüber. Die erste sagt, daß ein Seiendes in sich ungeteilt u geschlossen u so von jedem anderen abgesetzt ist. Die zweite faßt im Allgemeinbegriff eine reale Vielheit zu einer E zusammen. Die E von Begriffen wie: der Mensch, das Seiende usw, ist logisch oder gedanklich, doch im Wirklichen begründet, insofern die darin umfaßten Einzelwesen ihrer Eigenart nach einander gleichen. – Die oben beschriebene reale u *transzendentale E* ist metaphysischer Natur, findet sich also auch in Gott. Sie fällt nicht mit der *quantitativen E* zusammen, die sich auf das Körperliche beschränkt. Diese setzt zählbare Dinge voraus, dh solche, die einander gleichgeordnet sind; so gilt sie nicht von Gott, strenggenommen auch nicht vom reinen Geistwesen.

Mit den Stufen des Seins sind Stufen der E gegeben. Vorab sind die zusammengesetzte, aus Teilen erwachsende, u die einfache, nicht aus Teilen sich aufbauende, E zu unterscheiden; beide weisen wieder Stufen auf. Beim Aufstieg vom Anorganischen über das pflanzliche u tierische Leben zum Menschen sieht man deutlich, wie die Geschlossenheit nach innen u die Abgesetztheit nach außen (also die E) zunehmen. – Den Primat der E vor der Vielheit spricht das *henologische Prinzip* aus, das sagt: Vielheit setzt notwendig E voraus, Vielheit kann nicht sein ohne zugrundeliegende E. Auf das reale Sein bezogen ist es identisch mit dem metaphys ↗ Kausalprinzip. Denn jede Vielheit besagt Kontingenz, insofern derselbe Wesensgehalt hier in dieses u dort in jenes Einzelwesen eingeht u so keinem notwendig zukommt. Der letzte Grund dafür muß ein Wirkliches sein, das nicht mehr viele Träger zuläßt, sondern in nur einem absolut notwendig existiert: die *E Gottes*. Insofern alle Geschöpfe auf diesen einen Ursprung bezogen sind, sind sie eins in der realen E des Ursprungs. Diese überspitzt der extreme ↗ Monismus, wenn er das ganze Universum als ein einziges Individuum sieht (so etwa *Parmenides* u *Spinoza*). Ihm nähert sich der ↗ Pantheismus. Nicht selten werden hierbei die logische E des Seinsbegriffes u die reale E des absoluten Seins gleichgesetzt oder wenigstens nicht hinreichend unterschieden. – ↗ Einfachheit.

a) *Aristoteles:* Metaph X; *Thom v Aq:* Komm z Metaph des Arist X; STh I q 11. – b) *D Feuling:* Hauptfragen der Metaph 1936; *F Klimke:* Der Monismus 1911; *FM Sladeczek:* Die spekulat Auffassung v Wesen der E i ihrer Auswirkung auf Phil u Theol, in: Schol 25 (1950) 361–88; *JT Clark* (Hgb): Phil and Unity, Woodstock 1953. – c) *H Rickert:* Das Eine, die E u die Eins 1924; *R Léveque:* Unité et diversité 1963. – d) *J Maréchal:* Le point de départ de la métaphysique I ²1927 [Das Viele u das Eine]; *L Oeing-Hanhoff:* Ens et unum convertuntur. Stellung u Gehalt des Grundsatzes i der Phil des hl Thom v Aq 1953; *HR Schlette:* Das Eine u das Andere 1966 [zu Plotin]. – e) *J Lotz, J de Vries:* Phil i Grundriß 1969. Lotz

Einteilung im weiteren Sinn ist die Ausgliederung eines Ganzen in seine Teile; zu ihr gehören: ein Ganzes, das gegliedert, Teile, in die gegliedert, u ein E-grund, nach dem das Ganze zergliedert wird. Die E im engeren Sinn betrifft den Umfang eines ↗ Allgemeinbegriffs oder einer Klasse. Eine *Klasse* (Kl) ist die Gesamtheit der Gegenstände, die einen Begriff verwirklichen oder einem Merkmal zugeordnet sind. So sind die sinnlichen Lebewesen die Kl der Gegenstände, die den Begriff „sinnliches Lebewesen" verwirklichen. Durch weitere Begriffsbestimmungen, wie vernünftig, unvernünftig, können weitere, den Unterbegriffen entsprechende *Teilklassen* namhaft gemacht werden; ist die Gesamtheit der ihnen zugeordneten Gegenstände den Gegenständen der *Vollklasse* gleich, so ist die E der Vollklasse vollendet. Gibt es keine Gegenstände, die einen bestimmten Begriff verwirklichen, so ist die dem Begriff zugeordnete Kl eine *Nullklasse*. So sind die deutschen aus vierzig Buchstaben gebildeten Worte wahrscheinlich eine Nullklasse. – Von der E im engeren Sinn ist zu unterscheiden die *Teilung*, sei es eines Begriffsinhaltes in seine Merkmale, sei es eines wirklichen Ganzen in seine wirklichen Teile. Bei der E kommt den Gliedern der volle Begriffsinhalt des Ganzen oder der Kl zu, bei der Teilung nicht immer. – Die ihrem Begriffe entsprechende E muß 1. erschöpfend sein, dh die in den Teil-Kl-n aufgezählten Gegenstände dürfen nicht weniger noch mehr sein als die Gegenstände der Voll-Kl; 2. muß die E aus sich ausschließenden Gliedern bestehen: kein Gegenstand darf mehreren Teil-Kl-n angehören; 3. soll die E geordnet sein, dh es darf vor Vollendung der E einer Kl der E-grund nicht gewechselt werden. – Je nachdem der E-grund ein wesentliches oder akzidentelles Merkmal ist, unterscheidet man wesentliche oder akzidentelle E-en. Wird ein Glied einer E wieder eingeteilt, so ergeben sich Haupt- u Unter-E. Eine geordnete Reihe von Haupt- u Unter-E wird *Klassifikation* genannt. - ↗Unterscheidung.

b) *J Donat:* Logica ⁸1935; *Th Elsenhans:* Psych u Logik ⁷1936, § 37 (Göschen); *O Frank:* Handb der Klassifikation 1949-65; *La classification* dans les sciences, Gembloux 1963; *JW Blyth:* Class Logic; a Programmed Text, NY 1963; *EC Richardson:* Classification (Bibliogr), Hamden 1964; *R Rochhausen* (Hgb): Die Klassifikation der Wissenschaften als phil Probl 1968. - d) *H Mutschmann:* De divisionibus... Aristoteleis, Leipzig 1906. - e) *J Geyser:* Grundlagen der Logik u Erkenntnislehre 1909, nr 115.   Santeler

Einzelne, Das. Das E oder *Einzelwesen* meint den konkreten Träger einer Wesenheit in seiner nicht-mitteilbaren Besonderheit, etwa diese Tanne oder diesen Menschen Peter. Im Ggs dazu steht das Allgemeine oder die Wesenheit, die von jedem bestimmten Träger absieht (abstrahiert) u als solche verschiedenen Trägern mitteilbar ist. Nur das E existiert real, während das Allgemeine als solches einzig im begrifflichen Denken seine Ausprägung findet. Die lat Sprache bezeichnet das E als *Individuum,* was wörtlich bedeutet: das Ungeteilte; denn es stellt eine wesenhaft ungeteilte, ja unteilbare Einheit dar, weil dieses Eine niemals als solches vervielfältigt u so mehrmals da sein kann; diese bestimmte Tanne oder diesen bestimmten Menschen gibt es notwendig nur ein einziges Mal. Von Individuum abgeleitet ist *Individuation;* das Wort besagt die *Individualbestimmtheit,* dh jene Bestimmtheit, wodurch dieses E eben dieses im Unterschied zu allen anderen ist, also etwa dieses bestimmte Peter-Sein. Die Individuation heißt bei *Duns Scotus* u seiner Schule auch *Haecceitas* (Dies-heit), insofern Peter durch sein Einzelsein dieser Bestimmte ist, auf den man als „diesen" hinweisen kann. In der Erkenntnis stellt das E als solches der *Individualbegriff* dar. In der ↗Tiefenpsychologie heißt *Individuation* der Vorgang, durch den sich der Mensch, besonders mittels des Integrierens seines Unbewußten, ganz als er selbst ausprägt oder in seiner qualitativen Individualbestimmtheit vollendet.

Mit der Vollkommenheit der Seinsstufen nimmt die nichtmitteilbare Eigenständigkeit des E u seine Abgesetztheit von allem anderen zu. Beim Anorganischen treten die Einzelwesen am wenigsten hervor; sie gehen stets in größere (atomare u molekulare) Verbände ein u sind bis heute nicht eindeutig festgestellt. Im Pflanzen- u Tierreich setzt sich (für gewöhnlich) jedes E klar von allen anderen ab. Eine wesentlich höhere Eigenständigkeit besitzt der Mensch, insofern ihn seine geistige Seele zur ↗Person erhebt. Noch mehr in sich ruht der reine Geist. Gott schließlich kommt absolute Eigenständigkeit zu, weil er über alles andere unendlich emporragt. Die Unterschiedenheit des E vom anderen besagt aber nicht Beziehungslosigkeit. Vielmehr bringt die wachsende Eigenständigkeit eine immer größere Offenheit oder Kommunikationsfähigkeit mit sich (↗Sozialpsychologie), die sich deshalb am meisten bei der Person u - unendlich vollendet - beim personalen Gott findet. In dem vielbesprochenen *Identitätsverlust* büßt der E in dem Maße, wie er von sich selbst weggleitet, auch den Kontakt mit dem andern ein.

Über das *Individuationsprinzip* oder den inneren seinshaften Grund der Individuation gehen die Ansichten auseinander. Sicher ist der ganze Seinsbestand eines jeden Seienden von der Individuation erfaßt, also individuell geprägt. In der Körperwelt gibt es eine bloß *numerische Verschiedenheit* der Individuen, dh sie kommen in allen Wesenszügen überein u unterscheiden sich nur der Zahl nach. Diese Verschiedenheit führt *Thomas von Aquin* auf die Materie, das Raum-Zeit-Prinzip, zurück. Danach ist das E „dieses", weil es diese Raum-Zeit-Stelle oder (beim Menschen) diesen geschichtlichen Ort einnimmt, weil es gerade in diesen Zusammenhang des sichtbaren Kosmos gehört. Entsprechend lehrt Thomas, daß beim reinen Geist, wo es keine Materie gibt, jede individuelle Verschiedenheit notwendig eine wesens-, genauer: artmäßige Verschiedenheit (bei nur generischer Übereinkunft) bedeutet. So ist der Engel nicht erst durch die raum-zeitliche Besonderung, sondern bereits durch seinen arthaften Seinsgrad dieser E. Während hier aber immer noch ein E neben anderen vorliegt, ist Gott durch seine unendliche Seinsfülle der E über allen anderen. – *Leibniz* hat das *Prinzip des Ununterscheidbaren* geprägt. Danach würden zwei Dinge, die in allen Eigenschaften übereinstimmen, notwendig zusammenfallen; es könnte also nicht zwei völlig gleiche Dinge geben, die nur durch ihr Nebeneinander unterschieden wären; um nicht identisch zu sein, müßten sie außerdem noch irgendwie voneinander abweichen. Das sollte auch von den kleinsten Bausteinen (etwa Elektronen) gelten. Als metaphysisch notwendig läßt sich diese Behauptung wohl kaum erweisen, wenn auch die Mikrophysik in dieselbe Richtung zu deuten scheint.

a) *Thom v Aq:* Opusculum de principio individuationis. – b) *E Stein:* Endl u ewiges Sein 1950, 431–82; *C Nink:* Ontologie 1952, bes 11–79. – c) *Adams-Löwenberg-Pepper:* The Problem of the Individual 1937; *W Flach:* Zur Prinzipienlehre der Anschauung, I; Das spekulative Grundprobl der Vereinzelung 1964; *PF Strawson:* Einzelding u log Subjekt 1972. – d) *RW Hall:* Plato and the Individual, 's-Gravenhage 1963; *HD Rankin:* Plato and the Individual, L 1964; *J Assenmacher:* Die Gesch des Individuationsprinzips in der Schol 1926; *H Heimsoeth:* Die sechs großen Themen der abendl Metaphysik 1954, 5. Kap. – *J Klinger:* Das Prinzip der Individuation bei Thom v Aq 1964; *H Schmitz:* Hegel als Denker der Individualität 1957. – e) *P Simon:* Sein u Wirklichkeit 1933.
Lotz

Einzigkeit besagt mehr als Einzelnheit. Deshalb ist jedes Einzige auch ein ↗ Einzelnes, aber nicht umgekehrt. Einzelnheit kommt dem konkreten Träger einer Wesenheit in seiner nichtmitteilbaren Besonderheit zu, etwa dieser Eiche, diesem Menschen Paul. E fügt hinzu, daß ein Einzelnes nicht seinesgleichen hat, daß es also außer diesem einen weitere Träger der betreffenden Wesenheit entweder nicht gibt *(tatsächliche E)* oder sogar wesenhaft nie geben kann *(metaphysische E)*. Diese kommt im irdischen Raum nicht vor; doch begegnet man einer tatsächlichen E. Sie findet sich weniger in der außermenschlichen Natur, wo die Einzelwesen nur um ihrer Art willen da sind; daher weisen sie nur geringe individuelle Prägung auf, gleichen weitgehend einander u können einander vertreten. (Freilich sprechen wir auch schon von einer einzig schönen Landschaft oder einem einzig treuen Tier). Der einzelne Mensch hingegen geht als ↗ Person nicht im Dienst an seiner Art auf, sondern hat sein ganz persönliches Ewigkeitsziel, wodurch er eine bestimmte Einmaligkeit u Unvertretbarkeit gewinnt. Das wirkt sich in einer tiefgreifenden individuellen Prägung der Menschen aus, die sich bis zu einer großartigen E steigern kann. So sind zB Platon, Augustinus, Franz von Assisi, Goethe einzigartige, unvergleichliche Gestalten. Doch eigentlich metaphysische E zeigt erst das reine Geistwesen. Während im irdischen Bereich kein Einzelnes (auch nicht der große Mensch) die Seinsfülle seiner Art ausschöpft, ist das (nach Thom v Aq) beim Engel der Fall; deshalb ist dort jeder Einzelne notwendig der Einzige in seiner Art. Weil aber niemals eine Art den Reichtum des reinen Geistes überhaupt voll verwirklicht, gibt es auf dieser Stufe noch viele Arten, die gattungsmäßig übereinkommen. Erst die *Einzigkeit Gottes* ist absolut; da er als dieser Einzelne die unendliche Fülle des Seins erschöpfend in sich trägt, ist ein zweiter neben ihm unmöglich.

a) *Thom v Aq:* STh I q 11; ScG I, 42. – b) *M Rast:* Welt u Gott 1952. – e) *J Lotz, J de Vries:* Phil i Grundriß 1969. Lotz

Eklektizismus nennt man die Geisteshaltung jener Philosophen, deren Denken sich darauf beschränkt, die Ergebnisse der Denkarbeit anderer zu prüfen u, was ihnen daran wahr u wertvoll erscheint, auszuwählen, ohne den ernsthaften Versuch zu machen, die so gewonnenen Stücke zu einem geschlossenen Ganzen zu vereinigen. Geschieht die Übernahme fremder u verschiedenartiger Gedanken ohne Prüfung auf den Wahrheitsgehalt, so spricht man von *Synkretismus*. Eklektiker waren die meisten griechisch-römischen Philosophen seit dem 1. Jht v Chr, viele Denker der Patristik, die Popularphilosophen der Aufklärung, V Cousin. Eklektisch ist auch ein großer Teil der frühen amerikanischen Philosophie.

P Hinneberg: Die Kultur der Gegenwart I 5: Allg Gesch der Phil, Register. Brugger

Empfindung bedeutet in der gewöhnlichen Sprache irgendwelches unmittelbare Erleben, Gewahrwerden, Fühlen. Die wissenschaftliche Psychologie meint damit das letzte Element der sinnlichen Wahrnehmung, wie Blau, Süß: E im engeren Sinn. Diese bildet stets einen Teil eines größeren ↗ Komplexes, hier einer ↗ Wahrnehmung u ↗ Sinneserkenntnis, zB eines Hauses, das ich sehe. – Die Bedingungen der E: Dem Sehen liegen körperliche Vorgänge in der Außenwelt zugrunde, nämlich elektromagnetische Wellen, die von den Gegenständen unregelmäßig reflektiert werden u in der Netzhaut des Auges entsprechende Veränderungen erzeugen. Auf diese Erregung folgt eine entsprechende im Sehnerv u schließlich in der Hirnrinde. Erst an diese körperlichen Veränderungen schließt sich die seelische E u Wahrnehmung an mit ihrer Gestalt, Farbe, Größe. Diese körperlichen Bedingungen heißen *Reize*. Sie sind teils äußere, außerhalb des Organismus von verschiedener Art, mechanisch, akustisch, optisch usw, teils innere, innerhalb in Sinnesorgan u Nerven. Im Gehirn kommen den verschiedenen Sinnen verschiedene Orte zu, Sehsphäre, Hörsphäre usw; die Nerventätigkeit u der bewußte Akt, der ihr parallel geht, heißt die *psycho-physische Tätigkeit*.

Die E psychologisch betrachtet, zeigt verschiedene Eigenschaften: Qualität (Art), Intensität (Stärke), räumliche Eigenschaften (Figur, Größe), zeitliche Eigenschaften (Punkt in der Zeitlinie, Dauer). Bei der E im engeren Sinn denkt man an die beiden ersten. Diese Eigenschaften sind nicht real, sondern ↗ intentional, da sie nur dem Wahrnehmungsbild als solchem zukommen. Nicht der bewußte Akt als solcher ist grün oder viereckig, sondern das Objekt der Erkenntnis; wir haben die E ‚des' Grünen, ‚des' so oder so Ausgedehnten usw. – Keine E-eigenschaft, die einem Sinn eigentümlich ist, kann verschwinden, ohne daß die E entschwindet. Es gibt keinen Ton von der Intensität 0 oder von der Dauer 0. Doch kommen nicht alle genannten Eigenschaften allen Sinnen zu, zB die Ausdehnung nur dem Gesichts- u Tastsinn. Die *Unterschiedsempfindlichkeit* ist die Fähigkeit, in der Qualität, Intensität usw Unterschiede wahrzunehmen. Diese Fähigkeit ist um so größer, je kleiner die Unterschiede sind, die noch bemerkt werden können. Bei den Tönen werden vielleicht noch Zehntel einer Schwingung an der Tonhöhe unterschieden, aber sicher nicht mehr Tausendstel. – Die *E-Intensität:* Den schwächsten Reiz, der eben noch eine E auslöst, nennt man die *Reizschwelle;* die Luftwellen müssen eine bestimmte Intensität überschreiten, damit gerade ein Ton gehört wird. Die absolute Empfindlichkeit eines Sinnes ist der Reizschwelle umgekehrt proportional; je schwächer der hörbare Reiz, desto feiner das Gehör. Für die *Unterschiedsschwelle* gilt das *Webersche Gesetz:* Sie ist innerhalb mittlerer Grenzen der Reizstärke proportional; mithin ist die relative Unterschiedsschwelle (= die Unterschiedsschwelle dividiert durch den Reiz) konstant: verlangt etwa ein Reiz von der Stärke 10 die Zufügung von 1, damit der Zuwachs eben bemerkt wird, so verlangt der Reiz 30 die Zufügung von 3. – Der *Sitz der E* ist der körperliche Prozeß im Organismus, mit dem die bewußte E verbunden ist. Er liegt im Gehirn. Denn wenn die Verbindung mit dem Gehirn unterbrochen oder die betreffende Sinnessphäre dort zerstört ist, geht die entsprechende E verloren, auch wenn das Sinnesorgan unversehrt bleibt. Dasselbe bestätigt die heute anerkannte Lehre, daß die äußere Sinneswahrnehmung u die Phantasievorstellung in ihrer Bewußtseinsqualität wesentlich dasselbe sind.

b) *J Fröbes:* Lehrb der exper Psych I ^{3}1929, 20–176, 463–503; II ^{3}1929, 1ff; Nachtrag zu I, 1935; *J Lindworsky:* Exper Psych ^{5}1931, 15–63; *A Messer:* Psych ^{5}1934, 151–98; *J Schwertschlager:* Die Sinneserkenntnis 1924. – e) *A Willwoll:* Seele u Geist 1938, 45–49.   Fröbes

Empirismus oder *Erfahrungsphilosophie* ist jene Anschauung, welche die ↗ Erfahrung (Erf) als alleinige Erkenntnisquelle gelten läßt. Der E verkennt, daß Erf nur unter Voraussetzung nichterfahrbarer Bedingungen möglich ist. Ein besonderes Anliegen des E ist die Erklärung der Allgemeinbegriffe u des allg Urteils durch bloße Erf. – Ohne Zweifel „hebt alle unsere Erkenntnis mit der Erf an" u ist von ihr irgendwie bedingt. Allein die Einschränkung unserer

Erkenntnis auf den bloßen Bereich der bloßen Erf läßt sich nicht halten. Nicht einmal der Satz „Alle Erf-erkenntnis ist wahr" läßt sich aus der Erf herleiten; noch viel weniger der Grundsatz des E, daß allein die Erf wahre Erkenntnis gewährleiste. – Der E muß versagen bei der Erklärung der ↗ Allgemeinbegriffe. Die sinnlichen Gemeinvorstellungen oder *Schemata* können zu ihrer Erklärung nicht genügen, da sie nicht identisch von mehreren wirklichen Gegenständen ausgesagt werden können. Der logische Begriff des „Menschen" ist streng einer, während sein sinnliches Schema verschiedene Gestalten annehmen kann. Solche Schemata können infolgedessen auch nicht als Subjekt oder Prädikat in allg Urteilen dienen. Sie bedürfen selbst einer Regel, um hervorgebracht u als Schemata erkannt zu werden, nämlich des logischen Begriffs. Ebensowenig genügt die Berufung auf unterbewußte, sinnliche Nebenvorstellungen. Denn der Allgemeinbegriff ist eine vollbewußte u deutliche Vorstellung. Daß der Begriff sich nach Möglichkeit in ein sinnliches Schema kleidet u von sinnlichen Nebenvorstellungen begleitet wird, wird nicht in Abrede gestellt; aber dieser Vorgang setzt den logischen Begriff voraus. – Der E verwechselt ferner die einsichtige Subjekt-Prädikats-Beziehung im Urteil mit der uneinsichtigen ↗ Assoziation. Die Gültigkeit allg Urteile sucht er aus der Induktion zu begründen. Die ↗ Induktion hat jedoch Voraussetzungen (wie das Prinzip vom zureichenden Grund), die nicht durch bloße Erf begründet werden können. – Die Ablehnung der Metaphysik als Erf übersteigende Erkenntnis verkennt, daß die Erf selbst durch erfahrungsjenseitige Grundlagen bedingt ist, so daß die Erf in jeder wahren Erkenntnis immer schon einschlußweise überstiegen wird.

Ein Vorläufer des modernen E war der ↗ Nominalismus des früheren u späteren Mittelalters. Klar u unzweideutig spricht *Bacon von Verulam* († 1626) im „Novum Organum" die Prinzipien des E aus u erhebt die Induktion zur alleinigen Methode der Wissenschaft. Weit verbreitet wurde diese Lehre durch den ↗ Sensualismus von *J Locke* († 1704) u den ↗ Positivismus von *Condillac* († 1780). Auch der Neupositivismus ist ein Ableger des E. *Kant* erkennt zwar, daß die Erf nur durch nichterfahrbare Funktionen des Geistes möglich ist, beschränkt aber mangels einer letzten Analyse dieser Funktionen deren objektive Geltung wieder im Sinne des E auf das Feld der Erf. – ↗ Rationalismus. ↗ [115, 135, 142, 147–9, 172–5, 234]

a) Die Hauptwerke der Empiristen *(Locke, Berkeley, Hume, Mach, Mill, Comte)* ↗ [142, 145, 172, 213, 226]. – b) *J Geyser:* Grundlagen der Logik u Erkenntnislehre 1909, nr 248–52, 281–85; *O Külpe:* Einl i die Phil 1928, § 15; *E Wentscher:* Das Probl des E 1922; *J de Vries:* Denken u Sein 1937; *JK Feibleman:* Foundations of Empiricism, Den Haag 1962; *L Krüger:* Der Begriff des E 1973. – c) ↗ a). – d) *E v Aster:* Gesch der neueren Erkenntnistheorie 1921; *A Messer:* Gesch der Phil i 19. Jht ⁸1935; *B Jansen:* Die Gesch der Erkenntnislehre i der neueren Phil bis Kant 1940; *G della Volpe:* Hume e il genio dell'empirismo I, Florenz 1939. – e) *J Lotz, J de Vries:* Phil i Grundriß 1969.

Santeler

Endlich im alltäglichen Sinn ist das, was eine Grenze hat, was einen Teil des Raumes oder der Zeit so durch seine Ausdehnung ausfüllt, daß es darin in der einen oder anderen Richtung beginnt u aufhört. In sich stetig geschlossene

Raumgestalten, wie Kreis u Kugel, haben zwar in der eigenen Dimension keine Grenze, wohl aber können sie darin durch Wiederholung einer Maßeinheit ausgeschöpft werden u sind selbst für den von ihnen umschlossenen Raum Grenze u daher endlich. Allgemein gesagt, ist *Grenze* das Aufhören einer Vollkommenheit oder Wirklichkeit. Ihr Begriff schließt das Vorhandensein der begrenzten Eigenschaft u zugleich das mögliche Darüber oder Mehr ein. Im Qualitativen bezeichnet E eine stoffliche oder geistige Eigenschaft, insofern sie eine intensive Steigerung zuläßt. Endliches (endl) ↗ Sein schlechthin ist ein Sein, im Vergleich zu dem eine größere Seinsfülle möglich ist. So gelangen wir zum empirischen Begriff des E durch bloßes Vergleichen der Dinge untereinander. – Im tieferen, metaphysischen Sinn nennen wir jenes Sein endl, das noch einer bestimmten Seinsart oder ↗ Kategorie angehört. Darunter fällt alles geschaffene Sein. Nach dem ↗ Kartesianismus u ↗ Ontologismus setzt die Idee des metaphysisch E die des ↗ Unendlichen bereits voraus, wie der negative Begriff den positiven. Zutreffender läßt sich vielleicht sagen, daß uns beide zugleich aufleuchten.

Über die innere Konstitution des endl Seins herrschen innerhalb der Scholastik hauptsächlich zwei Ansichten, die sich beide auf *Thomas v Aq* berufen. Nach neuthomistischer Lehre wird das an sich unendliche Sein durch die Beziehung auf ein reales, von ihm unterschiedenes *Limitationsprinzip*, die potentielle Wesenheit, begrenzt. Die endl Geschöpfe stehen um so höher auf der Stufenleiter des Seins, je weniger sie mit ↗ Potenz vermischt sind. – Nach *Suárez* hingegen ist ein solches real unterschiedenes Begrenzungsprinzip überflüssig. Das Sein kann durch sich selbst begrenzt sein, weil der ↗ Akt aus sich nicht positive Unendlichkeit besagt, sondern nur absieht von jeder Beschränkung. Die endl Dinge sind nach ihm nur metaphysisch zusammengesetzt aus dem seiner Natur nach von Grenzen absehenden Sein u der begrenzenden Potenz oder Wesenheit. M a W: ein bestimmtes endl Seiendes ist nicht gleichsam ein Ausschnitt aus dem göttlichen Sein, sondern eine besondere Nachahmung. Darum sieht der ↗ Suarezianismus die Grundeigenschaft der endl Dinge in ihrer ↗ Kontingenz, der ↗ Thomismus hingegen in der realen Zusammensetzung von Wesenheit u Existenz. Diesem Unterschied entspricht auch eine verschiedene Struktur der Gottesbeweise. – ↗ Welt.

a) *Thom v Aq:* Vom Sein u v der Wesenheit, Kap 6 (dt 1935). – b) *L d Raeymaeker:* La structure métaph de l'être fini, in: Rev Néoscol de Phil 33 (1926); *A Antweiler:* Unendlich 1937; *M Rast:* Welt u Gott 1952; *C Ottaviano:* Metafisica dell'essere parziale, Neapel ³1954–55; *Ch de Moré-Pontgibaud:* Du fini à l'infini 1957; *B Welte:* Im Spielfeld v Endlichkeit u Unendlichkeit 1967. – c) *W James:* Das pluralist Universum 1914; *C Isenkrahe:* Unters-en über das E u Unendliche 1920; *P Ricœur:* Phil de la Volonté, II: Finitude et culpabilité 1960. – d) *FJ v Rintelen:* Phil der Endlichkeit als Spiegel der Gegenw ²1960. – e) *O Zimmermann:* Ohne Grenzen u Enden 1923. Rast

Entfremdung besagt, daß ein Subjekt die von seinem eigenen Wesen vorgezeichnete Selbstverwirklichung noch nicht gefunden hat u diesen Mangel schmerzlich empfindet; E kann dabei als aus dem Verlust schon bestandener (unvollkommener) Einheit hervorgegangen verstanden werden. Ist nicht das eigene Wesen Norm der Erfüllung, folgt Heteronomie des (sittl) Strebens. Zentral ist die Kategorie E in *Hegels* Darstellung der Selbstverwirklichung der absoluten Idee über ihr Anderssein in Natur u Geschichte, in dessen Aufhebung die Idee zur erfüllten Einheit mit sich selbst gelangt (die Substanz als Subjekt) ↗ Dialektik. Hier wird bereits ↗ *Arbeit* als Weise der E u zugleich als deren Aufhebung verstanden. *Marx* (beeinflußt durch *Feuerbachs* Erklärung der *Religion* als Selbstentzweiung u E des Menschen) begreift die E als das Merkmal der bürgerlichen Gesellschaft, hervorgerufen durch den Verlust der menschlichen Wesenskraft in der zur Ware gewordenen Arbeit; sämtliche Beziehungen innerhalb dieser Gesellschaft, da durch Arbeit gestiftet, sind verdinglicht u somit entfremdet ↗ Marxismus. Die existentielle Erfahrung, ein endgültiges Zuhause noch nicht gefunden zu haben, findet ihren theol Ausdruck in der neutestamentlichen Bezeichnung des Menschen als Pilger und Fremdling.

G Lukács: Gesch u Klassenbewußtsein 1923; *J Hyppolite:* Aliénation et objectivation, in: Hyppolite: Etudes sur Marx et Hegel, P 1955; *G Rohrmoser:* Subjektivität u Verdinglichung 1961; *N Rotenstreich:* Alienation, Transformation of a Concept, Jerusalem 1963; *N Lobkowicz:* Artikel E, in: SDG II 1968, mit Bibliogr; *HH Schrey:* E 1973.   Ehlen

Entwicklung. Das Wort E kann verstanden werden: 1. als ein Vorgang, durch den ein inneres, zunächst verborgenes Prinzip zum Vorschein kommt (zB E eines Gedankens durch einen Redner); 2. eine langsame, stufenweise Umbildung (die weder eindeutig bestimmt noch auf ein Ziel gerichtet sein muß; so viele geschichtliche E-en); 3. eine ebensolche, aber in bestimmter Richtung gelenkte Umbildung; 4. eine Umbildung, die vom Unförmigen, Gleichförmigen oder weniger Bestimmten zum Geformten, reicher Geformten u Vollbestimmten führt (= *Differenzierung);* 5. eine Umbildung von einer Form oder Art zur anderen, sei es langsam oder sprunghaft. – Diese abstrakten Bedeutungen des Wortes E schließen sich nicht alle notwendig aus. Mehrere von ihnen können in den konkreten Vorgängen, die wir E heißen, zusammen verwirklicht sein. Alles, was veränderlich ist, kann in irgendeinem Sinn der E unterliegen.

Zu den E-vorgängen im Bereiche des organischen Lebens gehört die *Ontogenese* oder *Keimentwicklung,* d i die E des Lebenskeimes bis zum ausgebildeten, lebensfähigen Wesen. Sie ist E (1), nicht im Sinne der veralteten *Präformationstheorie,* als ob der ↗ Organismus mit seinen Teilen schon im Keim vorgebildet u durch die E nur herausgewickelt u vergrößert würde, sondern deshalb, weil erst durch die Ontogenese die verborgene Absicht u Planung der Natur zum Vorschein kommt. Da in der Ontogenese wirklich Neues hervorgebracht wird, heißt sie auch *Epigenese* oder *Neu-E.* Sie ist ferner E (3). E (4) ist sie sowohl im Hinblick auf die Struktur, die reicher differenziert wird, als auch auf die Funktion: während in den frühesten Stadien jeder Teil jede beliebige Funktion übernehmen kann, kommt schon bald ein Augenblick, von dem an die Teile für ihre Funktion mehr u mehr determiniert werden, so daß sie sie nicht mehr vertauschen können. Eine Ergänzung der Ontogenese ist die volle E der Geschlechtsfunktionen oder die *Geschlechtsreife.* Das *Wachstum* hingegen ist von der Ontogenese deutlich unterschieden, da es keine Neubildung mehr bringt. Es ist E im Sinne von (3), nicht von (1) u (4). Das Altern und Welken des Organismus ist nur E (2). Die andere wichtige E im Reich des Organischen ist die ↗ Evolution, das Hervortreten neuer Arten. Sie ist E (5). Die Tatsache der gerichteten E (3), wie sie sich in der Ontogenese zeigt, läßt sich ohne eine Vorwegnahme des Zieles vor seiner Verwirklichung nicht erklären. Die stofflich unbestimmte Möglichkeit jedes Teils, ursprünglich jede Funktion übernehmen zu können, führt zum Problem des Vitalismus ↗ Lebensprinzip.

Über das Organische hinaus u nicht notwendig parallel zu ihm zeigt auch das geistige Leben des Menschen E. Sie ist teils an das Subjekt gebunden: persönliche E, teils geht sie über den Einzelnen hinaus: überpersönliche E. Auch die persönliche E des Menschen tritt in den Bedeutungen (1) bis (4) auf. Sie findet die Grenzen ihrer Möglichkeit in den ↗ Anlagen; von der Umwelt tiefgehend beeinflußt, erhält sie ihre bestimmte Richtung durch die freien Entscheidungen des Willens ↗ Willensfreiheit. – Zu den überpersönlichen E gehören die geschichtlichen E (1, 2, teilweise auch 3) aller Art (Ideen-, Kultur-, Volks-, Staatengeschichte usw). Es ist ein durch die Tatsachen widerlegtes Vorurteil, daß die überpersönlichen E der Menschheit nur im Sinne des Fortschreitens zum Höheren und Besseren vor sich gehen.

In der *Entwicklungsphil (Evolutionismus)* wird die E, in größerer *(Spencer, Alexander)* oder geringerer *(Bergson)* Anlehnung an die Naturwissenschaft, zum Schema des ganzen Weltprozesses gemacht, in welchem das darunterliegende Absolute sich äußert u wechselnde Gestalt annimmt. Dabei lösen sich die Prozesse entweder ab, oder es taucht einer aus dem anderen auf *(emergente E)*. Schon Aristoteles hat darauf hingewiesen, daß ein absolutes Werden ohne erstes u transzendentes Wirkprinzip die aus dem Werden u Vergehen sich ergebenden Probleme nicht lösen kann.

H Driesch: Phil des Organischen ⁴1928; *B Dürken:* E-biologie u Ganzheit 1936; *H Spemann:* Experimentelle Beiträge z einer Theorie der E 1936; *H Conrad-Martius:* Der Selbstaufbau der Natur 1944; *D Starck:* Über exper E-geschichte 1948; *A Kühn:* Vorlesungen über E-physiologie 1955; *Th Dobzhansky:* Die E z Menschen 1958; *A Haas:* Die E des Menschen 1961; *B Delfgaauw:* Gesch als Fortschritt I 1962; *CL Markert, H Ursprung:* Entwicklungsbiol Genetik 1973. – b) *Naturwissenschaft u Theol,* H 2 u 3, 1959, 1960; *Schöpfungsglaube u biol E-lehre* 1962; *W Brugger:* Die ontolog Problematik der E, in: Schol (1960); *A Haas:* E-probleme i naturphil Sicht, in: St d Zt 167 (1960/61) 252–64; *ders:* Der E-gedanke u das christl Welt- u Menschenbild, in: Haag-Haas–Hürzeler, Evolution u Bibel 1962, 57–102; *ders:* Teilhard-de-Chardin-Lexikon I–II 1971. – c) *M Clara:* E-geschichte des Menschen ⁵1955. – d) *Breysig:* Gestaltung des E-gedankens 1940. – e) *A Neuberg:* E u Schöpfung ²1956; *A Haas:* Der Mensch 1963. – ↗ Evolution, E-psychologie. Brugger

Entwicklungspsychologie (EP) betrachtet die Veränderungen der Körper- u Verhaltensmerkmale im Gesamtleben des Menschen, sucht darin allg Gesetze oder typische Varianten u ordnet sie bestimmten Lebensabschnitten zu. Die EP, als empirische Wissenschaft, gibt keine *Sinn*-Richtung der E an (in der Bedeutung eines ‚Wertes'); wohl aber beobachtet sie, daß alles Lebendige sich ‚gerichtet' entwickelt. Dieser ‚Gerichtetheit' kann die Phil ‚nachgehen' (‚nachdenken') u sie ‚interpretieren': E beschreibt den Menschen als *Zeit*-Wesen, als einen ‚Vorgegebenen', der sich – in Grenzen – selber ‚übernehmen' muß.

EP ist *genetische Anthropologie* (Thomae). Diese Deute-Aufgabe stellt sich um so dringlicher, je reicher das Material anwächst, das die EP über die größeren ‚Lebensabschnitte' zusammenträgt. Drei Perioden heben sich ab, nicht eindeutig einem kalendarischen Alter zuzuordnen, aber jede gekennzeichnet durch eine eigene Sinngestalt.

Am intensivsten wurde bisher das *Jugendalter* durchforscht, mit seinen drei ‚Phasen': der *Kindheit*, in der motorische u psychische Grundfunktionen eingeübt, die individuelle u soziale Selbstgegebenheit bewußt werden; der *Pubertät*, in der das Ich seiner eigenen Rätselhaftigkeit begegnet, das Du als (gegengeschlechtlichen) Partner ‚erblickt' u das ‚Leben' in einem Gesamtentwurf sichtet (im Rahmen von ‚Berufsplänen'); der *Adoleszenz*, in der die neugewonnene ‚Selbständigkeit' erstmals verantwortlich erprobt wird.

Ähnlich klare ‚Sinnzuweisungen' läßt das *Erwachsenenalter* nicht zu. Eher grenzen sich Aufgabenfelder ab, auf denen (fast getrennt) relativ unabhängige Entwicklungen ablaufen, die zusammen aber als mehrdimensionales Gefüge das Menschenleben mitbestimmen: zB Gründung einer Familie, Bewußtwerden des Berufes als einer Lebensaufgabe, Erkennen der eigenen Bezogenheit auf größere Gruppen (Gemeinde, Sprachraum, Kultgemeinschaft), Zurechtfinden in der Endgültigkeit u Begrenztheit des Daseins.

Das *Alter* charakterisiert sich zwar durch die Doppeltatsache, daß die Funktionstüchtigkeit der Organe abnimmt u die Verhaltensweisen an ‚Flüssigkeit' verlieren; darüber hinaus aber folgt es keiner vorgeprägten Verlaufsgestalt: Wenn Gesundheit u soziale Integration (im wesentlichen) ungeschmälert bleiben, halten sich etwa Aktivität, Stimmung, Zukunftshoffnung relativ konstant – sogar nach einer Krise, wie sie in unserem Kulturkreis die Pensionierung meist hervorruft. Statt zu erlahmen, kann sich beispielsweise die Aktivität verlagern (auf Hobbies, neue Rollen). – Keineswegs immer ausdrücklich, verdeckt aber wohl in jedem Falle erhebt sich die Frage nach einer Sinnfigur des Gesamtlebens u nach dem Verhältnis zu ihrer (Auf-)Lösung im Tode.

Ch Bühler: Der menschl Lebenslauf als psycholog Problem ²1959; *E Höhn:* Gesch der EP (Hdb d Psych III) ²1959; *H Thomae* (Hgb): EP (Hdb d Psych III) ²1959; *H Werner:* Einf i die EP ⁴1960; *E Spranger:* Psych des Jugendalters ²⁰1964; *R Oerter:* Moderne EP 1967; *U Lehr:* Psych des Alterns 1972. Fisseni

Epikie (vom griech epieíkeia, *Billigkeit*) überbietet gewissermaßen die ↗ Gerechtigkeit; sie will dem ↗ Recht nicht notdürftig, sondern vollkommen u sinngemäß Genüge tun, die ↗ Norm (↗ Gesetz, Dienstvorschrift, vertragliche Regelung) nicht nur dem Buchstaben, sondern auch dem Geist nach erfüllen. Reicht die buchstäbliche Erfüllung nicht aus, um das sinngemäß Gesollte zu leisten, dann tut sie mehr, als der Buchstabe verlangt; wäre buchstäbliche Erfüllung sinnlos, unnütz, mit unvertretbaren Opfern verbunden, dann macht sie sich vom Buchstaben frei u sucht nach einer Lösung, die der Sache, den Personen oder dem ↗Gemeinwohl besser gerecht wird. Man erklärt das als sinnvolle *Auslegung;* der Gesetzgeber habe doch bestimmt nur etwas Vernünftiges gewollt. Nach besser begründeter Meinung kann ein Gesetz gar nicht zu etwas Unvernünftigem verpflichten; darum weiche das dem konkreten Fall nicht gerecht werdende Gesetz dem immer verpflichtenden Gebot, sachgerecht zu verfahren. Bindet das Gesetz um der Rechtssicherheit willen die Gültigkeit von Rechtsgeschäften an bestimmte förmliche Voraussetzungen, dann würde sein Erfolg vereitelt, wenn ohne *offenbar* zwingenden Grund davon abgewichen werden dürfte. Keiner E bedarf es gegenüber dem nicht auf steinerne Tafeln, sondern ins Herz geschriebenen natürlichen ↗Sittengesetz. – Das genaue Gegenteil der E erleben wir in dem berüchtigten „Dienst nach Vorschrift".

a) *Aristoteles:* Nikom Eth V, 14; *Thom v Aq:* STh II.II q 120 a 1. – b) *Eichmann-Mörsdorf:* Lehrb des Kirchenrechts I 1949, 100; *K Wohlhaupter:* Aequitas canonica 1931; *R Egenter:* Über die Bedeutung der E i sittl Leben, in: Ph Jb 53 (1946) 115–27; *ders.:* Von der Freiheit der Kinder Gottes ²1950. – *W Gramsch:* Die Billigkeit i Recht 1938.   v Nell-Breuning

Epikureismus ist die Lehre *Epikurs* (341–271) u seiner Schule. Sein Hauptinteresse gilt der ↗Ethik auf dem Grund einer sensualistischen Erkenntnislehre u materialistischen Metaphysik mit Leugnung der Unsterblichkeit der Seele. Mit der *Kyrenaischen Schule* bezeichnet er die Lust als höchstes Ziel des Menschen ↗Hedonismus. Durch weise Abwägung des Genusses u kluge Selbstbeherrschung strebt der Weise zur *Ataraxie* oder Unerschütterlichkeit der Seele, in der die Glückseligkeit besteht. Es gibt in den Sternensphären zwar Götter als übermenschliche Wesen, die sich jedoch nicht um die Weltregierung kümmern. Der Weise lebt ohne Furcht vor Göttern u dem Tode. Einflußreichster Epikureer war der römische Dichter *Lucretius Carus* († 55 v Chr). – Im weiteren Sinn bezeichnet man oft jede Art von Hedonismus als E. – ↗[38, 47, 54]

H Meyer: Gesch der alten Phil 1925; *J Wewald:* Die geist Einheit Epikurs 1927; *A Cresson:* Épicure, P 1940; *D Pesce:* Epicuro e Marco Aurelio, Florenz 1959; *Totok* I 278.   Schuster

Erfahrung. Die Urbedeutung von „erfahren" ist: „durch Fahren (Wandern) etwas erreichen" oder „erkunden"; erst seit dem 18. Jht setzte sich der Gebrauch des Wortes für das „bloße Gewahren und Vernehmen" mehr u mehr durch (Grimm). Dem ursprünglichen Sinn näher bleibt der Sprachgebrauch, in dem eine durch langen Um-„gang" mit Menschen u Dingen gewonnene, der Praxis dienende Kenntnis E genannt wird. – In der Phil tritt das Wort E das Erbe des griech *empeiría* u des lat *experientia* an. Bei *Aristoteles* entsteht aus der Wahrnehmung die Erinnerung u erst aus der Zusammenfassung mehrerer gleichartiger Erinnerungen *eine* empeiría, eine E (1); der eigentliche ↗Allgemeinbegriff u das Urteil werden erst in weiteren Schritten erreicht. Gegenüber diesem E-begriff heißt im ↗Empirismus der Neuzeit schon die einzelne Wahrnehmung E (2). Im ↗Kritizismus *Kants* dagegen ist E (3) im vollen Sinn erst das *E-urteil,* das im Unterschied zu einem bloßen *Wahrnehmungsurteil,* das nur „subjektive" Gültigkeit hat, die Gegebenheiten der E (2 u 1) durch apriorische Verstandesbegriffe zu einer streng allgemeingültigen „Gegenstands"-Erkenntnis eint. – Trotz der Unterschiede zeigen die drei E-begriffe gemeinsame Züge: 1. E besagt (zumindest auch) eine gewisse *Rezeptivität;* in ihr ist etwas „*gegeben*", dh zumindest nicht durch voll bewußte Denkprozesse erarbeitet; darüber hinaus kommt bestimmten Formen der E unmittelbare ↗ Evidenz zu. 2. Das in der E Erkannte ist ein konkret existierendes Einzelnes, nicht ein in abstrakten Begriffen sich zeigender allgemeiner Wesensverhalt. Das „Gegebensein" schließt nicht aus (eher ein), daß das „Gegebene" durch ein (selbst nicht-erkenntnismäßiges) Geschehen (Wirken) zustande kommt; „gegeben" im strengen Sinn ist dabei nicht die Ursache, sondern das zum Bewußtsein kommende Ergebnis dieses Geschehens.

Dies ist bei der Unterscheidung von *äußerer* u *innerer* E zu beachten. Äußere E geht dabei auf die sinnlichen Gegebenheiten (qualitativer und quantitativer Art), die von uns unwillkürlich auf ein von unserer Wahrnehmung unabhängig existierendes „Ding" bezogen werden (↗ Sinneserkenntnis); nicht selten wird dabei allerdings auch das an sich existierende Ding selbst als Gegenstand der E bezeichnet. „Innere E" dagegen meint das Erleben der eigenen seelischen Akte u Zustände; diese E wird besser nicht ↗„Anschauung" genannt, weil die Akte u das Ich als ihr Subjekt nicht in einem „direkten" Hinblick, gleichsam thematisch, sondern nur in der „Rückwendung" (reditio) von den Gegenständen der Akte her, im „begleitenden ↗ Bewußtsein", erfaßt werden. Die „vollendete Rückwendung" *(reditio completa)* läßt in allen geistigen Akten das geistige Selbst bewußt werden. Dieses geistige Selbstbewußtsein, das Bedingung der Möglichkeit aller Wahrheitserkenntnis ist, wird manchmal *transzendentale E* (4) genannt. – Unter anderer Rücksicht unterscheidet man die alltägliche *vorwissenschaftliche* u die *wissenschaftliche* E. Letztere ist entweder planmäßige *Beobachtung* des von selbst ablaufenden Naturgeschehens, meist mit Hilfe besonderer Instrumente, oder *Experiment,* Versuch, in dem die Beobachtungsbedingungen künstlich herbeigeführt werden.

Das in der E (namentlich der äußeren E) Gegebene wird oft als rein sinnlich bezeichnet u als solches das „*Empirische*" genannt. Man wird aber auch im gegebenen Sinnlichen einen geistigen Gehalt (intelligibile in sensibili) annehmen müssen ↗ Abstraktion, Wesenserkenntnis. – Wenn man von *geistiger E* (5) (besonders religiöser E) spricht, ist meist etwas anderes gemeint. Ansatzpunkt zum Verständnis dieser Auffassung ist die schon erwähnte Dingerfahrung, in der die sinnlichen Gegebenheiten durch ein unwillkürlich hinzutretendes Denken als (an sich) Seiendes, als Ding (Substanz), als wirkende Ursache „erfahren" werden. Schon hier, wo der Gegenstand der E ein materielles Ding ist, das sich in naturhafter Kausalität kundtut, handelt es sich um einen gegenüber der E im engeren Sinn analogen Sprachgebrauch. Das gleiche gilt von der eigentlich geistigen E. Die Analogie ist darin begründet, daß das Denken, das hier zur Deutung innerer Erlebnisse ins Spiel kommt, sich nicht in bewußt geformten Begriffen, Urteilen u Schlüssen vollzieht, sondern sich unwillkürlich aufdrängt, so daß der Eindruck des Empfangens eines Sichgebenden den eines durch eigene Denkbemühung Gefundenen überwiegt. Und doch ist das, was hier durch E (1–3) „erfahren" wird, nur das eigene innere Erleben, während im Sinn der geistigen E (5) „erfahren" werden etwa die Liebe oder die Abneigung eines anderen, der Anruf des Gewissens oder Gottes selbst, die Nähe Gottes. Noch stärker ist das Überwiegen des Empfangens vor dem verstandesmäßigen Erarbeiten in der sog *affektiven Erkenntnis (cognitio per connaturalitatem)*, in der liebende Einfühlung eine innere Verwandtschaft mit dem anderen bewirkt, die das Rechte erspüren u verkosten läßt. Gerade hierfür wurde in der geistlichen Lehre schon immer das Wort E (experientia) bevorzugt. – ↗ Gotteserfahrung.

a) *Aristoteles:* Zweite Analytik II, 19; Metaphysik I, 1; *Thom v Aq:* STh II. II q 45 a 2. – *E Husserl:* E u Urteil ²1954; *A De Waelhens:* La phil et les expériences naturelles, Den Haag 1961; *F Kaulbach:* Der phil Begriff der E, in: Stud Gen 14 (1961) 527–38; *W Strolz* (Hgb): Experiment u E i Wissenschaft u Kunst 1963; *A Peperzak:* A la recherche de l'expérience vraie, in: Arch de Phil 29 (1966) 348–62; *F Kambartel:* E u Struktur 1968; *H Price:* Thinking and Experience, L 1969; *W Stegmüller:* Probleme u Resultate der Wissenschaftstheorie, II: Theorie u E 1970; *JM Hinton:* Experiences, Oxford 1973; *G Krüger:* Religiöse u profane Welt-E 1973; *RE Vente* (Hgb): E u E-wissenschaft 1974. – d) *H Holzhey:* Kants E-begriff 1970. de Vries

Erkenntnis ist jener dem Menschen unmittelbar aus seinem Bewußtsein bekannte Lebensvorgang, bei dem der Erkennende (das ↗ Subjekt) das Erkannte (das Objekt: ↗ Gegenstand) so auf tätige Weise in sich hat, daß er es in dieser tätigen Einheit mit sich zugleich sich entgegensetzt. E bedeutet die erstaunliche Tatsache, daß ein Seiendes, das Erkennende, nicht nur unter anderen Seienden vorhanden ist, sondern gleichsam sich selber leuchtend (transparent), sich „seiner selbst bewußt" u so „bei sich" ist, zugleich aber auch sich über sich selbst hinaus weitet, indem es das Andere in sich widerspiegelt u so „in gewisser Weise alles wird", wie *Aristoteles* sagt. Die E gehört zu den ↗ intentionalen (eine Subjekt-Objekt-Spannung setzenden) Akten. Von anderen intentionalen Akten, wie etwa den Strebeakten, unterscheidet sie sich dadurch, daß sie – obwohl sie am An-sich-sein des Objekts ihr Maß hat – sich nicht auf dieses als ihr Zielgut bezieht, sondern auf das Insein des Erkannten im Erkennenden. Eine im Erkennenden sich vollziehende Einigung, bei der das So-sein des Erkannten zum Sosein der E u damit auch des Erkennenden als solchen wird *(Isomorphie)*, ist nur möglich, wenn die Beschaffenheit oder Form des Objekts in einer gewissen Differenz u Neutralität zur Stofflichkeit sowohl des Subjekts wie des Objekts steht u in dieser Abgehobenheit Form jener Tätigkeit wird, in der das Subjekt sich auf das Objekt der E bezieht. *Thomas von Aquin* spricht daher von einer gewissen Immaterialität der E, selbst der Sinneserkenntnis.

Die E vollzieht sich im Menschen in den Stufen der Sinnes- u der Verstandes-E. In der ↗ Sinnes-E werden die in den Sinnesorganen von der Umwelt her aufgenommenen Eindrücke *(Informationen)* weiter verarbeitet, in einer biologisch günstigen Vereinfachung von der Sinnesfähigkeit aufgenommen *(species impressa)* u auf tätige Weise zur Bewußtheit gebracht. In dieser Bewußtheit zeichnen sich Soseinsgehalte ab, die in bestimmter Korrelation zu realen Sachverhalten der Umwelt stehen. Dies alles bleibt jedoch auf der Stufe der Sinnes-E im Modus der bloß Umwelt-gerichteten ↗ Erfahrung. Erst auf der Stufe der Verstandes-E kommt das Subjekt ganz zu sich u erfaßt sich selbst mitsamt der ganzen Umwelterfahrung in deren Bezogenheit auf das Seiende überhaupt. Diese Bezüge artikulieren sich im ↗ Denken gemäß den dem Seienden als solchem inneren Soseinsmomenten (den apriorischen ↗ Kategorien) u auf Grund des aufgenommenen Materials zu den verschiedenen empirischen ↗ Begriffen (↗ Begriffsbildung). Denn menschliche E beruht im Ggs zur entwerfenden, den Dingen ihr Maß vorschreibenden E des Schöpfers auf *Angleichung* oder *Assimilation (Abbildtheorie)*. Erst wenn die E-fähigkeit auf eine unstoffliche Weise dem Objekt in gewissen Soseinszügen angeglichen ist (durch die sog *species intelligibilis*), kann sie diese aus sich heraus u sich gegenüberstellen (im *verbum mentis*).

Von der vollmenschlichen E her, die Sinnes- u Verstandes-E als ihre beiden notwendigen Momente umfaßt, läßt sich der Reduktionsbegriff einer bloßen Sinnes-E bilden, der als Leitbild dient, um analoge Äußerungen der Tiere, die auf eine E hinweisen, zu deuten. Eine Analyse der Verstandes-E zeigt weiter, daß diese nicht notwendig auf den menschlichen Modus eines Denkens des sinnlich Gegebenen eingeschränkt werden muß, sofern nämlich in einem rein geistigen Vollzug dem Erkennenden sein An-sich-sein für sich selbst in reiner ↗ Anschauung gegeben sein kann. Ob es solche rein geistigen Vollzüge gibt, sei es in einer leibfreien Post-Existenz der ↗ Seele oder in anderen Wesen, wie etwa in ↗ Gott, bedarf eigener Begründung.

Während die E auf ihrer sinnlichen Stufe zunächst der Orientierung in der Umwelt u den biologischen Zwecken dient, gibt sie dem Menschen im ↗ Verstand die Sicht frei auf die ↗ Welt u in der ↗ Vernunft auf das ↗ Sein überhaupt u schafft so die Voraussetzung für eine freie, an den Normen der ↗ Sittlichkeit zu messenden Entscheidung.

Im weiteren Sinn bezeichnet E jedes intentionale Inne-sein eines Objekts im Subjekt, im engeren Sinne jedoch u im Ggs zum bloßen Vorstellen oder Denken nur das wahre u gewisse ↗ Urteil (↗ Wahrheit, Gewißheit), bei dem das Subjekt um sein Verhältnis zum Objekt u um dessen Verhältnis zum Sein weiß. – Im allg spricht man mit Recht von E nur als von „bewußtem" Erleben; denn wie man eines Seienden „innewerden" soll, ohne daß dies einem eben „inne-wird", ist schwer zu sehen. Das schließt aber keineswegs eine Fülle unbewußter Vorgänge aus (das ↗ Unbewußte), die bewußtes Erkennen vorbereiten u tragen u ohne erinnerbares Bewußtsein zu „intelligenten Reaktionen" führen können. (Über die Probleme sog „außersinnlicher Wahrnehmungen" u „außerrationaler E" des Geistes ↗ Okkultismus, Mystik; Irrational, Anschauung.)

Mit der E befassen sich die *E-psychologie* unter dem Titel „Kognitive Prozesse" (Frage nach den Werdegesetzen der E), die ↗ *E-theorie* (Frage nach dem objektiven Geltungswert der E) u die *E-metaphysik* (Frage nach dem Wesen der E u ihrem Verhältnis zum Sein).

a) *Thom v Aq:* STh I qq 14, 54–8, 79, 84–9; Quaest disp de anima. – *J de Vries:* Denken u Sein 1937, wo weitere Lit; *D Feuling:* Das Leben der Seele ²1940, Kap 6–10; *J Maréchal:* Le point de départ de la métaphysique V, Louvain-P 1926; *J Maritain:* Quatre Essais sur l'Esprit dans sa condition charnelle 1939; *K Rahner:* Geist i Welt ³1964; *BJF Lonergan:* Insight, L 1957; *F Borden:* Das Problem der E 1972. – c) *Th Herrmann:* Psych der kognitiven Ordnung 1965. – d) *G Siewerth:* Die Metaph der E nach Thom v Aq, Neudr 1968. – e) *A Willwoll:* Seele u Geist 1939, 38 ff.

Brugger – Willwoll

Erkenntnisprinzipien. Im Ggs zu den ↗ Seinsprinzipien meint das Wort E das Erste u Grundlegende (↗ Prinzip) in unserer Erkenntnis, vor allem unmittelbar einsichtige *allgemeine Sätze (Grundsätze).* Dabei ist zu beachten, was schon *Aristoteles* betonte, daß oft das im Sein Erste „für uns", dh in unserer Erkenntnis, das „Spätere", Abgeleitete ist. Von den E nimmt alles Schließen seinen Ausgang (↗ Schluß). Als Hauptbereiche, in denen die Reflexion auf E stößt u sie als Problem erfährt, gelten von jeher ↗ Mathematik, ↗ Logik u ↗ Metaphysik.

In der Mathematik u Logik kann man dem Problem dadurch ausweichen, daß man die ersten, allen Beweisen zugrunde liegenden Sätze als auf *Konvention* (Übereinkunft) beruhende *Axiome* annimmt, so daß das ganze aus den Axiomen u Ableitungen aufgebaute ↗ System nur die Bedeutung hat: *Wenn* man diese Axiome zugrunde legt, ergeben sich diese u jene Folgerungen; dabei wird vorausgesetzt, daß die Axiome sich nicht widersprechen u voneinander unabhängig, dh nicht auseinander ableitbar sind *(axiomatische Methode).* Die Metaphysik dagegen kann auf die Wahrheitsfrage nicht verzichten, sie muß die Frage nach der absoluten ↗ Geltung der E stellen. Der ↗ Empirismus will diese allg Aussagen als induktiv gewonnene Verallgemeinerungen von Einzelerfahrungen (↗ Induktion) auffassen. Dagegen ist zu sagen: So kann die unbedingte Notwendigkeit u Allgemeingültigkeit nicht sichergestellt werden. Auch wenn man mit *Kant* die Grundsätze (G) nur in den Kategorien des transzendentalen Subjekts verankert (↗ Kritizismus), wird ihre Seinsgeltung nicht gewährleistet. Die G gehen uns vielmehr in einer apriorischen Erkenntnis (↗ A priori) auf, die in besonderem Sinn *Einsicht* genannt wird. Diese Einsicht erfolgt in einem auf die beiden in Subjekt (S) u Prädikat (P) des betreffenden Satzes gegebenen Begriffsinhalte gerichteten u sie aufeinander beziehenden Blick. Dabei wird entweder entdeckt, daß das P einen Teilinhalt des S-begriffs darstellt, der in diesem, wenn auch unausgesprochen, enthalten ist, oder daß der Inhalt des P, obwohl im S noch nicht mitgedacht, doch mit Notwendigkeit aus dem Inhalt des S „folgt". Im ersten Fall spricht man von einem *Erläuterungs-* oder *analytischen Urteil* (↗ Analyse; zB: Das Dreieck hat drei Winkel), im zweiten Fall von einem *apriorischen Erweiterungsurteil* oder *synthetischen Urteil a priori* (B: Das kontingente Seiende existiert durch das Wirken eines anderen Seienden). Wenigstens beim apriorischen Erweiterungsurteil ist für die Möglichkeit der Einsicht erfordert, daß die Inhalte von S u P nicht bloß in rein empirischer Gegebenheitsweise (↗ Erfahrung), sondern wesenhaft erfaßt werden (↗ Wesenserkenntnis). Die Einsicht wird erleichtert, wenn S u P in der Erfahrung zusammen gegeben sind, jedoch wird das allg Urteil, daß S notwendig P ist, durch die Erfahrung nicht gerechtfertigt. Wirklich a priori einsichtige Sätze sind durch Erfahrung weder *falsifizierbar* noch in ihrer Notwendigkeit u Allgemeingültigkeit *verifizierbar*.

b) *E Husserl:* Logische Unters-en ³1922, 78–101; *L Fuetscher:* Die ersten Seins- u Denkprinzipien 1930; *JB Sullivan:* An Examination of First Principles in Thought and Being in the Light of Aristotle and Aquinas, Washington 1939; *J de Vries:* La pensée et l'être, Louvain 1962, 113–159. – c) *W Stegmüller:* Der Begriff des synthet Urteils a priori u die moderne Logik, in: Z f phil Forsch 8 (1954) 535–63; *A Pap:* Semantics and Necessary Truth, New Haven 1958; *H Delius:* Unters-en z Problematik der sog synthet Urteile a priori 1963. – d) *J Geyser:* Die Erkenntnistheor des Aristoteles 1917; *P Wilpert:* Das Probl der Wahrheitssicherung bei Thom v Aq 1931; *E Messner:* Die Logik Ockhams u die Erleuchtungslehre Bonaventuras, in: Wissenschaft u Weisheit 14 (1951) 226–36. de Vries

Erkenntnistheorie (E-th) im weitesten Sinn (1) ist gleichbedeutend mit *Erkenntnislehre* u kann jede phil oder einzelwissenschaftliche Untersuchung der menschlichen ↗Erkenntnis bedeuten, sei es die empirisch-psychologische Erforschung des Zustandekommens u des gesetzmäßigen Verlaufs der Erkenntnisfunktionen, sei es die phil-psychologische Untersuchung der Erkenntnisakte u -fähigkeiten oder auch die *Erkenntnismetaphysik*, die das Erkennen in den Gesamtzusammenhang des Seins stellt. Dagegen wird die ↗Logik gewöhnlich nicht als E-th bezeichnet. E-th in einem weniger weiten Sinn (2) hat die ↗Geltung, genauer die Seinsgeltung oder ↗Wahrheit der Erkenntnis, aber auch die *Grenzen der Erkenntnis*, zum Gegenstand. Gewiß fragt auch die Logik nach der Geltung des Denkens, aber sie beschränkt sich auf die Bedingungen der Geltung, die in der gegenseitigen Zuordnung der Denkinhalte begründet sind; die E-th dagegen stellt die Frage nach der letzten u entscheidenden Geltung der Denkinhalte, genauer der Urteilsinhalte, die in ihrer Übereinstimmung mit dem ausgesagten ↗Sachverhalt besteht. E-th in diesem Sinn heißt auch *Erkenntniskritik* (E-k).

Im tatsächlichen Sprachgebrauch hat das Wort E-th weithin einen noch engeren Sinn (3) erhalten. Es wird auf die Erkenntnis der „Objekte" (↗Gegenstand) bezogen, insofern diese dem ↗Subjekt in der sinnlichen Wahrnehmung entgegengesetzt sind u in ihrer Gesamtheit die ↗„Außenwelt" ausmachen. So wird die Unterscheidung von Subjekt, Objekt u Erkenntnisbeziehung unbefragt vorausgesetzt; eine letzte Begründung der Wahrheit der Erkenntnis ist dann nicht mehr möglich. Erst recht gilt das, wenn die Quantenphysik „erkenntnistheoretischen" Überlegungen zugrunde gelegt wird. Daher empfiehlt es sich, den Namen E-th für die phil Grundfrage der Wahrheit der Erkenntnis zu vermeiden u für sie das Wort E-k zu verwenden.

Oft wird die erkenntniskritische Grundfrage als die Frage nach der *Wahrheitsbefähigung* unserer Vernunft gestellt. Die Vernunft erscheint dann als das Werkzeug zur Wahrheitserkenntnis, das vor seinem Gebrauch auf seine Eignung geprüft werden muß. Nur steht uns für diese Prüfung kein anderes Hilfsmittel zur Verfügung als eben die Vernunft, deren Eignungsprüfung Voraussetzung ihres zuverlässigen Gebrauchs sein soll; dh: diese Auffassung führt zu einer petitio principii (↗Trugschlüsse). Ist also die Wahrheitsbefähigung eine ohne

Begründung, dh blind anzunehmende Voraussetzung? Dieses Zugeständnis käme einer ebenso unbegründeten Vorentscheidung für den ↗ Skeptizismus gleich. Der Fehler liegt vielmehr darin, daß die Lösung der Frage nach der allg Befähigung, dh nach einer ↗ Potenz, stillschweigend als Vorbedingung der Erkenntnis der Wahrheit jedes ↗Aktes vorausgesetzt wird, als ob die Wahrheit des Erkenntnisaktes stets aus der zuvor erkannten allg Befähigung a *priori* abgeleitet werden müßte, während doch ursprünglich die Potenz nur aus dem Akt erkannt werden kann. Die Prüfung wird also mit einzelnen Akten beginnen müssen, u zwar mit Urteilen bzw Aussagen, da gerade sie den Anspruch auf (logische) Wahrheit als Sagen des Seins machen. Die Wahrheit des Urteils findet ihre letzte Begründung nicht in einem Beweis, sondern in der unmittelbaren ↗ Evidenz, dem Sichzeigen des Seins, das ursprünglich in der vollkommenen Rückkehr des Geistes zu sich selbst (↗Reflexion, Seinserkenntnis) vorliegt. Diese Reflexion ist gerade auch nach *Thomas v Aq* Bedingung der Möglichkeit jeder anderen Wahrheitserkennntis, die darum auch nur von ihr her reflex als Wahrheit erwiesen werden kann, wie es Aufgabe der E-k ist. In diesem Sinn ist die *Methode* der E-k *introspektiv* u *transzendental*.

Die so verstandene E-k ist selbst schon ↗Metaphysik, *Fundamentalmetaphysik*. Die Metaphysik lehnt mit Recht eine nichtmetaphysische E-th als Bedingung ihrer Möglichkeit ab. Anderseits setzt sich die systematische Metaphysik der Gefahr von Irrwegen aus, wenn sie die erkenntniskritische Reflexion auf ihre eigenen Grundlagen ablehnt.

In der geschichtlichen Entwicklung stand freilich am Anfang eine kühne ↗Spekulation aus urwüchsigem Vertrauen in die Kraft der Vernunft. Erst die verwirrende Gegensätzlichkeit der Auffassungen, die sich daraus ergab, ließ die ganze Schwierigkeit des Unterfangens offenbar werden u führte zur kritischen Reflexion. Einzelne erkenntniskritische Untersuchungen fehlen auch im Altertum u Mittelalter nicht. Hierher gehören *Augustins* Widerlegung des Skeptizismus durch das Selbstbewußtsein u die mittelalterlichen Erörterungen des Universalienproblems. Aber erst in der Neuzeit, namentlich seit *Descartes* u *Locke*, kommt es zu zusammenhängender Behandlung des Fragenkreises. Im 17. u 18. Jht sind diese Untersuchungen beherrscht durch den Ggs von ↗Rationalismus u ↗Empirismus. *Kants* ↗Kritizismus sucht diese Gegensätze zu innerer Einheit zu verbinden, aber mit weitgehender Preisgabe der realistischen Auffassung der Erkenntnis. Nach der Abwendung sowohl von den Spekulationen des ↗Deutschen Idealismus wie vom dogmatischen ↗Materialismus geht die Phil zu Ende des 19. Jht fast in E-th (neukantianischem ↗Idealismus u kritischem ↗Realismus) auf. Im 20. Jht bringen ↗Phänomenologie, ↗Lebens- u ↗Existenzphil neue Anregungen, während der Neupositivismus (↗Positivismus) u die ↗analytische Phil anstelle der E-th eine bloße Sprachtheorie setzen. – Teilweise kommt die Verschiedenheit der Richtungen auch in den verschiedenen Namen der E-k zum Ausdruck: *Gnoseologie* (= Erkenntnislehre), *Noëtik* (= Denklehre), *Epistemologie* (eigentlich Wissenschaftslehre), *Kriteriologie* (=

Lehre von dem [bzw den] zwischen „wahr" u „falsch" unterscheidenden Kennzeichen).

a) *Augustinus:* Contra academicos; *Thom v Aq:* De ver, bes q 1 a 9; *Descartes:* Meditationes de prima philosophia; *J Locke:* Essay concerning Human Understanding; *Leibniz:* Nouveaux essais. *D Hume:* Enquiry concerning Human Understanding; *Kant:* Krit d rein Vern. – b) *J Kleutgen:* Die Phil d Vorzeit I ²1878; *D Mercier:* Critériologie générale, Louvain ⁸1923; *MD Roland-Gosselin:* Essai d'une étude critique de la connaissance, P 1932; *J de Vries:* Denken u Sein 1937 (franz 1962); *C Nink:* Sein u Erkennen 1938; *F Van Steenberghen:* Epistémologie, Louvain ²1947 (dt 1950); *A Brunner:* E-th 1948; *H Meyer:* Systemat Phil, I: Allg Wissenschaftstheorie u Erkenntnislehre 1955; *BJF Lonergan:* Insight, L 1957; *G Van Riet:* Problèmes d'épistémologie, Louvain 1960; *JM de Alejandro:* Gnoseología, Madrid 1969. – c) *J Volkelt:* Gewißheit u Wahrheit 1918; *R Hönigswald:* Grundfragen der E-th 1931; *C Stumpf:* Erkenntnislehre, 2 Bde, 1939/40; *N Hartmann:* Grundzüge einer Metaph der Erkenntnis ³1941; *Th Litt:* Denken u Sein 1948; *M Schlick:* Allg Erkenntnislehre ²1952; *B Russell:* Das menschl Wissen (1952); *A Pap:* Analyt E-th 1955; *R Laun:* Der Satz v Grund. Ein System der E-th 1956; *AJ Ayer:* The Problem of Knowledge, L 1958; *F Schneider:* Die Hauptprobleme der E-th mit bes Berücksichtigung der Naturwissenschaften 1959; *V Kraft:* Erkenntnislehre 1960; *A v Varga:* Einf i die Erkenntnislehre ²1963; *R. Ackermann:* Theories of Knowledge, NY 1965; *W Stegmüller:* Metaphysik, Skepsis, Wissenschaft ²1969. – d) *R Hönigswald:* Gesch der E-th 1933; *Th Ballauff:* Das gnoseolog Probl 1949 (Texte); *J Geyser:* Die E-th des Arist 1917; *P Wilpert:* Das Probl der Wahrheitssicherung bei Thom v Aq 1931; *G Zamboni:* La gnoseologia di S Tommaso, Verona 1934; *JM Alejandro:* La gnoseología del Doctor Eximio, Comillas 1948; *E v Aster:* Gesch der neueren E-th 1921; *E Cassirer:* Das Erkenntnisprobl i der Phil u Wissenschaft der neueren Zeit, 4 Bde, I–III ²1922/23, IV 1957; *B Jansen:* Gesch d Erkenntnislehre i d neueren Phil 1940; *G Van Riet:* L'épistémologie thomiste, Louvain 1946; *J de Vries:* Die E-th des dialekt Materialismus 1958; *ThE Hill:* Contemporary Theories of Knowledge, NY 1961. – e) *J de Vries, J Lotz:* Phil i Grundriß 1969, 29–98; *A Keller,* Allg E-th 1982.   de Vries

Erklärung u *Erklären* bedeuten allg die Zurückführung eines Unbekannten auf etwas Bekanntes. Einen Begriff erklärt man, indem man die einzelnen schon als bekannt vorausgesetzten Merkmale angibt, aus denen er ersteht. In diesem Sinne spricht man seit dem 18. Jht von Wort- u Begriffserklärung als sinngleich mit ↗ Definition. Einen Sachverhalt erklärt man, indem man ihn auf Elemente, seine notwendigen Ursachen oder als Sonderfall auf ein allg Gesetz zurückführt. – Während das Geistesleben u seine Schöpfungen durch die Freiheit des Geistes charakterisiert sind, die sich jeder eindeutigen u bloß gesetzmäßigen Determination entzieht, wird die untergeistige Natur vom gesetzmäßigen Zusammenhang der Erscheinungen beherrscht (über die Grenzen dieser Gesetzmäßigkeit ↗ Kausalsatz, Quantenphysik). Mit Recht gilt daher seit *Dilthey* das E im Ggs zum ↗ Verstehen der Geisteswissenschaften als die kennzeichnende Methode der Naturwissenschaften. Denn hier handelt es sich darum, die Erscheinungen auf ihre Elemente zurückzuführen, sie aus ihren gesetzmäßigen Zusammenhängen zu begreifen, das Einzelne, dem hier (anders als im Geistigen) kein Eigenwert zukommt, als Sonderfall eines Allgemeinen zu erkennen. (Die Absicht der Naturwissenschaft geht nicht auf „diesen", sondern auf „den" Regenbogen; die Geisteswissenschaft hingegen, zB die Kunstgeschichte, handelt nicht von „dem" Gemälde, sondern von bestimmten Gemälden bestimmter Meister.) Mit dem Gegenstand u Erkenntnisziel der Naturwissenschaften hängt zusammen, daß ihre Methode, das E, rational-begrifflich ist. Obwohl dabei die Herleitung der Erscheinungen aus ihren Wirkursachen im Vordergrund steht, wäre es doch einseitig, darüber die (in der Natur allerdings unbewußte) ↗ Teleologie u über den Elementen die im Biologischen, aber auch in der unbelebten Natur sich findende Ganzheit zu übersehen. Die beiden Sichtweisen schließen sich nicht aus, sondern ergänzen sich. Indem die Naturwissenschaft es unternimmt, auch die Prinzipien ihrer Erklärung noch einmal zu „erklären", kommt sie an ihre Grenze u wird zur ↗ Naturphilosophie, die genötigt ist, das Bekannte auf Unbekanntes, aber (als Bedingung der Möglichkeit des Bekannten) Notwendiges, zurückzuführen.

W Dilthey: Ges Schr V 1925; *E Meyerson:* De l'explication dans les sciences, P 1921; *W Schweizer:* E u Verstehen i der Psych 1924; *H Gomperz:* Über Sinn u Sinngebilde, Verstehen u E 1929; *W Stegmüller:* Probleme u Resultate der Wissenschaftstheorie u analyt Phil, I: Wissenschaftl E u Begründung 1969; *W Essler:* Wissenschaftstheorie IV 1974.

Brugger

Erleben nennt man zunächst (1) im weitesten Sinn, wie er sich in der empirischen Psychologie eingebürgert hat, jeden Bewußtseinsvorgang (↗ Bewußtsein), insofern sich dessen Träger als in einer bestimmten seelischen Befindlichkeit stehend (irgendwie: reflex oder unreflex) erfaßt. So verstanden, unterscheidet die E-fähigkeit Menschen wie Tiere von der Pflanze, die lebt, ohne ihr Leben zu erleben.

E (2) im engeren u bedeutsamen Sinn eignet nur dem Menschen. Es ist eine wertende Gesamthaltung der „ganzen Seele" in der Einheit, Fülle u Tiefe ihrer geistigen Anlagen vor der Sinn- u Wertfülle, die in einem gegenständlichen Sein konkret u reflexionsfrei aufstrahlt.

Vielfach wird einseitig solches „bedeutsames E" als rein emotionales u passives Ergriffensein intellektuellem u aktivem Verhalten gegenübergestellt. Es gibt jedoch kein echtes bedeutsames E ohne Denken. Wohl unterscheidet es sich deutlich vom bloß rationalen, diskursiven u abstrakten Nachdenken, da im Augenblick des großen E der gegenständliche Wert reflexionsfrei u konkret erfaßt ist. E unterscheidet sich aber ebenso vom bloßen Reizhunger (durch die Wertbezogenheit), von spielerisch-genießerischem, oberflächlichem oder nur leidenschaftlichem Gefühl oder „Gefühlchen", von weicher Sentimentalität u nebelhafter bloßer Gestimmtheit (durch die Eigenart u lebendige Wirkkraft des Ernsterlebnisses). Es ist auch nicht immer rein passives Ergriffensein, sondern vielmehr oft sogar eng verbunden mit aktivem Zielstreben, Gestaltungswillen, Tatgespanntheit. Je nachdem im Gesamterlebnis die emotionale, die intellektuelle oder die Phantasie-Seite stärker hervortritt, das E mehr rezeptiv oder produktiv, mehr synthetisch oder mehr auf Gegensätze eingestellt u je nachdem es mehr auf das Formale oder das Inhaltliche des werträchtigen Gegenstandes ausgerichtet ist, lassen sich verschiedene *Erlebnistypen* unterscheiden. Eine gewisse seelisch-körperliche Spannkraft, Sammlung der Seele, Entwicklungsreife u Ansprechbarkeit durch „Werte" ist zu echtem E gefordert, so daß nicht nur Wuchern des bloßen Reizhungers, kritisch-zynische Haltung, manche Formen psychopathischer Schwäche echtes E hindern, sondern auch vor der Reife tiefes E wohl im allg nur in Vor- u Frühformen auftritt.

Die Beachtung u Pflege der Frühformen echten u großen E aber, in seiner typischen Eigenart, seinen Entfaltungs- u Entartungsmöglichkeiten, ist sowohl als Mittel zum besseren Verstehen wie zur geistigen Förderung des Kindes u Jugendlichen von größter Bedeutung, u die Formung zur Fähigkeit bedeutsamen Wert-E zählt zu den wichtigsten Aufgaben der Erziehung.

Ch Bühler: Seelenleben des Jugendlichen ⁵1929; *W Gruehn:* Das Werterlebnis 1924; *J Engert:* Erlebnis u E-pädagogik, in: Lex d Päd d Gegenw, hrsg v J Spieler 1930; *J Rudin:* Der Erlebnisdrang, seine psycholog Grundlagen u pädagog Auswertung, Luzern 1942, wo krit Sichtung der weiteren Lit u die gründlichste phänomenolog Analyse; *HW Gruhle:* Verstehende Psych 1948, Kap 6; *W Fischel:* Vom Leben zum E 1967; *K Lorenz:* Haben Tiere ein subjektives E? 1971; *K Zucker:* Vom Wandel des E, o J. Willwoll

Erscheinung, dem Wortsinn nach, jedoch nicht in allem dem phil Sprachgebrauch nach, gleichbedeutend mit *Phänomen* (Ph, griech phainómenon) ist das sich (unmittelbar) Zeigende, zunächst das sich in der sinnlichen Wahrnehmung, dann auch das sich im ↗ Bewußtsein Zeigende, u zwar zumeist das sich zeigende konkrete Einzelne. Dabei wird die E meist einem von ihr verschiedenen, sich nicht unmittelbar zeigenden Seienden oder ↗ „Ding an sich" gegenübergestellt, während das Wort Ph von diesem Ggs oft absieht, zuweilen sogar ein „hinter" dem Ph verborgenes Seiendes ausschließt. Bei *Kant* (↗ Kritizismus) allerdings steht auch das *Phaenomenon* im Ggs zum Ding an sich, mit dem Unterschied, daß Ph die Erscheinung ist, insofern sie „als Gegenstand nach der Einheit der Kategorien gedacht wird". Vom bloßen ↗ Schein unterscheidet sich die E dadurch, daß sie wesensmäßig auf ein Ding an sich hinweist, von dem sie hervorgebracht wird. Dagegen bezeichnet in der ↗ Phänomenologie *Husserls* Ph jeden unmittelbar geschauten oder erlebten Inhalt, ohne daß dabei an einen Ggs zu einem nicht gegebenen Seienden gedacht werden muß. Dabei wird mit Vorzug gerade die wesenhaft erfaßte Gegebenheit Ph genannt, im Ggs zu dem mehr der Alltagssprache zugehörigen Unterschied von bloßer E als dem nur sinnlich Erfaßten u dem Wesen. – Der Ausdruck *„Rettung der Phänomene"* wurde zuerst von den griech Astronomen gebraucht als Forderung, daß die Hypothesen über die wirklichen Bewegungen der Gestirne so gefaßt werden müssen, daß die sichtbaren Bewegungen sich aus ihnen ableiten lassen; von *Galilei* wurde diese methodische Forderung auf die Naturwissenschaften überhaupt ausgedehnt.

a) *Kant:* Krit d rein Vern B 294–315; *Hegel:* System der Phil, 1. Teil: Die Logik § 131–141 (Jubil-Ausg VIII 298–319); *E Husserl:* Die Idee der Phänomenologie (Husserliana II) 41–52. – d) *E Fink:* Sein, Wahrheit, Welt. Vor-fragen z Probl des Ph-begriffs, Den Haag 1958. – d) *Heinr Barth:* Phil der E. Eine Problemgesch, 2 Bde, Basel 1947 u 1959; *J Mittelstraß:* Die Rettung der Phänomene 1963; *G Prauss:* E bei Kant 1971; *H Herrigel:* Der Ansatz der Ontologie. II. Die Phänomene, in: Z f phil Forsch 8 (1954) 279–292 (üb N Hartmann); *A Haas:* Teilhard-de-Chardin-Lexikon II 1971, 257–262. de Vries

Ethik oder *Moralphilosophie* ist die phil Erklärung u Ergründung des Phänomens des Sittlichen. (*Moral* kann sowohl gelebte ↗ Sittlichkeit als auch die Lehre vom Sittl bedeuten.) Das Sittl stellt sich zunächst als ein menschliches Urphänomen dar. Im ↗ Gewissen, vornehmlich in der Erfahrung der ↗ Schuld, erlebt der Einzelne den Unterschied zwischen eigenen guten u bösen Handlungen; in den

Kulturen aller Völker finden sich Gebote, Verhaltensnormen u Wertmaßstäbe, nach denen einzelne Handlungen als lobenswert gebilligt oder sogar als verpflichtend vorgeschrieben, andere als verwerflich verboten werden. Ihnen entsprechend werden die Menschen selbst u ihre Haltungen als schlechthin gut oder böse gewertet. – Über eine deskriptive Sozialwissenschaft vom Sittl (etwa Kulturgeschichte, Ethnologie, Soziologie), die wertfrei die tatsächlichen Wertungen anderer beschreibt u analysiert, u eine die Entstehung solcher Wertungen aus seelischen Anlagen, Tendenzen, Funktionen u ihren Verbindungen erklärende *Moralpsychologie* geht die E insofern hinaus, als sie als phil Disziplin nach den letzten Gründen der sittl Erscheinungen fragt u so zu einer *Metaphysik der Sitten* gelangen will, als sie ferner als normative Disziplin (praktische Phil) bestimmte sittl Normen für die Einzelbereiche des menschlichen Handelns sowohl des Einzelnen als der Gemeinschaften auf ihren Sinn u ihre objektive Geltung hin untersucht u rechtfertigend begründet. Ihre Methode ist also die der philkritischen Reflexion über die Gegebenheiten der sittl Erfahrung, nicht reine Empirie oder Rückgriff auf ein unanalysierbares bloßes Gefühl *(Gefühlsmoral)*. Von der *Moraltheologie* oder *theologischen E* unterscheidet sie sich durch ihre logische u methodische Unabhängigkeit von der christl Offenbarung.

Zahlreiche verschiedene *E-Systeme,* für die hier beispielhaft jeweils nur ein Hauptvertreter angeführt werden soll, versuchen, die Eigenart des sittl Guten, insbes der sittl *Verpflichtung*, herauszuarbeiten u zu erklären. Der *Amoralismus* in seinen verschiedenen Spielarten leugnet das Eigensein des Ethischen u führt das Sollensbewußtsein auf rein außersittl Tatbestände zurück: auf den mit Strafandrohung verbundenen Befehl eines anderen (↗ *Moralpositivismus* u *sprachanalytische E, Schlick*), auf psychologische Mechanismen, insbes die unbewußte Angst vor Liebesentzug *(Psychologismus, Freud)*, auf soziologisch restlos erklärbare Gesetzmäßigkeiten *(Soziologismus, Durkheim)*. Unter gewisser Rücksicht ist auch die *Herrenmoral Nietzsches* hier einzuordnen, insofern sie dem Herrenmenschen keine Einschränkung seines Willens zur Macht u der eigenen vitalen Lebensentfaltung auferlegt, wenngleich Nietzsche in der *Umwertung aller Werte* gewisse Ideale „jenseits von Gut u Böse" anerkennt. – Das Streben nach eigener ↗ Glückseligkeit ist für den *Eudaimonismus* das Kriterium sittl Handelns, wobei dieses Glück entweder in der Lust *(↗Hedonismus, Epikur)*, im wohlverstandenen Nutzen und Selbstinteresse *(Utilitarismus, J. St. Mill)*, in der vernünftigen Erfüllung des menschlichen Glücksverlangens *(rationaler Eudaimonismus, Aristoteles)* oder im jenseitigen Lohn *(eschatologischer Eudaimonismus, Lohnmoral)* gesehen wird. In diesen eudaimonistischen E-Systemen kommen berechtigte Anliegen zum Ausdruck: Zur inhaltlichen Bestimmung des Gesollten müssen die teleologisch gefaßten Anlagen u Strebungen berücksichtigt werden, die auf die Vollendung des Menschen u sein Glück abzielen; auch das sittl Gute muß ein Gutes, dh Erstrebbares, für den Menschen sein; das sittl Handeln verdient Belohnung, die als Motiv die sittl Entscheidung unterstützen darf. Dennoch wird im Eudaimonismus die Eigenart des Sittl nicht voll erfaßt:

Eine Handlung ist nicht deshalb sittl wertvoll, weil sie zum Glück führt, vielmehr verlangt der sittl Wert Anerkennung um seiner selbst willen. – Auch der *Sozialeudaimonismus (Bentham)*, der das Glück der anderen oder das größte Glück der größten Zahl zum Grund der sittl Verpflichtung erklärt, vermag nicht voll zu befriedigen. Der Ursprung der sittl Verpflichtung muß vielmehr im geistigen Personkern, im Wesen der Freiheit selbst gesucht werden, aber nicht in der Freiheit als Unbestimmtheit der Willkür *(Sartre)*, sondern insofern sie Vernunftbestimmtheit besagt. So glaubt *Kant* im ↗ kategorischen Imperativ ein allg Gesetz gefunden zu haben, in dem die Vernunft rein von sich aus das Handeln bestimmt. Kants *Pflicht-E* führt aber zum Formalismus, weil er die Sittlichkeit begründet aus der bloßen Allgemeinheit des Gesetzes u nicht aus dem Guten, auf das das allg Gesetz sich richtet. Der sittl Wert besagt zwar die Notwendigkeit, als Regel des Handelns jenem Gesetz zu folgen, das die Vernunft als Vernunft in sich trägt (und nicht insofern sie zur Erreichung eigengesetzter Ziele gebraucht wird), aber dies doch gerade so, daß sie sich selbst als „vernehmend" ausgerichtet erfährt auf das Sein u seine Vollkommenheit u auf ein existentes Wesen, das die Fülle des Wertes in sich enthält. Darum vermag die Vernunft die Werthaftigkeit u objektive *Teleologie* sittl bedeutsamer Sachverhalte der empirischen Welt zu erkennen (Wertmöglichkeit, Wertnotwendigkeit) u dem Handeln als zu verwirklichende Sinnhaftigkeit verpflichtend aufzuerlegen. Insofern der Mensch als Geistwesen Ebenbild Gottes ist u seine subjektiv endliche Vernunft Teilhabe an der absoluten Vernunft Gottes bedeutet, gibt es eine für alle Menschen übereinstimmend geltende, allg verpflichtende Sittenordnung. Die individuellen u sozialen Unterschiede spezialisieren u individualisieren aber inhaltlich diese *Pflichten*. Eine *doppelte Moral*, etwa für Privatmann u Politiker, für Mann u Frau, für bestimmte Schichten u Klassen, kann es nicht geben in dem Sinne, als ob gewisse Personen u Personenkreise vom allg Sittengesetz (Treue, Reinheit, Gerechtigkeit) ausgenommen wären, sondern nur in dem Sinne, daß in gewissen Situationen das ↗ Sittengesetz eine besondere Anwendung erfährt.

a) *Aristoteles:* Nikom Eth, mit Komm v Thom v Aq; *Thom v Aq:* STh I.II u II.II; *I Kant:* Grundlegung z Metaph der Sitten. – b) *Th Steinbüchel:* Die phil Grundlegung der kath Sittenlehre ³1947; *M Reding:* Metaph der sittl Werte 1949; *A Marc:* Dialectique de l'agir 1954; *J Meßner:* E, Innsbruck 1955; *C Nink:* Metaph des sittl Guten 1955; *H Meyer:* Sittlichkeit, Recht u Staat 1959; *J Maritain:* Neufs leçons sur les notions premières de la phil morale 1951; *ders:* La phil morale 1960; *W Schöllgen:* Konkrete E 1961; *R Fäh:* Einf i die E ³1962; *P Engelhardt:* Sein u Ethos 1963; *J de Finance:* Éthique générale, Rom 1967; *ders:* Grundlegung der E 1972; *HE Hengstenberg:* Grundlegung der E 1969; *D v Hildebrand:* E (Ges Werke II [ca ²1973]. – c) *M Scheler:* Der Formalismus i der E u die materiale Wert-E ³1927; *N Hartmann:* E 1935 (vgl dazu *HM Baumgartner:* Die Unbedingtheit des Sittl 1962); *A Schweitzer:* Kultur u E ⁶1947; *H Reiner:* Die phil E 1964; *RT Garner, B Rosen:* Moral Philosophy, L 1967; *R Lauth:* E 1969; *GE Moore:* Principia ethica (dt) 1970; *G Bastide:* Essai d'éthique fondamentale, P 1971; *HH Schrey:* Einf i die E 1972; *WK Frankena:* Analyt E 1972; *RM Hare:* Freiheit u Vernunft (Üb) 1973. – d) *F Wagner:* Gesch des Sittlichkeitsbegriffs 1928–36; *O Dittrich:* Gesch der E 1923 ff; *E Howald:* E des Altertums 1926; *A Dempf:* E des Mittelalters, Neudr 1971; *W Kluxen:* Philos E bei Thom v Aq 1964; *Th Litt:* E der Neuzeit, Neudr 1968. – e) *M Wittmann:* E 1923; *V Cathrein:* Moralphil ³1924; *F Ricken:* Allg E 1983.

Kerber

Evidenz bezeichnet einerseits das klare Sichzeigen, Offenbarsein, Einleuchten eines ↗ Sachverhalts, anderseits das damit gegebene geistige „Sehen", Einsehen. Die beiden Seiten sind korrelativ, daher voneinander untrennbar. Die Ausdrücke *objektive E* u *subjektive E* können das Mißverständnis nahelegen, als handle es sich um zwei voneinander trennbare Vorgänge; das in diesen Ausdrücken Gemeinte ist „E, vom Objekt her betrachtet" u „E, vom Subjekt her betrachtet". Der Ausdruck „subjektive E" wird oft auch im Sinn einer nur scheinbaren E, eines bloßen E- oder Gewißheitsgefühls verwendet. E im engeren Sinn (1), die von vielen allein E genannt wird, ist die *unmittelbare E*, das Sichzeigen des Sachverhalts an sich selbst, das *Husserl* „originäre Selbstgegebenheit" nennt. Wenn die E (2) als allg ↗ Wahrheitskriterium bezeichnet wird, muß auch die *mittelbare E* als E anerkannt werden, dh das Sichzeigen eines Sachverhalts vermittels eines anderen; in diesem Fall muß zwischen dem zunächst Gegebenen, dem *Erkenntnismittel*, u dem zu erkennenden Gegenstand ein notwendiger Zusammenhang bestehen und erkennbar sein (wenn das Erkenntnismittel, dann der Gegenstand). Das Erkenntnismittel kann ein Sachverhalt sein, aus dem durch ↗ Schluß ein anderer erkannt wird, oder auch das zuverlässige Zeugnis einer Person (↗ Glaube). Wenn von vielen die letztere Möglichkeit nicht als E bezeichnet wird, so deshalb, weil als E (3) nur eine Begründung anerkannt wird, die auch psychologisch zur Zustimmung nötigt. Hierzu wie auch zu der Unterscheidung von *absoluter* u *hypothetischer (physischer* oder *moralischer) E* ↗ Gewißheit.

Wenn die E als Kriterium der ↗ Wahrheit bezeichnet wird, so besagt das im Grunde nichts anderes, als daß die Wahrheit am Seienden selbst ihr Maß findet, das sich allerdings, um Maß sein zu können, mit hinreichender Klarheit zeigen muß, dh so, daß es von anderem unterschieden werden kann. Der Einwand, so bedürfe es zur Vergewisserung über die „hinreichende Klarheit" wieder eines anderen Kriteriums, löst sich durch die Unterscheidung des eigentlichen Maßes der Wahrheit und der Bedingungen, unter denen allein etwas Maß der Wahrheit sein kann. Bezüglich dieser Bedingungen bedarf es von seiten des Subjektes eines verständigen u unvoreingenommenen Urteils, das sich oft von selbst einstellt u jeden vernünftigen Zweifel ausschließt, in anderen Fällen einer sorgfältigen Prüfung bedarf, deren Fehlen zu vorschnellen u irrigen Urteilen führen kann; dadurch wird die Möglichkeit echter E nicht aufgehoben, sondern nur die bekannte Tatsache bestätigt, daß es für uns Menschen kein „Kriterium der Wahrheit" gibt, das ohne alle eigene Bemühung jeden Irrtum ausschließt.

b) *J Geyser:* Auf dem Kampffeld der Logik 1926; *ders:* Wahrheit u E 1937; *C Mazzantini:* La lotta per l'evidenza, Rom 1929; *ders.:* Evidenza ed essere, Mailand 1964; *G Van Riet:* Problèmes d'épistémologie, Louvain 1960, 207–217; *O Muck:* Die trl Methode i der scholast Phil der Gegenw 1964; dazu: *J de Vries:* Fragen z trl Methode, in: Schol 40 (1965) 389–398. – *E Husserl:* Logische Unters-en II, 2. Teil, ²1922, 115–27; *F Brentano:* Wahrheit u E 1930. – c) *W Stegmüller:* Metaphysik – Skepsis – Wissenschaft ²1969, 1–33 162–217. – d) *P Wilpert:* Das Probl der Wahrheitssicherung bei Thom v Aq 1931; *A Maier:* Das Probl der E i der Phil des 14. Jht, in: Schol 38 (1963) 183–225; *W Reimer:* Der phänomenolog E-begriff, in: Kantstud 23 (1919) 269–301; *E Tugendhat:* Der Wahrheitsbegriff bei Husserl u Heidegger 1967, 101–06 230–36.

de Vries

Evolution. Die Lehre von der E *(Abstammungslehre, Deszendenztheorie, Transformismus)* bezieht sich auf die Veränderlichkeit der Arten (Ggs: *Konstanztheorie*) u ihren lebendigen Abstammungszusammenhang *(Phylogenese;* Ggs: *Ontogenese* = ↗ Entwicklung des Einzelorganismus aus dem Keim zum Vollorganismus). Da alle phylogenetischen Vorgänge sich ausschließlich innerhalb der Ontogenese der Einzelorganismen ereignen, ist die Ontogenese der primäre Vorgang u nicht umgekehrt. Die Phylogenie als die mechanische Ursache („causa efficiens") der Ontogenie zu bezeichnen (so das *„Biogenetische Grundgesetz"* von *Haeckel* u ähnliche Interpretationen anderer Evolutionisten) ist ein fundamentaler Denkfehler (Schindewolf) u erkenntnistheoretischer „Unsinn" (Remane). – Bei der theoretischen Durchdringung der E müssen wir streng vier Fragen unterscheiden: nach dem „Daß" der E (Grundfrage), nach dem „Wie" (Stammbaumfrage), nach dem „Wodurch" (Ursachenfrage) u nach dem „Wozu" (Richtungsfrage, Sinn).

1. Die Grundfrage, dh die Frage nach dem Zusammenhang der Lebewesen, wird heute mit praktischer ↗ Gewißheit im Sinne der E beantwortet: Alle Lebewesen hängen durch gegenseitige Abstammung miteinander so zusammen, daß der Artenwandel im Laufe der Erdgeschichte im allg eine Zunahme der Komplikation des Baues u der Leistungen (Höherentwicklung, *Anagenese*) erreichte, was aber Rückbildungen u Sackgassen nicht ausschließt. Diese Grundaussage beruht auf verschiedenen biologischen Erfahrungen u Einsichten, die heute nicht mehr in Zweifel gezogen werden: a) Grundlegend ist das Gesetz „Alles Lebendige stammt von Lebendigem" (omne vivum e vivo). Entsprechendes gilt auch von der ↗ Zelle (omnis cellula a cellula). Die Lebewesen treten weder durch eine noch jetzt vorkommende *Urzeugung* (Entstehung aus sich zersetzenden Stoffen) noch durch unmittelbare Schöpfung Gottes, der jede Art durch einen wunderbaren Eingriff neu schafft, ins Dasein, sondern jedes Lebewesen stammt aus einem Keim, der wieder von einem Elternorganismus stammt. Da dieses Gesetz den zeitlichen Zusammenhang der Lebewesen besonders in ihren Erbfaktoren (A Weismann: die Keimbahn) betont, liegt es in der Tendenz dieser Gesetzmäßigkeit, auch beim ersten Lebewesen nach einem möglichen zeitlichen Zusammenhang mit prävitalen Strukturen zu suchen. b) Hinzu kommt eine zweite Gesetzmäßigkeit: die „Divergenz der Abstammungslinien". Je mehr sich die abstammenden Wesen von ihrem Ursprung entfernen, um so unähnlicher werden sie den Elternorganismen. Nimmt man beide Gesetzmäßigkeiten [a) u b)] im Zusammenhang, so ergibt sich ein Bild der organischen Welt, das jedes Lebewesen in einem Gewebe von Abstammungslinien zeigt. c) Das „Gesetz der kleinen Schritte", dh der unmittelbare Zusammenhang zwischen Elternorganismus u Nachkomme, läßt nach dem ersten, oben [a)] genannten Gesetz nur kleine oder kleinste Veränderungen genotypisch u phänotypisch zu. Alle größeren Veränderungen wirken mehr oder weniger tödlich (letal). Die E schreitet also durch Addition kleinster Schritte voran, u man muß dem lebendigen Organismus (vom naturphil Gesichtspunkt aus) die kreative Fähigkeit zusprechen,

kleinste Veränderungen (zB Punktmutationen) im Hinblick auf eine neue zukünftige Organisation festzuhalten u sinnvoll einzufügen. *Teilhard de Chardin* spricht in diesem Zusammenhang von „planvoller Additivität". Die E ist in dem allgemeinsten Sinn der hier erörterten Grundfrage weder Hypothese noch Tatsache: weder Hypothese, denn es ist unmöglich, eine andere Deutung der Phänomene an ihre Stelle zu setzen, welche die grundlegenden Erscheinungen anders u besser erklärt; keine empirische Tatsache im heutigen erkenntnistheoretischen Sinn, denn ua lassen sich die unvorstellbaren Zeiträume der E nicht reproduzieren. Die E ist aber mehr als beides: sie ist eine unaustilgbare Dimension des lebendigen Kosmos, nämlich die „Dimension organischen Werdens u seiner spezifischen Dauer" (im Sinne von *Bergson, Teilhard de Chardin* u a).

2. Die Frage des „Wie" (Stammbaumfrage) der E, dh die Frage nach dem konkreten Zusammenhang einer bestimmten Organismengruppe mit einer anderen u vor allem die Frage nach einem konkret aufzustellenden Gesamtlebensbaum, der den konkreten Weg der E aufzeigt, hängt von dem jeweiligen Fundbestand ab u ist besonders an den Zweigstellen („das weiße Feld des Ursprungs": Teilhard) zumeist sehr hypothetisch. Die hypothetische Unsicherheit des „Wie" der E beeinträchtigt aber in keiner Weise die praktische Sicherheit der E als Dimension des Kosmos (Grundfrage). Dennoch ist der falsche Schluß von der Unsicherheit des „Wie" auf eine ähnliche Unsicherheit des „Daß" nicht selten zu finden.

3. Die Ursachenfrage ist trotz umfangreicher Kenntnisse über Mutationen, Selektionswirkungen, Isolation, Annidation u anderer Faktoren nicht eindeutig zu beantworten u darum, aufs Ganze des lebendigen Kosmos gesehen, hypothetisch. Besonders die *Differenzierung* (Verschiedenwerden zuerst gleichartiger Teile, verbunden mit Arbeitsteilung) u *Synorganisation* (Apparate, aus verschiedenen Teilen harmonisch zusammengebaut u kooperativ funktionierend) bereiten der Ursachenforschung große Schwierigkeiten. Daß mit *Darwins* Hauptwerk „Die Entstehung der Arten" (1859) der E-gedanke zum Durchbruch kam, lag neben der Fülle des gebotenen Materials vor allem in der verblüffend einfachen Antwort auf das Ursachenproblem, das Darwin in der fast monoton wiederholten „*Auslese*" *(Selektion,* „survival of the fittest") anbot. Die moderne E-forschung ist längst von dieser Darwinschen Monotonie abgerückt u kommt in ihrer „Synthetischen Theorie" der außerordentlichen Kompliziertheit des evolutiven Kausalgefüges bedeutend näher. Wichtig aber bleibt: Die Unsicherheit der Ursachenfrage beeinträchtigt in keiner Weise die praktische Sicherheit der E als Dimension des lebendigen Kosmos.

4. Die Sinnfrage stellen heißt in der Beurteilung der E einen naturphil Standpunkt einnehmen, dh, die E von ihrem erreichten Ende (finis als Ende u Vollendung, ↗Teleologie) her u in ihrer Ganzheit zu beurteilen. Als Endgestalt zeigt uns die E aber unzweifelhaft den Menschen in seiner leib-geistigen Einheit u personalen Würde. Blickt man von diesem humanen Gipfelpunkt zurück in den Gesamtablauf der E u berücksichtigt man gleichzeitig den jeder Wahrschein-

lichkeit u Berechnung spottenden Grad der Kompliziertheit der evolutiven Gestalten u Prozesse, dann muß man eine „Hauptachse der E" *(Teilhard)* feststellen; an dieser baut gesetzmäßig die *Biogenese* auf der *Kosmogenese* auf, u die *Anthropogenese* baut ebenso gesetzmäßig auf der Biogenese auf. Da diese bevorzugte Entfaltungsrichtung auf den Menschen hin die absteigende Richtung der Entropie (des Zerfalls u der Neutralisierung) im Universum überwinden muß, wird der evolutive Weg zum Menschen als Aufstieg *(Anagenese)* bezeichnet. Somit kann man den Menschen als die Sinngestalt der gesamten E des Kosmos bezeichnen.

Der ↗ Mensch in seiner leib-geistigen Einheit u personalen Würde ist aber nicht nur Produkt der E, sondern stellt eine „Re-volution" innerhalb der E dar, dh, der reflexive Geist des Menschen stellt etwas total Neues gegenüber der Biogenese dar u verlangt phil u theol die Berücksichtigung einer transzendenten Ursache ↗ Schöpfung. Die E ist in ihrer Gesamtheit nichts anderes als die terminative (raum-zeitlich in Erscheinung tretende) Seite des transzendenten u permanenten Schöpfungsaktes Gottes *(creatio continua)*.

Teilhard de Chardin: Mensch i Kosmos 1959; *A Haas:* Das stammesgeschichtl Werden der Organismen u des Menschen 1959; *ders:* Teilhard-de-Chardin-Lexikon I, II 1971; *M Grison:* Geheimnis der Schöpfung ³1960; *K Rahner, P Overhage:* Das Probl der Hominisation 1961; *P Overhage:* Die E des Lebendigen. Das Phänomen 1963; *ders:* Die E des Lebendigen. Die Kausalität 1965; *H Haag, A Haas, J Hürzeler:* E u Bibel 1966; *J Hübner:* Theologie u biolog Entwicklungslehre 1966; *G Heberer:* Die E der Organismen I–III ³1967ff; *WH Thorpe:* Der Mensch i der E. Naturwissenschaft u Religion 1969; *Bachmann* u a: E-lehre, in: Biolog Anthropologie 1972 (dtv 4069); *Remane* u a: E 1973 (dtv 4234); *J Piveteau:* Origine et destinée de l'homme, P 1973.   Haas

Ewigkeit ist die jeden Anfang u jedes Ende sowie jede Veränderung oder Aufeinanderfolge ausschließende Dauer oder Selbstidentität eines Seins. Nach *Boethius* ist sie „der in seiner ganzen Fülle immer gegenwärtige Vollbesitz eines unbegrenzten Lebens". Sie kann nur Gott zukommen. – Die E läßt keine zeitliche Zuordnung zeitlicher Ereignisse zu; sie geht diesen weder voraus noch begleitet sie sie oder folgt sie ihnen. Gott ist allen Zeiten u Dingen gegenwärtig, insofern diese von ihm erhalten werden. Die Zeitunterschiede, die wir von seinem Tun nach außen aussagen, gelten, genau genommen, nur von dem Werden der Dinge durch ihn. „Gott wird die Welt richten" heißt: „die Welt wird durch Gott gerichtet werden". – Als *Aevum* bezeichnet die Scholastik die den reinen Geistern eigentümliche Dauer. Sie kann einen Anfang haben, schließt aber eine substantielle Wesensveränderung, die immer in der Materie begründet ist, aus, nicht jedoch akzidentelle ↗ Veränderung. Umstritten ist die Frage, ob das Denken und Wollen eines reinen Geistes ein wirkliches Nacheinander aufweise. Wo dieses zugegeben wird, wird doch dessen Stetigkeit verneint, dh, die Akte können nur Ordinalzahlen, nicht Kardinalzahlen zugeordnet werden. Die abstrakten Wahrheiten sowie die Möglichkeit der Dinge sind nicht ewig, sondern eher *zeitlos*, dh sie gelten unabhängig von jeder bestimmten Zeit, sind in ihrer Verwirklichung nicht an eine solche gebunden.

a) *Thom v Aq:* STh I q 10. – b) *A Schütz:* Der Mensch u die E 1938; *C Nink:* Phil Gotteslehre 1948; *M Rast:* Welt u Gott 1952; *F Alquié* u a: Tempo e Eternità, Padua 1959; *ders:* Le désir d'éternité, P ⁵1966. – d) *F Beemelmans:* Zeit u E nach Thom v Aq 1914; *M Gierens:* Controversia de aeternitate mundi [Textus], Rom ²1960, Gregoriana.   Rast

Existenzphilosophie (EPh). Die EPh erreicht ein Philosophieren von hohem Rang. Obwohl sie ihren Höhepunkt überschritten hat, sind ihre Auswirkungen immer noch spürbar. Erst im 20. Jht ausdrücklich entfaltet, greift sie mit ihren Anfängen bis in die erste Hälfte des 19. Jht zurück. Des genaueren ist sie ein Gegenschlag gegen die einseitigen Auswirkungen des ↗ Deutschen Idealismus. *Hegel* wurde, wozu die Gefahr in ihm liegt, weithin so verstanden, daß der einzelne Mensch zum Entfaltungsmoment der absoluten Idee verflüchtigt u so die Fülle des Existierenden in einen notwendigen Begriffszusammenhang umgedeutet wird. Gegenüber dieser Vorherrschaft des Allgemeinen setzte sich die Eigenständigkeit u Unableitbarkeit des konkreten Einzelmenschen durch. Zunächst freilich machten der Positivismus u das verflachte Bürgertum diesen halt- u wesenlos, weil sie das ideenhaft Allgemeine abwarfen, ohne einen neuen Wurzelgrund zu bieten. Hier setzt die EPh ein, die dem Einzelnen Tiefe u Halt verleiht, indem sie ihn zur ‚Existenz' (E) aufruft.

Der EPh bereitet die Romantik die Wege, insofern sie den Menschen in seiner konkreten E stehen u die Fülle des Seins in ihn einströmen läßt; auch weckt sie den Sinn für die Unableitbarkeit des Geschichtlichen. Schärfer spitzt der spätere *Schelling* die Fragen zu: das Problem des Existierens weist über die logische Notwendigkeit des Allgemeinen hinaus auf die Freiheit u verlangt als Ursprung jenseits der bloßen Vernunft den Willen: „Das Ursein ist Wollen."

Den entscheidenden Durchbruch zur EPh hin vollzieht die *Existenztheologie Kierkegaards*. Er will den Einzelnen zur Fülle seines Daseins, dh zur *Existenz* (hier zum ersten Male so gebraucht), führen. Diese wird verwirklicht durch die freie *Entscheidung*, in der der Mensch sich selbst setzt oder ergreift, u durch den Glauben, mit dem er in Gott Fuß faßt; vorausgeht die *Angst* als Erschütterung alles Endlichen u Erfahren des Nichts. Der Glaube ist christlich gemeint u wird als Sprung gefaßt; dessen Unableitbarkeit steigert sich zum *Paradox*, insofern der Christ als Widerspruch gegen den Menschen erscheint.

Kierkegaards Ansatz führen verwandte Strömungen weiter. Mit ihm will die ↗ Lebensphilosophie das Leben in seiner konkreten Fülle u Tiefe vor der Vergewaltigung durch den allg Begriff retten; es erschließt sich einzig dem vor- oder überrationalen Erfassen, etwa dem Instinkt *(Nietzsche)* oder der Intuition *(Bergson).* Hinzu tritt die ↗ *Hermeneutik* (Auslegung) des Geschichtlichen *(Dilthey),* das in seiner Einmaligkeit nicht durch allg Begriffe u Gesetze erklärt, sondern einzig durch Auslegung seines Sinnes aus den dafür bestimmenden Werten verstanden werden kann ↗ Verstehen. Dieser Methode verwandt ist die ↗ Phänomenologie *Husserls* mit ihrer Schau der Wesenheiten, insofern sie eine Auslegung der mittels der Reduktionen herauspräparierten inneren Gegebenheiten aus ihnen selbst vollzieht; in dem späteren *Scheler* nähert sie sich der Lebensphilosophie, wobei der schon für Nietzsche u (in anderem Sinne) für Bergson zentrale Lebendrang wieder in die Mitte rückt.

Wenden wir uns nun den führenden Vertretern der EPh in Deutschland zu, so steht *Jaspers* (1883–1969) Kierkegaard am nächsten; außerdem ist er von *Kant* beeinflußt. Der Einzelne wird als E nicht vom Allgemeinen her begriffen, sondern ist als je dieser in seiner einmaligen geschichtlichen *Situation* aus sich selbst zu erhellen. Gegen das in der Angst erfahrene Nichts behauptet sich die E durch die Entscheidung für das eigene *Selbstsein*. Die E wiederum gründet in der ↗ *Transzendenz*, die sich im Durchgang durch die *Grenzsituationen* öffnet; diese (Leid, Tod, Schuld, Kampf) lassen den scheitern, der sie in der Immanenz zu bestehen sucht, u treiben so zum Absprung in die Transzendenz. Ihr entspricht der überbegriffliche „phil Glaube", der sich im Ggs zum „religiösen Glauben", der den anwesenden Gott umfaßt, nur auf den abwesenden oder verborgenen Gott zu richten vermag.

Sämtliche erwähnten Einflüsse haben *Heidegger* (geb 1889) bestimmt. Sein Denken ist jedoch nicht *existentiell*, dh alles in seiner Bedeutung für die Einzel-E erhellend (Jaspers), sondern *existenzial*, dh durch den Einzelnen das Dasein (den Menschen), ja das Sein schlechthin anzielend. Deshalb bewegt er sich vom *Ontischen* zum *Ontologischen*, vom tatsächlich Seienden zu dem es gründenden Sein. So ist die *existenziale Analytik* des Menschen nur die *Fundamentalontologie*, der die *Ontologie* als Auslegung des Seins selbst folgen soll; neuerdings heißt jedoch bei Heidegger *Ontologie* die Erforschung des Seienden, die mit Metaphysik identisch ist, während mit *Fundamentalontologie* die Lichtung des Seins bezeichnet wird, die (nach ihm) die Überwindung der Metaphysik vollzieht. Das Sein zeigt sich zunächst als Entwurf des Menschen in der *Befindlichkeit* als der Grundgestimmtheit, in der er sich als Dasein in der Welt immer schon vorfindet; verdeutlicht wird das Sein in den Existenz-weisen oder *Existenzialien*. In der Uneigentlichkeit (Verfallen) verliert der Mensch beim Besorgen der Weltdinge sich selbst. Darüber erhebt ihn die *Angst*, die das Nichts als Grund alles Seienden aufreißt: in der Gegenwart als Nichtigkeit des Alltäglichen; in der Vergangenheit, insofern das Woher verborgen bleibt: *Geworfenheit*; in der Zukunft, weil von ihr nur das eine gewiß ist, daß sie in den Tod abstürzt. Die Erfahrung des Nichts umgreift also sämtliche Erstreckungen des Daseins u stellt damit den Menschen vor das Ganze seines Daseins. Indem er dieses in der Ent-schlossenheit ergreift, kommt er zur Eigentlichkeit. Sie würde Sinnlosigkeit u so hoffnungslose *Tragik* bedeuten, wenn das Nichts die absolute Leere meinte. Tatsächlich aber zeigt sich im Schleier des Nichts (des Nicht des Seienden) das Sein, das keineswegs nur ein Entwurf des Menschen ist, sondern als Grund alles Seienden diesem vorausgeht. Obwohl das Sein den Raum für das Heilige, für Gottheit u Gott eröffnet, bleibt die Gottesfrage noch ohne eindeutige Antwort. Gemäß einer letzten Wendung läßt H das vom Seienden sich abhebende Sein hinter sich, indem er dem Denken nur deren *ontologische Differenz* u das in ihr den Menschen angehende *Ereignis* als Thema zuweist.

Neben der deutschen EPh ist der französische *Existentialismus* zu nennen, in dem auch das geistige Erbe von Männern wie *Pascal* u *Maine de Biran* fortlebt. Er entfaltet sich in zwei Grundrichtungen, einer atheistisch-nihilistischen, deren Hauptvertreter *Jean Paul Sartre* (geb 1905) ist u einer metaphysisch-theistischen, die besonders *Gabriel Marcel* (1889–1973) entfaltet hat.

Sartre kommt hauptsächlich von *Heidegger, Husserl* u *Hegel* her. Nach ihm geht im Menschen die Existenz der Essenz voraus; das ist damit gleichbedeutend, daß der Mensch als absolute, schrankenlose *Freiheit* erst sein Wesen u die führenden Werte des Daseins bestimmt. Da er als Freiheit völlig verlassen, ohne Gott u ohne Norm, seinen Weg suchen muß, erscheint er zu ihr als Last verurteilt. Freiheit schließt Bewußtsein ein, das wesentlich sich selbst gegenübersteht, also nicht ganz es selbst ist; durch dieses Nicht oder *Nichts* gehindert, ganz es selbst zu sein, ist es vom Nichts gebrochenes Sein. Ihm steht das unbewußte Körperliche als ungebrochenes Vollsein gegenüber. Weil nun das Bewußtsein notwendig, jedoch vergeblich danach strebt, bewußt ebenfalls ganz es selbst zu sein, erweist es sich als nutzlose Leidenschaft (nutzloses Leiden) oder als *Absurdität*, von der der *Ekel* als Grunderfahrung des Daseins Zeugnis gibt. – Ebenfalls atheistisch gerichtet ist *Maurice Merleau-Ponty* (1908–61), dessen phänomenologische Analyse auf das Ursprüngliche oder Vorreflexive sowohl beim menschlichen Verhalten als auch bei dem in der Welt u der Geschichte inkarnierten Sinn zielt. Der Mensch reicht nicht über das freie Verwirklichen der innerkosmischen u zwischenmenschlichen Solidarität hinaus. Wegen der radikalen Kontingenz von allem führt kein Weg zum Absoluten, das auch die Freiheit des Menschen aufheben würde u ihm nichts mehr zu tun ließe.

Gewißermaßen einen Gegenpol dazu bildet *Marcel*, der zu seinen Grundgedanken vor Sartre sowie unabhängig von *Kierkegaard* u der deutschen EPh gekommen ist. Auch er spürt dem Geheimnis der menschlichen Person u ihrer Freiheit nach. Bei Erhellung seiner konkreten Situation erscheint der Mensch zunächst wie gebrochen u vom eigentlichen Leben abgeschnitten. Doch findet er dieses u damit sich selbst, indem er sich durch Sammlung u Treue in die ↗Transzendenz hinein überschreitet u so im göttlichen Du gründet. Daher ist bei *Marcel* die Existenz weniger durch Angst u Sorge als durch Hoffnung u Anbetung gekennzeichnet.

Die EPh hat darin recht, daß der Mensch nicht bloß vorhanden, sondern E ist; dh er gewinnt sich selbst erst in der Entscheidung, mit der er die Fülle seines Seins umfaßt u verwirklicht. Damit rücken Wille u Freiheit, überhaupt das Tun in die Mitte; persönliches Ergriffensein, existentielles Ernstmachen werden gefordert. Ebenso tief gesehen ist, daß diese Verwesentlichung in der Transzendenz, in der Bindung an ein irgendwie Überweltliches gründet. Doch zeigt gerade die Verschleierung, die das Transzendente umgibt, die Grenzen der EPh. Mit dem idealistisch übersteigerten Allgemeinen wird das Allgemeine überhaupt verdächtig; zugleich erwacht das Mißtrauen gegen alles Denken, das über das Erfahrene oder phänomenologisch Aufweisbare hinausgeht. Hierin liegt die

Gefahr, daß alles nur in seiner E-bezüglichkeit gesehen u so auf Existenzialien des Menschen zurückgeführt wird oder nur „ist", insoweit er es als verschiedene Seiten seines Existierens entwirft. Dieser Gefahr muß die EPh keineswegs erliegen; denn im Durchgang durch die Existenzialien kann sich ein neuer, lebensvoller Zugang zum Sein selbst öffnen. Das ist nach *Heidegger* der Fall, insofern der Mensch von dem ihm sich mitteilenden Sein entworfen wird; doch wirkt sich die oben besprochene methodische Beschränkung auch bei ihm darin aus, daß das Sein unbestimmt bleibt u der Weg zu Gott nicht beschritten wird. – ↗ [195, 198–99, 225 (Frankreich), 233 (Italien)]

a) *S Kierkegaard, K Jaspers, M Heidegger, JP Sartre, M Merleau-Ponty, G Marcel:* Werke. – b) *OF Bollnow:* Deutsche EPh (Bibliogr Einführungen 23), Bern 1953 [dort ältere Lit]; *A Brunner:* La Personne incarnée 1947; *E Gilson:* L'être et l'essence 1948; *J Möller:* Existenzialphil u kath Theol 1952; *M Müller:* EPh i geist Leben der Gegenw ³1964; *J Lotz:* Sein u Existenz 1965. – Zu Heidegger: *H Lübbe:* Bibliogr der Heidegger-Lit 1917–55 [von u über Heidegger], in: Z f phil Forsch 11 (1957) 401–52; *O Pöggeler:* Der Denkweg M Heideggers, Pfullingen 1963; *M Kanthack:* Das Denken M Heideggers 1959; *V Vycinas:* Earth and Gods, Den Haag 1961; *A Chapelle:* L'Ontologie phénoménologique de Heidegger, P 1962; *W Richardson:* Heidegger, through Phenomenology to Thought, Den Haag 1963; *A Rosales:* Transzendenz u Differenz [ontolog Differenz beim frühen Heidegger], Den Haag 1970. – Zu Jaspers: *B Welte:* Der phil Glaube bei K Jaspers u die Möglichkeit seiner Deutung durch die thom Phil, in: Symposion II 1949; *J Wahl:* La théorie de la vérité dans la phil de Jaspers, P 1953; *L Armbruster:* Objekt u Transzendenz bei Jaspers, Innsbruck 1957; *PA Schilpp* (Hgb): K Jaspers, dt 1957; *X Tilliette:* K Jaspers, P 1960. – Zu Sartre: *R Troisfontaines:* Le choix de JP Sartre 1945; *H Kuhn:* Begegnung mit dem Nichts 1950; *J Ell:* Der Existentialismus 1955; *J Möller:* Absurdes Sein? Eine Auseinandersetzung mit der Ontologie JP Sartres 1959. – Zu Merleau-Ponty: *A de Waelhens:* Une phil de l' ambiguité, Louvain 1951; *RC Kwant:* The Phenomenological Phil of M-P, Louvain 1963. – Zu Marcel: *É Gilson:* Existentialisme chrétien: G Marcel 1947; *A Weiglein:* Die Situation des Menschen bei den franz Philosophen der Existenz, G Marcel 1950; *F Hoefeld:* Der christl Existenzialismus G Marcels, Zürich 1956; *Ch Widmer:* G Marcel et le Théisme Existentiel, P 1971. – c) *OF Bollnow:* EPh ⁴1955; *ders:* Neue Geborgenheit 1955. – d) *J Hommes:* Zwiespältiges Dasein. Die existenziale Ontologie v Hegel bis Heidegger 1953; *G Siewerth:* Das Schicksal der Metaph v Thomas zu Heidegger 1959. – e) *H Pfeil:* Existentialist Phil 1950; *J Lotz:* EPh u Christentum (Studentenwerk München) ²1951. Lotz

Falschheit ist das Gegenteil von Wahrheit. Entsprechend den verschiedenen Bedeutungen von ↗ Wahrheit unterscheidet man logische, ontologische u ethische F. – 1. Logische F liegt vor, wenn ein ↗ Urteil den gemeinten Sachverhalt verfehlt. Das bloße Zurückbleiben des Urteils hinter der Fülle des Gegenstandes begründet noch keine logische F. Zur logischen F gehört, daß bejaht wird, was der Sache nach zu verneinen wäre, oder daß verneint wird, was der Sache nach zu bejahen wäre. Begriffe sind an sich weder wahr noch falsch. Von falschen Begriffen kann man nur sprechen, sofern sie durch unzutreffende Urteile auf Gegenstände bezogen werden. – 2. Die ontologische F besteht im Abweichen eines Gegenstandes von seiner ↗ Idee. Von ontologischer F kann man nicht sprechen, wenn der Gegenstand mehr enthält, als die Idee ausdrückt, sondern erst, wenn er anderes enthält, was der Idee widerspricht. Im Natursein gibt es an sich keine ontologische F, da alle Dinge wenigstens ihrem Wesen nach den göttlichen Ideen entsprechen. Im Kunstsein hingegen ist ontologisch falsch, was den Ideen u Absichten des Künstlers bzw der Kunst selbst widerspricht.

Manchmal wird ein Gegenstand auch falsch genannt im Hinblick auf zufällige, nicht zutreffende menschliche Ideen, zu denen die Ähnlichkeit mit andern Gegenständen Anlaß gibt (zB falsche Edelsteine). – 3. Die ethische F besteht darin, daß ein Mensch bewußt anders redet oder sich gebärdet, als er denkt ↗ Lüge. Das bloße Verbergen des Innern ist noch keine ethische F. – ↗ Irrtum.

J Lotz, J de Vries: Phil i Grundriß 1969; *J de Vries:* Denken u Sein 1937, 46–50. Santeler

Familie ist die aus dem Ehebund sich naturgemäß entfaltende u dessen eigentliches Ziel erfüllende Gemeinschaft zwischen Eltern u Kindern. Wie die ↗ Ehe ist auch die F nicht bloß ein rein naturhaftes, biologisches, auf bloße Triebhaftigkeit oder auf reine Menschenwillkür gegründetes Gebilde, sondern eine im göttlichen u sittlichen Weltplan beruhende Wert- u Zielgemeinschaft, die trotz allem geschichtlichen Wandel der äußeren Gestalt (Großfamilie mit verheirateten Kindern unter der Autorität des Vaters oder einfache Kleinfamilie) zu allen Zeiten im wesentlichen gleichbleibende Aufgaben zu erfüllen hat. Erstes Ziel u sinngebender Wert der F ist das Kind, seine leibliche, seelische, geistig-sittliche, religiöse, wirtschaftliche u soziale Erziehung. Die Erfüllung dieser für den Einzelnen u die Gemeinschaft so wichtigen Aufgaben bedeutet für die Eltern zugleich beglückende Entfaltung ihrer eigenen leiblichen u geistigen Wertanlagen. Die Verwirklichung so hoher Aufgaben kann nicht dem Zufall oder der Willkür anheimgegeben bleiben, sondern muß durch wahre sittliche Verpflichtung gesichert sein. Träger der *Erziehungspflicht* sind zuerst die Eltern, die normalerweise die besondere Eignung, Neigung u Opferbereitschaft sowie die Verantwortung dafür mit sich bringen. Dieser Pflicht ist untrennbar verbunden das *Elternrecht* im allg auf die Gemeinschaft mit den Kindern u deren Leitung, im besonderen aber das ursprüngliche u alleinige *Erziehungsrecht*. Die öffentliche Gewalt besitzt nur das ergänzende Recht der Erziehung im Fall des Versagens der Eltern, außerdem ein Aufsichts- u Forderungsrecht zur zeitgemäßen u notwendigen Schulbildung. Vom Elternrecht leitet sich die Gewalt der übrigen Erzieher ab. Im Bereich der geoffenbarten Religion sind die Eltern zugleich Beauftragte der Kirche Christi. Innerhalb der F gilt nicht zuerst, wie im öffentlichen Leben des Staates, das strenge u gegebenenfalls mit Gewalt erzwungene Recht, sondern vorzüglich die mildere Pflicht der *Pietät*. – Die Kinder schulden den Eltern Ehrfurcht, Liebe, Gehorsam; letzteres aber nur, solange sie unter der Gewalt der Eltern u im Verband der Hausgemeinschaft leben. Der Vorrang der elterlichen Gewalt steht dem Vater zu, doch besitzt auch die Mutter wahre Erziehungsrechte.

Pius XI.: Enzyklika „Divini illius magistri" 1929. – b) *V Cathrein:* Moralphil II [6]1924; *H Muckermann:* Kind u Volk [16]1924; *ders:* Die F 1946; *J Schröteler:* Das Elternrecht in der kath-theol Auseinandersetzung 1936; *G Ermecke:* Der Familiarismus 1947; *J Viollet, G Marcel:* Vom Wesen u Geheimnis der F, Salzburg 1952; *B Häring:* Soziologie der F 1954; *ders:* Ehe in dieser Zeit 1960; *J Leclercq, J David:* Die F 1958; *W Dreier:* Das F-prinzip 1960; *J Höffner:* Ehe u F [2]1965. – Familie u Jugendkriminalität, 4 Bde, 1969–70; *L Berg:* F in sozialtheol Perspektive 1973. – c) *S Gebauer:* F u Staat 1961. Schuster

Fideismus (vom lat fides = Glaube, also = *Glaubensphilosophie*) bezeichnet die Lehre, die metaphysischen, moralischen u religiösen Wahrheiten seien der Vernunft unzugänglich u nur durch den ↗ Glauben zu erfassen. Wird dabei der Glaube als Autoritätsglaube verstanden, so ist F = *Traditionalismus*. Meist bezeichnet man mit F aber jene Richtungen, die das Übersinnliche durch einen Gefühlsglauben erfaßt werden lassen. So berief sich die *Schottische Schule (Reid)* für die phil Grundwahrheiten auf den natürlichen Instinkt der gemeinen Menschenvernunft *(common sense); Jacobi* nahm ein eigenes *Vernunftgefühl* an, auf Grund dessen wir die religiösen u moralischen Wahrheiten im Glauben bejahen; *Schleiermacher* gründete alle Religion auf das „Gefühl schlechthinniger Abhängigkeit". Diese Rückführung der Religion auf einen ↗ irrationalen Glauben, die in der prot Religionsphil *(Ritschl, A Sabatier)* weite Verbreitung fand, suchte im sog Modernismus auch im kath Raum Boden zu gewinnen. – Dem F nähern sich in etwa jene, nach denen die ersten Denkprinzipien nur auf Grund eines Vertrauensaktes angenommen werden. – Gegen den F ist geltend zu machen, daß 1. seine Voraussetzung, unsere Vernunft könne das Übersinnliche nicht erkennen, falsch ist ↗ Metaphysik, Gottesbeweis; daß er 2. ein ungenügendes ↗ Wahrheitskriterium angibt, da in Wirklichkeit nur die ↗ Evidenz die Wahrheit letztlich sichern kann. – ↗[146, 154, 168, 234, 253, 262].

[1912.
V Cousin: Phil écossaise, P ³1857; *H Haldimann:* Le fidéisme, P 1907; *A Gisler:* Der Modernismus
Santeler

Finalitätsprinzip. Unter dem Namen F versteht man in der scholastischen Phil meist den Satz, daß alles Wirken zielgerichtet ist (omne agens agit propter finem), zuweilen auch den anderen, mit dem ersten zusammenhängenden, aber nicht sinngleichen Satz: Ein Naturstreben kann nicht sinnlos sein (impossibile est desiderium naturale esse in vanum). Zur Unterscheidung nennen wir den ersten Satz *Satz der Zielstrebigkeit*, den zweiten *Satz der Zielsicherheit*. Als ↗ Erkenntnisprinzipien von metaphysischer Tragweite können beide Sätze nicht durch die Erfahrung der ↗ Teleologie, sondern nur durch Wesenseinsicht ihre hinreichende Begründung finden. Der Satz der Zielstrebigkeit ist leicht einsichtig für alles Wirken, das unmittelbar aus vernünftiger Überlegung hervorgeht (über seine Verwirklichung im göttlichen Wirken ↗ Wollen Gottes u ↗ Schöpfung). Aber auch ein nicht unmittelbar vernunftgeleitetes Wirken ist letztlich zielbestimmt, insofern es aus einem Naturstreben (↗ Streben) hervorgeht, das den Naturwesen als zu einem bestimmten Wirken hindrängende Kraft innewohnt u letztlich aus dem zielsetzenden Geist des Schöpfers erklärt wird.

Der Satz der Zielsicherheit sagt darüber hinaus, daß das Ziel des Naturstrebens auch erreichbar ist; denn das Naturstreben wäre „sinnlos", wenn es sich auf ein völlig unmögliches Ziel richtete oder wenn der Natur der Dinge das zur Erreichung des Ziels Notwendige regelmäßig fehlen würde. Eine Vereitelung des Strebens in Einzelfällen, etwa durch entgegenwirkende, ihrerseits ebenfalls zielgerichtete Kräfte, ist dadurch nicht ausgeschlossen, ja um höherer Ziele willen oft notwendig; bei untergeordneten Naturstrebungen können die Fälle des Verfehlens des unmittelbaren Zieles sogar an Zahl weit überwiegen (man denke etwa an die verhältnismäßig geringe Zahl der Samen, die zur Entwicklung kommen). Umstritten ist, ob der Satz der Zielsicherheit, wenigstens insofern er die absolute Unmöglichkeit des Zieles ausschließt, ein „Grundsatz" im Sinn eines unmittelbar oder fast unmittelbar einsichtigen Satzes ist. Jedenfalls findet der Satz seinem ganzen Inhalt nach seine Begründung nur in der Weisheit des Schöpfers.

a) *Thom v Aq:* ScG III, 1–24. – b) *R Garrigou-Lagrange:* Le réalisme du principe de finalité, P 1932; *J de Vries:* Zielsicherheit der Natur u Gewißheit der Erkenntnis, in: Schol 10 (1935) 484 ff; 11 (1936) 52ff; *G Manser:* Das Wesen des Thomismus ³1949, 367–395; *W Brugger:* Theologia naturalis, Barcelona 1964, 134–136. – c) *N Hartmann:* Teleolog Denken 1951. – d) *GP Klubertanz:* St Thomas' Treatment of the Axiom „omne agens agit propter finem"; in: An E Gilson Tribute, Milwaukee 1959, 101–17; *J Roig Gironella:* El principio metafisico de finalidad a través de las obras de S Tomás, in: Pensamiento 16 (1960) 289–315.   de Vries

Form (*forma,* griech *morphē*) bedeutet zunächst (1) die äußere Gestalt, den sichtbaren Aufbau eines Körpers; weil dieser den wichtigsten Unterscheidungsgrund der Arten abgibt, wird er in der *„Morphologie"* zum Gegenstand besonderen Studiums gemacht. Aus demselben Grund überträgt die Phil seit *Aristoteles* das Wort morphē bzw F auf den inneren Wesensgrund des arteigenen Soseins der Naturwesen, besonders der Lebewesen. Die F (2) in diesem Sinn, die *Wesensform (forma substantialis),* steht in den Körpern der ↗ Materie gegenüber (↗ Hylemorphismus). Sie ist nicht nur (statisches) Prinzip des arteigenen Seins, sondern auch (dynamisches) Prinzip des zielstrebig auf die arteigene Vollendung ausgerichteten Wirkens *(Entelechie).* Sie heißt in den Lebewesen ↗ Lebensprinzip, heute meist nur noch als Prinzip bewußten Lebens ↗ Seele. Das Lebensprinzip ist also Wesensteil des Lebewesens, u zwar in Pflanzen u Tieren der ↗ Subsistenz, dh selbständigen Daseins, unfähiger Wesensteil. Die Geistseele des Menschen wird dagegen, insofern sie selbständigen Seins u Wirkens fähig ist, „ *in sich subsistierende F"* genannt. Dem reinen ↗ Geist kommt nicht nur die Fähigkeit, sondern die wesentliche Notwendigkeit von der Materie „getrennten" Seins (*separatio,* griech *chōrismós*) zu; darum heißt er *„reine F"* (3).

Weil das ↗ Akzidens die ↗ Substanz ähnlich bestimmt wie die (substantielle) F die Materie, wird auch dieses oft F (4) genannt: *akzidentelle F.* Darüber hinaus werden die Ausdrücke „Materie" u „F" auf jede Zusammensetzung aus einem bestimmbaren Etwas (als Materie) u einem bestimmenden Prinzip (als F [5]) übertragen, so daß das Gegensatzpaar fast mit dem von ↗ Potenz u ↗ Akt zusammenfällt (B: im [kategorischen] Urteil werden die Begriffe von Subjekt u Prädikat Materie genannt, das „ist" der Kopula F; ähnlich nennt *Kant* das sinnlich Gegebene „Materie", die es bestimmenden Kategorien „F"). – Thomas nennt auch das ↗ Sein als den Akt des ↗ Wesens gelegentlich F (6), ja das am meisten Formhafte (maxime formale) oder *F der Formen (forma formarum),* während er den Ausdruck „Materie" für das Wesen als mißverständlich meidet.

Eine weitere Bedeutung von F (7) mag die *abstrakte F* genannt werden; sie ist mit keiner der genannten Bedeutungen einfach identisch. Sie hat ihren Ursprung wohl in der sprachlichen Form des Aussagesatzes. Grundlegend dürfte dabei die Art der Aussage sein, in der von einem einzelnen Subjekt ein Prädikat ausgesagt wird, das zum Subjekt eine neue Bestimmung hinzufügt; neu, dh eine Bestimmung (Soseinsbestimmung), die im Subjekt noch nicht enthalten war (B: „Dieser Mensch ist klug"). Jedenfalls kann nicht gesagt werden: „Dieser Mensch ist Klugheit", sondern nur: „Er ist klug"; dh, vom Konkretum kann immer nur ein Konkretum als identisch ausgesagt werden. Dieses Konkretum kann umschrieben werden: „ein Subjekt, dem Klugheit zukommt", wobei ↗ „Subjekt" nicht mehr die bekannte grammatische Bedeutung hat, sondern ein für sich bestehendes Etwas, das weitere Bestimmungen „haben" kann, besagt. Diese weiteren Bestimmungen, die grammatisch durch Abstrakta (Menschsein, Klugheit) bezeichnet werden, heißen nun ebenfalls F.-en. Diese F (7) muß, auch wenn sie das substantielle Wesen bezeichnet (B: „Menschsein"), durchaus von der F (2) unterschieden werden, die nur ein Wesensteil ist. Es wäre gewiß ein Irrtum, diese F (7) grundsätzlich als „bloßes Wort" oder „bloßen Begriff" ohne Realgeltung zu betrachten; aber dadurch, daß sie in ihrer Unterscheidung vom Subjekt zu sehr konkretisiert oder ohne kritische Unterscheidung verselbständigt („hypostasiert") wird, kommt es zu Scheinproblemen u begrifflichen Konstruktionen. ↗ Realismus: Stichwort „Begriffsrealismus".

Allen genannten Arten der F als *Seinsformen* steht die *Erkenntnisform* (8) *(species)* gegenüber, sei es die sinnliche *(species sensibilis),* sei es die geistige *(species intelligibilis).* In ihr hat der dargestellte Gegenstand kein reales, sondern ein ↗ intentionales Sein. Wenn als Inhalt der species intelligibilis die F des Gegenstandes bezeichnet wird, ist dabei nicht an die Wesensform (2) ohne die Materie zu denken, sondern an das Formhafte, Wesenhafte in den sinnlichen Gegebenheiten, die F (7) (↗ Abstraktion). Über F bei Kant ↗ Kritizismus u ↗ Kategorischer Imperativ.

Wieder einen andern Sinn gewinnt das Wort F als Ggs zum „*Inhalt*" oder „*Gehalt*". So ist die *ästhetische F* (9) die künstlerische Gestaltungsweise im Ggs zum dargestellten Gehalt, die *rechtliche F* (10) die gesetzlich zur Gültigkeit eines Rechtsgeschäftes geforderten Bedingungen (B: F des Testaments), die *logische F* (11) die für die Richtigkeit des Denkens geforderte Struktur, besonders des Schlusses, die im Ggs zu dem wechselnden (variablen) Inhalt konstant bleiben kann u bei einem Schluß „in strenger F" auch in der sprachlichen Fassung ausdrücklich hervortritt. Die Überbetonung des Formalen gegenüber dem Inhaltlichen ist *Formalismus* im abwertenden Sinn.

a) *Thom v Ag:* De ente et essentia. – *E Herrigel:* Die metaph F 1929; *H Friedmann:* Die Welt der F-en ²1930; *EJ Watkin:* A Philosophy of F, L 1938; *J Herrsch:* L'être et la forme, Neuchâtel 1946; *La forma.* IV Semana Española de Fil (1957), Madrid 1959. – d) *N Hartmann:* Zur Lehre v Eidos bei Platon u Arist 1941; *ES Haring:* Substantial F in Aristotle's Metaphysics Z, in: Review of Metaphysics 10 (1956/57) 308–32 482–501 698–713. – ↗ Hylemorphismus, Materie. de Vries

Fortschritt bedeutet im allg eine Verbesserung der Daseinsbedingungen u Lebensumstände auf dem Gebiet des *Wirtschaftlichen* (Produktivitätssteigerung, Wachstum des Bruttosozialprodukts, Massenkonsum hochwertiger Güter), des *Politischen* (Emanzipation, Demokratisierung, Chancengleichheit, soziale Sicherheit, Frieden) und der *Wissenschaft* u *Technik* (längere Lebenserwartung, sinkende Kindersterblichkeit, Immunität gegen Infektionskrankheiten, Schutz vor Naturkatastrophen, kostengünstige Produktionsverfahren, Kommunikation). Die Auseinandersetzung um gesellschaftspolitische Zielvorstellungen *(Lebensqualität)* zeigt, daß F als Feststellung u Forderung notwendig eine Bewertung beinhaltet, die letztlich im Menschenbild begründet ist. Nach *Max Weber* muß unterschieden werden zwischen bloß fortschreitender Differenzierung, zunehmender Rationalisierung technischer Mittel u echter Wertsteigerung. F-glaube u F-lehren sind oft von ideologischen u utopischen Elementen durchsetzt; deswegen ist bei der Verwendung des Begriffs F Vorsicht geboten. Erwünscht ist F, insofern u insoweit er die Voraussetzungen schafft, um die menschenwürdige materielle, kulturelle u geistige Entwicklung des Menschen u der Menschheit zu ermöglichen u zu sichern.

M/Weber: Ges Werke z Religionssoziologie, 3 Bde, 1920–21; *A Salomon:* F als Schicksal u Verhängnis 1957; *U Schöndorfer* (Hgb): Der F-glaube – Sinn u Gefahren 1965; *Ph Land* (Hgb): Theology meets Progress, Rom 1971. Zwiefelhofer

Freiheit im allg ist jedes Nichtgebundensein, jedes Nichtbestimmtsein von außen, sofern es mit einem gewissen Vermögen zur Selbstbestimmung von innen her verbunden ist. Je nach der Art der ausgeschlossenen Bindung unterscheidet man verschiedene Arten der F. *Physische* oder *Handlungs-F* kommt den bewußt strebenden Lebewesen (Menschen u Tieren), in geringerem Maße aber auch den Pflanzen zu, soweit ihrem Wirken keine äußeren, stofflichen Hemmungen entgegentreten; die *moralische F* (1) im weiteren Sinne besteht in der Fähigkeit, sich ohne Behinderung durch äußere, aber psychisch (auf dem Wege von Vorstellungen) einwirkende Ursachen (zB durch Bedrohung), die *moralische F* (2) im engeren Sinne in der Fähigkeit, sich ohne entgegenstehende Verpflichtung zu etwas entschließen zu können (zB zum Spazierengehen). Die *psychologische F,* die physische Bindung u moralische Verpflichtung nicht ausschließt, ja sogar Voraussetzung der letzteren ist, besteht in der Fähigkeit, sich ohne psychische, dem Akt der Entscheidung vorgängige Bindungen, die das Wollen eindeutig in eine bestimmte Richtung nötigen, zu etwas entschließen zu können, oder in der Fähigkeit, „zu wollen, wie man will" ↗ Willensfreiheit. Ohne eine gewisse Überlegenheit des Inneren über das Äußere, die im Anorganischen fehlt, kann man nicht wohl von F sprechen.

Nach *Kant* besteht die *intelligible F* darin, daß der Wille unabhängig von der Einflußnahme sinnlicher Triebe einzig von der reinen Vernunft bestimmt wird. Als solcher folgt der Wille dem ↗ kategorischen Imperativ u ist daher notwendig sittlicher Wille. In der Erscheinungswelt vermag er wirksam zu werden (was allerdings nur praktisches Postulat ist), weil seine intelligible Kausalität sozusagen quer steht zu der notwendigen Kausalreihe der Erscheinungen. – Kant übersieht, daß die gesunde Vernunft, obwohl sie immer in die Richtung des Sittlichen weist, dieses nicht notwendig auf eine Weise zu verwirklichen vorschreibt; er übersieht, daß die objektive Würdigung sinnlicher Interessen die Wahl aus Vernunft nicht aufhebt. Das Zusammenbestehen der intelligiblen u der empirischen Kausalität ist bloß möglich, wenn letztere nicht absolut notwendig ist.

Es liegt in der Natur des Menschen als eines endlichen, leib-seelischen, vernünftigen u sozialen Wesens begründet, daß seine F nicht unbeschränkt sein kann, wie der *Liberalismus* u mehr noch der *Anarchismus* u der *Antinomismus* (Ablehnung aller Gesetzesbindung) will. Schon die Vernunft verlangt, daß der Mensch sich selbst aus eigener Einsicht, nicht bloß durch äußeren Zwang, unter das Sittengesetz beuge, daß er den persönlichen Gott, den Urquell aller geistigen, sittlichen u physischen Ordnung, als seinen Herrn anerkenne, daß er sich unter Wahrung u Voraussetzung seiner Personwürde (↗ Person, Gesellschaft) in die naturgegebenen sozialen Ordnungen einfüge. Mißbräuchlich hingegen ist die *Hegel* von *Engels* zugeschriebene Auffassung des *Marxismus,* nach der frei das ist, was mit Einsicht in seine Notwendigkeit geschieht. – Nach dem Gegenstand, wozu man frei ist, unterscheidet man ua: *Gewissens-F,* d i das Recht, seinem persönlichen ↗ Gewissen ohne Behinderung folgen zu dürfen (was die Pflicht, sein Gewissen nach objektiven Normen zu bilden, u die begründeten Rechte der Gemeinschaft nicht ausschließt); die *Religions-F* (als Teil der Gewissens-F); die *Berufs-F* (die Ausschließung von physischem oder moralischem Zwang in der Berufswahl); die *Forschungs-* u *Lehr-F* (die Möglichkeit, im Forschen u Lehren einzig der erkannten Wahrheit u Gewißheit zu folgen); die *F der öffentlichen Meinungsäußerung (Rede-F, Presse-F).* Es versteht sich von selbst, daß die letzten Arten der F (einschl der Lehrfreiheit) nicht so weit gehen dürfen, daß sie eine wirkliche Bedrohung der Gemeinschaft u der von ihr zu hütenden Werte darstellen.

J Donat: Die F der Wissenschaft, Innsbruck ³1925; *J Maritain:* Du régime temporel et de la liberté, P 1933 (dt Luzern 1936); *A Adam:* Die Tugend der F 1947; *A Wenzl:* Die Phil der F (Metaph, Ethik) 1947–49; *G Kafka:* F u Anarchie 1949; *Liberté* et vérité, Louvain 1954; *Les Études philosophiques,* P 1959, H 1: La liberté; *G Siewerth:* Die F u das Gute 1959; *R Berlinger:* Das Werk der F 1959; *G v Bredow:* Das Sein der F 1960; *Artikel* „Meinungsfreiheit", in: Staatslex V ⁶1960, 647–53; *R Dahrendorf:* Gesellschaft u F 1961; *L Freund:* F u Unfreiheit i Atomzeitalter 1963; *AF Carillo de Albornoz:* The Basis of Religious Liberty, NY 1963, Association Press; *J. Leclercq:* Kirche u F 1964; *A Bea:* Einheit u F 1965; *F Borden:* Das Probl d F 1972. – d) *E Cassirer:* F u Form, Studien z dt. Geistesgesch 1917; *JM Robertson:* A History of Free-thought (bis z Franz Revolution), L 1936; *D Amand:* Fatalisme et liberté dans l'antiquité grecque, Amsterdam 1971; *K Riesenhuber:* Die Transzendenz der F z Guten [zu Thom v Aq] 1971. Brugger

Freiheit Gottes (FG). Gott ist frei nach außen, dh er kann schaffen oder nicht, dieses oder jenes wirken. Seine Freiheit (F) ist also Wahlfreiheit, nicht bloß ein Handeln aus der Notwendigkeit der eigenen Natur heraus *(Spinoza)* oder eine volle Unabhängigkeit von außen *(Hegel).* Gott schuf die Welt weder aus innerem unbewußtem Drang (↗ Pantheismus) noch aus psychologischer Nötigung, als ob er stets den besten Gegenstand wählen müßte *(Leibniz* ↗ Optimismus), noch aus moralischer Nötigung, weil er sich in den Geschöpfen notwendig liebte *(Rosmini)*. – Die göttliche F kommt mit der menschlichen darin überein, daß sie Wahlfreiheit besagt gegenüber verschiedenen Gegenständen. Der Mensch jedoch kann wählen zwischen sittlich Gut u Bös, Gott nur innerhalb des Guten; der Mensch wählt nicht nur zwischen verschiedenen Gegenständen, sondern auch zwischen verschiedenen Willensakten, durch die er jene anstrebt. Gott kann nur wählen zwischen verschiedenen Gegenständen, da sein Wollen ein einziger, unveränderlicher Akt ist, identisch mit seinem eigenen Sein u Wesen (↗ Wille Gottes).

Die Antinomie zwischen dem ewigen Willensakt u der FG, welch letztere Überlegung u Nacheinander einzuschließen scheint, löst sich mit dem Hinweis auf das unendliche Wissen Gottes, das alles mit einem Akt umfaßt. Wir dürfen höchstens logische Momente unterscheiden, die sich bedingen. So sieht zB Gott von Ewigkeit das *Bittgebet* u beschließt von Ewigkeit dessen Erhörung. – Die Antinomie zwischen der FG u seiner Unveränderlichkeit wird von den klassischen Vertretern der Scholastik folgendermaßen gelöst: Durch den einzigen unendlichen Willensakt kann Gott leisten, was den endlichen Geschöpfen nur durch verschiedene Akte möglich wäre, wie er auch in seiner unendlichen Vollkommenheit alle in den Geschöpfen zerstreuten Seinswerte auf höhere Weise in sich birgt, dh er kann durch den in seinem Sein notwendigen Akt, durch den er sich selbst notwendig liebt, zugleich kontingente Gegenstände frei wollen. Die FG setzt die Möglichkeit kontingenter Dinge voraus, weshalb der ↗ Pantheismus stets beides leugnet.

a) *Thom v Aq:* Summa theol I q 19; Summa c Gent I, 72–96. – b) *J Hontheim:* Institutiones theodiceae 1893, 661 ff; *C Nink:* Phil Gotteslehre 1948; *M Rast:* Welt u Gott 1952; *W Brugger:* Summe e phil Gotteslehre 1979 KlNr 312. 2.   Rast

Frieden ist der Inbegriff des in seinen personalen u sozialen Beziehungen integrierten Menschseins; er ist von alters her Thema phil Spekulation u Gegenstand religiöser Heilserwartung. Der christl F-begriff des Alten *(Shalom)* und des Neuen Testaments *(Eirene)* betont den individuellen Aspekt des F als Zustand des Versöhntseins mit Gott, als Heilsein des Menschen u als Ruhe des Gemütes *(innerer F)*. Bei *Augustinus* u *Thomas von Aquin* stehen die sozialen Beziehungen im Vordergrund: F als Ruhe der Ordnung (tranquillitas ordinis) u Wirkung der Gerechtigkeit (opus justitiae) *(sozialer* u *politischer F)*. Der F der gerechten Ordnung setzt voraus: ein gemeinsames Bewußtsein dessen, was gerecht u was ungerecht ist, u eine mit Sanktionsbefugnis ausgestattete Entscheidungsinstanz. Da, wo, besonders in den zwischenstaatlichen Beziehungen, zumindest eine der beiden Bedingungen fehlt, geht die Gleichung zwischen F u Gerechtigkeit nicht auf. Dieser Konflikt wurde in der traditionellen Lehre zugunsten der ↗ Gerechtigkeit entschieden; so verlagerte sich das Problem von der positiven Bestimmung dessen, was F ist, zur Lehre vom gerechten *Krieg* (gewaltsame Auseinandersetzung zwischen Staaten). Die auf der Güterabwägung beruhende sittl Erlaubtheit des Krieges führt angesichts des Problems der atomaren Bewaffnung u des Atomkrieges zu keiner Lösung, weil eine der Kernforderungen der naturrechtlichen Lehre vom gerechten Krieg, daß der Erfolg des Krieges größer sein muß als die von ihm bewirkte Zerstörung, nicht erfüllbar ist. Die Einsicht in die Zerstörungsmacht des Krieges u in die Bedingtheit der Kategorie Gerechtigkeit ließ dem theologisch-juristisch bestimmten Versuch, das Problem des F zu bewältigen, die Organisation des politischen u sozialen Ausgleichs u der gewaltfreien Konfliktlösung an die Seite treten. Der F-begriff, wie er von den Vertretern einer rationalen F-theorie oder der *F-forschung* aufgefaßt wird, steht zwar in der Tradition phil Bemühungen um den F als Chance der Selbstverwirklichung des Menschen, wird aber weniger in seinem Entwurfscharakter, sondern eher im Sinn der Entwicklung von Methoden zur Vermeidung des Krieges gesehen.

R Aron: F u Krieg 1963; *HE Bahr* (Hgb): Welt-F u Revolution 1965; *A Etzioni:* Der harte Weg z F 1965; *J Galtung:* Theories of Peace, Oslo 1968; *E Krippendorf* (Hgb): F-forschung 1968.
Zwiefelhofer

Funktion besagt 1. mathematisch eine Beziehung zwischen veränderlichen Größen, die in einem bestimmten Abhängigkeitsverhältnis stehen derart, daß jedem Wert der einen ein Wert der anderen eindeutig entspricht: $y = f(x)$, dh, y ist eine F von x. In dieser Weise werden die Abhängigkeitsverhältnisse in der Natur, die in den Naturgesetzen sich kundtun, mathematisch-quantitativ formuliert; dabei sind die Veränderlichen physikalische Größen, die Maßzahl u Einheit umfassen. Die Zuordnung solcher F-en zu den Prozessen selbst wird *Abbildung* genannt. Nicht alle funktionalen Beziehungen sind ohne weiteres auch kausale Beziehungen. In der ↗ Logistik werden die logischen Beziehungen in Form mathematischer F-en dargestellt. – 2. Physiologisch u psychologisch ist F die Betätigungsweise u Leistung von Organen, des ↗ Organismus, der Seele u ihrer Fähigkeiten (Gehirn-, Leber-F usw; F des Denkens). Die elementaren Gefühle werden erklärt als *Funktionslust* u *-unlust*, dh durch die entsprechende Weise des „Funktionierens" der physiologischen Vorgänge. – 3. *Kant* versteht unter F „die Einheit der Handlung, verschiedene Vorstellungen unter einer gemeinschaftlichen zu ordnen". Das Ergebnis derartiger F-en sind die Begriffe, durch die wiederum die Urteile zustande kommen. „Alle Urteile sind F-en der Einheit unter unseren Vorstellungen."

Kant: Krit d rein Vern, Transzendentale Analytik, 1. B, 1. Hauptst, 1. Abschnitt. – *G Frege:* F, Begriff, Bedeutung, Neuaufl 1969; *E Cassirer:* Substanzbegriff u F-begriff, Neudr 1969. – *F Klein:* Elementarmathematik vom höheren Standpunkte aus I ³1924, 215–23; *J Lindworsky:* Experimentelle Psych ⁴1927, 128f; *N Hartmann:* Phil der Natur 1950, 401f. Junk – Brugger

Ganzheit (Gh). In der seit dem Beginn des 20. Jhts sich anbahnenden Überwindung der atomistischen Betrachtungsweise spielt der Begriff der Gh eine bedeutende Rolle. So wurde *Driesch* durch seine Untersuchungen auf dem Gebiete der Biologie dazu geführt, für die Organismen einen eigenen Gh-faktor, die Entelechie, anzunehmen ↗ Lebensprinzip. *Ehrenfels* u a wandten die Gh-betrachtung auf die psychologische Forschung an, wo sich herausstellte, daß weder die Erlebnisse noch das gesamte Seelenleben aus den einfachsten Elementen (Empfindungen usw) verstehbar sind, sondern ursprüngliche Gh-en darstellen. Gleichzeitig errang die Gh-betrachtung auch auf dem Gebiet der Soziologie (nicht ohne Übertreibungen) den Sieg über den Individualismus u Liberalismus des 19. Jhts. In der Scholastik war der Sinn für Gh, ein Erbe der platonisch-aristotelischen Phil, niemals untergegangen.

Gh wird heute meist im Sinne des konkreten *Ganzen* (G) genommen. Wir sprechen von Gh, wo mehrere Teile so geordnet sind, daß sie zusammen eine Einheit (das G) bilden. Die Gh ist eine Unterart der ↗ Ordnung. Das Besondere der Gh liegt darin, daß in ihr die Elemente der Ordnung (die Teile) durch ihr Zusammensein eine geschlossene Einheit ausmachen. Fehlt ein Teil, dann ist das G unvollständig u selber nur Teil. *Teil* einer Gh ist also dasjenige, was mit anderem zusammen eine geordnete Einheit bildet. Durch die Ordnung der Teile (die ↗ *Struktur* oder Aufbaugliederung) unterscheidet sich die Gh von der *Summe* u Anhäufung, bei der die Lage u Ordnung der Teile beliebig vertauschbar sind.

Der Begriff der Gh ist jedoch nicht in allen G-en auf dieselbe Weise verwirklicht, da die ↗ Einheit (die an der ↗ Analogie des Seins teilhat) in den verschiedenen G-en von verschiedener Art ist. Urbild der Gh ist für uns der Organismus. In ihm haben die Teile so sehr ihren Sinn von der Einheit des G, daß ohne Beziehung darauf die organischen Teile (zB eine Hand) nicht einmal definiert werden können. Sie haben ihr Wesen u Sein bloß als Teile im G. (Eine abgetrennte „Hand" ist keine Hand mehr.) Die Teile werden hier zur Gh verbunden durch die Gemeinsamkeit des substantiellen Seins. Noch mehr treten die Teile hinter die Einheit des G zurück im Continuum (↗ Quantität), wo die Teile als eigene Einheiten nur potentiell wirklich sind. Anderswo, wie bei den „Elementen" seelischer Erlebnisse, ist das Verbindende zunächst die ↗ Teleologie der Funktion, zuletzt aber die substantielle Einheit eines gemeinsamen Seinsgrundes, die Seele, ohne die psychisches Geschehen nicht zu verstehen ist. Von größter, auch praktischer Bedeutung für das Leben des Einzelnen u der Völker ist die Art der Gh in den Gemeinschaften ↗ Gesellschaftsphilosophie. Obwohl ein G seinerseits wiederum (unter anderem Gesichtspunkt) Teil einer Gh höherer Ordnung sein kann, ist doch zu beachten, daß es Gh-en gibt, die kraft ihres Wesens niemals wie die Glieder eines Organismus bloß Teil einer Gh sein können, nämlich die ↗ Person. Aus Personen aber mit ihrem unverlierbaren Eigenwert bestehen alle Gemeinschaften.

Zu den Gh-axiomen gehören: Das G ist mehr als die Teile, dh die Summe der Teile ist noch keine Gh; es gehört dazu noch die Ordnung u Gliederung der Teile, die einen besonderen, unter Umständen sogar substantiellen *Gh-faktor* (ein ↗ Prinzip der Einheit u Ordnung) voraussetzen. Ferner: Das G ist vor den

Teilen *(Aristoteles);* dh nicht, daß das G zeitlich vor den Teilen bestehe: es gibt Gh-en, bei denen die Teile bestehen, bevor sie zu einem G gefügt werden (etwa die Steine vor dem Haus), während andere Teile erst in einem G zur Existenz kommen (wie die Organe im Organismus). Der Sinn des Axioms ist vielmehr: Nicht was die Teile an sich sein mögen, ist für das G ausschlaggebend, sondern was aus ihnen die Gh macht, die Ordnung u Einheit (etwa der im Hause verwirklichte Bauplan); die Teile sind in ihrem Teilcharakter dem Ganzen untergeordnet, seinetwegen da, was nicht ausschließt, daß sie unter anderer Rücksicht Eigensein u Eigenwert besitzen.

Gh ist die bestimmende Idee des von *JS Haldane* begründeten u von *JC Smuts* so genannten *Holismus* (vom griech hólon = ganz). Nach ihm resultieren die Organismen weder aus ihren mechanischen Elementen noch aus Elementarorganismen, sondern entfalten aus der Gh heraus ihre Glieder, die ihrerseits wieder Gh-n sein können. Materie, Leben u Geist sind Stufen ein u desselben großen Entwicklungsprozesses. Charakteristisch für den Holismus ist die (anfechtbare) Ableitung der einfacheren Bereiche aus den komplexeren (des Physikalischen aus dem Biologischen u dessen aus dem Psychischen) durch bloße *Elimination* (Ausscheidung) u *Simplifikation* (Vereinfachung), wozu die Mathematisierung der höheren Bereiche notwendig ist. – ↗ Kollektivismus.

a) *Aristoteles:* Metaphysik V, 25–26. – b) *H Driesch:* Das G u die Summe 1921; *A Wenzl:* Der Gestalt- u Gh-begriff i der modernen Psychol, Biologie u Phil usw (Festschr Geyser) (1931); *F Krueger:* Das Probl der Gh 1932; ders: Gh u Form 1932; ders: Lehre v dem G 1948 [psycholog]; ders: Zur Phil u Psych der Gh (1918–40), ed Heuss 1953; *F Alverdes:* Die Gh-betrachtung i der Biologie 1933; *O Koehler:* Das Gh-problem i der Biologie 1933; *W Ehrenstein:* Einf i die Gh-psychologie 1934; *A Wellek:* Die genet Gh-psychologie 1954; ders: Gh-psychologie u Strukturtheor, Bern 1955; *W Asmus* u a: Die Idee der Gh i der Phil... 1965. – *J Schröteler:* Der arist Satz „Das G ist vor dem Teil...", in: Bildung u Erziehung I (1934) 14–32; *F Hürth:* Totalitätsforderung u Totalitätsgesetz, in: Schol 10 (1935) 321ff; *H Schickling:* Sinn u Grenze des arist Satzes: das G ist vor dem Teil 1936; *H Rombach:* Substanz, System, Struktur I 1965. – *Höffding:* Der Totalitätsbegriff 1917; *K Faigl:* Gh u Zahl 1926; *W Burkamp:* Die Struktur der Gh-en 1929; *F Werle:* Vom Wesen der Totalität 1938; *W Heinrich* (Hgb): Spann-Festschr: Die Gh i Phil u Wissenschaft 1950; *Festschr Walter Heinrich.* Ein Beitrag z Gh-forschung, Graz 1963; *O Spann:* Ganzheitl Logik ²1971. – Zu Holismus: *JS Haldane:* The Philosophical Basis of Biology 1931; *JC Smuts:* Holism and Evolution, L ³1936; dt: Die holist Welt 1938; *A Meyer-Abich:* Ideen u Ideale der biolog Erkenntnis 1934; ders: Krisenepochen u Wendepunkte des biolog Denkens 1935; ders: Naturphilosophie auf neuen Wegen 1948.

Brugger

Gedächtnis im weiteren Sinn hat man schon in den ↗ Assoziationen. G im engeren Sinn nennt man die aus dem ↗ Unbewußten reproduzierten ↗ Vorstellungen, wenn das frühere Erlebnis wiedererkannt wird. Beim G im weiteren Sinn unterscheidet man Lernfähigkeit, G-festigkeit u Treue. Die Ausageforschung (bei Untersuchung des Wissens über ein Bild, das eine Minute betrachtet war) stellte fest: Der Fehlersatz des spontanen Berichtes lag bei Schülern zwischen 5 u 10%; der des Verhörs zwischen 20 u 30%. Die oft gehörte Behauptung, der Zeuge hätte einen Vorgang, bei dem er zugegen war, wahrnehmen müssen, ist nicht berechtigt. – Die *Erinnerung,* das *Wiedererkennen* tritt beim reproduzierten Bild ein, wenn es als früher einmal erlebt erscheint. Die Sicherheit des Wiedererkennens ist besonders groß für die Hauptereignisse des eigenen Lebens, oft mit vielen begleitenden Umständen. Reproduktion u Wiedererkennen zeigen in vielem einen Parallelismus; nur verlangt die Reproduktion stärkere Assoziationen als das bloße Wiedererkennen. Anderseits kommen auch spontane Reproduktionen vor, ohne Wiedererkennen. Die spätere Reproduktion verlangt willkürliche Aufmerksamkeit bei der Reizaufnahme *(Lernen)*, das Wiedererkennen nicht.

Als Erinnerungskriterien dienen: die Schnelligkeit des Auftretens einer Vorstellung im Anschluß an gebotene; die Ausschließlichkeit bloß einer Vorstellung; ihre besondere Deutlichkeit; die Fülle der einfallenden Umstände. Wird ein ausgedehntes Objekt in seinen Teilen nacheinander übersehen, so wecken bisweilen die ersten Wahrnehmungen Vermutungen über das Folgende; wenn dieses nachher wirklich erscheint, ist die Vermutung bestätigt. Besonders die Hauptereignisse des eigenen Lebens zeigen eine Deutlichkeit, Dauer, Unabänderlichkeit wie kein Phantasiebild. Außerdem passen sie gut zur gegenwärtigen Erfahrung, werden durch das sonstige Wissen bestätigt. – Bei der Reproduktion von sinnlichen Vorstellungen, wie sie auch Tieren zukommen, hat man ein *sinnliches G*, in ihm ist der psychische Anteil immer an eine ganz bestimmte körperliche Erregung gebunden, wie auch bei der bewußten Empfindung. Darüber hinaus gibt es beim Menschen noch ein höheres, das *geistige G*, ein *latentes Wissen*, zB für gelernte geometrische Sätze, für die eigenen geistigen Akte des Verstandes u Willens, die man untersucht. Dafür genügen die zugleich vorhandenen sinnlichen Vorstellungen nicht, von denen die Gedanken nur eine lockere Abhängigkeit haben. Das geistige G ist schneller, richtiger, umfassender. Selbst für die erinnerten Worte genügt das sinnliche G nicht; denn es muß ihre Bedeutung mitscheinen; also müssen die Worte mit Gedanken assoziiert sein. Die heutige empirische Psychologie behandelt das G unter dem Titel des *Lernens* u der *Lernpsychologie*.

a) *Aristoteles:* G u Erinnerung (Kleine Schr z Seelenkunde; Üb Gohlke) 1947; *Augustinus:* Confessiones X, 8–25; *H Bergson:* Matière et mémoire 1896. – b) *J Fröbes:* Lehrb der exper Psych II ³1929, 60ff, 124–62; *J Geyser:* Lehrb der allg Psych I ³1920, 187–255; *FG Jünger:* G u Erinnerung 1957; *J Lotz:* Meditation i Alltag, 1959, 28–58; *ER Hilgard, GH Bower:* Theorien des Lernens, 2 Bde, 1971. – d) *G Söhngen:* Der Aufbau der augustin G-lehre, in: Aurelius Augustinus 1930, 367–94; Archiv f Begriffsgesch 9 (1964) 15–46. – e) *A Willwoll:* Seele u Geist 1938, 57–70.   Fröbes

Gedankending *(ens rationis)* ist ein Etwas, das nur als Denkinhalt, nicht aber „an sich", dh als denkunabhängiges Seiendes bestehen kann. Das G wird also nur im uneigentlichen Sinn „Ding" genannt, weil es von uns nach Art eines Dinges gedacht wird. Das G ist aber nicht notwendig ein bloßes Truggebilde; vielmehr hat es in der Regel eine bestimmte *Seinsgrundlage (fundamentum in re)*, zu der entsprechend der Eigenart unseres Denkens eine rein gedankliche Bestimmung hinzutritt. Diese Hinzufügung geschieht nicht willkürlich, sondern hat (der geometrischen Hilfskonstruktion vergleichbar) eine hindeutende Erkenntnisfunktion. So ist etwa im Begriff des ↗Raumes die wirkliche Ausdehnung der Körper die Seinsgrundlage; daß aber diese Ausdehnung wie ein selbständig Seiendes, das die verschiedensten Körper in sich aufnehmen kann, gedacht wird, ist rein gedankliche Zutat, die es jedoch ermöglicht, zB über die Lage der Körper objektive Aussagen zu machen. Als Hauptarten von G-en unterscheidet man die durch ↗ Verneinung entstehenden negativen u privativen (↗ Privation) G (zB das Nichts, die Blindheit) u die rein gedanklichen Beziehungen (zB die ↗ Identität zwischen Subjekt u Prädikat).

a) *F Suárez:* Disput metaph d 54, Pariser Ausg Bd 26, 1861. – b) *J Roig Gironella:* Investigación sobre los problemas que plantea a la filosofía moderna el ente de razón, in: Pensamiento 11 (1955) 285–302.

de Vries

Gefühl. Während die Seele sich im Erkennen Gegenstände intentional vergegenwärtigt, im Streben sinnliche oder geistige Güter aktiv bejahend zu erlangen trachtet, ist das G als solches nicht eigentlich intentional, sondern eine subjektive Befindlichkeit, ein Bewegtsein der Seele in sich selbst *(Emotion).* Bei akutem u intensiverem G-wogen spricht man von *Affekt,* bei gleichartig andauernder G-befindlichkeit von *Stimmung.* Während die mittelalterliche Scholastik das G dem Strebevermögen unterordnete, bevorzugt die neuere Psychologie seit *Tetens* die Dreiteilung der Erlebnisformen: Erkenntnis, Streben, G. Die heutige empirische Psychologie behandelt das G unter dem Titel *Motivation.* Allzu vereinfachende G-theorien des 19. Jht wollten im G nur eine Klasse oder Eigenschaft von Sinnesempfindungen oder ein dumpfes Erkennen der Nützlichkeit oder Schädlichkeit der Erkenntnisgegenstände sehen, ja sogar das G mit der Ausdrucksform gleichsetzen – „wir weinen nicht, weil wir traurig sind, sondern wir sind traurig, weil bzw indem wir weinen" (sensistische, intellektualistische, physiologische G-theorien). Das wurde der erlebnismäßigen Sonderart der G-e keineswegs gerecht. Anderseits aber ist das G aufs innigste mit dem Gesamterleben verschmolzen, umhüllt u trägt es wie eine Atmosphäre, erscheint als Reflex des gesamten seelischen (u zT physiologischen) Funktionierens. *F Krueger* erklärte es als die „Ganzheitsqualität" des Seelenlebens, womit die enge Verbindung des G mit dem Gesamtseelischen gut hervorgehoben, hingegen die erlebnismäßige Sonderart der emotionalen Erlebnisweise zu wenig deutlich gemacht wird. Teilweise sind die G-e von der Eigenart der Erkenntnisobjekte her ausgelöst u von daher einsichtig verstehbar, teilweise sind elementare G-e bestimmten physiologischen Vorgängen einfach parallelgeschaltet (wie zB die Lustbetontheit angenehmer Temperatur). Gewisse organisch bedingte u „gegenstandslose" G-e scheinen sich gleichsam ein Erkenntnisobjekt zu „suchen" (depressive Angst sucht das „wovor" man sich ängstigen müsse, u spielt so in religiösen Versündigungsideen eine verhängnisvolle Rolle).

Ob geistige *Wertgefühle* von den mit dem Triebleben eng verknüpften sinnlichen Gefühlen sich nur durch die Verschiedenheit der Objektrichtung unterscheiden *(Lindworsky)* oder ob sie von ihnen auch seinshaft, durch geistige

Seinsweise unterschieden seien wie das geistige Erkennen u Wollen vom sinnlichen Wahrnehmen u Streben *(Fröbes)*, ist umstritten. Für seinshaft geistige G-e spricht neben der besonderen Sinnverbundenheit der Wert-G-e mit dem geistigen Erkennen u Wollen auch die besondere subjektive Art u Verlaufsform mancher Wert-G-e, für die man einen strengen psychophysischen Parallelismus schwer aufweisen kann; anderseits verschmelzen sich geistiges u sinnliches G oft so eng, daß eine deutliche Abgrenzung durch reflexive Analyse schwer durchführbar ist. (Auch die Art des Wertfühlens ist weitgehend vom ↗ Temperament u damit von organischen Grundlagen mitbedingt.)

Den Aufbau des G-lebens kann man sich nicht in der Weise „atomistisch" denken, als ob sich G-e u Stimmungen mosaikartig aus wenigen „Elementen" zusammensetzen würden. Zwar findet sich ↗ Lust bzw Unlust als letzte „Färbung" in jedem G, aber sie sind nicht gleichsam chemische Elemente der Affekte u Stimmungen. Auch die mehr logischen, auf Grund von Objektbezogenheit der G-e vorgehenden G-systematiken werden dem Reichtum des G-lebens nicht gerecht. Doch lassen sich gewisse Hauptformen des emotionalen Erlebens voneinander abheben (wie Zorn, Trauer, Frohsinn, Wehmut usw). Zu den fundamentalsten G-erlebnissen gehören die *Angst* (als emotionaler Reflex einer totalen oder teilweisen Gefährdung des Seins u Tuns) u das der Seinsgeborgenheit u dem ungehemmten Funktionieren entsprechende *Frohgefühl*. Vielfach ballen sich verschiedenartige, auch gegensätzliche G-e u Stimmungen zu G-komplexen zusammen. Ebenso kann die Eigenart u Intensität eines G (im G-umschlag, G-kontrast) die Art u Intensität des nachfolgenden G mitbestimmen.

Die Bedeutung des G im Ganzen des Seelenlebens, im gesunden wie im kranken (zB dem manisch-depressiven) Seelenleben, kann kaum stark genug hervorgehoben werden. Es wirkt sich im Erkennen u Urteilen wie in der Zielrichtung u der formalen Eigenart, Kraft u Schwäche des Wollens als eine Großmacht aus. Hierbei erhebt sich das Problem des sog *intentionalen Fühlens* als eines zwar subjektiven Ergriffenseins, aber zugleich objektgerichteten Erlebens und der sog G-gewißheit. *Sicherheitsgefühle* (↗ Evidenz), die sich einer erarbeiteten klaren Einsicht anschließen können, vermögen einer erst sich anbahnenden u noch nicht deutlich begründet im Bewußtsein aufgebrochenen (wirklichen oder vermeintlichen) Erkenntnis vorauszueilen. Man spricht dann wohl, ungenau, von G-ahnungen, von G-einsicht, G-gewißheit u ä. Das G spielt dann die Rolle eines Garanten für die Richtigkeit einer Annahme oder Vermutung, doch „ahnt oder vermutet oder meint" nicht eigentlich das G, sondern der Verstand. Während G-armut ein bedauerlicher Ausfall seelischen Reichtums ist, vermag übersteigertes u unbeherrschtes G-leben das Gesamtseelische in schädlichster Weise (Leidenschaftsausbruch, hysterische Charakterentartung usw) zu überschwemmen. Erziehung zu indirekter Beherrschung wertgerichteten u echten G-lebens gehört darum zu den wichtigsten Erziehungsaufgaben. – ↗ Gemüt.

J Fröbes: Lehrb der exper Psych I 1915, 172–97; II 1929 262–351; *E Raitz v Frentz:* Bedeutung, Ursprung u Sein der G-e, in: Schol 2 (1927) 380–411; *K. Schneider:* Psychopathologie der G-e u

Triebe 1935; *Sander:* Zur neueren G-lehre, 15. Kongr f Psych 1937; *F Krueger:* Das Wesen der G-e ⁵1937; *J Rudin:* Erlebnisdrang 1942; *M Keilhacker:* Entwicklung u Aufbau der menschl G-e 1947; *Th Haecker:* Metaph des Fühlens 1950; *A Roldan:* Metafísica del sentimiento, Madrid 1956; *S Strasser:* Das Gemüt 1956; F Grossart: G u Strebung 1961; *G Störring:* Zur Psych des menschl G-lebens ²1972; *M de Crinis:* Der Affekt u seine körperl Grundlagen 1973. Willwoll

Gegensatz. Zwischen zwei Inhalten herrscht ein G *(Opposition)*, wenn die Setzung des einen die Setzung des andern irgendwie ausschließt. Je nach der Weise dieser Ausschließung ergeben sich verschiedene Arten des G. Uneingeschränkt ist die Ausschließung beim *kontradiktorischen* G zwischen Sein u Nichtsein u infolgedessen auch zwischen jedem Inhalt (der ja irgendwie am Sein teilhat) u dessen Verneinung. Der kontradiktorische G läßt darum keine Vermittlung zu. – Schließen sich zwei Inhalte, die beide etwas Seiendes, Positives sind, innerhalb eines begrenzten Bezirkes aus, zB innerhalb derselben Gattung, innerhalb desselben Individuums oder derselben Raum- u Zeitstelle (wie Freude u Trauer, Weiß u Schwarz), so spricht man von *konträrem* G. Zum konträren G im strengen Sinn gehört überdies die möglichst große Entfernung voneinander innerhalb der gemeinsamen Sphäre. Konträre G-e lassen deshalb ein Mittleres zu. – Zwischen einer Vollkommenheit u deren Nichtbestehen in einem gemeinsamen endlichen Bereich (zB Vernunft u Nichtvernunft bei Mensch u Tier) sowie zwischen dem Träger einer Vollkommenheit u dem, der sie nicht besitzt (zB vernünftige u unvernünftige Lebewesen), besteht ein *privativer G* im weiteren Sinne; wenn das Nichtbestehen der Vollkommenheit einer Norm entgegen ist, also einen Mangel bedeutet (zB Gesundheit, Krankheit), handelt es sich um privativen G im engeren Sinn ↗ Privation. *Relativ* ist der G zwischen entgegengesetzt gerichteten Beziehungen u deren Trägern (zB zwischen Vater u Sohn). Bloße Verschiedenheit der Beziehungsziele genügt dazu nicht. Entgegengesetzte Beziehungen schließen sich bloß beziehungsweise aus, dh am selben Träger u in derselben Richtung, fordern sich aber zugleich an verschiedenen Trägern u in umgekehrter Richtung. Relative G-e lassen als solche kein Mittleres zu. Der *polare* G oder die *Polarität* (vgl die Pole der Erde; Mann u Frau) nehmen in etwa am konträren u relativen G teil, wobei die Entgegengesetzten sich jedoch in eine ↗ Ganzheit fügen. Polare G-e fordern sich gegenseitig u lassen ein Mittleres zu, nicht jedoch sofern sie am relativen G teilnehmen. – Echte G-e, bei denen die Setzung des einen etwas anderes, Positives, ausschließt, sind Kennzeichen des ↗ Endlichen. Im ↗ Unendlichen sind sie aufgehoben *(coincidentia oppositorum:* Ineinsfall der G-e bei *Nikolaus v Kues).*

Je nach dem Inhalt unterscheidet man den G von Begriffen, Urteilen, wirklich Seienden u deren inneren Aufbauprinzipien. Beispiele für den begrifflichen G ↗ oben. Unter einfachen kategorischen Urteilen herrscht ein kontradiktorischer G (Widerspruch) zwischen inhaltsgleichen allg (bzw partikulär) bejahenden u partikulär (bzw allg) verneinenden Urteilen (wie: Alle Bäume haben Wurzeln – Einige Bäume haben keine Wurzeln). Beide können weder zusammen wahr noch zusammen falsch sein. Aus der Wahrheit des einen folgt die Falschheit des andern u umgekehrt. Zwischen inhaltsgleichen allg bejahenden u allg verneinenden Urteilen besteht ein konträrer G (etwa: Alle Bäume haben Wurzeln – Kein Baum hat Wurzeln). Sie können nicht zusammen wahr, wohl aber zusammen falsch sein. Aus der Wahrheit des einen folgt die Falschheit des andern; nicht aber umgekehrt. In der Wirklichkeit kann es konträre, privative, relative u polare G-e geben, nicht aber kontradiktorische. Ein *kontradiktorischer G im intentionalen Vollzug* ergibt sich jedoch, wenn etwas so verneint wird, daß die Verneinung als Vollzug das Verneinte zur Voraussetzung hat, so zB wenn jemand seine Nichtexistenz behauptet. Ein *dynamischer G* besteht bei entgegengerichteten Bestrebungen u Tätigkeiten, sei es in verschiedenen, sei es im selben Seienden. Im Gleichgewicht der Kräfte kann er verborgen bleiben. Unter den inneren ↗ Seinsprinzipien, aus denen ein Seiendes erwächst, herrscht Polarität. Ist diese wegen der ↗ Transzendenz des einen Teilprinzips nicht vollständig (wie zB im Menschen), so ergibt sich daraus die Möglichkeit des dynamischen Widerstreits im selben Träger (Sinnlichkeit u Geist). Zum dynamischen G gehört auch der dialektische G. – ↗ Dialektik, Dialektischer Materialismus, Identität, Unterscheidung, Relativ, Dynamisch, Wechselwirkung.

a) *Aristoteles:* Metaphysik V, 10; X, 3 (ed Rolfes). – b) *R Guardini:* Der G ²1955; *C Nink:* Sein, Einheit, G, in: Schol 17 (1942) 504–22; *M Honecker:* Logik 1927 [Register]; *J Fröbes:* Tractatus Logicae Formalis, Rom 1940, 70 ff, 156 ff; *P Roubiczek:* Denken i G-en 1961; *K Wucherer-Huldenfeld:* Die G-philosophie R Guardinis 1968. – c) *Wissenschaftl* Weltanschauung, I/4: Einheit u Kampf der G-e 1959.

Brugger

Gegenstand. Dem Wortsinn nach bedeutet G das, was entgegensteht (ähnlich das sinngleiche Wort „*Objekt*", das „Entgegengeworfene"); es besagt also eine Beziehung auf den, dem der G gegenübersteht. Der phil Sprachgebrauch hält an diesem relativen Sinn fest, verwendet also das Wort nicht als gleichbedeutend mit ↗ „Ding", wie es im Alltag oft geschieht. G im weitesten Sinn (1) ist alles, worauf sich ein bewußter Akt oder eine Fähigkeit bzw dauernde Haltung (habitus) eines ↗ Subjekts oder auch eine Wissenschaft richtet oder richten kann, u zwar das Ziel des Aktes usw als solches; das heißt nicht, daß der G nur *als G*, nicht, wie er an sich ist, erkannt wird, sondern nur, daß das Seiende *als erkanntes* G ist. – Die scholastische Phil unterscheidet *Materialobjekt* u *Formalobjekt;* ersteres ist das konkrete Seiende, auf das sich das Subjekt richtet, letzteres das besondere Merkmal, die „Form", aufgrund deren das Subjekt sich dem betr Seienden zuwendet. So ist das Formalobjekt einer Fähigkeit, einer Wissenschaft usw jene Rücksicht, die all ihren Gegenständen gemeinsam ist u wenigstens einschließlich (implizit) in jeder ihrer Betätigungen „intendiert" wird.

In zweifacher Hinsicht wird das Wort G (u noch mehr das Wort „Objekt") im phil Sprachgebrauch oft eingeschränkt. Einmal versteht man unter G oder Objekt (2) nur jenes Erkannte bzw Erstrebte, das dem Subjekt als etwas von ihm Verschiedenes gegenübersteht (also nicht das eigene Ich, insofern es im Selbstbewußtsein erfaßt wird), oder – noch enger – nur das sachhafte, nicht das personale Seiende; letzteres wird darum als *ungegenständlich* bezeichnet, u wenn es durch Begriffe, die nur (oder auch) dem Sachhaften zukommen, bestimmt wird, spricht man von einer (unberechtigten) *Objektivierung* des Personalen. – Unter anderer Rücksicht bedeutet G im engeren Sinn (3) nur jenes Erkannte bzw Gewollte, das dem Subjekt selbständig gegenübersteht, so daß der Erkennende bzw Wollende von ihm zu seinen Akten bestimmt werden muß u so von ihm abhängt. In diesem Sinn hat Gottes schöpferisches Erkennen u Wollen keinen G, sondern sein Wissen ist, soweit es sich auf das Mögliche richtet, „Entwurf", soweit es auf das Wirkliche geht, Wissen im „Entstand".

Wo sich die Erkenntnis durch Vermittlung eines bewußten Erkenntnisbildes vollzieht, ist der G vom „*Inhalt*" der Erkenntnis zu unterscheiden. So ist zB der Denkinhalt „Haus" die im ↗ Begriff enthaltene unanschauliche Vorstellung des Hauses, der G dagegen das vom Denken unabhängige, ihm transzendente Haus selbst, das der Begriff meint („intendiert"). Wird der Denkinhalt selbst als der eigentliche G betrachtet, so führt das zum erkenntnistheoretischen ↗ Idealismus, dem der G als Erzeugnis des Denkens gilt (↗ Kritizismus). – Mit der Unterscheidung von Inhalt u G der Erkenntnis hängt zusammen, daß das *Gegebene* nicht immer mit dem G zusammenfällt. So ist das, was in der sinnlichen Wahrnehmung zum Bewußtsein kommt, „gegeben"; das ist aber nach der Auffassung des mittelbaren ↗ Realismus nicht das reale Seiende selbst, sondern die Vorstellung, in der dieses erscheint; G dagegen ist das Seiende selbst (wenn auch nicht *als* Seiendes ↗ Sinneserkenntnis). – In einem weiteren Sinn wird allerdings jeder dem Subjekt selbständig gegenüberstehende G oft „gegeben", „vorgegeben", genannt.

A Metzger: Der G der Erkenntnis, in: Jb f Phil u phänomenolog Forsch 7 (1925) 613–770; *G Söhngen:* Sein u G 1930; *F. Behrens:* G u G-bewußtsein 1937; *A Brunner:* Der Stufenbau der Welt 1950, 26–56; *A Meinong:* Über die Stellung der G-theorie i System der Wissenschaft, in: Gesamtausg V 1973, 201–365. – c) *H Rickert:* Der G der Erkenntnis ⁶1928. – d) *B Nardi:* Soggetto e oggetto del conoscere nella fil antica e medievale, Rom ²1955; *H Hinderks:* Über den G-begriff i der Kritik der reinen Vernunft, Basel 1948. de Vries

Geheimnis ist ein Seins- oder Wahrheitsgehalt, der uns verborgen oder schwer zugänglich ist, zB der unbekannte Sinn eines Symbols oder schwierige u unlösbare Probleme, die uns die Wirklichkeit aufgibt. Insbesondere ist G die Seinsweise der ↗ Transzendenz des ↗ Unendlichen. Dieses überschreitet seiner Natur nach die Fassungskraft der endlichen ↗ Vernunft, die es nicht wie die Objekte der Erfahrungswelt begreifen, sondern bloß durch ↗ Analogie u ↗ Negation denken kann. Nur in diesem Sinne ist es *übervernünftig,* nicht in bezug auf Vernunft schlechthin. Denn für die unendliche Vernunft gibt es kein G. Das Übervernünftige ist also zu unterscheiden vom *Widervernünftigen* (das der Vernunft als solcher, also jeder Vernunft, widersprechen würde) u vom *Unvernünftigen* (das objektiv oder subjektiv keine Vernunft besitzt). – Ein religiöses G heißt *Mysterium.* Die kath Theologie unterscheidet Mysterien oder G-e im weiteren u im engeren Sinn. G-e im weiteren Sinn sind Wahrheiten, die bloß ihrer Existenz oder bloß ihrem Wesen nach für den endlichen Verstand verborgen sind. Bloß der Existenz nach ist zB verborgen, was Gott für die Zukunft bestimmt hat. Bloß dem Wesen nach verborgen ist die innere Vereinbarkeit der Attribute Gottes; denn daß sie vereinbar sein müssen, kann unsere Vernunft einsehen. G-e im engeren Sinne oder *absolute G-e* hingegen sind Wahrheiten, die sowohl der Existenz als dem Wesen nach für jeden endlichen Verstand verborgen sind, so daß ihre innere Möglichkeit, auch nachdem ihre Existenz geoffenbart wurde, nicht eingesehen werden kann. Dieser Art sind die Hauptwahrheiten der christl Offenbarung, wie die Dreipersönlichkeit Gottes, die Menschwerdung des Sohnes Gottes u a. Daß eine Wahrheit G ist, heißt also weder, daß sie in sich, noch daß sie für uns schlechthin unerkennbar sei. Die G sind in sich u für Gott einsichtig. Ihre Existenz ist durch ↗ Offenbarung mitteilbar u ihr Sinn auf Grund des Glaubens auch von uns auf analoge u unvollkommene Weise erfaßbar. – In den antiken Religionen verstand man unter *Mysterien* Geheimkulte, an denen nur Eingeweihte teilnehmen durften; diese waren über deren Kult u Lehre zu strengem Stillschweigen verpflichtet. ↗ Übernatürlich.

b) *MJ Scheeben:* Die Mysterien des Christentums ³1912; *R Garrigou-Lagrange:* Le sens du mystère et le clair-obscur intellectuel, P 1934 (dt 1937); *K Rahner:* Über den Begriff des G i der kath Theol, in: Schr z Theol IV 1960, 51ff; *G Marcel:* Le mystère de l'être 1951 (dt: Das ontolog G, Reclam); *E Hello:* Mensch u Mysterium, 2. Aufl oJ; *K Pfleger:* Nur das Mysterium tröstet ²1958; *W. Stählin:* Mysterium 1970. – e) *D Feuling:* Kath Glaubenslehre 1937, 1–67. Brugger

Geist (lat: *spiritus*) ist ein immaterielles, einfaches u substantielles Wesen, das zum Selbstbesitz durch Selbstbewußtsein u freie Selbstbestimmung u zum Erfassen u Verwirklichen übersinnlicher Werte veranlagt ist (= *subjektiver G*). Seine *Immaterialität* schließt nicht nur das Stofflichsein aus, sondern überdies auch jene „innerliche Stoffgebundenheit", kraft deren zB die Pflanzen- u Tierseele nicht ohne engste Verbindung mit dem Körperlichen sein u wirken kann ↗ Hylemorphismus. Seine ↗ Einfachheit besagt eine solche Konzentration der Seins- u Kraftfülle, daß er weder aus räumlich auseinanderliegenden Teilen noch aus Wesensteilen zusammengesetzt ist. In der Einfachheit u Immaterialität des G wurzelt einerseits seine Fähigkeit zum Selbstbesitz durch Selbstbewußtsein (↗ Bewußtsein), anderseits seine Fähigkeit, alles Sein in seiner Wahrheit, Gutheit u Einheit zu erkennen u übersinnliche Werte zu verwirklichen. In seinem Tun nicht auf enge Teilgebiete der Wirklichkeit eingeengt (wie die nur auf Sinnengüter abgestimmte Sinnenseele), sondern auf das Sein schlechthin hingeordnet, besitzt der G eine unbegrenzte Spannweite seines auf die Wahrheit als solche abgestimmten Erkenntnisvermögens (↗ Verstand, Vernunft) u infolgedessen auch eine unbegrenzte Weite seines auf den Wert als solchen abgestimmten ↗ Willens. In dieser Weite seiner Anlagen u der damit gegebenen „Souveränität" über begrenzte Teilwerte wurzelt die Anlage zur freien Wahl zwischen erkannten begrenzten Teilwerten u damit zur freien Selbstbestimmung ↗ Willensfreiheit. Schließlich fordert die Natur des G mit seiner Spannweite, die durch die Güter eines begrenzten Daseins nie ganz erfüllt werden kann, eine unbegrenzte Daseinsdauer: er ist auf unsterbliches Leben angelegt ↗ Unsterblichkeit. Der G als Träger dieser Seinsvollkommenheiten u Seinsmöglichkeiten ist ein substantielles Wesen, u seine Vollkommenheit begründet natürlicherweise das Person-Sein ↗ Person.

Es gibt verschiedene Vollkommenheitsstufen des G. Im unendlichen *göttlichen* G ist jede Potentialität, jedes rein akzidentelle Sein u Geschehen u jegliche Bindung an anderes ausgeschlossen. In geschaffenen *rein geistigen* Wesen (von denen die Offenbarung spricht, deren Existenz jedoch rein phil problematisch bleibt) ist auch jede Gebundenheit ihres Seins, Erkennens u Wollens an Stoffliches ausgeschlossen. Die *geistige* ↗ *Seele* des Menschen jedoch hat, obwohl die tatsächliche Verbindung mit dem Leib nicht Bedingung ihrer Existenz ist, als Wesensform des Leibes eine wesensnotwendige Beziehung zu ihm ↗ Leib-Seele-Verhältnis, Hylemorphismus. Als solche „Form" bildet sie im sinnlichen Erkennen u Streben eine Wirkeinheit mit dem Körper u ist auch im geistigen Tun, solange die Verbindung mit dem Körper dauert, wenigstens indirekt an stoffliche Vorbedingungen ihres geistigen Tuns gebunden; denn der Verstand erarbeitet seine Begriffsinhalte größtenteils aus Sinnesbildern, das Werterleben u Wollen aber sind ins Ganze der geistig-sinnlichen Seele rückverbunden ↗ Denken, Verstand, Gemüt, Wille. Vom Körper gelöst, wird die Seele ihre Geistnatur freier auswirken können in intuitiver Schau des eigenen Werdens u anderen geistigen Seins. Daß es außer der Menschenseele irdische Geistwesen gebe, zB *Spukgeister,* liegt der zum Seelen- u Geisterglauben geneigten naiven Märchenphantasie von jeher nahe, ist aber durch Tatsachen nicht erwiesen.

Als Träger (Subjekt) des Dranges zu Wertverwirklichung gibt sich der subjektive G Ausdruck nicht nur in den von ihm geformten relativ dauernden Werthaltungen, Gesinnungen, sondern auch in den Werken des G, der Wissenschaft, Kunst, Technik, Industrie, sozialen Einrichtungen usw (= objektiver G: ↗ Geistiges Sein). Wo der menschliche G im Formen der Kulturwerte seine Gebundenheit an das Ganze menschlichen Seins im überspitzten ↗ Spiritualismus zu sehr vergißt, wirkt sich diese Einseitigkeit in Fehlformen des Kulturlebens aus. Einseitige ↗ Lebensphilosophie folgerte daraus das Recht, in phantastisch übertriebenen Vorwürfen den „Geist", der dann mit Vorliebe als das Vermögen der Begriffe aufgefaßt wird, als lebensfeindliches Prinzip zu verfemen (vgl *L Klages,* Der Geist als Widersacher der Seele). In Wirklichkeit ist es so, daß die geistige Menschenseele zugleich Prinzip des sensitiven Lebens ist ↗ Seele, Leib-Seele-Verhältnis. Dabei entäußert sich der G im Menschen gleichsam ins Vitale, setzt sich seine ungeistige Antithesis gegenüber, jedoch nicht nur als Gegensatz zum Geistigen, sondern als sein Betätigungs- u Ausdrucksfeld, das wieder ins Ganze des menschlichen Seins rückverbunden wird. Wo das Sinnlich-Vitale sich dieser ganzmenschlichen Einheit entzieht, um nur eigener Triebhaftigkeit zu folgen, wirkt es zerstörend. Da der G das Höchste im Menschen u das formende Prinzip aller Kulturwerte ist, da er überdies durch seine Unsterblichkeit den gesamten Bereich der irdischen Werte überragt, ist wesensgemäße Pflege geistigen Lebens die vornehmste Aufgabe der Menschenformung.

a) *GWF Hegel:* Phänomenologie des G. – b) *J Maritain:* Quatre essais sur l'esprit dans sa condition charnelle, P 1939; *D. Feuling:* Das Leben der Seele ²1940; *M de Munnynck:* La base métaphysique de la personalité, in: Annuaire de la Société Suisse de phil II (1942); *B v Brandenstein:* Der Mensch u seine Stellung i All, Einsiedeln 1947; *A Portmann:* Biologie u G ²1956; *W Cramer:* Grundlegung einer Theor des G 1957; *Naturwissenschaft* u Theol , H 4: G u Leib i der menschl Existenz 1961; *K Rahner:* G i Welt ³1964; *J de Vries:* Materie u G 1970. – c) *Hegel:* ↗ a); *H Schell:* Das Probl des G ²1897; *Th Litt:* Mensch u Welt. Grundlinien einer Phil des G 1948; *H Rohracher:* Die Vorgänge i Gehirn u das geist Leben ²1948; *J Gindl:* G u Seele 1955; *L Klages:* Der G als Widersacher der Seele ⁴1960. – d) *R Rast:* G u Geschöpf, Studien z Seinslehre der reingeistigen Wesen i Mittelalter, Luzern 1945; *H Dreyer:* Der Begriff des G i der dt Phil v Kant bis Hegel, Neudr o J. – e) *A Willwoll:* Seele u G 1938. Willwoll

Geisteskrankheit ist eigentlich nicht Krankheit des ↗ Geistes, sondern prozeßhaft verlaufende Störung der geistig-seelischen Funktionen auf Grund einer bestimmten, der formalen Eigenart der Störung zugeordneten Erkrankung körperlicher Grundlagen des Seelenlebens (bei gewissen Formen im akuten Zustand mit Verlust der gewohnten Einheit der ↗ Persönlichkeit u ihrer Grundverhaltensweisen einhergehend). Dahin gehören, als G-en im engsten Sinn (= *Psychosen*), die großen Erb-Psychosengruppen der *Schizophrenien* (Spaltungsirresein) und der *manisch-depressiven* Gemütskrankheiten mit abwechselnder Erregung *(Manie)* u Niedergeschlagenheit *(Depression)* sowie periodische Störungen im Anschluß an Epilepsie. Als weiterer Kreis kommen dazu verschiedene durch innere oder äußere Infektion (wie Drogen-, Alkohol- u Syphilisvergiftung), Zerfall u Verletzung des Gehirns bedingte Ausnahmezustände. Zwischen den G-en und dem Bereich des *normalen Seelenlebens* liegen die mannigfachen Formen von konstitutionell bedingten *Psychopathien* (Seelenleiden) u, als Ausdruck einer nicht verarbeiteten (vom Milieu oder von disharmonischen Charakteranlagen bedingten) Konflikt-Situation, die *Neurosen*. Wie übrigens die Symptome fließende Übergänge u Mischformen aufweisen, so sind auch die Begriffsabgrenzungen u Einteilungen sowie die Theorien über die zugrundeliegenden Ursachen nicht bei allen Schulen der Psychopathologie gleich.

Der Phil u der empirischen Normalpsychologie bietet die Betrachtung der G-en, ihrer konstitutionellen Bedingtheiten, ihrer auslösenden Faktoren u der Heilungsmethoden reiches Illustrationsmaterial für die Fragen nach dem Leib-Seele-Zusammenhang, nach Schichtenaufbau u Formkräften der psychol Persönlichkeit, ferner für die Fragen nach Bedingungen u Grenzen der Willensfreiheit u Verantwortlichkeit (die im akut geisteskranken Zustand aufgehoben, in Psychopathien graduell herabgesetzt ist). – Nicht übersehen darf man aber auch das ethische u soziale Problem nicht nur der Versorgung psychisch Kranker in Anstalten, sondern auch der Einfügung der aus diesen Entlassenen in das gemeinschaftliche Leben. Die Anerkennung der Würde der ↗ Person im Kranken stellt an den Einzelnen u die Gemeinschaften Forderungen, denen diese sich nicht entziehen dürfen.

O Bumke: Lehrb der G-en ⁷1948; *K Jaspers:* Allg Psychopathologie ⁸1965; *E Speer:* Vom Wesen der Neurose 1938; *J Fäßler:* Neuere Gesichtspunkte z Neurosenlehre u Psychotherapie, in: Gesundheit u Wohlfahrt 1949; *E Bleuler* (Hgb): Lehrb der Psychiatrie ¹²1972; *E Kretschmer:* Der sensitive Beziehungswahn ⁴1966; *A Storch:* Wege z Welt u Existenz des Geisteskranken 1965; *H Lauter* u *JE Meyer:* Der psychisch Kranke u die Gesellschaft 1971; *K Schneider:* Klinische Psychopathologie ¹⁰1973. Willwoll

Geisteswissenschaften. Die G werden vor allem seit *Dilthey* den ↗ Naturwissenschaften gegenübergestellt; beide zusammen bilden den Gesamtbereich der Erfahrungswissenschaften. Wie schon ihr Name sagt, unterscheiden sie sich nach den Sachgebieten, die sie erforschen, u dann auch nach den damit gegebenen Betrachtungsweisen oder Methoden.

Die Naturwissenschaft sieht von dem individuell Besonderen ab u befaßt sich mit dem Allgemeinen, dh mit solchen Aussagen u Gesetzen, die von vielen Einzeldingen u Einzelvorgängen in gleicher Weise gelten. Ihr Verfahren gründet darin, daß das einzelne Naturding keine bedeutsame individuelle Sonderprägung besitzt, sondern lediglich seine Art in ständiger Wiederholung des Gleichen darstellt. Ohne Einmaligkeit u beliebig vertretbar, ist es nur als Träger seiner Art (nicht als *dieses* Einzelne) Gegenstand der Forschung. Weil bei den Einzelnen ihre Verschiedenheit von ihrer Gleichheit übertroffen wird, bildet auch ihre Abfolge nicht eigentlich ein geschichtliches Werden, sondern bloß eine geschichtslose Vervielfältigung im Neben- u Nacheinander des Raumes u der Zeit. Dahinter steht die Naturnotwendigkeit, die alles eindeutig festlegt nach dem Gesetz: Gleiche Ursachen haben immer gleiche Wirkungen; deshalb geht die Naturwissenschaft auf kausale ↗ Erklärung aus. Das Gesagte gilt zunächst vom makrophysikalischen Bereich, aber auch für die mikrophysikalischen Vorgänge im Sinne der statistischen Notwendigkeit, die alles Geschehen trotz der Unschärferelation (↗ Quantenphysik) in einer bestimmten Schwingungsbreite festhält. Die hier angedeutete Eigenart der Naturgesetzlichkeit wird durch die ↗ Evolution nicht aufgehoben, wenn auch auf eine jetzt nicht zu umschreibende Weise modifiziert.

Als ihr Gegenpol läßt sich nun die Geisteswissenschaft in ihrem Wesen umreißen. Sie hat es mit verschiedenen Seiten des geistigen Lebens u deren Objektivierungen zu tun; daher tritt sie etwa als Sprach-, Kunst- oder Religionswissenschaft auf. Man spricht auch von *Kulturwissenschaften,* weil der Mensch mit seinem geistigen Schaffen in Entwürfen, die seiner Freiheit entstammen, das Naturgegebene fortbildet; sein Schaffen ist schon in sich Kultur u erzeugt Kultur-Sachgüter. Damit wird aber der Rahmen des Naturnotwendigen gesprengt, u es kommt zu einem freien geschichtlichen Fortschreiten; geistiges Leben oder Kulturschaffen entfaltet sich wesenhaft geschichtlich. So bewegen sich die G im Raum der Geschichte; man kann sagen, daß sie sich um das Verstehen der Geschichte u des geschichtlich Gewordenen bemühen. In der Geschichte aber geht es nicht um den Krieg oder den Feldherrn im allgemeinen, sondern etwa um diesen bestimmten Gallischen Krieg u den Feldherrn Cäsar. Die Betrachtung wendet sich also gerade dem Konkreten, Einzelnen zu, u zwar in seiner einmaligen, unwiederholbaren Besonderheit. Hierin liegt schon das Auswahlprinzip, nach dem nur jene Menschen, Gruppen, Ereignisse u Gebilde herangezogen werden, die wirklich etwas Neues, Eigenes, Einmaliges darstellen, einen wesentlichen Beitrag zur Entwicklung des Menschheitsganzen leisten u deshalb ihre Mit- u Nachwelt tief beeinflussen. Eine solche Auswahl ist möglich, weil die einzelnen Menschen u Kulturgestalten trotz der gemeinsamen Menschennatur u der damit gegebenen Gleichheit immer schon vermöge der schöpferischen Kraft u Freiheit des Geistes eine jeweils eigene Prägung ausformen. Da diese nicht eindeutig kausal festgelegt ist, reicht hier das kausale Erklären nicht aus, tritt als allein angemessene Methode das ↗ Verstehen auf, das Strukturganzheiten aus den in ihnen führenden Werten aufhellt.

Das Abheben der G von den Naturwissenschaften zeugt eindrucksvoll für das Eigen-sein des Geistes gegenüber allem Naturhaften. Doch führte die Ausrichtung auf das Einzelne, Konkrete schon bei *Dilthey* u dann auch bei anderen zu einem gewissen Verflüchtigen des Allgemeinen u Absoluten oder in die Nähe des Relativismus (↗Wertrelativismus). Heute wird der Unterschied der G von den Naturwissenschaften vielfach angefochten; das Eigene des Geistes hat sich verdunkelt. Man meint, von seiten der Natur hätten die Gesetze seit der Unschärferelation ihre Strenge verloren, während von seiten des Geistes Gesetze hervorzutreten beginnen, die den Naturgesetzen gleichen. Hieraus erwachsen die Versuche, mit naturwissenschaftlichen Methoden auch das Gebiet des Geistes zu durchleuchten. Dabei wird ebenso die Tragweite der Naturwissenschaft über-, wie das Eigen-sein des Geistes unterschätzt. – ↗ Humanwissenschaften.

a) *W Dilthey:* Einl i die G ²1922; *ders:* Der Aufbau der gesch Welt i den G 1910; *H Rickert:* Kulturwissenschaft u Naturwiss ⁴1921. – b) *A Brunner:* Grundfragen der Phil ³1949; *ders:* Das Wesen der Wiss u seine Besonderung i G u Naturwiss, in: Schol 13 (1938) 490–520; *J Höfer:* Vom Leben z Wahrheit. Kath Besinnung auf die Lebensanschauung W Diltheys 1936; *E Grassi, Th v Uexküll:* Von Ursprung u Grenzen der G u Naturwissenschaften 1950. – c) *Dilthey, Rickert:* ↗ a); *E Becher:* G u Naturwiss 1921; *E Rothacker:* Einl i die G ²1930; *ders: Logik u Systematik der G*, Neudr 1970; *F Schmidt:* Kleine Logik der G 1938. – d) *F Schmidt:* Die Theor der G v Altertum bis z Gegenw 1931.
Lotz

Geistiges Sein (gS). Unter gS kann sowohl der subjektive wie der objektive Geist verstanden werden. Über den *subjektiven Geist* (subj G) oder den Geist als einzelnes tätiges Subjekt ↗ Geist, Seele. Der *objektive Geist* (obj G) ist jene Gegenstandswelt, die der subj G nicht vorfindet, sondern in sich selbst hervorbringt. Der so schöpferische subj G ist aber nicht jeder Einzelne für sich, sondern die geistige Gemeinschaft, der *Gesamtgeist* zB einer Familie, eines Volkes. Obj G ist somit der Zusammenhang u die Einheit der schöpferischen Inhalte einer Gemeinschaft, der Inbegriff jener Kulturwelt, auf die sich Denken u Wollen der Einzelnen beziehen, oder die Welt der Kulturwirklichkeit (↗Kultur, Geisteswissenschaften): der Sprache, der Sittlichkeit, der Kunst, der Wissenschaft, der Religion usw. Von diesem dem Geiste inneren Gegenstand sind dessen äußere stoffliche Verwirklichungen zu unterscheiden. Sie heißen zum

Unterschied vom obj G *Objektivationen des G* oder *objektivierter G*. Zwischen beiden herrschen jedoch enge Beziehungen, wie besonders an der Kunst deutlich wird, für die die Objektivation durchaus wesentlich ist.

Der obj G ist nicht das zeitlose Ansich möglicher Wesen u Wesensbeziehungen; er hat vielmehr ein Sein, das das Sein des subj G u dessen psychische Tätigkeit zur Voraussetzung hat, ohne doch mit ihm identisch zu sein. Der obj G lebt im subj G, hat aber seine eigenen gegenständlichen Gesetze, die nicht, wie der ↗ Psychologismus will, auf bloß psychische Funktionen zurückgeführt werden können. Als Wirklichkeit in der Zeit hat er eine Geschichte, die nicht die Geschichte des Einzelgeistes, sondern der geistigen Gemeinschaft als solcher ist (zB Geschichte der platonischen Phil). Er ist in den Einzelgeistern, die an ihm teilhaben, ohne doch auf sie eingeschränkt zu sein. Was die Einzelgeister zu seiner Vermehrung oder Veränderung beitragen, ist gering im Verhältnis zu dem, was sie vom Gesamtgeist erhalten. – Während *Dilthey* im obj G nur den Niederschlag der allg Menschennatur sieht, ist der obj G nach *Hegel* ein Ausfluß des Absoluten, die Erscheinung einer absoluten Idee. Dilthey übersieht dabei, daß auch die Menschennatur weiter, etwa als Idee Gottes, begründet werden muß, Hegel, daß jede Verwirklichung u Konkretisierung von Ideen im Raume der ↗ Kontingenz u Freiheit vor sich geht.

Hegel: Phänomenologie des Geistes; *Dilthey:* Einl i die Geisteswiss ²1922; *N Hartmann:* Das Probl des gS ²1949. – *R Falkenberg:* Die Realität des obj G 1916; *H Freyer:* Theor des obj G ³1934; *O Spann:* Gesellschaftslehre ²1923; *P Wust:* Dialektik der G 1928; *W Szilasi:* Macht u Ohnmacht des Geistes 1946; *N Berdjajew:* Geist u Wirklichkeit 1949; *St Breton:* L'être spirituel, Lyon 1962 [zu N Hartmann]; *H Oberer:* Vom Probl des objektivierten Geistes 1965. Brugger

Geltung *(Gültigkeit)* ist im Unterschied zum nur tatsächlichen Bestehen oder Gedachtsein das Zu-Recht-Bestehen von etwas, u zwar nicht so sehr von Dingen als von gedanklichen Gebilden, wie Begriffen, Aussagen, Schlüssen, Wissenschaften, bzw im praktischen Bereich Normen, Gesetzen. Da das tatsächliche Gedachtsein die G nicht verbürgt, weist diese über die gedanklichen Inhalte hinaus auf einen Grund der G. Nach dem ↗ Psychologismus ist dies die mit der seelischen Eigenart des Menschen gegebene Denknötigung, eine Auffassung, die zum ↗ Relativismus führt. Um diesem zu entgehen, verankert der ↗ Kritizismus *Kants* alle G im ↗ Bewußtsein überhaupt; jedoch ist auch diese Lösung nicht eindeutig. Bei *H Lotze* erscheinen die Normen, im ↗ Neukantianismus der Badischen Schule auch die theoretischen Wahrheiten letztlich bestimmt durch transzendente ↗ Werte, die kein wirkliches Dasein haben, sondern nur „gelten"; hier wird also die G als etwas „an sich" Bestehendes u doch nicht Seiendes aufgefaßt; ähnlich ist es in andern Formen des „logischen Transzendentalismus" (↗ Wahrheit). Diese Auffassung widerspricht der Transzendenz des ↗ Seins bzw dem metaphysisch gefaßten Satz vom ausgeschlossenen ↗ Dritten: Was in keiner Weise Sein ist noch an ihm teilhat, ist schlechthin nichts. Die G muß also auf das Sein zurückgeführt werden, sie ist letztlich *Seinsgeltung (Realgeltung,* *ontologische G)*, die beim ↗ Urteil mit dessen Wahrheit zusammenfällt, beim ↗ Begriff besagt, daß sein Inhalt nicht nur Denkinhalt, sondern auch Seinsinhalt ist oder wenigstens sein kann.

„*Allgemeingeltung*" kann doppelt verstanden werden: erstens als G für alle denkenden Subjekte, im Ggs zu nur „relativer G"; zweitens als G von allen Gegenständen (einer bestimmten Klasse), im Ggs zur G nur von einzelnen Gegenständen.

<small>*A Liebert:* Das Probl der G ²1920; *P Linke:* Die Existentialtheor der Wahrheit u der Psychologismus der G-logik, in: Kantstud 29 (1924) 395–415; *J Geyser:* Auf dem Kampffeld der Logik 1926; *A Wilmsen:* Zur Kritik des log Transzendentalismus 1935; *H Dingler:* Das G-problem als Fundament aller strengen Naturwissenschaften u das Irrationale, in: Clausthaler Gespräch 1948, 272–97. – d) *FM Gatz:* Der Begriff der G bei Lotze 1929. de Vries</small>

Gemeinschaft. Im allg Sprachgebrauch früherer Zeiten ist zwischen dem Gebrauch der Wörter G u ↗ Gesellschaft (Ges) kaum ein wesentlicher Unterschied zu bemerken, jedenfalls nicht in der Richtung, in der seit der ↗ Romantik u namentlich seit dem Bekanntwerden von *Tönnies'* „G u Ges" zwischen beiden unterschieden wird (vgl die betr Artikel im Deutschen Wörterbuch der Brüder Grimm). Ähnlich gibt es auch heute noch im allg wie im wissenschaftlichen Sprachgebrauch eine weite Bedeutung sowohl von G (1) wie von Ges, in der beide Wörter ohne wesentlichen Unterschied angewandt werden. Gewiß spricht niemand von einer Aktien-G, sondern nur von einer Aktien-Ges, aber anderseits ist doch im geschäftlichen Bereich der Ausdruck „Interessen-G" gang u gäbe, wie umgekehrt sogar geistliche Orden, die gewiß eine Gesinnungs-G sein wollen, sich als „Ges" bezeichnen.

Anderseits ist es unleugbar, daß sich ein engerer Sprachgebrauch sowohl von „Ges" wie noch mehr von „G" (2) herausgebildet hat, in dem sie sich, ohne fließende Übergänge auszuschließen, in ihrer Bedeutung unterscheiden. Die Unterscheidung ist nicht einfach gleichbedeutend mit der alten Unterscheidung von *natürlicher* u *freier Ges.* Auf den ersten Blick mag diese Unterscheidung zwar mit der Entgegensetzung Tönnies' zwischen Sozialgebilden, die einem „Wesenswillen" entspringen (G), u andern, die einem „Kürwillen" entspringen (Ges), gleichbedeutend erscheinen. Aber einerseits ist die „natürliche Ges" (Familie, Staat) zwar ihrer Art nach mit der menschlichen Natur gegeben, schließt aber darum – entgegen allem Irrationalismus – in ihrer Entstehung u Entfaltung im einzelnen keineswegs vernunftgelenktes u freies Handeln aus. Anderseits verwirklichen gerade „freie Ges-en" oft die der G eigene Einheit der Gesinnung, der Liebe u des sittl Strebens vollkommener, als es die „natürliche Ges" des Staates angesichts des heutigen ↗ Pluralismus vermag.

So scheint also „G" (2) im Ggs zu „Ges" im engeren Sinn solche soziale Gebilde zu bezeichnen, die auf enger personaler Verbundenheit, auf Einheit der Gesinnung, der Liebe u des sittl Strebens beruhen. Die volle Lebens-G dürfte für die G nicht notwendig sein, wohl aber daß ihr inneres Ziel die personale Höherführung ihrer Glieder ist. Wenn zuweilen gesagt wird, sie könne darüber hinaus kein äußeres Ziel haben, so kann das gewiß nicht dahin verstanden werden, als sei sie genötigt, sich in sich selbst abzukapseln u jeden Dienst am größeren Ganzen zu verweigern. Ebenso einseitig ist es, ihr jede rechtliche Verfaßtheit abzusprechen; ohne diese wäre eine wirksame Verfolgung ihrer Ziele wenigstens auf die Dauer nicht gewährleistet. Wahr ist allerdings, daß es für eine G bedenklich ist, wenn die Bereitschaft zur freiwilligen Mitarbeit so sehr geschwächt ist, daß man häufig schroff auf Rechtsnormen dringen muß. Ein Mindestmaß von „Treu u Glauben" ist schließlich auch in einer zu einem begrenzten äußeren „Zweck" durch den berechnenden Verstand geplanten Ges unerläßlich.

F Tönnies: G u Ges 1887, ²1912, ⁸ 1936; *E Stein:* Individuum u G, in: Jb f Phil u phänomenolog Forsch 5 (1922) 116–283; *T Litt:* Individuum u G ³1926; *ders:* Phil der G 1929; *A Pieper:* Org u mechan Auffassung des G-lebens ²1929; *T Geppert:* Teleologie der menschl G 1955; *D v Hildebrand:* Metaph der G ²1955' *F Klüber:* Individuum u G i kath Sicht 1963; *N Monzel:* Kath Soziallehre I 1965, 303–87; *J Pieper:* Grundformen sozialer Spielregeln ⁵1967. – d) *D Daniels:* Die G bei Max Scheler u Thom v Aq 1926; *J Kopper:* Dialektik der G 1960. de Vries

Gemeinwohl kann als Selbstwert u als Dienstwert verstanden werden; oft ist beides zugleich gemeint. – (1) G als *Selbst- oder Eigenwert* besteht darin, daß ein Gemeinwesen mit all den Gütern oder Werten ausgestattet ist, die seine eigentümliche Vollkommenheit ausmachen, u daß es die Teilhabe daran allen seinen Gliedern vermittelt – ist es doch an erster Stelle dazu da, seinen Gliedern zu dieser Vollkommenheit zu verhelfen. So verstanden, besteht das G der ↗ Familie darin, daß in ihr all diejenigen Werte verwirklicht sind, die zu einem vollkommenen Familienleben gehören, u daß alle ihre Glieder sich der Teilhabe daran erfreuen. Im gleichen Sinn besteht das G des ↗ Staates als des allumfassenden Gemeinwesens darin, daß in ihm *alle* Werte, die zum vollkommenen Menschtum gehören, verwirklicht sind u er allen seinen Staatsangehörigen die Teilhabe daran vermittelt u ihnen so zum vollkommenen Menschtum verhilft. – G in diesem Sinne wird auch *Gemeingut (bonum commune)* genannt; andere sprechen vom „Gesamtgut der menschl Natur".

(2) G als *Dienstwert* meint den rechten Befund oder die rechte Beschaffenheit des Gemeinwesens als solchen. In diesem Sinn ist es ein „organisatorischer u organisierender Wert". An erster Stelle muß das Gemeinwesen so gebaut (strukturiert, organisiert) sein, daß es für seine Aufgabe taugt (eine Wehrmacht anders als ein Verkehrsunternehmen). Sodann müssen ihm die erforderlichen Mittel zur Verfügung stehen. Vor allem muß das Gemeinwesen imstande sein, seine Glieder zu wirksamer Zusammenarbeit anzuführen.

Denkt man nicht so sehr an ein einzelnes Gemeinwesen als an das menschliche Gemeinschaftsleben überhaupt, so ergibt sich im Sinne dieser letzteren Wortbedeutung die übliche Begriffsbestimmung: Inbegriff aller Voraussetzungen u Veranstaltungen allg u öffentlicher Art, deren es bedarf, damit die Einzelnen als Glieder des Gemeinwesens ihre irdische Bestimmung erfüllen u durch Eigentätigkeit ihr irdisches Wohlergehen selber verwirklichen können. Danach ist G ein gesellschaftlicher Zustand, der an erster Stelle einem jeden den Platz in der

Gemeinschaft gewährleistet, der ihm zukommt u auf dem er seine gottgegebenen Anlagen entfalten kann, um zu seiner körperlichen, geistigen u sittlichen Vollendung zu gelangen, um durch seinen Dienst an der Gemeinschaft zugleich selbst reicher zu werden an äußeren u inneren Gütern. – Was jeweils zum G des einzelnen Gemeinwesens gehört, bestimmt sich nach dessen besonderen Aufgaben u Zielen.

Der Sprachgebrauch des *polit* Lebens bezeichnet als G (= Allgemeinwohl schlechthin) das Wohl des staatlichen oder jedenfalls öffentl Gemeinwesens: er setzt es gleich mit „öffentl Interesse". Sozialphilosophisch ist aber festzuhalten, daß jede, auch private Gemeinschaft ihr G hat u danach zu bewerten ist, wie weit sie das ihr eigentümliche G verwirklicht.

Das, was um des G willen geboten, dh sachlich erfordert ist, schulden die Glieder des Gemeinwesens diesem kraft der Gemeinwohl-↗ Gerechtigkeit.

b) *O v Nell-Breuning:* G, in: WBPol I ²1958; *R Kaibach:* Das G u seine eth Bedeutung 1928; *O Schilling:* Christl Gesellschaftslehre 1949; *JB Schuster:* Die Soziallehre nach Leo XIII. u Pius XI. 1935; *E Welty:* Herders Sozialkatechismus ³I 1959, ³II 2 1961; *ders:* Das „konkrete" G, in: Neue Ordnung (1959); *J Maritain:* La personne et le bien commun, P 1947. – *JT Delos:* Bien commun, in: Dict de Sociologie III 1936, 831–55; *J Todoli:* El bien común, Madrid 1951; *J Messner:* Das G 1962. – c) *O Spann:* Gesellschaftslehre ³1930 [universalistisch]. – d) *AP Verpaalen:* Der Begriff des G bei Thom v Aq 1954.

v Nell-Breuning

Gemüt nennen wir nicht, wie es um die Wende des 18. Jht wohl geschah, das seelische Innenleben schlechthin, auch nicht nur die Totalität sinnlicher oder nur die geistigen ↗ Gefühle, sondern die enge Einheit u Ganzheit des geistigen ‚und' sinnlichen Gefühlslebens. In diesem Sinn wird im Sprachgebrauch der „G-mensch" dem einseitigen „Verstandes- u Willensmenschen" gegenübergestellt. Das G durchwirkt das gesamte personale u soziale, nicht zuletzt auch das ethische u religiöse Werterleben. Während unechtes (gekünsteltes, durch Überwiegen sinnlichen Gefühls ins Sentimentale absinkendes, durch Überschwang auswucherndes) G-leben seinen Wert im Seelenleben einbüßt, anderseits abnorme G-armut eine Verkrüppelung des Seelenlebens bedeutet (u auch zu gewissen verbrecherischen Neigungen mitwirken kann), ist echtes u starkes G-leben eine Großmacht im Seelenleben u ein wertvolles Ziel der Charakterformung.

J Jungmann: Das G ²1885; *H Maier:* Psych des emotionalen Denkens 1918; *E Spies:* Die Phil des G (1931); *J Rudin:* Der Erlebnisdrang 1942; *M Scheler:* Wesen u Formen der Sympathie 1948 [Neudruck]; *S Strasser:* Das G 1956; *H Friedmann:* Das G 1956; *H Albrecht:* Über das G 1961; *A Vetter:* Personale Anthropologie. Aufriß der humanen Struktur 1966; *G Huber:* Über das G: eine daseinsanalyt Studie 1975. – e) *M Honecker:* G, in: Lex d Päd der Gegenw 1929.

Willwoll

Gerechtigkeit. Ist das ↗ Recht die Ordnung jeder ↗ Gesellschaft oder ↗ Gemeinschaft, so ist es Aufgabe der G, diese Ordnung zu „wahren" u, soweit der bestehende Zustand den Erfordernissen des ↗ Gemeinwohls nicht entspricht, eine das Gemeinwohl gewährleistende Ordnung herbeizuführen oder herzustellen. – Innerhalb der jeweils bestehenden Ordnung sind die Regeln und Grundsätze (↗ Gesetz), in denen diese Ordnung ihren Ausdruck gefunden hat, einzuhalten: *generelle, gesetzliche* oder *legale* (ungenau auch „soziale") G. – Das gesellschaftliche Ganze hat seinen Gliedern gegenüber die ihrer Gliedstellung, ihren Fähigkeiten u Kräften gemäße Verteilung von Lasten u Pflichten, aber auch von Ehren u Vorteilen zu wahren: *austeilende* oder *distributive* G. – Wechselseitig haben die Glieder einander zu gewähren, was jedem von Rechts wegen zusteht; ein Hauptanwendungsfall ist die Wahrung der Gleichwertigkeit *(Äquivalenz)* von Leistung u Gegenleistung, also die Gewähr des Gleichwerts im wirtschaftlichen (Tausch-)Verkehr; daher die Bezeichnung dieser G als *ausgleichende (kommutative), Tausch-* oder *Verkehrs-G.* – Im Ggs zur erstgenannten, generellen G faßt man die beiden letzteren als *partikuläre* G zusammen.

Tatsächlich ist die bestehende Ordnung niemals ganz so, wie sie sein sollte; um reiner u vollkommener Ausdruck des Rechtes u damit „Ordnung" im Vollsinn des Wortes zu sein, bedarf sie ständiger Nachbesserung u Anpassung an veränderte tatsächliche Gegebenheiten: ↗ Normen, die einmal reiner Ausdruck eines Rechtsgedankens waren, können unter veränderten Umständen sinnwidrig, gemeinschädlich, im höchsten Grade rechtswidrig werden. Der Nutznießer wird sie als sein verbrieftes Recht aufrechtzuerhalten suchen; der Benachteiligte wird geneigt sein, sie als Unrecht mit Gewalt zu brechen. Dem Wohl des Ganzen frommt nur eine organische Fortbildung; das Streben danach u die Bereitwilligkeit dazu machen die *Gemeinwohl-G (soziale G)* aus, so genannt, weil sie ihre verpflichtende Kraft nicht aus positiver Anordnung, sondern unmittelbar aus dem Gemeinwohl schöpft.

a) *Thom v Aq:* STh II.II q 57–79 (Dt Thomasausg XVIII). – b) *H Héring:* De iustitia sociali, Fribourg 1944; *W Schönfeld:* Über die G 1952; *J Giers:* Zum Begriff der iustitia socialis, in: Münch Theol Z 1956; *HE Weber, E Wolf:* G u Freiheit 1959; *H Welzel:* Naturrecht u materielle G ⁴1962; *AF Utz:* G, Recht u Moral, in: Frb Z Phil Theol 1962; *K Münzel:* Recht u G 1965; *OA Bird:* The Idea of Justice, L ¹1968; *E Meueler:* Soziale G 1971. – c) *E Brunner:* G, Zürich 1943; *G del Vecchio:* Die G, Basel ²1950; *H Kelsen:* Was ist G?, Wien 1953; *ders:* Das Probl der G, in: Reine Rechtslehre, Wien ²1960; *K Engisch:* Auf der Suche nach G 1971. – d) *P Trude:* Der Begriff der G i der arist Rechts- u Staatsphil 1955; *J Giers:* Die G-lehre des jungen Suárez 1958. – *J Pieper:* Über die G ³1959.

v Nell-Breuning

Geschichte im weitesten Sinn (1) ist jedes Geschehen. So sprechen wir auch von einer Erdgeschichte, Naturgeschichte. G im engeren u eigentlichen Sinn (2) hebt sich aber vom notwendigen, aus seinen Wirkursachen eindeutig erklärbaren Geschehen der Natur, das jeweils nur Fall eines Gesetzes ist, ab als menschliches Geschehen, das in der freien Selbstverwirklichung u Entscheidung des Geistes seine Wurzel hat. Es vollzieht sich in Raum u Zeit, im Miteinander u Nacheinander der Geschlechter u Völker, unter den mannigfachen Beschränkungen der untergeistigen Natur außer- u innerhalb des Menschen. Diese Einschränkungen des menschlichen Wirkens kommen ihm nicht zufällig zu, sondern fließen aus der Natur des ↗ Menschen. G (2) erweist sich so als die spezifisch menschliche Wirkweise (G als Lebensraum u Lebensordnung des Menschen). Es gehört zum Wesen des Menschen, daß er in der G steht u G macht; alles, was der Mensch tut, tut er als geschichtliches Wesen. Selbst die Unmittelbarkeit des menschlichen Geistes zu Gott ist ↗ Transzendenz, Überstieg, welcher die Welt u die G bis zum Tode niemals ganz hinter sich läßt. Daher kann der Mensch auch seine überzeitliche Aufgabe nur dadurch erfüllen, daß er sich an den Aufgaben der G bewährt (G als Bewährungsfeld des Menschen).

Damit ein *Geschehen geschichtlich* sei, muß es Bezug auf den Menschen haben, u zwar nicht bloß auf den Einzelnen als solchen, sondern auf das Allgemeinmenschliche. Glied der Menschheit ist der Einzelne jedoch nicht unmittelbar, sondern als Glied einer Gruppe, einer Rasse, eines Volkes. Geschichtliches Geschehen geht zwar immer von verantwortlichen Einzelpersonen aus, ist aber wesentlich gemeinschaftsbezogen. Von *geschichtlicher Notwendigkeit* kann man sprechen nicht in Aufhebung der freien, verantwortlichen Entscheidung, sondern im Sinne einer Begrenzung der Freiheit u ihrer Möglichkeiten durch den untergeistigen Teil der Menschennatur, durch die Grenzen der menschlichen Einsicht, durch geschichtlich gewordene Tatsachen mit ihrer inneren Logik u ihrem natürlichen Schwergewicht. *Geschichtlich fruchtbar* ist nur jenes Geschehen, das, aus den mütterlichen Kräften der Vergangenheit genährt (↗ *Tradition*), den in die Zukunft weisenden Antrieben gerecht wird. Ethische Fehlentscheidungen tragen, wenngleich nicht in den Nah-, so doch in den Fernwirkungen, ihre Rache in sich selbst. – Für die phil Anthropologie ist die G sowohl nach ihrem allg Wesen (als dynamische Entfaltung der menschlichen Natur und damit als Weg zu deren Erkenntnis) wie auch in ihrer konkreten Gestalt bedeutsam, da das Wesen der G nur im Konkreten in die Erscheinung tritt.

G (3) nennt man ferner die Erforschung der G (2) (= *Geschichtswissenschaft*) u deren Darstellung (zB G der Freiheitskriege). Je nach der Darstellung unterscheidet man: *erzählende, pragmatische* (lehrhafte), *genetische* (entwickelnde) G.

a) *W v Humboldt:* Über die Aufgabe des G-schreibers 1822; *W Dilthey:* Der Aufbau der gesch Welt i den Geisteswissenschaften (Ges Schr VII 1927). – b) *A Delp:* Der Mensch u die G 1944; *R Voggensberger:* Der Begriff der G als Wiss i Lichte arist-thom Prinzipien, Freiburg/Schw 1948; *J Lotz* in: Schol 26 (1951) 321–41; 29 (1954) 481–505; *Il problema* della storia, Brescia 1953; *J Maritain:* Pour une phil de l'histoire, P 1959; *B Delfgaauw:* G als Fortschritt, 3 Bde, 1962–66; *J Pieper:* Hoffnung u G 1967; *M Müller:* Erfahrung u G 1971. – *E Spranger:* Die Grundlagen der G-wissenschaft 1905; *Geiger:* Das Wort G 1908; *HG Gadamer* (Hgb): Vérité et Historicité, Den Haag 1972; *A Kohli-Kunz:* Erinnern u Vergessen. Das Gegenwärtigsein des Vergangenen als Grundprobl histor Wissensch 1973. – d) *O Lorentz:* Die G-wissenschaften i ihren Aufgaben u Hauptrichtungen, 1886 bis 1891; *W Kasper:* Das Absolute i der G 1965 [zu Schelling]; *G Krüger:* Die G i Denken der Gegenw 1947. – e) *J Lotz, J de Vries:* Phil i Grundriß 1969; *E Bernheim:* Einl i die G ⁴1926 [Göschen]. – Ferner die Lit zu ↗ Geschichtliche Gewißheit, Geschichtsphilosophie. Brugger

Geschichte der Philosophie (GdPh). Wie jede Wissenschaft, so hat auch die Phil ihre ↗ Geschichte in der doppelten Bedeutung dieses Wortes: als zeitliche Geschehensfolge u als deren wissenschaftliche Darstellung. Hauptgegenstand der GdPh (als Wissenschaft) sind nicht äußere Geschehnisse, sondern die Taten der denkenden Vernunft, die phil Gedanken, u zwar ihr Inhalt u ihre Folge. (Nicht zur ↗ Phil u damit nicht zur GdPh gehören die ↗ Mythen u die ↗ Geheimnisse der christl ↗ Offenbarung.) Die Taten der denkenden Vernunft äußern sich aber in einer Vielheit endlicher Subjekte; sie sind, konkret gesprochen, menschliche Gedanken mit all den Bedingtheiten u Zufälligkeiten des geschichtlichen Verlaufs, die dem Menschen eigentümlich sind. Die Frage ist, ob u wieweit auch diese zum Gegenstande einer GdPh gehören. Die kulturgeschichtliche Behandlung der GdPh wird die phil Gedanken möglichst mit all ihren Verflechtungen zu den übrigen Kulturgebieten betrachten. Als Äußerungen einer menschlichen Person haben jedoch die phil Gedanken einen synthetischen Einheitspunkt, durch den sie aus dem Fluß des übrigen Geschehens herausgehoben sind u von dem her sie eine ganz persönliche, einmalige Färbung erhalten. Dies bietet die Grundlage für eine biographisch-geisteswissenschaftliche Behandlung der GdPh. Verwandt damit ist die volks- u rassengeschichtliche Methode, die den gemeinsamen Zügen des Volkes u der Rasse nachspürt.

Ziel u Krone einer GdPh wird jedoch immer die problem- u ideengeschichtliche Behandlungsart sein. Diese setzt eine wahrheitsgetreue Bestandsaufnahme des phil Geschehens voraus, nimmt aber dann nicht alles wahllos in ihre Betrachtung auf. Eine bloß tradierende Schulphilosophie u die bloße Anwendung überkommener Prinzipien auf weitere Gebiete sind darin von geringerer Bedeutung. Den eigentlichen Gegenstand bilden vielmehr die Prinzipien selbst u ihre fortschreitende Entfaltung, die Gedanken der Philosophen, nicht sofern sie diesen oder jenen zufälligen „Einflüssen" ihre Entstehung verdanken, sondern sofern sie kraft der Vernunft überhaupt gedacht wurden, also gemäß der den Ideen als solchen innewohnenden Dynamik. Maßstab dafür, was zur GdPh in diesem Sinne gehört, ist nicht die abstrakte Beziehung der formalen Wahrheit oder Falschheit, sondern der Beitrag, den eine Phil über den schon erreichten Stand hinaus in irgendeiner Frage zum Seins- oder zum Selbstverständnis der Vernunft liefert. Eine solche Behandlung der GdPh führt über das „Ärgernis" der einander widersprechenden Philosophen hinaus u vermeidet die Versuchung zum Skeptizismus, die eine bloß kulturgeschichtliche Betrachtung leicht nahelegt.

Die Phil u ihre Geschichte stehen zueinander in einem Wechselverhältnis. Die Phil als Erzeugnis des Menschengeistes ‚wird' nur in der Form der ↗ Geschichte. Sie kann deshalb, wenn sie schöpferische, um sich u ihre Ziele wissende Phil sein will, nicht von ihrer Geschichte „abstrahieren". Anderseits ist auch eine GdPh (wenigstens nach ideengeschichtlicher Methode) nicht möglich ohne eine tiefe u umfassende systematische Phil. – Über die Perioden der GdPh: ↗ den Abriß der GdPh.

GWF Hegel: Vorlesungen über die GdPh: - *F Ueberweg:* GdPh [11, 12] 1923–28 [Hauptwerk, was Daten u Lit angeht]; Phil Forschungsberichte, H 1–16, 1930ff; *GA de Brie:* Bibliographia philosophica 1934–45 I, Utrecht-Brüssel 1950; *Totok* bisher I–II. – *L Geldsetzer:* Die Phil der Philosophiegeschi 19. Jht 1968. – *P Hinneberg* (Hgb): Die Kultur der Gegenw, I 5; Allg GdPh [2] 1923; *F Sawicki:* Lebensanschauungen alter u neuer Denker [3] 1926ff; *R Schmidt:* Die Phil der Gegenw i Selbstdarstellungen 1921–30. – *K Schilling:* Weltgesch der Phil 1964; *H Meyer:* Gesch der abendl Weltanschauung 1947–50; *Windelband-Heimsoeth:* Lehrb der GdPh [14] 1948; *E v Aster:* GdPh, Neuaufl 1963. – *E Bréhier:* Histoire de la Phil, P 1942ff; *F Copleston:* A History of Phil, 8 Bde, L 1951–66; *B Fuller:* A History of Phil, NY [2] 1945; *G de Ruggiero:* Storia della fil, Bari 1934ff. – *IM Bocheński:*

Europäische Phil der Gegenw, Bern ²1951; *J Hessen:* Die Phil des 20. Jht 1951; *Die phil Bemühungen* des 20. Jht I 1962 [Westeuropa]. – La Phil de l'Histoire de la Phil 1956. – e) *J Hirschberger:* GdPh 2 Bde, ⁸1965–69; *ders:* Kleine Philosophiegesch ¹⁰1973.

Brugger

Geschichtliche Gewißheit (gG) ist die ↗Gewißheit über geschichtliche Tatsachen. Sie beruht vor allem auf *Zeugnissen*, dh menschlichen, meist schriftlich überlieferten Aussagen. Neben diesen schriftlichen „*Quellen*" haben auch Überreste als „sachliche Quellen" große Bedeutung, ja für die sog vorgeschichtlichen Zeiten sind wir auf sie allein angewiesen, zB auf Gräber, Steinwerkzeuge oder andere Überreste menschlichen Kulturschaffens. Soll aus den Quellen gG gewonnen werden, so muß ihre *Echtheit* feststehen, dh die Tatsache, daß die schriftlichen Quellen die Personen zu Verfassern haben, unter deren Namen sie überliefert sind, bzw daß die (schriftlichen oder) sachlichen Quellen aus der Zeit stammen, für die sie Zeugnis geben sollen. Wenn aus einem einzelnen mündlichen oder schriftlichen Zeugnis gG gewonnen werden soll, muß außerdem die *Glaubwürdigkeit* des „Zeugen" feststehen, dh, daß er bezüglich der berichteten Tatsachen die Wahrheit sagen konnte u wollte. Ferner ist für die gG die richtige Deutung *(Interpretation)* der Texte bzw Überreste erforderlich, dh die Ermittlung ihres ↗Sinnes (↗Hermeneutik, Verstehen). Für alle diese Voraussetzungen der gG ist der ↗Schluß aus der Konvergenz vieler Anzeichen grundlegend.

E Bernheim: Lehrb der histor Methode ⁶1914; *A Feder:* Lehrb der gesch Methode ³1924; *HI Marrou:* De la connaissance historique, P 1954 (dt: Über die histor Erkenntnis 1973); *MG White:* Foundations of Historical Knowledge, NY 1965; *KG Faber:* Theorie der Geschichtswissenschaft ²1972. – d) *F Wagner:* Geschichtswissenschaft 1951; *H Diwald:* Das histor. Erkennen, Leiden 1955.

de Vries

Geschichtlichkeit (Gk) ist von ↗Geschichte (G) zu unterscheiden. G im eigentlichen Sinne ist ein Geschehen, insofern es von der Gk durchformt und bestimmt wird; daher meint Gk den Grund, der das Geschehen zu G erhebt und diese als solche konstituiert. Weil aber G im Vollsinne des Wortes allein dem menschlichen Bereich angehört, erweist sich auch der ↗Mensch als der einzige Träger der Gk, ist er *das* geschichtliche Seiende. Hiermit sagen wir, daß er nicht nur ontisch ist, sondern ontologisch existiert; denn kraft seiner Gk zeigt er sich als das Seiende (on), das immer schon beim Grund (logos) des Seienden verweilt u deshalb dieses als solches zu vollziehen vermag. Der Grund des Seienden ist das ↗Sein, zu dem der Mensch mittels der vollkommenen Rückkehr *(reditio completa)* gelangt; in dieser nimmt er die Welt, zu der er zunächst hinausgeht, auf sein innerstes Selbst zurück; dort aber trifft er auf dessen Bezogenheit zum Sein u damit auf das Sein selbst. Die hier nur skizzierte Rückkehr zum Sein bildet die transzendentale Möglichkeitsbedingung der Gk, weil allein aus dieser Wurzel der Unterschied des Geschichtlichen vom *Geschichtslosen* erwächst. Während nämlich dieses vom Geschehen bewußtlos überwältigt wird, zeichnet sich jenes durch das bewußte Planen u freie Gestalten des Geschehens aus. Bewußtes Planen aber setzt das Begreifen des Seienden aus dem Sein als dem Wahren voraus; u freies Gestalten schließt das Wählen des Seienden aus dem Sein als dem Guten ein. Daß dabei dem Menschen Grenzen gesetzt sind, gehört wesentlich zu seiner Gk, kraft deren er in einem untrennbaren Ineinander stets aktiv bestimmendes Subjekt u passiv erleidendes Objekt des Geschehens bleibt. Der große geschichtliche Augenblick u die große geschichtliche Persönlichkeit erweisen sich auf hervorragende Weise als Subjekt; von ihnen geht oft ein einmaliger Entwurf aus, der für lange Zeit das Geschehen prägt. Auch sonst hebt sich das Geschichtliche als das Einmalige von dem Einerlei des *Geschichtslosen* ab.

Die Gk durchdringt alles, was der Mensch ist u tut, namentlich seine Wahrheitsfindung, sein sittliches Streben u sein Kulturschaffen. Hierbei erliegt er nicht selten der *Relativierung*, die aber keineswegs das Wesen der Gk ausmacht, wie gegen manche Meinungen zu betonen ist. Insbesondere schließt die Gk nicht die im Wandel sich durchhaltende Wesenheit des Menschen aus; vielmehr muß der durch die vollkommene Rückkehr umschriebene Kernbestand bleiben, weil ohne diesen ihren ermöglichenden Grund die Gk selbst verschwindet. Außerdem ist die Wesenheit von der Art, daß sie dem geschichtlichen Wandel nicht widerstreitet, sondern ihn gerade grundlegt. Insofern der Wandel verschiedene dauernde Ausprägungen des Menschen hervorbringt, kann man von vielen geschichtlichen Gestalten sprechen, in denen sich die eine Grundwesenheit auslegt. Was die Wahrheit u den sittlichen Wert betrifft, so gelten sie ihrem Kerngehalt nach für alle geschichtlichen Zeiten u Räume. Doch wächst der Wahrheitsbesitz des Menschen im Laufe der G; auch werden schon erworbene Wahrheiten voller erfaßt u in neuer Beleuchtung gesichtet. Der sittliche Wert wird außerdem je nach den wechselnden geschichtlichen Situationen immer wieder anders konkretisiert; dabei stimmen legitime Abwandlungen mit dem Kerngehalt überein, während illegitime ihm widersprechen.

Die Gk verweist den Menschen an die ↗ Gemeinschaft, weil sich die G nur durch Zusammenwirken vieler Einzelner im Nebeneinander u vieler Generationen im Nacheinander entfaltet. Einzig in diesem Prozeß kommen die in der Menschennatur verborgenen Mächtigkeiten zum Vorschein. Daher stellt jeder Einzelne, jedes Volk, jede Epoche lediglich einen Teil der Fülle des Menschseins dar; zugleich jedoch hat der Einzelne kraft der vollkommenen Rückkehr immer schon das Ganze seiner Wesenheit u des Seins im Blick. Infolge davon steht der Mensch ebenso als Glied im Dienste des geschichtlichen Prozesses, wie er diesen überragt u seinem eigenen einmaligen Ziel zustrebt. Da der so in seiner Gk gekennzeichnete Einzelne wesenhaft ↗ Person ist, wird die Gk von der Person notwendig sowohl getragen als auch überstiegen. Da ferner das Sein, in dem die Person mit ihrer Gk gründet, letztlich Ewigkeit besagt, nimmt sie jetzt schon zuinnerst an jenem Ewigen teil, in das mit dem Tode ihr geschichtliches Dasein einmündet.

Nachdem vor allem *W Dilthey* u der badische ↗ Neukantianismus von den Naturwissenschaften die ↗ Geisteswissenschaften abgehoben u dabei die Eigenart der Gk freigelegt hatten, wandte sich das um den Menschen als Existenz

(↗ Existenzphilosophie) ringende Philosophieren den Fragen der Gk zu, wofür in erster Linie *M Heidegger* u *K Jaspers* zu nennen sind. Wenn jener auch das Sein in die Gk einbezieht, so trifft das zwar für das „Geschick" oder die epochalen Mitteilungen des Seins zu, nicht aber für dessen innerstes Selbst.

a) *M Heidegger:* Sein u Zeit 1927, bes §§ 72–77; *K Jaspers:* Phil 1932, bes II 118–48. – b) *F Wiplinger:* Wahrheit u Gk 1961; *A Brunner:* Gk 1961; *B Wigersma:* Wordende Waarheid, 's-Gravenhage 1959; *J Lotz:* Zur Gk des Menschen, in: Schol 26 (1951) 321–41; *ders:* Von der Gk der Wahrheit, in: Schol 27 (1952) 481–503; *ders:* Gk u Ewigkeit, in: Schol 29 (1954) 481–505; *R Schäffler:* Die Struktur der G-zeit 1963; *G Bauer:* „GK". Wege u Irrwege eines Begriffs 1963; *LB Puntel:* Analogie u Gk 1969; *F Wiedmann:* Die mißverstandene GK 1972. Lotz

Geschichtsphilosophie (GPh). Von der Geschichtswissenschaft, die das geschichtliche Geschehen aus seinen Quellen zu erheben u zur Darstellung zu bringen hat, unterscheidet sich die GPh (auch *Metahistorie*), deren Zweck es ist, die ↗ Geschichte (G) selbst sowie die Wissenschaft von der G einer „denkenden Betrachtung" (Hegel) zu unterwerfen, sie aus den letzten Gründen des Seins u der Erkenntnis zu verstehen. Die GPh enthält als Hauptdisziplinen die *Geschichtslogik* u die *Geschichtsmetaphysik*. Erstere untersucht die Grundlagen, Voraussetzungen u Methoden der Geschichtswissenschaft (↗Geschichtliche Gewißheit), letztere forscht nach dem Wesen, den Ursachen (↗Geschichte) u dem Sinn der G. Es gilt, die G sowohl in ihrer wesentlichen Bezogenheit auf den Menschen zu begreifen als auch in den letzten Zusammenhang des Seins einzuordnen. Von hier erhellt, daß die phil ↗ Anthropologie u die ↗ Metaphysik, aber auch die ↗ Hermeneutik im weiteren Sinne, für die GPh von ausschlaggebender Bedeutung sind. Überdies wird die GPh tatsächlich von der *Geschichtstheologie* überbaut, weil die christl ↗Offenbarung die Weltgeschichte als Heilsgeschichte erkennen läßt. Wenn daher der GPh auch die Aufgabe bleibt, die G vom allg Seins- u vom Wesensverständnis des Menschen her zu begreifen, so muß sie sich doch von der Geschichtstheologie zu einer neuen, tieferen, ihr selbst nicht zugänglichen Sicht der Menschheitsgeschichte ergänzen lassen.

Der *Sinn der G* läßt sich am Gang der Tatsachen nur bzgl bestimmter, verhältnismäßig abgeschlossener Perioden ablesen. Für das Ganze der Weltgeschichte läßt sich nur allg sagen, daß der Sinn der G kein anderer ist als der des Weltgeschehens u der ↗ Welt überhaupt: die Kundgabe u Darstellung der unendlichen Seinsfülle Gottes auf endliche, näherhin menschliche Weise. Zu dieser Kundgabe hat jede Zeit u jeder Mensch in ihr seinen Beitrag zu liefern. Sie schließt ein sowohl die Vollverwirklichung der menschlichen Anlagen in der Zeit *(immanenter Sinn der G)* als auch die Erreichung des dem Menschen gesetzten ewigen Zieles *(transzendenter Sinn d G)*. Worin aber, ganz konkret u geschichtlich gesprochen, dieses Ziel besteht, hängt von der freien Bestimmung Gottes ab.

Eine geschichtsphil Besinnung findet sich schon in der Urzeit der Phil (vgl die Kulturmythen). Die Äußerungen der griech Philosophen weisen in verschiedene Richtungen *(Niedergangs-, Aufstiegs-, Konstanz-, Kreislauftheorien)*.

Obwohl die G-auffassung des Alten Testaments theol gerichtet ist, so war sie doch durch die Betonung der Einheit des Menschengeschlechts, durch die Auffassung der G als eines einmaligen Prozesses mit sinnvollem Abschluß auch für die weitere Ausgestaltung der GPh von großer Bedeutung. Dasselbe gilt von *Augustinus*, dessen zunächst geschichtstheologisches Werk vom „Gottesstaat" auch viele geschichtsphil Gedanken enthält. Philosophische u theologische Gedanken über die G verbanden in der Folgezeit auch: *Otto von Freising, Dante, Bossuet, Schlegel, Görres, Solowjew* u *Teilhard de Chardin*. Als eigene Disziplin besteht die GPh erst, seit in der Aufklärung der Mensch in den Mittelpunkt der phil Betrachtung rückte. Das Wort „GPh" stammt von *Voltaire:* Begründer der deutschen GPh war *Herder*. Die idealistische Richtung der GPh faßte die G auf als Verwirklichung einer göttlichen Idee, die naturalistische als notwendige Folge von Naturgesetzen. Erstere trat in theistischer u pantheistischer Form auf. Nach *Hegel,* dem die GPh, trotz mancher Gewaltsamkeiten des Systems, tiefe Einsichten verdankt, ist die G der Werdegang des objektiven Geistes (↗ Geistiges Sein, Deutscher Idealismus). Sinn der G für den ↗ Marxismus ist die Entfaltung der produktiven Kräfte des Menschen im Hinblick auf eine kraft immanenter Widersprüchlichkeit der G durch Klassenkampf entstehende klassenlose Gesellschaft. Zur naturalistischen Richtung gehört außer dem Marxismus auch der ↗ Positivismus *Comtes*. *Nietzsches* Lehre von der ewigen Wiederkehr des Gleichen verbindet die idealistische u naturalistische Sichtweise.

Außer den Werken der oben Genannten: b) *J Bernhart:* Sinn der G 1931; *A Schütz:* Gott i der G 1936; *E Spieß:* Die Grundfragen der GPh, Schwyz 1937; *A Weber:* Vom Sinn der G 1953; *A Dempf:* Kritik der histor Vernunft 1957; *K Rahner:* Hörer des Wortes ²1963; *HU v Balthasar:* Das Ganze i Fragment, Einsiedeln 1963 [GTh]; *M Müller:* Erfahrung u G 1971; *R Schaeffler:* Einf i die GPh 1973. – c) *W Windelband:* GPh 1916; *N Berdjajew:* Der Sinn der G 1925; *Th Litt:* Wege u Irrwege gesch Denkens 1948; *K Jaspers:* Vom Ursprung u Ziel der G 1949; *K Löwith:* Welt-G u Heilsgeschehen ⁵1967; *O Marquard:* Schwierigkeiten mit der GPh 1973; *K Kluxen:* Vorlesungen zur G-theorie, I 1974. – d) *J Thyssen:* G der GPh 1954; *K Weyand:* Kants GPh 1963; *W Kasper:* Das Absolute i der G 1965 [zu Schelling]; *IS Kon:* Die GPh des 20. Jht 1964 [kommun]; *W. Brüning:* GPh der Gegenw 1961; *M Murray:* Modern Phil of History, Den Haag 1970. – e) *L Reinisch* (Hgb): Der Sinn der G ⁴1970. Brugger

Geschlechtlichkeit *(Sexualität).* Bei höheren Lebewesen ist die Fortpflanzung meist an das Zusammenwirken verschiedener Geschlechter gebunden. Damit wird häufig eine soziale Bindung begründet, die beim ↗ Menschen nicht nur der Aufzucht der Nachkommenschaft dient. Eine ungestörte Entwicklung der G u des Verhältnisses zu ihr ist für die Selbstfindung u die Kommunikationsfähigkeit der Person von entscheidender Bedeutung. Die große Triebstärke der G einerseits u die Reduktion instinktiver Hemmungen anderseits verlangen eine Normierung u Institutionalisierung geschlechtlicher Verhaltensweisen (↗ Ehe). Die sozialen Rollen von *Mann* u *Frau* sind nicht bloß naturbedingt, sondern zum Teil Ergebnisse kultureller Entwicklungen, in denen sich die Erfordernisse von Elternschaft u ehelicher Partnerschaft widerspiegeln.

Wegen der Bedeutung der G für die Erfahrung von Glück u Lebenssinn steht die konkrete Interpretation u Normierung der G in den einzelnen Kulturen jeweils in einem engen Zusammenhang mit Gottesbild u Glaube. Daraus kann sich eine positive sakrale, aber auch eine negative Bewertung von G ergeben. In christl Sicht erfahren die personalen Werte der G eine besondere Bedeutung.

Ph Lersch: Vom Wesen der Geschlechter ⁴1968; *G Siegmund:* Die Natur der menschl Sexualität 1972. Rotter

Gesellschaft. G (1) Oberbegriff, der auch ↗ Gemeinschaft einschließt: jede dauernde, wirksame Verbundenheit von Menschen in der Verwirklichung eines gemeinsamen Zieles oder Wertes. – G (2) unterschieden von Gemeinschaft: G nur die künstlich-zweckhaften Gebilde, Gemeinschaft die auf naturhafter Verbundenheit beruhenden Gebilde. – G (3) die Gesamtheit aller aus der naturgegebenen gesellschaftlichen (ges) Veranlagung des Menschen hervorgehenden Gebilde u Beziehungen, also die Menschheit als eine Einheit, die Staatenwelt, Gemeinde u Berufsstand, Familie, Sippe, Stamm, ↗ Volk, die ganze Fülle der sog freien Vereinigungen aller Art. – G (4) die einflußreichste u meist begütertste Schicht, d i diejenigen Kreise, die „ges" miteinander verkehren u im allg die eheliche Verbindung eines ihrer Angehörigen mit einem auf der „ges" Stufenleiter tiefer stehenden Partner als Verfehlung zu verurteilen pflegen. – G (5) im Ggs zum ↗ Staat; Staat verstanden als die machtmäßig organisierte Volksgemeinschaft, G dagegen als die gleiche Volksgemeinschaft (tatsächlich allerdings meist nur die Kreise der „G" im Sinn von (4) als vermeintlich „staatsfreier" Bereich) ohne inneren Bezug zu dem sie umspannenden Rahmen des Staates – dieser G-begriff lag der liberal-bourgeoisen Staatsauffassung des 19. Jht zugrunde, wo „man" sich des Staates sicher fühlte u ihn darum zum leeren (!) Rahmen minimisierte. – G (6) in der Rechtssprache vor allem die Zusammenschlüsse vermögensrechtlicher Art, meist Vereinigungen von Arbeitskraft u Geldmitteln zu Erwerbszwecken.

Wie G u Gemeinschaft, so werden auch die Bezeichnungen Stand u Klasse auswechselbar gebraucht. Im strengen Wortsinn bedeutet *Stand* eine ges Großgruppe, in die man hineingeboren wird oder an die man sich durch die Wahl des Berufes bindet: geburts-, herrschafts-, berufsständische G; Wehr-, Lehr- u Nährstand. Die *Klassen*zugehörigkeit dagegen bestimmt sich nach Besitz bzw Nichtbesitz von Vermögen: „bürgerliche" u „proletarische" (Arbeiter-) Klasse.

Jedem ges. Gebilde eignet ein ges Handeln. Da aber nicht das Gebilde selbst, sondern immer nur Menschen denken, wollen, handeln können, bedarf das ges Gebilde, um handlungsfähig zu sein, bestimmter Organe u damit der *Organisation* (Organisiertheit). Die leitenden *(Führungs-)Organe* bedürfen, da die übrigen als freie Menschen ihnen folgen sollen, der ↗ Autorität. Sittl-rechtliche Über- u Unterordnung, Befehlsgewalt u Gefolgsams-(Gehorsams-)Pflicht sind jedem ges Gebilde wesentlich u darum mit der ges Naturanlage des Menschen gottgewollt; ihren Grund wie auch ihre Begrenzung hat die ges Autorität in dem, was jeweils um des ↗ Gemeinwohls willen erforderlich ist.

b) *G v Hertling:* Recht, Staat u G ⁶1918; *O v Nell-Breuning, H Sacher:* Zur christl G-lehre, in: WBPol I ²1958; *F Frodl:* G-lehre ²1962; *J Wössner:* Mensch u G 1963; *G Gundlach:* Ordnung der menschl G, 2 Bde 1964; *N Monzel:* Kath Soziallehre I 1965, II 1967; *F Klüber:* Kath G-lehre I 1968. – c) *F Tönnies:* Gemeinschaft u G ⁷1926; *O Spann:* G-lehre ³1930; *M Weber:* Wirtschaft u G ²1964; *ChG Zahn:* What is Society?, L 1965; *A Rucktäschel:* Sprache u G 1972; *T Parsons:* Das System der modernen G-en 1972.

v Nell-Breuning

Gesellschaftsphilosophie (GPh). Zahlreiche Gesellschaftswissenschaften (*Soziologie,* als Wissenschaft von den gesellschaftlichen (ges) Formen, Vorgängen u Zuständen; Sozialethik, -pädagogik, -psychologie usw.; Staats-, Rechts-, Wirtschaftswissenschaften) ermitteln, ordnen u erklären die Erscheinungen des ges Lebens unter je ihrem eigenen Gesichtspunkt. Die GPh unternimmt es, die ↗ Gesellschaft (G) selbst, das ges Leben überhaupt zu deuten aus ihrem letzten Grunde, d i der naturgegebenen ges Veranlagung des Menschen. – Besteht diese Veranlagung bloß in der Unzulänglichkeit u folglich Ergänzungsbedürftigkeit zu gewissen äußeren Zwecken oder vielmehr in der Möglichkeit, durch den Reichtum seiner Anlagen eine Gemeinschaft (Gem) als höhere Ganzheit aufzubauen u in der Gem mit anderen zu seiner vollen Entfaltung zu kommen? In der Tat ist ja alles, was wir ↗ Kultur nennen, gar nicht anders vollziehbar als im geistigen Verkehr. Nach ersterer Auffassung wäre das Gesellschaftliche nur Anhängsel u Behelfsmittel des Menschen; nach letzterer ist es etwas dem Menschen Wesentliches, worin überhaupt erst sein wahres Menschtum sich erfüllt. Damit ist nicht geleugnet, daß manche Vergesellschaftungen (zB Verbände zur Interessenvertretung) nur Behelfe sind; allermindestens aber ↗ Familie u ↗ Staat gehören zur Wesenserfüllung des Menschen.

Drei Möglichkeiten bestehen: 1) Man hält den Menschen für in sich selbst vollendet, so daß er nur aus Gründen der Zweckmäßigkeit (Vorteile der Arbeitsteilung u dergleichen) sich vergesellschaftet; der Einzelmensch ist alles, die G bloßes Mittel ohne Eigenwert: ↗ Individualismus. – 2) Umgekehrt sieht man den Menschen als etwas in sich selbst Unfertiges u Unselbständiges, das erst als Glied der Gem einen Wesenssinn u Daseinszweck empfängt; die Gem ist alles, der einzelne als solcher ermangelt des Eigenwertes, er lebt u stirbt nur um der Gem willen: ↗ Kollektivismus. – 3) Der Einzelmensch besitzt den unverlierbaren Eigenwert der sittl ↗ Person, der ihn niemals bloßes Mittel zu einem Zweck, bloßes Glied eines übergeordneten Ganzen sein läßt. Nichtsdestoweniger ist er kein in sich abgeschlossenes, sondern ein wesenhaft auf die Gem bezogenes Wesen. Die Gem (↗ Ganzheit) steht ihren Gliedern nicht als etwas Fremdes gegenüber, ist vielmehr nichts anderes als die Glieder selbst in ihrer Verbundenheit. Im Verhältnis zueinander ist kein Glied als solches dem anderen über- oder untergeordnet, aber jedes Glied ist an das Ganze gebunden u für es verantwortlich, wie dieses wieder an seine Glieder rückgebunden ist u für alle u für jedes einzelne Verantwortung trägt: ↗ Solidarismus.

Weil Menschen die G bilden, muß jede GPh beim ↗ Menschen ansetzen u, um sie aus ihren letzten Gründen zu erklären, von dessen letzten Wesensgründen ausgehen: GPh ist ↗ Metaphysik, ↗ Anthropologie. Im Ggs dazu will der *Soziologismus,* von den Erfahrungstatsachen des ges Lebens ausgehend, nicht nur die G, sondern den Menschen selbst als ges Wesen beschreiben u erklären.

Die verschiedenen grundsätzlichen Vorstellungen von der menschlichen G oder G-systeme werden neuerdings – begrifflich unscharf – ↗ *Ideologien* genannt. Das von einer solchen Ideologie ausgemalte Bild einer G, wie sie nach ihren Vorstellungen sein sollte, kann, auch wenn es sich so nicht verwirklichen läßt, große Zugkraft ausüben: *Utopie.*

Geht der Mensch letzten Endes von Gott aus u ist Gott sein letztes Ziel, so ist damit der Grundriß der GPh festgelegt. Ist der Mensch von Gott in eine übernatürliche Ordnung erhoben, so ist damit notwendig auch der ges Raum erweitert; eine GPh, die sich dem verschließen wollte, würde die Tatsachen, statt zu klären, verkürzen.

b) *D v Hildebrand:* Metaph der Gem 1931; *HE Hengstenberg:* Grundlegungen zu einer Metaph der G 1949; *O v Nell-Breuning:* Einzelmensch u G 1950; *Th Geppert:* Teleologie der menschl Gem 1955; *G Wildmann:* Personalismus, Solidarismus u G 1961; *MG Plattel:* Der Mensch u das Mitmenschliche I 1962, II 1966. – c) *R Thurnwald:* Die menschl G i ihren ethnolog Grundlagen 1931 ff; *L v Wiese:* Phil u Soziologie 1953; *W Ziegenfuß:* GPh 1954; *W Hofmann:* G-lehre als Ordnungsmacht 1961; *L Goldmann:* G-wissenschaften u Phil 1971; *R Heiss:* Utopie u Revolution 1973. – d) *C Ellwood:* A History of Social Phil, NY 1938; *K Schilling:* Gesch der soz. Ideen. Individuum, Gem, G, 1966; *EE Nawroth:* Die Sozial- und Wirtschaftsphil des Neoliberalismus 1961; *J Servier:* Histoire de l'Utopie, P 1967. – e) *J Fellermeier:* Abriß der kath G-lehre 1956; *J Höffner:* Christl G-lehre 1962; *R Ritter:* Grundfragen der Soziologie, Zürich 1973. v Nell-Breuning

Gesetz. (1) Der Sprachgebrauch setzt G weitgehend mit ↗ Norm gleich. In diesem Sinn haben alle Wissenschaften u Kunstlehren ihre G-e = Normen. Unausweichlich zwingend sind die Denk-G-e oder G-e der ↗ Logik; jeder Verstoß dagegen zerstört die Schlüssigkeit u führt zu Fehlschlüssen.

(2) ↗ Natur-G-e (oft nach ihren Entdeckern benannt) *beschreiben* die Abläufe der Natur in mathematischer Form.

(3) Auch in der menschlichen ↗ Gesellschaft einschl ↗ Staat u ↗ Wirtschaft lassen sich regelmäßige Abläufe beobachten u als „G-e" formulieren. Das sind zu einem Teil Identitäten oder Funktionalismen (Wenn-dann-Sätze), so insbes die ganze mathematisierte Ökonomie, Polito- u Soziologie. Zum anderen Teil sind es Erfahrungssätze, die darauf beruhen, daß die Menschen ungeachtet ihrer ↗ Freiheit sich in ihrem Handeln weitgehend von Leitbildern u namentlich von ihrer Interessenlage bestimmen lassen; daraus ergeben sich gewisse, wenn auch keineswegs zwingende Regelmäßigkeiten, die man im weiteren Sinn als G-e bezeichnen kann, so zB das Greshamsche G: Das schlechte Geld verdrängt das gute. – Hierhin gehören auch die G-e der ↗ Moralstatistik, wogegen die G-e der Statistik (Gauß, Bernoulli) mathematische Lehrsätze sind.

(4) Im *höheren* Sinn verstehen wir unter G eine Norm, die ein sittl u oder rechtliches *Sollen* auferlegt.

a) Das im heiligen Willen Gottes *(lex aeterna)* grundgelegte ↗ *Sitten-G (lex naturalis)* belehrt nicht nur darüber, was an u für sich („seiner Natur nach") gut oder böse ist, sondern legt unserem Gewissen verpflichtend auf, das Gute zu tun u das Böse zu unterlassen.

b) G im *Rechts*sinn kann ebenfalls Gott zum Urheber haben (so im AT das Bundesgesetz für Israel); im allg ist es eine vom (öffentlichen) Gemeinwesen um der öffentlichen Ordnung u des ↗ Gemeinwohls willen erlassene, seine Glieder verpflichtende Norm. – Anders als der allg Sprachgebrauch nennen die Juristen eine solche Norm nur dann „G", wenn ihr Ursprung u ihre Verlautbarung bestimmten formalen Erfordernissen genügt. Reicht das aber für ein G aus, oder muß eine Norm, um G sein zu können, mit dem Sittengesetz vereinbar sein u dem, was die ↗ Gerechtigkeit verlangt, Genüge tun? Dem *Rechtspositivismus* genügt es, daß sie „gilt", dh tatsächlich anerkannt (befolgt) wird. Wir können nur gerechte Normen als verbindlich anerkennen u wissen uns verpflichtet, dem „G", das etwas dem Sittengesetz Zuwiderlaufendes gebietet, den Gehorsam zu verweigern, „Gott mehr zu gehorchen als den Menschen".

a) *Thom v Aq:* STh I.II q 90–108 (Dt Thomasausg XIII–XIV; *F Suárez:* De legibus. – b) *M Wittmann:* Die Ethik des hl Thom v Aq 1933; *G Söhngen:* G u Evangelium 1957; *H Eichler:* Das Wesen des G 1959; *B Schüller:* G u Freiheit 1966; *A Maas* u a: G u Gewissen 1967. – *Joachim-Jungius-Ges* (Hgb): Das Probl der Gesetzlichkeit 1949.
v Nell-Breuning

Gestalt ist die gegliederte Ganzheit sinnfälliger (im übertragenen Sinn auch geistiger) Gegebenheiten, seien es räumlich gegliederte (wie mathematische Figuren, Gemälde) oder rhythmisch-zeitlich gegliederte (wie Melodien). Moderne *Gestaltpsychologie* betont mit Recht den Primat der G-ganzheit in unseren Sinneserlebnissen über das Erleben der Teile. Das G-ganze ist zunächst insofern „mehr als die Teile", als sich die *Gestaltwahrnehmung* nicht mit der bloßen Summe der Teileindrücke deckt. Das ↗ Ganze ist insofern unabhängig von den Teilen, als es auch dann als dieses G-ganze erfaßbar bleibt, wenn alle Einzelteile sich irgendwie ändern (zB wenn Melodien transponiert oder nur Klopflaute im Rhythmus der Melodie geboten werden). Das Ganze ist insofern „vor den Teilen", als wir nicht zuerst nur die Teile eines Ganzen erfassen, um sie dann mosaikartig zusammenzufügen, sondern vielmehr die Erstwahrnehmung ein (wenngleich diffuses) Ganzes bietet, aus dem sich dann die Einzelteile differenziert hervorheben, um schließlich wieder zum deutlicher gegliederten Ganzen zusammengeschaut zu werden. Das Ganze ist endlich insofern „über den Teilen", als die Art, wie seine Teile von uns aufgefaßt werden, vielfach von ihrer Funktion im Ganzen u von dessen Auffassung bedingt wird (zB Teile eines Vexierbildes, matter Farbfleck als „glühende Wüstensonne" in einem Bild).

Die gestaltpsychologische Forschung, wie sie nach den Erstforschungen von *Ch v Ehrenfels* (1890) seit 1912 einsetzte, fragte u a: ob unser G-auffassen einfach auf Grund entsprechend gestalteter Reizstrukturen erfolge *(Wertheimer),* oder auf Grund von Aufmerksamkeitsverteilungen, die sich der Summe der Sinnesempfindungen als „Sekundärfunktion" überbauen *(Meinong),* oder auf Grund intellektueller Relationserfassungen (zeitweise *Lindworsky).* Gegen die erste Ansicht sprach die Verschiedenheit von G-auffassung bei gleichbleibender Reizstruktur, gegen die letzte, daß auch bloße Sinnenwesen Gestaltung u G-wandel erleben. Meistens dürften wohl in menschlicher G-auffassung Reizstruktur, Sekundärfunktionen u auch intellektuelle Einschläge zusammenwirken. – Eine besondere psychologiegeschichtliche Wichtigkeit der G-psychologie lag darin, daß sie zur intensiveren Besinnung auf die Ganzheitlichkeit allen seelischen Erlebens u auf den Einbau allen Einzelerlebens in das Strukturganze der menschlichen (psychologischen) Persönlichkeit hinführte. – Über „Denkgestalt" ↗ Sensismus.

Ch v Ehrenfels: G-qualitäten, in: Vierteljahresschr f wiss Phil 14 (1890); *E v Brunswig:* Prinzipienfragen der G-psychologie, in: Beitr z Problemgesch der Psych (Bühler-Festschr) 1929; *K Bühler:* Die G-wahrnehmungen 1913; *W Köhler:* Die physischen Gestalten i Ruhe u i stationären Zustand 1920; *W Burkamp:* Die Struktur der Ganzheiten 1929; *O Klemm, H Volkelt, K v Dürckheim:* Ganzheit u Struktur, in: Krueger-Festschr 1934; *A Wenzl:* Anhang zu A Höfler: Psych ²1930; *D Katz:* G-psychologie ²1948; *J Stenzel:* Zahl u G bei Platon u Aristoteles ³1959; *F Weinhandl* (Hgb): Gestalthaftes Sehen. Ergebnisse u Aufgaben der Morphologie 1960; *K Bühler:* Das G-prinzip i Leben des Menschen u der Tiere 1960; Eranos-Jahrb, Bd 29: Mensch u Gestaltung 1961; *W Köhler:* Die Aufgabe der G-psychologie 1971. Willwoll

Gewissen im weiteren Sinn bedeutet die Fähigkeit des menschlichen Geistes zur Erkenntnis der sittl Werte, Gebote u Gesetze *(Synderesis),* im engeren Sinne aber deren Anwendung auf das eigene, unmittelbar zu vollziehende Handeln. Es ist jene innere Instanz, die dem Menschen in einer ganz persönlichen, nicht überhörbaren Weise kundtut, was er tun u lassen soll, die als warnende, verbietende, gebietende oder erlaubende Stimme vor der Tat, als lobende oder richtende, verurteilende Macht (Gewissensbisse) nach der Tat ihr Urteil spricht. Ein eindrucksvolles Zeugnis für die Macht des G ist die sittl *Reue,* in der der Mensch sich von seiner bösen Tat mit Bedauern lossagt u die ihn nicht selten auch zum äußeren Bekenntnis seiner Schuld drängt. Der Ursprung des G liegt in der Anlage des Menschen als Person u Ebenbild Gottes zur Verwirklichung sittl Werte sowie in der Fähigkeit zu ihrer Erkenntnis u Anwendung auf die persönliche, individuelle Lage. Von großer Bedeutung ist natürlich wie für die Entwicklung des übrigen Geisteslebens auch im ethischen Bereich die Belehrung, Erziehung u Führung durch Autorität u Gemeinschaft. Man kann ein *vorausgehendes* u *nachfolgendes* G unterscheiden, ferner ein wahres u ein irrendes G. Letzteres kann unüberwindlich u schuldlos oder überwindlich u deshalb schuldbar sein.

[Nicht mit dem G identisch, aber oft nur schwer von ihm unterscheidbar ist eine seelische Struktur, die *Freud* beschrieben u *„Über-Ich"* genannt hat. Während das eigentliche G in einem sachlich begründeten Urteil der praktischen Vernunft die Freiheit des Menschen anspricht, gehört das Über-Ich dem Gefühlsbereich an u äußert sich in Angstgefühlen u Zwängen, die gelegentlich auch gegen bewußte Gewissensurteile und Willenseinstellung beharren können

(Skrupel). Es geht entwicklungspsychologisch auf die Dressurseite der Kindheitserziehung zurück u entlastet das G in allen Situationen, die mit Recht von Sitte u Konvention vorentschieden sind.]

Weil das G die allg Forderungen des Sittengesetzes auf den vorliegenden Fall anwendet, ergeben sich folgende Pflichten gegen den Spruch des G: Im eigentlichen, ungelösten Zweifel über die Erlaubtheit der Tat darf man nicht handeln. Es ist also eine praktische (nicht streng wissenschaftliche) ↗ Gewißheit erfordert. (Über die indirekte Gewinnung eines sicheren Gewissens ↗ Moralsysteme.) Dem befehlenden Spruch des Gewissens muß man immer Folge leisten. Das gilt auch im Fall des unüberwindlich u schuldlos irrenden G. Der Handelnde hat gar keine andere vernünftige Möglichkeit. Er paßt sich dem Willen Gottes insoweit an, als es ihm augenblicklich möglich ist. Es besteht jedoch die strenge Pflicht zur rechten *Gewissensbildung* durch Nachdenken, Belehrung, Um-Rat-Fragen usw.

[Auf der Verpflichtung, selbst seinem irrigen G zu folgen, beruhen die *G-freiheit* u die *Toleranz,* d i die Pflicht, die G-entscheidungen anderer, selbst wenn sie für irrig gehalten werden, zu achten u keine als gewissenswidrig glaubhaft gemachten Handlungen zu erzwingen. Hingegen kann es nicht verwehrt sein, sich gegen Handlungen zu wehren, die aus irrigem G hervorgehen u das Recht des einzelnen oder der Gemeinschaft schädigen. Auch kann der Staat einer objektiv ungerechtfertigten Leistungsverweigerung durch Verweigerung der entsprechenden Rechtsgüter wirksam begegnen.]

Eine besondere Schwierigkeit, sich ein G zu bilden, liegt vor beim sog *Widerstreit der Pflichten (Pflichtenkollision).* Hier handelt es sich nicht um ein klar oder leicht erkennbares Böses, sondern zwei nicht zugleich erfüllbare Pflichten, die gleich dringlich erscheinen, wollen im selben Augenblick erfüllt sein. Einen wirklichen, in der sittl Ordnung begründeten Widerstreit der Pflichten kann es nicht geben. Er verstößt gegen die Heiligkeit u Weisheit Gottes, die einen Menschen nicht zur Sünde nötigen kann. Der Widerstreit besteht nur in der mangelhaften Erkenntnis des Menschen. Er muß dadurch gelöst werden, daß man untersucht, welche Pflicht im gegebenen Augenblick den Vorzug verdient. Kann dies in einem Einzelfall nicht ausgemacht werden, so fehlt die zum sittl Handeln u zur sittl Verfehlung nötige Freiheit.

Die Lösung solcher u anderer Gewissensfälle, *Kasuistik* genannt, ist eine vielfach mißverstandene, aber wichtige u unersetzliche Aufgabe einer Ethik, die auf das wirkliche Handeln der Menschen Einfluß gewinnen will. Kein vernünftiger Jurist bezweifelt die Notwendigkeit einer ins einzelne gehenden Behandlung von konkreten Fällen im Zivil- oder Strafrecht, um die Tragweite u genaue Anwendung der Gesetze darzulegen u dem lernenden Studenten, aber auch dem praktischen Juristen in der Ausübung seines oft schwierigen Berufes behilflich zu sein. Diese Notwendigkeit besteht auch für den, der die so schwere u verantwortungsvolle Aufgabe hat, Menschen zu führen. Allerdings muß der Kasuistik die positive Darlegung des Sittengesetzes vorausgehen. Ebenso muß die Auswahl u Lösung der Gewissensfälle sich fernhalten von abstrusen u unwirklichen Möglichkeiten.

b) *H Kuhn:* Begegnung mit dem Sein. Meditationen z Metaph des G 1954; *JM Hollenbach:* Sein u Gewissen. Über den Ursprung der G-regung 1954; *L Gilen:* Das G bei Jugendlichen 1956; *H Häfner:* Schulderleben u G 1956; *Staat* u G 1959; *H Zulliger:* Umgang mit dem kindl G 1960; *J Stelzenberger:* Das G 1961; *ders:* Syneidesis, Conscientia, G 1963; *W Arnold* u a: Das G als freiheitl Ordnungsprinzip 1962; *R Guardini:* Das Gute, das G u die Sammlung ⁵1962; *O Engelmayer* u a: G u G-bildung 1968; *R Egener, P Matussek:* Ideologie, Glaube u G (Knaur TB 184). – *E Stadter:* Psychoanalyse u G 1970. – d) *V Cathrein:* Die Einheit des sittl Bewußtseins der Menschheit III 1914; *F Furger:* G u Klugheit i der kath Moraltheol der letzten Jahrzehnte 1965. – e) *V Cathrein:* Moralphil I 1924.

Schuster [Kerber]

Gewißheit *(Sicherheit),* konkret als sicheres Urteil verstanden, kann als „feste, in der ↗ Evidenz des Sachverhalts begründete Zustimmung" definiert werden. „Feste Zustimmung" besagt dabei die psychologische Seite der G: als *„Zustimmung"* (↗ Setzung, Behauptung) ist sie ↗ Urteil in seiner Vollgestalt, im Ggs zu der bloß gedachten Aussage, als „feste" ist sie mit Ausschluß des ↗ Zweifels endgültig gesetzte Zustimmung, im Ggs zur *Meinung,* die eine nur vorläufige, den Zweifel nicht ausschließende Zustimmung ist. G im psychologischen Sinn wird *Überzeugung* genannt, insofern sie nicht nur als vorübergehender Akt, sondern als bleibende geistige Haltung betrachtet wird. Die logische Seite der G wird durch die Worte „in der Evidenz des Sachverhaltes begründet" bezeichnet; nur so ist die Zustimmung *objektive* G u gewährleistet die ↗ Wahrheit der Aussage. Wird eine feste Zustimmung ohne hinreichende Begründung gegeben, so spricht man von *nur subjektiver* G.

Verschiedene Arten der G lassen sich zunächst unterscheiden nach der Art der Evidenz; ist diese eine unmittelbare, so heißt auch die G *unmittelbare* G, ist sie mittelbar, so liegt *mittelbare* G vor. – Während die unmittelbare Evidenz, wenn sie echte Evidenz ist, die Falschheit unbedingt ausschließt, dh *absolute* G begründet, ist die mittelbare G nur dann absolut, wenn sie auf einer von unmittelbar Gegebenem ausgehenden streng logischen Schlußfolgerung beruht. Beruht dagegen der Zusammenhang zwischen dem Gegebenen u dem Erschlossenen nur auf einem Konvergenzschluß (↗ Schluß), so ist die G nicht absolut. Trotzdem kann man auch hier von *bedingter (hypothetischer) Evidenz u G* sprechen, wenn die Gründe so überwiegend sind, daß sie nach vernünftiger Abschätzung zu einer festen Zustimmung ausreichen. Andere ziehen es vor, in all diesen Fällen nur von ↗ Wahrscheinlichkeit zu sprechen, die dann aber doch wieder *„praktisch gewiß"* genannt wird. Sonst müßte man den allergrößten Teil all der Überzeugungen, auf deren Wahrheit wir uns im Alltag ohne jedes Bedenken verlassen, als „bloße Wahrscheinlichkeiten" bezeichnen. – Gegenüber der Unterscheidung von absoluter u hypothetischer G ist die weitere Unterscheidung der hypothetischen G in *physische u moralische* G von untergeordneter Bedeutung. Als physische G wird dabei jene bezeichnet, in der das Gegebene allein aufgrund von „physischen", dh nicht personalen Vorgängen den Schluß auf nicht Gegebenes erlaubt, als moralische G jene, bei der personales Handeln, insbesondere die Aussage anderer Menschen, mitbestimmend ist. Der Unterschied ist erkenntnistheoretisch deshalb nicht so entscheidend, wie man früher oft meinte, weil auch die physische G nur in den seltensten Fällen auf der sog kausalen Notwendigkeit (↗ Kausalsatz) eines einzigen ↗ Naturgesetzes, dagegen meist auf dem Zusammenspiel vieler Ursachen beruht, das eine nur „statistische" Regelmäßigkeit ergibt. – Nach dem Grad der Bewußtheit unterscheidet man *spontane (natürliche) u reflexe (wissenschaftliche) G;* in der ersteren sind die Gründe nicht methodisch durchforscht, darum auch – wenigstens im einzelnen – weniger beachtet, während die wissenschaftliche G eine höhere Bewußtheit der Begründung einschließt, obwohl auch in ihr die letzten phil Voraussetzungen zumeist nicht reflektiert werden. – Verhältnis der G zum Willen: Das der Evidenz unmittelbar entsprechende „Sehen" des Sachverhalts hängt nicht unmittelbar vom freien Willen ab, wohl aber oft das Zustandekommen der Evidenz, zB durch die Lenkung der Aufmerksamkeit. Darüber hinaus ist zu unterscheiden zwischen der *rein wissenschaftlichen* (rein „objektiven") G, was hier meint: der nur das theoretische Denken u gegebenenfalls die technische Nutzung angehenden G, u der subjektiv-personal bedeutsamen *existentiellen* G, wie sie vor allem im ↗ Glauben vorliegt. Die letztere ist nicht notwendiges Ergebnis von Beweisen, sondern verlangt, auch wenn sie keineswegs vernunftfremd oder gar widervernünftig ist, eine personale Entscheidung; sie ist *freie* G.

b) *JH Newman:* An Essay in Aid of a Grammar of Assent 1870 (dt: Entwurf einer Zustimmungslehre 1961); *J Volkelt:* Die Gefühls-G 1922; *J Roig Gironella:* La certeza moral, in: Pensamiento 13 (1957) 297–346; *J de Vries:* Zum Probl der nicht-absoluten G, in: Schol 34 (1959) 481–502; *J Lebacqz:* Certitude et volonté, Brügge 1962; *JM Alejandro:* Gnoseología de la certeza, Madrid 1965; *F Wiedmann:* Das Probl der G 1966. – c) *AJ Ayer:* The Problem of Knowledge, L 1956, 35–90; *N Malcolm:* Knowledge and Certainty, Englewood Cliffs 1963; *L Wittgenstein:* Über G 1970. – d) *H Hartmann:* G u Wahrheit. Der Streit zwischen Stoa u akadem Skepsis 1927; *ON Derisi:* Verdad y certeza en San Agostín, in: Ciudad de Dios 167 (1954) 324–41; *JJ Griffin:* The Interpretation of the Two Thomistic Definitions of Certitude, in: Laval Théologique et Philosophique 10 (1954) 9–35. de Vries

Gewöhnung ist zunächst (1) die Anpassung eines Lebewesens an Gegebenheiten der Umwelt *(Lernen),* so daß diese keinen störenden Einfluß mehr ausüben („sich an etwas gewöhnen"); in diesem Sinn findet sich G schon im rein biologischen Bereich (B: eine Pflanze gewöhnt sich an neue klimatische Verhältnisse). In etwas anderem Sinn spricht man von G (2), wenn bestimmte Verhaltensweisen durch bewußtes Tun so gepflegt werden, daß sie dauernd bevorzugt werden („sich etwas angewöhnen"); das Ergebnis solcher G ist eine *Gewohnheit* (Gh) (lat: *habitus*). Die G (2) baut auf vorhandenen ↗ Anlagen auf u macht im Zusammenspiel von Umwelteinflüssen u Stellungnahme zu diesen, von Reizeinwirkung u Reizbeantwortung durch Stiftung günstiger ↗ Assoziationen u ↗ Komplexe bestimmte Auswirkungen der betr Anlagen (↗ Instinkte, Geistesanlagen) leichter, rascher u vollendeter. Wo erworbene Gh-en durch Nichtgebrauch zurücktraten, werden sie in Kraft der nachwirkenden früher erworbenen rascher wiedererworben. Durch Gegen-G läßt sich erworbene Gh, auch wenn von ihr ausgehende Bereitschaften u Neigungen bleiben, zurückdämmen. Zur Stiftung richtiger Gh-en ist es wichtig, daß sie vor allem im Anfang in genauen, „richtigen" Akten angebahnt werden (zB richtiges Aussprechen im Sprechenlernen von Anfang an) u daß die Stiftung der entsprechenden Komplexe positiv gefühlsgefärbt, gegebenenfalls erlebnismäßig eindrucksvoll sei.

Die Bedeutung der G u ihre Macht im Gesamtseelenleben ist kaum zu überschätzen: angefangen vom Erlernen elementarer Bewegungsformen im Gehenlernen, Sprechenlernen u dgl bis zu vollendeter Handwerks- u Kunsttechnik, im Formen von Werterlebnissen, Denkgewohnheiten, im Beherrschen von Leidenschaften, in der ganzen Charakterformung. Die G an das Richtige muß schon früh im Kleinkind beginnen, da sonst durch spontane Selbst-G sich Komplexe formen, die späterer Erziehung u Selbsterziehung mitunter lebenslang dauernde Hemmungen entgegensetzen. Doch erlangt G ihren Vollwert erst dann, wenn sie nicht nur äußerer Drill u *Dressur* (d i rein assoziative G) bleibt, wie im dressierten Tier, sondern vom zu Erziehenden, je nach seiner Reife, selbsttätig übernommen u geübt wird auf Grund von Motivkomplexen, die ihn zum innerlichen „Mitmachen" auch ohne äußeren Einfluß u auch späterhin zu bewegen vermögen. So wird sie wertvoll für das, was man oft *Willensstärkung* nennt, besser gesagt: für leichteres Sichdurchsetzen des Willens zum Guten innerhalb der entsprechend durch G geformten Gesamtstruktur des Seelenlebens. Drillmäßige G allein kann sehr rasch ihre Wirksamkeit einbüßen.

J Lindworsky: Willensschule [12]1927; *F Zeugner:* Das Probl der G i der Erziehung 1929; *J Chevalier:* L'habitude 1929; *G Olivieri:* Psicologia delle abitudini, Mailand 1937; *G Funke:* Gewohnheit 1961 (Arch f Begriffsgesch, 3); *EM Glaser:* Die physiol Grundlagen der G 1968. – ↗ Assoziation, Komplex, Pädagogik. Willwoll

Glaube. Die Wörter „G" u „glauben" wurden in ihren altdeutschen Formen von Anfang an für die biblischen Begriffe fides u credere (griech pístis u pisteúein) verwendet u haben daher seit alters einen christl Klang. So bedeutet G (1) im NT das durch die Gnade Gottes ermöglichte, alles umfassende Ja des Menschen zu Gott, der sich in Christus offenbart, die volle personale Selbsthingabe. Namentlich der Ausdruck „an Christus glauben" bedeutet oft die vertrauende, gehorsame, liebende Gefolgschaft des ganzen Menschen. In dieser personalen Gesamthaltung ist gewiß grundlegend das Ja zur Selbstbezeugung Christi, der G (2) im engeren Sinn der Zustimmung des Verstandes; aber auch deren erster Gegenstand sind nicht irgendwelche G-sätze, sondern Christus als der Sohn Gottes selbst, wie er sich in seiner Selbstaussage offenbart (↗ Offenbarung). Mit der Anerkennung Christi als des Wortes Gottes in diese Welt hinein ist dann allerdings auch die gläubige Annahme der von ihm verkündeten Botschaft von Gott und dem Reich Gottes gegeben, der G als feste Zustimmung zu den von Gott geoffenbarten Wahrheiten um der Autorität (Wahrheit u Wahrhaftigkeit) des offenbarenden Gottes willen *(Offenbarungs-G).* Die Gesamtheit dieser Wahrheiten oder G-sätze wird ebenfalls G (3) genannt (fides quae creditur: der geglaubte G, im Ggs zur fides qua creditur, dem glaubenden G). Wird ein G-satz von der Kirche in endgültiger Entscheidung als G-satz erklärt („definiert"), so wird er ein *Dogma* genannt. – Von der G-zustimmung selbst ist die Erkenntnis der *Glaubwürdigkeitsgründe*, insbes der Gründe für die Tatsache der Offenbarung, zu unterscheiden. Durch sie gibt sich der Mensch Rechenschaft von der Verantwortbarkeit des G vor der Vernunft. Diese Gründe nötigen aber nicht zum G; sonst würde aus dem G ein Wissen, er wäre nicht mehr G, dh freie Hingabe an den sich offenbarenden Gott.

Der G als freie Entscheidung für Gott u sein Wort ist also wesentlich verschieden von dem durch Gründe, Beweise, notwendig zustande kommenden Wissen (↗Gewißheit). Die G-lehren u die Inhalte des Wissens können aber teilweise zusammenfallen oder auch sich scheinbar widersprechen. So kommt es zum Problem von *G u Wissen*. Da beide den Anspruch auf Wahrheit erheben, ist die Annahme, sie seien völlig unvergleichbar (disparat), keine Lösung; ebensowenig die Annahme einer doppelten ↗Wahrheit. G-lehren, die von der ↗Theologie wissenschaftlich geklärt werden, u Aussagen „weltlicher" Wissenschaften können den gleichen Gegenstand haben, obwohl sie diesen Gegenstand meist unter verschiedener Rücksicht betrachten. Schon deshalb sind die Widersprüche meist nur scheinbarer Natur. Bei wirklichem Widerspruch der beiderseitigen Behauptungen ist zu fragen, ob nicht Grenzüberschreitungen vorliegen, wie sie ohne Zweifel im Lauf der Geschichte sowohl von seiten der weltlichen Wissenschaften wie von seiten der Theologie vorgekommen sind.

Das gilt auch vom G (4), dem Gottesglauben im weiteren Sinn, dh jeder religiösen Überzeugung, auch wenn sie sich nicht auf göttliche Wortoffenbarung stützt; auch in diesem Sinn bleibt der G eine freie u daher sittl bedeutsame Entscheidung. Hierher gehört auch der sog phil G (*Jaspers* ↗Existenzphil), ebenso der sich auf ↗Postulate der praktischen Vernunft stützende „Vernunftglaube" *Kants*, der, um für diesen „*moralischen* G" „Platz zu bekommen", das „Wissen aufheben" zu müssen glaubte. Man hat diese Lehre meist im Sinn eines ↗irrationalen G (5) aufgefaßt; sicher ist dieser G nicht „rational" im Sinn der „objektiven" Erkenntnis Kants, die zur Zustimmung nötigt, dh der mathematisch-naturwissenschaftlichen Erkenntnis. Was darüber hinaus dieser „G" positiv besagt, ist vielleicht noch nicht hinreichend geklärt. Sicher wird Kant der Gotteslehre der klassischen Metaphysik nicht gerecht. Noch mehr gilt das von der Religionsphil *Schleiermachers* u seinem *Gefühlsglauben*.

Unglaube im theol Sinn ist das Fehlen des Offenbarungsglaubens, im heute gebräuchlichen, weiterzigeren Sinn nur das Fehlen jeglichen Gottesglaubens (auch 4 u 5), also etwa gleichbedeutend mit ↗Atheismus. Unglaube kann schuldbar sein; aber das Urteil darüber muß im einzelnen Fall zumeist dem allwissenden Gott überlassen werden. *Aberglaube* ist eine Verfallsform des G, besonders die Wahnvorstellung von der unfehlbaren Wirksamkeit von Formeln oder Bräuchen, die zu der erstrebten Wirkung keine natürliche Eignung haben u – mehr oder weniger bewußt – außernatürliche, geheimnisvolle Kräfte in den Dienst des Menschen zwingen sollen.

Im nicht-religiösen Bereich bedeutet G (6) das Fürwahrhalten im Sinn der praktischen ↗Gewißheit *(belief)* oder (7) die Annahme der Aussage eines Mitmenschen auf sein Wort hin. Dieser G schließt, ähnlich wie der G (2), ein Zutrauen zur Wahrhaftigkeit des andern ein. Dadurch unterscheidet er sich von einem Kenntnisgewinnen, das die Aussage anderer nur irgendwie in Rechnung stellt, zB weil die besonderen Umstände keinen Beweggrund für eine Lüge vermuten lassen; in diesem Fall kann man von „*Zeugniswissen*" sprechen. – In weiterer Sinnabschwächung wird „glauben" (nicht G) in der Alltagssprache fast gleichbedeutend mit „meinen", schließlich sogar „vermuten".

a) *Thom v Aq:* STh II.II q 1–2. – b) *JH Newman:* An Essay in Aid of a Grammar of Assent 1870 (dt: Entwurf einer Zustimmungslehre 1961); *P Wust:* Ungewißheit u Wagnis ²1946; *E Seiterich:* Die Glaubwürdigkeitserkenntnis 1948; *E Mouroux:* Ich glaube an Dich 1951; *A Brunner:* G u Erkenntnis 1951; *C Cirne Lima:* Der personale G 1959; *H Fries:* G u Wissen 1960; *ders:* Herausgeforderter G 1968; *J Pieper:* Über den G 1962; *K Rahner:* Über die Möglichkeit des G heute, in: Schr z Theol 5 (1962) 11–32; *ders:* Intellektuelle Redlichkeit u christl G, in: Schr z Theol 7 (1966) 54–76; *G Van Riet:* Science et foi, P 1962; *H Bouillard:* Die Logik des G 1966; *G Muschalek:* G-gewißheit i Freiheit 1968; *E Kunz:* G – Gnade – Gesch 1969; *P Knauer:* Verantwortung des G 1969. – *F Gogarten:* Die Wirklichkeit des G 1957; *G Ebeling:* Was heißt G 1958; *K Jaspers:* Der phil G 1958; *ders:* Der phil G angesichts der Offenbarung 1962 [dazu: *B Welte:* Der phil G bei K Jaspers, in: Symposion II 1949, 1–190; *W Brugger:* Gotteserkenntnis u Gottes-G, in: Interpretation der Welt (Festschr Guardini) 1965, 190–204]; *G Waldmann:* Christl Glauben, christl Glaubenslosigkeit 1968. – d) *R Aubert:* Le problème de l'acte de foi, Louvain ³1958; *J Hick:* Faith and the Philosophers, NY 1964; *M Löhrer:* Der G-begriff des hl Augustinus 1955; *W Betzendörfer:* G u Wissen bei den großen Denkern des MA 1931; *L Walter:* Das G-verständnis bei Joh Duns Scotus 1968; *HM Müller:* Erfahrung u G bei Luther 1929; *P Hacker:* Das Ich im G bei M Luther 1966; *P Brunner:* Vom G bei Calvin 1925; *HJ Pottmeyer:* Der G vor dem Anspruch der Wiss (Vaticanum I) 1968. – e) *W Kern, G Stachel* (Hgb): Warum glauben? ³1967.

de Vries

Glückseligkeit *(Eudaimonie)* ist in der griechischen Phil das letzte Endziel u *höchste* Gut des Menschen, das seinen eigentlichen *Lebenssinn* ausmacht; freilich wurde in der Hauptsache nur die unvollkommene, diesseitige Verwirklichung des höchsten Gutes gesehen. Verschieden waren die Auffassungen über den Inhalt der G, ob sie in der Lust, im Besitz äußerer Güter, in der Tugend oder in der Erkenntnis bestehe; ferner ob sie die Gabe u Schickung der Götter oder Frucht eigenen Strebens sei. Die wichtigste Begriffsbestimmung gab *Aristoteles* in seiner Nikomachischen Ethik, wonach die Eudaimonie in der naturgemäßen, die eigene Teleologie erfüllenden Betätigung des Geistes durch Erkenntnis der Wahrheit besteht. Lust u Freude sind nur Echo der erlangten Vollendung. Außerdem bildet die sittl Tugendhaltung einen wesentlichen Bestandteil der im übrigen auch nur diesseitig verstandenen G. *Augustin* u *Thomas* wandten den Begriff der Eudaimonie auf das durch die ↗Offenbarung gegebene Endziel der beseligenden Gottesschau an. Der bloße *Eudaimonismus*, der das menschliche Lebensziel nur in einer nicht teleologisch gefaßten Befriedigung sieht, wird überwunden durch den Gedanken der inneren Persönlichkeitsvollendung, die jedoch nur durch den Besitz Gottes in Erkenntnis, Liebe, vollkommener Heiligkeit u Freude erlangt wird. Näherhin unterscheidet die christliche Lehre eine *natürliche* G, die den Fähigkeiten u Tendenzen der Geistnatur entspricht, u eine *übernatürliche* G, die in der tatsächlichen Ordnung allein die *Bestimmung des Menschen* bildet u in der unmittelbaren Anschauung des dreieinigen Gottes besteht. Diese befriedigt auch das natürliche *Glückseligkeitsstreben*, das dem Geiste eingepflanzt ist u die Würde seines sittl Strebens nicht vermindert. Das sittl Streben u der unbedingte Wert desselben werden im Gegenteil ausgehöhlt durch die Leugnung der Unsterblichkeit u der jenseitigen G, die wesentlich zur geistigen Persönlichkeit u zum Kern einer geläuterten *Lebensanschauung* gehören.

a) *Aristoteles:* Nikom Eth I, 6; X, 7; *Thom v Aq:* STh I.II q 2–5 (dazu: Comment v *R Garrigou-Lagrange*, Turin 1951); ScG III, 25–37. – b) *M Sailer:* G-lehre 1793; *C Hilty:* Das Glück 1891–99; *Ph Kneib:* Die Lohnsucht i der christl Moral 1914; *D v Hildebrand:* Über die christl Idee des himml Lohnes, in: Zeitliches i Lichte des Ewigen 1932, 23–46; *P Adam:* Vom Sinn des Glückes 1947; *Van der Kerken:* Het menselijk geluk, Antwerpen 1952; *J Pieper:* Glück u Kontemplation 1957. – c) *R Schottlaender:* Der phil Heilsbegriff 1952. – d) *J Léonhard:* Le bonheur chez Aristote 1948; *M Wittmann:* Die Ethik des Arist 1920; *J Mausbach:* Die Ethik des hl Augustinus I ²1929, 51ff; *N Wicki:* Die Lehre v der G i der mittelalterl Scholastik v Petrus Lombardus bis Thom v Aq 1954; *M Wittmann:* Die Ethik des hl Thom v Aq 1933, 20–72. – e) *V Cathrein:* Moralphil I ⁶1924.

Schuster

Gnostizismus ist die antike Lehre, daß Vollendung u Heil des Menschen in seiner Selbsterkenntnis *(Gnosis)* bestehen. Der G will dem Menschen eine Antwort geben auf die Frage nach seinem Ursprung, der Ursache seines Daseins in der Welt u seinem Ziel. Das wahre Selbst des Menschen ist ein Teil des göttlichen Seins, der sich durch einen Sturz in die Materie verloren hat. Die von dem (in einem Scheinleib erschienenen) Erlöser verkündete Wahrheit über Wesen u Schicksal des Menschen ermöglicht die Rückkehr zum göttlichen Selbst. Die Spekulationen über den jenseitigen, unbekannten Gott u die Entstehung der Welt (durch Ausfluß aus der Gottheit; durch einen gegen den obersten Gott sich auflehnenden Demiurgen; durch Vermischung des göttlichen mit dem materiellen Prinzip) dienen ausschließlich der erlösenden Selbsterkenntnis.

Der G übersieht die ↗ Analogie zwischen göttlichem u menschlichem Sein. Er reduziert den Menschen unter Ausschluß seines freien Willens u seiner Leiblichkeit auf das Erkenntnisvermögen. Kennzeichnend ist ein Dualismus im Sinn einer gegensätzlichen Zweiheit von (gutem) Geist u (schlechter) Materie (Leib, Welt).

Eine hellenistische Form des G findet sich im *Corpus Hermeticum* (1. Jht v Chr bis 1. Jht n Chr). Voll entfaltet ist die gnostische Lehre im *christl G*, der uns vor allem aus der gegen ihn gerichteten Polemik der Kirchenväter bekannt ist. Wichtige Vertreter sind *Satornil* (um 120 n Chr in Antiochia), *Basilides* (120–145 in Alexandrien), *Valentinos* (145–160 in Rom) u seine Schüler *Ptolemäus, Theodot* u *Markos, Markion* (85–160 in Rom). Spätere, nichtchristl Formen des G sind der ↗ *Manichäismus* u der *Mandäismus*.

a) *AD Nock, AJ Festugière* (Hgb): Corpus Hermeticum, 4 Bde, ²1962; *W Foerster:* Die Gnosis [Textsamml] I 1969, II 1971. – d) *H Leisegang:* Die Gnosis ⁴1955; *H Jonas:* Gnosis u spätantiker Geist I ²1954, II 1954; *AJ Festugière:* La révélation d'Hermès Trismégiste, 4 Bde, 1950–54; *G Quispel:* Gnosis als Weltreligion 1951; *R Haardt:* Die Gnosis 1967. – e) *RGG*³ II (1958) 1648–61; LThK² IV (1960) 1019–31; *H Schlier:* Gnosis, in: Handb theol Grundbegriffe² II 1970, 196–207.

Ricken

Gott. Weil die Frage nach dem ↗ Sein wesentlich in die Frage nach Gott einmündet, ist das Ringen um das Sein letztlich ein Ringen um Gott. Daher nimmt jede Philosophie mit ihrer Antwort auf die Seinsfrage auch irgendwie zu Gott Stellung. Ihr Gottesbild zeigt am tiefsten, wes Geistes Kind sie ist, macht am deutlichsten ihre Größe u ihr Versagen offenbar. Dieser Maßstab erweist die philosophia perennis (↗ Philosophie) als jene, die an Wahrheitsgehalt alle anderen weit übertrifft.

Gott ist der Ur-grund des vielfältigen Seienden, das die ↗ Welt ausmacht, ja alles Seienden überhaupt. In ihm gründet alles, insofern alles von ihm als der ersten Wirkursache (↗ Ursache, Schöpfung) ausgeht und von ihm als dem letzten ↗ Ziel angezogen wird, insofern alles an seiner Fülle teilnimmt (↗ Teilhabe) u so ein Ebenbild oder wenigstens eine Spur seiner Herrlichkeit darstellt. Der Ur-grund selbst gründet als solcher nicht mehr in einem andern, sondern allein in sich selbst; die erste u letzte Ursache von allem muß selbst un-verursacht sein, sie existiert kraft der absoluten Notwendigkeit ihres eigenen Wesens (*a-se-itas:* Von-sich-her-sein). Deshalb fallen in Gott Wesenheit (↗ Wesen) u ↗ Dasein völlig zusammen; er hat nicht nur Sein wie ein Seiendes, dh Sein-habendes, sondern er ist das ↗ Sein selbst oder das subsistierende Sein (↗ Subsistenz). Hierin besteht Gottes *metaphysisches Wesen*, durch das er zutiefst konstituiert u von allem andern abgehoben ist.

Im Ggs dazu umfaßt Gottes *physisches Wesen* zusammen mit dem subsistierenden Sein alle seine Vollkommenheiten, die mit jenem als ihrer innersten Wurzel gegeben sind. Insofern diese Vollkommenheiten das subsistierende Sein näher bestimmen, nennen wir sie *Eigenschaften (Attribute) Gottes*. Sie bilden in Gott selbst nicht eine Vielheit, sondern sind eine einfache (↗ Einfachheit) u doch unendliche Fülle. Da wir diese nicht unmittelbar schauen u so mit einem Blick umspannen, sind wir darauf angewiesen, uns mittelbar oder mit unsern vom Irdischen stammenden Begriffen ein stückhaftes Bild von ihr zu machen (↗ Gottesidee). Des genaueren können Gott nur die *reinen Vollkommenheiten* zugeschrieben werden, die ihrem Wesen nach lauteres Sein besagen (Weisheit, Güte, Macht), nicht aber *gemischte Vollkommenheiten*, in deren Wesen Sein mit Nicht-sein oder Unvollkommenheit vermischt ist (zB sinnliche Affekte, die von Gott nur im übertragenen Sinne ausgesagt werden können ↗ Analogie).

Erst die Betrachtung der göttlichen Eigenschaften im einzelnen läßt Gottes Bild in seiner ganzen Erhabenheit vor uns aufstrahlen. Als das Sein selbst ist Gott die ganze Fülle des Seins u deshalb ↗ unendlich. Hier ist das Sein durch keinerlei Nicht-sein beschränkt u darum lauteres Sein, *reine Aktualität* (*actus purus;* ↗ Akt, ↗ Potenz), die, weil Werden ein Noch-nicht-sein voraussetzt, von Anfang an vollendet in sich ruht. Deshalb überragt Gott unsagbar das endliche, werdehafte Seiende (↗ Transzendenz), um ihm aber zugleich als sein Urgrund innezuwohnen (↗ Immanenz). Da Körper-sein wesenhaft Nicht-sein enthält, ist Gott ein reiner ↗ Geist u damit ein ↗ persönliches Wesen (↗ Person), das erkennend u liebend sich selbst besitzt u über allem andern mit seiner ↗ Vorsehung waltet. Mit dieser höchsten Majestät tritt der Mensch durch die ↗ Religion in persönliche Beziehung, die seine letzte Erfüllung durch Gott im andern Leben vorbereitet (↗ Unsterblichkeit).

Jedes Abweichen von diesem geläuterten Gottesbild bedeutet Versagen. Das gilt ebenso vom Polytheismus (↗ Theismus) wie vom ↗ Pantheismus, der Gott in das Werden der Welt herabzieht, nicht genug von ihr unterscheidet u oft zu einem blinden, unpersönlichen Urgrund macht *(Schopenhauer)*. Damit verbindet sich die Auffassung, Gott verursache sich selbst *(causa sui: Spinoza)*, bringe sich selbst hervor *(Selbstgebärung)* oder setze sich selbst etwa durch Denken *(Fichte, Schell)*. Noch weiter irren jene ab, die in Gott nur ein abstraktes Weltgesetz *(Renan, Taine)* oder den Inbegriff aller Gesetze *(Nomotheismus)* oder die Welt der Werte sehen (↗ Wertphilosophie).

Für den heutigen Menschen ist Gott auf eine erschütternde Weise ungewiß geworden u in die Verborgenheit gerückt. Die Folge ist ein ↗ Atheismus, der eine weltweite Verbreitung wie noch nie erreicht hat. Der Grund dafür ist in der Vergessenheit des Seins zu suchen, mit der das Sicheinrichten des Menschen im Seienden, als ob Gott nicht wäre, Hand in Hand geht; zugleich nehmen die das welthaft Seiende betr Weisen des Erfahrens den Menschen so sehr in Anspruch, daß er aus jeder Offenheit für das Überweltliche herausfällt u damit weithin nicht mehr gottes-fähig ist. Auf der andern Seite halten unzureichende Bilder Gottes u vereinfachte Wege zu ihm dem Ansturm der Kritik nicht stand; insbes tritt die innerweltliche Kausalität immer deutlicher hervor, wodurch „Beweisgänge", die Gott nur als „Lückenbüßer" einführten, sich als nicht haltbar erwiesen haben. Doch sind diese Vorgänge auch zum Anstoß einer neuen Besinnung geworden. Gott füllt nicht eine Lücke in der innerweltlichen oder ontischen Kausalität aus, sondern umfängt u gründet diese durch seine onto-logische oder transzendente u transzendentale Kausalität. Gott ist nicht als Seiendes oder als Gegenstand unter Gegenständen antreffbar, sondern enthüllt sich einzig als das vom Sein vorbereitete übergegenständliche Geheimnis. Gott wird existentiell nicht als die erste Ursache oder das Absolute mittels der bloßen Logik einer Schlußfolgerung gefunden, sondern allein als das Du ohnegleichen, das sich im liebenden Dialog mitteilt *(Marcel, Buber)*. Gott betrifft uns nicht so sehr als der Gott-hinter-uns, von dem wir kommen, als vielmehr als der Gott-vor-uns, der uns anzieht u zu dem wir unterwegs sind *(Teilhard de Chardin)*. In all diesen Motiven zeichnet sich, wenn sie nicht einseitig überspitzt, sondern ausgewogen entfaltet werden, eine vertiefte Begegnung mit Gott ab.

a) *Platon:* bes Symposion; Politeia; Timaios; *Aristoteles:* bes Metaph XII; *Thom v Aq:* STh I, bes qq 3–26; ScG, bes I–III. – b) *J Kleutgen:* Phil der Vorzeit I ²1878; *C Nink:* Phil Gotteslehre 1948; *R Garrigou-Lagrange:* Dieu, P ¹¹¹1950; *M Rast:* Welt u Gott 1952; *Dieu*, in: Les Études philosophiques 14 (1959) nr 3; *J Meurers:* Die Frage nach G u die Naturwissenschaften 1962; *GF McLean* (Hgb): The Existence of God, Washington 1972; *W Brugger:* Summe e phil Gotteslehre 1979. – *J Delanglade:* Das Probl G Salzburg 1966; *CA Van Peursen:* Das Wort „Gott" 1969; *R Levi:* Réflexions sur la science er l'existence de Dieu, P 1971. – d) *M Grabmann:* Die Grundgedanken des hl Augustinus über Seele u G ²1929; *W Schulz:* Der G der neuzeitl Metaph 1957; *J Collins:* God in

Modern Philosophy, L 1960. – e) *P Lippert:* Gott ¹⁰1936; *J Lotz, J de Vries:* Phil i Grundriß 1969; *H Beck:* Der G der Weisen u der Denker 1961; *G Siegmund:* G 1963; *O Muck:* Philos Gotteslehre 1983. – ↗ auch Art Theologie. Lotz

Gottesbeweis. Aufgabe des G ist es, den wissenschaftlichen Nachweis zu erbringen für das *Dasein Gottes,* daß Gott also nicht bloß eine Idee *(Kant),* ein Wunschgebilde *(Feuerbach)* oder gar eine „nützliche Fiktion" *(Vaihinger)* ist, der in Wirklichkeit kein Gegenstand entspräche. Zum Unterschied von der Gotteserfahrung oder dem *Gotteserlebnis,* das uns die Überzeugung vom Dasein Gottes psychologisch unvermittelt gibt durch eine persönlich geprägte Gesamtschau (Intuition), löst der G die logische Struktur aus jener Erfahrung heraus. Durch die bewußte Entfernung aller rein subjektiven Faktoren erhält er seine logische Notwendigkeit u Allgemeingültigkeit, verliert aber dadurch meist an persönlicher Bewegkraft.

Die Voraussetzungen des G sind teils phil, teils moralischer Art. Vorausgesetzt werden unter Zugrundelegung eines gesunden ↗ Realismus die Existenz der Außenwelt u der inneren Erfahrung sowie die objektive Gültigkeit der ↗ Allgemeinbegriffe u der transzendente Charakter des metaphysischen ↗ Kausalprinzips, also die Grundthesen der „philosophia perennis". Wegen dieser Voraussetzungen, deren jede einzelne ausdrücklich gesichert sein muß, wegen des oft verwickelten Gedankenganges u wegen der praktischen Folgen kann die Evidenz der G-e getrübt werden. Jedenfalls nötigen sie den Verstand nicht zur Zustimmung; die Überzeugung vom Dasein Gottes kann niemand „andemonstriert" werden, sondern bleibt stets von einer freien Entscheidung des ganzen Menschen abhängig (freie ↗ Gewißheit). Daher setzt die Annahme jedes G, unbeschadet seiner logischen Gültigkeit, eine bestimmte moralische Seelenhaltung voraus: das ehrliche Streben nach der Wahrheit u die Bereitschaft, sich durch keinerlei Vorurteile u Leidenschaften hindern zu lassen, der erkannten Wahrheit zu folgen ↗ Atheismus. – Praktisches Ziel der G ist es darum nicht in erster Linie, Ungläubige zu bekehren, sondern dem Glauben, der zuerst meist Autoritäts- oder Erlebnisglaube ist, die begrifflich nachprüfbare Grundlage u Rechtfertigung zu geben ↗ Gotteserfahrung.

Die logische Struktur der G ist bei allen dieselbe. Ausgangspunkt ist nie eine bloße Idee, sondern immer eine Erfahrungstatsache, deren Kontingenz- oder Endlichkeitscharakter feststehen muß. Tragendes Prinzip, das uns den Schluß auf Gott erlaubt, ist stets das der ↗ Kausalität (als Wirk-, Ziel- oder Vorbildursächlichkeit). Darum gibt es, von der Grundstruktur aus gesehen, nur einen einzigen G, nämlich den Schluß vom Relativen auf das Absolute, wobei die einen als Ausdruck der Relativität mehr die ↗ Kontingenz ansehen, andere eher die Endlichkeit, dh die Zusammensetzung aus ↗ Akt u ↗ Potenz. Von verschiedenen Beweisen dürfen wir dennoch reden wegen des unterschiedenen Ausgangspunktes, durch den dann auch verschiedene Eigenschaften Gottes in den Vordergrund gerückt werden ↗ Gottesidee.

Die Kritik an den G gilt vor allem deren Grundlagen. So leugnet der ↗ Agnostizismus *Kants*, der bis in unsere Zeit eine tiefgehende Nachwirkung ausübt, die Geltung der ↗ Allgemeinbegriffe u des ↗ Kausalitätsprinzips über die sinnliche Erfahrung hinaus, wodurch jedem G der Boden entzogen wird ↗ Transzendenz. Für die protestantische, vor allem die ↗ Dialektische Theologie mit ihrer Leugnung der ↗ Analogie zwischen Gott u Geschöpf ist jeder G eine Anmaßung, weil er Gott von unserem Denken abhängig mache. Die Schule *Bergsons* sieht in den scholastischen G eine „Zerstückelung", eine Verzerrung des fließenden Seins ↗ Lebensphilosophie. Manche zweifeln aus einem gewissen Antiintellektualismus heraus an dem praktischen Wert der G u wollen sie durch mehr intuitive Wege ersetzt wissen *(Scheler, Hessen, Laros)*.

Lit: ↗ Gottesbeweise. Rast

Gottesbeweise. Geschichtlich war es zuerst die Betrachtung der Naturordnung, die seit den Anfängen der abendländischen Phil auf einen geistigen Urgrund der Welt schließen ließ. Ansätze zu diesem „*teleologischen G*" finden sich schon bei *Anaxagoras*, dann bei *Platon*, den Stoikern, *Cicero;* die christl Apologeten des 2. u 3. Jht führen ihn deutlicher als Erweis des personalen u überweltlichen Gottes. – *Platons* Ideenlehre enthält die Grundgedanken des sog *Stufenbeweises:* Die mannigfach abgestufte Schönheit u Gutheit der Erfahrungswelt erweist diese als „durch Teilhabe" schön u gut u setzt als Urgrund u Urbild die unwandelbare reine Schönheit u Gutheit selbst voraus. Diese Gedanken haben auf *Augustinus* u *Anselm* u durch sie auf *Thomas v Aq* u die Scholastik eingewirkt. – *Aristoteles* geht in seinem „*Bewegungsbeweis*" *(kinesiologischen G)* von der Ortsbewegung der Körper, besonders der Himmelskörper, aus u schließt von ihnen auf einen *ersten Beweger*, der, weil er selbst nur als Ziel bewegt, selbst unbewegt bleibt. *Thomas* zeigt, daß Gott unbeschadet seiner Unveränderlichkeit auch als wirkendes Prinzip anzunehmen ist; deutlicher als *Aristoteles* erhebt er den Beweis auf eine metaphysische Ebene, indem er die „Bewegung" von vornherein als Übergang von der ↗ Potenz in den ↗ Akt faßt. Doch fand der Beweis auch so, selbst innerhalb der Scholastik, Gegner. – Bei *Cicero* u christl Apologeten des Altertums finden sich die Grundgedanken des G aus der übereinstimmenden Überzeugung der Völker *(historischer* oder *ethnologischer G)*. – *Augustins* G aus der Unwandelbarkeit der Wahrheit, die eine erste, subsistierende Wahrheit voraussetze, hat verschiedene Deutungen gefunden. Seine Deutung als „*ideologischer G*", dh als Schluß aus reinen Geltungen auf deren Seinsgrundlage, scheint weniger wahrscheinlich; eher geht der Schluß auf Gott als das Licht, das unsern Geist erleuchtet, u die subsistierende Wahrheit als Urgrund u Urbild alles (ontologisch) Wahren in dieser Welt. – *Anselm von Canterbury* versuchte (nach der gewöhnlichen Deutung seiner Gedanken) als erster, das Dasein Gottes allein aus seinem Begriff zu erweisen.

Diesen G, der erst im 18. Jht ↗ „*ontologischer G*" genannt wurde, übernahm auch *Descartes*, in verfeinerter Form schon vor ihm *Skotus* u später *Leibniz*, in pantheistischer Gestalt *Hegel*. Nicht erst von *Kant*, sondern schon von *Thomas* u den meisten Scholastikern wurde er dagegen abgelehnt. – Klassisch wurden die G, die *Thom v Aq* in seinen „fünf Wegen" vorgelegt hat. Sie schließen alle mit Hilfe des metaphysischen ↗ Kausalprinzips auf Gott als den Urheber bzw Schöpfer der Welt. – An ihren Tiefgang kommen die G der Apologeten des ausgehenden 18. Jht nicht heran. Auf sie geht die gängige Einteilung der G in „metaphysische, physische u moralische G" zurück. Während sie die *metaphysischen G* zurücktreten lassen, bevorzugen sie die *physischen* (darunter namentlich den jetzt *„physiko-theologischen G"* genannten teleologischen G) u die *moralischen G*. Zu letzteren zählen sie außer dem ethnologischen G den *moralischen G* im engeren Sinn, d i den G aus der sittl Verpflichtung, die einen göttlichen Gesetzgeber voraussetze (*„Ethiko-Theologie"*), u den Beweis aus dem Glücksstreben des Menschen, der später *eudämonologischer G* genannt wurde u auf Gott als höchstes Gut u Endziel des Menschen schließt. Eine besondere Form des moralischen G hat auch *Kant*, freilich nur als ↗ „Postulat der praktischen Vernunft", angenommen. *JH Newman* hat den Weg zur Gotteserkenntnis aus dem Gewissen eindrucksvoll dargelegt. – Später hat man noch andere G versucht, zB aus einem anzunehmenden zeitlichen Anfang der Welt, den man entweder durch mathematische Erwägungen oder mit Hilfe des Entropiesatzes zu erweisen suchte *(Entropiebeweis);* ähnlich hat man aufgrund der modernen Physik aus der zunehmenden Ausdehnung des Weltalls u aus dem Zerfall der radioaktiven Stoffe einen Anfang der Weltentwicklung zu berechnen versucht.

Systematisch wird heute gegenüber der Häufung der G um die Jahrhundertwende mit Recht das Hauptgewicht auf eine kritische Grundlegung der G gelegt. Dieser Forderung können sich auch die „klassischen" G des *Thomas v Aq* nicht entziehen. Auch wenn man ihren Grundgedanken für berechtigt hält, muß doch heute, nach einer jahrhundertelangen einseitigen Entwicklung dieser G und nach *Kants* Kritik an ihnen, vieles sorgfältiger und ausdrücklicher herausgearbeitet werden, was früher als selbstverständlich stillschweigend vorausgesetzt wurde. Die G des *Thom v Aq* scheinen von sinnlich wahrnehmbaren Gegebenheiten auszugehen („sensu constat" heißt es im „ersten Weg" ausdrücklich); in diesem Sinn scheinen sie (vielleicht mit Ausnahme des „Vierten Weges") *„kosmologische G"* zu sein, und es ist nicht einzusehen, warum gerade der „dritte Weg" allein diesen Namen tragen soll. Es ist aber klar, daß diese Gegebenheiten nur dann Ausgangspunkt eines G sein können, wenn sie nicht als bloße Phänomene, sondern ontologisch gefaßt werden, wie *Thomas* ja auch zB die „Bewegung" als „Übergang von der Potenz in den Akt" faßt. Diese „Ontologisierung" des Gegebenen ist aber durch die Naturwissenschaft u die phil Kritik von seiten des Empirismus und *Kants* fragwürdig geworden; die alten Grundbegriffe u Grundsätze, wie etwa „Substanz", „Ursache", „Kausalprinzip", werden, selbst wenn man sie gelten läßt, fast notwendig naturalistisch oder rein kosmologisch verstanden. Diesen „welthaften" Kategorien stehen dann die „personalen", wie etwa Geist, Freiheit, Verantwortung, unverbunden gegenüber. So fordert man *„anthropologische G"*, die von der personalen Erfahrung des Menschen ausgehen. Es dürfte kein Zweifel bestehen, daß diese heute mehr Aussicht haben, „anzukommen", als kosmologische G. Aber auch sie fordern, wenn sie stichhaltig sein sollen, das Wiederentdecken des weithin verschütteten metaphysischen Sinnes der Urworte der Phil. Echte G können weder rein physisch noch rein moralisch sein, sondern sind notwendig metaphysisch.

a) *Platon:* Symposion 210 e–211 d; Staat 505–520; *Aristoteles:* Physik VII–VIII; Metaphysik XII; *Augustinus:* Vom freien Willen 2; *Anselm:* Proslogion 2; *Thom v Aq:* ScG I, 13; STh I q 2 a 3. – Gegen die G: *Kant:* Krit d rein Vern B 595–670. – Darlegung von G: *C Nink:* Phil Gotteslehre 1948; *R Garrigou-Lagrange:* Dieu, P ¹¹1950; *M Rast:* Welt u Gott 1952; *J Maritain:* Wege z Gotteserkenntnis 1956; *L'existence de Dieu,* Tournai ²1962; *W. Brugger:* Theologia naturalis 1964; *G Siegmund:* Naturordnung als Quelle der Gotteserkenntnis ³1965; *H Ogiermann:* Sein zu Gott 1974. – Problematik der G: *H de Lubac:* Über die Wege Gottes ³1958; *F Van Steenberghen:* Dieu caché, P 1961; *JD Robert:* Approche contemporaine d'une affirmation de Dieu, Brügge 1962; *J Lotz:* Seinsproblematik u G, in: Gott i Welt (Festschr K Rahner) I 1964, 136–57; *C Tresmontant:* Comment se pose aujourd'hui le problème de l'existence de Dieu, P ²1971; *W Cramer:* G u ihre Kritik 1967; *H Ogiermann:* Die G „in der Sicht des modernen Menschen", in: Theol u Phil 42 (1967) 89–101; *J Seiler:* Das Dasein Gottes als Denkaufgabe 1968; *J Schmucker:* Das Probl der Kontingenz der Welt 1969. – d) *Q Huonder:* Die G. Geschichte, Schicksal 1968; *A Dyroff:* Der Gottesgedanke bei den europ Philosophen 1941; *K van Endert:* Der G i der patrist Zeit 1869; *G Grunwald:* Gesch der G i MA 1907; *MJ Buckley:* Motion and Motion's God [Arist, Cicero, Newton, Hegel], Princeton 1971; *D Bonnette:* Aquinas' Proofs for God's Existence, Den Haag 1972; *W Brugger:* Das Unbedingte in Kants „Krit d Vern", in: *J Lotz:* Kant u die Scholastik heute 1955, 109–53; *H Ogiermann:* Hegels G 1948; *AJ Boekraad, H Tristam:* The Argument from Conscience to the Existence of God according to JH Newman, Louvain 1961. – e) *J de Vries, J Lotz:* Phil i Grundriß 1969, 215–37.

de Vries

Gotteserfahrung. Das Wort G wird (1) manchmal im Sinne eines außergewöhnlichen Erlebnisses der gnadenhaften Vereinigung des Menschen mit Gott gebraucht ↗Mystik. Davon unterscheidet sich (2) die natürliche G, dh die in jedem Erkennen u in jeder freien Tat des Menschen implizierte unthematische (beiläufige, unreflektierte, begrifflich nicht artikulierte) Erkenntnis Gottes. Weil es hier um eine Erkenntnis geht, die nur als Hintergrund unserer auf Einzelinhalte ausgerichteten Erkenntnis erscheint, ist ihre sprachliche Vermittlung stets schwierig. Ihr Aufweis kann nur dadurch geschehen, daß man gewisse allgemeinmenschliche Erfahrungen (E-en) zur Sprache bringt, anhand deren der Angesprochene den in seinen eigenen E-en liegenden Hinweis auf das transzendente u personale Absolute, das wir Gott nennen, selbst zu entdecken vermag. Solche E-en sind zB der unaufgebbare Anspruch auf Wahrheit in der sinnvoll gebrauchten Sprache, die Verwiesenheit des menschlichen Handelns auf Sinnhaftigkeit, die unbedingte Herausforderung der Freiheit durch die sittl Verpflichtung, die Geborgenheit in der sich hingebenden Liebe, das Sich-nicht-abfinden-Können mit dem Tod u a. So vielfältig diese E-en auch sein mögen, sie haben stets die gleiche Struktur: In jeder ausdrücklichen Erkenntnis u jeder bewußten Tat ist etwas gegeben, das über das ausdrücklich Erkannte hinausgeht, sich als der die Erkenntnis u Tat tragende, ihnen Gültigkeit u Bedeutung verleihende Grund erweist u zugleich einen persönlichen Anspruch dem Menschen gegenüber erhebt. Diese G ist auch die Bedingung der Möglichkeit der ↗Gottesbeweise, die als nachträgliche Objektivierung der unthematischen, natürlichen G aufzufassen sind. Hätte nämlich der Mensch in seinen geistigen Akten nicht immer schon mit Gott zu tun, so wäre die reflex vermittelte Erkenntnis Gottes nur etwas von außen an den Menschen Herangetragenes, dessen existentielle Verbindlichkeit nicht zu erweisen wäre. – Die Bezeichnung der hintergründigen, impliziten Erkenntnis Gottes als G ist deshalb sinnvoll, weil es sich hier um eine hinnehmende Erkenntnis von Wirklichkeit in Unmittelbarkeit handelt. Die hinnehmende Weise der Erkenntnis besteht hier jedoch nicht in einem erlebnishaften Affiziertwerden, wie bei der Sinneserkenntnis oder Gefühlsbewegung, sondern darin, daß eine uns herausfordernde, unbedingte Gegebenheit als Möglichkeitsbedingung unserer geistigen Tätigkeit angetroffen (nicht nur gefordert oder projiziert) wird.

W Kasper: Möglichkeiten der G heute, in: Glaube u Gesch 1970, 120–43; *K Rahner:* G heute, in: Schr z Theol 9, 161–76; *ders:* Selbsterfahrung u G, in: Schr z Theol 10, 133–44; *K Riesenhuber:* Existenzerfahrung u Religion 1968; *J Splett:* G i Denken 1973. Weissmahr

Gottesidee. Die Vorstellung von Gott kann verschiedene Entwicklungsstufen durchlaufen. Ganz unbestimmt bleibt sie bei manchen Pantheisten, die unter Leugnung eines persönlichen Gottes dennoch etwas Absolutes, der sichtbaren Welt Überlegenes (Transzendentes) annehmen, zB eine absolute sittl Ordnung, ein absolutes Gesetz usw. In den Grundlinien klar, aber wenig entfaltet, finden wir die G bei den Primitiven u den Halbkulturvölkern, die einen obersten Gesetzgeber, einen Richter über Gut u Bös, einen liebenden Vater anerkennen. Durch die Arbeit des Verstandes wird die G, die stark von Phantasie u Gefühlselementen umkleidet ist, allmählich zum wissenschaftlichen *Gottesbegriff* geformt, dh zu einem gedanklich geklärten Gebilde unter besonderer Hervorhebung der metaphysischen Eigenschaften Gottes: Gott als das unendliche, durch sich existierende Sein. Das Endergebnis der natürlichen Gotteslehre ist der Vollbegriff Gottes mit ausdrücklicher Erkenntnis seiner wichtigsten Eigenschaften. Wesenselemente im theistischen Gottesbegriff sind die Weltüberlegenheit u Persönlichkeit.

Unsere Vorstellungen u Begriffe können Gott nie restlos (adäquat) fassen; sie tragen immer menschliche Züge an sich, sind zudem stark beeinflußt durch Charakter, Erziehung u Umwelt. Daher stammen die verschiedenen Gottesvorstellungen in den verschiedenen Religionen. In diesem Sinn schafft sich der Mensch selber seinen Gott, dh sein Gottesbild. Dennoch können wir zu einer im wesentlichen richtigen, *analogen Gotteserkenntnis* gelangen (↗ Gottesbeweise). Denn was es immer Großes u Wertvolles in dieser Welt, namentlich im Menschen, gibt, wie Sein, Leben, Erkennen u Wollen, das muß auch Gott als dem Urgrund alles Seins zukommen, allerdings in wesentlich verschiedener, unvergleichlich höherer Weise; diese göttliche Seinsweise können wir nur durch Verneinung der entsprechenden geschöpflichen Seinsweise erfassen. *Anthropomorph* wird die G, wenn dieser Wesensunterschied der Seinsweise nicht beachtet wird u so die Grenzen u Schranken des Menschlichen auf Gott übertragen werden. Die ↗ Analogie läßt uns die Mitte halten zwischen dem ↗ Agnostizismus, für den Gott nur ein unbekanntes x ist, u dem ↗ Pantheismus, der den Wesensunterschied zwischen Gott u Mensch leugnet. – Aus der analogen Gotteserkenntnis folgt, daß die „Widersprüche" im Gottesbegriff (Unveränderlichkeit u Leben, Notwendigkeit u Freiheit, schöpferisches Tun u höchste Ruhe) sich auflösen in ↗ Geheimnisse, die wir zwar nie ganz zu enträtseln vermögen, in denen man aber ebensowenig einen wirklichen Widerspruch nachweisen kann. Darum ist Gott *Einklang der Gegensätze (coincidentia oppositorum)* nur in dem Sinn, daß er über allen durch die Endlichkeit bedingten Gegensätzen steht, nicht aber in dem Sinne, als ob für ihn das Prinzip des Widerspruchs nicht gelten würde. Ebensowenig kann man sagen, daß wir von Gott ‚nur' ein *gelehrtes Nichtwissen (docta ignorantia)* haben. Mystische oder (aus anderem Grunde) auch erkenntnismüde Menschen u Zeiten werden der ↗ negativen Theologie den Vorzug geben (Neuplatonismus, mittelalterliche Mystik; moderner Agnostizismus). Erkenntnisfreudige Geister u Zeiten drücken Gott lieber in positiven Begriffen u Vorstellungen aus (Hochscholastik, Deutscher Idealismus).

Der psychologische Ursprung der G liegt einerseits in der Gesamtanlage des Menschen, dh in seinem Kausalbedürfnis u Idealisierungstrieb, in seinem Hunger nach dem Unendlichen wie auch in seiner Phantasie u seinen Gefühlen, welche die ersteren Tendenzen verstärken, anderseits in dem Kontingenzcharakter der Welt, aber auch in ihrer wunderbaren Harmonie, in den Spuren des Schönen, Guten u Wahren. All das zusammen verbürgt zugleich die Objektivität, dh den Wirklichkeitscharakter der G.

a) *Thom v Aq:* STh I q 13; ScG I, 32–34. – b) *Ch Pesch:* Der Gottesbegriff 1886; *W Keilbach:* Die Problematik der Religionen 1936; *P Simon:* Zur natürl Gotteserkenntnis 1940; *M Rast:* Welt u Gott 1952; *H de Lubac:* Vom Erkennen Gottes 1949; *De la Connaissance* de Dieu, in: Recherches de Phil, Brügge 1958, nr 3–4; *W Schulze-Sölde:* Der Gottesgedanke – Idea Dei 1971. – c) *JAT Robinson:* Gott ist anders ⁸1964 (vgl. dazu: *E Schillebeeckx:* Personale Begegnung mit Gott 1964). – d) *H Völlmecke:* Die G i Bewußtsein der Menschheit 1924; *W Schmidt:* Der Ursprung der G ²1926ff; *N Söderblom:* Das Werden des Gottesglaubens ²1926; *A Dyroff:* Der Gottesgedanke bei den europ Philosophen i gesch Sicht 1941; *A Horvath:* Der thom Gottesbegriff, Fribourg 1941. – e) *H Lennerz:* Natürl Gotteserkenntnis 1926.   Rast

Grund. Wie der G in der Urbedeutung des Wortes das Unterste ist (vgl: der G des Meeres), dann der feste Erdboden oder das Fundament, das dem ihm Aufruhenden Standfestigkeit verleiht, so ist G im phil Sprachgebrauch das, wodurch etwas Bestand hat, „das, warum" etwas ist oder wird oder erkannt wird. Das durch den G Begründete wird, falls es mit dem G notwendig gegeben ist, *Folge* genannt. Hier zeigt sich schon ein (oft übersehener) Doppelsinn des Wortes G: (1) der notwendig die Folge mit sich bringende G (das ↗ Wesen bzgl der aus ihm folgenden Wesenseigentümlichkeiten [↗ Prädikabilien], aber auch die bewirkende Tätigkeit der Ursache, die nicht ohne ein Bewirktes sein kann), u (2) der G als die zum Erwirken fähige, aber die Tätigkeit nicht wirklich ausübende Ursache [bzw der... Urheber], die als solche die Wirkung nicht notwendig als „Folge" mit sich bringt.

Unter anderer Rücksicht ist der *Sach-G (Real-G, Seins-G)* u der *Erkenntnis-G*, die logische *Begründung*, zu unterscheiden, je nachdem, ob nach dem Warum des ↗ Sachverhalts oder nach dem Warum unseres Urteils über den Sachverhalt gefragt wird. Der von dem Begründeten verschiedene Sach-G eines ↗ kontingenten Sachverhalts heißt ↗ Ursache (bzw als Person: Urheber); der letzte, selbst nicht mehr in einem anderen gründende Seins-G heißt *Urgrund*. – Der Erkenntnis-G ist für die Ursätze die unmittelbare ↗ Evidenz des Sachverhalts (↗ Erkenntnisprinzipien), für die aus ihnen abgeleiteten Sätze der logisch gültige ↗ Schluß. Gibt der Erkenntnis-G nur einen Hinweis auf einen Sachverhalt, ohne daß ein notwendiger Zusammenhang zwischen G u Sachverhalt besteht, so kann er gegebenenfalls eine Vermutung oder Meinung (↗ Wahrscheinlichkeit) rechtfertigen, in der Regel aber keine feste Zustimmung ↗ Gewißheit. – In der Erkenntnis ↗ a priori fallen Sach-G u Erkenntnis-G zusammen, in der Erkenntnis ↗ a posteriori dagegen nicht. – ↗ Beweggrund.

M Heidegger: Vom Wesen des G ⁴1955. – ↗ Grund, Satz vom zureichenden. de Vries

Grund, Satz vom zureichenden (SzG). Der SzG besagt als *ontologischer SzG*, daß jeder ↗ Sachverhalt einen zureichenden Seinsgrund hat, als *logischer SzG* verlangt er, daß jedes den Zweifel ausschließende Urteil sich durch einen die Wahrheit sicherstellenden Erkenntnisgrund als gültig erweisen lassen muß; eine bloße *Meinung* verlangt allerdings nur Wahrscheinlichkeitsgründe zu ihrer Rechtfertigung ↗ Grund, ↗ Evidenz, ↗ Gewißheit, ↗ Wahrscheinlichkeit. – Der *ontologische SzG* besagt in seiner Anwendung auf wesensnotwendige Sachverhalte, daß das ↗ Wesen, dem eine Bestimmung zukommt, diese Bestimmung notwendig mit sich bringt u insofern zG ist; die Leugnung des so verstandenen SzG würde einen Widerspruch ergeben: Das Wesen würde (nach Voraussetzung) die betr Bestimmung notwendig mit sich bringen u doch nicht hinreichen, sie zu begründen. Insoweit der SzG eine über den Satz vom Widerspruch hinausgehende neue Aussage von entscheidender Bedeutung einschließt, ist er gleichbedeutend mit der Behauptung, daß auch jeder ↗ kontingente Sachverhalt einen zG hat; dieser ist in diesem Fall ↗ Ursache, u der SzG wird in der Anwendung auf kontingente Sachverhalte zum allg Kausalprinzip. Das ↗ Kausalprinzip im üblichen Sinn des Wortes ist insofern ein Sonderfall dieses allg Kausalprinzips, als es die Ursache genauer als „Wirk"-Ursache bzw wirkendes Prinzip bestimmt. Die Wirk-Ursache ist aber nicht die einzige ↗ Ursache, die für das kontingente Seiende in Frage kommt. Aus dem engen Zusammenhang des SzG mit dem Kausalprinzip ist es auch zu verstehen, daß weder *Platon* u *Aristoteles* noch die mittelalterlichen Denker den SzG als solchen formuliert haben; erst *Leibniz* hat ihn eigens zum Ausdruck gebracht, allerdings in einer nicht unbedenklichen Fassung.

Zwei Einwände werden immer wieder gegen den SzG erhoben. Der erste ist, er führe zu einem *Fortgang ins Unendliche (regressus in infinitum)*. Bezüglich des logischen SzG erweist sich dieser Einwand als ein Mißverständnis, weil er nicht beachtet, daß keineswegs für jedes Urteil eine Begründung durch ↗ Beweis u damit durch andere Urteile gefordert wird – was allerdings zu einem unendlichen Fortgang führen würde –, sondern daß der letzte zG jedes Urteils eine unmittelbare Evidenz ist, die selbst nicht wieder einer Begründung bedarf. – Bezüglich des ontologischen SzG liegt ein analoges Mißverständnis vor; man beachtet nicht, daß der SzG nicht besagt, jeder Sachverhalt habe in einem anderen, ihm irgendwie „früheren" seinen zG; vielmehr führt der Rückgang zu den Gründen letztlich zu Wesensverhalten, die in sich selbst begründet sind. Außerdem wird keineswegs behauptet, wir Menschen könnten in jedem Fall begreifend wissen, welches der zG ist (↗ Begreifbarkeit, ↗ Geheimnis). – Der andere Einwand gegen den ontologischen SzG beruht auf dem scheinbaren Widerspruch zwischen „Begründetsein" u „Aus-*Freiheit*-Sein". Er erhebt sich mit aller Schärfe gegen die Fassung, die *Leibniz* dem SzG gegeben hat, nämlich daß alles einen zG habe, cur *potius* sit quam non sit, dh, warum das Sein vor dem Nichtsein vorgezogen werden *mußte;* dieser zG ist für *Leibniz* das Mehr an Gutheit, das den Willen nötigt. Vgl. hierzu im Artikel ↗ Grund die Unterscheidung zwischen Grund (1) u Grund (2).

a) *Leibniz:* Monadologie 32, 36–38; Théodicée § 44. – A *Schopenhauer:* Über die vierfache Wurzel des SzG 1813; *J Geyser:* Das Prinzip v zG 1929; *L Fuetscher:* Die ersten Seins- u Denkprinzipien 1930; *R Laun:* Der SzG ²1956; *M Heidegger:* Der Satz v G 1957; *A de Coninck* in: Rev phil Louv 47 (1959) 71–108; *R Verneaux:* Note sur le principe de raison suffisante, in: La crise de la raison, P 1960, 39–60. – d) *C Giacon:* La causalità nel razionalismo moderno, Mailand 1954, 285–310; *JE Gurr:* The Principle of Sufficient Reason in Some Scholastic Systems 1750–1900, Milwaukee 1959. *JCh Horn:* Die Struktur des G 1971 [zu Leibniz]. de Vries

Gruppe. Die G ist, im Ggs zur ↗ Masse oder zufälligen Anhäufung von Menschen, ein psychologisch sehr differenziertes soziales Gebilde, das aus einer variablen, jedoch im Einzelfall bestimmbaren Zahl von wechselseitig in Beziehung stehenden Individuen zusammengesetzt ist. – In der heutigen ↗ Sozialpsychologie wird vor allem die Wechselseitigkeit der Beziehungen *(Interaktion* oder *Kommunikation)* sowie deren Prozeßcharakter betont (a). Typisch für die heutige Forschung ist auch die Beschränkung auf eine G-größe, in der die Beziehungen noch persönlich überschaubar sind *(Klein-G* im Ggs zur *Groß-G* (b). Ein weiteres Merkmal ist die relative Dauer der Interaktionen (im Ggs zur bloßen *Ad-hoc-G)* (c). Die G-struktur sowie die Identität des Einzelnen in ihr bauen sich über die Teilhabe an Ziel(en) bzw Motiv(en) der G (d) u die Festlegung der in ihr gültigen Normen (e) auf. Es entsteht – nach außen hin – ein *Wir-Gefühl,* das sich – nach innen – in *Kohäsion* (dem Wunsch beisammenzubleiben) äußert (f). Außerdem kommt es zu einer Differenzierung von Rollen u Positionen mit unterschiedlichem *Status* (Ansehen) (g); in den meisten Fällen ist es Aufgabe des *Führers,* die Aktionen der G zu organisieren u zu koordinieren (h).

Die *G-dynamik* kennt typische Stadien bei der Entwicklung der G-struktur u Möglichkeiten ihrer Beeinflussung. Eine spezielle Anwendungsmöglichkeit stellt die *G-therapie* (unter Leitung eines Psychoanalytikers) dar, in deren Verlauf Patienten die meiste Hilfe über die Wege des sozialen Kontaktes untereinander erhalten. – Zur Zeit wird die Bedeutsamkeit der G für den Einzelnen gelegentlich überschätzt. Dennoch ist festzuhalten: die *Sozialisation* oder Einbeziehung des Individuums in die ↗ Gesellschaft vollzieht sich ständig in G-n: von der *Primär-G* der ↗ Familie u Nachbarschaft über die *Sekundär-G-n* der Schulklasse u *Peergroup* (G gleichaltriger Jugendlicher) bis hin zur Arbeits-G im Beruf. Die Rollen, die der Einzelne in den jeweiligen G-n übernimmt oder erhält, sind entscheidender Ausgangspunkt für seine persönliche Identitätsfindung.

PR Hofstätter: G-dynamik 1957; *GC Homans:* Theor de soz G ⁶1970; *R Battegay:* Der Mensch i der G, 3 Bde (II: G-psychotherapie, III: G-dynamik) 1967, 1971, 1972.   Funiok

Gute, Das. Gut ist das, was ein Seiendes vervollkommnen kann u daher für es erstrebenswert ist. Von dem konkreten Gut, dh dem Seienden, das gut ist, unterscheidet man die Gutheit oder den ↗ Wert als den inneren Grund des Gutseins. Nach der inhaltlichen Eigenart teilt man die Werte bzw Güter ein in rein materielle, biologische (zB Gesundheit), psychische (zB Lust), geistige (intellektuelle, ästhetische, sittliche) (↗ Güter). Als höchster Wert gilt in der modernen ↗ Wertphilosophie der Wert des Heiligen (↗ Heiligkeit). Mit dieser Einteilung ist die formale Einteilung in *Selbstwert* u *Dienstwert (Nutzwert, bonum utile)* nicht zu verwechseln. Der Dienstwert führt als *Fremdwert* nur zu einem anderen Gut, zB die Arznei zur Gesundheit. Der Selbstwert im weiteren Sinn ist entweder Selbstwert im engeren Sinn, *Vollendungswert (bonum honestum, bonum per se),* oder *Lust-* bzw *Befriedigungswert (das Angenehme, bonum delectabile),* d i der *Reaktionswert,* der naturgemäß mit der Erreichung des eigentlichen Selbstwertes verbunden u darum diesem untergeordnet ist (zB Freude an der erkannten Wahrheit, Ruhe des guten Gewissens). Das „honestum" dieser Einteilung ist also nicht mit dem sittlich Guten gleichzusetzen; es kann auch ein *physisches Gut (bonum physicum)* sein, zB Körperkraft.

Häufiger versteht man allerdings unter „honestum" den besonderen inhaltlichen Wert des *sittlich Guten (bonum morale)* (↗ Sittlichkeit), der auch schlechthin ‚das' Gute genannt wird. Er vollendet die menschliche Persönlichkeit in ihrem Zentrum u ihrer Ganzheit, im Ggs etwa zu dem rein intellektuellen oder rein ästhetischen Wert, die zunächst nur besondere Fähigkeiten der Person vervollkommnen u erst durch ihre rechte Einordnung in die Ganzheit der Person sittlich bedeutsam werden. Die sittliche Gutheit verlangt ein ↗ Wirken des Menschen, u zwar ein freies Wirken (↗ Freiheit), durch das der Mensch auf objektive Werte u Ziele sich hinordnet. Der eigentlich sittliche Akt ist darum Akt des freien Willens, allerdings nicht nur im Sinn eines Tunwollens, sondern auch, u zwar an erster Stelle, im Sinn der personalen ↗ Liebe. Weil diese Akte wesentlich gegenstandsbezogen (↗ intentional) sind, ergibt sich der Unterschied zwischen dem sittlich guten *Akt (bonum morale subiectivum)* u dem sittlich guten *Gegenstand (bonum morale obiectivum),* eine Unterscheidung, die der ↗ Wertethik fremd ist. Der sittliche Gegenstand ist beim Tunwollen das Tun, das gewollt wird (zB die Wahrheit sagen), bei der personalen Liebe der Wert der ↗ Person. Da der Mensch als Geistwesen (↗ Geist) über alle endlichen Bereiche hinaus auf das absolute Sein u Gute hingeordnet ist, kann er in seiner Ganzheit nur durch die Ausrichtung seines Lebens auf dieses absolute Ziel vollendet werden. Der den sittlichen Charakter der menschlichen Haltung letztlich bestimmende Gegenstand ist darum das *absolute Gut*. Klar erfaßt ist dieses der persönliche Gott, dem sich der Mensch in Liebe zuwendet; es ist jedoch auch eine unbestimmte Erfassung eines absoluten Wertes möglich, bei der dessen personaler Charakter mehr oder weniger verborgen bleibt. An der Würde des absolut Guten hat die menschliche Person als Ebenbild Gottes Anteil (↗ Mensch). Von ihr aus leiten sich weitere sittliche Werte ab, wie etwa Gerechtigkeit, Wahrhaftigkeit ↗ Tugend). – Über die transzendentale Bedeutung des G ↗ Wert.

Zum Guten i allg ↗ Wert. – Zum sittl Guten: a) *Thom v Aq:* STh I. II q 18–21; *Suárez:* De bonitate et malitia humanorum actuum. – b) V *Cathrein:* Moralphil I ⁶1924; *J Schuster:* Der unbedingte Wert des Sittl 1929; *Th Steinbüchel:* Die phil Grundlagen der kath Sittenlehre II ²1939; *J Pieper:* Die Wirklichkeit u das G ⁷1963; *B Häring:* Das Heilige u das G 1950; *J de Finance:* Ethica generalis, Rom 1956; *C Nink:* Metaphysik des sittl G 1955; *G Siewerth:* Die Freiheit u das G 1959; *H Kuhn:* Das Sein u das G 1962; *K Riesenhuber:* Die Transzendenz der Freiheit z G 1971. – c) *N Hartmann:* Ethik ³1949. – ↗ Ethik.

de Vries

Güter sind Dinge, die angestrebt werden, weil sie dem Menschen Erhaltung, Ergänzung oder Erfüllung seines Wesens bieten oder versprechen. – Die Voraussetzung des Strebens nach den Dingen ist das Urteil, daß sie erhaltende, ergänzende oder erfüllende Eigenschaften haben. Dinge sind G u werden angestrebt, weil sie gut sind; sie sind nicht deswegen G, weil sie angestrebt werden. Das Urteil über die Eignung kann unzutreffend sein; die Zielsetzungen der Menschen sind oft willkürlich; daraus aber zu schließen, daß die Dinge erst vom bewußten Begehren zu G gemacht werden, ist unrichtig. Die Dinge sind G durch ihre Vollkommenheit; nur insofern sie wirklich sind, können sie Halt, Ergänzung u Vollendung bieten. Alles hat, sofern ihm Sein zukommt, dadurch schon einen Anfang von Gutheit oder ↗ Wert. Insofern ist das Seiende u das Gute sachlich dasselbe. Im vollen Sinn „gut" ist allerdings nur, was seinem Ziel entsprechend vollkommen ist.

Die G werden verschieden eingeteilt. Über die Unterscheidung von Selbstwert bzw -gut, Nutzwert bzw -gut usw ↗ Gute, Das. – Die G können ferner eingeteilt werden in *innere* u *äußere*, je nachdem sie innerlich mit dem Menschen verbunden sind oder von außen herantreten. Von den inneren sind die einen G der Geistseele, wie Wissen u Tugend, die anderen *Leib- u Lebensgüter*, wie Körperkraft usw. Zu den äußeren gehören Ehre u Freiheit sowie das ganze Reich der stofflichen G. Die äußeren sind dann entweder wirtschaftliche oder nicht wirtschaftliche (freie) G. *Wirtschaftliche G* – dazu gehören Sach-G u Dienste – sind jene, deren Beschaffung u Verwaltung wegen ihrer Knappheit nur mit einem Aufwand von Kosten möglich ist.

Mit den G befassen sich neben den Wirtschaftswissenschaften die Sittenlehre u das Recht. Die Sittenlehre sagt, welche G der Mensch anstreben muß, anstreben kann u zu meiden hat. Das Recht soll den Menschen in seinen G schützen, ihm die Erreichung der notwendigen ermöglichen u sichern. – Da die Sittenlehre den Weg zum Endziel weist, stellt sie auch die *Rangordnung der G* auf. Das höchste u unbedingte Gut ist Gott, dann folgt, was den Menschen Gott ähnlich macht u ihn mit Gott verbindet: Heiligkeit u Tugend. Hierauf kommen die inneren G der Geistseele: Wissen u Willensstärke. An diese reihen sich die äußeren G der Ehre u Freiheit. Dann erst kommen die inneren G des Leiblebens, wie Gesundheit, Kraft, Unversehrtheit. An letzter Stelle stehen die äußeren stofflichen G. – ↗ Ehre, Glückseligkeit; Gute, Das; Kultur, Leib, Wertethik, Wirtschaftsphil.

b) *O Schilling:* Lehrb der Moraltheol 1929; *D v Hildebrand:* Die Rolle des „objektiven Gutes für die Person" innerhalb des Sittl, in: Phil perennis II 1930, 974–95; *F Wenisch:* Die Objektivität der Werte 1972. – e) *V Cathrein:* Moralphil 1924. Kleinhappl

Hedonismus ist die Lehre, daß die ↗ Lust (sinnliche oder geistige Triebbefriedigung) den ethischen Wert des Handelns bestimme. Zugleich wird vorausgesetzt, daß der Mensch überhaupt nur wegen der Lust handle. Vertreter des H sind *Demokrit, Aristipp* v Kyrene, *Eudoxus, Epikur,* der ↗ Materialismus. Nach dem H sind die ethischen Gebote nur klug abgezirkelte Erfahrungsregeln, durch die der Mensch vor Unlustgefühlen möglichst bewahrt wird u für die Freuden des Lebens offen bleibt. – Schon die Voraussetzung, daß der Mensch bloß der Lust wegen handle, ist unbewiesen u widersprechend. Der ethische Wert oder das ↗ Gute ist mehr als eine bloße Sublimierung der Lust. Lust u Freude sind entweder Anreiz oder das Echo der im guten Tun erlangten Seins- u Persönlichkeitsvollendung. Die erhabensten u schwersten Pflichten verlangen oft den Verzicht auf Freude. Ethischer Wert u Triebbefriedigung sind oft entgegengesetzt. – ↗ [32, 38, 40, 47]

b) *H Gomperz:* Kritik des H 1898; *M Wittmann:* Ethik 1923, 60ff; *J Mausbauch:* Die Ethik des hl Augustinus I ²1929, 58ff, 241ff. – c) *F Paulsen:* Ethik 1921. – d) *H Meyer:* Gesch der abendl Weltanschauung I 1947; *A Hermann:* Unters-en zu Platons Auffassung v der Hedone 1972; *D Kerbs* (Hgb): Die hedonist Linke 1971. – e) *V Cathrein:* Moralphil I 1924. Schuster

Heiligkeit (Hk), die Qualität des *Heiligen* (H), gilt in der neueren Wert- u Religionsphil als der höchste, artlich von jedem anderen verschiedne ↗ Wert. Nach *R Otto* ist das H als das „Numinosum" ↗ irrational, nur durch seine Wirkung auf das Gefühl als „mysterium tremendum" u zugleich „fascinosum" zu kennzeichnen, dh als geheimnisvolle Macht, vor der der Mensch erzittert u die ihn doch auch unwiderstehlich anzieht. Die entgegengesetzte, allzu rationale Auffassung *Kants* faßt die Hk als „völlige Angemessenheit des Willens zum moralischen Gesetz". Gegenüber Otto ist darauf hinzuweisen, daß Hk nicht primär etwas Sachhaftes („das" H), sondern „der" heilige Gott in seiner unbegreiflichen, aber doch nicht völlig irrationalen (↗ Analogie) Seins- u Wertfülle (maiestas) ist; gegenüber Kant, daß auch seine „sittliche" Hk nicht Angemessenheit an ein einsichtiges „Gesetz" ist, sondern der nicht minder geheimnisvolle liebende Selbstvollzug der genannten „seinshaften" Hk. – Geschöpfe, Personen u Sachen, sind *heilig* (sacer, „*sakral*"), insofern sie in besonderer Weise Gott u seinem Dienst („*Kult*") geweiht sind ↗ Religion. Unter anderer Rücksicht werden Personen *heilig* (sanctus) genannt, insofern sie durch ihr sittl vollendetes Leben mit Gott verbunden u ihm ähnlich sind.

MJ Scheeben: Dogmatik I § 86 u 99; *H Delehaye:* Sanctus, in: Analecta Bollandiana 28 (1909) 145–200; *R Otto:* Das H 1917, Neudr 1971 (vgl dazu: *B Häring:* „Das H" R Ottos in der neueren Kritik, in: Geist u Leben 24 [1951] 66–71); *B Häring:* Das H u das Gute 1950; *J Hessen:* Die Werte des H ²1951; *R Caillois:* L'homme et le sacré, P ⁴1961; *B Welte:* Auf der Spur des Ewigen 1965, 113–51; *B Casper, K Hemmerle, P Hünermann:* Besinnung auf das H 1966; *J Pieper:* Sakralität u „Entsakralisierung", in: Hochland 61 (1969) 481–96; *J Splett:* Die Rede v Heiligen 1971.   de Vries

Hermeneutik als Lehre vom ↗ Verstehen umfaßt einerseits die phil Grundlagenreflexion auf Struktur u Bedingungen des Verstehens, anderseits als praktische Methodenlehre Anweisungen zum richtigen Verstehen u Auslegen.

Unter dem Titel H (vom griech hermēneúō: verkünden, auslegen, übersetzen) bildet sich im 17./18. Jht auf theol Gebiet die Lehre von der richtigen *Auslegung* oder *Interpretation* tradierter Texte, besonders der Heiligen Schrift, aus. *Schleiermacher* erweitert diese H zur „Kunstlehre des Verstehens" des geschriebenen oder gesprochenen Wortes überhaupt; in der gegenseitigen Ergänzung von „divinatorischem", nämlich sich in den Autor einfühlendem, ganzheitlichem und „komparativem", nämlich vergleichend grammatischen u historischem Verstehen soll der einzelne Text aus dem Ganzen seines Lebens- u Sinnzusammenhangs erhellt werden. Die Wissenschaftstheorie des späten 19. Jht ordnet das Problem des Verstehens der Geschichtswissenschaft *(Droysen),* ↗ Geistes- *(Dilthey)* oder Kulturwissenschaft *(Rickert)* zu u stellt es der kausal erklärenden Methode in den ↗ Naturwissenschaften gegenüber. *Dilthey* fordert, jeden Einzelinhalt aus dem Ganzen des Lebens, das sich in ihm objektivierte, im nachfühlenden oder erlebenden Mitvollzug zu verstehen. Nach *Heideggers* „Sein u Zeit" ist Verstehen nicht partikuläre Methode, sondern Seinsweise des Menschen, nämlich entwerfende Selbstauslegung u Eröffnung des Horizonts der Welt; H ist hier Auslegung des ursprünglichen Selbst- u Seinsverständnisses des (menschlichen) Daseins. Nach den späten Werken *Heideggers* bestimmt sich der Welthorizont, der Verstehen ermöglicht, aus der Geschichte des Seins, das sich vor allem in der Sprache offenbart. Anknüpfend an Heidegger, betont *Gadamer* die Allgemeinheit des hermeneutischen Problems, dem sich auch die methodisch exakten Wissenschaften nicht entziehen können, u die geschichtliche Perspektivität des Verstehens, in dem der jeweils eigene, von der Überlieferungsgeschichte getragene Verständnishorizont mit dem Horizont des begegnenden geschichtlichen Einzelinhaltes verschmilzt.

Im Verstehen wird „etwas als etwas" erkannt, dh ein Einzelnes in einer weiteren Hinsicht, aus einem umfassenden Bezugsganzen erfaßt. Da der einzelne

Gegenstand – ein Wort, ein Text, ein geschichtliches Werk oder Ereignis – nur vom Ganzen seines Sinnhorizonts her einsichtig, dieses Ganze aber jeweils nur vom Einzelnen her zugänglich wird, bewegt sich das Verstehen unaufhebbar im Zirkel zwischen konkretem Gegenstand u sinngebendem Bewandtnisganzen: *hermeneutischer Zirkel* (der jedoch kein circulus vitiosus ist). Der *Horizont* des Gegenstandes ist dem Verstehenden durch ein Vorverständnis erschlossen, das jedoch stets, wenn auch in verschiedenem Grad, eingeschränkt bleibt. Weil der Gegenstand nur im Zusammenhang mit dem begrenzten Vorverständnis des Verstehenden erscheinen, also nicht rein an sich objektiviert werden kann, ist Verstehen endlich u geschichtlich. Dennoch löst sich der Sinn des Gegenstandes nicht in ein subjektiviertes Vorverständnis auf, da das Vorverständnis wesentlich unabgeschlossen u zu neuem Sinngehalt geöffnet ist. Im kreisenden Austausch zwischen Vorverständnis u Gegenstandshorizont läßt sich das Vorverständnis korrigieren u vertiefen, wie dies exemplarisch im Vorgang des Gesprächs zwischen zwei Partnern erscheint. Da überdies der geschichtliche Gegenstand in verschiedenen, sich wandelnden Verständnishorizonten sich in je neue Sinndimensionen auslegt, wachsen der Horizont des Verstehenden u die Sinnentfaltung des Gegenstands in dialogischer Kommunikation miteinander.

Diese vornehmlich sprachlich vermittelte Begegnung schließt sich jedoch nicht in geschichtlicher Dialektik in sich ab, sondern trägt in sich die unmittelbare Transparenz u vermittelnde Dynamik zum wahren Wesen des Gegenstandes u zur Läuterung u Weitung des Verständnishorizonts. Wie echtes Gespräch sachgebunden ist, so lebt auch das Verstehen aus der Offenbarkeit von ↗ Sein als ↗ Wahrheit u transzendiert daher in der Differenz von direkt Gewußtem u letztlich Gemeintem seine geschichtliche Bedingtheit, ohne sie je abzustreifen.

H als normative Methodenlehre hat, aufbauend auf der phil Reflexion über die Struktur des Verstehens, die allg Regeln für richtiges Verstehen u Auslegen zu formulieren u sie entsprechend den verschiedenen Sachbereichen (etwa theol, juristische, geschichtswissenschaftliche usw H) zu differenzieren (vgl *Betti*).

a) *FDE Schleiermacher:* H, hg v H Kimmerle 1959; *KG Droysen:* Grundriß der Historik 1868; *W Dilthey:* Einl i die Geisteswissenschaften (Ges Schr I) [6]1966; *H Rickert:* Kulturwiss u Naturwiss 1899; *M Heidegger:* Sein u Zeit 1927, §§ 31–32. – b) *E Coreth:* Grundfragen der H 1969; *R Gumppenberg:* Sein u Auslegung 1971; *HG Gadamer:* Wahrheit u Methode [3]1973. – c) *E Betti:* Teoria generale della Interpretazione, 2 Bde, Mailand 1955 (dt: Allg Auslegungslehre als Methodik der Geisteswissenschaften 1962); *KO Apel:* Transformation der Phil, 2 Bde, 1973. – d) *RE Palmer:* Hermeneutics. Interpretation Theory in Schleiermacher, Dilthey, Heidegger and Gadamer, Evanston (USA) 1969; *J Wach:* Das Verstehen. Grundzüge einer Gesch der hermeneut Theor i 19. Jht, 3 Bde, 1926, Neudr 1966; *N Henrichs:* Bibliogr der H u ihrer Anwendungsbereiche seit Schleiermacher 1968. – e) *K Lehmann:* H, in: Sacramentum Mundi II 1968, Sp 676–84; *G Ebeling:* H, in: RGG[3] III 242–62; *O Loretz, W Strolz* (Hgb): Die hermeneut Frage i der Theol 1968.   Riesenhuber

Historismus. Erst spät in der Geistesgeschichte der Menschheit erwachte ein wirkliches Verständnis für ↗ Geschichte, das die Vergangenheit mit deren eigenen Maßstäben messen lernte. Es entwickelte sich in der Gegenwirkung zum Rationalismus des 18. Jhts, wurde verstärkt durch gleichgerichtete Bestrebungen der Naturwissenschaft (Entwicklungslehre) u zum erstenmal begründet durch die spekulative Phil *Hegels*. Diese verleiht jeder geschichtlichen Gestalt ihre notwendige Stelle im Entwicklungsgang der absoluten Idee u damit eine überzeitliche Geltung, entkleidet aber zugleich das Geschichtliche seines Eigencharakters, weil es dessen Freiheit u Unableitbarkeit aufhebt *(spekulativer H)*. Im Gegenschlag dazu hebt *Dilthey* gerade diesen Eigencharakter des Geschichtlichen hervor, löst aber in seiner panhistorischen Betrachtung alle überzeitlichen Maßstäbe u Werte auf. So kommt es zum *relativistischen H,* der nur eine immanente Kritik des Gewordenen zuläßt. Eine Folge des H ist, daß auch die Geschichtswissenschaft selbst relativiert wird; auch sie ist, nicht bloß was Auswahl, Darstellung u Interesse, sondern was ihre Geltung selbst angeht, zeit- u kulturbedingt. Der H mündet so in die ↗Lebensphilosophie u den ↗Pragmatismus aus, für welche die Erkenntnis bloßes Mittel des Lebenswillens ist. – ↗[189].

F Nietzsche: Vom Nutzen u Nachteil der Historie für das Leben 1874; *W Dilthey:* Einl i die Geisteswissenschaften I 1883; *ders:* Das Wesen der Phil, in: Kultur der Gegenw, System der Phil 1907. – *E Troeltsch:* Der H u seine Probleme, Neudr 1962; *ders:* Der H u seine Überwindung, Neudr 1966; *K Heussi:* Die Krisis des H 1932; *Th Litt:* Gesch u Leben ³1930; *E Rothacker:* Logik u Systematik der Geisteswissenschaften 1948; *WG Mommsen:* Die Geschichtswiss jenseits des H 1972. – c) *R Popper:* Das Elend des H ³1971. – d) *F Schmidt:* Die Theorie der Geisteswissenschaften v Altertum bis z Gegenw 1931, 106 ff; *F Meinecke:* Die Entstehung des H, neue Aufl ²1965 [bis Goethe]. Brugger

Hoffnung ist die Erwartung eines angestrebten Gutes. Für den ↗Menschen erweisen sich alle innergeschichtlichen Einzelziele als vorläufig u ungenügend. Eine letzte Erfüllung seiner H ist nur von einer transzendenten u personalen Wirklichkeit her denkbar (↗Transzendenz). Dieses letzte Ziel läßt sich allerdings nicht wie eine innerweltliche Realität mit zwingender Sicherheit aufweisen, weil es ja einer transzendenten Zukunft angehört u sich deshalb einer Verifikation noch entzieht. H ist also ein freier Akt, der allerdings nicht willkürlich auf Erfüllung rechnen kann, sondern einer Legitimation bedarf. Die Erfahrung muß zeigen, daß die Ausrichtung auf ein bestimmtes letztes H-ziel nicht durch die Tatsachen des irdischen Lebens um ihren Sinn gebracht werden kann. Das geschähe bei jeder Art von Erfolgsethik durch den Mißerfolg, bei jeder Art von ↗Hedonismus durch Leid u Tod, die jeweils eine völlige Befriedigung der entsprechend verstandenen H ausschließen. H ist hinsichtlich ihrer logischen Begründung u existentiellen Motivation wesentlich auf die Verheißung der ↗Religion u damit auch auf die Gesch zurückverwiesen. Ethisch ist sie Möglichkeitsbedingung der Feindesliebe, der Vergebung, des bewußten Ertragens von ↗Konflikt, der Distanz zur Gegenwart u damit der ↗Freiheit.

E Bloch: D Prinzip H 1954–59; *J Moltmann:* Theologie der H ⁹1973; *G Sauter:* Zukunft u Verheißung ²1973. Rotter

Humanwissenschaften. In der einzelwissenschaftlichen Erforschung des ↗Menschen will man heute die Spaltung in ↗Geistes- u ↗Naturwissenschaften dadurch überwinden, daß man die empirisch-theoretische Methode zur Erfassung nicht nur der biologischen Komponente (wie schon immer in der Medizin), sondern auch des bewußten Verhaltens des Menschen verwendet. So sucht man etwa in der ↗ Psychologie, ↗ Sozialpsychologie, Verhaltensforschung *(Ethologie)*, die auch tierisches ↗ Verhalten vergleichend untersucht, u in den *Sozialwissenschaften* (Soziologie, Wissenschaft von der Politik u den Wirtschaftswissenschaften) nach allg Gesetzen menschlichen Verhaltens u seiner sozialen Auswirkungen. Man wird in den H unterscheiden müssen zwischen Disziplinen, deren Modelle nur mit logischer Notwendigkeit die kumulativen Konsequenzen eines einmal angenommenen Verhaltens aufzeigen, u anderen, die empirisch gehaltvolle Aussagen über den Menschen erlauben entweder von nur geschichtlich-faktischer Geltung oder von Allgemeingültigkeit. Erkenntnisse der letzten Art sind für die Phil von besonderer Bedeutung, aber auch methodisch besonders schwierig, weil immer Gefahr besteht, dem nur Gewohnten, aber geschichtlich Bedingten, Kulturspezifischen vorschnell Allgemeingültigkeit u damit auch ethische Normativität zuzuschreiben. Indem die empirischen H ein umfangreiches Material zur Erkenntnis der menschlichen Wirklichkeit bereitstellen, bieten sie eine unersetzliche Grundlage für die phil Reflexion in Ethik, Sozialphil und phil Anthropologie.

A Portmann: Experimente am Menschen. Möglichkeiten u Konsequenzen heutiger Forsch, in: Universitas 25 (1970) 1121–28; *A Babolin:* Un convegno sulle scienze umane, in: Riv Fil Neosc 63 (1971) 655–69; *H Hofer, G Altner:* Die Sonderstellung des Menschen. Naturwiss u geisteswiss Aspekte 1972; *JJ Dagenais:* Models of Man. A phenomenological critique of some paradigms in the human sciences, Den Haag 1972; *G Schischkoff:* Kybernetik u Geisteswissenschaften, in: Schopenhauer-Jahrb 53 (1972) 339–60. – d) *M Foucault:* Die Ordnung der Dinge 1971. Kerber

Hylemorphismus ist die zuerst von *Aristoteles* erarbeitete, in der scholastischen Phil weiter ausgebaute Lehre von der Zusammensetzung des ↗ Wesens bestimmter Seienden aus ↗ Materie (hýlē) u ↗ Form (morphē). Bei Aristoteles u der aristotelisch ausgerichteten Scholastik sind es nur die körperlichen Wesen, dh die Elemente, die (aus ihnen) „gemischten Körper" (miktá, lat. *mixta*), die Pflanzen, Tiere u Menschen, die als in dieser Weise zu einer Natureinheit zusammengesetzt betrachtet werden; dh, der H ist eine (im weiteren Sinn) naturphilosophische, nicht eine metaphysische, auch geistiges Seiendes betreffende Lehre. Die Annahme der Zweieinheit der Körper erwächst bei Aristoteles aus dem naturphil Problem des ↗ Werdens der Körper. Die Beobachtung zeigt Umwandlungen der Körper, die dem Erscheinungsbild nach etwas völlig Andersartiges ergeben, zB das Verdampfen des Wassers, das als Verwandlung des Wassers in „Luft" nach der alten Elementenlehre als Umwandlung in ein anderes Element galt. Das aber bedeutete eine *„substantielle Veränderung"*. Für solches Neuentstehen gebrauchte man auch im anorganischen Bereich den Ausdruck „Zeugung" (génesis, lat *generatio*); umgekehrt hieß das Vergehen der früheren Substanz „Verderben" (phthorá, *corruptio*). Soll Vergehen u Neuwerden nicht eine völlige Vernichtung u ein gänzliches Neuentstehen, sondern echte Umwandlung sein, so muß in dem Entstehenden etwas mit dem Vergehenden

Gemeinsames bleiben; dies ist die ↗Materie, letztlich die „erste Materie", die nicht mehr weiter aufgelöst werden kann. Soll aber der neu entstehende Körper wirklich eine andere Substanz sein, so muß er sich durch ein substantielles, seine Eigenart bestimmendes Prinzip von dem vergehenden Körper unterscheiden; dieses Prinzip ist die *substantielle Form*. Die Umwandlung verlangt eine entsprechende Wirkursache, deren Wirken „Hervorbringen aus der ↗Potenz der Materie" *(eductio de potentia materiae)* genannt wird. Voraussetzung für die Möglichkeit der Umwandlung ist ein besonderer Zustand der Materie, die ↗Privation (griech stérēsis).

Bei Aristoteles ungelöst gebliebene Probleme führten im Mittelalter zu unterschiedlichen Auffassungen des H, zunächst des naturphil H. Sie betreffen andererseits die *Einheit der Wesensform* bzw die *Mehrheit der Wesensformen*, andererseits den potentiellen Charakter der ersten Materie. *Thom v Aq* u seine Schule halten an der Einheit, dh Einzigkeit der Wesensform in einem einheitlichen Naturwesen *(unum per se)* fest. Sie bedeutet, daß die eine Form (im Menschen: die geistige Seele) nicht nur Prinzip auch des sinnlichen u vegetativen Lebens, sondern sogar der Körperlichkeit ist, deren räumliche Ausdehnung nur dem ↗Akzidens der ↗Quantität zuzuschreiben ist; der einen Wesensform steht also kein anderes substantielles Prinzip gegenüber als die erste, völlig bestimmungslose Materie. Eine Mehrheit der Formen würde bedeuten, daß alle zur ersten Form hinzukommenden Formen nur akzidentelle Formen wären u das Ganze nicht mehr ein einheitliches Naturwesen, sondern eine akzidentelle Verbindung mehrerer selbständiger Seiender *(unum per accidens)* wäre. Anderen, wie *Albert dem Großen*, scheint so die Eigenwirklichkeit des Körperlichen zuwenig gewahrt; der Körper wird nach ihnen als Körper durch eigene Formen konstituiert; lebendiger Leib wird er allerdings erst durch die *eine* Seele. *Duns Skotus* spricht von *einer* Form der Körperlichkeit, durch die aus der ersten Materie die zur Aufnahme der Seele fähige Potenz wird; nicht durch die erste Form, sondern gerade durch die letzte, die beim Menschen die Geistseele ist, wird das Ganze das eine Seiende, das es ist. – Bezüglich der ersten Materie sind die einen, wie *Thomas*, entsprechend der metaphysischen Definition der ↗Materie der Meinung, daß sie *reine Potenz* ohne jede Akthaftigkeit ist; andere, die von der naturphil Auffassung der Materie als des sich in der substantiellen Veränderung durchhaltenden Etwas ausgehen, schreiben ihr einen unvollständigen Akt *(actus incompletus)* zu.

Nur in der erstgenannten Auffassung der Materie, in der diese definitionsgemäß nicht etwas Quantitatives ist, läßt sich die Ausweitung des H zu einer metaphysischen, alles geschöpfliche Seiende umfassenden Lehre verstehen. Der bekannteste Verfechter dieser Auffassung ist *Bonaventura*, nach dem auch die geschaffenen Geister und die Geistseele des Menschen aus Materie u Form zusammengesetzt sind. Es ist klar, daß hier das Wort „Materie" mit dem, was man heute „Materie" nennt, nur noch das Potenzsein gemeinsam hat; durch die Wesensform des Geistes wird die Materie zu einer „*geistigen Materie*".

a) *Aristoteles:* Physik I, 7–9; Metaphysik VII, 3; XII, 1–5; *Thom v Aq:* De ente et essentia c 2–4; Komm z Physik I, lect 12–15; Komm z Metaphysik VII, lect 2; XII, lect 1–4; *Bonaventura:* In 2 Sent d 3 p 1 a 1; d 12 a 1 q 1. – b) *P Descoqs:* Essai critique sur l'hylémorphisme, P 1924; *A Mitterer:* Das Ringen der alten Stoff-Form-Metaph mit der heutigen Stoff-Physik 1935; *ders:* Wesensartwandel u Artensystem der physikal Körperwelt 1936; *Acta secundi Congressus Thomistici*, Turin 1937; *J de Vries:* Zur Sachproblematik v Materie u Form, in: Schol 33 (1958) 481–505. – d) *F Šanc:* Sententia Aristotelis de compositione corporum, Zagreb 1928; *J de Vries:* Zur arist-schol Problematik v Materie u Form, in: Schol 32 (1957) 161–85; *E Bettoni:* La teoria ilemorfica nell'interpretazione di Ruggero Bacone, in: Riv Fil Neosc 61 (1969) 666–92; *P Stella:* L'ilemorfismo di G Duns Scotus, Turin 1955. ↗ Materie. de Vries

Hypothese nennt man eine ↗ Voraussetzung, die – ohne bereits als wahr erwiesen zu sein – angenommen wird, um beobachtete Tatsachen zu erklären. So nahm man zur Erklärung der chemischen Verbindungsgesetze an, daß die Körper zusammengesetzt seien aus kleinsten Teilchen, den Atomen. Eine H hat *heuristischen Wert*, wenn sie außerdem zur Auffindung bisher unbekannter Gesetzmäßigkeiten u Tatsachen führt. Ergibt die H keine widerspruchsfreie Erklärung, ist sie also sicher falsch, so kann sie dennoch als *Arbeitshypothese* vorläufig bestehenbleiben, falls sie zur Wahrheitsfindung nützlich ist. Solange es sich um eine H handelt, ist nur ein mehr oder minder großer Grad von ↗ Wahrscheinlichkeit gegeben, da derselbe Tatbestand zuweilen mehrere Erklärungsarten zuläßt. Durch *Verifikation*, dh durch direkte u indirekte Bestätigung, kann die vorhandene Wahrscheinlichkeit wachsen u schließlich durch Ausschluß jeder anderen Erklärungsart zur ↗ Gewißheit führen. Verschiedene H-n, die sich zu einer komplexen ↗ Erklärung eines Gegenstandsbereichs ergänzen, lassen sich zu einer ↗ Theorie zusammenfassen.

Da eine H nicht wieder nur hypothetisch als H erkannt werden kann (sonst entstünde ein regressus in infinitum) u ihre *Verifikation* bzw *Falsifikation* nicht nur durch neue Annahmen geschehen kann, muß der Versuch scheitern, alle Erkenntnis auf hypothetische zurückzuführen.

H Dingler: Physik u H 1921; *H Poincaré:* La Science et l'Hypothèse (dt 1928); *W Stegmüller:* Probleme u Resultate der Wissenschaftstheorie u analyt Phil II 1970; *W Lenzen:* Theorien der Bestätigung wiss H-n 1974. Junk-Keller

Hypothetische Schlüsse sind ↗ Schlüsse, deren Vordersätze mindestens ein ↗ hypothetisches Urteil (im weiteren Sinn) enthalten. Im *Konditionalschluß* kann aus mehren Konditionalsätzen auf einen anderen geschlossen werden in der Form: Wenn A, dann B; wenn B, dann C; also wenn A, dann C. – Es kann aber auch aus einem Konditionalsatz mit Hilfe eines kategorischen Satzes auf einen anderen kategorischen Satz geschlossen werden. Dabei sind zwei Formen möglich: der Schluß aus der Bedingung auf das Bedingte (= *modus ponens:* Wenn A ist, ist auch B; es ist A; also auch B), oder der Schluß aus der Verneinung des Bedingten auf die Verneinung der Bedingung (= *modus tollens:* Wenn A ist, ist B; B ist nicht; also auch nicht A). Zu beachten ist: Wenn A oder B im Obersatz verneinend genommen werden, muß die Verneinung auch im Schlußsatz beibehalten werden. Beim modus tollens ergibt sich dann aus der doppelten

Verneinung im Schlußsatz eine Bejahung (Wenn nicht-A, dann B; B ist nicht; also ist nicht nicht-A = also ist A). – Unzulässig ist der Schluß aus der Wahrheit des Bedingten auf die Wahrheit der Bedingung oder aus der Falschheit der Bedingung auf die Falschheit des Bedingten. Der Schluß vom Bedingten auf seine notwendige Bedingung ist ein Schluß nach dem modus tollens (Wenn nicht-A, dann nicht-B; es ist B = nicht nicht-B; also ist A = nicht nicht-A). – Im *disjunktiven Schluß* besteht der Obersatz aus einer ↗ Disjunktion. Ist sie ausschließend, so kann durch Verneinung eines Gliedes (bzw aller außer einem) die Bejahung des anderen u durch Bejahung eines Gliedes (bzw aller anderen) die Verneinung des anderen erschlossen werden. (Entweder A oder B; A ist nicht; also ist B; oder: A ist; also ist B nicht). Ist sie hingegen nicht ausschließend, so kann bloß durch Verneinung des einen (bzw aller außer einem) die Bejahung des anderen Gliedes erschlossen werden. Auch hier ist bei verneinten Gliedern unter Umständen eine doppelte Verneinung im Schlußsatz zu berücksichtigen. – Im *konjunktiven Schluß* besteht der Obersatz aus einem konjunktiven Urteil (zB in der Form: A u B können nicht zusammen wahr sein). Aus der Wahrheit des einen Gliedes wird die Falschheit des anderen erschlossen. Aus der Falschheit eines Gliedes folgt hingegen nichts für das andere, da beide zusammen falsch sein können, aber nicht müssen. – Mit dem Konditionalschluß u disjunktiven Schluß verwandt ist das *Dilemma*. Sein Obersatz besteht aus einem Konditionalsatz, dessen Nachsatz ein ausschließendes disjunktives Urteil ist (besteht die Disjunktion aus mehr als zwei Gliedern, dann heißt der Schluß *Polylemma*); der Untersatz verneint sämtliche Glieder des disjunktiven Urteils; daraus folgt dann, daß der Vordersatz des Konditionalsatzes auch verneint werden muß (Wenn A, dann entweder B oder C; es ist aber weder B noch C; also ist auch A nicht).

M Thiel: Die HS des Aristoteles, in: Ph Jb 33 (1920) 1–17. – Lehrbücher der ↗ Logik.   Brugger

Hypothetisches Urteil. Während im *kategorischen Urteil* unmittelbar über einen Gegenstand etwas ausgesagt wird, ist das HU (im *weiteren* Sinn) eine Aussage über die Verbindung mehrerer Aussagen. Die Gliedaussagen werden dabei nicht selbst behauptet, sondern nur die Art u Geltung ihrer Verbindung. Das HU kann wahr sein, auch wenn die Gliedaussagen nicht wahr oder sogar unmöglich sind. Die wichtigste Aussageverbindung, nach der auch die ganze Klasse gewöhnlich benannt wird, ist das HU (im *engeren* Sinn) oder der *Konditionalsatz*. Er ist jene Aussageverbindung, bei der die Wahrheit des Nachsatzes unter die Bedingung der Wahrheit des Vordersatzes gestellt wird. Je nachdem, ob die Bedingung mit dem Bedingten bloß faktisch zusammenhängt (eben weil die Wahrheit des Zusammenhangs erst durch das im Nachsatz ausgedrückte Faktum hergestellt wird, zB „wenn es regnet, bleibe ich zu Hause") oder ob zwischen dem Inhalt der Bedingung u dem Inhalt des Bedingten ein notwendiger Zusammenhang besteht, unterscheidet man in der ↗ Logistik zwischen *materialer* u *formaler Implikation* (Subjunktion). Die erstere wird als jene Verbindung zweier Aussagen p und q definiert, die nur dann falsch ist, wenn p wahr und q falsch ist; man sagt dann „p impliziert q". Die formale Implikation hingegen besagt einen notwendigen Bedingungszusammenhang: Wenn A, dann notwendig B (Verneinung: Obwohl A, dennoch nicht notwendig B). Dieser Bedingungszusammenhang kann je nach Sachlage oder Intention des Sprechenden als realer oder als Erkenntniszusammenhang verstanden werden, zB: Wenn der Mensch frei ist, ist er ein sittl Wesen (realer Zusammenhang); wenn der Mensch ein sittl Wesen ist, ist er frei (Erkenntniszusammenhang). – Andere HU im weiteren Sinne sind: die *Konjunktion*, nach der notwendig alle Gliedaussagen zusammen wahr, bzw falsch sind, u die ↗ Disjunktion.

W Brugger: Die Modalität einfacher Aussageverbindungen, in: Schol 17 (1942) 217–36; Lehrbücher der ↗ Logik u ↗ Logistik; *H Kiessler:* Theor des HU, Mödling 1925; *ders:* Gesch u Kritik des HU seit Wolff 1926; *ders:* Zur Gesch des HU i der älteren Phil, in: Ph Jb 42 (1929) 491–505.

Brugger

Ich, Das *(das Selbst)* ist in allen geistigen Akten des Menschen mitgegeben als deren einheitlicher Beziehungspunkt, letzter Träger u aktiver Quellgrund. Es erschließt sich zunächst in dem unentfalteten *I-Bewußtsein (Selbstbewußtsein),* das die auf andere Gegenstände gerichteten Akte begleitet oder der direkten Blickrichtung unseres Geistes, die auf außer uns Liegendes geht, innewohnt *(begleitendes* oder *direktes I-Bewußtsein).* Der Geist verliert sich nämlich nie ganz in das Andere, sondern er verinnerlicht das Andere, indem er es auf seine eigene Ichtiefe zurücknimmt; geistige Erkenntnis kommt allein durch diese *„reditio completa"* (Thomas von Aquin), diese vollkommene Rückkehr des Geistes in sich selbst, zustande. Hierauf baut das entfaltete oder ausdrückliche I-Bewußtsein auf; es folgt dem direkten nach, beugt sich auf das vorher nur mitgemeinte I zurück u macht es zu seinem einzigen Gegenstand *(nachfolgendes* oder *reflexes I-Bewußtsein).* Dieses ermöglicht eine weiter ausgreifende u tiefer eindringende *Selbsterkenntnis.* – Falsch deuten das I-Bewußtsein jene, die es auf den Ablauf der Akte beschränken. Denn tatsächlich erfassen wir nicht ein frei schwebendes Denken u Wollen, sondern einen Denkenden u Wollenden, dh einen durch solche Akte bestimmten Träger. Dieser aber hält sich als derselbe im Wechsel der Akte durch (ich, der ich jetzt schreibe, erfahre mich unzweideutig als genau denselben, der ungezählte längst versunkene Erlebnisse als die seinen gehabt hat u vielleicht, obwohl er sie gern von sich abwälzen möchte, verantworten muß). So wissen wir um die *Substantialität des I;* als bleibendes Substrat trägt u verursacht es die Akte als seine akzidentellen Bestimmungen, ohne selbst wieder nur Bestimmung eines anderen zu sein, was vor allem in der ↗ Freiheit u Eigenverantwortlichkeit aufleuchtet ↗ Pantheismus.

Geschichtlich gesehen, hat das I und das I-Bewußtsein kraftvoll *Augustinus* herausgearbeitet. Er findet darin den unbezweifelbaren Ausgangspunkt jeder Wahrheitssicherung; denn niemand kann zweifeln, ohne daß darin eine sichere Behauptung seiner eigenen Existenz eingeschlossen ist. Im Mittelalter treten diese Fragestellungen zurück. Erst *Descartes* erneuert sie wieder mit seinem „Ich denke, also bin ich" u wird so maßgebend für die ganze Neuzeit. *Kant* führt alle Erkenntnis auf das ↗ transzendentale I zurück, dh auf das I als den ermöglichenden Grund des Wissens; dieses läßt er aber nicht mit dem I als Ding an sich zusammenfallen, das unserem Erkennen verschlossen ist; nur das moralische I reicht in das An-sich hinein. Davon ausgehend, haben die deutschen Idealisten zu Ende geführt, was der ganzen Neuzeit im Blute lag; sie setzen das menschliche I absolut u mit dem göttlichen gleich, wodurch es schlechthin schöpferisch wird. In die Grenzen seiner Endlichkeit weist die ↗ Existenzphilosophie das I zurück, indem sie aber gerade dadurch das I vermöge seiner Freiheit sich selbst zurückgibt; dabei besteht freilich manchmal die Gefahr einer Auflösung aller Gehalte in das I. Was die Wertung des I angeht, so wurde es im Abendland meist als Hochwert gesehen; dem tritt der Pessimismus, vorab *Schopenhauer*, entgegen, der mit den Indern die Auslöschung des I für das Höchste hält. Terminologisch wichtig ist, daß die moderne Psychotheraphie *(Jung)* das bewußte „I" von dem auch das Unbewußte (ja das Göttliche) umfassenden „Selbst" unterscheidet.

a) *Augustinus:* De civitate Dei XI, 26; De Trinitate XV, 21; De libero arbitrio II, 3; Soliloquia II, 1; *Thom v Aq:* De ver 1, 9; *R Descartes:* Meditationes de prima philosophia. – b) *A Willwoll:* Seele u Geist 1938; *B Switalski:* Zur Analyse des Subjektbegriffs 1914; *NJJ Balthasar:* Mon moi dans l'Être, Louvain 1946; *B Sternegger:* Das I i Menschen 1962. – c) *R Descartes:* ↗ a); *K Oesterreich:* Die Phänomenologie des I 1910; *A Drews:* Das I als Grundprobl der Metaph 1897; *NG Jung:* Die Beziehungen zwischen dem I u dem Unbewußten ⁶1963; *ders:* Die Transzendenz des Ego 1964. – d) *A Gardeil:* La perception expérimentale de l'âme par elle-même d'après Thomas, in: Mélanges Thomistes (1923); *G Brand:* Welt, I u Zeit nach unveröffentl Ms-en E Husserls, Den Haag 1955; *E Marbach:* Das Probl des I i der Phänomenologie Husserls, Den Haag 1974. Lotz

Ideal nennt man die vollendete Verwirklichung einer ↗ Idee. Das I ist also erreicht, wenn eine Idee nach ihren sämtlichen Möglichkeiten (wenigstens annäherungsweise) zur Entfaltung gekommen ist. Es wird entweder in einem bestimmten Wesen existierend oder als noch nicht verkörpertes, fernes Zielbild vorgestellt. Im ersten Sinn ist die platonische Idee zugleich I; denn sie existiert als übersinnliche Wirklichkeit, die alle Möglichkeiten der betreffenden Idee gesammelt in sich ausprägt. Als I aller I-e erscheint die höchste Idee des Guten, insofern sie als deren Ursprung alle anderen Ideen umgreift. Geläutert kehrt diese Auffassung in unserem Gottesbild wieder: Gott ist das absolute I, weil er alle (reinen) ↗ Vollkommenheiten in höchster Vollendung oder nach ihren sämtlichen Möglichkeiten in sich vereinigt. Von hier aus verstehen wir, daß Gott bei *Kant* als *„transzendentales I"* auftritt. Wie schon die platonische Idee, so ist vorab Gott das Urbild, nach dem alles Irdische u Endliche gestaltet ist, da es an ihm teil-nimmt *(Exemplarismus).* Aus diesen Zusammenhängen heraus sind auch die I-e unseres sittl Strebens sowie die der Erziehung zu begreifen. Sie gewinnen ihre volle Wirklichkeit erst, wenn sie uns in einem konkreten *Vorbild* entgegentreten, nämlich in einem Menschen, der sie vollendet ausprägt, wie etwa Christus als das absolute I der Heiligkeit vor uns aufleuchtet. – Das Beiwort *„ideal"* kann sich auf das eben besprochene Hauptwort I beziehen u heißt dann: dem I gemäß; oder es kann sich auf ↗ Idee beziehen u heißt dann: nach der Weise der (oder nur in der) Idee bestehen; oft bedeutet es bloß den Ggs zu „real" u heißt dann: unwirklich, bloß vorgestellt. ↗ Wirklichkeit.

a) *Platon:* bes. Politeia; *I Kant:* Krit d rein Vern: Transzendentale Dialektik, 2. Buch, 3. Hpst. – b) *A Schlesinger:* Der Begriff des I 1908. – c) *I Kant:* ↗ a). – d) *C Ritter:* Die Kerngedanken der plat Phil 1931; *B Kellermann:* Das I i System der Kantischen Phil 1920. Lotz

Idealismus ist dem Wortsinn nach die Lehre, die den ↗ Ideen, dem ↗ Idealen u damit dem ↗ Geist im Ganzen des ↗ Seins die beherrschende Stellung zuweist. Das Sein ist ursprünglich Geist, alles andere Seiende, auch das materielle Seiende, dessen Anerkennung als eigene Realität dem so verstandenen, *metaphysischen I* nicht widerspricht, ist letztlich von Ideen, vom Geist her bestimmt. So verstanden, bedeutet der I keinen Ggs zum ↗ Realismus, sondern nur zum ↗ Materialismus. In der christl Phil ist dieser I am reinsten verwirklicht: Das geistige Ursein ist der persönliche Gott, nach dessen Ideen alles nicht-göttliche Seiende geschaffen ist. So ist alles Seiende von seinem Ursprung her geistdurchleuchtet u darum „wahr", geistig erkennbar (↗ Wahrheit). In der antiken Phil ist der metaphysische I in der Ideenlehre *Platons* (↗ Platonismus) u der Lehre des *Aristoteles* vom geistigen ersten Beweger (↗ Aristotelismus) nicht rein verwirklicht, vor allem weil beide neben dem geistigen Urgrund eine gleich ursprüngliche ↗ Materie annehmen (↗ Dualismus).

Der I gerät aber in Ggs zum Realismus, wenn der Geist, das Denken, von dem das „gegenständliche", materielle Seiende abhängt, mit dem menschlichen Denken gleichgesetzt wird. So kommt es zum *erkenntnistheoretischen I*, der die menschliche Erkenntnis, wenigstens soweit sie sich auf ↗ „Gegenstände" bezieht, nicht als ein Sichangleichen an einen vorgegebenen Gegenstand, sondern als Hervorbringen des Gegenstands deutet; da aber das Denken allein den Gegenstand nicht als ↗ Ding an sich setzen kann, wird der bloß ideale Bewußtseinsinhalt zum eigentlichen Gegenstand. Wenn, wie bei *Kant*, außer diesem Gegenstand ein unerkennbares Ding an sich angenommen wird, so wird der Gegenstand dessen ↗ „Erscheinung".

Die Frage, an deren Beantwortung sich die verschiedenen Formen des I scheiden, ist die nach der Natur des ↗ Subjekts, das alle Gegenständlichkeit setzt. Nach dem *empirischen* oder *psychologischen I* begründet die seelische Eigenart des Menschen, sei es die allen Menschen mehr oder weniger gemeinsame, sei es die besondere des einzelnen Menschen, den bewußtseinsimmanenten Gegenstand; dessen Sein geht im Wahrgenommensein (bzw der dauernden Möglichkeit, wahrgenommen zu werden) auf (esse est percipi). Folgerichtig führt dieser „Bewußtseinsstandpunkt" *(Konszientialismus)* allerdings zum ↗ Solipsismus, wenigstens in dem Sinn, daß allein das eigene Selbst (solus ipse) erkennbar ist. *Berkeley* entgeht dem, indem er die These des empirischen I auf die Körperwelt einschränkt; deren denkunabhängiges Dasein leugnet er einfachhin *(akosmistischer I).* Der psychologische I verfällt folgerichtig dem ↗ Subjektivismus (in der Form des ↗ Psychologismus) u vermag die von der zufälligen Erfahrung der

Einzelmenschen unabhängige Allgemeingültigkeit der Wissenschaft nicht zu erklären. Darum nimmt *Kant* an, daß nicht das einzelne Subjekt mit seinen Zufälligkeiten, sondern ein ↗ „transzendentales Subjekt" den Gegenstand bestimmt, dh ein Subjekt, dessen apriorische Anschauungs- u Denkformen für alle gleich uns denkenden Wesen unbedingt geltendes Gesetz sind (*trl* oder *kritischer I;* ↗ Kritizismus). Die Eigenart des trl Subjekts bleibt bei *Kant* in etwa in der Schwebe. Wenn es, wie bei *JF Fries*, als die seelische Wesensart des Menschen überhaupt gedeutet wird, führt das wieder zu einem – wenn auch gemäßigten – Psychologismus. – Der *logische I* des ↗ Neukantianismus betrachtet die Denkformen deshalb nicht mehr als Bewußtseinsinhalte eines realen denkenden Subjekts, sondern als sich selbst genügenden Grund aller Geltung. So weicht er der Frage nach dem Denker all dieser Denkformen aus, indem er seine Aufmerksamkeit nur auf das logische Gefüge der Denkinhalte richtet. Die Frage ist aber unvermeidlich, wenn man nicht einem „Subjektivismus ohne Subjekt" (wie *N Hartmann* sagt) verfallen will.

Die unmittelbaren Nachfolger *Kants* im ↗ Deutschen Idealismus gingen einen andern, unvergleichlich kühneren Weg. Das trl Subjekt wird ihnen zum absoluten Urgrund, dessen notwendige Entfaltung u Erscheinung alles Wirkliche ist, auch die Vielheit der menschlichen Subjekte. So entsteht ein *absoluter I*, der bei *Schelling* u *Hegel* die Wirklichkeit auch der ↗ Natur anerkennt, aber Natur u Geist als Entwicklungsstufen der dialektischen Bewegung des Absoluten auffaßt: ein *metaphysischer, aber pantheistischer I.*

Die Ausdrücke *„subjektiver"* u *„objektiver" I* werden nicht immer im gleichen Sinn verstanden. Oft versteht man unter subjektivem I den empirischen I, andere rechnen auch den I *Fichtes* zu ihm, weil er das nicht-personale Objekt als bloße Setzung des trl Subjekts betrachtet. Dagegen werden die Formen des I, bei denen Subjekt u Objekt von vornherein identisch sind (wie bei *Schelling* u *Hegel*), objektiver I genannt. Objektiver I ist auch der logische I.

Als umfassende Weltanschauung wirkt sich der I auch in Ethik u Gesellschaftslehre aus. Gegenüber allem ↗ Positivismus betont er die Unabhängigkeit der sittl Normen von bloß tatsächlichen Zuständen u Meinungen; wenn er aber die Normen von der Wesensordnung des Seienden löst u in inhaltsleeren, „formalen" Haltungen des reinen Subjekts begründet, wird er lebensfremd.

b) *G Söhngen:* Sein u Gegenstand 1930; *M Müller:* Sein u Geist 1940; *VM Kuiper:* Lo sforzo verso la trascendenza, Mailand 1942; *A Guggenberger:* Der Menschengeist u das Sein 1942; *C Giacon:* Il problema della trascendenza 1942; *C Ottaviano:* Critica dell'I, Padua ³1956; *A Konrad:* Unters-en z Kritik des phänomenalist Agnostizismus u des subjektiven I 1962; *JB Lotz:* Die Identität v Geist u Sein 1972. – c) *A Liebert:* Die Krise des I 1936; *H Wagner:* Über den Begriff des I u die Stufen der theoret Apriorität, in: Philosophia naturalis 2 (1952) 178–199. – d) *O Willmann:* Gesch des I, 3 Bde, ²1907; *HD Gardeil:* Les étapes de la phil idéaliste, P 1935; *R Jolivet:* Les sources de l'Idéalisme, P 1936; *W Beierwaltes:* Platonismus u I 1972; *R Verneaux:* Les sources Cartésiennes et Kantiennes de l'Idéalisme français, P 1936; *AC Ewing:* The Idealist Tradition from Berkeley to Blanshard [Texte], Glencoe, Ill 1957; *W Cramer:* Vom trl z absoluten I, in: Kantstud 52 (1960/61) 3–32; *A Etcheverry:* L'Idéalisme français contemporain, P 1934; *A Guzzo:* Cinquanta anni di esperienza idealistica in Italia, Padua 1964. – ↗ Deutscher Idealismus.   de Vries

Idee (vom griech idéin: sehen) meint zunächst den sinnfälligen Anblick eines Dinges nach seinen charakteristischen Zügen, dann aber vor allem das darin sich offenbarende innere Aussehen oder den Wesensgehalt. Während der ↗ Begriff dem Sein der Dinge folgt u deren Wesen nachbildet, geht die I dem Sein der Dinge voraus als ihr ewiges vollendetes *Urbild*, nach dem sie gestaltet werden. So ist die I wesenhaft ur-bildliche oder *Exemplarursache (causa exemplaris)*. Vom Verstand erfaßt, wird sie zur *Norm (Regel, Kanon)*, nach der er die Erscheinungsdinge beurteilt bzw sich in der Verwirklichung der I (↗ Ideal) leiten läßt.

Platon sieht die I-n als unsinnliche, überweltliche Wirklichkeiten an, die ein eigenes Reich unter der höchsten I des Guten darstellen. Bei *Augustinus* werden sie zu den schöpferischen Urgedanken Gottes, als deren Ort er unter Fortführen *Plotins* den ↗ Logos im Sinne des Neuen Testaments bestimmt. Gott selbst erscheint als die absolute I oder als die I der I-n, insofern seine unendliche Fülle oder das ihn kennzeichnende subsistierende Sein alle Wesenheiten (nach ihrem positiven Kern unter Ausscheidung alles negativ Begrenzenden) in höchster Entfaltung umfaßt. *Thomas von Aquin* baut diese Lehre in seinen Aristotelismus ein. Dieselbe Auffassung lebt bei *Hegel* weiter, wenn er seinen Urgrund ‚absolute I' nennt; doch wendet sich bei ihm alles ins Pantheistische, weil die absolute I nicht in sich vollendet ist, sondern erst durch die Entfaltung des Endlichen vollendet wird.

Da die irdischen Dinge nach den I-n gestaltet sind, müssen diese irgendwie in die Dinge eingehen. Dafür fanden Platon u Augustinus keine befriedigende Formulierung. Erst die aristotelische Lehre von der inneren Wesensform der Dinge (↗ Form) ermöglichte *Thomas* eine Lösung. Er sieht die Wesensform als Teil-nahme an den göttlichen Ideen u als ihr Abbild; jedem Ding ist ein Gedanke Gottes eingeprägt, der es von vornherein in seiner Eigenart bestimmt.

Unsere Begriffe vermögen die I-n zu erfassen. *Platon* wußte das einzig durch Schau der I-n (↗ Intuitionismus) u *Augustin* allein durch Einstrahlung eines von den göttlichen I-n ausgehenden Lichtes zu erklären (↗ Illumination). Erst *Thomas* kam im Anschluß an Aristoteles zur ↗ Abstraktion der I aus den Dingen. Insofern unsere Begriffe die I-n widerspiegeln, können sie in einem tiefen Sinn selbst I-n genannt werden. Erst seit der ↗ Konzeptualismus den durch die Wesenserkenntnis vermittelten Zusammenhang zwischen Begriff u I zerrissen hatte, hieß jeder Begriff, ja schließlich (im Empirismus) sogar der Sinneseindruck I. – Man kann jeden Begriff ‚I' nennen, insoweit er einen Anblick des Seienden wiedergibt, wenn man nur über diesem abgeblaßten Sinn nicht die tieferen Hintergründe vergißt oder gar ausschaltet. – In ausgezeichneter Weise bezeichnen wir menschliche Gedanken als I-n, wenn sie schöpferische Urbilder darstellen (etwa künstlerische I-n) oder „viel zu denken Veranlassung geben".

Nach *Kant* ist die *transzendentale I* ein apriorischer Entwurf der Vernunft, der sich wegen des Fehlens der erforderlichen intellektuellen Anschauung nicht zu Erkenntnis vollenden kann. In seinen drei I-n Welt, Seele, Gott klingt das

Metaphysische an, insofern sie sich auf das Unbedingte beziehen, näherhin auf das Unbedingte der äußeren bzw der inneren Erfahrung u auf das Unbedingte schlechthin. Aufgabe dieser I-n ist es, das Erkenntnisstreben zu regulieren, dh, die Erkenntnisse auf letzte Ganzheiten hin zusammenzufassen.

a) *Platon:* Sämtl Dialoge, bes Politeia; *Thom v Aq:* STh I q 15; De ver q 3; *I Kant:* Krit d rein Vern: Transzendentale Dialektik, 1. Buch; *GWF Hegel:* Wiss der Logik, bes 3. Buch, 3. Abschn. – c) *I Kant, G Hegel:* ↗ a); *N Hartmann:* Zur Grundlegung der Ontologie 1935, 4. Teil; *JR Weinberg:* Ideas and Concepts, Milwaukee 1970. – d) *O Willmann:* Gesch des Idealismus ²1907; *H Oppel:* κανων. Zur Bedeutungsgesch des Wortes u seiner lat Entsprechungen 1937; *H Vater:* Die Dialektik von I u Teilhabe in Platons „Parmenides" 1972; *O Lechner:* I u Zeit i der Metaph Augustins 1964; *P Garin:* La théorie de l'Idée suivant l'école thomiste I–II 1932. Lotz

Identität wird stets als I von etwas mit etwas ausgesagt, also als ↗ Beziehung; deren Glieder werden *identisch* (id) genannt. I bedeutet nun aber gerade, daß diese Glieder „ein u dasselbe" sind. Diese müssen also, wenn nicht eine reine Wiederholung ein u desselben (↗Tautologie im abwertenden Sinn) oder aber ein ↗ Widerspruch entstehen soll, unter verschiedener Rücksicht dasselbe u verschieden sein. So ist es, wenn verschiedene Namen eine id Person bezeichnen (B: Napoleon u Bonaparte) oder wenn ein Seiendes (besonders die ↗Substanz) sich id in der Zeit durchhält trotz der Veränderung der Erscheinungen bzw Akzidentien; diese I kann mehr oder weniger streng verstanden werden; vgl etwa die I der ↗ Person durch ihr ganzes Leben, die I einer ↗ Gesellschaft trotz des allmählichen Wechsels all ihrer Glieder, die I eines Bauwerks (auch noch bei Wiederaufbau nach völliger Zerstörung?).

Beachtung verdienen besonders die Formen der I, bei denen ↗Begriff u Seiendes ins Spiel kommen. So werden bei der *logischen I* mehrere Seiende id genannt, insofern sie im gleichen Begriff übereinkommen; hier spricht man besser von *Gleichheit*, u zwar von *Wesensgleichheit*, wenn der Begriff das gemeinsame Wesen bezeichnet (Peter u Paul sind als Menschen wesensgleich), von *Gleichheit im engeren Sinn* bei Übereinstimmung in der ↗ Quantität, von *Ähnlichkeit* bei teilweiser Wesensgleichheit oder (vollständiger oder teilweiser) Übereinstimmung in der ↗ Qualität. Nach dem (umstrittenen) Satz der *I des Ununterscheidbaren (principium identitatis indiscernibilium: Leibniz)* bringt völlige Übereinstimmung in allen Soseinsbestimmungen reale I mit sich, dh: schließt auch Verschiedenheit der Individuation aus (↗Einzelne, das).

Reale I – auch *sachliche* oder (weniger gut) *objektive I* genannt – kann (außer den im 1. Abschnitt genannten Formen der I) das Zusammenfallen mehrerer Begriffsinhalte in einem einzigen Seienden genannt werden. Diese I ist der Ursinn des bejahenden kategorischen ↗Urteils (B: Der Mensch ist sterblich). Wegen des Fehlens real verschiedener Beziehungsglieder ist sie als Beziehung nicht real, sondern nur gedankliche ↗ Beziehung (relatio rationis). Die I im Urteil bzw in der Aussage ist formale oder nur materiale I. *Formal id* sind Begriffe, die dasselbe Seiende derselben ↗Form (7) nach bezeichnen; so ist die in dem Satz „Alles Seiende ist wahr" ausgesprochene I eine formale I, weil das

Wahrsein mit der „Form" des Seins notwendig gegeben ist; das B zeigt, daß formale I nicht notwendig ein Verhältnis (ganz oder teilweise) inhaltsgleicher Begriffe besagt. Ist die formale I von dieser letzteren Art, so ist sie *begriffliche I*, u zwar entweder *totale begriffliche I* (B: Das Quadrat ist ein gleichseitiges Rechteck) oder eine *teilweise begriffliche I* (B: Das Quadrat ist ein Rechteck). Nur *materiale I* liegt vor, wenn die Begriffe verschiedene Formen bezeichnen, die nur im gleichen ↗ Subjekt zusammenkommen (B: Dieser Mensch ist gerecht: die Form des Menschseins ist nicht id mit der Form ‚Gerechtigkeit'; aber dieses Subjekt ist Subjekt, dem das Menschsein zukommt, u zugleich Subjekt, dem Gerechtigkeit zukommt.)

Eine andere Art der I ist die *intentionale I*, wie sie in dem bekannten Ausspruch des *Aristoteles* „Die Seele ist in gewisser Weise alles" zum Ausdruck kommt. (Ähnliche Formulierungen bei *Thom v Aq* u *Hegel*.) „In gewisser Weise": gemeint ist: insofern sie auf ihren Gegenstand ↗ intentional ausgerichtet ist oder ihn in intentionalem Sein in sich trägt u insofern ihr Gegenstand in der geistigen Erkenntnis die Weite des ↗ Seins erreicht. In diesem Sinn spricht man von I zwischen Geist u Sein.

Das *I-prinzip* („Was ist, ist", „A = A") wird, wenn es nicht eine Tautologie sein soll, verschieden gedeutet. Viele betrachten es als eine andere (positive) Form des Satzes vom ausgeschlossenen ↗ Widerspruch. Nach anderen besagt es, daß jedes Seiende ein bestimmtes Wesen hat oder daß jedes Seiende geistig erfaßbar (intelligibel) ist. In den beiden letzten Fällen kann das I-prinzip jedenfalls nicht als das erste Prinzip einfachhin gelten. – Zu *I-philosophie* ↗ Deutscher Idealismus; zu *I-findung* ↗ Gruppe.

a) *Aristoteles:* Metaphysik V, 9; X, 3. – *E Meyerson:* Identité et Réalité, P ³1926; *RW Göldel:* I als Brücke zwischen Mensch u Welt 1936; *H Glockner:* I u Individualität 1952; *M Heidegger:* I u Differenz ³o J; *DJ de Levita:* Der Begriff der I 1971; *JB Lotz:* Die I v Geist u Sein, Rom 1972. – d) *RW Göldel:* Die Lehre von der I i der Logikwiss seit Lotze 1935; *G Dicke:* Der I-Gedanke bei Feuerbach u Marx 1960. de Vries

Ideologie bedeutet zunächst Wissenschaft von den ↗ Ideen *(Destutt de Tracy);* doch schon durch *F Bacons* Lehre von den *Idolen* wird das falsche, durch gesellschaftliche (ges) Vorurteile getäuschte Bewußtsein kritisiert u so der heute gebräuchliche I-begriff sachlich vorweggenommen. Die französischen Aufklärer lehrten, daß ges Bewußtseinstrübungen gezielt erzeugt u zur Sicherung von Herrschaft genutzt, mittels der Vernunft aber auch überwunden werden können. Weil die bürgerliche Klasse ihre objektiv bereits überfällig gewordene Herrschaft erhalten will, muß sie, wie *Marx* erklärt, ihre partikulären Interessen als allgemeingültig ausgeben u kann deshalb nicht zur wahren Erkenntnis über sich selbst, wie sie sich in Phil, Recht, Politik u a äußert, gelangen; eine solche würde die Interessebedingtheit des eigenen Denkens enthüllen u den eigenen Machtanspruch relativieren. Ihre Denkerzeugnisse sind deshalb I. Sie kann deren ges Bedingtheit auch deshalb nicht erkennen, weil die Trennung von geistloser Arbeit u geistigem Schaffen dessen Vollzug als einen vom ges Sein losgelösten

Bereich erscheinen läßt. Der Marxismus-Leninismus nennt jedes, auch das eigene System von Anschauungen über die Gesellschaft I. Gedanken der Marxschen Kritik wurden aufgenommen durch die Wissenssoziologie, die positivistische I-kritik u die dialektische Theorie der Gesellschaft. – *I-verdacht* geht über die Behauptung individuellen Fehlurteilens, bedingt durch Leidenschaften, beschränkte Erfahrung usw., hinaus; er ist total, wo behauptet wird, eine objektive Beurteilung der eigenen ges Verfaßtheit u deren Aussage in Phil u Wertbewußtsein sei unmöglich ↗ Subjektivismus.

Aufgabe einer *I-kritik* als Teil der ↗ Erkenntnistheorie wäre es, die Abhängigkeit phil Denkens von geschichtlich-ges Gegebenheiten u seine mögliche Funktion als Rechtfertigung des nur faktisch Gegebenen zu untersuchen und so gerade die kritische Funktion der Phil gegenüber einer sich als vollendet (gerecht, frei) ausgebenden ges Wirklichkeit abzusichern. Daß phil Erkenntnis den ges Bedingungen verpflichtet ist, in denen sie vollzogen wird, ist nicht zu bestreiten; zugleich bleibt wahr, daß diese an Normen zu messen und auf sie hin zu verändern sind, die mit dem Faktischen noch nicht mitgegeben sind.

H Barth: Wahrheit u I ²1961; *H Kelsen:* Aufsätze z I-kritik 1964; *K Mannheim:* I u Utopie ⁴1965; *K Rahner:* I u Christentum, in: Schr z Theol 6, 1965, 59–76; *E Topitsch:* Sozialphil zwischen I u Wiss ²1966; *T Geiger:* I u Wahrheit ²1968; *R Schlette:* Phil – Theol – I 1968; *J Habermas,* Technik u Wiss als I 1970; *J Barion:* Was ist I? ²1971; *E Lemberg:* I u Gesellschaft. Eine Theor der ideolog Systeme, ihrer Struktur u Funktion 1971; *K Lenk* (Hgb): I, I-kritik u Wissenssoziologie ⁶1972;

Ehlen

Illumination *(Erleuchtung)* ist nach *Augustinus* u der augustinisch-franziskanischen Erkenntnislehre des 13. Jhts (zB *Bonaventura*) ein besonderer göttlicher Einfluß beim Zustandekommen der gewissen, notwendigen u allgemeinen Erkenntnis des Menschen. Wie zum Werden der Sinneserkenntnis neben der Sinneskraft u der Einwirkung des gegenwärtigen Körpers noch das Licht gehört, so gehört zur Vollkommenheit der geistigen Erkenntnis (mit absoluter Gewißheit, Notwendigkeit u Allgemeinheit) neben der Erkenntniskraft des Verstandes u der Vergegenwärtigung des Dinges durch die Sinneswahrnehmung oder Phantasie noch eine besondere, nicht bloß allg Mitwirkung Gottes, eine Erleuchtung oder Einstrahlung (darum *Illuminations-* oder *Irradiationstheorie*) eines geistigen *Lichtes,* in welchem der Mensch mit Gott selber, dem Licht der ewigen, unveränderlichen Wahrheit, durch eine gewisse Schau der *rationes aeternae,* der ewigen Regeln, in Verbindung kommt *(Lichtmetaphysik).* Doch bedeutet dies weder eine Schau Gottes wie sie im Himmel stattfindet noch wie der ↗ Ontologismus sie lehrt. Die Kraft des tätigen Intellektes (↗ Aristotelismus) genügt also nicht, wie *Thomas von Aquin* annimmt. Nach neuerer Auffassung ist die Einstrahlung des ↗ Augustinismus nichts anderes als das übernatürliche Glaubenslicht. Die augustinischen Theologen philosophieren aus der christl Glaubensexistenz gemäß dem Worte *Anselms:* Credo, ut intelligam: ich glaube, um zur Einsicht zu kommen.

É Gilson: La Phil de s Bonaventure, P ³1953, 326 (dt ²1960); L'esprit de la phil médiévale ²1944 (dt 1950); *M Grabmann:* Der göttl Grund menschl Wahrheitserkenntnis 1924; *BA Luykx:* Die

Erkenntnislehre Bonaventuras 1923; *Ueberweg-Geyer:* Grundriß der Gesch der Phil ¹¹II, 392–94; *R Guardini:* Systembildende Elemente i der Theol Bonaventuras, Leiden 1964; *Totok* II 354.

Schuster

Immanenz (vom lat ‚immanere') bedeutet dem Wort nach: Darinbleiben. Als Nicht-übersteigen meint sie das Gegenteil der ↗ Transzendenz u wird wie diese in verschiedenem Sinne genommen. – Für die Erkenntnistheorie besagt I (1) Abhängigkeit vom Bewußtsein. Der Gegenstand ist also nicht etwas Selbständiges, das den Erkenntnisakt übersteigt u ein eigenes Sein besitzt; vielmehr wird er vom Erkenntnisakt gesetzt u bleibt in ihm darin, so daß sein einziges Sein sein Gedachtwerden ist. Diese Ansicht vertritt die *Immanenzphilosophie* oder der erkenntnistheoretische ↗ Idealismus (das Sein fällt mit der Idee, dh hier: mit dem Gedachtwerden zusammen). Freilich läßt man den Gegenstand gewöhnlich nicht aus dem empirischen Bewußtsein des einzelnen Menschen hervorgehen, sondern erst aus dem allumfassenden ↗ Bewußtseins überhaupt oder aus dem transzendentalen Bewußtsein. Wenn er demnach ersterem gegenüber transzendent zu sein scheint, so ist er letzterem gegenüber schlechthin immanent; das gilt auch für die Konstitution der Wesensgehalte in der ↗ Phänomenologie von *Husserl.* In alledem steckt ein richtiger Kern: das absolute göttliche Wissen setzt (verbunden mit der Allmacht) die endlichen Gegenstände, was aber nicht ihr reales Sein aufhebt, sondern gerade begründet.

Im Verhältnis zu unserer Erfahrung bezeichnet I (2) das Beschränktsein auf den Umkreis möglicher Erfahrung. Durch das Nicht-übersteigen-können dieses Umkreises ist der Mensch vom Übersinnlichen oder wenigstens vom Un-erfahrbaren ausgeschlossen. So lehren der empiristische ↗ Phänomenalismus *Humes* u *Kants* Kritik der reinen Vernunft. Wie beide zeigen, verflüchtigt diese Ansicht auch das Erfahrbare zu einer von uns erzeugten bloßen Erscheinung. Ähnlich lehrt der *Modernismus,* insofern sich die Religion nach ihm ausschließlich auf das subjektive Erleben beschränkt. So mündet der zweite Sinn von I meist in den ersten ein. – Anders als der Modernismus ist die *I-Methode Blondels* ein wirksamer Weg, die den Menschen übersteigende religiöse Wahrheit aus dem Ungenügen des auf sich selbst gestellten Bewußtseins, namentlich aus der Dialektik des Willens, zu entwickeln.

Metaphysisch gesehen, bedeutet I (3) das Darin-sein des Absoluten in der Welt oder im Endlichen. Diese *I Gottes* wird vom ↗ Pantheismus in Ggs zur Transzendenz gebracht, insofern er nur eine Weltseele oder einen Weltgrund kennt, dessen bloße Entfaltungsmomente alle anderen Wesen sind. Dabei wird die echte, in sich selbst schon voll entfaltete Unendlichkeit geleugnet u die Freiheit Gottes in Frage gestellt, womit ein eigentliches Erschaffen unvereinbar ist. Die wahre I der Welt in Gott u Gottes in der Welt hebt Gottes Transzendenz nicht auf, sondern schließt diese notwendig ein; gerade kraft seiner erfüllten Unendlichkeit wohnt Gott seiner Schöpfung inne, so daß er nicht unendlich wäre, wenn er sie völlig auf sich selber stellen könnte.

Ganz anders gebrauchen wir I (4), wenn wir das Leben im Ggs zum transeunten als immanentes ↗ Wirken bestimmen. Wir wollen damit sagen, daß dieses Wirken in sich selbst kreist u im Wirkenden selbst verbleibt.

a) *I Kant:* Krit d rein Vern: Transzendentale Logik u Dialektik; *GWF Hegel:* Wiss der Logik. – b) *J de Vries:* Denken u Sein 1937; *C Nink:* Phil Gotteslehre 1948; *M Rast:* Welt u Gott 1952; *J Lotz:* I u Transzendenz, in: Schol 13 (1938) 1–21, 161–72; *P Henrici:* Hegel u Blondel 1958; *Art* Modernismus, in: Staatslex V ⁶1960; *E Weinzierl* (Hgb): Der Modernismus 1973. – *H E Hengstenberg:* Autonomismus u Transzendenzphil 1950. – c) *Kant, Hegel:* ↗ a). – d) *L Richter:* I u Transzendenz i nachreformatorischen Gottesbild 1955.   Lotz

Indirekter Beweis (iB). Während der direkte ↗ Beweis aus wahren Voraussetzungen ohne Umweg den zu beweisenden Satz ableitet, zeigt der iB zunächst, daß sich unter Voraussetzung des kontradiktorischen ↗ Gegensatzes des zu beweisenden Satzes eine offenbar falsche Folgerung ergibt; da sich aber aus wahren Voraussetzungen nur wahre Folgerungen ergeben können, ist so die Falschheit mindestens einer der gemachten Voraussetzungen erwiesen, u das muß das vorausgesetzte Gegenteil des zu beweisenden Satzes sein, wenn die übrigen zum Beweis verwendeten Sätze unbezweifelbar wahr sind. Besagt die Folgerung, zu der der iB führt, einen offenbaren Widerspruch, so liegt der besondere Fall der „*Zurückführung auf das Widerspruchsprinzip*" vor. Schematisch kann diese etwa so verlaufen: Es soll bewiesen werden: Kein S ist P. Es werde vorausgesetzt: Ein S ist P; nun steht aber fest: Jedes S ist M; also ergibt sich: Ein M ist P; nun steht aber fest: Kein M ist P; dh, es ergibt sich ein Widerspruch. (Man setze zB ein: für S: Begriff, für P: komprehensiv [dh ein Seiendes mit all seinen Merkmalen darstellend], für M: abstraktiv.)

Es ist allerdings zu beachten, daß die Zurückführung nur dann ↗ analytisch ist, wenn auch die zum Beweis herangezogenen Mittelsätze (Jedes S ist M, und: Kein M ist P) analytisch sind. Wie schon *Aristoteles* bemerkt, ist für jeden Satz, für den ein iB möglich ist, auch ein direkter B möglich (Analytica priora II, 14: 62b 38–40).

a) *Aristoteles:* Analytica priora I, 29; II, 11–14; Analytica posteriora I, 26. – d) *G Patzig:* Die arist Syllogistik ³1969, 153–66. – e) *J de Vries:* Logica ³1964, 159f. – ↗ Logik.   de Vries

Individualismus (1) heißt die Betonung des Wertes, die Pflege u Entfaltung der menschlichen ↗ Persönlichkeit im Ggs zum Herdenmenschentum, zur Vermassung; im weiteren Sinne nicht nur von der Einzelpersönlichkeit, sondern auch von wertvollen Familien u anderen Gruppen verstanden, in denen das Bewußtsein der eigenen Art u des eigenen Wertes – auch ‚im' größeren Ganzen und ‚für' dieses – Pflege findet u Früchte trägt. I (2) ist die Überbetonung des Einzelnen oder der Sondergruppe unter Hintansetzung der Bindung an übergeordnete Gemeinschaften, wie zB im Streben nach Herrenmenschentum (Nietzsche). I (3) nennt man eine Auffassung der Gesellschaft (↗ Gesellschaftsphil, Ziff 1), die das Individuum derart vorbetont, daß die ↗ Gesellschaft nur die Summe der Einzelnen, keine echte Ganzheit oder Einheit ist. Recht u Bewegungsfreiheit des Einzelnen sollen ihre Grenze nur finden im gleichen Recht des andern, nicht aber an inneren Bindungen gegenüber der Gemeinschaft. „Ordnung" kann dann nur so entstehen, daß – wie man hofft – das wohlverstandene Eigeninteresse jedes Einzelnen zu einer Art „Gleichschaltung" führt, einer „harmonia praestabilita". In Wahrheit fressen die Stärkeren die Schwächeren auf, u an die Stelle des „freien" Gewimmels tritt die herrische, unverantwortliche Machtausübung unter dem Schein formaler Freiheit u Gleichheit. – Dieser I hat im 19. Jht – meist unter dem Namen „*Liberalismus*" – in hohem Maß Politik u Wirtschaft beherrscht; ins Gewand des ↗ Kollektivismus verkleidet, setzen heutige Groß- und Riesengebilde (Staaten, Konzerne) den I auf höherer Ebene fort.

GE Burckhardt: Was ist I? 1913; *O Dittrich:* I, Universalismus, Personalismus 1917; *F Koehler:* Wesen u Begriff des I 1922; *H Pesch:* Lehrb der Nationalökonomie I ⁴1924; *V Rüfner:* Der Kampf ums Dasein 1929; *v Nell-Breuning:* I, in: WBPol V/1 1951; *ders:* Einzelmensch u Gesellschaft 1950; *C Damur:* Der I als Gestalt des Abendlands, Basel 1947; *KH Grenner:* Wirtschaftsliberalismus u kath Denken 1967; *W Eichler:* Individuum u Gesellschaft 1970.   v Nell-Breuning

Induktion. Während die ↗ Deduktion vom Allgemeinen auf das Besondere, im Grenzfall auch auf das gleich Allgemeine schließt, sucht die I (griech *epagogē*) aus beobachteten Einzelfällen ein allg Gesetz zu gewinnen, das auch für die nicht beobachteten Fälle gilt. In das Gebiet der I gehören die Gesetze der Naturwissenschaften u der empirischen Psychologie. – Die sog *vollständige I*, die in der Beobachtung sämtlicher Fälle besteht, ist kein Schluß, sondern ein Zusammenzählen. Unter *mathematischer I* versteht man den Schluß, daß alle ganzen Zahlen eine bestimmte Eigenschaft haben, wenn einerseits die Zahl 1 diese Eigenschaft hat u anderseits bewiesen wird: Wenn eine beliebige Zahl n diese Eigenschaft hat, dann hat auch n + 1 diese Eigenschaft. Es ist klar, daß diese Art von Schluß nicht I im oben erklärten Sinn ist, da alles zu Beweisende deduktiv bewiesen wird. – Die eigentliche I ist die *unvollständige I*, die von (verhältnismäßig) wenigen beobachteten Fällen auf alle gleichartigen Fälle schließt. Die Geltung der I läßt sich nicht streng deduktiv, mit den Mitteln der formalen Logik, beweisen; Versuche eines solchen Beweises setzen das Wesentliche in einer der Prämissen voraus, zB wenn das Gesetz von der Gleichförmigkeit der Natur zugrunde gelegt wird. Vielmehr ist die I einer der wichtigsten Fälle des *Konvergenzschlusses (↗ Schluß).* Darum vermag die I keine absolute Gewißheit zu geben, sondern nur eine „hypothetische" ↗ Gewißheit. Wenn viele Wissenschaftstheoretiker von einer „an Gewißheit grenzenden Wahrscheinlichkeit" oder einer „praktischen Gewißheit" der I sprechen, dürften sie dasselbe meinen.

Vorausgesetzt wird dabei allerdings nicht eine vorschnelle Verallgemeinerung, sondern eine methodischen Anforderungen entsprechende I. Um die wissenschaftliche Klärung der Methoden haben sich *Bacon von Verulam* u *JSt Mill* bemüht; Mills Regeln wurden durch die neuere Wissenschaftstheorie wesentlich verbessert. Es geht dabei vor allem um die genaue Bestimmung der Bedingungen, unter denen ein bestimmter Vorgang eintritt. Dazu dient das *Experiment*, das nicht bloß unter naturgegebenen Bedingungen, sondern unter selbstgewähl-

ten Bedingungen „die Natur befragt". Das Experiment wird geleitet durch eine
↗ Hypothese, eine durch das Experiment zu prüfende vorläufige Annahme.

JSt Mill: A System of Logic, Ratiocinative and Inductive 1843; *JH Newman:* An Essay in Aid of a Grammar of Assent 1870 (dt: Entwurf einer Zustimmungslehre 1961), 8. u 9. Kap.; *A Lalande:* Les théories de l'I et de l'expérimentation 1929; *F Dessauer:* Naturwiss Erkennen 1948; *W Kneale:* Probability and I, L 1949; *O Wisdom:* Foundations of Inference in Natural Scinnce, L 1952; *GH v Wright:* The Logical Problem of I, Oxford ²1957; *R Carnap:* Induktive Logik u Wahrscheinlichkeit 1959; *JJ Katz:* The Problem of I and its Solution, L 1962; *J de Vries:* La pensée et l'être, Louvain 1962, 304–22; *W Leinfellner:* Struktur u Aufgabe wiss Theorien 1965, 97–170; *St Toulmin:* Einf i die Phil der Wiss-en 1969; *W Essler:* Induktive Logik 1970; *LJ Cohen:* The Implications of I, L 1973.
– *W Schmidt:* Theor der I. Die prinzipielle Bedeutung der Epagogē bei Arist 1974.   Fröbes (de Vries)

Instinkt (vom lat instinctus = Naturtrieb) besagt ganz allg die naturgegebene Bereitschaft sinnlicher Lebewesen zu zweckmäßigem Handeln. Naturwissenschaftlich gefaßt, ist der I eine vererbte Naturanlage, ein Bestand gerichteter u ganzheitsbezogener Dispositionen, die das lebende Wesen antreiben, bestimmte Objekte d Umwelt bes zu beachten, von ihnen affektiv berührt zu werden u darauf in arttypischer u arterhaltender Weise zu handeln. Erfahrungen u Lernvorgänge spielen keine grundsätzliche Rolle, obwohl sie vielfach zusammen mit Reflexen, Automatismen ua die Instinkthandlung begleiten oder mit ihr „gekoppelt" sind. Die I-handlung wird ausgelöst durch bestimmte Objekte der tierischen Umwelt (Beute, Feind usw) oder bes Zeichen an diesen Objekten *(Signale),* deren Kenntnis dem Tier weitgehend erfahrungsunabhängig angeboren ist (angeborenes *Schema*). Signale können chemischer, akustischer, optischer Natur sein. Es gibt Fälle, wo ein Schema (zB „Geschlechtspartner") gewissermaßen „leer" ist u erst in einer bestimmten Periode des Lebens (meist früheste Jugend) durch Erfahrung geprägt wird.

Auch beim ↗ Menschen finden sich I-leistungen. Der zeitl erste I ist der Saug-I. Ihm folgen Hinwendungs-I, Ausdrucks-I, Nachahmungs-I, Spiel-I. Das instinktive Verhalten ist aber nicht die den Menschen charakterisierende Eigenschaft. Bei ihm liegt vielmehr eine weitgehende „I-reduktion" *(Gehlen)* vor, so daß kein Stufenverhältnis zwischen instinktivem u intelligent-rationalem Verhalten besteht u der I weder als ontogenetische noch phylogenetische Vorstufe der höheren geistigen Leistungen angesehen werden kann. Der I ist ferner beim Menschen nicht so eindeutig bestimmt wie beim ↗ Tier u erscheint subjektiv meist in der Form eines diffusen, vorstellungsarmen Affektzustandes, der ohne Zwecküberlegung unmittelbar in eine Betätigung ausstrahlt.

Die phil Erklärung des I ist je nach den systematischen Voraussetzungen verschiedene Wege gegangen. – Einen wesentlichen Fortschritt bedeutet die morderne Verhaltensforschung *(Lorenz, Seitz, Tinbergen* ua), welche die I-forschung zu einer experimentellen Wissenschaft mit strenger Begriffsbildung erhob: klare Scheidung der Reflexe u der Erfahrung von der eigentlichen arttypischen, verhältnismäßig starren I-komponente; eingehende Analyse der auslösenden Schemata (Attrappenversuch); Aufzeigen des wechselvollen Zusammenspiels von Reflex, Automatismus, Erfahrung u I-handlung.

Die schol Lehre vom I ist in der Naturphil eine Teilfrage aus dem Problemkreis der Wesensstufen des ↗ Lebens, in der Psychologie eine Teilfrage aus der Lehre über die inneren Sinne. Durch diese Einordnung wird der I als inneres sinnliches Erkenntnis- u Strebevermögen von jedem rein reflex bedingten Ablauf abgehoben. Weiterhin wird die instinktive Fähigkeit vom sinnlichen Gedächtnis klar unterschieden. In dieser Unterscheidung trifft sich die Scholastik mit den Ergebnissen der modernen Verhaltensforschung, deren oft zu scharfe Trennung der einzelnen Handlungskomponenten sie dadurch überwindet, daß sie den I im Gesamtzusammenhang der ↗ Sinneserkenntnis als vis aestimativa (sinnliche ↗ Urteilskraft) begreifen lehrt, welche die durch die äußeren Sinne aufgenommenen (im Gemeinsinn zusammengefaßten) Merkmale auf den konkreten Fall objektiv-zielstrebig anwendet. Da die Tiere aber oft den erstrebten Gegenstand suchen, ohne daß er ihnen schon einmal in der Erfahrung gegeben war, ja sogar die I-handlung in der „Leerlauf"-Aktion *(Lorenz)* ohne äußeres Zielobjekt ablaufen kann, muß der sinnlichen Urteilskraft eine vor aller Erfahrung liegende Prägung der sinnlichen Phantasie („Erbkoordination") vorausgehen. Diese erbbedingt vorgeprägten „Phantasiebilder" sind durch die moderne I-forschung im Attrappenversuch bei vielen Tieren geradezu experimentell zur Darstellung gebracht worden (Beute-Schema, Feind-Schema usw). Viele dieser Schemata prägen sich erst aus auf Grund einer bestimmten Höhe der inneren Reizsituation, aus der die I-handlung ihren Impuls empfängt. – Da das Tier in der I-handlung objektiv-vernünftig strebt (ohne subjektive Einsicht in die Zweckmäßigkeit), ist der I ein Sonderfall der ↗ Teleologie u stellt dasselbe Problem wie diese.

b) *J H Bierens de Haan:* Die tier I-e u ihr Umbau durch Erfahrung 1941; *K Lorenz:* Über die Bildung des I-begriffes 1937; *ders:* Tiergeschichten 1949; *R Schubert-Soldern:* Phil des Lebendigen 1951; *N Tinbergen:* I-Lehre ⁵1972; *E Wasmann:* Der Trichterwickler 1884; *ders:* I u Intelligenz i Tierreich ³1905. – d) *E Ziegler:* Der Begriff des I einst u jetzt 1920. Haas

Institution ist jede auf Dauer angelegte Einrichtung innerhalb der menschlichen Gesellschaft, sowohl (1) *soziale* Gebilde, wie ↗ Staat u politische Gemeinde, ↗ Ehe u ↗ Familie, Haushalt u Betrieb bzw Unternehmen, als auch (2) Gebilde *sach*licher Art, wie das ↗ Eigentum u das Geld oder die den Effektenkapitalismus ermöglichenden Instrumente, wie das Inhaberpapier u (als Abstraktum) die Haftungsbeschränkung. – Welche „Rollen" die Menschen spielen können oder müssen, wird in hohem Grade durch diese I-en u deren Interaktionen bedingt oder bestimmt, u dies um so mehr, je enger die sozialen Beziehungen werden („Sozialisation"). – Der *Institutionalismus* begeht den Fehler, I-en unterschiedslos als unabhängig vom Menschen entstandene u fortbestehende Vorgegebenheiten anzusehen u ihren Einfluß sowohl auf das Verhalten der Einzelnen als auch auf die Entwicklung des Ganzen ebenso zu überschätzen, wie er das selbstbestimmte Handeln der Menschen u dessen Wirkung auf Entstehen, Vergehen u Wandel der I-en unterschätzt. Damit läuft er Gefahr, die Menschen der

↗ Entfremdung durch die I-en auszuliefern u einem *soziologischen* oder *ökonomischen Determinismus* Vorschub zu leisten. – Im Vollsinn des Wortes sind I-en auch die Kirche u ihre Sakramente.

J Ellul: Histoire des institutions, P 1956; *N Luhmann:* Grundrechte als I ²1974; *R Schnur* (Hgb): I u Recht 1968; *H Dombois:* Recht u I 1969; *Phil Perspektiven*, II: Phil u I 1970; *H Schelsky* (Hgb): Zur Theor der I 1970; *H Dubiel:* Identität u I 1973. v Nell-Breuning

Instrumentalursache oder *Werkzeugursache* heißt jede ↗ Ursache, deren Sosein u Wirkkraft zu der hervorzubringenden Wirkung nicht proportioniert ist u daher einer übergeordneten u der Wirkung angemessenen Ursache (= *Hauptursache*) bedarf, von der sie ergriffen, bewegt u geleitet wird. Als wirkliche Ursache fließt jedoch auch sie in die Wirkung ein oder bereitet sie vor. Haupt- u Werkzeugursache sind Unterarten der Wirkursache. Beispiele für die I bieten sämtliche Werkzeuge des handwerklichen u künstlerischen Schaffens, ferner die Dienstbarmachung der Naturkräfte, wobei der Unterschied obwaltet, daß jene von der Hauptursache erst zur Tätigkeit erhoben werden, während diese aus sich selbst tätig von der Hauptursache nur sinnvoll geleitet bzw in entsprechender Zusammenordnung (↗ Kybernetik) für menschliche Zwecke in Dienst genommen werden. Obwohl jede geschaffene Ursache für ihre Tätigkeit der ↗ Mitwirkung Gottes bedarf, da die allgemeinste Rücksicht des Seins u der Aktualität jede Partikularität übersteigt, so bleibt, vom besonderen Sosein her betrachtet, der Unterschied der geschaffenen Haupt- u I doch gewahrt.

P Richard: La causalité instrumentale, physique, morale, intentionnelle, in: Rev Néoscol de Phil 16 (1909) 5–31; *Lehmen-Beck:* Theodizee ⁴ ᵘ ⁵1923, 200 ff; *Th Régnon:* La métaph des causes, P 1906; *J Stufler:* Gott, der erste Beweger aller Dinge 1936, 57–67. Brugger

Integration, wörtlich „Ergänzung", bezeichnet in der Mathematik die Bildung eines *Integrals*, d i eines Grenzwerts, dem eine Summe zustrebt, wenn die einzelnen Summanden gesetzmäßig immer kleiner u die Zahl der Summanden immer größer werden. In der Biologie versteht man darunter den Vorgang, daß verletzte (in gewissen Fällen auch geteilte) Organismen sich wieder zu einer organischen Ganzheit runden, in der Soziologie den Vorgang, daß soziale Gebilde sich höheren sozialen Ganzheiten einfügen. – Eine besondere Bedeutung erlangte der Begriff der I in der modernen Charakterologie bei *E Jaensch*. Nach ihm lassen sich die verschiedenen Charaktertypen hauptsächlich durch Art, Richtung u Maß der I, d i der ganzheitlichen Verknüpfung der seelischen Funktionen, unterscheiden. Bei *integrierten Typen* wirken auch sonst getrennte Funktionen, vor allem das Physische u Psychische, ungetrennt zusammen; die Geschlossenheit u Ganzheit herrscht vor. Anders beim *Desintegrierten;* hier steht die Mannigfaltigkeit im Vordergrund. Die Einzelfunktionen verselbständigen sich bis zur Zerspaltenheit. – ↗ Identität, Personalität.
Soziale I bedeutet die Verbindung einer Vielheit von einzelnen Personen oder Gruppen zu einer gesellschaftlichen Einheit oder Einigkeit. Sie kann als Prozeß aufgefaßt werden, der ein selbständiges Nebeneinander gesellschaftlicher, wirt-

schaftlicher u politischer Vorgänge u Einrichtungen zu einem übergeordneten Ganzen zusammenschließt. Die politische Soziologie u die Staatslehre gebrauchen den Begriff für Prozesse, die das Ganze erhalten u durch den Bezug auf den Sinn des Ganzen in Gang gehalten werden.

ER Jaensch: Grundformen menschl Seins 1929; *A Messer:* Psych ⁵1934, 54–63.

Brugger – Zwiefelhofer

Intellektualismus. Unter I (vom lat intellectus: Verstand, Vernunft) kann man jede Lehre verstehen, die dem Geist, der Idee, der Vernunft einen Vorrang zuschreibt. Dies kann auf verschiedenen Gebieten in zulässiger u unzulässiger Weise geschehen. Übersteigert wird der *metaphysische I* im transzendentalen, sog ↗ Deutschen Idealismus, der das Sein in seinem ganzen Umfang zu einer Setzung nur der Vernunft macht. In gesunder Ausgewogenheit vertreten den metaphysischen I *Platon, Aristoteles* u *Thom v Aq,* nach dem das Sein in seinem göttlichen Urgrunde eins mit der Vernunft ist, was zur Folge hat, daß alles Seiende, auch das von Gott frei gewollte, wenn nicht überall Vernunft u Geist, so doch vernunftartig u geistgemäß ist. Dem metaphysischen I entspricht der *erkenntnistheoretische I* (↗ Begreifbarkeit), der nicht mit dem ↗ Rationalismus verwechselt werden darf. Als Ggs zum ↗ Voluntarismus bezeichnet der I nicht notwendig den Ausschluß des Willens vom Sein (denn wo Vernunft ist, ist auch Wille), sondern bloß den begrifflichen Vorrang der Vernunft vor dem ↗ Willen, der ohne jene nicht einmal gedacht werden kann. Was den Willen von jedem andersartigen Streben scheidet, ist eben die dem Willen innewohnende u ihn formende Vernunft. Der *psychologische I* bezeichnet entweder den genannten Vorrang der Vernunft vor dem Willen, vor allem in der Wesensbestimmung der ↗ Glückseligkeit *(Aristoteles, Thomas v Aquin),* oder darüber hinaus die irrige Auffassung, daß die psychischen Funktionen des Wollens, Fühlens u a auf bloße Verstandeselemente zurückgeführt werden können.

In mehr praktischer Hinsicht (Pädagogik, Kultur) spricht man von I, wenn dem Verstandesleben zum Nachteil der übrigen Kräfte des Gemütes ein zu großer Raum gewährt wird. Einen *ethischen I* vertrat in der griech Phil *Sokrates,* nach dem die Tugend nichts anderes als das Wissen um das Gute u deshalb erlernbar ist. – Oft wird das Wort „I" im selben Sinn wie ↗ Rationalismus gebraucht. Im Ggs zu diesem bezeichnet jedoch der I eine Vorrangstellung der Vernunft u des Geistes ohne Einschränkung auf das spezifisch Menschliche des Begriffs u des diskursiven Denkens, also mit Einschluß des unendlichen, göttlichen Geistes.

J Maritain: Réflexions sur l'intelligence et sa vie propre, P ³1930; *M Wundt:* Der I i der griech Phil 1907; *P Rousselot:* L'intellectualisme de s Thomas, P ²1924.

Brugger

Intensität ist die Größe der ↗ Qualität (Q) oder die Höhe des Anteils, den ein Träger an einer Beschaffenheit oder Wirkweise hat. Von der Größe der Q selbst ist die Raumgröße ihres Trägers zu unterscheiden: zB größere oder kleinere Leuchtfläche; höhere oder geringere Leuchtstärke bei gleich großer Leuchtflä-

che. Während die I geistiger Q-en nur im uneigentlichen Sinn gemessen werden kann, unterliegen die körperlichen u veränderlichen Q-en der eigentlichen *Messung*, dh der zahlenmäßigen Größenerkenntnis. Die Maßzahl, die die Größe der Q in Einheiten angibt, heißt *Grad* oder *Intensitätsgrad*. Gemessen wird die I entweder an größenmäßig feststellbaren Wirkungen, zB Ausdehnung durch Wärme, oder durch größenmäßig bekannte Ursachen, zB Kerzenstärken. Die Größe der Wirkung läßt auf die Größe der ↗ Kraft schließen (I = *Stärke*). Die Ansicht, daß die scholastische Lehre von den Q-en die Anwendung der Mathematik auf die Naturerkenntnis ausschließt, ist zwar weit verbreitet, aber irrig.
– Der geometrischen Steigerung der I der Empfindungsreize entspricht nur eine arithmetische Steigerung der Empfindungsstärke: Weber-Fechnersches Gesetz ↗ Empfindung.

b) *P Hoenen:* Cosmologia, Rom ²1936, 185–204, 468–77; *J Fröbes:* Lehrb der exper Psych ³I 1923, 463–517; *H Borak:* De relatione inter intensionem et esse, in: Laurentianum (Rom) 3 (1962) 476–98: – d) *A Maier:* Zwei Grundprobleme der schol Naturphil, Rom ³1968. Brugger

Intentional (1) ist alles, was eine Ausrichtung hat (wie das Seiende auf das Sein, das Wirkende auf sein Wirken u dessen Gegenstand usw). Im engeren Sinn ist i (2) alles, was eine bewußte Ausrichtung auf einen Gegenstand hat. Dahin gehören Vorstellungen, Begriffe, Erkenntnis- u Strebeakte aller Art. Sie alle „meinen", intendieren etwas. I (3) sind weiter die gemeinten Gegenstände selber als gemeinte. Sie besitzen (außer ihrem etwaigen realen Sein in sich) als vorgestellte, gedachte, gewollte Gegenstände ein „intentionales" Sein. – ↗ Identität.

F Brentano: Psych I 1874; *E Husserl:* Log Untersuchungen II 1913–21; *N Hartmann:* Grundzüge einer Metaph der Erkenntnis 1921. – d) *A Hayen:* L'intentionnel selon s Thomas, Brügge ²1954; *A M Heimler:* Die Bedeutung der Intentionalität i Bereich des Seins nach Thom v Aq 1962; *A Anzenbacher:* Die Intentionalität bei Thom v Aq u E Husserl 1972. – e) *J de Vries:* Denken u Sein 1937, nr 20. Brugger

Intersubjektivität ist (1) ein Methodenpostulat der Erfahrungswissenschaften, das besagt, in diesen Wissenschaften seien als Aussagen über Beobachtungen nur solche zuzulassen, die von beliebigen Vertretern dieser Wissenschaft nachgeprüft werden können. Die Beobachtungen, auf die sie sich beziehen, müssen als wiederholbar, nicht nur einem – oder wenigen besonders Veranlagten – zugänglich u sprachlich mitteilbar sein. Genaugenommen sind weder die Erstbeobachtungen noch deren Nachprüfung intersubjektiv (i), da jede Beobachtung jeweils von einem Subjekt gemacht werden muß; i werden sie erst durch die Sprache, die zwischen den Subjekten vermittelt, sowie durch den gemeinsamen Bezugsrahmen, die ↗ Außenwelt, zu der solche Beobachtungsdaten ausnahmslos gehören. – (2) Bisweilen nennt man auch die apriorischen allgemeingültigen Sätze i, insofern sie grundsätzlich von jedem Erkenntnissubjekt eingesehen werden den können. – (3) Schließlich bezeichnet in der phil Anthropologie I gelegentlich die Verfaßtheit des Menschen, die ihn als Subjekt stets auf andere verwiesen u angewiesen sein läßt. – ↗ Dialog.

Zu (1): P Lorenzen: Wie ist Objektivität i der Physik möglich? in: Delius, Patzig: Argumentationen 1964; *R Lay:* Grundzüge einer komplexen Wissenschaftstheor II 1973 (Reg); *KR Popper:* Objektive Erkenntnis 1973. – *Zu (3): E Husserl:* Zur Phänomenologie der I, in: Ges Werke XIII – XV, Den Haag 1973. – *M Theunissen:* Der Andere 1965; *A Schöpf:* Zwischen I u Dialogik, in: Phil Rundschau 15 (1968) 15–28; *J Heinrichs:* Sinn u I, in: Theol Phil 45 (1970) 161–91; *ThJ Owens:* Phenomenology and I, Den Haag 1970. Keller

Intuitionismus bezeichnet jene Richtungen, die in der menschlichen Erkenntnis der „Intuition" die Hauptrolle zuschreiben, dabei meist ihren Erkenntniswert überschätzen oder auch dem Menschen Erkenntnisweisen beilegen, die über die Möglichkeiten seiner Natur hinausliegen. Unter „Intuition" wird dabei nicht die ↗ Anschauung im gewöhnlichen Sinn verstanden, sondern höhere Erkenntnisleistungen, die sich wirklich oder vermeintlich der Unmittelbarkeit u Fülle einer geistigen Anschauung nähern oder sie erreichen sollen. Eine Annäherung liegt vor bei der schöpferischen Zusammenschau größerer Zusammenhänge, wie sie besonders bei entsprechend veranlagten Menschen zuweilen plötzlich auftritt; doch setzt diese „Intuition" in der Regel eine längere denkerische Beschäftigung mit dem Gegenstand voraus, u sie muß nachträglich durch methodisches Denken gerechtfertigt werden. – Eine Sonderform des I ist der ↗ Ontologismus, der fälschlich eine naturgegebene Schau Gottes annimmt. *Platon* lehrt eine geistige Schau der ↗ Ideen in einer Präexistenz der Seele (↗ Seelenwanderung). In neuerer Zeit verbindet sich der I oft mit dem Irrationalismus, indem er ein unmittelbares ↗ irrationales oder emotionales Erfassen übersinnlicher Wirklichkeit annimmt; so zB bei *Bergson* u *Scheler*. – ↗ Deutscher Idealismus; ↗ auch: Mathematik, Phil der.

b) *E Przywara:* Religionsbegründung 1923; *S Geiger:* Der Intuitionsbegriff i der kath Religionsphil der Gegenw 1926; *W Keilbach:* Irrationalismus u I, in: K Rudolf, L Lentner, Custos quid de nocte? 1961: *I Reiter:* Intuition u Transzendenz 1967. – c) *J König:* Der Begriff der Intuition 1926; *F Rothacker, J Thyssen:* Intuition u Begriff 1963; *A Troelstra:* Principles of Intuitionism, NY 1969. – d) *A Hufnagel:* Intuition u Erkenntnis nach Thom v Aq 1932; *SJ Day:* Intuitive Cognition. A Key to the Significance of the Later Scholastics, NY 1947, Franc Inst; *W Meckauer:* Der I u seine Elemente bei H Bergson ²1938; *J Barion:* Die intellektuelle Anschauung bei Fichte u Schelling 1949. de Vries

Irrational (ir) im eigentlichen Sinn ist das dem ↗ Rationalen (konträr) Entgegengesetzte. Wenn auch alles Nicht-Rationale, vom Rationalen im eigentlichen Sinn Verschiedene abwertend als ir bezeichnet wird, so führt das zu bedenklichen Mißverständnissen. (Zuweilen bezeichnet man dieses Nicht-Rationale – sprachlich nicht glücklich – als *arational* oder auch als *alogisch*.) Die Ratio als das Vermögen des begrifflich-diskursiven Denkens (oder noch enger: des begrifflich artikulierten, in streng logischer Form sich vollziehenden Denkens) fällt nicht mit der ↗ Vernunft (namentlich nicht mit dem Intellectus als der Vernunft im engeren Sinn) zusammen, darum ist die unmittelbare Vernunfteinsicht zwar nicht-rational, aber nicht ir im eigentlichen Sinn. Das Ir wird subjektiv von den ir Akten, objektiv von deren Objekten verstanden. Subjektiv, psychologisch, ist das Ir (1) das ungeistige, der Leitung der Vernunft mehr oder weniger entzogene bewußte Leben, insbes das sinnliche Gefühls- u Triebleben. Es gibt aber auch ein begrifflich nicht artikuliertes, manchmal „Fühlen" genanntes Denken, das zwar *vorrational* heißen kann, aber als ganzmenschlicher, auch von geistig-sinnlicher Liebe getragener Vollzug zu den höchsten Erkenntnissen des Menschen führt u keineswegs als ir abgewertet werden darf (*cognitio per connaturalitatem* ↗ Erfahrung); das verkennt der ↗ Rationalismus, der einseitig nur das im strengsten Sinn rationale (wo möglich formalisierte) Denken gelten läßt. Vom Objekt her ist ir (2) im eigentlichen Sinn also nur das der Vernunft Entgegengesetzte, nicht aber alles rational oder gar rechnerisch nicht Erfaßbare.

Irrationalismus (Ir-sm) bedeutet danach eine unberechtigte Vorbetonung bzw Überbetonung des Ir. Der *psychologische Ir-sm* schreibt dem Ir (1) im Seelenleben die beherrschende Rolle zu ↗ Lebensphilosophie, ↗ Psychoanalyse. – Der *erkenntnistheoretische Ir-sm* hält die Wirklichkeit überhaupt oder wenigstens bestimmte Bereiche der Wirklichkeit, die in der klassischen Phil der Vernunft zugeordnet werden, für ir (2). So wird nach *Scheler* und *N Hartmann* das ↗ Dasein nur in ir („emotionalen") Akten erfaßt, nach dem *Wert-Ir-sm* sind die ↗ Werte nur im Gefühl gegeben, nach der Religionsphil *R Ottos* kann das Göttliche nur im Gefühl des Numinosen erlebt werden. – Der *metaphysische* oder *ontologische Ir-sm* schließlich nimmt an, daß es Seiendes gibt, daß nicht nur für die menschliche Vernunft, sondern für jeden Geist u daher absolut ir ist, ja daß das Sein überhaupt in seinem tiefsten Wesen ir ist; das Sein wird letztlich etwa als blinder Wille oder Lebensdrang aufgefaßt *(Schopenhauer, Nietzsche, E v Hartmann);* folgerichtig ist zumindest jener Materialismus, für den die bewußtlose Materie der Urgrund von allem ist, ebenfalls ontologischer Ir-sm. Dem metaphysischen Ir-sm ist die Lehre von der ↗ Wahrheit alles Seins genau entgegengesetzt. – Für unser begriffliches Denken ist allerdings nicht alles Seiende erfaßbar. So ist das Einzelne als solches überhaupt nicht, die ganze Fülle des anschaulich Gegebenen nicht restlos auf Begriffe zu bringen. Gott ist uns zwar nicht völlig unerkennbar, aber doch unbegreiflich ↗ Begreifbarkeit. Die ↗ Geheimnisse werden besser nicht ir, sondern *überrational* genannt, weil sie nicht wegen ihrer Dunkelheit, sondern wegen ihrer blendenden Lichtfülle uns unbegreiflich sind ↗ Übervernünftig.

b) *G Wunderle:* Über das Ir i religiösen Erleben 1930; *R Garrigou-Lagrange:* Le sens du mystère et le clair-obscur intellectuel, P 1934 (dt 1937); *A Guggenberger:* Der Menschengeist u das Sein 1942 (z Ir-sm N Hartmanns); *H Kuhn:* L'irrationalisme et les tendances sceptiques, in: Les grands courants de la pensée mondiale contemporaine III (Les tendances, 1), P 1961, 347–99. – *R Müller-Freienfels:* Ir 1922; *H Läuben:* Studien z Irrationalitätsprobl 1941; *K Jaspers:* Vernunft u Widervernunft i unserer Zeit 1950; *OF Bollnow:* Die Vernunft u die Mächte des Ir, in: K Ziegler: Wesen u Wirklichkeit des Menschen 1957, 88–106. – d) *AM Moschetti:* L'irrazionale nella storia, Bologna 1964; *A Bäumler:* Das Irrationalitätsprobl i der Ästhetik u Logik des 18. Jht ²1967; *G Lukács:* Die Zerstörung der Vernunft 1955; *E Keller:* Das Probl des Ir i wertphil Idealismus der Gegenw 1931; *A Aliotta:* Le origini dell'irrazionalismo contemporaneo, Neapel 1950. de Vries

Irrtum ist ein ausdrückliches oder einschlußweises Urteil, wobei der Urteilende, ohne es zu wissen, den Sachverhalt verfehlt. Von der logischen ↗ Falschheit unterscheidet sich der I dadurch, daß Falschheit bloß das objektive Verhältnis eines Urteils zum Sachverhalt betrifft, während I auch die subjektive Stellungnahme einschließt. Der Inhalt eines Urteils, der dem Sachverhalt nicht entspricht, ist falsch; zum I gehört überdies, daß ein falscher Urteilsinhalt in Unkenntnis seiner Falschheit als wahr behauptet wird. – Die Möglichkeit des I ist eine nur zu bekannte Tatsache, aber gleichwohl auch ein Problem: Wie kann der Verstand irren, wenn er seiner Natur nach auf die Wahrheit ausgerichtet ist? Infolge seiner Endlichkeit kann er dem bloßen Schein der Wahrheit u den nicht theoretischen Interessen des Willens erliegen, die ihn zum voreiligen Urteil veranlassen. – Beim I können wir demgemäß logische und psychologische *I-quellen* unterscheiden. Beide wirken immer zusammen, obwohl in verschiedenem Ausmaß. Die wichtigsten logischen I-Quellen sind die folgenden: die Verallgemeinerung, indem man ohne genügenden Grund von einzelnen Fällen auf alle schließt; die Verwendung von *Schlagworten*, d i von sprachlichen Formulierungen, die eine nicht sachlich begründete, gefühlsmäßige Stellungnahme auslösen; der Schluß vom Unbegreiflichen zum Unmöglichen: daraus, daß unser beschränkter Verstand etwas nicht einsieht, folgt noch nicht, daß es unmöglich ist; der Schluß „*post hoc, ergo propter hoc*": daraus, daß ein Ereignis dem anderen zeitlich folgt, wird unberechtigterweise geschlossen, daß das Frühere der Grund des Späteren sei; endlich überhaupt ↗ Trugschlüsse aller Art. – Die psychologischen I-quellen ergeben sich aus unserem beschränkten u oft durch die Leidenschaft verwirrten Denken u Wollen. Mehr auf seiten des Verstandes können I-er bedingt sein: durch die Abhängigkeit unseres Denkens von der Sprache, die mehrdeutig ist; durch die Abhängigkeit von den Sinnen u dem Gedächtnis, die täuschen können; durch Vorurteile, falsche Erziehung; Mangel an Ausbildung u Wissen, verbunden mit der Notwendigkeit, Fragen schnell zu entscheiden; weiter durch Dummheit u Denkfaulheit, durch Überschätzung menschlicher Autorität. Mehr auf seiten des Willens sind I-quellen: Leidenschaftlichkeit des Charakters, verkehrte Neigung des Herzens zu einem falschen Sachverhalt, Widerspruchsgeist, mangelnder Wahrheitswille, Voreiligkeit des Urteils. – Die Erkenntnissituation des Menschen bringt es mit sich, daß der I, obwohl grundsätzlich durch Überprüfung der Urteilsgründe überwindbar, tatsächlich wegen der großen Schwierigkeiten u des erforderlichen Zeitaufwandes vom Einzelnen u von ganzen Generationen nicht vermieden werden kann. Um der Auffindung der Wahrheit willen muß gegebenenfalls auch das Risiko des I eingegangen werden, obwohl der I an sich ein Übel für den Menschen ist. Der I, der wegen unzumutbar großer Schwierigkeiten nicht überwunden werden kann, heißt *moralisch unüberwindbar*. Für den *moralisch überwindbaren I* ist der Mensch verantwortlich.

O Selz: Zur Psych des produktiven Denkens u des I 1922; *L Keeler:* The Problem of Error from Plato to Kant, Rom 1934; *MD Roland-Gosselin:* La théorie thomiste de l'erreur, in: Mélanges thomistes (1924); *B Schwarz:* Der I i der Phil 1934; *E Mach:* Erkenntnis u I, Neudr 1968.

Santeler-Brugger

Kartesianismus. *René Descartes* (*Cartesius*, gest 1650) ist vor allem bahnbrechend auf dem Gebiet der Erkenntniskritik geworden, indem er durch seinen „methodischen Zweifel" alle Tatsachen u Wahrheiten in Zweifel stellte, außer dem einen Satz „*Cogito ergo sum*" (Ich denke, also bin ich). Von dieser heute noch in ihrer Bedeutung umstrittenen Aussage aus sucht Descartes (D) dann die ganze Welt wieder aufzubauen mittels des am obigen Satze erprobten Kriteriums: daß nämlich klare u deutliche Vorstellungen nicht falsch sein können. So erkennen wir unsere Seele als eine immaterielle Substanz, deren Wesen das Denken ist, ferner das Dasein Gottes aus der bloßen Betrachtung seines Begriffes, der das Dasein klar u deutlich einschließt – zwei weitere Gottesbeweise sind weniger charakteristisch –, u endlich die Existenz der Außenwelt, die uns verbürgt ist durch die Wahrhaftigkeit Gottes, der nicht zulassen kann, daß unser Naturdrang zur Anerkennung einer Körperwelt uns täusche. – In seiner Anthropologie trägt D dem Aufeinanderbezogensein von Seele u Leib keine Rechnung, indem er das Denken zum Wesen der Seele macht, das Wesen des Körpers aber in die bloße Ausdehnung verflüchtigt, deren einzige Tätigkeit in der Ortsbewegung besteht. Zwischen Seele u Leib gibt es infolgedessen keine innere Einheit mehr; die Seele wohnt im Leib wie in einer Maschine oder einem Automaten. Dieser wird durch die „Lebenswärme", die im Herzen ihren Sitz hat, in seinem Leben unterhalten, während die Seele in der Zirbeldrüse lokalisiert ist. Da zwischen Seele und Leib keine gegenseitige Beeinflussung stattfindet, empfängt die Seele ihre Begriffe nicht aus der Sinnenwelt; sie besitzt jedoch „angeborene" Ideen in dem Sinne, daß sie dieselben aus sich selbst erzeugt, wobei die äußere Erfahrung nur die veranlassende Ursache bildet.

Durch seine Erkenntnistheorie ist D zum Vater der modernen subjektivistischen Erkenntniskritik geworden; sein ↗ Okkasionalismus fand eine verschärfte Ausprägung bei *Malebranche* (↗ Ontologismus), seine rationalistische Methode wurde fortgesetzt durch *Spinoza* u *Leibniz*, vor allem ging seine mechanistische Naturauffassung in das moderne Weltbild ein, das allerdings in neuester Zeit der Bewegung die den Dingen innewohnende oder gar sie konstituierende Kraft als zweites dynamisches Element beigesellte. – Zur Kritik: Das Wahrheitskriterium bei D ist ungenügend; insbesondere läßt sich die Existenz Gottes dadurch nicht beweisen. Die Naturphil ist zu sehr vereinfacht u entspricht nicht der vollen Wirklichkeit, die in den Körpern neben der Ausdehnung auch jeweils verschiedene Naturen u Kräfte aufweist. Ebensowenig kann der Dualismus zwischen Seele u Leib deren Wechselwirkung erklären (↗ Leib-Seele-Verhältnis); das lebendige Sein als solches u als eigenes Problem wird nicht gesehen. – ↗ [136–141].

K Fischer: Gesch der neueren Phil I ⁵1912; *C v Brockdorff:* D u die Fortbildung der katesian Lehre 1923; *F Bouillier:* Histoire de la phil Cartésienne, P ³1868; *R Bayer* (Hgb): Congrès Descartes, P 1937; *CA Emge:* Dem Gedächtnis an René Descartes 1937 [darin Bibliogr von G Krüger]; *I Olgiati:* La filosofia de Descartes, Mailand 1937; *E Cassirer:* Descartes, Stockholm 1939; *M Gueroult:* D selon l'ordre des raisons, 2 Bde, P 1953; *H Gouhier:* La pensée métaph de D, P 1962; *F Alquié:* D, of 1962; *G Sebba:* Bibliographia Cartesiana (1800–1960), Den Haag 1964; *É Gilson:* Index Scholastico-Cartésien, Neudr NY 1964, Franklin; *W Röd:* D 1964; *R Specht:* Commerciun mentis et corporis. Über Kausalvorstellungen i Cartesianismus 1966; *K Jaspers:* D u die Phil ⁴1966; *W Röd:* D' erste Phil 1971; *A Koyré:* D u die Scholastik ²1971. – e) *E Coreth:* Einf i die Phil der Neuzeit I 1972.

Rast

Kategorien als Name ist stammeseins mit dem griech „kategorein", das den Sinn von „aussagen" hat. Demnach meinen die K die verschiedenen Weisen des Aussagens u damit, weil immer irgendwie Sein ausgesagt wird, die verschiedenen Weisen des Seins. Genau dieselbe Bedeutung liegt in dem lat „*praedicamenta*", das wiederum mit „praedicare" (aussagen) zusammenhängt. Schon die Worterklärung zeigt, daß die K eng mit dem Urteil, in dem ja das Aussagen geschieht, verknüpft sind; das hat neben *Aristoteles* u der Scholastik auch *Kant* herausgestellt.

Im Urteil begegnet uns eine verwirrende Fülle von Aussage- u Seinsweisen, zB Mensch, sterblich, groß, denkt. Suchen wir sie übersichtlich zu ordnen, so lassen sich viele von ihnen auf andere zurückführen. Dabei ergeben sich *Unterbegriffe* von geringerem Umfang, aber reicherem Inhalt, die als Unterabteilungen von *Oberbegriffen* weiteren Umfangs, aber geringeren Inhalts erscheinen. So ist „Mensch" ein Unterbegriff zu „Sinneswesen", das als Oberbegriff außer dem vernunftbegabten auch das vernunftlose Sinneswesen umfaßt. Dieser Aufstieg führt zu letzten Oberbegriffen, die nicht mehr Unterbegriffe noch höherer Einheiten sind u deshalb *Urbegriffe (Grundbegriffe, Stammbegriffe)* heißen. Sie bilden die urgeschiedene Vielheit der K oder höchsten Gattungen. Über ihnen steht einzig das ↗ Sein, das zwar selbst keine Gattung ist, an dem aber die K als die ursprünglichen *Seins-weisen* teilnehmen. *Urbestimmungen (modi) des Seins* sind neben den K die ↗ Transzendentalien; die K nennt man Eigen-Bestimmungen, weil sie verschiedene Ordnungen begründen u jeweils das der betreffenden Ordnung Eigene besagen, während die Transzendentalien Gemein-Bestimmungen heißen, da sie alle Ordnungen gleichmäßig durchwalten u ihnen allen gemeinsam zukommen. Wegen des Überschreitens der K bezeichnet man das Sein u die Transzendentalien als *über-kategorial.* Die K selbst hingegen mit allen ihnen untergeordneten Gattungen bis zur untersten Art bilden das Reich der *kategorialen (prädikamentalen) Begriffe.* Die Stufen innerhalb dieses Reiches nennt man auch *metaphysische Grade,* weil sie durch ein über die physischen Erscheinungen hinausgehendes Eindringen in die Dinge erfaßt werden. Für die K der Substanz bietet die Hierarchie dieser Grade schematisch der sog *Porphyrische Baum (arbor Porphyriana),* zuerst von dem Neuplatoniker *Porphyrius* entworfen.

Immer hat die Phil die Ableitung einer vollständigen Tafel der K beschäftigt. *Aristoteles* zählte zehn auf, wobei der ↗ Substanz die neun Ordnungen des ↗ Akzidens gegenüberstehen. Im Zusammenhang damit führt er verschiedene Eigenschaften auf, die allen oder mehreren K gemeinsam sind u später *Postprädikamente* genannt wurden (Gegensatz, Früher, Später, Zugleich, Bewegung, Haben). Dieser Katalog der K beherrscht die Scholastik u wirkt bis heute fort. *Thom v Aq* versucht, seine innere Notwendigkeit zu rechtfertigen.

Einen neuen Ansatz finden wir bei *Kant,* der den zwölf Arten zu urteilen zwölf K entnimmt: die K der Quantität (Einheit, Vielheit, Allheit), die K der Qualität (Realität, Negation, Limitation), die K der Relation (Inhärenz, Kausalität, Gemeinschaft der Wechselwirkung), die K der Modalität (Möglichkeit, Dasein, Notwendigkeit). Obwohl nicht K des Seienden selbst, sondern nur des Verstandes, rechtfertigt er sie in der trl ↗ Deduktion als Bedingungen der Möglichkeit jeder Erfahrung u damit als ↗ objektiv (5) gültig; doch betrifft diese Geltung einzig das Ding als Erscheinung, nicht aber das Ding an sich. *Fichte* hält diese Ableitung für unzureichend u unternimmt eine neue Deduktion aus der Tathandlung des Geistes. *Hegels* Logik ist der geschlossenste Versuch einer solchen Ableitung, die bei all ihren genialen Einsichten doch die Gegebenheiten zu sehr in ein konstruiertes dialektisches Schema zwängt. Nach ihm wurden bis in die Gegenwart immer wieder bedeutsame Beiträge geliefert, unter denen wir als besonders bedeutsam den Entwurf von *Ed v Hartmann* nennen; doch steht eine endgültige Lösung noch aus u ist wegen der Vielgestaltigkeit der Seinsarten kaum zu erwarten. So vertritt *N Hartmann* eine immer unabgeschlossene Tafel der K; wertvoll ist sein Nachweis der Abwandlung der K in den verschiedenen Schichten der Welt. Darin nähert sich ihm *Heidegger,* insofern er von den K des nur Vorhandenen die Existentialien des Menschen als Da-sein unterscheidet ↗ Existenzphilosophie.

Was die Geltung der K angeht, so kehren hier alle Spielarten von Auffassungen wieder, die beim ↗ Allgemeinbegriff überhaupt auftraten. Dem Ultrarealismus der Platoniker steht der Konzeptualismus gegenüber. Ihm ist Kants trl Idealismus verwandt, wie aus dem oben Gesagten hervorgeht. Die aristotelisch-scholastische Lehre ist der gemäßigte ↗ Realismus.

a) *Aristoteles:* Kategorien; Metaphysik VII; Physik III; *Thom v Aq:* Komm zu Metaphysik VII; Physik III, lect 5; *Suárez:* Disput metaph d 32–53; *I Kant:* Krit d rein Vern, Transzendentale Logik, I. Abt, 1. Buch; Prolegomena § 39; *J Fichte:* Grundlage der gesamten Wissenschaftslehre 1794; *G Hegel:* Wiss der Logik 1812–16. – b) *L Baur:* Metaph 1935, § 28; *C Nink:* Ontologie 1952, 435–76; *A Marc:* Dialectique de l'affirmation 1952, 541–663. – c) *I Kant, J Fichte, G Hegel* ↗ a); *Ed v Hartmann:* K-lehre 1896; *E Lask:* Die Logik der Phil u der K-lehre 1911; *O Külpe:* Zur K-lehre 1915; *M Heidegger:* Sein u Zeit I 1927; *F Brentano:* K-lehre 1933; *Heinr Maier:* Phil der Wirklichkeit, 2. u 3. Teil 1933–35; *O Spann:* K-lehre [3]1969; *N Hartmann:* Der Aufbau der realen Welt 1940; *O Fechner:* Das System der ontischen K 1961. – d) *A Trendelenburg:* Gesch der K-lehre 1846; *F Brentano:* Die mannigfachen Bedeutungen des Seienden nach Arist 1862, 72–220; *E Vollrath:* Studien z K-lehre des Arist 1969; *M Heidegger:* Die K- u Bedeutungslehre des Duns Scotus 1916; *J Hessen:* Die K-lehre Ed v Hartmanns 1924; *N Hartmann:* Heinr Maiers Beitrag zum Probl der K 1938; *B Scheschics:* Die K-lehren der bad phil Schule 1938. – e) *J Lotz, J de Vries:* Phil i Grundriß [3]1969, II. Teil, 13. Kap.   Lotz

Kategorischer Imperativ (KI). Nach *Kant* drückt sich das „moralische Gesetz" in allen endlichen Wesen, die Vernunft u Willen haben, in einem *Imperativ* (I) aus, dh in einer Nötigung durch bloße Vernunft zur Handlung, in einem *Sollen.* Ein solcher I ist *kategorisch,* weil er unbedingt gebietet. Er stellt eine Handlung als für sich selbst, ohne Beziehung auf irgendeinen Zweck, objektivnotwendig vor. Alle anderen I-e dagegen sind *hypothetisch,* insofern sie sich aus der Verknüpfung von Zweck u Mittel ergeben. Nun ist es dem KI eigen, bloß *formal* zu sein: er betrifft nicht die „Materie" (den Gegenstand) der Handlung, sondern die Form allein. Kant gibt diese Form des KI in drei Formeln wieder, die er als gleichwertig u voneinander ableitbar ansieht: 1) die Formel der Allgemeinheit des Gesetzes; 2) die Formel der Menschheit als eines Zweckes an sich selbst; 3) die Formel des allg gesetzgebenden Willens. Die Grundformel ist die erste: „Handle so, daß die Maxime deines Willens jederzeit zugleich als Prinzip einer allg Gesetzgebung gelten könne." Das Merkmal der Allgemeinheit unterscheidet die *Maxime*, dh die Norm, die vom Subjekt als für sich gültig angesehen wird, vom I des Sittengesetzes.

Kant hat mit Recht auf den unbedingten Charakter des ↗ Sittengesetzes hingewiesen. Damit war die Grundlage für eine Kritik an den unechten Prinzipien der ↗ Sittlichkeit u den reduktiven Deutungen des sittl Phänomens gelegt. Aber wegen der Unzulänglichkeit seiner Lehre über die theoretische Vernunft (↗ Kritizismus) neigt Kant dazu, die Vernunft, unser Vermögen des Unbedingten, im praktischen Bereich bloß als Forderung formaler Allgemeinheit statt inhaltlicher Vernünftigkeit zu interpretieren. Dort, wo die Intentionalität für das Sein in seiner Ganzheit blind ist, kann man ihr nicht die Fähigkeit zuerkennen, den wahren, unbedingten Wert zu erreichen, der die menschliche Freiheit bindet. Infolgedessen wurde die Ethik Kants des *Formalismus* bezichtigt, da sie den formalen Sollensanspruch von der objektiven Ordnung der Werte trennt. – Indessen verläßt die Formel 2) den Boden des Formalismus, um die „Menschheit" (das Menschsein) als einen Zweck an sich selbst anzuerkennen, dem Würde zukommt, der uns heilig sein muß, also offenbar ein objektiver Wert ist, der ein Grund inhaltlich bestimmter Gesetze sein kann. Die erkenntnistheoretischen Voraussetzungen für eine solche materiale Wertethik hat Kant allerdings nicht herausgearbeitet. Überdies stellt sich auch hier, wie bei der ↗ Autonomie, die Frage, ob die „Menschheit" nicht weiter auf eine absolute Wirklichkeit hinweist, bei der das Sittengesetz mit einem heiligen u allmächtigen Willen eins ist.

Die Form der Allgemeinheit, die den kantischen KI kennzeichnet, ist ein Kriterium, aber nicht das einzige, um über die Vernunftgemäßheit u damit über den Wert einer Handlung zu befinden. Das berechtigte Anliegen der ↗ Situationsethik hat die allzu vereinfachende u nivellierende Formel der Allgemeinheit beanstandet. Darüber hinaus ist die Unbedingtheit des KI nicht mit einer Unveränderlichkeit seiner jeweils konkreten Inhalte gleichzusetzen. Die Interpretation der sittl Erfahrung muß der Geschichtlichkeit des Menschen Rechnung tragen; einer Geschichtlichkeit, die durch bestimmte vorgegebene Konstanten der menschlichen Natur u durch ihre Öffnung zum Metahistorischen hin ermöglicht wird. – ↗ Autonomie, Pflicht.

a) *I Kant:* Grundlegung z Metaph der Sitten, Akad-Ausg IV 413–40; *ders:* Krit d prakt Vern § 7. – *M Scheler:* Der Formalismus i der Ethik u die materiale Wertethik ³1927; *M Wittmann:* Ethik 1923; *D Ross:* Kant's Ethical Theory. A Commentary on the Grundlegung z Metaph der Sitten, Oxford 1954; *HJ Paton:* Der KI 1962.   Sala

Kategorische Schlüsse (kSch) sind ↗ Schlüsse, die nur aus *kategorischen* Urteilen bestehen, dh aus Urteilen, die unmittelbar etwas über einen Gegenstand aussagen, nicht bloß über Verbindungen von Aussagen. Die einfachste Form des kSch ist der Syllogismus, bestehend aus zwei Vordersätzen u einem Schlußsatz. Daß Subjekt u Prädikat des Schlußsatzes zusammengehören, wird daraus geschlossen, daß sowohl das Subjekt (S) wie das Prädikat (P) in einem gemeinsamen *Mittelbegriff (terminus medius)* (M) identisch sind. Diese Identität wird in den Vordersätzen *(Ober-* u *Untersatz)* zum Ausdruck gebracht. Also zB:

$$\frac{\begin{array}{c} M - P \\ S - M \end{array}}{S - P}$$

Ist einer der beiden *Außenbegriffe* (S oder P) mit M identisch, der andere aber nicht, so folgt: S ist nicht P; ist keiner mit M identisch, so folgt nichts. Die Regeln für die Folgerichtigkeit des kSch ergeben sich aus seiner Natur. Unter ihnen sind die wichtigsten: 1. M muß wenigstens einmal in seinem ganzen Umfang (↗ Begriff) verwendet werden. 2. Der Umfang von S u P im Schlußsatz darf nicht größer sein als in den Vordersätzen, wobei zu beachten ist, daß ein verneinter Begriff einen unendlichen Umfang hat. – Aus der verschiedenen Stellung von M ergeben sich die verschiedenen *Figuren* des Syllogismus, aus der verschiedenen Anordnung der Quantität u Qualität der Sätze (durch die Buchstaben *A* = allg bejahend, *E* = allg verneinend, *I* = partikulär bejahend, *O* = partikulär verneinend bezeichnet) die verschiedenen *Modi* oder *Schlußweisen*.

a) *Aristoteles:* Erste Analytiken oder Lehre v Schluß (ed Rolfes); Topik (ed Rolfes 1918ff). – d) *H Maier:* Die Syllogistik des Arist 1896–1900; *G Patzig:* Die arist Syllogistik 1959; Lehrbücher der ↗ Logik.

Brugger

Kausalität bedeutet (1) den Einfluß der ↗ Ursache auf ihre Wirkung u die sich darauf gründende Beziehung. Gewöhnlich meint man dabei den wirkursächlichen Zusammenhang; so, wenn man K der Finalität entgegensetzt. K kann dann auch die Gesetzmäßigkeit bedeuten, mit der (2) die Wirkung von einer Ursache abhängt (↗ Kausalprinzip) oder (3) die Ursache ihre Wirkung hervorbringt (↗ Kausalsatz).

↗ Naturkausalität ist die bestimmte Art des Wirkzusammenhanges in der sichtbaren Natur. Unter *psychischer K* versteht man den ursächlichen Einfluß von seelischen Kräften u Vorgängen. Ein ursächlicher Zusammenhang ganz verschiedener Art mit je eigenen Problemen waltet zB zwischen Erkennen u Streben, sinnlichen u geistigen Vorgängen, Tätigkeit u erworbener Gewohnheit, zwischen den Vorstellungen durch Assoziation oder logische Verknüpfung, zwischen Bewußtem u Unbewußtem, zwischen den unbewußten Vorgängen untereinander, zwischen Seele und Leib. Die Vorstellung der mechanischen Wirkursächlichkeit, wie man sie von der Naturwissenschaft her kennt, vermag der psychischen K nicht gerecht zu werden. Dem Geistigen zumal kommt eine ursprüngliche Wirkkraft zu, die nicht aus stofflichen Ursachen erklärt werden kann ↗ Wechselwirkung. Eine besondere Form der K ist die *Auslösung*, bei der durch einen Anstoß oder die Beseitigung einer Sperre eine andere, schon in Bereitschaft befindliche Ursache einen Vorgang bewirkt. – Über andere K-auffassungen ↗ Ursache.

b) *L Baur:* Metaph ³1935, § 44–50; *Th de Régnon:* La métaph des causes, P 1906. – *J Fröbes:* Lehrb der exper Psych I ³1923, 518 ff; ³II, 279–83, 408–22; *W Heuer:* K u Willensfreiheit 1924; *ders:* Vom Wesen der K 1935; *O Most:* Die Determinanten des seel Lebens I 1939; *A Michotte:* La perception de la causalité, Louvain 1946; *G Siebers:* Die kausale Notwendigkeit u das kausale Werden 1951; *H Dolch:* K i Verständnis des Theologen u der Begründer der neuzeitl Physik 1954; *JE Heyde:* Entwertung der K? 1957; *WP Welten:* Causaliteit in de Quantummechanica, Groningen 1961; *H Titze:* Der Kausalbegriff i Phil u Physik 1964; *W Essler:* Wissenschaftstheorie IV 1974. – *Zur Auslösung: A Mittasch* in: Robert Mayer u das Energieprinzip 1942, 292. – d) *E Wentscher:* Gesch des Kausalprobl 1921; *G Scheltens:* Het probleem van de metaphysische Causaliteit in die neoscholastische Phil: Tijdschr v Phil 14 (1952) 455–502; *P Garin:* Le problème de la causalité et s Thom d'Aq, P 1958; *D Dubarle:* La causalité dans la phil d'Aristote, in: Recherches de Phil I (1955); *C Fabro:* Partecipazione e causalità secondo S Tommaso d'Aquino, Turin 1960 (franz 1961); *W Lichter:* Die Kategorialanalyse der Kausaldetermination 1964 [zu N Hartmann]. Naumann

Kausalprinzip, metaphysisches (mK), auch *metaphysisches Kausalitätsprinzip* genannt, ist eines der wichtigsten ↗ Erkenntnisprinzipien. Es ist zu unterscheiden von dem naturphil Kausalgesetz u erst recht von der bloß physikalischen Kausalitätsauffassung ↗ Kausalsatz. Im Ggs zu beiden ist es nicht auf die (untergeistige) ↗ Natur eingeschränkt, sondern wird von allem ↗ kontingenten Seienden ausgesagt. Die Formel „Jede Wirkung hat eine Ursache" ist als tautologisch ungeeignet, da sie im Subjektsbegriff schon das Verursachtsein voraussetzt. Auch die Formeln „Jedes Geschehen hat eine Ursache" oder „Alles, was zu sein beginnt, hat eine Ursache" sind zu eng und legen das Mißverständnis nahe, die „Ursache" werde *nur* für den zeitlichen Seins*beginn* bzw für die Veränderung gefordert, wie das vom naturphil Kausalgesetz gilt. Die Verwechslung mit ihm wird erst durch die Form „Jedes kontingente Seiende hat eine wirkende Ursache" ausgeschlossen. *Thom v Aq* bevorzugt die Fassung: „Jedes Seiende durch Teilhabe (ens per participationem) ist verursacht", wobei unter *„seiend durch Teilhabe"* ein Etwas zu verstehen ist, das nicht Sein „ist", sondern Sein „hat", dh dessen Washeit nicht *Sein ist, sondern nur* ↗ Potenz zum Sein ist, also Sein empfangen kann. Das Seiende durch ↗ Teilhabe wird also verstanden als ein wirklich Seiendes, in dem ein potentielles Wesen u das Wirklichsein tatsächlich, aber nicht notwendig, sondern kontingenterweise *ein* Seiendes bilden. Das Verursachtsein wird im mK vor allem als Abhängigkeit von einer bewirkenden ↗ Ursache (causa efficiens) verstanden.

Aus dem Gesagten ergibt sich, daß das mK kein analytisches Urteil im Sinne *Kants* ist ↗ Analyse. Denn der Subjektsbegriff „kontingentes Seiendes" bzw „Seiendes durch Teilhabe" besagt nur eine innere metaphysische Struktur des Seienden, nicht aber eine Beziehung auf ein anderes Seiendes, wie es das Verursachtsein ist. Die Erfahrung zeigt uns wohl einzelnes Seiendes, nämlich eigene innere Akte als von uns selbst erwirkt, aber damit ist kein allg Kausalprinzip gerechtfertigt. Auch wenn wir davon absehen, daß die Kontingenz selbst nicht in unmittelbarer Erfahrung gegeben ist, setzt die Einsicht, daß zwischen dem Kontingentsein u dem Verursachtsein ein wesensnotwendiger Zusammenhang besteht, voraus, daß die beiden Teilinhalte durch ↗ Abstraktion aus dem konkreten Ganzen herausgelöst werden, dh die Einsicht vollzieht sich nicht in der konkreten Erfahrung allein, sondern im begrifflichen Bereich, wobei allerdings die Begriffe in der geistigen Erfahrung unmittelbar oder mittelbar ihre Erfüllung finden. Die Analyse des Erfahrungsinhalts (zB des bewußten Aktes) erweist diesen allerdings als nicht aus sich selbst begründet u als unfähig, sich selbst zu verwirklichen (denn um zu wirken, müßte er schon dasein). So erweist sich der Akt als etwas, was unter den Begriff „nicht durch sich selbst seiend" fällt. Die Erfahrung erweist ihn zugleich als etwas, das „durch ein anderes gewirkt" ist (nämlich durch das Ich). So sind die beiden Begriffe aufgrund der Erfahrung zusammengefügt. Und so kann sich doch wohl die Einsicht einstellen: Ein Seiendes, das nicht durch sich selbst seiend ist, ist *notwendig* durch ein anderes gewirkt. Diese Einsicht schließt allerdings eine ↗ Synthese a priori ein.

Ein Sonderfall des mK ist der sog *Bewegungssatz*, der auf *Aristoteles* zurückgeht: „Alles, was sich bewegt (verändert: gemeint ist ein Übergang von der ↗ Potenz zum ↗ Akt, also zu größerer Seinsfülle), wird von einem andern bewegt (verändert)". Einerseits wird hier die Ursache dadurch näher bestimmt, daß sie als – wenigstens auch – in einem von dem sich verändernden Seienden verschiedenen Seienden zu suchen bezeichnet wird. Anderseits wird nicht das ganze Sein des sich ändernden Seienden, sondern nur seine Seinsbereicherung als bewirkt ausgesagt. Dem Satz liegt die Einsicht zugrunde, daß die Ursache *hinreichende Ursache* sein muß, daß aber das Weniger an Seinsvollkommenheit allein nicht hinreichende Ursache für das Mehr ist.

Die alte Formulierung des mK hat das Mißliche an sich, daß das Wort „Ursache" an eine bloße „Sache" denken läßt; womöglich noch mehr läßt das Wort „Kausalität" heute unwillkürlich an eine naturnotwendige Aufeinanderfolge von Vorgängen in der (makroskopischen) materiellen Welt denken; so wird auch die Kantische Kategorie der Kausalität verstanden, ebenso *Kants* „Grundsatz der Zeitfolge nach dem Gesetz der Kausalität". Ein so aufgefaßtes Kausalprinzip ist allerdings zu einem Gottesbeweis völlig ungeeignet, u ein solcher Ursachebegriff ist auf Gott unanwendbar. In Wirklichkeit aber ist das personale freie Wirken, die „Kausalität aus Freiheit" (Kant), die Grundform dessen, was man mindestens seit dem Mittelalter „causalitas" genannt hat. Ein weniger mißverständliches, die *personale* „Kausalität" u die rein naturhafte Kausalität in ihrem analog gemeinsamen Gehalt zusammenfassendes Wort wäre allerdings sehr wünschenswert.

a) *Thom v Aq:* STh I q 44 a 1; ScG II, 15. – b) *L Fuetscher:* Die ersten Seins- u Denkprinzipien 1930; *J Geyser:* Das Gesetz der Ursache 1933; *G Kahl-Furthmann:* Beiträge z Kausalprobl 1934, 35–93; *J Owens:* The Causal Proposition – Principle or Conclusion, in: Modern Schoolman 32 (1954/55); *H Ogiermann:* Der metaph Satz der Kausalität, in: Schol 30 (1955) 344–71; *A Metz:* Causalité scientifique et causalité première, in: Arch de Phil 24 (1961) 517–41; *R Laverdière:* Le principe de causalité, P 1969. – *J Hessen:* Das Kausalprinzip ²1958; *H Titze:* Der Kausalbegriff i Phil u Physik

1964. – d) *A Lang:* Das Kausalprobl 1904; *C Fabro:* Participation et causalité selon s Thom d'Aq, Louvain 1961; *H Dolch:* Kausalität i Verständnis des Theologen u der Begründer neuzeitl Physik 1954. – e) *J de Vries:* La pensée et l'être, Louvain 1962, 139–59. de Vries

Kausalsatz. Während das metaphysische ↗ Kausalprinzip ein allg ontologisches Prinzip ist, das für alles kontingente Sein eine Ursache fordert, betrifft der K nur die ↗ Naturkausalität u fordert für gleiche Ursachen gleiche Wirkungen, dh die eindeutige Festlegung eines untergeistigen Geschehens durch die Gesamtheit der an dem Geschehen beteiligten Zustandsgrößen. Diese starre *Regelmäßigkeit (Konstanz, Uniformität)* der Natur läßt sich jedoch angesichts der statistischen Art der ↗ Naturgesetze nicht aufrechterhalten. Der K folgt nicht notwendig aus dem metaphysischen Kausalprinzip, denn dieses stellt eine notwendige Bedingung der Möglichkeit für jedes kontingente Sein u Geschehen auf, aus der jedoch das Bedingte selbst nicht als notwendig folgend abgeleitet werden kann. Es ist zwar einsichtig, daß eine aktuell wirkende Ursache in ihrem Wirken u in dem unmittelbar u tatsächlich Bewirkten eindeutig ist. Der K bezieht sich jedoch nicht auf die Ursache in ihrem jeweils gegenwärtigen Vollzug, sondern auf die zum Wirken erst in Bereitschaft stehende Ursache. Zwar wird deren Wirken im untergeistigen Bereich nicht durch eine aus Einsicht erfolgende Entscheidung vermittelt, aber daraus folgt nicht, daß sie vorgängig zu ihrem Wirken zu diesem hin in jeder ihrer Modalitäten bereits eindeutig determiniert ist. Der Übergang aus einer auf die Zukunft hin nicht voll determinierten Bereitschaft zur aktuellen Determination der jeweiligen Gegenwart ist ein Übergang aus einer relativen Potentialität in den Akt, der nach dem *Bewegungssatz* (↗ Kausalprinzip, metaphysisches) nur aus der Vollmacht einer übergeordneten Aktualität möglich ist. Diese muß jedoch nicht – u kann in letzter Instanz auch nicht – weltimmanent sein.

H Bergmann: Der Kampf um das Kausalgesetz i der jüngsten Physik 1929; *Ph Frank:* Das Kausalgesetz u seine Grenzen 1932; *J Geyser:* Das Gesetz der Ursache 1933; *N Junk:* Das Probl der Kausalität u der modernen Quantenphysik, in: Ph Jb 54 (1941) 265–320; *W Büchel:* Phil Probleme der Physik 1965; *R Lay:* Die Welt des Stoffes I ²1969; *CF v Weizsäcker:* Die Einheit der Natur ³1972.
Brugger

Kollektivismus (K) bezeichnet eine Gesellschaftsform, welche die Interessen des gesellschaftlichen Ganzen (*Kollektiv* [Kv]) (1) grundsätzlich über die des Individuums stellt (↗ Gesellschaftsphilosophie); dieses ist in seinem Recht, selbsterkannten Werten zu folgen, wesentlich eingeschränkt. Der Wert, dessen Realisierung das Kv (bzw dessen Führer) als unbedingtes Ziel setzt, um die eigene Existenz u die Unterordnung des Einzelnen unter diese zu begründen, kann die Mehrung des Kv-eigentums, die Macht u der Ruhm des Kv, ein bestimmter Kulturwert, die Rasse u anderes sein. Sofern der K jedes Infragestellen dieses Zielwertes ausschließt, steht er im Gegensatz zur ↗ Demokratie.

Hiervon zu unterscheiden sind ↗ Gemeinschaften *(Kollektive)* (2), zu denen sich Einzelne *freiwillig* zusammenschließen, um ein selbstbestimmtes Gut besser verwirklichen zu können (Arbeitsgemeinschaften, Wohngemeinschaften, Genossenschaften). Entscheidend für ihre Bewertung ist, ob die notwendige Unterordnung unter das Gemeininteresse dem Einzelnen die Möglichkeit läßt, die Weise, in der das gemeinsame Gut verwirklicht werden soll, mitzubestimmen, ob das Kv den Anspruch erhebt, in sämtliche Lebensbereiche letztentscheidend einzugreifen, u so die sittl Selbstbestimmung aufhebt, ob schließlich die konkrete Möglichkeit besteht, sich vom gegebenen Kv zu lösen u in einer anderen Form sein Leben zu gestalten.

AA Bogdanoff: Umrisse der Phil des K 1909; *v Nell-Breuning:* K, in: WBPol 1951; *W Röpke:* Die Krise des K 1947; *J Ortega y Gasset:* Aufstand der Massen 1949; *K Popper:* Die offene Gesellschaft u ihre Feinde 1957-58; *H Marcuse:* Die Gesellschaftslehre des sowjet Marxismus 1964; *A Schaff:* Marxismus u das menschl Individuum 1965.   Ehlen

Komplex (1) heißt in der Psychologie das einheitliche Ganze eines psychischen Gebildes. Genauer besagt die K-theorie, daß im seelischen Leben eine organische Struktur besteht; daß die Bestandteile Glieder des Ganzen sind, die aus ihm erst durch Analyse zu finden sind; daß das Ganze nicht bloß Summe der selbständigen Elemente ist. Meist untersuchte man die anschauliche Wahrnehmung. Hier sollte die Gestalt vor den Teilen vorhanden sein. Man muß aber unterscheiden. Beim Tastsinn bemerkt man erst den Druck ohne Gestalt, die erst später auftritt. Auch die Melodie wird erst später als die einzelnen Töne erkannt. Nur bei der optischen Wahrnehmung ist das Nebeneinander unmittelbar gegeben, dh gleichzeitig mit den Teilen, doch nicht vor ihnen; darauf folgt die Entfernungserfassung u durch die Erfahrung die Deutung. – Auch beim Lernen hilft die K-bildung wesentlich, weil dann die Zahl der Reproduktionen eingeschränkt wird; das K-stück strebt nun den ganzen K zu wecken. – In der psychiatrischen Literatur (von C. G. Jung eingeführt) bedeutet der K (2) eine störende Gefühlsdisposition. Affektstarke Erlebnisse können teils aus dem Unbewußten heraus Störungen bewirken, teils auch klar bewußt, wie die Leidenschaften. Bisweilen kann die Bewußtmachung des K ihn heilen, „abreagieren": man findet sich mit der Erinnerung ab. Doch hilft das bei schweren Symptomen wenig; besonders dann nicht, wenn wegen der Vorteile der Krankheit ein dunkler Widerwille gegen die Heilung besteht.

b) *J Fröbes:* Lehrb der exper Psych I ³1923, 576ff, 593ff; *J Lindworsky:* Exper Psych ⁵1931, 163ff; *O Selz:* Die Gesetze des geordneten Denkverlaufs 1913; *J Jacobi:* K, Archetypus, Symbol i der Psych CG Jungs 1957. – e) *A Willwoll:* Seele u Geist 1938, 65.   Fröbes

Kompromiß ist die Lösung eines ↗ Konflikts durch Übereinkunft oder Vergleich. Im Rechtsstreit kann er durch die Unterwerfung der Parteien unter einen selbstgewählten Schiedsrichter zustande kommen. In der Ethik wird der K in bestimmten Fällen von Pflichtenkollision notwendig ↗ Gewissen. Ein weiterer Konflikt besteht zwischen den unverkürzten sittl Idealforderungen („Zielgeboten") u der moralischen Kraft des Einzelnen. Auch hier ist ein K zu schließen. Niemand ist über sein Vermögen hinaus verpflichtet. Wohl aber kann sein

Unvermögen selber schon Ausdruck des – eigenen oder fremden – Versagens u der Schuld sein.

H Steubing: Der K als eth Probl 1955.

Rotter

Konflikt bedeutet den „Zusammenstoß" sich widersprechender Bestrebungen. *Individualpsychologisch* sind derartige Spannungszustände ein wesentliches Moment der Reifung, können aber, wo sie übermächtig werden, zu neurotischen Symptomen führen. Auch im *sozialen* Leben sind sie in gewissem Grade unvermeidlich, nicht nur aufgrund naturgegebener Interessen, sondern auch wegen der Verschiedenheit freier Zielsetzungen u Werthaltungen. Man kann sogar sagen, daß der K eine für den sozialen Wandel notwendige Form der Begegnung von Individuen u Gruppen darstellt. Die Bewältigung von K-en ist die beständige u für das Zusammenleben notwendige Aufgabe sozialer, politischer und pädagogischer Verantwortung. Es muß das Ziel sein, K-e durch ein System rationaler Regelung in verbindlicher Weise zu kanalisieren u dadurch kontrollierbar zu machen; das erfordert Sachverstand, ↗Toleranz u Bereitschaft zum ↗Kompromiß. Wo unaufgebbare Rechtsansprüche auf dem Spiel stehen, können K-e nach Prüfung der Ausgangslage u der Verhältnismäßigkeit der Mittel durch Anwendung von ↗Macht ausgetragen werden (Demonstration, Streik, Krieg); in extremen Situationen kann sogar *Revolution* (Gewaltanwendung gegen die bestehende politische Macht) gerechtfertigt sein, insoweit folgende Bedingungen gegeben sind: extremer Mißbrauch der politischen Macht; Scheitern aller friedlichen Mittel zur Beseitigung dieser politischen Macht; berechtigte Hoffnung, daß die aus dem Aufstand entstehenden Probleme u Schwierigkeiten geringer sind als die durch das Regime verursachten Ungerechtigkeiten; fundierte Wahrscheinlichkeit des Erfolgs.

G Simmel: Soziologie, Nachdr 1958; *R Dahrendorf:* Gesellschaft u Freiheit 1961; *KF Bertram:* Widerstand u Revolution 1964; *LA Coser:* Theorie sozialer K-e 1968; *WL Bühl* (Hgb): K u K-strategie 1972; *A Ziegler:* Hinweise z moraltheol Frage der Gewaltanwendung, in: Theol Berichte I 1972.

Zwiefelhofer

Konfuzianismus heißt zunächst (1) die Lehre des *Konfuzius* oder *Kung-tse* (6. Jht v Chr). Der K ist weniger Phil als eine die alte Überlieferung aufnehmende Morallehre. Im Mittelpunkt steht das Gebot der Kindesliebe. Das Ideal ist der „*Edle*", der sittl Vollkommenheit mit den Formen weltmännischer Bildung vereinigt. Metaphysische u religiöse Fragen sind Konfuzius fremd. Nach weiterer Ausbildung u Bekämpfung gelangte der alte K um die Wende unserer Zeitrechnung zu unbestrittener Geltung in China. Erst im 12. Jht n Chr erhielt der K (2) im *Neukonfuzianismus* der Hsing-li-Schule einen metaphysischen Unterbau. Der bedeutendste Vertreter dieser Schule u größte Philosoph Chinas ist *Tschu Hsi (Chu Hi)*. Er führt die Wirklichkeit auf zwei Prinzipien zurück: die Vernunft u das *Fluidum* (Stoff), das aus jener entsteht, einmal entstanden aber nicht mehr von ihr trennbar ist. Diesem realistischen Dualismus stellte sich ein idealistischer Monismus entgegen. Vom Neu-K als Phil ist der spätere K (3) als Staatsreligion zu unterscheiden. Die Ethik des alten K verband sich mit Bestandteilen des Taoismus, ↗ Buddhismus u des Ahnenkults, in den auch Konfuzius als göttliches Wesen einbezogen wurde. – ↗[16, 17, 18, 22]

R Dvořák: Confucius u seine Lehre 1895; *De Groot:* The Religious Systems of China, 6 Bde, Amsterdam 1905; *R Wilhelm:* Kung-Tse u der K 1930; *A Forke:* Gesch der alten – mittelalterlichen – neueren chines Phil ²1964; *W Liu:* Confucius, his life and time, NY 1972, Greenwood; *Totok* I 56. Brugger

Konkret. Vorstellungen, die ihren Gegenstand so darstellen, wie er in der sinnlichen Anschauung gegeben ist, heißen k. Im weiteren Sinne können k auch jene Allgemeinbegriffe heißen, die außer der bestimmenden Form (zB Menschsein) auch den unbestimmten Träger einschließen (zB der Mensch = der Träger des Menschseins). K-es Denken ist jenes, das seine Gegenstände nicht nur durch Begriffe, sondern auch durch die ihnen entsprechenden Anschauungen darstellt. Das vollmenschliche u das vorwissenschaftliche Denken ist vorwiegend k. Deshalb muß die Darstellungsweise dessen, der nicht nur den Verstand überzeugen, sondern den ganzen Menschen bewegen will, nach Möglichkeit k sein. Nach *Hegel* ist das K der von den Entfaltungsmomenten des Systems erfüllte Begriff, also gleichbedeutend mit dem metaphysisch Höchsten, im Ggs zum *abstrakten*, von der Fülle der Entwicklungsmomente entblößten Begriff. – ↗ Abstrakt; das Einzelne.

b) *R Guardini:* Der Gegensatz. Versuche zu einer Phil des Lebendig-Konkreten ²1955; *J Maréchal:* Le point de départ de la métaphysique V, Louvain 1926 [Reg]; *A Forest:* La structure métaph du concret selon s Thom d'Aq, P 1931; *AR Peña:* Abstracto y concreto en la Fil de Santo Tomás, Burgos 1955. – *H Hempel:* Konkretum u Abstraktum als sprachl Kategorien, in: Kantstud 48 (1956/57) 134–60; *G Woland:* Zum Probl der K in der Fundamentalphil, in: Kantstud 49 (1957/58) 423–36; *A Seiffert:* Concretum 1961. – c) *J Wahl:* Vers le concret, P 1932; *P Carabellese:* Critica del concreto, Florenz ³1948 [idealistisch]. – d) *E v Hagen:* Abstraktion u Konkretion 1968. – e) *J de Vries:* Logica ³1964, nr 185. Brugger

Kontingenz (K) bezeichnet in der Logik eine der ↗ Modalitäten der Aussage *(logische K)*, u zwar im weiteren Sinn (1) die der ↗ Notwendigkeit kontradiktorisch entgegengesetzte (↗ Gegensatz) Modalität, also die Nicht-Notwendigkeit u damit die Möglichkeit des Nichtseins; so verstanden, umfaßt das Kontingente (Kt) auch das Unmögliche. Meist wird K jedoch im engeren Sinn (2) als der mittlere Bereich verstanden, der sowohl Notwendigkeit wie Unmöglichkeit ausschließt, also die doppelte Möglichkeit, zu sein oder nicht zu sein, besagt; in diesem Sinn ist zB das Geschlossensein der Tür kt. Zuweilen wird für kt das Wort „*zufällig*" verwendet; das Zufällige in diesem Sinn darf aber nicht mit dem ↗ Zufall im eigentlichen Sinn des Wortes verwechselt werden.

Die logische K der Aussage ist Ausdruck der *ontischen K* des ↗ Sachverhalts. Dieser ist *physisch kt*, wenn er nicht naturgesetzlich notwendig ist (B: das freie Handeln), im weiteren Sinn auch dann, wenn er auf einem (selbst nicht naturgesetzlich bestimmten) Zusammentreffen mehrerer naturgesetzlicher Kausalreihen beruht (B: daß es jetzt hier regnet). Alles physisch Kt-e, aber auch das naturgesetzlich Notwendige, ja alles endliche Seiende ist *metaphysisch kt* (2), dh aus seinem ↗ Wesen zu Sein u Nichtsein indifferent. Diese K ist allerdings nicht unmittelbar erfahrbar, sondern bedarf der Begründung durch unmittelbaren oder mittelbaren ↗ Schluß (unmittelbarer Schluß aus dem Beginnen oder Aufhören zu sein). Da nach dem metaphysischen ↗ Kausalprinzip alles kt-e Seiende als solches ein wirkendes Prinzip voraussetzt, ist der Nachweis der K der Welt der entscheidende Schritt in jedem ↗ Gottesbeweis, der auf Gott als den Urheber bzw Schöpfer des innerweltlichen Seienden schließt. Diese metaphysische K bedeutet nicht nur eine Abhängigkeit vom Schöpferwirken Gottes im Beginn des Daseins der Welt; vielmehr zeigt sich, wenn der Gedanke der K zu Ende gedacht wird, daß alles kt-e Seiende nur insoweit u so lange sein kann, als es von Gottes erhaltendem Schöpferwirken getragen wird. – Der bei scholastischen Autoren vorkommende Ausdruck „futurum contingens" (meist im Plural: *futura contingentia*) bedeutet das (wirklich) zukünftige freie Handeln des Menschen, nicht, wie man zuweilen meint, das *bedingt* zukünftige freie Handeln, die sog futuribilia (↗ Vorherwissen Gottes).

a) *Aristoteles:* Peri hermeneias, Kap 12 u 13. – *E Boutroux:* Die K der Naturgesetze 1911; *G Petit:* Nécessité et contingence dans la nature, in: Activités philosophiques 1945–46, Montréal 1947, 105 bis 143; *W Cramer:* Das Absolute u das Kt-e 1958. – d) *A Becker-Freyseng:* Die Vorgesch des phil Terminus „contingens" 1938; *C Fabro:* Intorno alla nozione „tomista" di contingenza, in: Riv di Fil Neosc 30 (1938) 132–49; *G Jalbert:* Nécessité et contingence chez s Thom d'Aq et chez ses prédécesseurs, Ottawa 1961. de Vries

Konzeptualismus ist jene Denkrichtung, die dem Allgemeinen bloß ein Sein im Begriffe zugesteht. Vom älteren ↗ Nominalismus unterscheidet sich der K, indem er nicht bloß Gemeinnamen, sondern auch ↗ Allgemeinbegriffe annimmt. Dem ↗ Realismus gegenüber leugnet er jedoch, daß den Allgemeinbegriffen etwas in der Wirklichkeit entspreche. Wenn damit nur gesagt werden sollte, in der Dingwelt gebe es nur Individuen, wäre nichts dagegen einzuwenden. Allein der K geht weiter in der Behauptung, dem Allgemeinbegriff entspreche überhaupt nichts in der Gegenstandsordnung, oder was ihm entspreche, habe für unsere Erkenntnis der Dinge keine Bedeutung. – Der K entstand im 14. Jht als Reaktion gegen einen Realismus, der das Allgemeine in den Dingen überbetonte. Nach *Ockham* ist der Allgemeinbegriff ein natürliches ↗ Zeichen, wie etwa der Rauch das Zeichen des Feuers ist. Sein Inhalt ist nicht identisch in der Sache verwirklicht, sondern ihr nur ähnlich. Er tritt aber im Denken für die Sache ein, u zwar für jede einzelne der Gesamtheit. Spätere lösen auch den natürlichen Zusammenhang des Zeichens mit der Sache. Die Allgemeinbegriffe sind nur noch Hilfsmittel zur logischen Einteilung u Ordnung der Dinge. – Während der *empiristische* K, zu dem auch die ↗ Lebensphilosophie gehört, den Wert der „starren" Begriffe für die Erkenntnis der stets veränderlichen Wirklichkeit geringschätzt, betont zwar der *rationalistische* K (↗ Kritizismus u ↗ Neukantianismus) die Notwendigkeit u Allgemeinheit der Begriffserkenntnis, die er jedoch in ihren Grundzügen (↗ Kategorien) nicht in den Dingen u ihrer Wesenheit begründet sieht, sondern in den apriorischen Funktionen des

Subjekts, so daß durch sie die Dinge an sich nicht erkannt werden. Es liegt in der vom K eingeschlagenen Denkrichtung, daß er dem ↗ Individualismus Vorschub leistet u metaphysikfeindlich ist. – Der Gegensatz zwischen abstrakten Begriffen u konkreter Wirklichkeit wird in der scholastischen Abstraktionstheorie dadurch überbrückt, daß zwar der Inhalt der Begriffe im Gegebenen verwirklicht ist, doch auf andere Weise, nämlich in Dingeinheit mit anderen Bestimmungen, die nicht in den Begriff eingehen, daß aber die abstrakte Seinsweise des Begriffs niemals von den Dingen ausgesagt wird. ↗ Abstraktion.

b) *D Mercier:* Critériologie générale ⁸1923, 337–98; *C Nink:* Grundlegung der Erkenntnistheor 1930, 181–96; *J Santeler:* Intuition u Wahrheitserkenntnis 1934; *J de Vries:* Denken u Sein 1937, 69–73, 82–4. – d) *G Giacon:* Guglielmo di Occam I 1941, 263–353; *W Ockham* 1349–1949, Aufsätze zu seiner Phil u Theol = Franziskanische Studien 1950, H 1–2; *R Hönigswald:* Abstraktion u Analysis 1961 [Universalienstreit des MA]; *G Ritter:* Via antiqua u via moderna an den dt Universitäten des 15. Jht 1963.

Santeler

Körper. Die uns umgebenden sinnlich wahrnehmbaren Dinge heißen K. Gemeinsame Merkmale aller K sind die Ausdehnung (↗ Quantität) u die Erfüllung eines begrenzten ↗ Raumes. Ausdehnung besagt das räumliche Auseinander der Teile eines K unter sich, die Raumerfüllung bringt die Ausschließung anderer K von dem durch den ersten K besetzten Raum. Sie beruht auf rückstoßenden Kräften. Beides, Ausdehnung u Undurchdringlichkeit, sind jedoch nur Merkmale der makroskopischen K, nicht jedoch der atomaren u subatomaren Bestandteile, deren Doppelnatur als lokalisierte Teilchen u als weit ausgebreitete elektromagnetische Wellen u Felder (↗ Quantenphysik) darauf hinzuweisen scheint, daß diese Objekte nicht wie die makroskopischen K räumliche u zeitliche Gebilde sind u daher mit Raum- u Zeitbestimmungen nur inadäquat beschrieben werden können. Gleichwohl konstituieren sie durch ihre Vielheit u Wechselwirkung die makroskopischen K. Dadurch unterscheiden sie sich auch trotz ihrer etwa angenommenen Unräumlichkeit u Unzeitlichkeit vom ↗ Geist.

Die Frage nach dem Wesen des K wurde im Laufe der Phil- u Wissenschaftsgeschichte verschieden beantwortet: als Zusammensetzung aus Atomen (↗ Atomismus), als Ausdehnung *(Descartes)*, als dynamische Raumerfüllung (↗ Dynamismus), als Zusammensetzung aus undinglichen Prinzipien wie Stoff u Form (↗ Hylemorphismus). Die Frage nach der Struktur der K ist heute bis zur Region der *Elementarteilchen* geklärt, dort jedoch noch im Fluß. Was hingegen der K allg als K (was er im Bereich des Anorganischen u Organischen gemeinsam hat) dem Sein nach ist, diese naturphil Frage hat bis heute noch keine umfassende, allseits befriedigende Antwort gefunden. Diese Antwort läßt sich nur in Zusammenarbeit von Phil u Naturwissenschaft geben. – Da das Sein sich im Wirken bekundet, dieses Wirken sich bei den K-n immer im Austausch von Wirkung u Gegenwirkung vollzieht, da ferner dieser Austausch uns, trotz u gerade wegen des Gebrauchs von Apparaturen, nur durch die Vermittlung unserer (wiederum körperlichen) Sinne bekannt wird, ist das Wesen des K sicher nicht ohne den Verweis auf den Gesamtkosmos (↗ Welt) u auch nicht ohne den Verweis auf ein mögliches Sinnessubjekt denkbar. Die Denkbestimmungen der älteren Naturphil werden mit neuem Inhalt gefüllt werden müssen. Die auf keine Formel zurückführbare Mannigfaltigkeit von ↗ Raum u ↗ Zeit, die für jede Energie- u Feldgestaltung offen ist, führt in die Nähe der rein potentiellen ↗ Materie, die raum-zeitliche Vervielfältigung formalidentischer Strukturen scheint dasselbe darzustellen, was *Thom v Aq* mit der materia quantitate signata als Prinzip rein körperlicher Vereinzelung (↗ Einzelne, das) im Auge hatte. Bei der Frage, welche Gebilde der ↗ Kategorie der ↗ Substanz entsprechen, muß offenbleiben, ob es im Anorganischen überhaupt eine Vielheit von Substanzen im phil Sinn des Wortes gibt. Die Bestimmung der Masse als Substanz u der Energie als Akzidens ist durch die Masse-Energie-Umwandlung unmöglich geworden. Bloße Körperlichkeit ist schließlich bei aller Bestimmtheit der eigenen Dimension offen für die höheren Organisations- u Seinsformen des Lebendigen, wenn nicht gar mit einem Weltimpuls zu ihnen begabt (↗ Evolution), offen auch für die Gestaltung durch den Menschen (vgl Heideggers Begriff des *Zeugs*). Während es sich in Naturwissenschaft u Naturphil um K handelt, die in der Natur als wirkliche Dinge vorkommen, beschäftigt sich die Mathematik mit K-n als abstrakten Gebilden (zB geometrischen u algebraischen K-n).

E Becher: Naturphil 1914, 192–95, 205–30; *Th Wulf:* Die Bausteine der K-welt 1935; *J Seiler:* Phil der unbelebten Natur, Olten 1948; *SE Toulmin, G Goodfield:* The Architecture of Matter, L 1962; *L de Broglie:* Einf i die Theor der Elementarteilchen 1965; *W Büchel:* Phil Probleme der Physik 1965; *CF v Weizsäcker:* Die Einheit der Natur ³1972. – e) *J Lotz, J de Vries:* Phil i Grundriß ³1969. Brugger

Kraft bedeutet Fähigkeit zu ↗ wirken, etwas zu vollbringen, also Wirkfähigkeit, aktive ↗ Potenz. Sie ist ein ↗ Akzidens der wirkmächtigen Substanz u nächste ↗ Ursache der Tätigkeit. Ihr Dasein wird erschlossen auf Grund des Kausalitätsprinzips. Der anschauliche Anlaß zur Bildung des K-begriffes ist die vital erfahrbare K-äußerung u -anstrengung. K gibt es in allen Bereichen des Seins: im Geistigen, rein Vitalen, Materiellen. Die in der anorganischen Natur zwischen den verschiedenen Körpern wirkenden Kräfte werden meist nach Analogie der erfahrbaren Geistes- u Muskelkräfte gedacht, obwohl ihnen Vitalität nicht zukommt. Die in den Naturdingen angelegten notwendig wirkenden Kräfte sind die Grundlagen der ↗ Naturgesetze. – Nach naturwissenschaftlichem Sprachgebrauch bedeutet K die Ursache der Änderung des Bewegungszustandes eines Körpers. Diese Definition ist eingeschlossen im Trägheitsgesetz ↗ Bewegung. – Nach *Leibniz* ist die teleologisch gerichtete K konstitutiv für die Substanz. Die ↗ Monaden sind an sich unräumliche K-zentren, die bei den Körpern erst durch ihr Wirken das ausgedehnte Raumgebilde schaffen.

J Seiler: Phil der unbelebten Natur, Olten 1948, 127–29; *B Bavink:* Ergebnisse u Probleme der Naturwissenschaften ⁹1949, 1–275; *W Büchel:* Phil Probleme der Physik 1965 [Reg]. Junk

Kritizismus ist allg (1), im Ggs zum ↗ Dogmatismus, der die Geltung unserer Erkenntnis ohne Prüfung voraussetzt, u zum ↗ Skeptizismus, dem der Zweifel das letzte Wort bleibt, die Geisteshaltung, die das Geschick der spekulativen Phil, namentlich der Metaphysik, von einer Untersuchung der Leistungsfähigkeit u der Grenzen der menschlichen Erkenntnis abhängig macht; wenn dabei eine der Metaphysik „vorgängige" Untersuchung gefordert wird, so wird verkannt, daß die allg Fragestellung nach der Geltung der Erkenntnis selbst schon metaphysischen Charakter hat. Oft hat das Wort K den Nebensinn des einseitigen Überbetonens der kritischen Haltung. – Im engeren, geschichtlichen Sinn bezeichnet K (2) die Phil, namentlich die Erkenntnislehre *Kants*, wie sie in dessen „Kritik der reinen Vernunft" (KrV) dargestellt ist. Viele ihrer Grundbegriffe sind in den allg Sprachschatz der Phil eingegangen; ihre Bedeutung ist aber nur aus dem Zusammenhang der KrV zu verstehen; dieser soll darum hier in möglichster Kürze dargelegt werden.

Der bestehende ↗ Pluralismus der metaphysischen Systeme läßt Kant eine vorgängige Untersuchung der Möglichkeit der Metaphysik u damit der Grenzen unserer Erkenntnis unerläßlich erscheinen. Wenn er dieser Prüfung den Namen *Kritik der reinen Vernunft* gibt, so wird damit schon die für Kant grundlegende Überzeugung angedeutet, daß es im Ganzen unserer Erkenntnis „*reine Erkenntnisse*" aus „*reiner Vernunft*" gibt, dh eine Vernunft (ja sogar eine Sinnlichkeit) mit einem ursprünglichen „Besitz" (KrV B 3), der nicht aus der sinnlichen Erfahrung (Empirie) entspringt und dem nichts Empirisches beigemischt ist. Im Ggs zu ihm sind alle Bewußtseinsinhalte, die durch eine *Affektion*, ein „*Affiziertwerden*" der Sinne, dh durch die Einwirkung von seiten des ↗ Dinges an sich, entstehen, „empirisch", bloß sinnlich, zufällig; der Gedanke, die Vernunft könne durch schöpferische ↗ Abstraktion aus ihnen einen geistigen Gehalt herausheben, lag Kant fern. Woher stammen also die notwendigen Erkenntnisse, wie sie in den synthetischen Urteilen a priori (↗ Synthese) der Mathematik u, wie Kant annimmt, der „reinen" Naturwissenschaft vorliegen? Eine rein geistige, „*intellektuelle Anschauung*" kommt als Quelle nicht in Frage, weil unser Verstand kein „*intuitiver Verstand*" ist wie der göttliche Verstand, der die Dinge selbst aus sich entspringen läßt. Unserm Verstand eignet nur die *Spontaneität des „Denkens"*, das bei Kant das aktive Einigen (die Synthese) des in der sinnlichen Anschauung gegebenen Mannigfaltigen zur Einheit eines ↗ Gegenstandes (Objektes) ist; es geschieht dadurch, daß das Viele unter *einen* Begriff gebracht wird. Es muß also „*reine Begriffe*" geben, die unabhängig von der Erfahrung (↗ a priori) im Verstand grundgelegt u Grund der Notwendigkeit u strengen Allgemeingültigkeit der wissenschaftlichen Erkenntnisse sind; diese Begriffe sind die ↗ Kategorien. Aber auch der *sinnlichen Anschauung*, die im Ggs zum Denken durch ihre *Rezeptivität*, dh die Fähigkeit, Eindrücke aufzunehmen, gekennzeichnet ist, müssen Formen einer „*reinen Anschauung*" zugrunde liegen, weil zB in der Geometrie anschauliche räumliche Verhältnisse als streng notwendig erkannt werden. So ergibt sich für Kant die Aufgabe, durch eine ↗ transzendentale (tr) Untersuchung unserer Erkenntnisvermögen die apriorischen *Anschauungs-* u *Denkformen* vollzählig aufzufinden.

Die *tr Ästhetik* leistet dies für die *Sinnlichkeit*, als deren apriorische Formen sich die *Raum-* u *Zeitanschauung* ergeben. Die *tr Analytik* untersucht den urteilenden „Verstand" u leitet aus den Urteilsarten der formalen Logik die *reinen Verstandsbegriffe* oder *Kategorien* ab. Weil diese nicht aus einem gegebenen Gegenstand abstrahiert sind, läßt sich ihre Geltung nicht aus der Erfahrung begründen; ihre Rechtfertigung *(„Deduktion")* kann nicht eine empirische, sondern nur eine tr sein, dh sie werden als *konstitutive Prinzipien* der Objekte der Erkenntnis aufgewiesen: ohne sie kann es kein „Objekt" der Erkenntnis geben, dh keine allgemeingültige Einheit einer sinnlichen Mannigfaltigkeit, kein für jeden Verstand gültiges Urteil. Die oberste Bedingung aller objektiven Erkenntnis ist die *tr Apperzeption*, dh das Selbstbewußtsein, auf das alle Bewußtseinsinhalte bezogen sind u das darum oberste Bedingung aller objektiven Einheit ist. Aus der tr Deduktion ergibt sich die Einschränkung der objektiven Erkenntnis auf die Sinnenwelt, die als solche nicht an sich, sondern nur als räumlich-zeitliche Welt von ↗ Erscheinungen besteht. Ohne den sinnlichen Stoff bleiben die Kategorien *leere Begriffe*, wie umgekehrt die sinnliche Anschauung ohne die Kategorien „blind" ist. Der Begriff des ↗ Dinges an sich u der *intelligiblen* Welt der *Noumena* (Vernunftgegenstände) bleibt aber ein notwendiger „*Grenzbegriff*", um die „Anmaßung der Sinnlichkeit einzuschränken" – denn gäbe es kein Ansich als Grund der Erscheinungen, so wären diese selbst das letzte, unbedingte Sein. Das Ding an sich ist also nicht den Bedingungen der Sinnlichkeit (Raum u Zeit) unterworfen. Das gilt auch vom Ich an sich u seinem „*intelligiblen Charakter*", durch den in freier Selbstbestimmung ohne zeitliches Nacheinander der „*empirische Charakter*" des einzelnen Menschen u die ganze Reihe der zeitlichen, unter sich streng kausal verknüpften empirischen Handlungen gesetzt wird.

So ist strenggenommen schon durch die Ergebnisse der tr Analytik jede „wissenschaftliche" Metaphysik unmöglich gemacht. Die folgende *tr Dialektik* bringt durch Untersuchung der *Vernunftbegriffe* oder *Ideen*, die das schlußfolgernde Denken leiten, die ausdrückliche Auseinandersetzung mit der zeitgenössischen rationalistischen Metaphysik u sucht ihre „vernünftelnden" Schlüsse als *tr* ↗ *Schein* aufzudecken. Die Ideen werden aus den Schlußarten abgeleitet; es sind die *kosmologische Idee*, dh die Idee der *Welt* als des Inbegriffs der Erscheinungen, die *psychologische Idee* des *Ich* als der unbedingten Einheit des denkenden Subjekts u die *theol Idee Gottes* als der unbedingten Bedingung aller Gegenstände des Denkens überhaupt. Daß diesen Ideen ein Sein an sich entspricht, läßt sich „theoretisch" nicht erweisen; der Versuch führt in der Kosmologie zu ↗ Antinomien, in der spekulativen Psychologie zu *Paralogismen* (dh zur Verwechslung des tr Subjekts mit der einfachen Seelensubstanz) u zu den nach Kant ebenfalls trügerischen ↗ Gottesbeweisen. Der positive Sinn der Ideen ist der von *regulativen Prinzipien der Erkenntnis;* dh die Ideen sollen uns antreiben, in beständigem Denkfortschritt uns der unbedingten Einheit eines Systems zu nähern, wenn wir dieses Ziel auch nie voll erreichen können. Allerdings kann die theoretische Vernunft auch keinen Widerspruch in den Ideen entdecken; insbes bleibt die Gottesidee das „*Ideal der reinen Vernunft*". So bleibt der Weg zu einer Metaphysik der praktischen Vernunft offen, in der die Freiheit des Willens, die Unsterblichkeit der Seele u das Dasein Gottes als im ↗ Glauben mit Recht bejahte ↗ Postulate der praktischen Vernunft erwiesen werden.

Zur Ethik Kants ↗ Kategorischer Imperativ, zu seinem geschichtlichen Einfluß ↗ Idealismus, ↗ Deutscher Idealismus, ↗ Neukantianismus. ↗ [153–170, 176–181, 215, 227, 230].

Die Kritik an Kants KrV kann ua daran ansetzen, daß es in ihr außer der ausdrücklich behandelten „objektiven" oder „wissenschaftlichen" Erkenntnis ein im Vollzug dieser Transzendental-phil geschehendes, aber nicht mehr reflektiertes Wissen um dieses „objektive" Wissen selbst gibt, das zumindest den Ansatz einer echten Ontologie in sich birgt.

H Vaihinger: Komm zu Kants KrV, 2 Bde, ²1922; *K Vorländer:* I Kant, der Mann u das Werk, 2 Bde, 1924; *M Wundt:* Kant als Metaphysiker 1924; *K Fischer:* Kant, 2 Bde, ⁶1928; *E Herrigel:* Die metaph Form 1929; *B Jansen:* Die Religionsphil Kants 1929; *HJ de Vleeschauwer:* La déduction transcendentale dans l'œuvre de Kant, 3 Bde, P 1934–37; *J Maréchal:* Le point de départ de la métaphysique III u V, Brüssel ³1944 u ²1949; *M Heidegger:* Kant u das Probl der Metaph ²1951; *G Martin:* I Kant. Ontologie u Wissenschaftstheor 1951; *W Ritzel:* Studien z Wandel der Kantauffassung 1952; *JB Lotz* (Hgb): Kant u die Schol heute 1955; *H Heimsoeth:* Studien z Phil I Kants 1956; *ders:* Tr Dialektik, 4 Teile, 1966–71; *NK Smith:* A Commentary to Kant's ‚Critique of Pure Reason', NY 1962; *HJ Paton:* Kant's Metaphysic of Experience, 2 Bde, L ⁴1965; *F Delekat:* I Kant ²1966; *O Blaha:* Die Ontologie Kants 1967; *F Kaulbach:* I Kant 1969; *G Sala:* Das Apriori i der menschl Erkenntnis 1971; *R Verneaux:* Critique de la Critique de la raison pure de Kant, P 1972; *LW Beck:* Kants „Kritik der prakt Vernunft" 1974. – e) *B Jansen:* Der K Kants 1925. – Monographien zu einzelnen Begriffen vgl unter den entsprechenden Stichworten. de Vries

Kultur (vom lat c̲olere = pflegen) bedeutete ursprünglich (1) die Pflege u Ausbildung der menschlichen Fähigkeiten über den bloßen Naturzustand hinaus (K als Geistesbildung). Das Altertum u Mittelalter sagten dafür humanitas, civilitas. Im 17. u 18. Jht erweiterte sich der Begriff. Man verstand nun (2) darunter auch das, was der Mensch der Natur hinzufügt, sei es an sich oder an andern Gegenständen (K als Inbegriff der K-güter). Während demnach ↗ Natur das bezeichnet, was dem Menschen angeboren u außer ihm ohne sein Zutun vorhanden ist, umfaßt K all das, was seine Entstehung dem bewußten u freien Eingreifen des Menschen verdankt. Sowohl Ursprung als Ziel verketten aber Natur u K. Denn die kulturschaffende Fähigkeit des Menschen kann zwar weiter gebildet werden, wurzelt aber ursprünglich in der Natur; sie ist angeboren. Ebenso findet die K ihr eigentliches Ziel in der Vollendung u Vervollkommnung der Natur des ↗ Menschen. Richtung u Maß des K-schaffens sind wesentlich bestimmt von ihr. Eine K-entfaltung, die sich gegen das Wesen des Menschen richtet, ist nicht echt, sondern *Scheinkultur*.

Je nachdem, ob die K-betätigung sich unmittelbar auf die Person des Menschen u seine Vollendung richtet oder zunächst auf Gegenstände, die ein vom Menschen im Fortbestand unabhängiges Dasein haben, unterscheidet man *persönliche K* (wie Sprache, Gemeinschaftsleben, Wissenschaft, Sittlichkeit, Religion) u *Sachkultur* (wie Technik, Kunst). Die meisten K-betätigungen erstrekken sich jedoch in beide Bereiche. Während K im weiteren Sinn Religion u Sittlichkeit einschließt, steht sie im engeren Sinn (3) beiden gegenüber. Sie bedeutet dann das K-schaffen, das sich auf innerweltliche Ziele richtet. Die bloß äußere, materielle K heißt (im deutschen Sprachgebiet) *Zivilisation*. Ihre Aufgabe ist es, der inneren K als Grundlage u Voraussetzung zu dienen. Soweit sie auf Kosten der inneren K gepflegt wird, ist sie bloß *Halbkultur* u eigentlich kulturfeindlich. Nur die äußeren Sachgüter der K können vererbt werden. Die idealen u persönlichen K-güter müssen von jedem Geschlecht neu erworben werden ↗ Pädagogik. K-besitz wird bloß durch K-arbeit erhalten. Zur allseitigen Entfaltung der menschlichen Kräfte ist jedoch auch *Muße* erforderlich. Sie ist mehr als bloße *Freizeit* (von der Berufs- u Erwerbsarbeit freie Zeit) u setzt die Erfüllung der vitalen Bedürfnisse oder, soweit dies möglich ist, den freien Verzicht auf deren Befriedigung voraus. – Die K entsteht nur durch das Zusammenwirken vieler in der menschlichen Gemeinschaft. Aus den Beiträgen der verschiedenen Volks-K erwächst eine *Menschheits-K*, die in ihrer Möglichkeit durch die gemeinsame Sprachfähigkeit aller Rassen bedingt ist. Ein Mindestmaß von K ist für den Menschen lebensnotwendig. ↗ K-Phil.

b) *W Lexis:* Das Wesen der K, in: K der Gegenw I/1 1906; *R Rast:* Vom Sinn der K, Luzern 1941; *A Muñoz-Alonso* (Hgb): Técnica y Cultura actuales, Madrid 1962; *K Brockmöller:* Industrie-K u Religion 1964. – c) *A Schweitzer:* K u Ethik 1947; *A Portmann:* Natur u K i Sozialeben ²1946; *H Freyer:* Typen u Stufen der K, in: Handwörterb der Soziologie (ed Vierkandt 1931); *TS Eliot:* Zum Begriff der K 1961; *M Landmann:* Der Mensch als Schöpfer u Geschöpf der K 1961; *J Habermas:* Zur Theor u Kritik der K 1973. – d) *J Niedermann:* K, Werden u Wandlungen des Begriffs u seiner Ersatzbegriffe von Cicero bis Herder, Florenz 1941. – e) *J Lotz. J de Vries:* Phil i Grundriß ³1969, 110–153; *R Guardini:* Die K als Werk u Gefährdung 1957.   Brugger

Kulturphilosophie (KPh). Während die ↗ Geisteswissenschaften u vor allem die *Kulturgeschichte* uns ein umfassendes Bild des Kulturgeschehens, seiner Gestalten *(Kulturmorphologie)*, Werte u Werke zu geben versuchen, ist es die Aufgabe der KPh, die Erscheinungen der ↗ Kultur (K) zu ergründen, dh zu ihrem Wesen vorzudringen, sie aus ihren wesentlichen Ursachen u Bedingungen zu verstehen, sie auf ihre letzten Ziele zurückzuführen u dadurch auch für das K-schaffen die Richtung u das Maß zu bestimmen. – Da K die wesentliche Ergänzung u Vollendung des Menschen ist, sind die Grundlinien einer KPh notwendig vorgezeichnet durch die phil ↗ Anthropologie, die uns sagt, was der Mensch ist, durch die ↗ Ethik, die uns sagt, was der Mensch soll, u durch die natürliche ↗ Theologie, die uns sagt, wozu der Mensch mit den Ordnungen der ↗ Natur u K, in denen er steht, natürlicherweise bestimmt ist. Das letzte Fundament dieser Disziplin u damit auch der KPh ist die ↗ Metaphysik. Die verschiedene Auffassung dieser Disziplinen äußert sich in ebenso vielen Richtungen der KPh. Als eigene Wissenschaft wird die KPh erst seit dem 18. Jht betrieben. Den verschiedenen Gebieten der menschlichen K (↗ Wissenschaft, Kunst, Religion, Geschichte, Sprache, Technik, Erziehung, Gesellschaft, Recht, Staat usw) sind jeweils besondere Zweige der KPh zugeordnet.

Von den Ursachen der K sind ihre Bedingungen zu unterscheiden, die nicht eigentlich K hervorbringen, sondern bloß der Grund sind, warum K leichter oder auf eine bestimmte Weise hervorgebracht wird. Dahin gehören zB die geographischen Bedingungen eines Volkes, sein Ort in der Geschichte, Zeitpunkt u Art der Begegnung mit anderen Völkern u K-en, die schon geschaffenen K-einrichtungen bzgl des weiteren K-schaffens. Sie bedingen Auf u Ab der K-bewegung. Ständigen *K-fortschritt* oder auch nur *K-konstanz* gibt es nicht. Die eigentlichen Ursachen der K sind die Fähigkeiten u Bedürfnisse der Menschen. So entspringt die Wissenschaft dem Forschungstrieb des theoretischen Verstandes, die Wirtschafts-, Rechts- u Gesellschaftsordnung u Technik dem Ordnungstrieb des praktischen Verstandes, die Kunst dem ästhetischen Empfinden u Schaffensdrang, die Sittlichkeit u Religion dem sittlichen Wollen. Die Verschiedenheit der Anlagen u Neigungen des Menschen, verbunden mit ihrer bevorzugten Ausbildung, führt zur Verschiedenheit der kulturschaffenden *Berufsstände*, die sich in ihrer Mannigfaltigkeit zum Wohle aller ergänzen. Träger u Schöpfer der K ist der Mensch, nicht in abgeschlossener Vereinzelung, sondern als Glied verschiedener Gemeinschaften u im geschichtlichen Zusammenhang der ↗ *Tradition* u *Überlieferung*, d i der geistigen Fortzeugung auf Grund des Empfangenen. – Ziel der K ist zunächst gewiß die Befriedigung der menschlichen Bedürfnisse, darüber hinaus aber die Entfaltung des in der menschlichen Natur beschlossenen Reichtums u damit die Darstellung des Menschen als Ebenbild des schaffenden Gottes. Ordnung u Maß des K-schaffens hängen davon ab, ob der Einzelne u die Gemeinschaft die Bedürfnisse des Menschen richtig bewerten, die niederen den höheren u diese dem letzten Ziele des Menschen unterordnen. Wesentlich dabei ist, ob das Vollendungsziel des Menschen (↗ Glückseligkeit) rein diesseitig oder im Jenseits gesucht wird. Die Jenseitsrichtung des Menschen hebt die diesseitigen Forderungen der K nicht auf, aber ordnet sie der nicht auf das Diesseits eingeschränkten Person des Menschen unter. – Durch die Herausstellung des wahren Zieles aller K u der Mängel im tatsächlichen K-geschehen *(Zeit- u Kulturkritik)* soll die KPh auch Einfluß auf die Gestaltung der jeweiligen K gewinnen *(Kulturreform)*.

b) *A Dempf*: KPh 1932; *J Maritain*: Religion et culture, P ²1946; *J Pieper*: Muße u Kult ⁷1965; *ders*: Über den Begriff der Tradition 1958; *R Berlinger*: Das Werk der Freiheit 1959; *M Landmann*: Der Mensch als Schöpfer u Geschöpf der K 1961; *E Spranger*: KPh u K-kritik 1969; *J Daniélou*: La culture trahit par les siens, P ²1972; *V Vycinas*: Our Cultural Agony, Den Haag 1973. – c) *O Samuel*: Die Ontologie der K 1956; *AN Whitehead*: Abenteuer der Ideen 1971; *A Schweitzer*: KPh 1972; *H Freyer*: Theor des objektiven Geistes. Eine Einl i die KPh, Neudr 1973. – d) *M Grabmann*: Die KPh des hl Thom v Aq 1925; *H Schaller*: Die europ KPh 1940. – ↗ Kultur.   Brugger

Kunst leitet sich als Wort von ‚können' her u bedeutet ‚Geschicklichkeit, Kenntnis, Weisheit', also nicht ein gewöhnliches, sondern ein ausgezeichnetes Können. (Auch das lat ars sagt in seiner Wurzel neben ‚Zusammenfügen' schon ‚Ersinnen'.) K u Handwerk treffen sich darin, daß beide ein sinnlich wahrnehmbares Werk hervorbringen. Doch zielt das Handwerk auf das Brauchbare,

Nützliche, während die K dem Schönen zugewandt ist. Nun gibt es das *Naturschöne,* insofern die Dinge die ihnen innewohnende Idee leuchtend darstellen. Das *Kunstschöne* ist nicht lediglich dessen Wiederholung oder treue Wiedergabe: vielmehr ist es der K vergönnt, die Ideen mit einer ganz neuen Tiefe u Kraft aufstrahlen, ja in ihren Werken die letzten Geheimnisse des Daseins widerleuchten zu lassen; daher ist ihre Hauptaufgabe das Darstellen der Ideen, nicht das Herstellen der Dinge, was gerade die zeitgenössische K in einigen ihrer Strömungen besonders hervorhebt *(Konzept-K, Objekt-K).* Der Künstler ist ein Seher, der bis zu den innersten Gründen alles Seienden, bis zu den schöpferischen Ideen Gottes vordringt, u er ist ein Schaffender, der seiner Schau im Werk Ausdruck zu verleihen vermag; Schauen u Schaffen sind bei ihm eins. So wächst der Künstler trotz aller zeit- u personbedingten Grenzen über sich selbst hinaus u steht als Prophet u Deuter des Daseins unter den Menschen; in seiner echten Gestalt eignet ihm etwas Priesterliches.

Die K verlangt wesenhaft sinnliche Anschaulichkeit, deren Formen ihre Sprache sind, während zur ↗ Schönheit an sich der sinnliche Ausdruck nicht notwendig gehört. Im Ggs zur K ist das Element der Wissenschaft der Begriff, der neben der Schau des Künstlers seine unersetzliche Bedeutung besitzt. Doch vermag die K mit der Schönheit ein-dring-licher zu sprechen als die Wissenschaft mit dem Begriff. Freilich darf sich weder der Künstler noch der aufnehmende Mensch in die sinnlich schöne Gestalt allein verschauen; wer nicht zu dem darin offenbar werdenden Geheimnis vordringt, verfehlt das Eigentliche der K. Was die *K-arten* betrifft, so können sie anhand einer wachsenden Ent-dinglichung in eine innere Abfolge gebracht werden: Architektur, Plastik, Mimik (vorab Tanz), Malerei, Literatur (Wortkunst, erst im gesprochenen Wort vollendet), Musik (Lied, absolute Musik). Man unterscheidet auch die *Raum-K* von der *Zeit-K;* erstere schafft etwas Bleibendes im Raum (sog *bildende Künste:* Architektur, Plastik, Malerei); letztere gestaltet etwas immer neu zu Vollziehendes in der Zeit (übrige Künste). Die K-arten sind mit der Verschiedenheit der Substrate gegeben, die zu gestalten sind, u daher immer dieselben, wenn nicht der *Film* eine neue K-art beifügt. Im Ggs dazu betreffen die *K-stile* die geschichtlich bedingte Weise des Gestaltens, die alle K-arten einer Epoche durchzieht; mit den neuen Situationen entstehen immer wieder andere Stile in unabsehbarer Mannigfaltigkeit.

a) *Aristoteles:* Poetik; *Augustinus:* De musica (dt Musik 1940); *Thom v Aq:* STh I. II q 57 a 3; *I Kant:* Krit d Urteilskraft, bes §§ 43–53; *F Schelling:* Phil der K (Jubil-Druck 1927); *A Schopenhauer:* Welt als Wille u Vorstellung, 3. Buch. – b) *M Deutinger:* Die K-lehre 1845; *H Lützeler:* Einf in die Phil der K 1934; *R Guardini:* Über das Wesen des K-werks 1948; *J Maritain:* L'intuition créatrice, P 1966; *P Metz:* Idee u Erscheinungsform des K-werks 1953; *H Sedlmayr:* K u Wahrheit 1958; *D v Hildebrand:* Ges Werke VI; *P Gaboury:* Matière et structure. Réflexions sur l'œuvre d'Art, P 1967; *M Heidegger:* Der Ursprung des K-werkes, Neudr 1967. – c) *F Schelling, I Kant, A Schopenhauer* ↗ a) ; *B Christiansen:* Die K 1930; *M Heidegger:* Hölderlin u das Wesen der Dichtung 1936; ders: Der Ursprung des K-werks, in: Holzwege ²1952, 7–68; *M de Corte:* L'essence de la poésie, P 1942; *W Winkler:* Psych der modernen K 1959; *R Hönigswald:* Wiss u K 1961; *M Merleau-Ponty:* L'œil et l'esprit (1964). – d) *K Ulmer:* Wahrheit, K u Natur bei Arist 1953; *G Freudenberg:* Die

Rolle v Schönheit u K i System der Transzendentalphil 1960; *K Kuypers:* Kants K-theorie u die Einheit der Krit der Urteilskraft, Amsterdam 1972. – *H Sedlmayr:* Verlust der Mitte 1948; *W Benjamin:* Das K-werk i Zeitalter seiner techn Reproduzierbarkeit 1963; *G Kahl-Furthmann:* Die bildenden Künste u ihre Probleme 1975. Lotz

Kybernetik (vom griech kybernētiké: Steuermannskunst) ist die allg formale Wissenschaft von der ↗ Struktur, den Relationen u dem ↗ Verhalten dynamischer ↗ Systeme (Flechtner). Unter System wird dabei jede Art von ↗ Ganzheit verstanden, deren Bestandteile untereinander u mit dem Ganzen in Beziehung stehen; dynamisch ist ein System, wenn dessen Teile miteinander u dem Ganzen in Kommunikation treten, aufeinander Einfluß nehmen können. Als solche Systeme können Lebewesen, Menschen, soziale Gebilde, aber auch Geräte, Maschinen u Automaten betrachtet werden. Der gemeinsame Bezugspunkt für die K sind dabei die formalen Strukturen, die sich in *Modellen,* dh schematischen Bildern von Vorgängen, so darstellen lassen, daß die denknotwendigen Folgen solcher Bilder wieder Bilder der naturnotwendigen Folgen der Vorgänge selber sind (H Hertz). Die formale Gemeinsamkeit kybernetischer (kyb) Strukturen hebt den gegebenenfalls wesentlichen Unterschied der Systeme, in denen sie verwirklicht werden, nicht auf. Die in dynamischen Systemen aufgrund ihrer formalen Struktur auftretenden Einflußnahmen sind nicht nur kausal effizienter Natur, sondern vollziehen sich durch *Kommunikation* oder Übermittlung von „*Nachrichten*" (Formen, „nach denen sich etwas", sei es ein Bewußtsein, sei es auch ein unbewußtes Verhalten, „richtet") oder von „*Information*" (Nachrichten mit Neuigkeits- oder Einflußwert). Solche von einem „Sender" ausgehenden „Nachrichten" müssen für die Übermittlung im Medium der Materie oder der Energie in „Signale" verwandelt *(codiert)* u nach der Übermittlung für den „Empfänger" wieder in dessen „Sprache" zurückverwandelt *(decodiert)* werden. Die Codierung durch ↗ Zeichen u deren Vereinigung zu einem „*Signal*" für eine „Information" erlaubt es, den „*Informationsgehalt*" einer Nachricht durch die in ihr enthaltenen gleich wahrscheinlichen Ja- oder Nein-Entscheidungen, das sog *bit* (von „binary digit"), zu messen. Das bit ist die Grundlage für den sog *Binärcode,* der die Signale mit Hilfe der Zeichen 1 u 0 aufbaut.

Die K macht es möglich, sehr komplexe Vorgänge u Verhaltensformen zu analysieren u modellhaft darzustellen. Sie hat die verschiedensten Wissenschaften durch Bereitstellung formaler Modelle, die an anderen Wirklichkeitsbereichen gewonnen wurden, gefördert. Sie erlaubt es, Regelungs-, Rückkoppelungs-, Steuerungs- und Selbststeuerungsvorgänge nicht nur in ihrer Struktur zu erkennen, sondern als angewandte K auch hervorzubringen (zB Rechenautomaten). Zur wissenschaftlichen Erfassung von Gegenständen nach kyb Methoden genügt es jedoch nicht, daß man sich biologische oder andere Vorgänge nach einem kyb Modell denken oder vorstellen kann, sondern man muß den Nachweis über die Wirklichkeit des von der K angezielten Aspekts liefern. Prinzipiell können alle Vorgänge, die sich in dynamischen Raum-Zeit-Zusammenhängen bekunden oder von ihnen mitbedingt u in Signalen codierbar sind, kyb untersucht werden. Die Behauptung jedoch, die der K eigene syntaktische Dimension sei die allumfassende, jede andere ausschließende Dimension der Wirklichkeit, entbehrt jeder Begründung u verkennt die nicht bloß syntaktische Dimension der Wahrheit, des Sinnes u des Wertes sowie der Innenwirklichkeit des Bewußtseins. Die Möglichkeit, Maschinen so zu programmieren, daß sie eine *Homöostase* (einen stabilen Zustand, zB eine konstante Temperatur) trotz verschiedener Umwelteinflüsse festhalten, daß sie Umweltinformationen speichern u für optimale Reaktionen in Versuch u Irrtum verwerten („lernen"), daß sie selber nicht nur gleichartige Maschinen zu programmieren u zu produzieren, sondern auch weitere Programme nach bestimmten Regeln hervorzubringen imstande sind, all das darf nicht darüber hinwegtäuschen, daß dies immer eine Erstprogrammierung durch den Menschen zur Voraussetzung hat. Auch das kyb Verständnis von Lebensvorgängen setzt eine ursprüngliche Programmierung voraus u stellt so das phil Problem der Erstprogrammierung der Natur ↗ Teleologie.

a) *N Wiener:* Cybernetics or Control and Communication in the Animal and the Machine, NY 1948 (dt: Wien ⁴1968). – b) *H Zemanek:* Elementare Informationstheor 1959; *G Megla:* Vom Wesen der Nachricht 1961; *B Hassenstein:* Biolog K ³1969; *H Titze:* Ist Information ein Prinzip? 1971; *H-J Flechtner:* Grundbegriffe der K 1972; *HE Hatt:* K u Menschenbild, Zürich 1972. – c) *G Klaus:* K i phil Sicht ⁴1965; *ders:* K u Erkenntnistheor ⁴1972; *K Steinbuch* (Hgb): Taschenb der Nachrichtenverarbeitung ²1967; *K Steinbuch, S Moser:* Phil u K 1970. – *A Müller* (Hgb): Lex der K 1964; *H Frank* (Hgb): K – Brücke zwischen den Wissenschaften ⁷o J. – e) *W Rohrer:* Ist der Mensch konstruierbar? 1966.   Brugger

Leben bedeutet zunächst (1) als *Lebenstätigkeit* Innenwirken, ↗ Wirken nach innen *(actio immanens),* im Ggs zu dem nach außen, nur auf das Hervorbringen oder Umgestalten anderer Dinge gerichteten Wirken *(actio transiens),* wie es auch leblosen Dingen zukommt. Wo die L-tätigkeit nicht mit dem Wesen gegeben, sondern bald regere, bald mattere Auswirkung von Kräften ist, die aus sich nur ein Vermögen zum Wirken bedeuten (↗ Potenz), da wird auch das Vermögen zum Innenwirken L (2) genannt. L (1) erscheint uns in der äußern Natur im Aufsprießen, Wachsen, Grünen, Blühen, Fruchtbringen der Pflanzen, im Wachsen, Sichmehren u in der Eigenbewegung der Tiere u über die einzelnen Organismen hinaus in der im Lauf der Jahrtausende immer neue Formen hervortreibenden Entwicklung der Arten. Von innen her erscheint uns das L im eigenen ↗ Erleben, im bewußten Schauen, Denken, Fühlen, Streben, dessen Stärke freilich von der Frische u Spannkraft der leiblichen Organe abhängt. In beiden Fällen stellt sich das L als ein stetes Werden u unerschöpflich vielgestaltiges Sichentfalten von innen her dar, im Ggs zu der Starrheit u Einförmigkeit der leblosen Körper, insbesondere auch der Maschine.

Daher ist es einigermaßen verständlich, daß der ↗ L-philosophie das L als eine seit Urzeiten die Welt durchströmende geheimnisvoll-schöpferische Macht erscheint, die als wesentlich ↗ irrational sich der begrifflichen Bestimmung entzieht, jedenfalls aber als beständiges Werden der Unveränderlichkeit des Seins entgegengesetzt ist. Der ↗ Geist wird dann entweder als eine letzte Entwicklungsstufe des leibgebundenen L aufgefaßt oder aber als Widersacher des L, der mit seinen starren Begriffen das L vergewaltige u nur mechanischer, einförmiger Ordnung fähig sei.

Und doch liegen dieser Auffassung schwere Mißverständnisse zugrunde. Gewiß ist schon das vegetative L der Pflanzen, eben weil Innenwirken, dem mechanischen Wirken der anorganischen Körper wesentlich überlegen; aber seine Innerlichkeit ist doch auf die Stoffzufuhr von außen (Nahrung) angewiesen u zielt auch in der Fortpflanzung zuletzt wieder auf die Hervorbringung anderer Lebewesen; seine Kraft erschöpft sich im Welken u Absterben. Ähnlichen Beschränkungen unterliegt auch das sinnliche L, obwohl es durch das, wenn auch erst dumpf erwachende ↗ Bewußtsein das nur vegetative L an Innerlichkeit wesentlich übertrifft. Alles vegetativ-sinnliche L aber ist als organisches, dh an körperliche Organe gebundenes L im Vergleich mit der Innerlichkeit des ↗ Geistes geradezu ein veräußerlichtes L zu nennen, da es sich stets im raum-zeitlichen Auseinander abspielt. Auch gegenüber dem Reichtum dieses L, wie er sich in der vielgestaltigen innern u äußern ↗ Kultur des Menschen kundtut, ist das organische L, nicht nur im einzelnen Lebewesen, sondern auch im Naturganzen, trotz seiner Fülle, ein dürftiges L. Der gegenteilige Anschein konnte nur dadurch entstehen, daß man den Geist im Sinn eines dürren ↗ Rationalismus nur als rechnenden, schematisierenden Verstand kannte, dagegen seine Wesenstiefe, seine alles Sein umspannende Weite, seine allem Guten aufgeschlossene Wertempfänglichkeit, seine gegenüber allen begrenzten Werten freie Selbstbestimmung u vor allem seine Unsterblichkeit übersah. All unser geistiges L bleibt aber, wie überhaupt alles geschöpfliche L, *Selbstbewegung*, dh ein Innenwirken, das zu einer Veränderung, Vervollkommnung des eigenen Seins führt; so scheint uns Unveränderlichkeit leicht mit wahrem L unvereinbar. Und doch müssen wir das *L Gottes*, gerade weil es das L selbst u darum die unendliche Fülle des L ist, als unveränderliches L denken, selbstverständlich nicht nach Art der Starrheit eines Steines, sondern als ewig frische, ewig sich selbst genügende L-tat. Die Notwendigkeit des Fortschritts u damit der Veränderung in unserem L beruht ja nur darauf, daß uns von der Fülle des L immer noch etwas fehlt; u zugleich bedeutet die Veränderung stets eine Abhängigkeit von äußern Quellen des L, also eine Herabminderung der reinen Innerlichkeit des L.

[Das stoffliche L ist, auch auf seiner untersten Stufe, dadurch charakterisiert, daß es sich selbst organisiert *(Selbstorganisation)*, seine einmal gewonnene Struktur im Stoffwechsel aufrechterhält *(Selbsterhaltung)* u diese an andere Organismen weitergibt *(Selbstreproduktion)*. Unter der phil notwendigen Voraussetzung, daß der Schöpfer diese Welt als ganze u somit auch ihre naturgesetzliche Entwicklung bis zur Bildung des Menschen hin gewollt hat, steht nichts im Wege, daß die lebende Materie im Weltprozeß aus der anorganischen Materie entstanden ist, wie das die Molekularbiologie verständlich zu machen sucht. Diese Entstehung nimmt zwar das Zufallsgeschehen in seinen Dienst, kann aber nicht auf bloß zufällige, immer kompliziertere Stoffkombinationen

zurückgeführt werden, da zu diesen, abgesehen von der Unbeständigkeit solcher Produkte, die zur Verfügung stehende Zeit des Weltalls nicht hinreicht. Es bedarf dazu vielmehr der Einschränkung des Zufalls durch besondere „Spielregeln", die gewissen Stoffkombinationen, die für die stufenweise Entstehung der lebenden Materie günstig sind, den „selektiven Vorteil" gewähren: daß sie, einmal zufällig erreicht, dann auch bleiben, sich stabilisieren u ihre Struktur als Information für ihre Reproduktion gebrauchen. In Wiederholung dieses zielgerichteten Verfahrens gelangt die Materie zu immer komplexeren Formen u schließlich zur Organisation der lebenden Materie. Die Materie vermag dies jedoch nur, weil sie jene Determinanten, die den Zufall des Geschehens einschränken, schon von ihrem Ursprung her durch Schöpfung in sich trägt u weil die schöpferische Entstehung des Lebens u seines überstofflichen ↗ L-prinzips an die entsprechende Vorbereitung der Materie gebunden ist.] [Brugger] –
Über den Sinn des menschlichen L ↗ Mensch.

a) *Aristoteles:* Über die Seele II, 1–2; *Thom v Aq:* ScG IV, 11; STh I q 18 a 1–2. – b) *D Mercier:* La définition de la vie, Louvain 1898; *H Driesch, R Woltereck:* Das L-problem i Lichte der modernen Forsch 1931; *Woltereck:* Ontologie des Lebendigen 1940; *J Boyer:* Essai d'une définition de la vie, P 1939; *H Conrad-Martius:* Der Selbstaufbau der Natur 1944; *E Schrödinger:* Was ist L? [2]1951; *H André:* Vom Sinnreich des L 1952; *Joh Haas:* L i Materie 1956; *ders:* Das L-problem heute 1958; *R Schubert-Soldern:* Materie u L als Raum- u Zeitgestalt 1959; *La Vie* = Les Études phil 15 (1960) nr 3; *A Haas:* Das Lebendige: Spiegel seiner selbst, in: Schol 36 (1961) 161–91; *ders:* Der Präsenzakt, ein unerkannter fundamentaler L-akt, in: Schol 38 (1963) 32–53. – c) *K Gössler:* Vom Wesen des L 1964 [marx]; *M Eigen:* Selforganization of Matter and the Evolution of Biological Macromolecules, in: Naturwissenschaften 58 (1971) 465–523. – d) *M Grabmann:* Die Idee des L i der Theol des hl Thomas 1922; *PG Hesse:* Der L-begriff bei den Klassikern der Naturforsch 1943; *Th Ballauff:* Die Wiss v L I 1954. – ↗ Lebensprinzip, Vitalismus. de Vries

Lebensphilosophie (LPh). Unter LPh (1) versteht man im täglichen Leben (L) die der praktischen Gestaltung des L dienende Lebensweisheit, Lebensanschauung. Als Wissenschaft vom Ziel u den Normen sittlichen L kann auch die Ethik LPh (2) heißen. Mit Vorzug werden daher jene phil Systeme LPh (3) genannt, die der praktischen Ethik u L-auffassung einen beherrschenden Platz einräumen, wie zB der ↗ Stoizismus u ↗ Epikureismus.

Von diesen Arten der LPh, die L im Sinne des Praktischen, Ethischen nehmen, ist die um die Jahrhundertwende auftretende LPh (4) zu unterscheiden, die den L-begriff auch auf theoretischem Gebiet zur Herrschaft bringen wollte. Vorbereitet wurde sie durch den L-begriff bei *Goethe* u in der Romantik, ausgelöst aber durch die Vorherrschaft der mechanistischen Naturwissenschaft u die fortschreitende Technisierung des 19. Jhts. Die mit dem Namen LPh bezeichnete Gegenströmung ist jedoch nicht einheitlicher Natur. Im allg sieht man zwar den eigentlichen Grund u Gehalt der Wirklichkeit im „L" als dem Dynamischen, Werdehaften, von innen zur Entwicklung Drängenden im Ggs zum Statischen, Mechanischen, begrifflich Abgeschlossenen. Was man aber unter L des näheren versteht, kann oft schwer festgestellt werden. Mit Rickert lassen sich hauptsächlich zwei Richtungen unterscheiden, die sich aber oft untereinander kreuzen. Die eine faßt das L mehr im biologischen Sinn auf u dehnt die dort gewonnenen

Kategorien auf die ganze Wirklichkeit aus ↗ Biologismus. Die andere denkt bei L mehr an das innere Erleben, das niemals bloße Erkenntnis, noch viel weniger bloß abstrakte, wissenschaftliche Erkenntnis ist, sondern das volle Spiel aller Kräfte des Gemütes, ein ständiger Fluß, der durch keine „starren" Begriffe je vollendet dargestellt werden kann. Von diesem inneren Erleben her wird die ganze Kultur gedeutet, „verstanden" (↗ Geisteswissenschaft, Verstehen).

Der Ausdruck „Phil des L" begegnet schon bei *Fr Schlegel* (1827) in Abkehr von Hegel u Hinwendung zur inneren Lebenserfahrung. In gleiche Richtung gehen die Arbeiten *Kierkegaards,* die sowohl die ↗ Dialektische Theologie wie die ↗ Existenzphilosophie beeinflußten. Von größter Nachwirkung war die Kulturkritik *Nietzsches,* der L u Erleben dem Sein u Erkennen schroff gegenüberstellte. Höchstes Gut ist die Fülle u Macht des L, wie sie im „Übermenschen" vollendeten Ausdruck findet. Die Erkenntnis hat dem L zu dienen. Die Frage nach Wahr oder Falsch ist unerheblich; entscheidend ist nur, ob lebensfördernd (↗ Pragmatismus). Mit diesen Gedanken verwandt, aber vom Individuellen ins Rassisch-Nationale gewandelt, sind die Auffassungen der *Rassenphilosophie (Gobineau, HSt Chamberlain, Rosenberg):* Rasse ist nicht nur ein vererbbarer Komplex von äußeren Merkmalen, sondern die Äußerung der Seele, d i der Innenseite der Rasse. Die Rasse ist das Letzte an Wirklichkeit u das Höchste an Wert, was unserem Denken u Forschen erreichbar ist. Von ihr aus ist alle Kultur, alle Kunst, Wissenschaft u Religion, alle Geschichte zu verstehen u zu bewerten (Rosenberg). Überrassische Maßstäbe gibt es nicht (↗ Relativismus). – In Frankreich u weit darüber hinaus wirkte *Bergson* im Sinne der LPh durch seine Lehre vom *élan vital,* der Lebensschwungkraft, u der *évolution créatrice,* dem schöpferischen Entwicklungsdrang, der sich in einer ersten Stufe zum Instinkt der Tiere, in einer zweiten zur menschlichen Intelligenz erhebt. Diese schafft menschliche Gemeinschaften u eine sozial gebundene Moral. Darüber hinaus erhebt sich der Lebensdrang in den großen Prophetengestalten der dynamischen Religion zur religiösen Mystik u schafft eine die gesamte Menschheit verbindende Moral. Das begrifflich trennende Denken dient zwar der äußeren, technischen Beherrschung der Natur; tieferes Erfassen der Wirklichkeit ist jedoch nur der „Intuition" möglich, die sich zu ihrer Darstellung biegsamer, ineinander übergehender, bildhafter „Begriffe" bedienen muß.

Es kann nicht bestritten werden, daß die LPh gegen viele Mißbräuche einer rationalistischen, mechanistischen Kultur machtvoll aufgetreten ist. Es ist aber ebenso gewiß, daß sie bei ihrer Kritik weit übers Ziel schoß. Nicht ↗ Sein *oder* ↗ Werden ist die Frage, sondern eine Tiefe der Auffassung tut not, die beiden gerecht wird. Gewiß wurzelt alle Wirklichkeit in Gott, dem absoluten ↗ Leben. Daraus folgt aber nicht die Einerleiheit des Lebendigen u Leblosen. Gewiß entgehen dem bloßen Begriff das Konkret-Bunte u der kontinuierliche Wechsel. Dafür dringt er aber in eine Tiefe, die auch das Bunte u den Wechsel trägt, u verbündet sich mit der konkreten Erfahrung, um sie zu deuten. ↗ Rationalismus, Intellektualismus, Intuitionismus. – ↗ [195, 216, 218, 222]

a) *H Bergson:* Werke ↗[219]. – b) *J Hommes:* L- u Bildungsphilosophie als völk u kath Aufgabe 1934; *H Rickert:* Die Phil des L ²1922; *G Wolff:* L u Erkennen 1933. – d) *A Combris:* La phil des races du Comte de Gobineau et sa portée actuelle, P 1938; *OF Bollnow:* Dilthey. Eine Einf i seine Phil, L 1936; *Ph Lersch:* LPh der Gegenw 1932; *E Ott:* H Bergson, der Philosoph moderner Religion 1914; *R Ingarden:* Intuition u Intellekt bei H Bergson, in: Jahrb f Phil u phänomenolog Forsch V 1922; *G Misch:* LPh u Phänomenologie ³1967; *Sammelband:* Bergson et Bergsonisme (= Arch de Phil XVII 1); *G Pflug:* Henri Bergson – Quellen u Konsequenzen seiner induktiven Metaph 1959. – e) *A Messer:* LPh 1931. – Zu *LPh (1): P Lippert:* Von Christentum u L-kunst 1933; *T Pesch:* Christl LPh 1895 u ö; *AM Weiß:* L-weisheit ¹⁶1920; *L Besch* (Hgb): Menschenbild u L-führung 1963.
Brugger

Lebensprinzip. Unter L versteht man den substantiellen Ursprungsgrund der Eigengesetzlichkeit der ↗Organismen (Org) gegenüber allem Anorganischen. Im Anschluß an *Aristoteles* nennt die vitalistische Naturphilosophie dieses überstoffliche, die organische Ganzheit zielstrebig verwirklichende Prinzip *Entelechie*. Die Entelechie kann unter verschiedenen Rücksichten aufgefaßt werden: (1) als Prinzip des arttypischen Planes oder die im Stoff sich verleiblichende u darstellende ↗ Idee *(Artlogos)*; (2) als Wesens- ↗ Form (morphē), die zusammen mit der Materie das lebende Wesen seinsmäßig begründet (↗ Hylemorphismus); (3) als Kern u Grund (erster ↗ Akt) aller Belebung, deshalb auch ↗ Seele genannt (die nicht notwendig bewußt sein muß). – Je nachdem man sich die Verbindung des L mit dem Stoff denkt, wird das L aufgefaßt entweder als eine in sich vollständige Substanz (eine *assistierende Form*), die sich nur in der Wirksphäre mit dem Stoff verbindet u deshalb eine im Wesen begründete Einheit nicht herbeiführt. Oder das L ist etwas substantiell Unvollständiges, das erst durch informierende, dh seinsmitteilende Verbindung mit dem gleichfalls substantiell unvollständigen Stoff zur naturhaften, lebendigen ↗ Ganzheit wird.

Eine Verbindung des L mit dem Stoff nur in der Wirksphäre würde dieses zu einem Konkurrenten materieller Kräfte machen, was bei der Auffassung des L als einer sinnstiftenden Ganzheitsform nicht der Fall ist ↗ Teleologie. – Die Existenz eines L für den Bereich des org, nicht bewußten Lebens ist umstritten. Der *Vitalismus (Driesch* u a) nimmt sie als notwendige Bedingung eines wesentlichen Unterschieds zwischen dem Anorganischen u dem org Leben an. Er schließt dies daraus, daß ein physiko-chemisches System die Bestimmung zur Ganzheit, die im Organismus auch in den Teilen präsent ist u in den frühen Stadien der Entwicklung gewisse getrennte Teile sogar vollständige Organismen werden läßt, nicht in den Teilen auf materielle, raum-zeitliche Weise verwirklichen kann, da kein Teil das Ganze ist. Die neueren Erkenntnisse der Biologie u ↗Kybernetik zeigen jedoch, daß die chemische Materie (zB in den sog DNS-Ketten) Information tragen, weiterleiten u verarbeiten kann. Ohne Zweifel wird der Abstand zwischen belebter u unbelebter Materie dadurch vermindert, indem immer mehr erkannt wird, daß auch in den chemischen Strukturen des Lebendigen Ganzheit u Information eine Rolle spielen. Das hebt jedoch die besondere Art der Ganzheit der ↗Zelle u des mehrzelligen Lebewesens nicht auf, das trotz seiner Verflechtung in das Weltganze einen selbstzentrierten Sinn u Wert hat, so daß der

Ansatz eines L als besonderer sinnstiftender Ganzheitsform, die den Sollwert aller Selbstregulationen des Lebewesens bestimmt, berechtigt erscheint. Mit noch mehr Recht gilt dies für Lebewesen, die des bewußten Erlebens fähig sind.

a) ↗ Form, Hylemorphismus, Leben, Seele. – b) *H André:* Urbild u Ursache i der Biologie 1931; *H Conrad-Martius:* Der Selbstaufbau der Natur 1944; *dies:* Bios u Psyche 1949; *H Driesch:* Phil des Organischen ⁴1928; *ders:* Die Maschine u der Organismus 1935; *Driesch – Woltereck:* Das Lebensprobl i Lichte der modernen Forsch 1931; *J Maritain:* Phil de l'organisme, in: Rev Thom (1937); *R Schubert-Soldern:* Phil des Lebendigen 1951; *H Spemann:* Exper Beiträge zu einer Theor der Entwicklung 1936; *A Wenzl:* Metaph der Biologie v heute ²1951; *ders:* Materie u Leben 1949; *ders:* Hans Drieschs Persönlichkeit u Bedeutung für Biologie u Phil v heute 1951; *G Wolff:* Leben u Erkennen 1933; *R Woltereck:* Ontologie des Lebendigen 1940. – c) *Th Bailauff:* Das Probl des Lebendigen 1949; *L v Bertalanffy:* Das biolog Weltbild I 1949; *ders:* Theoret Biologie II ²1951; *M Hartmann:* Die phil Grundlagen der Naturwissenschaften 1948; *N Hartmann:* Phil der Natur 1950; *P Jordan:* Die Physik u das Geheimnis des Lebens ⁵1947; *J Schultz:* Die Maschinentheor des Lebens ²1929. – d) *E Ditz:* Julius Schultz' „Maschinentheor des Lebens" 1935; *H Driesch:* Der Vitalismus als Gesch u als Lehre ²1922; *ders:* Metaph der Natur 1927.   Haas

Lebensrecht (LR). Das eigene Leben (L) ist für den Menschen ein fundamentales Gut von höchster Wertdringlichkeit. Es hat daher unbedingten Vorrang gegenüber allen nicht-sittl Werten. Der Mensch erfährt sich als ungefragt u ohne eigenes Zutun ins Dasein geworfen u empfängt sein L als Geschenk u Aufgabe. L-verwirklichung u L-entfaltung ist damit die grundlegende sittl Pflicht, wobei ↗ „Leben" hier allerdings nicht rein biologisch eingeengt verstanden werden darf.

Daraus ergibt sich, daß der Mensch sich dieser Aufgabe nicht eigenmächtig durch *Selbstmord* entziehen darf *(L-Pflicht),* insofern eine solche Verfügung die Anmaßung eines absoluten Herrschaftsanspruchs über das eigene L beinhaltet, auch wenn man von anderweitigen Verpflichtungen gegenüber Mitmenschen u Gemeinschaft einmal absieht. Entsprechendes gilt auch für *Selbstverstümmelung, Kastration* (Entmannung) u *Sterilisierung:* In die Unversehrtheit des Leibes u seiner Funktionen darf nur aus entsprechend schwerwiegenden Gründen, etwa zur Rettung des L, eingegriffen werden. Noch weniger darf sich ein Mensch zum Herrn über fremdes L machen durch direkte Tötung eines Unschuldigen in eigener Vollmacht, auch nicht auf dessen Verlangen. Dies gilt auch für keimendes L *(Abtreibung)* u das L physisch oder psychisch Kranker (direkte *Euthanasie,* Vernichtung „lebensunwerten L"). Dem Staat obliegt die Pflicht, innerhalb seines Rechtsbereichs alles menschliche L nach Möglichkeit durch seine Strafgesetze zu schützen.

Dieser geforderten Ehrfurcht vor dem menschlichen L widerspricht nicht die unter Umständen erlaubte *indirekte Tötung* von sich selbst oder anderen, vorausgesetzt, es wird ein entsprechend sittl hochwertiges Ziel angestrebt, für dessen Erringung nach dem Prinzip der Doppelwirkung eine Gefährdung oder Beeinträchtigung des L bis hin zum sicheren Tod in Kauf genommen werden muß, ohne daß dieser Tod zum Mittel gemacht wird. So läßt sich der Gebrauch von Medikamenten rechtfertigen, durch die sonst unerträgliche Schmerzen gelindert werden können, auch wenn sich dabei eine gewisse Verkürzung des L nicht vermeiden läßt *(indirekte Euthanasie)*.

Auch ist nicht jede mögliche L-verlängerung sittl geboten, wenn diese nur unter besonders schweren Opfern erreicht werden kann, zB durch kostspielige u die L-funktionen schwer einschränkende Operationen (negative Form der Euthanasie). – Kein Verstoß gegen das LR ist die *Notwehr*, in der ein gegenwärtiger, ungerechter Angriff auf die Person u ihre Güter durch Gewaltanwendung zurückgewiesen wird, die unter Umständen Verletzung, Verwundung u den Tod zur Folge haben kann. Das zur Abwehr des Angriffs notwendige Maß der verteidigenden Gewalt darf dabei allerdings nicht überschritten werden. Ziel der Handlung ist nicht die Tötung, sondern die anders nicht mögliche Verteidigung wichtiger Rechtsgüter. – Die Erlaubtheit eines gerechten *Krieges* (↗ Frieden) wird in ähnlicher Weise begründet, nur daß dort das Notwehrrecht von der staatlichen Autorität in Anspruch genommen wird, der die Sicherung der Rechtsordnung durch den Einsatz von Machtmitteln in erster Linie zukommt. – Anders wird zur Rechtfertigung der *Todesstrafe* argumentiert. Hier handelt es sich um direkte Tötung, vollzogen durch die staatliche Gewalt nach strengen gesetzlichen Normen als ↗ Vergeltung für ein schweres Verbrechen an einem Schuldigen. Nicht weil der Verbrecher sein LR verwirkt hätte durch „sozialen Selbstmord", nicht aus der *lex talionis* (Gleiches mit Gleichem zu vergelten), auch nicht bloß um der Sicherung des Gemeinwohls willen („Sicherungstötung") oder als Notwehrrecht des Staates, sondern nur in Verbindung des Straf- u Gemeinwohlgedankens läßt sich die Auffassung vertreten, der staatlichen Autorität komme unter den genannten Bedingungen die Vollmacht zur Tötung zu, wenn u insofern nämlich die Todesstrafe das durchschnittlich einzige Mittel darstellt, um die Rechtsordnung wirksam u ohne zu großen Aufwand zu sichern.

Zur Euthanasie: K Forster (Hgb): Aktuelle Probleme des Rechtsschutzes durch die Rechtsordnung 1964; *B Schüller:* Direkte Tötung – indirekte Tötung, in: Theol Phil 47 (1972) 341–57. – *Zum Selbstmord: JM Sailer:* Über den Selbstmord, Neudr 1919; *R Schneider:* Über den Selbstmord 1947; *G Siegmund:* Sein oder Nichtsein, Das Probl des Selbstmords 1961; *G Lester:* Suicide, Englewood Cliffs 1971; *C Braun:* Selbstmord 1971 [z Psych]. – *Zur Todesstrafe: S Greinwald:* Die Todesstrafe 1948; *M Pribilla:* Über die Todesstrafe, in: St d Zt 146 (1950) 335–46; *M Dorfmüller* u a: Todesstrafe? 1960; *A Mergen:* Dokumentation über die Todesstrafe 1963; *G Ermecke:* Zur eth Begründung der Todesstrafe heute ²1963. Kerber

Leib ist der beseelte Körper des Menschen u des Tieres. Als ↗ Körper ein Teilchen des stofflichen Kosmos, weist er als „belebter" Körper die Unterordnung der Gesetze des rein anorganischen physikalisch-chemischen Geschehens unter die des organischen Lebens auf. – Der menschliche L ist für die ↗ Seele des ↗ Menschen vielfach Grundlage, Ausdrucksfeld u besonderer Gegenstand ihres Erlebens. „Grundlage": Die ganze Tätigkeit der Sinnenseele ist innerlich an körperliche Vorgänge so gebunden, daß sie mit diesen zusammen die ‚eine' animalische Lebenstätigkeit ausmacht u ohne sie nicht sein kann. Indirekt, durch die Bindung an das Sinnenleben, ist auch das geistige Leben vom Körper vielfach abhängig. Im einzelnen sei nur kurz erinnert an die Bedeutung von Gehirn u Nerven, Blutstruktur u innerer Sekretion (Hormonen) sowie Vererbung für das seelische Erleben u Wirken. – „Ausdrucksfeld" (↗Ausdruck): Manche seelische Erlebnisse kommen auch innerseelisch nicht zur Vollentfaltung, wenn sie sich nicht im körperlichen Geschehen auswirken können. Blick, Physiognomie, Körperbau, Haltung, Bewegung, Organtätigkeiten bekunden vielfach Eigenart u Rhythmus seelischen Erlebens. Der soziale Kontakt von Seele zu Seele vollzieht sich auf dem Weg über körperliches Tun (↗Sprache). – Mit der Seele verbunden bildet der L das höchste u bedeutsamste stoffliche „Erlebnisobjekt" der Seele, seelisches Leben anregend oder hemmend. Die *Psychosomatik* (vom griech psychē: Seele, u sōma: Leib) führt manche (übersteigert sogar alle) körperlichen Erkrankungen auf seelische Störungen zurück.

Durch seine Verbindung mit der geistigen Seele u seine Bedeutung für sie erlangt der Menschen-L eine besondere Würde, die dem unverdorbenen Menschen auch spontan bewußt wird in seiner naturhaften Scheu vor Entwürdigung des Körpers *(Schamhaftigkeit)*. Der Mensch trägt seinem L gegenüber eine sittliche Verantwortung, die ihm die Pflicht auferlegt, für ihn zu sorgen durch Ernährung, Pflege u Übung. Insbesondere erwächst ihm die Pflicht, nach der rechten Ein- u Unterordnung der leiblichen Kräfte zu trachten. Dazu gehören ua die Mäßigkeit (↗Tugend) u die *Keuschheit* (vernunftgemäße Ordnung des Geschlechtslebens; dessen Mißbrauch = *Unkeuschheit, Unzucht*). Ein Verfügungsrecht über die Substanz des L besitzt der Mensch nicht ↗Lebensrecht. Die Hinführung zu richtiger Bewertung des körperlichen Seins ohne Körpervergötzung u manichäischen Körperhaß gehört zu den wichtigsten Aufgaben der Formung vollen Menschentums.

b) *Bernhart – Schröteler – Muckermann – Ternus:* Vom Wert des L i Antike, Christentum u Anthropologie der Gegenw 1936; *K Bühler:* Ausdruckstheor 1933; *W Hellpach:* Geopsyche ⁴1935; *F Dessauer:* Die Teleologie i der Natur 1949; *F v Hornstein, A Faller:* Gesundes Geschlechtsleben 1950; *G Siewerth:* Der Mensch u sein L, Einsiedeln 1953; *Geist u L* i der menschl Existenz = Naturwiss u Theol (1961) H 4; *H Schmitz:* System der Phil II 1965; *M de Tollenaere:* Le corps et le monde, P 1967. – c) *RM Zaner:* The Problem of Embodiment, Den Haag 1964. – d) *B Lorscheid:* Das L-phänomen 1962 [Scheler]. – ↗Ausdruck, Leib-Seele-Verhältnis, Vererbung. Willwoll

Leib-Seele-Verhältnis.

Das L-S-V, die teils empirisch erlebbare, teils nur in phil Erörterung zu erschließende ontische Beziehung zwischen dem beseelten Leib (L) u der den Körper belebenden u lenkenden geistigen Seele (S) stellt von jeher Forschung und Phil vor eine Fülle von Fragen. – Empirischer Beobachtung erweist sich der L als besonderer Gegenstand, als Grundlage u als Ausdrucksfeld seelischen Erlebens ↗ Leib. – Die metaphysischen Theorien über L u S betonen teilweise einseitig nur die Einheit des menschlichen Seins (↗Monismus), teilweise einseitig die Zweiheit u Gegensätzlichkeit beider (reiner ↗Dualismus), teils suchen sie der erlebnismäßigen Einheit u der Zweiheit im menschlichen Sein zugleich gerecht zu werden (Duo-Monismus).

Der materialistische Monismus anerkennt nur die Wirklichkeit des Stofflichen u leugnet das Dasein einer unstofflichen Seele (↗ Materialismus, Seele). Der spiritualistische Monismus sieht im Leiblichen nur die äußere Erscheinungsweise der einzigen, geistigen Wirklichkeit (*Wundt*, ↗ Spiritualismus). Der moderne *psycho-physische Parallelismus* oder die *Identitätstheorie* hält Geistiges u Leibliches für die beiden Seiten oder Erscheinungsweisen einer einzigen, nicht in sich erkennbaren Wirklichkeit. Er behauptet folgerichtig u muß voraussetzen, daß leibliche u seelische Vorgänge (Erlebnisse) einander streng parallel zugeordnet seien (*GTh Fechner* u die gegen Ende des 19. Jhts vorherrschende Form des Monismus). In allen seinen Formen widerstreitet der Monismus der erweisbaren Wirklichkeit u Wesensgegensätzlichkeit der stofflichen Welt u des Seelischen (schon des ↗ Lebensprinzips, erst recht des bewußten Lebens u am meisten des geistigen Seins). Er erklärt nicht, wieso Stoffliches als Seelisches, Geistiges als Stoffliches „erscheine". Der Voraussetzung aber absoluter Parallelschaltung seelischer Erlebnisse u stofflicher Vorgänge widersprechen die Tatsachen, daß einerseits das geistige Leben ohne innere Mitwirkung des Stofflichen, anderseits das Unbewußte ohne seelisches Erleben sich vollzieht.

Der reine Dualismus in seiner extremsten Form *(Malebranche, Leibniz)*, von *Descartes'* allzu schroffer Trennung des Seelischen (der res cogitans) u des Körperlichen (res extensa) vorbereitet, leugnet jede Zwischenwirkung zwischen L u S u führt die doch offenkundig auf gegenseitige Beziehung deutenden Tatsachen darauf zurück, daß der Schöpfer von Anfang an leibliche u seelische Vorgänge eben so geordnet habe, daß sie in einer *vorbestimmten Harmonie (harmonia praestabilita)* einander zugeordnet seien ohne gegenseitige Beeinflussung. Diese heute nur historisch bedeutsame Auffassung widersprach allzu laut dem ganzen Selbsterleben des Menschen, insbesondere auch dem Bewußtsein der Verantwortlichkeit für körperliches Tun, u erklärte in wissenschaftlich unzulässiger Weise sofort durch Rückgreifen auf Gott, die Erstursache, was zunächst nach natürlicher Deutung verlangte. Naturnäher ist der Dualismus der *Wechselwirkungstheorie (Platons* u vieler moderner Neu-Vitalisten, wie *Becher)*. Sie betrachten L u S als zwei Vollsubstanzen, die sich gegenseitig durch akzidentelle Wirkursächlichkeit beeinflussen. (Vgl. das alte Bild der S als des Schiffers im Schiff des L oder gar als einer Gefangenen im Kerker des L.) Die modernen Vertreter dieser Auffassung waren imstande, die Einwände, die mit Berufung auf das Gesetz der Energieerhaltung gegen jeden Dualismus erhoben wurden, zu widerlegen. Hingegen entspricht die Wechselwirkungslehre zu wenig der Einheit des organischen Lebewesens (nicht die Entelechie allein u nicht der Stoff allein „lebt", sondern Leben ist Seinsweise des unteilbar Einen, des Lebewesens) ↗ Lebensprinzip.

Der *Duo-Monismus,* die von *Aristoteles* begründete Auffassung des ↗ Hylemorphismus, betrachtet L u S als zwei in ihrem substantiellen Sein „unvollständige Substanzen". Diese wirken nicht in akzidentellen, wirkursächlichen Einzelakten aufeinander ein, sondern sind in ihrem substantiellen Sein zum Ganzen der einen lebenden Vollsubstanz verbunden. Diese ist der Träger der Lebenstätigkeit. Die S gilt dabei als das bestimmende, formende Prinzip, die *Form des L*, von der die andere Teilsubstanz, das materielle Prinzip, zur Teilhabe am lebendigen Sein des Ganzen erhoben wird. Nach späterer, gemilderter Auffassung des Hylemorphismus wahrt dieses materielle Prinzip sein stoffliches Eigensein mit seinen physikalisch-chemischen Bestimmtheiten, u die informierende S gibt nur das spezifische Lebendigsein. Vielleicht schon nach *Aristoteles* selbst, *Thomas* u anderen Vertretern des strengeren Hylemorphismus hingegen besteht neben der Form (der S) nur ein an sich seins- u bestimmungsloses, rein passives Prinzip (die materia prima), das nur durch die Form zur Teilhabe am Sein wie am Lebendigsein erhoben ist. Beide Auffassungen berufen sich auf metaphysische u empirische Erwägungen. Von den scholastischen Schuldifferenzen sehen wir hier ab. Wenigstens in seiner milderen Form ist der Hylemorphismus, nach Ausschaltung des extremen Dualismus u Monismus, die einzige Auffassung, die der Einheit wie der Zweiheit im menschlichen Sein gerecht wird, wenngleich auch er seine Dunkelheiten (nicht Widersprüche!) behält.

Ein Sonderproblem, das Aristoteles keineswegs klar löste u für das erst *Thomas* die lösende Formel klar herausarbeitete, bleibt: wie die geistige S zugleich so eng mit dem Körper zur Substanzeinheit verbunden sein könne. Weder bestehen im Menschen zwei S-n, eine Vitalseele u eine vom Körper gelöste Geistseele (heute vielfach in theologisch falscher Anwendung eines Pauluswortes als *Pneuma* bezeichnet), noch ist es so, daß die geistige S untergeordnete Teile hätte, durch die allein sie den Körper belebte *(JP Olivi)*. Die eine einfache geistige S ist vielmehr zugleich Vitalseele, während sie ihre geistigen Tätigkeiten allein vollzieht. – Aus der trotz ihrer Wesensverschiedenheit *substantiellen Einheit* von S u L läßt sich das metaphysische Verstehen der empirisch bekannten Tatsachen gewinnen, daß einerseits auch das geistige Tun des Menschen vom stofflichen Sein (kosmischen Einflüssen, Vererbung, Krankheit) mitbedingt ist, anderseits geistiges Erleben sich (in der Rückwirkung oder *Redundanz* auf die Vitalsphäre) unwillkürlich auch im Leiblichen Ausdruck sucht ↗ Leib. Die von moderner empirischer ↗ Anthropologie wieder so sehr betonte Ganzheit menschlichen Seins findet im Duo-Monismus ihren metaphysischen Unterbau.

a) *Thom v Aq:* Quaest disp de anima; Quaest disp de spiritualibus creaturis; ScG II, 56–72; STh I q 76. – b) *H Driesch:* L u S ³1923; *H Conrad-Martius:* Bios u Psyche 1949; *K Sausgruber:* Atom u Seele 1958; *CA van Peursen:* L, S, Geist 1959; *M de Crinis:* Der Affekt u seine körperl Grundlagen 1973. – c) *R Reininger:* Das psycho-phys Probl 1916; *P Häberlin:* Der L u die S, Basel 1923; *A Wenzl:* Das L-S-Probl 1933; *Ch Sherrington:* Körper u Geist 1964; *A Perger:* Das Bewußtsein als Organ 1970; *HT Engelhardt:* Mind – Body. A categorial relation, Den Haag 1973. – *Empirisch: H Rohracher:* Die Arbeitsweise des Gehirns u die psych Vorgänge ⁴1967; *O Schulze-Wegener:* Der L-S-Zusammenhang u die wiss Forsch 1967. – Vgl Lit zu geistiger ↗ Vererbung, ↗ Leib. – d) *E Grünthal:* Psyche u Nervensystem. Gesch eines Probl 1968; *J Hirschberger:* S u L i der Spätantike 1965; *A Flew* (Hgb): Body, Mind, and Death. Readings, NY ⁴1969; *A Bain:* Mind and Body. The theories of their relation, Westmead, Neudr 1971. Willwoll

Leiden bedeutet gewöhnlich (1) die Beraubung (↗ Privation) eines Gutes, die Veränderung zum Schlechteren: man leidet Schaden. In einem etwas weiteren

Sinn (2) ist L soviel wie verändert werden, gleichviel ob zum Guten oder zum Schlechten. Doch sagt man hier u noch mehr bei der folgenden Bedeutung *Erleiden:* man erleidet eine Veränderung. Im weitesten u uneigentlichen Sinn (3) kann jedes Aufnehmen einer Bestimmung Erleiden heißen, auch wenn damit nicht zugleich der Verlust einer anderen Bestimmung verbunden ist (so zB bei der Bestimmung der Erkenntnisfähigkeiten zum Erkennen).

Wird L (1) in seiner engeren Bedeutung von einem erkenntnisbegabten Wesen ausgesagt, so meint man mit L nicht bloß die Veränderung zum Schlechteren selbst, sondern zugleich auch deren Erfahrung. Die Größe u Tiefe des L (1) hängt dann nicht nur von der Größe des Schadens, sondern auch von der Art u Größe der Erkenntnis ab. Da Tiere nur eines unvollkommenen Bewußtseins u keines reflexen Selbstbewußtseins fähig sind, sind sie auch weniger für L u Schmerz empfänglich als der Mensch. Gott ist leidensunfähig, weil er in sich keinen Schaden erleiden kann. Die Möglichkeit des L (1) ist nicht bloß eine notwendige Folgeerscheinung der Endlichkeit; es ist auch, wie die Erfahrung unzähliger Menschen zeigt, in hohem Maße geeignet, den Menschen zur inneren Reife zu bringen. Dieser Wert kommt ihm aber nicht unmittelbar durch sich zu, sondern durch die Art u Weise, wie der Mensch es aufnimmt u ihm begegnet, u kann darum auch vereitelt werden. Es lehrt den Menschen auf eine tiefinnerliche Weise, daß er ein begrenztes u abhängiges Wesen ist; daß wir Menschen untereinander auf gegenseitige Hilfe angewiesen sind; daß wir unser Glück nicht hier in diesem irdischen Dasein zu erwarten haben u a mehr.

Alles L steht zu einem Tun oder Wirken in Beziehung. Insbesondere ist Erleiden (2) = *passio* der Ggs zum *Wirken* = *actio*. Wirken u Erleiden sind in der Körperwelt nur die beiden Seiten der ↗ Veränderung: derselbe Vorgang heißt Wirken, bezogen auf die Wirkursache der Veränderung, u Erleiden, bezogen auf das, was verändert wird. In diesem Sinne gehören actio u passio zu den aristotelischen ↗ Kategorien. Das physikalische Gesetz der Gleichheit von Wirkung u Gegenwirkung hebt den Ggs von Wirken u Erleiden nicht auf. Denn die Gegenwirkung wird erst auf Grund der erfolgten Veränderung, also des Erleidens, hervorgerufen. – ↗ Übel.

P Blau: Das Probl d L 1927; *PW v Keppler:* Das Probl des L i der Moral ⁹1919; *JA Berrenberg:* Das Leiden i Weltplan ³1942; *St Breton:* La passion du Christ et les Philosphies, Teramo 1954; *J Russier:* La souffrance 1963; *G Nossent:* Joie, souffrance et vie morale, Brügge 1968. – ↗ Übel.
Brugger

Leidenschaft ist die Anlage zu starker Reaktion des sinnlichen Gefühls- u Trieblebens, manchmal vulkanartig jäh durchbrechend u die Seele überflutend (zB Jähzorn), manchmal in stiller Zähigkeit das Seelenleben lang in seinem Bann u Dienst haltend. *Thomas von Aquin* unterscheidet elf Grund-L-en *(passiones),* die sechs schlichteren „*Begehrungs-L-en*" *(passiones concupiscibiles)* u fünf, den ersteren sich überbauende, durch Hemmung des Strebens ausgelöste „*Erwehrungs- u Erringungs-L-en*" *(passiones irascibiles).* Je nach der Objektbezogenheit auf gegenwärtige, abwesende oder bevorstehende Güter oder Übel unterscheidet er in der ersten Gruppe *Liebe* u *Haß* als Fundamental-L-en (wobei jedoch die Worte Liebe u Haß nicht im heute üblicheren, komplexeren Sinn verstanden werden dürfen, sondern nur als Hinneigungs- bzw Abwendungsdrang), ferner Freude u Trauer, Verlangen u Scheu; in der zweiten Gruppe Hoffnung u Verzagtheit, Mut u Furcht, Zorn. Die wertsteigernde oder wertzerstörende Macht der L-en im Seelenleben hat schon *Platon* trefflich hervorgehoben in dem Vergleich der L-en mit feurigen Rossen, die entweder in fester Hand des Wagenlenkers beherrscht u verwertet werden oder ohne sichere Führung sinnlos u sinnzerstörend rasen. Leidenschaftsloses Seelenleben wäre verkrüppelt, von L-en beherrschtes Seelenleben zerstört sich seine Werte. Die heutige empirische Psychologie behandelt die L-en unter dem Titel *Motivation*.

a) *Thom v Aq:* STh I. II q 22–48. – b) *Lehmen:* Lehrb der Phil V (Psych); *Th Müncker:* Die psych Grundlagen der Kath Sittenlehre 1934; *K Schmid:* Die menschl Willensfreiheit i ihrem Verhältnis zu den L-en 1925; *J Jacob:* Passiones. Ihr Wesen u ihre Anteilnahme an der Vernunft nach dem hl Thom v Aq 1958. – Vgl Lit zu ↗Gefühl.

Willwoll

Leistung teilt alle Bedeutungen von ↗Arbeit, bezeichnet aber auch deren Ergebnis oder Erfolg, oder was der Leistende abgibt. Der Motor leistet so viel PS oder KW, die Maschine so viel Stück je Tag oder Stunde. – L vom Menschen ausgesagt, meint vor allem menschliches Tun, das sich über die bloße Last u Mühe der Arbeit erhebt, bei dem er sein Bestes hergibt, ein Höchstmaß körperlicher, geistiger oder sittl Anstrengung aufbietet, bei dem es ihm darum geht, sich selbst u anderen zu zeigen, was er zu „leisten" imstande ist, u in dem bis an die Grenze des Möglichen gehenden wissenschaftlichen, künstlerischen, sportlichen, wirtschaftlichen oder was immer für einem Erfolg sich selbst bestätigt zu finden. Dieses L-streben kann entsprechend natürlicher Veranlagung, Erziehung u Umweltbedingungen sehr unterschiedlich entwickelt sein. Die heutige Welt begünstigt das L-streben nicht nur, gewährt der L hohe Anerkennung, ja erzwingt geradezu Hoch-, Höchst- u Spitzen-L-en; wer nichts „leistet", kommt zu nichts; im Wirtschaftsleben geht, wer keine dem Markt genehme L anzubieten hat, elend zugrunde. – Eine solche „*L-gesellschaft*" holt aus dem Menschen heraus, was in ihm steckt; schwache oder labile Menschen werden dabei überfordert; insofern ist diese Gesellschaft grausam. Die Werte der Muße, der inneren Sammlung u Tiefe sind gefährdet oder leiden Schaden. Die heutige Revolte gegen die L-gesellschaft ist ausgelöst durch das für viele unerträgliche Maß von Streß, vor allem aber durch die Erfahrung, daß alles, was wir mit unserer äußersten Anstrengung im politischen, sozialen u ökonomischen Bereich zustande bringen, zu keiner letzten Befriedigung führt u selbst die größte Fülle an Gütern die innere Leere nicht auszufüllen vermag.

Das *L-prinzip* fordert, die menschliche Gesellschaft so zu gestalten, daß in ihr ein Höchstmaß an „L-en" erbracht wird, um so die in den Menschen schlummernden Anlagen u Fähigkeiten u damit ihre Persönlichkeit zur vollen Entfaltung zu bringen. Der Anthropologe hat jedoch zu fragen, welches Maß an L-forderung der Mensch schadlos verträgt; der Ethiker hat zu betonen, daß nur das auf echte, d i menschenwürdige „L-en" abzielende L-streben zu wahrer Persönlichkeitsentfaltung führt. – Im Wirtschaftsleben besagt L-prinzip, das Entgelt, insbes der Lohn, habe der „L", entweder was sie den Leistenden kostet oder was sie dem L-empfänger wert ist, zu entsprechen (L-lohn im Ggs zum Zeitlohn); oft sind gefährliche Anreizlöhne gemeint, die den Arbeiter verleiten, seine Kräfte zu überfordern.

Verband f Arbeitsstudien REFA (Hgb): L-lohn heute u morgen 1965; *DC McClelland:* Die L-gesellschaft 1966; *B de Jouvenel:* Jenseits der L-gesellschaft 1970; *G Gäfgen:* L-gesellschaft u Mitmenschlichkeit 1972; *A Gehlen* u a: Sinn u Unsinn des L-prinzips 1974; *H Heckhausen* u a: Das L-prinzip i der Industriegesellschaft 1974 (Lit). v Nell-Breuning

Liebe ist die wertbejahende u wertschöpferische Urkraft des wollenden Geistes. Wesentlich u in ihrem Erlebniskern betrachtet, ist sie eine Willenshaltung, als Gesamterlebnis betrachtet, die bejahende (anerkennende, schöpferische, Einigung suchende) Totalhaltung der geistigen Seele gegenüber ↗ Personen als (wirklichen oder potentiellen) Trägern geistiger Werte u gegenüber diesen Werten selbst. So führt sie die individuelle Persönlichkeit aus ihrer Vereinzelung hinaus und zum „Wir-werden" in den verschiedenen Urformen menschlicher ↗ Gemeinschaft. Im Werterkennen wurzelnd, kann sie an Intensität über die Klarheit des Erkennens hinauswachsen u rückwirkend am Erkennen selbst formen. Normaler-, aber nicht schlechthin notwendigerweise, ins Gefühlsleben ausstrahlend u von diesem getragen, ist sie selbst doch nicht bloßes Lustgefühl u auch nicht ein isoliertes „höheres ↗ Gefühl". So kann zB die willentliche Höchstwertung einer Person (etwa Gottes) bestehen, auch wo das Gefühl anderen Wertskalen folgt. Vor allem läßt sich L nicht mit rein instinkthaftem (wenngleich „sublimiertem") ↗ Trieb gleichsetzen. Zwar kann sich ganzmenschliche L mit Triebhaftem zu einer Erlebnisganzheit verschmelzen u das Triebhafte als Ausdrucksmittel in eine höhere Sinneinheit heraufnehmen, wie in der Ehe; aber für sich allein genommen, zielt der Trieb als solcher erlebnismäßig auf Sättigung des Triebhungers u macht den Partner zum Mittel für diesen Zweck, während L sich wertbejahend u wertschaffend zum Partner wendet. L als seelische Totalhaltung läßt selbstverständlich mancherlei u typische Sonderarten zu. So liebt der typische Mann irgendwie anders als die Frau.

Liebe u *Ehrfurcht* schließen einander nicht aus. Eher sind sie zwei Aspekte der einen Grundhaltung geistig-personalen Seins gegenüber werttrachtigem Sein u insbes personalen Wertträgern. Denn wie in jedem Wahrheitsdrang unbewußt die seinshafte Hinordnung des Geistes zur absoluten Wahrheit schwingt, so in jeder echten geistigen L die Richtung auf den absoluten, Ehrfurcht heischenden Höchstwert.

Der Gegensatz zur L ist der *Haß,* der den Eigenwert der gehaßten Person verneint. Wie die L wertschaffend u gemeinschaftsbildend ist, so der Haß wertzerstörend u gemeinschafttötend.

Da jeder Mensch durch seine personale Hinordnung auf den unendlichen Höchstwert (Gott) einen einmaligen Eigenwert besitzt u kein Mensch, solange er lebt, an seinem Lebensziel als endgültig gescheitert betrachtet werden kann, besteht eine Pflicht zur allg *Nächstenliebe*, die keine Ausnahmen zuläßt. Das schließt jedoch eine Ordnung u Abstufung der L je nach den verschiedenen menschlichen Beziehungen u Gemeinschaften u den sie begründenden verschiedenartigen Werten nicht aus, sondern ein. Der unendliche u zugleich personale Höchstwert Gottes, der selbst subsistierende L ist, begründet die Pflicht der *Gottesliebe*. Die Verpflichtung zur L bezieht sich einerseits nicht nur auf äußere Werke, sondern auch auf die innere Haltung; anderseits betrifft sie diese nicht, soweit sie sich dem unmittelbaren oder mittelbaren Einfluß des freien Wollens entzieht (wie zB gefühlmäßige Schätzung: *Sympathie* u *Antipathie*), sondern als im Erkennen wurzelndes, dem Personwert sich anerkennend zuneigendes Ja des Willens, das alles übrige umfaßt, soweit es von ihm ausströmen kann.

Die ↗ Selbstliebe ist der L zu Gott u dem Nächsten nicht entgegen, sondern deren Voraussetzung. *Selbstlosigkeit*, die strömende Ausweitung des Ich zum Wir, bedeutet daher keinen Gegensatz zur geordneten Selbst-L, sondern bloß zur ungeordneten, sich in sich verengenden u verkrampfenden Selbstsucht. – Die personale, auf der Seins- u Wertordnung gründende Nächstenliebe ist gleich entfernt von einer bloß gefühlsmäßigen, oft bloß einen feinen Egoismus verdeckenden *Philanthropie* („Menschenfreundlichkeit") wie von einem verstiegenen *Altruismus*, der nur ein Handeln um des fremden Wohles willen als sittl vertretbar zuläßt. – Das *Mitleid* (die Einfühlung in fremdes Leid) soll die gegenseitige L u die tatkräftige Hilfeleistung fördern, ist aber keineswegs der einzige Maßstab des Handelns, da Leid oft notwendiger Durchgang zu höheren Werten ist.

Da die L am unmittelbarsten u umfassendsten auf den Wert als solchen hinzielt u die geistige Seele in ihren schöpferischen Kräften am tiefsten zur Einigung mit den objektiven Werten u ihren Ordnungen aufruft, ist die L zugleich die stärkste Kraft zur edlen Gestaltung des menschlichen Lebens als Ganzen u zur Vollverwirklichung der sittl Ordnung. In der heutigen empirischen Psychologie wird die L unter dem Titel *Motivation* behandelt.

b) *A Entleutner*: Naturwiss, Naturphil u Phil der Liebe 1877; *M Scheler*: Wesen u Formen der Sympathie ⁵1948; *R Egenter*: Gottesfreundschaft 1928; *E Raitz v Frentz*: Drei Typen der L, in: Schol 8 (1931), wo weitere Lit; *R Allers*: L'amour et l'instinct, in: Études Carmélitaines 1936; *Silvero de Santa Teresa*: El precepto del amor, Burgos 1941; *M Nédoncelle*: Vers une phil de l'amour 1957; *P Hirt*: Das Wesen der L, Immensee 1943; *A Willwoll*: Chasteté, in: Dict de Spiritualité 1945, fasc X; *MC D'Arcy*: The Mind and Heart of Love, L 1954 [über Eros u Agape]; *J Galot*: Der Geist der L 1960; *CS Lewis*: Vier Arten der L 1961; *J Guitton*: L'amour humain 1963; *JB Lotz*: Die Stufen der L. Eros, Philia, Agape 1971; *D v Hildebrand*: Das Wesen der L 1971; *J Pieper*: Über die L 1972. – d) *J Volkelt*: Zur Gesch d Phil der L 1873; *P Rousselot*: Pour l'histoire de l'amour au moyen âge, P ²1933; *Z Alszeghy*: Grundformen der L, Rom 1946 [mittelalt Lehre]; *LB Geiger*: Le problème de l'amour chez S Thom d'Aq, Montréal 1952; *JP Bagot*: Connaissance et amour 1958 [G Marcel].

Willwoll

Logik. Ihr Gegenstand ist das ↗ Denken, nicht als eine Eigenschaft oder Tätigkeit existierender ↗ Subjekte betrachtet (so ist das Denken Gegenstand der ↗ Psychologie), sondern die Beziehungen der Denkinhalte als solcher, die identisch von vielen gedacht werden können. In der L einen Teil der Psychologie zu sehen, wie der ↗ Psychologismus meint, ist deshalb irrig. Die Denkinhalte können nun in sich, nach ihrem inneren Aufbau, ihrer Form (als ↗ Begriffe, ↗ Urteile, ↗ Schlüsse) u ihren gegenseitigen notwendigen Beziehungen *(logische Gesetze)* untersucht werden, was die Aufgabe der *reinen* oder *formalen,* d i eigentlichen L ist, oder nach ihrer Gegenstandsbeziehung u Darstellungsfunktion; diese Aufgabe wird zuweilen einer „*realen*" oder „*materialen*" L zugewiesen. Besser spricht man hier von Erkenntniskritik oder ↗ Erkenntnistheorie. Die formale L oder L im engeren Sinne sieht nur auf die *Richtigkeit,* d i logische Gesetzmäßigkeit des Denkens *(Denkgesetze),* die Erkenntnistheorie auf die Gegenstandsentsprechung oder ↗ Wahrheit, die Methodenlehre auf die Wahrheitsfindung. Kern der formalen L ist die Lehre vom Schließen. Urteile u Begriffe haben ihre Bedeutung in der L vor allem als Elemente des Schlusses. Die L ist im wesentlichen eine theoretische Wissenschaft, wenn sie auch praktische Anweisungen einschließt, wie etwa die Regeln einer guten Definition. Von der L als Theorie des richtigen Denkens ist die gelebte „L" *(natürliche L)* zu unterscheiden, die allen Denkvollzügen als Soll- u Richtwert innewohnt, die innere Form des Denkens, ohne die es kein Denken wäre. Logisch denken kann auch der, der keine Kenntnis der L als Theorie hat; der *wissenschaftlichen L* bedarf es vor allem zur Prüfung des Denkens in schwierigen u strittigen Fällen.

Die L wurde häufig eingeteilt in drei Hauptteile: die Lehre vom Begriff (dessen Sprachzeichen: das *Wort*), vom Urteil (dessen Sprachzeichen: der *Satz*) u vom Schluß. Schon *Aristoteles,* der Begründer der wissenschaftlichen L, geht bei der Schlußlehre auch ein auf die Lehre von der ↗ Wissenschaft u der ↗ Methode überhaupt. Die Neueren machen hieraus häufig einen vierten Hauptteil, wobei sie die Induktionslehre (↗ Induktion), die Bildung der natur- und geisteswissenschaftlichen Begriffe usw behandeln. Vieles davon gehört schon in die materiale L. – Die *transzendentale L Kants* ist eine besondere Art der Erkenntnistheorie ↗ Kritizismus. Da für ↗ Hegel Denkinhalt u Gegenstand zusammenfallen, ist für ihn die L folgerichtig zugleich Ontologie ↗ Deutscher Idealismus. – Manche unterscheiden die *klassische* (= nicht-logistische) u die *moderne L* (= ↗ Logistik).

a) *Aristoteles:* Organon (Üb Rolfes) 1918 ff. – *WSt Jevons:* Elementary Lessons in Logic, L 1957; *J Geyser:* Auf dem Kampffelde der L 1926; *O Külpe:* Vorlesungen über L 1923; *E Husserl:* Erfahrung u Urteil (Hgb Landgrebe) ⁴1972; *A Tarski:* Introduction to Logic..., NY 1949; *A Pfänder:* L ³1963; *G Klaus:* Moderne L 1964; *N Rescher:* Topics in Philosophical Logic, Dordrecht 1968; *P Lorenzen:* Methodisches Denken 1968; *L Wittgenstein:* Phil Grammatik 1969; *IM de Alejandro:* La lógica y el hombre, Madrid 1970. – d) *H Scholz:* Gesch der L ³1967; *IM Bocheński:* Formale L 1956; *W and M Kneale:* The Development of Logic, Oxford 1964; *W Risse:* Die L der Neuzeit 1964–70; *ders:* Bibliographia logica 1965–73. – e) *J de Vries:* Logica ³1964; *F v Kutschera, A Breitkopf:* Einf i die moderne Logik ³1974. *Brugger*

Logistik (auch *symbolische* oder *mathematische Logik*) ist die Lehre von jenen Zeichensystemen mit den dazugehörigen Operationsregeln *(Kalkül),* die logisch, d i durch Zuordnung logischer Kategorien u Beziehungen (↗ Logik), gedeutet werden können. Im weiteren Sinn genommen, faßt die L auch die Lehre

Logistik

Tafel logistischer Zeichen

mit Schreibweise verschiedener Schulen

Aussagenlogik:
Aussagenvariable: p; q
Negation: ¬p   −p   p̄   ∼p   *nicht* p
Konjunktion: p ∧ q   p · q   pq   p & q   p *und* q
Adjunktion (Alternative, Disjunktion): p ∨ q   p v q   p *oder* q
Subjunktion (Implikation):
   p → q   p ⇒ q   p ⌈ q   p ⊃ q   *wenn* p, *so* q
Bisubjunktion (Äquivalenz)
   p ↔ q   p ⇔ q   p ⊓ q   p ≡ q   p *genau dann, wenn* q
Ausschließende Disjunktion (Kontravalenz)
   p >—< q   p ⊔ q   *entweder* p *oder* q

Anmerkung: Die an erster Stelle angeführten Zeichen entsprechen der DIN-Norm.

Tafel der Wahrheitswerte

Obige Funktionen sind genau definiert durch die Verteilung der zugeordneten Wahrheitswerte Wahr (W) und Falsch (F).

p	q	¬p	p ∧ q	p ∨ q	p → q	p ↔ q	p >—< q
W	W	F	W	W	W	W	F
W	F	F	F	W	F	F	W
F	W	W	F	W	W	F	W
F	F	W	F	F	W	W	F

Prädikatenlogik:
Variable: x
Prädikator: φ
Allquantor: ∀ oder ∧
Existenzquantor: ∃ oder ∨
Allaussage: ∀xφ oder ∧ xφ   für alle x gilt x ...
Existenzaussage: ∃ x φ oder ∨ xφ   es gibt ein x, für das gilt ...

von den formalen Voraussetzungen des Logikkalküls (die *Metalogik*) in sich, während die Untersuchung der phil Voraussetzungen neuerdings der *Metalogie* zugewiesen wird. Die L erlaubt es, mit den Zeichen ähnlich wie in der Mathematik zu operieren, also zu rechnen. Während die aristotelische Logik immer nur aus zwei Prämissen mit ihren drei Begriffen einen neuen Schluß ableiten kann, vermag die L auch aus mehr als zwei Sätzen, die eine größere Zahl von Begriffen verbinden, rechnerisch alle Folgerungen abzuleiten, die aus den Prämissen überhaupt gezogen werden können. Im Prinzip wurde die L schon von *Leibniz* gesehen u gefordert.

Die Formeln der L setzen sich zusammen aus *Variablen* (Zeichen für Leerstellen) u den dafür einzusetzenden *Konstanten* (Zeichen für bestimmte Gegenstände) sowie den *Funktoren* (Zeichen für logische Operationen, wie *Negator* für die Negation). Die Funktoren der Aussageverbindungen heißen *Junktoren*. Für die in der L häufiger gebrauchten Zeichen, deren Bedeutung u Schreibweise in den verschiedenen Schulen ↗ Tafel der logistischen Zeichen.

Die Hauptgebiete der L sind die *Aussagenlogik*, deren Schlußregeln auf den Formen der Aussageverbindungen (↗ Hypothetisches Urteil) u deren Wahrheitswerten (↗ Tafel der Wahrheitswerte) beruhen; die *Prädikatenlogik*, deren Schlußregeln, wie in der Aristotelischen Logik, von der Qualität u Quantität (deren Zeichen: die *Quantoren*) der Aussagen bestimmt werden; die *Klassenlogik*, die von den formalen Beziehungen der zu den Begriffen gehörigen Umfangsbereiche, der *Klassen*, ausgeht; die *modale Logik*, die auf den notwendigen Beziehungen der ↗ Modalität der Aussagen gründet; die *Relationenlogik*, die aus der Form gegebener Relationen weitere erschließt. Die *Intensionslogik*, die sich an den Begriffsinhalten orientiert, u die *Extensionslogik*, die mit den Umfängen der Begriffe operiert, sind komplementäre Betrachtungsweisen der L.

Die L hat die gewöhnliche Logik weder widerlegt noch überflüssig gemacht, da ohne diese die L kaum verstanden wird. Ihre Vorzüge sind jedoch größere Exaktheit u systematische Vollständigkeit, die eine Anwendung auf Sachgebiete erlauben, denen die gewöhnliche Logik nicht genügen konnte. – Was eine Verwendung der L für das Philosophieren angeht, so ist vor einem übertriebenen Mathematismus zu warnen, der in keiner Entsprechung steht zu den zu erwartenden Ergebnissen. – Vom Neu-↗ Positivismus wurde die L zu Angriffen gegen die Metaphysik mißbraucht. – Zur Gesch d Logistik ↗ [139, 175, 189$_1$, 241, 244, 258]

EW Beth: Symbol Logik u Grundlegung der exakten Wissenschaften, Bern 1948 [Bibliogr]. – a) *B Russell:* Einf i die mathemat Logik 1932; *Whitehead-Russell:* Principia Mathematica, Cambridge ^{2}1925–27. – *Hilbert-Ackermann:* Grundzüge der theoret Logik ^{3}1949; *J Dopp:* Leçons de Logique formelle, 3 Bde, Louvain 1950; *R Carnap:* Einf i die symbol Logik 1954; *ders:* Symbol Logik ^{2}1960; *IM Bocheński, A Menne:* Grundriß der L ^{4}1973; *P Lorenzen:* Einf i die operative Logik u Math 1955; *G Hasenjäger:* Einf i die Grundbegriffe u Probleme der modernen Logik 1962; *A Church:* Introduction to Mathematical Logic, Princeton 1964; *V Richter:* Unters-en z operativen Logik der Gegenw 1965; *IM Copi:* Symbolic Logic, NY ^{4}1973, – *Beurteilung: IM Bocheński:* Logistique et Logique classique, in: Bull Thom 4 (1934) 340–48; *La pensée* cath et la logique moderne, Krakau

1937; *G Capone Braga:* La vecchia e la nuova logica, Rom 1936. – *L u Phil: H Scholz:* Metaph als strenge Wiss 1941 (vgl dazu: *W Brugger* in: Schol 17 [1942] 95–8); *W Brugger:* Phil-ontolog Grundlagen der L, in: Schol 27 (1952) 368–81; *IM Bochenski:* Logisch-phil Studien 1959; *G Jacoby:* Ansprüche der Logistiker auf die Logik u ihre Geschichtsschreibung 1962; *L Eley:* Metakritik der Formalen Logik, Den Haag 1969. – d) *H Scholz:* Gesch der Logik ³1967. – e) *P Hinst:* Log Propädeutik 1974.
Brugger

Logizismus. Das Wort L (auch *Logismus*) weist auf ↗ Logos oder ↗ Logik hin. L (1) bedeutet, daß alle Dinge Momente der Selbstentfaltung des Logos oder Stufen der Entwicklung zum Logos sind = *Panlogismus.* Gegen ihn sprechen dieselben Gründe wie gegen den ↗ Pantheismus. In bezug auf die Logik bedeutet L in der Erkenntnistheorie entweder (2) die Lehre, daß das Logische neben dem Realen u Psychischen eine unabhängige Sphäre bilde = *logischer Transzendentalismus* ↗ Sachverhalt, oder (3) die Lehre, die allen Erkenntnisgehalt aus dem formalen Denken der Logik ableitet (zB *Cohen*). In der Psychologie ist L (4) jene Auffassung, welche eigenständige psychische Funktionen, zB Willensakte oder Gefühle, auf Denkakte zurückzuführen sucht. – *Hegels* Phil, die oft als L bezeichnet wird, ist dies bloß als L (1), nicht als L (3).

G Lasson in der Einl zu Hegels „Encyclopädie" ²1911, XXV ff; *A Wilmsen:* Zur Kritik des log Transzendentalismus 1935; *W Wundt:* Psychologismus u L, in: Kleine Schr I 511 ff.
Brugger

Logos scheint ursprünglich nicht das einzelne Wort bedeutet zu haben, sondern – entsprechend der Urbedeutung von légein: zusammenlegen – das im Sprechen erfolgende Zusammenlegen: das Zählen, Erzählen. Im phil Gebrauch ist L (1) einfach das Reden, das Wort, dann (2) der ↗ Sinn des Wortes, der gedankliche Gehalt, das „innere Wort" *(verbum mentis),* das im äußeren Wort geäußert wird. Insbesondere wird jener Denkinhalt L (3) genannt, der den ↗ Grund von etwas angibt, daher auch die Rechenschaft über eine Überzeugung oder ein Tun. Auch der ganze Bereich des Geistes, der Ideen, wird L (4) genannt, etwa im Ggs zum Bereich des org Lebens, des *Bios,* oder im Unterschied zum Bereich der sittl Haltungen, des *Ethos;* dieser Wortgebrauch liegt vor, wenn man etwa vom „Vorrang des L" spricht.

Alles, was zum Bereich des L gehört, heißt im weiteren Sinne *logisch.* Im engeren Sinn logisch sind die Gegenstände der ↗ Logik, dh jene Beziehungen der Denkinhalte untereinander, die aufgrund unserer abstrakten Denkweise entstehen u als solche ↗ Gedankendinge sind. Der Denkvollzug selbst wird logisch genannt, wenn er die Normen befolgt, die sich für ihn aus den genannten Beziehungen ergeben; widerspricht er diesen Normen, so ist er *unlogisch. Alogisch* wird zuweilen das genannt, was der Leitung der Vernunft entzogen, geistfremd ist, wie etwa Gefühle u Triebe (↗ irrational). Im weiteren Sinn werden auch Gestalt, Form u Gefüge körperlicher Dinge logisch genannt, insofern sie durch Ideen bestimmt u darum sinnvoll sind. In diesem Sinn spricht man von der „logischen Struktur der Wirklichkeit" ↗ Wahrheit. Durch ihre sinnvolle Ordnung wird die physische Welt zum *Kosmos,* im Ggs zu einem sinnlosen *Chaos.*

Die Welt der Ideen hat nicht in sich selbst, sondern in einem wirklichen Geistwesen Bestand, das Urgrund der sinnvollen Ordnung der Körperwelt ist. Auch dieser geistige Weltgrund erhielt in der alten Phil den Namen L (5). *Heraklit* u ähnlich die *Stoa* verstanden diesen L als eine alles durchdringende u durchwaltende Weltvernunft ↗ Weltseele. Anderen, wie *Philon*, war der L (6) ein Mittelwesen zwischen Gott u der Welt, durch das Gott die Welt geschaffen hat. Beiden Auffassungen stellt das *Johannesevangelium* in seinem Prolog die christl Lehre vom wesensgleichen u doch menschgewordenen Gottessohn gegenüber, den es – mit unerhörter Kühnheit das alte Losungswort des griech Denkens aufnehmend – den L (7) nennt. Seit *Augustinus* deutet die abendländische Theologie den L-namen von der Zeugung des Sohnes durch die Erkenntnis des Vaters; im Sohn als seinem inneren Wort spricht der Vater sein ganzes Wesen u die Fülle seiner Ideen aus.

a) *Augustinus:* Vorträge über das Joh-Ev 1; *Thom v Aq:* Unters-en über die Wahrheit 4. – *E Grassi:* Vom Vorrang des L 1939; *JB Lotz:* Vom Vorrang des L, in: Schol 16 (1941) 161–92; *M Nédoncelle:* Conscience et L, P 1961. – d) *M Heinze:* Die Lehre v L i der griech Phil 1872, Neudr 1961; *H Leisegang:* L, in: Pauly-Wissowa: Realenzyklopädie XIII (1926) 1035–81; *H Boeder:* Der frühgriech Wortgebrauch v L u Alétheia, in: Arch f Begriffsgesch 4 (1959) 82–112; *M Heidegger:* L (Heraklit, Fragm 50), in: Vorträge u Aufsätze 1954, 207–29; *W Kelber:* Die L-lehre v Heraklit bis Origenes 1958; *P Parain:* Essai sur le L platonicien, P 1942; *M Mühl:* Der L endiáthetos u prophorikós v der älteren Stoa bis z Synode v Sirmium 351, in: Arch f Begriffsgesch 7 (1962) 7–56; *J Lebreton:* Les théories du L au début de l'ère chrétienne, P 1906; *J Dillersberger:* Das Wort v L 1935; *E Krebs:* Der L als Heiland i 1. Jht 1910; *A Lieske:* Die Theol der L-mystik bei Origenes 1938; *M Schmaus:* Die psycholog Trinitätslehre des hl. Augustinus 1927; *H Paissac:* Théologie du Verbe. St Augustin et St Thomas, P 1951.

de Vries

Lüge ist die bewußte unwahre Aussage, die in der Regel die Täuschung des Nächsten zur Folge hat. Alle Formen der L (*Scherz-, Not-* u *Schadenlüge*) sind innerlich u ausnahmslos unerlaubt, weil gegen Treu u Glauben in der Gemeinschaft gerichtet u weil eine vernünftige Ausnahme mit bestimmten Grenzen nicht festsetzbar ist. *Heuchelei* oder Vortäuschung einer nicht vorhandenen Gesinnung ist der Lüge gleichwertig. Verwerflich ist auch der rein *innere Vorbehalt (reservatio stricte mentalis)*, bei dem die dem Wortlaut nach falsche Aussage eingeschränkt wird auf einen wahren Sinn, ohne daß jedoch letzterer nach außen irgendwie erkennbar wird. Dagegen ist die doppelsinnige Rede oder *Zweideutigkeit (Äquivokation)* noch keine Lüge, weil sie nach dem bekannten Sprachgebrauch sowohl einen wahren wie falschen Sinn enthält. Gleiches gilt vom nicht rein inneren Vorbehalt oder der *reservatio late mentalis*, in der die wahre Bedeutung zwar nicht schon durch den Sprachgebrauch, wohl aber durch die besonderen Umstände des Augenblicks vermutbar wird. In beiden Formen wird die Wahrheit ausgesprochen, wenn auch mit Verdunkelung. Die unmittelbare Folge ist, daß der Hörer in Unklarheit gelassen wird. Zwar nicht nach Belieben, was ähnliche Folgen hätte wie die L selbst, aber zum Schutz rechtmäßiger *Geheimnisse* dürfen beide Formen gebraucht werden, besonders wenn durch bloßes Schweigen oder Ablehnen der Frage das Geheimnis in Gefahr käme. Deshalb ist auch die L kein naturgegebenes u notwendiges Mittel zur Wahrung notwendiger Geheimnisse u die von *Grotius* u anderen versuchte Unterscheidung zwischen L (= unberechtigte Falschrede) u *Falsiloquium* (= berechtigte Falschrede) hinfällig u der Tugend der *Wahrhaftigkeit* zuwider.

a) *Augustinus:* De mendacio; Contra mendacium (dt 1953). – b) *V Cathrein:* Moralphil II ⁶1924; *O Lipmann, P Plaut:* Die Lüge 1927; *J Mausbach:* Die kath Moral u ihre Gegner ⁵1921, 112ff; *W Rauch:* Der widerchristl Charakter der L (Aus Ethik u Leben 1931, 149ff); *A Kern:* Die L 1930; *M Laros:* Seid klug wie die Schlangen u einfältig wie die Tauben 1951, 37–100; *K Hörmann:* Wahrheit u L, Wien 1953; *G Müller:* Die Wahrheitspflicht u die Problematik der L 1962; *E Ansohn:* Die Wahrheit am Krankenbett 1965. Schuster

Lust wird entweder die angenehme ↗ Empfindung (im Ggs zu ↗ Schmerz) oder meist das ↗ Gefühl der Befriedigung genannt. Sie entsteht dadurch, daß ein Streben seinen naturgemäßen Gegenstand findet, sei es in Wirklichkeit oder auch in der lebhaften Vorstellung. Die geistige Befriedigung heißt *Freude*. Die teleologische Bedeutung der L liegt, wie schon *Aristoteles* gesehen, darin, daß sie das sachgemäße Handeln hervorrufen soll, jedoch nicht ohne Kontrolle durch die Vernunft, u als Befriedigung das Echo der erlangten Vollendung ist. Die L ist demnach zwar nicht der Grund u Maßstab für das sittl ↗ Gute, als ob die Handlung deshalb sittl wertvoll würde, weil sie lustbringend ist (↗ Epikureismus, ↗ Hedonismus u *Eudaimonismus*); aber innerhalb bestimmter Grenzen u in Harmonie mit dem Gesamtziel des Menschen wird die L auch sittl bedeutsam u ein ethisches Motiv, soweit sie das Gute fördert. Die Tugend der *Eutrapelie* (Aristoteles) oder richtigen Erholung in Spiel u Freude zum Zweck der Entspannung kommt in der rigoristischen Ablehnung u Unterbewertung von L u Freude nicht genügend zur Geltung.

a) *Platon:* Philebos; *Thom v Aq:* STh I. II q 31–34. – b) *A Trendelenburg:* Die L u das eth Prinzip 1867; *M Wittmann:* Ethik 1923, 96ff; *V Cathrein:* L u Freude 1931. – c) *E v Hartmann:* Phänomenologie des stittl Bewußtseins 1879. – d) *M Wittmann:* Ethik des Arist 1920, 246–322; *G Lieberg:* Die Lehre von der L i den Ethiken des Arist 1958. Schuster

Macht eignet allem Seienden; indem etwas ist u so ist, wie es ist, setzt es sich durch u behauptet sich *(Seinsmächtigkeit)*. Im eigentlichen Sinn gehört M dem personalen u sozialen Bereich zu: Sie bezeichnet jede Chance, innerhalb einer sozialen Beziehung den eigenen Willen auch gegen das Widerstreben anderer durchzusetzen. Die Qualität, auf der sie gründet, heißt ↗ *Autorität*. Wird M-ausübung institutionalisiert, besteht gesellschaftsdifferenzierende *Herrschaft*. Legitimation u Begrenzung der M ist das ↗ Recht. M unterscheidet sich von naturhaft wirkender ↗ Kraft physikalischer oder chemischer Ursachen; sie ist auch nicht gleichzusetzen mit ↗ Zwang u Gewalt, die sie als Mittel kennt u unter Umständen gebrauchen muß, um sich selber zu verwirklichen.

Die M hat vorzüglich ihre Aufgabe im politischen Bereich; der ↗ Staat muß M haben. Die Ziele der *Politik*, eine Ordnung der Gerechtigkeit aufzubauen u der menschlichen Gemeinschaft ein Leben in ↗ Frieden zu sichern, sind auf nationaler u internationaler Ebene nur mit Hilfe der M zu erreichen, weil die vielerlei Interessen u Strebungen in Gesellschaft u Welt den gemeinsamen Aufgaben sonst nicht ein- bzw untergeordnet werden können. Wie alle irdischen Werte kann auch die M mißbraucht werden; besondere Gefahr entsteht durch Potenzierung der M mit Hilfe der Technik oder des Kollektivs. Die M wird dann nicht mehr persönlich verantwortet, sondern ihre Ausübung wird anonym.

K Mannheim: Freedom, Power, and Democratic Planning, L 1951; *M Weber:* Wirtschaft u Gesellschaft 1956; *A Bergstraesser:* Die M als Mythos u als Wirklichkeit 1965; *AM Rose:* The Power Structure, NY 1967; *A Schaefer:* M u Protest 1968. Zwiefelhofer

Manichäismus ist die Lehre des *Manes* (in Persien 276 n Chr hingerichtet), eine Verbindung von altpersischem Dualismus des *Zarathustra (Zoroaster)* mit gnost u christl Elementen ↗ Gnostizismus. Die Welt wird aus zwei Prinzipien erklärt: einem guten des Lichtes u einem bösen der Finsternis (der Materie). Aus ihnen entspringen gute u böse Emanationen u endlich Mischungen zwischen beiden. Im Menschen wohnt eine Lichtseele u eine aus dem Bösen stammende Leibseele, die miteinander im Kampfe stehen. Sünde u Schuld als freie u verantwortliche Verursachung des Bösen wird geleugnet. Da die Materie u das Böse gleichgesetzt wurden, versprachen die drei Stufen der Auserwählten Enthaltung von Fleischgenuß, von Eigentum, von körperlicher Arbeit u von der Ehe. Schon zu Lebzeiten des Manes fand seine Lehre Verbreitung in Indien u China. Sie wirkte im christl Abendland bis ins Mittelalter nach (Katharer). *Augustinus* war vor seiner Bekehrung eine Zeitlang Manichäer. – ↗ [61, 76]

OG v Wesendonk: Die Lehre des Mani 1922; *HH Schaeder:* Urform u Fortbildungen des manichäischen Systems 1924–25; *Nyberg:* Z f neutestamentl Wiss (1935); *HCh Puech:* Le Manichéisme, P 1949; *ders:* Die Religion des Mani, in: König, Christus u die Religionen der Erde II 1951, 499–563; *LJR Ort:* Mani, Leiden 1967; *A Adam:* Texte z M 1969; *St Runciman:* Le manichéisme médiéval, P 1972. Schuster

Manipulation, ursprünglich Bearbeitung chemischer Substanzen mit der Hand, Heilverfahren, Kunstgriff, Trick, bezeichnet zunächst (1) den menschlichen Eingriff in den natürlichen Ablauf eines Prozesses zum Zweck der Kontrolle u Steuerung. Das gegenwärtige Verständnis von M ist durch das Experiment als naturwissenschaftliche Forschungsmethode sowie durch die modernen Techniken der Beeinflussung, die neben Materie, Pflanze u Tier zunehmend auch den Menschen erfassen, bestimmt: M der Erbkonstitution, Geburtenkontrolle, Selbst- und Fremd-M durch Pharmaka und Drogen, Werbung, Massenmedien usw. Durch seine Leiblichkeit steht der Mensch grundsätzlich für M offen. Überdies hat die systematische Erforschung der Gesetzmäßigkeiten psychischer Prozesse durch Psychologie u Psychoanalyse zur Entwicklung von Techniken geführt, die mehr u mehr auch Kontrolle u Steuerung der Erkenntnis- u Motivationsprozesse, die der freien Entscheidung vorausgehen u diese mitbedingen, erlauben. Daher ergibt sich für den Bereich der Sozialwissenschaften als Wesensbestimmung der M (2) die Kontrolle u Steuerung der psychischen Prozesse von Individuen u sozialen Gruppen mit dem Ziel, eine gewünschte

Entscheidung, Einstellung oder Verhaltensweise unter möglichster Minimierung des Risikos der Nichtvorhersehbarkeit individueller Freiheitsentscheidung, aber ohne äußeren Zwang u ohne Androhung von Sanktionen planmäßig herbeizuführen.

Für die Methoden der M ist demnach charakteristisch, daß sie den durch die Anwendung äußerer Zwangsmittel hervorgerufenen Widerstand vermeiden u sich statt dessen mit den bewußten u unbewußten Antrieben u Bedürfnissen des Menschen verbünden, um diese auf eine vom Manipulierenden gewünschte Entscheidung hin zu steuern. Diese Steuerung geschieht zwar ohne die ausdrückliche Zustimmung des Manipulierten. Wegen des Eingehens auf seine Wünsche kommt es jedoch wenigstens zu Anfang zu einer stillschweigenden, vorläufigen Übereinkunft, die aber schließlich in ausdrückliche Zustimmung oder Ablehnung mündet. Menschliche M setzt auf seiten des Manipulierten eine gewisse Unwissenheit voraus: relative Unkenntnis des in Frage stehenden Sachverhaltes, der Absichten des Manipulierenden, der eigenen Wünsche. M ist um so wirksamer, je weniger der Manipulierte um die eigenen Wünsche weiß u sich mit ihnen auseinandersetzt. Indem sich die M gerade diese Selbst-Unwissenheit zunutze macht, wird sie zur Bedrohung der Freiheit des Unwissenden durch den Wissenden, ist also eine sublime Weise der Machtausübung über andere.

Menschliche Existenz ist ohne die M physikalischer und biologischer Prozesse – auch des Menschen selbst – nicht möglich. Trotzdem ist diese nicht unbedenklich u bedarf wegen ihrer negativen Folgen für den Menschen ständiger Kontrolle. Auch als Ausübung von ↗ Macht ist die psychologische M des Menschen nicht grundsätzlich unerlaubt. Ihre sittl Berechtigung hängt von ihrer Zielsetzung bzw sachlichen Notwendigkeit u den mit der Anwendung der jeweiligen Techniken verbundenen Risiken für Leben, Gesundheit, freie Entfaltung des Einzelnen u gesellschaftlicher Gruppen wie auch für das Wohl der menschlichen Gesellschaft ab. Manipulierende Interessengruppen zu kontrollieren ist daher dringend erforderlich.

L Krasner, LP Ullmann: Research in Behavior Modification, NY 1965; *A Portmann:* M des Menschen als Schicksal u Bedrohung 1969; *K Rahner:* Freiheit u M i Gesellschaft u Kirche 1970; *G Schmidtchen:* M – Freiheit negativ 1970; *OA Neuberger:* Techniken der M, in: St d Zt 185 (1970) 390ff; – e) *K Koszyk, KH Pruys* (Hgb): dtv-Wörterb z Publizistik 1969, 232ff; *W Arnold, HJ Eysenck, R Meili* (Hgb): Lex der Psych II 1971, 486ff.   Mulde

Marxismus im engeren Sinn (1) ist die Lehre von *K Marx*, im weiteren Sinn (2) Bezeichnung für die Anschauungen der sich auf Marx berufenden Marxisten. – (1) Die „Emanzipation des Menschen" zum „total entwickelten Individuum" in einer „freien Assoziation", die Marx als Ziel gesellschaftlicher (ges) Entwicklung nennt, ist nicht durch phil Kritik *(Junghegelianer)* zu verwirklichen, sondern nur durch aus ihr herauswachsendes, die Phil als Kritik schließlich aufhebendes praktisches Handeln. Der *Mensch* ist primär als ein ges produzierendes u in der schöpferischen Arbeit sich vergegenständlichendes u selbstbestätigendes Wesen gesehen. Sofern, wie in der bürgerlichen Gesellschaft (Ges), die *Arbeit* als sein Wesensausdruck von egoistischen Bedürfnissen bestimmt (Produktion von Privateigentum u Waren) u die Arbeitskraft selbst zur Ware wird, ist die wesentliche Einheit von Arbeit u ges-menschlichem Lebensvollzug zerrissen, der Mensch sich selbst *entfremdet:* die ges Beziehungen sind verdinglicht, Habsucht u Käuflichkeit sind die das Leben beherrschenden Kategorien; die Ges ist gespalten in die Klasse derer, die gezwungen sind, selbst ihre Arbeitskraft zu verkaufen *(Proletarier),* u die sie kaufenden, aber gleichfalls entfremdeten Eigentümer der Produktionsmittel *(Kapitalisten).* Die Aufhebung der ↗ Entfremdung vollzieht das Proletariat, in seiner Eigenschaft als dialektische Negation der bürgerlichen Ges, durch u mit der revolutionären Aufhebung des Privateigentums als des gegenständlichen Ausdrucks der entfremdeten ges Wesenskräfte des Menschen, der Isolierung u des Egoismus; sie findet im *Kommunismus* ihre Vollendung. Die notwendige Entwicklung darauf hin resultiert aus dem Widerspruch zwischen den relativ starren *Produktionsverhältnissen* (den durch Eigentum an den Produktionsmitteln bestimmten Klassenstrukturen) u den sich ständig vervollkommnenden *Produktivkräften* (Produktionsmittel u Fertigkeiten in ihrer Verwendung). Wird der Widerspruch unerträglich, werden die Klassenstrukturen gesprengt u im Falle der kapitalistischen Ges Ausbeutung u Klassenherrschaft selbst beseitigt ↗ Sozialismus.

Die *Bewußtseinsformen* haben gemäß der anthropologischen Prämisse keine eigene Geschichte, sondern „sind nur besondere Weisen der Produktion" (Marx). Solange das *ges Sein* durch *Klassenkämpfe* zerrissen ist, ist auch das *ges Bewußtsein* als dessen *Überbau* Ausdruck u Mittel des Klassenkampfes ↗ Ideologie. Diesem *historischen Materialismus* zufolge ist insbes *Religion* Ausdruck entfremdeten ges Seins, Opium der Unterdrückten u Herrschaftsmittel der Unterdrücker; sofern christl Glaube Annahme von Gnade besagt, widerstreitet er der Unabhängigkeit des Menschen u ist mit *Humanismus* unvereinbar.

In seiner Kritik der politischen Ökonomie hat Marx das Vorhandensein des dialektischen Widerspruchs zwischen Proletariern u Kapitalisten u die Unausweichlichkeit seiner revolutionären Aufhebung wissenschaftlich nachzuweisen versucht (Lehre von der Einbehaltung des vom Arbeiter erzeugten *Mehrwerts* durch den Kapitalisten, von der zunehmenden Verelendung des Proletariats, von der wachsenden Konzentration des Kapitals, der Verschärfung der Konkurrenz u der gleichzeitig sinkenden Profitrate; der unvermeidlichen Überproduktion u der Absatzkrisen).

(2) Anknüpfend an Marx, entwickelte *Engels* eine materialistisch-dialektische Ontologie ↗ Dialektischer Materialismus. Zu Beginn des Jahrhunderts versuchten *Bernstein* u a das sozialistische Ges-programm von der materialistischen Dialektik zu lösen *(Revisionismus; Austromarxismus).* Durch Lenin gewann der M endgültig den Charakter einer Weltanschauung u wurde zur Rechtfertigungslehre für die Machtausübung einer Partei *(M-Leninismus).* Eine Erneuerung marxistischen Denkens fand nach dem 2. Weltkrieg in Jugoslawien statt. In Westeuropa sind französische Existenzphilosophen *(Sartre, Merleau-Ponty*

u a), die sog *Kritische Theorie der Ges (Frankfurter Schule)* [199$_3$], die die Dialektik von Denken u ges Sein thematisiert, u *E Bloch* von Marx beeinflußt. Eine eigenwillige Verarbeitung Marxscher Gedanken unternahm *Mao Tse-tung* (zentrale Bedeutung der Widersprüche auch im Sozialismus).

Eine Kritik am M hätte sich vor allem auf die einseitige anthropologische Grundprämisse (der Mensch als Produzent) u die Zurückführung aller Lebensäußerungen auf Produktion zu richten; diese verkennt die Realität nicht-entfremdeter menschlicher Verbindungen auch in der sog bürgerlichen Ges. Die anthropologische Bedingung möglicher kritischer Distanz gegenüber ges Sein und Bewußtsein ist nicht hinreichend reflektiert (das „menschliche Wesen" als „ensemble der ges Verhältnisse"). Sofern die kommunistische Ges kraft objektiver Bewegung der Produktion für unausbleiblich gilt, ist die Offenheit der Geschichte trotz ihres aktiven Vollzugs nicht gewahrt u Freiheit eingeschränkt. Ungeklärt bleibt – neben dem Klassenbegriff –, wie die Ges im Kommunismus, ohne zu einem Subjekt über oder neben den Individuen zu werden, Eignerin des aufgehobenen Privateigentums werden könnte. Marx' empirische Analysen sind in einigen für das Denksystem entscheidenden Punkten durch die Geschichte nicht bestätigt worden. – Vgl [160, 171, 199$_3$, 225, 232, 266, 267]

Werke v *Marx* u *Engels; K Kautsky:* Die materialist Geschichtsauffassung 1927; *K Korsch:* M u Phil 1923; *G Lukács:* Gesch u Klassenbewußtsein 1923; *I Fetscher:* Der M. Seine Gesch i Dokumenten, 3 Bde, 1962–65; *JY Calvez,* K Marx 1964; *A Künzli:* K Marx. Eine Psychographie 1966; *M Theunissen:* Gesellschaft u Gesch. Zur Kritik der krit Theor 1969; *P Vranicki:* Gesch des M 1972 (Weitere Bibliogr i SDG). Ehlen

Masse bedeutet im täglichen Sprachgebrauch jede körperliche, rein additive Anhäufung. *Physikalisch* ist M diejenige Eigenschaft eines ↗ Körpers, kraft deren er gegenüber einem anderen Körper *Schwere* besitzt, dh Anziehungskraft auf ihn ausübt u der Anziehungskraft des anderen ausgesetzt ist, u zwar proportional zu der Maßgröße eben dieser Eigenschaft, der M. Man unterscheidet *schwere* u *träge* M, da die M-anziehung u relative Schwere zweier M-n mit ihrer relativen Geschwindigkeit der Annäherung oder Entfernung zu- bzw abnimmt. Die M ist daher soviel wie körperlich geballte *Energie* (Fähigkeit zu wirken), die aber, abgesehen von den nur mit großem Energieaufwand in Gang zu bringenden Kernprozessen, zum größten Teil gebunden bleibt u nur zum geringsten Teil bei den physikalischen u chemischen Prozessen freigesetzt wird. – *Soziologisch* unterscheidet sich die M von der ↗ Gruppe dadurch, daß sie als M eine ungegliederte, strukturlose Anhäufung von Menschen ist, die nur vorübergehend durch einen gemeinsamen Impuls an einem Ort oder zu einer Aktion zusammengehalten wird. Von dieser *aktiven M* ist die *latente* M der Menschen zu unterscheiden, die gleiche Bedürfnisse u Interessen haben u durch Außenlenkung oder ↗ Manipulation zur aktiven Stellungnahme gebracht werden können. Die *aktive M* wirkt auf den Einzelmenschen psychisch analog zur M-anziehung eines Körpers, der einen anderen an M weit übertrifft. Der Mensch verliert daher in der M weitgehend das individuelle Urteil u die eigene Entscheidung *(Entper-*

sönlichung). Die Einflußnahme auf die M beruht auf der Fähigkeit, die vielen Menschen gemeinsamen Instinkte u Interessen zu wecken u zum beherrschenden Durchbruch zu bringen. Die für die M kennzeichnenden Verhaltensweisen werden von der *M-psychologie* u ↗Soziologie erforscht.

M Jammer: Der Begriff der M i der Physik 1964; *W Büchel:* Phil Probleme der Physik 1965; *R Lay:* Die Welt des Stoffes, II: Raum – Zeit – M 1966. – *G Stieler:* Person u M 1929; *S Freud:* M-psychologie u Ich-Analyse, Wien ²1923; *H Pfeil:* Überwindung des M-menschen durch echte Phil, Graz 1956; *H Barth:* M u Mythos 1959; *É Gilson:* La société de masse et sa culture, P 1967; *F Dröge* u a: Wirkungen der M-kommunikation 1969; *Ortega y Gasset:* Der Aufstand der M-n, Neudr 1969; *Le Bon:* Psych der M-n ¹⁴1973. Brugger

Materialismus. Der M als allg Weltanschauung lehrt die restlose Zurückführbarkeit des Wirklichen auf die ↗Materie u auf Kräfte, die den Bedingungen der Materie ganz unterworfen sind. Nach dem *rationalistischen M* (↗Mechanismus) ist die ganze Wirklichkeit nach Maß u Zahl völlig erfaßbar, während der *mythische* oder *biologische M* im stofflichen Geschehen ein uns unfaßbares Geheimnis (das ↗Leben) erblickt, das jedoch auf kein stoffunabhängiges Prinzip hinweist. – Einen teilweisen M vertreten jene, die auf irgendeinem Gebiet das Überstoffliche oder Formhafte auf das Stoffliche zurückführen u damit in seiner Eigenart leugnen, zB die Maschinentheorie des Lebens. – Der *anthropologische M* tritt in einer doppelten Form auf: entweder als Leugnung der ↗Seele, die auf den Stoff u dessen physikalisch-chemische Veränderungen zurückgeführt wird, oder als Leugnung der seinsmäßigen Unabhängigkeit der Seele vom Stoff ↗Geist. – Der ↗Dialektische M anerkennt zwar das Übermaterielle als Sonderform des Wirklichen, läßt es aber in realer ↗Dialektik rein innerweltlich aus dem Materiellen hervorgehen. Aus seiner Anwendung auf das gesellschaftliche Leben ergibt sich der Historische M, nach dem das Grundwesen der Geschichte in den volkswirtschaftlichen Vorgängen besteht, von denen die Ereignisse der Geistesgeschichte als bloße Folge- u Begleiterscheinungen abhängen (↗Marxismus, Ideologie). – Der M ist wirklichkeitsblind, da er die Eigenart des Überstofflichen u seiner ihm eigenen Gesetze übersieht. In seiner Auswirkung auf das Leben zersetzt er Kultur u Sittlichkeit.

Während die *M als Lehre* das Überstoffliche von vornherein leugnet, sieht der *M als Methode* einstweilen vom Überstofflichen ab, um zu versuchen, es aus seinen stofflichen Bedingungen zu erklären. Unter dem Stofflichen ist hierbei nicht nur die raum-zeitliche Materie zu verstehen, sondern das jeweils Niederere gegenüber dem jeweils Höheren. Da manches, was uns als ursprünglich u überstofflich erscheint, auf seine stofflichen Bestandteile zurückgeführt werden kann, anderes wenigstens von stofflichen Bedingungen abhängt, kann der materiellen Erklärungsweise eine beschränkte Gültigkeit nicht abgesprochen werden. Der uneingeschränkte Grundsatz jedoch, daß das Höhere aus dem Niederen erklärt werden müsse, ist falsch, da er eine Teilmethode zur Gesamtmethode erhebt. Die Rückführung auf die Materie muß durch die Betrachtung des Formelementes ergänzt werden, da sie allein die Eigenart des Gegenstandes, seine

↗ Gestalt, zu erfassen vermag. – Als Weg zum M hat sich die Verwechslung der Wirklichkeit mit der Wahrnehmbarkeit erwiesen, da infolgedessen auch materielle Wirklichkeit und ↗ Wirklichkeit überhaupt verwechselt wurden. – ↗ Spiritualismus, Biologismus, Anthropologie. – ↗ [32, 137, 142, 148, 160, 171, 266].

A Stöckl: Der M 1877; *ThL Häring:* Die Materialisierung des Geistes 1919. – *A Willwoll:* Seele u Geist 1938, 2. u 10. Kap; *Hans Driesch:* Die Überwindung des M, Zürich 1935; *J Fischl:* M u Positivismus der Gegenw 1953; Staatslex V ⁶1960, 616–22; *HJ Barraud:* La science et le Matérialisme, P 1973. – *L Woltmann:* Der histor M 1900; *GA Wetter:* Der Dialekt M, seine Gesch u sein System i der Sowjetunion ⁴1958; *ders:* Dialekt u histor M 1971. – d) *FA Lange:* Gesch des M ¹⁰1921. – e) *L Baur:* Metaph ³1935 [Reg].

Brugger

Materie, *Stoff* (griech *hýlē*), in den phil Bedeutungen meist relativer Ggs zur ↗ Form. Ursprünglich bedeutet M (1) den Werkstoff, aus dem der Mensch die Werke der Kunst bzw Technik formt (zB Holz, Stein), im Ggs zur Form oder Gestalt, die der Stoff durch die Bearbeitung empfängt. Ähnlich spricht man auch bei den Naturkörpern von der M (2), dem Stoff, aus dem der Körper besteht; während „Körper" ein Einzelding von bestimmter Größe, Gestalt usw (zB eine Muschelschale, ein Baum) meint, sieht der Begriff des Stoffes von der Formung zu Naturgebilden ab u bezeichnet nur die Eigenart u gegebenenfalls Zusammensetzung dessen, „woraus" das Gebilde besteht (zB Kalk, Stärke, Kohlensäure); der Stoff in diesem Sinn ist Gegenstand der Chemie. Über den Aufbau der Körper bzw Stoffe aus Elementen, Atomen, Molekeln, Elementarteilchen ↗ Körper u ↗ Quantenphysik.

Obwohl die letzten „Bausteine" der M in der Naturwissenschaft nicht als „Körper" bezeichnet werden (weil sie weder sinnlich wahrnehmbar sind noch einzeln einen bestimmten Raum erfüllen), können sie doch nicht mit der *ersten M* (3) *(materia prima)* der aristotelisch-scholastischen Phil, die zuweilen auch „Urstoff" genannt wird, gleichgesetzt werden. Sie müssen vielmehr ebenso wie der Werkstoff, die chemischen Elemente u die aus ihnen bestehenden Körper der sog *zweiten M* (4) *(materia secunda)* zugerechnet werden, da sie in ihrer Besonderheit nicht den einzigen, allen Körpern zugrunde liegenden Urstoff ausmachen, sondern eine bereits artlich geformte M mit spezifischer Wirkweise. Die erste M, wie sie im Ggs dazu aufgefaßt wird, kann darum, auch wenn sie wirklich besteht, mit den Methoden der Naturwissenschaft nicht erreicht werden, sondern ist ein nur dem phil Denken zugänglicher Wesensteil, der erst mit einer „Form" zusammen ein physikalisches Objekt ausmacht. Im übrigen finden sich schon bei *Aristoteles* selbst zwei verschiedene Definitionen der ersten M: eine mehr naturphil, nach der sie erstes Substrat aller Naturkörper u Ermöglichungsgrund ihrer „substantialen" Umwandlung in andere Naturkörper ist, und eine metaphysische, nach der sie ein kategorial völlig unbestimmtes, rein potentielles Subjekt ist, das zugleich Prinzip der Individuation ist ↗ Einzelnes. Darüber, ob diese beiden Definitionen die gleiche „M" bezeichnen, gehen die Meinungen auseinander ↗ Hylemorphismus.

Im phil Sprachgebrauch wird das Wort M (5) über den Bereich der Körperwelt hinaus ausgedehnt u bezeichnet so jedes Bestimmbare (Formbare) im Ggs zur bestimmenden „Form". So nennt man die Begriffe des Subjekts u Prädikats M des Urteils im Ggs zum „Ist" der Kopula als seiner Form. So bedient sich auch *Kant* der Begriffe M u Form zB für das sinnlich Gegebene u die Kategorien als M u Form des Gegenstandes der Erfahrung. In solchen Fällen ist die M (5) zugleich der wechselnde „Inhalt" im Ggs zu der mehr oder weniger gleichbleibenden Form (zB der ↗ Kategorische Imperativ als Form der wechselnden M des sittl Handelns).

Materiell (stofflich) heißt zunächst das, in das die M (1–4, 3 wenigstens im Sinn der ersten Definition) als Wesensbestandteil eingeht, dh die Körper; so ist das Wort gleichbedeutend mit „körperlich". Im scholastischen Sprachgebrauch bezeichnet „materiell" auch das Stoffgebundene, dh das, was zwar selbst weder Körper noch Teil oder bloße Eigenschaft eines Körpers ist, aber „innerlich" vom Stoff abhängt, dh ohne ihn weder wirken noch sein kann, zB die Tierseele im Ggs zur „immateriellen" Geistseele des Menschen ↗ Seele.

a) *Aristoteles:* Physik I, 9; Metaphysik VII, 3. – b) *B Bavink:* Ergebnisse u Probleme der Naturwissenschaften ⁹1949, 1–275; *A Neuhäusler:* Zur Ontologie der M, in: Wiss u Weltbild 6 (1953) 252–58; *U Schönfelder:* Phil der M 1954; *St Toulmin:* The Architecture of Matter, L 1962; *F Selvaggi:* La struttura della materia, Brescia 1966; *J de Vries:* M u Geist 1970. – d) *F Lieben:* Vorstellungen vom Aufbau des M i Wandel der Zeiten 1953; *E McMullin* (Hgb): The Concept of Matter, Notre Dame, Ind 1963; *C Baeumker:* Das Probl der M i der griech Phil 1890; *L Cencillo:* Hyle. Origen, concepto y funciones de Materia en el corpus Aristotelicum, Madrid 1958; *H Happ:* Hyle. Studien z arist M-begriff 1971. – ↗Hylemorphismus, Körper, Quantenphysik.   de Vries

Mathematik, Philosophie der (PhdM). Die Mathematik (M) ist eine Wissenschaft von ↗ Zahl (Arithmetik) u ↗ Raum (Geometrie). Schon seit der griechischen Antike war die M mit der Phil nahe verbunden. Gleich nachdem die Begriffe des ↗ Unendlichen *(ápeiron)* u des Kontinuierlichen *(synechés)* in der griech M auftauchten, wurden sie zum Anlaß eines tiefgehenden phil Nachdenkens (*Zenons* Antinomien). – Die *Pythagoreer* haben die Zahlen für ↗ Prinzipien der Dinge gehalten. Ihnen verdankt man auch die Entdeckung der *inkommensurablen Größen,* dh Größen, die sich nicht als Verhältnis zweier ganzer Zahlen schreiben lassen (↗Zahl). Die Entdeckung dieser Größen hat bei den Griechen den Vorrang der Geometrie vor der Arithmetik begründet. Die Inkommensurabilität war auch Grund dafür, warum *Platon* die Gegenstände der Geometrie nicht für „sinnlich wahrnehmbare", sondern für „geistig wahrnehmbare" Figuren hielt (Staat 510 D). Nach dem Bericht des Aristoteles (Metaph I, 6:987b 14ff) hat Platon für die Mathematika eine eigene, mittlere Seinsweise zwischen den Sinnendingen u den Ideen angenommen. Im Dialog Euthydemos (290 B) vertritt er die These, daß die Geometer u Rechenmeister ihren Gegenstand vorfinden (ähnlich wie der Jäger seine Beute), nicht aber herstellen (gegen die Sophisten). Gegen die Trennung der Mathematika von den Sinnendingen polemisierte *Aristoteles* (Metaph III, 2:297a 34ff; XIII 2:1076b 11ff). In der „Physik" legt er eine Lösung des Problems des mathematischen Unendlichen (III,

4–8) u des Kontinuums (VI, 1 ff) vor. Dieses Unendliche bezeichnet er als das *potentiell Unendliche (dynámei ápeiron)* u erklärt es so: „Denn überhaupt existiert das Unendliche in dem Sinne, daß immer ein Anderes u wieder ein Anderes genommen wird, das eben Genommene aber immer ein Endliches, jedoch immer Verschiedenes u wieder ein Verschiedenes ist" (206a 27ff). M a W: es handelt sich um die „Und-so-weiter-Struktur" des mathematischen Tuns (Zählens oder Teilens). Das *Kontinuum* definiert *Aristoteles* als „das in ein stets wieder Teilbares Teilbare" (231b 15f) oder „das ins Unendliche Teilbare" (185b 10). Diese Auffassung schließt aus, daß zB die Zeit aus den „Jetzt", die Linie aus den Punkten bestehe, oder überhaupt, daß man die Bewegung in Bestandteile zerlegen könne, die nicht wieder Bewegung wären.

Die aristotelische Auffassung des Kontinuums u des Unendlichen ist bis auf *Georg Cantor* (1845–1918) das niemals angefochtene Gemeingut aller Mathematiker geblieben. Cantor trat mit seiner *Mengenlehre* dieser Konzeption entgegen, indem er aktual unendliche Mannigfaltigkeiten (oder *Mengen*) annahm. Cantors Theorie liegt eine Auffassung der M zugrunde, nach der es die M mit den „Gegenständen ideeller Art" zu tun habe, welche Gegenstände dem menschlichen Erkennen als vorgegeben betrachtet werden. Diese Auffassung ist der Lehre Platons u noch mehr den Platonismen der Geschichte verwandt. Sie wurde auch neuestens als *Platonismus* (oder ontologische Auffassung der M) bezeichnet. Sie wird noch heute von einem großen Teil der Mathematiker vertreten. An der Mengenlehre Cantors u seiner Auffassung der M übte *LEJ Brouwer* (seit 1907) scharfe Kritik. Das Wesen der M sah Brouwer im Tun (Zählen; „Intuition der natürlichen Zahlenreihe"), nicht in der Lehre von Gegenständen irgendeiner Art („Mathematik ist mehr Tun als Lehre"). Da sein Programm zunächst nach einer Destruktion eines großen Teils der neuzeitlichen M (klassische Analysis: Differential, Integral) aussah, kam es in der Folge zu einer Grundlagenkrise der M. Den am ehesten befriedigenden Ausweg aus dieser Krise zeigen heute die verschiedenen konstruktiven (den *Intuitionismus* Brouwers weiterführenden) Richtungen der mathematischen Grundlagenforschung der Gegenwart: *Heyting, Weyl, Lorenzens* operative M, der konstruktive Formalismus von *RL Goodstein* (inspiriert durch *L Wittgenstein*), die konstruktive M der Schule von *AA Markov* u a. Im Grunde genommen kommen diese Richtungen wieder zurück zur aristotelischen Auffassung des Kontinuums u des Unendlichen. – Die verschiedenen *axiomatischen* Richtungen *(Logizismus* von *Frege* u *Russell,* die *formalistische* Schule von *Hilbert)* trugen wesentlich zur Klärung der logischen Problematik der M u damit zur Pflege der mathematischen Logik (↗Logistik) bei.

In der Geometrie kam es im 19. Jht zur Ausbildung der *nichteuklidischen Geometrien (Lobatschewski* [1829], *Bolyai, Riemann, Gauß).* Ihren logischen Zusammenhang unter sich u mit der euklidischen Geometrie hat die *projektive Geometrie (F Klein)* weitgehend geklärt. In der modernen Physik finden diese Geometrien eine reiche Anwendung (↗Relativitätstheorie). Die vom axiomatischen Standpunkt geschriebenen Arbeiten zu den Grundlagen der Geometrie sind für die PhdM weniger wichtig.

Aristoteles: Physik III, 4–8; VI. – *G Cantor:* Ges Abhandl 1932; *AA Fraenkel:* Abstract Set Theory ²1961; *AA Fraenkel, Y Bar-Hillel:* Foundations of Set Theory 1958. – *A Heyting:* Intuitionism 1956; *H Weyl:* Das Kontinuum 1918; *P Lorenzen:* Differential u Integral 1965. – *G Frege:* Grundgesetze der Arithmetik 1893–1903; *AN Whitehead, B Russell:* Principia mathematica 1910–13 (²1925–27); *D Hilbert, P Bernays:* Grundlagen der M I 1934, II 1939. – *D Hilbert:* Grundlagen der Geometrie ⁷1930; *K Borsuk, W Szmielew:* Foundations of Geometry ²1963. – *L Wittgenstein:* Bemerkungen über die Grundlagen der M 1956. – d) *O Becker:* Grundlagen der M i gesch Entwicklung ²1964 [Lit]; *W Wieland:* Die arist Physik 1962. – e) *O Becker:* Größe u Grenze der mathemat Denkweise 1959; *EW Beth:* Mathematical Thought 1965; *H Weyl:* PhdM, in: Bäumler-Schröter, Handb der Phil II A 1926; *FH Young:* Grundlagen der M 1973. – ↗Zahl. Richter

Mechanismus *(Mechanizismus)* im engeren Sinn (1) ist der Versuch, den inneren Aufbau der Naturkörper u das Naturgeschehen allg *(mechanistische Weltansicht)* oder in bestimmten Teilen *mechanisch,* dh durch bloße Ortsbewegung in sich unveränderlicher letzter Teile, etwa von „Atomen", zu erklären. Die sichtbaren Körper sind also nur dauernde Vereinigungen von Atomen. Jede Veränderung geschieht entweder ohne jedes Wirken durch „Übertragung" der Bewegung oder durch bloße Ortsbewegung bewirkende Kräfte (zB Schwerkraft, Stoßkraft). Jede ↗Teleologie wird ausgeschlossen. Solche Auffassungen finden sich im ↗Atomismus der griech Phil *(Leukipp, Demokrit)* u bei *Descartes,* der diese Auffassung ausdrücklich auch auf die Pflanzen u Tiere, die er für bloße Automaten hält, ausdehnt. Der M wird zum mechanischen ↗Materialismus, wenn er auch auf das bewußte, namentlich das geistige Leben ausgedehnt wird. Dieser wird aber nicht nur vom dialektischen Materialismus abgelehnt, sondern ist auch mit den Auffassungen der modernen Physik unvereinbar. – M in einem weiteren Sinn (2) ist der *Physikalismus,* der entweder nur das org Leben oder, in radikaler (materialistischer) Form, alles Leben, auch das geistige, allein auf die auch im Anorganischen wirkenden Kräfte zurückführt.

Eine besondere Form des M ist die sog *Maschinentheorie des* (org) *Lebens,* die ein übermaterielles ↗Lebensprinzip zur Erklärung des org Lebens ablehnt. Die Maschinentheorie im historischen Sinn des Wortes erklärt alles org Leben durch mechanische Kräfte. Ihre Zusammenordnung zu einer „Maschine" wurde nicht selten auf das planvolle Wirken des Schöpfers zurückgeführt, wie ja ähnlich in der Zeit der ↗Aufklärung die Vorstellung Gottes als des weisen Baumeisters der Weltmaschine *(Chr Wolff)* verbreitet war.

a)*Aristoteles:* De generatione et corruptione I, 8; *R Descartes:* Principia philosophica II. – *M Planck:* Die Stellung der neueren Physik z mechanist Weltanschauung 1910; *J Schultz:* Die Maschinentheorie des Lebens ²1929; *E Wasmuth:* Kritik des mechanisierten Weltbilds 1930; *H Driesch:* Die Maschine u der Organismus 1935; *G Meinecke:* Naturgesetz des Immateriellen. Überlegungen z Überwindung der mechanist Naturauffassung 1937; *P Hoenen:* Filosofia della natura inorganica, Brescia 1949. – d) *A Dyroff:* Demokritstudien 1899; *R Lenoble:* Mersenne ou la naissance du mécanisme, P 1943; *A Maier:* Die Mechanisierung des Weltbildes i 17. Jht 1938; *EJ Dijksterhuis:* Die Mechanisierung des Weltbildes 1956. de Vries

Mensch hängt sprachlich mit „Mann" zusammen. In seinem Ursinn unklar bedeutet das Wort vielleicht von einer Wurzel her, die wir heute noch in „mahnen" haben: „denkendes Wesen". Auch was das griech „anthropos" ursprünglich heißt, weiß man nicht genau; heute als „Mannsgesicht" gedeutet, wurde es früher als „der Aufwärtsblickende" ausgelegt. Das lat „homo" endlich sagt „der Erdgeborene" (vgl humus). Schon diese etymologische Betrachtung führt zum Wesen des M hin. Einerseits Erdenwesen wie alle irdischen Dinge, ragt er anderseits über sie empor u in eine höhere Welt hinein. Jedenfalls wird er immer das frag-würdigste Wesen der Welt bleiben, das am meisten zu fragen aufgibt, bei dem aber auch das Fragen am meisten lohnt. Echte Forschung enthüllt stets von neuem seine unvergleichliche Größe nach dem unsterblichen Chorlied aus der „Antigone" des Sophokles: „Viel Gewaltiges lebt, aber nichts ist gewaltiger als der M."

Die *Menschennatur,* dh den M in seinem Sein u Wirken, kennzeichnet eine vielfältige Schichtung. Zunächst bietet sich ein körperliches Wesen dar, in dessen Bau die Stoffe des anorganischen Bereiches eingehen. Wenn man jedoch allein aus diesen Stoffen den M erklären wollte, so wäre das *anthropologischer Materialismus,* der das Wesen des M von Grund auf verfehlt. Weiter sehen wir den M als lebenden Körper oder als Organismus, der alle Erscheinungen u Betätigungen des körpergebundenen Lebens in sich vereinigt. Sein ↗ Leib hat Ähnlichkeit mit dem der höheren Tiere; deshalb geschehen in ihm die an sich pflanzlichen Funktionen (Assimilation, Wachstum u Fortpflanzung) nach dem Grundtypus des Tieres, mit dem er auch das sinnliche Bewußtseinsleben teilt. So sehr gehört der M zu den Organismen, daß man auch bei ihm nach der leiblichen Abstammung oder nach der ↗ Evolution seines Leibes aus niederen Vorformen fragen kann. Doch läßt sich der M nicht einzig aus dem leiblichen Leben erklären, wie auch nicht dessen Entfaltung alles andere zu dienen hat; ein solcher *Primat des Lebens* wäre *biologischer Materialismus.*

Bisher schauten wir den M als Glied der Natur; nach seinem Eigentlichen aber ist er mehr als ↗ Natur. Ihm kommt geistiges Leben zu, das von allem Leiblichen innerlich unabhängig ist. Deshalb dringt das geistige Erkennen zur innersten Tiefe der Dinge, zum Sein hinab u zu ihrem letzten Grund, zum absoluten Sein (Gott), empor. Deshalb steht das Wollen in souveräner Freiheit den endlichen Gütern gegenüber u umfaßt alles Gute, selbst das höchste Gut (Gott). Da sich somit das geistige Leben über alle Grenzen hinaus im Unendlichen bewegt, stellt es den höchsten Grad des ↗ Lebens dar. Obwohl diesen der M nur auf endliche, Gott aber auf unendliche Weise besitzt, trifft sich der M in ihm mit Gott u ist deshalb *Gottes Ebenbild.* Hieraus ergibt sich für den M der *Primat des ↗ Geistes,* dem alles andere untergeordnet ist, wobei dieses andere aber keineswegs verkürzt wird u auch dem geistigen Leben seine spezifisch menschliche Eigenart verleiht. Das Geistige durchseelt u prägt auch die andern Schichten des M, etwa sein Sinnesleben u sogar seine äußere Erscheinung (aufrechter Gang usw), so daß er trotz seiner Vielschichtigkeit ein einheitliches Ganzes darstellt. Diese

Geschlossenheit wird besonders dadurch gewährleistet, daß die eine geistige ↗ Seele auch Prinzip der beiden andern Lebensstufen ist u mit dem Leib zusammen *ein* Seiendes bildet.

Seine Geistnatur beschenkt den M mit der einzigartigen Würde u Unantastbarkeit der ↗ Person. Ihre Einmaligkeit leuchtet besonders an der persönlichen ↗ Unsterblichkeit auf, kraft deren der M durch alles Irdische hindurch sein persönliches, überirdisches Ziel, den Besitz Gottes, erstrebt. Deshalb darf er auch nie als bloßes Mittel gebraucht, müssen seine unveräußerlichen *Grundrechte* gewahrt werden (äußere ↗ Freiheit u Unverletzlichkeit, Gewissensfreiheit, freie Religionsübung, Privateigentum usw). Den wahren Wert des M bestimmt seine sittl Bewährung, nicht seine sichtbare Leistung. Doch ist ihm auch diese aufgetragen als Feld seiner sittl Verwirklichung u seiner gesamtmenschlichen Entfaltung. Dabei offenbart sich seine Geistnatur in der schöpferischen Gestaltung der geschichtlichen ↗ Kultur. – Nicht weniger als die andern Bereiche ist beim M die *Geschlechterpolarität* vom Geistigen durchformt ↗ Geschlechtlichkeit. Die allseitige Entwicklung der Anlagen u Kräfte der Menschennatur führt zu der edlen Menschlichkeit *(Humanität)*, die der *Humanismus* als Ziel der Menschheit verkündet. Seine Ideale sind zu bejahen, soweit er die Humanität nicht gegen Gott u gegen das Übernatürliche verschließt, den M also nicht in die bloße Diesseitigkeit bannt u zur Mitte macht, sondern ihn zur Gesamtheit des Wirklichen offenhält.

a) *Thom v Aq:* STh I qq 75–93. – b) *K Rahner:* Hörer des Wortes, neu bearb 1963; *R Guardini:* Welt u Person ³1962; *ThA Walter:* Seinsrhythmik 1932; *B v Brandenstein:* Der M u seine Stellung i All 1947; *J Lotz:* Das christl M-bild i Ringen der Zeit 1947; *G Marcel:* Les hommes contre l'humain, P 1951; *ders:* L'homme problématique, P 1955; *Th Uexküll:* Der M u die Natur 1953; *H Muckermann:* Vom Sein u Sollen des M 1954; *JM Hollenbach:* Der M als Entwurf 1959; *RE Brennan:* Die menschl Natur 1961. – c) *W Sombart:* Vom M 1938; *W Jaeger:* Humanism and Theology, Milwaukee 1943; *E Michel:* Der Partner Gottes 1946; *H Thielicke:* Leben u Tod ²1946; *Th Litt:* Die Sonderstellung des M i Reiche des Lebendigen 1948; *W Kamlah:* Die M i der Profanität 1949; *W Trillhaas:* Vom Wesen des M 1949; *A Gehlen:* Der M ⁷1962; *O F Bollnow:* Maß u Vermessenheit des M 1962; *RF Berendt:* Der M i Lichte der Soziologie 1962. – d) *M Müller:* Die Krise des Geistes: Das M-bild i der Phil seit Pascal 1946; *E Grassi:* Humanismus u Marxismus 1973. – e) *Th Haecker:* Was ist der Mensch? ⁴1949; *H Pfeil:* Der M i Denken der Zeit 1938; *J Lotz, J de Vries:* Phil i Grundriß ³1969; *E Coreth:* Was ist der M? 1973. – ↗ Anthropologie. Lotz

Metaphysik. Der Name M erscheint in seiner heutigen Bedeutung zuerst um die Wende des 5. Jhts bei dem Neuplatoniker *Simplikios*. Die damit gemeinte Wissenschaft war schon im 4. Jht v Chr von *Aristoteles* systematisch in Angriff genommen worden. Sie befaßt sich mit dem *Metaphysischen*, mit dem, was jenseits des ↗ *Physischen* liegt. Dieses fällt bei den Griechen keineswegs mit dem heutigen Physikalischen zusammen, sondern bezeichnet die gesamte körperliche Erfahrungswirklichkeit, insofern sie der *Physis*, dh dem Geborenwerden u überhaupt dem Werden, unterworfen ist. Entsprechend heißt meta-physisch das im Sinne der gewöhnlichen oder ontischen *Erfahrung* wesenhaft Unerfahrbare, Unwandelbare u irgendwie Geistige, nicht hingegen, wie *N Hartmann* will, das Unerkennbare (↗ Begreifbarkeit) oder, wie der erste *Wittgenstein* will, das nicht Aussagbare ↗ Sprachphil. – Im Anschluß an Aristoteles sehen wir das Metaphysische in einer doppelten Gestalt. Zunächst gibt es ein Unerfahrbares, das dem Erfahrbaren als dessen innerster Kern innewohnt: das alles Seiende durchwaltende, unbestimmte ↗ Sein, das wir in den analog allg Begriff des Seienden-überhaupt fassen. Dann gibt es ein Unerfahrbares, welches das Erfahrbare als dessen erster Ursprung übersteigt: das bestimmte, alles endliche Seiende schaffende, unendliche oder göttliche Sein. Hiermit sind die beiden Zweige der M gegeben. Die Seinslehre betrachtet alles Seiende unter der Rücksicht des unbestimmten Seins, dessen Wesen, Eigenschaften u Gesetzlichkeiten sie erforscht; gewöhnlich wird sie ↗ Ontologie genannt (wohl von *Du Hamel* 1661 zuerst gebraucht). Die Gotteslehre betrachtet alles Seiende auf das göttliche Sein hin, dessen Dasein, Wesen u Wirken sie erforscht; sie wird von Aristoteles Theologikē, später natürliche ↗ Theologie (Ggs: übernatürliche Offenbarungstheologie) oder auch (weniger glücklich) ↗ Theodizee genannt. – Ontologie u Theologie zusammen bilden die *allg* oder *reine M,* weil sie alles Seiende betreffen u sich dem metaph Sein selbst zuwenden. Ihnen kann man die phil Lehre von der Welt (Kosmologie) u vom Menschen (Psychologie u Anthropologie) als *besondere* oder *angewandte M* gegenüberstellen, weil sie besondere Gebiete des Seienden durch Anwendung des Seins u seiner Gesetzlichkeiten in ihrer innersten Struktur durchleuchten.

Aus allem ergibt sich die Bedeutung der M. Sie stellt den innersten Bezirk der Phil, die phil *Grundwissenschaft oder Fundamentalphilosophie* dar, da sie allen Sonderbereichen der Phil die letzten Grundlagen bietet. Deshalb heißt sie bei Aristoteles *erste Philosophie,* da sie es mit dem Ersten zu tun hat; denn das Sein u Gott sind in der Sachordnung das Erste, von dem alles andere ausgeht u das alles andere trägt. In der Reflexion auf sich selbst wird sie zur ↗ Erkenntnistheorie. – Die *Methode der M,* vorab der Ontologie, kann weder rein analytisch noch bloß induktiv sein. Analytisch ging der ↗ Rationalismus (etwa *Spinoza*) vor; das ist unmöglich, weil man die weiteren Bestimmungen des Seins nicht durch bloßes Zerlegen des Seinsbegriffes gewinnen kann. Eine *induktive M* verlangen Männer, die von den modernen Naturwissenschaften herkommen *(Külpe, Becher, Wenzl).* Sie wollen durch fortschreitende induktive Verallgemeinerungen zu den umfassendsten Gesetzlichkeiten des Seins gelangen; ihnen ist entgegenzuhalten, daß jede ↗ Induktion die obersten Seinsgesetze schon als geltende voraussetzt. Zwischen diesen beiden Einseitigkeiten steht die M der apriorischen ↗ Synthese oder der synthetischen Notwendigkeit; sie fügt die weiteren Bestimmungen irgendwie zum Sein hinzu, begreift sie aber zugleich in ihrem inneren, wesensnotwendigen u deshalb apriorischen Folgen aus dem Sein. Hierzu wird die letzte Begründung von der trl ↗ Methode geleistet.

In der Gegenwart lehnen ↗ Materialisten u ↗ Positivisten weiterhin die M ab; zu ihnen gesellen sich viele Vertreter der ↗ analytischen Phil. In der Redeweise des dialektischen Materialismus bezeichnet M u metaphysisch (unter Abheben von der als berechtigt anerkannten, freilich materialistisch verengten Ontologie) jede antidialektische, alle innere Veränderung u Entwicklung ausschließende Betrachtung der Natur, eine Bedeutung, die mit mechanisch fast sinngleich u dem Begriff der klassischen M, die der Physis ihren Raum beläßt, fremd ist. – Zugleich aber vollzieht sich eine gewisse Rückkehr zur M. Sogar in *Kant* hat man neu den M-er entdeckt, ohne allerdings immer dessen Grenzen zu überwinden. So kommt etwa *N Hartmann* nicht über die ↗ Ontologie hinaus, da er der M nur das Umgrenzen der letzten unlösbaren Probleme aus allen Wissensgebieten zuweist. Von Kant bleibt auch die *irrationalistische M* belastet, die vielfach die M nur als Angelegenheit des ↗ Glaubens oder der ↗ Weltanschauung, nicht aber als ↗ Wissenschaft kennt. Methodisch unzulänglich ist die *induktive M*, die, radikal durchgeführt, sich selbst aufheben würde. *Heidegger* (↗ Existenzphil) geht auf die Überwindung der M aus, insofern diese als Ontologie nur das Seiende untersuche, hingegen die fundamentalontologische Frage nach dem Sein nicht gestellt habe; dabei unterschätzt er aber die gerade von der M seit langem, besonders durch *Thom v Aq*, geleistete Klärung des Seins. In seiner letzten Entwicklung will sich Heidegger noch mehr von der M lösen, indem er an die Stelle der Frage nach dem Sein diejenige nach der ontologischen Differenz u dem in ihr geschehenden Ereignis stellt. – Im angelsächsischen Raum meint das Wort M vor allem die Untersuchung parapsychologischer Phänomene.

a) *Aristoteles:* Metaphysik (klassische Quelle), ed WD Ross ²1948; dt v Bonitz, 1966 (TB); dazu: *Thom v Aq:* Commentaria (ebenso klassisch), ed Turin 1935; *F Suárez:* Disput metaph (erste systemat Gesamtdarstellung der schol M), ed P 1861; lat u span Madrid 1960. – b) *P Descoqs:* Institutiones metaph gen I 1925; *A Marc:* Dialectique de l'affirmation. Essai de métaph réflexive 1952; *H Meyer:* Systemat Phil, II: Grundprobleme der M 1958; *J Möller:* Von Bewußtsein zu Sein 1962; *JA Peters:* Metaphysics, Pittsburgh 1963; *R Schaeffler:* Wege zu einer ersten Phil 1964 (vgl *Lotz:* Sein u Existenz 1965, 158–73); *E Coreth:* M ²1964; *G Martin:* Einl i die allg M 1965; *ders:* Allg M 1965; *B de Solages:* Einf i das metaph Denken 1967; *E Vollrath:* Die These der M [Arist, Kant, Hegel] 1969; *J Gómez Caffarena:* Metafísica fundamental, Madrid 1969; *ders:* Metafísica transcendental, Madrid 1970. – c) *N Hartmann:* Grundzüge einer M der Erkenntnis ⁴1949; *L Landgrebe:* Phänomenologie u M 1949; *M Heidegger:* Was ist M? ⁵1949; *ders:* Einf i die M 1953 [vgl *Lotz* in: Schol 29 (1954) 387–95]; *ders:* Identität u Differenz 1957, 35–73; *J Wahl:* Traité de métaph ³1968; *E Topitsch:* Vom Ursprung u Ende der M, Wien 1958; *W Stegmüller:* M, Skepsis, Wiss ²1969. *F Kaulbach:* Einf i die M 1972. – d) *M Wundt:* Gesch der M 1931; *E v Hartmann:* Gesch der M, Neudr 1969; *A Dempf:* M des Mittelalters 1930; *P Wilpert:* Die M des Mittelalters 1963; *H Heimsoeth;* M der Neuzeit, Neudr 1967; *ders:* Die sechs großen Themen der abendl M ⁶1974; *M Wundt:* Kant als Metaphysiker 1924; *G Siewerth:* Das Schicksal der M v Thomas zu Heidegger, Einsiedeln 1959; *G Haeffner:* Heideggers Begriff der M 1974. – e) *W Brugger, J Lotz:* Allg M, Neudr 1962. – ↗ Ontologie, Methode. Lotz

Methode u ↗ System machen das Wesen der ↗ Wissenschaft aus, wobei das System ihre inhaltliche, die M aber ihre formale Seite darstellt. Des genaueren meinen wir mit System das geordnete Ganze der Erkenntnisse oder Gehalte einer Wissenschaft. Als M hingegen bezeichnen wir, dem Wortsinn entsprechend (griech: methodos, wörtlich: Nach-Weg), den Weg, auf dem dieses Ganze aufgebaut u erworben wird. *Methodisch* befassen wir uns (allg gesprochen) mit einem Wissensgebiet, wenn wir es planmäßig durchforschen, seine einzelnen Gliederungen herausarbeiten, die Teilerkenntnisse sachgemäß anordnen, logisch verknüpfen u einsichtig machen (gegebenenfalls durch Beweise); am Schluß müssen wir möglichst von allem u jedem wissen, nicht nur „daß", sondern auch „warum" es so ist, also nicht nur die Tatsache, sondern auch deren Grund.

Die hier umschriebene allg M „jeder" Wissenschaft verwirklicht sich je nach der Eigenart der verschiedenen Bereiche in einer besonderen, dem betreffenden Bereich eigenen u angemessenen Prägung. Jedes Sachgebiet schreibt die M vor, in der es durchlaufen werden muß; dafür ist bestimmend einerseits die Art, wie es dem Menschen zugänglich wird (etwa durch sinnliche Beobachtung oder nur durch alles Sinnenhafte überschreitende Schlußfolgerung), anderseits die ihm eigene Gesetzlichkeit oder der innere Weg, auf dem es seine Momente entfaltet u dem sich die wissenschaftliche M als „Nach-Weg" möglichst anzugleichen hat. Die Übertragung der Eigen-M einer Wissenschaft auf eine andere kann alles verfälschen, ja zerstören; so geschieht es, wenn Metaphysik allein mit den M-n der Naturwissenschaft oder mit der ersten Sprachphil von *Wittgenstein* angegangen wird. Die reinliche Scheidung der M-n bahnt schon *Thomas v Aquin* mit den drei Abstraktionsstufen an, die er im Anschluß an *Aristoteles* entwickelt. Über die physische (naturwissenschaftliche) u mathematische erhebt sich die metaphysische ↗ Abstraktion, die das Seiende auf das Sein hin betrachtet.

Von den Einteilungen der M verweisen wir hier auf den für die Phil wichtigen Unterschied zwischen der *analytischen* (zerlegenden) u der *synthetischen* (aufbauenden) *M*. Erstere schreitet vom Zusammengesetzten zu dessen Aufbauelementen u schließlich zum Einfachen fort, so vom kon-kreten Seienden zu dessen inneren Konstituentien (↗ Seinsprinzipien, ↗ Kategorien) u äußeren Ursachen, wodurch das Begreifen des zunächst Unverständlichen erreicht wird. Letztere fügt umgekehrt von diesen Elementen her das Seiende wieder zusammen sowie in umfassende u auch letzte Zusammenhänge ein, die das Einzelne beleuchten. Beide Wege durchdringen sich, wobei ihr Ineinandergreifen das von Anfang entworfene, aber noch unbestimmte Ganze des Wirklichen allmählich bestimmt u durchgliedert. – Damit deckt sich nicht der Unterschied der analytischen von den synthetischen Urteilen. Das Urteil: „Das Endliche wächst aus Wesenheit u Dasein zusammen", enthält eine Analyse, ist aber nicht ein analytisches, sondern ein synthetisches Wesensurteil. Hierin liegt schon, daß die metaphysische Analyse, obwohl sie vom Seienden zu dessen Ursprüngen, also *anagogisch* vom Späteren zum Früheren (a posteriori ad prius), aufsteigt, keine ↗ Induktion ist. Die Phil bedarf zunächst der ↗ Analyse u bereitet so der ↗ Synthese den Boden.

Grundlegende Bedeutung für das reflex sich selbst begründende oder sich über sich selbst vergewissernde Philosophieren kommt der *transzendentalen M* zu, die *Kant* entwickelt hat. Von der *reduktiven M* des Mittelalters vorbereitet, ist sie über Kant hinaus zu vollenden. Sie setzt beim menschlichen Verhalten als dem Erstgegebenen an u führt dieses auf seine ermöglichenden Gründe im Menschen selbst u damit auf dessen innere Struktur zurück. Hierbei dringt sie bis zu jenem innersten Grund vor, der Kant verborgen blieb, nämlich bis zur Offenheit für das Sein selbst oder das Sein schlechthin. Von dieser Wurzel her leistet sie den Überstieg zu jenen Gründen, die den Menschen selbst ermöglichen u sowohl unter ihm als auch vor allem über ihm ihren Ort haben. Das Ergebnis ist schließlich die *transzendentale Verifikation* des empirisch nicht Verifizierbaren, die der *empirischen Verifikation* keineswegs unterlegen, sondern sogar überlegen ist; die ermöglichenden Gründe nämlich sind dadurch gesichert, daß ohne sie menschliches Wirken nicht sein könnte oder deren Leugnen solches Wirken aufhebt. Da der Vollzug unseres Wirkens dessen ermöglichende Gründe ständig bejaht, wird deren explizites Leugnen unausbleiblich implizit widerlegt oder trägt deren explizites Leugnen notwendig deren implizites Bejahen in sich.

Methodenlehre (Methodologie) heißt die wissenschaftliche Erforschung der M, die besonders heute in eine fruchtbare Entfaltung getreten ist. Sehr fördert die methodische Entfaltung der Wissenschaft eine eindeutige *Terminologie* (lat: terminus = die Grenze; dann der einen Gedanken umgrenzende Ausdruck) oder Fachsprache, die nicht schwankend, aber auch nicht verknöchert sein darf.

a) *Aristoteles:* Metaphysik II; III; VI: bes 1. Kap; *Thom v Aq:* Komm zu den genannten Stellen des Arist; Komm zu Boethius, De Trinitate qq V u VI (ed Decker); *F Suárez:* Disput metaph, d 1. – b) *J Kleutgen:* Phil der Vorzeit I ²1878; *B Lonergan:* Insight, L 1957. – *Zur M der Metaph: A Marc* in: Arch de Phil 11 (1934) 83–108; *P Borgmann* in: Franziskan Stud 21 (1934); *J Lotz* in: Schol 12 (1937); *N Balthasar:* La méthode en métaph 1943; *J Hessen:* Die M der Metaph ²1955; *J Pirlot:* L'enseignement de la métaph, Louvain 1950; *RJ Henle:* Method in Metaphysics, Milwaukee 1951; *O Muck:* Die trl M der schol Phil der Gegenw 1964. – *IM Bocheński:* Die zeitgenöss Denkmethoden ³1965; *Tragweite u Grenzen der wiss M-n* 1962; *H Kuhn:* Traktat über die M der Phil 1966; *G Frey:* Phil u Wiss 1970; *HD Klein:* Vernunft u Wirklichkeit 1973. – Zur M der einzelnen Wissenschaften ↗ dort u ↗ Wissenschaftstheorie. – c) *H Wagner:* Phil u Reflexion 1959 (vgl dazu: *W Brugger* in: Schol [1960]); *HG Gadamer:* Wahrheit u M ²1965. – d) *Aristote et les problèmes de méthode*, Louvain 1961; *H Meyer:* Die Wissenschaftslehre des hl Thom v Aq 1934; *M Grabmann:* Die theol Erkenntnis- u Einleitungslehre des hl Thom v Aq 1948; *ders:* Die Gesch der schol M 1909–11; *W Röd:* Descartes' erste Phil 1971; *H Butterfield:* The Origins of Modern Science 1300 bis 1800, L 1949; *R Blanché:* La méthode expérimentale et la phil de la physique, P 1969; *P Valori:* Il metodo fenomenologico e la fondazione della Fil, Rom 1959; *H Hülsmann:* M i der Phil N Hartmanns 1959. – e) *J Lenz:* Vorschule der Weisheit ²1948.   Lotz

Mitwirkung Gottes. Unter MG *(concursus divinus)* versteht man den unmittelbaren Einfluß Gottes auf das Wirken der Geschöpfe u dessen Wirkung, nicht bloß, wie *Durandus* meinte, mittelbar durch Erhaltung des Geschöpfes u seiner Kräfte im ruhenden Sein. Die unmittelbare MG mit allem Geschaffenen ergibt sich aus dessen innerster Abhängigkeit vom allein unabhängigen Sein Gottes. Sie schließt nicht aus, daß Gott auf die freien Geschöpfe auch auf moralische Weise durch Verheißungen, Gebote u Mahnungen einwirkt.

Über die Art der MG, besonders ihre Vereinbarkeit mit der menschlichen Freiheit, herrschen in der Scholastik verschiedene Auffassungen. *Báñez* sowie die neuere Dominikaner- u engere Thomistenschule lehren nicht bloß einen unmittelbaren Antrieb Gottes *(praemotio physica)*, um das Geschöpf aus der nächsten Wirkbereitschaft zum Wirken selbst zu führen, sondern überdies auch eine Vorausbestimmung seiner Willensrichtung *(praedeterminatio physica)*. Ohne den Antrieb Gottes kann der Mensch nicht handeln, mit ihm die Handlung nicht unterlassen. Die unfehlbare Verbindung von göttlichem Antrieb u menschlicher Handlung verbürgt so die Ausführung des göttlichen Willens u das ↗ Vorherwissen Gottes. Dennoch tastet nach Báñez weder der Antrieb noch die Vorausbestimmung Gottes die Freiheit des geschöpflichen Willens an, weil Gott jedes Geschöpf seiner Natur gemäß bewegt, ein freies Geschöpf also so, daß seine Freiheit auch unter dem göttlichen Antrieb erhalten bleibt. – Andere Scholastiker lehrten bloß einen indifferenten Antrieb Gottes ohne Vorausbestimmung der Willensrichtung.

Der ↗ Molinismus, besonders durch die großen Jesuitentheologen des 16. Jhts vertreten, sieht in der „thomistischen" Lehre eine ernste Gefährdung der menschlichen Freiheit u damit auch der Heiligkeit Gottes, der folgerichtig die Verantwortung für die Sünden der Menschen zu tragen scheint. Das freie Geschöpf bedarf keines Antriebes, noch weniger einer Vorausbestimmung zum Handeln; es bringt vielmehr als tätige Natur seinen Akt aus eigener Regsamkeit hervor u gibt ihm beim freien Entschluß auch die Richtung. Die allem Geschaffenen wesentliche Abhängigkeit von Gott, dem ersten Sein, bleibt dadurch gewahrt, daß Gott u das Geschöpf ein u denselben Akt zugleich hervorbringen *(concursus simultaneus)*, Gott unter der Rücksicht des Seins, das Geschöpf unter der Rücksicht des Soseins (der Willensrichtung). So bleibt die menschliche Freiheit unangetastet. – Nach den „Thomisten" liegt die Schwäche dieser Theorie in der „Durchbrechung" des Kausalitätsprinzips, ferner in der „Abhängigkeit" Gottes vom Menschen, der sich selbst seinen Weg u damit auch die MG bestimmt, besonders aber in der Schwierigkeit, das ↗ Vorherwissen Gottes befriedigend zu erklären. – Das Unzureichende beider Lösungsversuche hat zu verschiedenen anderen Vorschlägen geführt, die jedoch alle in einen der beiden genannten ausmünden. Obwohl die Tatsächlichkeit der MG feststeht, scheint sich das Wie einem letzten menschlichen Begreifen zu entziehen.

a) *Thom v Aq:* ScG III, 64–97; *Molina:* Concordia liberi arbitrii cum gratiae donis 1588; *F Suárez:* De concursu, motione et auxilio Dei. – *Thomist: Dummermuth:* S Thomas et doctrina praemotionis physica, P 1886; *Garrigou-Lagrange:* Dieu [11]1950, 672–712; *N del Prado:* De gratia et libero arbitrio 1907. – *Molinist: Frins:* De cooperatione Dei cum omni natura creata, praesertim libera, P 1892; *J Stufler:* Gott, der erste Beweger aller Dinge, Innsbruck 1934; *P Dumont:* Liberté humaine et concours divin d'après Suárez, P 1936. – *L Rasolo:* Le dilemme du concours divin, Rom 1956, Gregoriana; *MJ Farrelly:* Predestination, Grace and Free Will, Westminster 1964; *W Brugger:* Theologia naturalis [2]1964, nr 412–24; *BD Barberi:* L'azione divina sulla libertà umana, Rom 1966. – d) *S Nicolosi:* Causalità divina e libertà umana nel pensiero di Malebranche, Padua 1964. – Rast

Modalität im weitesten Sinn ist die Art u Weise, wie etwas besteht oder vor sich geht. In diesem Sinne sind die *Modi* des Seins (↗ Kategorien) u die *Modi* des Absoluten (↗ Pantheismus, Spinozismus) zu verstehen. Meist bezieht man die M jedoch auf das ↗ Urteil (U) u versteht darunter die Art u Weise, wie im U Subjekt u Prädikat verknüpft werden. Diese Verknüpfung kann als psychologischer Vorgang betrachtet werden. Dann ergeben sich die psychologischen M-en des Behauptens (zB zaghaft, entschieden, empathisch usw). Wird das U inhaltlich u in seiner Beziehung zum Sachverhalt genommen, den es ausdrücken soll, dann spricht man von den bewertenden M-en Wahr u Falsch (↗ Wahrheit, Falschheit), auch Qualität genannt, in bezug auf die Aneignung der Wahrheit durch den Verstand von ↗ Gewißheit u ↗ Wahrscheinlichkeit. Verwandt damit ist *Kants* Auffassung der M. Da nach ihm die Verknüpfung im U nicht Ausdruck eines an sich bestehenden Sachverhalts ist, betrifft die M „nur den Wert der Kopula (↗ Urteil) in Beziehung auf das Denken überhaupt": *Problematische U-e* sind solche, in denen man das Bejahen oder Verneinen bloß als möglich (beliebig) annimmt; *assertorische*, in denen es als wirklich (wahr) betrachtet wird; *apodiktische*, in denen man es als notwendig ansieht.

In der traditionellen Logik versteht man unter der M des U die Art u Weise der Verknüpfung von Subjekt u Prädikat, wie sie sich rein aus der Natur des Inhalts von Subjekt u Prädikat ergibt. Ihre Grundweise ist die ↗ Möglichkeit, aus der sich die übrigen M-en durch Verneinung ergeben: die Bejahung ist möglich (Möglichkeit), nicht möglich (↗ Unmöglichkeit); die Verneinung ist möglich (↗ Kontingenz), nicht möglich (↗ Notwendigkeit). Diesen logischen M-en des U liegen die entsprechenden M-en des ↗ Seins zugrunde. Die logische M muß jedoch nicht in jedem U ausgedrückt werden. Ein U, in dem die M ausgedrückt wird, heißt ein *modales U:* zB Vier ist notwendig durch zwei teilbar. Man unterscheidet darin Aussage u Aussageweise. – Die M der U-e bietet bei gleichem Inhalt die Grundlage zu *Modalitätsschlüssen* von der objektiven Notwendigkeit auf das tatsächliche Bestehen, vom tatsächlichen Bestehen auf die Möglichkeit, von der Unmöglichkeit auf das Nichtbestehen eines Sachverhaltes *(modale Logik).*

a) *Aristoteles:* Peri hermeneias, Kap 12 (ed Rolfes); *I Kant:* Krit d rein Vern B 99–101. – b) *O Becker:* Zur Logik der M-en, in: Jahrb f Phil u phänomenolog Forsch 11 (1930) 496–548; *R Feys:* Les logiques nouvelles des modalités, in: Rev Néoscol de Phil 40 (1937); 41 (1938); *W Brugger:* Die M einfacher Aussageverbindungen, in: Schol 17 (1942); *ders:* Die Über-M der Notwendigkeit i log Betrachtung, in: Kontrolliertes Denken (Festschr W Britzelmayr) 1951; *H Beck:* Möglichkeit u Notwendigkeit 1961. – c) *R Carnap:* Bedeutung u Notwendigkeit 1972. – d) *I Pape:* Tradition u Transformation der M 1966; *J Hintikka:* Time and Necessity, Oxford 1973 [zu Arist]; *J Rollwage:* Das Modalprobl u die histor Handlung 1969 [zu Arist u Hegel]; *IM Bocheński:* Notes historiques sur les propositions modales, in: Rev des Sciences phil et théol 26 (1937); *ders:* S Thomae Aq de Modalibus opusculum et doctrina, in: Angelicum 17 (1940) 180–218; *G Schneeberger:* Kants Konzeption der Modalbegriffe 1952; *H Poser:* Zur Theor der Modalbegriffe bei GW Leibniz 1969; *G Meyer:* Modalanalyse u Determinitionsprobl 1962 [zu Nic Hartmann]; *St McCall:* Aristotle's Modal Syllogisms, Amsterdam 1963. Brugger

Möglichkeit. Die M eines Seienden oder seine objektive ↗ Potenz kann in sich (= innere M) oder in bezug auf das aktive oder passive Vermögen, von dem sie abhängt (= äußere M), betrachtet werden. *Innere M* kommt allem zu, was nicht widerspruchsvoll ist u einen positiven Seins- (letztlich Existenz-)Bezug besagt ↗ Sein. *Äußere M* kommt dem zu, was durch eine Ursache bewirkt werden kann. Die nichtphil Wissenschaften beurteilen dabei die M u ↗ Unmöglichkeit nur nach den nächsten, in der Erfahrung zugänglichen Ursachen; die Phil muß auch die höchste u in der Erfahrung nicht zugängliche Ursache in Betracht ziehen ↗ Allmacht, Wunder.

Zur metaphysischen Ordnung gehören nicht bloß die irgendeinmal existierenden, sondern überhaupt alle existenzfähigen Wesen, auch wenn sie niemals existieren *(das bloß Mögliche,* die reinen *Possibilien;* Ggs zu *Spinoza* und den Pantheisten). Die Possibilien (Poss) sind nicht in jeder Hinsicht nichts. Denn das absolute ↗ Nichts kann weder existieren, noch definiert, noch von anderem Nichts durch bestimmte Merkmale unterschieden werden, während diese Aussagen vom bloß Möglichen gemacht werden können. Die Poss sind auch keine bloßen ↗ Gedankendinge, da sie ihrem Wesen nach außer dem Denken wirklich sein können. Den Poss kommt jedoch für sich keine irgendwie verminderte Existenz zu; denn zwischen Existenz u Nicht-Existenz gibt es kein Drittes. Letztlich gründen sie in Gott, der selbst nicht zum bloß Möglichen gehört, weil in ihm M u Wirklichkeit in eins fallen. Der Umfang des Möglichen hängt weder von der Ordnung des tatsächlich verwirklichten Seins noch von unserem Verstand, sondern von Gott ab, dessen Sein die Quelle alles endlichen Seins u dessen entwerfende Einsicht das Maß aller Dinge ist. Die innere M ist demnach nicht bloß logische Denkbarkeit *(gg Kant),* sondern auch metaphysische Seinsmöglichkeit. Dem logisch Möglichen oder Denkbaren setzt Kant das real Mögliche oder Anschauliche entgegen. Eine unanschauliche u dennoch reale M kennt Kant nicht.

Obwohl die äußere M des endlichen Seins in der ↗ Allmacht Gottes gründet, so ist diese doch nicht der letzte Grund der inneren M. Ebensowenig wie von der Allmacht hängt die innere M vom Willen oder Belieben Gottes ab (gg *Descartes).* Die Allmacht u der Wahlwille Gottes haben im Gegenteil die innere M des endlichen Seins zu ihrer Voraussetzung. Der Grund, warum das Mögliche der ontologischen Ordnung angehört, ist die unveränderliche Wesenheit Gottes oder die Verknüpfung des Möglichen mit dem notwendigen Sein. Die Ausprägung des Möglichen in seiner jeweiligen Eigenart hingegen beruht auf der schöpferischen, aber notwendigen Erkenntnis Gottes, der seine Vollkommenheit im Bilde des Endlichen (↗ Idee) in unendlich vielen Abwandlungen auszudrücken vermag.

b) *M Rast:* Welt u Gott 1952; *H Beck:* M u Notwendigkeit 1961. – c) *H Pichler:* M u Widerspruchslosigkeit 1912; *S Buchanan:* Possibility, L 1927; *N Hartmann:* M u Wirklichkeit 1938; *A Meinong:* Über M u Wahrscheinlichkeit, Graz 1972 [Neudr]. – d) *A Faust:* Der Möglichkeitsgedanke 1931–32; *A Becker:* Die arist Theor der M-schlüsse 1933; *J Stallmach:* Dynamis u Energeia 1959 [zu Arist]; *H Buchner:* Plotins M-lehre 1970. – e) *Lotz-Brugger:* Allg Metaph, Neudr 1962, 82–100.
Brugger

Molinismus. Der M, nach seinem Begründer *Luis de Molina* (1535 bis 1600) genannt, ist ein theol System über das Zusammenwirken des freien Willens mit der göttlichen Gnade. Im folgenden wird es nur unter phil Gesichtspunkt dargestellt. – Nach dem M besteht die Freiheit des Willens in seiner Fähigkeit, bei Voraussetzung aller Bedingungen zu seinem Handeln, selbst Dasein u Sosein

(Objektrichtung) seiner Akte zu bestimmen. Diese Fähigkeit scheint in Widerspruch zu stehen sowohl zum notwendigen Einfluß der ersten Ursache wie zum Vorherwissen Gottes. Der M sucht eine Lösung dieser Schwierigkeiten unter voller Wahrung der Freiheit. Die ↗ Mitwirkung Gottes besteht nicht darin, daß er den Willensakt vorherbestimmt, sondern Gott stellt seine an sich indifferente Mitwirkung dem Willen zur Verfügung u bewirkt dann mit ihm zusammen den Willensakt, wobei trotz der Zweiheit der Ursachen die Wirkung nur eine ist. Ermöglicht wird das dadurch, daß Gott zum voraus weiß, wie sich der freie Wille unter jeder gegebenen Bedingung verhalten „würde" (sog *mittleres Wissen, scientia media*, zum Unterschied vom Wissen des Notwendigen u des Tatsächlichen; ↗ Vorherwissen Gottes). – Die Aufstellung dieser Theorie führte zum sog *Gnadenstreit* zwischen dem M u dem von Báñez u a vertretenen engeren ↗ Thomismus. – ↗ [127]

a) *L Molina:* Concordia liberi arbitrii cum gratiae donis 1588 (krit Ausg J Rabeneck, Oña 1953). – *E Vansteenberghe:* M, in: Dict de théol cath X 1929, 2094–2187. ↗ Die Lehrbücher der Dogmatik: zB *Pohle-Gierens* II ⁹1937, 483 ff [molin]; *F Diekamp* II ¹⁰1952 [thom]. – d) *J Rabeneck:* De vita et scriptis Ludovici Molina (darin auch über die Priorität der Lehre Molinas vor Petrus da Fonseca), in: Arch Hist Soc Jesu 19 (1950) 75–145; *F Stegmüller:* Gesch des M, I: Neue Molinaschriften (Ausg) 1935; *K Reinhardt:* Pedro Luis SJ ... zur Frühgesch des M 1965. Brugger

Monade (vom griech Monás) bedeutet „Einheit". In ihr sah man seit den Anfängen des Philosophierens eine Wesensbestimmung des Seins. Deshalb war die Seinslehre auch Einheits- oder *Monadenlehre (Monadologie)*, ohne daß jedoch diese Seite kennzeichnend in den Vordergrund trat. Erst *Leibniz* machte die M zum Kernbegriff seiner nach manchem Schwanken errungenen endgültigen Phil, deren Eigenart folglich der Name „Monadologie" umschreibt. Sie steht im Ggs zu *Descartes* u *Spinoza*. Die Zweiheit des denkenden u des ausgedehnten Dinges bei Descartes weicht dem einen Urprinzip der M; seinen Mechanismus überwindet die Teleologie, die der M innewohnt. Den Monismus Spinozas verläßt die M, insofern sie eine Vielheit von Substanzen ermöglicht.

Ihrem Wesen nach ist die M der einfache, völlig in sich geschlossene Urträger des substantiellen Seins; sie wird als etwas Seelenartiges angesetzt, auf das auch das Körperliche zurückgeht. Von Gott, der unendlichen M, werden die endlichen M erschaffen. Er ist unbeschränkt, was die Fülle des Seins u die Schau des Alls betrifft. Auch die geschaffenen M enthalten die Seinsfülle u spiegeln das All wider, jedoch nur nach dem Maß ihres Gesichtspunktes (point de vue), woraus sich ihre Endlichkeit u Vielheit erklärt. – Bezüglich des Wirkens der M-n ist zu beachten, daß sie in sich geschlossen, „ohne Fenster" sind. Nur die ungeschaffene M kann auf die geschaffenen wirken. Zwischen den geschaffenen M selbst gibt es keine Wechselwirkung, doch entfaltet sich in jeder ein immanentes Wirken, das die in ihr angelegten Möglichkeiten entwickelt. So sind die M dynamisch-teleologische Kraftzentren. Ihre Entfaltungsstufen stimmen jeweils überein (etwa der Tod des Mannes u der Schuß des Gewehres), weil Gott sie wie verschiedene Uhrwerke in eine *vorbestimmte Harmonie (harmonia praestabilita)* gebracht hat.

Zur Stufenreihe der geschaffenen M: Daß alle M-n etwas Seelenartiges sind, zeigt die Art ihres immanenten Wirkens; denn es verläuft in Perzeptionen (Vorstellungen) u Appetitionen (Strebungen). Diese bleiben bei den Körper- oder nackten M-n unbewußt, weil solche M-n im einzelnen Augenblick versinken. Die M-n der sinnlichen Stufe erheben sich im Gedächtnis über den jeweiligen Augenblick u ordnen ihn einer größeren Ganzheit ein; so gewinnen sie ein dumpfes Bewußtsein. Ganz waches Bewußtsein eignet erst den geistigen M-n, insofern sie durch Erfassen der ersten Prinzipien des Seins zum Ewigen aufsteigen u daran den Augenblick messen. Die Lebewesen sind von jeweils einer Seelen- oder Geist-M durchherrscht, während ihr Leib aus einer Unzahl nackter M-n besteht.

Der Primat des Geistes, der hier aufscheint, kehrt irgendwie in jeder nichtmaterialistischen Phil wieder. Auch liegt in der Rückführung des Zusammengesetzten auf das Einfache eine tiefe metaphysische Einsicht. Doch wird Leibniz dem Wirken der endlichen M-n untereinander nicht gerecht; ebenso hat er die Eigenständigkeit des Körperlichen nicht hinreichend gewahrt.

a) *GW Leibniz:* Phil Schriften i Originaltext (ed H Schmalenbach 1914–15), darin bes: Discours de métaph; Système nouveau; Principes de la nature et de la grâce; Monadologie. Die Hauptwerke, ed G Krüger ³1949. Monadologie (ed Glockner) ²1960. – b) *F Olgiati:* Il significato storico di Leibniz 1929; *A Boehm:* Le vinculum substantiale chez Leibniz 1938; *I Pape:* Leibniz, Zugang u Deutung aus dem Wahrheitsprobl 1949; *A Guggenberger:* Leibniz oder die Hierarchie des Geistes 1947; *K Huber:* GW Leibniz 1951. – c) *H Ropohl:* Das Eine u die Welt 1936 [mit Bibliogr]; *H Matzat:* Gesetz u Freiheit 1948; *R Meyer:* Leibniz u die europ Ordnungskrise 1948. – d) *JCh Horn:* M u Begriff. Der Weg v Leibniz zu Hegel 1965; *O Ruf:* Die Eins u die Einheit bei Leibniz 1973; *H Heimsoeth:* Atom, Seele, M 1960 [zu Kant]; *G Wolandt:* Gegenständlichkeit u Gliederung 1964 [zu Hönigswald]. – e) *B Jansen:* Leibnizens Weltbild, in: Wege der Weltweisheit 1924. Lotz

Monismus ist wörtlich soviel wie Einheitslehre (zuerst von *Wolff* gebraucht). Dies kann so aufgefaßt werden, daß die Vielheit der Dinge auf einen von ihnen verschiedenen Grund zurückgeführt wird (im Sinne des ↗Theismus oder ↗Deismus). Zumeist aber wird der M so verstanden, daß er nicht die Einheit des Ursprungs, sondern die Einheit der Substanz u des Wesens zum Ausdruck bringen soll. Dies kann entweder in bezug auf die Gesamtwirklichkeit geschehen *(All-Einslehre)* oder in bezug auf einen begrenzten Gegenstandsbereich. Der allg M behauptet die Wesenseinheit von Gott u Welt ↗Pantheismus, Atheismus; er hebt damit auch jeden Wesensunterschied zwischen den verschiedenen Gegenstandsbereichen auf: Materie u Geist, lebende u leblose Substanz, Einzelwesen u Gemeinschaft usw. Je nachdem einer der verschiedenen Gegensätze zur Vor- oder Alleinherrschaft gebracht wird, entsteht ein M verschiedener Art. Die Hauptformen sind der *materialistische* u der *spiritualistische M* ↗Materialismus, Spiritualismus, Deutscher Idealismus. Folgerungen des M sind die Leugnung der ↗Willensfreiheit u die Lehre vom psycho-physischen Parallelismus ↗Leib-Seele-Verhältnis.

Der M geht von dem wahren Grundsatz aus, daß das Sein als Sein eines ist. Daraus folgt aber nicht, daß es nur ein Seiendes geben kann oder daß alle Dinge eines Wesens sind. Der M der Substanz irrt, wenn er in der Möglichkeit endlichen Seins neben dem unendlichen Sein einen unaufhebbaren ↗ Dualismus oder gar Pluralismus (↗ Vielheit) sieht; denn diese Möglichkeit gründet im einen unendlichen Sein, wodurch der Dualismus aufgehoben ist. Nur wenn das endlich Seiende im selben Sinne Sein wäre wie das unendliche Sein, würde sich die Einzigkeit der Substanz ergeben (↗ Analogie). Gegen den materialistischen M kann geltend gemacht werden, daß es widersinnig ist, in der Materie, dem Prinzip der Vielheit, das Prinzip der Einheit zu suchen. Wie sehr aller M der Erfahrung widerspricht, liegt offen zutage. Die Vielheit der Wesen, insbesondere der menschlichen Personen, ist ebenso eine Tatsache, wie die wohlverstandene Zurückführung auf *ein* Prinzip eine notwendige Forderung des Geistes ist. – ↗[171]

b) *J Engert:* Der naturalist M Haeckels 1907; *F Klimke:* Der M u seine phil Grundlagen ⁴1919 [Hauptwerk]; *P Minges:* Der M des dt Monistenbundes 1919; *W Brugger:* Theologia naturalis ²1964, nr 458–75; *ders* in: Lex Theol Kirche VII 1962. – c) *A Drews:* Der M, dargestellt i Beitr seiner Vertreter 1908–09. – d) *R Eisler:* Gesch des M 1910; *A Drews:* Geschichte des M i Altertum 1913.

Brugger

Moralpositivismus. Der M anerkennt zwar eine sittl Verpflichtung, begründet diese aber nicht aus einer inneren Werthaftigkeit der gebotenen Handlung, sondern rein aus einem äußeren Prinzip, nämlich dem Gehorsam gegenüber einer befehlenden Autorität, sei dies die Gesellschaft mit ihren kollektiven Wertvorstellungen *(Durkheim)*, die Staatsgewalt *(Hobbes)* oder der freie Wille Gottes *(Ockham)*. Ausgangspunkt des M ist die Erfahrung der geschichtlichen Wandelbarkeit der sittl Auffassungen, dh die Tatsache, daß jedes Volk u jede Kultur ihre eigenen, manchmal recht gegensätzlichen moralischen Werturteile ausbilden. Daraus wird auf einen allg *Moralrelativismus* geschlossen, der keinerlei inhaltlich bestimmte sittl Werturteile mit absoluter Geltung für möglich hält. Um aber dennoch zu einer verbindlichen Ethik zu gelangen, wird gefordert, man müsse den in der eigenen Kultur tatsächlich geltenden, wissenschaftlich feststellbaren sittl Geboten *(Moralempirismus)* u legitim zustande gekommenen Gesetzen *(Rechtspositivismus)* gehorchen. – Zur Würdigung wäre zunächst zu prüfen, ob die Relativität der sittl Wertauffassungen tatsächlich so groß ist, wie der M voraussetzt. Der Wandel ist zweifellos um so größer, je konkretere Normen man ins Auge faßt, insbes im Bereich der reinen Sitte, doch gibt es trotzdem eine gewisse Übereinstimmung in sittl Prinzipien der Menschheit, deren Anwendung je nach verschiedenen Umständen allerdings zu unterschiedlichen Einzelnormen führen kann, von der Möglichkeit der sittl Unreife u des Irrtums einmal ganz abgesehen. – Der M enthält sodann insofern einen systematischen Widerspruch, als er wenigstens die Gehorsamspflicht selbst als unbedingte u überzeitliche, nicht positiv begründbare sittl Forderung anerkennen muß. Zweifellos gibt es aber auch Situationen, in denen gerade ein Nonkonformismus gegenüber einer ungerechten positiven Norm von faktischer Geltung als sittl geboten erscheint. Gegenüber dem theol M ist daran festzuhalten, daß der gesetzgebende Wille Gottes nicht auf blinder Willkür beruht, sondern die in die Schöpfung gelegten Ordnungsstrukturen zu beachten gebietet. – Nicht völlig identisch mit dem M ist eine *positivistische Ethik*, die es für wissenschaftlich unmöglich ansieht, verbindliche Normen zu finden u zu begründen, weil Wissenschaft es nur mit Tatsachenfeststellung zu tun habe u deshalb die Ethik auf eine reine Beschreibung u Erklärung sittl Wertungen ohne objektive Verbindlichkeit einzuschränken sei.

M Wundt: Ethik 1912; *V Cathrein:* Die Einheit des sittl Bewußtseins der Menschheit 1914; *ders:* Moralphil ⁶1924 – *G Patzig:* Relativismus u Objektivismus moral Normen 1968. – c) *Th Hobbes:* Leviathan, Neudr Reclam; *M Schlick:* Fragen der Ethik, Wien 1930. Kerber

Moralstatistik ist die statistische Erfassung u Darstellung der Regelmäßigkeiten in menschlichen Willenshandlungen unter dem Einfluß bestimmter psychischer, sozialer, kosmischer u a Bedingungen (zB Heirats-, Selbstmord-, Verbrechens-, Erzeugungsstatistik). Die phil Bedeutung der M liegt darin, daß sie die Verankerung unserer Motiverlebnisse in psychologischen u physiologischen Bedingungen eindrucksvoll beleuchtet u die Unmöglichkeit motivlosen oder von Motiven gar nicht beeindruckten Wollens zeigt. Hingegen beweist die M nicht, ob im Einzelfall ein Mensch ohne jede Freiheit (im Sinn des gemäßigten Indeterminismus) oder mit Freiheit handle. Die metaphysische Frage nach der ↗ Willensfreiheit läßt sich mit statistischen Methoden weder positiv noch negativ entscheiden.

K Gutberlet: Die Willensfreiheit ²1904; *K Joel:* Der freie Wille 1908. Willwoll

Moralsysteme. Sehr oft müssen wir handeln u uns entscheiden ohne Gewißheit über die dafür maßgebliche sittl ↗ Norm oder doch darüber, was diese im vorliegenden Fall gebietet; je verantwortungsschwerer die Entscheidungen sind, um so häufiger trifft das zu. Im privaten wie im öffentlichen Leben läßt sich sehr oft aus generellen Normen nicht deduzieren, ob ein bestimmtes Tun oder Lassen sittl gut oder böse ist, u doch hat der Mensch immer, bevor er handelt, sich das sichere ↗ Gewissensurteil zu bilden, daß er so handeln *darf*. Dazu wollen ihm die folgenden, wenig glücklich als „M" bezeichneten Verfahrensvorschriften einen Weg zeigen:

1) Damit ich handeln darf, müssen alle Zweifel behoben sein, dh es muß a) mit Sicherheit oder b) mit an Sicherheit grenzender Wahrscheinlichkeit feststehen, daß ich keine Gefahr laufe, etwas zu tun, das gegen eine sittl Norm verstößt: a) strenger bzw b) gemäßigter *Tutiorismus.*

2) Ich darf auch bei nicht behebbarem Zweifel handeln, wofern:
a) das Abwägen für oder gegen die Erlaubtheit: aa) ein Übergewicht der Gründe für oder bb) wenigstens ein Gleichgewicht der Gründe ergibt: *Probabiliorismus bzw Äquiprobabilismus;*

b) unabhängig von solcher Abwägung ernstzunehmende Gründe für die Erlaubtheit sprechen: schlichter *Probabilismus*.

Das Wahrscheinlichere kann irrig u das weniger Wahr*schein*liche *wahr* sein; solange auf keiner Seite ein durchschlagendes, die Gegengründe widerlegendes Argument steht, bleibt die Frage nach der Wahrheit offen, der Zweifel unbehoben. Dies zu verkennen ist der logische Fehler des Probabiliorismus u Äquiprobabilismus. Dagegen steht das tragende ethische Argument des schlichten Probabilismus: Gott bürdet dem Menschen nicht heimlich u hinterhältig Pflichten auf, sondern offen u ehrlich; er läßt es ihn wissen. Nicht schon die Norm, wie Gott sie erkennt und will, legt sich dem Menschen sittl bindend auf, sondern erst seine eigene Erkenntnis bindet ihn an die Norm. Um dieses rechte Erkennen hat der Mensch sich nach Kräften zu bemühen; führt dieses sein Bemühen zu keinem klaren u sicheren Wissen über die Norm, dann läßt Gott es ihm frei, nach seiner Einsicht u seinem Ermessen zu handeln; auch wenn er dabei die recht verstandene Norm verfehlt, legt Gott ihm das nicht zur Last; Gott will nicht geängstigte, sondern mutige u frohe Diener.

BA Brody (Hgb): Moral Rules and Particular Circumstances, L 1970; *H Klomps:* Tradition u Fortschritt i der Moraltheol. Die grundsätzl Bedeutung der Kontroverse zwischen Jansenismus u Probabilismus 1963. v Nell-Breuning

Mystik (vom griech mýein: die Augen schließen) bezeichnet dem Wortsinne nach ein tiefinneres, geheimnisvolles Erleben, besonders auf religiösem Gebiet. In einem ganz weiten Sinn versteht man darunter jede Art der inneren *Gottvereinigung*, in einem engeren Sinn bloß die außergewöhnliche Gottvereinigung. Der *M als Erlebnis* steht gegenüber die *M als Wissenschaft* vom mystischen Erleben. – Die kath Theologie definiert die (christliche, *übernatürliche*) *M* als das erfahrungsmäßige Innewerden des göttlichen Gnadenlebens im Menschen. Aller M gemeinsam zu sein scheint, daß Gott im Innern der Seele auf erfahrungsmäßige Weise erkannt wird. Diese Erfahrung ist zwar nicht allgemein, aber durch alle Jahrhunderte hindurch von so vielen hochstehenden Menschen übereinstimmend bezeugt, daß ein Zweifel an der Tatsache selbst schlechterdings unmöglich ist. Die theologische Seite des Problems sei hier übergangen. Die Phil ist vor allem an den außerchristlich bezeugten mystischen Erscheinungen interessiert (vgl die Ekstasen *Plotins*, die Schauungen *Buddhas* u a). Ob es eine *natürliche M* gibt u in welchem Sinne (↗ Übernatürlich), ist zwar umstritten, aber auf Grund der religionsgeschichtlichen Tatsachen wahrscheinlich. An eine unmittelbare Gottesschau ist dabei nicht zu denken, wohl aber an eine von der Phantasie unabhängige, rein geistige Erkenntnisweise *(Beschauung, Kontemplation)*, in der die Geistseele entweder eine besondere Einwirkung Gottes (zB eine eingegossene Idee), oder sich selbst intuitiv in ihrer unmittelbaren Gottbezogenheit erkennt (zB in ihrem von Gott Gewirktsein, oder in der Offenheit des Geistes zum Unendlichen hin). Eine solche Erkenntnisart wäre zwar dem Zustand der Leibverbundenheit der Seele nicht angemessen (u insofern einer besonderen göttlichen Einwirkung bedürftig), würde jedoch die Natur der Geistseele nicht schlechthin übersteigen (u bliebe insofern natürlich). Von einer *Vergottung* kann nur im Sinne einer Überformung durch das göttliche Sein, nicht aber im Sinne einer substantiellen Einswerdung die Rede sein. Hört auf Grund eines mystischen Erlebnisses die natürliche Sinnestätigkeit auf, so spricht man von *Ekstase*.

b) *J Bernhart:* Die phil M des Mittelalters 1922; *A Mager:* M als Lehre u Leben, Innsbruck 1934; *ders:* M als seel Wirklichkeit 1946; *J Maréchal:* Études sur la Psych des Mystiques, Brügge 1924; *J Maritain:* Quatre essais sur l'esprit dans sa condition charnelle, P 1939, 3. E; *L Gardet:* Myst Erfahrungen i nicht-christl Ländern, Colmar 1956; *H Thurston:* Die körperl Begleiterscheinungen der M, Luzern 1956; *A Ravier* (Hgb): La mystique et les mystiques, Brügge 1965; *H Dumoulin:* Östl Meditation u christl M 1966; *G Koelman:* Patañjala Yoga, Poona 1970; *A Brunner:* Der Schritt über die Grenzen. Wesen, Sinn der M 1972. – c) *F Heiler:* Das Gebet ⁵1923; *R Otto:* Westöstliche M ²1929; *C Albrecht:* Psych des myst Bewußtseins 1951; *RC Zaehner:* M, religiös u profan 1961; *WR Inge:* Mysticism in Religion, L 1969. – e) *A Poulain:* Des grâces d'oraison, P ¹¹1931; dt: Die Fülle d Gnaden, 1910.

Brugger

Mythus (vom griech mythéomai = sagen, erzählen) bedeutet ursprünglich (1) eine Erzählung, Sage aus alter Zeit (Götter- u Heldenmythus), dann (2) Bild oder Gleichnis für Welt- u Lebenszusammenhänge (wie die Mythen Platons). Von großem Einfluß auf Leben u Kultur der Völker ist der M (3) als anschauliche, bildhafte, meist personifizierte ↗ Weltanschauung u Lebensauffassung, bei der das Bildhafte nicht bloß äußerliches Gleichnis des Begrifflichen ist, sondern mit ihm eine ursprüngliche ungeschiedene Einheit bildet, die insbes vom Primitiven oder Frühmenschen als die Wirklichkeit selbst erlebt wird. – Mit den Mythen, ihrem Inhalt, Ursprung, Einfluß u Weg, beschäftigt sich die *Mythologie*, sei es als Zweig der vergleichenden Völkerkunde oder der Religionsgeschichte.

Der M (3) ist nach neuerer Auffassung eine im Unterbewußtsein der Generationen sich vollziehende Ansammlung gleichlaufender Bilder, in denen bestimmte Seiten der menschlichen Existenz im ↗ Symbol ihren Ausdruck finden. Er dient weniger der Erklärung als der seelischen Bewältigung der Wirklichkeit und der Einordnung in sie. Der *Naturmythus* ergab sich aus der naiven Naturbetrachtung, der *Kulturmythus* erst aus späterer Reflexion auf die bisherige Entwicklung der Kultur. Der M ist nicht von sich aus religiös, kann sich aber mit religiösen Vorstellungen verbinden.

Das wissenschaftlich-abstrakte Denken ist dem Entstehen u der Wirksamkeit des M nicht günstig. In Gegenwirkung gegen den Rationalismus der Aufklärung brachte daher die Romantik u später die Lebensphilosophie bei *Nietzsche* u *Rosenberg* auch eine Neubewertung des M als einer irrationalen, nicht-wissenschaftlichen Weltdeutung mit sich. Obwohl die Phil den M gelegentlich als Darstellungsform verwendet hat u obwohl sie die kulturfördernde Wirkung mancher Mythen nicht verkennt, so muß sie sich doch selbst über das bildhaft Konkrete des M erheben, um zum hellen u wachen Selbstbewußtsein des Denkens zu kommen.

a) *FW Schelling:* Phil der Mythologie. – b) *W Schmidt:* Der Ursprung der Gottesidee 1926ff; *J Lotz* in: Archivio di Fil 3 (1957) 55–78 [M u sakrale Kunst]; *M Eliade:* M-en, Träume u Mysterien 1961; *A Anwander:* Zum Probl des Mythos 1963; *Mito* e fede, in: Archivio di Fil 1966, H 2–3; *K Kerényi*

(Hgb): Die Eröffnung des Zugangs z Mythos 1967; *L Cencillo:* Mito. Semántica y realidad, Madrid 1970; *GF McLean* (Hgb): Myth and Phil, Washington 1971. – c) *E Cassirer:* Die Begriffsform i myth Denken 1922; *ders:* Phil der symbol Formen 1923–25; *A Rosenberg:* Der M des 20. Jht ¹1930 (vgl dazu: Studien z „M des 20. Jht" 1934); *W Nestle:* Vom Mythos z Logos ²1942; *F Medicus:* Das Mythologische i der Religion, Zürich o J (ca 1947); *WF Otto:* Die Gestalt u d Sein. Abhandl über den Mythos u seine Bedeutung f die Menschheit ²1959; *W Bröcker:* Dialektik, Positivismus, Mythologie 1958; *C Lévi-Strauss:* Mythologica 1971-75. – d) *R v Ranke-Graves:* Griech Mythologie 1960; *Jan de Vries:* Forschungsgesch der Mythologie 1961; *J Pieper:* Über die plat Mythen 1965; *W Hirsch:* Platons Weg zum Mythos 1971; *A Klein:* Glaube u Mythos 1973 [zu Jaspers]. Brugger

Natur stammt sprachlich von dem lat ‚natura', dem genau das griech ‚*physis*' entspricht. Beide Worte deuten auf den Zusammenhang mit dem Geboren-werden, der Geburt; sie meinen (1) zunächst die natür-liche, dh geburtliche, von der Geburt herrührende oder gewachsene Eigenart eines Lebendigen. Im weiteren Sinn heißt dann N (2) die Wesensart ‚jedes' Seienden, wie sie ihm von seinem Ursprung her zukommt. Obwohl man oft N nicht von ‚Wesen' unterscheidet, so fügt doch, streng genommen, N ein dynamisches Moment zum Wesen hinzu; dieses wird nämlich als Prinzip der Entwicklung des Seienden, als innerer Grund seines Wirkens u Erleidens ‚N' genannt. Von hier aus gesehen, hat jedes Seiende seine N, auch der Mensch, selbst (unter Ausschluß alles Unvollkommenen, Werdehaften) Gott. Diese N (3) ist der jedem Seienden innewohnende Bauplan u damit auch die bestimmende Norm seines Wirkens; dh in der N wurzelt das ↗ N-gesetz. Die untermenschlichen Dinge folgen den N-gesetzen ohne Einsicht u daher notwendig; das dem geistigen Leben des Menschen entsprechende N-gesetz hingegen gewinnt sittl Charakter, da er es als ethisches ‚Soll' erkennt, das seine Freiheit aufruft. Folglich erscheint als *naturwidrig*, was gegen die N-gesetze, besonders gegen das sittl N-gesetz streitet. – Auf diesem Hintergrund heißt N (4) als umfassendes Ganzes die Gesamtheit jener Wesen, die eine werdende N haben. Das ist nach dem Pantheismus die Gesamtheit alles Seienden überhaupt (etwa bei *Spinoza:* ‚Deus sive natura'), sonst aber die Gesamtheit aller raum-zeitlichen Wesen, insofern sie kraft ihrer besonderen N (3) sich hervorbringen, entwickeln u zu einer Ordnung, der *Naturordnung* (1), zusammenfügen. So gesehen, wird die N (4) als der alles umhegende Ordnungswille oft personifiziert (‚Mutter' N); man sagt von ihr, sie tue nichts umsonst, sie mache keine Sprünge (non facit saltus). Dieser Ordnungswille, dem auch der Mensch untersteht, gründet letztlich in Gott, in seinem erschaffenden u erhaltenden Walten.

Zur genaueren Bestimmung des Gesagten sind noch weitere Abgrenzungen nötig. Erstens ist die N vom ↗ Geist zu unterscheiden. Zur N (5) gehören dann alle Wesen, die sich unbewußt, instinktiv-triebhaft entfalten, in erster Linie die Bereiche des biologischen Lebens. Wenn auch der Mensch mit manchen Schichten seines Wesens in diese N (5) hinabreicht, so tritt er ihr doch primär als Träger des Geistes, dh des bewußten, frei vollzogenen Lebens, gegenüber. Den Menschen verkennt jener ↗ Naturalismus, der ihn zu einem Stück N (5) machen möchte *(Nietzsche, Klages);* doch verbirgt sich darin das echte Anliegen, ungesunde Überbewußtheit u Willkür eines entarteten Geistes zu überwinden, was eine tiefere Rückbindung des Menschen in die N (5) verlangt.

Zweitens ist die N von der ↗ Kultur zu unterscheiden. N (6) heißt der Zustand des Menschen u aller sichtbaren Dinge, wie er aus den N-gesetzen von selbst erwächst u im unaufhörlichen Kreislauf von Werden u Vergehen sich geschichtslos erneuert. Kultur hingegen ist das, was der Mensch durch sein planendes u gestaltendes Eingreifen aus sich selbst u den Dingen entwickelt u worin er sich als geschichtliches Wesen, um seine ständig höhere Entfaltung ringend, verwirklicht. Da der Mensch notwendig Kultur schafft, gibt es keinen bloßen *Naturzustand* (1); die N-völker sind ihm lediglich näher als die Kulturvölker. Wenn sich freilich die Kultur zu sehr von der N entfernt, hat die Losung „Zurück zur N" (Rousseau) ihre Berechtigung.

Drittens ist die N vom ↗ Übernatürlichen zu unterscheiden. N (7) oder *natürlich* ist alles, was zu einem geschaffenen Wesen gehört, entweder als konstitutiver Bestandteil (Seele, Leib, unversehrte Glieder), oder als daraus fließende Eigenschaft, Anlage, Wirkkraft (Verstand, Wille), oder als notwendiges Mittel, damit ein Wesen bestehen, sich entfalten u sein Ziel erreichen kann (Nahrung, Erziehung). Von hier aus heißt *Naturordnung* (2) die Gesamtheit aller geschaffenen Wesen (auch der reinen Geister) mit allem, was zu ihrer N (3) als Geschöpfe Gottes gehört. Im Ggs dazu nennen wir *übernatürlich* die Teilnahme der geschaffenen Geistnaturen an der göttlichen N (3) oder am Gottesleben durch die Gnade der Kindschaft; diese wurde nach der christlichen Offenbarung von Anfang an dem Menschen zuteil, so daß er sich (auch in diesem von dem obigen (1) wesentlich verschiedenen Sinne) nie im bloßen *Naturzustand* (2) befand. – Als *außernatürlich* bezeichnet man eine Vollkommenheit, die zwar die Kräfte einer bestimmten, nicht aber jeder geschöpflichen N überschreitet. Hierher gehört auch das ↗ Wunder, das in seltenen Fällen von Gottes Allmacht zur Bezeugung seiner ↗ Offenbarung gewirkt werden kann.

a) *Aristoteles:* Metaphysik V, 4; Physik II, 1 (dazu: *M Heidegger* in: Wegmarken 1967, 309–71; *Thom v Aq:* Komm z Metaphysik V, lect 5; Physik II, lect 1 u 2. – b) *H André:* Die Einheit der N 1923; *A Dempf:* Kulturphil 1932; *M Scheeben:* N u Gnade (neue Ausg) 1922. *B Stoeckle:* „Gratia supponit naturam", Rom 1962, Herder. – *C Nink:* Ontologie 1952, 11ff; *J Reinke:* Die schaffende N 1919; *R Paniker:* El concepto de naturaleza, Madrid 1951; *CF v Weizsäcker:* Die Einheit der N ³1972. – c) *F Nietzsche:* Wille z Macht; *L Klages:* Der Geist als Widersacher der Seele 1929–32; *A Wiener:* Entstehung u Wesen v N u Kultur 1923; *N u Gesetz* (10. dt Phil-Kongr) 1973; *P Janssen:* N u Gesch? 1973. – d) *Archiv* f Begriffsgesch 7 (1962) 140–284 [zu Lukrez]; *A Schmidt:* Der Begriff der N i der Lehre v Marx ²1967. – e) *J Lotz, J de Vries:* Phil i Grundriß 1969. Lotz

Naturalismus. Als N bezeichnet man jene Denkrichtungen, die der ↗ Natur (in einer ihrer verschiedenen Bedeutungen) eine ausschlaggebende oder gar ausschließliche Rolle zuerteilen. Vor allem kommt dabei der Ggs zum ↗ Geist u zur Übernatur in Betracht. So wendet sich der N (1), als allg phil Auffassung, einseitig der untermenschlichen, insbesondere biologischen Natur zu (↗ Biologismus) u betrachtet das eigentlich Menschliche, das geistige Geschehen u die Geschichte als bloße Fortsetzung des Physischen, Biologischen u nach dessen

Maßgabe. Eine pantheistische Ausweitung erfährt dieser Standpunkt bei *Giordano Bruno* u *Schelling,* welche die Gesamtheit der Naturerscheinungen nach Analogie des Organismus als eine vom Absoluten getragene Lebenseinheit auffassen. Auf ethischem Gebiet führt der N (1) oft dazu, die Erfüllung der naturhaften Triebe ohne Leitung durch eine vom Trieb verschiedene Norm anzuraten. Die Kunst hat nach dem N (1) bloß die Aufgabe, die Natur möglichst getreu nachzuahmen ohne Herausarbeitung höherer Ideen. – Im Ggs zum ↗ Übernatürlichen steht der theologische N (2), nach dem keine andere Mitteilung Gottes an die Menschen möglich ist als die, welche ihrer Natur zukommt u ihnen in diesem Sinne geschuldet ist. Auch dieser N (2) beruht letztlich auf einer Verkennung des ↗ Geistes u seiner auf das Unendliche ausgerichteten Offenheit u Weite. – ↗ [235, 255, 258]

Lit: ↗ Handbücher der Gesch der Phil. – b) *Sacher:* Staatslex ⁵III 1513–17; *A Kranich:* Über die Empfänglichkeit der menschl Natur f die Güter der übernatürl Ordnung 1892; *J Pohle:* Natur u Übernatur 1921: *J Collins:* Crossroads in Philosophical Existentialism, Naturalism, Theistic Realism, Chicago 1962; *JB Pratt:* Naturalism, Port Washington 1973 [Neudr]. Brugger

Naturgesetz im phil Sinn ist die durch die ↗ Natur der Dinge festgelegte Norm ihres ↗ Wirkens. Von ↗ Gesetz spricht man wegen der damit gegebenen Notwendigkeit, daß sich die Naturdinge auch in Zukunft der Norm ihrer Natur gemäß verhalten. Diese Notwendigkeit ist jedoch verschieden je nach der besonderen Natur der Dinge: anders im anorganischen, anders im org, anders im menschlich-personalen Bereich. In letzterem ist N soviel wie natürliches ↗ Sittengesetz; seine Notwendigkeit besteht in dem auf Einsicht in die Natur des Menschen gegründeten Sollen der ↗ Pflicht. Im untergeistigen Bereich folgt das Wirken aus der Anlage zum Wirken ohne Zwischenschaltung einer auf Einsicht beruhenden Entscheidung. Bedeutet dies die vollkommen eindeutige Entsprechung dessen, was geschieht, mit der Ursache oder dem Ursachenkomplex, so daß der Weltverlauf in diesem Bereich für alle Zeit eindeutig bestimmt wäre, wie es die Auffassung von den sog *dynamischen N-en* will? Dagegen spricht, daß im Bereich der Mikrophysik nur statistisch wahrscheinliche Aussagen über das Künftige möglich sind. Man hat das auf die Unmöglichkeit, alle Zustandsgrößen (zB Ort u Impuls) gleichzeitig zu messen, also auf das Nichtwissen der Anfangsbedingungen zurückzuführen u mit unbekannten Parametern (Richtgrößen) zu erklären versucht. Ein solcher Ausweg in eine grundsätzlich nicht verifizierbare Theorie ist jedoch nur zulässig, wenn der ↗ Kausalsatz notwendig aus dem metaphysischen ↗ Kausalprinzip folgt, was nicht der Fall ist. Was eindeutig im Naturverlauf ist, ist das tatsächliche Geschehen, das beobachtet u gemessen wird, u die Vergangenheit; in Näherung eindeutig sind viele N-e der makroskopischen Welt; *statistisch* (als konstanter Durchschnitt beim Zusammenwirken einer großen Zahl von Einzelursachen) sind jedoch außer den Gasgesetzen vor allem die *N-e* des mikrophysikalischen Geschehens. Das N läßt daher selbst im Anorganischen innerhalb gewisser Grenzen, die in mathematisch definierten Gleichungen ausgedrückt werden, einen Spielraum des im vorhinein nicht eindeutig bestimmten möglichen Geschehens; das gilt noch mehr für den Bereich des Organischen, wo die auf ein Lebewesen einwirkenden Reize von diesem je nach seinen Bedürfnissen verschieden beantwortet werden. Da die N-e aus der wirklichen Natur der Dinge folgen, setzen sie diese Natur als vorhanden voraus u teilen mit ihr die metaphysische Bedingung der ↗ Kontingenz.

A Gatterer: Das Probl des statist N-es, Innsbruck 1924; *M Planck:* Wege z physikal Erkenntnis ⁴1944; *J Seiler:* Phil der unbelebten Natur, Olten 1948; *N Hartmann:* Phil der Natur 1950, 382–441; *G Frey:* Gesetz u Entwicklung i der Natur 1958; *E Schrödinger:* Was ist ein N? ²1967. Brugger

Naturkausalität. Unter N versteht man die besondere Art der ↗ Kausalität in der äußeren, untergeistigen ↗ Natur im Ggs zu der Wirkweise psychischer u geistiger Ursachen. Der Zusammenhang der Naturerscheinungen ist nicht bloß der einer mathematischen ↗ Funktion, sondern verwirklicht den Begriff der ↗ Ursache. Daß überhaupt eine Ursache für das Naturgeschehen notwendig ist, ist die Forderung des metaphysischen ↗ Kausalprinzips. Daß dafür nicht nur die für alles kontingente Sein nötige Erstursache (↗ Schöpfung) anzusetzen ist, sondern entgegen der Lehre des ↗ Okkasionalismus die Naturkörper selbst, ist eine Forderung, die sich aus der erkenntnistheoretischen u ontologischen Auffassung des Wirkens ergibt, durch das allein sich Seiendes als wirklich bekundet. N ist demnach Einwirkung eines Körpers auf einen anderen Körper oder der Teile eines Körpers aufeinander aufgrund seines oder ihres Wirk- u Energiezustandes. Sie bleibt niemals ohne ↗ Wechselwirkung. Was dabei als bewirkende Ursache zu betrachten ist, hängt davon ab, was jeweils als Beobachtungsobjekt mehr oder weniger isoliert werden kann. Was wirklich geschieht u bewirkt wird, ist trotz des spezifischen Anteils der Nächstursachen immer mitbedingt vom Gesamtzustand des Universums mit Einschluß des Beobachters u von der Empfänglichkeit der die Wirkung aufnehmenden Umgebung, so daß das tatsächlich beobachtete Geschehen auch dort, wo es einem Gesetz gemäß vor sich geht, immer um einen Mittelwert schwankt. Eindeutig gewiß ist die N, soweit sie von der Gegenwart aus in die Vergangenheit zurückverfolgt wird; von der Gegenwart in die Zukunft hinein ist die Vorhersage jedoch immer nur mit mehr oder minder großer Wahrscheinlichkeit möglich. Diese potentielle Unbestimmtheit, die besonders deutlich in der ↗ Quantenphysik hervortritt, deutet darauf hin, daß das körperliche Sein in seiner substantiellen Grundverfassung eine unbestimmte Potentialität enthält ↗ Materie.

J Seiler: Phil der unbelebten Natur 1948, 227–31; *B Bavink:* Ergebnisse u Probleme der Naturwissenschaften ⁹1949, 218–48; *N Hartmann:* Phil der Natur 1950, 318–82; *G Siebers:* Die kausale Notwendigkeit u das kausale Werden 1951; *H Dolch:* Kausalität i Verständnis der Theologen u der Begründer neuzeitl Physik 1954; *WP Welten:* Causaliteit in de Quantummechanica, Groningen 1961; *F Selvaggi:* Causalità e indeterminismo, Rom 1964; *W Lichter:* Die Kausalanalyse der Kausaldetermination 1964 [zu N Hartmann]; *H Titze:* Der Kausalbegriff in der Phil ü Physik 1964. Brugger

Naturphilosophie (NPh) *(Kosmologie)* ist der Teil der ↗ Philosophie, der die belebte u unbelebte ↗ Natur (4) zum Gegenstand hat. Ihre Aufgabe ist es, die

Phänomene der Natur (N) im Hinblick auf das Sein zu deuten u sie auf die Bedingungen ihrer Möglichkeit zurückzuführen. Das bedeutet ein Dreifaches: N-erkenntnistheorie, N-metaphysik u NPh im engeren Sinne. Die *Naturerkenntnistheorie*, die auch zur Phil der Wissenschaften gerechnet werden kann, ist eine kritische Besinnung auf Art u Wert, Sinn u Bedeutung menschlicher N-erkenntnis. Wie die ↗ Erkenntnistheorie die allg Probleme menschlichen Erkennens untersucht, so die Naturerkenntnistheorie speziell das Bemühen um die Erkenntnis der N. Dabei sind zu berücksichtigen sowohl die vorwissenschaftliche Naturerkenntnis als auch die Prinzipien, Methoden u Voraussetzungen wissenschaftlicher Naturerkenntnis. Von besonderem Gewicht ist dabei die Reflexion auf die Abhängigkeit aller Meßergebnisse auch vom Beobachter u seinen Apparaturen, insofern der Beobachter selbst ein Teil der Natur ist. Die *Naturmetaphysik* hat die N-phänomene u die von der N-wissenschaft herausgestellten Grundbegriffe, wie Raum, Zeit, Bewegung, Kraft, Energie, Materie, organisches Leben usw, nach Möglichkeit auf ihre im Physisch-Konkreten implizierten ontologischen Bedingungen ihrer Möglichkeit zurückzuführen u aus dem metaphysischen Wesen des körperlichen Seins zu verstehen. Die Methode dabei kann aber nicht rein aprioristisch-spekulativ sein, wie es in der Schule *Schellings* der Fall war. Die N-wirklichkeit ist nämlich eine von vielen möglichen, durch freie Setzung des Schöpfers entstandene. Die N-metaphysik muß daher ergänzt werden durch eine NPh im engeren Sinne, die sowohl den Erfordernissen der N-metaphysik wie auch dem Wissen über die konkrete N Rechnung trägt, wie es sich mittels einer kritischen Reflexion auf die naturwissenschaftlichen Methoden aus den Ergebnissen der naturwissenschaftlichen Forschung ergibt. Es genügt jedoch nicht, diese Tatsachen lediglich zu einem geschlossenen Gesamtbilde zusammenzufügen, da eine solche Erkenntnis nicht über naturwissenschaftliche Erkenntnis hinausginge. Für die Zwecke der ↗ Naturwissenschaft genügen Begriffe, die irgendeine charakteristische Eigenschaft der N-dinge wiedergeben. Ziel der NPh als eines Zweiges der angewandten Metaphysik ist es, zu Begriffen zu gelangen, die Antwort geben auf die Frage, was die Dinge im Kerne sind, die also die Frage nach dem Wesen der Dinge beantworten u die N-wirklichkeit in Bezug zum Menschen u zur Gesamtwirklichkeit setzen. – ↗ [131, 143, 149, 156, 207, 245, 255]

b) *N Junk:* NPh als Grundlegung u Weiterführung der Naturwissenschaften, in: Schol 14 (1939) 397–411; *P Hoenen:* Phil der anorganische natuur, Antwerpen ³1947; *H Conrad-Martius:* Der Selbstaufbau der N 1944; *J Seiler:* Phil der unbelebten N, Olten 1948; *H Driesch:* Metaph der N 1927; *ders:* Phil des Organischen ⁴1928; *J Echarri:* Philosophia entis sensibilis, Freiburg 1959; *W Büchel:* Phil Probleme der Physik 1965. – c) *E Becher:* NPh 1914; *E May:* Kleiner Grundriß der NPh 1949; *N Hartmann:* Phil der N 1950; *AG Van Melsen:* The Phil of Nature, Pittsburgh 1953, Duquesne; *CG Hempel:* Phil of Natural Science, Englewood Cliffs 1966; *R Carnap:* Einf i die Phil der Naturwiss 1969; *CF v Weizsäcker:* Die Einheit der N ³1972; *ders:* Die phil Interpretation der modernen Physik ²1973; *H Hendrichs:* Modell u Erfahrung 1973. – d) *C Siegel:* Gesch der dt NPh 1913; *W Burkamp:* NPh der Gegenw 1930; *A Maier:* Zwischen Phil u Mechanik, Rom 1958 [z Spätschol]; *G Hennemann:* NPh i 19. Jht 1959.   Junk

Naturrecht. Soll das ↗ Recht mehr sein als eine ↗ Norm beliebigen Inhalts, die in irgendeinem Sinn „gilt", dh mehr oder weniger wirksam von den einen durchgesetzt, von den anderen anerkannt u befolgt wird, dann genügt dazu nicht, daß es von einem Machthaber (↗ Macht) erlassen u den Unterworfenen auferlegt wird; um verpflichtend zu sein, dh den Menschen im ↗ Gewissen anzusprechen, muß es in der ↗ Natur der Dinge begründet sein u damit letzten Endes auf Gott, sein Wesen, seine Weisheit u seinen heiligen Willen zurückgehen. – Als Teilbereich der sittl Ordnung (↗ Sittengesetz) ist auch die Rechtsordnung in der Menschennatur grundgelegt. Die Grundzüge, die wir an unserer gesellschaftlichen Wesensanlage ablesen, mögen sehr allg u unbestimmt erscheinen, wie zB die Pflicht der Verkehrsteilnehmer, „sich so zu verhalten, daß kein anderer gefährdet, geschädigt oder mehr als ... unvermeidbar behindert oder belästigt wird"; nichtsdestoweniger ist sie es allein, die allen einzelnen Verkehrsregeln, sowohl den schlußfolgernd abgeleiteten als auch denjenigen, die so oder auch anders lauten können, verpflichtende Kraft verleiht; ist diese Rücksichtnahme nicht *von Natur aus* eine *Rechts*pflicht, dann „gilt" jede Verkehrsordnung nur genau so viel, wie sie den Rücksichtslosen gewaltsam aufgezwungen werden kann. Jedem menschlichen Gemeinwesen, keineswegs dem ↗ Staat allein, eignet rechtsetzende Gewalt für den Bereich seiner Gemeinschaftsbelange (↗ Subsidiaritätsprinzip); wie immer aber die Menschen die Ordnung ihres Zusammenlebens positiv gestalten, immer bleibt sie an die vom Schöpfer in die Menschennatur eingezeichnete Grundordnung gebunden. – Wer Sein u Sollen, Sein u Wert beziehungslos nebeneinanderstellt (↗ Wert), muß offenbar ein so verstandenes N leugnen. Dagegen geht es im Streit um unwandelbares oder wandelbares, primäres u sekundäres N um keine Sachfrage, sondern die einen reden vom N, wie es unabhängig vom menschlichen Erkennen *besteht*, die anderen von unserer N-*lehre;* diese kann heute aktuell u morgen obsolet, heute sachgerecht u morgen sachwidrig geworden sein, muß dem Wandel der Sprache, der Begriffe u der Dinge selbst auf dem Fuße folgen u sich immer wieder von eingeschlichenen, oft sehr zählebigen Irrtümern läutern.

Unter dem irreführenden Namen N hat ein „*Vernunftrecht*" zeitweilig das klassische N verdrängt. Auf der Höhe des ↗ Rationalismus u der ↗ Aufklärung traute man sich zu, die Regelung aller im Leben vorkommenden Fälle u damit die Ordnung des menschlichen Gemeinschaftslebens bis in die Einzelheiten aus Vernunftprinzipien abzuleiten; der Versuch endete in Lächerlichkeit. Seither galt bei allen, die dieses *rationalistische N* mit dem klassischen verwechselten, das N schlechthin als eine nicht mehr ernst zu nehmende Sache; Rechtspositivismus u Rechtsformalismus errangen fast unbestrittene Alleinherrschaft. Erst die Diktaturen u Totalitarismen der jüngsten Vergangenheit u die Hemmungslosigkeit, mit der sie die Menschenwürde niedertraten, führten in der ersten Nachkriegszeit zu einer Rückbesinnung auf *vor*positive u *über*positive Rechte, d i der Sache nach auf das klassische N. So geben sich die *Menschenrechte* der UN u a, aber auch die *Grundrechte* neuerer Verfassungen nicht als von den UN oder von den Verfassungsgebern verliehene, sondern als schlechthin gegebene u unentziehbare Rechte. Der Nicht-Gottgläubige kann sie nur in der Menschenwürde, wie er sie versteht, verankern; der Gottgläubige führt wie die Menschenwürde selbst so auch die in ihr gründenden Rechte auf ihren letzten Urgrund in Gott zurück. – Seither ist die Entwicklung wieder rückläufig; in dem Maß, wie die Erinnerung an die Rechtlosigkeit im Unrechtsstaat verblaßt u man wieder in vermeintlicher Sicherheit u Ordnung lebt, drängt sich das Bedürfnis, das Recht im Absoluten zu verankern, immer weniger auf, u man glaubt, das N entbehren zu können.

b) *J Fuchs:* Lex naturae 1955; *J Lob:* N u ganzheitl Phil, Wien 1962; *H Welzel:* N u materielle Gerechtigkeit, Zürich 1954; *E Rohrschacher:* Das Recht u die R-sätze. Eine Kritik der traditionellen N-theorien auf rechtsontolog Grundlage, Winterthur 1963; *A Rasovsky:* Ethos u N 1964 [z Methodik]; *H Reiner:* Grundlage, Grundsätze u Einzelnormen des N 1964; *H Schambeck:* Natur der Sache, Wien 1964; *F Böckle* (Hgb): Das N i Disput 1966; *F Klüber:* N als Ordnungsnorm der Gesellschaft 1966; *J Meßner:* Das N, Innsbruck ⁵1966; *J David:* Das N i Krise u Läuterung 1967; *Ph Delahaye:* Permanence du droit naturel, Louvain ²1967; *WAM Luijpen:* Phenomenology of Natural Law, Louvain 1967; *K Peschke:* N i der Kontroverse, Salzburg 1967; *HD Schelauske:* N-diskussion i Deutschland 1968; *A Leinweber:* Gibt es ein N? ²1970; *A Müller, StH Pfürtner, B Schnyder:* Natur u N 1972; *F Böckle, EW Böckenförde:* Das N i der Kritik 1973. v Nell-Breuning

Naturwissenschaft ist ein Sammelname für die Gesamtheit der Wissenschaften, die sich mit der ↗Natur (4) beschäftigen. Sie hat mit der ↗Naturphilosophie dasselbe Objekt, unterscheidet sich jedoch von ihr durch ihr besonderes Erkenntnisziel u ihre diesem angepaßten Methoden. Ihr Erkenntnisziel besteht weder in der Rückführung der Naturvorgänge auf die allgemeinsten Prinzipien der ↗Ontologie u ↗Metaphysik noch in der bloßen Registrierung von Tatsachen, sondern in der durch Beobachtung u Experiment ermöglichten Erkenntnis der besonderen Gesetzmäßigkeiten der Naturdinge u Naturvorgänge, die je nach dem Bereich mehr oder weniger exakte Vorhersagen künftiger Vorgänge (↗Naturgesetz) ermöglichen, sowie in der Erklärung der besonderen Gesetzmäßigkeiten, dh in deren Herleitung aus umfassenderen u einfacheren Gesetzmäßigkeiten. Die N sucht ihre Aussagen möglichst zu objektivieren, dh von den subjektiven Bedingungen des Beobachters möglichst zu isolieren, u die Beziehungen der Zustandsgrößen in „Wenn-dann"-Aussagen u, wenn sie sich messen lassen, in mathematischen Formeln *(exakte N-en)* auszudrücken. – Das sich aus dem Verfahren der N-en ergebende *naturwissenschaftliche Weltbild* ist ein durch die Methodenwahl notwendig reduziertes Weltbild, das keineswegs die ganze Fülle der Weltwirklichkeit in allen Dimensionen, noch viel weniger des Menschen als Person, zu Gesicht zu bringen vermag.

Die Einteilung der N-en, die mehr durch praktische Notwendigkeit als durch theoretische Überlegung bedingt ist, folgt im Groben den bekannten Naturreichen des Anorganischen u des org sowie des psychischen Lebens, soweit letzteres sich von außen beobachten läßt ↗Behaviorismus. Bedeutsam ist, daß sich in verschiedenen N-en formale Gemeinsamkeiten abzeichnen ↗Kybernetik. Zentrale Disziplin des Anorganischen ist die *Physik,* die jedoch in der Atomphysik mit der Chemie zu einer Einheit zusammengewachsen ist. Zentrale Disziplin des org Lebens ist die Biologie. – Geschichtlich ist anzumerken, daß in der Antike u im Mittelalter N u Naturphil ungeschieden waren, da ein deutliches Bewußtsein der Verschiedenheit des Erkenntniszieles u der Methoden fehlte. *Physik* war damals der Name für beides. Der Weg zur Naturphil führt heute nur über eine Reflexion auf das, was die N tut; denn N selbst ist kein Objekt der N.

AS Eddington: Phil der N 1950; *G Ardley:* Aquinas and Kant. The Foundation of Modern Sciences, L 1950; *H van Laer:* Phil of Science II, Pittsburgh 1962; *G Eder:* Quanten – Moleküle – Leben. Begriffe u Denkformen der heutigen N 1963; *AGM van Melsen:* Ethik u N 1967; *L Krüger* (Hgb): Erkenntnisprobleme der N-en 1970; *JK Feibleman:* Scientific Method, Den Haag 1972; *CF v Weizsäcker:* Voraussetzungen des naturwiss Denkens 1972; *W Heisenberg:* Wandlungen i den Grundlagen der N-en ¹⁰1973. – *O Spülbeck:* Der Christ u das Weltbild der modernen N ⁶1962; *J Meurers:* Die Frage nach Gott u die N 1962; *G Hennemann:* N u Religion 1963; *P Jordan:* Der Naturwissenschaftler vor der religiösen Frage ²1964; *N Wildiers:* Weltbild u Theol 1974. – d) *E Hunger:* Von Demokrit bis Heisenberg 1958; *StF Mason:* Gesch der N i der Entwicklung ihrer Denkweisen 1961; ! *R Hall:* Die Geburt der naturwiss Methode 1965. – e) *B Bavink:* Ergebnisse u Probleme der N-en ⁹1949.
Brugger

Negation. Die N oder *Verneinung* (V) hat im Urteil des Menschen ihren Ort. Gewöhnlich leugnet sie das Bestehen eines ↗Sachverhalts oder spricht dessen Nicht-sein aus; zB: Heute regnet es nicht. Eine solche V ist wahr, wenn der betreffende Sachverhalt tatsächlich nicht vorhanden ist. Doch wird oft auch ein positiver Tatbestand durch V ausgedrückt; zB: Dieser Mann ist nicht blind. Derartige V-en sind wahr, wenn der betreffende positive Tatbestand (hier: das Sehvermögen) wirklich gegeben ist. Die zweite Art der V hat für die Metaphysik schlechthin entscheidende Bedeutung; denn einzig kraft der V vermag der endliche Geist zum Unendlichen vorzudringen. Da ihm nämlich die Unendlichkeit nicht unmittelbar zugänglich ist, bildet er ihren Begriff, indem er den positiven Gehalt einer (reinen) ↗Vollkommenheit von Gott bejaht, zugleich aber alle Grenzen verneint. So sagt man etwa von Gott das Leben aus, u zwar in un-endlicher (= ohn-endlicher) Fülle, indem man jegliche Begrenztheit leugnet. Im Grunde liegt hier eine V der V vor, weil Grenze nichts anderes als V der weiteren, jenseits der Grenze möglichen Vollkommenheit besagt. Ein solches Urteil ist wahr, insofern Gott tatsächlich unendlich ist. Hiermit haben wir etwas von dem richtigen Kern der „Macht des Negativen" getroffen, die bei *Hegel* eine so große Rolle spielt. – Die im Vorstehenden beschriebene Erkenntnisweise heißt in der Fachsprache „Weg der V"; ihn beschreitet zu einseitig die danach genannte ↗negative Theologie, zu der vielfach die Mystik, auch Meister *Eckhart,* neigt.

[Große Bedeutung in der Logik u in der Phil hat die *Negation der Negation* (NdN). In der formalen Logik besagt das Gesetz der doppelten N, daß der doppelt negierte Satz (oder Inhalt überhaupt) denselben Wahrheitswert hat wie der nicht negierte Satz (Inhalt überhaupt). Einen ganz anderen Sinn u Stellenwert hat die NdN im dialektischen Denken: die dialektisch verstandene NdN besteht nicht darin, daß die Selbigkeit eines Satzes oder Inhalts überhaupt wiederhergestellt, sondern darin, daß etwas Neues, Weiteres, Höheres erreicht wird *(„bestimmte N", Aufhebung)*. Sinn u Möglichkeit der dialektisch aufgefaßten NdN setzen einen allg Zusammenhang voraus, als dessen Momente sich die N u die NdN erweisen ↗ Dialektik.] [Puntel]

a) *Thom v Aq:* STh I q 85 a 5; q 16 a 2; De ver q 1 a 3; ScG I, 14; De anima q 16; *G Hegel:* Phänomenologie des Geistes, Vorrede. – b) *G Kahl-Furthmann:* Das Problem des Nicht ²1968. – c) *M Heidegger:* Was ist Metaph? ⁹1965; *W Flach:* Negation u Andersheit 1959; *LB Puntel:* Darstellung, Methode u Struktur. Unters-en z Einheit der systemat Phil Hegels 1973. – d) *HR Schlette:* Das Eine u das Andere 1966 [zu Plotin]; *J Pieper:* Das unaustrinkbare Licht 1963 [zu Thom v Aq]; *R Mayorga:* Sein u Gesch 1971 [zu Heidegger]; *FW Schmidt:* Zum Begriff der Negativität bei Schelling u Hegel 1971. Lotz

Negative Theologie (nTh). Im Anschluß an den Neuplatoniker *Proklus* unterscheidet *Dionysius der Pseudo-Areopagite* eine bejahende u eine verneinende (negative) ↗ Theologie (Th). Während die bejahende Th von den Wirkungen Gottes in der Schöpfung ausgeht, ihn nach diesen benennt u so als den Allnamigen betrachtet, steigt die verneinende Th auf dem Wege der Verneinung zum Unendlichen u Namenlosen auf, der über alle positiven u negativen Bestimmungen erhaben ist. Am Ende dieses Aufstiegs vereinigt sie sich mit ihm im unaussprechlichen Dunkel der mystischen Erfahrung. – Die Lehre der nTh übte auf die Th u ↗ Mystik des Mittelalters einen großen Einfluß aus. So bekennt auch *Thomas v Aquin,* daß wir von Gott eher wissen, was er nicht ist, als was er ist. Starken Gebrauch machte von dieser Lehre *Meister Eckehart,* um dem überbegrifflichen, mystischen Erleben einen oft paradoxen Ausdruck zu verleihen, u wiederum *Nikolaus von Kues.* Stärker als im Abendland macht sich die Denkweise der nTh (wenn auch unter anderen Namen) in der orientalischen Phil bemerkbar. So, wenn die indischen Weisen jeder Aussage über das Absolute ein beschwörendes „Nicht so!" vorausschicken, wenn die Buddhisten *(Nagarjuna)* oder die chinesischen Philosophen von der großen „Leere" sprechen oder *Nishida* in Japan eine Phil des „Nichts" verkündet. – Die nTh ist geeignet, unsern Sinn für die Unendlichkeit u Unbegreiflichkeit Gottes zu schärfen. Sie darf jedoch nicht die Möglichkeit positiver Aussagen über Gott bestreiten, will sie nicht zum ↗ Agnostizismus abgleiten.

a) *Ps-Dionysius:* De divinis nominibus (Migne PG 3); *Thom v Aq:* ScG I, 14, 29, 30, 36. – d) *K Jaspers:* Die großen Philosophen I 1957 [934–56: Nagarjuna]; *JW Douglass* in: Downside Rev (1963) [zu Dionysius]; *J Pieper:* Unaustrinkbares Licht ²1963 [zu Thom v Aq]; *V Lossky:* Théologie négative et connaissance de Dieu chez Maître Eckhart 1960; *H Theill-Wunder:* Die archaische Verborgenheit. Die phil Wurzeln der nTh 1970 [vgl dazu Theol Phil 48 (1973) 264 f]. Brugger

Neukantianismus. Nachdem der ↗ Deutsche Idealismus sowie die ihn ablösenden Strömungen ihre Kraft verloren u verschiedene neue Ansätze keinen durchgreifenden Erfolg gebracht hatten, kam es um die Mitte des 19. Jhts im deutschen Philosophieren zu einer erschreckenden Ebbe. Die systematisch-schöpferische Arbeit wich zum großen Teil der bloß geschichtlichen Erforschung des Gewesenen. Den entscheidenden Anstoß zur Erneuerung brachte neben *K Fischer* vor allem *O Liebmann* mit seinem Programm: „Also muß auf Kant zurückgegangen werden!" (1865). Hieraus erwuchs der N, der freilich Kant nicht lediglich wiederholen, sondern folgerichtig weiterführen wollte. Nun schienen sämtliche Sachgebiete schon an die Einzelwissenschaften aufgeteilt zu sein; deshalb konnte Philosophie einzig noch den Sinn von ‚Wissenschaftstheorie' haben. Diese Seite allein wurde aus Kant herausgegriffen unter Ausscheidung alles Metaphysischen, zumal des Dinges an sich. Dabei wandte sich die *Marburger Schule (Cohen, Natorp)* der mathematischen Naturwissenschaft zu; mit Hilfe der daran gewonnenen Erkenntnisse durchleuchtet sie auch Ethik, Ästhetik u Religionsphilosophie. Es gibt nichts Gegebenes; alles ist aufgegeben oder Setzung des Bewußtseins-überhaupt. Dieses tritt dem empirischen Bewußtsein als objektives Reich idealer Strukturen gegenüber: *objektiver Idealismus* (neue Sicht der platonischen Ideen bei *Natorp*). Im Ggs hierzu sah die *Badische Schule (Windelband, Rickert)* die „Grenzen der naturwissenschaftlichen Begriffsbildung" u entfaltete die Theorie der Geisteswissenschaften. Das Letzte in Geschichte u Kultur sind nicht allgemeine Gesetze, sondern Werte: ↗ Wertphilosophie. Der Abspaltung der praktischen von der theoretischen Vernunft im ↗ Kritizismus entspricht hier die Trennung der Werte vom Sein. Weniger fruchtbare Gedanken als die beiden genannten Richtungen bietet der Positivismus u *Empiriokritizismus (Cornelius, Mach, Avenarius, Vaihinger)*. Danach ist nur der gesetzmäßige Ablauf der Sinnesempfindungen wirklich, während alle begrifflichen Elemente zu Scheingebilden oder nützlichen Fiktionen verflüchtigt werden: psychologistisch-pragmatistische Wendung. Der Empiriokritizismus hat auf *Lenin* einen bedeutenden Einfluß ausgeübt. In *Külpe* u vor allem in *N Hartmann* hat der N sich selbst überwunden, indem sich beide gegen dessen Idealismus zu einem mehr oder weniger entschiedenen Realismus durchrangen; auch die ↗ Phänomenologie u die von ihr beeinflußte ↗ Existenzphilosophie haben durch ihr Ernstnehmen des Gegebenen über den N hinausgeführt, obwohl ihm zumal der spätere *Husserl* in der Frage der Konstitution verhaftet blieb. Nachdem so der N lange Zeit in den Hintergrund getreten war, nähert sich ihm das heutige Denken dort wieder, wo es die Phil auf Wissenschaftstheorie beschränkt. – ↗ [176–180, 230]

Quellen: O Liebmann: Kant u die Epigonen 1865; *R Schmidt* (Hgb): Phil der Gegenw i Selbstdarstellungen 1921–24; andere Quellen ↗ Abriß der Gesch der Phil. – b) *M Müller:* Sein u Geist 1940, bes 1–15; *J Hessen:* Die phil Strömungen der Gegenw 1923; *ders:* Die Religionsphil des N ²1924; *P Maerker:* Die Ästhetik der südwestdeutschen Schule 1973. – c) *A Messer:* Die Phil der Gegenw ⁸1934; *N Hartmann:* Vom N z Ontologie 1958. – d) *K Vorländer:* I Kant u sein Einfluß auf das dt Denken 1922; *P Schilpp:* The Phil of E Cassirer, Northwestern Univ Press; *I Kern:* Husserl u Kant, Den Haag 1964. Lotz

Neuplatonismus. Der N ist nicht nur, wie sein Name andeutet, eine Erneuerung der Phil *Platons*, sondern ein System, das neben der platonischen Phil auch die übrigen Hauptrichtungen der antiken Phil (mit Ausnahme des Epikureismus) sowie religiöse u mystische Gedanken, auch des Orients, mit großer spekulativer Kraft zusammenfaßt. – Von *Ammonius Sakkas* begründet, wurde der N zuerst von *Plotin* dargestellt. An die Spitze seines Systems stellt Plotin das *Eine*, das über allen Gegensätzen steht. Da auch das Seiende bloß durch seine Einheit ist, ist das Eine früher als das Seiende. Es ist unerkennbar u unbenennbar. Auch die Benennung „das Eine" ist bloß verneinend zu verstehen. Gegenüber aller Vielheit ist es das Urwesen, die höchste Vollkommenheit, die beim Hervorgehen der Vielheit weder etwas von ihrer Fülle verliert noch sich verändert. Das Hervorgehen der Vielheit aus dem Ersten wird durch eine Stufenfolge von Wesen vermittelt. Diese Wesen sind: der Geist oder die intelligible Welt, die Welt-Seele u die Materie. Da diese Folge zeitlos ist, ist die Welt als Ganzes ewig. Die vom Höheren zum Unvollkommenen absteigende Bewegung der Welt ist ungezielt, während das zum Ersten zurückgewendete Streben je nach den Stufen von je höheren Zielen beherrscht ist.

Das Wesen des Geistes *(Nus)* ist die Einheit des Denkens u Seins. Der Geist ist dem Einen, von dem er gezeugt ist, zugewandt. Von ihm hat er seinen Inhalt, die Ideen, die im Geist jedoch eine Vieleinheit, ein System, bilden. Dessen Durchgestaltung führt zu den Kategorien u Zahlen sowie zur *intelligiblen Materie* als dem Substrat aller Ideen (Formen). – Wie das Eine den Nus, so bringt dieser die *Seele* hervor als sein unvollkommenes Abbild. An sich unteilbar, kann sie doch in die (von ihr geschaffene) räumlich-sinnliche Welt eingehen u sie beleben, wobei sich jedoch nicht die Seele selbst, sondern nur ihre Wirkung teilt. In ihrer Natur liegt es, die *sinnliche Materie* hervorzubringen. Diese hat nichts mehr von der Natur des Einen u Guten u ist deshalb keiner weiteren Zeugung mehr fähig. Sie ist Finsternis, ohne Ordnung u Gestalt, das Prinzip des Bösen. Die Seele, von der die Rede war, ist die Weltseele oder Natur. Die Einzelseelen sind in ihr enthalten u identisch mit den Ideen, welche die Weltseele vom Nus übernimmt.

Bestimmung der Seele ist es, sich vom Sinnlichen ab- u dem Nus zuzuwenden u durch ihn zum Einen zurückzukehren. Dies ist in diesem Leben nur selten u für kurze Augenblicke möglich. Dennoch muß die Seele schon hier auf diese Rückwendung bedacht sein, da sie sonst auch im Tode nicht dazu fähig ist, sondern sich wieder mit einem Leibe verbinden muß. – Da es Aufgabe des Menschen ist, Gott ähnlich zu werden, genügen die Tugenden des Gemeinschaftslebens nicht. Es gilt vielmehr, die Seele durch Reinigung *(Kathārsis)* aus der befleckenden Verbindung mit dem Leibe zu lösen u durch das Leben im Nus (die Theoria = schauendes Erkennen) auf die Vereinigung mit dem Einen in der Ekstase vorzubereiten.

Plotins Lehre ist Panentheismus ↗ Pantheismus. Er gibt aber auch dem Polytheismus Raum in seinem System. Noch mehr tun das *Porphyrius* u *Jamblichus*. Letzterer gestaltete Plotins System der dreifachen Stufenfolge durch Einführung weiterer *Triaden* aus. Ähnlich wie Jamblichus geht *Proklus* vor, der dem N die letzte systematische Ausgestaltung gab. Nach ihm besitzt der Mensch, als Grundlage für die ekstatische Einigung, ein noch über der Vernunft liegendes

Seelenvermögen, das „Eine". Mit andern schreibt er der Seele außer dem materiellen Leib einen ätherischen oder Lichtleib zu, der unvergänglich ist. – Der N war das letzte große System der antiken Phil. Er hat stark auf die ↗ Patristische Phil, die christliche Mystik u bis in die Scholastik hinein nachgewirkt. ↗ [57–72, 78, 84, 88, 113, 114]

Plotin: Die Enneaden, üb v HF Müller (1878–80), v R Harder (1929–37); neu krit Ausg v *P Henry, HR Schwyzer:* Plotini Opera, 3 Bde, 1951–73; über Plotinausgaben u Lit ↗ Theol Rev 42 (1943) 56 ff; *Totok* I 333 ff. – *E Zeller:* Phil der Griechen III/2⁴, 468–931; *P Henry:* Études Plotiniennes 1935–41; *J Barion:* Plotin u Augustinus; *M De Corte:* Aristote et Plotin, P 1941; *C Carbonara:* La fil di Plotino 1938–39; *AH Armstrong:* The Architecture of the Intelligible Universe in the Phil of Plotinus, Cambridge 1940; *WR Inge:* The Phil of Plotinus, L ³1948; *Th Whittaker:* The Neo-Platonists, Hildesheim 1961 [Neudr]; *JF Staal:* Advaita and Neoplatonism, Madras 1961; *W Theiler:* Forschungen z N 1966; *K Kremer:* Die neuplat Seinsphil u ihre Wirkung auf Thom v Aq, Leiden 1966; *Ph Merlan:* From Platonism to Neoplatonism, Den Haag ³1968; *W Beierwaltes:* Platonismus u Idealismus 1972; *V Schubert:* Plotin 1973 [Einf]. Brugger

Neuscholastik wurde früher zuweilen die Erneuerung der scholastischen Theologie u Phil seit der Mitte des 16. Jht genannt; besser bezeichnet man sie als *Zweite* oder nach dem Ursprungsland *Spanische Scholastik* u verwendet den Namen N nur für die Erneuerung der ↗ Scholastik im 19. u 20. Jht. Nach dem Niedergang der Scholastik im 18. Jht wurde zuerst in Italien die fast abgerissene Überlieferung in direktem Anknüpfen an *Thom v Aq* wiederaufgenommen. Als Begründer dieser Bewegung gelten *V Buzzetti* († 1824), seine Schüler *S* u *D Sordi, G Sanseverino* u a. Durch ihre Bemühungen setzte sich in Italien der Thomismus, wie man ihn damals verstand, gegenüber mehr eklektischen Richtungen (*S Tongiorgi* u a) durch. In Deutschland versuchten in der ersten Hälfte des 19. Jht manche (wie *F v Baader, A Günther, M Deutinger*) die Neubegründung einer christl Phil in Auseinandersetzung mit dem ↗ Deutschen Idealismus. Mit diesem traten auch jene Versuche zurück. Die Rückkehr zur „Phil der Vorzeit" (*J Kleutgen* 1860) schien sowohl den Spekulationen des Idealismus wie den Angriffen des religionsfeindlichen Materialismus gegenüber als Gebot einer entschieden kath Haltung. Einen starken Antrieb in der Richtung auf einen *Neuthomismus* erhielt die N durch *Leos XIII.* Rundschreiben „Aeterni Patris" über die Phil des hl Thomas (1879). Doch wurde daneben, namentlich in Spanien, aber auch in Deutschland u Frankreich, eine Phil im Sinne des ↗ Suarezianismus gepflegt, u auch die Franziskanerschule (↗ Augustinismus, ↗ Skotismus) fand im Bonaventurakolleg in Quaracchi bei Florenz ein Studienzentrum, das sich besonders der Herausgabe der Werke Bonaventuras u anderer Lehrer aus dem Franziskanerorden widmete.

Lange blieb die N allerdings im wesentlichen auf den Unterrichtsbetrieb beschränkt. Über ihn hinaus strebte *D Mercier* mit seinem 1889 in Löwen gegründeten Institut Supérieur de Phil; in zähem Ringen erreichte er die Zustimmung Roms dafür, daß die Vorlesungen nicht lateinisch, sondern französisch gehalten wurden. Sein weitschauendes Programm enthielt die wesentlichen Punkte, denen die N ihr Fortschreiten zu einer einflußreichen Geistesbewegung verdankte.

Für Mercier stand dabei an erster Stelle die Aneignung u Berücksichtigung der Naturwissenschaften, namentlich in der Naturphil; dann aber auch ein gründliches Studium der Gesch der Phil im allg u der Scholastik im besonderen; schließlich die Auseinandersetzung mit der Phil der Neuzeit u der Gegenwart, nicht im Sinn einer bloß negativen Kritik, wie es bis dahin meist üblich war, sondern in einem ehrlichen Bemühen um ein Verständnis ihrer Anliegen u ein weiterführendes Aufnehmen ihres Wahrheitsgehaltes. – Zu den Naturwissenschaften kamen in der Folgezeit die empirische Psychologie u die Sozialwissenschaften. Um eine in der Erfahrungswissenschaft begründete phil Psychologie bemühten sich außer Mercier *J Geyser* u *J Fröbes*, um eine christl Soziallehre *H Pesch* u manche andere. – Die geschichtliche Erforschung der Scholastik wurde besonders in Deutschland *(H Denifle, F Ehrle, C Baeumker, M Grabmann)*, in Frankreich u Belgien *(P Mandonnet, É Gilson, M De Wulf)* gepflegt. Durch sie ist das lebendige Ringen der Denker des MA, ihr Reichtum an Ideen u Lösungsversuchen, aber auch die geschichtliche Bedingtheit ihrer Lehren deutlich geworden. – Erst im 20. Jht führte ein vertieftes Studium der Phil der Neuzeit u der Gegenwart zu einem geschärften Bewußtsein der seit Jht-en bestehenden Absonderung der Scholastik vom übrigen Geistesleben der Zeiten. Hatte man die „moderne" Phil nicht allzusehr ihre eigenen Wege gehen lassen u die scholastische Phil zu einer Angelegenheit nur von Ordensschulen u Seminarien werden lassen? Was *Thomas* gegenüber Aristoteles, Avicenna, Averroes geleistet hat, blieb den modernen Denkern gegenüber ungetan. Das bloße „Widerlegen" konnte den drängenden Aufgaben in keiner Weise genügen. So bemühten sich besonders seit der Jht-wende nicht wenige von der N herkommende Philosophen um eine fruchtbare Begegnung mit Denkern der Neuzeit u der Gegenwart. Erinnert sei an *J Maréchals* bahnbrechenden Versuch, die trl Methode Kants mit der Erkenntnismetaphysik des Thom v Aq zu verbinden, an die Begegnung auch anderer Autoren mit Kant, mit dem Deutschen Idealismus (besonders Schelling u Hegel), mit Kierkegaard u Nietzsche, mit Bergson, der Phänomenologie u Existenzphilosophie, aber auch mit dem Positivismus u der analytischen Phil (die Namen im einzelnen vgl in den Literaturangaben der betr Artikel u im Abriß der Gesch der Phil).

Hier zeigt sich nun aber, daß solche Arbeiten den Rahmen dessen, was man „Scholastik" zu nennen pflegt, sprengen; sie unterscheiden sich kaum von entsprechenden Arbeiten anderer christl Philosophen, die niemand der N zurechnet. Dieser u manche andere Gründe drängen zu der Frage: Ist die N noch die unserer Zeit angemessene Gestalt einer ↗ christlichen Phil? Schon lange vor der Scholastik hat es christl Phil gegeben, und seit *Nikolaus von Kues* hat es auch außerhalb der „Schule" stets christl Philosophen gegeben; so wird niemand zB *JH Newman* oder *P Wust*, unzweifelhaft christl Philosophen, der N zurechnen. Zur Scholastik scheint wesentlich die scholastische Methode zu gehören; sie ist zwar als „schulmäßig" – das bedeutet das Wort „scholastisch" – vorzüglich dem Lehrbetrieb zugeordnet, hat sich aber auch – sicher zum Teil günstig, aber ebenso gewiß nicht immer zum Vorteil – in nicht dem Unterricht dienenden Werken ausgewirkt. Das Gute dieser „Form" sollte man in die neue Zeit hinüberretten; als ganze aber ist sie mehr zum Hemmnis als zur Hilfe geworden. Inhaltlich ist die N stark an die Tradition, besonders der mittelalterlichen Scholastik, gebunden. Zwar hat man schon immer die Mahnung gehört, veraltete Fragestellungen zu meiden, aber vielleicht hat man sich selten Rechenschaft darüber gegeben, in wie weitem Ausmaß auch die Fragestellungen des Thom v Aq zeitbedingt sind. Gewiß ist gerade er auch für unsere Zeit noch einer der bedeutendsten Zeugen eines „überzeitlich gültigen Erbes der Phil", aber eine einseitig an ihm oder auch an der scholastischen Tradition im allg ausgerichtete Phil kann den Aufgaben, die der christl Phil heute gestellt sind, schwerlich gerecht werden. Selbst der Theologie von heute, die auch als systematische Theologie den Rahmen „scholastischer" Theologie sprengt, würde eine solche Phil nicht die Hilfe leisten können, die von ihr erwartet wird. Eine Phil, die mit Recht den Namen N trägt, ist also schwerlich die Gestalt christl Phil, die unserer Zeit angemessen ist. – ↗ [200–210, 226, 229, 249, 261, 264]

C Giacon: La Seconda Scolastica, 3 Bde, Mailand 1943–50; *P Dezza:* Alle origini del neotomismo, Mailand 1940; *F Ehrle:* Die Schol u ihre Aufgaben in unserer Zeit ²1933; *ders:* Zur Enzyklika „Aeterni Patris", Text u Komm 1954; *L De Raeymaeker:* Le Card Mercier et l'Institut Supérieur de Phil de Louvain, Louvain 1952; *Indirizzi* e conquiste della fil neoscolastica italiana (Erg-Bd zu Riv di Fil Neosc 1934); *E Przywara:* Die Problematik der N, in: Kantstud 33 (1928) 73–98; *G Söhngen:* N, in: LThK VII 923–26; *GB Sala:* Oltre la Neoscolastica, in: La scuola cattolica 96 (1968) 291–333.

de Vries

Nichts *(nihilum)* ist nicht etwas Eigenes neben dem Sein, sondern lediglich dessen Ausfall; deshalb wird auch sein Begriff durch Verneinung des Seins gebildet. Man unterscheidet das *absolute* oder *negative* N von dem *relativen* oder *positiven*. Das eine leugnet Wirklichkeit u Möglichkeit, das andere nur die Wirklichkeit, nicht aber die Möglichkeit von Seiendem. Die Aussage „Gott hat die Welt aus dem N geschaffen" meint das N im zweiten Sinn. Sein und N bilden den grundlegendsten Gegensatz, den es gibt; seinen Ausdruck findet er im ↗ Widerspruchsprinzip. Die darin ausgesprochene absolute Unvereinbarkeit von Sein u N scheint *Hegel* zu leugnen, indem er statt der reinen Identität die Identität von Identität u Nicht-Identität als Letztes nimmt ↗ Deutscher Idealismus, Dialektik. – Über das privative oder teilweise N, das sich an einem Seienden findet, ↗ Privation.

Der *Nihilismus* löst auf verschiedene Weise das Sein in das N auf. In seiner (1) metaphysisch-ethischen Spielart sieht er die metaphysische Wirklichkeit u die absolut geltenden Werte als nichtige Fiktionen. Das Heraufziehen dieses Nihilismus hielt *Nietzsche* für unvermeidlich; ihn wollte er durch seine neue Wertsetzung überwinden. Denselben Nihilismus vertritt heute *Sartre,* insofern er keinen Gott, keine vorgegebene Wesens- u Wertordnung annimmt u nach ihm letztlich alles sinnlos ist. In seiner (2) politisch-sozialen Spielart verwirft der Nihilismus die bestehende u oft jede gesellschaftliche u staatliche Ordnung. Als

Gegenschlag zu der brutal despotischen Staatsgewalt in Rußland um die Mitte des 19. Jhts entstanden u teilweise zum vollendeten Anarchismus fortgebildet, mündete er in die bolschewistische Arbeiterbewegung ein. – Wenn die Mystik, etwa Meister *Eckhart*, Gott N nennt, so heißt das nur: er ist nicht seiend wie das für uns zunächst allein Seiende, nämlich wie das Endliche u Nennbare; da sein Sein alle endlichen Namen übersteigt, läßt es sich zunächst als N alles Endlichen aussprechen. – Das N, um das *Heideggers* Phil kreist, wurde oft im Sinne des absoluten N ausgelegt, ist aber nach späteren Veröffentlichungen tatsächlich der Schleier des Seins, das als das Andere zu allem Seienden sich als das Nicht-Seiende u in diesem Sinne als das N zeigt ↗ Existenzphil.

a) *G Hegel:* Wiss der Logik; *F Nietzsche:* Der Wille z Macht, 1. Buch; *M Heidegger:* Zur Seinsfrage 1956 [z Nihilismus]. – b) *R Berlinger:* Das N u der Tod 1954; *G Kahl-Furthmann:* Das Probl des Nicht ²1968; *C Nink:* Komm zu Hegels Phänomenologie des Geistes ²1948; *M O'Brien:* The Antecedents of Being. An Analysis of the Concept ‚de nihilo' in St Thomas' Phil 1939; *J Lotz:* Heidegger u das Sein, in: Universitas 6 (1951). – c) *Hegel, Nietzsche, Heidegger* ↗ a); *J-P Sartre:* L'être et le néant, P 1943 (dt 1966); *E Paci:* Il nulla e il problema dell'uomo, Turin 1950; *H Thielicke:* Der Nihilismus ²1952; *E Fink:* Alles u N, Den Haag 1959. – d) *M Nambara* in: Arch f Begriffsgesch 6 (1960) 143–273 [über dt Mystik u Buddhismus]; *E Zum Brunn:* Le dilemme de l'Être et du néant chez s Augustin, P 1969; *N Sprokel:* Das N u die Negativität nach M Heidegger, Rom 1972, Gregoriana. – e) *D Feuling:* Hauptfragen der Metaph 1936; *W Grenzmann:* Die Überwindung des Nihilismus, in: St d Zt 148 (1950–51).

Lotz

Nominalismus ist jene Lehre, die dem Allgemeinen weder in der Dingwelt noch im Denken eine Existenz zugesteht. In der radikalsten Form erscheint der N im 11. Jht, wo *Roscelin von Compiègne* nur den Namen (darum N) Allgemeinheit zuschreibt. Diese Ansicht widerspricht dem klaren Bewußtseinsbefund, der außer den Gemeinnamen auch allg Denkinhalte aufweist. Von der mittelalterlichen Form des N ist der N der neueren Zeit, auch ↗ Sensismus genannt, zu unterscheiden. Die englischen Philosophen *Berkeley, Locke, Hume, St Mill, Spencer*, die deutschen Philosophen *Wundt, Ziehen, Mach* greifen unter dem Eindruck mangelhafter Bewußtseinsanalyse zu sinnlichen Schemen als Ersatz für echte ↗ Allgemeinbegriffe. Der Grund dafür liegt im Verkennen der geistigen ↗ Abstraktion, die allein erklärt, wie wir zwar in der Bildung der Begriffe von der Erfahrung abhängig sind, wie aber die Allgemeinbegriffe trotzdem die ↗ Erfahrung übersteigen. Meist nennt man auch den ↗ Konzeptualismus des Spätmittelalters, insbesondere *Ockhams*, N oder *Terminismus;* mit einem gewissen Recht, da die Allgemeinbegriffe im Sinne des Konzeptualismus für den Aufbau der Wissenschaften kaum geeigneter sind als die sinnlichen Schemen des N. – Im Umkreis der Sprachanalyse (↗ Analytische Phil) hat sich ein *neuer N* (*N Goodman* u a) entwickelt, der alle Namen für abstrakte Gegebenheiten in sprachliche Konstruktionen ohne objektive Bedeutung auflöst. – ↗ [92, 121–124, 126, 244]

b) *J Geyser:* Lehrb der allg Psych II ²1920, 298–341; *A Willwoll:* Begriffsbildung 1926; *E Husserl:* Logische Unters-en II/1 ²1913, 23–215; *J Volkelt:* Gewißheit u Wahrheit 1918, 498–514; *H Veatch:* Realism and Nominalism revisited, Milwaukee 1954; *IM Bocheński:* The Problem of Universals, Notre Dame, Ind 1956 [darin: *N Goodman:* A World of Individuals]. – c) *H Putnam:* Phil of Logic,

1972. – d) *O Willmann:* Gesch des Idealismus II ²1908, § 69–70; *M de Wulf:* Gesch der mittelalterl Phil 1913, nr 133–45, 390–407; *C Giacon:* G di Occam, Mailand 1941; *J de Vries:* Die Erkenntnislehre des Franz Suárez u der N, in: Schol (1949); *MH Carré:* Realists and Nominalists, Oxford 1961; *R Paqué:* Das Pariser Nominalistenstatut 1970. – e) *J de Vries:* Denken u Sein 1937, 65–70.

Santeler

Norm besagt eine Richtschnur oder Regel, die sich der Einsicht als richtig oder dem Willen als verbindlich auferlegt. Auch das, *was* der Richtschnur oder Regel *entspricht* (das „normatum"), ja selbst das, was nur „in der Regel", dh im allg oder unter gemeingewöhnlichen Umständen, einzutreten oder zuzutreffen pflegt, wird vielfach als „N" bezeichnet; Ausnahmen davon gelten als „abnorm" u werden als lästige Störungen empfunden u mißfällig gewertet. – Jede wissenschaftliche Disziplin u jede Kunstlehre hat ihre N.-en, die besagen, was als richtig, als sach-, folge- oder kunstgerecht, als ästhetisch vorbildlich oder technisch zweckmäßig gilt. Als vernunftbegabtes Wesen wird der Mensch sich an diese N-en halten, soweit nicht Gründe vorliegen, die im Einzelfall ein Abgehen von der N nahelegen oder gar gebieten. N-en, die um der guten Ordnung des Zusammenlebens willen von allen eingehalten werden müssen, kann die Gemeinschaft zum ↗Gesetz erheben.

Ethische N-en sagen aus, was gut u was böse ist, u binden unser Gewissen daran als heiligen Willen Gottes, der keine Ausnahme zuläßt. Diese *absolute N* vermögen wir begrifflich u sprachlich immer nur inadäquat zu formulieren; von diesen unseren Formulierungen müssen wir darum gar nicht selten abweichen, um der recht verstandenen absoluten N zu gehorchen ↗Epikie.

W Heistermann: Das Probl der N, in: Z f phil Forsch 20 (1966) 197–209; *G Spittler:* N u Sanktion. Unters-en z Sanktionsmechanismus 1967; *BA Brody* (Hgb): Moral Rules and Particular Circumstances, L 1970; *U Meyer-Cording:* Die Rechtsnormen 1971; *R Lautmann:* Wert u N. Begriffsanalysen für die Soziologie 1971; *GH v Wright:* N and Action, L 1971. v Nell-Breuning

Notwendigkeit. Notwendig (notw) ist, was nicht anders sein kann, oder das, dessen kontradiktorisches Gegenteil unmöglich ist. Die N schließt die ↗Möglichkeit ein. Zur ↗Kontingenz im weiteren Sinn (Möglichkeit des Nichtseins) steht sie in kontradiktorischem, zur ↗Unmöglichkeit im konträren Gegensatz. – Die *absolute, metaphysische* oder *unbedingte* N beruht auf den Beziehungen sich einschließender oder gegenseitig fordernder Wesenheiten. Absolute N des Existierens kommt zwar Gott zu, ist aber für uns nicht aus seinem vorgängig zu einem ↗Gottesbeweis gegebenen, willkürlich angenommenen Begriff erschließbar. Die für uns aus Begriffen erkennbare absolute N ist eine N der Wesensbeziehungen oder der inneren Möglichkeit. Die absolute Notwendigkeit des aktuellen ↗Seins hat zur Bedingung der Möglichkeit die Einheit von Wesenheit u Sein, aus der die absolute ↗Einfachheit u ↗Unendlichkeit folgt. *Relative* oder *bedingte N* ist eine N, die von einer Voraussetzung abhängt. Bezieht sich diese Abhängigkeit auf eine von Natur aus eindeutig bestimmte Ursache, so sprechen wir von *naturgesetzlicher* oder *physischer* N ↗Naturgesetz. Alle N unter Voraussetzung freier Ursachen heißt *moralische N*. Sie ist subjektiv, wenn eine bestimmte Handlungsweise auf Grund angeborener oder erworbener Gewohnheit zu erwarten ist (↗ Gewißheit), objektiv hingegen in bezug auf ein Mittel, das zur Erreichung eines vorausgesetzten Zweckes schlechthin, oder um ihn besser zu erreichen, notw ist. Jede ↗ Tatsache schließt, obwohl sie von ihrem Sosein her nicht notw existent ist, dennoch bedingt notw Beziehungen ein, so insbes daß ein Faktum – unter der Voraussetzung, daß es ist – nicht statt dessen nicht sein kann. – Die *logische N* besagt eine N des Schlußsatzes unter Voraussetzung seiner Vordersätze, aus denen er folgt; sie ist also nicht eine N des Gefolgerten an sich, sondern bloß der Folgerung. – In erkenntnistheoretischer Hinsicht unterscheidet man *subjektive* u *objektive N*. Die N, bestimmte Vorstellungen infolge von ↗ Assoziationen u ↗ Komplexen miteinander zu verbinden, ist subjektiv; die N, bestimmte Vorstellungen, Begriffe oder Sätze auf Grund von Einsicht in den konkreten Sachverhalt oder in abstrakte Wesensbeziehungen miteinander zu verknüpfen, ist objektiv u allgemeingültig. – ↗ Modalität, Determinismus, Zufall, Zwang.

b) *L Baur:* Metaph ³1935, § 14; *J Maréchal:* Le point de départ de la métaphysique, Louvain 1926 [Reg]; *Lakebrink:* Das Wesen der theoret N, in: Ph Jb 46 (1933) 160–74, 291–318; *H Beck:* Möglichkeit u N 1961. – c) *G Stammler:* N i Natur- u Kulturwissenschaften 1926; *J Laporte:* L'idée de nécessité 1941; *A Hofstadter:* Explanation and Necessity, in: Philosophy and Phenomenological Research (1951) 339–47; *A Plantinga:* The Nature of Necessity, Oxford 1974. – d) *H Schreckenberg:* Ananke. Unters-en z Gesch des Wortgebrauchs 1964; *A Trendelenburg:* N u Freiheit i der griech Phil, Neudr 1967. – Weitere Lit ↗ Zufall. Brugger

Objektiv ist dem Wortsinn nach das, was in Beziehung steht zum Objekt (↗ Gegenstand). In fast all seinen Bedeutungen steht es im Ggs zu subjektiv (subj). Da „Objekt" nicht sinngleich ist mit „wirklich Seiendes", ist auch die Verwendung von objektiv (obj) im Sinn von „wirklich", „real", im Ggs zu subj = unwirklich, nur gedacht, nur vorgestellt – trotz ihrer Gebräuchlichkeit – in einer phil Sprache, die auf saubere Unterscheidungen hält, abzulehnen, wie überhaupt vor übermäßiger u gedankenloser Verwendung der Ausdrücke obj u subj nur gewarnt werden kann. In einem berechtigten Sinn kann das, was dem Gegenstand (als solchem) eigen ist, was im Gegenstand ist, obj (1) genannt werden, im Ggs zum Subjektiven als dem, was dem ↗ Subjekt eigen, was im Subjekt ist (vgl den Ggs von obj u subj ↗ Evidenz). In der phil wichtigsten Bedeutung besagt obj (2): vom Gegenstand her bestimmt, im Gegenstand begründet, im Ggs zu subj = nicht im Gegenstand begründet, sondern nur durch Gefühle oder willkürliche Setzungen des Subjekts bestimmt (vgl den Ggs von obj u nur subj ↗ Gewißheit). In diesem Sinn wird *Objektivität (Sachlichkeit)* für die ↗ Wissenschaft gefordert. Diese Forderung ist freilich nicht dahin mißzuverstehen, als müsse die Wissenschaft von jedem ↗ Wert des Gegenstandes absehen u ihn beinahe so betrachten, als ob er uns nichts angehe; diese Folgerung ergibt sich nur unter der falschen Voraussetzung, der Wert werde nur aufgrund des Gefühls dem Gegenstand zugeschrieben. Darum bedeutet Sachlichkeit auch nicht ein Denken u Forschen ohne persönliche Anteilnahme. Wieder ein anderer Sinn von obj (3) liegt vor, wenn die ↗ intentionalen Akte obj genannt werden, insofern sie auf den Gegenstand bezogen sind, subj, insofern sie Akte (Akzidentien) des Subjekts sind; so ist der obj Begriff (besser: der Begriff obj betrachtet) der Begriff, insofern er durch den in ihm enthaltenen Denkinhalt Darstellung eines Gegenstandes ist, der subj Begriff (Begriff subj betrachtet) der Begriff als wirklicher Denkakt des Subjekts. Wenn schon hier das Subjektive das Wirkliche ist im Ggs zum Objektiven als der auf den Gegenstand bezogenen Vorstellung, so gilt das erst recht in der älteren Bedeutung der Ausdrücke obj (4) u subj in der scholastischen Phil; diese Bedeutung beruht darauf, daß nicht bloß der Träger intentionaler Akte, sondern jedes in sich bestehende Seiende ein Subjekt genannt wird. Dementsprechend heißt subj bestehen: in sich selbst wirklich da sein, obj (nur obj) bestehen: (nur) als gedachter Gegenstand bestehen; so wird zB das ↗ Gedankending definiert als das, was nur obj im Geist Bestand hat. Diese Bedeutung ist dem anfangs erwähnten mißbräuchlichen Sinn geradezu entgegengesetzt. – Da im erkenntnistheoretischen ↗ Idealismus (zB *Kants* ↗ Kritizismus) der Gegenstand den Denkinhalten nicht entgegengesetzt werden kann, wird ein Unterschied von obj u subj nur dadurch aufrechterhalten, daß das Objektive (5) als das durch die Kategorien des transzendentalen Subjekts Geformte mit dem Allgemeingültigen (für alle denkenden Wesen Gültigen) gleichgesetzt wird, im Ggs zum Subjektiven als dem nur für den Einzelnen Bestehenden. Im Zusammenhang mit der Unmöglichkeit, sich die Objekte der Mikrophysik als gleichartig mit den Objekten unserer Sinneserfahrung zu denken, dh sie zu „objektivieren", wird als obj (6) auch das verstanden, was im genannten Sinne „*objektivierbar*" ist.

b) *H Reiner:* Die Existenz der Wiss u ihre Objektivität 1934; *M Wundt:* Die Sachlichkeit der Wiss 1940; *J Manzana Martínez de Marañón;* Objektivität u Wahrheit, Vitoria 1961; *R Ingarden:* Betrachtungen z Probl der Objektivität, in: Z f phil Forsch 15 (1967) 31–46, 242–60. – *WA Earle:* Objectivity, NY 1955; *V Mathieu:* L'oggettività nella scienza e nella fil moderna e contemporanea, Turin 1960. – d) *B Rousset:* La doctrine kantienne de l'objectivité, P 1967. de Vries

Objektivismus, im Ggs zum ↗ Subjektivismus, ist der phil Standpunkt, nach dem die Geltung der Erkenntnis an dem vom Subjekt unabhängigen ↗ Gegenstand (Objekt) ihren Maßstab findet. Ähnlich kann man von O in der Ethik u Ästhetik sprechen, wenn der Gegenstand, die gegenständliche Ordnung als für die sittl Gutheit bzw die Schönheit maßgebend anerkannt wird. Nach dem aristotelisch-scholastischen ↗ Realismus ist der Gegenstand, an dem die Erkenntnis (die sittl Gutheit, Schönheit) ihr Maß findet, letztlich das Seiende u das Sein selbst u die in ihm gründenden Wesensordnungen. Jedoch ist der Begriff O weiter als der Begriff Realismus. Der *logische Transzendentalismus* (zB einiger Vertreter des ↗ Neukantianismus) ist eine Art O, aber kein Realismus; denn er erkennt als letzte Norm eine vom Subjekt völlig unabhängige Gegenstandswelt an, der jedoch kein wirkliches Sein, sondern nur eine ↗ Geltung zukommt ↗ Wahrheit.

Die Darstellungen der ↗ Erkenntnistheorie. – b) *J Pieper:* Die Wirklichkeit u das Gute ⁵1949; *A Wilmsen:* Zur Kritik des log Transzendentalismus 1935. de Vries

Offenbarung ist dem Wortsinn nach ein Sich-offen-Tragen (Kluge). Im religiösen Sinn ist O die Kundgabe von Verborgenem durch eine höhere Macht, näherhin durch Gott. Im gewöhnlichen Sprachgebrauch wird manchmal auch eine plötzliche Erkenntnis, die im Unterbewußtsein vorbereitet war, deren Ursachen aber nicht durchschaut werden (zB bei der künstlerischen Inspiration), O genannt. Mit der O in diesem Sinne ist die modernistische Auffassung von O verwandt, nach der O nur das aus dem Unterbewußtsein hervorbrechende religiöse Gefühl ist. Zur O im eigentlichen Sinn gehört jedoch einer, der Verborgenes kundgibt, einer, der die Kundgabe entgegennimmt, u eine Wahrheit, die kundgegeben wird. Das bloße Bewußtsein der inneren Gottbezogenheit (↗ Mystik) ist noch keine O. – Die mit der Schöpfung unzertrennlich verbundene Kundgabe der Existenz u gewisser Eigenschaften Gottes heißt *natürliche* O. Von ihr ist nach der kath Theologie jene O zu unterscheiden, die in der Selbstmitteilung Gottes u ihrer Bezeugung (durch Gott u weiter mit Hilfe der beauftragten Verkündiger) besteht. Sie heißt *übernatürliche* O, weil sie weder aus der menschlichen Natur noch aus dem Wesen Gottes oder aus Naturgesetzen abgeleitet werden kann, sosehr ein gnadenhaft eingestiftetes Verlangen den Menschen nach ihr suchen läßt. Unter Bezeugung (als einer Form des Sprechens) ist dabei nicht ein physiologischer Vorgang zu verstehen, sondern eine Einwirkung Gottes, mittelbar (durch Zeichen) oder unmittelbar auf den menschlichen Geist, durch die er diesem nicht bloß gewisse Gedanken (Aussagen) mitteilt, sondern auch durch (unter bestimmten Bedingungen) sichere Kennzeichen (↗ Wunder) erkennen läßt, daß er es ist, der sie ihm mitteilt u der für ihre Wahrheit einsteht. Gegenstand der Mitteilung ist zunächst Gott selbst als das umfassende ↗ Geheimnis, aber auch Geheimnisse (als Entfaltungen des einen Geheimnisses ↗ Gott), die ihrer Natur nach dem Menschen verborgen, u auch Wahrheiten, die dem Menschen nicht grundsätzlich unerkennbar sind, durch deren göttliche Bezeugung er jedoch eine neue, unfehlbare Gewißheit über sie erhält.

Die Möglichkeit der O beruht darauf, daß ↗ Gott ein freies Wesen ist, dessen Wirken nach außen nicht durch die Naturgesetze beschränkt wird. Die durch die O bedingte Veränderung liegt ausschließlich auf seiten des Empfängers, sosehr die Selbstmitteilung Gottes real im Menschen geschieht. – Religionen, die sich für ihren wesentlichen Lehrgehalt u ihre Einrichtungen auf übernatürliche O berufen, heißen *Offenbarungsreligionen.* Verschiedene Religionen können, sofern sie einander dem Lehrgehalt nach widersprechen, nicht zugleich auf wirklicher O beruhen. Damit die Annahme der O, die durch den ↗ Glauben geschieht, verpflichtend sei, muß die Tatsache der O mit wenigstens praktischer ↗ Gewißheit feststehen; volle existentielle Gewißheit wird aber erst im Vollzug des Glaubens gewonnen. Es ist weder von seiten Gottes noch von seiten des Menschen nötig, daß die O sich unmittelbar an die Einzelnen wende, sie kann auch durch beglaubigte Mittelspersonen erfolgen. Daß der Mensch damit zu rechnen habe, Gott auf dem Wege der O u damit in der Geschichte zu begegnen, liegt in der Natur des Menschen als eines geschichtlichen Wesens begründet.

a) *J Neuner, H Roos* (Hgb): Der Glaube der Kirche i den Urkunden der Lehrverkündigung [8]1972. – b) *K Rahner:* Hörer des Wortes [2]1963; *K Rahner, J Ratzinger:* O u Überlieferung 1965; *H Fries:* Die O, in: Mysterium Salutis I 1965, 159–238; *E Simons:* Phil der O 1966; *R Latourelle:* Théologie de la Révélation, Brügge [2]1966; *J Hirschberger, JG Deninger:* Denkender Glaube 1966; *HJ Pottmeyer:* Der Glaube vor dem Anspruch der Wiss [zu Vatikankonzil I] 1968; *H Waldenfels:* O 1969. – d) *M Seybold:* O. Von der Schrift bis z Ausgang der Scholastik 1971 – e) *D Feuling:* Kath Glaubenslehre 1937, 1–67. Brugger

Okkasionalismus. Unter O versteht man jene Lehre, die den endlichen Wesen die Wirkursächlichkeit aus eigener Kraft abspricht, so daß sie für das alleinige Wirken Gottes nur *Gelegenheitsursachen (causae occasionales)* sind. Der allg O beruht entweder auf der mechanistischen Weltanschauung (↗Mechanismus) oder auf einer falschen Auffassung von der ↗Mitwirkung Gottes (so bei den islamischen *Mutakallimûn*). Der besondere O geht aus der kartesianischen Schwierigkeit bezüglich des ↗Leib-Seele-Verhältnisses hervor, die eine Wechselwirkung zwischen beiden verbietet. Während alle Okkasionalisten darin übereinkommen, daß Gott die alleinige Hauptursache alles Wirkens ist, betrachten die einen die Geschöpfe als bloße Bedingungen des göttlichen Wirkens *(Malebranche)*, die anderen als passive Werkzeuge *(Geulincx)*. Da Sein ohne ↗Wirken unmöglich ist, führt der O folgerichtig zum Pantheismus. – ↗Kausalität; Ursache; [140].

↗Die Handbücher der Gesch der neueren Phil [Reg]; *W Brugger:* De Sebastiano Basso Occasionalismo praeludente, in: Greg 14 (1933) 521–39; *F Ueberweg:* Grundriß der Gesch der Phil III [12]1924, § 28 [dort weitere Lit]; *F de Matteis:* L'occasionalismo e il suo sviluppo nel pensiero di N Malebranche, Neapel 1936; *C Verhoeven:* Het axioma van Geulincx, Bilthoven 1973. – e) *A Willwoll:* Seele u Geist 1938, 203–06. Brugger

Okkultismus (von lat *occultum* = verborgen) ist die profane, d i nicht-religiöse Beschäftigung mit dem, was durch die normale Erkenntnisfähigkeit des Menschen noch nicht erschlossen oder ihr überhaupt verschlossen ist. Normal ist die jedem Menschen naturhaft zukommende sinnlich-rationale Erkenntnisweise; ihr Endergebnis ist das wissenschaftliche empirisch-rationale Weltbild. *Okkult* (o) ist also alles, was auf nicht-normale, aber profane Weise erkannt wird, u diese Erkenntnisweise selbst. Auf religiöse Weise beschäftigen sich mit dem Geheimnisvollen der ↗Glaube u die ↗Mystik. Je nach der Abweichung vom Normalen bezeichnet man als o: 1. Das Ungewöhnliche, sei es das Übernormale oder das Anormale, das nur bei Einzelnen in ungewöhnlichen, schlafähnlichen Zuständen *(Trance)* vorkommt, u das Krankhafte, das aus der Gesamtordnung der Fähigkeiten herausfallend ungehemmt ist u auf falsche Objekte geht. Hierher gehören: ungewöhnliche Leistungen des ↗Unterbewußtseins im Schlaf u Traum, in der Hypnose u bei der Hysterie. – 2. Das Außergewöhnliche, was ohne oder gegen die normalen Fähigkeiten geschieht (o im engeren Sinne), sei es im Bewußtsein *(Parapsychologie)* oder außerhalb desselben *(Paraphysik):* zB Erkennen von örtlich oder zeitlich nicht Gegenwärtigem *(zweites Gesicht);* Mitteilung innerer seelischer Zustände ohne sinnenfällige Äußerung; Wirkungen des Willens außerhalb des eigenen Körpers ohne erkennbare Vermittlung durch den Raum, die sog Fern- oder Televorgänge. Hierher gehören: *Telepathie* = Übertragen von Vorstellungen, Affekten, Willensakten auf andere durch bloßes inneres Wollen; *Telästhesie, Hellsehen* = direkte Schau eines niemandem bekannten Sachverhaltes, so daß Telepathie ausgeschlossen ist, ohne Gebrauch bekannter Sinne; *Telephysik* = Bewirken von Bewegungen *(Telekinese)*, Tönen, Stoffbildungen *(Materialisationen)*, Gesichts- u Händeabdrücken ohne Berührung, überhaupt ohne erkennbare Wirksamkeit nach außen. – 3. Das Außernatürliche: dessen Ursächlichkeit nicht von lebenden Menschen, sondern von körperlosen Wesen (Seelen von Verstorbenen oder von anderen rein geistigen Wesen) auszugehen scheint (Geister, Spirits, Intelligenzen). Hierher gehören die Spukvorgänge u die Spukerscheinungen (Phantome, Gespenster).

Beurteilung: Zu 1: Die Erklärung der Vorgänge als bloßer Abweichungen vom Normalen ist im Gange u wird auch wohl zu Ende geführt. Zu 2: Die Teleleistungen gehen sicher von lebenden, dazu besonders veranlagten Menschen *(Medien)* aus; aber befriedigende Theorien über das „wie" fehlen noch: unbekannte Strahlungen des Nervensystems, direktes Wirken von Seele zu Seele ohne körperliche Mitwirkung bei der Telepathie, die Überwindung von Raum u Zeit beim Hellsehen: alles das ist uns fast noch ganz unbekannt, okkult. Da die Teleleistungen jedoch unter gewissen Bedingungen wiederholbar sind, weisen sie, im Ggs zum ↗Wunder, auf uns allerdings noch unbekannte Naturgesetze hin. Zu 3: ↗Spiritismus. – ↗[186, 246]

K Österreich: Grundbegriffe der Parapsych 1921; *M Dessoir:* Vom Jenseits der Seele ⁶1931; *F Moser:* Der O 1935; *H Driesch:* Parapsych 1943; *GNM Tyrell:* Mensch u Welt i der Parapsych 1947; *H Schlötermann:* Das Hellsehen 1951; *W Büchel:* Natürl Vorauswissen zukünft Ereignisse, in: Schol 30 (1955) 233–40; *W Gubisch:* Hellseher, Scharlatane, Demagogen? Kritik an der Parapsych 1961; *A v Schrenck-Notzing:* Grundfragen der Parapsych ²1962; *JB Rhine, JG Pratt:* Parapsych, dt 1962; *G Frey:* Probleme der Parapsych 1969; *H Bender:* Telepathie, Hellsehen u Psychokinese 1972; *G Adler:* Es gibt Dinge zwischen Himmel u Erde … 1974. – d) *L de Gérin-Ricard:* Histoire de l'occultisme, P 1939; *R Tischner:* Gesch der Parapsych 1960. – e) *A Gatterer:* Der wiss O 1927; *H Berendt:* Parapsych 1972 (TB). Frank

Ontologie wurde als Wort um die Mitte des 17. Jhts geprägt (fast gleichzeitig entstanden die damit verwandten Namen „philosophia entis" u „ontosophia"). Nach seinen griech Bestandteilen übersetzt, heißt es: Lehre vom Seienden. Danach könnte sich die O mit der „ersten Philosophie" des Aristoteles, die man später (reine oder allgemeine) ↗ „Metaphysik" genannt hat, decken. Tatsächlich ist sie nur deren erster Teil, nämlich die Lehre vom Seienden als solchem u von dem, was wesentlich u unmittelbar zu diesem gehört; ihr steht die Lehre vom höchsten oder göttlichen Sein gegenüber. Wie schon Aristoteles u das Mittelalter wußten, bilden Seinslehre u Gotteslehre nur *eine* Wissenschaft; denn das Gottesproblem ist nur das voll entfaltete Seinsproblem, u dieses nichts anderes als das unentfaltete Gottesproblem. Da sich jedoch Sein u Gott als Pole voneinander abheben, kann man vorwiegend das Sein betrachten; so kommt es zur O, deren innerlichsten Zusammenhang mit der Gotteslehre es aber stets zu wahren gilt.

Seit die O, vor allem durch *Wolff*, zu einem eigenen Wissenszweig wurde, war diese Verbindung allzusehr gelockert. *Kant* hob mit der Gottes- auch die Seinslehre auf; weil er das Sein für unerkennbar hielt, sah er im Bewußtsein das Letzte, worauf alles zurückgeführt werden muß. Gegen ihn ist aus dem ↗ Neukantianismus u der ↗ Existenzphilosophie eine neue O erwachsen, die wieder das Sein als das Letzte ansetzt. Doch verschließt *N Hartmann* seine O gegen die Gotteslehre, u das Sein, das *Heidegger* als das Fundament des Seienden angeht, bedarf einer Klärung, die bisher über erste Anfänge nicht hinauskommt. – Auswertung dieser Anfänge u Auseinandersetzung mit ihnen, Überwindung aller rationalistischen u kantischen Belastungen u von der Gegenwart her neu zu durchdenkendes Erwerben der großen Überlieferung werden von der O heute verlangt.

In tieferer Auslegung genommen, bringt der Name O das Seiende zum *Logos* in Beziehung. Wird dieser objektiv verstanden, so meint er den inneren Grund, durch den das Seiende ein solches ist, nämlich das Sein, auf das hin die O das Seiende auslegt. Wird der Logos aber subjektiv genommen, so erscheint der Geist als der Raum, in dem sich das Seiende als solches oder in seinem Sein erschließt. Damit tritt der Geist als jener Urtyp des Seins auf, in dem es am meisten es selbst, ja ganz bei sich selbst ist. Bei *Sartre* hingegen wird die Loslösung des Seins vom Geist vertreten u die Geistfremdheit geradezu zum Maßstab der Seinsdichte gemacht; nach *Heidegger* ist die Zeit der Horizont, in dem sich das Sein des Seienden zeigt, weshalb er sein Denken (früher) als *Onto-chronie* bezeichnet hat. Damit wird eine grundsätzlich andere O angestrebt, für die der Name Onto-*logie* eigentlich nicht mehr zutrifft; indem sie das Sein vom Logos trennt, dringt sie nicht zum innersten Selbst des Seins vor, wodurch die O unmöglich wird. Das gilt nicht allein für *Sartre*, der den Primat des An-sich vor dem Für-sich vertritt, sondern auch für *Heidegger*, der nie über die zeitlichen „Schickungen" des Seins hinausgeht. Noch mehr gilt es von der O *N Hartmanns* u des dialektischen Materialismus, die in der Seinsvergessenheit befangen sind, insofern sie sich allein im Seienden bewegen. – Auf diesem Hintergrund kann man die Ausdrücke *ontisch* u *ontologisch*, die von der Scholastik gewöhnlich im selben Sinn verstanden werden, mit der ↗ Existenzphilosophie unterscheiden. Ontisch heißt dann das in seinem Sein u damit vom Geist noch nicht erschlossene Seiende (intelligibile in potentia); onto-logisch aber das in seinem Sein durchleuchtete u so mit dem Geist eins gewordene Seiende (intellectum in actu). – Zum Aufbau der O im einzelnen ↗ Sein.

a) ↗ Metaphysik; *Ch Wolff:* Phil prima seu Ontologia, Neudr 1962. – b) *M Müller:* Sein u Geist 1940; *A Brunner:* Der Stufenbau der Welt 1950; *A Marc:* Dialectique de l'affirmation. Essai de métaph réflexive 1952; *H Krings:* Fragen u Aufgaben der O 1954; Lehrbücher v *L de Raeymaeker:* Phil de l'être, Louvain ²1947; *JK Feibleman,* Baltimore 1951, *C Nink* 1952, *F van Steenberghen,* Einsiedeln 1953; *JP Noonan,* Chicago (Loyola Univ) 1957; *A González Álvarez,* Madrid 1961; *J Lotz:* Ontologia 1963; *B Mondin:* La fil dell'Essere di S Tommaso d'Aquino, R 1964; *J de Finance:* Connaissance de l'Être, P 1966; Artikel v *J Lotz* in: Schol (1943) [O u Metaph], *A Wilmsen* in: Schol (1953) [zu N Hartmann], *H Meyer* in: Ph Jb (1957) [O der Gegenw]. – c) *N Hartmann:* Zur Grundlegung der O ³1948; ders: Neue Wege der O ³1949; *M Heidegger:* Sein u Zeit I 1927; ders: Was ist Metaph? ⁵1949; *L Lavelle:* Introduction à l'O, P 1951; *G Jacobi:* Allg O der Wirklichkeit, Halle

1925-28-32-55; *A Diemer:* Einf i die O 1959; *G Küng:* O u logist Analyse der Sprache, Wien 1966. –
d) *A Zimmermann:* O oder Metaph? Die Diskussion über den Gegenstand der Metaph i 13. u 14.
Jht 1965. *G Martin:* I Kant. O u Wissenschaftstheor [4]1969; *KH Haag:* Kritik der neueren O 1960;
K Kanthack: N Hartmann u das Ende der O 1962. – e) *B Weissmahr:* O 1985. Lotz

Ontologischer Gottesbeweis (OG) heißt seit *Kant* der ↗ Gottesbeweis, der versucht, die Existenz Gottes aus seinem bloßen Begriff ohne anderweitige Voraussetzungen nachzuweisen. Dieser Gottesbeweis hat seinen Vorläufer in dem von *Anselm von Canterbury* ↗ [90] vorgetragenen Beweis, der von der Denkbarkeit dessen ausgeht, was nicht größer gedacht werden kann, wobei ebendies nicht gedacht wird, wenn ihm nicht auch außer dem bloßen Gedachtsein ein Sein an ihm selbst zuerteilt wird. Wenn ihm ein Zeitgenosse *(Gaunilo)* entgegenhielt, auf diese Weise könne man ebensowohl auf die Existenz einer größten Insel schließen, u *Kant* bemerkt, hundert wirkliche Thaler seien nicht mehr, als im Begriff von hundert möglichen Thalern gedacht werden, so verfehlen beide den entscheidenden Punkt: daß nämlich das absolut Größte (das Unendliche) sich wesentlich anders zur Existenz (↗ Dasein) verhält als das Endliche. *Anselm* hat darin recht, daß Gott als das absolut Größte u im Sein unüberholbar Vollkommenste überhaupt nicht gedacht werden kann, ohne daß man ihn als notwendig existierend denkt. Ob aber dem Begriff des absolut Größten objektive Realität oder Möglichkeit zukommt, ist damit noch nicht ausgemacht. Dazu genügt nicht, wie *Leibniz* meinte, die bloße Denkmöglichkeit ohne Widerspruch. Darum wurde der OG von *Thomas v Aquin* u vielen (nicht allen) Scholastikern abgelehnt. Billigung fand er hingegen immer im ↗ Rationalismus *(Descartes, Leibniz, Wolff)*, der die Ordnung der Begriffe ohne weiteres auch als eine ontologische hinnahm. Dagegen wandte sich mit Recht *Kant*. Nicht richtig jedoch ist seine Behauptung, daß alle Gottesbeweise die Geltung des OG zur logischen Voraussetzung hätten u mit ihm hinfällig seien. Denn wenn die Existenz (oder Realmöglichkeit) des absolut Größten anderweitig, etwa mittels eines Kausalschlusses, feststeht, ist auch der Schluß auf die innere Notwendigkeit seiner Existenz berechtigt.

a) *Anselmus:* Proslogion 2–5; *Descartes:* Meditatio V; *Leibnitz:* Monadologie, nr 45; *Thom v Aq:* STh I q 2 a 1; ScG I, 10–11; *Kant:* Krit d rein Vern B 620–30. – b) *C Nink:* Phil Gotteslehre 1948, 130–38; *H Lyttkens:* Der OG i der modernen phil Diskussion, in: Neue Z syst Theol (1965) 129–42; *J Barnes:* The Ontological Argument, L 1972; *C Bruaire:* Die Aufgabe, Gott zu denken 1973. – c) Vgl *Phil Review* 69 (1960); 70 (1961); *J Kopper:* Reflexion u Raisonnement i OG 1962; *Ch Charles:* Anselm's Discovery: A Re-examination, Lasalle 1965. – d) *A Dyroff:* Der OG des hl Anselm i der Schol, in: Probleme der Gotteserkenntnis 1928, 79–115; *C Nink:* Komm zu Kants Krit d rein Vern 1930, 254–88; *K Barth:* Fides quaerens intellectum 1931 [zu Anselm]; *Spicilegium Beccense* I, P 1959; *D Henrich:* Der OG. Sein Probl u seine Gesch i der Neuzeit 1960 (vgl dazu: *W Kern* in: Schol [1964] 87–107). Brugger

Ontologismus. Der O, vor allem von *Malebranche* (17. Jht) grundgelegt u im letzten Jht in verschiedenen kath Schulen neu aufgenommen, ist geschichtlich eine Folge der kartesianischen Erkenntnislehre u des ↗ Okkasionalismus, nach dem das „Wirken" der Geschöpfe Gott allein zur eigentlichen Ursache hat. Die Geschöpfe selbst sind nur scheinbar tätig. Deshalb sind wir auch nicht selber tätig im Erkennen, noch wirken die Dinge auf unsere Sinne u unseren Verstand. Die sinnlichen Dinge sind nur Gelegenheiten zu „beten", dh unsere Aufmerksamkeit auf Gott zu richten, in dessen Wesenheit wir alle oder wenigstens die Ideen der geistigen Dinge schauen. Doch ist diese Schau Gottes nicht der der Seligen ähnlich, sondern bloß ein Sehen seiner Wesenheit, insofern sie Urbild aller Ideen *(Malebranche)* bzw Ursache der geschaffenen Dinge ist *(Gioberti)*. Auch ist diese Erkenntnis, soweit sie sich auf das Wesen Gottes bezieht, nicht klar, sondern dunkel; sie ist mehr ein passives Hinnehmen denn ein urteilendes Wissen. Klar u reflex erkannt wird nur das endliche Beziehungsglied. Gott, das erste Sein (primum ontologicum; daher der Name O), ist auch das Ersterkannte, in dem wir alles andere erkennen. – Hauptvertreter des O im letzten Jht waren *Gioberti* u *Ubaghs* (Löwener Schule); *Rosmini* wird der O fälschlich zugeschrieben. – Der Hauptirrtum des O liegt in der Verwechslung des abstrakten, bestimmungslosen Seins als solchen, das wir in jeder Wahrnehmung u in jedem Denken miterfassen, mit dem unendlichen, göttlichen Sein. – ↗ [140, 227]

Quellen: ↗ [140, 227]. – Lit: *A Lepidi:* De Ontologismo, Louvain 1874; *J Kleutgen:* Phil der Vorzeit ²1898, nr 377–426; *P Simon:* Ph Jb 53 (1940) 81 ff. – d) *K Werner:* die ital Phil des 19. Jht, Wien 1884 –85; *A Gemelli* (Hgb): Malebranche. Nel terzo centenario della nascita, Mailand 1938 (= Erg-Bd zu Riv di Fil Neosc); *E Rolland, L Esquirol:* La phil chrétienne de Malebranche (= Arch de Phil 14 [1938] 1–234); *P Blanchard:* L'attention à Dieu selon Malebranche, Brügge 1956; *G Exposito:* Il sistema filosofico di A Rosmini, Mailand ²1934; *G Ceriani:* L'ideologia rosminiana nei rapporti con la gnoseologia agostiniano-tomistica, Mailand 1938; *P Dezza:* L'ontologismo di A Rosmini e la critica di S Sordi, Mailand 1941; *T Manferdini:* Essere e verità in Rosmini, Bologna 1965; *PP Ottonello:* L'essere iniziale nell'ontologia di Rosmini, Mailand 1967; *G Velocci:* L'esperienza religiosa di A Rosmini, Mailand 1971. – e) *H Lennerz:* Natürl Gotteserkenntnis 1926. Rast

Optimismus im psychologischen Sinn (1) ist jene Seelenverfassung, die geneigt ist, alles von der guten Seite zu sehen *(Weltbejahung, Weltoffenheit)*. Im metaphysischen Sinn ist O die Lehre, daß die bestehende Welt als notwendiger Ausdruck der Weisheit u Güte Gottes die beste von allen möglichen sei (2) *(Leibniz,* ↗ Aufklärung) oder daß doch in der Welt im Grunde genommen alles gut sei u das Übel nur in der Endlichkeit des Seienden bestehe (3) *(Stoiker, Spinoza)*. Als gemäßigter O (4) kann die scholastische Lehre bezeichnet werden, nach der das Seiende an sich werthaft ist (↗ Wert), das Übel aber, das nicht bloße Minderung eines Guten, sondern Nichtsein des Seinsollenden ist, dennoch von der Weisheit u Güte Gottes zum Guten gelenkt wird, obwohl wir das im einzelnen nicht immer durchschauen können ↗ Theodizee. – Der *Kulturoptimismus (Lessing, Herder, Fichte, Hegel, Marxismus)* rechnet mit einer angeblichen Höherentwicklung des Menschengeschlechtes u seiner ↗ Kultur: alles Übel u selbst das Böse ist nur notwendiger Durchgang, der in einem höheren Gut aufgehoben wird. – Der O (2) in seiner radikalsten Form verkennt, daß das Unendliche niemals im Endlichen seinen absolut notwendigen Ausdruck finden kann. Die Welt ist zwar aus unendlicher Weisheit u Güte geschaffen, aber dennoch nicht die beste, da das Endliche seiner Natur nach kein Bestes zuläßt, sondern auf jeder Stufe seiner Verwirklichung übertroffen werden kann. Das ↗ Übel ist nicht bloße Endlichkeit, sondern Mangel ↗ Privation. Auch kann das ↗ Böse durch keine Berufung auf notwendige gute Folgen vom Täter gerechtfertigt werden.

a) *Thom v Aq:* STh I q 25 a 6; *GW Leibniz:* Essais de Théodicée 1710 (dt i der Phil Bibl). – *J Duboc:* Der O als Weltanschauung 1881; *JA Berrenberg:* Das Leiden i Weltplan ³1942; *A Muñoz-Alonso* (Hgb): Pesimismo y Optimismo en la Cultura actual, Madrid 1963. Brugger

Ordnung. Die Welt tritt dem Menschen in vielfacher O entgegen, weshalb sie von den Griechen *Kosmos* genannt wurde. Obwohl zuweilen gestört u durchbrochen, ist doch die O, zumal im Bereiche der Natur (Natur-O), das Vorherrschende. Auf dem Gebiet des Logischen u Sittlichen sind dem Menschen nur die Normen der O vorgegeben; die O in seinem eigenen Denken u Wollen (logische u sittliche O) zu verwirklichen, ist ihm selbst als Aufgabe gestellt. Schöpfer der O ist er in der Gestaltung der Umwelt (Kultur-O). – Von O sprechen wir, wo eine Vielfalt von Gliedern, Elementen oder Teilen von einem Gesetz, einem ↗ Sinn oder einer ↗ Einheit durchwaltet u beherrscht ist, von *Harmonie,* wenn die Vielfalt in der Einheit zugleich gegensätzlich ist u das ästhetische Gefühl befriedigt. Die Bestandteile können dabei selbständige Wesen, wie die Soldaten eines Heeres, oder unselbständig, wie die Glieder u Funktionen eines Organismus sein. – Die O steht in begrifflicher Nähe zur ↗ Ganzheit. Ihr Begriff ist jedoch weiter als der der Ganzheit, indem wir von Ganzheit nur sprechen, wenn die Elemente einer O durch ihr Zusammensein eine Einheit bilden (wie die Steine eines Hauses), während es auch O-en gibt, bei denen die Elemente nicht zu einem Ganzen zusammentreten (wie bei der offenen Zahlenreihe 1, 2, 3 ...). Überzeugendstes Beispiel aller O ist für uns der ↗ Organismus. Gerade er zeigt aber auch, daß O nicht dasselbe ist wie *Einerleiheit* oder O des Gleichförmigen. Je mehr Sinn u Einheit eine Mannigfaltigkeit durchherrschen, desto mehr schwindet die Einerleiheit, wo die Vielheit nur in einem ersten Anhieb, nur äußerlich u nicht von innen her überwunden ist. Ebensowenig ist O gleichzusetzen mit Statik. Die O kann sowohl eine statische wie eine dynamisch sich verwirklichende sein, wie etwa im Organismus oder in der ethischen O.

Da das Seiende in dem Maße seiend ist, als es in sich eines ist (↗ Einheit) u überhaupt erst in seinen endlichen Verwirklichungen in eine gewisse ↗ Vielheit tritt, erweist sich die Gesamtheit der Seienden als zuinnerst geordnet ↗ Seinsgrade; denn die reine Einheit des subsistierenden Seins enthält alle Vielheit endlicher Vollkommenheiten auf höhere Weise in sich voraus. Die O des endlichen Seienden aber bekundet sich nicht nur im Zusammenschluß aller ↗ Seinsprinzipien, die ein Seiendes aufbauen, durch den Akt des substantiellen Seins, sondern auch im Zusammenschluß aller Seienden durch die mannigfaltigsten ↗ Beziehungen, die letztlich alle auf die absolute Einheit des subsistierenden Seins verweisen.

Durch die Gedanken *Platons* über das Reich der Ideen vorbereitet, gelangte der O-gedanke zumal im Denken des Neuplatonismus zum Durchbruch. So stellte *Plotin* an die Spitze des Seins das „Eine", von dem alle Vollkommenheit in geordneter Stufenfolge zu den übrigen Wesen herabsteigt. Dieser neuplatonisch-augustinische O-gedanke war es, der nicht weniger als der Aristotelismus ausschlaggebend war für die von *Thomas von Aquin* geschaffene u auf die Einzelgebiete angewandte metaphysische Synthese.

a) *Augustinus:* Die O ⁴1966. – b) *L Andrian:* Die Stände-O des Alls 1930; *H Krings:* Ordo 1941; *H Kuhn, F Wiedmann* (Hgb): Das Probl der O (6. dt Kongr der Phil) 1962). – *H Driesch:* O-lehre 1912. – d) *H Meyer:* Thomas v Aquin 1938, 319–570; *JH Wright:* The Order of the Universe in the Theology of St Thomas Aquinas, Rom 1957, Gregoriana; *JA Wayne Hellmann:* Ordo [zu Bonaventura] 1974. – e) *C Feckes:* Die Harmonie des Seins 1937. Brugger

Organismus. Die stofflichen Lebewesen treten in der Form von Organismen (O-en) auf. Die O-en werden durch folgende Merkmale bestimmt: sie sind naturgegebene, körperliche ↗ Ganzheiten; sie bestehen aus Teilen, die nach Lage, chemischer Beschaffenheit u Struktur verschieden sind (die Struktur u Ordnung dieser Teile = *Organisation*); die verschiedenen Teile des O haben ihre eigentümlichen Betätigungen, die sie aber in Abhängigkeit vom Ganzen u zu seinem Wohle, di als ↗ Funktionen des Ganzen ausüben. Die Teile des O heißen nach ihrer Strukturverschiedenheit seine *Glieder*, nach ihrer Funktionsverschiedenheit seine *Organe*. *Organisch* (Ggs: *anorganisch*) heißen alle nach Art der O-en aufgebauten Körper, ferner alle Stoffe, die in der Natur nur durch O-en hervorgebracht werden (zB Eiweiß), endlich alle durch Organe bewirkten Funktionen. Die wichtigsten Gesamtfunktionen des O sind: ↗ Entwicklung u Wachstum, die tätige Bewahrung u Selbstbehauptung in der Umwelt (Ernährung usw), die *Fortpflanzung,* di die Ausbildung eines das Ganze artspezifisch abbildenden Teiles, der nach seiner Abtrennung als selbständiger O weiterbesteht. Die Gesamtheit dieser Funktionen in den verschiedenen O-en machen das *organische (org)* ↗ *Leben* aus (*Biologie* = Lehre vom org Leben). Soweit es (auch im Tier oder Menschen) auf unbewußte Weise vollzogen wird, heißt es *vegetatives Leben*. – O-en im beschriebenen Sinn sind nicht nur die mehrzelligen Lebewesen, sondern auch die Einzeller, da auch sie nach Struktur u Funktion gegliederte Ganzheiten sind ↗ Zelle. Ausschlaggebend für den Unterschied vom Anorganischen ist nicht die ganzheitliche Struktur, die sich auch bei den Kristallen findet, sondern die org Funktion. Der Begriff des O sieht davon ab, ob seine Funktion nur mit oder auch ohne ein vom Stoff verschiedenes ↗ Lebensprinzip möglich ist. – Die genannten Ausdrücke werden auch im übertragenen Sinn verwendet. So O für alle den biologischen O-en ähnliche Ganzheiten, zB der Wirtschaft, der Gesellschaft, des Systems usw (aus dieser Übertragung werden oft unberechtigte Folgerungen gezogen ↗ Biologismus); *org* für das, was verschiedene, aber auf das Ganze ausgerichtete Funktionen hat oder aus solchen Funktionen sich ergibt; *Organisation* für ein Ganzes, dessen Teile stufenweise geordnet zusammenwirken; *Organ* für einen Teil des Ganzen, dem eine besondere Funktion zukommt.

Die Übermittlungs- u Befehlssysteme, die im Gehirn u in dem Nervensystem höherer O-en verwirklicht sind, erlauben ein vergleichendes Studium dieser Systeme mit den elektronischen Rechenmaschinen (↗ *Kybernetik*). Diese Untersuchungen können viel dazu beitragen, die materiellen Grundlagen psychischer Vorgänge klarzustellen. Solche Maschinen unterscheiden sich jedoch von einem lebenden O erstens dadurch, daß ihnen das Programm, nach dem sie verfahren, vom Menschen eingegeben wird, während das „Programm" des O diesem von Natur aus zu eigen ist; zweitens dadurch, daß das Ziel einer Maschine Leistungen u Produkte für den programmierenden Menschen sind, während das konstitutive u werthafte Ziel der Betätigung eines O dieser selbst ist.

O Bauernfeind: Das Wesen lebender Gestalt 1931; *H Driesch:* Phil des Organischen ²1928; *ders:* Die Maschine u der O 1935; *L Bertalanffy:* Theoret Biologie I 1932, II ²1951; *ders:* Das Gefüge des Lebens 1937; *A Müller:* Struktur u Aufbau der Ganzheiten 1938; *J Maritain:* Phil de l'O, in: Rev Thom (1937); *H Conrad-Martius:* Der Selbstaufbau der Natur 1944; *Th Ballauff:* Das Probl des Lebendigen 1949; *R Schubert-Soldern:* Phil des Lebendigen 1951; *W Troll:* Das Virusproblem i ontolog Sicht 1951; *O Feyerabend:* Das organolog Weltbild. Eine naturwiss-phil Theor des Organischen ³1956; *W Wieser:* O-en, Strukturen, Maschinen 1959; *E Ungerer:* Der Wandel der Problemlage der Biologie i den letzten Jahrzehnten 1965; *H Jonas:* O u Freiheit 1973; *A Portmann:* Biologie u Geist 1973 (TB).   Brugger

Pädagogik als Wissenschaft von der Erziehung (E) sucht den Kulturvorgang E, der sich bei den Völkern aller Zeiten findet, zu beschreiben, zu begründen u in ein System zu bringen. Gegenstand der E ist der *Edukandus*, dh der unfertige ↗ Mensch, in dessen endlicher Wesenheit Ergänzungsfähigkeit, -bedürftigkeit u -streben u damit Entwicklung angelegt sind. Diese Ergänzungsbedürftigkeit erstreckt sich auf alle Ebenen der menschlichen Verwirklichung (Leib–Seele, Individuum–Gemeinschaft, Mensch–Gott). Die ihr entsprechende, vielseitige Hilfe durch Erwachsene wird geleistet durch die E. Sie hat das Ziel, die im Edukandus vorhandenen u von innen heraus sich entfaltenden Anlagen in ihrem Wachstum wie in ihrer seinsgemäßen Integration in den ganzen Menschen anzuregen u zu fördern: durch unmittelbares erzieherisches Handeln wie durch entsprechende Gestaltung des erzieherischen Milieus, so daß der Edukandus befähigt wird, sein Leben ohne fremde Hilfe als personales u soziales Wesen in mündiger Verantwortung zu führen (formale *Bildung*). Diese Verselbständigung oder Hinführung zu Identität erfolgt durch Vermittlung der entscheidenden Kulturgüter, durch Anleitung zu einer sachgerechten Verfügung über sie u zum Streben, diese Güter nach dem Maß des individuellen Könnens fortbildend zu gestalten (materiale *Bildung*). Alle Fremd-E dient damit der Selbstformung des Edukandus.

P ist wesenhaft abhängig von der ↗ Anthropologie u damit von allen philtheol Disziplinen, die in eine umfassende Lehre vom Menschen eingehen. Aus der unterschiedlichen Auffassung vom Menschen u den daraus notwendig resultierenden E-zielen ergeben sich letztlich die verschiedenen E-systeme. Es gibt keine weltanschauungs- oder wertfreie, nur aus immanent pädagogischen Gesichtspunkten sich aufbauende P. P sieht den Menschen gemäß ihrem Selbstverständnis unter einem besonderen Gesichtspunkt: dem des Werdens u der Entwicklung, der konkreten einmaligen Gestalt, u das immer unter dem Aspekt der jeweiligen historisch u psychologisch bedingten Beeinflußbarkeit, die für die Wahl der E-mittel entscheidend ist. P braucht daher eine Anthropologie, die den E-prozeß (realitätsgerecht u phantasievoll zugleich) vorausschauend plant.

Manche wenden die Ausdrücke P u E-wissenschaft unterschiedslos an. Für andere greift der Begriff E-wissenschaft weiter aus, weil er die gesamte (auch ungeplante, abzulehnende) E-wirklichkeit thematisiert. Die E-wissenschaft ist mehr als die P in Gefahr, sich als wertfrei zu verstehen (zumal da sie auf eine stärkere Kooperation mit den empirischen ↗ Humanwissenschaften aus ist) u gerade deshalb ideologischen Zielsetzungen (etwa: Instrument der Gesellschaftsveränderung) zu verfallen. Eine anthropologisch fundierte P muß fortschreitend mehr zur kritischen Instanz der E-wissenschaft werden ↗ Gesellschaft.

b) *H Bokelmann:* Maßstäbe pädagog Handelns 1965; *OF Bollnow:* Die anthropolog Betrachtungsweise i der P ²1968; *H Döpp-Vorwald:* E-wissenschaft u e-philosophie ²1967; *M Heitger* (Hgb): Pädagog Grundprobleme i transzendentalkrit Sicht 1968; *J Speck, G Wehle* (Hgb): Handb pädagog Grundbegriffe I u II 1970; *Lex d P* Neu-Ausg I-IV 1970-71; *HJ Groothoff, M Stallmann* (Hgb): Neues pädagog Lex 1971. – c) *K Mollenhauer:* E u Emanzipation ²1969; *J Beck* u a: E i der Klassengesellschaft 1970; *HJ Gamm:* Das Elend der spätbürgerl P 1972. – d) *Th Ballauff* (u K Schaller): P. Eine Gesch der Bildung u E I-III 1969-73; *A Reble:* Gesch der P ⁶1962; *F Blättner:* Gesch der P 1962; *Th Wilhelm:* P der Gegenw ³1963. – e) *Th Ballauff:* Systemat P 1966; *W Flitner:* Allg P ¹¹1966; *J Göttler:* Systemat P (bearb v B Westermayr) ¹⁰1957; *MJ Langeveld:* Einf i die theoret P ⁶1966.

Schröteler-Bleistein

Pantheismus. Nach dem P gibt es nur eine Substanz oder Natur, nämlich das durch sich seiende, absolute, ewige, unendliche, unpersönliche Sein. Dieses wird verschieden aufgefaßt: als Leben *(Bergson),* als unveränderliche Substanz *(Spinoza),* als abstraktes bestimmungsloses Sein *(Hegel),* als absolutes Ich *(Fichte),* als blinder Wille *(Schopenhauer),* als Idee u Wille zugleich *(E v Hartmann).* – Die Dinge, einschließlich der Menschen, sind keine selbständigen Substanzen, sondern nur Bestimmungen *(Modi)* oder Erscheinungsweisen des Absoluten. Indem der Mensch sich erkennt, erkennt in Wahrheit Gott sich selbst. Empirisch betrachtet, unterscheiden sich die Dinge voneinander; in ihrem tieferen, metaphysischen Wesen sind sie unter sich u mit Gott eins *(Alleinslehre).* Als die Dinge erzeugendes Prinzip ist Gott die *natura naturans* (zeugende Natur), diese aber sind die *natura naturata* (gezeugte Natur). Da alle Dinge in Gott sind u es im innergöttlichen Leben nur Notwendigkeit gibt, ist jede Wahlfreiheit ausgeschlossen, sowohl in Gott als in den Geschöpfen.

Hauptformen des P: a) Hinsichtlich der Identität zwischen Gott u den empirischen Dingen unterscheidet man den *immanentistischen* P (↗ Monismus), der Gott vollständig in den Dingen aufgehen läßt u so dem krassen materialistischen ↗ Atheismus gleichkommt *(Ostwald, Haeckel, Taine),* den *transzendenten (mystischen)* P, der das Göttliche nur im Innersten der Dinge, besonders der Seele, sieht, so daß das Geschöpf erst durch Abstreifen der sinnlichen Hülle Gott wird (der indische P der ⁊ Vedantaphilosophie, *Plotin, Scotus Eriugena*), u den *immanent-transzendentalen* P, nach dem sich Gott in den Dingen verwirklicht u offenbart *(Spinoza,* ⁊ Deutscher Idealismus, *Goethe, Schleiermacher, Eucken).* Hierhin gehört auch der *Panpsychismus,* nach dem das All durch eine *Weltseele* oder *Weltvernunft* belebt ist. So sucht der *biologische P* die innere u fremddienliche ⁊ Teleologie der Organismen zu erklären. – b) Unter Berücksichtigung des Entstehens der Dinge ist zu unterscheiden: der *emanatistische P,* der die Dinge aus dem unveränderten Absoluten hervorgehen läßt (⁊ Neuplatonismus), der *evolutionistische P,* dem zufolge Gott sich durch den Werdeprozeß der Welt selbst verwirklicht u zum Selbstbewußtsein gelangt *(Fichte, Schelling, Hegel, Gentile, Croce),* u endlich der *statische P,* der über das Entstehungsproblem der Dinge einfach hinweggeht *(Spinoza).* – c) Erkenntnistheoretisch scheiden sich der *realistische P,* der den Dingen u dem Einzelbewußtsein ein vom göttlichen Denken unabhängiges Sein zuerkennt *(Spinoza, E v Hartmann),* u der *idealistische P,* für den alle Dinge nur Gedanken des Absoluten sind. Wir haben dann den *Panlogismus* etwa eines *Hegel,* in dem Denken u Sein identisch sind. – d) Je nach dem Primat Gottes oder der Welt spricht man vom P im engeren Sinne, der Gott in der Welt aufgehen läßt, u dem *Panentheismus,* nach dem die Welt mit Notwendigkeit aus Gott hervorgeht. Verwandt damit ist die Unterscheidung von P u *Theopanismus,* wobei nach dem ersteren Gott dem All, nach dem letzteren aber das All Gott untergeordnet wird.

Widerlegung des P: Der P gerät vor allem in innere Widersprüche, indem der unveränderliche u einfache ⁊ Gott notwendig in den Wechsel u die Vielheit der Welt hineingezogen oder durch sie mitbedingt wird; denn die Bestimmungen u Erscheinungsweisen affizieren notwendig auch ihren Seinsgrund. – Durch die Aufhebung der Freiheit wird dem Menschen die Verantwortlichkeit genommen sowie der Unterschied von Gut und Böse zunichte gemacht. Dadurch sowie durch die Leugnung der persönlichen Unsterblichkeit werden die Fundamente der Moral untergraben, durch die Gleichsetzung von Gott u Mensch die wesentlichen Grundlagen der Religion zerstört. – Endlich widerspricht der P unserem Bewußtsein; denn wenn wir keine selbständigen Substanzen wären, könnten wir kein Ichbewußtsein haben.

b) *FA Schalck:* Panthéisme, in: Dict de théol cath XI/2; *A Valensin:* Panthéisme, in: Dict Apol de la foi cath III, 1303–33; *ders:* P, P 1922. – *GM Schuler:* Der P 1884; *F Klimke:* Der Monismus u seine phil Grundlagen ⁴1919; *J Uhlmann:* Die Persönlichkeit Gottes u ihre modernen Gegner 1906. – c) *H Rothert:* Welt, All, Einheit 1969. – d) *Jäsche:* Der P nach seinen versch Hauptformen 1826–32; *GE Plumptree:* General Sketch of the History of P, L 1881; *H Scholz:* Die Hauptschriften z P-streit zwischen Jacobi u Mendelssohn 1916; *TMP Mahadevan:* The Phil of Advaita, Madras 1957; *J Engert:* Der Gottesgedanke i modernen Denken 1932; *E Nobile:* Panteismo e dualità nel pensiero di Schelling e dei suoi oppugnatori, Neapel ³1958. *R García Mateo:* Das dt Denken u d mod Spanien. Pantheismus ... bei KCF Krause 1982. – e) *J Heiler:* Gottgeheimnis i Sein u Werden 1936.

Rast

Patristische Philosophie. Unter der PPh versteht man die phil Gedankenwelt der patristischen Zeit, d i der Kirchenväter u des christlichen Altertums. Die PPh besitzt weder eine systematische noch eine entwicklungsgeschichtliche Einheit.

Sie ist aber philosophie-geschichtlich bedeutsam als Vorbereitung der ↗ Scholastik. Die phil Gedanken sind eingebettet in das christl Leben u in die theol Durchdringung des Glaubensgutes, an dem sie ihre Norm finden. Nur bei wenigen, besonders bei *Augustinus,* finden sie eine selbständige Weiterbildung.

Das Christentum hatte im Glauben an die göttliche Offenbarung in Christus zunächst kein Bedürfnis nach phil Betätigung. Das wurde erst anders, als die Notwendigkeit eintrat, die christl Lehren auch den Außenstehenden, insbesondere den Gebildeten gegenüber zu vertreten (Apologeten). In der Polemik gegen den Polytheismus bediente man sich der Gedanken der antiken Phil, verwarf sie aber zugleich als ausreichende Lebensgrundlage. Eine neue Berührung mit der Phil bot die Auseinandersetzung der Kirche mit der anhebenden religiösen Spekulation des ↗ Gnostizismus. Dieser begnügte sich nicht mit dem einfachen Glauben der religiösen Kulte (der Heiden, Juden, Christen), sondern wollte darüber hinaus zur *Gnosis,* dem spekulativen Wissen, vordringen. Dem phantastischen Synkretismus u Symbolismus (↗ Symbol) der „falschen" *Gnosis* stellte *Klemens von Alexandrien* die „wahre" *Gnosis* entgegen, eine Verbindung zwischen griech Phil u christl Überlieferung, die durch Aneignung u Umbildung phil Denkmittel zu einer spekulativen u systematischen Dogmatik gelangen will. Diese wurde zum ersten Mal von *Origenes* ausgebildet. Obwohl sie in manchen Stücken vom kirchlichen Bewußtsein zurückgewiesen wurde, blieb das Prinzip der Verbindung von Theologie u Phil von da an herrschend u ging, durch Augustinus vermittelt, auf die Scholastik über.

Immer vom Christentum abgelehnt wurden der ↗ Epikureismus u die Skepsis. Auch *Aristoteles,* dessen Schule sich vor allem gelehrter literarischer Tätigkeit hingab, übte wenig Einfluß auf die PPh aus. Ihre Quellen sind vor allem der ↗ Stoizismus, der ↗ Platonismus, die Religionsphilosophie *Philos* u besonders der ↗ Neuplatonismus, deren Lehren nicht ohne Auswahl u tiefgreifende Umbildung übernommen wurden. Geschichtlich wirksam wurde die PPh vor allem in der Form, die ihr *Augustinus* gegeben hat ↗ Augustinismus. – ↗ [74–86]

O *Perler:* PPh, Bern 1950 [Bibliogr]; *Bibliographia* Patristica 1959 ff; *Totok* II. – F *Ueberweg:* Grundriß der Gesch der Phil, II: Die patrist u schol Phil (B Geyer) [11]1928; O *Bardenhewer:* Gesch der altchristl Lit [2]1913–24; *J Tixeront:* Histoire des dogmes, P [9]1926; O *Willmann:* Gesch des Idealismus II [2]1907; *J Hessen:* Patrist u schol Phil 1922; *B Romeyer:* La phil chrétienne jusqu'à Descartes, P 1935–36; *Gilson-Böhner:* Die Gesch der christl Phil [2]1952–54; *B Steidle:* Die Kirchenväter 1939; *H Meyer:* Gesch der abendl Weltanschauung II 1947; *E v Ivánka:* Plato Christianus 1964; *B Altaner, A Stuiber:* Patrologie [7]1966; *J Seipel:* Die wirtschaftseth Lehren der Kirchenväter, Graz 1972 [Neudr]; *I Escribano-Alberca:* Glaube u Gotteserkenntnis i der Schrift u Patristik 1974. – *H Leisegang:* Gnosis 1937. – e) C *Baeumker:* Die PPh, in: Kultur der Gegenw (Hinneberg) I/5, 264–98.

Brugger

Person heißt das ↗ Einzelne der geistigen Ordnung. Sie ist also ein mit einer geistigen Natur ausgestattetes Einzelwesen in seiner nicht-mitteilbaren Besonderheit, daher nicht Es, sondern Er. In der sichtbaren Welt erscheint nur der Mensch als P; sie wird mit dem Eigennamen bezeichnet u tritt als Subjekt aller Aussagen, als Träger aller Eigenschaften auf: Paul ist Mensch, ist Künstler, ist gesund usw (daher lat: *Suppositum* = das Daruntergesetzte; griech: *Hypostase* = das Darunterstehende). Wesentlich zur P gehört die Befähigung zum geistigen Selbstbewußtsein u zur freien Selbstverfügung, nicht unbedingt deren aktueller Vollzug; schon das Kind im Mutterschoß ist P. Freilich muß die Geistnatur im Einzelnen nicht-mitteilbar verwirklicht sein; deshalb sind die göttliche Wesenheit u die Menschheit Christi, obwohl sie Einzelwesen sind, noch nicht P, weil die eine den drei göttlichen Personen zugehört, die andere dem Sohne Gottes als seine Menschennatur mitgeteilt ist.

Immer hat man um die unvergleichliche Würde der P gewußt. Während die untergeistigen Supposita (das deutsche Wort dafür fehlt) gänzlich darin aufgehen, ihrer Art zu dienen, hat die P über das Wohl ihrer Art oder des sozialen Ganzen hinaus ihr absolut einmaliges Schicksal u Ziel *(Personalismus)*. Dieser Vorrang zeigt sich besonders in ihrer Freiheit, kraft deren sie selbst ihren Weg bestimmt, ohne durch die Wesensgesetze ihrer Art mit unentrinnbarer Notwendigkeit gebunden zu sein, u in ihrer Unsterblichkeit, kraft deren sie einer ihr allein zukommenden Vollendung zustrebt. Deshalb darf die P niemals wie eine Sache als bloßes Mittel zum Zweck gebraucht werden; doch hat sie, die Wahrung ihres Eigenwerts vorausgesetzt, ihren Beitrag zur Gemeinschaft zu liefern, wenn nötig auch unter den härtesten Opfern, bis zum Einsatz des Lebens.

Geistesgeschichtlich gesehen, hat sich das Christentum durch sein Eintreten für die Geistnatur des Menschen mit ihrer Freiheit u Unsterblichkeit unvergängliche Verdienste um den unantastbaren Adel der P erworben. Im Ggs dazu erfuhr die P sonst vielfach recht gegensätzliche Wertungen. Vom ↗ Buddhismus beeinflußt, sieht *Schopenhauer* in der personhaften Vereinzelung das Urleid, das nach Erlösung durch Aufgehen im Allwillen ruft. Die Linie von *Parmenides* u *Platon* extrem fortführend, neigt *Hegel* dazu, die P zu einem bloßen Durchgangsmoment in der Entwicklung der absoluten Idee zu entleeren; hier gründen die kollektivistischen Tendenzen des ↗ Dialektischen Materialismus. Während also einerseits die P dem umfassenden Ganzen geopfert wird, verflüchtigt man andererseits vom ↗ Konzeptualismus her dieses Ganze. Man stellt die P einsam u ohne Bindungen auf sich selbst u bereitet so der Entartung eines schrankenlosen ↗ Individualismus die Wege; diesem verfällt weithin die Neuzeit seit der Renaissance. Bei *Nietzsche* trifft man auf kollektivistische bzw auf individualistische Züge, je nachdem man auf die Viel-zu-Vielen oder auf den Übermenschen hinblickt. In der Gegenwart setzt sich die von *Kierkegaard* herkommende u von *Scheler* vorbereitete ↗ Existenzphilosophie wieder für die P ein; doch verlegt sie deren Wesen zu sehr in das Akthafte, wenn auch wahr ist, daß sich der Mensch erst durch die Entscheidung, mit der er sein Sein übernimmt, zur Eigentlichkeit oder zur Existenz, dh zur erfüllten Verwirklichung des P-seins, erhebt, während er sonst allzu oft mehr oder weniger entpersönlicht dahintreibt. – Damit sichten wir die Aufgabe, die dem Menschen als P gestellt ist: er soll sich dem ihm eingeschriebenen Gesetz gemäß, aber in Freiheit entfalten u so von der P zur ↗ Persönlichkeit reifen.

a) *Thom v Aq:* STh I q 29 a 1-3; dt = Das Geheimnis der P, ed A Hufnagel, o J (1949); De pot q 9 a 1-3. – b) *A Brunner:* La Personne incarnée 1947; *ders:* Der Stufenbau der Welt: Ontolog Unters-en über P, Leben, Stoff 1950; *R Guardini:* Welt u P ²1940; *Th Steinbüchel:* Die phil Grundlegung der kath Sittenlehre 1939, bes Kap 6 u 14; *A Schüler:* Verantwortung. Vom Sein u Ethos der P 1948; *ON Derisi:* La persona, La Plata 1950; *B Häring:* Personalismus i Phil u Theol 1968. – *Artikel* P i Staatslex VI ⁶1961; *J Lotz:* P u Ontologie, in: Schol 38 (1963) 335–60; *ders:* Personalismus, in: Lex Theol Kirche ²VIII. – c) *M Scheler:* Der Formalismus i der Ethik u die materiale Wertethik 1913–16, bes VI: Formalismus u P; *M Heidegger:* Sein u Zeit I 1927; *W Stern:* P u Sache 1923–24; *W Ehrlich:* Stufen der Personalität 1930; *A Vetter:* Natur u P 1949. – d) *H Rheinfelder:* Das Wort „Persona" 1928; *Erdin:* Das Wort Hypostasis 1939; *St Otto:* P u Subsistenz 1968 [zu Leontios v Byzanz]; *A Hufnagel:* Das P-Problem bei Albertus M, in: Stud Albertina 1952; *H Mühlen:* Sein u P bei JD Scotus 1954. – e) *J Lotz:* Das christl Menschenbild i Ringen der Zeit 1947, bes 1. Kap.; *J Lotz, J de Vries:* Phil i Grundriß 1969, bes Teil II, Kap 1, 2 u 14.   Lotz

Persönlichkeit läßt sich – phil betrachtet – als der im Menschen der metaphysischen ↗ Person entsprechende Befund auffassen, daß sich alle leib-seelischen, bewußten u unbewußten Tätigkeiten, Vorgänge, Zustände u Dispositionen normalerweise zu einer auf das individuelle Ich bezogenen, relativ konstanten, dynamischen ↗ Ganzheit integrieren. Es ist die der Erfahrung u damit der empirischen Wissenschaft zugängliche „Seite" der Person, von deren metaphysischer Bedeutung die Psychologie (Psych) allerdings absieht. Empirisch-psychologisch kann die P aufgrund sehr verschiedener Ordnungsschemata erforscht u dargestellt werden, die sich je nachdem ergänzen, aber auch ausschließen können. Daher gibt es in der Psych auch keine allg angenommene Definition der P. – Ihren Gegenstand, das individuelle Verhalten des Menschen, erforscht die Psych mit sehr verschiedenen Methoden, deren Auswahl meist eine Entscheidung über Definition u Theorie der P mitbedeutet. Wichtig sind zwei Grundtypen: die qualitativen Methoden (Beobachtung, Gespräch, Biographie) mit ihrer Flexibilität, Abstimmung auf den Einzelnen, ihrem Ganzheitsbezug; die quantitativen Methoden (↗ Test, Fragebogen), die auf einzelne Merkmale abheben, mit ihrer (relativen) Kontrollierbarkeit.

Aufgabe der Phil ist es nicht, der Psych in ihrem Kompetenzbereich Vorschriften über ihre Methoden oder Ergebnisse zu machen, wohl aber sie auf ihre immanenten, ausdrücklichen oder stillschweigenden Voraussetzungen phil Art, die sie als Einzelwissenschaft nicht rechtfertigen kann, zu befragen u dementsprechend ihre Verfahrensweisen u Auffassungen zu beurteilen.

Hier soll nur eine kurze Übersicht der wichtigsten Frage- u Antwortrichtungen gegeben werden. P u *Charakter, P-psych* u *Charakterologie* werden vielfach fast gleichsinnig gebraucht. Wenn man unterscheiden will, ist Charakter das besondere Gepräge einer P. Die P-psych analysiert u systematisiert erstens sowohl die das Individuum bestimmenden Funktionen, Prozesse u Dispositionen nach ihrer Gesetzmäßigkeit wie auch die sich daraus notwendig ergebenden typischen Unterschiede zwischen den Individuen u Individuengruppen. Zu den genannten Dispositionen gehört ua das *Temperament*, d i die individuell geprägte Struktur der Gefühls- u Triebansprechbarkeit.

Eine zweite Aufgabe der P-psych ist die Aufstellung von P-theorien, wobei das Gesamtverhalten des Individuums in größere Bezugssysteme eingeordnet wird, zB phil *(Klages, Scheler, Vetter, Lersch, Wellek)*, anthropologische *(Rothacker, Lersch, Freud)*, methodisch-behavioristische *(Cattell, Guilford, Eysenck)*, entwicklungs-tiefenpsychologische *(Freud, Adler, Jung)*. Ein geschichtlich fruchtbarer Ansatz, komplexe Verhaltensweisen „gebündelt" überschaubar zu machen, war der der *Typen*bildung. In Verknüpfung mit Körpermerkmalen wurden schon in der Antike *(Galenos)* die *vier Temperamente* unterschieden: *Sanguiniker* (leicht wechselnde Reaktionen), *Melancholiker* (langsam an- u absteigende), *Choleriker* (rasch ansteigende, nachhaltige), *Phlegmatiker* (schwer auslösbare Reaktionen). Die moderne Psych stellte eine Fülle von Typisierungen nach den verschiedensten Gesichtspunkten zur Verfügung: nach Konstitutionstypen *(Kretschmer, Sheldon)*, nach der Einstellung zur Objektwelt: Introvertierte, Extravertierte *(CG Jung)*, nach ererbten Weisen der Aufmerksamkeit *(Pfahler)*, nach der wechselweisen Durchdringung der seelischen Funktionen *(Jaensch)*, nach dem „Stil der Wahrnehmung" *(Jaensch, Witkin, Klein, Rokeach)*, nach der Zuwendung zu bestimmten Wertbereichen *(Spranger, Jaspers)*.

Eine dritte Aufgabe der P-psych ist die Erforschung der Entstehungsbedingungen der P. Während die europäischen Schulen mehr die ererbten Anlagen, die amerikanisch-angelsächsischen hingegen mehr die erworbenen Eigenschaften betonen, ist man sich heute einig, daß die erworbenen Eigenschaften nur auf dem Grunde von angeborenen Anlagen, diese aber nur überformt durch die Umwelt vorkommen. Gesucht werden dementsprechend die prägend einwirkenden Faktoren (Rasse, Kultur, Zeitgeist, Klasse, Wohnbezirk, Familie, Schule, Konfession, Erziehungsstil u a). Dabei darf nicht vergessen werden, daß der Mensch solchen Prägungen nicht passiv ausgesetzt ist, sondern seine P auch in (relativ) freier Selbstformung zu gestalten vermag *(V Frankl)*. Wenn auch genetische u soziale Faktoren dem Verhalten Grenzen setzen, indem sie es „kanalisieren", so determinieren sie keineswegs schlechthin die Zielsetzungen des persönlichen Wollens, u es bleibt für Erziehung, Selbsterziehung u Verantwortlichkeit in der Regel ein weiter Spielraum. Darum ist wichtiger als die Frage, welcher Typus jemand sei u welche Merkmale er habe, die andere, was er damit mache. Damit ist allerdings die Grenze des *psychologischen P-begriffs* (als Sammelbegriff empirischer u empirisch nachprüfbarer Zusammenhänge im Verhalten) erreicht u dieser in Beziehung gesetzt zur *ethischen P*, zur sittl Selbstbestimmung u zur Ausrichtung auf die absoluten Normen der Wahrheit u des sittl Guten.

In Begegnung von anthropologisch-phil u empirischer Betrachtung spricht man bildhaft auch von *Schichten der P*. Doch ist dabei zu beachten, daß nicht nur die „höheren" Schichten (geistiges Erleben) von „niederen" (Sinnlichkeit, Unbewußtes) gleichsam getragen sind, sondern auch umgekehrt die Funktionsweise der letzteren von den höheren Schichten her beeinflußt werden kann, so daß die Schichten des Seelischen sich gegenseitig durchwirken; ferner, daß die höheren Schichten des geistigen Lebens, trotz ihrer Bedingtheit durch die niederen, von diesen seinshaft verschieden sind u ihre Sonderfuntkion haben (↗ Geist, Denken, Wille). Während normalerweise die Ich-Bezogenheit der verschiedenen bewußten Funktionen richtig erlebt wird u die verschiedenen Erlebnisschichten zu einem Strukturganzen zusammenspielen, kann in gewissen Formen geistiger Gestörtheit (↗ Geisteskrankheit) diese „Einheit der P" weitgehend durchbrochen werden (*simultane* u *sukzessive P-spaltungen, Entpersonalisation* von Erlebnissen).

R Allers: Das Werden der sittl Person ⁴1935; *M de Munnynk:* La base métaph de la personnalité, in: Jb der Schweizer Phil Ges (1942); *J Rudert:* Charakter u Schicksal 1944; *A Wellek:* Die Polarität i Aufbau des Charakters 1950; *E Rothacker:* Die Schichten der P ⁵1952; *HJ Eysenck:* The Structure of Human Personality, L 1953; *GW Allport:* P ²1960; *Ph Lersch, H Thomae* (Hgb): P-forschung u P-theorie (Hdb d Psych IV) ²1961; *W Arnold:* Person, Charakter, P ²1962; *L Klages:* Grundlagen der Charakterkunde ¹²1964; *Ph Lersch:* Aufbau der Person ¹¹1970; *J Nuttin:* La structure de la personnalité ²1968; *H Thomae:* Das Individuum u seine Welt. Eine P-theorie 1968; *Vl Satura:* Struktur u Genese der Person, Innsbruck 1970; *JP Guilford:* P ⁵1971; *Th Herrmann:* Lehrb der empir P-forschung ²1972. – e) *E Roth:* P-psych ²1970. – *Zur Typenlehre: CG Jung:* Psycholog Typen 1921; *E Jaensch:* Grundformen menschl Seins 1929; *G Pfahler:* System der Typenlehren ⁴1943; *E Kretschmer:* Körperbau u Charakter ²⁴1961; *E Spranger:* Lebensformen ⁹1966. – *Zu Temperament: G Ewald:* T u Charakter 1924; *J Fröbes:* Lehrb der exper Psych II ³1929, 431ff (Lit).

Brugger – Fisseni

Pessimismus ist psychologisch (1) eine allg Stimmung, die geneigt macht, alles von der schlechten Seite zu betrachten. Metaphysisch ist P die Lehre, daß das Wesen der Dinge im Grunde genommen schlecht sei (2) oder daß das Übel u das Böse in der Welt das Gute überwiege (3) *(E v Hartmann).* Unter *Kulturpessimismus* versteht man die Auffassung, daß jede Kultur nur aufblühe, um unterzugehen, daß es gegen den Kulturverfall kein Mittel gebe, ihn aufzuhalten *(Troeltsch, Spengler).* Nach *Schopenhauer,* dem klassischen Vertreter des P (2), ist das Wesen der Wirklichkeit der „Wille", di der ziellose Trieb, der zu immer neuen Gestaltungen drängt. Seiner Qual entgeht der Mensch nur durch Aufhebung des Willens zum Leben, durch *Weltverneinung* u *Weltflucht.* Ästhetischer Genuß ist nur ein Mittel zu vorübergehender Beruhigung *(Quietiv).* Der *tragische P* sucht die Welt u das Leben zu bejahen trotz der überwiegenden Sinnlosigkeit *(Nietzsche).* – Die Überwindung des P ist wesentlich gegeben durch die Lehre vom Wertcharakter des Seins ↗ Wert. Das ↗ Übel, das ↗ Böse, ↗ Leiden u ↗ Schmerz, die durch keine phil Theorie aus der Welt geschafft werden können, haben dennoch für die Gesamtwirklichkeit auch eine positive Bedeutung ↗ Theodizee.

b) *F Sawicki:* Biblischer u moderner P 1903; *JA Berrenberg:* Das Leiden i Weltplan ³1942; *A Delp:* Tragische Existenz 1935; *A Muñoz-Alonso* (Hgb): Pesimismo y Optimismo en la Cultura actual, Madrid 1963. – c) *A Schopenhauer:* Die Welt als Wille u Vorstellung 1819 u ö; *E v Hartmann:* Zur Gesch u Begründung des P ²1891; *F Sartorelli:* Il pessimismo di A Schopenhauer, Mailand 1951.

Brugger

Pflanze (Pf) ist ein mehrzelliger, differenzierter ↗ Organismus, der hauptsächlich durch Verwertung anorg Körper u Energien (Licht u Wärme) lebt u in Ausführung des org Lebens (Keimentwicklung, Wachstum, Fortpflanzung) bloße Reizbarkeit *(Irritabilität),* dh Lebenstätigkeit ohne sensitives ↗ Bewußtsein zeigt. Als Organismus ist die Pf eine Ganzheit in Sein und Wirken mit immanenter ↗ Teleologie, die in einem autonomen Naturfaktor (↗ Lebensprinzip, *Pflanzenseele*) gründet. *Reizbarkeit* ist die allen Organismen eigenartige Reaktionsweise auf äußere Einflüsse *(Reize),* wodurch die unmittelbaren Wirkungen der Reize jeweils lebenerhaltend (zweckmäßig) verwertet werden. B: Licht bewirkt unmittelbar Erwärmung u chemische Prozesse im Protoplasma; diese Wirkungen veranlassen (reizen) die Pf zu einer bestimmten Stellung der Blätter u Chlorophyllkörner; erst daraus erfolgt lebenerhaltendes, zweckmäßiges Wachstum, Fruchtbildung usw. – Bloße, di automatische Reizbarkeit besagt: nichts zwingt zur Annahme psychischer (bewußter) Qualitäten, wie Empfinden, Wahrnehmen, Wollen; denn jede Reaktion der Pf – besonders sichtbar in äußeren Bewegungen – ist ausreichend begründet durch die Natur, Intensität u Richtung der Reize u durch die mechanische Struktur der Organe für Aufnahme, Leitung der Reize u der Ausführungsorgane der Bewegungen. Das gilt sowohl für die allen Pf-n gemeinsamen Bewegungsarten wie auch für einzelne besondere Bewegungsarten, wie die der „Sinnes-Pf" (mimosa pudica), der fleischfressenden Pf usw.

In der *Organbildung* drängt die *pfl Gestalt* auf Entwicklung von assimilierenden Außenflächen, dh sie streckt die dem Stoffwechsel u der Fortpflanzung dienenden Organe (Zweige, Blätter, Blüten, Wurzeln) weit in das umgebende Medium hinaus. Das Blatt steht im Vordergrund der pfl Organisation (Pf als Blattwesen nach *Goethe*). Im Gegensatz zur *tierischen* (↗ Tier) *Organbildung,* die auf Entwicklung von resorbierenden Innenflächen hinausläuft (Tier als *geschlossene Gestalt*), nennen wir deshalb die Pf eine *offene Gestalt.* Das drückt sich auch darin aus, daß die Organanlegung bei der Pf nicht schon auf dem Embryonalstadium beendet ist, sondern lange darüber hinaus andauert u eigentlich nie völlig zum Abschluß gelangt. Die Pf lebt nur so lange, als sie wächst u neue Organe erzeugt. Ferner besitzt jede Pf im Gegensatz zum Tier in ihren Vegetationspunkten embryonales Gewebe, das fortlaufend neues org Material liefern kann. Außerordentlich charakteristisch für die Pf als offene Gestalt ist ferner das Fehlen von Zentralorganen für Reizleitung (zB Nervensystem bei Tieren) und Stoffwechsel. Zwar stehen die einzelnen Zellen durch Plasmafäden (Plasmodesmen) untereinander in loser Verbindung; aber die einzelnen Zellen sind doch durch starke Zellwände gegeneinander abgegrenzt u bewahren so bisweilen eine hohe Eigenständigkeit. Alle diese Kennzeichen charakterisieren die Pf als die niedrigste Stufe organ mehrzelliger Individualität ↗ Zelle.

H Conrad-Martius: Die „Seele" der Pf 1934; *J Schwertschlager:* Phil der Natur 1922; *W Troll:* Allg Botanik 1948. Frank-Haas

Pflicht (Pf) oder *Verpflichtung* können (im Plural immer so) konkrete Handlungen bedeuten, zu denen jemand verpflichtet ist. In der formalen Bedeutung ist damit jenes *Sollen* u jene ↗ Notwendigkeit gemeint, die der freien Person durch das ↗ Sittengesetz auferlegt wird, bestimmte Handlungen vorzunehmen oder zu unterlassen. Unter Notwendigkeit im sittl Bereich kann weder eine absolute Wesensnotwendigkeit noch eine aus der Beschaffenheit der Ursache folgende physische Gesetzlichkeit verstanden werden, da die Pf im ↗ Gewissen an die Einsicht u ↗ Freiheit der Person appelliert. Sie ist ein Imperativ, der nur wirksam werden kann, wenn er in Freiheit angenommen wird ↗ Autonomie. Die Pf gehört zur Zielnotwendigkeit, allerdings nicht zu beliebigen Zielen, sondern zu einem unbedingt notwendigen Ziel. Nur als unbedingtes Sollen, als ↗ Kategorischer Imperativ gehört die Pf der sittl Ordnung an. Freiheit und Notwendigkeit lassen sich aber nur vereinen, wenn die Vernunft einsieht, daß eine Handlung, unter gegebenen Umständen, einen notwendigen Zusammenhang hat mit einem unbedingt zu bejahenden ↗ Wert, einem Wert, der durch keinen anderen möglichen Wert übertreffbar ist. Dieser Rang kommt nur dem unendlichen Wert zu, der sich in letzter Analyse als Gott selbst erweist. Daß dieser Wert unbedingt u im Handeln selbst zu bejahen ist, bedeutet nicht, daß er nicht faktisch durch eine entgegengesetzte Handlung (oder Unterlassung) verneint werden kann, sondern daß diese Verneinung vor keiner Vernunft, schon gar nicht vor der absoluten Vernunft, vertretbar und verantwortbar ist. Der notwendige Zusammenhang einer Handlung mit dem unbedingten Wert, der die Pf begründet, sie zu vollziehen oder sie zu unterlassen, besteht darin, daß die in Frage stehende Handlung von der Vernunft in die letzte Wert- und Zielordnung eingeordnet bzw nicht eingeordnet werden kann. Ob die Pf als religiös, dh als von Gott her begründet, aufgefaßt werden kann (was ihre Motivationskraft erhöht), hängt davon ab, wieweit der unbedingte Wert nur in dieser Unbestimmtheit erkannt (geahnt, empfunden) oder aber in seiner personalen göttlichen Bestimmtheit – sei es durch Einsicht oder Glaube an Offenbarung – deutlich erfaßt wird.

Da die Pf auf der Einsicht in die sittl Notwendigkeit einer Handlung beruht, behindern *sittl Unwissenheit* u Irrtum das Wirksamwerden einer Pf. Die Unwissenheit kann das Bestehen des Gesetzes *(ignorantia iuris)* oder die Frage betreffen, ob eine bestimmte Handlung unter das Gesetz falle *(ignorantia facti)*. Soweit die Unkenntnis *überwindbar* ist, besteht die vorgängige Pf, sich die zum sittl Handeln nötige Erkenntnis zu verschaffen. Soweit die Unkenntnis unüberwindbar ist, entfällt zwar die sittl ↗ Verantwortung; manche Folgen im äußeren Rechtsbereich treten jedoch trotzdem ein.

a) *I Kant:* Grundlegung z Metaph der Sitten; *ders:* Krit d prakt Vern. – *Messer-Pribilla:* Kath u modernes Denken. Ein Gedankenaustausch über Gotteserkenntnis u Sittlichkeit 1924. *JB Schuster:* Der unbedingte Wert des Sittl 1929; *Th Steinbüchel:* Die phil Grundlagen der kath Sittenlehre II ³1947, 87ff, 251ff; *J Tonneau:* Absolu et obligation en Morale, Montréal 1965; *J de Finance:* Grundlegung der Ethik 1972. – c) *H Wendt:* Die sittl Pf 1916; *H Reiner:* Pf u Neigung 1951. – *M Moritz:* Studien z Pf-begriff i Kants krit Ethik, Lund 1951.   Brugger

Phänomenalismus, auch *Phänomenismus* genannt, ist der erkenntnistheoretische Standpunkt, nach dem wir nur die ↗ Erscheinungen (Phänomene), nicht das Seiende selbst (die ↗ Dinge an sich) erkennen. In seiner Anwendung auf das Psychische besagt er, daß wir nur die psychischen Akte (zB die Tatsache des Sehens u Denkens, die Gefühle u Strebensakte) erkennen, von ihnen aus aber nicht das Subjekt der Akte bestimmen können. Der Ph kommt in zwei Formen vor. Die erste Form des Ph (1) nimmt an, daß in der Erscheinung ein – allerdings in seinem Sosein unerkennbares – Seiendes einem – ebenfalls unerkennbaren – realen Subjekt erscheint, so daß das Wort „Erscheinung" seinen Sinn behält (so namentlich *Kant*). Die zweite Form des Ph (2) beschränkt sich auf die gegebenen Sinneseindrücke u lehnt jede „Spekulation" auf ein „hinter" ihnen liegendes Seiendes als sinnlos ab *(E Mach, Positivismus);* hier verliert das Wort „Erscheinung" seinen Sinn u wird meist auch vermieden.

H Kleinpeter: Der Ph 1913; *C Ferro, F Olgiati, G Di Napoli, C Giacon, G Soleri, G Bontadini:* Beiträge in: Riv di Fil Neosc 32–36 (1940–44); GF Stout: Phenomenalism, in: Mind 59 (1950) Nr. 235; *A Konrad:* Der erkenntnistheoret Subjektivismus I 1962; *W Stegmüller:* Der Ph u seine Schwierigkeiten 1969. – d) *A Sammartino:* Il fenomenismo nel suo sviluppo storico, Neapel 1936; *FA Prezioso:* La „species" medievale e i prodromi del fenomenismo moderno, Padua 1963.   de Vries

Phänomenologie (von *Lambert* zuerst für „Lehre vom Schein" gebraucht) ist im weiteren Sinne die Wissenschaft von Phänomenen oder ↗ Erscheinungen. Da die Gegenstände sich uns jedoch im Bewußtsein offenbaren, heißt Ph im engeren Sinne die Wissenschaft von den sich im Bewußtsein offenbarenden Phänomenen. Als eine eigene Richtung der Phil wurde die Ph von *E Husserl* begründet. Um eine unanfechtbare Grundlage aller Wissenschaften zu erhalten, bediente er sich der *phänomenologischen Methode.* Diese hebt mit einer doppelten *Reduktion (Einklammerung)* an: Die *eidetische Reduktion* sieht zunächst von aller Existenz des Ich, der erfassenden Akte u der Gegenstände ab u betrachtet bloß deren Wesen (Eidos), allerdings in seiner ganzen Konkretion. In der zweiten, der *phänomenologischen Reduktion* wird auch die Bewußtseinsunabhängigkeit dieser Inhalte ausgeschaltet. Die Ph betrachtet ihre Gegenstände bloß „als" Gegenstände *(Gegenstandstheorie),* als Korrelate des Bewußtseins. Übrig bleibt so das *reine,* aber keineswegs leere *Bewußtsein.* Es gliedert sich in Bewußthaben *(Noesis)* u Bewußtes *(Noema).* Das Bewußte ist in der Noesis nicht als reeller Teil enthalten, wird aber als Gegenstand durch die Noesis konstituiert. Darum kann das Noema in unmittelbarer *Wesensschau, Ideation,* erfaßt u beschrieben werden. Die Phil ist daher als eine rein deskriptive Wesenslehre der immanenten Bewußtseinsgestaltungen zu definieren. Da alle Erfahrungsgegenstände durch die ihnen zugrunde liegenden Wesenheiten normiert werden, entspricht jeder empirischen Wissenschaft eine eidetische Wesenswissenschaft oder eine *regionale Ontologie.* Alle *Regionen* (Gegenstandsgebiete) aber gründen ihrerseits im reinen Bewußtsein, u die ihm zugeordnete Wissenschaft ist „erste" Wissenschaft oder Philosophie.

Während Husserls Ph sich vor allem dem Wahrheitsproblem widmete, wandte sich *M Scheler* der Wertphilosophie zu. An Stelle der theoretischen Ideation tritt das *Wertfühlen* (als nichtverstandesmäßige Erfassung eines Wertes). Gegen den Formalismus der Kantischen Schule vertrat Scheler eine materiale ↗ Wertethik. In *M Heidegger* endlich wandelte sich die Ph in die ↗ Existenzphilosophie: Das Wesen des Seins ist nicht überzeitlich ruhendes Bewußtsein, sondern Geschichtlichkeit u Zeit. Nach dem Zweiten Weltkrieg wurde die Ph besonders in Frankreich, Belgien (Husserl-Archiv in Louvain) u Nordamerika entfaltet u setzte sich fort in einer *existentiellen* Ph *(M Merleau-Ponty, P Ricœur).*

Sosehr die Ph *(Husserls)* als Methode ihre Verdienste hat im Kampf gegen den Empirismus u Psychologismus, so versagt sie sich doch einer letzten, noch radikaleren Fragestellung nach dem Sein überhaupt u nach dem Verhältnis des Seienden (das sie durch die Einklammerung doch voraussetzt) zur Gegenstandswelt der Phänomene. – Bei *Hegel* ist die „Ph des Geistes" der Gestaltwandel des Selbstbewußtseins zum absoluten Wissen (↗ Deutscher Idealismus). – [191, 210₁, 225]

Quellen: ↗[191]. – Lit: *J Patocka:* Bibliogr de Husserl, in: Rev internat de Phil (Brüssel) 1 (1939) 374–97; ergänzt von *Raes,* ebd 4 (1950); die Sammlungen: Phaenomenologica (1958 ff); Husserliana (WW, 1950 ff). – *G Kraenzlin:* M Schelers phänomenolog Systematik, mit einer monograph Bibliogr 1934; *G Misch:* Lebensphil u Ph ³1967; *E Fink:* Die phänomenolog Phil E Husserls i der gegenwärt Kritik 1934. – *J Hessen:* Max Scheler. Eine krit Einf i seine Phil 1948; *L Landgrebe:* Ph u Metaph 1949; *ders:* Der Weg der Ph 1963; *A de Waelhens:* Ph et vérité, P ³1969; *A Diemer:* Edmund Husserl. Versuch einer systemat Darstellung seiner Ph 1956; *JQ Lauer:* The Triumph of Subjectivity. An Introduction to Transcendental Phenomenology, NY 1958; *H Spiegelberg:* The Phenomenological Movement, Den Haag 1960; *M Müller:* Existenzphil ³1964 [Ph, Ontologie, Schol]; *P Valori:* Il metodo fenomenologico e la fondazione della fil, Rom 1959; *L Eley:* Die Krise des Apriori i der trl Phil E Husserls, Den Haag 1962; *G Funcke:* Ph – Metaph oder Methode? 1966; *CA Van Peursen:* Ph u analyt Phil 1969; *JN Mohanty:* Ph and Ontology, Den Haag 1970. Brugger

Phantasie (Ph) oder *Einbildungskraft* ist, zum Unterschied vom ↗ Gedächtnis, die Fähigkeit zu freispielendem Verbinden von Vorstellungsinhalten. Sie entnimmt ihren Stoff den Gedächtnisspuren, kombiniert ihn aber frei zu neuen Formen; doch bleibt sie dabei den Assoziationsgesetzen wie anderseits der Gefühls- u Triebsphäre verhaftet. Hinwieder wird sie durch freie oder passive Aufmerksamkeitslenkung in den Dienst geistigen Schaffens genommen. Wir weisen vor allem hin auf die Bedeutung der Ph im Traumbewußtsein, im Spiel, in Märchen u Mythen, in allem schöpferischen Denken.

Die *Traumphantasie* bietet dem Bewußtsein zunächst ein scheinbar regelloses u sinnblindes Bilderspiel, dem die Steuerung durch logisches Denken u freies Wollen weitgehend fehlt u in dem sich elementare Assoziations- u Triebgesetze auswirken können, so daß der Traum-Ph die ganzheitliche Organisiertheit u Zielgerichtetheit des Wacharbeitens abgeht; doch kann auch Traum-Ph zu werthaltigen Produkten führen, zu Aufgabelösungen, Gedichten, Inspirationen. *Tiefenpsychologie* sucht überdies einen tieferen Sinn auch im scheinbar sinnlosen Ph-spiel der Träume. Die Traum-Ph-n gelten dann als Symbole, die den kundigen Deuter den unbewußten Persönlichkeitskern u noch nicht bewußt gewordene Entwicklungsrichtungen des Seelischen erkennen lassen. Die bei maßvoller u vorsichtiger Handhabung berechtigten Kerngedanken dieser Auffassung sind allerdings vielfach durch aprioristisch-konstruktive Einseitigkeit u geradezu Phantastik überzogen worden, brauchen aber darum nicht selbst abgelehnt zu werden. – Die *Spielphantasie* verbindet in eigener Weise freie Willkür u Regelsetzung. Sie bekundet nicht nur den Naturtrieb zum „Einüben von Funktionen", sondern ein Bedürfnis der Menschenseele nach der schöpferischen Illusion neben der einseitig die Kräfte einspannenden Ernstarbeit, der Illusion, die das geistige Leben entspannt u zugleich formt u erfüllt. – Die *Märchen-* u *Mythenphantasie* weist nicht nur bestimmte Beziehungen ihrer Motive zum Entwicklungsalter des Einzelmenschen auf, sondern auch auffallend ähnliche Grundzüge bei verschiedenen Völkern und Zeiten, so daß man in ihrem Spiel die Wirkung eines „kollektiven Unbewußten" vermutete, nicht im Sinn eines überindividuellen Realen, sondern eher als eine in allen Menschen aller Zeiten u Völker sich findende gleichartige unbewußte Grundtendenz zum Produzieren bestimmter Formen des Ph-spieles.

Ihre bedeutsamste Rolle spielt die Ph als *schöpferische Ph* im Dienst des produktiven Denkens, in wissenschaftlichen, künstlerischen, technischen religiösen u a „Inspirationen". Alles neuschaffende Denken bedarf beim Menschen natürlicherweise der Hilfe der Ph mit ihren Zielvorstellungen u ihrer erfinderischen Spielraumfreiheit. Vom Aufgabebewußtsein ausgehende determinierende Tendenzen heben dabei vielfach bestimmte, zur Aufgabe passende Vorstellungskomplexe in Bewußtseinsnähe u machen sie dadurch leichter reproduzierbar. Im Zusammenspiel solcher ↗ Komplexe, antizipierender Schemata von Aufgabelösungen u neuen Erkenntnissen ergibt sich oft in fast plötzlicher „Komplexergänzung" ein unvermuteter neuer Erkenntnisinhalt. Der so „inspirierte" Einfall muß dann allerdings vom logischen Beziehungsdenken geprüft werden, weil ja das Irrationale im Ph-spiel ebensowohl Fehlleistungen wie Genieleistungen hervorbringen kann. – So wertarm eine regellos wuchernde Ph im Persönlichkeitsganzen wäre, so wertvoll u wichtig ist für alle geistige Entwicklung die stetige u umsichtige Pflege einer reichen u psychologisch wie ethisch gesunden Ph.

J Fröbes: Lehrb der exper Psych II ³1929, 216–32, 530–48, wo weitere Lit; *Ch Bühler:* Die Märchen-Ph des Kindes 1926. – *S Freud:* Traumdeutung 1900; *CG Jung:* Über die Psych des Unbewußten 1943, 116 ff; *O Selz:* Zur Psych des produktiven Denkens u des Irrtums 1922; *R Müller-Freienfels:* Das Denken u die Ph 1916; *W Hellpach:* Schöpferische Unvernunft 1937; *H Kunz:* Die anthropolog Bedeutung der Ph 1946; *A Vetter:* Die Erlebnisbedeutung der Ph 1950; *JP Sartre:* Das Imaginäre (Üb) 1971. Willwoll

Philosophie (Ph) heißt dem Wortsinn nach Liebe zur Weisheit. Damit wird angedeutet, daß der Mensch das letztgültige Verstehen von allem, was mit Weisheit gemeint ist, nie vollendet besitzt, sondern immer sehnsuchtsvoll darum ringt. Der Sache nach besagt Ph das zu den letzten Gründen vordringende Wissen der menschlichen Vernunft um die Gesamtwirklichkeit, insbesondere um Sein u Sollen des Menschen. – Ein gewisses Verstehen seiner selbst u des Alls durchseelt stets das Handeln des reifen Menschen. Diese spontane Daseinsorientierung ist seine *vorwissenschaftliche Ph*. Sie hat zwar ein instinkt- u gefühlsmäßiges Gepräge, wächst aber deshalb nicht weniger aus einem Denken hervor, das sich freilich, in den Gesamtlebenszusammenhang eingebettet, nicht als solches isoliert u formuliert. Darüber hinaus treibt es den Menschen in allen Jahrhunderten zu einem methodisch gesicherten, systematisch durchgeführten, gedanklich geklärten Wissen um das Wirkliche, eben zu *wissenschaftlicher Ph*.

Ihre *Aufgabe* läßt sich schärfer umreißen, wenn wir sie den anderen Wissenschaften gegenüberstellen. Wie diese ist sie ein Wissen aus Gründen, aber von völlig eigener Art. Alle anderen Wissenschaften sind Sonderwissenschaften, weil sie sich auf einen Teilausschnitt des Wirklichen beschränken u lediglich die innerhalb dieses Bezirkes (also relativ) letzten Gründe erforschen. Die Ph hingegen ist Universalwissenschaft, weil sie die Gesamtheit des Wirklichen umfaßt u deshalb zu den letzten Gründen alles Wirklichen überhaupt oder zu den absolut letzten Gründen vordringt. – Innerster *Ausgangspunkt der Ph* ist das menschliche Tun, das für den Menschen das einzige unmittelbar Gegebene bildet, in dem ihm sein Selbst u alles andere erschlossen wird. Von hier aus stellt sich die ganze Ph als eine bis zu den tiefsten Wurzeln hinabsteigende Auslegung des menschlichen Tuns dar. Im weiteren Sinne ist Ausgangspunkt der Ph jedes Wissen vom Wirklichen, das der Ph vorausgeht, sowohl jenes, das dem alltäglichen Leben u dem Kulturschaffen innewohnt, als auch jenes, das die übrigen Wissenschaften liefern. Wenn diese demnach der Ph dienen, so dient auch sie ihnen, indem sie ihre letzten Grundlagen klärt u sichert.

Zur ↗ *Methode der Ph* hier nur dies: sie vollzieht eine letzte Erhellung der Welt, zu der auch der Mensch gehört, mittels der menschlichen Vernunft u ist insofern *Weltweisheit*. Ihr steht die Gottesweisheit oder ↗ Theologie gegenüber, die auf Grund der göttlichen Offenbarung Gott u sein Wirken in die Welt hinein umschreibt. Daß die Ph Werk der ↗ Vernunft ist, überantwortet sie nicht einem lebensfeindlichen ↗ Rationalismus; denn die Vernunft selbst ist eine Seite des menschlichen Lebens u steht mit dessen anderen Seiten in organischem Austausch. Deshalb erfüllt die Ph nicht nur das Wahrheitsstreben des Geistes, sondern sie klärt, ergänzt u festigt auch die Lebensausrichtung des Menschen, von der wiederum sie selbst gesteuert u vor haltlosem Ausschwärmen bewahrt wird. – Solche Ph kann nie Leistung bloß des Einzelnen sein, der allzu leicht den Zufälligkeiten seines Ich u seiner Zeit verfällt u darnach die Wirklichkeit verschiebt. Zur unverkürzten Wahrheit führt allein die ehrfürchtige u zugleich kritische Auseinandersetzung mit der phil Überlieferung der Menschheit. Denn die ewigen Fragen finden ewige Antworten, die alle Zeiten u alle Meinungen durchziehen u eine *philosophia perennis* (immerwährende Ph) bilden. Doch gibt es kein blindes Glauben an die Autorität der Großen u kein starres Übernehmen ihrer Formeln; vielmehr hat jede Zeit die ewigen Fragen neu zu stellen u neu zu beantworten.

Bei der *Einteilung der Ph* unterscheiden wir mit *Thomas von Aquin* die Ordnungen des Seienden, welche die Vernunft vorfindet, u die Ordnungen des Vollziehens, die sie begründet. Im ersten Bereich befaßt sich mit der Vernunft, insofern sie das Seiende erschließt, die ↗ Erkenntnistheorie. In das Seiende selbst dringt die ↗ Metaphysik ein. Als allg Metaphysik entfaltet sie die Einsichten, die alles Seiende überhaupt angehen, entweder nach seiner inneren Struktur (Seinslehre oder ↗ Ontologie) oder nach seinem ersten Ursprung (Gotteslehre, *Theologik* oder natürliche ↗ Theologie). Als besondere wendet sie die gewonnenen Erkenntnisse auf die Grundbezirke des Geschaffenen an; so durchleuchtet sie die Natur (↗ Natur-Ph oder Kosmologie) u den Geist, der uns in der Welt einzig als menschliche Seele begegnet (Geist-Seele-Ph oder ↗ Psychologie); an deren Stelle tritt heute meist die phil Lehre vom Menschen oder die ↗ Anthropologie. – Der zweite Bereich gliedert sich nach den Weisen des Vollziehens. Der Richtigkeit des Denkens dient die ↗ Logik; der Gutheit des inneren Handelns, das den Menschen als ganzen u zu seinem letzten Ziel hin vollendet, die ↗ Ethik u ↗ Religionsphilosophie; dem Werk des äußeren Schaffens, das Teilbetätigungen zu nächsten Zielen hin entfaltet, die ↗ Kultur-Ph, die sich im Bereich des Schönen als ↗ Ästhetik oder Ph des Schönen u der Kunst, im Bereich des Nützlichen aber als Ph der ↗ Technik darstellt. – Mit den erwähnten Bereichen deckt sich nicht ganz die Zweiheit von *theoretischer* (theorein: schauen) u *praktischer* (prátten: tun) *Ph*. Die erste umfaßt alles, was das Wissen betrifft, also auch die Logik; die andere nur das eigentliche Tun, soweit es mehr als Wissen ist.

Bibliographie: IM Bocheński, F Monteleone: Allg phil Bibliogr, Bern 1948; *IM Bocheński* (Hgb): Bibliograph Einführungen i das Stud der Ph, Bern, seit 1948; *GA de Brie:* Bibliographia philosophica 1934–45, Utrecht-Brüssel 1950–53; Répertoire bibliographique der Rev phil Louv seit 1948. – *H Meyer:* Systemat Ph, 4 Bde, 1955 ff; *M Heidegger:* Was ist das – die Ph? ^{4}1966; *K Ulmer:* Von der Sache der Ph 1959; *H Wagner:* Ph u Reflexion 1959. – *Einführungen: J Pieper:* Was heißt philosophieren? ^{4}1959; *P Wust:* Der Mensch u die Ph 1946; *D v Hildebrand:* Der Sinn phil Fragens u Erkennens 1950; *L De Raeymaeker:* Einführungen i die Ph, dt 1949; *J Lenz:* Vorschule der Weisheit ^{2}1948; *J de Vries:* Logica cui praemittitur introductio in phil ^{3}1964; *K Jaspers:* Einf i die Ph 1953; *H Pfeil:* Einf i die Ph 1960; *W Keilbach:* Einübung ins phil Denken 1960; *H Meyer:* Einl i die Ph ^{2}1962; *J Maritain:* Introduction générale à la Ph, P ^{2}^{9}1963; *L De Raeymaeker:* Introduction à la ph, Louvain ^{5}1964; *R Lauth:* Begriff, Begründung u Rechtfertigung der Ph 1967; *R Schlette* (Hgb): Die Zukunft der Ph 1968; *H Noack:* Allg Einf i die Ph 1972. – *Kurze Gesamtdarstellungen: A Brunner:* Die Grundfragen der Ph ^{5}1961; *A Dempf:* Christl Ph 1938; *J Lotz, J de Vries:* Phil i Grundriß 1969; *O Willmann:* Abriß der Ph ^{5}1959. – *Sammlungen:* Phil Handbibl, München 1932 ff; Die Ph, ihre Gesch u ihre Systematik, Bonn 1934 ff; Philosophia Lovaniensis (dt Ausg) 1949 ff; Ph i Einzeldarstellungen, Freiburg 1965 ff. Grundkurs Ph, Stuttgart 1982 ff. Lotz

Physisch. Der Ausdruck ph kommt nicht von Physik, sondern von Physis = ↗ Natur. Man sollte daher im Deutschen ph von „physikalisch" (zur Physik gehörig, nach Begriffen u Methoden der Physik) unterscheiden. Von Physis her bedeutet ph manchmal „natürlich". Doch geht der Gebrauch von ph nicht überall parallel zu dem von „natürlich" (↗ Natur). Was mit ph gemeint ist, läßt sich durch seinen Gegensatz bestimmen.

Im weitesten Sinn meint ph (1) das Reale, Wirkliche u Wirkfähige im Ggs zum bloß Vorgestellten, Intentionalen, Begrifflichen, Abstrakten (so etwa der ph-e gegen den mathematischen, bloß nach seinen Dimensionen vorgestellten Körper). Da die Wirklichkeit jedoch nicht in der Erfahrungswelt aufgeht, unterscheidet man das Ph-e (2) in einem engeren Sinn vom Metaphysischen (↗ Metaphysik) als dem Unerfahrbaren. Ph (2) bezeichnet also etwas, sofern es in der inneren oder äußeren Erfahrung angetroffen werden kann u den Gesetzen der Erfahrung unterliegt. Noch enger wird das Ph-e (3) im Ggs zum Geist (zur Freiheit, zum Moralischen, Ethischen) genommen. Es meint dann das Leibliche oder das Psychische, sofern es vom Leib her bestimmt ist, wie zB ph Schmerz. Am engsten wird das Ph-e (4) im Ggs zu allem Psychischen gesehen als das bloß Leibliche, Materielle, der Außenerfahrung Angehörige.

Artikel „Physisch" in: *R Eisler:* Wörterb der phil Begriffe II ⁴1929; Artikel „Physique" in: *A Lalande:* Vocabulaire technique et critique de la Phil, P ⁵1947; *E Grumach:* Physis u Agathon i der alten Stoa ²1966; *D Mannsperger:* Physis bei Platon 1969; *F Heinimann:* Nomos u Physis 1972.

Brugger

Platonismus ist die phil Lehre *Platons* (427–347 v Chr) u seiner Schule, der von ihm gegründeten *Akademie*, die durch den ↗ Neuplatonismus, durch *Augustin* u die Renaissance eine Wiederbelebung, darüber hinaus aber noch manche Nachwirkung fand. – Platon wollte sich ursprünglich der Politik widmen. Die politischen Verhältnisse seiner Vaterstadt Athen, die auch in der ungerechten Verurteilung seines Lehrers *Sokrates* ihren Ausdruck fanden, ließen ihn jedoch die Notwendigkeit einer phil Grundlegung der Politik erkennen (7. Brief). Einfluß auf seine phil Entwicklung übten auch die *Pythagoreer* aus, mit denen er wahrscheinlich auf der ersten seiner drei sizilischen Reisen in Berührung kam. Die von Platon in der von ihm gegründeten *Akademie* vorgetragene Lehre ist faßbar in seinem literarischen Werk (Dialog u Briefe) u in antiken Berichten über seine mündliche Lehre. Eine vollständige schriftliche Darlegung der Phil hielt er für unmöglich. Ihre eigentliche Mitteilung blieb dem lebendigen Umgang der Schüler mit dem Meister vorbehalten (7. Brief). Die sokratische Frage nach den Normen des menschlichen Handelns führte Platon zu seiner *Ideenlehre:* Während die Sinne uns nur die Welt des Werdens u Vergehens zeigen, ein Mittleres zwischen dem eigentlichen Sein u dem Nichts, dringt der *Nus* (die Vernunft) zu den Ideen, Formgestalten oder ewigen unsinnlichen Gegenstandseinheiten vor, die außerhalb u oberhalb der Sinnendinge (*Chorismos,* Abtrennung) ihren Bestand haben u den eigentlichen Sinngehalt der Welt u des Lebens ausmachen. Die vergänglichen Dinge nehmen an den Ideen teil, ahmen sie nach. Der Aufstieg zum eigentlich Guten u Schönen der Ideen geschieht durch die Leidenschaft des *Eros,* der begehrenden u suchenden *(platonischen) Liebe* zum Schönen u Wahren. Die höchste, absolute Idee ist die Idee des Schönen u Guten, die auch die absolute Einheit ist. Erkennen u Erkennbarkeit haben in ihr den transzendenten Grund der Zuordnung. Sie ist *Gott* in anderem Sinn als die Götter, die nur durch Zuwendung zu den Ideen göttlich sind. Die Ideen sind in Gott (= Idee des Guten) verankert. Die Welt ist nicht erschaffen: die Materie ist ewig, aber vom *Demiurg,* dem Weltbildner, zum Kosmos gestaltet u von einer Weltseele belebt. Die Seele ist Prinzip der Bewegung u des Lebens; sie stammt aus einer jenseitigen

Welt. Der Aufstieg des Geistes zur Schau der Ideen besteht in einer durch die sinnlichen Gegenstände geweckten Wiedererinnerung *(Anámnesis)* an die in der Vorexistenz geschauten Ideen: ein mythisches Bild der – modern ausgedrückt – apriorischen Geltung der Ideen. Ziel des menschlichen Lebens ist die Verähnlichung mit Gott, der höchsten Idee des Guten. Bedingung für die Erlangung dieses Ziels ist die rechte Bildung u Erziehung in u durch die wahre, geordnete Gemeinschaft, die in der berühmten Utopie „Der Staat" u, vielfach gemildert, in den „Gesetzen" (dem Alterswerk) dargestellt wird. Wie in der Seele des Menschen Harmonie sein muß zwischen ihren drei Teilen, dem begehrlichen, dem muthaften u dem vernünftigen, so muß auch in der großen staatlichen Gemeinschaft, dem Erziehungsstaat, in seinen drei Teilen, den Philosophen als Führern, den Wächtern u dem Volke, das dem Erwerb nachgeht, die richtige Harmonie oder die legale Gerechtigkeit herrschen, nach der jeder Teil die ihm zukommende Verrichtung hat. Ein sorgfältiges Bildungssystem soll Führer- u Wächterschicht vorbereiten. Für sie gilt Güter- u auch Frauengemeinschaft mit scharfen eugenischen Maßnahmen. Der Mythos von der Seelenwanderung u ewigen Vergeltung (Staat, 10. Buch) sucht gegenüber dem rohen Volksglauben oder dem skeptischen Spott der jüngeren Sophisten eine ernste Stellungnahme zu den Problemen der Unsterblichkeit, der jenseitigen Verantwortung u dem letzten Ziel des Menschen. – In der neueren Zeit wurde von *G Frege, G Cantor,* dem frühen *B Russell, K Gödel, A Church* u a ein extremer Begriffsrealismus vertreten, der in der Lit oft den Namen P erhielt. – Zur Nachwirkung des P ↗[39–40, 49, 56–72, 78, 84, 88, 91, 98, 113–114, 130, 133, 250, 260].

O Gigon: Platon, Bern 1950 [Bibliogr]; *Ueberweg-Prächter:* Grundriß der Gesch der Phil I [12]1926; Totok I 146 ff, 323 ff. – *C Ritter:* Platon 1910–23; *W Windelband:* Plato [7]1923; *J Moreau:* La construction de l'idéalisme platonicien, P 1939; *G Krüger:* Einsicht u Leidenschaft. Das Wesen des plat Denkens [2]1948; *É Gilson:* Platonisme, Aristotelisme, Christianisme, P 1945; *C Baeumker:* Der P i Mittelalter 1916; *R Klibansky:* The Continuity of the Platonic Thought during the Middle Ages, L 1939; *E Hoffmann:* P u christl Phil 1960; *E v Ivánka:* Plato Christianus. Übernahme u Umgestaltung des P durch die Väter 1964; *W Beierwaltes* (Hgb): P i der Phil des Mittelalters 1969; *ders:* P u Idealismus 1972; *HJ Krämer:* P u hellenist Phil 1971; *G v Bredow:* P i Mittelalter. Eine Einf 1972; *G Martin:* Platons Ideenlehre 1973; *H Perls:* Lex plat Begriffe 1973. – *P Bernays:* Sur le P dans les mathématiques, in: L'enseignement mathématique 34 (1935–36) 52–69; *R Carls:* Idee u Menge 1974. – e) *A Koyré:* Introduction à la lecture de Platon, NY 1945; *K Schilling:* Platon. Einf i seine Phil 1948. Schuster-Ricken

Pluralismus bezeichnet (1) im kontradiktorischen Ggs zum ↗ Monismus die Auffassung, daß die Wirklichkeit nicht nur aus einer einzigen Substanz oder einer einzigen Art von Substanzen besteht (↗ Vielheit); darüber hinaus (2) im konträren Ggs zum Monismus, daß die Wirklichkeit in mehrere Bereiche zerfällt, die sich in keiner Weise aufeinander zurückführen lassen (↗ Einheit), so im Bereich der Ontologie, wenn das Sein von zwei oder mehreren absoluten Prinzipien abgeleitet (↗ Dualismus) oder der Bereich der Werte völlig von dem des Seins getrennt wird (zB neukantianische ↗ Wertphilosophie).

Ähnlich kann im sozialen Bereich schon von P (3) gesprochen werden, insofern sich eine Gesellschaft aus einer Vielheit eigenständiger Vergemeinschaftungen u Organisationen nach den verschiedenen räumlichen u sachlichen Lebensbereichen aufbaut, weil alle menschlichen Werte gemeinschaftsbildend wirken können (↗Subsidiarität). Im Ggs dazu stünde ein totalitärer Monismus, der etwa nur den ↗Staat als Quelle aller gesellschaftlichen Ordnungsmacht anerkennt. Die moderne Gesellschaft tendiert zu einem extremen P (4), bei dem das Gesellschaftsganze selbst nach rein gruppenindividualistischen Gesichtspunkten organisiert wird. Dabei droht der Interessenegoismus der einzelnen Gruppen das staatliche Band zu sprengen *(Gruppenanarchie)* oder die Staatsgewalt zum Spielball dieser Gruppen werden zu lassen, was leicht in Unterdrückung der unterlegenen Gruppen umschlägt *(Gruppendiktatur).*

Eng verwandt mit dem soziologischen ist der weltanschauliche P (5): die Menschen unterscheiden sich tiefgehend in ihren letzten Überzeugungen, besonders der Religion u der Auffassung vom letzten Sinn des Lebens. Dies kann insbes dort, wo für ein gemeinsames soziales u politisches Handeln innerhalb einer Gesellschaft eine gemeinsame Wertüberzeugung vorausgesetzt werden muß, zu Konflikten führen, die nur durch Besinnung auf letzte Gemeinsamkeiten in der Anerkennung der Menschenwürde (↗Toleranz) überwunden werden können. Abzulehnen ist ein P (6), der die Vielfalt der Weltanschauungen durch Preisgabe jedes absoluten Wahrheitsanspruches zu rechtfertigen sucht u alle phil und religiösen Überzeugungen im Sinne des ↗Relativismus als völlig gleichwertige persönliche Standpunkte abwertet. Die Vielfalt der Weltanschauungen erklärt sich vielmehr, abgesehen von immer möglichen Irrtümern, aus der Tatsache, daß der Mensch keine unmittelbare geistige Schau der Wirklichkeit besitzt u so dieselbe Wirklichkeit unter verschiedenen Gesichtspunkten betrachtet.

b) *O v Nell-Breuning:* Zur christl Staatslehre, in: WBPol ²1957; *J Schasching:* Kirche u industrielle Gesellschaft 1960; *RJ Regan:* American Pluralism and the Catholic Conscience, NY 1963; *F Nuscheler, W Stefani:* P 1972. – c) *M Landmann:* Pluralität u Antinomie: Kulturelle Grundlage seel Konflikte 1963. – e) *A Hartmann:* Vielfalt der Weltanschauungen 1964.   Kerber

Positivismus. Der P verlangt von jeder Wissenschaft, daß sie nicht nur von ↗Tatsachen im Sinne von wahrnehmbaren Sachverhalten ausgehe, sondern sich auch auf deren Feststellung u gesetzmäßige Verknüpfung beschränke. Begründet wurde der P in der modernen Phil durch *Hume;* sein Hauptvertreter war Auguste *Comte.* Nach Comte müssen alle Wissenschaften drei Stufen der Entwicklung durchlaufen: die theologische, die die Geschehnisse durch den übersinnlichen Einfluß von Göttern oder Gottes erklärt; die metaphysische, die mit allgemeinen Wesensbegriffen u Naturkräften arbeitet; endlich die positive, die sich auf die Beschreibung der Tatsachen u ihrer Gesetzmäßigkeit beschränkt *(Drei-Stadien-Gesetz).* Die Phil ist nur die Zusammenfassung der positiven Wissenschaften. – Nach dem *Neu-P* (auch *logischer P, Wiener Kreis* ↗[175]) ist sinnvoll u verstehbar nur das, was „verifizierbar", dh durch sinnliche Erfahrung nachprüfbar ist. Darum sind metaphysische Aussagen sinnlos, ebenso Aussagen über ↗Werte u Normen; Bewertungen sind nur Ausdruck von Gefühlen. Notwendigkeit gibt es nur im Bereich der Logik. Ähnlich besteht nach der ↗*analy-*

tischen Phil die Aufgabe der Phil nicht darin, neben den Wissenschaften neue, den Bereich der Wissenschaften übersteigende Erkenntnisse zu vermitteln, sondern durch Analyse der Sprache aufzuzeigen, daß metaphysische Fragen oder Aussagen sinnlos sind, da sie auf Mißverständnissen der Sprachlogik beruhen.

Vom P als *Lehre*, die nur das Erfahrbare als wirklich gelten läßt, ist die positivistische *Methode* zu unterscheiden, wie sie bei vielen Vertretern der modernen Naturwissenschaft zum Ausdruck kommt. Unmittelbar sinnvoll sind nach ihr nur solche Aussagen, die sich unmittelbar auf unsere Sinneserlebnisse beziehen *(sog Protokollaussagen),* wobei die Erwartung künftiger Sinneserlebnisse, wie sie in den Naturgesetzen ausgesagt wird, mit eingeschlossen ist. Jede andere Aussage ist nur dadurch sinnvoll, daß sie auf Grund von terminologischen Festsetzungen mit unmittelbar sinnvollen Aussagen gleichbedeutend ist. Gegen diese methodische Selbstbeschränkung der Naturwissenschaft läßt sich nichts einwenden, weil jede Überschreitung dieser Grenze tatsächlich nur unter stillschweigenden metaphysischen Voraussetzungen möglich ist. Wird diese methodische Festsetzung aber als verbindlich erklärt für jede Wissenschaft u dadurch zur positivistischen Lehre erhoben, so vernichtet sie sich selbst. Denn die Aufstellung, daß nur solche Aussagen sinnvoll sind, die unmittelbar Sinneserlebnisse ausdrücken oder mittelbar mit derartigen Aussagen gleichbedeutend sind, ist entweder bloß eine unverbindliche terminologische Festsetzung oder selbst eine sinnvolle Aussage. Im zweiten Fall müßte sich das Sinneserlebnis aufweisen lassen, dessen Ausdruck sie sein soll, was aber unmöglich ist. Der P ist also als Lehre nur unter der Bedingung möglich, daß seine grundlegende Behauptung sich selbst widerspricht, dh er ist unmöglich. Über Rechtspositivismus ↗ Naturrecht. – ↗ [172–5, 213, 214, 216–219, 227, 232, 235, 266]. Zur Gesch der analytischen Phil ↗ [244, 258].

Quellen: ↗ Abriß der Gesch der Phil. – *Lit: K Dürr:* Der log P, Bern 1948 [Bibliogr]; *S Krohn:* Der log Empirismus, 2 Bde, Turku 1949–50; *JR Weinberg:* An Examination of Logical P, L ²1950; *JK Feiblemann:* Inside the Great Mirror, Den Haag 1958 [Kritik an Russell, Wittgenstein u a]. – c) *M Schlick* in: Erkenntnis 1932; *P Jordan* in: Naturwissenschaften 1934; *V Kraft:* Der Wiener Kreis 1950; *L Wittgenstein:* Tractatus logico-philosophicus, ed GCM Colombo [mit Kritik], Mailand 1954; *E Topitsch:* Vom Ursprung u Ende der Metaph, Wien 1958; *A Neubert:* Semantischer P i den USA, Halle 1962; *F Belke:* Spekulative u wiss Phil 1966; *L Kolakowski:* Die Phil des P 1971; *AJ Ayer:* Logical P, NY 1966. – d) *H Gruber:* Der P v Tode A Comtes bis auf unsere Tage 1891; *A Schmekel:* Zur Gesch des P 1898; *A Cresson:* A Comte, P 1941; *P-streit 1969; J Blühdorn, J Ritter:* P i 19. Jht 1971. Brugger

Postulat. *Aristoteles* versteht unter einem P (aítēma) einen nicht unmittelbar einsichtigen, an sich beweisbaren Satz, den jemand jedoch in einer wissenschaftlichen Erörterung ohne Beweis vorläufig annimmt, auch wenn er nicht gemeinsame „Voraussetzung" (hypóthesis) ist. Heute dagegen versteht man unter P meist eine weder unmittelbar einsichtige noch beweisbare, aber doch irgendwie unentbehrliche Annahme. Der geschichtlich wirksamste Gebrauch des Wortes P liegt in *Kants* „P-en der praktischen Vernunft" vor. Kant definiert ein solches P als „theoretischen, aber als solchen nicht erweislichen Satz, sofern er einem a priori unbedingt geltenden praktischen Gesetz unzertrennlich anhängt" (Krit d prakt Vern 220). Ihrer gibt es Kant zufolge drei: die Freiheit des Willens, die Unsterblichkeit der Seele u das Dasein Gottes. Man hat in dieser Lehre oft einen Irrationalismus (↗ Irrational) gesehen, aber gewiß nicht deshalb schon zu Recht, weil er von einem „Faktum der praktischen Vernunft" ausgeht. Entscheidend ist vielmehr die Frage, worin das „unzertrennliche Anhängen" der P-e besteht. Besagt es, daß die „geforderten" Wirklichkeiten Bedingung der Möglichkeit der (als einsichtig vorausgesetzten) unbedingten Geltung des Sittengesetzes sind (wie es Krit d rein Vern B 661 f heißt), so ist dies kein Irrationalismus.

a) *Aristoteles:* Zweite Analytik I, 10; *Kant:* Krit d prakt Vern 219–55. – b) *O Blaha:* Die Ontologie Kants 1967, 206–14. de Vries

Potenz (vom lat posse: können) baut als Teilfaktor zusammen mit dem ↗ Akt das Endliche auf. Von *Aristoteles* (er nennt sie *dynámei on*) zuerst entwickelt u von der Scholastik weitergebildet, lebt sie im Kraft-Begriff bei *Leibniz* u im An-sich bei *Hegel* fort. In der Gegenwart haben die Biologie *(Driesch)* u dann auch die Physik neu zu ihr hingefunden. Was das Wesen der P angeht, so kann sie nur durch ihren Bezug zum Akt beschrieben werden als die reale Möglichkeit oder Befähigung zum Akt. Davon gibt es zwei Ausprägungen.

Die *passive P* ist die Befähigung zum Empfang eines Aktes. Sie fällt nicht mit der *objektiven P*, der bloßen oder nicht-realen ↗ Möglichkeit, zusammen, die vom Seienden beim Beginn seiner Existenz zurückgelassen wird, nicht aber als Teilfaktor in das Seiende eingeht; man nennt diese objektiv, weil das bloß Mögliche nach seiner Eigengestalt einzig als Objekt im Geiste des Schöpfers ausgeprägt ist. Hier jedoch geht es um die *subjektive P*, die als realer Träger (sub-jectum) des ihr zugeordneten Aktes das Wirkliche mitaufbaut. Diese ist *reine (aktlose) P*, wenn sie selbst keinen Akt mit sich bringt u auch keinen anderen ihr zugrunde liegenden Akt voraussetzt. So sehen *Aristoteles* u der Aquinate mit seiner Schule den ↗ Urstoff alles Körperlichen (materia prima), der alle Aktualität dem ihm zugeordneten u von ihm aufgenommenen Akt, der Wesensform, verdankt. Nach der franziskanisch-skotistischen Schule hingegen kommt der Materie ein ihr eigener Akt zu; außerdem wird neben der körperlichen auch eine *geistige Materie* angenommen, weshalb sich die Materie in allem Geschaffenen als die P findet, die Endlichkeit als solche konstituiert. Damit haben wir bereits die *nicht-reine P* berührt; sie setzt entweder selbst einen Akt oder wurzelt in einem andern ihr zugrunde liegenden Akt. Ersteres trifft bei der Wesensform zu, die nur der Existenz gegenüber P, dem Urstoff gegenüber aber Akt ist. Letzteres gilt bei den akzidentellen P-en, denen die Substanz als Akt zugrunde liegt; vgl Empfänglichkeit für Wissen im Menschen. Insofern die passive P nur Empfänglichkeit besagt, ist sie zwar in sich noch nicht Akt, aber auch nicht völlig Nichts, sondern etwas Wirkliches; dem Stein zB fehlt die Empfänglichkeit für Wissen. Die Weite dieser P entscheidet über das Ausmaß des Aktes, den ein Seiendes aufnehmen kann; so begrenzt sie den Akt.

Der passiven P beigezählt wird die „*Gehorsams-P*" (*potentia obedientialis*), die in der Fähigkeit des Geschöpfes besteht, Gottes Wirken auch über die Grenzen seiner Natur, jedoch ohne deren Aufhebung, aufzunehmen. Sie ist die Voraussetzung für das ↗ Wunder u die ↗ übernatürliche Begnadung des Menschen.

Im Ggs zur passiven P steht die *aktive P* als das *Vermögen*, einen Akt hervorzubringen. Der Akt ist wenigstens die dem Vermögen entsprechende Tätigkeit (zB Denk- oder Willensakt), dazu oft ein Werk (etwa ein Kind, ein Haus). Die aktive P schließt schon einen gewissen Akt ein, da nach dem Kausalitätsprinzip niemand etwas hervorbringen kann, was er nicht irgendwie besitzt. Während die passive P in Gott nicht sein kann, da sie seinem Wesen als dem reinen Akt oder Akt in jeder Hinsicht widerspricht, gibt es in ihm das aktive Vermögen zum Hervorbringen nicht zwar seiner Tätigkeit, wohl aber eines Werkes, u ohne alles passive Empfangen, das allem endlichen Hervorbringen beigemischt bleibt, wie unserem Lehren ein Lernen.

Mit der P (Dynamis) hängt *dynamisch* zusammen; so kann alles heißen, was mit ↗ Bewegung, ↗ Wirken, ↗ Kraft zu tun hat; die entsprechende Betrachtungsweise hebt den konkreten Wirk- u Werdezusammenhang der Dinge hervor. Im Ggs dazu wird *statisch* das Unbewegte, Ruhende, Bleibende genannt, das alles Werdende als dessen entweder immanenter oder transzendenter Grund ermöglicht. Das Dynamische u Statische ergänzen einander, ja fallen im reinen (göttlichen) Wirken zusammen, weil Wirken an sich nicht Bewegung oder Werden besagt, sondern gerade in seiner allem Werden überlegenen oder unendlichen Gestalt die höchste Vollendung innehat.

a) ↗ Akt. – b) *G Manser:* Das Wesen des Thomismus ³1949; *L Fuetscher:* Akt u P 1933; *A Brunner:* Der Stufenbau der Welt 1950, bes Kap 13 u 14; *E Stein:* Endl u ewiges Sein 1950, bes II; *A Marc:* Dialectique de l'affirmation 1952, bes II, 2. – c) *N Hartmann:* Möglichkeit u Wirklichkeit ²1949.
– d) *J Stallmach:* Dynamis u Energeia [Arist] 1959; *I González Torres:* El concepto de potencia... in Suárez, Quito 1957. Lotz

Prädikabilien. Allgemeinbegriffe können sowohl nach ihrem Inhalt als nach der Art u Weise, wie sie sich von den unter sie fallenden Gegenständen aussagen lassen, betrachtet werden. So ist zB der Begriff „Haus" vom Begriff „Maschine" dem Inhalt nach verschieden. Aber beide werden von den Gegenständen, die sie meinen, auf dieselbe Weise, nämlich als Gattung ausgesagt, unter der es mehrere Arten gibt. Während die Anordnung der Begriffe ihrem Inhalt nach letztlich zu den ↗ Kategorien führt, bilden die Begriffe ihrer Aussageweise nach fünf Klassen, die P heißen, nämlich Gattung (genus), Art (species), artbildender Unterschied (differentia specifica), Eigentümlichkeit (proprium) u zufällige Eigenschaft (accidens logicum), wobei die Beziehungen wie Eigenschaften behandelt werden. Abgeleitet davon nennt man auch die Begriffe selbst, sofern sie unter je eine dieser Klassen fallen, P. Da das Denken zuerst auf den Inhalt u erst nach einer ↗ Reflexion auf die Aussageweise achtet, heißen die Kategorien auch *erste*, die P aber *zweite Intentionen* oder *reflexe Allgemeinbegriffe*. Die Kategorien gehören in die ↗ Ontologie, die P in die ↗ Logik. – Die fünf Aussageweisen ergeben fünf P: Ein Begriff wird von den Gegenständen entweder als Ganzheits- oder Teilbegriff ausgesagt. Der Ganzheitsbegriff meint entweder das vollbestimmte Wesen: die ↗ Art, zB Mensch, oder das begrifflich weiter bestimmbare Wesen: die *Gattung*, zB Lebewesen; die Gattung umfaßt immer mehrere Arten. Der Teilbegriff aber meint entweder die im Artbegriff liegende Bestimmung: artbildender Unterschied, zB vernünftig bzgl Mensch, oder eine außer dem Artbegriff liegende Bestimmung. Diese kann mit dem Artbegriff notwendig oder *per se* verknüpft sein: *proprium*, zB Fähigkeit zu lachen, oder bloß zufällig *(per accidens, akzidentell)*: logisches ↗ Akzidens, zB Lachen. Die von *Aristoteles* aufgestellte Tafel der P erweist sich durch ihre Ableitung als notwendig u vollständig.

a) *Aristoteles:* Topik I, 4–5 (ed Rolfes 1919); *Porphyrius:* Einl i die Kategorien, in: Aristoteles' Kategorien (ed Rolfes 1920); *W v Ockham:* Expositionis ... et Expositio in Librum Porphyrii de Praedicabilibus, NY 1965. – b) *J Geyser:* Grundlagen der Logik u Erkennntnislehre 1909, nr 120. – *J de Vries:* Logica ³1964, 99–103. – d) *L Reis:* The Predicables and Predicaments in the Totius Summa Logicae Aristotelis, NY 1936. Santeler

Pragmatismus. Der P ist eine Abart des ↗ Relativismus, nach dem die ↗ Wahrheit nicht am Gegenstand, sondern an einer andern Norm gemessen wird. Während der ↗ Psychologismus diese Norm in den seelischen Ursachen des Erkenntnisvorganges sieht, sucht der P sie im Ziel, das durch die Erkenntnis erreicht werden soll. Ist eine Erkenntnis dem Ziel förderlich, ist sie fruchtbar für das Tun (griech = pragma, daher P), so ist sie „wahr", mag sie mit der Wirklichkeit übereinstimmen oder nicht. Allg gültige Wahrheit gibt es nach dem P nicht, da, was dem einen nützlich ist, dem andern schaden kann. Im ↗ Biologismus wird der pragmatistische Wahrheitsbegriff nicht auf den Einzelnen, sondern auf die Förderung der Art bezogen; im ↗ Marxismus auf die gesellschaftliche ↗ Praxis. Pragmatistisch ist auch *Machs* Prinzip der *Denkökonomie*, nach dem eine Theorie wahr ist, wenn sie unsere Erfahrungen auf die einfachste Formel bringt. Besondere Förderung fand der P in England *(FSC Schiller* ↗ [240]) u, vorbereitet durch *ChS Peirce* ↗ [255], in Amerika *(W James; J Dewey* ↗ [257]). – Es ist zwar richtig, daß die Erkenntnis dem Leben dienen soll, daß ferner die wahre, dh der Wirklichkeit entsprechende Erkenntnis meist auch die praktischen Ziele fördert. Daraus folgt jedoch keineswegs, daß die Lebensförderung auch der Maßstab der Wahrheit sei. Denn was als lebensfördernd zu gelten hat, hängt davon ab, welches Verständnis der Mensch von sich, von seinem Lebensziel u den Ordnungen, in denen er steht, gewinnt, also von der Wahrheit. – ↗ [173, 174, 195, 232, 240, 255, 257]

Quellen: *W James:* Der P 1908; *ChS Peirce:* Vorlesungen über P 1973. – Lit: b) *L Baur:* Metaph ³1935, § 87; *J de Vries:* Denken u Sein 1937, 126–32; *W Switalski:* Probleme der Erkenntnis 1923. – *E Baumgarten:* Der P 1938. – c) *RB Perry:* In the Spirit of W James, New Haven 1938; *Th Löffelholz:* Die Rechtsphil des P 1961; *P Hoßfeld:* P mit dogmat Rückhalt 1971. – d) *J v Kempski:* Charles S Peirce u der P 1952. – e) *A Brunner:* Erkenntnistheor 1938, 168–71. Santeler

Praxis ist eine zentrale Kategorie der phil Anthropologie. *Aristoteles* unterscheidet P als Handeln, das seinen Sinn bereits in sich selbst trägt, von *Poiesis*, die ihren Wert erst von dem von ihr unterschiedenen Produkt gewinnt. In der Scholastik lebt die Einsicht, daß Tätigsein nicht schlechthin nach dem Muster gegenstandsbezogenen Schaffens verstanden werden darf, im ↗ Akt-Begriff weiter. Dieser erfaßt sowohl den durch die Beziehung zu materiellem Seienden vermittelten Selbstvollzug des geistbegabten Subjekts wie die hieraus erwachsende die eigene Lebenssituation u die Welt erkennende u verändernde Stellungnahme. Im Disput um die Zuordnung von Erkennen u Wollen werden Aspekte der modernen Problematik von Theorie u P angesprochen. *Kant* trennt das praktische Vermögen, die (theoretisch nicht wißbare) Freiheit u das Sittengesetz zu verwirklichen, radikal von der theoretisch bestimmbaren, nur phänomenalen Sphäre des Tuns, da er die Einheit des Subjekts in Hinblick auf Erkennen u sittl Wollen nicht mehr zu denken vermag. Der ↗ Deutsche Idealismus sieht P als geschichtlichen Prozeß; *Hegel* betont in ihm die gesellschaftsbildende Arbeit. Für *Marx* ist P als gesellschaftliche Produktion Wesensausdruck des Menschen. Der dialektische Materialismus postuliert (gesellschaftliche) P als Wahrheitskriterium jeder Erkenntnis (↗ Pragmatismus), während der kritische Realismus die erkenntnistheoretische Bedeutung der P mittels apriorischer ↗ Erkenntnisprinzipien erschließt.

Soll die Kategorie P für die Anthropologie fruchtbar werden, darf sie weder auf gegenständliches Produzieren noch auf faktische, individuelle oder gesellschaftliche Lebensvollzüge eingeschränkt werden. Gerade im Hinblick auf ethische Erkenntnis oder Emanzipation kann P als faktisch Gegebenes (einschl der ihr immanenten Tendenzen) nicht als Kriterium dienen, sondern bedarf selbst der Rechtfertigung aus einem von ihrem Vollzug unterschiedenen Grund. Dabei muß auf die in der menschlichen Leib-Geist-Einheit liegenden Möglichkeitsbedingungen von P reflektiert werden. So könnten die Abhängigkeit der Erkenntnis von gegebener P wie auch die Möglichkeit, sich zugleich vom Gegebenen – urteilend – zu distanzieren u vom eigenen Wesen her Maßstäbe zur Veränderung zu setzen, in ihrer Zuordnung zueinander begriffen werden.

B Snell: Theor u P i Denken des Abendlandes 1951; *J de Vries:* Die Erkenntnistheor des dialekt Materialismus 1958; *J Habermas:* Theor u P 1963; *G Stiehler:* Dialektik u P 1968; *G Petrović* (Hgb): Revolutionäre P 1969; *P Engelhardt* (Hgb): Zur Theor der P 1970; *O Schwemmer:* Phil der P 1971; *N Lobkowicz:* Artikel „Theorie u P", in: SDG VI 1972; *M Riedel:* Rehabilitierung der prakt Phil, 2 Bde, 1971–74. Ehlen

Prinzip oder *Ursprungsgrund* (im Griechischen: *archē*) ist das, wovon etwas in irgendeiner Weise seinen Ausgang nimmt, sei es dem Sein oder dem Geschehen (↗ Seinsprinzipien) oder der Erkenntnis nach (↗ Erkenntnisprinzipien). Was vom P ausgeht, ist in ihm *virtuell* enthalten. Was der *Seinsordnung* nach P ist, muß nicht auch der *Erkenntnisordnung* nach P sein; in der Regel ist vielmehr das Frühere im Sein das Spätere in der Erkenntnis. – *Erste Prinzipien* sind solche, die in ihrer Ordnung nicht aus einem anderen P hervorgehen; damit ist aber nicht ausgeschlossen, daß sie in einer anderen, höheren Ordnung noch P-ien haben. – Der Begriff des P ist weiter als der Begriff der Ursache oder des Elements. Der Begriff der ↗ Ursache schließt die Verschiedenheit des Seins u die Abhängigkeit des Verursachten von der Ursache ein; der Begriff des *Elements,* daß es als Bestandteil in ein Ganzes eingeht. Der Begriff des P schließt diese Bestimmungen weder ein noch aus. – ↗ Grund.

a) *Aristoteles:* Metaphysik V, 1 (ed Rolfes); *Thom v Aq:* STh I q 33 a 1 (dt Ausg: Bd III, 1939, 118–21, 351–2, 424–6). – b) *L Baur:* Metaph ³1935, § 44. – d) *K Sternberg:* Das Probl des Ursprungs i der Phil des Altertums, Breslau 1935. – *Archiv* f Begriffsgesch 1 (1955) 13–116; 4 (1959) 210–26. *J Ortega y Gasset:* Der P-ienbegriff bei Leibniz 1966. Brugger

Privation (wörtlich: *Beraubung, Mangel*) bedeutet allg das Fehlen eines Zustandes oder einer Eigenschaft, deren ein Seiendes (Ding oder Mensch) fähig ist u die es gemäß seiner Wesensart oder seiner Situation haben sollte, um die ihm gemäße Vollkommenheit zu erreichen (zB Blindheit bzw Unwissenheit unmittelbar vor der Prüfung). Als Mangel einer Seinsvollkommenheit setzt die P stets einen positiven Träger voraus, dem jene abgeht; so besagt sie einen vorfindbaren Sachverhalt, obwohl sie als solche nicht Wirkliches setzt, sondern gerade Wirkliches beseitigt. Unter der Rücksicht des Guten betrachtet, heißt die P der physischen Ordnung das ↗ Übel, das der sittl Ordnung aber das ↗ Böse. – In der aristotelischen Naturphilosophie (↗ Hylemorphismus) spielt die P eine Rolle als Prinzip des ↗ Werdens: Ein Körper, dessen Seinsprinzipien Stoff u Form sind, ist dann der Ausgangspunkt einer Veränderung der Form nach, wenn er unter dem Einfluß einer Wirkursache zu einer anderen Form, als die er tatsächlich hat, in das Verhältnis der P kommt, dh, wenn seine Akzidentien von der Wirkursache so umgeformt werden, daß seinem Stoffe nicht mehr die vorige, sondern eine andere, neue Wesensform entspricht. – ↗ Gegensatz.

a) *Aristoteles:* Kategorien K 10 (ed Rolfes) 1920; Metaphysik V, 22. – b) *L Baur:* Metaph ³1935, §§ 25, 59; *Lehmen-Beck:* Lehrb der Phil I 1917, 426. Naumann – Lotz

Problem ist eine wissenschaftliche Frage, die wegen der ihr innewohnenden Schwierigkeit nicht ohne weiteres lösbar ist, die aber im allg doch als lösbar vorausgesetzt wird; ist die Frage als (nicht nur durch bestimmte, zB mathematische Methoden, sondern als für menschliche Erkenntnis überhaupt) unlösbar erkannt, so ist sie oder vielmehr der erfragte Sachverhalt eher als ↗ Geheimnis zu bezeichnen. – Die rechte P-stellung ist für den Fortschritt der Wissenschaft, besonders der Phil, von größter Bedeutung. Sie muß vom Gegebenen bzw dem bereits Erkannten ausgehen u von da aus die Fragen entwickeln, die sich aus verbleibenden Dunkelheiten ergeben. Die methodische Ausarbeitung eines P fordert außer der klaren Fragestellung, daß die Gründe für u wider, die *Aporien* (deren Gesamtheit die *Problematik* ausmacht), scharf herausgestellt werden; das kann bis zu ↗ Antinomien gehen. Schon *Aristoteles* betont (im Anfang des 3. Buches der Metaphysik) die Bedeutung der Aporien u des in ihnen sich äußernden methodischen ↗ Zweifels für jede wissenschaftliche Untersuchung.

Wie förderlich eine fruchtbare P-stellung ist, so verwirrend u ablenkend können sich verfehlte P-stellungen, *Schein-P-e,* auswirken. Oft beruhen sie nur auf der Mehrdeutigkeit der verwendeten Wörter, nicht selten aber auch darauf, daß stillschweigend falsche Voraussetzungen gemacht werden u die Untersuchung so in eine falsche Bahn gelenkt wird. – „*Problematizismus*" nennt *U Spirito* den von ihm geforderten Verzicht auf alle bisherigen Lösungen (wegen ihrer angeblichen Widersprüchlichkeit) u die Beschränkung auf das Suchen neuer Lösungen der P-e. – Zu „problematisches Urteil" ↗ Modalität.

a) *Aristoteles:* Metaphysik III. – *N Hartmann:* Grundzüge einer Metaph der Erkenntnis 1921; *H Wein:* Unters-en über das P-bewußtsein 1937; *U Spirito:* Il problematicismo, Florenz 1948; *M Landmann:* Problematik, Nichtwissen u Wissensverlangen i phil Bewußtsein 1949; *A Petzelt:* Von der Frage ²1962; *G Polya:* Comment poser et résoudre un problème, P ²1965.　　　de Vries

Psychologie ist nach dem Wortsinn Kunde von der ↗ Seele oder vom Seelischen *(Psychischen).* Der wirkliche Gebrauchssinn des Wortes hat verschiedene Wandlungen durchgemacht. *Aristoteles,* der als erster eine systematische Seelenlehre schrieb, handelte darin von allen Stufen irdischen (vegetativen, sinnlich-animalischen u geistigen) Lebens u sah in der Seele das substantielle Formprinzip der Lebensvorgänge; ebenso die mittelalterliche (u teilweise auch die neuere) Scholastik. Nachdem zu Beginn der Neuzeit *Descartes'* einseitige Einengung des Lebensbegriffes auf das geistig-bewußte Leben die Aufmerksamkeit spezieller auf das Bewußt-Seelische gelenkt, später extremer Empirismus, Positivismus und Kritizismus die Erkennbarkeit einer substantiellen geistigen Seele geleugnet hatten, entstand unter der Vorherrschaft des Positivismus im 19. Jht die Definition der P als „Wissenschaft von den Bewußtseinstatsachen" (obgleich auch diese rein empiristische Form von P niemals mit „bewußten ↗ Erlebnissen" allein auskam). Die Lehre von der Seele als substantieller Trägerin der Bewußtseinserlebnisse wurde dabei als „Metaphysik" verpönt. Heutige erfahrungswissenschaftliche P überläßt zwar die spezialistische Behandlung des rein Vegetativen den biologischen u physiologischen Forschungszweigen, achtet aber wieder intensiver sowohl auf unbewußt-psychische Grundlagen des bewußten Erlebens wie auch (als psychol ↗ Anthropologie) auf die Einflechtung des seelischen Lebens in das Ganze menschlichen Lebens. Der Name P stammt aus dem 17. Jht u wurde erst seit *Chr Wolff* u dann im Verlauf des 19. Jhts allgemeiner gebräuchlich.

Je nachdem sich die P nur den empirisch erfaßbaren oder erschließbaren psychischen Geschehnissen als solchen oder aber der Seele als der „Trägerin" seelischen Lebens zuwendet, unterscheiden sich *empirische* u (seit *Wolff*) sog *rationale,* besser *phil-metaphysische P.* Beide unterscheiden sich voneinander nach Formalobjekt, Sonderaufgabe u Sondermethode.

Die empirische P befaßt sich mit den bewußten Erlebnisweisen (wie Erkennen, Streben, Fühlen) u sucht diese in ihrer Eigenart, ihrem Zusammenhang untereinander (u mit dem ↗ Unbewußten u dem Gesamtmenschlichen) genau zu beschreiben, ihre statistischen, kausalen u finalen Gesetzmäßigkeiten aufzudekken *(beschreibende* u *erklärende P)*, Einzelgesetze aus allg-psychol Gesetzlichkeiten abzuleiten *(theoretische P*, vgl. *Lindworsky)* u das seelische Geschehen in seiner Sinnrichtung zu begreifen *(verstehende, geisteswissenschaftliche P).* Sie befaßt sich sowohl mit den allg Erlebnisformen u -gesetzen, als auch mit den Sonderformen bei verschiedenen Individuen *(differenzielle u Typen-P,* ↗ Persönlichkeit), den Entwicklungsstadien des Seelenlebens *(↗Entwicklungs-P)*, der Einbettung individuellen in sozial-seelisches Leben *(↗Sozial-P)*, der Hinordnung des Erlebens auf die Wertgebiete des objektiven Geistes (zB ↗Religionspsychologie, P des künstlerischen Schaffens und Erlebens usw), endlich mit den abnormen Fehlformen des Seelenlebens *(Psychopathologie).* *Angewandte P* sucht die Ergebnisse wissenschaftlicher Forschung im Alltagsleben (Schule, Erziehung, Beruf usw) auszuwerten (zB *pädagogische* u *heilpädagogische P, Psychotechnik, medizinische* u *forensische,* dh Gerichts-P).

Die Kernmethode empirischer P bleibt das schlichte Hinschauen auf seelisches Erleben (Selbstbeobachtung) in Verbindung jedoch mit der (fremdseelisches Erleben deutenden) Fremdbeobachtung u der sinnverstehenden Erfassung des Seelenlebens in seiner Hinordnung auf objektive Wertbereiche. Keinesfalls aber genügt eine beim bloßen Äußern verbleibende Verhaltungsweisen-P *(↗Behaviorismus).* Der während der „Krise der P" (zwischen 1920 u 1930) oft übertriebene Gegensatz zwischen diesen Formen u Methoden ist lediglich der Unterschied von einander notwendigerweise fordernden u ergänzenden Aspekten der einen methodisch vollständigen P. – Seitdem *GTh Fechner* prinzipiell die experimentelle Methodik der aufblühenden anorganischen Naturwissenschaften auf die Messung von Psychischem anwandte, ist die methodisch verfeinerte Selbst- u Fremdbeobachtung im *psychol Experiment* eine (nicht die einzige) Hauptmethode psychol Forschung geblieben. Sie besteht darin, daß seelische Vorgänge zum Zweck wissenschaftlicher Beobachtung absichtlich u systematisch herbeigeführt werden. Das Ideal des naturwissenschaftlichen Experiments, in willkürlicher Änderung der Versuchsbedingungen die Gesamtheit u Bedeutung aller Teilfaktoren eines Vorganges zu finden, ist freilich im psychol Experiment weitgehend unmöglich, weil das Seelische einmalig ist. Trotzdem hat die Methode viele Werte erzeugt. – Ursprünglich sich engstens an das Vorbild der Physik u Chemie in Methode u Theorienbau anschmiegend *(naturwissenschaftliche P* bis gegen die Jahrhundertwende), hat sich die empirische P auf ihre Eigenständigkeit besonnen, indem sie sich in den 90er Jahren aus „atomistischer" zur „Ganzheits-P" wandelte. Durch Erschließung des geistigen Erkennens u Wollens *(Külpe-Schule* seit etwa 1905), später der Religions- u Sozial-P, ebenso der differentiellen u charakterologischen P konnte sie viel Fruchtbares leisten.

Rationale, besser *phil-metaphysische P* fragt nach den letzten ontischen Grundlagen des Erlebens in dem „erlebenden Träger" der Erlebnisse, im substantiellen, geistigen, freien u unsterblichen Wesen der ↗Seele. Ihre *Methode* kann nicht intuitiv sein (weil wir das Geistige nicht intuitiv fassen), noch weniger rationalistisch deduktiv (nach Art der euklidischen Geometrie aus anfangs gesetzten Prinzipien alles ableitend), auch nicht rein induktive Erweiterung des empirischen Wissens, sondern nur *„reduktiv"*: dh sie betrachtet die empirisch gegebenen Tatsachen vom Gesichtspunkt allg gültiger Seinsgesetze her, um so Dasein u Wesen der Seele zu erfassen. Ihre für die ganze Wertung menschlichen Daseins wichtigen Hauptfragen (wie Verantwortlichkeit, Geistigkeit, Unsterblichkeit) beschäftigen von alters her die Menschen. Seit *Anaxagoras* den Begriff des Geistigen geklärt hatte, gehörte metaphysische P zu den wichtigsten Teilen aller Phil bei den größten Führern des abendländischen Denkens, seit *Platon* u *Aristoteles, Plotin* u *Augustin* bis heute, wenn auch zeitweilig positivistische Strömungen Oberwasser hatten. Die mehrfachen Behauptungen, geisteswissenschaftliche oder phil P sei unmöglich, fußen auf falschen, antimetaphysischen Voraussetzungen.

Zur empirischen P: *J Fröbes:* Lehrb der exper P ³1929; *J Lindworsky:* Exper P ⁵1931; *W Stern:* Allg P auf personalist Grundlage ²1950; *O Tumlirz:* Anthropolog P 1939; *Th Erismann:* Allg P ³1965; *H Thomae* u a: Handb der P, 12 Bde, 1964 ff; *A Wellek:* P 1965 (TB); *CF Graumann* (Hgb): Einf i die P 1969 ff; *Calon-Prick:* Psycholog Grundbegriffe 1969.
Zur phil P: *D Feuling:* Das Leben der Seele ²1940; *A Willwoll:* Seele u Geist ²1953; *A Pfänder:* Die Seele des Menschen 1933; *J Gredt:* Die arist-thom Phil I 1935, 270–422; *B v Brandenstein:* Der Mensch u seine Stellung i All, Einsiedeln 1947; *A Marc:* P réflexive, Brüssel 1949; *St Strasser:* Seele u Beseeltes 1955; *WL Kelly:* Die neuschol u die empir P 1961; *J Daujat:* P contemporaine et Pensée chrétienne, Tournai 1962; *W Ehrenstein:* Probleme des höheren Seelenlebens 1965; *V Rüfner:* P 1969.
Zur Gesch d P: *H Siebeck:* Gesch der P 1880–84; *O Klemm:* Gesch der P 1911; *RE Brennan:* Hist of P from the Standpoint of a Thomist, NY 1945; *LJ Pongratz:* Problemgesch der P 1967. – ↗[185, 208, 221, 246, 253]   Willwoll

Psychologismus. Der P erkennt der ↗Psychologie unter allen phil Wissenschaften den absoluten Vorrang zu. Insbesondere läßt er die ↗Logik u ↗Erkenntnistheorie in Psychologie aufgehen, da für ihn die seelischen Ursachen, die das Zustandekommen des Urteils bewirken, zugleich die Norm der ↗Wahrheit sind: wahr ist jenes Denken, das normal, d i nach den Gesetzen der psychologischen Ursachen verläuft. Je nachdem wie diese Norm gefaßt wird, unterscheidet man verschiedene Formen des P. Für den *Anthropologismus* besteht die Norm in der spezifischen Eigenart des Menschen, so daß es eine für alle Menschen u nur für sie gemeinsame Norm der Wahrheit gibt; andere Formen des P verengen die Norm noch mehr: nach dem *typologischen P (Dilthey, Leisegang)* führen die verschiedenen *Denktypen* notwendig zu verschiedenen Weltanschauungen; nach dem ↗Historismus übt der jeweilige Stand der Kulturentwicklung einen entscheidenden Einfluß auf die Norm der Wahrheit aus. Eine gewisse Gemeinsamkeit der Wahrheit begründet man entweder durch eine Kulturseele *(O Spengler)* für denselben Kulturkreis, durch eine Rassenseele (↗Biologismus) für dieselbe Rasse, oder durch die wirtschaftlich-sozialen Verhältnisse (↗Marxismus). Gemeinsam ist allen Formen des P der ↗Relativismus der Wahrheit.

Grundsätzlich ergibt sich die Zurückweisung des P aus der Widerlegung des

Relativismus. Zur Vermischung der Psychologie mit der Logik u Erkenntnistheorie ist zu sagen, daß sich diese Wissenschaften zwar der Sache nach mit demselben Gegenstande beschäftigen: mit der Erkenntnis, aber unter wesentlich verschiedenen Gesichtspunkten. Die Psychologie hat es mit einem Vorgang in einem ↗ Subjekt zu tun, mit den Bedingungen seiner Entstehung u seines Daseins, mit dem Inhalt nur, sofern er auf jene einen Einfluß ausübt. Die Logik dagegen abstrahiert von alledem; ihr geht es nur um die reinen Inhalte u ihre Beziehungen untereinander, um die Richtigkeit u Gültigkeit des Denkens. Die Erkenntnistheorie aber fragt nach der Wahrheit der Erkenntnis, d i ob sie so beschaffen sei, wie der Gegenstand es erfordert. Damit ist eine Norm angegeben, die von der Beschaffenheit des Subjekts unabhängig ist. Auch die logisch unrichtigen Schlüsse u die objektiv falschen Urteile richten sich in ihrem Zustandekommen nach den psychologischen Gesetzen. Die Norm der Wahrheit, logische u psychologische Gesetze sind demnach verschieden. – ↗ [167, 177, 185, 189].

b) *E Husserl:* Log Unters-en I ²1913, 50–191; *C Nink:* Grundlegung der Erkenntnistheor 1930, 29, 153; *J Volkelt:* Wahrheit u Gewißheit 1918, 286–313, 348–82; *M Heidegger:* Die Lehre v Urteil i P, in: Frühe Schriften 1972. – *W Moog:* Logik, Psych u P 1919; *OJ Most:* Die Determinanten des seel Lebens 1939. – c) *Th Lipps:* Grundzüge der Logik 1893; Leitfaden der Psych ²1906, 31; *F Weidauer:* Kritik der Transzendentalphänomenologie Husserls 1933. – d) *H Pfeil:* Der P i engl Empirismus 1934. – e) *J de Vries:* Denken u Sein 1937, 12–13, 124–32. Santeler

Qualität im allg heißt jede *Beschaffenheit*, ob sie nun zum Wesen gehört oder zu ihm hinzutritt. Im engeren Sinn sind alle akzidentellen ↗ Formen Q-en. Als besondere ↗ Kategorie ist Q eine innere, absolute u von der ↗ Quantität unterschiedene Bestimmung der Substanz, zB Röte, Rundheit, Elastizität. Als innere Bestimmung erweitert die Q den Seinsbestand der ↗ Substanz (im Ggs zu den äußeren Bestimmungen, wie Ort u Zeit), jedoch ohne Änderung ihres Wesens (im Ggs zur substantiellen Form). Als absolutes ↗ Akzidens bestimmt die Q die Substanz in bezug auf sich selbst, nicht unmittelbar in bezug auf anderes (Ggs zur Beziehung). Von der Quantität, die ihrem Träger Ausdehnung u Teilbarkeit verleiht, unterscheidet sich die Q dadurch, daß sie, an sich unteilbar, nur in Abhängigkeit von einem ausgedehnten Träger teilbar ist. Ob die Q von der Substanz u der Quantität der Körper verschieden sei, hängt davon ab, ob es innere, nicht auf bloße Ortsveränderung der Teile zurückführbare Körperveränderungen gibt ↗ Mechanismus. – Die Einheit der Q bei der Verschiedenheit der Träger heißt *Ähnlichkeit*. – Das Wort *Modus*, im weiteren Sinn genommen, ist sinngleich mit Q; im engeren Sinn bezeichnet es die Weise, wie eine Q dem Subjekt zukommt (zB den Intensitätsgrad einer Q). Über die Modi des Seins ↗ Kategorien; über die Modi des Urteils ↗ Modalität. – ↗ Sinnesqualitäten, Intensität.

a) *Aristoteles:* Kategorien, Kap 8 (ed Rolfes); Metaphysik V, 14 (ed Rolfes). – b) *P Hoenen:* Cosmologia, Rom 1936, 135–204; *C Nink:* Ontologie 1952. – d) *K Wurm:* Substanz u Q [zu Plotin] 1973. – e) *L Baur:* Metaph ³1935, § 38. Brugger

Quantenphysik. Unter Q versteht man jene neue Art des physikalischen Denkens, die durch folgende Züge gekennzeichnet ist: (1) *Quantelung* der Energie:

In der sog klassischen Physik nahm man an, daß die Energie stetig zu- oder ab nehmen bzw stetig aufgenommen oder abgegeben werden könne. Unter dieser Voraussetzung lassen sich jedoch viele Vorgänge in der Elementarteilchenphysik, aber auch manche in der makroskopischen Physik nicht beschreiben. Die kleinste Energiemenge hängt zusammen mit dem *Planckschen Wirkungsquantum*. – (2) *Komplementarität:* Elektromagnetische u andere Strahlungen, aber auch die Elementarteilchen der Atome u Molekeln zeigen sich in mancher Experimenten als diskrete Quanten oder Teilchen, in anderen verhalten sie sich wie breit ausgedehnte Wellenzüge. Beide Modelle der Beschreibung ergänzen sich, sind komplementär. – (3) *Unschärferelation:* Es hat sich gezeigt, daß die genaue Messung einer Zustandsgröße eines Elementarteilchens, zB des Orts, mit der Unschärfe des Meßergebnisses einer anderen Zustandsgröße, zB des Impulses (Produkt der Masse u Geschwindigkeit), desselben Teilchens verbunden ist. Die größere Genauigkeit der einen Messung bedingt die geringere Genauigkeit der anderen Messung. Das Produkt der Ungenauigkeit beider Messungen ist nach der *Heisenberg*schen Unschärferelation immer größer oder höchstens gleich der Naturkonstante des Wirkungsquantums. – (4) *Wahrscheinlichkeit* der Vorhersagen: Die Unmöglichkeit, verschiedene Zustandsgrößen desselben mikrophysikalischen Objekts zugleich genau zu messen, kann an dem Beispiel klargemacht werden, daß eine Messung, etwa eines Elektrons durch Röntgenstrahlen, eine Wechselwirkung zwischen dem Mittel der Messung u dem Meßobjekt einschließt, die ihrerseits in den Meßwert eingeht. Wenn aber die Kenntnis der Zustandsgrößen grundsätzlich mit einer Ungenauigkeit behaftet ist, die im atomaren Bereich durchaus relevant ist, lassen sich auch die darauffolgenden Zustände nur mit einer gewissen Unsicherheit u daher nur mit einer mehr oder minder großen Wahrscheinlichkeit voraussagen. – Die Interpretation dieser Unsicherheit ist umstritten. Die einen wollen an der uneingeschränkten Geltung des ↗Kausalsatzes festhalten u die Unsicherheit durch die bloße Unkenntnis des Beobachters erklären; die anderen sehen diese Unsicherheit in einem objektiven Spielraum des Naturgeschehens im Übergang vom jeweils Gegenwärtigen in die Zukunft begründet.

W Wessel: Kleine Quantenmechanik 1949; *W Büchel:* Phil Probleme der Physik 1965; *R Lay:* Die Welt des Stoffes I ²1969; *CF v Weizsäcker:* Zum Weltbild der Physik ¹¹1970; *B d'Espagnat:* Grundprobleme der gegenwärt Physik 1971; *W Heisenberg:* Physik u Philosophie ²1972; *CF v Weizsäcker:* Die Einheit der Natur 1974. Brugger

Quantität, vom lat quantum = wie groß, ist jene das körperliche von allem andern Sein scheidende Eigenschaft, der zufolge ein ↗Körper in Teile von gleicher Beschaffenheit wie das Ganze u von individueller Selbständigkeit teilbar ist ↗Teilbarkeit. Die wichtigste Folge der Q ist die *Ausdehnung (Extensio),* durch die die Teile eines körperlichen Seins in einem räumlichen Nebeneinander sich befinden u den Teilen des ↗Raumes entsprechen. Obwohl die Q eine Eigenschaft ist, die dem Wesen der körperlichen Substanz entspringt, so ist sie doch nicht, wie *Descartes* meinte, mit ihm identisch, weshalb eine (etwa von der Theologie angenommene) Trennung der Q von der Substanz keinen Widerspruch einschließt, wenngleich es auch keine Erklärung gibt, die sie positiv verstehen ließe.

Die Ausdehnung (Ausd) ist entweder *stetig (ununterbrochen)* oder *nichtstetig (unterbrochen)*. Nichtstetig ist eine Ausd, deren Teile durch Grenzen voneinander getrennt sind. Fallen die Grenzen zusammen, so daß die Teilausdehnungen sich an einer gemeinsamen Grenze berühren, dann spricht man von einem *Contiguum;* so können mehrere zusammengebaute Häuser als ein Contiguum betrachtet werden. Fallen die Grenzen nicht zusammen, so daß ein oder mehrere andersartige Körper dazwischen liegen, dann handelt es sich um *quantitas discreta*, zB die Ausd des Sternenhimmels. Die stetige Ausd, das *Continuum*, weist keine inneren Grenzen auf, sondern erstreckt sich ohne Unterbrechung im Raum. Die *Grenze* einer Ausd besteht darin, daß eine Ausd in einer gewissen Dimension aufhört (= bloßes *Ende*) u zugleich von jenem Ende an eine neue Ausd anfängt (= wirkliche *Grenze*). Die Grenze hat in der Dimension, in der sie Grenze ist, selber keine Ausd. Grenze für den Körper ist die Fläche, für die Fläche die Linie, für die Linie der Punkt, dem selber überhaupt keine Ausd in irgendeiner Dimension zukommt. Darum läßt sich eine Linie auch nicht aufbauen aus Punkten, ebensowenig wie eine Fläche aus Linien oder ein Körper aus Flächen. Jedes Continuum ist vielmehr, was die reine Ausd angeht, wenigstens in Gedanken ohne Ende teilbar in Teile, die selbst wieder stetig ausgedehnt sind. Insofern ist jedes Continuum potentiell unendlich. – Die Ausd, die an den Dingen selbst als deren akzidentelle Bestimmung realisiert ist, heißt *physische Ausd.* In Wirklichkeit sind die Dinge jedoch nicht in der Weise stetig ausgedehnt, wie sie den Sinnen erscheinen; die Stetigkeit ist höchstens in den letzten Aufbauelementen der Körper verwirklicht. *Mathematische Ausd* hingegen ist der abstrakte Begriff der Ausd als solcher, ohne Rücksicht auf eine etwaige Realisierung in der objektiven Dingwelt. Da der physischen Ausd auch qualitative Unterschiede anhaften, unterscheidet man unter dieser Rücksicht *gleichartige (homogene) Ausdehnung*, deren Teile alle von derselben Art sind, und *ungleichartige (heterogene) Ausd*, die verschiedenartige Teile hat. Als heterogenes Continuum galt früher der ↗ Organismus.

Vom Räumlichen wurde der Begriff der Q im Sinne von Größe auch auf Nichträumliches übertragen. So vor allem auf die mit dem Raum eng zusammenhängende Ortsbewegung (Geschwindigkeit) u die Zeit; weiter von der im Raume meßbaren Kraftwirkung auf die Kraft selbst (intensive Größe, ↗ Intensität); dann schließlich auch auf nichtkörperliche Gegenstände (zB große Tugend), so daß Q im weitesten Sinn all das bezeichnen kann, dem das Prädikat groß oder klein, viel oder wenig zukommt. – In der Logik bedeutet Q des ↗ Begriffes dessen Umfang. Die Q eines Urteils wird bestimmt durch den Umfang des Subjekts, wonach universale, partikuläre u singuläre Urteile unterschieden werden.

Die Q ist ohne Zweifel eine wichtige Grundbestimmung des körperlichen Seins, weshalb sie in der Kategorienlehre sowohl *Aristoteles'* wie *Kants* auftritt.

Nach Kant ist sie eine Klasse der ↗ Kategorien, die Einheit, Vielheit, Allheit umfaßt. Zu weit geht jedoch die *quantitative Weltanschauung*, die alle ↗ Qualitäten der Dinge auf rein quantitative Bestimmungen zurückzuführen sucht ↗ Mechanismus.

a) *Aristoteles:* Metaphysik V, 13; *Suárez:* Disput metaph d 40 u 41; *I Kant:* Krit d rein Vern, Transzendentale Logik, § 10. – b) *J Seiler:* Phil der unbelebten Natur, Olten 1948, 102–07; *P Hoenen:* Quaestiones noëticae de extensione corporum, Rom 1955. – *M Geiger:* Methodolog u exper Beiträge z Q-lehre 1906; *A Fraenkel:* Einl i die Mengenlehre ³1928. – d) *W Breidert:* Das arist Kontinuum i der Scholastik 1970. – e) *Schwertschlager:* Phil der Natur I ²1922, 26–45. Junk

Rasse ist ein Unterbegriff der ↗ Art. Für die Phil bedeutsam ist seine Anwendung auf den Menschen. Eine biol Menschen-R ist eine Menschengruppe, die in den allen Menschen gemeinsamen, aber noch unbestimmten Merkmalen (wie Hautfarbe, Augenfarbe, Haarfarbe, Körpergröße, Körperform, Kopfform usw) eine gemeinsame, auf Abstammung beruhende, von anderen Gruppen sich abhebende, konkrete Artung zeigt (zB helle Haut, helle Augen, blonde Haare, hoher Wuchs, schlanke Form, langen Kopf). Verbunden mit diesen biol Merkmalen ist jeweils auch eine im ↗ Leib-Seele-Verhältnis des Menschen begründete seelische Artung, die von der *Rassenpsychologie* erforscht wird. Das Menschengeschlecht tritt also in einer Vielfalt von R-n auf, deren Abwandlungen zusammen erst die Idee des Menschen zur konkreten Erscheinung bringen. Es kann nicht geleugnet werden, daß die einzelnen R-n in bezug auf gegebene Kulturziele (wie Wissenschaft, Kunst, Staatenbildung u a) verschieden sind. Eine Bewertung fremder R-n setzt jedoch immer einen für alle gültigen Maßstab voraus, der vieles als bloß verschiedenartig erweist, was dem in der eigenen Art befangenen Auge zuerst als verschieden- oder minderwertig erscheint. Die Geistnatur der ↗ Seele schließt es aus, daß die Unterschiede der R bis an die letzten Wurzeln des Menschseins gehen. Auch für die Angehörigen verschiedener R-n ist der logisch identische Bezug auf dieselben Gesetze des Denkens, Seins u Sollens möglich, wenngleich der erlebnismäßige Nachvollzug seelischer Akte für einen Fremdrassigen oft schwer oder unmöglich ist. Von einer *Rassenseele* kann man nur im Sinne einer rassisch bedingten psychischen Ähnlichkeit, nicht im Sinne einer übergreifenden psychischen Wesenheit sprechen.

Das Streben nach Erhaltung der eigenen Art ist wohlbegründet u der Natur gemäß. Nicht alle R-verbindungen bedeuten jedoch eine Schädigung des rassischen Erbgutes. Es können sich dabei die rassischen Anlagen harmonisch ergänzen *(verwandte R)* oder miteinander im Widerstreit liegen *(Fremdrasse)*. – R u ↗ Volk sind nicht dasselbe, da sowohl ein Volk aus mehreren R-n als auch eine R in mehreren Völkern bestehen kann. – Über R-Phil ↗ Lebensphil.

b) *E v Eickstedt:* R-kunde u R-geschichte der Menschheit ²1937; *ders:* Grundlage der R-psychologie 1936; *O Menghin:* Geist u Blut 1934; *H Muckermann:* R-forschung u Volk der Zukunft ³1934; *ders:* Kind u Volk ¹⁶1933–34; *A Haas:* Artikel Rasse, in: Staatslex VI ⁶1961; *Y Congar:* Die kath Kirche u die R-frage 1961; *F Nuscheler, H Zwiefelhofer* (Hgb): Rassismus u Widerstand 1972. – d) *A Combris:* La phil des races du Comte, de Gobineau et sa portée actuelle, P 1938. Brugger

Rational. Mit R (vom lat ratio: Vernunft) bezeichnet man allg die spezifisch menschliche Art der begrifflich-diskursiven Erkenntnis. R ist also nicht dasselbe wie *intellektuell*. Nicht alle Verstandes- oder intellektuelle Erkenntnis vollzieht sich auch notwendig in ↗ Begriffen. Das Erfassen der ↗ Schönheit ist nicht diskursiv. Ganz u gar unbegrifflich, aber intellektuell ist die Erkenntnisweise der ↗ Mystik. Auch das Bewußtsein der inneren Akte ist intellektuell, aber nicht notwendig in Begriffe gefaßt. – Im besonderen kann R soviel bedeuten wie: schlüssig, logisch, methodisch. Eine *rationale Wissenschaft* ist eine *deduktive* oder *reduktive* (von Prinzipien ableitende oder doch Gegebenes auf sie zurückführende) Wissenschaft. Eine *rationale Zahl* ist diejenige, die durch das Verhältnis zweier ganzer Zahlen ausgedrückt werden kann.

J Maritain: Die Stufen des Wissens 1954; *H Schüling:* Ursprünge der rationalen Naturbeherrschung 1963; *J Bennett:* Rationalität. Versuch einer Analyse 1967.   Brugger

Rationalismus (vom lat ratio: Vernunft, Verstand). Die menschliche Erkenntnis ist ein konkretes Ganzes, das aus den Beiträgen der Sinne u des Verstandes erwächst. Die innige Verbindung beider findet ihren Ausdruck in der Lehre von der Abstraktion u der Erkenntnis des Wesenhaften in der sinnlichen Erscheinung. Dazu treten im Ganzen des Lebensvollzugs die Kräfte des Willens u des Gefühls. Wenn eines dieser Elemente zugunsten des Verstandes vernachlässigt oder gar ganz in seiner Eigenart verneint wird, kommt es zum R. Dieser tritt dabei nicht immer als ausgesprochene Lehre auf, sondern zuweilen bloß als eine psychologische, durch Veranlagung, vorherrschende Beschäftigung u ähnliches veranlaßte Haltung. Dieser R als Haltung zieht sich durch alle Perioden der Geschichte u durch verschiedene Richtungen der Phil hindurch. In einseitiger Weise schätzt er das Wissen ausschließlich um seiner selbst willen, das darum ohne Rücksicht auf die erspürte Lebensbedeutung oder auf die Ziele des Willens „voraussetzungslos" (↗ Voraussetzung) zu erstreben ist. Diese Haltung vergißt, daß alles dem Endlichen zugewandte Wissen als Teilbetätigung des Menschen im Lebensganzen schließlich eine dienende Stellung hat, u führt darum zu einer lebensfremden u unfruchtbaren Wissenschaft.

Als Lehre wurde der *erkenntnistheoretische R* besonders von *Descartes, Spinoza* u der Phil der ↗ Aufklärung *(Leibniz, Wolff)* vertreten. Der im späteren Nominalismus anhebende Zerfall der aristotelisch-scholastischen Synthese von Seele u Leib (↗ Leib-Seele-Verhältnis) u die damit gegebene Trennung der Sinnes- u Verstandeserkenntnis führte bei Descartes zur Lehre von den angeborenen Ideen. Wenn aber die Begriffe nicht durch Abstraktion u Induktion aus der Erfahrung gewonnen werden mußten, sondern im Grunde mit Gottes schöpferischen Ideen gleichartig waren, dann mußte mit ihrer Hilfe eine aprioristisch-deduktive Behandlung aller Wissenschaften (*more geometrico*: nach Weise der Geometrie) möglich sein. Bestärkt wurde der R in dieser Auffassung durch das die Geister damals in den Bann ziehende mathematische Wissenschaftsideal, nach dem jede gewisse Erkenntnis eine Folge notwendiger u apriorischer Prinzipien des Verstandes ist. Einzige Quelle der menschlichen Erkenntnis ist nach dem R die Vernunft. Die Empfindungen der Sinneserkenntnis sind bloß konfuse, *verworrene Begriffe*. – Die Überspitzung des R führte zum Gegenschlag des englischen Empirismus. *Kant* versuchte zwar die Überbrückung dieses Gegensatzes, doch gelang sie ihm nicht vollständig, da die subjektiven Formen u Verstandesbegriffe dem durch sie geprägten Stoff der Empfindungen fremd u äußerlich bleiben.

Der erkenntnistheoretische R wird dem Ganzen der menschlichen Erkenntnis nicht gerecht. Er engt sie ungebührlich nach zwei Seiten ein: einmal indem er die Eigenständigkeit der Sinneserkenntnis nicht anerkennt u so die begriffliche Erkenntnis in leeren Formalismus entarten läßt, womit der am R oft bemerkte Mangel an geschichtlichem Verständnis zusammenhängt; dann indem er, trotz der scheinbaren Annäherung der menschlichen Begriffe an die göttlichen Ideen, doch vielmehr die Vernunfterkenntnis auf die spezifisch menschliche Weise des begrifflich-diskursiven Denkens einschränkt (↗ Rational) u in dieser Beschränkung zur höchsten Norm aller Erkenntnis u alles Seins macht.

In Anwendung auf die Theologie ergibt sich hieraus der *theologische R*, der alles, auch ↗ Glaube u ↗ Offenbarung, nach dem Maßstab der rein menschlichen Vernunft beurteilt u nichts gelten läßt, was darüber hinausgeht ↗ Geheimnis. Er läßt entweder nur eine Vernunftreligion zu oder entleert die positive ↗ Religion jedes Geheimnischarakters u sucht sie geschichtsimmanent zu erklären.

Wie der erkenntnistheoretische R dem Verstand gegenüber die Sinneserkenntnis beeinträchtigt, so der *ethische R* den Willen u die emotionalen Kräfte. Nach dem ethischen R ist für die sittliche Haltung des Menschen allein die Erkenntnis u das Wissen um das Gute maßgebend. Typischer Vertreter des ethischen R ist *Sokrates* ↗ Sokratik.

Dem klassischen, apriorischen R entgegengesetzt ist der sog *kritische R (KR Popper, H Albert)*. Die Sätze der Wissenschaften können nach ihm weder bewiesen noch verifiziert werden; sie werden vielmehr als ↗ Hypothesen aufgestellt u bis zur etwaigen *Falsifizierung* festgehalten. Dies gilt nach *Albert* auch für die Phil u Theologie. Gegen den kritischen R ist einzuwenden, daß er nach seiner Methode kein Kriterium der Falsifizierung angeben kann. Außerdem mißkennt er in seiner radikalen Form die Offenheit des menschlichen Geistes für das ↗ Transzendentale, in dessen Dimension der kritische R sich dennoch selbst bewegt, indem er Aussagen über Möglichkeitsbedingungen macht. – Oft versteht man unter R dasselbe wie Intellektualismus; wie beide zu scheiden sind ↗ Intellektualismus. – ↗[136–140, 151, 1994].

b) *Ollé-Laprune:* La raison et le rationalisme, P 1906; *A Bremond:* Rationalisme et religion (= Arch de Phil XI, 4); *PP Müller-Schmid:* die phil Grundlagen der Theor der „offenen Gesellschaft" 1970 [zu Popper]. – c) *M Robertson:* R, Edinburgh 1912; *K Girgensohn:* R 1926; *F Bechtel:* Positive Theol u der moderne R 1894; *H Albert:* Plädoyer f krit R 1971; *ders.:* Konstruktion u Kritik 1972; *KR Popper:* Objektive Erkenntnis 1973. – d) *G Frank:* Gesch des R 1875; *M Campo:* Christiano Wolff e il razionalismo precritico, Mailand 1939; *J Laporte:* Le R de Descartes, P 1950; *L Krüger:* R u Entwurf einer rationalen Logik bei Leibniz 1969. Brugger

Raum. Unter R (spatium) versteht man gewöhnlich eine ausgedehnte Leere, in der sich die Körper gleichsam wie in einem Behältnis befinden. Der R hat so eine Beziehung zur Ausdehnung wirklicher Körper, fällt indes nicht einfachhin mit dieser zusammen. Er bleibt auch bestehen (zumindest für unsere Vorstellung), wenn er keinen wirklichen Körper in sich faßt. Der von keinem Körper erfüllte R heißt leerer R oder das *Leere (Vakuum).* Den R schlechthin, den man auch *absoluten* oder *imaginären* R nennt, denkt man sich ohne Enden u Grenzen *(unendlicher R),* als ein unbewegliches, seit je vorhandenes Behältnis, in dem das Weltall sich befindet. Ein *endlicher* R ist ein irgendwie bestimmter Teil des unendlichen R. Die räumliche *Endlichkeit der Welt* besagt, daß die Welt größer sein könnte, als sie tatsächlich ist. Im Sinne der ↗ Relativitätstheorie sagt man heute, die Welt sei zwar endlich, aber doch unbegrenzt, ähnlich wie eine (gekrümmte) Kugelfläche auch endlich ist, ohne jedoch Grenzen zu haben ↗ Quantität.

Welche Realität kommt dem R zu? Um diese Frage zu beantworten, ist zu unterscheiden zwischen dem R als Vorstellung unserer Einbildungskraft, als Begriff u als an sich seiender Gegenstand. Es ist gewiß, daß die R-vorstellung (wenigstens bis zur zweiten Dimension) nicht willkürlich oder von außen hervorgerufen ist, sondern alle unsere sinnlichen Vorstellungen der Außenwelt notwendig durchformt. In diesem Sinne nennt *Kant* den R mit Recht eine Form a priori unserer (äußeren) Sinneserkenntnis. Damit ist aber keineswegs gesagt oder bewiesen, daß den Gegenständen unserer Sinne keine Räumlichkeit, d i wirkliche Ausdehnung zukommt, der R also bloß subjektiv sei. Die Gliederung u der Ausbau des dreidimensionalen „Weltbildes" vollzieht sich allerdings nur aufgrund mannigfacher Erfahrung u im Zusammenspiel der betr äußeren Sinne mit Vorstellungskomplexen, Aufmerksamkeitswanderungen, auch intellektuellen Schätzungen u Erwartungen *(Willwoll).*

Der R als Begriff entsteht in uns aus der Reflexion über das Verhältnis der notwendigen R-vorstellung zur Ausdehnung wirklicher Körper (die ausgedehnte Leere gleichsam als Behältnis der Körper). Durch ihn wird der R zwar als an sich seiender Gegenstand außer der Ausdehnung wirklicher Körper gedacht, ohne daß diesem jedoch eine Wirklichkeit zukommt: der an sich seiende R ist ein ↗ Gedankending, dem jedoch in der Wirklichkeit die Ausdehnung der Körper zugrunde liegt. Infolge dieser Begründung in der Wirklichkeit können mit Hilfe des R-begriffs objektiv gültige Aussagen gemacht werden, die die bestehenden räumlichen Verhältnisse betreffen, wie die *Lage* eines Dinges, dh das Verhältnis seines Ortes zu anderen bekannten Orten oder die *Entfernung (Distanz)* mehrerer Gegenstände, dh ihr räumlicher Abstand. Ist dieser Abstand gering, dann spricht man von räumlicher *Nähe;* fallen die räumlichen Grenzen zusammen, dann liegt *Berührung (Kontakt)* vor.

Mit Hilfe des R-begriffs lassen sich auch die verschiedenen Arten räumlicher *Gegenwart* ausdrücken. Ein Körper ist im R gegenwärtig, wenn er mit seiner Ausdehnung wirklich existiert. Nicht-körperliche Wesen werden im R gegenwärtig durch unmittelbare Einwirkung auf einen wirklichen Körper. Ausgedehnte Körper erfüllen mit ihrer Ausdehnung den R derart, daß den einzelnen Teilen des imaginären R die einzelnen Teile des Körpers entsprechen *(zirkumskriptive Gegenwart)*; einfache Substanzen, wie die geistige Seele, sind in der Weise im R gegenwärtig, daß sie ganz in dem eingenommenen R u ganz in jedem Teil desselben sind *(definitive Gegenwart)*. Der feststehende R-teil, den ein Gegenstand einnimmt, heißt dessen *innerer Ort*, die räumliche Grenze der ihn umgebenden Dinge sein *äußerer Ort*. Durch ↗ Bewegung ändert ein Körper seinen Ort, ohne jedoch den R zu verlassen. Natürlicherweise kommt jedem Körper eine *einfache Gegenwart* im R zu, dh er kann sich gleichzeitig nur an einem Orte befinden. Eine mehrfache Gegenwart eines Körpers an mehreren Orten zugleich *(Bilokation)* ist nicht undenkbar, da sie nur eine Verdoppelung der Beziehung, nicht des bezogenen Gegenstandes besagt.

Die Meßbarkeit des R beruht auf seiner Beziehung zur Ausdehnung; direkt wird nur die Ausdehnung gemessen durch Vergleich mit einer willkürlich gewählten Ausdehnung als Einheit, die das *Maß* abgibt. Der R erstreckt sich in drei Hauptrichtungen, die aufeinander senkrecht stehen: er hat eine dreifache *Ausmessung (Dimension)*. Unter *mathematischem R* versteht man die abstrakte Ausdehnung, die Gegenstand der Geometrie ist. Die Physik versteht unter R *(physikalischer R)* die wirkliche Ausdehnung der Dinge oder auch einen R, in dem als „gerade" Linien die Lichtstrahlen gelten, die jedoch im Schwerefeld des Universums nicht gerade sind im euklidischen Sinn (= *gekrümmter R*). Wenn in Mathematik u Physik von mehr als dreidimensionalen Räumen die Rede ist, so ist damit nur eine mehrfache arithmetische Mannigfaltigkeit gemeint, die dazu dient, die Raumverhältnisse mathematisch zu beschreiben, ohne aber dem R selbst mehr als drei Dimensionen zuzuschreiben.

a) *I Kant:* Krit d rein Vern, Transzendentale Ästhetik, 1. Abschnitt. – b) *J Seiler:* Phil der unbelebten Natur, Olten 1948, 97–117, 130–48; *H Conrad-Martius:* Der Raum 1958; *W Büchel:* Phil Probleme der Physik 1965; *D Katz:* Der Aufbau der Tastwelt 1925. – c) *Kant* ↗ a); *W Gent:* Die Phil des R u der Zeit 1962 (Neudr); *H Reichenbach:* Phil der R- u Zeitlehre 1928; *N Hartmann:* Phil der Natur 1950, 69–135, 216–50; *E Ströcker:* Phil Untersuchungen z R 1965; *H Schmitz:* Der R (= System der Phil III) 1967; *E Husserl:* Ding u R, Den Haag 1973. – d) *M Jammer:* Das Probl des R. Die Entwicklung der R-theorien 1960; *E Fink:* Zur ontolog Frühgesch v R-Zeit-Bewegung, Den Haag 1957; *F Kaulbach:* Die Metaph des R bei Leibniz u Kant 1960; *U Claesges:* E Husserls Theor der R-konstitution, Den Haag 1964; *W Gent:* Die Raum-Zeit-Phil des 19. Jht, 2 Bde, 1926–30. – e) *R Lay:* Die Welt des Stoffes II 1966.
Junk

Realismus, dem Wortsinn nach „Wirklichkeitsstandpunkt", wird oft als Ggs zum ↗ Idealismus betrachtet, dh zu dem Standpunkt, nach dem die ↗ „Idee", das Geistige, den Vorrang hat; doch gilt dies nur, wenn beide Ausdrücke in einem bestimmten, eingeengten Sinn verstanden werden. Irgend etwas Wirkliches nimmt schließlich jeder an, u wäre es auch das eigene „Selbst allein" (↗ Solipsismus). Und selbst der Materialist, für den nur das Materielle real ist, kennt doch auch das „Ideelle", das als solches nicht „materiell" ist. Der Standpunkt der klassischen Metaphysik ist der „*Ideal-Realismus*", nach dem das „allerrealste" Urwesen zugleich das allergeistigste ist u alle anderen, selbst die materiellen Seienden nach dessen Ideen geschaffen u so von ihrem Ursprung her geistig durchformt u geistig erfaßbar *(intelligibel)* sind. Den relativen Ggs von ↗ Subjekt u Objekt (↗ Gegenstand) darf man also nicht mit einem angeblichen Ggs von Geist u Sein gleichsetzen; vielmehr umgreift das (ursprünglich geistige) ↗ Sein Subjekt u Objekt, auch das Objekt, in dem das Sein auf die materielle Seinsstufe eingeschränkt ist.

Der Ggs von R (1) u Idealismus ergibt sich durch die verschiedene Auffassung der *menschlichen* Erkenntnis. Der R nimmt an, daß wirkliches Seiendes unabhängig von unserem Bewußtsein „an sich" existiert u daß das Ziel unseres Erkennens diesem Seienden gegenüber ist, sich ihm anzugleichen, es zu erfassen, wie es an sich ist, u daß dieses Ziel, wenigstens in bestimmten Grenzen, auch erreichbar ist; diese letzte Überzeugung scheidet den R auch vom ↗ Phänomenalismus. Im Ggs dazu betrachtet der Idealismus das eigentliche „Objekt" als Setzung des denkenden Subjekts, dem kein „An-sich-Sein" zukommt (wohl aber zB bei *Kant* ein unerkennbares ↗ „Ding an sich" zugrunde liegt). Es wäre aber irrig, das „*Wirkliche*" *(Reale)* als das von unserem Denken Unabhängige zu definieren; „wirklich" ist vielmehr alles, dem Sein (wirkliches Sein) zukommt, auch wenn dieses Sein, wie das unserer Akte u unserer äußeren Werke, von unserem Denken, Wollen u Tun abhängig ist.

Die realistische Gesamtauffassung der menschlichen Erkenntnis wirkt sich namentlich in zwei Teilbereichen aus: bzgl der Erkenntnis der sinnlich wahrnehmbaren Welt (↗ Außenwelt) u bzgl des Allgemeinen (↗ Allgemeinbegriff). Der R (2) als *Außenweltsrealismus* steht im Ggs zum sog akosmistischen Idealismus, der das Sein einer Körperwelt überhaupt leugnet, u zum Phänomenalismus, der ihre Erkennbarkeit bestreitet. Er ist *naiver R*, wenn er in der Erkenntnis der Welt noch kein Problem sieht u die Sinnesgegebenheiten ohne weiteres als unbezweifelbare Gewähr der Realität ansieht, *kritischer R*, wenn er sich über die Berechtigung der natürlichen Überzeugung von der Realität Rechenschaft gibt. Die Unterscheidung von naivem u kritischem R wird besser nicht gleichgesetzt mit der von unmittelbarem u mittelbarem R. Der *unmittelbare R* (zB *Rehmke, Gredt*) nimmt an, daß in der Wahrnehmung (wenigstens des Tastsinns) die Realität des Wahrgenommenen unmittelbar „gegeben" ist u daß daher das Urteil über diese Realität auf unmittelbarer ↗ Evidenz beruht. Folgerichtig muß dann auch den ↗ Sinnesqualitäten ein dem Empfindungsinhalt gleiches Sein in den Körpern zugeschrieben werden. Der Einwand, der gegen den unmittelbaren R immer wieder geltend gemacht wird, ist die unleugbare Tatsache von Sinnestäuschungen. Entscheidender ist eigentlich, daß das Sein als solches nicht unmittelbar wahrgenommen, sondern zum Wahrgenommenen hinzugedacht wird (↗ Sinneserkenntnis). Dies gibt der *mittelbare R* zu u bemüht sich deshalb, die zunächst nicht reflex bewußten Gründe für die „*Objektivierung*" oder „*Realisierung*" *(Külpe)* der Sinnesdaten phil zu klären. Letztlich dürften es nicht formale Schlüsse sein, die den Ausschlag geben, sondern die Tatsache, daß ohne die Annahme einer realen Welt der Gesamtzusammenhang unseres Lebens, insbesondere die Erfahrung *intersubjektiver* Verständigung, völlig unbegreiflich wird. Der mittelbare R ist nicht genötigt, anzunehmen, daß alle im Sinnenbild gegebenen Bestimmungen gleichartig in den Dingen verwirklicht sind ↗ Sinnesqualitäten, ↗ Quantenphysik. – Wird jede rationale Evidenz der Dinge geleugnet u ihr Dasein allein aufgrund von Willens- u Gefühlserfahrungen angenommen, so spricht man von *volitivem, emotionalem* oder *irrationalem* R (vertreten von *Scheler* u *N Hartmann*).

Der R bzgl des Allgemeinen (3) steht nicht im Ggs zum Idealismus – seine Gegner nehmen zumeist die Realität der Einzeldinge an –, sondern zum ↗ Nominalismus, der das Allgemeine für einen bloßen „Namen", ein bloßes Wort hält, u zum ↗ Konzeptualismus, der es für eine bloße Denkform, einen bloßen Begriff hält. Demgegenüber nimmt der R nicht nur an, daß es allg Begriffe gibt, sondern auch daß ihr Inhalt, die gedachte „Washeit", im Seienden verwirklicht ist. Ein zu weit gehender R *(Begriffsrealismus)* läßt dabei auch die Seins*weise* der Washeiten der Denkweise des Begriffs gleich sein: Wie im Begriff das Allgemeine vom Einzelsein losgelöst gedacht wird, so bestehen auch allg (oder wenigstens nicht-individuelle) Wesenheiten, sei es in den Dingen selbst, sei es von ihnen getrennt ↗ Platonismus. Nach dem auf *Aristoteles* zurückgehenden *gemäßigten* R dagegen ist der Inhalt des Begriffs „auf andere Weise", dh nicht real unterschieden von den das Einzelne als solches konstituierenden Bestimmungen verwirklicht, sondern mit ihnen zur konkreten Einheit *eines* Seienden verbunden.

Zum Wert-R ↗ Wert. – In der ↗ Ästhetik bezeichnet R (4) einerseits die Bindung an das wirklich Seiende u seine Gestalten, im Ggs zur abstrakten oder objektlosen Kunst, anderseits, übersteigert, den ↗ Naturalismus.

↗ Erkenntnistheorie, Allgemeinbegriff. – *O Külpe:* Die Realisierung, 3 Bde, 1912–23; *E v Hartmann:* Krit Grundlegung des trl R ⁴1914; *N Hartmann:* Zum Probl der Realitätsgegebenheit 1931; *ders.:* Zur Grundlegung der Ontologie 1935, 177–208; *MD Roland-Gosselin:* Le jugement de perception, in: Rev des Sciences phil et théol 24 (1935) 5–37; *L Noël:* Le réalisme immédiat, Louvain 1938; *M Merleau-Ponty:* Phénoménologie de la perception, P 1945; *J Thyssen:* Die Neubegründung des R, in: Z f phil Forsch 7 (1953) 145–70, 368–85; *ders.:* Grundlegung eines realist Systems der Phil, 2 Bde, 1966 u 1970; *H Berger:* Wege z R u die Phil der Gegenw 1959; *Lebendiger R* (Festschr J Thyssen) 1962; *H Krings:* Die Wandlung des R i der Phil der Gegenw, in: Ph Jb 70 (1962) 1–16; *U Schönfelder:* Der krit R 1964. – d) *P Wilpert:* Das Probl der Wahrheitssicherung bei Thom v Aq 1931, 119–29; *R Carls:* Idee u Menge 1974; *J Thyssen:* R u moderne Phil 1959; *British and American Realism* 1900–1930, in: The Monist 51 (1967) H 2. – e) *J de Vries:* La pensée et l'être, Louvain 1962, 193–261.

de Vries

Recht u ↗ Gerechtigkeit nehmen innerhalb der sittlichen Ordnung insgesamt eine scharf geprägte Sonderstellung ein. Im Sprachgebrauch aber herrscht Mehrdeutigkeit. Die Sprache der Theologie geht manchmal so weit, Gerechtigkeit mit ↗ Heiligkeit gleichzusetzen, wie sie unter „Recht"-fertigung die Verleihung der heiligmachenden Gnade versteht. Sehr verbreitet ist ein Sprachgebrauch, der das R derart unmittelbar mit der Personwürde verknüpft, daß schlechthin alles, was der ↗ Person als solcher zusteht, als deren „R" bezeichnet wird. So wird die unbedingte Oberherrlichkeit Gottes über die gesamte, auch die unvernünftige Schöpfung sein Herrscher-„Recht" genannt, u ähnlich die Befugnis des Menschen, sein Leben zu haben, zu erhalten u zu gestalten, über die vernunftlosen Geschöpfe zu verfügen u sich ihrer zu seinen Zwecken zu bedienen, als „R" auf Leben, auf Persönlichkeitsentfaltung, auf Unterhaltsmittel usw bezeichnet. All diese „Rechte" gründen in der Personhaftigkeit ihres Trägers, näherhin in der wesensmäßig begründeten Herrenstellung (lat *dominium*) der Person gegenüber den Gegenständen, auf die sie sich beziehen. Metaphysisch zwingend begründet, sind sie schlechterdings unentziehbar.

Um zu einem genau umschriebenen R-begriff zu gelangen, der die Sonderart des R gegenüber der allgemeinen sittlichen Ordnung begriffsscharf herausstellt, muß man den Bereich des R *enger* umgrenzen. R-wissenschaft u R-philosophie erblicken darum im Herrentum der Person, in dieser ihrer (Ober-)Herrlichkeit noch nichts Rechtliches, sondern nur etwas *Vor-Rechtliches,* nur die tragende Grundlage, auf der erst die Welt des R sich aufbauen kann. Nach dem klassischen Axiom: ius est ad alios (R ist Beziehungsverhältnis zu andern, ist Ordnung *inter*personaler Beziehungen), gehören zur Welt des R im strengen Wortsinn *nur* Beziehungen *von Person zu Person* (also weder Beziehungen von Personen zu Sachen [↗ Eigentum] noch Beziehungen zwischen der Person u ihren eigenen personhaften Gütern, zB dem eigenen Leben oder eigenen Gewissen). Aber nicht alle interpersonalen Beziehungen (zB Liebe, Dankbarkeit, Vertrauen), ja nicht einmal alle gemeinschaftsordnenden Normen sind *recht*licher Natur. Aus der Fülle dieser normativen Beziehungen heben sich als „R" nur diejenigen heraus, die den Menschen ebenso als unverzichtbar personhaftes Einzelwesen in seinem Eigenstand u seiner Unterschiedenheit von allen anderen schützen, wie sie ihn als wesenhaftes Gemeinschaftswesen an die ↗ Gemeinschaft, sowohl naturhafte als gewillkürte Gemeinschaften, binden. Indem das R diese beiden Pole – personhaften Eigenstand u Gemeinschaftsgebundenheit – aufeinander zuordnet, bestimmt es die Bauordnung (Struktur) des Gemeinwesens, bildet das tragende Gerüst, um das sich der übrige Ausbau der Gemeinschaft legen kann. In diesem Sinne sind *gesellschaftliche Ordnung (ordo socialis)* u *R-ordnung (ordo iuridicus)* zwei Namen für eine Sache. Da nun die Lebensordnung der Gemeinschaft offenbar niemals der Gemeinschaft u ihren wahren Lebensbedürfnissen zuwider sein kann, ist gemeinschaftswidriges R ein Unbegriff. Aus dem gleichen Grunde ist das R auch niemals tot u starr, sondern stets lebendig, nicht nur der Anpassung fähig, sondern ständig zum Fortschritt drängend (Gemeinwohlgerechtigkeit ↗ Gerechtigkeit). Was Menschen einmal als Ordnung ihrer Gemeinschaft gesetzt haben, kann veralten u absterben, kann auch als Leichnam noch lange konserviert werden. Das R ist jung u lebensfrisch, oder es ist nicht.

Das eine Wort R muß dazu dienen, um zu bezeichnen 1. die *R-ordnung,* aber auch jede einzelne R-norm, die einen Bestandteil dieser Ordnung bildet (*ius normativum,* aber auch als *ius obiectivum* [= 2] bezeichnet); 2. das, *was der R-ord-*

nung oder einzelnen R-normen *entspricht,* sei es ein Gebilde, ein Zustand oder ein menschliches Verhalten *(ius obiectivum);* 3. das, was kraft dieser Ordnung einzelnen R-genossen, d i Teilnehmern der rechtlich geordneten Gemeinschaft, an *Befugnissen zusteht (ius subiectivum,* auch *ius potestativum* genannt).

Der weite Bereich des R gliedert sich in eine Vielzahl von Teilbereichen, wobei verschiedene Einteilungen sich überschneiden können. Normen, die unmittelbar Bau u Gestaltung des (öffentl) Gemeinwesens betreffen, bilden das *öffentliche R;* Normen, die unmittelbar die Beziehungen der Glieder des Gemeinwesens zueinander regeln, sind *Privat-R.* Zum öffentl Recht gehören insbes Verfassungs-R, Verwaltungs-R u das zum Schutz der öffentl Ordnung dienende Straf-R. Das Vermögens-R, gegliedert in Sachen-R u Schuld-R, ist eindeutig Privat-R. Die noch jungen R-gebiete des Arbeits-R, Wirtschafts-R u ähnliche haben eine öffentl u eine privatrechtl Seite. Eine Sonderstellung nimmt das *Familien-R* ein; obwohl das Gemeinwesen der Familie gestaltend, zählt es üblicherweise doch nicht zum öffentl Recht, weil die Familie ein privates, nicht öffentl Gemeinwesen ist. – Dem angelsächsischen R ist die Unterscheidung von öffentl u Privat-R in dieser Form fremd.

Weil R Beziehung von Personen zueinander in der Gemeinschaft ist, können nur Personen Träger wie von R-ansprüchen, so auch von R-pflichten sein. Daher der Hilfsbegriff der *„juristischen Person",* wenn wir in abkürzender Sprechweise einem Verband oder einer Anstalt R-ansprüche oder R-pflichten zuschreiben. – Soll der Mensch in ein rechtliches Verhältnis zu Gott treten, so kann auch das nur dadurch geschehen, daß Gott sich zu ihm herabläßt, um ihn zu einer Art Gemeinschaft mit ihm zu erheben.

R als Lebensordnung der Gemeinschaft ist seinem Wesen nach gemeinschaftsbildend; trennend wirken kann nur eine völlige Verzerrung des R. Weil es R-brecher gibt, bedarf das R um der Ordnung u des Friedens willen der *Erzwingbarkeit,* soweit das rechtlich Geschuldete eben erzwingbar ist. Mit dem Fortschritt der R-kultur pflegt die zwangsweise Verwirklichung des R mehr u mehr der Vollzugsgewalt des öffentl Gemeinwesens (Staat usw) vorbehalten zu werden.

Weit darüber hinausgehend u die Begründung des R in der wesenhaft gegebenen Personhaftigkeit des Menschen u seiner in der Personhaftigkeit wieder begründeten ebenso wesenhaften Sozialanlage verkennend, behauptet der *Rechtspositivismus,* die Gemeinschaft bestimme überhaupt erstmalig, was inhaltlich R sei. Demgemäß anerkennt er nur positiv formulierte Sätze (u allenfalls Gewohnheiten) als R u läßt die positive R-setzung an keinerlei vorgegebenes R gebunden, ihre Sätze vielmehr auch dann „Recht" sein, wenn sie den seinsmäßigen Wesensverhalten u der sittlichen Ordnung widersprechen. In der äußersten Zuspitzung soll es nur die tatsächliche Durchsetzbarkeit sein, die eine Norm zur R-norm erhebe. Manchmal scheint allerdings nur gemeint zu sein, erst die organisierte Gemeinschaft (insbes der ↗ Staat) verleihe der R-ordnung jene technische Vollendung, die den hochgespannten Bedürfnissen des heutigen Lebens genüge. Alsdann mag es Streit ums Wort sein, ob man die allem gesatzten R zugrunde liegenden Ordnungsgedanken als ↗ *Naturrecht* bezeichnet oder als Ersatz für dieses leider doppeldeutig gewordene Wort eine neue, unbelastete u darum unmißverständliche Wortprägung sucht.

Der *Rechtsformalismus* stimmt mit dem Positivismus insofern überein, als auch er keine inhaltlich bestimmten, vorpositiven oder überpositiven R-sätze anerkennt, sondern nur ‚formale' R-prinzipien, zB Freiheit, wie sie mit der „gleichen" Freiheit aller zusammenbestehen kann *(Kant)*. Da das Leben inhaltliche Normen braucht, müssen diese sämtlich positiv gesetzt werden. An die Stelle der Majestät des R tritt die bloße Gesetzesfrömmigkeit *(Legalität)*.

Mit dem Wesen des R u der Zurückführung auf seine letzten Gründe beschäftigt sich die *R-philosophie;* wogegen die *R-soziologie* erforscht, wie es zur Bildung des R kommt, wie gewisse R-überzeugungen sich durchsetzen oder wieder absterben u dgl mehr. Die *R-wissenschaft* durchleuchtet die bestehende (oder eine geschichtlich gewesene) R-ordnung, klärt ihre tragenden Grundsätze, ihre inneren Zusammenhänge, die in ihr gebräuchlichen R-begriffe usw.

Der Mensch, der sich an das R gebunden hält, fremde R-ansprüche achtet, seine R-pflichten zu erfüllen sich bestrebt, übt die Tugend der ↗ Gerechtigkeit. Den Forderungen des R geschieht auch dann Genüge, wenn der Beweggrund nicht in der Achtung vor dem R liegt; der Beweggrund kann ein niedrigerer (wohlverstandener Eigennutz), aber auch ein höherer sein. Darum schließt das R die Liebe nicht aus: das rechtlich Geschuldete wird oft zugleich auch aus Liebe geschuldet sein u kann in jedem Fall aus lauterstem Wohlwollen geleistet werden.

b) *R Clemens:* Personnalité morale et personnalité juridique, P 1935; *E v Hippel:* R-gesetz u Naturgesetz ²1947; *L Bender:* Phil iuris, Rom 1948; *A Auer:* Der Mensch hat R, Graz 1956; *E v Hippel:* Mechan u moral R-denken 1958; *AF Utz:* Sozialethik, II: R-phil 1963; *A Kaufmann* (Hgb): Die ontolog Begründung des R 1965; *ders:* R-phil i Wandel 1972. – c) *R Stammler:* Lehrb der R-phil 1923 [strenger Formalist]; *CA Emge:* Vorschule der R-phil 1925; *E Hölscher:* Sittl R-lehre 1929–30; *H Coing:* Grundzüge der R-phil 1950; *G del Vecchio:* Lehrb der R-phil, Basel ²1951; *K Brinkmann:* Lehrb der R-phil I 1960; *H Kelsen:* Reine R-lehre, Wien ²1960; *CA Emge:* Phil der R-wissenschaft 1961; *E Fechner:* R-phil ²1962; *J Binder:* Lehre v R-begriff 1963; *A Troller:* Überall gültige Prinzipien der R-wissenschaft 1965; *H Hinkel:* Einf i die R-phil 1964; *R Zippelius:* Das Wesen des R 1965; *R Ryffel:* Grundprobleme der R- u Staatsphil 1969; *G Radbruch:* R-phil ⁸1973; *O Ballweg:* R-wissenschaft u Jurisprudenz, Basel 1970; *A Troller:* Die Begegnung v Phil, R-phil u R-wissenschaft 1971; *J Jahr, W Maihofer:* R-theorie 1971; *Th Raiser:* Einf i die R-soziologie ²1973; *W Maihofer* (Hgb): Begriff u Wesen des R (Bibliogr) 1973. – d) *Luño Peña:* Historia de la fil del derecho, Barcelona 1949; *A Verdroß:* Abendl R-phil 1958; *J Corts Grau:* Hist de la fil del derecho I ²1968; *J Blühdorn, J Ritter:* R u Ethik 1970 [z 19. Jht].

v Nell-Breuning

Reflexion in einem weiten, nicht scharf umgrenzten Sinn (1) meint ein vergleichendes, prüfendes Nachsinnen im Ggs zur schlichten Wahrnehmung oder zu einem ersten, unwillkürlichen Urteil über einen Gegenstand. Als phil Fachwort bedeutet R (2) („Rückbeugung") die „Rückkehr" von dem in der *„ersten Intention"* direkt erfaßten ↗ Gegenstand zum eigenen, namentlich dem erkennenden Akt u seinem Subjekt, dem ↗ Ich; die R wird darum auch *„zweite Intention"* genannt. Die eigenen Akte werden zwar im Vollzug selbst durch das sog „begleitende ↗ Bewußtsein" stets miterlebt; aber sie bilden sozusagen nur einen kaum bemerkten Hintergrund. In der nur im geistigen Bewußtsein möglichen R aber richtet sich die Aufmerksamkeit auf die eigenen Akte, u dies führt im vollendeten „reflexen Bewußtsein" zu eigenen *R-begriffen* u *R-urteilen*, in denen die eigenen Aktvollzüge zum Gegenstand expliziten Denkens u Urteilens gemacht werden. (*Kant* nennt in einem engeren, besonderen Sinn jene Begriffe R-begriffe, die das Verhältnis miteinander verglichener Vorstellungen ausdrükken, zB Einerleiheit u Verschiedenheit, Bestimmbares u Bestimmung.)

Bei der R im phil Sinn (2) werden mehrere Weisen der R unterschieden. Die *psychologische R* (3) richtet sich auf die Akte als seelische Vollzüge verschiedener spezifischer Eigenart: Wahrnehmung, Vorstellung, Denken, Wollen usw. Die *logische R* (4) achtet auf die abstrakte Denkweise, die den Gegenständen im Begriff eigen ist, u auf die sich aus ihr ergebenden logischen Beziehungen, die den Gegenständen nur als gedachten zukommen, wie etwa die logische ↗ Identität oder das Folgen eines Denkinhalts aus einem oder mehreren anderen. Gerade diese Beziehungen werden in der scholastischen Phil in besonderem Sinn *zweite Intentionen* genannt, die als solche Gegenstand der ↗ Logik u nur ↗ Gedankendinge sind. Schließlich ist die R als „vollkommene Rückkehr des Geistes zu sich selbst" *(reditio completa)* Rückkehr von den im Sinnlichen gegebenen Washeiten zum Sein des Geistes u seiner Akte u darum *ontologische R* (5) ↗ Abstraktion u ↗ Seinserkenntnis. Insofern die ontologische R zugleich den letzten Ermöglichungsgrund der Erkenntnis der ↗ Wahrheit (als Übereinstimmung des Denkens mit dem Sein) u die wesentliche Ausrichtung des ↗ Urteils auf das Sein ins ausdrückliche Bewußtsein hebt, kann sie mit Recht ↗ *transzendentale R* genannt werden. – Zu *R-philosophie* im Sinne *Hegels* ↗ Deutscher Idealismus.

a) *Thom v Aq:* De ver 1, 9; *Kant:* Krit d rein Vern B 316–49. – *E Husserl:* Ideen zu einer reinen Phänomenologie I 1913; *H Driesch:* Selbstbesinnung u Selbsterkenntnis 1940; *A Marc:* Psych réflexive, Brüssel 1949; *ders:* Dialectique de l'affirmation, P 1952; *G Marcel:* Geheimnis des Seins 1952, 112–45; *W Hoeres:* Sein u R 1956; *J Lotz:* Das Urteil u das Sein 1957; *H Wagner:* Phil u R 1959; *W Schulz:* Das Probl des absoluten R 1963; *W Marx:* Absolute R u Sprache 1967. – d) *J Wébert:* R Étude sur les opérations réflexives dans la Psych de s Thomas, in: Mélanges Mandonnet I, P 1930, 285–325; *J de Finance:* Cogito cartésien et réflexion thomiste, in: Arch de Phil 16 (1946) 127–321; *CA Scheier:* Die Selbstentfaltung der method R als Prinzip der neueren Phil 1973. de Vries

Relativ ist etwas, sofern es auf anderes bezogen oder Träger einer Beziehung ist. R dem Begriff nach ist das, was ohne Beziehung zu etwas anderem nicht definiert werden kann, zB Vater, Sohn. – R dem Sein nach ist, 1. was Sein nur in bezug auf anderes besitzt, zB Akzidentien, 2. dessen Sein eine reale Beziehung zu anderem begründet (alles endliche Sein). – R der Geltung nach ist das, was nur bedingterweise gilt. – Oft bedeutet R soviel wie auf das Subjekt bezogen, subjektiv; oder *bedingt*, wobei als *Bedingung* das zu verstehen ist, wovon etwas in irgendeiner Ordnung abhängt. – *Korrelativ* ist nur das, was in Wechselbeziehung zu anderem steht, zB größer, kleiner. – ↗ Beziehung, Absolut, Relativismus, Relativitätstheorie.

F Grégoire: Condition, Conditionné, Inconditionné, in: Rev phil Louv 46 (1948) 5–41; *E Scheibe:* Über Relativbegriffe i der Phil Platons, in: Phronesis 12 (1967) 28–49. – Weitere Lit ↗ Beziehung.
Brugger

Relativismus. Der R wird durch eine bestimmte Auffassung des Wahrheitsbegriffs gekennzeichnet. Endliche ↗ Wahrheit als Übereinstimmung der Erkenntnis mit ihrem Gegenstand enthält zwar wesentlich eine Beziehung u ist insofern relativ. Von R kann man aber erst sprechen, wenn statt des Gegenstandes, über den geurteilt wird, irgend etwas anderes (zB Struktur des Subjekts, Sonderart der Kulturbedingungen) als Norm der Wahrheit gilt. Während der Gegenstand ein für alle ↗ Subjekte gültiger Maßstab der Wahrheit ist, ganz gleich ùnter welchen Bedingungen die Erkenntnis zustande kommt, geht der gemeinsame Maßstab der Wahrheit verloren, sobald er anderswo als im Gegenstand selbst gesucht wird. Die Wahrheit wird dann ↗ relativ in dem besonderen Sinn, daß sie für das eine Subjekt bestehen, für das andere aber zugleich auch nicht bestehen kann. Damit gibt der R den Satz vom ↗ Widerspruch u die *Allgemeingültigkeit der Wahrheit* preis. – Hingegen ist es nicht R, wenn man zugesteht, daß unsere Erkenntnis den Gegenstand je nach der Erkenntniskraft u den anderen Erkenntnisbedingungen mehr oder weniger, niemals aber erschöpfend aufzufassen vermag. Zuzugeben ist auch, daß sich in unseren Erkenntnissen tatsächlich oft andere Einflüsse geltend machen als der bloße Sachverhalt; aber sie begründen keine relative Wahrheit.

Für den R spricht nicht die Veränderlichkeit unserer Sinneserkenntnis je nach Standort u Zeit. Denn die geistige Erkenntnis kann sich durch Angabe der Raum- u Zeitstelle des Beobachters darüber erheben. *Standpunktserkenntnis* im Sinne des R oder *Perspektivismus* aber wäre es, wenn auch ein eindeutig bestimmter Gegenstand unter demselben Gesichtspunkt verschieden u dennoch wahr beurteilt werden könnte. – Mit der ↗ Relativitätstheorie hat der R der Wahrheit nichts zu tun. Ebenso ist er zu unterscheiden vom *Relationismus*, der alles ↗ Sein in bloße Relationen oder ↗ Beziehungen auflöst. – Gegen den allg R spricht 1. die Tatsache, daß wir unzweifelhaft Erkenntnisse von absoluter, d i für jeden Verstand gültiger Wahrheit besitzen, so zB die Urteile über einfache Bewußtseinstatsachen, u 2. daß der allg R einen Widerspruch einschließt, indem er behauptet, die Relativität der Wahrheit entdeckt zu haben. Denn wenn er sie erkennt, wie sie ist, erkennt er sie auf allg gültige Weise. Bestünde der R zu Recht, so könnten wir das nie entdecken. – ↗ Psychologismus, Pragmatismus.

b) *E Husserl:* Log Unters-en I ²1913, 50–210; *J Volkelt:* Gewißheit u Wahrheit 1918, 286ff, 348 ff; *BW Switalski:* Probleme der Erkenntnis 1923, 21–83; *A Brunner:* Die Grundfragen der Phil 1933, 21, 51f, 137; *ders:* Erkenntnistheor 1948; *E May:* Am Abgrund des R 1941; *E Wentscher:* Relative oder absolute Wahrheit? 1941; *J Thyssen:* Der phil R ²1947; *H Wein:* Das Probl des R 1950. – c) *E Cassirer:* Das Erkenntnisprobl 1906; *F Paulsen:* Einl i die Phil ³⁵1921; *H Schoeck, JW Wiggins* (Hgb): Relativism and the Study of Man, L 1961; *M Kriele:* Kriterien der Gerechtigkeit. Zum Probl des rechtsphil u polit R 1963. – e) *J de Vries:* Denken u Sein 1937, 124–32.
Santeler

Relativitätstheorie ist die moderne mathematisch-physikalische Theorie der Bewegung. Bereits die frühere, sog klassische Physik kannte ein Relativitätsprinzip, jenes der Mechanik. Es besagt, daß in jedem Bezugssystem, das gegen ein anderes gleichförmig-geradlinig bewegt ist, alle mechanischen Gesetze in gleicher Weise gültig sind; anders ausgedrückt: es läßt sich durch mechanische Vorgänge nicht feststellen, ob ein Körper im Zustand absoluter Ruhe oder gleichförmig-geradliniger Bewegung sich befindet; nur relative Bewegungen sind feststellbar. – Dieses Prinzip hat 1905 durch *Einstein* eine grundlegende Erweiterung erfahren in der *speziellen R*. Zur Behebung des Widerspruches, zu dem die Versuche über den Lichtäther geführt hatten, dehnte Einstein die Relativität auch auf die elektro-magnetischen Erscheinungen aus. Danach gibt es keinen Vorgang in der Welt, der es ermöglichte, absolute Ruhe oder gleichförmig-geradlinige Bewegung festzustellen. Das zweite Fundamentalprinzip der speziellen R, auch eine Folgerung aus den Ätherversuchen, ist das Prinzip von der Konstanz der Lichtgeschwindigkeit in allen gleichförmig u geradlinig gegeneinander bewegten Systemen. Die mathematische Durchrechnung auf Grund dieser Prinzipien führte dann zur Relativität von Raum u Zeit, dh Raum- u Zeitmessungen erweisen sich als abhängig vom Bewegungszustand des messenden Beobachters gegenüber dem zu messenden Objekt; für den bewegten Beobachter sind die Längen kürzer u die Zeiten länger. – Die spezielle R wurde 1916 ausgeweitet zur *allgemeinen R,* indem auch die beschleunigte Bewegung (die die Rotationsbewegung einschließt) miteinbezogen wurde. Danach ist es überhaupt unmöglich, irgendeinen absoluten Bewegungszustand festzustellen. Für die mathematische Raumbeschreibung muß eine nicht-euklidische Geometrie angewandt werden ↗Mathematik. – 1950 hat Einstein eine noch weitergehende Verallgemeinerung der Theorie geschaffen, die sich zunächst im Bereich des rein Mathematischen hält. Über deren Wert u Bedeutung herrscht noch keine Klarheit.

Die experimentell nachprüfbaren Folgerungen aus der Theorie haben sich bisher als richtig erwiesen, u so ist die R Allgemeingut der Physiker geworden. – Philosophisch hat die R viel Anlaß zur Diskussion gegeben, wobei indes grundlegende Mißverständnisse zutage traten. Vor allem wird in keiner Weise ein ↗Relativismus der Wahrheit gelehrt. Die wichtigste phil Folgerung aus der R ist die Erkenntnis, daß in das menschliche Naturerkennen viele stillschweigende Voraussetzungen hineinspielen, die aufzudecken Aufgabe der Naturerkenntnistheorie ist.

A Einstein: Über die spezielle u allg R [22]1972; *ders.:* Grundzüge der R, Neudr 1973; *Lorentz-Einstein-Minkowski:* Das Relativitätsprinzip [5]1923; *M Planck:* Vom Relativen z Absoluten 1925. – *H Weyl:* Raum, Zeit, Materie [5]1923; *M Born:* Die R Einsteins u ihre physikal Grundlagen [3]1922; *A Müller:* Die phil Probleme der Einsteinschen R 1922; *W Büchel:* Phil Probleme der Physik 1965; *HP Robertson, ThW Noonan:* Relativity and Cosmology, L 1968; *J Hölling:* Realismus u Relativität 1971. – e) *JA Coleman:* Relativitätslehre f jedermann 1959; *B Russell:* Das ABC der R 1969.

Junk

Religion wird sprachlich im Lateinischen richtiger von relegere, weniger von re-ligare abzuleiten sein. Danach sagt das Wort ein immer wieder Sichhinwenden zu, ein sorgfältiges, gewissenhaftes Beachten von etwas. Das, worum man dabei kreist, muß solche Sorgfalt verdienen, ja sie seiner Würde nach fordern. Was das für ein Wesen ist, könnte die andere Deutung von R anzeigen: Rückbindung, u zwar an den ersten Ursprung u das letzte Ziel. Weil diesem Ersten u Letzten größere Wichtigkeit als allem anderen zukommt, ist es vor allem anderen der sorgfältigen Beachtung wert.

Seinsgemäß gehen alle Dinge von ↗ Gott aus, wie sie auch zu ihm hinstreben. Doch hat erst der Mensch R, insofern er als Geist sein Gottverhältnis bewußt u frei vollzieht, dh Gott als Ursprung u Ziel erkennt u anerkennt. Weil es hier um das Höchste geht, liegt darin des Menschen vornehmste sittliche Pflicht u herrlichste Vollendung. Ohne R bleibt er in seinem Edelsten verkrüppelt, mag er auch sonst noch so reiche Gaben u bewundernswerte Leistungen aufzuweisen haben; er ist wie eine schöne Fassung, aus der man den kostbaren Edelstein herausgebrochen hat. – Der ganze Mensch wendet sich in der R Gott zu; deshalb umfaßt sie alle seine höheren Seelenkräfte: Erkennen, Wollen u Fühlen. Da sie aber nicht so sehr Wissen als vielmehr Hingabe ist, erscheint sie vor allem als Werk des in Fühlen eingebetteten Willens, meint sie in Gott das absolute Sein als den absoluten Wert. Wenn man diesen verschiedentlich das *Numinose* oder das *Heilige* nennt, so sind diese Namen an sich zu bejahen; doch löst man dabei vielfach den Wert vom Sein u macht das religiöse Verhalten völlig irrational. Tatsächlich fällt der absolute Wert mit dem absoluten Sein zusammen, wie auch die religiöse Hingabe von Wissen durchseelt ist, das freilich nicht rational-diskursiv, sondern intuitiv-ganzheitlich oder erlebnishaft auftritt. Vom Geistigen her strahlt die R auch auf das Sinnesleben u den Leib über: so verschafft sie sich in Wort, Gebärde u ↗ Symbol sichtbaren Ausdruck. Daher widerstreitet eine R der reinen Innerlichkeit der Natur des Menschen u muß verkümmern; allerdings bedeutet bloß äußeres Getue nicht weniger den Tod echter R. Weil schließlich der Mensch wesentlich auf Gemeinschaft hin angelegt ist, kann die R nicht nur Privatsache des Einzelnen sein; vielmehr hat auch die Gemeinschaft sie zu pflegen; ebenso kommt das religiöse Leben erst in der Gemeinschaft zu voller Entfaltung. Wie sich aus allem ergibt, verbindet sich mit der R des subjektiven Geistes (R als Tat u Haltung) die R im Sinne des objektiven u objektivierten Geistes (R als religiöse Lehre, Gemeinschaft, Einrichtungen, Brauchtum), die Quellgrund u Substrat oder Niederschlag der ersteren ist.

Irgendeine R findet sich bei allen Völkern u zu allen Zeiten; einen religionslosen Zustand der gesamten Menschheit kennt weder die Geschichte noch die Vorgeschichte. Überall tritt die R als Urgegebenheit auf; nirgends läßt sie sich von nicht-religiösen Erscheinungen, wie Animismus, Animatismus, Totemismus, Magie, ableiten. Unter *Animismus* versteht man den Glauben an Seelen (anima) u Geister sowie deren Verehrung, unter *Animatismus* den Glauben an eine Art Seele oder Kraftstoff, der unsichtbar alles durchwaltet. Der *Totemismus* glaubt an Verwandtschaft des Einzelnen oder einer Gruppe mit einem *Totem* (meist ein Tier); in den Urkulturen ist er unbekannt. *Magie* u *Zauberei* wollen durch ihre Beschwörungen höhere Macht, vor allem die Gottheit, in ihre Dienste zwingen, während sich der religiöse Mensch ihr bittend unterwirft. Zauberähnliche Handlungen ohne Bezug auf eine höhere Macht sind nicht Magie, sondern entspringen einer primitiven Auffassung der Naturkräfte u ihrer Lenkung.

R ist gleich *Gottesverehrung*, dh sie sieht Gott als Person, wie schon das Heidentum wußte u die Religionsphilosophie eindringlich zeigt (Scheler). Freilich unterliegt das Gottesbild des Heidentums manchen Trübungen. Neben dem einen Gott wird oft auch personifizierten Naturkräften göttliche Verehrung erwiesen; auch unterscheidet man nicht genug zwischen der Gottheit selbst u ihrem Bild: *Abgötterei, Götzendienst.* Im *Fetischismus* werden materielle Dinge nicht wegen ihres Bildbezuges, sondern wegen einer in sie hineingezauberten höheren Macht wie etwas Personhaftes verehrt. Zur polytheistischen kommt die pantheistische Trübung des Gottesbildes. Zwar hebt ein ausgesprochener ↗Pantheismus die echte R auf; denn meist tritt an die Stelle Gottes ein unpersönlicher Urgrund, u letztlich ist der Mensch selbst das Göttliche. Aber die wirklich gelebte R ist bei keinem Volk ein solcher Pantheismus; sie weist höchstens, wie bei den Indern, eine pantheistische Tönung auf, die dem letzten weltanschaulichen Untergrund entstammt. – Wenn die Absolutheit von Gott auf irdische Werte übertragen wird u diese mit religiöser Inbrunst umfaßt werden, so spricht man von *R-ersatz*.

Bisher ging es um die *natürliche* oder *Natur-R*, die aus der erschaffenen Geist-natur des Menschen erwächst. Ihr steht die *positive R* gegenüber, die durch eine eigene geschichtliche Tat vorab Gottes (↗Offenbarung), dann auch des Menschen (R-stifter u deren Anweisungen) entweder begründet oder wenigstens näher bestimmt ist. Die bloße Natur-R findet sich nirgends, bildet aber den Hintergrund aller geschichtlichen R. Doch geht der ↗Deismus zu weit, wenn er den Raum der Natur-R für unüberschreitbar hält, indem er hier wie überall jedes Eingreifen Gottes ausschließt. – Da der Mensch sein Geschöpf-Verhältnis zu Gott u die geschichtlich ergangene Offenbarung Gottes eindeutig erkennen kann, darf er weder der R im allg noch der einen wahren Offenbarungs-R gegenüber gleichgültig sein, also keinem *Indifferentismus* huldigen.

In welchen Haltungen sich das religiöse Leben entfaltet, zeigt klarer die Offenbarungs-, besonders die christliche R. Grundlegend sind Glaube, Hoffnung u Liebe. Ihnen entsprechen in der Natur-R das sorgsam genährte u immer tiefer eingewurzelte Gotteserlebnis, das Hinstreben zu Gott als dem letzten Ziel im Vertrauen auf seinen Beistand u das Umfangen Gottes in unzerstörbarer Liebe. Hieraus erblüht der persönliche Umgang mit Gott im *Gebet*. Dieses ist zuerst *Anbetung*, dh ehrfürchtiges Sich-beugen vor der unendlichen Erhabenheit u absoluten Oberherrlichkeit Gottes. Ihren feierlichsten, sichtbaren Ausdruck findet die Anbetung im *Opfer;* darin bringt der Mensch als Sinnbild seiner Selbsthingabe ein ihm wertvolles Gut Gott dar, das, um die Hingabe absolut u unwiderruflich zu machen, oft auch verbrannt wird. Mit der Anbetung verbinden sich der *Dank* an den Geber alles Guten u die *Bitte* um weitere gnädige Hilfe, zu der den Menschen immer wieder die Erfahrung der Grenzen seiner Macht drängt. Praktische Auswirkung echter R ist ein Leben der Treue zum göttlichen Willen. – Zum *Kult* gehört alles innere u äußere Tun, dessen ausschließlichen oder doch ersten Sinn die Gottesverehrung bildet.

Mit Gott ist heute auch die R in ein ungewisses Zwielicht geraten. Soweit sich der ↗ Atheismus ausbreitet, entzieht er der R ihr Fundament; in die so entstandene Lehre strömen pseudoreligiöse Haltungen im Sinne des obengenannten R-ersatzes ein. Darüber hinaus wird ein Kampf gegen jede R von jenem ↗ Humanismus geführt, der meint, die Vollendung des Menschen verlange seine Befreiung von Gott. Dementsprechend wird das Gebet nicht mehr als Dialog mit dem göttlichen Partner, sondern nur noch als Einkehr zur Steigerung der eigenen inneren Kräfte zugelassen. Darin wirkt die mehr oder weniger eingestandene Ansicht, der Mensch vermöge selbst für alles aufzukommen u bedürfe deshalb nicht des Beistandes Gottes; besonders das Bitten habe keinen Sinn, weil Gott nicht in den Lauf des Weltgeschehens eingreife. Was namentlich das Christentum betrifft, so sei es nicht R, weil es aus Gottes Tat hervorgehe, während R allein die Versuche einer Verbindung mit Gott seien, die der Mensch von sich aus unternimmt. – Zugleich findet eine Läuterung der R statt; man gewinnt neu durch das Abgeleitete das Ursprüngliche, durch die äußere Form den persönlichen Aufschwung, durch den oft sozusagen toten Weltgrund das lebendige göttliche Du. Dabei geschieht der Rückgang von jenen Außenzonen, in denen der Mensch am innersten Geheimnis vorbeilebt, auf die innere Tiefe, in der sich allein der Zugang zu Gott öffnet. Zum Vollziehen dieses Rückgangs trägt die Phil wesentlich bei, weil sie selbst mit ihm steht u fällt.

a) *Thom v Aq:* STh II. II q 81–101; *F Suárez:* De virtute et statu religionis, Lyon 1608–25. – b) *E Przywara:* R-begründung 1923; *ders:* R-phil kath Theol 1927; *W Keilbach:* Die Problematik der R-en 1936; *A Anwander:* Wörterb der R 1948; *B Häring:* Das Heilige u das Gute 1950; *A Brunner:* Die R 1956; *ders:* Viele R-en, eine Wahrheit ²1960; *F König* (Hgb): Religionswissenschaftl Wörterb 1956; *A Lang:* Wesen u Wahrheit der R 1957; *R Guardini:* R u Offenbarung I 1958; *J Hasenfuß:* Was ist R? 1962; *IM Bocheński:* Logik der R 1968; *GF McLean:* Myth and Phil, Washington 1971; *R Schäffler:* R u krit Bewußtsein 1973. – *J Hessen:* Die Werte des Heiligen 1938. – c) *M Scheler:* Vom Ewigen i Menschen I ³1935; *R Otto:* Das Heilige ³⁵1963 (¹1917); *H Bergson:* Les deux sources de la morale et de la religion; *F Brentano:* R u Phil 1954 [aus dem Nachlaß]; *F Heiler:* Erscheinungsformen u Wesen der R 1961; *G Mensching:* Die R 1962; *G Hennemann:* Naturwiss u R 1963; *P Jordan:* Der Naturwissenschaftler vor der relig Frage ²1964. – d) *A Anwander:* Die R-en der Menschheit ²1949; *W Schmidt:* Ursprung u Werden der R 1930; *H Straubinger:* Die R u ihre Grundwahrheiten i der dt Phil seit Leibniz 1919; *F König* (Hgb): Christus u die R-en der Erde, 3 Bde, ³1961. – e) *J de Vries:* Warum R? 1958. Lotz

Religionsphilosophie (RPh) ist die phil Untersuchung der ↗ Religion (R) schlechthin oder dessen, wodurch die geschichtlichen R-en sich als R von anderen Kulturerscheinungen abheben. Ihre erste Untersuchung gilt dem Wesen der R, dem, was R ist u in der Fülle dieses Begriffes sein soll. Von hier aus gilt es dann, einen Rahmenbegriff der R zu bestimmen, der einerseits breit genug ist, die gesamte geschichtliche Erfahrung der R unter sich zu fassen, anderseits aber auch bestimmt genug, um allen R-ersatz (↗R) auszuschließen. Zur Erhellung des Wesens der R bedient sich die RPh der natürlichen ↗Theologie, die nach Gott u der Möglichkeit, ihn zu erkennen, fragt. Um jedoch die R in ihren geschichtlichen Erscheinungen zu erfassen, bedarf die RPh der vergleichenden R-wissenschaft u der *R-phänomenologie,* d i der Wesensbeschreibung der R, die das Eigentümliche der religiösen Grund- u Einzelakte herausstellt. Indem die RPh die geschichtlichen Erscheinungen am erfüllten Begriff der R mißt, wird ihr eine wertende Beurteilung der R-en möglich. Sowohl die Natur Gottes als eines persönlichen Wesens wie die Tatsache, daß sich viele R-en auf göttliche Mitteilungen berufen, machen es notwendig, daß sich die RPh mit der Frage nach der Möglichkeit der ↗Offenbarung beschäftigt. – Die Untersuchungen über die konkreten Bedingungen für die Entstehung u Ausprägung der R im Einzelmenschen gehören in das Gebiet der ↗*R-psychologie,* die über die Gemeinschaftsformen der R, ihre Stellung zu Kultur u Geistesleben in das Gebiet der *R-soziologie.*

Als eigene phil Disziplin wurde die RPh vom ↗Neukantianismus begründet. Die neukantianische RPh führt die R auf ein besonderes religiöses Apriori zurück. Das ist insofern wahr, als der Mensch von Natur aus auf das Religiöse abgestimmt ist; doch geht der Neukantianismus fehl, wenn er dem Gegenstand der R das Sein abspricht.

b) *E Przywara:* R-begründung 1923; *ders:* RPh kath Theol 1927; *O Gründler:* Elemente zu einer RPh auf phänomenolog Grundlage 1932; *W Keilbach:* Die Problematik der R-en 1936; *A Dempf:* RPh 1937; *K Rahner:* Hörer des Wortes ²1963; *B Rosenmöller:* Metaph der Seele (früher: RPh) 1947; *FJ Sheen:* Phil of R, NY 1948; *P Ortegat:* Phil de la religion, Louvain ²1948; *O Spann:* RPh, Graz ²1970; *G Van Riet:* Phil et R, P 1970; *J Splett:* Die Rede vom Heiligen 1971. – c) *R Otto:* Das Heilige ³⁵1963 (¹1917) (vgl dazu: *B Häring:* ,Das H' R Ottos in der neueren Kritik, in: Geist u Leben 24 [1951] 66–71); *J Hessen:* RPh 1948; *G Mensching:* Soziologie der R 1949; *M Weber:* Ges Aufsätze z R-soziologie 1947 [Neudr]; *P Tillich:* RPh 1962; *W Trillhaas:* RPh 1972. – d) *H Fries:* Die kath RPh der Gegenw 1949; *G Mensching:* Gesch der R-wiss 1948; *J Collins:* The Emergence of Phil of R, L 1967; *MF Sciacca:* Il problema di Dio e della religione nella fil attuale, Mailand ⁴1964; *MJ Charlesworth:* Phil of R. The Historical Approach, L 1972. – e) *U Mann:* Einf i die RPh 1970.   Brugger

Religionspsychologie (RP). Die RP befaßt sich mit den besonderen psychischen Erscheinungsweisen u Gesetzmäßigkeiten des „religiösen (rel) ↗Erlebens", dh des subjektiv-psychischen Verhaltens des Menschen gegenüber Gott u allg gegenüber den objektiv sich darbietenden Lehren u Forderungen des rel Lebens. Sie unterscheidet sich nach Gegenstand u Fragestellung sowohl von der Religionsgesch u ↗Religionsphil als auch von der phil Gotteslehre u der dogmatischen ↗Theologie. Sie hat weder die Frage nach dem objektiven Wahrheitsgehalt rel Überzeugungen noch die nach dem ↗übernatürlichen Charakter göttlichen Gnadenwirkens in der Seele zu stellen, sondern beschränkt sich auf den natürlich-psychischen Aspekt der rel Erlebnisvorgänge. Damit ist einerseits die Grenze ihrer Möglichkeiten u ihres Zuständigkeitsbereiches angegeben; anderseits schließt die (theol zu betrachtende) Übernatürlichkeit im rel Seelenleben

(↗ Mystik) die RP nicht aus; denn auch das übernatürliche Erleben hat als seelische Lebenstätigkeit seinen psychologisch faßbaren „Aspekt".

Die Hauptfrage der RP richtet sich auf den seelischen Aufbau rel Erlebens: wie unterscheidet sich dieses von anderen Erlebnisformen, welcher „Schicht" des Seelischen gehört es vornehmlich an, geistigem Erkennen u Wollen, Triebhaftem, Emotionalem? Wurzelt es wesentlich in verdrängten Komplexen oder in irgendeinem „Durchbruch" des persönlichen Unbewußten oder in den Archetypen des kollektiven ↗ Unbewußten oder wesentlich im Geistigen des Menschen? Ins Ganze des Seelenlebens hinein verflochten, stellt es vor weitere Fragen, wie die nach der Spannung von Individuellem und Sozialem, von Rational-Geistigem und Irrationalem, nach seiner Bedingtheit durch den besonderen Typus u die Entwicklungsphasen des Menschen, durch seelische Gesundheit u Abnormitäten.

RP ist keineswegs etwas spezifisch Neuzeitlich-Modernes. Eine noch zuwenig ausgeschöpfte Fülle zwar vorsystematischer, aber sehr feinsinniger religionspsychologischer Beobachtung findet sich im reichen aszetisch-mystischen Schrifttum von Jahrhunderten. Gegenüber dem Einfluß von Aufklärung u Kritizismus um die Wende des 18. Jht meinte man die Werte rel Lebens nur dadurch retten zu können, daß man Religion wesentlich als bloße Gefühlsangelegenheit in die Sphäre des Emotionalen hinein barg u intellektuell-dogmatischen Fragen nur eine sekundäre Bedeutung zuerkannte (*Gefühlsreligion, Schleiermachers* Lehre vom Gefühl der Koexistenz mit dem Unendlichen, später seine Lehre von dem Gefühl der schlechthinnigen Abhängigkeit). So setzte eine aprioristisch-emotionalistische psychologische Deutung des rel Erlebens mit ihren Einseitigkeiten ein, die dann um die Wende des 19. Jht in der RP auf Jahrzehnte hin vorherrschend blieb. Zugleich verbreitete sich die Auffassung, daß die eigentlichen Quellen rel Erlebens im Unbewußten allein zu suchen seien (*Sabatier, W James, Flournoy, Janet* ua). *Leuba* entwickelte eine materialistische RP, während *W Wundt* Religion im wesentlichen als sozialpsychologisches Phänomen betrachtete. *R Ottos* phänomenologische Analysen sahen den Kern des rel Erlebens im Gefühl des „mysterium fascinosum et tremendum" als der Auswirkung einer emotionalen Gefühlskategorie a priori. Eine Wendung brachten die Untersuchungen *Girgensohns* u *Gruehns*. Sie zeigten, daß im Kern des rel Erlebens eine intellektuelle Vergegenwärtigung des Gottesgedankens, verbunden mit dem Hinneigungsakt, stehe.

Wohl können bei rel Seelenhaltung die verschiedensten seelischen Schichten mitschwingen, sei es erlebnissteigernd oder auch (zB in Pseudomystik) erlebnisfälschend. Wenn aber Forscher, die dem Religiösen ohne inneres Verständnis gegenüberstanden *(Janet, Freud)*, alles rel Erleben pathologisch oder sexualbedingt deuten wollten, so wies das auf eine bedauerliche Unkenntnis des gesunden rel Erlebens hin. Die Lehre von *CG Jung*, der in den rel *Archetypen* des (stets gesunden!) „kollektiven ↗ Unbewußten" den psychologischen Quellgrund rel Erlebens sucht, bedeutet im Vergleich zu Freuds ↗ Psychoanalyse eine geistig weitere Aufgeschlossenheit für die psychischen Werte des Religiösen, beachtet aber viel zuwenig die wesentlichsten geistigen Urquellen des rel Erlebens im Geistig-Bewußten. Der rel Archetyp selbst dürfte wohl richtig als die allem bewußten Erleben vorgängige Wesensdynamik (appetitus naturalis) des geschaffenen Geistes auf Gott hin gedeutet werden.

In reifer Vollentfaltung ist der rel Akt eine Hinwendung der geistigen ↗ Seele in der Ganzheit ihrer Anlagen zu ↗ Gott als dem wirklichsten u ins Leben wirkenden transzendenten Höchstwert, dem die Seele in den einander ergänzenden u fordernden Haltungen von Distanz wahrender Ehrfurcht u Einigung suchender Liebe gegenübersteht. Ehrfurcht u ↗ Liebe sind dabei nicht als rein emotionale Bewegtheit, sondern als ganzseelische Haltungen gemeint, wobei das den Gotteswert anerkennende willentliche „Ja" zu Gott im Erlebniskern steht. Rel Erleben ist Aktuierung nicht eines besonderen, neben den allg Geistesfähigkeiten stehenden *rel Sinnes*, wohl aber der im tiefsten rel Anlage der Menschenseele, die auf das Unendliche ausgerichtet ist. Diese ist nicht auf bestimmte Menschentypen beschränkt, sondern in der Menschennatur als solcher grundgelegt. Sie bedarf aber der Entfaltung u Pflege durch Erziehung u kann, wo diese mangeln, verkümmern.

b) *WW Meissner:* Annotated Bibliography in Religion and Psychology, NY 1961. – *H Pinard de la Boullaye:* Étude comparée des religions 1922 [mit reicher Lit-angabe u krit Würdigung der Forschungen seit Schleiermacher]; *K Girgensohn:* Der seel Aufbau des rel Erlebens, ²1930 hg v W Gruehn [i Anhang Entwicklung der RP seit Girgensohn]; *W Gruehn:* Das Werterlebnis 1924; *ders:* RP 1926; *ders:* Die Frömmigkeit der Gegenw 1956; *W Keilbach:* Die Problematik der Religionen 1936; *A Willwoll:* Vom Unbewußten i Aufbau des rel Erlebens, in: Rätsel der Seele, hg v E Spieß (Olten 1946); *ders:* Über die Struktur des rel Erlebens, in: Schol 14 (1939) 1–21; *W Pöll:* RP 1965; *A Vergote:* RP 1970. – c) *R Otto:* Das Heilige 1917 u ö; dazu vgl *J Geyser:* Intellekt oder Gemüt 1921; *S Freud:* Die Zukunft einer Illusion; *CG Jung:* Psych u Religion 1942; *GW Allport:* The Individual and his R, NY ¹²1973. – d) *V Rüfner:* RP heute, in: Münch Theol Z (1963). Willwoll

Romantik. Die R als Bewegung reicht vom Ende des 18. bis in die Mitte des 19. Jhts. Doch ihr Einfluß dauert bis heute fort; das gilt zumal von Deutschland, wo es nach dem ersten Weltkrieg zu einer neuen Begegnung mit ihr kam. Für die Eigenart der R ist es kennzeichnend, daß sie das geistige Leben in seiner vollen Breite umfaßt u ergreift. Was die Phil im besonderen angeht, so gibt es Philosophen, die man Romantiker nennen kann *(Schleiermacher* u vor allem *Schelling),* u wenigstens einen Romantiker, der unter die Philosophen eingereiht zu werden verdient *(Fr Schlegel).*

Geschichtlich betrachtet, entstand die R als Gegenschlag gegen die ↗ Aufklärung mit ihrer Überschätzung der Vernunft u des allg Begriffs. Zwischen dem ↗ Deutschen Idealismus u ihr spielt eine vielfältige Wechselwirkung, durchsetzt von Gegensätzlichkeit. Wie sie von der Produktivität des Ich u insbesondere der Phantasie bei *Fichte* u von *Schellings* Primat des Ästhetischen Anregungen empfing, so wurde umgekehrt auch Schelling von ihren Antrieben getragen u geprägt u nicht weniger *Hegels* Sicht des geschichtlichen Werdens durch sie (vorab durch *Schlegel)* befruchtet.

Inhaltlich gesehen, ist die R ein überaus vielgestaltiges u schillerndes Gebilde; doch lassen sich gemeinsame Grundzüge in ihr erkennen. Zunächst wird statt Vernunft u Begriff das Leben in seiner ganzen Fülle zur Mitte, um die alles schwingt; nicht umsonst hat *F Schlegel* eine „Philosophie des Lebens" geschrieben. Der Sinn für die Eigengesetzlichkeit des Lebens erwacht; wie die Wirklichkeit eine umfassende organische Einheit, in der auch der Gegensatz von Natur u Geist wurzelt, darstellt, so muß nicht weniger das ihr allein angemessene Erfassen „*organisch*" sein. Von hier aus werden die organischen Bindungen neu gesichtet, in denen der Mensch steht, das Volkstum u dahinter die Menschheit; deshalb geht man dem Volksgeist u der Sprache nach. Damit hängt schließlich eine echte Wertung der Geschichte in ihrer Unableitbarkeit u des geschichtlich Gewordenen zusammen, wobei man sich mit einer wahren Entdeckerfreude besonders dem Mittelalter zuwandte. – Auch der Mensch selbst wird in seiner Lebensganzheit genommen. Mehr als Verstand u Wille kommen das Fühlen u die Phantasie zur Geltung, woran sich zeigt, daß die R vorwiegend im Künstlerischen u zumal im Dichterischen beheimatet ist. So hat die Führung ein irrationales Sich-eins-fühlen u Mit-leben mit allem, das zugleich als intellektuelle Anschauung erscheint. Diese widerstrebt jedem fest umrissenen Begriff u begleitet das Leben in seinem unablässigen Fortgang oder seinem ins Unendliche fließenden, jede Gestalt wieder auflösenden Werden. Eine solche Haltung war natürlich systematischer Denkbemühung wenig günstig. – Mit dem Zurückdrängen des Begriffs u seiner Allgemeinheit wurde der Einzelne wieder in seiner Eigenständigkeit sichtbar, freilich zunächst der außerordentliche, genialische Einzelne. Obwohl man noch nicht ganz das idealistisch-pantheistische Untergehen des Einzelnen im All überwindet, so herrscht doch das Wachsen des Einzelnen am All vor. Freilich droht hier die andere Gefahr einer Verflüchtigung der objektiven Seinsordnung im Subjekt, eines letzten spielerischen Un-ernstes, der das Sein in bloße Dichtung auflöst u sich in der romantischen *Ironie* ausspricht. Doch haben Männer wie gerade *Schlegel* das Objektive so ernst genommen, daß sie sich zum persönlichen Gott durchrangen. – Die Wurzel aller Bedenken, die sich gegen die R erheben, ist ihr einseitiger Irrationalismus (↗ Irrational), der aber ihre leitenden Grundeinsichten nicht ihrer Fruchtbarkeit beraubt. ↗[158]

PH Funk: Von der Aufklärung z R 1925; *S Behn:* Romant oder klass Logik 1925; *L Wirz:* F Schlegels phil Entwicklung 1939; *M Honecker:* Die Wesenszüge der dt R i phil Sicht, in: Ph Jb 49 (1936) 199–222; *Th Steinbüchel:* Das Probl der Existenz i idealist u romant Phil u Religion: Scientia Sacra 1935, 169–228; *H Becher:* Die R als totale Bewegung, in: Schol 20–24 (1949) 182–205 [Bibliogr]; *A Dempf:* Das Erbe der R u das jeweils Klassische, in: Hochland 22 (1925) II, 573–88; *GMM Cottier:* Du romantisme au marxisme 1963; *O Pöggeler:* Hegels Kritik der R 1956; *G v Hofe:* Die R-kritik Sören Kierkegaards 1972. – *H Knittermeyer:* Schelling u die romant Schule 1929; *R Benz:* Die dt R ²1938; *W Bietack:* Lebenslehre u Weltanschauung der jüngeren R 1936; *R Haym:* Die romant Schule ⁵1928; *P Kluckhohn:* Das Ideengut des dt R ²1942; *A Tumurkin:* Die romant Weltanschauung 1920; *O Walzl:* Deutsche R 1923–26. Lotz

Sachverhalt. Unter S verstehen wir den im ↗ Urteil ausgedrückten Gegenstand (also nicht den Gegenstand im engeren Sinn des im Begriff Gedachten), nicht so sehr insofern er im Urteil als Denkinhalt enthalten ist als vielmehr insofern er unabhängig von ihm besteht. Ein S besteht also darin, daß einem Seienden (das durch das Subjekt des Urteils ausgedrückt wird) eine Bestimmung (ein Merkmal, eine Eigenschaft, Tätigkeit, Beziehung – eben das, was im Prädikat ausgedrückt ist) zukommt. Dem logischen Gefüge des Urteils entspricht aber nicht ein gleichartiges Gefüge des S, oft jedoch, aber keineswegs immer, eine analoge Beziehung, zB die von Substanz u Akzidens. Wenn der S „ein Sein" genannt wird, so nicht deshalb, weil das „Sein" der Kopula unmittelbar das ↗ Sein als Akt des Seienden bezeichnet, sondern weil es letztlich in diesem Sein „gründet", wie *Thom v Aq* sagt. – Man unterscheidet *notwendige* u *kontingente S-e*. Unbedingt notwendige S-e sind – wenn wir vom Dasein Gottes absehen – bloße *Wesensverhalte,* die an sich kein wirkliches Dasein besagen; so besagt zB der in dem Satz „2 × 2 = 4" ausgedrückte S nicht, daß 2 × 2 irgendwann wirklich besteht, sondern nur, daß mit dem Wesen von 2 × 2 notwendig die Gleichheit mit 4 gegeben ist, so daß, *wenn* irgendwann 2 × 2 verwirklicht ist, es notwendig gleich 4 ist. – Die Redeweise, daß dem wahren, negativen Urteil ein „an sich bestehender *negativer S*" entspreche, ist mißverständlich; das negative Urteil ist wahr, wenn der in ihm verneinte S in der Wirklichkeit gerade „nicht" besteht; dem Negativen kann kein „An-sich-Sein" zugeschrieben werden.

M Honecker: Gegenstandslogik u Denklogik 1921; *A Reinach:* Zur Theor des negativen Urteils, in: Ges Schr 1921, 56–120; *A Wilmsen:* Zur Kritik des log Transzendentalismus 1935; *I Habbel:* Die S-Problematik i der Phänomenologie u bei Thom v Aq 1960. de Vries

Schein, Ggs zu ↗ Wirklichkeit, aber auch zu ↗ Erscheinung (bloßer Sch), besteht darin, daß die sinnlichen oder gedanklichen Inhalte so beschaffen sind, daß sie ein falsches Urteil nahelegen. *Sinnen-Sch* liegt vor, insofern die Wahrnehmung den Gegenstand anders zeigt, als er ist. In weitem Maß geschieht dies durch die gesetzmäßige Umsetzung der äußeren Reize in Empfindungen u Wahrnehmungen, durch die der Erfahrene nicht getäuscht wird. Von *Sinnestäuschung* (Sch im engeren Sinn) spricht man nur, wenn die Sinneseindrücke durch den Einfluß der Phantasie verfälscht werden. Sie wird zur *Trugwahrnehmung,* wenn durch die beigemischten Phantasievorstellungen andersartige Gegenstände erscheinen, als wirklich da sind *(Illusion),* oder wenn bloße Vorstellungen die Lebhaftigkeit einer Wahrnehmung annehmen u so Dinge vortäuschen, die überhaupt nicht da sind *(Halluzination).* Der *gedankliche (logische) Sch* besteht meist in einer oft sprachlich bedingten Gefahr der Verwechslung von Begriffen. Zur *Täuschung* im eigentlichen Sinn kommt es erst, wenn sich der Mensch durch den sinnlichen oder logischen Sch zu einem falschen Urteil verleiten läßt. – *Kant* spricht außer von dem *empirischen Sch* (Sinnen-Sch oder logischer Sch) vom *transzendentalen Sch,* der darin besteht, daß der Mensch immer wieder versucht ist, die Kategorien u die auf ihnen beruhenden Grundsätze über den Bereich der

Erfahrung hinaus, für den allein sie gelten, auf das erfahrungstranszendente ↗ Ding an sich anzuwenden ↗ Kritizismus.

Illusionismus ist die Ansicht, daß alles oder das meiste, was man gewöhnlich für wirklich hält, nur Sch ist: eine Form des ↗ Skeptizismus. Ähnlich nahm die *Als-ob-Philosophie* (der *Fiktionalismus*) Vaihingers an, daß alle menschliche Erkenntnis aus Fiktionen bestehe; doch werden manche dieser Fiktionen als lebenfördernd empfohlen ↗ Pragmatismus.

a) *Kant:* Krit d rein Vern B 349–355. – *J Fröbes:* Lehrb der exper Psych I ²1923, 227–37, 269–72; *W Stern:* Allg Psych ²1950, 223–50; *U Ebbecke:* Wirklichkeit u Täuschung 1956; *S Spörli:* Über die Bedingungen der äußeren Wahrnehmungstäuschungen 1959. – d) *H Scholz:* Die Religionsphil des Als-ob 1921. – ↗ Irrtum

de Vries

Schema. Das Sch steht in der Erkenntnislehre *Kants* (↗ Kritizismus) als verbindendes Mittelglied zwischen den reinen Verstandesbegriffen (Kategorien) u den einzelnen sinnlichen Gegebenheiten; es ermöglicht die Anwendung der Kategorien auf das Gegebene. Es selbst ist als „Produkt der Einbildungskraft" sinnlich, nämlich eine Weise der Zeitlichkeit; anderseits ist es wegen seiner Allgemeinheit u Apriorität mit dem Begriff verwandt. So ist zB das Sch, das dem Begriff der Kausalität entspricht, die regelmäßige Aufeinanderfolge von Erscheinungen in der Zeit; sie ermöglicht es, die vorangehende Erscheinung als Ursache, die folgende als Wirkung zu denken. – Gelegentlich spricht Kant nicht nur von dem „transzendentalen Sch" des reinen Verstandesbegriffs, sondern auch von einem Sch empirischer Begriffe (zB des Begriffes „Hund"), das die wesentlichen Züge der Gestalt vereinfacht zusammenfaßt. Das „Verfahren des Verstandes mit den Sch-ta" nennt Kant den *Schematismus* des reinen Verstandes. – In der scholastischen Erkenntnislehre entspricht dem Schematismus das Wirken der „*vis cogitativa*" (↗ Sinneserkenntnis), durch das die Sinneseindrücke so zusammengefaßt werden, daß anschauliche Gestalten entstehen, an denen die abstrahierende Tätigkeit des Verstandes anknüpft. – Über die Funktion der Sch-ta für den Instinkt ↗ dort.

a) *Kant:* Krit d rein Vern B 176–189. – *M Heidegger:* Kant u das Probl der Metaph ²1951; *JB Lotz:* Einzelding u Allgemeinbegriff, in: Schol 14 (1939) 321–45; *K Rahner:* Geist i Welt ³1964; *St Breton:* Image, schème, concept, in: Sciences ecclés 15 (1963) 7–20; *I Camartin:* Kants Schematismuslehre u ihre Transformation beim jungen Fichte, Diss. 1971.

de Vries

Schluß ist jene Denktätigkeit, bei der man von der Annahme eines oder mehrerer Sätze zur Annahme eines anderen übergeht aufgrund der Einsicht in deren notwendigen Zusammenhang. Beim *unmittelbaren Sch (einfache Folgerung, Illation)* geschieht der Übergang ohne Vermittlung eines dritten Satzes (B: ↗ Gegensatz, Modalität), beim *mittelbaren Sch (ratiocinium)* oder *Syllogismus* wird von mehreren (beim einfachen Syllogismus von zwei) *Vordersätzen (Prämissen)* auf einen *Nachsatz (Schlußsatz, Konklusion)* geschlossen. Das Schließen enthält zwei Schritte: die Einsicht in den inhaltlichen u notwendigen Zusammenhang der Sätze u die Ausdehnung der Behauptung von den Vordersätzen auf den Nachsatz. Die *Schlußkraft (Konsequenz, Folgerichtigkeit)* des Sch beruht nur auf dem notwendigen Zusammenhang des Satzinhaltes, abgesehen von dessen Wahrheit oder Falschheit. Wo diese, nicht nur als Annahme, sondern als wahr, wahrscheinlich oder gewiß behauptet, im Spiele sind, handelt es sich um einen ↗ Beweis. Das Bestehen des logischen Zusammenhangs wird durch die bestimmte Form des Sch gewährleistet. Die Schlußformen sind verschieden bei den ↗ kategorischen u ↗ hypothetischen Sch.

Verschiedene Schlußarten: Ein Syllogismus, der mehr als zwei Vordersätze besitzt, heißt *Polysyllogismus*. Werden zwei einfache Syllogismen so zusammengefügt, daß der Schlußsatz des einen zugleich Vordersatz des andern ist, so heißt der erste Teil *Prosyllogismus*, der zweite *Episyllogismus*. Werden mehrere Sätze so zusammengeschlossen, daß in jedem folgenden das Prädikat des vorigen zum Subjekt wird, der Schlußsatz aber das Subjekt des ersten mit dem Prädikat des letzten zusammenfaßt, so entsteht ein *Kettenschluß* oder *Sorites*. Beim goklenischen Sorites wird das Subjekt des vorigen zum Prädikat des nachfolgenden Satzes u im Schlußsatz das Subjekt des letzten mit dem Prädikat des ersten zusammengefügt. – Wird einem Vordersatz die Begründung beigefügt, so entsteht ein *Epicherem;* läßt man einen der Vordersätze als in Gedanken zu ergänzen aus, so entsteht ein *Enthymem*. Im *Analogieschluß* schließt man aus der Ähnlichkeit zweier Verhältnisse, daß auch die Eigenschaften der Verhältnisglieder des einen Verhältnisses denen des anderen ähnlich sind. Voraussetzung dafür ist, daß jene Eigenschaften dem Verhältnis, gerade sofern es dem anderen ähnlich ist, entweder zugrunde liegen oder aus ihm erwachsen. Im *Konvergenzschluß*, dessen Wichtigkeit für die Geschichte u die Glaubensbegründung besonders *JH Newman* betont hat, wird aus verschiedenen Gründen, von denen keiner für sich allein hinreichend ist, auf einen Tatbestand geschlossen. Er führt nur zur Gewißheit, wenn die gemeinsame Richtung der Gründe bloß im Tatbestand selbst ihre Ursache haben kann. – In der *Widerlegung (apagogischer Sch)* wird die Unmöglichkeit eines Satzes erschlossen, indem man zeigt, daß aus ihm Widersprüchliches folgt. In der *Retorsion* wird eine Argumentation umgedreht, indem aus den Voraussetzungen des Gegners die Verneinung seiner These erschlossen wird. – Modalschluß: ↗ Modalität.

a) *Aristoteles:* Erste Analytiken oder Lehre v Sch (ed Rolfes); Topik (ed Rolfes 1918 ff). – b) *JH Newman:* An Essay in Aid of a Grammar of Assent 1870 (dt: Entwurf einer Zustimmungslehre 1961); *G Gentzen:* Unters-en über das Schließen, Neudr 1969. – c) *F Weidauer:* Zur Syllogistik 1928. – d) *G Patzig:* Die arist Syllogistik ³1969; *W Albrecht, A Hanisch:* Aristoteles' assertor Syllogistik 1970. Weitere Lit ↗ Logik.   Brugger

Schmerz. Unter Sch versteht man heute in der Psychologie meist eine bestimmte Art der ↗ Empfindung, sei es an der Haut oder an den inneren Organen, die schon bei geringer Intensität starke Unlust auslöst. Als Organ dieser Empfindung wurden eigene *Schmerzpunkte* entdeckt, die in großer Zahl (2–4 Millionen) unregelmäßig über die ganze Haut verteilt sind u spezifisch reagieren. Daß die verschiedensten Empfindungen bei großer Stärke in Sch übergehen, kommt daher, daß dabei benachbarte Sch-punkte mitgereizt werden. Die inneren Organe scheinen für äußere Eingriffe oft weniger empfindlich zu sein, wohl aber für manche innere Veränderungen (zB Entzündungen). Zweck des Sch ist es, das Lebewesen vor schädigenden Reizen zu schützen oder es anzutreiben, erfolgte Schäden wieder zu beseitigen. Der Sch selbst ist also dadurch ↗ Übel, daß er das Erlebnis eines Übels ist. Da der Sch starke Unlust auslöst, wird im gewöhnlichen Sprachgebrauch auch diese Unlust selbst, das Widerstreben gegen das empfundene oder wahrgenommene Übel, Sch genannt. Der Sch in diesem weiteren Sinn kann sich sowohl im sinnlichen wie im geistigen Strebevermögen finden u auf die Erkenntnis anderer als körperlicher Schädigungen beziehen. Er heißt dann *seelischer Sch.*

a) *Thom v Aq:* STh I. II q 35. – *J Fröbes:* Lehrb der exper Psych I ³1932, 149–51, 169–76; II ³1929, 293–95; *F Sauerbruch, H Wenke:* Wesen u Bedeutung des Sch ²1961; *F Knipp:* Die Sinnwelt der Sch-en 1937; *CS Lewis:* Über den Sch 1954 [Üb]; *GA Buttrick:* God, Pain and Evil, NY 1966; *R Serjeant:* Der Sch – Warnsystem des Körpers 1970. Brugger

Scholastik als Wort kommt von *schola, scholasticus* (Schule, Lehrer) u bedeutet: Wissenschaft der Schule. Sachlich meinen wir damit die in den Schulen des Mittelalters ausgebildete theol-phil Wissenschaft. Wir sprechen im folgenden nur von scholastischer (schol) Phil. – Ihrer Eigenart nach ist sie zunächst ↗ christl Phil. Sie dient der Theologie *(ancilla theologiae)* u wird zugleich immer mehr echtes Ringen um die großen Menschheitsfragen, eine selbständige Wissenschaft mit eigenen Grundlagen, Problemen u Methoden. Dann ist sie vorwiegend Sache der Schule. Das bedeutet Ehrfurcht vor der Überlieferung, Zurückhaltung gegenüber voreiligen Neuerungen, organisches Wachstum, Dauer eines Grundbestandes nach Inhalt u Methode. In diesem Raume aber entfalten sich schöpferisches Weiterbilden des Erbgutes, sein Einschmelzen in den echten Fortschritt des eigenen Denkens, lebhaftester Austausch überaus vielgestaltiger u scharfgeprägter Persönlichkeiten u Richtungen; ein Genie wie *Thomas von Aquin* setzt sogar teifgreifendste Umwälzungen durch. Daß die Sch nicht in toten Begriffen u leerer Konstruktion untergeht, zeigen ihr inniger Wechselverkehr mit dem strömenden Leben der Mystik u ihre nicht zu unterschätzende Naturbeobachtung.

Aus der eben umschriebenen Eigenart erwächst die *schol Methode* für Unterricht u Schrifttum. Die überlieferten Texte erschloß die *lectio* (Vorlesung) durch Erklärungen, die in Kommentaren niedergelegt wurden. Die allseitige Vertiefung von Einzelfragen vollzog in geregelter Rede u Gegenrede die Disputation; ihr entstammen die Sammlungen der *quaestiones* (Fragen). Der Aufbau der schol Quaestio umfaßt die Gründe für u wider, die eine Frage problematisch auflockern u meist auf Autoritäten zurückgehen, dann die Entfaltung u Begründung der positiven Lösung u schließlich die Beantwortung der ihr entgegenstehenden Einwände. Dieses Schema benutzten vielfach auch die Kommentare, um in selbständiger Fragestellung eigene Gedanken an die Texte anzuknüpfen, u namentlich die großen theologischen *Summen* zur Entfaltung ihrer umfassenden Systematik. Daneben wurde auch eine freientwickelnde Form angewandt, etwa in der phil Summe (Summe wider die Heiden) des Aquinaten u in kleineren Untersuchungen *(opuscula)*, die der Spezialforschung dienten. Immer kennzeichnen die schol Methode scharfe Fragestellung, klare Begriffe, logische Beweisführung u eindeutige Terminologie.

Zum Entstehen der Sch trugen drei Quellen bei. Von der Patristik besitzt vor allem *Augustinus* unabsehbaren Einfluß. Der ↗ Neuplatonismus wirkt durch Augustinus, den *Pseudo-Areopagiten*, den Liber de causis (Buch von den Ursachen) u die islamitisch-jüdische Phil. Die eigentliche Prägung aber geht von *Aristoteles* aus, den zuerst bes *Boëthius* vermittelt hat u dessen sämtliche Schriften seit der Mitte des 12. Jhts allmählich ins Lateinische übersetzt werden. Dazu treten die griechischen u arabischen Kommentare (besonders *Avicenna* u *Averroes*) u die übrigen Werke der islamitisch-jüdischen Phil. – In der Entwicklung der Sch unterscheiden wir Früh-, Hoch- u Spät-Sch. Die Wege bereitet die *Vor-Sch*, die nur das Vorhandene weitergibt; aus ihr ragt im 9. Jht *Joh Scotus Eriugena* mit einem idealistisch-pantheisierenden System hervor. Die *Früh-Sch* umfaßt das Ende des 11. u das 12. Jht; sie wird von *Anselm v Canterbury*, dem „Vater der Sch", eröffnet. Im Vordergrund steht das *Universalienproblem;* am meisten fördert es *Peter Abälard,* der zwischen Nominalismus u Ultrarealismus eine Mitte sucht. Unter den Schulen jener Zeit sind vor allem die von *St. Viktor* u die von *Chartres* zu nennen. – Die *Hoch-Sch* ermöglichen neben den neu erschlossenen Quellen das Aufblühen der Universitäten (vorab der von Paris) u die wissenschaftliche Regsamkeit der Bettelorden. Den ↗ Augustinismus der älteren Franziskanerschule (mit *Alexander von Hales* u *Bonaventura*) u Dominikanerschule überstrahlt der christl Aristotelismus der jüngeren Dominikanerschule. Die Großtat der Vereinigung des Aristoteles mit dem augustinischen Erbe leitet *Albert der Große* ein; sie vollendet *Thomas von Aquin,* der führende Geist u gewaltigste Systematiker der Hoch-Sch. Von Aristoteles geprägt ist auch die jüngere Franziskanerschule, obwohl sie die augustinische Linie weiterführt; sie geht von dem kritischen *Joh Duns Scotus* aus u heißt deshalb ↗ Skotismus. Im Ggs zu diesen christl Richtungen steht ein rein phil Aristotelismus, besonders der unchristliche Averroismus des *Siger von Brabant*. – Die *Spät-Sch* des 14. u 15. Jhts bildet verschiedene Ordensschulen u leistet Bedeutendes in der Naturforschung (wie vorher *Albert der Gr* u *Roger Bacon*). Auch die deutsche Mystik erlebt eine neue Blüte; hier nimmt den Neuplatonismus *Meister Eckart* auf. Doch tritt mehr u mehr das Schöpferische zurück, verliert man sich in formalistischen Spitzfindigkeiten; zersetzend wirkt namentlich *Wilhelm von Ockham,* dessen positive Leistungen für die Logik nicht übersehen werden dürfen, durch seinen ↗ Nominalismus. So entartet, begegnet die Sch dem Humanismus, dessen Kritik heute noch fortlebt, die klassische Sch aber nicht trifft; diese erlebt noch einmal eine Blüte in der sog Spanischen Sch des 16. Jhts, deren bedeutendster Vertreter *Franz Suárez* ist ↗ Suarezianismus.

Gewiß hat die Sch ihre Grenzen; weniger entwickelt ist die Erkenntnistheorie, kaum das Verständnis für Geschichte. Doch bleibt ihre Bedeutung unvergänglich, weil sie zum erstenmal die christl Phil systematisch ausbaut u so begründet. Ihr Begriff vergewaltigt nicht als tote Schablone das Gegebene, sondern erhellt es von innen in seiner Wesensstruktur. Deshalb kann sich christl Phil jederzeit nur in org Weiterführen der Sch verwirklichen, was auch für das heutige Ringen um eine neue, die Fragen u Erkenntnisse der Gegenwart aufarbeitende Gestalt des christl Denkens gilt ↗Neuscholastik. – ↗[87–129]

F van Steenberghen: Phil des MA, Bern 1950 [Bibliogr]; *F Ueberweg, B Geyer:* Die patrist u schol Phil [11]1928 [Lit]; *Totok* II 1973; *M de Wulf:* Histoire de la phil médiévale [6]1934ff (dt: Gesch der mittelalterl Phil [nach der 4. Aufl 1912]); *Beiträge* z Gesch der Phil (u Theol) des MA, hg v C Baeumker u a seit 1891; *F Ehrle:* Die Sch u ihre Aufgaben i unserer Zeit [2]1933; *M Grabmann:* Phil des MA 1921; *ders:* Die Gesch der schol Methode 1909–11; *ders:* Mittelalterl Geistesleben 1926–36; *É Gilson:* La phil au moyen âge, P [3]1947; *ders:* Der Geist der mittelalterl Phil, dt Wien 1950; *H Meyer:* Die Weltanschauung des MA 1948; *Th Steinbüchel:* Christl MA 1935; *A Dempf:* Die Hauptform mittelalterl Weltanschauung 1925; *ders:* Die Metaph des MA 1930; *A Maier:* Studien z Naturphil der Spät-Sch, 5 Bde, 1949–58; *C Baeumker:* Die christl Phil des MA (Kultur der Gegenw I 5) [3]1923; *J Hessen:* Patrist u schol Phil 1922; *J Hirschberger:* Gesch der Phil I [9]1974; *J Fischl:* Gesch der Phil I, Graz 1947; *J Maréchal:* Le point de départ de la métaphysique I [2]1927; *A Forest, F van Steenberghen, M de Gandillac:* Le mouvement doctrinale du XIe au XIVe siècle, P 1951; *J Pieper:* Sch. Gestalten u Probleme der mittelalterl Phil 1960; *HJ de Vleeschauwer:* La scolastica, Turin 1960; *M-D Chenu:* Sch, in: Handb theol Grundbegriffe II 1963; *F Fellmann:* Sch u kosmolog Reform 1971. – *K Vorländer:* Gesch der Phil I [9]1949; *K Schilling:* Gesch der Phil I [2]1951. – ↗Neuscholastik.
Lotz

Schönheit hängt sprachlich mit ‚schauen' zusammen. Schön bedeutet ursprünglich: beschaubar, sehenswert; dann: hell, glänzend, herrlich, woraus allmählich der heutige Sinn erwuchs. Diese Geschichte des Wortes leitet zum Sachlichen hin, das in zwei mittelalterlichen Formulierungen umrissen ist. Die eine hat *Thomas v Aquin* geprägt; sie beschreibt das Schöne als das, was im Schauen gefällt (quae visa placent), also vom Sch-erlebnis her; die andere stammt von *Albert dem Großen* u nennt den Grund im Schönen selbst, der solches Erleben auslöst, nämlich das Leuchten der Form (splendor formae). Setzen wir bei der zweiten Formel an.

Form meint zunächst die sinnlich anschauliche Gestalt u dann die darin aufleuchtende u zugleich sich verbergende Wesensgestalt oder Wesenheit u damit den Seins-Kern des Seienden. Den Inhalt des Seins aber sprechen die ↗Transzendentalien aus: Einheit, Wahrheit, Gutheit. Da nun Sch das Leuchten der Form ist, müssen im Schönen diese Eigenschaften in hellem Glanz aufstrahlen. Das besagt aber: sie müssen in sich selbst vollkommen sein (nicht gestört oder gar gebrochen), dann miteinander harmonisch zusammenklingen (nicht nebeneinander herlaufen oder einander widerstreiten) u schließlich in dieser ihrer Vollendung strahlend aufleuchten (nicht verborgen bleiben u nur mühsamem Erarbeiten zugänglich sein). Sch ist also jene Weise der Vollendung, in der ein Seiendes das Sein in der ihm eigenen Form oder nach der ihm innewohnenden Idee ganz ausprägt u so seine Idealgestalt wenigstens annähernd erreicht, wobei diese wiederum in der sinnlich anschaulichen Gestalt möglichst greifbar aufleuchtet.

Dem Schönen antwortet das Erleben des Menschen zunächst im Schauen. Weil hier das Seiende in seinem vollendet ausgeprägten Sein strahlend aufleuchtet, bleibt dem Erkennen nichts mehr zu suchen, wird ihm, über die Unruhe u Mühsal des Diskurses hinaus, die Ruhe u Leichtigkeit seines vollendeten Aktes, eben des Schauens, gewährt. Aus der Vollendung des Schönen u des Schauens aber erwächst das *Gefallen* als das entzückte Ruhen in der erreichten Vollendung. Damit erfährt das Streben über allen Hunger des Begehrens hinaus die Sättigung des unaussprechlich beglückenden Besitzes als seinen höchsten Akt; hingerissen vom Schönen, gibt sich der Mensch selbstvergessen an das Vollendete hin. Dem vollendeten Offenbarwerden des Seins im Seienden entspricht das vollendete Spiel u Ineinanderschwingen der sinnlichen u geistigen Seelenkräfte u so ein Höchstzustand des Menschen.

Von hier aus wird mehreres verständlich, zunächst die Dämonie der Sch. Ihr Rausch bezaubert den Menschen, so daß er ihr alles opfert. Er vergißt, daß er im Schönen die Vollendung zwar wie in einem Bilde schaut u erlebt, aber noch nicht ohne weiteres persönlich lebt u wirklich ergreift. Auch übersieht man oft die Stufen, auf denen die Sch immer tiefer u strahlender wird. Als sinnengebundenes Wesen vom Blühen des Leibes berückt, beachtet man kaum das Blühen des Geistes, in dem sich doch auch die Sch des Leibes erst vollendet. – Läßt sich der Mensch nicht von dieser Dämonie verführen, so wird er die Sch als ein Widerleuchten des Jenseits, der absoluten Vollendung Gottes u seiner Schöpferideen empfinden. Deshalb drängt das schönheitstrunkene Herz von der vielfach gebrochenen Sch dieser Erde zu der lauteren Ur-Sch empor. Hier berühren wir *Platons* Eros, dessen Aufstieg er im „Symposion" ergreifend entfaltet. – Schließlich wird klar, daß vollendete Sch im irdischen Bereich unsagbar gefährdet, immer nur ein flüchtiger Augenblick ist. Wer sich an sie allein klammert, muß immer wieder erfahren, daß er sie nicht festhalten kann. Daher die abgründige Trauer etwa der griechischen Plastik.

Ist die Sch ein Transzendentale? Ihre nahe Beziehung zu Einheit-Wahrheit-Gutheit spricht dafür. Dann müßte aber jedes Seiende schön sein. In der Tat ist auch jedes Seiende in dem Maße schön, wie es in seinem Sein vollendet ist. Da ihm nun, solange es überhaupt ist, ein gewisser Anfang oder auch Spuren der eigentlichen Vollendung, also ein gewisses Aufleuchten der Transzendentalien nie abgeht, besitzt es stets eine wenigstens initiale Sch. – Ist alles Seiende im umschriebenen Sinne schön, so eignet dem Geistigen am meisten Sch, weil es am vollendetsten im Sein steht. Gehört also sinnliche Anschaulichkeit nicht wesentlich zur Sch? Sinnliches Aufleuchten ist durch die Sch der Körperdinge gefordert; auch bietet es uns Menschen das zunächst packendste Erlebnis der Sch. Doch gibt es ebenso ein geistiges Aufleuchten, das uns schon beglückt, wenn uns ein schauhaftes Umfassen geistiger Gehalte gelingt, aber erst recht den, der über geistige Schau verfügt.

Eine wichtige Sonderart des Schönen ist das *Erhabene*. Das, was aufleuchtet, besitzt Größe, ‚erhebt' sich wesentlich über das Gewöhnliche, hat das Gepräge des Außerordentlichen, Überragenden; auf uns bezogen, erscheint es als übermenschlich, staunenswert, oft als unermeßlich, unendlich. Dazu muß ein Aufleuchten kommen, das des erhabenen Inhalts würdig ist. Dem Gefallen mischt sich hier Bewunderung, Ehrfurcht, oft ein gewisser Schauer bei.

Das Gegenteil des Schönen heißt das *Häßliche*. Unbeschadet der initialen Sch, die jedem Seienden unverlierbar innewohnt, kann etwas in seiner konkreten Verwirklichung so sehr den Grundeigenschaften des Seins u seiner Idee im besonderen widerstreiten, daß alles verzerrt wird u diese Verzerrung in seiner Gestalt nur allzu deutlich zum Ausdruck kommt, alles andere überlagert. Auf solch ein Häßliches antworten wir mit *Abscheu*. Allerdings kann etwa ein rein körperlich häßliches Menschenantlitz so tief von geistiger Sch durchstrahlt sein, daß diese alles überwiegt. – ↗ Ästhetik.

b) *Th Haecker:* Sch 1936; *J Staudinger:* Das Schöne als Weltanschauung 1948; *C Nink:* Ontologie 1952, Kap 25, Anhang 2; *A Marc:* Dialectique de l'affirmation 1952, Buch I, Kap 5; *D v Hildebrand:* Die Menschheit am Scheidewege 1955, 407–78; *J Lotz:* Ästhetik aus d ontologischen Differenz 1984; *M de Wulf:* Art et beauté, Louvain ²1943. – c) *A Schopenhauer:* Parerga u Paralipomena, Kap 19: Zur Metaph des Schönen u Ästhetik; *K Riezler:* Traktat v Schönen 1935; *A Wiegand:* Die Sch u das Böse 1967. – d) *J Tscholl:* Gott u das Sch beim hl Augustinus, Louvain 1967; *W Czapiewski:* Das Sch bei Thom v Aq 1964; *G Freudenberg:* Die Rolle v Sch u Kunst i System der Transzendentalphil 1960; *HG Juchem:* Die Entwicklung des Begriffs des Sch bei Kant 1970; *K Neumann:* Gegenständlichkeit u Existenzbedeutung des Sch 1973 [zu Kant]. – ↗Ästhetik, Kunst. Lotz

Schöpfung (1) bedeutet zunächst das Erschaffene ↗Welt, dann (2) das Erschaffen, dh die freie Hervorbringung eines Dinges seinem ganzen Sein nach. Sch (2) in diesem (theistischen) Sinne ist Sch aus dem Nichts. Das bedeutet nicht, daß dem Erschaffenen zeitlich das Nichts vorangegangen sein müßte, auch nicht, daß das Nichts eine Art von Stoff sei, aus dem das Erschaffene hervorgebracht würde, noch bedeutet es, daß keine Wirkursache für die Hervorbringung vorhanden sei, sondern einzig, daß das Erschaffene aus keinem vorliegenden Stoff hervorgebracht wird. Jede von der Sch verschiedene Hervorbringung ist eine Tätigkeit an etwas schon Vorliegendem, das dadurch verändert wird. Die Sch aber findet ohne eigentliche ↗ Veränderung statt. Sie ist deshalb kein zeitlicher Vorgang, obwohl mit ihr eine Zeit beginnen kann. Als Tätigkeit Gottes ist sie seine innere Willenstat, die nicht verschieden ist von seinem Wesen u deren Mächtigkeit nach außen hin die Welt als Wirkung hat, doch so, daß sie ohne innere Veränderung diese Wirkung auch nicht haben könnte.

Unter Sch (3) im neutralen, weder theistischen noch pantheistischen Sinn versteht man die vom ↗ Absoluten abhängige Entstehung der Welt, ohne daß näher angegeben wird, welcher Art die Abhängigkeit ist. Im ↗ Pantheismus bedeutet Sch entweder eine irgendwie geartete Entfaltung des Absoluten in die endlichen Formen unter Wahrung der substantiellen Identität mit dem Absoluten (Sch 4) oder eine echte, aber notwendige Hervorbringung des Weltseins (Sch 5). Durch diese Notwendigkeit werden Gott u Welt polare, sich gegenseitig fordernde Gegensätze. Beide Auffassungen zerstören die echte ↗ Unendlichkeit u ↗ Transzendenz Gottes.

Daß Gott die Welt durch Sch (2) hervorgebracht hat, ergibt sich aus der ↗ Kontingenz der Welt. Das Erschaffen kommt Gott, der Erstursache (↗ Ursache), allein zu, da es aus der Seinsmacht überhaupt, nicht aus der Macht bloß über dieses oder jenes Sein hervorgeht. Was selbst geschaffen ist, kann weder beigeordnete Haupt- noch untergeordnete Werkzeugursache (↗ Instrumentalursache) bei der Sch eines Dinges sein. Das erste nicht, weil die Sch ihrem Wesen nach sich auf das ganze Sein des zu Erschaffenden bezieht, das zweite nicht, weil die Sch Hervorbringung aus dem Nichts ist, während die Werkzeugursache entweder etwas schon Vorliegendes auf die Wirkung der Hauptursache vorbereitet oder die Wirkung der Hauptursache dem Vorliegenden zuleitet. – Daraus folgt, daß ein *Demiurg* (= ein von Gott abhängiger *Weltbildner*) höchstens als Weltordner, nicht als Weltschöpfer in Frage kommt. Doch haben wir keinen Grund, einen solchen von Gott verschiedenen, allgemeinen Weltordner anzunehmen.

Erhaltung der Welt: Aus der wesentlichen Abhängigkeit des Geschöpfes von der allmächtigen Wirksamkeit Gottes im ersten Augenblick seines Daseins ergibt sich notwendig die gleiche u unmittelbare Abhängigkeit auch für die Fortdauer des Seins, da diese das Wesen der Dinge in keiner Weise ändert. Eine *Vernichtung* der Welt bestünde also im bloßen Aufhören des daseinerhaltenden Einflusses; eine Tätigkeit könnte die Welt nicht vernichten, da das Nichts nicht das Ziel einer Betätigung sein kann. Daß Gott keinen Grund zur gänzlichen Vernichtung der Welt haben kann, hängt mit der notwendigen Hinordnung der ↗ Welt auf die Geistwesen u deren ↗ Unsterblichkeit zusammen.

Das *Schöpfungsziel* kann von seiten der Geschöpfe betrachtet werden oder von seiten Gottes. Die Welt oder Sch (1) hat ihr Ziel in Gott, insofern seine unendliche Seinsfülle sich in ihr auf endliche Weise kundtut (= *Verherrlichung Gottes*). Da diese Kundgabe ohne einen endlichen Geist, der sie vernimmt, sinnlos wäre, ist eine Sch ohne geschaffene Vernunftwesen wohl unmöglich. Die unvernünftigen Wesen sind also (in ihrer Gesamtheit) nur mittels der vernünftigen auf Gott hingeordnet, die vernünftigen jedoch unmittelbar. – Wegen seiner unendlichen Vollkommenheit kann Gott mit der Sch (2) unmöglich ein Gut für sich erreichen wollen. Zielgut der Sch ist Gottes schon bestehende, unendliche Vollkommenheit, insofern er sie durch endliche Nachahmung mitteilen will. Dieses Zielgut macht den Schöpferwillen Gottes zwar sinnvoll, aber nicht notwendig. Von einem Beweggrund im eigentlichen Sinn kann man bei Gott nicht sprechen, da Gott, im unbewegten Sein verharrend, die Welt erschafft ↗ Unveränderlichkeit.

Im übertragenen Sinn ist Sch (6) jede Hervorbringung, bei der etwas Neues, aus den aufgenommenen Bestandteilen nicht völlig Ableitbares in die Erscheinung tritt. In diesem Sinne muß man die dem geistigen Leben eigentümliche Regsamkeit als schöpferisch bezeichnen.

a) *Thom v Aq:* STh I q 44–46, 104; ScG II, 6–10, 15–27; zu Sch-ziel: ScG III, 16–24; *Suárez:* Disput metaph d 20–21. – b) *J Stufler:* Die Lehre des hl Thom v Aq über den Endzweck des Schöpfers u der Sch, in: Z f kath Theol 41 (1917) 656–700; *J Santeler:* Zur Lehre v der Sch, in: Z f kath Theol 69 (1947) 209–27; *AD Sertillanges:* L'idée de création et ses retentissements en phil 1945; *O Semmelroth:* Die Welt als Sch 1962; *L Scheffczyk:* Sch u Vorsehung 1963; *L Guelluy:* La création, Tournai 1963; *A Haas:* Sch-lehre als „Physik" u „Metaphysik" des Einen u des Vielen bei Teilhard de Chardin, in: Schol 39 (1964); *L Dümpelmann:* Kreation als ontisch-ontolog Verhältnis 1969 [zu Thom v Aq]; *HJ Thibault:* Creation and Metaphysics, Den Haag 1970. – c) *J Bauer:* Kausalität u Schöpfung 1947; *CF v Weizsäcker:* Die Tragweite der Wiss, 1: Sch u Weltentstehung ⁴1973. – e) *J Lotz, J de Vries:* Phil i Grundriß 1969. Naumann

Schuld ist die freie u darum zurechenbare Entscheidung gegen das ↗ Sittengesetz u den sittl Wert. Weil die sittl ↗ Pflicht ihren entscheidenden Grund im notwendigen Zusammenhang einer Handlung oder ihrer Unterlassung mit dem unbedingten Wert hat, der Gott selbst ist, ist die schuldhafte Tat nicht bloß die Störung einer unpersönlichen Ordnung, nicht bloß gegen die Würde der eigenen Person u die sittl bedeutsamen Ansprüche fremder Personen, sondern objektiv und, wenn der unbedingte Wert als persönliches göttliches Wesen erkannt wird, auch subjektiv *Sünde,* d i Frevel gegen die absolute ↗ Heiligkeit Gottes; das ↗ Böse bekommt so den Charakter einer auch persönlichen Beleidigung u Unbill. Große Dichter u Denker haben im Sch-gefühl des Menschen das Echo einer tiefen Überzeugung davon gefunden, daß die Sünde das größte aller ↗ Übel ist, u zwar deswegen, weil durch sie der heilige Gotteswille u die Gottesordnung verletzt werden. Die religiösen Sühneriten der meisten Völker beweisen das gleiche. Das auf Einsicht beruhende *Schuldgefühl* ist also keine Entehrung u Entartung *(Nietzsche),* sondern der Ausdruck der unverletzlichen Würde der eigenen Person u eines hochstehenden, feinen Gewissens. Allerdings gibt es auch ein krankhaftes Sch-gefühl, das auf Täuschung beruht.

Eine *Kollektivschuld* in dem Sinne, daß die Sch der verantwortlichen Leiter einer Gemeinschaft ohne weiteres, dh ohne Rücksicht auf persönliche Teilnahme oder Billigung, auch die Sch aller Glieder der Gemeinschaft nach sich ziehe oder anzeige, ist mit dem Charakter der Sch als einer freien u darum zurechenbaren Entscheidung unvereinbar. Die Gemeinschaft als Ganzes wird nur schuldig durch die Sch der Einzelnen u nach Maßgabe ihrer Mitwirkung oder Zustimmung zu den Entschlüssen der verantwortlichen Leiter, bzw durch die Fahrlässigkeit in deren Berufung u Überwachung. Über Sch im Sinne des Strafrechts ↗ dort.

b) *F Hürth:* Sch u Sühne 1931; *M Brugger:* Sch u Strafe 1933; *A Horvath:* Heiligkeit u Sünde, Fribourg 1943; *W Schöllgen:* Sch u Verantwortung 1947; *A Kaufmann:* Sch u Strafe 1966; *W Bitter:* Angst u Sch i theol u psychotherapeut Sicht ⁴1967; *St Rehrl* (Hgb): Sünde, Sch, Erlösung, Salzburg 1973. – *P Tournier:* Echtes u falsches Sch-gefühl 1967; *CE Benda:* Gewissen u Sch. Die psychiatrische, relig u polit Interpretation des Schuldig-Seins 1970; *P Ricœur:* Phänomenologie der Sch, 2 Bde, 1971. Schuster

Seele (griech: *Psychē*) nennen wir (im Menschen) die im Wechsel der Lebensvorgänge bleibende, unstoffliche Substanz, die die psychischen Lebenstätigkeiten in sich erzeugt u trägt u den Organismus belebt. (Unter dem Einfluß des Positivismus stehende Darstellungen der ↗ Psychologie bezeichnen als S vielfach bloß das Insgesamt seelischer Vorgänge, andere speziell das nicht-rationale Erleben; die behavioristische Psychologie – ↗ Behaviorismus – schweigt von ihr.) Nach den drei Stufen des Lebens unterscheidet man die *Vitalseele* (Entelechie, ↗ Lebensprinzip des Organismus), die *Sinnenseele* (Prinzip des sinnlich-animalischen Lebens) u die *Vernunft-* oder *Geistseele* (Prinzip der höheren, geistigen Lebenstätigkeiten des Denkens u Strebens). – Zur Frage nach dem Dasein u der phil Beweisbarkeit der S im Menschen drängen schlichte Alltagserfahrung u uralte Menschheitsüberzeugung psychologischer, ethischer u religiöser Art nicht weniger als die von moderner empirischer Wissenschaft so sehr betonte Ganzheit u Einheit des Seelenlebens. Bestritten wurde das Dasein einer unstofflichen S vom ↗ Materialismus, für den es nur Stoffliches u physikalisch-chemische Vorgänge gibt (der Salonmaterialismus der französischen Aufklärung, der popularisierte u der Kathedermaterialismus seit *K Vogt, L Büchner* im 19. Jht, die Reflexologie von *Pawlow, Bechterew* u a im 20. Jht). Das Dasein einer S als Substanz bestritt die *Aktualitätsphil.* Sie löste alles beharrende Sein in bloßes Werden, in Tat ohne Tuenden auf u bezeichnete demgemäß als „Seele" lediglich den stets sich wandelnden Komplex seelischer Tätigkeiten u Erlebnisse (*Heraklits* „panta rhei", alles ist im Fluß; moderne Aktualitätspsychologien von *Wundt, Bergson:* Es gibt nicht Dinge, es gibt nur Tätigkeiten; *Paulsen,* der erklärt, Tätigkeiten können ebensogut ohne eine sie tätigende Substanz bestehen, wie die Sterne im Kosmos schweben, ohne an einem Firmament befestigt zu sein). – Die phil Erkennbarkeit einer S bestritt der ↗ Positivismus entsprechend seinem Postulat, daß wissenschaftliches Denken den Schritt ins Metaphysische nicht tun dürfe, u der Kantische ↗ Kritizismus der „Kritik der reinen Vernunft", für den alle theoretische S-lehre als auf einem Trugschluß aufbauend galt.

Diesem gegenüber steht neben fast allen großen Religionen der Menschheit die Jahrtausendüberzeugung auch des phil Denkens vom Dasein der S: Von den Klassikern der alten Phil *(Platon, Aristoteles, Plotin)* durch die Jahrhunderte der Patristik u der Scholastik, des Rationalismus von *Descartes* u *Leibniz* u selbst des ersten Empirismus *(Locke, Berkeley),* der Ethik *Kants* (die die S wenigstens „postuliert") hindurch bis zur Rückwendung der modernen Phil zur Lehre von S u Lebensprinzip *(Driesch, Becher, Pfänder* u a).

Das Dasein der S ergibt sich aus der unmittelbaren Selbsterfahrung des Menschen u aus äußerer Beobachtung des Lebens. Wir erleben zwar nicht eine S losgelöst von ihren Akten, wohl aber erleben wir unsere Bewußtseinstatsachen unmittelbar als Tätigkeiten oder Befindlichkeiten unseres ↗ Ich, nicht als „trägerlos" in sich selbst schwebend, sondern das denkende, wollende ... Ich. Wir erleben die breite Fülle aller gleichzeitigen u den wechselnden Strom der sich zeitlich folgenden Bewußtseinstatsachen als zu ein u demselben im Wandel des seelischen Geschehens identisch bleibenden Ich gehörig. (Die scheinbar entgegenstehenden krankhaften Phänomene der *Persönlichkeitsspaltung* erweisen sich bei genauerem Zusehen nicht als Ichspaltungen, sondern als Fehlurteile oder auch bizarre Schilderungen eines Mangels an der normalerweise gewohnten Sinneinheit der Erlebnisse.) Das Ich erleben wir nicht als bloßen „Beziehungspunkt" der Tätigkeiten, nicht als bloßes „Geschehen u Werden", sondern als ein Wesen im „Selb-stand", das die Tätigkeiten ‚setzt', die psychischen Befindlichkeiten als die seinigen ‚erzeugt' u hat u für sie (teilweise u unter gewissen Bedingungen ↗ Willensfreiheit) verantwortlich ist, kurz als das bleibende u tragende Prinzip allen seelischen bewußten Erlebens. Es muß demnach ein substantielles Wesen sein, das nicht selbst wieder nur „Befindlichkeit" u „Tätigkeit" ist. (Paulsens Hinweis auf die Sterne ist schon darum verfehlt, weil die Sterne eben nicht Tätigkeiten sind. Er hätte zeigen müssen, daß es zB Sternbewegung geben könne, ohne bewegte Sterne.) Die Einwände des ↗ Positivismus u des ↗ Kritizismus gegen die Möglichkeit einer Metaphysik der S werden durch die positive Grundlegung der ↗ Metaphysik in der allg ↗ Erkenntnistheorie widerlegt.

Die menschliche S als Prinzip des geistigen Lebens ist einfach (↗ Einfachheit) u geistig (↗ Geist). Sie ist zugleich das Prinzip des animalisch-sensitiven Lebens (wie die Einheit des geistig-sinnlichen Bewußtseins zeigt) u als Lebensform des Körpers auch Prinzip des vegetativen Lebens im Organismus (↗ Hylemorphismus, Leib-Seele-Verhältnis). Ein *Trichotomismus,* der im Menschen Geist, S u vegetatives Prinzip als real geschiedene Prinzipien annimmt, läßt sich mit der Wirklichkeit des Erlebens u der Sinneinheit der Lebensvorgänge nicht verbinden. Vielmehr entäußert sich die geistige S selbst in das sensitiv-vegetative Leben, um dieses hinwieder in ihre Dienste zu nehmen u zur Synthese des vollmenschlichen Lebens rückzubinden. Trotz der Einheit der S als erstes formaldynamisches Prinzip aller Lebenstätigkeiten fordert die spezifische Vielfalt dieser Betätigungen eine (nicht unmittelbar erfahrene) Vermittlung durch spezifisch verschiedene *S-vermögen,* d s aus dem Wesen der S erfließende, dynamisch auf diese Tätigkeiten hingeordnete ↗ Potenzen u Kräfte.

Man unterscheidet sie zunächst nach ihren Formalobjekten (wie Wahrheit, Wert u a), sodann nach der Erlebnisart der Akte. So spricht man von Gedächtnis, Gefühl, Wille, sinnlichen Trieben, Verstand, Sinnesfähigkeiten usw. Die S-vermögen sind nicht *S-teile,* da die S einfach u geistig ist. Ob sie von der S-substanz u damit voneinander real geschieden seien oder nicht, ist seit dem Ringen zwischen Aristotelismus u Augustinismus in der Scholastik umstritten. Viel wichtiger als diese Frage ist die Tatsache, daß jedenfalls die S durch die S-vermögen (nicht diese wie isolierte Personen) handelt u daß dabei wohl immer ein feines Ineinanderwirken verschiedener S-vermögen stattfindet (geistiger u sinnlicher Anlagen, des Erkennens u Strebens, verbunden mit Gefühlsgestimmtheit usw). Die geistigen S-vermögen haben vor den sinnlichen den Wertvorrang. Dem Verstand oder dem Willen einen Primat schlechthin zuzusprechen, dürfte kaum angängig sein, da es je darauf ankommt, in welcher Sicht die Frage nach solchem Primat gestellt wird ↗ Intellektualismus, Voluntarismus.

Als geistiges Wesen konnte sich die Menschen-S nicht aus der rein animalischen Tier-S entwickeln, wie immer der Leib des ersten Menschen entstanden sein mag. Auch kann die Menschenseele nicht von anderen Menschenseelen abstammen *(Generatianismus, Traduzianismus)*, weil eine geistige S nicht Teile ihrer selbst hergeben kann, die sich zu neuen S-n entwickeln. Jede Menschen-S dankt ihr Werden einem Schöpfungsakt Gottes. Einmal geschaffen, kann die einfache u geistige S von keinen geschaffenen Kräften zerstört (in ihre Teile aufgelöst) werden, Gott aber wird sie, die er unsterblich geschaffen, nicht vernichten ↗ Unsterblichkeit.

a) *Aristoteles:* Über die S (Üb) 1959. – b) *K Gutberlet:* Der Kampf um die S ²1903; *J Geyser:* Lehrb der Psych ³1920; *A Pfänder:* Die S des Menschen 1933; *D Feuling:* Das Leben der S ²1940; *St Strasser:* S u Beseeltes, Wien 1955; *ders:* The Soul in Metaphysical and Empirical Psychology, Pittsburgh 1957; *GL Vogel:* Was wissen wir v der S? 1960; *H Conrad-Martius:* Die Geist-S des Menschen 1960; *dies:* Geist u Leib i der menschl Existenz 1961; *B Aybar:* La Ontología del Alma, Tucumán 1966; *R North:* Teilhard and the Creation of the Soul, Milwaukee 1967; *G Ryle:* Der Begriff des Geistes (Üb) 1969; *C Tresmontant:* Le problème de l'âme, P 1971. – c) *L Klages:* Der Geist als Widersacher der S 1929–33. – d) *MF Sciacca* (Hgb): L'anima, Brescia 1954. – e) *A Willwoll:* S u Geist ²1953.

Willwoll

Seelenwanderung. Der Glaube an eine S *(Metempsychose)* findet sich verschiedentlich bei primitiven Völkern, im Altertum bei den Pythagoreern, *Platon* u anderen. Seit den Upanishaden ist diese Vorstellung grundlegend für die indischen Religionen ↗ Vedantaphilosophie. Nach dieser Anschauung muß die Seele nach dem Tode des Menschen wieder einen anderen Leib beseelen, sei es den eines Menschen, eines Tieres oder einer Pflanze, je nach dem Schicksal, das sie sich in ihrem vergangenen Leben verdient hat. Das Gesetz, nach dem Verdienst u Schuld zwangsläufig zu einer entsprechenden *Wiedergeburt (Palingenese)* führen, heißt das *Karma(n)*. Folgerichtig wird auch das gegenwärtige Leben nicht als erstes angesehen, sondern eine *Präexistenz der Seele* angenommen. Die Lehre von der S stützt sich auf angebliche Erinnerungen mancher Seher an frühere Lebenszustände. Der Hauptgrund aber, der schon bei *Platon* hervortritt, ist das Unvermögen, die ungleichen Schicksale der Menschen auf andere Weise mit der Idee der Gerechtigkeit zu verbinden. In den pantheistischen Systemen tritt dazu noch die Notwendigkeit u Überzeitlichkeit der Schöpfung, die einen anfang- u endlosen Rhythmus des Hervorgehens u Zurückflutens in das Absolute u damit auch einen Kreislauf der Geburten (= *Samsara*) zu fordern scheint. Der ↗ Buddhismus lehrt zwar auch die Wiedergeburt als Fortzeugen der Existenz nach dem Karmagesetz, aber ohne personale Identität. – In einer theistischen Metaphysik ist die Annahme einer S nicht notwendig, da die Ungleichheit des Schicksals aus dem freiwaltenden Willen des Schöpfers folgt, der seinen Geschöpfen unabhängig von Verdienst oder Schuld verschiedene Lebensumstände zuweist, in denen sie sich sittlich bewähren sollen, um dann in einen anderen, endgültigen Zustand zu gelangen, der die Forderungen der Gerechtigkeit befriedigt. – ↗ Seele, Unsterblichkeit, Vergeltung.

b) *W Brugger:* Wiederverkörperung, in: St d Zt 142 (1948) 252–64. – c) *A Bertholet:* S 1906; *GF*

Moore: Metempsychosis, NY 1921: *N Langley:* Edgar Cayce on Reincarnation, L 1969; *Sri Aurobindo:* The problem of rebirth, Pondicherry 1969. – d) *Chantepie de la Saussaye:* Lehrb der Religionsgesch ⁴1925 [Reg]; *E Rohde:* Psyche ¹⁰1925; *C de Henseler:* L'âme et le dogme de la transmigration dans les livres sacrés de l'Inde, P 1928; *H v Glasenapp:* Unsterblichkeit u Erlösung i den indischen Religionen 1938; *C Clemen:* Das Leben nach dem Tode i Glauben der Menschheit 1900. Brugger

Sein *(Esse)* heißt jene ↗ Vollkommenheit, durch die etwas ein *Seiendes* (Sd) *(Ens)* ist; die Unterscheidung des S vom Sd nennt *Heidegger* die *ontologische Differenz,* insofern das S als der Grund (Logos) des Sd (On) auftritt. Das Sd deckt sich nicht mit dem sinnlich Wahrnehmbaren, wie die Positivisten meinen; schon *Platon* brandmarkt sie als „Uneingeweihte", die nur das für seiend halten, was sie mit Händen greifen können. Das Sd bildet auch nicht nur einen Sonderbezirk neben andern ihm gleichgeordneten, wie der *Pluralismus* will, zu dem manchmal die heutige ↗ Wertphil neigt. Denn ein jedes unterscheidet sich nur dadurch vom ↗ Nichts, daß es S besitzt oder ein Sd ist; etwas, das gar nichts mit dem S zu tun hätte, also in keiner Weise als Sd erschiene, wäre nicht etwas, sondern eben nichts. Weil somit die Vollkommenheit des S ‚allem' innewohnt, ist der Begriff des Sd als all-umfassender oder allgemeinster objektiv begründet; er ist nicht nur ein leeres Wort oder eine bloße Erdichtung unseres Verstandes. Insofern dieser Begriff kraft seines weitesten Umfangs alle Sonderbereiche übersteigt (transcendit), heißt er transzendent, auch ↗ transzendental (logische ↗ Transzendenz). Seinem Inhalt nach sagt er nur die eine Bestimmung, daß einem Etwas (↗ Wesen) S zukommt; da er also von allen besonderen inhaltlichen Bestimmungen des Sd absieht, ist er der unbestimmteste Begriff; doch fällt er deshalb keineswegs mit dem Nichts zusammen, wie *Hegel* lehrt. Die aufgezeigte Eigenart erweist das Sd als den obersten oder eigentlichen Ur-Begriff, der auf nichts anderes zurückgeführt werden kann, auf den aber alles andere zurückgeführt u von dem her alles andere verstanden werden muß. Das S ist ja die erste, grund-legende Vollkommenheit jedes Sd, dessen übrige Vollkommenheiten sich als Abschattungen oder Teilhaben am S, als So- oder So-S darstellen. Demnach ist auch das ↗ Werden auf das S zurückzuführen, im Ggs zu *Hegel,* der das S (zusammen mit dem Nichts) als dialektisches Moment dem Werden ein- u unterordnet. Auch ist das S der Zeit überlegen, was sogar *Heidegger* andeutungsweise zugibt, obwohl er im übrigen allein die zeitlichen Schickungen des S als Thema des Denkens ansetzt. Schließlich sind gegen allen *Essentialismus* die Wesenheiten vom S zu unterscheiden u abzuleiten, da sie ja lediglich die Weisen sind, nach denen einem Sd S zukommen kann.

Seinem Ursinn nach sagt S: real existieren; so ist das Sd (1) zunächst das Existierende, dh etwas, dem aktuell S zukommt. Da nun das Endliche nur S ‚hat' u deshalb nicht notwendig existiert, liegt seinem Existieren ein S-können oder die bloße ↗ Möglichkeit zugrunde; weiter genommen, umfaßt das Sd (2) also auch das Mögliche u meint dann etwas, dem S zukommt oder zukommen kann. Auf diesen Ursinn gehen alle andern Bedeutungen des S zurück; daher gibt es neben dem Existieren (↗ Dasein) keine völlig eigenständigen Seinsweisen. Insbesondere enthält das *ideale S* nichts anderes als die Wesensstrukturen des (aktuellen oder möglichen) Existierenden. Durch Abstraktion für sich hervorgehoben, besitzen sie Notwendigkeit u Zeitlosigkeit, die letztlich im göttlichen S gründen. Auch das in der Kopula des ↗ Urteils ausgeprägte *logische* S („ist') wurzelt im Existieren, da es ein reales oder ideales Bestehen aussagt. Schließlich gilt dasselbe vom *intentionalen* S des begrifflichen Erkennens, weil es in seinen Gehalten nur das Sd wiedergibt. Selbst das bloße ↗ Gedankending ist durch eine Seinsgrundlage noch indirekt auf das S bezogen.

Die Frage nach dem S trifft den innersten Grund, aus dem alles Sd ‚west'. Dieses Tiefste zu erschließen, macht das Wesen des ↗ Geistes aus, ist ‚das' Anliegen der abendländischen Phil seit den Griechen. Dabei geht es letztlich immer um den Schritt vom endlichen Sd, das S nur ‚hat' oder am S teil-hat (daher das Konkretum = Zusammen-gewachsene unseres Begriffes: das Seiende = das Seinhabende), zum unendlichen S, das wesentlich das S (in seiner ganzen Fülle) ‚ist' u deshalb auch „das S selbst" *(Ipsum Esse)* heißt ↗ Subsistenz. Hieraus entwickeln sich schon bei *Aristoteles* zwei Teilprobleme: das ‚Sd als solches' mit der bloßen, abstrakten Form (Akt) des S, u das ‚göttliche S' als reine, subsistierende Form (Akt). Beide hängen auf das engste zusammen; denn das S ist jenes Letzte im endlichen Sd, womit es im unendlichen S wurzelt. Wegen dieser Verflechtung weist der Stagirite beide Probleme einer, freilich zweipoligen Wissenschaft zu; diese nennt er ‚erste Phil', weil sie sich dem Ersten zuwendet; später heißt sie ↗ ‚Meta-physik', weil sie dem über das Physische u Endliche Hinausschreitenden dient. Heute hebt man die zwei Pole hervor als ↗ Ontologie u Theologik (natürliche ↗ Theologie), die es mit dem Sd als solchem bzw mit dem göttlichen S zu tun haben. Die in unseren Tagen neu erstandene Ontologie kennt oft nur das Sd als solches u wird zur Endlichkeitsphil, während der Pantheismus das Sd als solches in das göttliche S hinüberfließen läßt.

Was das Sd als solches u das S als solches uns an Fragen stellen, zeigen die Aufgaben der ↗ Ontologie. Erstens ist das ↗ Wesen des Sd als solchen u des S herauszuarbeiten. Aus dem endlichen Sd gewinnen wir zunächst das Sd als solches, das wesenhaft zum subsistierenden S als seinem Urgrund hinführt. Von dort in seiner Eigenart geprägt, erscheint es als der metaphysische u *präzisiv immaterielle* (dh von Materie absehende u sie irgendwie übersteigende) Kern des Physischen u Körperlichen. Weil das Sd so wesentlich verschiedene Weisen des S wie das unendliche S u das endliche Sd umfaßt, verbindet sich mit seiner Transzendenz die ↗ Analogie. Das Problem, wie überhaupt das endliche Sd möglich sei, führt zur Unterscheidung von Wesenheit u Dasein, die als Potenz u Akt oder als ↗ Seinsprinzipien das Endliche aufbauen. – Zweitens gilt es, die Wesenseigenschaften des S zu erforschen, die jedes Sd auszeichnen u deshalb ↗ Transzendentalien heißen. Im einzelnen sind es: ↗ Einheit, ↗ Wahrheit, Gutheit (↗ Wert) u ↗ Schönheit. Damit im Zusammenhang stehen die absolut geltenden S-gesetze (Satz vom ↗ Widerspruch u vom zureichenden ↗ Grunde, metaph ↗ Kausal- u

↗ Finalitätsprinzip). – Drittens muß die Differenzierung des Sd in die Sonderbereiche der ↗ Kategorien betrachtet werden; denn erst so legt es sein Wesen in der Richtung auf das endliche Sd hin voll aus. Dabei ist vor allem die Zweiheit von ↗ Substanz u ↗ Akzidens zu durchdringen. Unter den Akzidentien spielt die ↗ Beziehung eine besondere Rolle, namentlich in der Gestalt der ↗ Kausalität. Die Beziehung nämlich schließt die Vielheit des endlichen Sd zur Einheit zusammen u eint diese wieder mit dem unendlichen S, wobei freilich neben der kategorialen auch die trl Beziehung zu beachten ist.

a) ↗ Metaphysik, Ontologie; *Thom v Aq:* De ente et essentia, ed Roland-Gosselin ²1948, dt-lat R Allers 1936; *Cajetanus:* Komm zu De ente et essentia, ed Laurent 1934; *G Hegel:* Logik, I. Buch. – b) *E Przywara:* Analogia entis I 1932, in: Schriften III 1962; *J Lotz:* Das Urteil u das Sein 1957; *ders:* S u Existenz 1965; *ders:* Die Identität von Geist u S, Rom 1972; *E Stein:* Endliches u ewiges Sein 1950; *J Maritain:* Sept leçons sur l'être 1934; *N Balthasar:* L'abstraction métaph et l'analogie des êtres dans l'être 1935; *ders:* Mon Moi dans l'être 1946; *L De Raeymaeker:* Phil de l'être 1947; *É Gilson:* Being and Some Philosophers, Toronto 1949; *G Siewerth:* Das S als Gleichnis Gottes 1958; *ders:* Das S u die Abstraktion 1958; *J Moreau:* La conscience et l'être, P 1958; *A Marc:* L'être et l'esprit 1958; *L'être,* in: Les Études phil 15 (1960) nr 2; *C Fabro:* Partecipazione e causalità, Turin 1960, franz Louvain 1961; *F Ulrich:* Homo abyssus. Das Wagnis der S-frage 1961; *H Beck:* Der Akt-Charakter des Seins 1965; *JWM Verhaar* (Hgb): The Verb ,Be' and its Synonyms, 5 Bde, Dordrecht 1967-72; *R Gumppenberg:* S u Auslegung 1971. – *B v Brandenstein:* Der Aufbau des S 1950; *G Marcel:* Le mystère de l'être 1951; *M Blondel:* L'être et les êtres1935; *H Conrad-Martius:* Das S 1957; *M Sciacca:* Atto ed essere, Mailand ²1958; *J Ferrater Mora:* El ser y el sentido, Madrid 1967; *EK Specht:* Sprache u Sein 1967. – c) *Hegel* ↗ a); *M Heidegger:* S u Zeit I 1927; *ders:* Zur S-frage 1956; *N Hartmann:* Möglichkeit u Wirklichkeit ²1949; *G Noller:* S u Existenz 1962; *JP Sartre:* Das S u das Nichts, dt 1962. – d) *P Aubenque:* Le problème de l'être chez Aristote 1962; *W Marx:* Einf i Aristoteles' Theor des Seienden 1972; *G Huber:* Das S u das Absolute 1955 [z Spätantike]; *G Siewerth:* Der Thomismus als Identitätssystem 1939; *J de Finance:* Être et agir dans la phil de s Thom ²1960; *A Hayen:* La communication de l'être d'après s Thom d'Aq I, P 1957; *F Inciarte:* Forma formarum 1970 [zu Thom]; *J Hegyi:* Die Bedeutung des S bei den klass Kommentatoren des hl Thom v Aq 1959; *A Keller:* S oder Existenz? Die Auslegung des S bei Thom v Aq in der heutigen Schol 1968; *W Brugger:* Kant u das S, in: Schol (1940) 363–85; *M Heidegger:* Kants These über das S 1963; *R Guilead:* Être et liberté 1965 [zu Heidegger]; *A Guggenberger:* Der Menschengeist u das S 1942 [zu N Hartmann]. Lotz

Seinserkenntnis. Während uns in der sinnlichen ↗ Wahrnehmung nur die ↗ Sinnesqualitäten, wie Farbe, Härte, räumliche Gestalt, zeitliches Nacheinander der Bewegung, gegeben sind, bestimmen u setzen (↗ Setzung) wir das Wahrgenommene im ↗ Urteil zumeist als etwas, dem unabhängig von unserer Wahrnehmung ↗ Sein zukommt. Am offenbarsten ist das im eigentlichen Existenzurteil (B: „Da ist die Tür"). Aber auch wenn das Prädikat nicht einfach das Dasein, sondern ein Sosein ist (B: „Diese Tür ist von Holz"), bezeichnet das „ist" der *Kopula* in der Regel, daß einem an sich existierenden Ding wirklich ein bestimmtes Sosein zukommt. Bei den Urteilen ↗ a priori, in denen einer Gesamtheit von Gegenständen eine Bestimmung zugeschrieben wird (B: „Das Ganze [jedes Ganze] ist größer als sein Teil"), wird der Bezug auf wirkliches Sein oft geleugnet. Gewiß wird hier das im Subjekt des Urteils Bezeichnete nicht als existierend gesetzt. Aber auch hier ist die Absicht des Urteilenden zumeist nicht, eine Aussage über bloß Mögliches zu machen, sondern zumindest in erster

Linie, zB von jedem existierenden Ganzen zu sagen, daß es größer ist als sein Teil; das ausgesagte Größersein ist auch hier ein „Sein".

Damit allein aber, daß im Urteil etwas als Seiendes gedacht u gesetzt wird, ist noch nicht aufgewiesen, warum dies zu Recht geschieht; denn dasselbe geschieht auch beim ↗ Irrtum. Das Wissen um die ↗ Wahrheit der Seinsaussage verlangt eine letztlich unmittelbare ↗ Evidenz des Seins eines Seienden, da ein Schluß von bloß sinnlichen Erscheinungen oder rein gedanklichen Inhalten auf wirkliches Sein den Fehler der metábasis eis allo genos (↗ Beweis) enthält. Die unmittelbare Seinsevidenz ist nicht in der ↗ Sinneserkenntnis zu finden (↗ Abstraktion), sondern nur in der „Rückkehr des Geistes zu sich selbst" (reditio completa, ↗ Ich), in der das reale Sein des eigenen Ich oder Selbst zwar nicht in eigentlich geistiger ↗ Anschauung, wohl aber in dem alle geistigen Akte begleitenden ↗ Bewußtsein gegeben ist. Da dieses Selbstbewußtsein ↗ transzendentale Bedingung der Möglichkeit aller anderen Seinserkenntnis ist, besteht zwischen der trl Methode und der „Methode der Evidenz" kein Ggs, es sei denn, man verstehe unter „Evidenz" nur das unmittelbare Sichzeigen des ↗ Objekts der sinnlichen Anschauung u die Einsicht allg ↗ Erkenntnisprinzipien. – Zur Frage der mittelbaren Seinsevidenz ↗ Realismus.

a) *Thom v Aq:* De ver q 1, A 9. – b) *A Gardeil:* La perception expérimentale de l'âme par elle-même, Kain 1923; *J Zamboni:* La gnoseologia dell'atto come fondamento della filosofia dell'essere, Mailand 1923; *J de Vries:* Die Bedeutung der Erkenntnismetaph f die Lösung der erkenntniskrit Frage, in: Schol 8 (1933) 321–58; *ders:* Der Zugang z Metaph: Objektive oder trl Methode?, in: Schol 36 (1961) 481–96; *ders:* La pensée et l'être, Louvain 1962; *J Maréchal:* Le point de départ de la métaphysique V, P ²1949; *JB Lotz* (Hgb): Kant u die Schol heute 1955, 1–153; *ders:* Das Urteil u das Sein 1957. – d) *W Brugger:* Kant u das Sein, in: Schol 15 (1940) 363–85; *G Sala:* Das Apriori i der menschl Erkenntnis 1971.
de Vries

Seinsgrade *(Vollkommenheitsgrade)* bauen in ihrer Verschiedenheit u ihrem Zusammenklang die Ordnung des Weltalls auf. Sie werden uns vom Menschen her zugänglich, in dem als der Mitte sich alle S treffen. Als *Mikrokosmos* (Weltall im Kleinen) spiegelt er den *Makrokosmos* (Weltall im Großen) wider. Hier durchdringen sich vor allem die beiden Grundbereiche des Geistigen u des Körperlichen, die in ihm zu ‚einer' Natur oder ‚einem' Wesen zusammentreten. Dabei ist der Geist die an Fülle u Tiefe des Seins mächtigere Wirklichkeit. Ja nach *Thomas von Aquin* stellt er die höchste Seinsart, den höchsten Grad des Lebens dar; denn er besagt irgendwie Unendlichkeit. – Vom Menschen her öffnen sich die Stufen des ↗ Geistes in das Übermenschliche hinauf u die Stufen des ↗ Körpers in das Untermenschliche hinab.

Dem Menschengeist kommt in seinem Wirken Unendlichkeit zu, insofern sein Erkennen u Wollen alles überhaupt umfassen kann u er in diesem Sinn „irgendwie alles ist", wie *Aristoteles* u *Thomas* formulieren. Doch ist er zugleich dem Sein nach endlich u durch seinen Körper der Raum-Zeitlichkeit unterworfen, so daß er mit seinem von der sinnlichen Anschauung ausgehenden begrifflichen Denken erst alles erobern muß. Schon *Aristoteles* sah, daß über dem Menschengeist ein vom Körper freier oder reiner Geist möglich ist; denn auch der

Menschengeist braucht bei seinem Tun den Leib nur als Vorbedingung, nicht als mitwirkendes Prinzip, u in seinem Sein hängt er so wenig vom Leib ab, daß er nach dem Tod ohne diesen unsterblich fortdauern wird. Solch ein reiner Geist ist vor allem Gott, der als ‚das' Sein die absolute Fülle oder schlechthin unendlich ist. Deshalb umfaßt er mit geistiger Schau jederzeit alles; er, der Ursprung von allem, schaut alles in seinem Ausgehen von ihm selbst. Nach der christlichen Offenbarung gibt es unter Gott noch reine Geister, die endlich sind; einerseits eine eigene Welt ausmachend, sind sie anderseits in unsere Welt miteinbezogen; letzteres wird in der franziskanisch-skotistischen Auffassung dadurch unterstrichen, daß auch sie durch eine (geistige) Materie mit-konstituiert sind ↗ Potenz. Jeder von ihnen hat je nach seiner Seinshöhe an der schöpferischen Schau Gottes teil, der ihnen Abbilder seiner Ideen von Anfang an einprägt.

Den Menschen stufenweise abbauend, können wir das Untermenschliche verstehen. Was nach der Herauslösung des geistigen Lebens bleibt, entspricht, freilich zu einer ihm eigenen Ganzheit geformt, dem ↗ Tier. Ihm kommt nur noch sinnliches Bewußtseinsleben zu, das als solches auf die jeweilige Umwelt u die entsprechenden Lebensbedürfnisse eingeengt ist. Scheidet man auch jedes Bewußtsein aus, so ergibt sich, wiederum in einer ihr eigenen Ganzheit geprägt, die ↗ Pflanze, die mit ihrem unbewußten Leben noch nach innen wirkt. Suchen wir endlich vom ↗ Leben überhaupt abzusehen, so kommen wir zum anorganischen Körper, der in seinem Wirken u Erleiden lediglich an das Außen verwiesen ist.

Die Stufen, aus denen sich das innerweltlich Seiende aufbaut, sind wirkliche Grade des Seins, da Seiendes nur durch ↗ Teilhabe am ↗ Sein ist. *N Hartmann* kennt demgegenüber nur *Schichten* des innerweltlich Seienden ohne innere Abwandlung (↗ Analogie) des Seins. Als wichtigstes Schichtungsgesetz stellt er auf: Die höheren Schichten gehen nicht aus den niederen hervor u können deshalb auch nicht darauf zurückgeführt werden; doch hängen sie von den niederen so ab, daß sie ohne diese nicht wären. – Letzteres gilt jedoch vom Menschengeist nur mit Einschränkung u vom reinen ↗ Geist überhaupt nicht.

b) *A Brunner:* Der Stufenbau der Welt 1950; *C Feckes:* Die Harmonie des Seins 1937; *H Meyer:* Thom v Aq 1938; *H Krings:* Ordo 1941; *L Andrian:* Die Ständeordnung des Alls 1930; *J Bofill:* La escala de los seres o el dinamismo de la perfección, Barcelona 1950. – c) *N Hartmann:* Der Aufbau der realen Welt ²1949; *ders:* Phil der Natur 1950; *R. Schottländer:* Das Unteilbare auf allen Seinsstufen, in: Z f phil Forsch 14 (1960) 86–101; *D Carvallo:* Die ontische Struktur 1961. – d) *G Mainberger:* Die Seinsstufung als Methode u Metaphysik. Unters-en über „Mehr u Weniger" als Grundlage zu einem mögl Gottesbeweis bei Platon u Aristoteles 1959. – e) *J Lotz, J de Vries:* Phil i Grundriß 1969. – ↗ Sein, Ontologie, Metaphysik. Lotz

Seinsprinzipien lassen sich nur aus dem Wesen des Prinzips im allg begreifen. ↗ Prinzip nennen wir das, woraus etwas hervorgeht. In der logischen Ordnung ist es eine Erkenntnis, aus der eine andere folgt, in der ontologischen aber ein Seinshaftes, aus dem ein anderes irgendwie entspringt. Was das letztere angeht, so sind äußere u innere Prinzipien zu unterscheiden. Die *äußeren Prinzipien,* denen heute oft die Bezeichnung ‚Ursache' vorbehalten wird, üben ihren Einfluß so aus, daß sie außerhalb des von ihnen Beeinflußten bleiben; es sind vorab die Wirk- u die Zielursache. Die *inneren Prinzipien* hingegen treten als Teilelemente oder *Komprinzipien* (Mit-Prinzipien) in den Aufbau des aus ihnen Hervorgehenden ein; sie heißem im prägnanten Sinne des Wortes: „S". Sie sind nicht selbst ein Seiendes, dh ein Ganzes, das ist, sondern nur ein Seins-haftes, eben ein Teil, durch den ein Ganzes ist. Als Wesensteile, die das Seiende in seiner Wesensstruktur aufbauen, treten sie den bloßen Ausdehnungsteilen gegenüber (im Menschen: Seele u Leib, im Ggs zu: Kopf, Arme, Beine). Die metaphysische Bedeutung der S ergibt sich daraus, daß Gott allein absolut einfach ist, während sich alles Endliche aus Teilprinzipien zusammensetzt. Deshalb verlangt jedes phil Begreifen des Endlichen das Vordringen von dem Kon-kretum (Zusammen-gewachsenen), das uns zunächst begegnet, zu den S, aus denen es zusammenwächst. Dadurch allein öffnet sich der Weg zu dem letzten Grund alles zusammengesetzten Endlichen, zum einfachen Unendlichen.

Im einzelnen sind drei Stufen von S zu unterscheiden, von denen zwei den substantiellen Kern betreffen. Jedes Endliche baut sich aus Wesenheit (↗ Wesen) u ↗ Dasein auf; diese Doppelung konstituiert Endlichkeit (Geschöpflichkeit, Kontingenz) als solche u liegt allen anderen S zugrunde. Die Wesenheit des Körperlichen trägt ↗ Materie u ↗ Form als S (auch unvollständige Substanzen genannt) in sich, die nach der klassischen aristotelisch-scholastischen Lehre Körperlichkeit als solche ausmachen. Um den substantiellen Kern legen sich bei jedem Endlichen (also auch im reinen Geist) die akzidentellen Bestimmungen, die als S das Endliche zur Fülle seines Bestandes vollenden. Zwischen den Polen der aufgezeigten Spannungen waltet jedesmal das Verhältnis von ↗ Potenz u ↗ Akt. – Im übertragenen Sinn nennt man auch die ↗ Erkenntnisprinzipien, wie etwa den Satz vom ↗ Widerspruch, welche die allgemeinsten Seinsgesetze zum Ausdruck bringen, S.

b) *G Manser:* Das Wesen des Thomismus ³1949; *L Fuetscher:* Akt u Potenz 1933; *M Müller:* Sein u Geist 1940, bes Unters 2; *E Stein:* Endl u ewiges Sein 1950, bes II–IV; *B v Brandenstein:* Aufbau des Seins 1950; *C Nink:* Zur Grundlegung der Metaph 1957; *J de Vries* in: Schol 34 (1959) 240–49 – e) *D Feuling:* Hauptfragen der Metaph 1936. Lotz

Selbstliebe als Annahme u Verwirklichung der eigenen Existenz ist ein wesentliches Moment menschlicher Verantwortung. Dazu gehört die Fähigkeit der Selbstbehauptung u des Widerstandes gegen unberechtigte Übergriffe anderer, also die Sorge um das eigene Leben u die Gesundheit, die Wahrung der verschiedenen Rechte der Freiheit, des Eigentums, des guten Rufes usw. Wo solche Ansprüche nicht die guten Rechte anderer schmälern, sind sie auch mit *Nächstenliebe* vereinbar u von dieser sogar gefordert. Der Mensch ist nämlich nur dann fähig, andere zu lieben, wenn er sich selber annehmen kann u jenes „Urvertrauen" besitzt, das nur im Angenommensein durch andere entsteht Außerdem soll ja der Dienst am anderen nicht nur dessen leibliches Wohl, sondern auch die personale u sittl Entwicklung betreffen. Man muß also auch darau hinwirken, daß der andere sich nicht rücksichtslos verabsolutiert, sondern lernt die Rechte der Mitmenschen zu respektieren u so in Wohlwollen u Liebe den Sinn seines Lebens zu finden. S ist hingegen als *Egoismus* negativ zu bewerten, wenn sie in der Verfolgung eigener Interessen die Rechte anderer mißachtet u sich mit echtem Wohlwollen gegenüber anderen nicht vereinbaren läßt. – Anderseits wäre *Selbstverleugnung* als Verzicht auf mögliche Rechtsansprüche so weit gerechtfertigt u gefordert, als das Eingehen auf bestimmte Ansprüche, die die Verfolgung der eigenen Interessen ausschließen, einen höheren Wert darstellen kann. Insofern kann freiwilliger Verzicht auf wichtige Rechte u sogar die Bereitschaft zur Hingabe seines Lebens sinnvoll sein. Weil der Mensch leicht dazu neigen wird, die eigenen Wünsche gegenüber denen anderer überzubewerten, ist auch bewußt eine Relativierung der eigenen Ansprüche anzustreben.

L Lavelle: Der Irrtum des Narziß 1955; *R Völkl:* Die S in der hl Schrift u bei Thom v Aq 1956; *W Keller:* Das Selbstwertstreben. Wesen, Formen u Schicksale 1963.   Rotter

Sensismus *(Sensualismus)* ist die Lehre, daß zwischen Denken u anschaulicher Vorstellung kein wesentlicher Unterschied bestehe, daß vielmehr die Denkfunktionen sich in solche der Sinnesvorstellungen auflösen lassen. Im englischen ↗ Empirismus *(Hume)* u der französischen ↗ Aufklärung *(Condillac)* grundgelegt, wurde der S unter dem Einfluß des ↗ Positivismus *(Comte)* in der Psychologie des 19. Jhts für Jahrzehnte vorherrschend. Man erklärte zB die ↗ Allgemeinbegriffe als bloße Typenbilder *(Galton);* als Mitschwingen vieler unbewußter Bilder mit einem einzigen im Bewußtsein stehenden, wodurch der Allgemeinheitseindruck entstehe *(James);* das Urteil faßte man als bloße feste Assoziation zwischen zwei Vorstellungen *(Ziehen);* oder man nannte alle Denkfunktionen anschauliche „Denkgestalten" *(Koffka).* Diese Erklärungen zielten an dem, was zu erklären war, vorbei. *Typenbilder* sind den Einzeldingen mehr oder minder in einer Hinsicht ähnlich, aber nicht gleichsinnig von allen diesen Dingen aussagbar wie Allgemeinbegriffe. Diese stehen „als solche" reflex deutlich erfaßt im Vollbewußtsein. ↗ Assoziationen erklären zwar die sinnblinde Abfolge von Vorstellungen nach psychologischer Notwendigkeit, nicht aber die Evidenz der logisch notwendigen Verbindung zweier Begriffe. Das Wort *Denkgestalt* wäre gut, wenn es die Vieleinheit der Denkvorgänge allein bezeichnete, erklärt aber in keiner Weise die Sonderart des Denkens gegenüber den Sinnesvorstellungen. Den positiven Aufweis der wesentlichen Verschiedenheit von Denken u Anschauung ↗ Erkenntnis, Denken.

b) *K Bühler:* Tatsachen u Probleme zu einer Theor der Denkvorgänge, in: Arch f d ges Psych 11 (1907) 297ff; 12 (1908) 1ff; *J Fröbes:* Lehrb der exper Psych I ³1929, 3. Abschn, 6. Kap; *J Lindworsky:* Theoret Psych 1932; *A Willwoll:* Anschauung u Denken i Begriffserlebnis, in: Beiträge z Problemgesch der Psych 1929; *G Siegmund:* Erkenntnisse aus Erfahrungen mit Taub-Blinden, in: Schol 33 (1958) 186–208. – c) *W Wundt:* Logik I ³1906; *Th Ziehen:* Leitfaden der Psych 1920.

Willwoll

Setzung *(Behauptung)* nennen wir jenes Moment, wodurch sich das ↗ Urteil von den anderen Erkenntnisfunktionen unterscheidet. Der Begriff erschöpft sich im Darstellen von Inhalten ohne jede Stellungnahme, zB Mensch, unsterblich. Weil alles noch in der Schwebe bleibt, bietet er Erkenntnis nur im Ansatz. Voll verwirklicht sich Erkenntnis erst im Urteil, das Stellung nimmt u entscheidet, das zum Inhalt eben die S fügt, zB Der Mensch ist nicht unsterblich. Wie das Beispiel zeigt, prägt sich die S in der *Kopula* „ist" aus u kann als Bejahung oder Verneinung (↗ Negation) auftreten. Sie wird nicht blind vollzogen, sondern geht aus der Einsicht in das Verhältnis der beiden Inhalte (Subjekt u Prädikat) hervor. Obwohl sie eine gewisse Ähnlichkeit mit einer Willensentscheidung aufweist, ist sie das Werk des Verstandes, u zwar jenes, in dem er seine höchste Vollendung erreicht. Wenn er „ist" sagt von dem, was ist, u „nicht ist" von dem, was nicht ist (Aristoteles hat diese Formel), so nennt er die Dinge in dem, was sie sind, u dringt bis zum Sein des Seienden vor, während der Begriff nur die Wesenheiten als noch nicht ausdrücklich auf das Sein bezogene Möglichkeiten faßt. Das in der S vollzogene Sein macht das Urteil auch zum Ort der ↗ Wahrheit. – Die Urteils-S wurzelt letztlich (wenigstens mittelbar) in der realen S, dem wirklichen oder möglichen Gesetztsein des Seienden selbst; dieses heißt gewöhnlich ↗ Dasein oder Existenz.

b) *J Maréchal:* Le point de départ de la métaphysique, Cah V, 1926, bes Buch II; *J Lotz:* Das Urteil u das Sein 1957; *M Müller:* Sein u Geist 1940, bes Unters 2; *A Marc:* Dialectique de l'affirmation 1952; *W Brugger:* Kant u das Sein, in: Schol 15 (1940) 363–85. Lotz

Sinn wird in einer subjektiven u einer objektiven Bedeutungsrichtung gebraucht. Subjektiv genommen, gibt es zunächst viele S-e als Vermögen des Menschen u des Tieres, die Erscheinungen der Körperwelt unmittelbar oder anschaulich zu erfassen (1). Obwohl in sich etwas Seelisches, sind die S-fähigkeiten doch wesenhaft an körperliche Organe gebunden (↗ Sinneserkenntnis). Man unterscheidet *äußere S-e*, die aus den empfangenen Eindrücken erstmals ↗ Empfindungen formen, u *innere S-e*, die das Empfindungsmaterial weiter verarbeiten. Von hier abgeleitet ist ↗ *Sinnlichkeit*. Sie meint die Gesamtheit aller sinnlichen Vermögen, u zwar außer denen der Erkenntnis- auch die der Strebeordnung; letztere heißen sinnlich, weil sie ganz von den S-en abhängen. Wenn Sinnlichkeit, enger gefaßt, nur die sinnlichen Triebe u Strebungen, ja schließlich nur den Bereich des Geschlechtlichen bezeichnet, so ist das phil weniger von Belang. – Die bisher umschriebene Bedeutung von S wird erweitert auch auf das Leben des Geistes angewandt. Durch seine S-e ist der Mensch aufnahmefähig für Farben, Töne usw. Deshalb heißt es, wenn einer aufgeschlossen, empfänglich für etwas ist, also leicht den Zugang dazu gewinnt: er hat einen S dafür, zB für Musik, für das Religiöse (2). – Solche Veranlagungen haben zur gemeinsamen Wurzel den S des Menschen als jene geistige Mitte, durch die er für alles aufgeschlossen ist u zu allem in Beziehung steht, von der sein Denken u Wollen ausgeht; vgl sinnen, im S haben (3).

Objektiv genommen, ist S (4) das, was im Gegenstand dem S (3) des Menschen entspricht, was, seinem geistigen ↗ Verstehen verwandt, das Seiende zugänglich oder verständlich macht. Hierbei geht S zunächst auf das, wozu etwas da ist: *teleologischer S* (5). Das Hingerichtetsein oder Hingeleitetwerden zu einem Ziel bildet den S von etwas, insofern er dieses in seiner Eigenart oder wenigstens in seinem Vorhandensein verstehen läßt. So sprechen wir vom S des Lebens, der Geschichte, des Übels, einer Handlung oder eines Vorgangs (zB der wechselnden Blattstellung der Pflanzen), einer Einrichtung (zB der Universitäten). Der vorwiegend dynamischen Prägung des teleologischen S gesellt sich eine mehr statische: *Gestaltsinn*. Wir nennen den Bau des Teils sinnvoll, wenn er dem Ganzen dient, u ebenso den Bau des Ganzen, wenn er dessen Ziel entspricht (vgl den Bau des Auges). Dynamisch u statisch zugleich sind die S-strukturen, die von den ↗ Geisteswissenschaften im Wirken u in den Schöpfungen des Geistes aufgedeckt werden u die in ihrem S aus den zielhaft sie bestimmenden Werten verstehbar sind. Stets verlangt der teleologische S, daß das Ziel erreichbar u in sich selbst sinnvoll sei; sonst ist das Zielstreben sinnlos. – Hier öffnet sich die letzte Tiefe des S. Ziel u Wert empfangen ihre Sinnhaftigkeit vom Sein, das in u aus sich selbst sinnhaft ist, weil es sich durch sich selbst rechtfertigt, sowohl für das Verstehen als auch für das Erstreben: *metaphysischer S* (6). Sein u S fallen zusammen, u zwar in Gott absolut. Das Endliche nimmt an dieser Identität in dem Maße u der Weise seines Seins teil; hat es seinen S nicht allein in sich selbst, so erfüllt sich sein S in einem andern, worauf es hingeordnet ist. Da also das Sein nicht an sich sinnfrei ist, kommt ihm der S nicht erst aus einem irrealen Reich des Geltens, das als eigene Welt dem Sein gegenüberstünde, zu (Badischer Neukantianismus). Auch wenn der Mensch bei seinem Kulturschaffen S in das Sein hineinbildet, so führt er nur den im Seienden bereits liegenden S schöpferisch fort.

Mit dem objektiven S verknüpft ist der *semantische S* (7), d i der hinweisende Bezug eines ↗ Zeichens auf das Bezeichnete oder auf seine *Bedeutung* (vgl den S des Händedrucks). Von besonderer Wichtigkeit ist der S, der in unseren Worten u Sätzen liegt ↗ Sprache.

Sinnvoll bzw *sinnfrei* heißt etwas, je nachdem es objektiven S hat oder nicht. *Sinnlos* meint sinnfrei mit dem Nebengedanken, daß S da sein sollte. *Widersinnig* ist, was einen mehrfachen, sich widersprechenden S vereinigen will. *Sinnwidrig* dagegen sagt etwas, das einem vorausgesetzten S zuwider ist. *Unsinn* bezeichnet jeden Gegensatz zu S.

Heute ist die S-frage in die Mitte gerückt, wobei erfahren wird, wie jeder vorletzte Teil-S erst im letzten Gesamt-S seine Erfüllung findet. Dieser entschwindet im S-verlust oder der S-leere, wodurch Langeweile u Überdruß entstehen; ja der Gesamt-S wird sogar, etwa von *Sartre*, ausdrücklich geleugnet. Viele werden auch von dem Ansturm des S-widrigen verwirrt, gegen das ihnen das S-volle nicht aufzukommen scheint; bezüglich der Identität zwischen Sein u S meinen sie, sie sei durch die Ereignisse widerlegt oder wenigstens ganz fraglich geworden. Zugleich jedoch werden so manche gerade durch die S-frage neu u vertieft zu Gott geführt; während der S in dem Maße verlorengeht, wie das Sein im Seienden u damit Gott vergessen wird, leuchtet der S dadurch auf, daß sich die innerste Tiefe von allem wieder öffnet u der Mensch dafür empfänglich wird.

Zum subj S: A Willwoll: Seele u Geist 1938; *G Siewerth:* Die Metaph der Erkenntnis nach Thom v Aq, I: Die sinnl Erkenntnis 1933; *K Rahner:* Geist i Welt ²1957; *M Müller:* Sein u Geist 1940, Unters 4; *E Strauss:* Vom S der S-e ²1956. – *Zum obj S: E Stein:* Endl u ewiges Sein 1950, bes VI; *C Nink:* Ontologie 1952, Teil II, Abschnitt 2; *HE Hengstenberg:* Autonomismus u Transzendenzphil 1950; *E Husserl:* Log Unters-en ²1913–21; *JK Holzamer:* Der Begriff des S, in: Ph Jb 43 (1930); *R Wisser* (Hgb): S u Sein 1960; *D Laptschinsky:* Der S für den S 1973. – *Zum semant S: G Frege:* Über S u Bedeutung, in: Kleine Schr 1967. – c) *H Rickert:* Die Erkenntnis der intelligiblen Welt u das Probl der Metaph, in: Logos 16 (1927) u 18 (1929); *P Hofmann:* S u Gesch 1937; *H Gomperz:* Über S u S-gebilde, Verstehen u Erklären 1929; *MG Ralfs:* S u Sein i Gegenstande der Erkenntnis 1931; *W Blumenfeld:* S u Unsinn 1933; *W Burkamp:* Wirklichkeit u S 1938; *R Lauth:* Die Frage nach dem S des Daseins 1953.   Lotz

Sinneserkenntnis ist, seinshaft betrachtet, jede ↗ Erkenntnis, an deren Zustandekommen körperliche Organe (äußere *Sinnesorgane*, Gehirn) unmittelbar beteiligt sind, vom Gegenstand her definiert, ein Erfassen bloßer ↗ Erscheinungen im Ggs zum Sein u Wesen der Dinge; sachlich fallen beide Definitionen zusammen, da die organgebundene Erkenntnis stets relativ bleibt u umgekehrt die organfreie, geistige Erkenntnis sich notwendig auf das Seiende als solches bezieht. Gegenstand der S sind zunächst die den einzelnen Sinnen eigenen (sog sekundären) ↗ Sinnesqualitäten (Farben, Töne usw), diese aber in ihrer räumlich-zeitlichen Ordnung (die „primären Sinnesqualitäten": Größe, Gestalt, Bewegung usw).

Man unterscheidet *äußere* u *innere S,* je nachdem die S durch einen die äußeren Organe (Augen, Ohren usw) treffenden *Sinnesreiz* veranlaßt oder ohne hier u jetzt erfolgende Einwirkung auf die äußeren Organe durch seelische Ursachen oder Erregungen des Zentralorgans (des Gehirns) ausgelöst wird. Die *äußere S* beruht auf der ↗ Empfindung, dh die Sinnesorgane nehmen aus der Fülle der von der Körperwelt ständig einstürmenden Einwirkungen eine sehr begrenzte Zahl in der Weise auf, daß die Anregung, durch Sinnesnerven zu den Gehirnzentren weitergeleitet, zur Determinierung der Sinnesfähigkeit u durch Auszeugung eines Sinnesbildes zum Vollzug der S selbst führt. Das Sinnesbild selbst ist nicht als unbewußte Darstellung der in ihrem Ansichsein sich unvermittelt zeigenden Eigenschaften der Dinge aufzufassen, sondern als ein bewußt werdendes Bild, in dem Verhältnisse der ↗ Außenwelt der Eigenart der Sinne entsprechend sich widerspiegeln; zur erkenntniskritischen Frage, inwieweit dabei eine wirklichkeitstreue Darstellung zustande kommt, ↗ Realismus.

Die *inneren Sinne* bringen nicht nur bloße ↗ Vorstellungen (im Ggs zu den durch äußere Reize ausgelösten ↗ Empfindungen u ↗ Wahrnehmungen) hervor, seien es nun Erinnerungsbilder od frei gestaltete Phantasievorstellungen, sondern sie haben auch ihre unersetzliche Bedeutung für die Ausformung des Wahrnehmungsbildes. Die klassische Scholastik unterscheidet im Anschluß an

Aristoteles vier bzw fünf innere Sinne: *Gemeinsinn (sensus communis),* ↗ Phantasie u ↗ Gedächtnis, „*Schätzungskraft" (vis aestimativa)* u dazu beim Menschen die „*vis cogitativa",* deutsch etwa „*Gestaltungskraft".* Der Gemeinsinn, die gemeinsame Wurzel der äußeren Sinne, einigt deren Gegebenheiten in dem einen Anschauungsraum, indem er zB den gehörten Ton an einer bestimmten Stelle des Gesichtsraumes lokalisiert. Phantasie bzw Gedächtnis ergänzen den im Augenblick gegebenen bruchstückartigen Anblick der Dinge auf Grund früher empfangener Eindrücke (fügen zB irgendwie die Vorstellung der jetzt unsichtbaren Rückseite hinzu) u bilden in das sinnlich Gegebene die Ordnung der Zeit hinein. Die Schätzungskraft bezieht das Gegebene als förderlich oder schädlich auf das Lebensganze des Sinnenwesens; diese Hinordnung geschieht vor allem durch Lust- u Unlustgefühle ↗ Instinkt. Im Menschen wird die Schätzungskraft durch einen verborgenen Einfluß des Verstandes zur cogitativa oder Gestaltungskraft überhöht; diese fügt die Eindrücke zu konkreten, sich von der Umwelt abhebenden Gestalten zusammen (coagitat; darum der Name cogitativa), die als das dem Begriff eines körperlichen Dinges (zB des Tisches) entsprechende Sinnenbild unmittelbarer Ansatzpunkt für die Verstandestätigkeit sind. – Der von neueren Scholastikern angenommene „*sensus intimus",* durch den die sinnlichen Erkenntnis- u Strebeakte u in ihnen in konkreter Weise das Subjekt selbst erfaßt werden sollen, dürfte wohl besser als das auch allen sinnlichen Akten zukommende Merkmal des Bewußt-seins aufgefaßt werden ↗ Bewußtsein. – Ob es außer der S durch die bekannten Sinne eine sog „außersinnliche Wahrnehmung" gebe, ist anderwärts zu fragen ↗ Okkultismus.

Die den einzelnen äußeren Sinnen ausschließlich zugeordneten ↗ Sinnesqualitäten (zB Licht u Farbe beim Gesichtssinn) werden in der scholastischen Psychologie *sensibilia propria* genannt, die von mehreren Sinnen wahrnehmbaren Eigenschaften (insbes die räumlich-zeitlichen Bestimmungen) *sensibilia communia.* Außerdem spricht man von *sensibilia per accidens;* damit meint man Bestimmungen, die selbst nicht wahrgenommen werden (u daher nicht *sensibilia per se* sind), sondern zu dem hier und jetzt Wahrgenommenen wie von selbst hinzutreten (accidunt), sei es aufgrund sinnlicher Erinnerung (B: zu der gesehenen weißen Farbe u körnigen Struktur des Zuckers wird die Vorstellung der Geschmacksqualität „süß" hinzugefügt), sei es aufgrund unwillkürlichen Denkens (B: das sinnlich Gegebene wird als Substanz, als Ursache, als Seiendes gedacht).

Die Bedeutung der S innerhalb des rein animalischen Lebens erschöpft sich darin, daß sie zu lebenswichtigen Wirkweisen anregt. Im Menschen hingegen erlangt die S als Werkzeug des Verstandes ihre größte Bedeutung dadurch, daß sie erstens den meisten Stoff zur Bildung geistiger Begriffe liefert u daß zweitens auch das abstrakteste Denken natürlicherweise stets den Zusammenhang mit Sinnesbildern wahren muß. Darum ist die Beachtung u gesunde Pflege der S für die Formung des Geistes von großer Wichtigkeit.

a) *Aristoteles:* Über die Seele 2, 5 – 3, 3; dazu *Thom v Aq:* Komm 2, 10 – 3, 6; STh I q 78 a 3-4. – b) *J*

Fröbes: Lehrb der exper Psych ³1929; *E Jaensch:* Über den Aufbau der Wahrnehmungswelt 1928–31; *JB Lotz:* Einzelding u Allgemeinbegriff, in: Schol 14 (1939) 321 ff; *C Fabro:* La fenomenologia della percezione, Mailand 1941; *E Strauss:* Vom Sinn der Sinne ²1956; *M Juritsch:* Sinn u Geist 1961; *H Plessner:* Die Einheit der Sinne, Neudr 1965; *A Bain:* The Senses and the Intellect, L ³1968; *JJ Gibson:* Die Sinne u der Prozeß der Wahrnehmung 1973. – d) *HA Wolfson:* The Internal Senses in Latin, Arabic and Hebrew Philosophic Texts, Cambridge 1935; *G Picard:* Essai sur la Connaissance sensible d'après les scolastiques, in: Arch de Phil 4 (1926) 1; *F Leist:* Die sensus interiores bei Thom v Aq 1940; *EJ Ryan:* The Roll of the „Sensus communis" in the Psychology of St. Thomas Aquinas, Carthagena (Ohio) 1951; *GP Klubertanz:* The Discursive Power, St. Louis 1952.
de Vries

Sinnesqualitäten (SQ-en) (1) sind Gegebenheiten eines ↗ Soseins, wie sie sich als Zuständlichkeiten der Beschaffenheit u Bewegung von Körpern in der Sinnlichkeit eines ↗ empfindenden u ↗ wahrnehmenden Subjekts darstellen. Sie erscheinen entweder im Bereich mehrerer ↗ Sinne (S-e) oder sind einzelnen S-en ausschließlich zugehörig ↗ Sinneserkenntnis. Nach letzteren werden die einzelnen S-e in ihrer psychologisch erfahrbaren Unterschiedlichkeit abgegrenzt. – Während ein zu weit gehender ↗ Realismus die Vielgestalt der subjektimmanenten *Empfindungsqualitäten* (EQ-en), die bloß je einem Sinn zugeordnet sind (wie Farbe, Ton), gleichsinnig in die Objektwelt verlegen will, sieht der übersteigerte erkenntnistheoretische ↗ Idealismus überhaupt keinen Zugang von der EQ zur Sachqualität. Im Sinne eines gemäßigten Realismus sind die EQ-en als subjektive Entsprechungszuständlichkeiten aufzufassen, die dadurch entstehen, daß das wahrnehmende Subjekt ihm selbst ↗ transzendente Gegebenheiten proportional zu seiner eigenen Struktur umsetzt, wobei die Art dieser Übersetzung von der Disposition des Objekts mitbedingt ist. Damit ist die Objektivität (↗ objektiv) der Erkenntnis genügend gewahrt, die analog zur Feststellung einer chemischen Substanz nach deren Reaktion aufgefaßt werden kann. – Innerhalb der einzelnen SQ-en ist ein verschiedener Stellenwert zwischen Objektivität u Subjektivität anzunehmen: Gestalt, Größe, Bewegung sind mehr objektiv, Farbe, Ton, Geruch mehr subjektbedingt. Die Subjektgebundenheit von SQ-en stellt sich besonders eindringlich im Gesetz der *spezifischen Sinnesenergien* dar, die oft auch spezifische SQ-en (2) genannt werden: einzelne S-e haben ihnen ausschließlich zukommende Reaktionsbereitschaften, die sinnenspezifisch gleich auf sachlich verschiedene Objektqualitäten antworten, so daß sich trotz objektiver Verschiedenheit der Reize eine organbedingte Gleichartigkeit der EQ zeigt (Welle u Druck führen im Gesichtssinn beide zu Licht- bzw Farbempfindung). – Die Unterscheidung in *primäre* u *sekundäre SQ-en* meint bisweilen den Unterschied von sensibile commune u sensibile proprium, bisweilen aber auch jenen von objektiven u subjektiven SQ-en ↗ Sinneserkenntnis.

b) *H Gründer:* De qualitatibus sensibilibus 1911: *H Ostler:* Die Realität der Außwenwelt 1912, 381–418; *HU v Balthasar:* Wahrheit I 1947, 58–64; *J Seiler:* Phil der unbelebten Natur, Olten 1948; *J de Vries:* La pensée et l'être, Louvain 1962, 249–55. – d) *J Thyssen:* Neuere Versuche z Wiederherstellung objektiver SQ-en, in: Blätter f dt Phil 14 (1940/41) 382–409. – e) *A Brunner:* Die Grundfragen der Ph ⁵1961, 139–43.
Trapp

Sinnlichkeit (S) ist (1) im Bereich der ↗Erkenntnis die Empfänglichkeit für ↗Empfindungen als Funktion der ↗Sinne, durch die sich die Begegnung mit der körperlichen u körperlich wahrnehmbaren Welt vollzieht. Sie erfaßt das ↗Einzelne u ↗Konkrete u ist dabei wesentlich rezeptiv, aber nicht rein passiv, sondern durch die Art der Aufnahme gestaltend. Im Sinne des ↗Kritizismus *(Kant)* ist S (2) reine Rezeptivität, die uns in der Gegenstandsbegegnung ↗Anschauungen ermöglicht, auf denen das ↗Denken gründet. Die Bestimmung *(Affektion)* der S (2) vollzieht sich subjektbedingt in den Formen von ↗Raum u ↗Zeit; durch sie allein wird noch nicht der Gegenstand als solcher vorgestellt, sondern nur die Art u Weise, wie er die S (2) affiziert. In einem etwas erweiterten Begriff der S (2) gehört zu ihr außerdem auch die ↗Einbildungskraft, weil sie Gegenstände nur darzustellen vermag, wie sie in der S (2) erscheinen.

Im Bereich des Strebens bezeichnet S in Abhebung vom geistigen Willen die spontane Funktion der ↗Triebe, insoweit diese einer bewußten u gewollten Steuerung der Geistperson vorgängig sind (3). *Kant* bezeichnet S (3) in diesem Sinne als Naturhindernis der Pflicht, dem die anerkannte Verpflichtung auf das Sittengesetz begegnen muß. *Thomas v Aq* nimmt S im engeren Sinne (als *sensualitas*) in der Bedeutung des *sinnl Strebevermögens* = S (3), das sich in das *begehrende* u in das *zornmütige* gliedert. Jenes richtet sich auf das sinnl Angenehme, dieses auf das dem Individuum oder der Art Nützliche, das als solches nicht unmittelbar sinnl angenehm erscheint u nur durch Überwindung eines Widerstandes erreichbar ist. Damit werden die untergeistigen Regungen des ↗Gemütes, die ↗Gefühle u ↗Leidenschaften als subjektive Befindlichkeiten des Strebenden der S (3) zugeordnet. Haß, Liebe, Verlangen, Abscheu, Freude und Trauer sind die Gemütsbewegungen des begehrenden Strebens, Hoffnung, Verzweiflung, Furcht u Zorn jene des zornmütigen. S (4) im weiteren Sinn *(sensibilitas)* schließt jedoch nach Thomas sowohl die Vermögen der äußeren u inneren ↗Sinne wie auch das ihnen zugeordnete Strebevermögen ein. – Wenn S (5) im ethisch abwertenden Sinn gemeint wird, so bezeichnet sie die sinnl Erregbarkeit oder Genußbereitschaft, soweit diese personal ungenügend gesteuert erscheint.

a) *Thom v Aq*: STh I q 81 a 1; De ver q 25, a 1; *I Kant*: Krit d rein Vern, Transzendentale Ästhetik. – *M Juritsch*: Sinn u Geist 1961. – Handbücher der theoret ↗Psychologie　　　　Trapp

Sittengesetz ist das ↗Gesetz, das sittl ↗Gutes gebietet u das ↗Böse verbietet; meist wird das Wort in diesem allg Sinn im Singular gebraucht („das S"), selten von den einzelnen sittl Normen, die in ihm enthalten sind („ein S"). Das S kann auch *Sittennorm* heißen; jedoch versteht man unter Sittennorm mehr das *Moralprinzip*, durch das bestimmt wird, was das sittl Gute ist; das S besagt dagegen das Gesolltsein des Guten, u zwar ein Gesolltsein, das nicht erst durch ein (staatliches oder kirchliches) positives ↗Gesetz, erst recht nicht durch bloße menschliche *Konvention* zustande kommt, sondern unabhängig von aller Willkür aufgrund der „Natur-" bzw Seinsordnung notwendig ist; es heißt darum

Naturgesetz, u zwar im Ggs zum physischen ↗ Naturgesetz *sittl* oder *moralisches Naturgesetz*. Nur der Teil des Naturgesetzes, der Forderungen der ↗ Gerechtigkeit enthält, ist ↗ Naturrecht.

Grundlage des S ist jenes *Sollen* bzw Gesolltsein, das zwar nicht mit dem sittl ↗ Wert identisch ist, aber doch (wenigstens bei den wesentlichen sittl Werten) aus ihm folgt. Das Böse dagegen ist wesentlich das Nicht-sein-Sollende. Der ↗ Moralpositivismus leugnet wie jedes sittl Gute, so auch jedes sittl Sollen, das unabhängig von aller freien Setzung ist. Andere betrachten das Sollen nur als (falsche) Deutung eines gefühlsmäßigen Dranges oder Zwanges. Die ↗ Wertethik läßt zwar im Ggs zu der üblichen Deutung des ↗ kategorischen Imperativs Kants das Sollen im Wert begründet sein, trennt aber den Wert von der Seinsordnung. Im Ggs zu diesen Auffassungen weist das Wort „Naturgesetz" darauf hin, daß der Wert u das Sollen in der Seinsordnung gründen, insofern das Gute als Erfüllung der im Sein des Menschen noch zu verwirklichenden Anlagen (↗ Potenzen) am Sein seinen Maßstab findet.

Dadurch, daß der Mensch das Gute als gesollt erkennt, weiß er sich zu ihm verpflichtet (↗ Pflicht). Viele Ethiker halten damit das S für hinreichend erklärt. So wäre es aber nicht ↗ Gesetz im eigentlichen Sinn; denn ein solches ist Gebot eines höheren, mit ↗ Autorität ausgestatteten Gesetzgebers. Es ist klar, daß der Gesetzgeber, dessen Gebot alle Menschen verpflichtet, nur Gott selbst sein kann. Insofern er in ewigem Ratschluß die Einhaltung der sittl Ordnung gebietet, spricht man von dem *ewigen Gesetz;* insofern der Mensch mit seiner natürlichen Vernunft sich als durch dieses Gesetz gebunden erkennt, vom Naturgesetz.

Das Wort „*Naturgesetz*" läßt allerdings eine zweifache Deutung zu. In der bisher gegebenen Erklärung des Naturgesetzes bedeutet „Natur" einfach die Seinsgrundlage, die dem freien Wollen des Menschen vorgegeben ist u im Hinblick auf das sittl Ziel (↗ Gute, das) eine bestimmte Richtung des freien Handelns fordert bzw ausschließt. Zu dieser Seinsgrundlage gehört nicht nur die „menschliche Natur", sondern auch die Gegebenheiten in den untermenschlichen Bereichen der Wirklichkeit, seien sie natur- oder auch kulturbedingt. Denn da das sittl Handeln des Menschen sich nicht nur auf seine eigene u andere Personen bezieht, sondern ein Handeln auch in den verschiedenen Bereichen der Welt ist, hängt seine Gutheit auch von solchen Bedingungen ab (B: der sittl gute Gebrauch des Eigentums muß die den bestehenden wirtschaftlichen Verhältnissen entsprechenden Forderungen des ↗ Gemeinwohls berücksichtigen). Da diese Seinsgrundlagen des sittl Handelns weithin naturbedingten Veränderungen u geschichtlichen Wandlungen unterliegen, kann auch die sittl Forderung, die sich aus ihnen ergibt, zu verschiedenen Zeiten oder an verschiedenen Orten eine andere sein. Eine einmalige Situation allerdings kann wohl einen sittl „*Imperativ*" für eine einzelne Person oder auch eine Gemeinschaft mit sich bringen, nicht aber ein „Gesetz", das eine Norm besagt, die für eine Gemeinschaft eine dauernde, wenn auch keine ewige Geltung hat.

Mit diesem Sinn von „Naturgesetz" kreuzt sich nun aber ein anderer, insofern die ↗Natur eines Seienden das sich in allen akzidentellen (↗Akzidens) Veränderungen durchhaltende Wesen, hier insbes des Menschen, besagt, insofern es innerer Grund seines Wirkens ist. Insofern eine sittl Forderung sich aus der so verstandenen („metaphysischen") Natur des Menschen ergibt, bleibt sie unverändert erhalten, wenn auch die konkrete Form ihrer Erfüllung von zeitbedingten Umständen abhängig sein kann (B: die wesentliche Forderung der Gottesverehrung – ihre zeitbedingte Form). Im allg wird also gelten: Je konkreter eine Norm ist, desto eher ist sie Veränderungen unterworfen.

Das S ist für die Menschen grundsätzlich erkennbar. Dadurch erklärt sich die weitgehende Übereinstimmung in den Grundzügen des sittl Bewußtseins. Wo es sich allerdings um schwierigere Anwendungen der sittl Grundsätze handelt, ist es nicht nur, wie schon gesagt, möglich, daß entsprechend den gewandelten Verhältnissen berechtigte Unterschiede im sittl Urteil entstehen, sondern es können sich auch irrige Auffassungen weithin durchsetzen. – Zur Frage, ob es möglich ist, daß wohl der sittl Wert u sein Gesolltsein, nicht aber sein Charakter als göttliches Gebot erkannt wird, ist zu bedenken: Wenn schon der sittl Wert selbst ohne eine wenigstens dunkel erfaßte Beziehung auf einen absoluten Wert nicht voll erfaßt werden kann (↗Gute, das), wird auch verständlich, daß sich im sittl Sollen ebenfalls das Gebot einer absoluten Autorität dunkel ankündigen kann.

a) *Thom v Aq:* STheol I. II q 90–94; *Suárez:* De legibus II, 1–16. – *J Fuchs:* Lex naturae 1955; *F Schmölz:* Das Naturgesetz u seine dynam Kraft, Fribourg 1959; *H Spiegelberg:* Gesetz u Naturgesetz 1962; *U Lück:* Das Probl der allg-gültigen Ethik 1963; *A Hart:* Law, Liberty and Morality, L 1963; *J-M Aubert:* Loi de Dieu, loi des hommes, Tournai 1964; *YR Simon:* The Tradition of Natural Law, NY 1965; *B Schüller:* Gesetz u Freiheit 1966; *J Gründel:* Wandelbares u Unwandelbares i der Moraltheol 1967; *W Korff:* Norm u Sittlichkeit 1973; *W Brugger:* Veränderlichkeit des Naturrechts?, in: St d Zt 192 (1974) 771–79. – ↗Naturrecht.   de Vries

Sittliche Erkenntnis (SE) bezieht sich auf das letzte Ziel, auf das das menschliche Leben hingeordnet ist, auf den sittl Anspruch, der in diesem Ziel gründet, u auf die zu diesem Ziel führenden Mittel, in denen sich der sittl Anspruch konkretisiert. Das letzte Ziel menschlichen Lebens transzendiert einzelne begrenzte Werte (↗Hoffnung) u ist nur in einer mit freier Glaubenszustimmung erfolgenden Sinndeutung menschlicher Existenz zu erfassen. Aus der Absolutheit des letzten Zieles ergibt sich ein absoluter sittl Anspruch, der im ↗Gewissen erfahren wird. Immanente Zielsetzungen werden insofern als sittl verpflichtend erfahren, als sie auf das letzte transzendente Ziel verweisen. Das gilt besonders für die Beziehung zum Mitmenschen (↗Liebe) u für das Ja zur Gesellschaft u zum Gemeinwohl. Der sittl Anspruch konkretisiert sich deshalb wesentlich in der Bedürftigkeit des Mitmenschen sowie in den Anforderungen des sozialen Lebens (Norm, Rolle, Sitte, staatliches Gesetz, Befehl usw). SE setzt insofern wesentlich eine zwischenmenschliche Kommunikation voraus, in der gesellschafts- u kulturspezifische Werturteile eine wichtige Funktion haben (Gewissensbildung). Jeder soziale Anspruch muß aber auch den Vorgegebenheiten der Situation u den Gesetzen der menschlichen Natur (↗Mensch, Situationsethik)

Rechnung tragen. Nur so kann sich eine menschliche Handlung auf die Dauer als hilfreich erweisen u deshalb in guter Absicht gesetzt werden (↗ Sittengesetz).

J de Vries: Gedanken z eth Erkenntnis, in: Schol 39 (1964) 46–66; *H Rotter:* Zum Erkenntnisproblem i der Moraltheol, in: J. B. Lotz: Neue Erkenntnisprobleme i Phil u Theol 1968.   Rotter

Sittlichkeit *(Moral, Ethos)* ist die auf freier Entscheidung gegenüber dem Sittengesetz beruhende Haltung des Menschen. Unter *Ethos* versteht man manchmal auch die durch das Vorherrschen eines Wertes bestimmte Eigenart der sittl Gesinnung eines Volkes, Standes usw. *Sittlich (moralisch, ethisch) gut* ist das freie Tun des Menschen, das den objektiven ethischen Wert u das ↗ Sittengesetz bejaht, *sittl böse* ist der Widerspruch zum ethischen Wert u Sittengesetz. *Sittl indifferent* ist eine freie Handlung, die ihrem Gegenstand nach weder gut noch böse ist. Das freie Handeln des Menschen in der einzelnen, konkreten Lage ist jedoch immer entweder gut oder böse, weil zum mindesten die Absicht beim Handeln nicht mehr sittl gleichgültig, sondern gut oder böse ist. Träger des sittl Wertes u Unwertes ist zunächst die freie Willensentscheidung, dann auch die daraus entstandene Tugendhaltung, zuletzt die Person oder das *sittl Subjekt*.

Die *sittl Gesinnung* (der *gute Wille*) besteht in der grundsätzlichen Bejahung des Sittengesetzes. Die einzelne Tat ist sittl gut, nicht bloß wegen der zufälligen Übereinstimmung mit ihm, sondern sofern sie aus der sittl Gesinnung erwächst. Die Werthaltigkeit der sittl Gesinnung (der subjektive Wert des Sittlichen) hat ihre Quelle im sittl bedeutsamen oder ethischen Wert des Gegenstandes, auf den sich das sittl Tun richtet u von dem es seine Prägung erhält (der objektive Wert des Sittlichen). Sittl gut wird der Mensch durch die ehrfürchtige Hingabe an die ihm vorgegebene Wertwelt, an das ↗ Gute. Die Frage nach dem sog *Moralprinzip* (↗ Ethik) forscht nach dem Bestimmungsgrund dieses objektiven Wertes. Er liegt nicht in der ↗ Autonomie u Vernunftgesetzlichkeit des ↗ kategorischen Imperativs *(Kant),* der schon den objektiven Wert des Sittlichen voraussetzt. Anderseits ist das Gute klar verschieden vom bloß Lustbringenden (Hedonismus) oder Nützlichen (Utilitarismus). Es besitzt die Eignung, die menschliche Person als Ganzes zu vollenden u so die *Menschenwürde* zu bewahren. Die griechische Formel der *Kalokagathie,* dh der Verbindung des Schönen u Guten, neigt zwar zu einer übertrieben ästhetischen Harmonieauffassung; wenn aber damit die geistige Harmonie bezeichnet wird, ist die Formel richtig u bedeutsam. – Das objektiv Sittliche besitzt einen im gewissen Sinn *unbedingten* u absoluten, allerdings nicht unendlichen *Wert,* der zusammen mit der letzten Zielbestimmung des ↗ Menschen (im Jenseits zu verwirklichende ↗ Glückseligkeit durch den Besitz Gottes) u dem göttlichen Gesetzeswillen die unbedingte Geltung des natürlichen Sittengesetzes begründet. Das sittl ↗ Böse hat einen unbedingten Unwert, der durch keinen anderen noch so hohen Wert ausgeglichen werden kann. Der unbedingte Wert des Sittlichen erheischt die volle Unterwerfung des Willens auch wider die selbstsüchtige Neigung, ohne daß freilich die Bedeutung der sittl geordneten Neigung verkleinert wird.

Zu den Gesetzen der S kommen die Regeln der *Sitte* (Gewohnheit, Konvention), die entweder die Forderungen der S auf bestimmte Gegenwartssituationen anwenden u dann den gleichen Verpflichtungsgrad besitzen wie die Gebote der S oder häufiger gewisse Handlungen innerhalb einer Standesgruppe oder eines Volkes vorschreiben, ohne daß eine im Gewissen streng verpflichtende Notwendigkeit auferlegt wird. – Die sittl Güte bzw Schlechtigkeit der einzelnen Handlungen hat verschiedene Quellen. Die wichtigste ist das unmittelbare, das Wollen in seiner Art bestimmende Objekt; dazu kommen die ethisch bedeutsamen *Umstände* u der ↗ Zweck oder die Absicht. – Die sittl Werterkenntnis (= *sittl Bewußtsein*) wird nicht durch einen besonderen, irrationalen *moralischen Sinn* vermittelt, wohl aber durch die fein entwickelte Reaktion der *moralischen Gefühle* zB der Ehrfurcht, der Hingabe usw sehr gefördert.

b) *D v Hildebrand:* Die Idee der sittl Handlung 1930; *JB Schuster:* Der unbedingte Wert des Sittl 1929; *Th Steinbüchel:* Die phil Grundlegung der kath Sittenlehre ³1947; *M Reding:* Metaph der sittl Werte 1949; *F v Hippel:* Recht, S u Religion i Aufbau v Sozialordnungen 1958; *P Engelhardt:* Sein u Ethos 1963; *A Kaufmann:* Recht u S 1964; *OF Bollnow:* Einfache S ⁴1968; *H Rotter:* Strukturen des sittl Handelns. Liebe als Prinzip der Moral 1970. – d) *F Wagner:* Gesch des S-begriffs 1928–36; *E Gemmeke:* Die Metaph des sittl Guten bei Franz Suárez 1965. – e) *V Cathrein:* Moralphil I ⁶1924; *J Lotz, J de Vries:* Phil i Grundriß 1969, 285–94.   Schuster

Situationsethik. Die S beschäftigt sich mit der Frage der Anwendung des allg ↗ Sittengesetzes auf den einzelnen Fall oder die besondere Situation. Die sittl Entscheidung u Wahl geschieht nicht rein abstrakt nach allg Normen, sondern unter Berücksichtigung der besonderen Umstände, die vielleicht ganz einmalig u unwiederholbar sind u gegebenenfalls (bei positiven ↗ Gesetzen) auch die Anwendung der ↗ Epikie fordern. Die Fähigkeit dazu wird in der thomistischen Phil der ↗ Tugend der Klugheit zugeschrieben. – Die S im engeren Sinne beschäftigt sich besonders mit zwei Fragen: Gibt es Situationen, in denen das sittl Gesollte von einem Menschen nicht mehr nur durch Anwendung allg Normen auf den konkreten Fall, sondern darüber hinaus durch einen individuellen Ruf u eine ebenso existentielle Antwort als verpflichtend erfahren wird? Insofern der Einzelne immer schon mehr ist als nur ein wiederholbarer Fall allg Menschseins, bildet eine solche S eine wertvolle Ergänzung der Prinzipienethik. – Darf eine Entscheidung auch einmal gegen ein allg Gesetz der Moral getroffen werden, das dann für diese besondere Situation seine Geltung verlöre? Eine S, die solche Ausnahmen von allg Verboten des natürlichen Sittengesetzes als möglich ansieht, ist abzulehnen, weil das Sittengesetz aus seiner Natur heraus unbedingt verpflichtet. In ihrem eigentlichen Anliegen wendet sich eine so verstandene S aber offensichtlich mehr gegen die Absolutsetzung bestimmter ethischer Einzelnormen, insofern darin von konkreten, durch ihre äußeren Merkmale bestimmbaren Verhaltensweisen behauptet wird, sie widersprächen unbedingt u ausnahmslos ohne Rücksicht auf die Situation dem Sittengesetz. Die Diskussion über diese Frage ist noch nicht abgeschlossen.

b) *K Rahner:* S u Sündenmystik, in: St d Zt 145 (1949/50) 330–42; *R Egenter:* Kasuistik als christl S, in: Münch Theol Z 1 (1950) 54–65; *J Fuchs:* Situation u Entscheidung. Grundfragen christl Lebens

1952; *B Schüller:* Die Begründung sittl Urteile 1973. – d) *M Alcalá:* La Ética de Situación y Th Steinbüchel, Barcelona 1963.

Kerber

Skeptizismus ist die grundsätzliche Bezweiflung der Möglichkeit wahrer Erkenntnis. Während der *allg S* den ↗Zweifel auf alles ausdehnt, schränkt der *ethische, religiöse* oder sonst benannte S ihn auf ein bestimmtes Gebiet ein. Der S besteht entweder bloß in einer *Haltung* des Zweifels aller Erkenntnis gegenüber oder in einer mehr oder weniger wissenschaftlich begründeten *Lehre* über die Zweifelhaftigkeit aller menschlichen Erkenntnis. Von beiden ist zu unterscheiden der S als *Methode,* dessen Ziel zwar die Gewißheit ist, der jedoch den ernstgemeinten allg Zweifel an jeder Erkenntnis zum Ausgangspunkt der ↗Erkenntnistheorie wählt. Der methodische ↗Zweifel, der nach der Rechtmäßigkeit unserer Erkenntnisse fragt, ohne sie in Wirklichkeit zu bezweifeln, hat auch in seiner allg Anwendung mit S nichts zu tun. – Als Gründe für den S werden genannt: angeblich unauflösbare Widersprüche der menschlichen Erkenntnis (so die *Sophistik*), die Relativität der ↗Sinneserkenntnis u der Mangel eines zureichenden ↗Wahrheitskriteriums *(Sextus Empiricus). Pyrrhon* lehrte, man müsse sich der Zustimmung zu jedem Urteil enthalten (= *epochē*), da die Gründe für u wider immer gleich stark seien *(Pyrrhonismus).* Spätere Vertreter des S sind *Montaigne* u *Charron.* – Die beste Widerlegung wird dem allg S zuteil durch den Aufweis, daß wir tatsächlich gewisse u wohlbegründete Erkenntnisse besitzen, wie über die Bewußtseinstatsachen u in den ersten ↗Erkenntnisprinzipien. Der S als Haltung läßt sich nicht wirklich durchführen, da jede Handlung ein Urteil über ihre Tunlichkeit einschließt. Wird dieses Urteil auch nur mit Wahrscheinlichkeit gefällt, so muß der Handelnde doch wenigstens der Wahrscheinlichkeit gewiß sein. Sobald der S als Lehre vorgetragen wird, verwickelt er sich in Widersprüche: er behauptet, daß nichts sicher, u zugleich, daß doch etwas sicher sei. Über den S als Methode ↗Erkenntnistheorie. – ↗[33–35, 48–50, 130, 232]

b) *J Maréchal:* Le point de départ de la métaphysique I ²1927; *A Brunner:* Die Grundfragen der Phil ³1949, 14–27. – c) *B Russell:* Skepsis 1964; *W Stegmüller:* Metaph, Wiss, Skepsis 1969. – d) *R Richter:* Der S i der Phil 1908; *O Marquard:* Skept Methode i Blick auf Kant 1958; *JP Dumont:* Le scepticisme et le phénomène, P 1972. – e) *J de Vries:* Denken u Sein 1937, 15, 119–22.

Santeler

Skotismus ist die auf *Joh Duns Skotus* zurückgehende Lehre u Richtung der sog jüngeren Franziskanerschule des Mittelalters, die bis ins 16. u 17. Jht namhafte Vertreter hatte u in der Gegenwart eine gewisse Neubelebung erfährt. Die scharfsinnige Kritik des Skotus wendet sich gegen *Thomas v Aquin,* gegen *Aristoteles* u die Araber. Im wesentlichen hält er sich an die Überlieferung des franziskanischen ↗Augustinismus; doch gibt er die Lehre von der göttlichen Erleuchtung (↗Illumination) bei der Erkenntnis auf. Gegenüber dem sog gemäßigten Realismus lehrt er in der Frage nach der Realgeltung unserer Allgemeinbegriffe einen formalen Unterschied zwischen Allgemeinnatur u

Individuum *(Formalismus, Ultra-Realismus)*. Da die Analogielehre des hl Thomas, wonach unsere geschöpflichen Begriffe von Gott nur in analoger, unvollkommener Weise gelten, nach Skotus den Menschen hindert, Gott zu erkennen, vertritt er eine gewisse logische Univozität des Seinsbegriffs. Ein Hauptpunkt seiner Lehre betrifft den Primat des Willens vor dem Intellekt. Alles ist Ausfluß der unendlichen, freien, selbstlosen Liebe Gottes. Der göttliche Wille ist die einzige Ursache seines Wollens, die göttliche Weisheit dabei aber Vernunftgrund des Willens, der daher an die metaphysischen Gesetze gebunden ist. Das Wesen der menschlichen Glückseligkeit liegt im Willen, nicht im Erkennen. Prinzip der Individuation ist nicht die Materie, sondern ein letzter Unterschied der Form (die skotistische *haecceitas*). Die Seele ist Wesensform des Leibes, aber nicht dessen einzige Form. Der Umfang des beweisbaren Wissens wird eingeschränkt. So ist zwar die Existenz Gottes streng phil beweisbar, aber nicht zB seine Allgegenwart u Allmacht. – ↗ [112, 120, 199]

Quellen: Neue krit Ausg der Werke des Skotus v Balic (Rom) seit 1950. – *Lit: E Longpré:* La Phil du B Duns Scot, P 1924; *Minges:* Joannis Duns Scoti doctrina philosophica et theol 1930; *D de Basly:* Scotus docens ou Duns Scot enseignant la phil, la théol, la mystique, P 1934; *T Barth:* Individualität u Allgemeinheit bei J Duns Scotus, in: Wiss u Weisheit 16–20 (1953–58); *É Gilson:* Joh Duns Scotus. Einf i die Grundgedanken seiner Lehre 1959 [Üb]; *W Hoeres:* Der Wille als reine Vollkommenheit nach Duns Scotus 1962; *E Wölfel:* Seinsstruktur u Trinitätsproblem. Unters-en z Grundlegung der natürl Theol bei JD Scotus 1965; *RP Prentice:* The Basic Quidditative Metaphysics of Duns Scotus, Rom 1970; *De doctrina* JD Scoti [Kongr 1966], Rom 1968; *Deus* et homo ad mentem JD Scoti [Kongr 1970], Rom 1972; Totok II 500–19.   Schuster

Sokratik nennt man die Lehre u Methode des *Sokrates* (469–399 v Chr), der durch seinen Einfluß auf *Platon* die Blüteperiode der griech Phil einleitete. Im Kampf gegen den Skeptizismus der Sophisten, der neuen Erzieher der athenischen Jugend, will er der wahre Erzieher sein. Seine Methode besteht in geeigneten Fragen, um mit Hilfe von induktiven Beispielen den Mitunterredner über bloße Autorität hinaus zum Selbstdenken anzuregen u zur Anerkennung ewiger, unveränderlicher, menschlicher Willkür entzogener Wesenheiten (von Tugenden u Dingen) zu bringen u damit gleichsam geistigen Hebammendienst *(Mäeutik)* zu leisten. Gesinnung des Forschens u Lehrens ist die *Ironie*, die vom eigenen Wissen nur gering denkt („Ich weiß, daß ich nichts weiß"). Hauptgegenstand des Philosophierens ist Ethik u Lebenskunst; Ziel des Lebens die Eudaimonie oder Glückseligkeit. Das Gute besteht im wahrhaft Nützlichen. Wahre Tugend oder Tüchtigkeit ist durch ein tiefes Wissen so sehr bestimmt, daß der Wille u die Freiheit zu kurz kommen. *Nietzsche* sieht in Sokrates den verhängnisvollen Wendepunkt der abendländischen Phil vom Mythos u Instinkt zur lebensauflösenden „Vernünftigkeit" *(Zwei-Welten-Theorie)*, während *Kierkegaard* die Bedeutung der Ironie wieder hervorgehoben hat. – ↗ [36–38]

H Maier: Sokrates, sein Werk u seine gesch Stellung, Neudr 1964; *A Busse:* Sokrates 1914; *G Kafka:* Sokrates, Platon u der sokrat Kreis 1921; *J Stenzel:* Stud z Entwurf der plat Dialektik v Sokrates zu Arist ²1931, Neudr Darmstadt 1961; *E Spranger:* Sokrates 1931; *W Wundt:* Sokrates, in: Päd Lex IV 1931; *W Jaeger:* Paideia II 1944; *R Guardini:* Der Tod des Sokrates 1945; *A Festugière:*

Sokrates, P 1934 (dt 1950); *H Kuhn:* Sokrates. Versuch über den Ursprung der Metaph ²1959; *B Waldenfels:* Das sokrat Fragen 1961; *J Humbert:* Socrate et les petits socratiques, P 1967; *Totok* I 134 ff.
Schuster

Solidarismus ist das gesellschaftliche (ges) Ordnungssystem (↗ Gesellschaftsphil), das im Ggs zu den Einseitigkeitslehren des ↗ Individualismus u ↗ Kollektivismus der Doppelseitigkeit im Verhältnis von Einzelmensch u Gesellschaft gerecht wird: wie der Einzelne durch seine ges Wesensanlage hingeordnet ist auf die Gemeinschaft, so ist die Gemeinschaft hinwiederum, die ja nichts anderes ist als die Einzelmenschen selbst in ihrer Gemeinschaftsverbundenheit, hingeordnet („rückbezogen") auf die Einzelmenschen, aus denen u in denen allein u für die allein sie besteht, in u durch deren persönliche Vollendung u Wesenserfüllung allein ihr Sinn sich erfüllt. Das ist ein schlechthin seins-haftes Verhältnis; darum ist der S von Haus aus u seinem Wesen nach eine sozialphil Lehre vom ges Sein *(Sozialmetaphysik)*. Auf diesem seinshaften Verhältnis baut sich das ihm entsprechende Sollen u Verhalten auf. Damit ist der S abgeleiteterweise auch eine sozialphil Lehre vom ges Sollen u Verhalten *(↗Sozialethik)*. Der Sachverhalt der Gemeinverstrickung („wir sitzen alle in einem Boot") bildet die Grundlage der *Gemeinhaftung* („einer für alle, alle für einen"): jeder hat einzustehen für das Ganze, dessen Teil er ist; das Ganze hat einzustehen für jedes einzelne seiner Glieder; diese „obligatio in solidum" kommt im Namen „S" zum Ausdruck. Nichtsdestoweniger ist der S in erster Linie nicht Ethik, sondern eine Lehre vom ges Sein, von den Sach- u Wesensverhalten, die unmittelbar für den Bau (Struktur) u erst mittelbar für das Leben u die Betätigung der Gesellschaft bestimmend sind.

Ges Ordnung ist Rechtsordnung (↗Recht). So ist das *Solidaritätsprinzip* (die Gemeinhaftung in Bindung u Rückbindung) das grundlegende Rechtsprinzip, das die unverzichtbare Subjektstellung des Menschen im ges u darum auch im wirtschaftlichen Leben gewährleistet, ohne doch Eigenwert u Eigenständigkeit der ges Ganzheiten (Familie, Volk, Staat, Menschheitsfamilie, in ihren Grenzen auch der vielfältigen freien Vergesellschaftungen) anzutasten oder zu verkürzen. So wird die in dem uralten Bilde vom sozialen „Organismus" enthaltene, tiefe Wahrheit anerkannt, ebenso entschieden aber die übertreibende Gleichstellung mit dem realen (physischen) ↗Organismus als falscher *Organ-izis-mus* abgelehnt.

Kennzeichnend für den S ist sein Begriff des ↗Gemeinwohls u der beherrschende Platz, den er der Gemeinwohl-↗Gerechtigkeit anweist. – Für den ges Lebensbereich der Wirtschaft (↗Wirtschaftsphil) betont der S den Vorrang der ↗Arbeit vor der Sachgüterausstattung; daher seine Bezeichnung als „soziales Arbeitssystem". – Der Name „S" u einzelne Grundgedanken stammen aus Frankreich; zum ges Ordnungssystem ausgebildet wurde er in Deutschland durch *Heinrich Pesch*.

H Pesch: Lehrb der Nationalökonomie I ⁴1924; *RA Gély:* Zur Soziologie des S 1943; *O v Nell-Breuning:* Wirtschaft u Gesellschaft heute, 3 Bde, 1956–60; *ders:* Baugesetze der Gesellschaft 1968; *G*

Wildmann: Personalismus, S u Gesellschaft 1961; *G Gundlach:* Ordnung der menschl Gesellschaft, 2 Bde, 1964.
v Nell-Breuning

Solipsismus ist jene Art des ↗ Idealismus, die nichts anderes als sicher gegeben anerkennt als den Akt des Denkens u das eigene ↗ Subjekt. Alles andere ist entweder unerkennbar oder ungewiß. Der S hatte Vertreter im 18. Jht, die den kartesianischen Satz „Cogito, ergo sum" zum alleinigen Erkenntnisgegenstand erhoben. Im 19. Jht erscheint er bei *Max Stirner* als Reaktion gegen *Hegel* u seine zu starke Betonung des Allgemeinen. Er ist jetzt nicht mehr bloß ein theoretischer Standpunkt, sondern praktischer Egoismus. Der S kann sich als mitteilbare Lehre nicht behaupten, ohne sich zu widersprechen. Zur weiteren Widerlegung ↗ Idealismus.

b) *J Donat:* Critica ⁹1945; *C Nink:* Grundlegung der Erkenntnistheorie 1930, 258 ff; *Il Solipsimo,* alterità e communicazione (Arch di Fil 2), Padua 1950. – e) *J de Vries:* Denken u Sein ²1951, 135, 192.
Santeler

Souveränität = Ober(st)herrlichkeit im strengen Wortsinn eignet nur Gott. Alles, was geschöpflich ist, untersteht ausnahmslos u uneingeschränkt Gott u seinem Gesetz u kann daher souverän (souv) nur in dem Sinne sein, daß es entweder überhaupt oder in bestimmter Hinsicht keinen irdischen Vorgesetzten, sondern nur die sittl u rechtliche Ordnung über sich hat; soweit wir Gott allein zu gehorchen u uns nur vor ihm zu verantworten haben, sind wir souv.

Meist wird die S als *staatl S* verstanden, als etwas, das nur dem ↗ Staat zukomme u ihn mit einzigartiger Würde ausstatte. In der Tat haben die Staaten, solange es (noch) keine Weltautorität gibt, keine höhere Instanz, nur das ↗ Völkerrecht über sich u sind in diesem Sinn vollumfänglich souv. Dadurch ließen sie sich verleiten, auch nach innen die *totale S,* dh die letzte Zuständigkeit für alles, in Anspruch zu nehmen. Heute, wo bisherige Aufgaben der Staaten sich mehr u mehr auf Gebilde zwischen- u überstaatlicher Art verlagern u die immer schon unter den Völkern u Staaten bestehende Rechtsgemeinschaft beginnt, sich wenigstens als organisierte Exekutive des Völkerrechts handlungsfähig zu konstituieren, ist die absolute u totale S der Einzelstaaten überholt. Für verschiedene Angelegenheiten kann u muß die S (die Befugnis, das letzte Wort zu sprechen) bei verschiedenen Stellen, sei es innerhalb, sei es außerhalb u oberhalb der Staaten liegen; auch so verbleibt den Einzelstaaten eine umfangreiche S.

Die Formel „Die Staatsgewalt gehe vom ↗ Volk aus" besagt, Inhaber dieser S sei nicht der Staatsapparat oder das Staatsoberhaupt, sondern das Staatsvolk (Lehre von der *Volks-S*). Gleichviel wie das Verhältnis der Staatsgewalt zu Gott vorgestellt sein mag, liege sie ursprünglich u unveräußerlich beim staatlich geeinten Volk. Rationalistisch-individualistisch kann das so verstanden werden, die staatlichen Funktionsträger seien als weisungsgebundene *Funktionäre* vom Mehrheitswillen abhängig, der sie jederzeit abberufen könne. Die klassische Lehre dagegen versteht sie als echte *Staatsorgane.* Wo dies tunlich ist, kann das Staatsvolk sich selbst als oberstes Staatsorgan konstituieren u sich so die Ausübung der Staatsgewalt vorbehalten. Statt dessen kann es auch eigene Staatsorgane (Volksvertretung, Regierung oder wie immer) bestellen, die kraft ihrer Organschaft mit der Staatsgewalt bekleidet sind u sie ausüben. Ausfall, Funktionsunfähigkeit oder pflichtwidriges Verhalten oberster Staatsorgane kann dann *Staatsnotstand* herbeiführen, dem alsdann das souv Staatsvolk abhelfen muß, indem es – gegebenenfalls kraft seines *Rechtes* u seiner *Pflicht* zum *Widerstand* – entweder die bestehenden Organe mit anderen Funktionsträgern besetzt oder neue, funktionstüchtigere Organe bestellt.

F Suárez: Defensio fidei III (I: Principatus politicus o la soberanía popular) (ed crít E Elorduy u L Pereña), Madrid 1965. – *P Tischleder:* Ursprung u Träger der Staatsgewalt nach Thom v Aq 1923; *FX Kiefl:* Die Staatsphil der kath Kirche 1928 [Gegner der Volks-S]; *M Pribilla:* Dt Schicksalsfragen 1950 [darin über Widerstandsrecht]; *J Maritain:* Christianisme et Démocratie, P ²1945, dt 1949; *FA v d Heydte:* Die Geburtsstunde des souv Staates 1952; *H Kurz* (Hgb): Volks-S u Staats-S 1970; *E Reibstein:* Volks-S u Freiheitsrechte. Texte u Stud z polit Theor des 14.–18. Jht 1972. ↗Staat.

v Nell-Breuning

Sozial als Eigenschaftswort hat im Deutschen zwei grundverschiedene Bedeutungen, die allerdings manchmal beide zugleich anklingen: Gleichbedeutend mit „gesellschaftlich" gebraucht ist es *wertneutral* u kann ↗Gesellschaft u ↗Gemeinschaft in einem Wort zusammenfassen. Vorzugsweise gebrauchen wir das Fremdwort „s" in *wertendem* Sinn; es ruft die bestehenden gesellschaftlichen Mißstände u die Leiden der davon Betroffenen ins Bewußtsein. Die *„Soziale Frage"* fragt, was in unserer gesellschaftlichen Ordnung fehlerhaft ist u wie dem abzuhelfen ist; ähnlich viele mit s zusammengesetzte Wörter: S-politik, S-hilfe, S-versicherung u a m. – S nennen wir eine Gesinnung oder Haltung, die für die s Benachteiligten oder Schwachen Verständnis aufbringt u ihnen entgegenkommt.

H Hoefnagels: Soziologie des S 1966; *RC Kwant:* S u personale Existenz 1967. v Nell-Breuning

Sozialethik ist die Lehre von den Normen des sittl wohlgeordneten Handelns im sozialen Bereich, d i für das Handeln der gesellschaftlichen (ges) Gebilde selbst u des Einzelmenschen in bezug auf die ges Gebilde (Ganzheiten), deren Glied er ist – im Unterschied von der *Individualethik*, den Normen für das Handeln des Einzelnen als solchen in seinem Verhältnis zu Gott, zu sich selbst, zum Nebenmenschen in Absehung von der ges Verbundenheit. – Die Normen der S sind zu erheben aus der Wesensart des ↗Menschen als ges Wesens *(ens sociale)* u der in dieser Wesensanlage gründenden ges Gebilde; darum ist die S nichts anderes als der praktisch-normative Teil der ↗Gesellschaftsphilosophie; jedes gesellschafts-phil System gipfelt in der ihm gemäßen S. – Die S des ↗Individualismus muß sich in der Verneinung sozialer Pflichten erschöpfen; für den ↗Kollektivismus geht alle Ethik in S auf. Der ↗Solidarismus mit seinem Rechtsgrundsatz der Gemeinhaftung rückt die entscheidende u, wie die Erfahrung lehrt, überaus schwere Forderung der S in den Blickpunkt: die Verantwortlichkeit jedes Einzelnen zu seinem Teile für das Ganze, der eine ebensolche Verantwortlichkeit des Ganzen u aller seiner Glieder für das Wohlergehen des einzelnen Gliedes entspricht. Die konkreten Forderungen u Pflichten lassen sich nur aus der Eigenart der einzelnen ges Gebilde u der jeweiligen Verumständung ableiten; sie sind daher unübersehbar mannigfaltig u wandelbar.

Die ges Ordnung als solche ist Rechtsordnung ↗ Recht; darum sind die wesentlichen Normen der S Rechtsnormen, ihre wesentlichen Pflichten Rechtspflichten; alle Arten der ↗ Gerechtigkeit, vor allem die Gemeinwohlgerechtigkeit (iustitia socialis), schlagen hier ein. Nichtsdestoweniger hat auch die Liebe ihren Platz, das aufrichtige Wohlwollen, mit dem die Glieder einander ihren Platz u ihren Anteil am Gemeinwohl, ihr Wohlsein ‚im' Ganzen gönnen, wünschen u sogar über das rechtliche Pflichtmaß hinaus fördern *(caritas socialis: Gemeinwohlliebe)*. – Zur S zählen die *politische Ethik* (Ethik des staatlichen, zwischen- u überstaatlichen Lebens), die *Wirtschaftsethik* u die *Berufsethiken,* wie etwa der Ärzte, Rechtswahrer, Interessenvertreter (Lobbyisten), der Verleger u Journalisten usw. Dabei lassen sich Individualethik u S wegen des unlöslichen Zusammenhangs in der Darstellung nicht trennen.

b) *D v Hildebrand:* Metaph der Gemeinschaft 1930; *H Weber, P Tischleder:* Handb der S 1931; *A Hartmann:* Die sittl Ordnung der Völkergemeinschaft 1950; *E Welty:* Herders Sozialkatechismus, 3 Bde, 1952–58; *O v Nell-Breuning:* S, in: WBPol I ²1958; *MG Plattel:* Sozialphil, 2 Bde, 1962–66; *HD Wendland:* Einf i die S 1963; *J Höffner:* Christl Gesellschaftslehre ²1963; *J Meßner:* Die soziale Frage ⁷1964, 378 ff; *AF Utz:* Bibliogr der S I–VII 1960–72. – d) *R Linhardt:* Die Sozialprinzipien des hl Thom v Aq 1932; *A Langner* (Hgb): Theol u S i Spannungsfeld der Gesellschaft 1974 [z 19. Jht].

v Nell-Breuning

Sozialisierung heißt die (nicht vom ↗ Sozialismus allein befürwortete) Überführung von ↗ Eigentum, namentlich an Produktionsmitteln, in „Gemeineigentum", nicht um es dem Gemeingebrauch zu überlassen, sondern um seine Nutzung „gemeinwirtschaftlich", dh auf den Nutzen der Allgemeinheit oder doch eines breiteren Kreises auszurichten. Meist überführte man das Eigentum auf die öffentliche Hand (Verstaatlichung, Vergemeindlichung); heute sucht man nach Formen echter „Vergesellschaftung". – Wenn Eigentum übergroße Macht verleiht, kann S das einzige Mittel sein, um diese Macht zu bändigen. Überführung sämtlicher Produktionsmittel auf die öffentliche Hand *(Total-* oder *System-S)* dagegen würde durch Vereinigung der politischen u wirtschaftlichen Macht noch gefährlichere Übermacht schaffen.

b) *H Pesch:* Lehrb der Nationalökonomie I ⁴1924; *v Nell-Breuning:* S, in: WBPol III ²1958; *ders:* S, in: Staatslex VII ⁶1962; mehrere Beiträge in: „Unters-en z sozialen Gestaltung der Wirtschaftsordnung" 1950 (Hgb: W Weddigen) (Schr des Vereins f Sozialpolitik, NF Bd II). v Nell-Breuning

Sozialismus begegnet als Weltanschauung, als gesellschaftliches (ges) Ordnungssystem, vor allem als sozialkritische u sozialreformerische Bewegung im Raum der Politik, des Gewerkschafts- u des Genossenschaftswesens. Aus sehr verschiedenen, ja gegensätzlichen geistigen Quellen gespeist, bildet der S schon in Kontinentaleuropa, erst recht in der Welt von heute, weniger denn je eine Einheit. Vor der Jht-wende konnte man mindestens im deutschen Sprachraum den S mehr oder weniger mit ↗ Marxismus gleichsetzen. Seit der Spaltung in

Kommunismus u revisionistischen S hat letzterer sich mehr u mehr von Marxschen Lehren u vulgärmarxistischen Fehldeutungen losgerungen. Nachdem der freiheitlich-demokratische S auch dem historischen u ↗ dialektischen Materialismus abgesagt hatte, zeichnet sich heute bei den Jungsozialisten wieder eine deutliche Wendung zu einem erneuerten Marxismus ab. So fehlt es heute selbst dem nicht-kommunistischen S, abgesehen von seiner ausgesprochen sozial-kritischen Haltung gegenüber der kapitalistischen Wirtschaft u (Klassen-)Gesellschaft, an einem einigenden Band. – In der Sowjetunion bezeichnet man den derzeitigen Zustand („Jeder nach seinen Fähigkeiten, jedem nach seiner Leistung") als S u versteht ihn als Vorstufe zu dem noch nicht voll verwirklichbaren *Kommunismus* („Jedem nach seinen Bedürfnissen").

Unvereinbar mit christl Lehre ist jeder S, der die menschliche Gesellschaft u die ges Wesensanlage des Menschen einseitig auf die Ergänzungsbedürftigkeit des Menschen u den Nutzen der Arbeitsteilung u Arbeitsvereinigung stützt u so in der Gesellschaft eine bloße „Nutzveranstaltung" sieht, die als solche den Menschen sittl nicht binden kann. Ein S, der sich von dieser Auffassung völlig frei gemacht hätte, braucht nicht notwendig der christl Lehre zu widersprechen.

Für den „Mann auf der Straße" bedeutet S immer noch ↗ Sozialisierung; in vielen Ländern hat der S jedoch den Nachdruck auf zentrale wirtschaftliche Planung verlagert; in der Bundesrepublik Deutschland erstrebt er vor allem „Fundamentaldemokratie", dh öffentlich-demokratische Kontrolle jeder ges u wirtschaftlichen ↗ Macht.

V Cathrein: Der S ¹⁵1923; *Th Steinbüchel:* Der S als sittl Idee 1921; *ders:* S, in: Ges Aufsätze I 1950; *O v Nell-Breuning:* S, in: WBPol V 2 1952; *A Langner:* Katholizismus u freiheitl S 1965; *A Walz:* Vom S z Neo-S, Fribourg 1965. – c) *Sozialisten: M Bernstein:* Dokumente des S 1902–05; *F Oppenheimer:* Die soziale Frage u der S 1912; *M Adler:* Wegweiser. Stud z Geistesgesch des S 1914; *H de Man:* Psych des S 1926; *R Garaudy:* Die große Wendung des S 1972.   v Nell-Breuning

Sozialpsychologie. In der sich über sich hinaus schenkenden Seinsfülle der Person u anderseits in ihrer ergänzungsbedürftigen Armut wurzelt psychologisch der Drang zur seelischen Gemeinschaft mit anderen Personen, wobei die Person mit ihrem Geben u Empfangen, ihren Rechten u Pflichten sich zwar unter der besonderen Rücksicht der Gemeinschaftsergänzung gleichsam wie ein „Glied" im Organismus verhält, dabei aber ihren unveräußerlichen Selbstand, Grundlagen u Formkräfte der menschlichen (im weitesten Sinn auch der tierischen) Lebensgemeinsamkeit, das Psychologische in ihren Strukturformen u ihre Rückwirkung auf das Einzel-Seelenleben zu erkunden. Die von alters her betonte, evidente Tatsache, daß der Mensch ein Sozialwesen ist, stellt zunächst die Frage nach der Erfassung des *„Fremdseelischen"* oder des *Fremd-Ich,* nach dem zwischen-seelischen Verständigungsmittel u nach dem Drang zum Sozialkontakt. – Die Erfassung fremden Seelenlebens in seinem Dasein u seiner Sonderart wird von den einen mehr auf Instinktanlagen, von anderen auf „Einfühlung", Eininnerlichung des eigenen Erlebens in andere Menschen, wieder von anderen

(*Scheler*) auf eine Art unmittelbarer, auf ursprünglicher Seinseinheit gründender Intuition des Fremdseelischen zurückgeführt. Sie kann jedoch durch keine einseitige Deutung restlos erklärt werden, sondern bedarf der Synthese verschiedener Deutungsformen. Der Mitteilungsweg von Seele zu Seele ist die ↗ Sprache, aber im weitesten Sinne als *Kommunikation* genommen. So verstanden, umfaßt sie sowohl die (Mensch u Tier gemeinsamen) Urfunktionen der naturgebundenen Kundgabe des eigenen Erlebens u der Auslösung von Erlebnissen durch Kundgabeformen fremden Erlebens *(prälogische Sprache)* wie auch die (sich diesen Funktionen überbauende u sie teilweise in Dienst nehmende) dem Menschen allein eigene geistige Funktion der „Darstellung von Sachverhalten" durch ein System willkürlich gesetzter Zeichen u Symbole (*K Bühlers* Sprachpsychologie).

Wie die menschliche Sprache, so umschließt auch die menschliche Sozialneigung Instinkthaftes u Geistiges. Der Reichtum der *sozialen Instinkte* enthält ua den Drang zum Beisammensein mit Artgenossen, zum instinkthaften „Sichverständigen" (prälogische Mitteilungs- u Auslösungsfunktion der prälogischen „Sprache"), zum negativ-sozialen Verhalten in Angriff u Flucht, zur Verbindung positiver u negativer Reaktionen im Sexualkontakt, endlich zum gemeinsamen Spiel. Die *geistige Sozialhaltung* als solche setzt das personalgeistige Sein des Menschen in Beziehung zum fremden personalen Sein als Wertträger. Sie weist zunächst zwei sich ergänzende u in gewissem Sinne sich fordernde Aspekte auf: die *Ehrfurcht*, die vor dem fremden personalen Wert Distanz wahrt, ihn achtet u nicht antastet, u die ↗ Liebe, die nachahmend, schöpferisch schenkend u zur „Wirwerdung" drängend auf den Fremdwert abzielt. Die verschiedenen Grade u Arten der seelischen „sozialen Bereitschaft", die typischen Unterschiede der Objektrichtung, die größere oder geringere Ganzheit u Anziehungsmacht der sozialen Haltung *(soziale Affinität, Hellpach)* richten sich nach den wechselnden individuellen Situationen u typischen Sonderarten des Seelenlebens. – Zur Sozialisation ↗ Gruppe.

Unter den Strukturformen „gemeinseelischer Gebilde" lassen sich mit *Hellpach* unterscheiden die Zeugungs-, Satzungs- u Häufungsstrukturen, d i der *Sozialorganismus*, wie Familie, die *Organisation* u das bloße *Aggregat*. Je nachdem unter den zum Sozialgebilde zusammenschließenden psychischen Faktoren mehr die rein instinkthaften oder mehr die geistigen Haltungsweisen führend sind, lassen sich ↗ Masse u echte ↗ Gemeinschaft unterscheiden. Die Urformen menschlicher Gemeinschaft sind Freundschaft u ↗ Ehe, aus beiden erwachsend die ↗ Familie, von ihnen ausgehend die umfassendere Sippen-, Standes-, Stammes- u Volksgemeinschaft ↗ Volk.

Die Seinsgrundlage der seelischen Gemeinsamkeits-Tendenz ist nicht eine geheimnisvolle, „überindividuelle Seele" oder ein ursprüngliches Einssein eines einzigen, alle Individuen durchflutenden Bewußtseinsstromes, sondern einerseits das Verflochtensein des Seelischen in die biologischen Lebenszusammenhänge, anderseits der Reichtum des zur Selbstmitteilung drängenden personalen

Geistes, dem eine beziehungsweise Ergänzungsbedürftigkeit durch Fremdseelisches zur Seite geht.

a) *M Scheler:* Wesen u Formen der Sympathie ³1926. – b) *Ph Lersch:* Der Mensch als soziales Wesen. Eine Einf i die S, ²1965; *A Oldendorff:* Grundzüge der S 1965; *G H Mead:* S 1969; *C F Graumann* (Hgb): S (Hdb d Psych VII) 1969. – c) *W Hellpach:* Lehrb der S 1933; *Th Erismann:* Massenpsych 1928. – *Krech, Crutchfield, Ballachey:* Individual in Society, L 1962; *R Daval* u a: Traité de psychologie sociale I, P 1963; *ThM Newcomb:* Social Psychology, L ⁴1963; *M Argyle:* Soziale Interaktion 1972. – e) *J Stoetzel:* La psychologie sociale, P 1963. Willwoll

Spekulation hängt im Lat mit dem Zeitwort speculari zusammen, das ausspähen, erforschen bedeutet; schon hier geht es um das Aufdecken eines Verborgenen. Der Sache nach meint phil S ein schöpferisches ↗Denken, das als solches die Gegebenheiten der unmittelbaren ↗Erfahrung nicht lediglich passiv empfängt, sondern aktiv mit der Kraft des Geistes (↗a priori) bis auf ihre letzten Gründe durchdringt. Dieses Denken überschreitet wesentlich die unmittelbare Erfahrung sowie die phänomenologische Erhellung des Gegebenen (↗Transzendenz) u bildet den Kern der ↗Phil. Doch wurzelt die S im Erfahrenen, weil sie einzig darin ihre Ausgangspunkte findet; deshalb werden auch ihre Ergebnisse durch die Erfahrung indirekt bestätigt oder widerlegt, obwohl sie rein menschlicher Erfahrung nie unmittelbar zugänglich sind. – Des genaueren erforscht die S das innere Wesen des zunächst Erfahrenen bis zum metaphysischen Sein; zugleich macht sie die absoluten Wesens- u Seinsgesetze einsichtig. So erfaßt sie die konstitutiven Prinzipien (↗Seinsprinzipien) u letzten ↗Ursachen alles Erfahrbaren, besonders dessen tiefsten Einheitsgrund: Gott. Von diesem her sucht sie alles Seiende in einem einheitlichen Zusammenhang zu begreifen u möglichst in ein ↗System zusammenzuschließen.

Was die ↗Methode betrifft, so bedient sich die S vor allem der trl Reduktion (↗Methode), der ↗Wesenserkenntnis, der ↗Analyse u apriorischen ↗Synthese sowie der ↗Deduktion. Entscheidend ist hierbei der lebendige schöpferische Tiefblick, der meist jeder ausdrücklichen Begriffsbildung u Schlußfolgerung vorauseilt u von dieser erst nachträglich artikuliert wird. Er erwächst aus der rechten Verfassung des ganzen Menschen u ist nicht allen im gleichen Maße verliehen. – Die S entartet, wenn mit ihrer gesamtmenschlichen Einbettung der Tiefblick dahinschwindet u erstarrte Begriffe in willkürliche Kombinationen gebracht werden, wie das vielfach in der Spätscholastik geschah. Durch diese u den neuzeitlichen ↗Rationalismus kam die S so in Verruf, daß man bis heute oft nur ihr Zerrbild kennt. Dazu hat auch *Kant* beigetragen, insofern er die theoretische Vernunft auf den Bereich möglicher Erfahrung beschränkt u alle darüber hinausgehenden Bemühungen als leere „S-en", die nur transzendentalen Schein erzeugen, abtut. Im Ggs dazu arbeitet *Hegel* zwar mit dem *spekulativen Satz*, der den Widerspruch überwindet u die dialektische Synthese ausspricht; doch brachte auch er durch seine Übersteigerung der S diese in Mißkredit.

Bei *Aristoteles* fällt offenbar die S mit „*theoria*" zusammen. Diese vollzieht das anschauend-betrachtende Erforschen des Seienden u ist ebenso dem sittlichen Handeln wie dem handwerklich-künstlerischen Schaffen entgegengesetzt. Heute macht man zwischen S u theoria einen Unterschied. Die S ist nämlich nur ein Teil der theoria, insofern diese außer der spekulativen Durchdringung auch deren phänomenologische Grundlegung umfaßt. In einem eingeschränkten, der S oft fremden Sinne wird ↗ Theorie in der heutigen empirischen Wissenschaft gebraucht.

a) *Aristoteles:* Metaphysik VI, 1; *Thom v Aq:* Komm zu Arist Metaph VI, lect 1; *I Kant:* Krit d rein Vern, Transzendentale Dialektik, bes Buch II, Hauptst 3; *G Hegel:* Phänomenologie des Geistes, Vorrede; *ders:* Enzyclop §§ 79–82. – b) *J Maréchal:* Le point de départ de la métaphysique, Cah V, Louvain 1926, 372–84; *A Brunner:* Der Stufenbau der Welt 1950, bes Kap 1 u 4; *N Balthasar:* La méthode en métaph, Louvain 1943; *D v Hildebrand:* Der Sinn phil Fragens u Erkennens 1950; *M Thiel:* Philosophieren 1947; *J Pieper:* Was heißt philosophieren? 1948; *E Watkin:* A Phil of Form, L ³1950; *B Lonergan:* Insight, L 1957. – c) *I Kant, G Hegel* ↗ a); *J Hessen:* Die Methode der Metaph 1932. – d) *R Kroner:* Speculation and Revelation in Modern Phil, Philadelphia 1961. Lotz

Spinozismus. Der jüdische Philosoph Baruch *Spinoza* († 1677) legt sein System vor allem in seiner „Ethik" dar, die eine Anleitung sein soll zu einem glückseligen Leben durch Meisterung der Affekte. – Es gibt nur eine einzige, notwendige, ewige u unendliche *Substanz*, Gott, die definiert wird als „dasjenige, was aus sich ist u nur aus sich begriffen wird, was somit keines anderen bedarf, um aus ihm begriffen zu werden". Sie ist darum Ursache ihrer selbst. *Attribut* ist eine Seite der Wesensfülle der göttlichen Substanz. Von den unendlich vielen Attributen Gottes sind uns nur zwei bekannt, Denken u Ausdehnung, von denen jedes mit Gott u unter sich identisch doch zwei verschiedene Seiten Gottes ausdrückt. – Die *Modi* sind die begrenzten Erscheinungsformen der beiden uns bekannten unendlichen Attribute Gottes, dh die endlichen Dinge, in denen sich der Parallelismus der beiden Attribute offenbart als Seele u Körper. – Die menschliche Seele ist nur die Idee des ihr zugehörigen Körpers u verschwindet mit dessen Auflösung. Wie in Gott die Attribute, so fallen im Menschen die Modi des Denkens u der Ausdehnung zusammen. So wird verständlich, warum die beiderseitigen Entfaltungsmomente einander entsprechen. Doch gibt es für unser Erkennen keine Brücke vom Körperlichen zum Geistigen oder umgekehrt, noch entdecken wir in der unendlichen Abfolge der Modi irgendwo die sie tragende Substanz, sondern wir haben sowohl im Reich der Ideen wie der Körper eine rein immanente „Kausalität".

Spinoza lehrt einen eindeutigen Pantheismus. Gott ist die „natura naturans", die Modi sind die „natura naturata", aber im Grunde ist alles eins. Der einseitige Rationalismus löst auch das „Wollen" in Denken auf u läßt keinen Platz mehr für echte Freiheit, weder in Gott noch in den Geschöpfen. Folgerichtig ist auch der Unterschied zwischen Gut u Böse nur dem Wort nach gewahrt. Auch von „Zwecken" kann in einem geometrisch angelegten System keine Rede sein. – Zu Lebzeiten Spinozas zum Teil stark angefeindet, übte seine Phil doch auf die Nachwelt einen mächtigen Einfluß aus, besonders durch die einseitig betonte Einheit des Weltalls, zum Teil auch durch seine Affektenlehre. Im Banne Spinozas standen ua *Schelling* mit seinem Identitätssystem, *Schleiermacher* u *Goethe*. – Den Widerspruch zwischen dem unveränderlichen Gott u seinen wechselnden Modi vermochte Spinoza nie zu beheben. – ↗[138]

A van der Linde: Benedictus Spinoza. Bibliogr, Neudr 1961; *J Wetlesen:* A Spinoza Bibliogr (1940–67), Oslo 1968; *EG Boscherini:* Lex Spinozanum, Den Haag 1970; *K Fischer:* Gesch der neueren Phil II ⁵1909; *V Delbos:* Le Spinozisme, P 1968; *C Gebhardt:* Spinoza 1932; *St v Dunin-Borkowski:* Spinoza nach 300 Jahren 1932; *ders:* Spinoza 1933–35 [führendes Werk]; *ders:* Spinoza. Nel terzo centenario della sua nascita, Mailand 1934 (= Erg-Bd der Riv di Fil Neosc); *P Siwek:* Spinoza et le panthéisme religieux, P 1950; *A Guzzo:* Il pensiero di Spinoza, Turin ²1964; *HG Hubbeling:* Spinoza's Methodology, Assen 1964; *W Cramer:* Die absolute Reflexion, I: Spinozas Phil des Absoluten 1966; *H A Wolfson:* The Phil of Spinoza, NY ²1969; *M Walther:* Metaph als Antitheol [zu Spinoza] 1971; *F Kauz:* Substanz u Welt bei Spinoza u Leibniz 1972. – d) *N Altwicker* (Hgb): Texte [1907–50] z Gesch des S 1971. – e) *HM Wolff:* Spinozas Ethik. Eine krit Einf, Bern 1958.

Rast

Spiritismus (vom lat. spiritus = Geist) bedeutet 1. eine wissenschaftliche Theorie über die Ursächlichkeit der sog außernatürlichen Vorgänge, die nicht von lebenden Menschen, sondern von körperlosen Seelen Verstorbener oder von anderen Geistwesen ausgehen sollen: Spukvorgänge u Spukgestalten (Erscheinungen, Phantome, Gespenster), 2. eine schwärmerisch-religiöse Sekte, die die Geister sich dienstbar machen will durch mündliche Beschwörung oder symbolische Zeremonien zwecks Auskunft über das Leben im Jenseits oder nur zur Befriedigung der Neugierde. – Die Tatsächlichkeit von Spuken u Erscheinungen, bei denen Betrug u Täuschung ausgeschlossen sind, läßt sich nicht bestreiten. *Spuke* sind Vorgänge, sachlich den Televorgängen (↗Okkultismus) gleichend, aber nicht wie diese von lebenden Menschen (Medien) in erkennbarer Weise bewirkt (Poltern, Bewegung von Gegenständen, Worte, Seufzen). *Erscheinungen* nennt man sichtbare Gestalten entweder verstorbener Menschen, deren körperlose Seele sich irgendwie einen körperlichen „Schein" schafft, oder von anderen körperlosen Wesen. – Die Identität mit bestimmten Verstorbenen soll angeblich bewiesen werden durch Abdrücke ihrer Körperlichkeit in Wachs usw, durch Photographien u die Mitteilung nur ihnen bekannter Dinge. Während die Spiritisten diese Vorgänge durch körperlose Geister erklären, wollen die Animisten (von anima = Seele im lebenden Menschen) alles durch die Telefähigkeiten lebender Menschen, Anwesender oder Abwesender, erklärt wissen; die Abdrücke seien unklar u könnten von lebenden Medien oft besser bewirkt werden; die Photographien seien alle verdächtig, die meisten als Betrug entlarvt; die Mitteilungen entsprächen dem Wissen u den Neigungen der Anwesenden (Telepathie!). Sie sind in der Tat meist ganz banal u widersprechen sich oft. Die animistische Theorie genügt wohl für die zünftigen „Geistersitzungen". Beglaubigte Fälle, wo sich ernste, außernatürliche Absicht offenbart u keine Beschwörung stattfindet, sind auch außernatürlich zu erklären.

R Gerling: Der Sp u seine Phänomene ⁵1923; *F Moser:* Das große Buch des Okkultismus ²1974; *A Köberle:* Sp, in: RGG³ VI 1962; *W Schneider:* Der neuere Geisterglaube ³1913; *A Seitz:* Illusion des Sp 1927; *W Horkel:* Geist u Geister; z Probl des Sp 1963; *FW Haack:* Rendezvous mit dem Jenseits 1973.

Frank

Spiritualismus. Als Sp (vom lat spiritus = Geist) bezeichnet man im Ggs zum ↗ Materialismus die Lehre von der Wirklichkeit des Geistes oder geistiger Wesen. – Der *metaphysische Sp* sucht das Sein vom ↗ Geiste her zu verstehen. Die monistische Form des Sp nimmt an, daß alle Wirklichkeit Geist, u zwar der eine, absolute Geist ist (so im ↗ Deutschen Idealismus); nach der pluralistischen Form des Sp besteht die Wirklichkeit aus einer Mehrheit von Geistwesen; den Körpern kommt daneben kein eigenständiges Sein zu (so der ↗ Idealismus *Berkeleys*, die Monadenlehre *Leibniz'* u a); nach der theistischen Form des Sp ist der Urgrund aller Wirklichkeit Geist u daher auch alles übrige Wirkliche geistverwandt. – Der *psychologische Sp* lehrt die Geistigkeit der menschlichen ↗ Seele, sei es als Folgerung des metaphysischen Sp, sei es in Gegenübersetzung zum materiellen Leibe. Eine schroffe Form des psychologischen Sp stellt die Lehre *Descartes'* dar, der Geist (= Denken u Freiheit) u Materie (= Ausdehnung u mechanische Notwendigkeit) einander unvermittelt ohne die Zwischenstufen des vegetativ-sinnlichen, nicht rein materiellen, aber doch von der Materie abhängigen Lebens gegenüberstellt. – Der *ethisch-soziologische Sp* betont den wesentlichen Unterschied animalischer u spezifisch menschlich-geistiger Interessen. In seiner Übersteigerung betrachtet er das Körperliche nach seinem bloßen Dienstwert für das Geistige oder gar einfachhin als Unwert oder Übel. – Zu scheiden ist der Sp vom ↗ Spiritismus. – ↗[212, 216, 218–219, 222, 228 230]

A Castelein: Matérialisme et Sp, Brüssel 1895; *F Klimke:* Der Monismus I 1911; *MF Sciacca:* Dall'Attualismo allo Sp critico, Mailand 1961; *E Rossi:* Das menschl Begreifen u seine Grenzen. Materialismus u Sp, ihre Irrtümer, Schäden u Überwindung 1968. Brugger

Sprache bedeutet 1. die allg menschliche Betätigung, sich eines Systems von ↗ Zeichen nach bestimmten, überall vorauszusetzenden Verknüpfungsregeln zu bedienen, 2. die geschichtlich u sozial bedingten Formen der allg menschlichen Sprachfunktion, die Einzelsprachen. Innerhalb jeder Einzel-Sp ist zu unterscheiden: a) die Gesamtheit der Zeichen u Formen, deren sich der Sprechende bedienen kann (das Sprechbare); b) der seelisch-leibliche Vollzug des Sprechens; c) das erzeugte u gehörte Wort (das Gesprochene). Sp im ursprünglichen Sinn ist die lautliche Darstellung von Gedanken. Träger der Sp ist der Mensch, der allein von allen sichtbaren Wesen Gedanken hat, die er andern mitteilen kann, u der allein von allen geistigen Wesen fähig ist, sie durch den sinnlichen Laut darzustellen. Die Sp spiegelt daher das leiblich-geistige Wesen des Menschen wider u folgt dessen Gesetzen. Als Laut existiert die Sp nur im Hervorgebrachtwerden. Obwohl das Sprechen auch abgesehen von der Gedankenübermittlung immer schon ein gewisser Ausdruck der Seele des Sprechenden ist, so zielt doch die Hauptabsicht des Sprechens zum Unterschied von anderen Ausdrucksbewegungen nicht darauf ab, sondern auf die Darstellung u Mitteilung von Gedanken. Während die figürliche Darstellung den gemeinten Gegenstand in seiner sinnlichen Gestalt nachformt u deshalb von jedem Beschauer unmittelbar verstanden wird, macht die Sp nicht den Gegenstand, sondern den Gedanken u diesen (in ihrer entwickelten Gestalt) nicht durch Abbildung, sondern durch ein stellvertretendes Zeichen gegenwärtig. Sie wird deshalb nur von dem verstanden, der den ↗ Sinn u damit die Bedeutung des Zeichens kennt. In den Ursprüngen allerdings arbeitete die Sp auch mit unmittelbar verständlichen, figürlichen Darstellungsmitteln. Die Verknüpfung sinnlicher, an sich bedeutungsindifferenter Laute mit einem bestimmten Sinn, d i dem Hinweis auf seine *Bedeutung* (seinen Objektsbereich), ist deshalb möglich, weil im Menschen keine ursprüngliche Trennung zwischen sinnlicher Anschauung u geistigem Gedanken besteht, dieser hingegen aus jener durch ↗ Abstraktion gewonnen wurde u mit dem sinnlichen Schema immer in einer gewissen Verbindung bleibt. Die hinweisende Gebärde aber erlaubt es dem Menschen, zwischen dem artikulierten Laut u dem sinnlichen Schema eine auch für andere bemerkbare Verbindung herzustellen u durch wiederholten Gebrauch zu festigen. Voraussetzung für die Verständigung der Sprechenden ist ihre gemeinsame leiblich-geistige Natur u vor allem die Identität des von ihnen gedachten oder zu denkenden Inhalts.

Die Frage nach dem Ursprung der Sp kann sich auf die Sp-fähigkeit oder auf die entwickelte Sp-fertigkeit beziehen. Die Sp-fähigkeit ist mit dem Wesen des Menschen gegeben. Die Sp-fertigkeit umfaßt die Entdeckung u erste Anwendung sinnlicher Zeichen als Stellvertreter für Begriffe u den weiteren Ausbau des Zeichensystems. Wie der Mensch ursprünglich zu dieser Sp-fertigkeit kam, können wir nur vermutungsweise an dem ablesen, wie der Mensch heute noch die Sp-fertigkeit erwirbt. – Von *Tiersprachen* kann man nur in einem abgeschwächten Sinne sprechen, da ↗ Tiere keine Gedanken äußern noch ihre Empfindungen u Strebungen durch Begriffe vermittelt kundgeben können. Über prälogische Sp ↗ Sozialpsychologie.

Der Mensch kann die Lautzeichen der Sp wieder durch andere Zeichen ersetzen, so zB in der Schrift, welche die flüchtigen Lautzeichen durch die zeitbeständigeren Schriftzüge ersetzt. Die Darstellung der Gedanken kann aber auch ohne Umweg über den Laut durch Schrift- oder andere Zeichen erfolgen, so zB in der Begriffsschrift der Chinesen. – Die erste Grundgestalt des Lautes ist die *Silbe;* die erste Grundgestalt des bedeutungtragenden Sp-zeichens das *Wort;* die erste Grundgestalt der Sp selbst der *Satz.* Erst im Satz wird ein vollständiger Gedanke ausgesprochen. Von der Sp-situation u vom Ganzen des Satzes her erhalten die Worte erst ihre bestimmte Bedeutung. In einem gewissen Maß gilt dies auch vom Satz, sofern er Glied einer ganzen Rede ist.

Die Sp (1) tritt uns in einer bunten Fülle von Einzelsprachen entgegen = Sp (2), die untereinander sowohl im Wortschatz als auch im Aufbau beträchtliche Unterschiede zeigen. Die Möglichkeit, das in einer Sp Dargestellte in einer anderen wiederzugeben *(Übersetzung),* ist zwar grundsätzlich immer vorhanden, doch ist sie in verschiedener Hinsicht, zumal was den mitschwingenden Gefühlswert angeht, beschränkt. – Für genau definierte Aussagemengen lassen sich *Universal-Sp-en* oder *formalisierte Sp-en* von großer Genauigkeit aufstellen, wie dies zB in der Mathematik u ↗ Logistik geschehen ist, die bloß der

Übermittlung begrifflicher Inhalte unter Absehung von jedem seelischen Ausdruck dienen. Da über natürliche oder formalisierte Sp-en wieder Aussagen gemacht werden können, unterscheidet man von der unmittelbaren *Objekt-Sp* die in mehreren Stufen möglichen *Meta-Sp-en*, mit deren Hilfe semantische Antinomien vermieden werden können. — Obwohl die Sp nicht unumgängliche Bedingung geistiger Erkenntnis ist, so dient sie doch in hohem Maße der Bestimmtheit u Klarheit des begrifflichen Denkens. — Da die Sp aus dem Bedürfnis des Einzelnen als Glied der Gemeinschaft entstanden ist, ist sie weder die Erfindung eines Einzelnen noch in ihrer Bewahrung u Entwicklung denkbar außerhalb der Gemeinschaft. Die am meisten sprachbildende, organische u natürliche Sp-gemeinschaft ist das ↗ Volk, wie auch umgekehrt die Sp eine wichtige Rolle in der Volkwerdung spielt. Ohne Sp wäre weder menschliche Gemeinschaft noch irgendein höherer Grad der Kultur möglich. Aus der Bedeutung der Sp für die Gemeinschaft ergibt sich auch die Verpflichtung des Einzelnen der Sp gegenüber, insbesondere die Sp nicht gegen ihr Wesen, Ausdruck des Gedankens zu sein, zu gebrauchen. — Zur Sp-analyse ↗ Analytische Phil.

W v Humboldt: Ges Schr 1904 ff, bes Bd VII/1. - *K Bühler:* Sp-theorie. Die Darstellungsfunktion der Sp 1934; *A Marty:* Unters-en z Grundlegung der allg Grammatik u Sp-Phil I 1908; *ders:* Psyche u Sprachstruktur (ed Funke Bern 1940); *W Wundt:* Völkerpsych. Die Sp ³1911-12; *J Lotz:* Phil u Sp, in: Schol (1965); *Bayerische Akad der Schönen Künste:* Die Sp 1959; *dies:* Wort u Wirklichkeit 1961; *M Heidegger:* Unterwegs z Sp 1959; *JWM Verhaar:* Perception, Speech and Thought, Assen 1963; *L Weisgerber:* Die vier Stufen i der Erforsch der Sp-en 1963; *ders:* Das Menschheitsgesetz der Sp ²1964; *RC Kwant:* Phenomenology of Language, Pittsburgh 1965; *G Frey:* Sp – Ausdruck des Bewußtseins 1965; *HG Gadamer* (Hgb): Das Problem der Sp (8. Dt. Kongr f Phil 1966) 1967; *HG Alexander:* Language and Thinking, L 1967; *H Mynarek:* Mensch u Sp 1967; *J Kaminsky:* Language and Ontology, L 1969; *EH Lenneberg:* Biolog Grundlagen der Sp 1972; *A Portmann, R Ritsema* (Hgb): Man and speech. Mensch u Wort. L'homme et le verbe (Eranos-Jb 39), Leiden 1973. – d) *R Haller:* Unters-en z Bedeutungsprobl i der antiken u mittelalterl Phil, in: Arch f Begriffsgesch 7 (1962) 57-119; ferner *Archiv f Begriffsgesch* 8 (1963); *W Schachten:* Intellectus verbi. Die Erkenntnis i Vollzug des Wortes nach Bonaventura 1973. Brugger

Sprachphilosophie (SpPh). Die Beschäftigung der Phil mit der ↗ Sprache (Sp) ist so alt wie die Phil selbst. Schon im Altertum stand die Ansicht, daß die Sp auf willkürliche Vereinbarung der Menschen zurückzuführen sei *(Sophisten)*, der andern gegenüber, welche die Sp als eine Naturgegebenheit betrachtete *(Stoiker)*. *Platon* u *Aristoteles* nahmen eine vermittelnde Stellung ein. Die SpPh als eigene Disziplin der Phil besteht erst seit *W v Humboldt*. Sie wurde besonders durch die *vergleichende Sprachwissenschaft* (Herausstellung der allg Sp-funktion u des wesentlichen Aufbaus der Sp) u die empirische Psychologie (Erforschung der Sp-elemente u ihrer psycho-physischen Bedingungen) gefördert. — Die wichtigsten Aufgaben der SpPh sind die Klärung der Beziehungen zwischen Denken u Sprechen (Vormacht u Beeinflussung), zwischen der Ausdrucks- u Darstellungsfunktion der Sp, die Aufhellung der psycho-physischen Bedingungen des Sprechens, der Rolle des Einzelnen u der Volksgemeinschaft im Aufbau der Sp, der Beziehungen zwischen dem allg Sp-typus und dem Bau der einzelnen Sp, die Untersuchung des zeitlich ersten Ursprungs der Sp u des jeweilig neuen Ursprungs im Kind u im weiteren Ausbau der Sp. – Die Richtungen der SpPh scheiden sich hauptsächlich an der Frage der Zuordnung von Denken u Sprechen. Während die ältere SpPh einig war in der Anerkennung der Unabhängigkeit u Vormacht des Denkens gegenüber der Sp, das Verhältnis beider aber verschieden dachte (Sp als vom Denken zum Zweck der Mitteilung verursacht: empirische Richtung, *Marty* – Sp als vollkommen angemessene Erscheinung des Denkens: idealistische Richtung, *Voßler*), lassen manche Neuere das Denken in der Sp aufgehen *(Ipsen)* oder aus ihr entstehen *(Stenzel).* – Zur Sprachanalyse ↗ Analytische Phil.

a) *W v Humboldt:* Schriften z SpPh 1963. – *E Cassirer:* Phil der symbol Formen, I: Die Sp 1923; *J Stenzel:* Phil der Sp 1934; *R Hönigswald:* Phil u Sp, Neudr 1970; *E Heintel:* SpPh, in: Dt Philologie i Grundriß I 1956, 563 ff; *FG Jünger:* Sp u Denken 1962; *G Siewerth:* Phil der Sp, Einsiedeln 1962; *B Liebrucks:* Sp u Bewußtsein 1–6, 1964–74; *B Parain:* Unters-en über Natur u Funktion der Sp 1969; *J Katz:* Phil der Sp 1969; *JR Searle:* Sprechakte 1971; *J Nosbüsch:* Der Mensch als Wesen der Sp 1972; *R Marten:* Existieren, Wahrsein u Verstehen 1972; *E Heintel:* Einf i die SpPh 1972. – d) *E Coseriu:* Die Gesch der SpPh v der Antike bis z Gegenw 1969 ff; *H Wein:* SpPh der Gegenw 1963; *A Borgmann:* The Phil of Language. Historical Foundations and Contemporary Issues, Den Haag 1974. – e) *F v Kutschera:* SpPh 1971; *A Keller:* SpPh 1979. Brugger

Staat. Die ↗ Familie schöpft die gesellschaftliche (ges) Wesensanlage des Menschen nicht aus, noch vermag sie allen menschlichen Bedürfnissen zu dienen. Auch gewillkürte „freie" Gemeinschaften genügen nicht. So brauchen wir einen Ausbau u Abschluß der Vergemeinschaftung, der sicherstellt, daß die ges Wesensanlage des Menschen ihre allseitige Erfüllung findet u keines von all den Bedürfnissen, denen die Familie oder freie Gemeinschaften nicht zu genügen imstande sind, unbefriedigt bleibt. Diese abschließende Vergemeinschaftung ist *natürliche Gesellschaft (societas naturalis),* weil die Menschennatur selbst sie fordert; sie ist *vollkommene Gesellschaft (societas perfecta),* denn sie verfügt über alle Mittel u Kräfte, deren die kleineren Gemeinschaften ermangeln; sie ist *vollständige Gesellschaft (societas completa),* indem sie letzten Endes für alles einspringt u die Lücken schließt, die ohne sie offenbleiben würden. Diese menschliche Vergemeinschaftung u die ges Gebilde, in denen sie Gestalt gewinnt, haben nicht mehr wie die Familie unmittelbar das Wohl der Einzelnen, die ihre Glieder sind, zum Ziel, sondern das ↗ Gemeinwohl (bonum commune, salus publica): darum *öffentliches Gemeinwesen* („*res publica*"). So zeichnet die St-Phil das Bild; in der Wirklichkeit ist es oft nur schwer wiederzuerkennen.

Im alten Griechenland war die Stadt (polis; davon *Politik)* das öffentliche Gemeinwesen; eine höhere Einheit gab es nicht. Die letzte Vollendung fände die Vergemeinschaftung in der organisatorischen Einheit des Menschengeschlechts, die durch Völkerbund, UN u dergleichen mehr angestrebt wird, aber noch nicht erreicht ist. Zwischen die kleinsten öffentlichen Gemeinwesen (Ortsgemeinde, örtliche öffentlich-rechtliche Zweckverbände) u die Menschheit schieben sich vielfältige Zwischenstufen ein. Sie alle sind öffentliche Gemeinwesen, doch erst ihr Gefüge macht die societas perfecta et completa aus. Die Gebietskörperschaften, für die sich in der Neuzeit der Name „Staat" einbürgerte, überragen alle anderen derart an Bedeutung, daß wir uns gewöhnt haben, sie als das öffentliche Gemeinwesen schlechthin anzusehen. Diese „St-en" beanspruchten nach innen unbeschränkte Allzuständigkeit *(totaler St, St-omnipotenz)* u lehnten nach außen jede Bindung an ihresgleichen oder erst gar an eine übergeordnete Gemeinschaft ab (↗ Souveränität, ↗ Völkerrecht). Dieser Auffassung entsprangen immer neue Kriege, die endlich zu einer Besinnung geführt haben. Der auf die *Nationalstaaten* der Zeit vor 1914 zugeschnittene St-begriff beginnt sich aufzulösen. Die „St-lichkeit" schichtet sich in mehrere Ebenen auseinander, von der Ortsgemeinde über höheren Gemeindeverband, Gliedstaat, Bundesstaat, Europäische Gemeinschaft (EG), Atlantische Gemeinschaft bis zu den UN, u fächert sich vielfältig auf in zwischen- u überstaatliche Gebilde u solche, die sich keiner dieser beiden Stufen eindeutig zuordnen lassen. – Was wir, in den Vorstellungen des 19. Jht befangen, phil vom „St" auszusagen pflegten, haben wir daher heute auf eine Vielzahl von Gebilden zu erstrecken oder aufzuteilen. Jedes von ihnen ist „res publica", aber nur alle zusammen machen *die* res publica aus. Nachstehend wird demgemäß unter St nicht der moderne *(National-)St* verstanden, sondern jeweils das öffentliche Gemeinwesen, „das es angeht". Der St ist „Personengemeinschaft" u „Anstalt"; als Personengemeinschaft zugleich Herrschaftsverband u Genossenschaftsverband. Je mehr das Anstaltliche des St hervortritt (Bürokratie!), um so mehr muß betont werden: „Wir sind der St." – St-en können auf sehr verschiedene Weise ins Dasein treten. Von der stets auf freies menschliches Tun (einzelner Gewaltiger oder aller Beteiligten) zurückgehenden Schöpfung des einzelnen St ist zu unterscheiden die in der Menschennatur begründete Notwendigkeit, die zur St-bildung – nicht zur Bildung „dieses" St – führt. Schließlich sind es immer gemeinsame Belange, um die sich eine ↗ Gemeinschaft bildet. Handelt es sich um Belange, die für den ↗ Menschen wesentlich, dh für ein wahrhaft menschliches Leben unentbehrlich sind, so steht es dem Menschen nicht frei, ob er der Gemeinschaft angehören will, sondern sie legt sich ihm verpflichtend auf. Damit erübrigt sich ein *Gesellschaftsvertrag* im Sinne von *Rousseau* wie auch ein *Unterwerfungsvertrag* im Sinne von *Hobbes*. Die gleichen Gemeinschaftsbelange gebieten dem Menschen, sich „gemeinschaftsgemäß" zu verhalten, d i sein Tun u Lassen auf die Erfordernisse der Gemeinschaft u ihres ↗ Gemeinwohls auszurichten. Darin liegt die Begründung für die ↗ *Autorität* der Gemeinschaft über ihre Glieder. Insofern diese Autorität von keiner höheren irdischen Instanz abgeleitet ist, wurzelt sie in der von Gott in die Schöpfung eingezeichneten Sachnotwendigkeit; nur in diesem Sinn ist sie „unmittelbar von Gott". Nach der Art, wie die Autorität strukturiert ist, unterscheidet man die verschiedenen *St-formen* (Monarchie, Aristokratie, ↗ Demokratie, Diktatur eines Einzelnen oder einer Gruppe, Klasse).

Wesentlich für jeden St ist das ↗ Volk, d i die Gesamtheit derer, die den St bilden. Der St als Gebietskörperschaft setzt ein Territorium als räumliche Grundlage voraus. Zur vollständigen Organisation des St gehört die Konstituierung der verschiedenen, namentlich der obersten *St-organe* als Träger der *St-gewalt*. Nicht die St-gewalt oder deren Träger konstituieren den St, sondern der St konstituiert seine Organe, auch dasjenige der obersten Leitung. In welchem Sinne die obersten St-organe mit der St-gewalt „bekleidet" sind, wird verschieden gedeutet; dementsprechend gehen auch die Ansichten auseinander, wie u unter welchen Voraussetzungen sie ihrer „entkleidet" werden können. Auf jeden Fall ist die St-gewalt nicht Gewalt eines Machthabers über den St, sondern Gewalt *des* St über seine Angelegenheiten u seine St-angehörigen, letzteres nur in dem Ausmaß, wie eine solche Gewalt um des Gemeinwohls willen erforderlich ist, nicht darüber hinaus. – Die sog *Gewaltenteilung* ist nur eine Aufteilung verschiedener Funktionen auf verschiedene Organe. Dadurch soll gesichert werden, daß jede Funktion sachgemäß u sauber ausgeübt wird; zugleich soll die gegenseitige Kontrolle der verschiedenen Organe verhüten, daß eines von ihnen übermächtig wird u seine Übermacht dem Gemeinwohl zuwider mißbraucht.

Wissenschaften, deren Gegenstand den St unmittelbar berührt, wie das Finanzwesen, oder von ihm entscheidend mitgetragen wird, wie die Volkswirtschaft, werden unter dem Namen *St-wissenschaften* zusammengefaßt. Die *Politologie* sucht wissenschaftlich zu durchleuchten, wie der St u seine Organe funktionieren u wie die St-bürger dabei mitwirken (können).

b) *v Nell-Breuning:* Zur christl St-lehre (WBPol II) ²1957; *G v Hertling:* Recht, St u Gesellschaft ⁶1918; *O Schilling:* Christl St-lehre u Politik 1927; *H Rommen:* Der St i der kath Gedankenwelt 1935, neu bearb (aus dem Engl) 1948; *K Petraschek:* System der Phil des St u des Völkerrechts 1938; *J Maritain:* Principes d'une politique humaniste ²1945; *H Kipp:* St-Lehre ²1949; *E v Hippel:* Gewaltenteilung i modernen St 1948; *ders:* Die Krise des St-gedankens u die Grenzen der St-gewalt 1950; *CF Friedrich:* Die polit Wiss 1961; *A Beckel:* St-lehre 1961; *E v Hippel:* Allg St-lehre 1963; *FA Schmölz:* Zerstörung u Rekonstruktion der polit Ethik 1963; *E Weil:* Phil der Politik 1964; *M Rock:* Widerstand gg die St-gewalt 1966; *H Kuhn:* Der St 1967; *A Langner:* Die polit Gemeinschaft 1968; *HD Wendland* in: Wendland-Strohm: Politik u Ethik 1969; *AF Utz:* Ethik u Politik 1970; *R v Laun:* St u Volk ²1971. – c) *E Kern:* Moderner St u St-begriff 1949; *H Nawiasky:* Allg St-lehre 1945 [rein positivistisch]; *OK Flechtheim:* Grundlegung der polit Wiss 1958; *B Sutor:* Politik u Phil 1966. – d) *K Schilling:* Gesch der St- u Rechtsphil 1937; *ThJ Cook:* History of Political Phil, Milwaukee 1938; *G Mosca:* Storia delle dottrine politiche, Bari ⁴1942; *J Barion:* Hegel u die marx St-lehre 1963.

v Nell-Breuning

Statistik ist ein Teilgebiet der angewandten Mathematik: einer Menge von Objekten bzw ihren Merkmalen werden Zahlenwerte zugeordnet (a) u diese dann mathematisch weiterverarbeitet (b). Ist der erste Schritt mit der ganzen Problematik der Abgrenzbarkeit bzw der Meßbarkeit oder Quantifizierbarkeit von Gegebenheiten (Daten) behaftet, so ist der zweite Sache der „reinen" Mathematik. Mathematisch sind die statistischen (st) Verfahren hoch entwickelt u theoretisch abgesichert, zB durch Angabe der Bereiche, innerhalb deren (mit kontrollierter ↗ Wahrscheinlichkeit) eine ↗ Hypothese angenommen bzw verworfen werden kann. – Man unterscheidet zwei Arten von St: 1. *Beschreibende St:* rationelle Anordnung u (teils graphische) Darstellung (empirisch gewonnener) Beobachtungsdaten. – 2. *Schließende* oder *Inferenz-St:* durch die Wahrscheinlichkeitstheorie abgesicherte Schlußfolgerung *(Inferenz)* von einer systematischen Auswahl möglicher Beobachtungen (Stichproben) auf eine

Gesamtheit möglicher Beobachtungen im Sinne einer unvollständigen ↗ Induktion.

In der wissenschaftstheoretischen Diskussion ist die Verwendung der St in den ↗ Naturwissenschaften unbestritten. Für den Bereich der *Sozialwissenschaften* (Soziologie, Psychologie, Pädagogik) begrenzen manche Autoren die Brauchbarkeit st Verfahren (wie die empirischer Methoden überhaupt). Ihre Grenzen liegen überall dort, wo es in der Wissenschaft vom Menschen um Wertentscheidungen oder Sinnkriterien geht; zB kann die Sozial-St lediglich die „*Singularität*" eines Menschen (das Maß der Übereinstimmung mit anderen bezüglich eines meßbaren Merkmals), nie jedoch seine „*Individualität*" (in einem wertverstehenden Sinn) erfassen.

H Kellerer: St i modernen Wirtschafts- u Sozialleben 1960; *H-J Kaiser:* Anmerkungen zu Funktion u Stellenwert st Verfahren i der Erziehungswiss, in: Vierteljahresschr f wiss Päd 47/4 (1971) 286–96; *WD Fröhlich, J Becker:* Forschungs-St ⁶1972.
Funiok

Stoizismus ist die Phil einer von 300 v Chr bis 200 n Chr reichenden griechisch-römischen phil Schule, benannt nach der Säulenhalle *(Stoá)* in Athen, die als Versammlungsort diente. Man unterscheidet gewöhnlich die alte *(Zeno, Kleanthes, Chrysipp)*, die mittlere *(Panaitios, Poseidonios)* u die spätere Stoa *(Seneca, Epiktet, Marc Aurel)*. Die Stoa vereinigt Lehrpunkte älterer Philosophen mit Gedanken von *Platon* u *Aristoteles;* sie bringt ein neues Ethos u eine neue Gesinnung zur Geltung, die sich besonders in der Ethik auswirkt. Unter den drei Teilen der Philosophie: Logik, Physik u Ethik, steht letztere am höchsten. Das Ideal ist *der Weise*, der natur-gemäß lebt, die Affekte beherrscht, das Leiden gefaßt erträgt u mit der Tugend als einziger Quelle der Eudaimonie (Glückseligkeit) zufrieden ist. In metaphysischen Fragen bekennt sich die Stoa im allg u überwiegend zu einem materialistischen Pantheismus. Gott ist eine Art Weltseele; er trägt die Keime oder Samenkräfte *(logoi spermatikoi)* jeglicher Entwicklung in sich, so daß alles Geschehen planvoll u als Wirkung der *Vorsehung* erscheint, wobei jedoch die Freiheit ausgeschaltet ist (Fatalismus). Der St ist weniger eine Phil großer systematischer Entwürfe als vielmehr eine Richtung starker Lebensergriffenheit; er will als Religionsersatz den Menschen einen seelischen Halt u Erziehung vermitteln. Das bedingt auch die nähere Betrachtung der einzelnen Tugenden u eine pädagogisch ermahnende Haltung im Schrifttum. Charakteristisch ist die Lehre von der Gleichheit der Menschen u ein gewisser Kosmopolitismus. Manche stoische Begriffe u Unterscheidungen wurden von den christl Kirchenvätern übernommen, aber unter Ausmerzung des moralistischen Tugendstolzes u der allzu negativen Bewertung der menschlichen Affekte. – ↗ [45–46, 52]

P Barth-Goedeckemeyer: Die Stoa ⁶1946; *M Pohlenz:* Die Stoa, Gesch einer geist Bewegung 1948–49; *ders* (Hgb): Stoa u Stoiker. Die Gründer, Panaitios, Poseidonios (Üb) ²1964; *G Mancini:* L'etica stoica da Zenone a Crisippo, Padua 1940; *J Stelzenberger:* Die Beziehungen der frühchristl Sittenlehre z Ethik der Stoa 1933; *RM Wenley:* Stoicism and its Influence, NY 1963, Cooper; *Alain:* La théor de la connaissance des stoïciens 1964; *JM Rist:* Stoic Phil, Cambridge 1969; *D Babut:* Plu-

tarque et le stoïcisme, P 1969; *R Hoven:* Stoïcisme et Stoïciens face au problème de l'au-delà, P 1971; *Totok* I 271 ff, 293 ff.
Schuster

Strafrecht (SR). Das SR hat die Rechtsnormen zum Gegenstand, die an bestimmte rechtswidrige Handlungen gesetzlich festgelegte Rechtsfolgen der Strafe (S) oder bessernder oder sichernder Maßregeln knüpfen. Der Schutz des SR erstreckt sich nur auf die Grundwerte des menschlichen Zusammenlebens. Seine Normen erfassen daher nur einen Teilbereich der Sittenordnung. Die Staatsgewalt verletzt ihre Pflicht der Gemeinwohlverwirklichung, wenn sie fundamentalen Rechtsgütern den Schutz des SR entzieht. Rechtsgüter dieser Art sind sämtliche Grundwerte des individuell-personalen u gesellschaftlichen Lebens, die im Interesse des Bestandes der menschlichen Gesellschaft u der Verwirklichung des Gemeinwohls eines strafrechtlichen Schutzes bedürfen. Dazu gehören insbes das Leben des Menschen in sämtlichen Phasen, Freiheit, Eigentum, körperliche Integrität, Ehre, Rechtspflege, Bestand u äußere Sicherheit des Staates, öffentliche Sicherheit u Bestand der verfassungsmäßigen Ordnung im Innern. Eine SR-ordnung, die das Leben des Menschen, das ranghöchste Rechtsgut, in den ersten Monaten der menschlichen Existenz von ihrem Schutz ausnimmt, steht im Widerspruch zu ihren eigenen obersten Prinzipien ↗ Lebensrecht.

Die *Strafe*, Rechtsfolge der schuldhaften Tat, besteht in einer Rechtseinbuße (die vom Täter als ein Übel empfunden wird u nach dem Willen des Gesetzgebers als solches empfunden werden soll). Die *Schuld* im Sinne des SR gründet in dem Schuldvorwurf, den die Rechtsordnung gegen den Täter erhebt, gegen die Gemeinschaftswidrigkeit u Rechtsfeindschaft, die die konkrete Tat offenbart. Die S wird durch die Schuld begründet u durch das Maß der Schuld begrenzt. Schuld im Sinne des SR hat zur Voraussetzung sittl u bei religös gebundenen Menschen auch religiöse ↗ Schuld. Über die religiöse Schuld steht den Gerichten des Staates kein Urteil zu. – Die Maßregeln des SR besitzen nicht notwendig S-charakter. Sie dienen der Besserung des Täters (zB Einweisung in eine Entziehungsanstalt) oder der Sicherheit der Gesellschaft (zB durch Sicherungsverwahrung).

Die enge Verbindung des SR mit phil Auffassungen u auch zeitgenössischen Ideologien zeigen die Lehren über die *S-zwecke*. Die Theorie der ↗ Vergeltung (Kant, Hegel) sieht das Wesen der S einseitig in der möglichst genauen Wiedervergeltung *(Talionsprinzip)* des durch den Rechtsbrecher begangenen Unrechts (einschl Todes-S). Ebenso einseitig erklärt die „soziologische Schule" *(F v Liszt, C Lombroso)* das Verbrechen, unter Ablehnung von ↗ Willensfreiheit u ↗ Schuld, zum notwendigen Ergebnis aus der Eigenart des Täters u seines sozialen Milieus u läßt nur die Sicherung der Gesellschaft vor der Gefährlichkeit des Täters u das Bemühen um seine Wiedereingliederung in die Gesellschaft (Resozialisierung) zu. Durch ihre Negation von Willensfreiheit, Schuld u damit auch echter S verletzt diese Auffassung die personale Würde des Menschen. Eine ausgewogene „Vereinigungstheorie" verbindet auf der Grundlage des Schuld-SR die S-zwecke der Vergeltung u der Besserung des Täters.

Die *Todes-S* ist gegenwärtig in den meisten Staaten des Westens abgeschafft. Staatsethik u Verfassungsrecht geben jedoch der staatlich verfaßten Gemeinschaft jederzeit die Möglichkeit, zum Schutz ihres Bestandes u der Aufrechterhaltung der freiheitlich-demokratischen Grundordnung sowie zum Schutz anderer höchster Rechtsgüter die Todes-S wieder einzuführen. Ihre Anwendung bedarf, um jedem Mißbrauch vorzubeugen, der Bindung an strengste rechtsstaatliche Voraussetzungen ↗ Lebensrecht.

a) *Thom v Aq:* STh I.II q 90–96, bes. q 96 a 2 c. – b) *Arth Kaufmann:* Das Schuldprinzip 1961; *R Maurach:* Dt SR. Allg Teil ⁴1971, Besonderer Teil ⁵1971; *J Kleinig:* Punishment and Desert, Den Haag 1973. – c) *F Bauer:* Das Verbrechen u die Gesellschaft, Basel 1957. – e) *H Welzel, Arm Kaufmann:* Das dt. SR ¹²1976. Listl

Streben *(appetitus, Tendenz)* als aktives Hindrängen zu einem ↗ Ziel eignet in einem allerweitesten Sinn allem tatfähigen endlichen Sein. Als *Naturstreben (appetitus naturae)* bezeichnen wir das allen einzelnen (auch den bewußten) Strebeakten zugrundeliegende Hingespanntsein eines Wesens zur Vollverwirklichung seiner Seins- u Wirkmöglichkeiten. So strebt zB die Pflanze unbewußt zu ihrer Entfaltung. Daß dies auf dem Weg der Rückkoppelung (↗ Kybernetik) geschieht, steht dem Natur-St nicht entgegen, sofern Ausgangs- u Zielpunkt im Lebewesen selbst liegen. – St im engeren Wortsinn ist das *bewußte Erstreben (appetitus elicitus)* geistig oder sinnlich erkannter Ziele. Im Naturstreben verankert, kann dieses sich nur auf Ziele richten, die in irgendeiner Sicht eine Entsprechung zum Naturstreben u damit zur Seinsvollendung des Strebenden aufweisen. Ein St zum Übel um des Übels willen gibt es nicht. – Je nach der Höhe von Strebeziel, Strebeakt u Zielerkenntnis (welche drei einander proportioniert sind) unterscheidet man *geistiges St* (↗ Wille) geistig erkannter Ziele u *animalisch-sinnliches St* (↗ Trieb im engeren Sinn). Im Menschen sind beide Formen des St angelegt, so jedoch, daß sie trotz ihrer Gegensätzlichkeiten miteinander verbunden sind, so daß einseitiges Wuchern des sinnlichen St Sein u Wert des Menschen zerstört, bloßes Verdrängen (statt rechten Ein- u Unterordnens) des sinnlichen Strebevermögens zu seelischer Fehlformung führen kann (↗ Trieb, Wille, Leidenschaft). In der heutigen empirischen Psychologie wird das St unter dem Titel *Motivation* behandelt.

J Lotz: Sein u Wert I 1938; *J Seiler:* Der Zweck in der Phil des Franz Suárez 1936, 27ff, 44ff; *H van der Meulen:* Adagium Appetitus naturalis non potest esse frustra in doctrina S Thomae, Gemert, Holland 1952; *F Grossart:* Gefühl u Strebung 1961. – ↗ Trieb, Wille. Willwoll

Struktur bedeutet ursprünglich (nach dem Lateinischen) das geordnet aufgeschichtete Mauerwerk, im phil Gebrauch die stufenweise ↗ Ordnung einer ↗ Ganzheit, welche untergeordnete Teilordnungen in sich begreift. Schon *Kant* bezieht den Begriff auf die sinnvolle Einheit der Teile des Organismus. In der *St-psychologie (Dilthey, Krueger, Spranger)* u der *Gestaltpsychologie (Ehrenfels)* wurde er dazu verwandt, um die gegliederte teleologische Ganzheit der seelischen Erlebnisweisen darzustellen. In diesem Sinne wurde er auf Individuen, Gruppen, auf deren Dispositionen, aber auch auf deren Kulturprodukte angewandt. Im historischen Materialismus (↗ Marxismus) bedeutet *ökonomische St* die Gesamtheit der jeweiligen Produktionsverhältnisse oder die Basis, auf der sich der Überbau erhebt. Für den Existentialismus *Abbagnanos* ist die St die Form, die die Existenz, der Mensch, seiner Selbstverwirklichung zu geben hat.

In einem besonderen Sinn verwendet den St-gedanken der *Strukturalismus* (St-mus), d i jene im 20. Jht in einer Reihe von Wissenschaften (Linguistik, Literaturwissenschaft, Ethnologie, Ästhetik, Soziologie) vordringende methodische Einstellung, die – im Ggs zur *diachronischen,* dh der Zeitlinie folgenden historischen Methode – die *synchronische,* das je Gleichzeitige umfassende Betrachtungsweise von Systemen bevorzugt. Ziel dieser Methode ist das Erfassen des jeweiligen Netzes von Beziehungen zwischen Elementen, die als solche durch dieses Netz, eben die St, bestimmt sind, so daß das Ganze mehr ist als die Teile. Zur Erfassung dieser Beziehungsnetze werden oft mathematische Methoden angewandt. Durch Vergleich möglichst vieler solcher Systeme eines Typs hofft man, sie als Variationen bestimmter Grundthemen exakt bestimmen zu können. – Eine über das Interesse der genannten Wissenschaften hinausgehende Bedeutung hat der St-mus durch eine Reihe von Postulaten gewonnen, in denen eine *phil* Sinndeutung zum Vorschein kommt. So durch das Postulat der Gleichwertigkeit der Kulturen, dem zufolge die Geschichte nicht als Aufstieg zu einem vollkommeneren Menschsein, sondern als Variation des Themas menschlicher Gesellschaft u Daseinsweise verstanden wird. Ein weiteres Postulat ist das der Unzurückführbarkeit der verschiedenen Ebenen des gesellschaftlichen Lebens. So können Kunst, Politik, Religion, Wirtschaft usw nicht aufeinander zurückgeführt werden, bilden aber zusammen in ihren gegenseitigen Beziehungen die St der Gesellschaft. Weiter macht sich ein Streben bemerkbar nach Überwindung des Geist-Materie-Dualismus u seiner Derivate, wie Basis u Überbau, Theorie u Praxis, Denken u Sprache. Zur Reduktion des Menschen auf einen bloßen Kreuzungspunkt von Gesellschafts-St-en kommt es dabei nur, wenn die wissenschaftliche Methode des St-mus absolut gesetzt wird.

Zu St: W Dilthey: Ges Schr V 1924, 200, 372, 400; VII 1927; *F Krueger:* Der St-begriff i der Psych 1924; *H Rombach:* Substanz, System, St 1965–66; *ders:* St-ontologie 1971; *H Naumann* (Hgb): Der moderne St-begriff 1973. – Weitere Lit ↗ Ganzheit. – *Zu St-mus:* Strukturalisten i neueren Ausg: *F de Saussure:* Grundfragen der allg Sprachwiss ²1967; *C Lévi-Strauss:* Das wilde Denken 1968; *ders:* Strukturale Anthropologie 1971; *R Barthes:* Lit oder Gesch 1970; *N Chomsky:* Sprache u Geist 1970; *M Foucault:* Die Ordnung der Dinge 1971; *R Jacobson:* Form u Sinn 1972. – *L Sebag:* Marxismus u St-mus 1970; *A Schmidt:* Gesch u St 1971; *M van Esbroeck:* Hermeneutik, St-mus u Exegese 1972; *P Ricœur:* Hermeneutik u St-mus I 1973; *J Piaget:* Der St-mus 1973; *G Schiwy:* Neue Aspekte des St-mus 1973; *H Gardner:* The Quest for Mind, NY 1973. – e) *JM Broekman:* St-mus 1971; *M Bierwisch:* Probleme u Methoden des St-mus 1972; *Einf* in d St-mus 1973 (TB). E Huber

Suarezianismus. Der S, nach *Franz Suárez* (1548–1617) benannt, ist eine dem ↗ Thomismus (Th) verwandte Richtung der ↗ Scholastik, die jedoch manche

Gedanken des ↗Skotismus in sich aufgenommen hat. Der Hauptunterschied vom Th besteht in der Seinsauffassung. Während der Th im Sein als ↗Akt den ‚inneren Grund' der Existenz von Seiendem sieht, ist nach dem S das Sein nur der ‚Zustand' des Existierens. Diese beiden Auffassungen schließen sich zwar nicht notwendig aus, sondern ergänzen sich, werden jedoch oft ausschließlich vertreten u führen so zu zwei verschiedenen Schulrichtungen. Die thomistische Auffassung gründet sich auf die Formal-, die suarezianische auf die Totalabstraktion (↗Abstraktion). In der thomistischen Auffassung ist das Sein folgerichtig von der Wesenheit als real unterschieden, im S mit ihr als real identisch gedacht. Dementsprechend betont der Th die Proportionalitätsanalogie des Seins, der S die Attributionsanalogie (↗Analogie).

In ähnlicher Weise gehen die Ansichten auseinander bzgl des Individuationsprinzips. Nach dem S ist das ↗Einzelne ganz durch sich selbst dieses Einzelne, nach dem Th ist in den materiellen Einzeldingen ein Prinzip zu unterscheiden, wodurch sie dieser spezifischen Stufe des Seins angehören (die Wesensform), u ein Prinzip, durch das sie innerhalb ihrer Art Gleichem derselben Art gegenüberstehen (die Materie, die eine bloß raumzeitliche Vervielfältigung ermöglicht) ↗Hylemorphismus. Für die Erkenntnislehre hat das zur Folge, daß nach dem Th der vom Verstand im Begriff geradewegs erfaßte Gegenstand nur eine abstrakte Washeit ist, die nur durch ihre Beziehung zum sinnlichen Erkenntnisbild konkretisiert wird, während nach dem S der Verstand von den konkreten Einzeldingen als solchen Begriffe bildet, von denen er dann durch Abstraktion von den Individualitätsmerkmalen zu den Allgemeinbegriffen fortschreitet.

Im ganzen betrachtet der Th das Sein mehr unter rein metaphysischem Gesichtspunkt, der S hingegen sofern es in der Welt als Erscheinung verwirklicht ist. – Der S übte einen großen Einfluß aus nicht bloß auf die kath, sondern auch auf die protestantische Scholastik u bis in die neuere Phil hinein (Leibniz, Schopenhauer). Von großer Bedeutung war er für die Entwicklung des Natur- u Völkerrechts u der Staatsphilosophie. – ↗[128]; dort auch WW.

F Suárez: Defensio fidei III (I: Principatus politicus o la soberania popular) (ed crít E Elorduy u L Pereña), Madrid 1965. – *Rivière-Scoraille:* Suárez et son œuvre, Toulouse 1918; *P Descoqs:* Le Suarézianisme, in: Arch de Phil 1–5 (1923–28); *FG Arboleya:* F Suárez, Granada 1946. – *L Mahieu:* Suárez, sa phil et les rapports qu'elle a avec sa théol, P 1921; *H Rommen:* Die Staatslehre des F Suárez 1927; *J Hellín:* La analogía del ser y el conocimiento de Dios en Suárez, Madrid 1947; *J Giers:* Die Gerechtigkeitslehre des jungen Suárez 1958; *S Castellote Cubells:* Die Anthropologie des Suárez 1962; *R Wilenius:* The Social and Political Theory of F Suárez, Helsinki 1963; *W Ernst:* Die Tugendlehre des F Suárez, Leipzig 1964; *E Gemmeke:* Die Metaph des sittl Guten bei F Suárez 1965; *T Cronin:* Objective Being in Descartes and in Suárez, Rom 1966 (Gregoriana); *WM Neidl:* Der Realitätsbegriff des F Suárez nach den Disput metaph 1966; *H Seigfried:* Wahrheit u Metaph bei Suárez 1967; *A Gnemmi:* Il fondamento metafisico. Analisi di struttura sulle Disput metaph di F Suárez, Mailand 1969. – Verschiedene *Sammelbände* zum 400jährigen Jubiläum, in: Razón y Fe (1948); Estudios Eclesiásticos 22 (1948) nr 85–86; Pensamiento 4 (1948) – alle drei mit Bibliogr; Misceláneas Comillas IX 1948; Archives de Phil XVIII, 1 (1949). Brugger

Subjekt ist dem Wortsinn nach das Daruntergeworfene, Zugrundeliegende, daher sinnverwandt mit *Substrat* (das Daruntergebreitete) u ↗Substanz (das

Unterstehende). Diesem Wortsinn entspricht die *ontologische* Bedeutung von S, in der das S (1) die zugrunde liegende, „tragende" Wirklichkeit, der „Träger" ist, der wesentlich eine Beziehung zu einer „aufruhenden", „getragenen" Wirklichkeit besagt, die vom S als dessen Seinsbestimmung abhängig ist u im weitesten Sinn ↗ Form heißt. Ihre Abhängigkeit vom S ist als solche nicht die einer Wirkung von der Ursache; was vielmehr mit dem bildlichen Ausdruck des „Tragens" gemeint ist, ist uns ursprünglich nur in dem Verhältnis des ↗ Ich zu seinen Akten u Zuständen unmittelbar gegeben. Die erlebte Tatsache, daß das Ich seine Akte „hat", daß diese „in" ihm sind, wird phil durch die Bezeichnung des Ich als des S der Akte ausgedrückt. Obwohl jenes S, das wie das Ich selbst nicht wieder Bestimmung eines anderen ist, mit Vorzug S genannt wird, ist doch das Verhältnis von S u Form nicht einfach dem von Substanz u ↗ Akzidens gleichzusetzen. Einerseits ist die Substanz, dh das selbständig Seiende, nicht notwendig S von Akzidentien (Gott ist selbständig Seiendes, aber nicht S von akzidentellen Bestimmungen). Andererseits kann ein Akzidens als S weiterer Bestimmungen aufgefaßt werden (B: nächstes S der Geschwindigkeit ist die Bewegung, die selbst Akzidens des Körpers ist). Drittens ist die „Form", die im S aufgenommen wird, nicht notwendig akzidentelle Form, sondern kann auch eine „substantielle Form" u als solche Teilsubstanz sein, die mit dem S zusammen *eine* zusammengesetzte Substanz ausmacht ↗ Hylemorphismus.

Ein Sonderfall des ontologischen S ist das *psychologische S*, insofern es Träger von Akten, insbes von ↗ intentionalen Akten, ist. Bei dieser Verwendung des Wortes S tritt nun in der Neuzeit anstelle des Verhältnisses des S zu der in ihm aufgenommenen realen Form das Verhältnis des S zu dem im intentionalen Akt angezielten *Objekt* (↗ Gegenstand) in den Vordergrund. In diesem Sinn ist das S (2) das Ich, insofern es sich erkennend, strebend, fühlend auf einen Gegenstand richtet. Dabei wird entweder das *psychophysische S*, dh der Mensch als Leib-Seele-Einheit, oder nur das *psychologische S* als das seiner selbst bewußte Ich als S aufgefaßt. – In der ↗ Erkenntnistheorie spricht man vom *erkenntnistheoretischen S*, das von dem individuellen psychologischen S unterschieden wird. Es ist nicht als ein vom individuellen „empirischen" S real verschiedenes S aufzufassen, sondern als die Gesamtheit jener Funktionen des erkennenden S, die nicht zu den bloß dem Einzelsubjekt eigenen Erscheinungen, sondern zu ↗ objektiv oder zumindest *intersubjektiv* gültigen Erkenntnissen führen ↗ Bewußtsein überhaupt.

Eine weitere, ebenfalls mit der ontologischen zusammenhängende Bedeutung von S (3) ist die des *logischen* bzw *grammatischen S* im Ggs zum Prädikat. Im ↗ Urteil u der sprachlich ausgedrückten Aussage wird meist von einem Seienden, einem realen S, eine ihm zukommende Bestimmung ausgesagt. Darum heißt auch der Begriff, der den durch das Prädikat näher bestimmten Gegenstand bezeichnet, als solcher S.

b) *R Arnou:* De subiecto et obiecto in cognitione nostra (Texte), Rom 1960; *B Lonergan:* The Subject, Milwaukee 1968. – *L Perego:* La natura e il soggetto, Mailand 1953; *D Invrea:* Il soggetto esistente,

Turin 1960. – d) *B Nardi:* Soggetto e oggetto del conoscere nella filosofia antica e medievale, Rom ²1955; *R Mondolfo:* La comprensione del soggetto umano nell'antiquità classica, Florenz 1958; *G Kahl-Furthmann:* S u Objekt. Ein Beitr z Vorgesch der Kant'schen Kopernikan Wendung, in: Z f phil Forsch 7 (1953) 326–39.

de Vries

Subjektiv (subj) ist das, was in Beziehung zum Subjekt steht, u zwar im heutigen Sprachgebrauch: was in Beziehung zum Subjekt im Ggs zum Objekt (↗Subjekt 2) steht. Der Ggs zu subj ist also ↗objektiv (obj). Im nicht-phil Sprachgebrauch ist der Sinn des Wortes schwankend; um der phil Klarheit willen sollte man einen gedankenlosen Gebrauch des Wortes meiden. Philosophisch kann subj (1) zunächst bedeuten: auf seiten des Subjekts bestehend, im Ggs zu obj als auf seiten des Objekts bestehend. Die phil wichtigste Bedeutung von subj (2) ist: nicht im Gegenstand begründet, sondern durch die bloße Eigenart oder das Gefühl oder die Willkür des Subjekts bedingt (vgl.: rein subj Gewißheit). Wieder ein anderer Sinn liegt vor, wenn die ↗intentionalen Akte subj (3) genannt werden, insofern sie als reale Akte des Subjekts betrachtet werden (B: subj Begriff, besser: der Begriff, subj betrachtet); im Ggs dazu wird der gleiche Akt oder sein intentionaler Inhalt obj genannt, insofern er in seiner Bezogenheit auf das Objekt gesehen wird (der Begriff, obj betrachtet, zB als Begriff der Welt, des Raumes usw). In der älteren Sprechweise bedeutet subj (4) oft: das auf das Subjekt als das in sich selbst Bestehende (Subjekt 1) Bezogene, ja geradezu das in sich selbst wirklich Seiende, im Ggs zu dem „nur" obj, dh nur als Gegenstand im Denken Bestehenden ↗Gedankending. Zu subj u obj Potenz ↗Potenz.

d) *K Homann:* Zum Begriff „Subjektivität" bis 1802, in: Arch f Begriffsgesch 11 (1967) 184–205.

de Vries

Subjektivismus ist, im Ggs zum ↗Objektivismus, der phil Standpunkt, nach dem nicht der ↗Gegenstand (das Objekt), sondern Beschaffenheiten des ↗Subjekts für die Geltung der Erkenntnis entscheidend sind, entsprechend dem Ausspruch des *Protagoras:* Der Mensch ist das Maß aller Dinge. Das wird entweder von bestimmten Denk- oder auch Anschauungsformen verstanden, die allen denkenden bzw sinnlich-geistigen Wesen streng gemeinsam sind, oder von der im weiteren Sinn gemeinsamen, aber doch geschichtlichen Wandlungen unterliegenden „Natur" des Menschen oder von rassischen, psychologischen oder soziologischen ↗Typen oder schließlich von der verschiedenen ↗subjektiven Eigenart der Einzelmenschen. Im letzteren Fall spricht man von S im engeren Sinn, in den vorher genannten Formen von trl ↗Idealismus (↗Kritizismus), Anthropologismus, ↗Psychologismus oder Soziologismus (↗Ideologie). Der Charakter des ↗Relativismus tritt in den Formen des S um so mehr hervor, je mehr die Wahrheit von wechselnden Bedingungen abhängig gemacht wird. Im Bereich der ↗Werte findet ein gefühlsbedingter S manche Verteidiger, die im Bereich des „wertfreien" Seins den S ablehnen. – Aller S ist letztlich darin begründet, daß das Wesen des ↗Geistes als des auf den unbegrenzten Bereich des Seins offenen Seienden verkannt wird.

E Cassirer: Was ist S?, in: Theoria 5 (1939) 111–40; dazu: *K Marc-Wogau:* Was ist „S"? Bemerkungen z gleichnamigen Vortrag v E Cassirer, in: Theoria 6 (1940) 66–74; *W Struve:* Die neuzeitl Phil als Metaph der Subjektivität, in: Symposion 1 (1949) 207–335; *A Konrad:* Der erkenntnistheoret S I 1962. – e) *W Brugger:* Der S als Zeitkrankheit, in: St d Zt 139 (1946/47) 363–80.   de Vries

Subsidiarität (Hilfestellung, Ergänzung) ist das grundlegende Verhältnis der ↗ Gesellschaft zur menschl Person. Die Gesellschaft in jedem Sinn, den wir dem Worte geben können, besteht immer nur *in* ihren Gliedern u darum auch *für* ihre Glieder. Das dem Wohl des Einzelnen übergeordnete ↗ Gemeinwohl als funktionaler Wert erfüllt sich auch wieder nur darin, daß es den Gliedern des Gemeinwesens zur Verwirklichung jener vom Schöpfer ihnen geschenkten Anlagen hilft, die entweder ihrer Natur nach oder auch nur aus äußeren Gründen anders als in der Gesellschaft nicht zur Verwirklichung gelangen können. Die Gesellschaft verkehrt darum ihren Sinn, wenn sie, anstatt ihren personhaften Gliedern hierzu zu helfen, diese im Gegenteil an ihrer Persönlichkeitsentfaltung hindert, in der Vermassung des Kollektivs erstickt oder gar für ehrgeizige Ziele des Kollektivs aufopfert.

Aus dem Axiom „omne agens agendo perficitur" (jedes tätige Wesen verwirklicht, vervollkommnet oder vollendet sich durch Eigentätigkeit) folgt, daß die Gesellschaft dem Einzelnen, aber auch der umfassendere Verband dem kleineren Lebenskreis nicht helfen, sondern im Gegenteil schaden würden, wenn sie ihnen abnähmen, was sie aus eigener Initiative ebensogut oder gar besser leisten können. Daher auch die Redeweise vom „Recht der klein(er)en Lebenskreise". Bevormundung statt Erziehung zur Selbständigkeit, Selbstverantwortung u Selbsthilfe verstößt im Familienkreis ebenso gegen das S-prinzip wie im öffentl Leben ein ↗ Staat, der sich Allmacht u Totalität anmaßt auf Kosten der *Selbsthilfe* der Staatsbürger, der *Selbstverwaltung* der kleineren, sei es öffentlich-rechtlichen, sei es freien (privaten) Gemeinwesen oder Vereinigungen. – Der Lehrgehalt des Prinzips ist uralt; als S-prinzip proklamiert, findet es sich erstmals in Abwehr der überschäumenden Woge des ↗ Kollektivismus u staatlichen Totalitarismus im päpstl Weltrundschreiben „Quadragesimo anno" (15. 5. 1931, n 79).

E Link: Das S-prinzip 1955; *AF Utz:* Formen u Grenzen des S-prinzips 1956; *A Rauscher:* S-prinzip u berufsständ Ordnung i „Quadrag anno" 1958; *O v Nell-Breuning:* S-prinzip, in: WBPol III ²1958; *ders:* Baugesetze der Gesellschaft 1968; *R Zuck:* S-prinzip i Grundgesetz 1968. – ↗ Solidarismus.
v Nell-Breuning

Subsistenz oder Selbständigkeit kommt dem zu, was ↗ Sein nicht in einem anderen, sondern in sich selbst besitzt. Die S kommt daher vor allem der vollständigen ↗ Substanz zu. Da Subsistieren soviel ist wie In-sich-selbst-existieren, subsistieren weder die Akzidentien, noch die Wesensform eines Körpers, noch überhaupt ein Teil außer dem konkreten Ganzen. Eine gewisse Ausnahmestellung nimmt hierin die geistige ↗ Seele ein, die, ihr Sein ursprünglich in sich selbst u unabhängig vom Stoff besitzend, dieses erst dem Stoff mitteilt, so daß ihre S nicht von der des konkreten Ganzen abhängt, sondern umgekehrt diese von ihrer S. Ein reiner ↗ Geist ist eine subsistierende Wesensform. Das subsistierende ↗ Sein ist jenes Sein, das in sich selbst, also absolut u ohne jede wirkliche Beziehung auf eine von ihm verschiedene Wesenheit, folglich jenseits aller kategorialen Bestimmungen existiert ↗ Transzendenz. Die Natur der endlichen Dinge subsistiert ihrem endlichen Eigensein nach in diesen selbst; ihr positiver Seinsgehalt, ohne die ihr eigenen Einschränkungen, subsistiert jedoch auch im subsistierenden Sein, das kraft seiner Unendlichkeit alles endliche Sein auf höhere Weise („eminenter") in sich vorausenthält. Je mehr sich ein Seiendes dem subsistierenden Sein nähert, desto geistiger ist es u desto weniger ist es der Materie verhaftet. Die Stufen der S sind auch die Stufen seiner ↗ Identität u Geistigkeit. Was von einem anderen absolut oder relativ verschieden subsistiert, heißt *suppositum;* subsistiert das suppositum in einer vernunftbegabten Natur, so heißt es ↗ Person (scholastischer Sprachgebrauch). Der S-gedanke wurde in der christl Theologie in der Trinitätslehre (die dreifache relative S der Personen im einen absoluten Sein Gottes) u in der Christologie (die eine S des Sohnes Gottes, primär in der göttlichen, sekundär in der menschlichen Seinsart) angewandt.

Thomas v Aq: STh I q 29 a 2 (Dt Thomas-Ausgabe, Bd 3, 1939, 46–50, 406); *L Baur:* Metaphysik ³1935, § 30; *St Otto:* Person u S. Die phil Anthropologie des Leontios v Byzanz 1968. Brugger

Substanz dem Wortsinn nach das Darunterstehende oder das, was unter den Erscheinungen als das Bleibende steht. Das Kennzeichnende für die S ist jedoch nicht ihr Verhältnis zu den Akzidentien, sondern der eigene Selbstand ↗ Subsistenz. S ist das, was sein Sein nicht in einem andern, sondern in sich hat. Sie kann deshalb, im Ggs zu den ↗ Akzidentien, ohne Verweis auf einen Träger definiert werden. Die Selbständigkeit der S, kraft deren sie ihr Sein in sich selbst besitzt, schließt aber nicht aus, daß sie dieses Sein dem Einfluß einer Wirkursache verdankt. Eigentümlich ist der S eine gewisse Beharrlichkeit, u zwar eine absolute, wenn es sich um die göttliche S handelt, eine relative den Akzidentien gegenüber bei den endlichen S-en. Diese sind immer Träger akzidenteller Bestimmungen. Jede S ist auch ein inneres Tätigkeitsprinzip oder eine ↗ Natur. – Mit Aristoteles unterscheidet man eine *erste* u *zweite S:* die erste ist das individuelle u von wirklichen Akzidentien bestimmte Wesen, das von keinem andern ausgesagt werden kann (zB Sokrates; = S im oben definierten Sinn); die zweite ist das allgemeine, vom individuellen durch Abstraktion gewonnene Wesen, das von der ersten S ausgesagt werden kann (zB Mensch). – Der ↗ Hylemorphismus unterscheidet *vollständige* u *unvollständige* oder *Teilsubstanzen*. Diese schließen eine naturhafte Hinordnung auf einen andern Wesensteil ein, mit dem sie eine zusammengesetzte *Vollsubstanz* bilden. Von den Akzidentien unterscheiden sich die Teil-S-en dadurch, daß diese das Ganze konstituieren, während jene das in seinem Wesen voll Konstituierte nur in einer gewissen Rücksicht weiter bestimmen. Ferner hat die Teil-S ihr Sein mehr mit als in einem andern. – In der Anwendung auf verschiedene Wirklichkeitsbereiche unterliegt der Begriff der S einer inneren

Abwandlung ↗ Analogie. Das In- u Für-sich-sein der S läßt demnach Abstufungen zu. Unter dieser Rücksicht steht die erste über der zweiten, die Voll- über der Teil-S, die belebte über der unbelebten S, am höchsten die ↗ Person.

Andere Deutungen des S-begriffs: Die bei *Descartes* sich erst ankündigende Verwechslung von Selbständigkeit u absoluter Unabhängigkeit wird bei *Spinoza* ganz durchgeführt, was folgerichtig zur Einzigkeit der S u zum Pantheismus führt. – *Kant* schränkt die Anwendung des S-begriffs auf den Erfahrungsbereich ein. Entscheidendes Merkmal ist das Beharren in der Zeit. – Der Materialismus sieht den S-begriff nur im Körperlichen verwirklicht. – Seit *Leibniz* wird namentlich von naturwissenschaftlich ausgerichteten Philosophen das ↗ Dynamische der S einseitig hervorgehoben. Die Aktualitätstheorie, die Lebens- u Existenz-Phil geben endlich die (oft als „starres Wirklichkeitsklötzchen" mißverstandene) S ganz preis: nur die Tätigkeit, nicht der hervorbringende Träger ist wirklich.

Die Wirklichkeit nicht nur einer, sondern mehrerer, gesonderter S-en erkennen wir, indem wir vom eigenen Ich ausgehen. Wir finden darin die von uns hervorgebrachten Akte, des Denkens usw, vor. Diese Akte sind aber notwendig auf ein Aktzentrum oder Subjekt bezogen, aus dem sie hervorgehen. Dieses Subjekt erfährt sich als identisch bei aller Verschiedenheit der Akte. Daß es nicht in einem andern als seinem Subjekt existiert, erkennen wir aus dem Bewußtsein der Selbstverantwortung bei unseren freien Akten. Aus der Substantialität des eigenen Ich schließen wir mit Recht auf dieselbe Eigenschaft beim Fremd-Ich. Bei den Tieren u Pflanzen finden sich Tätigkeiten, die auf ein Sinnganzes als Träger der ↗ Teleologie hinweisen, was ein In- u Für-sich-sein nach Art der S zur Voraussetzung hat. Auch bei den anorganischen Körpern finden wir Sinnganze vor, die einen Schluß auf eine gesonderte, wenn auch geminderte Substantialität zulassen. Gemindert ist hier das Für-sich-Sein zugunsten der Funktion, Bestandteil von Lebewesen zu werden u überhaupt Teil eines Kosmos zu sein. Weil endlich der S-begriff in seinem kennzeichnenden Merkmal, dem In- u Für-sich-sein, keine Unvollkommenheit einschließt, sondern im Gegenteil dem Seienden als solchem letztlich notwendig zukommt, muß er, allerdings in analoger Weise u unter Ausschluß akzidenteller Bestimmungen, auch auf Gott angewandt werden.

a) *Aristoteles:* Metaphysik VII u VIII; *Thom v Aq:* Komm zum vorigen. – b) *R Jolivet:* La notion de substance 1929; *C Nink:* Ontologie 1952; *J de Vries:* Die S i Bereich des geist Seins, in: Schol 27 (1952) 34–54; *H Rombach:* S, System, Struktur I 1965. – c) *E Cassirer:* S-begriff u Funktionsbegriff Neudr 1969; *W Cramer:* Das Absolute u das Kontingente. Unters-en z S-begriff 1959; *W Brugger:* S, in: Handb phil Grundbegriffe III 1974. – d) *B Bauch:* Das S-problem i der griech Phil 1910; *HH Berger:* Ousia in de Dialogen van Plato, Leiden 1961; *R Boehm:* Das Grundlegende u das Wesentl, Den Haag 1965 [zu Arist]; *W Kleine:* Die S-lehre Avicennas bei Thom v Aq 1933; *J Hessen:* Das S-problem i der Phil der Neuzeit 1932; *F Kauz:* S u Welt bei Spinoza u Leibniz 1972.

Santeler–Brugger

Sühne (*Genugtuung*) ist die aus dem Wesen der Sittenordnung geforderte Wiedergutmachung einer begangenen Sünde u ↗ Schuld sowie deren Folgen gegenüber den Menschen, der Gemeinschaft u vor allem vor Gott. Die S besteht in der inneren Abwendung von der bösen Tat u schlechten Gesinnung durch ehrliche Reue, aufrichtiges Bedauern, durch förmliche Zurücknahme der Beleidigung Gottes oder des Nächsten, die sich in geeigneten äußeren Zeichen bekundet, endlich in der Bereitschaft, den angerichteten Schaden nach Möglichkeit wieder gutzumachen *(Wiedergutmachung* im engeren Sinn, *Restitution)*, besonders auch die gerechte Strafe zu übernehmen. Es ist also weder Gott u seinem hl Gesetzeswillen noch der Gemeinschaft Genüge getan, wenn der Schuldige bloß aufs neue einen sittl Wandel beginnt; er muß das verschuldete Böse auch wieder gutmachen. Die S wird so zu einer sittl Ehrenpflicht des Menschen, durch die er sich zu Gott u der Gemeinschaft wieder ins rechte Verhältnis bringt u seine eigene Ehre wiederherstellt. – Die staatliche Strafe dient allerdings in erster Linie der Sicherung des öffentlichen Wohles u nach Möglichkeit der Besserung, aber alle Strafe setzt freie Schuld voraus u wird zu einer dem Gemeinwohl dienenden S, die der Schuldige auch als solche annehmen soll ↗ Strafrecht. – Der S vor Gott für begangene Schuld dient das *Sühneopfer,* in dem der Mensch durch Hingabe einer ihn selbst repräsentierenden Gabe die Versöhnung mit Gott sucht. Die Übernahme der S-leistung durch eine andere, mit Gott im Frieden stehende Person, die aber die persönliche Gesinnungsänderung nicht überflüssig macht, führt zur Idee der Erlösung.

b) *J Mausbach:* Schuld, S, Erlösung, in: Aus Kath Ideenwelt 1920, 109 ff; *D v Hildebrand:* Die Idee der sittl Handlung 1930; *ders:* Vom Wesen der Strafe, in: Zeitliches i Lichte des Ewigen 1932, 47–74; *F Hürth:* Schuld u S 1931; *M Brugger:* Schuld u Strafe 1933; *W Ostman v d Leye:* Vom Wesen der Strafe 1959; *P Noll:* Die eth Begründung der Strafe 1962. – e) *V Cathrein:* Moralphil I [6]1924.

Schuster

Supposition eines Wortes *(terminus)* ist in der scholastischen Sprachlogik dessen Verwendung, sein „Stehen für" dies oder jenes, das bei gleichbleibender *Bedeutung (significatio)* wechseln kann. Gewöhnlich allerdings steht das Wort für das, was es bedeutet, dh für den bezeichneten Gegenstand, zB: Der Mensch ist sterblich: *reale S.* Da das Wort den Gegenstand vermittels eines Begriffes bedeutet, steht es zuweilen für diesen Begriff, zB: „Mensch" ist ein Artbegriff: *logische S.* Reale u logische S können zusammengefaßt werden als Arten der *formalen S.* Ihr steht gegenüber die *materiale S,* bei der das Wort für sich selbst steht, zB: „Mensch" ist ein einsilbiges Wort. Die reale S wird in verschiedener Weise weiter untergeteilt, doch ist hier, wie auch schon bei der Haupteinteilung, der Sprachgebrauch der Autoren nicht einheitlich.

a) *Petrus Hispanus,* Summulae logicales (ed IM Bocheński), tractatus 6; *W Ockham:* Summa Logicae (ed Ph Boehner), pars 1, cap 63–76. – b) *J Dopp:* Leçons de logique formelle I, Louvain 1950, 96–101; *Bocheński-Menne,* Grundriß der Logistik 1954, 18. – d) *Ph Boehner:* Medieval Logic, Chicago 1952, 27–51; *E Arnold:* Zur Gesch der Suppositionstheor, in: Symposion. Jahrb f Phil 3 (1952) 1–134; *IM Bocheński:* Formale Logik 1956, 186–99; *DP Henry:* The Early History of suppositio, in: Franciscan Studies 23 (1963) 205–12; *LM de Rijk:* Logica modernorum. A contribution to the history of early terministic logic II 1-2 1967 [68]. – e) *J de Vries:* Logica [3]1964, 118 f.

de Vries

Symbol (vom griech symbállein: zusammenwerfen, zusammenbringen) bedeutete ursprünglich ein Erkennungszeichen: zwei im Besitz von zwei Personen befindliche Bruchstücke etwa eines Ringes, deren Bruchränder genau ineinanderpaßten, dienten zum gegenseitigen Wiedererkennen. Die Bedeutung „Erkennungszeichen" wirkt nach im Ausdruck „*Sýmbolum*" für das Glaubensbekenntnis. – Im heutigen wissenschaftlichen Sprachgebrauch wird oft jedes Element eines Zeichensystems, zB der ↗ Logistik, S genannt. Das S im eigentlichen Sinn gehört gewiß in die Gattung der ↗ Zeichen, aber keineswegs jedes Zeichen ist S. Darüber, was das Besondere des S innerhalb der Welt der Zeichen ist, besteht keine einheitliche Auffassung. Über vier Merkmale scheint aber (mehr oder weniger) Übereinstimmung zu bestehen: Zunächst kommt dem S über die für jedes Zeichen wesentliche Sinnfälligkeit zu, daß es nicht bloß – wie die *Metapher* – nur ein bildlicher sprachlicher Ausdruck ist, sondern ein wirkliches Bild *(„Sinnbild")* oder eine sinnbildliche Handlung. Zweitens ist das Bezeichnete – im Unterschied etwa zu Verkehrszeichen – etwas Übersinnliches; daraus ergibt sich der analoge, nicht eindeutige Charakter des S. Drittens ist das S wesentlich gemeinschaftsbezogen, innerhalb einer Gemeinschaft ohne weiteres verständlich. Schließlich ist das S nicht bloß dem Verstand zugeordnet, sondern spricht den ganzen Menschen an, sein Verstehen ist erlebnishaft, ↗ Erfahrung; dadurch (wie auch durch das dritte Merkmal) unterscheidet sich das S von der *Allegorie*, die vom Begriff ausgeht und diesen in zuweilen gekünstelter Weise versinnbildet. – Die übersinnliche Bedeutung des S ist nicht immer, wie zuweilen gesagt wird, das ↗ Transzendente, Göttliche, sondern bleibt nicht selten im Bereich des Innerweltlichen, zB die „nationalen S-e", der Ehering als Zeichen der Treue, die früher häufigen symbolischen Handlungen im Bereich des Rechts. Doch ist sicher die Religion, insbes der Kult, der bedeutsamste Bereich der Symbolik. – Mit der Gemeinschaftsgebundenheit des S hängt dessen Ursprung, nicht aus der Willkür einzelner, sondern aus (stillschweigender) Übereinkunft, zusammen, die zugleich eine gewisse naturhafte Eignung des S voraussetzt; je schwächer diese natürliche Grundlage ist, desto mehr ist das S dem geschichtlichen Wandel unterworfen; es kann – namentlich in einer Zeit, die wenig Sinn für S-e hat – unverständlich werden. – Die *Archetypen CG Jungs* sind als dem kollektiv ↗ Unbewußten zugehörig nicht S-e; sie können aber im Traum zur Bildung von S-en führen.

Grundlage der *Symbolik* ist von seiten des Menschen das mit seiner sinnlich-geistigen Eigenart gegebene Bedürfnis, das seinem Eigensein nach nur in abstraktem Denken analog erfaßbare Übersinnliche sich irgendwie zu veranschaulichen. Die Dinge der Sinnenwelt kommen diesem Bedürfnis entgegen wegen der ↗ Analogie, die alle Seinsbereiche durchwaltet. Letztlich haben alle Dinge ihr Urbild in Gott, ihrem Schöpfer. Die sichtbaren Dinge spiegeln durch ihre artliche Vielheit u Abstufung wie in mannigfach gebrochenen Strahlen die reine Lichtfülle Gottes wider; darum vermag uns ihre Anschauung die fehlende Anschauung des Göttlichen einigermaßen zu ersetzen, wenn sich mit ihr der sinndeutende Gedanke verbindet. Dabei hat der Gedanke trotz der schwachen Analogie, in der er das Göttliche erfaßt, vor der Anschauung eine größere Bestimmtheit voraus, die Anschauung aber erschließt ahnend eine Fülle der Wirklichkeit, die das Denken u die Sprache nicht zu artikulieren vermögen, u spricht darum das Gemüt unmittelbarer an (B: die Lichtsymbolik). – Die Identifizierung von S u Symbolisiertem führt zu *Magie*, Fetischismus, Götzendienst, das ausschließliche Geltenlassen streng eindeutiger Zeichen zu rationalistischer Entleerung des S.

Als *Symbolismus* (Sm) bezeichnet man – außer dem Gebrauch von S-en *(Symbolik)* (1) – den *erkenntnistheoretischen Sm* (2), für das Transzendente, vor allem das Göttliche, nur in S-en erfaßbar ist u daher alle Dogmen nur symbolischer u darum wandelbarer Ausdruck des völlig Unsagbaren sind, ferner den *ästhetischen Sm* (3), der in äußerster Abwendung vom ↗ Naturalismus das Unsinnliche, Geheimnisvolle in S-en darzustellen sucht.

E Cassirer: Phil der symbol Formen, 4 Bde, 1923–31, Neudr 1968; *ders:* Wesen u Wirkung des S-begriffs ⁴1969; *R Scherer:* Das Symbolische, in: Ph Jb 48 (1935) 210–57; *CG Jung:* Symbolik des Geistes 1948; *H Friedmann:* Wiss u S 1949; *F Kaulbach:* Phil Grundlegung z einer wiss Symbolik 1951; *M Eliade:* Ewige Bilder u Sinnbilder 1958; *Umanesimo e simbolismo:* Arch di Fil 11 (1958); *HU v Balthasar:* Herrlichkeit, bisher 6 Bde, 1962–69; *St Wisse:* Das relig S 1965. – d) *M Schlesinger:* Gesch des S-begriffs i der Phil 1912; *CG Jung:* Aion. Unters-en z S-geschichte 1951; *F Herrmann* (Hgb): Symbolik der Religionen, bisher 20 Bde, 1958–75; *H Loofs:* Der S-begriff i der neueren Religionsphil 1955; *W Shibles:* Metaphor, an annotated Bibliogr and History, Whitewater 1971. – e) *R Guardini:* Von heiligen Zeichen 1966.

de Vries

Synthese (vom griech sýnthesis) bedeutet dem Wortsinn nach Zusammensetzung. Im phil Sprachgebrauch bezeichnet S die Einigung mehrerer Erkenntnisinhalte zu einem ganzheitlichen Erkenntnisgebilde, eine der wichtigsten Leistungen des ↗ Bewußtseins. Entsprechend heißt *synthetisch* einerseits die einigende Tätigkeit, anderseits das durch sie gewonnene Ganze. – Eine, wenn auch als Tätigkeit zumeist unbewußte S liegt schon in der ↗ Anschauung vor: Die durch die Einzelsinne gewonnenen Empfindungsinhalte werden durch den *Gemeinsinn (sensus communis)* in der einen Raumanschauung zusammengefaßt, von Einbildungskraft bzw Gedächtnis durch frühere Wahrnehmungsinhalte ergänzt u so in die Zeit hineingestellt, schließlich zu ↗ „Gestalten" zusammengefügt (↗ Sinneserkenntnis). – Zur ↗ Methode wird die S als bewußte Zusammenfassung gedanklicher Gebilde zu höheren Einheiten. In diesem Sinn ist sie der ↗ Analyse entgegengesetzt u deren notwendige Ergänzung. Durch S entsteht aus Urbegriffen der zusammengesetzte Begriff, durch eine andere Art von S aus Begriffen das ↗ Urteil. Wenn so jedes Urteil mit Aristoteles eine „S von Begriffen" genannt werden kann, so heißen doch jene Urteile im besonderen *synthetische Urteile (Erweiterungsurteile),* in denen das Prädikat zum Subjektsbegriff einen neuen gedanklichen Inhalt hinzufügt, der nicht, wie im analytischen Urteil (↗ Analyse), bereits im Subjektsbegriff enthalten ist. Das synthetische Urteil heißt synthetisch ↗ a posteriori, wenn das Prädikat auf Grund der ↗ Erfahrung, synthetisch ↗ a priori, wenn es unabhängig von der Erfahrung hinzugefügt wird auf Grund der Einsicht, daß es notwendig aus dem Inhalt des Subjektsbegriffes folgt (↗ Erkenntnisprinzipien). Zu den Besonderheiten der Synthesis-Lehre *Kants* ↗ Kritizismus. – Durch S werden schließlich die Einzelerkenntnisse zur Einheit eines Lehrgebäudes (↗ System), sei es einer ↗ Wissenschaft, sei es eines Weltbildes oder einer ↗ Weltanschauung, zusammengefaßt.

a) *Kant:* Krit d rein Vern B 10–14. – b) *JB Lotz:* Einzelding u Allgemeinbegriff, in: Schol 14 (1939) 321–45. – c) *E Bréhier* u a: La synthèse, idée force dans l'évolution de la pensée, P 1951; *F Waismann:* Analytic – synthetic, in: Analysis 10, 11, 13 (1949–53); *J Lechat:* Analyse et Synthèse, P 1962. – d) *L di Rosa:* La sintesi a priori: S Tommaso e Kant, Rom 1950; *HU Hoche:* Nichtempir Erkenntnis. Analyt u synthet Urteile a priori bei Kant u Husserl 1964.

de Vries

System ist eine nach einer Idee der ↗ Ganzheit gegliederte Mannigfaltigkeit von Erkenntnissen. Weder eine Einzelerkenntnis noch viele zusammenhanglose Erkenntnisse machen ein S. Dieses entsteht erst durch Zusammenhang u Ordnung nach einem gemeinsamen Ordnungsprinzip, durch das jedem Teil im Ganzen unvertauschbar seine Stelle u Funktion zugewiesen wird. Jede Wissenschaft trachtet ihren Wissensstoff zu systematisieren. Das Prinzip, nach dem eine Erkenntnismenge geordnet wird, liegt entweder den Gegenständen selbst zugrunde oder ergibt sich aus der Art ihrer Erkenntnis oder wird endlich von außen an die Erkenntnisse herangetragen. Das letzte ergibt nur S im uneigentlichen Sinne (oder *Systematik*). Die bloße Systematik erhellt den Gegenstand nicht, dient aber oft dazu, sich leichter in einer größeren Erkenntnismenge zurechtzufinden. Sie läßt verschiedene Weisen zu (vgl Systematik der Pflanzen nach nichtwesentlichen Merkmalen).

Werden die Erkenntnisse nicht unabhängig voneinander durch Erfahrung oder unmittelbare Einsicht, sondern durch ↗ Deduktion gewonnen, so stehen sie untereinander in einem Begründungszusammenhang, so zwar, daß alle Sätze einer solchen Erkenntnismenge entweder abgeleitet oder nicht abgeleitet sind (*Begründungssysteme*, zB Mathematik, Logistik). Die nicht abgeleiteten (durch sich einsichtigen bzw vorausgesetzten) Sätze heißen *Grundsätze* (*Axiome* ↗ Erkenntnisprinzipien), die abgeleiteten Sätze *Lehrsätze* oder *Thesen*. Für jeden Lehrsatz wird die Forderung erhoben, daß er in einer endlichen Zahl von Schritten von einem Grundsatz aus erreicht werden könne (= Verbot des *regressus in infinitum*), da der Lehrsatz sonst unbegründet wäre; denn jeder Zwischensatz begründet nur, sofern er selbst von einem Grundsatz her begründet ist. – Die Gliederung von Erkenntnissen, welche die in den Gegenständen selbst liegende Wesensordnung zum Ausdruck bringt, ergibt ein *natürliches S* (zB das periodische S der Elemente). S ist eine Forderung der in jeder Vielheit Einheit u Ordnung suchenden Vernunft u unter der Voraussetzung des metaphysischen ↗ Idealismus auch eine Forderung des Seins u der Wirklichkeit. Das Suchen nach dem natürlichen S der Wirklichkeit ist das Grundstreben der ↗ Phil. Wie jedoch *Kurt Gödel* bewiesen hat, ist ein vollständiges S begrifflicher Aussagen ohne alle außerhalb seiner selbst liegenden Voraussetzungen unmöglich (*Gödelscher Satz*).

I Kant: Krit d rein Vern B 860 ff. – *O Ritschl:* S u systemat Methode 1906; *P Tillich:* Das S der Wissenschaften nach Gegenständen u Methoden 1923; *H Rickert:* S der Phil I 1921; *K Gödel:* Über formal unentscheidbare Sätze der Principia Mathematica u verwandter S–e I, in: Monatshefte f Math u Phys, 38 (1931) 173–198; *N Petruzellis:* Sistema e problema, Bari 1954; *H Rombach:* Substanz, S, Struktur I 1965; *H Rademaker:* Die Welt i der Sicht der wiss Vernunft. Das log period S der Welt 1965; *E Bloch:* Über Methode u S bei Hegel 1970. Brugger

Tatsache *(Faktum)* bezeichnet einen wahrnehmbaren konkreten ↗ Sachverhalt, eine Sache u deren Beziehungen im konkreten Wirkzusammenhang. Alle T-en gehören der Wirklichkeitsordnung an. Sie erschöpfen jedoch den Umfang der ↗ objektiven Sachverhalte nicht. Zu diesen gehören auch die reinen Wesensbeziehungen. Umgekehrt sind jedoch auch in den T-en Wesensbeziehungen enthalten ↗ Notwendigkeit. Es gibt keine „bloßen Fakten". T-wissenschaften (im Ggs zu Wesenswissenschaften) sind solche, deren Gegenstand erfahrbare T-en sind. Nicht alle Wissenschaft gründet sich also auf T-en, wohl aber auf objektive Sachverhalte. – ↗ Positivismus, Erfahrung, Wirklichkeit.

J Bourke: Zur Lehre v der T-erkenntnis 1935; *K Löwith:* Vicos Grundsatz: verum et factum convertuntur. Seine theol Prämisse u deren säkulare Konsequenzen 1968. Brugger

Tautologie nennt man ein Urteil, dessen Subjekt u Prädikat nicht bloß der Sache, sondern dem Begriff nach identisch sind. Die T bringt die notwendige u formale ↗ Identität von Subjekt u Prädikat zum Ausdruck. Sie ist also nicht nichtssagend. Jede T ist ein analytisches Urteil, aber nicht umgekehrt. – In der ↗ Logistik nennt man die logischen Gesetze, d s jene Aussageverbindungen, die bei Einsetzung beliebiger Variablen, kraft ihrer bloßen Form immer den Wahrheitswert „wahr" ergeben, *tautologisch*. – Im abwertenden Sinn ist *tautologisch* (d i dasselbe sagend) der Gebrauch verschiedener Worte, um einen verschiedenen Sinn oder eine Begründung vorzutäuschen.

A Menne: Einf i die Logik 1966, 49. Brugger

Technik (vom griech téchnē) bedeutet (1) in der Antike (wie auch im Mittelalter ars = „Kunst") jede Gestaltung sinnlich wahrnehmbarer Dinge im Dienste eines Bedürfnisses oder einer Idee, also sowohl das Können des Nützlichen (der Dingherstellung) wie des Schönen (der Sichtbarmachung einer Idee). Davon abgeleitet, bedeutet T (2) das Formale, die mitteilbaren Regeln einer solchen Gestaltung (zB T des Klavierspielens). Die T (3) im Ggs zur ↗ Kunst ist die Ausnutzung der Naturschätze u Naturkräfte im Dienste menschlicher Bedarfsdeckung. Während das *Handwerk* (die *handwerkliche T*) sich lange auf die Anwendung von bloßen *Werkzeugen* (Mittel der körperlichen Einwirkung; im engeren Sinn: ohne Vermehrung der Arbeitskraft) u sog *Arbeitsmaschinen* (handbetriebene Werkzeuge mit Vermehrung der Arbeitskraft, zB Rolle, Keil) beschränkte, schritt die T der Neuzeit (die *Maschinentechnik*) auch zur Anwendung von *Kraftmaschinen* (Werkzeuge, die durch Naturkräfte betrieben werden, zB Dampfmaschinen) u zur Entwicklung von *Computern* u *Rechenmaschinen*, die imstande sind, Information zu verarbeiten u Fertigungsprozesse zu steuern ↗ Kybernetik. Dieser Fortschritt war nur möglich auf Grund umfassender Naturerkenntnisse. Die T (4) kann deshalb definiert werden als die der menschlichen Bedarfsdeckung dienende planmäßige Ausnutzung der Naturschätze u Naturkräfte auf Grund der Naturerkenntnisse.

Eine *Phil der T* hat als Teil einer allg ↗ Kulturphil sowohl den Ursprung u die Bedingungen der T in der menschlichen Natur, ihren Anlagen, Kräften u Bedürfnissen nachzuweisen wie auch wiederum die vielgestaltigen Rückwirkungen der T auf den Menschen u die konkrete Gestaltung des menschlichen Lebens im Einzelnen u in der Gemeinschaft zu untersuchen. Sosehr sich dabei einerseits die segensreiche Macht der T offenbart, ohne die das Leben der Menschheit u ihre Kultur auf der heutigen Entwicklungsstufe nicht mehr möglich wären, so sind doch anderseits eine Reihe von unerwünschten Folgen nicht zu verkennen, die allerdings nicht dem Wesen der T, sondern deren mangelnder Einordnung in den Gesamtbereich des Lebens entspringen. Wohin das führt, dessen sind wir uns erst in den letzten Jahren voll bewußt geworden. Weder Luft noch Wasser, weder der landwirtschaftlich nutzbare Boden noch die in der Erde verborgenen Rohstoffe sind unerschöpflich (Club of Rome: *Grenzen des Wachstums*). Und dort, wo neue Energiequellen erschlossen werden, geschieht das meist mit nicht ganz vermeidbaren Schädigungen der menschlichen Lebensbedingungen. Eine Verselbständigung oder gar Überordnung der T über die Wirtschaft u die übrigen Lebensgebiete *(Technokratie)* muß zur Überproduktion, zur Versklavung des Menschen unter die Maschine u zur sozialen Desorganisation führen. Die T soll dienen, nicht herrschen.

F Dessauer: Phil der T ³1933 (vgl dazu: *K Tuchel:* Die Phil der T bei F Dessauer 1964); *F Dessauer, v Hornstein:* Seele i Bannkreis der T ²1952; *F Dessauer:* Streit um die T 1956; *F Muckermann:* Der Mensch i Zeitalter der T, Luzern 1947. – *M Schröter:* Phil der T 1934; *W Sombart:* T u Kultur, in: Arch f Soz-Wiss (1912); *O Spengler:* Der Mensch u die T 1931; *D Brinkmann:* Mensch u T. Grundzüge einer Phil der T, Bern 1945; *K Ulmer:* Wahrheit, Kunst u Natur bei Arist 1953; *M Heidegger:* Die T u die Kehre 1962; *G Scherer:* Absurdes Dasein u Sinnerfahrung; über die Situation der Menschen i der techn Welt 1963; *H Schüling:* Ursprünge der rationalen Naturbeherrschung 1963. *NA Luyten* (Hgb): Mensch u T 1967; *HW Bartsch* (Hgb): Hermeneutik – T – Ethik 1968; *H Beck:* Phil der T 1969; *J Habermas:* T u Wiss als ‚Ideologie' ²1969; *HD Bahr:* Kritik der „Polit Technologie" [zu H Marcuse u Habermas] 1970; *H Sachsse:* T u Verantwortung 1972. Brugger

Teilbarkeit bedeutet die Möglichkeit, ein Ganzes in Teile zu zerlegen. Jede T setzt eine Zusammensetzung aus Teilen voraus, die verbunden eine ↗ Ganzheit bilden, in der eine naturhafte Einheit die Vielheit beherrscht. Unteilbarkeit setzt ↗ Einfachheit voraus. Sind mehrere Dinge so verbunden, daß sich keine naturhafte Einheit ergibt, dann heißt die Lösbarkeit dieser Dinge voneinander *Trennbarkeit*. – Die T ist eine bloß gedankliche oder eine reale, je nachdem es sich um gedankliche oder reale Teile u Ganzheiten handelt. – T ist die hauptsächlichste Eigenschaft der ↗ Quantität u Ausdehnung. Die quantitativen Teile heißen auch *integrierende Teile*, die dieselbe Natur wie das Ganze haben. Wird ein Ausgedehntes nach einem bestimmten Maßstab geteilt, so heißen die sich ergebenden Teile *auszählbare (aliquote) Teile*. *Proportionale Teile* erhält man, wenn man nach demselben Verhältnis immer weiter teilt, etwa halbiert u die entstehenden Teile jeweils weiter halbiert. Soweit nur die Ausdehnung in Frage kommt, läßt sich ein stetig Ausgedehntes ohne Ende weiter teilen. Jedoch kann diese ins Unendliche weitergehende T in der Natur des zu teilenden Dinges eine Grenze finden, die eine weitere reale Teilung nicht gestattet. Die ↗ Körper sind teilbar durch physikalische u chemische Methoden in Molekeln u Atome. Die weitere Absonderung von Protonen, Neutronen u Elektronen sowie die unter großem Energieaufwand entstehenden weiteren Elementarteilchen, wie etwa Positron u Neutrino, sind eigentlich nicht mehr als „Teilung" von etwas „Zusammengesetztem zu verstehen, sondern als Umwandlungen in Gebilde, die sich nur noch näherungsweise vom Rest der Welt absondern lassen – Im Ggs zu den integrierenden Teilen heißen *konstituierende* oder *Wesensteile* jene nicht gleichartigen Teile, die durch ihre Vereinigung eine Wesenheit bilden, wie Leib u Seele beim Menschen, Körper u Lebensprinzip bei Pflanzen u Tieren. Eine Teilung in konstituierende Teile zerstört das Wesen eines Dinges.

a) *Aristoteles:* Metaphysik V, 24–27. – b) *Lehmen-Beck:* Kosmologie ^{4}u^{5}1920, 13–22; *Schwertschlager:* Phil der Natur I ^{2}1922, 69–91; *JA Stommel:* L'unification du réel, Utrecht 1964.

Junk

Teilhabe oder *Teilnahme* ist ursprünglich einer der Grundbegriffe der platonischen Ideenlehre. Jede überweltliche ↗ Idee verwirklicht einen Wesensgehalt erschöpfend oder nach der ganzen Fülle seiner Möglichkeiten, weshalb sie als ↗ Ideal über dem irdischen Bereich leuchtet. Die Dinge dieser Welt stellen lediglich eine Teil-nahme an den Ideen dar, insofern sie nur einen Ausschnitt ihrer Möglichkeiten in sich aufzunehmen vermögen. Daher treten die Ideen allein als das wahrhaft Seiende auf, während die irdischen Dinge, dem Nicht-seienden oder der Materie verhaftet, nur ein Schattenbild jener höheren Welt bedeuten, wie das *Platon* in dem berühmten Höhlengleichnis seiner „Politeia" packend geschildert hat. Außer diesem statischen, zwischen Urbild u Abbild spielenden hat die platonische T noch einen dynamischen Sinn. Sie soll nämlich den Abgrund zwischen der überweltlichen Idee u dem irdischen Ding überbrücken. Da die Idee selbst nicht in das Ding eingeht, ist zu erklären, wodurch es trotzdem nach ihr gestaltet ist. Platon sagt, es nehme an der Idee teil, ohne daß er diese Teilnahme eindeutig zu bestimmen vermag; eine gewisse Klärung bringt erst der Demiurgos im Spätdialog „Timaios".

Der Gedanke der T begleitet den Platonismus auf seinem Gang durch die Jahrhunderte. Er entwickelt sich im ↗ Neuplatonismus, bei *Augustinus* u im späteren ↗ Augustinismus fort. *Thomas v Aquin* gibt ihm eine irgendwie klassische Gestalt, indem er ihn mit seinem Aristotelismus verschmilzt. Im Lateinischen wird der Ausdruck *participatio* geprägt (von ‚partem capere' = einen Teil nehmen). – Für Thomas ist der Urgrund, an dem alles teil-nimmt, die Fülle Gottes, der als ‚das' Sein, dh als das absolute oder unendliche Sein alle Vollkommenheiten in höchster Vollendung oder nach ihren sämtlichen Möglichkeiten einschließt (↗Gott, Vollkommenheit). Er trägt alles geeint u so in höherer Weise *(modo eminenti)* in sich, was in der Schöpfung zerteilt erscheint. Als das reine ist er auch das subsistierende Sein, während sich das endliche Seiende wesentlich aus Form u Träger aufbaut ↗Akt, Subsistenz. Im Ggs zu allen pantheistisch-emanatistischen Theorien geschieht die T durch Erschaffen, das untrennbar Gottes Wirk- u Exemplarursächlichkeit umfaßt. Durch letztere sind die Geschöpfe nach seinem Urbild gestaltet, so daß jedes auf seine Weise einen Ausschnitt seiner Fülle widerspiegelt. Den Stufen dieser Angleichung entsprechen die ↗Seinsgrade der Seienden. Der Gottesbeweis, der aus diesen Graden geführt wird, ist ein Brennpunkt der T-betrachtung. – Auf der Schwelle der Neuzeit machte *Nikolaus von Kues* den T-gedanken zur Mitte seines Ringens. Die Gegenwart hat mit dem platonischen Erbe auch die T neu gesichtet. Von dem Innewohnen des Urbildes im Nachbild u ihrer Wesensverwandtschaft her kam man zu einem tieferen Verstehen der unaussprechlichen Einigung Gottes mit seiner Schöpfung oder der ↗Immanenz Gottes in der Welt.

b) *G Siewerth:* Der Thomismus als Identitätssystem 1939, bes X; *A Marc:* Dialectique de l'Affirmation 1952 (Table des matières: Participation). – d) *J Hirschberger:* Gesch der Phil, ⁹1974 [Sachreg: Teilhabe-Gedanke]; *W Weier:* Sinn u T. Das Grundthema der abendl Geistesentwicklung 1970; *H Meinhardt:* T bei Platon 1968; *G Söhngen:* Thom v Aq über T durch Berührung, in: Scientia Sacra (Festschr f Kard Schulte) 1935; *ders:* Die neuplat Schol u Mystik der T bei Plotin, in: Ph Jb 49 (1936) 98–120; *LB Geiger:* La Participation dans la phil de s Thom d'Aq 1942; *A Hayen:* L'Intentionnel dans la phil de s Thomas 1942, bes I 5; *C Fabro:* La nozione metafisica di Partecipazione secondo S Tommaso d'Aquino ²1950; *ders:* Partecipazione e causalità secondo S Tommaso d'Aquino, Turin 1960, franz Louvain 1961; *K Krenn:* Vermittlung u Differenz?, Rom 1962 [zu Thom v Aq].   Lotz

Teleologie (vom griech *telos*: Ziel, *logos*: Lehre) oder Lehre von der *Finalität* (F) (vom lat *finis*; Ziel) besagt die Ausrichtung eines Seienden in Struktur u Funktion auf ein ↗Ziel, in dem das Seiende seine wesensgemäße Erfüllung u Vollendung, aber auch das „Ende" (finis u telos als Ende, Grenze) seines Werdens findet. T u F kommen deshalb nur dem endlichen Seienden zu. Vier Formen der T sind zu unterscheiden: (1) Die *Wesens-T,* nach der alles Seiende in seinem Wesen u Werden so existiert, daß es sein Wesen auf seine je eigene Weise grundsätzlich erfüllen kann u muß. Diese grundlegende Form der T wird im ↗Finalitätsprinzip mit apriorischer Einsicht in die Positivität des Seins u Seinsbesitzes ausgesprochen: „Es ist besser, zu sein als nicht zu sein" *(Teilhard de Chardin).* – (2) Die *Sinn-T* bezieht sich auf den Weg, der zur Wesensverwirklichung führt, u auf die Art dieser Wesensverwirklichung: auf den Weg, sofern dieser geeignet ist, zum Ziel zu führen; auf die Art des Zieles, sofern dieses das Wesen zum Ausdruck bringen soll. Manche morphologische u physiologische Eigenschaften der Organismen (zB viele Farben u Formen der Schmetterlinge, Vögel, Fische) sind nicht nützlich im üblichen Sinn der Nutzfinalität oder der Anpassung an die Umwelt, sondern bringen vielmehr in ihrem Gestaltcharakter die Art zur Darstellung. Im Bereich des Menschen sind ja auch Kunstgestalten u Kunstverhalten (zB Tanz) sinnträchtig, ohne im eigentlichen Sinne nützlich zu sein. – (3) T ist

Zielbezogenheit im Sinne von *Zielstrebigkeit* u *Zweckmäßigkeit*. Zielstrebigkeit meint die Ausrichtung einer Tätigkeit oder eines tätigen Prinzips auf ein vorgestecktes, zu erreichendes Ziel. Solche Ziele steckt sich der Mensch selbst in freiem Erkennen u Wollen *(bewußte T)*. Die Zielsetzung setzt aber schon eine wenigstens allg Ausrichtung des Menschen auf Ziele voraus, durch die er sein Wesen erfüllt. Diese in ihm u in allen Dingen ohne seine Dazwischenkunft vorgegebene Ausrichtung auf Ziele nennt man *Natur-F*. Unvollständig ist die bewußte T in den Tieren, insofern sich bei ihnen das Naturstreben nur durch die Vermittlung des sinnlichen Erkennens u Strebens konkretisiert. Wird die Zielordnung einem Material von außen her auferlegt, handelt es sich um (dem Material gegenüber) akzidentelle *Werk-F*. ↗ Zweck u Zweckmäßigkeit berücksichtigen mehr die Ordnung der Mittel, die zur Erreichung eines Zieles eingesetzt werden. – (4) *Nutz-F* lenkt den Blick mehr auf die mehr oder minder große Nützlichkeit u Dienlichkeit der F-ordnungen. Unter dieser Rücksicht unterscheidet man *selbst-, art- u fremddienliche Zweckmäßigkeit*, je nachdem das Ziel als Nutzen für das Individuum, für die Art (zB Fortpflanzungseinrichtungen, Paarungsverhalten) oder für ein anderes Wesen (zB Symbiose) erscheint.

Im Hinblick auf die weitverbreitete Verkennung der F als einer ↗ Ursache muß ihr Eigencharakter u ihre Beziehung zur Wirkkausalität herausgestellt werden: (a) Die Zielursache übt ihren Einfluß nicht wie die Wirkursache durch einwirkendes Tun aus (eine Kugel stößt eine andere), sondern durch Ausrichtung der Wirkursache auf einen sinnerfüllenden Zustand (die richtige Kugel wird getroffen). Es bedarf deshalb zur Erkennung der Zielursache eines anderen methodischen Standpunktes (↗ Verstehen des Prozesses u der Gestalt) als zur Erforschung der Wirkursache (↗ Erklären im Sinn der Naturwissenschaften). – (b) Die Zielursache beeinflußt nicht einzeln-faktoriell wie die Wirkursache, sondern ganzheitlich-fundamental. Soll die Zielursache (zB eine Planidee, ein Wert, eine künstlerische Sinngestalt) durch Wirkursachen verwirklicht werden, so muß sie alle Wirkursachen u ihre gesamte Abfolge beeinflussen, dh, sie muß dem Ganzen als Ganzem zugrunde liegen. – (c) Das Ziel, das angestrebt wird, ist keine *präformative*, sondern eine *informative* Größe: dh, das am Ende zur Darstellung kommende Ziel ist nicht am Anfang gleichsam in mikroskopischen Dimensionen vorgebildet (präformiert) u wird dann nur durch quantitative Prozesse vergrößert, sondern es existiert im Prozeß als leitende „Information" (↗ Kybernetik), als eine im Ggs zu Materie u Energie neue (intentionale) Dimension. – (d) Die Zielstrebigkeit schließt den ↗ *Zufall* nicht aus, sondern ein. Da sich das Ziel nur durch Wirkursachen verwirklichen läßt, die Wirkursachen aber weithin dem relativen Zufall u den statistischen Zufallsgesetzen unterliegen, muß die Planverwirklichung mit dem Zufall rechnen. Durch den „geplanten Zufall" (Teilhard de Chardin) wird die Endverwirklichung vielgestaltig, so daß man von einer viellinigen Planverwirklichung sprechen kann. Eine den Zufall völlig ausschließende, einlinige Verwirklichung kommt in der Natur wohl überhaupt nicht vor. In der ↗ Evolution des Lebendigen, die in ihrer Ganzheit als

Aufstieg *(Anagenese)* von der *Kosmogenese* zur *Biogenese* u *Anthropogenese* einen finalen Prozeß großen Stils darstellt, verhalten sich die Organismen oft nach dem Schema „Versuch u Irrtum", wobei dem Lebewesen das höchst finale Vermögen zugeschrieben werden muß, im Hinblick auf künftige Neugestaltungen bereits im Anfangsstadium die zufällig gelungenen Findungen genetisch festzuhalten u im Laufe langer Zeiten sinnvoll, dh im Hinblick auf die kommende neue Organisation, zu addieren. Die lebende Natur rechnet auch insofern mit dem Zufall, als sie ein vielen Zufälligkeiten unterliegendes Ziel mit vielen möglichen „Treffern" belegt, von denen dann aber nur einer wirklich trifft u so das Ziel verwirklicht (Schrotflintenprinzip).

Aufgrund erkenntnistheoretischer Vorentscheidungen fassen *Kant* u seine Nachfolger die F nicht als konstitutives Prinzip der Wirklichkeit, sondern als nur regulatives Prinzip der forschenden u einheitsuchenden ↗ Urteilskraft auf (↗ Kritizismus). – Die Vorentscheidung, daß es den zielsetzenden absoluten Geist nicht geben kann, ferner daß den Organismen ein lebendiges Naturstreben abgesprochen werden muß (Vorwurf des „Animismus": *Monod*), macht eine teleologische Betrachtung von vorneherein unmöglich. Die grundsätzliche Ausklammerung Gottes (zB *Nicolai Hartmann*) zwingt dann dazu, die nicht zu leugnende Zweckmäßigkeit der Einzelorganismen u des gesamten lebendigen Kosmos u seiner Evolution letztlich durch das allmächtige Wirken des Zufalls der Selektion (Auslese) zu erklären (N Hartmann u a). Damit wird aber ein biologisch bedeutsames Prinzip zu einer metaphysischen Letztursache extrapoliert. Wer anderseits den Lebewesen ein immanentes Naturstreben (appetitus naturalis) abspricht, wird notwendigerweise gezwungen, die T mechanistisch zu interpretieren im Sinne des ↗ Deismus (Gott hat das Welt-Uhrwerk aufgezogen, u es läuft jetzt ohne ihn ab) oder des monistischen Materialismus (Materie als Letztursache). – ↗ Pantheismus, Panvitalismus u Panpsychismus versuchen autonome Begründungen der T. Nach dem *Panvitalismus* ist der Gesamtkosmos eine lebende Substanz mit einer ↗ Weltseele, von der die Teilordnungen ihre immanente T haben. Der substantiellen Einheit des Kosmos widerspricht aber die Wesensverschiedenheit der Teilordnungen (Materie, Leben, Geist). – Der *Panpsychismus* führt jedes finale Geschehen auch im untermenschlichen Bereich auf subjektiv-vernünftiges Überlegen u Wollen der einzelnen Wirkursachen zurück. Diese anthropomorphe Erklärung widerspricht den biologischen Tatsachen, die keinerlei Anlaß für einen echten Psychismus geben. Eine Letztbegründung der T der Natur setzt ein die Zielordnung stiftendes Prinzip des Erkennens u Wollens voraus, u zwar in absoluter ↗ Transzendenz.

a) *Thom v Aq:* ScG III, 1–9, 16–24. – *I Kant:* Krit d Urteilskraft 1790. – b) *P Lecomte du Nouy:* Die Bestimmung des Menschen 1948; *F Dessauer:* Die T i der Natur 1949; *J Schmitz:* Disput über das teleolog Denken 1960; *H Conrad-Martius:* Der Selbstaufbau der Natur ²1961; *W Büchel:* Entropie u F – sinnfreie u sinntragende Unwahrscheinlichkeit, in: Schol 38 (1963) 361–77; *W Heitler:* Der Mensch u die naturwiss Erkenntnis ⁴1966; *W Wickler* u a: Freiheit u Determination (StudBerKathAkad Bayern 38) 1966; *R Sauer* u a: Grenzprobleme der Naturwiss (StudBerKathAkadBayern 37) 1966; *G Eder* u a: Gesetzmäßigkeit u Zufall i der Natur (StudBerKathAkadBayern 43) 1968; *A Haas:*

F, in: Teilhard-de-Chardin-Lexikon 1971; M Oraison: Zufall u Leben. Hat die Biologie das letzte Wort? 1972. – c) *Kant* ↗a): *M Hartmann:* Die phil Grundlagen der Naturwissenschaften 1948; *N Hartmann:* Phil der Natur 1950; ders: Teleolog Denken 1951 (vgl dazu: *B v Brandenstein:* Teleolog Denken 1960); *J Monod:* Zufall u Notwendigkeit ⁵1973. – d) *Th Steinbüchel:* Der Zweckgedanke i der Phil des Thom v Aq 1912; *J Seiler:* Der Zweck i der Phil des F Suárez 1936; *I Hermann:* Kants T, Budapest 1972; *W Baumann:* Das Probl der F bei N Hartmann 1955. – Weitere Lit ↗Zweck.

Haas

Test bezeichnet in der Psychologie ein Verfahren, das „routineartig" Verhaltensmerkmale mißt, die empirisch abgrenzbar u möglichst quantitativ darstellbar sind (Lienert). Philosophisch weniger erheblich ist die Vielfalt der T-arten, wichtiger die Frage nach der Merkmalerfassung. Ein Merkmal soll genau umschrieben werden durch „T-fragen", deren Inhalt selber nicht exakt festgelegt werden kann. Grund für diese Schwierigkeit ist, daß die Psychologie nicht von exakten Erstbegriffen ausgehen u daraus neue Begriffe ableiten kann; der Grund dafür liegt in der „Unschärfe" des Objektes der Psychologie, des ↗Verhaltens. Die T-konstruktion löst das Problem durch Interkommunikation: durch „Absprachen", die mittels statistischer Verfahren (↗Statistik) festlegen, welche Funktion jeder einzelnen „T-frage" im Gesamt des T zufällt. – Insgesamt bietet der T vor allem zwei Vorteile: Er prüft ein Merkmal (1) mit weniger Zeitaufwand, (2) unabhängiger vom Einfluß des Untersuchers. – Seine Nachteile liegen vor allem darin, daß er (1) mehr die Reaktivität der T-person prüft als ihre Spontaneität, ihre Kreativität, (2) mehr die Position einer T-person im Vergleich zu einer Gruppe erfaßt als ihre „Individualität".

M Sader: Möglichkeiten u Grenzen psycholog T-verfahren 1961; *H Hiltmann:* Kompendium der psychodiagnost T-s ²1966; *GA Lienert:* T-aufbau u T-analyse ³1969.

Fisseni

Theismus ist die Lehre von Gott als einem persönlichen, weltüberlegenen Wesen, das durch seinen Schöpferakt die Welt aus dem Nichts ins Dasein gerufen hat ↗Schöpfung. Während die Vielgötterei *(Polytheismus)* eine Mehrzahl von göttlichen Wesen annimmt, wenn auch vielfach unter der Hegemonie eines obersten Gottes, u der *Henotheismus* trotz der angenommenen Vielzahl der Götter sich im Gebet oder Kult éinem Gott zuwendet, als wäre er der einzige, hält der Th als *Monotheismus* in Theorie u Kult an Gott als dem Einzigen fest, neben dem es keinen andern gibt, noch geben kann. Folgerichtig verwirft er auch ein absolutes Gegenprinzip, das Urheber des Bösen oder der Materie wäre ↗Dualismus. Gegenüber dem ↗Deismus verteidigt er sowohl die Erhaltung der Geschöpfe durch Gott u sein stetes Mitwirken mit ihnen wie auch Gottes Vorsehung u die Möglichkeit seines außerordentlichen Eingreifens durch Offenbarung u Wunder. Vom ↗Pantheismus hebt sich der Th scharf ab durch die Betonung der substantiellen Unterschiedenheit Gottes von der Welt u seines personalen Charakters ↗Transzendenz.

b) *K Gutberlet:* Gott u die Schöpfung 1910; *Lehmen-Lennerz:* Theodizee 1923. – e) *C Gröber:* Gott ²1937; *P Lippert:* Gott ¹⁰1936; *G Siegmund:* Gott. Die Frage des Menschen nach dem Letzten 1963; *H Fries:* Gott, die Frage unserer Zeit 1973. – Weitere Lit ↗Gott, Theologie.

Rast

Theodizee (1) besagt „Rechtfertigung Gottes", nämlich gegenüber den Einwänden, die der Unglaube wegen der unzähligen ↗ Übel in der Welt gegen den Gottesglauben erhebt. Der Ausdruck wurde von *Leibniz* geprägt u durch den Titel seines Werkes „Essais de Théodicée" (1710) in die Phil eingeführt. Es mag anmaßend erscheinen, daß der Mensch es unternimmt, Gott zu „rechtfertigen"; aber nicht nur angesichts der verwegenen Sprache der Gottesleugner, sondern auch wegen der inneren Not, die der gläubige Mensch selbst angesichts der scheinbaren Sinnlosigkeit von soviel Leid erfährt, kann es nicht verwehrt sein, mit aller schuldigen Selbstbescheidung um die Lösung der quälenden Frage zu ringen, wie die Wirklichkeit von soviel Unheil mit der Güte, Weisheit u Allmacht Gottes vereinbar sei. Je größer der Mensch von Gott denkt, desto mehr tritt dabei die Frage, wie Gott das sittl Übel, das ↗ Böse, zulassen kann, in den Vordergrund.

Unmöglich sind die dualistischen Lösungen des Problems, die das Übel auf ein zweites, vom guten Gott unabhängiges, böses Urwesen zurückführen (↗ Dualismus, Manichäismus) oder, wie *Schelling*, in dem einen Gott eine Urspaltung zwischen hell-gutem u dunkel-bösem Prinzip annehmen ↗ Gott. Unhaltbar ist auch der metaphysische ↗ Optimismus des *Leibniz*, der die bestehende Welt für die bestmögliche u die ihr trotzdem anhaftenden Übel in ihrer Gesamtheit für die kleinstmögliche Summe der Übel erklärt; Gott in seiner Allmacht könnte ohne Zweifel jedes einzelne Übel in der Welt vermeiden, ohne darum, wie Leibniz meint, an anderer Stelle der Welt um so größere Übel zulassen zu müssen. Gott bleibt in der Wahl der möglichen Welten frei; er ist nicht genötigt, die bestmögliche Welt zu schaffen, ja eine solche gibt es nicht, da Gottes Allmacht immer noch Besseres zu schaffen vermag. Nur eines ist durch seine unendliche Gutheit gefordert: daß die wirkliche Welt als Gesamtordnung überwiegend gut ist, dh daß jedes Übel, das sich in ihr findet, in einem höheren Gut, dem es dient, seine Rechtfertigung findet.

Daß es wirklich so ist, wird allerdings durch die Erfahrung nur in verhältnismäßig wenigen Fällen bestätigt; wer in diesem Sinn eine Antwort auf die Frage nach dem Warum jedes einzelnen Übels verlangt, muß enttäuscht werden. Eine Lösung, namentlich eine phil Lösung, kann nur unter Voraussetzung des Gottesglaubens darauf hinweisen, daß Gott, wie dunkel uns auch seine Wege im einzelnen bleiben mögen, in seiner Macht, Weisheit u Güte doch letztlich alles Leid u alles Böse zum Guten wenden wird. Denn nichts ist seiner ↗ Vorsehung entzogen, u gewiß kann Gott kein Übel als Ziel wollen. Im übrigen ist die Hinordnung auf das Gute beim physischen Übel u beim Bösen verschieden. Physische Übel kann Gott als Mittel zur Erreichung höherer Zwecke positiv wollen, das Böse dagegen als dem letzten Sinn der ↗ Schöpfung widerstreitend kann er nicht positiv wollen, sondern nur *zulassen*, dh es nicht hindern, obwohl er es voraussieht u die Macht hat, es zu hindern. Müßte Gott alles Böse unbedingt verhindern, so würde seine Freiheit in unwürdiger Weise eingeschränkt, u viele Werte würden von vornherein ausgeschlossen (Reue, Verzeihung, Erlösung von der Schuld). Gerade darin liegt der größte Sieg des Guten, daß Gott auch die schlimmsten Übel zum Guten zu lenken weiß. Der feste Glaube an diesen Endsieg des Guten, den uns der Blick auf Gott verbürgt, soll uns trotz aller scheinbaren Sinnlosigkeit u Grausamkeit des Schicksals ausharren lassen in Geduld, im Kampf gegen das Böse u gegen das Leid u in der ↗ *Hoffnung* auf das endliche Heil.

Im 19. Jht wurde das Wort Th (2) oft auf die ganze phil Gotteslehre oder „natürliche ↗ Theologie" ausgedehnt, ein Sprachgebrauch, der heute mit Recht vermieden wird.

a) *Thom v Aq:* STh I q 48–49; ScG III 4–15. – b) *Ch Journet:* Vom Geheimnis des Übels 1963; *J Maritain:* Dieu et la permission du mal, Brügge 1963; *W Kern:* Th: Kosmodizee durch Christus, in: Mysterium Salutis, hsg v J Feiner, M Löhrer, III/2 1969, 549–81; *W Kern, J Splett:* Th-problem, in: Sacramentum Mundi, hg v K Rahner, A Darlap, IV 1969, 848–60. – d) *F Billicsich:* Das Probl des Übels i der Phil des Abendlandes, 3 Bde, 1952–59; *R Jolivet:* Le problème du mal d'après s Augustin, P 1936; *FM Verde:* Il problema del male secondo la dottrina dell'Aquinate, Florenz 1958; *J Kremer:* Das Probl der Th i der Phil u Lit des 18. Jht 1909; *H Lindau:* Das Th-problem i 18. Jht 1911; *G Stieler:* Leibniz u Malebranche u das Th-problem 1930; *St Portmann:* Das Böse, die Ohnmacht der Vernunft 1966 [zu Schelling]. – e) *MC D'Arcy:* The Probl of Evil, L 1944 (dt 1947). – Weitere Lit ↗ Übel u Böse, das. de Vries

Theologie ist die Wissenschaft von ↗ Gott. Gründet sie in der natürlichen Erkenntnisfähigkeit des Menschen, so heißt sie *Theologia naturalis (natürliche Th), phil Th,* manchmal auch ↗ *Theodizee* oder *Theologik.* Sie ist jener Teil der ↗ Metaphysik, der das Seiende auf seinen letzten, jenseits aller Erfahrung liegenden Grund hin untersucht. Ihr Gegenstand ist Gott: sein Dasein, sein Wesen u sein Wirken. Die Möglichkeit der natürlichen Th als Wissenschaft beruht darauf, daß wir Gottes Dasein mit Gewißheit erkennen (↗ Gottesbeweis; Gottesbeweise), über ihn begriffliche Aussagen machen (↗ Gottesidee) u deren Wahrheitswert beurteilen können. Es ist jedem Einsichtigen klar, daß die Wissenschaft über Gott nicht im selben Sinn Wissen vermittelt wie etwa Erfahrungswissenschaften über Gegenstände der Erfahrung. Die begrifflichen Aussagen über Gott geben uns keine ganz angemessene, sondern nur eine analoge Kenntnis seines Wesens ↗ Analogie. Zwei Grundsätze beherrschen das Urteil der natürlichen Th: Was dem Seienden als solchem zukommt, kommt auch Gott zu, obschon auf seine Weise; u: Was dem kontingent Seienden als Kontingentem zukommt, ist von Gott notwendig zu verneinen ↗ Negative Th.

Die *übernatürliche* oder *Offenbarungstheologie* (diese meint man, wenn man von Th schlechthin spricht) gründet ihre Aussagen in letzter Instanz auf die von Gott ergangene übernatürliche ↗ Offenbarung. Ihre Aufgabe ist einerseits der Aufweis der Wahrheit der Offenbarung, insoweit diese auch eine kategoriale geschichtliche Seite hat, die als solche historisch-phil Untersuchung zugänglich ist *(Fundamentaltheologie),* anderseits die Erhebung des Offenbarungsinhaltes aus den Quellen *(positive Th)* u seine begriffliche u wissenschaftliche Darstellung *(spekulative Th* oder *Dogmatik).* Gegenstand der übernatürlichen Th ist Gott nicht so sehr als Urheber der Natur, sondern vor allem als der Gott des Heils, sein Heilswille u seine Heilsveranstaltung. – Zur Phil steht die Th ihrer Natur nach ebensowenig im Ggs wie der ↗ Glaube zum Wissen. Die Th bedient sich der Phil *(ancilla theologiae!)* zu ihren Zwecken, ohne sie an der Verfolgung ihrer eigenen Aufgabe zu hindern. Sie beurteilt die Phil auch, wie alles menschliche Wissen, nach Maßgabe ihrer höheren Erkenntnisquelle. Eine Herabwürdigung der Vernunft kann darin nicht liegen, da die Vernunft in diesem Falle nicht nach einem ihr fremden Maßstab, sondern nach Maßgabe der unendlichen Vernunft beurteilt wird.

a) *Thom v Aq:* STh. – b) *Zur natürl Theol: J Kleutgen:* Phil der Vorzeit I ^{2}1867; *M Rast:* Welt u Gott 1952; *C Nink:* Phil Gotteslehre 1948; *H Bouillard:* Connaissance de Dieu, P 1967; *W Brugger:* Summe e phil Gotteslehre 1979 [Bibliogr] – *Zur übernatürl Th: Maccaferri e Girando:* Bibliogr sul problema della teologia, Bologna 1942; *J Kleutgen:* Th der Vorzeit V, 5. Abhandl ^{2}1874; *P Wyser:* Th als Wiss 1937; *J Beumer:* Die theol Methode 1972; *BJF Lonergan:* Method in theology, L 1972. – c) *B Schuler:* Die Gotteslehre als Grundwiss 1950; *W Weischedel:* Der Gott der Philosophen 1971–72. – d) *M Grabmann:* Die Gesch der kath Th 1933; *E Hirsch:* Gesch der neueren evangel Th i Zusammenhang mit der allg Bewegung des europ Denkens 1949–52; *A Kolping:* Kath Th gestern u heute 1964; *Bilanz* der Th i 20. Jht, 3 Bde, 1969–70. – e) *K Rahner, H Vorgrimler:* Kleines theol Wörterb 1961; *H Beck:* Der Gott der Weisen u der Denker 1961; *O Muck:* Philos Gotteslehre 1983; *B Weissmahr:* Philos Gotteslehre 1983. Brugger

Theorie (1) wird meist im Ggs zu ↗ Praxis gebraucht, wobei Th (1) die bloße Erkenntnis, das bloß zuschauende Betrachten ist, während *Praxis* jede Art von Tätigkeit außer der Erkenntnis selbst bedeutet, insbesondere die nach außen gewandte Tätigkeit. Es gibt jedoch keine Praxis (weder im ethischen noch im technischen Sinn) ohne Th. Denn alle Praxis ist an vorgegebene Bedingungen gebunden u in eine vorgegebene Ordnung hineingestellt, mit der sie rechnen u die sie im voraus erkennen muß, soll sie nicht scheitern. Bei *Aristoteles* (u ähnlich wieder bei *Kant*) werden die Ausdrücke ↗ „Praxis" u *praktisch* der sittl Willenshandlung vorbehalten, für die auf äußere Gegenstände sich wendende Tätigkeit aber die Worte „Téchnē" u „technisch" gebraucht ↗ Technik. Mit Th (1) verwandt sind *Meditation* (die auf etwas Ungegenständliches [↗ Gegenstand] gesammelte u dadurch gesteigerte Aufmerksamkeit des Erkennens u Denkens) u ↗ Spekulation. – In der modernen Wissenschaftslehre steht Th (2) im Ggs sowohl zur bloßen Feststellung von ↗ Tatsachen als zur ↗ Hypothese. Der Feststellung der Tatsachen durch Erfahrung u Experiment folgt in der Naturwissenschaft die einheitliche, widerspruchslose, womöglich mathematische Beschreibung der Tatsachen sowie deren ↗ Erklärung aus notwendigen Gesetzen u Ursachen. Solange jedoch eine solche Erklärung zwar ohne Widerspruch in sich u zu den Tatsachen möglich, aber eine andere Erklärung nicht ausgeschlossen ist, bleibt sie eine mehr oder weniger wahrscheinliche Hypothese. Erst wenn der Nachweis erbracht ist, daß die gegebene Erklärung die einzige ist, die den Tatsachen entspricht, erhält sie den Rang einer Th (2). Bestätigt wird die Th vor allem dadurch, daß sie zur Entdeckung neuer Tatsachen hinleitet. Es ist zu beachten, daß oft nicht die einzelnen Sätze einer Th, sondern nur die Th als Ganzes an der Erfahrung nachprüfbar ist. Wenn eine Th verbessert u weiterentwickelt wird, werden die früheren Fassungen der Th nicht einfach falsch, sondern erweisen sich nur als der größeren Erfahrung gegenüber unzureichend. Jene Teile einer Th, die zwar (unbesehen oder aus phil Vorurteil) mitbehauptet werden, aber zur Ableitung des tatsächlich Beobachteten nicht notwendig sind, werden auch durch eine sonst wahre u gewisse Th nicht bestätigt.

P Duhem: La théorie physique, son objet et sa structure, P 1906; *H Poincaré:* La science et l'hypothèse 1902 (dt ²1906); *F Renoirte:* Éléments de Critique des Sciences et de Cosmologie, Louvain ²1947; *W Leinfellner:* Die Entstehung der Th. Eine Analyse des krit Denkens i der Antike 1966; *N Lobkowicz:* Th and Practice: History of a Concept from Aristotle to Marx, L 1967; *W Stegmüller:* Probleme u Resultate der Wissenschaftstheor u Analyt Phil 1970; *M Theunissen:* Die Verwirklichung der Vernunft. Zur Th-Praxis-Diskussion i Anschluß an Hegel 1970; *A Diemer* (Hgb): Der Methoden- u Th-pluralismus i den Wissenschaften 1971; *J Habermas:* Th u Praxis. Sozialphilos Studien ⁴1972. Brugger

Theosophie. Die Th sucht durch Ausbildung von Anlagen, die in jedem Menschen von Natur aus vorausgesetzt werden, eine Schau Gottes u in dieser eine geheimnisvolle Kenntnis aller Dinge zu erlangen. Man muß zwischen Th im allgemeinen als einer Strömung, die die ganze Geschichte der Phil durchzieht, u der modernen, hauptsächlich vom ↗ Buddhismus u Hinduismus beeinflußten Th unterscheiden *(H Blavatsky, A Besant).* Nach der Trennung von der Theosophischen Gesellschaft begründete *R Steiner* die *Anthroposophie,* die sich mehr an die ägyptischen u griechischen Mysterien anlehnt. – Die moderne Th bekennt sich zum ↗ Pantheismus. Die Welt besteht aus einer Reihe von *Emanationen* (Ausflüssen), die verschiedene Stufen zwischen Geist u Stoff einnehmen, ohne daß zwischen beiden ein wesentlicher Unterschied aufgezeigt wird. Die Emanationen werden in einer phantastischen Kosmogonie dargestellt, der eine nicht weniger phantastische Auffassung der Geschichte beigesellt wird. Der Mensch ist eine unbeständige Zusammensetzung von sieben verschiedenen Substanzen, von denen vier der stofflichen, drei der geistigen Stufe angehören. Das vereinigende Band ist der ‚*Manas*‛ (nach *Steiner* das ‚Ich‛), der dem Wesen nach in allen Menschen eins ist u sich nur zeitweise, während des irdischen Lebens, mit dem Stoff verbindet. Nach dem Tode wirken sich die guten u bösen Taten in neuen Wiedergeburten aus, sei es in niederen, sei es in höheren Existenzformen, die endlich auch zur Befreiung des göttlichen Keimes u zu seinem Aufgehen im Nirwana führen können ↗ Seelenwanderung. – In der Moral folgt die Th den modernisierten Formen des Buddhismus. Das Gebot der Nächstenliebe (im Sinne des Buddhismus) sowie bizarre Formen der Askese stehen im Vordergrunde. Das Gebet wird verworfen, das Seelenheil ganz auf den Menschen gestellt. Mit den Grundlehren des Christentums stehen die Th u Anthroposophie in offenem Widerspruch. Vom Christentum übernommene Vorstellungen u Symbole werden durch Umdeutung ihres christlichen Sinnes entleert. – Wissenschaftliche Geltung können die Th u Anthroposophie nicht beanspruchen. – ↗ Okkultismus, Mystik; [186].

b) *A Mager:* Th u Christentum ²1926; *Grandmaison, Tonquédec:* La Th et l'Anthroposophie, P 1939; *AL Matzka:* Th u Anthroposophie, Graz 1950; *G Bichlmair:* Christentum, Th u Anthroposophie, Wien 1950. – c) *K Lehmann-Issel:* Th 1927 [Göschen]; *R Steiner:* Anthroposophie 1962; *ders:* Th 1962; *CA Friedenreich:* Wege anthroposoph Strebens 1969. Brugger

Thomismus ist das phil-theol Lehrsystem des hl *Thomas v Aquin* u seiner Schule, die sich seit dem 14. Jht festigte u bis in die Gegenwart namhafte Vertreter zählt. Wenn man unter *Th (im weiteren Sinn)* die wichtigeren Lehrpunkte des hl Thomas versteht, wird der Th heute von der weitaus größten Zahl der kath Theologen u Philosophen vertreten. Oft versteht man jedoch unter *Th (im engeren Sinn)* den Th im Ggs zum ↗ Suarezianismus oder noch enger im Sinne der Lehre von der praedeterminatio physica ↗ Mitwirkung Gottes.

Im Unterschied zum ↗ Augustinismus des 13. Jhts nimmt Thomas die wichtigsten Grundlehren des *Aristoteles* in Erkenntnislehre u Metaphysik auf. Die Augustinische Lehre von der Erkenntnis als einer Berührung mit den göttlichen Ideen wird preisgegeben u umgedeutet. Nicht aus seinem Geiste, sondern aus den Sinnen schöpft der Mensch die ersten Begriffe durch die spontane Kraft des tätigen Verstandes u gelangt mit ihrer Hilfe ohne besonderen göttlichen Beistand zur Gewißheit über die ersten Grundsätze. Die Metaphysik ruht auf der Analogie des Seins. Die Lehre von Potenz u Akt wendet Thomas nicht bloß auf Materie u Form an, wobei erstere, für sich betrachtet, als reine Potenz gefaßt wird, sondern auch auf das Verhältnis von Wesen u Dasein im geschöpflichen Sein, dessen Begrenzung in der Potenzialität der Wesenheit gründet. Prinzip der Individuation ist die raum-zeitlich bestimmte Materie. Die unsterbliche Geistseele ist zugleich Form, u zwar einzige Wesensform des Leibes, so daß der Mensch aus ihr u der Materie als einzigen Wesensprinzipien erwächst. Der reale Unterschied von Wesen u Dasein, die Lehre von der Individuation u der Seele als einziger Wesensform sind charakteristisch für den *Th im engeren Sinn*. – In sicherem, beweisbarem Wissen steigt der Mensch von den Geschöpfen zu Gott auf, dem ersten Beweger, der höchsten Ursache, dem absolut notwendigen, aus sich u in sich stehenden Sein (esse subsistens, actus purus), dem Prinzip aller Ordnung u Zweckmäßigkeit, der zugleich Zielgrund der Schöpfung u insbesondere des Menschen ist. Doch sind diese Merkmale des Gottesbegriffs nur analog, dh durch eine wesentlich von Unähnlichkeit gebrochene Ähnlichkeit mit dem Geschöpflichen, bestimmbar. Das menschliche Wissen widerspricht nicht dem Glauben an die übernatürliche Offenbarung, sondern ist dessen Voraussetzung, wie es auch von ihm vervollkommnet wird. Ziel des Menschen ist die ewige Glückseligkeit, die in der Schau Gottes im jenseitigen Leben besteht (Primat der Erkenntnis vor dem Wollen).

In der Ethik u Gesellschaftslehre verbindet Thomas die reiche Wesensbeschreibung der Aristotelischen Tugendlehre mit christlich-augustinischer Haltung: er benützt auch, nicht ohne Kritik, stoische u neuplatonische Gedanken. Tugend besagt Maß u Ausgleich von vernunftwidrigen Gegensätzen. Sie besteht im Einhalten der Vernunftordnung, die als Ausdruck des geschöpflichen Seins u seiner Zielrichtung zugleich dem göttlichen Gesetzeswillen entspricht. Die menschliche Triebhaftigkeit wird im Ggs zur Stoa positiv gewertet. Ehe u Privateigentum sind in ihrem wesentlichen Bestande nicht von der Willkür staatlicher Gesetze abhängig. Die staatliche Gemeinschaft mit dem Ziel des Gemeinwohls ist Ausdruck der natürlichen Sittenordnung; ihre Autorität stammt nicht von der Kirche, sondern gründet im natürlichen Sittengesetz. - ↗[109–111, 119, 127–128, 199]

Totok II; *Rassegna* di Letteratura tomista VI, Neapel 1974 (Bull Thom XVIII); *R Busa:* Index Thomisticus, 31 Bde, 1974 ff. - *É Gilson:* Le Th, P ^{5}1945; *ders:* The Spirit of Th, NY 1964, Kennedy; *GM Manser:* Das Wesen des Th, Fribourg ^{4}1949; *AD Sertillanges:* S Thomas d'Aquin, neue Aufl P 1940 (dt 1928); *C Giacon:* Le grandi tesi del tomismo, Mailand 1967; *J Maritain:* Der Th u der Mensch i der Zeit 1931. - *G Siewerth:* Der Th als Identitätssystem ^{2}1961; *H Meyer:* Thomas v Aq ^{2}1961; *P Descoqs:* S Thomas et le Th, in: Arch de Phil 10 (1934) 595–643; *J Santeler:* Der Platonismus i der Erkenntnislehre des hl Thom v Aq, Innsbruck 1939; *J Lotz:* Th, in: H Fries, Handb theol Grundbegriffe II (1963) 654–60; *Teaching* Th today, Washington 1964; *E Dirven:* De la forme à l'acte. Essai sur le Th de Joseph Maréchal, P 1965. - e) *M Grabmann:* Thom v Aq ^{7}1946 [dort weitere Lit]; *J Pieper:* Hinführung zu Thom v Aq 1967; *Actualité* de Saint Thomas, P 1971. Schuster

Tiefenpsychologie bezeichnet eine Richtung psychologischer Forschung, Theoriebildung u Therapie, die sich der von *S Freud* zur Erforschung der Ursachen der Neurosen geschaffenen psychoanalytischen Methode bedient. Den verschiedenen tiefenpsychologischen (t) Schulen, die aus der Diskussion um die *Psychoanalyse* (P) hervorgegangen sind u die sich hinsichtlich ihrer Treue bzw kritischen Distanz zu den Theorien Freuds sowie spezieller Fragestellungen unterscheiden, ist die Annahme gemeinsam, daß das Psychische (↗Psychologie) eine dynamische, von physiologischen Triebkräften grundlegend geprägte Realität ist, deren Prozesse wenigstens teilweise ↗unbewußt verlaufen: *psychisch* u *bewußt* sind also nicht identisch. Unverträgliche Wünsche u Vorstellungen können aus dem bewußten Erleben verdrängt u unbewußt gemacht werden u so zur Bildung neurotischer Symptome führen, deren Beseitigung durch Bewußtmachen u Analyse der verdrängten Strebungen erfolgt. Die wichtigsten Techniken der t Therapie sind die Traumdeutung, die freie Assoziation sowie die Analyse des Widerstandes, der der Bewußtwerdung verdrängter Regungen entgegensteht, u der *Übertragung* unbewußter frühkindlicher Wünsche auf den Therapeuten.

Die T ist eine empirische Humanwissenschaft. Daher unterliegen ihre Forschungsergebnisse der Verifizierung bzw Falsifizierung, jedoch mit den Grenzen, die der Anwendung experimenteller Methoden im anthropologischen Bereich aus technischen u ethischen Gründen gezogen sind. Die Nützlichkeit ihrer therapeutischen Methoden muß sich am Heilungserfolg erweisen lassen. Das Ziel des therapeutischen Handelns, die psychische Gesundheit, kann jedoch durch t Kriterien allein nicht definiert werden; seine konkrete Bestimmung impliziert stets ein Werturteil über Sinn u Bestimmung des gesamten menschlichen Daseins, das auf das therapeutische Handeln selbst zurückwirkt. - *Tiefenpsychologische* Fragestellungen haben sich auch in den Bereichen der Kunst, Soziologie, Ethnologie, Ethik u Religionswissenschaft als fruchtbar erwiesen. Diese Tatsache u der gelegentlich von seiten der T geäußerte Anspruch einer totalen Interpretation des Humanen führten in zunehmendem Maß zur kritischen Auseinandersetzung mit t Theorien – insbes denen der psychoanalytischen Schule

Freuds – durch die betroffenen Wissenschaften, ua durch Lerntheorie u Verhaltenstherapie, durch die empirischen Sozialwissenschaften, die Religionspsychologie u die Sprachphilosophie.

S Freud: Ges Werke, L ab 1940, insbes Bd XI: Vorlesungen z Einf i die P; *CG Jung:* Ges Werke, Zürich ab 1958, insbes Bd VII. – *J Laplanche, JB Pontalis:* Das Vokabular der P 1972; *VE v Gebsattel:* Proleg einer medizin Anthropologie 1954; *A Görres:* Methode u Erfahrungen der P ²1961; *G Bally:* Einf i die PS Freuds 1961; *D Rapaport:* Die Struktur der psychoanalyt Theor ²1970. – *K Stern:* Die dritte Revolution. Psychiatrie u Religion 1956; *R Hostie:* CG Jung u die Religion 1957; *P Ricœur:* Die Interpretation. Ein Versuch über Freud 1969; *J Scharfenberg:* S Freud u seine Religionskritik als Herausforderung für den christl Glauben ³1971; *M Pérez:* Ist die P eine Wissenschaft? 1972; *H Zahrnt:* Jesus u Freud 1972. – *E Wiesenhütter:* Grundbegriffe der P 1969; *D Wyss:* Die t Schulen von den Anfängen bis z Gegenw ⁴1972; *HF Ellenberger:* Die Entdeckung des Unbewußten 1974.

Mulde

Tier. Die T-e (Metazoen) sind vielzellige ↗ Organismen (Org), die sich von den ein- bzw unzelligen *Protisten (Protozoen,* unterste Stufe des lebendigen Kosmos ↗ Zelle) wie von den gleichfalls vielzelligen ↗ Pflanzen *(Metaphyten)* als eigenes wesensverschiedenes Reich abheben. Rein beschreibend (zoologisch) sind die T-e heterotrophe Org, dh sie ernähren sich vorwiegend von organischen Stoffen, während die Pflanze (Pf) als autotropher Organismus an die unorganischen Stoffe u Energien gebunden ist. Das T erzeugt die notwendige Energie im Körperinnern durch Oxydationsvorgänge bei der inneren Atmung. Damit hängt zusammen, daß die T-e nicht so fest dem stofflichen Substrat verbunden sind wie die Pf-n, sondern einen großen Reichtum an Bewegungsformen u Sinnesapparaten zeigen, die das T weitgehend einer strengen örtlichen Bindung entheben. Als Organismus ist das T eine „*geschlossene Gestalt*": geschlossene Organsysteme bzw Kreisläufe (Blutkreislauf, Nervensystem u a) mit Zentralorganen (zB Herz, Gehirn); die einzelnen Zellen sind nicht mehr durch starke Wände wie bei der Pf voneinander getrennt u geben ihre Selbständigkeit nach Form u Funktion zugunsten der höheren Einheit des Organs auf; die Entwicklung besteht in der Bildung von Keimblättern, die im Gegensatz zur offenen Gestalt der Pf zur Bildung resorbierender Innenflächen führt. Schließlich besitzt das T Organe, die denen entsprechen, welche beim Menschen dem bewußten Sinnesleben dienen.

Philosophisch betrachtet, ist das T ein Lebewesen, das außer der Irritabilität (↗ Pflanze) psychisch bedingte Reaktionen, jedoch kein geistiges Leben zeigt. Als Träger des Sinneslebens ist eine *Tierseele* anzunehmen. Vorbedingung für die typischen Akte des tierischen Verhaltens ist das sinnliche Bewußtsein. Der Aufweis der sinnlich vermittelten Reaktionsweise u damit die Widerlegung der *Automatentheorie* (T als Reflexmaschine: *Descartes, Bethe, Loeb* u a) geschieht in zwei Stufen: 1. Während es bei allen Org Vorgänge gibt, die rein automatisch *(Reflexbewegungen),* dh starr, unveränderlich, eindeutig, quantitativ ganz reizabhängig ablaufen, gibt es hingegen im tierischen Verhalten Vorgänge, die sicher nicht rein automatisch geschehen, dh das T reagiert nicht nur auf das Quantitative des Reizes, sondern, was dabei ausschlaggebend ist, auf den Bedeutungsgehalt des Reizes. Ein Hund zB reagiert gleich intensiv auf die Erscheinung seines Herrn, ob dieser nah oder fern u damit der Reiz größer oder kleiner ist. Der konkrete Bedeutungsgehalt „Herr" gibt den Ausschlag; das widerspricht der rein automatischen Reaktionsweise. Die T-e haben ferner ein sinnliches ↗ Gedächtnis u können aus ↗ Erfahrung lernen. 2. Alle diese Vorgänge werden verständlich durch Annahme von Zuständen im T, deren sich der Mensch in gleichen Lagen bewußt ist: Wahrnehmungen, Affekten, Triebregungen.

Das Fehlen begrifflichen ↗ Denkens u einsichtigen Wollens bei den T-en ergibt sich aus dem Fehlen einer Begriffssprache u jeglicher Kulturentwicklung, die beide in irgendeinem Maße bei einem sinnlich-rationalen Wesen hervortreten müßten. Was in die Richtung einer ↗ Sprache oder ↗ Kultur deuten könnte, ist der Art nach unabänderlich u durch ↗ Instinkt erklärbar. Die sog *T-intelligenz* ist nicht die Fähigkeit, begrifflich zu denken oder die Ziel-Mittel-Beziehung abstrakt zu erfassen, sondern eine erb- u instinktbedingte Fähigkeit, sich der Umwelt (mehr oder weniger rasch) anzupassen.

Claus-Grobben-Kühn: Lehrb der Zoologie Repr 1971; *K v Frisch:* Du u das Leben [18]1966; *A Kühn:* Grundriß der allg Zoologie [9]1946; *R Hesse:* Tierbau u Tierleben 1943; *A Portmann:* Die Tiergestalt 1965; *G Siegmund:* T u Mensch 1958; *N Tinbergen:* T-e u ihr Verhalten, Amsterdam 1966; *K Bühler:* Die Uhren der Lebewesen, Wien 1969. – ↗ auch Instinkt. Haas

Tod. Der T ist zunächst ein biologisch-physiologisches Geschehen u geht so alle körperlichen Lebewesen an. Er besteht im Aufhören des Lebens. Dieses Ende äußert sich darin, daß die Lebenstätigkeiten erlöschen, dh Wachstum, Stoffwechsel u Fortpflanzung im vegetativen, sinnliches Bewußtsein u Streben samt der darin wurzelnden Bewegung im sensitiven Bereich. Nach dem T tritt die mehr oder minder schnelle Verwesung des Organismus ein, seine Auflösung in die anorganischen Stoffe, die in ihn eingegangen waren. Diese sichtbaren Vorgänge zeigen an, daß das sich ereignet hat, was das eigentliche Wesen des T ausmacht, nämlich die Trennung des Lebensprinzips, der Seele, vom Leibe, weil dieser durch Alter oder Krankheit oder Verwundung nicht mehr imstande ist, Lebensträger zu sein. Bei der Trennung gehen die Pflanzen- u Tierseelen zugrunde, da sie ohne Leib nicht existieren können; die geistige Menschenseele hingegen beginnt ihr überleibliches, unsterbliches Fortleben, weshalb ihr Denken u Wollen zwar nicht mehr leiblich erscheint, keineswegs aber aufhört ↗ Unsterblichkeit. Mit *K Rahner* ist die Frage zu stellen, ob der T, der den Menschen von seiner konkreten Leibesgestalt trennt, ihn auch wie bei den Griechen von jeder Leiblichkeit ablöst oder ihn in deren höhere Weise, dh in den „offenen Weltbezug" überführt.

Der T rundet das Leben, indem er es zum Abschluß bringt, zu seiner Ganzheit u offenbart so seinen letzten Sinn. Die untermenschlichen Lebewesen erweisen sich dabei als verschwindende Durchgangsmomente im Gesamtzusammenhang der Welt. Im Ggs dazu bedeutet der T für den Menschen die Rückkehr aus der veräußerlichenden Vielfalt der raumzeitlichen Welt zur verinnerlichten Einheit des Geistes, die ja schon sein innerweltliches Dasein durchwaltet u dieses von Anfang an auf die endliche Rückkehr u so auf den T hinrichtet.

Eine tiefe Schau des menschlichen T wurde dem 19. Jht durch *Kierkegaard* geschenkt; vorab *Rilke* u *Heidegger* haben sie zu einem bestimmenden Faktor der Gegenwart gemacht. Diese alle sehen den Menschen in die Welt verklammert, in deren Nichtigkeiten er sich selbst zu verlieren droht, weil ihm die Ganzheit seines Daseins verstellt ist. Erst indem er sein „*Sein-zum-Tode*" erfährt u entschlossen ergreift, erhebt er sich zur Ganzheit seines Daseins u zur Fülle seines Menschentums, aus der heraus er nun das Innerweltliche meistert. Das hat seinen richtigen Sinn, wenn das Sein-zum-Tode letztlich die innerste Bindung des Menschen an Gott u der T selbst sein Eingehen in Gott besagen, wie es (auf seine Weise) *Kierkegaard* meint. Doch wird alles fraglich, wenn der T, wie bei *Sartre* u vielleicht bei *Rilke,* zum Absturz in das Nichts wird. Auch nach *Heidegger* bleibt im T nur das Nichts, das aber der Schleier des Seins ist u deshalb keineswegs nihilistisch verstanden werden darf (↗ Existenzphil).

a) *S Kierkegaard:* Die Krankheit z Tode, dt 1938. – b) *R Jolivet:* Le problème de la mort, P 1950; *P Landsberg:* Die Erfahrung des T 1937; *R Berlinger:* Das Nichts u der T 1954; *Krankheit* u T 1959; *K Rahner:* Zur Theol des T ²1959; *V Melciorre:* Sul senso della morte, Brescia 1964; *L Boros:* Mysterium mortis ⁴1964; *G Berto:* L'uomo e la sua morte, Brescia 1964; *J Pieper:* T u Unsterblichkeit 1968; *J Lotz:* Der T als Vollendung 1976. – c) *Kierkegaard:* ↗ a); *M Heidegger:* Sein u Zeit I 1927; *D Sternberger:* Der verstandene T 1934; *Max Dessoir:* Das Ich, der Traum, der T ²1951; *A Metzger:* Freiheit u Tod 1955. – d) *J Wach:* Das Probl des T i der Phil 1934; *JM Demske:* Sein, Mensch u T 1963 [zu Heidegger]. Lotz

Toleranz (vom lat tolerare, dulden) ist die Haltung eines Menschen, der bereit ist, die Überzeugungen anderer, bes weltanschaulicher oder moralischer Art, die er für falsch oder verwerflich hält, u ihre Äußerungen nicht zu unterdrücken. Sie besagt weder Billigung solcher Überzeugungen noch Gleichgültigkeit gegen das Wahre u Gute, noch beruht sie notwendig auf dem ↗ Agnostizismus.

Die Forderung nach T ist in der ↗ Freiheit der Person begründet, der es zusteht, über Wahr und Falsch u über sittlich Gut u Böse aus eigener Einsicht zu urteilen, u in der unbestreitbaren Tatsache der allg Irrtumsfähigkeit des Menschen. Die T wird daher von der Gerechtigkeit gefordert, die jedem gibt, was ihm gebührt. Das Recht, das hier geachtet wird, ist nicht das Recht des Irrtums (denn Rechte stehen nur Personen zu), sondern des Irrenden oder für irrend gehaltenen Menschen. Dieser hat nicht ein Recht auf Irrtum, sondern auf eine auf eigener Einsicht beruhende Überzeugung, wobei ein Irrtum gegebenenfalls in Kauf genommen werden muß, da anders jenes Personrecht nicht gewahrt werden kann.

Die vom Christentum (oder anderen Religionen) geforderte, auf ↗ Autorität gestellte Glaubensüberzeugung widerspricht diesem Personrecht nicht, solange der ↗ Glaube an die religiöse Autorität selbst ein freier, unerzwungener Akt bleibt, den man auf Grund eines personalen Urteils oder – wie bei den Primitiven aller Zeiten – auf Grund einer unwidersprochen hingenommenen Gruppenauffassung vollzieht. – Die T hat eine Grenze dort, wo das Prinzip der T selbst, d i das Recht der Person, aus eigener Einsicht zu handeln, angegriffen wird. Da das Personrecht nicht unumschränkt ist, sondern von den Rechten anderer Personen begrenzt wird, müssen Handlungen, die mit Berufung auf die Freiheit des ↗ Gewissens vorgenommen werden, aber offensichtlich den Rechten einzelner oder einer Gemeinschaft widersprechen, von diesen nicht hingenommen werden. Anderseits darf niemand zu einer Handlung gezwungen werden, die seinem Gewissensurteil widerspricht.

b) *A Hartmann:* T u christl Glaube 1955; *J Maritain:* Wahrheit u T 1960; *H Schomerus* u a: Pluralismus, T u Christenheit 1961; *W Brugger:* Was ist T?, in: Gott i Welt II 1964, 592–609; *Wahrheit, Freiheit,* T 1965. – c) *J Locke:* Brief über die T, Engl-dt Ausg 1966, mit Einl v J Ebbinghaus; *H-L Miéville:* T u Wahrheit 1955; *Freie Akademie* (Hgb): T, eine Grundforderung geschichtl Existenz 1960; *G Mensching:* T u Wahrheit i der Religion 1966; *EP Wolff* u a: Kritik der reinen T ⁶1968. – d) *P Khantipalo:* Tolerance, a Study from Buddhist Sources, L 1964; *F Lezius:* Der T-begriff Lockes u Pufendorfs Neudr 1971. Brugger

Tradition (vom lat traditio: Übergabe) oder *Überlieferung* (Ü) ist all das, was an Sitte, Brauchtum, religiösen Überzeugungen, moralischen Wertvorstellungen u kulturellen Gewohnheiten von einer Generation an die andere weitergegeben wird. Zugleich bezeichnet T den Vorgang des Tradierens selbst u die Annahme des Tradierten. Da die Annahme der T ihre eigenen geschichtlichen Bedingungen hat (↗ Geschichtlichkeit), muß der Ü-inhalt jeweils neu realisiert werden (T enthält auch die Bedeutung von Preisgabe!). So verstanden, ist T ein lebendiger Prozeß, der die geschichtliche Kontinuität u den inneren Zusammenhang einer Kultur gewährleistet. Diese spannungsvolle Einheit droht jedoch immer wieder durch Einseitigkeit verlorenzugehen. T kann zu einem fixen Bestand von Auffassungen u Gewohnheiten werden, die sich der Notwendigkeit einer jeweils neuen Aktualisierung verschließen (*Konservatismus,* auch Traditionalismus im weiteren Sinn; im engeren Sinn bedeutet *Traditionalismus* die im 19. Jht hervorgetretene Lehre, daß der Mensch alle oder wenigstens die sittl u religiösen Wahrheiten einer auf göttliche Uroffenbarung zurückgehenden T verdankt). Durch diese Unbeweglichkeit wird nahezu notwendig eine – ebenso einseitige – Ablehnung aller T provoziert *(Progressismus).* Diese Haltung verkennt die Tatsache, daß eine menschliche u gesellschaftliche Entwicklung nur unter Anknüpfung an vorgegebene Orientierungen möglich ist. Außerdem bleibt eine bloße Negation – meistens sich selbst unbewußt – vom Negierten abhängig. Beide Einseitigkeiten widersprechen daher der verantwortlichen Selbstbestimmung oder ↗ Autonomie des Menschen. – T begegnet stets in einer großen Vielfalt u in verschiedenen Bedeutungsgraden (von kulturellen Grundwerten bis zu beiläufigen Gewohnheiten). Das Phänomen der Einheit einer ↗ Kultur führt jedoch zu der Frage nach deren spezifischer u grundlegender, sozusagen strukturbildender T. Im Abendland ist eine solche Haupt-T etwa das Christentum. Die Beziehung zu ihr ist demnach von besonderer geschichtlicher Bedeutung. Die Besinnung auf das Wesentliche der Ü hat aber stets eine befreiende Wirkung gegenüber Verengungen konservativer oder progressistischer Prägung.

W Windelband: Über Wesen u Wert der T i Kulturleben, in: Präludien II ⁹1924; *G Krüger:* Die Gesch i Denken der Gegenw 1947; *H Arendt:* Fragwürdige T-bestände i polit Denken der Gegenw 1957; *HG Gadamer:* Wahrheit u Methode ²1965; *K Rahner, J Ratzinger:* Offenbarung u Ü 1965; *J Pieper:* Ü 1970; *F Ulrich:* T als Befreiung, in: Festschr f JB Lotz 1973, 181–211. Schmidt

Transzendental (tr) meint dem Wortsinn nach das, was sich auf das Transzendente (T) bezieht, dh auf das, was „über-hinaus" von etwas ist. Die verschiedenen Bedeutungen von transzendent bedingen also verschiedene Bedeutungen von tr. Wird das T als das Überweltliche verstanden, so ist tr (1) gleichbedeutend mit metaphysisch, *Transzendentalphilosophie* mit ↗ Metaphysik; so gelegentlich auch bei *Kant.* Daneben sind vor allem zwei Bedeutungen des Transzendentalen geschichtlich wirksam geworden. In der scholastischen Phil ist das, worüber hinaus das T reicht, der Bereich der ↗ Kategorien. Der Ausdruck tr (2) wird in diesem Sinn allerdings kaum vor der Mitte des 17. Jht angewandt; noch *Suárez* u *Johannes a S Thoma* sprechen in diesem Sinn von *transcendentia;* später tritt dafür das Wort *transcendentalia.* Tr sind also Begriffe u deren Gegenstände, die an Allgemeinheit die Kategorien übersteigen, so das Seiende u seine notwendigen Bestimmungen, dann auch solche Begriffe u ihre Gegenstände, die nicht auf eine einzige Kategorie beschränkt sind. Hierher gehören die *tr Beziehungen* (Relationen), weil sie mit etwas Nichtrelativem, zu einer andern Kategorie Gehörigen, notwendig gegeben sind. Da gerade die tr Begriffe für die Bestimmung des Übersinnlichen von entscheidender Bedeutung sind, behält das Transzendentale seine Wesensbeziehung zum Metaphysischen.

Während in der vorkritischen Phil Kants die Wortbedeutung von tr schwankend ist, gewinnt das Wort in dessen kritischer Phil eine neue, sich von der älteren deutlich abhebende Bedeutung. *Kant* selbst definiert sie: „Ich nenne alle Erkenntnis tr (3), die sich nicht sowohl mit Gegenständen, sondern mit unserer Erkenntnisart von Gegenständen, insofern diese a priori möglich sein soll, beschäftigt (Krit d rein Vern B 25). Tr ist also zunächst die *Lehre* von den apriorischen Bedingungen unserer Erkenntnis; in diesem Sinn spricht Kant von *tr Ästhetik, tr Logik* u allg von *Tr-philosophie.* Aber auch die Objekte dieser Lehre, wie die entsprechenden Erkenntnisvermögen (B: *tr Einbildungskraft),* die apriorischen Formen selbst, auch das tr Subjekt als *tr Einheit der Apperzeption* werden unbedenklich tr genannt. Das Transzendentale im Sinne Kants übersteigt also das Empirische, das durch die Affektion der Sinne Gegebene. Den Ausdruck *tr Methode* für seine eigene Methode verwendet Kant, jedenfalls in der Krit d rein Vern, noch nicht. Das Wesentliche dieser Methode besteht darin, daß als Ausgangspunkt der Phil nicht die naiv hingenommene Erfahrung der sinnlich gegebenen Objekte genommen wird, sondern die ↗ Reflexion auf das erkennende Subjekt u die in ihm liegenden Bedingungen der Möglichkeit objektiver Erkenntnis.

Weil *Kant* annimmt, daß diese apriorischen Bedingungen nur dazu dienen können, Objekte als Phänomene zu konstituieren, führt ihn die tr Methode zum *tr* ↗ *Idealismus* (↗ Kritizismus). Aber die tr Methode muß nicht notwendig so aufgefaßt werden. Schon der ↗ Deutsche Idealismus faßt sie anders auf: Das tr Subjekt ist ihm der Urgrund von allem, dem gegenüber die Unterscheidung von Erscheinung u Ding an sich gegenstandslos wird. Während in dieser Auffassung das tr Subjekt, auch wie es im Menschen verwirklicht ist, geradezu als unendlich erscheint, wird in Kants Auffassung der tr Methode auch der Horizont der für den Menschen möglichen Objekte endlich. Im Ggs zu beiden hält die tr Methode, wie sie von *J Maréchal* u den an ihn anknüpfenden kath Denkern verstanden wird, sowohl an der Endlichkeit des menschlichen Subjekts wie an der Unendlichkeit des ihm erschlossenen Seinshorizontes fest.

a) *Kant:* Krit d rein Vern, bes B 25–30, 80f, 116–129. – *M Scheler:* Die tr u die psycholog Methode ²1922; *J Maréchal:* Le point de départ de la métaphysique III u V 1923 u 1926; *V Rüfner:* Die tr Fragestellung als metaph Probl 1932; *J Lotz:* Die tr Methode i Kants Krit d rein Vern u i der Schol, in: Lotz, Kant u die Schol heute 1955, 35–108; *W Cramer:* Grundlegung der Theor des Geistes 1957; *J Manzana Martínez de Marañón:* Objektivität u Wahrheit, Vitoria 1961; *H Krings:* Tr Logik 1964 *J Kopper:* Tr u dialekt Denken der Gegenw 1964; *O Muck:* Die tr Methode i der schol Phil der Gegenw 1964; *J de Vries:* Fragen z tr Methode, in: Schol 40 (1965) 389–97; *R Lauth:* Zur Idee der Tr-phil 1965; *PK Schneider:* Die wissenschaftsbegründende Funktion der Tr-phil 1965: *H Holz:* Tr-phil u Metaph 1966; *ders:* Einf i die Tr-phil 1973; *W Hoeres:* Kritik der tr-phil Erkenntnistheor 1969. – d) *H Knittermeyer:* Der Terminus tr i seiner histor Entwicklung bis zu Kant 1920; *N Hinske:* Kants Weg z Tr-phil 1970; *G Morpurgo Tagliabue:* Le strutture del trascendentale, Mailand 1951; *Th Seebohm:* Die Bedingungen der Möglichkeit der Tr-phil 1962 [zu Husserl]. – ↗ Transzendentalien, Kritizismus.

de Vries

Transzendentalien werden jene Bestimmungen genannt, die unmittelbar u notwendig aus dem Wesen des Seins folgen u es deshalb untrennbar in alle seine Abwandlungen hinein begleiten. Ebenso wie das ↗ Sein sind sie also nicht auf einen Ausschnitt des Seienden eingeschränkt, vielmehr übersteigen sie alle begrenzten Sonderordnungen (transcendere = übersteigen), weshalb sie auch in analogen *Allaussagen* allen Seienden beigelegt werden. Sie stellen die innere Selbstauslegung, gleichsam das in allen seinen Zügen ausgeprägte Antlitz des Seins dar, das in ihnen sein Wesen entfaltet u offenbart. Welche Bestimmungen hierzu gehören, hat sich im Lauf der Geschichte immer deutlicher gezeigt. Seit Thomas v Aquin hat sich meist eine Dreizahl durchgesetzt: Einheit, Wahrheit, Gutheit. In neuerer Zeit geht man immer mehr dazu über, eine vierte beizufügen, nämlich Schönheit. Darnach ergibt sich folgendes Wechselverhältnis: in dem Maße u in der Weise, wie einem Seienden Sein zukommt, besitzt es diese vier Eigenschaften; u umgekehrt: in dem Maße u in der Weise, wie ein Seiendes diese vier Eigenschaften besitzt, kommt ihm Sein zu.

Verdeutlichen wir die T etwas im einzelnen. Kraft seiner ↗ Einheit ist das Seiende in sich geschlossen u von jedem anderen abgesetzt. Wie etwa ein Vergleich zwischen dem Anorganischen u dem Menschen lehrt, steigt mit der Seinshöhe auch die Einheit: Während nämlich beim physikalischen Stoff das eigentliche Einzelwesen nur schwer erkennbar ist, weist der Mensch als Person eine klar ausgeprägte Individualität auf. Gänzlicher Mangel der Einheit oder absolute Zerrissenheit ist dem ↗ Nichts gleichbedeutend. – ↗ Wahrheit u Gutheit (↗ Wert) besagen, daß das Seiende kraft seines Seins auf das Erkennen u Wollen des Geistes abgestimmt, ihm kraft innerster Wesensverwandtschaft zugänglich ist. Wiederum gilt: je reichere Seinsfülle ein Seiendes hat, desto mehr ist es geistverwandt, desto mehr nimmt es an der Durchlichtetheit des Geistes teil, desto mehr bietet es seinem Wollen Ziele, die es erfüllen. Gänzliche Geistfremdheit ist dasselbe wie das restlose Ausfallen des Seins oder wie das Nichts. – Die ↗ Schönheit endlich steht nicht neben den anderen T, sondern erwächst aus ihnen als ihre Vollendung. Sie liegt in dem Zusammenklang von Einheit, Wahrheit u Gutheit, welchem das harmonische Ineinanderschwingen von irgendwie schauhaftem Erkennen u verkostendem Wollen entspricht. In der Schönheit kommen das Sein u der Geist zur Ruhe, weil sie vollkommen sich selbst gefunden haben. Etwas davon muß überall verwirklicht sein, sonst wäre das Seiende gänzlich sich selbst entfremdet, dh es würde im Nichts versinken. – Mit diesem Bild des Seins ist ein ganz bestimmtes Gottesbild gegeben. Weil Gott das in seiner unendlichen Fülle subsistierende Sein ist, zeigt er sich von hier aus als „die" Einheit, „die" Wahrheit, „die" Gutheit, „die" Schönheit „selbst". – Als *T im weiteren Sinn* können jene Seinsweisen u Seinsdifferenzen bezeichnet werden, welche die ↗ Kategorien übersteigen u dem ↗ Sein notwendig, aber nur disjunktiv zukommen, wie endlich, unendlich; kontingent, notwendig u a.

a) *Thom v Aq:* De ver 1, 1; 21, 1; *I Kant:* Krit d rein Vern B 113. – b) *G Schulemann:* Die Lehre v den T i der schol Phil 1929; *J Lotz:* Das Urteil u das Sein 1957; *ders:* Metaphysica operationis humanae, Rom ²1961, Gregoriana; *ders:* Ontologia 1963; *M Müller:* Sein u Geist 1940; *E Stein:* Endliches und ewiges Sein 1950, bes V; *La Lachance:* L'être et ses propriétés, Montreal 1950; *C Nink:* Ontologie 1952, II. Teil; *A Marc:* Dialectique de l'affirmation 1952, Buch I. – c) *Kant* ↗ a). – d) *K Bärthlein:* Die T-lehre der alten Ontologie I 1972; *H Kühle:* Die Lehre Alberts d Gr v den Tr-en, in: Phil Perennis I 1930, 129–47; *JE Twomey:* The General Notion of the Transcendentals in the Metaph of St Thomas, Washington 1958; *AB Wolter:* The Transcendentals and their Function in the Metaphysics of Duns Scotus, St Bonaventure NY 1946; *H Leisegang:* Über die Behandlung des schol Satzes: Quodlibet ens est unum, verum, bonum seu perfectum u seine Bedeutung i Kants Krit d rein Vern, in: Kantstud 20 (1915) 403–21. – e) *J Lotz, J de Vries:* Phil i Grundriß 1969, Teil II, Kap 13.

Lotz

Transzendenz (vom lat ‚transcendere') heißt wörtlich: Übersteigung oder Überstieg. Diese Grundbedeutung wandelt sich mannigfach je nach den Anwendungsgebieten, wodurch sich auch verschiedene deutsche Bezeichnungen ergeben. – Erkenntnistheoretisch besagt T (1) Unabhängigkeit vom Bewußtsein. Der Gegenstand übersteigt den Erkenntnisakt, steht ihm als etwas Selb-ständiges, nicht erst vom Akt Gesetztes gegenüber. Das gilt schon innerhalb des Selbstbewußtseins; ein Erkenntnisakt, der einen Willensakt erfaßt, findet diesen als etwas von ihm selbst Unabhängiges vor. Erst recht übersteigt die Außenwelt unser gesamtes Bewußtsein, das sich auf sie als etwas bereits Vorhandenes richtet. – Auf unsere ↗ Erfahrung bezogen, meint T das Über-sinnliche u das Un-erfahrbare. Unsere sinnlich-anschauliche Erfahrung übersteigen der Wesenskern der sichtbaren Dinge u alles Geistige. Diese sind also *übersinnlich* = T (2), aber nicht schlechthin un-erfahrbar. Denn durch die Reflexion erfahren wir unser Denken u Wollen in ihrem Dasein (noch nicht in ihrer Geistigkeit). Auch beim Wesenhaften kann man von Erfahrung sprechen, insofern es zunächst ganz in das Anschauliche eingebettet aufleuchtet. Doch die vom Anschaulichen abgehobenen Wesenheiten sowie deren Gesetzlichkeiten u das Geistige als solches übersteigen jede Erfahrung, weil sie erst in einem ihr gegenüber neuen Erfassen (ausdrückliche Abstraktion, Wesenseinsicht, Schlußfolgerung) zugänglich sind. Ihnen kommt T (3) auch im Sinne von *Un-erfahrbarkeit* zu. Das dem Unerfahrbaren zugewandte Denken heißt ↗*Spekulation*.

In der Seinsordnung bedeutet T (4) *Über-weltlichkeit*. Schon die Seele des Menschen hat an dieser teil, insofern sie kraft ihrer Geistigkeit die sichtbare Welt übersteigt, obwohl sie ihr als Wesensform des Leibes eingefügt bleibt. Voll prägt die Über-weltlichkeit der reine Geist aus, der weder Glied noch Teil der Welt ist. Unvergleichlich steht die T (5) oder *Überweltlichkeit Gottes* da, dessen Unendlichkeit die Welt, ja alles Endliche unsagbar überragt, womit sich aber kraft derselben Unendlichkeit eine ebenso unvergleichliche ↗ Immanenz verbindet. Die T (4 u 5) weist auf die T (2 u 3) zurück, weil Über-weltlichkeit auch strengste Übersinnlichkeit u Unerfahrbarkeit (im gewöhnlichen Sinne von Erfahrung) mit sich bringt. – Logisch betrachtet, kommt T (6) jenen allgemeinsten Begriffen zu, die alle Kategorien u überhaupt alle Sonderordnungen übersteigen u so mit ihrem Umfang schlechthin alles umgreifen. Dabei handelt es sich um das Sein u die sog ↗ Transzendentalien. – Nur kurz erwähnt sei die mathematische T (7), die einer Größe zugeschrieben wird, die über das Algebraische hinausgeht, zB der Zahl π.

In der Gegenwart hat die ↗ Existenzphilosophie die T neu entdeckt. *Jaspers* spricht vom Sein als dem Umgreifenden u läßt die menschliche Existenz durch die T, dh durch ihr Sichöffnen zum Absoluten hin, konstituiert werden. *Heidegger* kennt die T als Übersteigen des einzelnen Seienden auf Welt-überhaupt, auf das Seiende-im-ganzen, ja auf ‚das' Sein hin, wenn auch unbestimmt bleibt, was das Sein ist.

Erkenntnistheoretisch: a) *I Kant:* Krit d rein Vern, Transzendentale Ästhetik u Analytik; *E Husserl:* Log Unters-en ³1922. – b) *J de Vries:* Denken u Sein 1937; *C Nink:* Sein u Erkennen ²1952, bes III. – N *Hartmann:* Grundzüge einer Metaph der Erkenntnis ⁴1949. – c) *I Kant:* ↗ a). – *Metaphysisch:* a) *Platon:* Symposion; Politeia; *Aristoteles:* Metaph XII; *Thom v Aq:* Komm zu Arist Metaph XII. – b) *K Rahner:* Geist i Welt ³1964; *J Lotz:* Immanenz u Transzendenz, in: Schol 13 (1938) 1–21, 161–72; *ders:* Das Urteil u das Sein 1957; *B Welte:* Der phil Glaube bei K Jaspers u die Möglichkeit seiner Deutung durch die thom Phil, in: Symposion 2 (1949) 1–190; *HE Hengstenberg:* Autonomismus u Transzendenzphil 1950; *W Brugger:* Das Grundproblem metaph Begriffsbildung, in: Z f phil Forsch 4 (1949) 225–34. – *K Jaspers:* Phil 1932, bes Bd III; *W Struwe:* Phil u T 1969. – c) *M Heidegger:* Vom Wesen des Grundes ²1931; *W Rathenau:* Eine Streitschrift. Auseinandersetzungen mit dem Transzendenten 1967. – d) *E Farley:* The Transcendence of God, Philadelphia 1960, Westminster; *A Rosales:* T u Differenz, Den Haag 1970 [zu Heidegger]; *U Hommes:* T u Personalität 1972 [zu Blondel]. Lotz

Trieb im weitesten Wortsinn ist jedes ↗ Streben; so spricht man ungenau auch von geistigen T-en. Im engeren Sinn ist T das sinnliche Streben auf sinnlich erfaßte Ziele. Objektiv u biologisch zwar vielfach auf Verwirklichung von Zielen final hingeordnet, die den Bereich individueller Genußgüter übersteigen (wie Arterhaltung u allg fremddienliche Zweckmäßigkeit), richtet sich der T als sinnlich „bewußt erlebter" (als *Antrieb*) lediglich „hin" auf individuelle Lust bzw „weg" von Unlust in Befindlichkeit u Tätigkeit, im Ggs etwa zu altruistischer schöpferischer ↗ Liebe. Die Äußerung sexueller T-energie heißt *Libido*.

Im Ganzen sinnlichen Lebens zwischen Erkenntnis, Gefühl u Bewegungsreizen eingebaut, ist der T die wichtige u unentbehrliche dynamische Kraft, die zum biologisch zweckentsprechenden Handeln *(T-handlung)* drängt. Der T wird daher in der neueren empirischen Psychologie unter dem Titel *Motivation* behandelt. Im Ganzen menschlichen Seins kann gesundes u starkes T-leben, wo es der indirekten Leitung des zielklaren Wollens untergeordnet wird, zur Wirkmacht des Wollens beitragen (↗ Leidenschaft), wo es dieser Leitung sich entzieht oder ihr zuvorkommt, zu verhängnisvollen Kurzschlüssen in den Willenshandlungen bzw zu reinen Triebhandlungen führen. Während nämlich beim Tier, das seine Sinnganzheit im sinnlichen Bereich findet, die T-reaktionen notwendig in diese Ganzheit eingeordnet sind, bleibt beim Menschen, der eine höhere Ganzheit bildet, das T-leben in einer gewissen Auflockerung, die einer Lenkung durch den geistigen Willen fähig ist u bedarf. Abnorm triebschwache Menschen sind hingegen weder psychologisch noch ethisch vollwertige Menschen, sondern entbehren vielfach der zur Durchführung guter Willensneigungen nötigen oder nützlichen vitalen Antriebskraft (↗ Wille). Physiologische Konstitutionsfehler oder psychische, anerzogene Defekte können zur Fehlkopplung der T-kräfte mit Fehlzielen führen *(T-perversionen)*.

Die Leitung der T-kraft durch den geistigen Willen ist nur eine indirekte (Lenkung der Aufmerksamkeit, Stiftung günstiger Assoziationen u Komplexe usw). Sie soll nicht zu direkter „*Verdrängung*" von T-energien führen, da solche Versuche sich durch T-stauungen u Überkompensierungen der T-kräfte rächen. Hingegen ist es eine groteske Verkennung seelisch-menschlicher Wirklichkeit, in den T-en die einzige u alles Seelenleben begründende u durchformende Kraft der Seele zu sehen (wie es zB die Freudsche Psychoanalyse mit den Sexualtrieben machte) oder T-vitalität als schlechthinnigen Höchstwert der Seele dem wollenden Geist entgegenzustellen *(Klages)*. – T-erziehung kann also weder Ertötung noch Emanzipation der T-e verständigerweise anstreben, sondern nur deren richtige Einordnung in den Gesamtsinn menschlichen Seins.

R Allers: Psych des Geschlechtslebens, in: Kafka, Handb der vergl Psych II 1922; ***: L'Amour et l'instinct, in: Études Carmélitaines 1936; *K Bühler:* Die Instinkte des Menschen, 9. Kongr f exper Psych 1926; *W McDougall:* Aufbaukräfte der Seele 1937; *K Schneider:* Psychopathologie der Gefühle u Triebe 1935; *L Szondi:* Lehrb der exper T-diagnostik ²1960; *K Jaspers:* Allg Psychopathologie ⁶1948; *L Klages:* Der menschl Antrieb 1967; *WG Jacobs:* T als sittl Phänomen. Eine Unters zur Grundlegung der Phil nach Kant u Fichte 1967, *H Marcuse:* T-struktur u Gesellschaft. Ein phil Beitr zu S Freud 1969. Willwoll

Trugschlüsse. Ein ↗ Schluß, dem es an der logischen Folgerichtigkeit gebricht, ist ein *Fehlschluß (Paralogismus)*. Fehlschlüsse, die den Schein der Folgerichtigkeit an sich tragen, heißen T *(Sophismata, Fangschlüsse)*. – Da der ↗ kategorische Schluß auf der Vergleichung der Außenbegriffe mit ein u demselben Mittelbegriff beruht, darf er nur drei Begriffe enthalten. Enthält er durch *Äquivokation* (Mehrdeutigkeit) vier Begriffe (= *quaternio terminorum*), so fehlt die Schlußkraft. – Die *petitio principii* (Voraussetzung des zu Beweisenden) besteht darin, daß das zu Beweisende zum Beweis selbst als Ausgangspunkt oder Beweismittel vorausgesetzt wird. – Beim *Kreisschluß (Zirkelschluß, circulus vitiosus, Diallele)* wird das eine durch das andere, u das andere wieder durch das erste erschlossen. – *Ignoratio elenchi* (Verfehlen des Fragepunktes) liegt vor, wenn bei einer Auseinandersetzung der genaue Fragepunkt verfehlt u ein Satz bewiesen wird, der mit dem nachzuweisenden Satz weder identisch ist noch ihn notwendig zur Folge hat.

a) *Aristoteles:* Sophist Widerlegungen (ed Rolfes 1918 ff). – b) Lehrbücher der ↗ Logik. – *H Rüdiger:* Der Kampf mit dem gesunden Menschenverstand. Klassische T- u Fangschlüsse 1938; *RK Sprague:* Plato's Use of Fallacy, L 1962. Brugger

Tugend ist gleich Tüchtigkeit u bedeutet die Fertigkeit, Leichtigkeit u Geneigtheit zum Vollbringen bestimmter, dem Menschen angemessener Handlungen. T ist nicht angeboren, bloß die Anlagen dazu sind es; sie selbst kann nur durch ernste u andauernde Übung *(Askese)* erlangt werden. T ist eine dauernde Beschaffenheit; durch Untätigkeit jedoch u widersprechendes Handeln wird sie gemindert oder geht ganz verloren. Ihr Gegenstück ist das *Laster,* d i der Hang zum unangemessenen Tun.

Man unterscheidet Verstandes- u Willens-T-en. Die *Verstandes-* oder *dianoetischen T-en* vervollkommnen den Menschen in bezug auf das Erkennen der Wahrheit. Es sind dies hinsichtlich der reinen (theoretischen) Wahrheit: die *Einsicht,* di die Gewandtheit im Urteilen; die „*Wissenschaft*", di die Fertigkeit im Schließen; die *Weisheit,* di die Fähigkeit, bis zu den letzten u höchsten Wahrheitsgründen vorzudringen; die *Klugheit,* di die Fähigkeit, hinsichtlich der tätigen (praktischen) Wahrheit richtig zu entscheiden für das bestimmte einzelne Handeln; die „*Kunst*", d i die Fertigkeit zu äußerem Schaffen. – Die Willens-T-en vervollkommnen den Menschen in bezug auf sein sittl Wollen.

Als *Kardinal-,* di Angel*tugenden* gelten Klugheit, Gerechtigkeit, Starkmut u Mäßigung. Die *Klugheit* befähigt die Vernunft, die rechten Mittel hinsichtlich des Endzieles menschlichen Lebens zu erkennen. Sie leitet den Willen, hängt aber in ihrem Bestand wieder von diesem ab. Sie umfaßt die Leitung seiner selbst u die Führung anderer.

↗ *Gerechtigkeit* ist die beständige u feste Willensverfassung, einem jeden sein ihm zustehendes ↗ Recht zu geben. Verwandt sind *Religiosität* hinsichtlich der Gottesverehrung, *Pietät* gegenüber Eltern u Vaterland, Ehrerbietung u Gehorsam (↗ Autorität) u Dankbarkeit gegenüber Wohltätern.

Der *Starkmut* oder die *Tapferkeit* bedeutet die Bereitschaft, sich um höherer Güter willen Gefahren auszusetzen, Übel zu ertragen u auch vor dem Tod nicht zurückzuweichen. Der Starkmut überwindet Furcht u zügelt Kühnheit. Er verlangt Geduld, Hochherzigkeit, Zuversicht, Großmut, Beharrlichkeit u Ausdauer.

Die *Mäßigung* vervollkommnet das sinnliche Strebevermögen, indem sie das Verlangen nach sinnlicher Lust in den Schranken der Vernunft hält. Dazu gehören *Mäßigkeit* in bezug auf Speise u Trank, Keuschheit, Wohlanständigkeit u Ehrgefühl, Selbstverleugnung u Selbstbeherrschung, Demut, Sanftmut, Milde u Bescheidenheit.

Die Bedeutung der T-en für die Sittlichkeit ergibt sich daraus, daß der Mensch nur in einer über den Augenblick hinaus andauernden *Grundentscheidung* (optio fundamentalis) seine volle Freiheit gewinnen u verwirklichen kann. Freiheit der Entscheidung muß zur Freiheit der Entschiedenheit werden. Sittl Verhalten muß deshalb immer auch das Bestreben zur Dauer einer Entscheidung *(Treue)* einschließen. Nur wo die Grundausrichtung der Willensentscheidung immer neu bestätigt wird, kann es auch zu jenem Lernprozeß kommen, in dem sich die verschiedenen Motivationen der menschlichen Natur voll auf das Ziel des menschlichen Handelns hinordnen u so der freien Verwirklichung dieses Zieles auch von der Antriebsstruktur her Raum u Möglichkeit geben.

Anderseits behalten die T-en als äußere Formen menschlichen Verhaltens immer auch eine gewisse Zweideutigkeit. Sog *Untugenden* sind nicht immer moralische Bosheit, sondern oft Symptom einer vielleicht nicht schuldhaften psychischen Fehlentwicklung (Apathie, übermäßige Angst, ↗ Aggression), während T-en auch Ausdruck einer noch nicht sittl zu verstehenden sozialen Anpassung sein können. Hier besteht ein Zusammenhang mit Erziehung u Charakteranlage des einzelnen Menschen.

Die konkrete Erscheinungsform u die soziale Bewertung der T-en unterliegt dem Wandel der Geschichte. Für die sittl Beurteilung der T-en ist also ein übergeordnetes Kriterium erforderlich. Dieses liegt in der stoischen Ethik in einer vorgegebenen, sakral verstandenen Naturordnung. In der christl Tradition sind als solches Kriterium die *theologischen* T-en ↗ Glaube, ↗ Hoffnung u ↗ Liebe anzunehmen, in denen der Mensch seine Beziehung zu einem personal verstandenen Gott vollzieht. In einem solchen Verständnis kann dann die T auch nicht im Sinne einer autonomen sittl Leistung des Menschen verstanden werden, sondern nur als Ausdrucksweise jener Beziehung zu Gott, in der das eigentliche Wesen des Sittl zu sehen ist (↗ Sittlichkeit).

M Wittmann: Die Ethik des Arist 1920, 43–245; *ders:* Die Ethik des hl Thom v Aq 1933, 217–317; *M Scheler:* Zur Rehabilitierung der T, in: Vom Umsturz der Werte I 1919; *H Klomps:* T-en des modernen Menschen 1969; *OF Bollnow:* Wesen u Wandel der T-en 1958; *P Chauchard:* Untugend der Tugenden – Tugend der Untugenden 1967; *R Guardini:* Tugenden. Meditationen über Gestalten sittl Lebens ²1967; *J Pieper:* Das Viergespann 1970.   Kleinhappl/Rotter

Typus. Der T, einer der charakteristischen Begriffe der Persönlichkeitsforschung, ist wohl zu unterscheiden vom Begriff der Gattung u der ↗ Art. Während diese in den einzelnen Individuen wesentlich gleichsinnig verwirklicht sind, ist das Typenbild ein Gemeinbild, dem die einzelnen Individuen einer Gruppe von Menschen bloß mehr oder weniger ähnlich sind. Von andern Gruppen unterscheiden sie sich mehr oder minder scharf eben durch diese Ähnlichkeit. So hat man verschiedene Temperaments-, Charakter-, Denk-, Willens-, Sinnes-, Gedächtnis- u andere Typen aufgestellt. In fast allen Einzelgebieten der Psychologie, insbes in der Charakterologie, spielt der T-begriff eine bedeutsame Rolle, da er bessere u wirklichkeitsnähere Unterscheidungen zwischen Mensch u Mensch, Gruppe u Gruppe zu machen erlaubt, als es die logisch scharf umrissenen, aber auch starren Gattungs- u Artbegriffe zulassen. Wenn von *Denk-T* u *Denkformen* die Rede ist, so betrifft das nicht die logische Gültigkeit u Wahrheit des Denkens (↗Relativismus), sondern die Art des psychischen Vollzugs. – Außer der Psychologie (↗Persönlichkeit) beschäftigen sich auch viele andere Einzelwissenschaften (Geographie, Volkskunde, Botanik usw) mit typischen Eigenschaften u Typen. Ihre Lehren über die bes Typen heißen *Typologien*. Die Lösung der phil Frage hingegen, was T überhaupt u allg ist, ist Aufgabe der *Typologik*.

E *Seiterich:* Die log Struktur des T-begriffs 1930; *JE Heyde:* Typus. Ein Beitr z Bedeutungsgesch des Wortes T, in: Forsch u Fortschritt 17 (1941) 220–23; *G Pfahler:* System der Typenlehren ⁴1943; *D Brinkmann:* Grundprinzipien der Typenlehre, in: Studia phil (Schweiz) (1948); *CG Jung:* Psycholog Typen, Zürich 1950; *Stud Gen* 4 (1951) H 7; 5 (1952) H 4 [versch Arbeiten]; *CG Hempel, P Oppenheim:* Der T-begriff i Lichte der neuen Logik 1936; *HSE Burgers:* Leonardo da Vinci's psychologie der twaalf typen, Amsterdam 1969. – Zum psycholog T: ↗Persönlichkeit. Willwoll

Übel. Ein Ü (1) ist zunächst die Beschaffenheit, durch die ein Seiendes schlecht oder böse ist *(Ü im formalen Sinn);* seltener wird das mit einem Ü (1) behaftete Seiende selbst Ü (2) genannt *(Ü im materialen Sinn).* Da jedes Seiende als solches gut ist (↗Transzendentalien, Wert), ist das Ü (1), also im formalen Sinn, nicht eine positive Bestimmung des Seienden, sondern besteht im Fehlen jener Gutheit (Vollkommenheit, Seinsfülle), die einem Seienden, seiner Wesensganzheit entsprechend, zukommen sollte ↗Privation. Irreführend ist es jedoch, wenn *Leibniz* vom Fehlen jeder beliebigen Seinsvollkommenheit als einem „*metaphysischen Ü*" spricht; denn das Fehlen weiterer Seinsvollkommenheiten ist jedem endlichen Seienden wesentlich, auch wenn es seiner Art nach vollkommen ist.

Man unterscheidet sittliche (moralische) u physische Ü. Das *sittliche Ü* oder das ↗Böse ist vor allem die freie Fehlentscheidung des Willens gegen das sittlich ↗Gute, dann die daraus folgende äußere Tat u die sich verfestigende böse Gewohnheit u innere Haltung. Ein *physisches Ü* dagegen ist jedes an sich sittlich indifferente Fehlen einer von der Natur des betr Seienden geforderten Seinsvollkommenheit (↗Schmerz, Leiden, Zweckwidrigkeit). – Da jedes Fehlen, jeder Mangel ein Subjekt voraussetzt, dem als Seiendem wenigstens ein Mindestmaß von Gutheit eigen ist, gibt es kein subsistierendes Ü, dh kein Wesen, das nichts als Schlechtigkeit oder Ü wäre. An dieser Einsicht scheitern die dualistischen Lehren, die neben dem guten Weltprinzip ein gleich ursprüngliches böses Prinzip annehmen (Parsismus, ↗Manichäismus).

In der Frage nach dem Ursprung des Ü ist vor allem zu beachten, daß das Wirken an sich stets etwas Positives, nicht einen bloßen Mangel hervorbringt; daher hat das Ü nie eine auf seine Hervorbringung unmittelbar abzielende Ursache, sondern ergibt sich immer nur irgendwie als Nebenwirkung. So bringt zB eine selbst schon mit Mängeln behaftete Ursache auch die ihr eigene Wirkung nur mangelhaft zustande. Ursprünglich kann ein physisches Ü durch das Zusammentreffen zweier Kausalreihen entstehen, von denen jede für sich auf ein Gut abzielt, deren zufälliges Zusammentreffen jedoch ein Ü hervorruft (zB bei einem Verkehrsunglück). Ferner kann ein Ü dadurch entstehen, daß ein Gut erstrebt u bewirkt wird, das ein anderes notwendig ausschließt (so schließt bei einer Operation die Gesundung des ganzen Organismus die Erhaltung eines Teiles aus). Das sittliche Ü besteht bzw hat seinen Grund stets in einer Fehlentscheidung des geschöpflichen freien Willens. Die Möglichkeit des Ü ist letztlich mit der Endlichkeit der Geschöpfe gegeben. – Über den Sinn des Ü ↗ Theodizee, Vorsehung.

a) *Thom v Aq:* STh I q 19 a 9; ScG I, 95–96; III, 4–15; De malo q 1; q 3, a 1–2; *GW Leibniz:* Essais de Théodicée (dt 1968). – b) *B Bavink:* Das Ü i der Welt ²1947; *AD Sertillanges:* Le problème du Mal, l'histoire, P 1949; *P Siwek:* The Phil of Evil, NY 1951; *T Demant:* Le mal et Dieu, P 1943; *F Dessauer:* Prometheus u die Weltübel 1959; *J Hick:* Evil and the God of Love, L 1966; *J Maritain:* God and the Permission of Evil (Üb), Milwaukee 1966. – c) *W Jankélévitch:* Le mal, P 1947; *L Lavelle:* Le mal et la souffrance 1948; versch Artikel in: Mind (1955, 1956, 1958, 1961). – *E Borne:* Le problème du mal, P 1960; *GA Buttrick:* God, Pain and Evil, NY 1966; *WE Stuermann:* The Divine Destroyer. A Theology of Good and Evil, Philadelphia 1967. – d) *G Philips:* La raison d'être du mal d'après s Augustin 1927; *F Billicsich:* Das Probl des Ü i der Phil des Abendlandes, 3 Bde, Wien 1952–59. – e) *J Lotz, J de Vries:* Phil i Grundriß 1969, 277–80. – Weitere Lit ↗ Böse (das), Theodizee.
Naumann

Übernatürlich, wörtlich: was über die Natur hinausgeht. Je nach dem Verständnis von ↗ Natur ergeben sich so verschiedene Bedeutungen. Zuweilen wird das Ü (1) auf das körperlich Sinnliche bezogen u meint dann das *Übersinnliche*, Geistige. Andere bezeichnen mit Ü (2) das Okkulte ↗ Okkultismus. Oft bedeutet Ü (3) die ↗ Transzendenz des Überweltlichen, Göttlichen. Eine genau umschriebene Bedeutung hat das Ü (4) in der kath Theologie, wo es dasjenige bedeutet, was weder zum Bestand u zur Ergänzung der ↗ Natur gehört, noch aus der Natur folgt oder von ihr gefordert wird. Natur kann dabei als Natur oder Wesen eines Einzeldings oder als die Gesamtheit alles endlichen Seins verstanden werden. Dementsprechend unterscheidet man Ü in Beziehung auf eine Einzelnatur = *außernatürlich* u *Ü schlechthin,* d i in Beziehung auf die Gesamtheit der geschaffenen Natur. Was für die Einzelnatur außernatürlich ist (zB das Leben für den Stein), kann für ein anderes Wesen natürlich sein (zB das Leben für die Pflanze). Was Ü schlechthin ist, ist nur für Gott natürlich u ihm so eigentümlich, daß es keinem Geschöpf von Natur aus zukommen kann. Wird es ihm dennoch von Gott aus zugänglich gemacht, so geschieht es aus reiner Gnade (Teilnahme an der göttlichen Natur als Geschenk). Vom *Ü dem Sein nach* ist zu unterscheiden das *Ü in der Geschehensweise* (so wenn zB Gott die Gesundheit eines Menschen, also ein natürliches Gut, durch ein ↗ Wunder wiederherstellt). Obwohl das Ü niemals die Ergänzung der Natur in deren eigenem Bereich ist, so steht es doch zur Geistnatur in keinem Widerspruch. Für den ↗ Geist mit seiner Offenheit für das Sein u das Gute schlechthin besteht im

Gegenteil über seine natürliche Ergänzungsfähigkeit hinaus die Möglichkeit (potentia obedientialis ↗ Potenz), von Gott kraft seiner höchsten Macht zur Teilnahme an seinem eigenen Leben erhoben zu werden. Das Ü zerstört also nicht die Natur, sondern setzt sie voraus u vervollkommnet sie über deren eigenen Bereich hinaus. – Unter *Supernaturalismus* versteht man entweder (1) die Anerkennung einer übernatürlichen Ordnung oder abwertend (2) jede Theorie oder Praxis, welche die Natur gegenüber der Übernatur zu kurz kommen läßt. – ↗ Geheimnis.

b) *MJ Scheeben:* Natur u Gnade 1861; *C v Schätzler:* Natur u Gnade 1865; *A Rademacher:* Natur u Gnade ³1925; *V de Broglie:* De fine ultimo humanae vitae I 1948; *J Buckley:* Man's Last End, St Louis 1949; *HJ Brosch:* Das Ü i der kath Tübinger Schule 1962; *H De Lubac:* Le mystère du surnaturel, P 1965 (dt: Die Freiheit der Gnade, I Das Paradox des Menschen 1971). – e) *D Feuling:* Kath Glaubenslehre 1937, 1–33, 214–20. Brugger

Unbewußtes. Schon die Wortbedeutung von U ist überaus schillernd. Man spricht vom *metaphysischen U* als Wesenskern u Urgrund allen Seins – sei es in der Bedeutung eines sinnblinden u sinnzerstörerischen Urdranges (↗ Pessimismus zB *Schopenhauers*), sei es im Sinn eines allein wertträchtigen vitalen kosmischen Urwogens (wie bei *Klages*). In ganz anderer Denkrichtung spricht man vom *physiologischen U*, der physiologischen Grundlage psychischen Einzelgeschehens. Zwischen diesen beiden Bedeutungen steht die Redeweise vom *psychologischen U* als der alles bewußte Erleben tragenden Grundschicht im Seelenleben des einzelnen *(individuelles U)* u in der Menschheit *(kollektives U)*. Während als psychologisches U in weitem u sehr ungenauem Sinn auch die Fülle der nur schwach im Bewußtsein anklingenden Vorgänge benannt wird (auch *Unterbewußtsein* genannt), sind psychologisch U in engerem Sinn nur „wirklich nicht" bewußte seelische Vorgänge u Zuständlichkeiten, seien sie bloß noch nicht zur Bewußtseinsreife gelangt oder grundsätzlich nicht bewußtseinsfähig oder als Vergessenes, Verdrängtes dem Bewußtsein wieder entfallen. Dabei ist zu unterscheiden zwischen psychologisch unbewußten „Vollakten" (wie unbewußtem Wahrnehmen, Denken, Wünschen), den Vollakten zugrunde liegenden oder von ihnen ausgehenden unbewußten Befindlichkeiten u schließlich dem letzten Psychisch-Realen (Seele, Entelechie sowie ihren Potenzen u Anlagen).

Nach Leibnizens Lehre vom Aufbau des Seelischen u des Weltganzen spielten Theorien über das metaphysische U ihre große Rolle bei Vertretern der Romantik, in *Schopenhauers* pessimistischer Lehre vom Weltwillen, bei *Ed v Hartmann*, desgleichen in *Klages'* Anti-Geist-Metaphysik. Nach vorgängigen Arbeiten des Arztes u Romantikers *CG Carus* erlangten die Theorien des psychol U um die Wende zum 20. Jht in der modernen ↗ *Tiefenpsychologie* u Psychopathologie ihre stärkste Anregung u ihr Gepräge zunächst vornehmlich durch die Psychoanalyse *S Freuds*. Freud sah im (persönlichen) U, dem „Es", u seinen Triebenergien die für das bewußte Erleben des „Ich" wichtigste Grundschicht des Seelenlebens, eine Schicht, der das bewußte ↗ Erleben wie eine dünne Oberschicht auflagere. Indem die vom ↗ Bewußtsein „verdrängten" Triebenergien

(Libido) in Maskierungen, neurotischen Symptomen oder, sublimiert, als kulturschöpferische Kräfte das bewußte Erleben gestalten, sind sie Formkraft auch des geistigen Lebens. Von anderer Seite her führten Phänomene der Parapsychologie (↗ Okkultismus), der Hypnoseforschung („posthypnotische Befehle"), aber auch der Normalpsychologie (zB des Gedächtnisses, des produktiven Denkens, der determinierenden Tendenzen in Willenshandlungen usw) zu weiterem Ausbau von Theorien über das U. Von der Parapsychologie her kam man bis zur Annahme eines *zweiten Bewußtseins*, das sich nur durch die Dissoziierung seiner Funktionen vom bewußten „Ich", vom gewöhnlichen Bewußtseinsleben unterscheide. Teils galt das zweite Bewußtsein dabei als normale Naturanlage *(Dessoir)*, teils als krankhafte Abspaltung *(Janet)*. *CG Jung* führte die Lehre vom *persönl U* weiter zur Lehre vom *kollektiven U*. Dieses ist gedacht als eine stets gesunde u ungleich breitere Tiefenschicht des Seelenlebens, die den Niederschlag großen Menschheitserlebens (die *Archetypen*) enthält. Die Archetypen, als deren bedeutsamster der religiöse gilt, wirken sich ihrerseits im Einzelnen aus, indem sie nach Art einer psychologischen (nicht erkenntnistheoretisch gemeinten) „Form a priori" die Ausformung grundlegender u lebenswichtiger Ideen weithin (nicht ausschließlich) mitanregen u mitbestimmen (↗ Religionspsychologie).

Zwar sind unbewußte *Vollakte (actus secundi* der Scholastik) des Erkennens u Wollens - wofern man den Worten den üblichen Sinn lassen will - nicht bewiesen u nicht verständlich. Hingegen weisen Tatsachen aus fast allen Gebieten des Seelenlebens (Gedächtnis, produktives Denken u Inspiration, Traumerleben, mediale Leistungen, Persönlichkeitsspaltungen usw) auf das Vorhandensein unbew Befindlichkeiten u Vorgänge hin, die das bewußte Erleben beeinflussen. Sodann ist das letzte Psychisch-Reale, die substantielle ↗ Seele, in ihrer geistigen Wesenheit nicht intuitiv erlebbar, sondern (im Zustand ihrer Körperbindung) nur indirekt erschließbar. – ↗ [158, 165, 183, 185]

CG Carus: Psyche, Neuaufl 1926; *M Dessoir:* Das Doppelich 1896; *S Freud:* Vorlesungen über Psychoanalyse; Traumdeutung 1900; *G Weingärtner:* Das Unterbewußtsein 1911 [Lit]; *E Rothacker:* Die Schichten der Persönlichkeit 1938; *D Brinkmann:* Probl des U, Zürich 1943 [Lit]; *CG Jung:* Über die Psych des U 1943; *ders:* Die Beziehungen zwischen dem Ich u dem U ⁷1966; *ders:* Die Dynamik des U 1967; *L Szondi:* Schicksalsanalyse 1944; *E Spieß* (Hgb): Stud z Psych des U, Olten 1946 [reiche Bibl]; *R Hostie:* Du mythe à la religion. La psychologie analytique de CG Jung, Brügge 1955; *J Jacobi:* Die Psych v CG Jung ³¹1959; *H Schjelderup:* Das Verborgene i uns 1964; *C Brodeur:* Du problème de l'inconscient à une phil de l'homme, Montréal 1969; *R Abeln:* U u Unterbewußtes bei CG Carus u Arist 1970. Willwoll

Unendlich. Der Begriff U verneint die Grenze (↗ Endlich). U in gewisser Hinsicht ist das, was in bezug auf bestimmte Eigenschaften, Vollkommenheiten, un schlechthin dasjenige, was unter jeder Rücksicht oder im Hinblick auf das ↗ Sein überhaupt keine Grenze hat. – In der griechischen Phil, der das Geformte u damit Begrenzte als das Vollendete galt, ist das U *(ápeiron)* der Ausdruck des Unfertigen, Unbestimmten u darum des Unvollkommenen. So ist für *Aristoteles* wie auch für die Scholastik der ↗ Urstoff, die materia prima, insofern un, als an sich durch keine ↗ Form bestimmt, sondern bloß (nacheinander) durch beliebig viele Formen bestimmbar. Der materiellen Unendlichkeit (Uk) gegenüber steht die Uk der Form im Hinblick auf die einzelnen Träger, von denen keiner die Form erschöpfen kann. Die Scholastik unterscheidet außerdem zwischen dem *potentiell U* oder *Indefiniten*, das in sich zwar endlich, aber der ↗ Potenz nach unendlich ist, weil es ohne Ende vermehrt oder vermindert werden kann (un in diesem Sinne ist die Teilbarkeit oder Vermehrbarkeit einer Zahl), u dem *aktuell U* oder eigentlich *Infiniten*, das jede Grenze positiv ausschließt, über welches hinaus es unter der betreffenden Rücksicht nichts mehr geben kann. Nach thomistischer Lehre besitzt die reine ↗ Form u der reine ↗ Akt diese Uk. – Die Mathematik nennt jede Größe un groß, die größer ist als jede zählbare Menge der zur Einheit genommenen Größen, un klein jene, die so klein ist, daß jedes Vielfache derselben kleiner ist als die Einheit. Die Rechnung mit dem *mathematisch U* heißt Infinitesimalrechnung. Ob die wenigstens abstrakte Möglichkeit einer aktuell un Menge besteht, ist umstritten. Jedenfalls kann eine ↗ Zahl nicht un genannt werden, wenn „Zahl" so verstanden wird, daß sie eine in endlich vielen Schritten vollständig zählbare Menge meint. – Uk in der Anwendung auf ↗ Raum u ↗ Zeit meint zumeist die grundsätzliche, endlose Vermehrbarkeit ausgedehnter Körper oder aufeinanderfolgender Geschehnisse, ist also potentielle Uk.

Die Uk Gottes ist Uk im aktuellen Sinn u besagt die grenzenlose Fülle des göttlichen Seins, also Uk schlechthin, dh die höchste, in keine endliche Kategorie eingehende Vollkommenheit Gottes, die damit wesentlich über allen Seinsstufen des geschaffenen Seins steht. Sie schließt höchste Einfachheit in sich. Sie ist nicht Totalität des Seins, wie der Pantheismus meint, noch enthält sie das individuelle Sein der Geschöpfe als solches in sich, sondern besitzt deren eigentümliche Seinsvollkommenheiten in einer höheren Weise (etwa wie ein gelehrter Mathematiker das Wissen seines Schülers). Darum ist sie nicht *schlechte Uk* im Hegelschen Sinne, dh eine gegen das Endliche abgegrenzte Uk.

a) *Thom v Aq*: STh I q 7; ScG I, 28, 30, 43. – b) *C Gutberlet*: Das U, metaph u mathemat betrachtet 1878; *A Antweiler*: Unendlich 1934 [Bibliogr]; *JA Bernadete*: Infinity, Oxford 1964; *E Levinas*: Totalité et infini, La Haye 1961. – E *Kamke*: Mengenlehre 1928 [Göschen]; *B Bolzano*: Paradoxien des U (ed Höfler 1920). – d) *R Mondolfo*: L'infinito nel pensiero dei Greci, Florenz 1967; *ThG Sinnige*; Matter and Infinity in the Presocratic Schools and Plato, Assen 1971; *L Sweeny*: Infinity in the Presocratics, Den Haag 1972; *A Dempf*: Das U i der mittelalterl Schol u i der kant Dialektik 1926; *B Rochot*: Infini mathématique et infini métaph chez Descartes, in: Rev Synthèse 82 (1961) 22, 67. – e) *O Zimmermann*: Ohne Grenzen u Enden ⁵1924. Rast

Unmöglichkeit ist das kontradiktorische Gegenteil von ↗ Möglichkeit, also sowohl der Zufälligkeit wie der Notwendigkeit entgegengesetzt. Wie bei der Möglichkeit unterscheidet man auch hier *innere* u *äußere U*. Innerlich unmöglich (unm) oder das absolute ↗ Nichts ist das, was in sich selbst widerspruchsvoll ist (= *metaphysische U*). Was innerlich unm ist, ist auch absolut oder in jeder Hinsicht unm. Was hingegen nicht innerlich unm ist, ist deshalb noch nicht absolut oder in jeder Hinsicht möglich. – Die äußere U besagt das Unvermögen einer Ursache, etwas hervorzubringen. So ist es unm, daß ein neugeborenes Kind eine schwere Last fortbewege (aktives Unvermögen) oder daß feuchtes Holz brenne (passives Unvermögen). Da die nichtphil Wissenschaften vor allem die äußere U betrachten u sie nur nach dem aktiven oder passiven Unvermögen der nächsten Ursachen beurteilen, ist im naturwissenschaftlichen Sinn unm, was den Naturgesetzen widerspricht (= *physische U*). In bezug auf die ↗ Allmacht Gottes gibt es keine (äußere) U. *Moralisch unm* ist das, was der freie Wille nur schwer u mit ungewöhnlicher Anstrengung bewerkstelligen kann, so daß es selten geschieht.

A Faust: Der Möglichkeitsgedanke 1931–32; *I Pape:* Tradition u Transformation der Modalität, I: Möglichkeit – U 1966. – e) *L Baur:* Metaph ³1935, 66 ff. – ↗ Möglichkeit. Brugger

Unsterblichkeit. Die Frage nach der U gehört seit alters her zu den wichtigsten der Menschheit, da ein bloßes „heroisches" Jasagen zum eigenen Sein als letztlich sinnlosem Sein zum ↗ Tode nicht Heroismus, sondern Stumpfwerdung des nach dem Sinn des Lebens fragenden Geistes wäre. Vom Materialismus, Positivismus, Kritizismus, Pantheismus, Biologismus abgelehnt, wurde die Lehre von der U von den Weltreligionen wie der spontanen Menschheitsüberzeugung, von den großen Geistern der Antike (*Pythagoras, Platon, Plotin;* über den Sinn der U bei *Aristoteles* herrscht keine Übereinstimmung) u des Mittelalters (*Augustin* mit der Patristik, *Thomas* mit der Scholastik), von den Rationalisten *Descartes* u *Leibniz*, selbst manchen Empiristen u wenigstens als Postulat der praktischen Vernunft von *Kant* verteidigt.

U als Fähigkeit, im ↗ Leben ohne Ende zu verharren, kommt nur Lebendigem u von Natur aus nur dem ↗ Geiste zu. Mit absoluter Wesensnotwendigkeit, die das Nichtsein schlechthin unmöglich macht, eignet die U dem göttlichen Sein, weil hier Wesenheit u Dasein ineinsfallen. Dem geschaffenen kontingenten Geist kommt sie zu als von seinem Wesen gefordertes Bleiben im einmal erlangten Sein. – Die Tatsache der U der Menschenseele ist seinshaft fundiert in dem einfachen (darum nicht in Teile auflösbaren) u geistigen (daher auf ewiges Leben hingeordneten) Wesen der Seele. Ihre aufs Unbegrenzte zielende Erkenntnis- u Wertanlage (↗ Verstand, Wille), deren sinnvolle Betätigung eine unbeschränkte Daseinsdauer notwendig macht, wäre innerlich sinnwidrig, wenn sie nicht die Gewähr einer wenigstens grundsätzlich möglichen Erfüllbarkeit ihrer Tendenzen umschlösse. Ebenso fordert die ethische Würde des Menschen das ewige jenseitige Leben mit dem Ausgleich der Spannungen zwischen ethischen u anderen Grundtendenzen menschlichen Seins in Lohn u Strafe ↗ Vergeltung. Die Annahme des ewigen Lebens ist darum mit Recht eine allg in der Menschheit sich findende Grundüberzeugung, deren Falschheit eine wesenhafte Fehlstruktur u Sinnwidrigkeit menschlichen Seins erwiese.

Die Form des ewigen Lebens ist nicht ein Aufgehen in einem unpersönlichen Allgeist, sondern personales Sein in Vollverwirklichung der geistigen Anlagen durch die unendliche Wahrheit u den unendlichen göttlichen Wert, deren Besitz die ewige Seligkeit ausmacht. Wenn sich die Seele des ewigen Wertes unwert machte, verlangt das gesunde Denken die Sanktion durch den Verlust Gottes im Jenseits. Die zeitweise immer wieder auftauchenden Phantasien von einer ↗ Seelenwanderung sind weder apriorisch begründbar noch empirisch erwiesen; sie widerstreiten überdies dem personalen Sein des Menschen.

b) *Heidingsfelder:* Die U der Seele 1930; *A Wenzl:* U 1951; *G Marcel:* Gegenw u U 1961 [Üb]; *J Pieper:* Tod u U 1968. – d) *G Pfannmüller:* Tod, Jenseits u U i der Religion, Lit u Phil der Griechen u Römer 1953; *Q Huonder:* Das U-problem i der abendl Phil 1970. – e) *A Willwoll:* Seele u Geist 1938, 244–50.
Willwoll

Unterscheidung oder *Distinktion* ist (1) die Handlung, wodurch Verschiedenes als Verschiedenes erkannt wird, oder (2) die Verschiedenheit selbst. *Verschiedenheit* (= *Unterschied* im weiteren Sinn) ist Nicht-↗Identität oder die Beziehung des einen zum anderen, insofern es ein anderes ist. Sie beruht auf der ↗ Vielheit oder der ↗ Verneinung der ↗ Einheit, hat also ebenso viele Arten wie die Einheit selbst. Grundverschieden *(disparat)* sind Inhalte, die verschiedenen Gattungen oder Ordnungen angehören, wie „blau" u $\sqrt{2}$. *Unterschied* im engeren Sinn oder *Differenz* ist das, worin mehrere, die etwas gemeinsam haben, verschieden sind, was also das eine hat, das andere nicht, wie etwa das Ganze u der Teil oder der Art- u der Gattungsbegriff. – *Sachliche* oder *reale U* findet sich, wo die Verneinung der Identität im Begriff auch eine Verneinung der Identität in der Sache ist, sei es, daß sich die U in der Erfahrung kundgibt (= *physische U*, etwa zwischen konkreten Sachen oder deren anschaulichen Teilen oder bei Trennbarkeit), sei es, daß die U nur durch das Denken als notwendige Bedingung für die Möglichkeit eines Gegenstandes erkennbar ist (= *metaphysische U* zwischen unanschaulichen Teilprinzipien, nach thomistischer Auffassung zB zwischen Wesenheit und Sein im endlichen Seienden). – *Begriffliche* oder *logische U* besteht zwischen dem, was durch verschiedene Begriffe gedacht wird, ohne daß dieser U eine gleichartige Vielheit in der Sache entspräche. Sie beruht darauf, daß wir bei unserer menschlichen Bedingtheit durch Abstraktion Inhalte voneinander absondern müssen, obwohl sie in der Sache eins sind u ihr durch dasselbe Prinzip zukommen. So ist zB der ganze Mensch sinnen- u vernunfthaft, und beides kommt ihm durch dieselbe Seele zu. Wenn dabei der eine Gehalt, wie das hier der Fall ist, nicht zum andern hin entwickelbar, sondern begrifflich in sich abgeschlossen ist, so daß der andere erst auf Grund der Erfahrung hinzugefügt werden kann, so spricht man von einer logischen U, die *sachlich vollkommen begründet* ist. Dagegen nennt man eine logische U *sachlich unvollkommen begründet*, wenn das volle Zuendedenken des einen Gehalts notwendig in den andern hineinführt, wie bei den ↗ Transzendentalien, den Eigenschaften Gottes u den ersten Unterschieden des ↗ Seins. – ↗ Gegensatz.

L Baur: Metaph ³1935, § 19; *J de Vries:* Denken u Sein 1937, 230–35; *R Léveque:* Unité et diversité 1963.
Brugger

Unveränderlichkeit. Die U eines Seienden schließt jede Art wirklicher ↗ Veränderung in diesem aus, nicht aber jene, die ihm bloß äußerlich, in unserer Sprechweise, zukommt auf Grund der Veränderung in einem andern. So bewirkt das Erkanntwerden eines Gegenstandes in diesem keinen Wechsel. Die stofflichen u stoffgebundenen Dinge weisen nur eine relative U auf, da alles Leben, Wachsen u Wirken in dieser sichtbaren Welt auf Bewegung, dh Veränderung beruht. Je mehr jedoch ↗ Wirken u Tätigkeit sich von der Gebundenheit an den Stoff lösen, desto weniger Veränderung tragen sie an sich. Schon beim Menschen steht die Veränderung oder die Bewegung im umgekehrten Verhältnis zur Höhe seiner geistigen Betätigung, wie die geistigen Intuitionen, die liebende Betrachtung eines Kunstwerkes u vor allem die mystischen Erlebnisse dartun. Wirken u U schließen sich also nicht dem Begriffe nach aus. – Die *physische U* Gottes, die vor allem in seiner Einfachheit u Unendlichkeit gründet, verneint nicht das Wirken, wohl aber jeden Wechsel in seinem Sein, jede Zu- und Abnahme seiner Vollkommenheit, schließt daher jede Entwicklung oder auch nur Entwicklungsmöglichkeit aus. Daher ist der ↗ Pantheismus in all seinen Formen ein innerer Widerspruch. – Die *moralische U* hält von Gott jede Änderung seines ewigen Willensentschlusses fern. Weder faßt Gott neue Pläne, noch ändert er die gefaßten. Das wandelbare Geschehen erkennt er in einem unwandelbaren Akt. Den verschiedenen sich folgenden Gesinnungen der Menschen (zB Sünde u Reue) entspricht bei Gott ein einziger ewiger Akt, der wegen seiner Unendlichkeit den Haltungen von Haß u Liebe in seiner Einfachheit gleichkommt (coincidentia oppositorum ↗ Gottesidee). Bei der zeitlichen Erschaffung der Welt liegt das Neue u die Veränderung nur auf seiten der Welt ↗ Freiheit Gottes.

a) *Thomas v Aq:* STh I q 9–10; ScG I, 15. – b) *F Mitzka:* Der phil Beweis f die moral U Gottes, in: Z f kath Theol 59 (1935) 57–72; *P Den Ottolander:* Deus immutabilis [niederl], Assen, 1965; ferner Lehrb der natürl ↗Theol. – e) *O Zimmermann:* Der immergleiche Gott 1920.   Rast

Ursache (*causa*) heißt bei *Aristoteles* u in der scholastischen Phil jedes ↗ Seinsprinzip, von dem das Sein eines kontingenten Seienden in irgendeiner Weise wirklich abhängt. Die *Ursächlichkeit* (U-Wirkung-Verhältnis ↗ Kausalität) darf nicht mit dem logischen ↗ Grund-Folge-Verhältnis verwechselt werden, da dieses auch bei sachlicher Identität bestehen kann, während U u Verursachtes, eben weil zwischen ihnen ein wirkliches Abhängigkeitsverhältnis besteht, sachlich nie ganz identisch sind. Durch den wirklichen Einfluß auf das Verursachte oder die Seinsmitteilung unterscheidet sich die U auch von der *notwendigen Bedingung,* die zwar zum Entstehen eines Seienden erfordert ist (etwa weil die U ohne sie nicht wirken kann), aber selbst keinen Einfluß auf das Verursachte ausübt (zB: Licht notwendige Bedingung, aber nicht U des Schreibens). Erst recht ist eine nicht notwendige *„Gelegenheit"* (ein Umstand, der die Verursachung erleichtert) rein als solche keine U. Unter Vernachlässigung dieser Unterschiede sieht der *Konditionalismus* alles Geschehen nur in seiner Bedingtheit.

Je nachdem, ob eine U als inneres Aufbauprinzip in das Verursachte eingeht oder nicht, unterscheidet man *innere* u *äußere U*. Innere U aller Körper sind nach dem ↗Hylemorphismus *Stoff* (↗Materie) u ↗*Form*, die durch gegenseitige Mitteilung ihrer selbst das ganzheitliche Seiende des Körpers bilden, der Stoff, indem er die Form in sich aufnimmt u trägt, die Form, indem sie den Stoff bestimmt u so dem Ganzen seine artliche (spezifische) Prägung verleiht. Äußere U ist zunächst die *Wirk-U* (U im engeren Sinn), die durch ihr ↗Wirken ein Seiendes, das als Gewirktes *Wirkung* heißt, hervorbringt. Nach dem ↗Finalitätsprinzip ist jedes Wirken letztlich durch ein ↗*Ziel* bzw einen ↗*Zweck* bestimmt, dessen erkannter u gewollter ↗Wert die Wirk-U anlockt oder ihrem naturnotwendigen Wirken vom Schöpfer als Ziel vorgesteckt ist; darum ist auch das Ziel (bzw der Zweck) als das, um dessentwillen das Seiende besteht, dessen äußere U. Zu dieser klassischen Vierzahl der U tritt dann noch als weitere U das *Vorbild* bzw *Urbild* (= erstes Vorbild), das als die äußere Form, der ein Seiendes nachgebildet wird, auf die Ursächlichkeit der Form zurückgeführt werden kann.

Eine volle phil Erklärung des innerweltlichen Seienden muß die U-frage nach all diesen Richtungen hin stellen. Der einseitig naturwissenschaftlichen Einstellung der neueren, an der Physik ausgerichteten (Natur-)Phil ist es zuzuschreiben, daß die U-betrachtung auf die wirkursächlichen Zusammenhänge eingeengt wurde. Mit dieser Verarmung der phil Schau hängt es zusammen, daß auch die Worte U u Kausalität auf die Wirk-U eingeschränkt wurden. In der Physik wurde schließlich auch dieser U-begriff durch den Begriff der (mathematischen) ↗*Funktion* ersetzt, der nur noch besagt, daß zwei physikalische Vorgänge sich so verhalten, daß der Veränderung des einen die Veränderung des andern in einem bestimmten, zahlenmäßig angebbaren Verhältnis entspricht. Eine so verstandene „Kausalität", die vom seinshaften Zusammenhang zwischen U u Wirkung bewußt absieht, ist phil erst recht ungenügend ↗Kausalsatz, Naturkausalität.

Die innerweltlichen U-n sind Gott, der *Ersturursache*, gegenüber *Zweitursachen*. Ihr Sosein ist zwar dem Sosein ihrer Wirkungen proportioniert, weshalb sie wirkliche Haupt-, nicht bloß ↗Instrumental- oder gar bloß Gelegenheitsursachen (↗Okkasionalismus) sind. Nicht hingegen sind sie dem Sein überhaupt (im Ggs zum Nicht-sein) proportioniert, da sie ihrer ↗Kontingenz wegen ebensowenig wie ihre Wirkungen ursprünglich im Sein stehen. Daher ist die Gesamtheit der innerweltlichen U-n, Wirkungen u Wirkungszusammenhänge dem Sein nach von der ↗Schöpfung, Erhaltung u ↗Mitwirkung der Ersturursache abhängig.

Die Realgeltung des Begriffs der Wirk-U steht aus dem Bewußtsein fest, in dem wir uns selbst – namentlich in den Willenserlebnissen – als Bewirker unserer Akte erfahren. Darum beruht die Vorstellung der Kausalität nicht, wie *Hume* annahm, nur auf der Umdeutung eines regelmäßigen Nacheinander in einen inneren Zusammenhang der Vorgänge, u der Begriff der U ist auch nicht, wie Kant wollte, nur eine reine Verstandeskategorie ↗Kritizismus. Die Einsicht in das ↗Kausalprinzip gibt uns die Möglichkeit, auch in der Außenwelt wahre

Ursächlichkeit festzustellen. Über die übrigen Arten der U ↗ Materie, Form, Ziel, Zweck; über Haupt- u Werkzeugursache ↗ Instrumentalursache.

a) *Aristoteles:* Metaphysik V, 2; *Thom v Aq:* Komm z Metaphysik V, 2. – b) *Lehmen-Beck:* Lehrb d Phil I ⁴1917, 467ff; *Th de Régnon:* La métaph des causes, P 1906; ferner Lit zu ↗ Kausalität. – c) *H Titze:* Der Kausalbegriff i Phil u Physik 1964. – d) *A Lang:* Das Kausalproblem 1904. – e) *L Baur:* Metaph ³1935, § 44–50.   Naumann

Urteil heißt der zentrale Akt der menschlichen Erkenntnis, dessen logischer u metaphysischer Aufhellung die *Urteilstheorie* nachgeht. Die logische Betrachtung untersucht das U als Denkform nach seiner Wesensstruktur u seinen notwendigen Eigenschaften. Dabei hebt es sich von dem einfachen Begriff u der Schlußfolgerung ab. Der ↗ Begriff bietet Erkenntnis nur im Ansatz, weil er lediglich Gehalte formt, ohne sie auf das Sein zu beziehen u durch ↗ Setzung in ihrem Sein auszuprägen. Das U hingegen führt die Erkenntnis zu ihrer Vollverwirklichung, weil es die Gehalte auf das Sein bezieht u durch Setzung in ihrem Sein ausprägt. Demgegenüber bedeutet der ↗ Schluß nicht eine weitere Vervollkommnung der Seinssetzung als solcher, sondern das Fortschreiten von einer Setzung zu anderen.

Die genauere Struktur des U kann am *Satz* verdeutlicht werden, der mit einem Subjekt ein Prädikat mittels der *Kopula* „ist" verbindet, wenn auch diese nicht immer als solche hervortritt, sondern häufig in einem Tätigkeitswort eingeschlossen bleibt. Im Ggs zu einem zusammengesetzten Begriff (zB sterblicher Mensch) liegt das Wesen des Satzes gerade in der Kopula: Der Mensch ist sterblich. In diesem sprachlichen Ausdruck oder sinnfälligen Zeichen sowie in dem ihm zugrunde liegenden gedanklichen Gebilde lassen sich zwei Ausprägungsweisen unterscheiden, die wir *Aussage* u *U* nennen. In der Aussage wirkt sich das „ist" noch nicht voll aus, insofern es lediglich die Verbindung des Prädikats mit dem Subjekt meint; damit liegt zwar ein *mögliches*, aber noch nicht ein als solches *vollzogenes U* vor; von der Aussage, ihrer Eigenart u ihren verschiedenen Bezogenheiten handelt die formale ↗ Logik. Im eigentlichen U hingegen wirkt sich das „ist" voll aus, insofern darin die ↗ Setzung ausgeprägt u damit die Verbindung von Subjekt u Prädikat auf das Sein oder auf das gemeinte An-sich bezogen wird; hier erst erreichen wir das als solches vollzogene U.

Um die Wahrheit des Satzes u des U zu sichern, nahmen einige (wie *Bolzano*) *Sätze an sich (Wahrheiten an sich)* an, die jenseits der Wirklichkeit zwar nicht existieren, aber irgendwie bestehen oder gelten (vgl das *irreale Sinngebilde* von *Rickert*). Diese an die platonischen Ideen anklingende Auffassung ist nicht notwendig, weil die Wahrheit des U dadurch vollauf verankert ist, daß der ausgesagte Sachverhalt wirklich vorliegt, während die Form der Aussage lediglich die (im Gegebenen begründete) Weise darstellt, in die wir Menschen das Gegebene prägen müssen, um es denkend erfassen zu können.

Verdeutlichen wir einige Eigenschaften u damit verbundene Einteilungen des U. Der Kopula wohnt die *Qualität des U* inne, insofern es entweder als *Bejahung* im „ist" oder als Verneinung (↗ Negation) im „nicht ist" das Prädikat dem

Subjekt zuteilt bzw abspricht (Urteil kommt sprachlich von „erteilen"). So haben wir bejahende u verneinende U-e. Ebenfalls zur Kopula gehört die ↗ *Modalität des U*, durch die es auch die Weise des „ist" bzw des „nicht ist" ausdrückt. Damit ergeben sich *apodiktische U-e*, die etwas als absolut notwendig oder als absolut unmöglich aussagen, *assertorische U-e*, die schlicht „ist" bzw „nicht ist" sagen ohne Bestimmung seiner Weise, u *problematische U-e*, die ein Seinkönnen oder auch die Möglichkeit des Nichtseins aussprechen. Je nach dem Umfang des Subjekts gibt es eine verschiedene *Quantität des U*. Danach unterscheiden sich *allgemeine (universelle), besondere (partikuläre), Einzel- (singuläre) u unendliche (indefinite) U-e;* bei letzteren bleibt der Umfang des Subjekts unbestimmt. Was das Verhältnis des Prädikats zum Subjekt betrifft, so setzt das bejahende U stets die Identität beider, wenigstens die materiale Identität, kraft deren das Prädikat tatsächlich dem Subjekt zukommt, zB Peter ist zu Hause. Doch kann auch eine formale Identität vorliegen, so daß das Prädikat wesenhaft im Subjekt eingeschlossen ist; solche U-e heißen im betonten Sinn *Identitäts-U-e*. Diese fallen keineswegs mit den *tautologischen U-en* zusammen, in denen das Prädikat wiederholt, was das Subjekt schon gesagt hat, noch sind sie wesentlich analytisch ↗ Analyse; vielmehr können sie auch synthetische Wesens-U-e sein (zB: Jedes kontingent Seiende verlangt eine Ursache ↗ Synthese). Neben den einfachen stehen die zusammengesetzten U-e. Während die einfachen *kategorischen U-e* absolut aussagen (Karl wird studieren), fügen die *Bedingungs-U-e (Konditional-U-e)* in einem weiteren Satz eine Bedingung bei (Karl wird studieren, wenn er ein Stipendium bekommt). *Disjunktive U-e* stellen ein Entweder-Oder auf (Karl wird entweder studieren oder Kaufmann werden); dagegen leugnen *konjunktive U-e*, daß zwei Aussagen zugleich wahr sein können (Karl kann nicht zugleich studieren u Kaufmann werden). *Kopulative U-e* verbinden im selben Satz mehrere Subjekte oder (und) mehrere Prädikate (Karl u Franz studieren; Karl verdient u studiert zugleich). Zwischen mehreren U-en besteht *Äquivalenz*, wenn ihre Wahrheit bzw Falschheit wechselweise impliziert ist.

Die metaphysische Betrachtung stellt die menschliche Denkform des U in den Gesamtzusammenhang einer Metaphysik der Erkenntnis. Dabei muß man von dem Urfall ausgehen, in dem von einem sinnfälligen Einzelnen, sei es Mensch oder Ding, die ihm zukommende Wesenheit, wenigstens nach einigen ihrer Grundlinien, ausgesagt wird, zB Ludwig ist ein Mensch. Unser Erkennen gelangt zunächst zu der anschaulichen Erscheinung des gegebenen Einzelnen; wenn es darüber nicht hinauskäme, wäre es lediglich sinnliche Wahrnehmung. Tatsächlich dringen wir jedoch mittels unserer geistigen Erkenntnis zum innersten Kern des erscheinenden Einzelnen vor, nämlich zum ↗ Sein. Dieses kommt aber einem endlichen Ding nie in seiner ganzen Fülle oder nach allen seinen Möglichkeiten zu, sondern nur nach dem Ausmaß seiner Wesenheit (↗ Wesen), die jeweils eine begrenzte Seins-weise darstellt. Die drei Stufen Einzelnes, Wesenheit, Sein enthält das Einzelne in einer kompakten, undurchlichteten ↗ Synthese. Das U vereinigt dieselben drei Stufen, nachdem sie durch die

Abstraktion auseinandergetreten sind, in einer gegliederten u durchlichteten Synthese, eben im U. Während die Synthese im Einzelnen die beiden andern Faktoren in die Schranken des Einzelnen bannt, hebt die U-synthese die beiden anderen Faktoren in die Weite des Seins empor. So ahmt sie auf ihre Weise die göttliche Schau nach, die von vornherein im absoluten Sein steht u daher alles vom innersten Grund des Seins her erfaßt. Diese Nachbildung der göttlichen Schau prägt sich in dem Naturstreben des Geistes zum absoluten Sein aus, das nach *Maréchal* allein die objektive Wahrheit im U begründet (↗ Dynamismus).

a) *Aristoteles:* Peri Hermeneias; *Thom v Aq:* Komm zu Arist Peri Hermeneias; S Th I q 16 a 2; De ver q 1 a 3; *I Kant:* Krit d rein Vern, Transzendentale Analytik; *G Hegel:* Logik, Buch III, Abschn 1, Kap 2. – b) *J Maréchal:* Le point de départ de la métaphysique Cah V, 1926; *J Lotz:* Das U u das Sein 1957; *M Müller:* Sein u Geist 1940; *A Marc:* Dialectique de l'affirmation 1952; *P Rousselot:* L'Intellectualisme de s Thomas, P ²1924; *G Söhngen:* Sein u Gegenstand 1930; *J Geyser:* Grundlegung der Logik u Erkenntnistheor 1919; *J de Vries:* U-analyse u Seinserkenntnis, in: Schol 28 (1953) 382–99. – c) *I Kant, G Hegel* ↗ a); *E Husserl:* Erfahrung u Urteil 1948; *G Schmidt:* Vom Wesen der Aussage 1956; *H Lenk:* Kritik der log Konstanten 1968 [zu den U-formen]. – d) *E Tugendhat:* Ti kata tinos 1958 [zu Arist]; *P Hoenen:* La théor du jugement d'après s Thomas d'Aquin, Rom 1946; *B Garceau:* Iudicium, Montréal 1968 [zu Thomas]; *HU Hoche:* Nichtempir Erkenntnis 1964 [zu Kant u Husserl]; *A Wilmsen:* Zur Kritik des log Transzendentalismus 1935; *M Heidegger:* Die Lehre v U i Psychologismus 1914 [Frühe Schr 1972]. Lotz

Urteilskraft steht bei *Kant* in der Mitte zwischen Verstand (im engeren Sinn) als dem Vermögen der Begriffe u der Regeln u Vernunft (im engeren Sinn) als dem Vermögen, nach den Regeln zu schließen. Sie ist das Vermögen, zu urteilen, genauer: zu beurteilen, ob ein Besonderes unter eine allg Regel fällt. Ist die Regel gegeben u das Besondere unter sie zu subsumieren, so spricht Kant von der *bestimmenden U*. Ist dagegen das Besondere gegeben u das Allgemeine zu finden, so heißt die U *reflektierende U*. ↗ Urteil, Sinneserkenntnis.

a) *Kant:* Krit d rein Vern B 169–175; *ders:* Krit d U. – d) *W Frost:* Der Begriff der U bei Kant 1906; *A Baeumler:* Kants Kritik der U 1923; *K Kuypers:* Kants Kunst-Theor u die Einheit der Kritik der U, Amsterdam 1972. de Vries

Vedantaphilosophie. *Vedanta* bezeichnet zunächst das Ende des Veda oder des heiligen Wissens der Inder, dann aber auch die Lehre, die im Ende des Veda den Höhepunkt der wahren Erkenntnis sieht. Auf der Grundlage der sich widersprechenden, in der Literaturgattung der Upanishaden enthaltenen Überlieferungen suchte die V ein abgerundetes System zu schaffen. In der V gibt es verschiedene Schulen, von denen die des *Shaṃkara* (9. Jht n Chr) jedoch so große Bedeutung erlangte, daß man unter V meist sein System versteht. Shaṃkara unterscheidet ein höheres u ein niederes Wissen. Die höchste Wahrheit ist die Nichtzweiheit = *advaita* oder der strenge Monismus. Zweiheit oder Verschiedenheit ist nur Verhüllung der Wahrheit oder Schein = *maya*. Das absolute u geistige Grundprinzip der Welt = *brahman* oder das göttliche Selbst = *atman* ist reine Einheit, stellt sich aber vermöge seiner Maya als Vielheit vor, ohne von ihr in sich selbst berührt zu werden. Da das Produkt nur eine Umwandlung der Ursache ist, ist es von der Ursache nicht verschieden u wie diese unentstanden. Eigentliche Kausalität u Werden sind sinnlos. Der Universal-atman u der Einzel-atman verhalten sich wie der allgemeine Raum u der Raum in einzelnen Töpfen. Der Unterschied besteht nur in der Begrenzung. Diesem höheren Wissen vom Absoluten steht das niedere, „dem Welttreiben gemäße" Wissen vom Relativen gegenüber. Von dessen Standpunkt aus ist das Brahman sowohl Wirkwie Materialursache: der mit Attributen ausgestattete Weltenschöpfer u höchste Herr, der die Welt erschafft, regiert u zerstört, u zugleich der Stoff der materiellen Welt, die in anfang- u endloser Wiederholung aus ihm entsteht u in ihn zurückkehrt. Die Welt, wie wir sie wahrnehmen, ist nach Shaṃkara nicht nur eine Gedankenkonstruktion oder Nichts, sondern wirklich, allerdings nur für den relativen Standpunkt, der uns allen jedoch gemeinsam u für das Handeln ausschlaggebend ist, während der absolute Standpunkt nur vom Einzelnen für sich selbst gewonnen werden kann. Die Maya ist weder seiend, da sie im absoluten Sinne Trug ist, noch nichtseiend, da sie wirklich erlebt wird. Die Seele ist ihrem wahren Wesen nach reine Geistigkeit u Brahman. Die Spaltung des Einen in die Vielheit der Einzelseelen kommt vom Nichtwissen, das die Seele verschiedenen Bedingungen unterwirft. Zu ihnen gehört der grobe Leib, der feine Leib, der der Seele beim Übergang von einem Leben zum anderen als Stütze dient u Träger des Karman ist, ferner die verschiedenen inneren Vermögen u Organe. *Karman* sind die Wirkungen der die Wiedergeburt bestimmenden Werke ↗ Seelenwanderung. Gute Werke verhelfen zu guter Wiedergeburt, sie beseitigen die Hindernisse der Erlösung, vermögen aber diese nicht zu bewirken. Wahre *Erlösung* (nicht von Sünde u Schuld, sondern vom Leid erneuter Wiedergeburt) wird nur dem zuteil, der das höhere Wissen besitzt. In ihm erkennt er sich als jenseits von Gut u Böse, als absolutes Sein, Geist u Wonne. – Unter den Philosophen, die – meist von religiösen Beweggründen geleitet – die V im theistischen Sinne gestalteten, ragt besonders *Rāmānuja* (12. Jht) hervor. – ↗ [12]

a) *Śaṅkara*: Prolégomènes au Vedanta [Üb L Renou] P 1951. – b) *P Deussen*: Das System des Vedanta ²1906; *O Strauß*: Indische Phil 1925, 10. Kap; *G Dandoy*: L'Ontologie du Vedanta, P 1932; *H v Glasenapp*: Der Stufenweg z Göttlichen 1948; *R Follet*: Quelques sommets de la phil indienne (= Arch de Phil IX, 1); *P Johannes*: La pensée religieuse de l'Inde, Louvain 1952; *VS Gathe*: The Vedanta, Neudr Poona 1960; *E Wood*: Vedanta Dictionary, NY 1964; *O Lacombe*: L' Absolu selon le Vedanta, P 1966; *BNK Sharma*: The Brahmasūtras and their principal commentaries. A critical exposition, I: Bombay 1971; *Totok* I 23. Brugger

Veränderung *(mutatio)* ist Anderswerden, Übergang von einer zu einer anderen Seinsweise. V im uneigentlichen Sinne ist die *äußere V*, bei der ein Ding eine andere Benennung erhält wegen einer V, die in Wirklichkeit an einem anderen mit dem ersten in Beziehung stehenden Ding stattgefunden hat; so „ändert" sich die Sonne aus einer aufgehenden in eine untergehende dadurch, daß sich der Erdball dreht, ohne daß die Sonne selbst eine wirkliche V erfährt. V im eigentlichen Sinn ist nur die *innere V*, bei der im oder am Ding selbst irgendeine Bestimmung eine andere wird. Jede V setzt voraus ein Subjekt, das die V erfährt, einen Ausgangszustand, in dem sich das Subjekt vor der V befindet, u einen Endzustand, zu dem die V es hinführt. Ein dem Ausgangs- u Endzustand gemeinsames, der V zugrunde liegendes Substrat bleibt bei einer wahren V immer erhalten, da ja die V kein Vergehen eines Dinges u ein völliges Neuwerden eines anderen bedeutet. (Solches Neuwerden heißt *Erschaffen* u ist, weil ihm kein Substrat, das verändert wird, zugrunde liegt, nur im uneigentlichen Sinne V ↗ Schöpfung.) Jede V erfordert als ↗ Ursache eine ↗ Kraft, die die V bewirkt. – Bei der substantiellen V wird die Substanz, das Wesen selbst, ein anderes. Solche V-en sind nach dem heutigen Stand der Forschung im anorganischen Bereich nicht gegeben, wohl aber dann, wenn aus Nicht-Lebendem Lebendes wird u umgekehrt. Eine *akzidentelle* V findet statt, sobald im selben Seienden eine Bestimmung anders wird. Sie kann quantitative, qualitative u lokale V sein. Besteht eine qualitative V lediglich in einem Anderswerden der äußeren Form, dann heißt sie *Gestaltveränderung*. Die *Ortsveränderung* ist gleichbedeutend mit ↗ Bewegung im engeren Sinn. Die V ist eine unvollendete Wirklichkeit, insofern sie einen Übergang besagt von der Möglichkeit (↗ Potenz) zur Wirklichkeit eines Dinges oder Zustandes.

Bei *Hegel* spielt die V eine entscheidende Rolle, insofern ihr auch das Absolute unterliegt, weil sich das Sein erst im Werden erfüllt u daher die dialektische Bewegung alles umgreift. In dieser selbst ist die dem Verstand zugeordnete *Andersheit* ausschlaggebend, weil in ihr die endlichen Momente hervortreten, mittels deren die Vernunft im Absoluten die Fülle seiner selbst herbeiführt.

Schwertschlager: Phil der Natur I ²1922, 106–16; *J Seiler:* Die Phil der unbelebten Natur 1948, 397–449; *N Hartmann:* Phil der Natur 1950, 251–318; *W Büchel:* Phil Probleme der Physik 1965; ferner Lit zu ↗ Werden.   Junk

Verantwortung ist eine notwendige Folge der menschlichen ↗ Willensfreiheit u der darin gründenden *Zurechnungsfähigkeit (Imputabilität)*. Kraft dieser muß die sittl Person als maßgebende Ursache ihres guten u bösen Tuns vor ihrem Gewissen, vor der sittl Umwelt u besonders vor dem göttlichen Richter für ihre Taten einstehen u die unausbleiblichen Folgen ihres Verhaltens übernehmen. Träger der V ist die einer sittl Handlung fähige ↗ Person. Gegenstand ist die eigentliche u *vollmenschliche Handlung*, die aus dem geistigen Wesensteil des Menschen durch seinen freien Willen hervorgeht. Das *spontane* Geschehen in der Betätigung der sinnlichen Triebhaftigkeit (Zornregung, Begierde) ist als solches nicht unmittelbar frei, kann aber durch Zügelung vom freien Willen beeinflußt werden. Die grundlegende Hinordnung des Willens auf das ↗ Gute im allg u das letzte Endziel der Glückseligkeit ist zwar *willentlich (voluntarium)*, weil es vom Willen ausgeht, aber unaufhebbar. Nur die Hinwendung dieses Grundstrebens auf bestimmte Einzelziele ist frei, so daß der Wille sie auch unterlassen könnte. Zurechnungsfähig u damit auch verantwortlich wird aber die Person nur dann, wenn die hinreichende ↗ sittl Erkenntnis u das vom übermächtigen ↗ Trieb oder der Überraschung nicht gehemmte, freie Wollen gegeben ist. Auch geistige Störungen mannigfacher Art vermindern die Zurechnungsfähigkeit u

Verantwortlichkeit oder heben sie ganz auf. In der V bekundet sich der Adel der menschlichen Person.

b) *M Müller:* Ethik u Recht i der Lehre v der Verantwortlichkeit 1932; *E Schlund:* V 1926; *W Bergmann:* Religion u Seelenleiden II 1927; *A Schüler:* V 1948; *R Zorn:* Autorität u V i der Demokratie 1960; *Wissenschaft* u V 1962; *J Maritain:* La responsabilità nel artista, Brescia 1963; *Potere* e responsabilità, Brescia 1963; *R Ingarden:* Über die V. Ihre ontischen Fundamente 1970. – c) *W Weischedel:* Das Wesen der V ³1972. – d) *R Wisser:* V i Wandel der Zeit 1967.

Schuster

Vererbung. Alle Organismen stehen in einem Zeugungszusammenhang. Sie gleichen ihren Elternorganismen der Art nach, darüber hinaus meist aber auch in verschiedenen individuellen Eigenschaften. Soweit diese nicht auf Einflüsse der Umwelt zurückgehen, nennt man sie vererbt. V ist also die Tatsache, daß die Organismen bei ihrer Zeugung u auf Grund ihrer Abstammung gewisse individuelle Eigenschaften erhalten. Die Entdeckungen *Mendels* zeigten, daß bei der *Kreuzung,* di bei der Befruchtung rassisch verschiedener elterlicher Keime bestimmte *Vererbungsgesetze* wirksam werden. Aus ihnen ergibt sich, daß man zwischen dem äußeren *Erscheinungsbild (Phänotypus)* eines Organismus u seinem verborgenen *Erbbild (Genotypus)* unterscheiden muß: ein Merkmal, das in einer Generation nicht in die Erscheinung trat, kann doch für die Erscheinungsform der kommenden bestimmend sein. Die Erbanlage ist aber niemals allein ausschlaggebend für die Gestaltung eines Organismus. Mitbestimmend ist die Umwelt u (neben den Chromosomen) oft das Protoplasma des Eies. Die Erbanlage läßt immer einen Spielraum frei, in dem sich dann die Umwelteinflüsse auswirken. Erworbene positive Eigenschaften werden nach den bisherigen Untersuchungen nicht vererbt. Anders steht es um erworbene Schäden. Sind sie derart, daß sie das Keimplasma angegriffen haben, so können sie erblich bleiben. Was erblich festgelegt ist, kann nicht durch allmähliche Änderungen abgeändert werden, wohl aber durch plötzliche Erbsprünge, die sog *Mutationen.*

Die V-gesetze gelten für Pflanzen, Tiere u Menschen. Auch die Tatsache *psychischer Vererbung* steht fest. Die Frage ist nur, wie sie vor sich geht u wie weit sie sich erstreckt. Eine Zeugung des geistigen Lebens der unteilbaren ↗ Seele kommt nicht in Frage. Damit entfällt auch die V der geistigen Vermögen. Das Seelenleben ist jedoch weithin von der stofflichen Organisation des Leibes abhängig (↗ Leib-Seele-Verhältnis). Hier ist der Raum auch für psychische V. Man darf aber nicht denken, daß ganze Tugenden oder Laster vererbt würden. Vererbt werden nur gewisse Grundweisen der leib-seelischen Reaktion. Vieles, was als vererbt betrachtet wird, geht auf Umwelt u Erziehung zurück. Die V setzt dem Menschen gewisse Grenzen, über die hinaus er nicht kann, innerhalb deren er aber frei ist. Zugleich stellt sie ihm die Aufgaben, an denen er sich bewähren soll. Krankhafte Fälle der Freiheitsbehinderung abgerechnet, liegt es in der Macht seiner ↗ Willensfreiheit, ob er dem Drängen einer verhängnisvollen Erbanlage nachgibt oder widerspricht.

a) *G Mendel:* Abhandl, in: Klassiker der exakten Naturwissenschaften, Nr. 121. – b) *G Pfahler:* V u Schicksal 1932; *ders:* Der Mensch u sein Lebenswerkzeug. Erbcharakterologie 1954; *W Schöllgen:* V u sittl Freiheit 1936; *Baur-Fischer-Lenz:* Grundriß der menschl Erblichkeitslehre u Rassenhygiene ⁵1940; *A Kühn:* Grundriß der Vererbungslehre ³1961; *LH Snyder:* Grundlagen der V. Lehrb der allg Genetik 1955 [Üb]; *F Vogel:* Lehrb der allg Humangenetik 1961; *LS Penrose:* Einf i die Humangenetik 1965. Brugger

Vergeltung im weitesten Sinn gibt jedem das, was ihm gemäß seinem Sein, seiner Würde u besonders seinem Tun gebührt. Sie ist eine Forderung der ↗ Gerechtigkeit. Im engeren Sinn besteht die V im gebührenden Lohn u in der gerechten Strafe für gute u böse Taten. Der *sittl Lohn* folgt der guten Tat im Zeugnis des guten ↗ Gewissens, in der sittl Ehre u Schätzung u dem guten Namen; ganz besonders aber liegt in der sittl Zielvollendung des Menschen durch die Erlangung der ewigen ↗ Glückseligkeit auch der gerechte Lohn für die freie gute Tat. Dieser innere Lohn hebt das Streben nach reiner ↗ Sittlichkeit u Pflichterfüllung nicht auf; er ist vielmehr eine Anerkennung der freien Persönlichkeit. Der sittl Lohn hat zu seiner Voraussetzung das *sittl Verdienst*, d i die auf freiem persönlichem Einsatz bei Vollbringung des Guten beruhende Lohnwürdigkeit. In Erziehung u Gemeinschaftsleben werden mit Recht Belohnungen u Auszeichnungen auch als ethisch berechtigte Motive angewandt.

Die *Strafe* besteht in der Zufügung eines physischen ↗ Übels für ein frei gewolltes sittl Übel. Sie ist die gerechte V für das Böse oder die schuldhafte Tat. Die Übertretung des göttlichen Gesetzes findet ihre entsprechende Strafe in der Verfehlung des sittl Endzieles durch Verlust der ewigen Glückseligkeit. − Sittl Lohn u Strafe tragen als vom menschlichen bzw göttlichen Gesetzgeber angekündigte in sich den Charakter der *Sanktion*, dh sie gewährleisten die Beobachtung der Gesetze, indem sie die überindividuellen Forderungen des sittl Guten mit dem wahren Wohl des Einzelnen verbinden. Da sich die Sanktion durch Vorstellung dieser Verkettung an den freien Willen wendet, macht sie das sittl Gute für den Menschen als ganzen anziehend, ohne es physisch notwendig zu machen, was nur durch eine Vergewaltigung der menschlichen Person geschehen könnte. − Jede, auch die staatliche Strafe (↗ Strafrecht) schließt deshalb notwendig die V für freie, schuldhafte Rechtsverletzung ein. − ↗ Sühne, Schuld.

b) *D v Hildebrand:* Zum Wesen der Strafe, in: Zeitliches i Lichte des Ewigen 1932, 47 ff; *J Betschart:* Das Wesen der Strafe, Einsiedeln 1939; *A Kaufmann:* Schuld u Strafe 1966. − *M Scheler:* Der Formalismus i der Ethik u die materiale Wertethik 1921, 368. Ferner Lit zu ↗Strafrecht. Schuster

Verhalten ist das (Material-)Objekt der sog V-wissenschaften, deren jede einen speziellen V-ausschnitt betrachtet: Die *Ethologie* (= V-forschung) untersucht das V von Tieren in einem ganzheitlichen Bezugsrahmen, die ↗ *Soziologie* das V von Menschen vornehmlich, wie es sich in Institutionen äußert; die ↗ *Psychologie* beschäftigt sich mit dem V von Tier u Mensch in seiner individuellen u sozialen Ausprägung. Die gleiche Benennung bezieht sich also nicht auf gleiche Inhalte, umschreibt vielmehr ein gleiches methodisches Vorgehen: Als V gilt etwas nur dann, wenn eine intersubjektive Kommunikation darüber möglich ist, dh nur ein Phänomen, das verschiedene Beobachter feststellen können. Die Aspekte, unter denen V dabei erfaßt wird, die Kategorien, die für „wichtig" erklärt werden, variieren erheblich zwischen den V-wissenschaften, hängen auch wesentlich ab von Einflußgrößen wie „Zeitgeist", methodischem Entwicklungsstand, gesellschaftlicher Relevanz. Erforscht wird, wie konstant oder veränderlich das V ist, aus welchen inneren Gründen ableitbar, in welchem Maße vorhersagbar. Aus allen Untersuchungen ergibt sich jedoch eine gewisse „Unschärfe" des V-begriffes. Verallgemeinerungen sind nur mit großer „Bandbreite" sinnvoll. In diesen Schwierigkeiten äußert sich die „Unfaßlichkeit" des Lebendigen.

Was im besonderen das menschliche V angeht, so ist grundsätzlich – damit wird der Bereich der V-wissenschaften verlassen! – ein (bewußtes) Ich beteiligt, das sein V verantworten muß (↗ Ethik), das also nicht bloß auf ein Reizumfeld u eigene Antriebe „anspringt", sondern spontan-autonom über sein V mit-verfügt. Die Komponenten dieses V bleiben zum Teil empirisch verifizierbar (zB als Motive), aber der Vollzug insgesamt läßt sich daraus nicht vollständig erklären; er entspringt einem letzten (empirisch im angegebenen Sinn nicht mehr verifizierbaren) ↗Subjekt.

N *Tinbergen:* Instinktlehre 1952; K *Lorenz:* Über tu menschl V 1965; CF *Graumann:* Bewußtsein u Bewußtheit, in: Hdb d Psych, I/1, 1966; W *Metzger:* Der Ort der Wahrnehmungslehre i Aufbau der Psych, in: Hdb d Psych I/1 1966; LJ *Pongratz:* Problemgesch der Psych 1967; H *Thomae,* H *Feger:* Hauptströmungen der neueren Psych ²1972. Fisseni

Vernunft u Verstand bedeuten, im weiteren Sinn (1) genommen, beide das eine geistige (im Ggs zum sinnlichen) Erkenntnisvermögen des Menschen. Aber schon die Alltagssprache macht Unterschiede: Vorzüge des Verstandes sind Schärfe u Exaktheit, die V wird als „gesunde" V in der Beurteilung des Guten in den menschlichen Lebenslagen geschätzt. In der antiken Phil finden wir bei *Platon* die Unterscheidung des *Nus* als der in einem Blick sich vollziehenden Einsicht u der *Diánoia* als des diskursiven ↗Denkens. Ebenso unterscheidet *Thom v Aq* den *Intellectus,* der sich in der Einsicht der Prinzipien einer geistigen Schau nähert, ohne sie jedoch zu erreichen, u die *Ratio* als das Vermögen des abstrahierenden, trennenden u verbindenden, von Prinzipien zu Folgerungen fortschreitenden Denkens. Früher hat man im Deutschen für Intellectus oft „Verstand", für Ratio „V" gesetzt; sprachlich richtiger scheint es zu sein, das Wort „V" (von „vernehmen") dem Intellectus, dem „rationalen Denken" dagegen das Wort „Verstand" zuzuordnen. Ähnlich ist auch für *Kant,* wenn er Verstand u V im engeren Sinn (2) unterscheidet, der Verstand den Begriffen u Urteilen der Erfahrungswissenschaft zugeordnet, die V dagegen den Ideen u damit dem Transzendenten, das allerdings für die *theoretische* V unerkennbar bleibt, in der *praktischen* V aber die für die menschliche Existenz wesentlichsten Inhalte der Metaphysik im ↗ Glauben erreicht. Bei *Hegel* ist die Überlegenheit der V über die abstrakten, in sich verfestigten Begriffe des Verstandes noch offenbarer;

die V hebt in der dialektischen Bewegung die für den Verstand unauflöslichen Gegensätze auf u gelangt dadurch zum göttlichen Urgrund der Welt. – Es mag zunächst befremden, daß die V einerseits als Vermögen der Prinzipien Grundlage des Verstandes ist u anderseits in der metaphysischen Erkenntnis dessen letzte Vollendung sein soll; dies wird aber verständlich, wenn die V als das geistige, dem Sein zugeordnete Vermögen gesehen wird, der Verstand als das gleiche Vermögen, insofern es als spezifisch menschliches auf das Wesenhafte im Bereich des Sinnlichen u damit auf das Werden ausgerichtet ist.

a) *Thom v Aq:* De ver q 15,a 1. – *W Kamlah:* Der Mensch i der Profanität. Versuch einer Kritik der profanen durch die vernehmende V 1949; *H Albert:* Traktat über krit V 1968; *K Jaspers:* V u Existenz, Neuausg 1973. – d) *G. Jäger:* „Nus" i Platons Dialogen 1967; *J Péghaire:* Intellectus et Ratio selon s Thomas d'Aquin, P 1936; *JB Lotz:* Verstand u V bei Thom v Aq, Kant u Hegel, in: Wiss u Weltbild 15 (1962) 193–208; *G Siewerth:* Wesen u Gesch der menschl V nach I Kant, in: Z f phil Forsch 1 (1946/47) 250–65. de Vries

Verstand. Menschlicher V ist die Fähigkeit zum ↗ Denken, d i die Fähigkeit zur unanschaulichen Seins- u Beziehungseinsicht. Als solche unterscheidet er sich wesentlich von der unklar so genannten *Intelligenz* der ↗ Tiere, auch in ihren höchsten Instinktleistungen ↗ Instinkt. – Grundgelegt ist der V in der Natur der menschlichen Seele als eines Geistwesens (↗ Geist, Seele), in seiner Eigenart als menschlicher V jedoch zugleich auf die besonderen Bedingungen des menschlichen Geistes, der gestaltende Wesensform eines Leibes ist, eingeschränkt. Obwohl der V uns zunächst als menschlicher V gegeben ist, ist *V überhaupt* seinem Wesen nach nicht dasselbe wie *menschlicher V*. Der V überhaupt ist der geistigen Erkenntnis als solcher zugeordnet, ganz gleich, ob sie uneingeschränkt, wie im unendlichen Geist Gottes, oder eingeschränkt, wie im geschaffenen oder gar leibgebundenen Geist, verwirklicht ist. Kennzeichnender Gegenstand für geistiges Erkennen u den V überhaupt ist das Seiende als solches ↗ Sein. Dieses ist dem menschlichen V während seiner Bindung an den Leib u die Sinneserkenntnis allerdings nur in dem Wesenhaften gegeben, das im Sinnending aufleuchtet *(intelligibile in sensibili).*

Die Eigenart des menschlichen Verstandes ist daher durch folgende Gegensatzpaare gekennzeichnet: Er ist erstens geistig u auf Geistiges eingestellt u doch an Sinnesfunktionen u somit an Stoffliches gebunden. Geistig: Denn nur eine Fähigkeit, deren Akte nicht unmittelbar von einem stofflichen Prinzip mitvollzogen werden, die also streng genommen immateriell ist, kann sich auf geistige Gegenstände richten u in ihnen ihre Seins- u Sinnvollendung finden. Nur eine geistige Fähigkeit kann Unanschauliches u Einfaches in ihrem Eigensein darstellen. Auch die Unterscheidung von Ich, Nicht-Ich u Akt u die dadurch ermöglichte Frage nach dem logischen, ethischen, ästhetischen Wert der Akte u des eigenen Seins sowie das vollkommene Bei-sich des Selbstbewußtseins setzen ein geistiges Prinzip der Erkenntnis voraus. Anderseits ist die Bindung an die Sinneserkenntnis offenkundig: der menschliche V muß fast alle Erstbegriffe aus der Sinneserfahrung gewinnen; er besitzt keine unmittelbare Intuition geistiger

Wesenheiten ↗ Begriffsbildung, Ontologismus. Auch im Gesamtverlauf des Denkens wahrt der V die Rückverbindung mit den Sinnesbildern (die scholastische *conversio ad phantasmata*). Zum Geistigen u Übersinnlichen kann er sich nur auf dem Weg der ↗ Analogie erheben. Mit der Bindung an die Sinneserkenntnis hängt der diskursive u abstrahierende Charakter der menschlichen V-tätigkeit zusammen, so daß *V im engeren Sinne* das Vermögen zum diskursiven u abstrahierenden Denken bedeutet. Über den Unterschied von V u Vernunft, Intellekt u Ratio ↗ Vernunft.

Die Eigentümlichkeit des menschlichen V äußert sich zweitens im Ggs von Rezeptivität u Spontaneität. Klassisch ist die Unterscheidung zwischen *wirkendem* (aktuierendem) u *leidendem* (aktuiertwerdendem) V in der Abstraktionslehre, wie sie seit *Aristoteles* in verschiedenen Formen ausgebaut wurde ↗ Begriffsbildung. Darüber hinaus bekundet sich die Spontaneität des Geistes in der Aufmerksamkeitslenkung, in den stellungnehmenden Akten des Urteilens u im schöpferischen Denken, wobei jedoch immer die Aufnahme eines Erkenntnisinhaltes Voraussetzung ist.

Den Ggs drittens von Immanenz u Transzendenz der V-tätigkeit überbrückt das geistige Erkenntnisbild, das *verbum mentis* (↗ Erkenntnis), das dem Sein nach ganz im Erkennenden bleibt, durch seinen Bildcharakter jedoch den Erkennenden über sich hinaus zum Gegenstand führt. – Die Sinnesfähigkeit wesentlich überragend, bleibt der V demnach selbst in den vollendeten Leistungen schöpferischen Denkens doch ins Ganze sinnlich-geistiger Erkenntnisweise u zugleich ins Ganze der psychologischen Persönlichkeit, auch mit ihrem ↗ Irrationalen, natürlicherweise rückverbunden. Hingegen ist der Kultus einer sog außerintellektuellen Intuition von Geistigem unter Ausschaltung oder Geringwertung des V ebenso u noch mehr verzerrend als ein einseitiges Pflegen u Werten nur des V allein.

D Feuling: Das Leben der Seele 1939, 127–40; *A Willwoll:* Seele u Geist 1938, 70–114, 178–84; *ders:* 25 Jahre dt Denkpsych, in: Schol 8 (1933) 524ff; *Th Haecker:* Der Geist des Menschen u die Wahrheit 1937; *J Fröbes:* Lehrb der exper Psych II 1929, 163–232; *B Lonergan:* Insight, L 1968: *La crise de la raison dans la pensée contemporaine*, Brügge 1960 [Sammel-Bd]; *J Piaget:* Urteil u Denkprozeß des Kindes 1972. – d) *O Hamelin:* La théorie de l'Intellect d'après Aristote et ses commentateurs, P 1953; *H Seidl:* Der Begriff des Intellekts bei Arist 1971. Willwoll

Verstehen heißt die Weise des Erfassens, die dem objektiven ↗ Sinn (nach all seinen Abschattungen) entspricht. Dabei geht es um die Durchleuchtung eines aus sich allein nicht verstehbaren Außen von seinem inneren Grund her. Drei Stufen führen allmählich tiefer. Das *semantische V* hat es mit sinnfälligen Zeichen zu tun, deren Sinn es entweder sogleich erfaßt oder erst durch Auslegung herausdeutet (1). Besondere Wichtigkeit kommt dem V der Worte als ↗ Zeichen unserer Gedanken zu. Den Sachgehalt, der sich durch Zeichen erschließt, gilt es oft selbst wieder in seinem Sinn zu v. Das *teleologische V* (↗ Teleologie) erhellt die dynamische Bewegtheit, die Gestalt oder das bloße Vorhandensein von etwas aus den entsprechenden Zielen u führenden Werten (2). Es wird vom *meta-*

physischen V getragen, das sich der Sinnhaftigkeit des ↗ Seins überhaupt zuwendet, insofern dieses sich durch sich selbst oder kraft seines eigensten Wesens rechtfertigt u damit auch alle Werte u Ziele begründet (3). Daß das V gerade Ziel- u Wesensgrund umfaßt, erklärt sich aus beider innerem Zusammenhang; denn das ↗ Wesen zeichnet das ↗ Ziel vor, u das Ziel ist die Vorausnahme der Vollendung des Wesens.

Wie schon im *einfühlenden* V als dem mit-lebenden Würdigen des Seins u Tuns eines Fremd-Ich, so vereinigen sich, zumal in der *Methode der ↗ Geisteswissenschaften*, alle drei Weisen des V. An diese Methode denkt man heute meist zuerst, wenn von V die Rede ist, wobei man V sogleich als Ggs zu ↗ Erklären sieht. Die ↗ Naturwissenschaften erklären kausal, dh sie führen Dinge oder Vorgänge der Natur auf die Wirkursachen, Aufbauelemente u allgemeinen Gesetze zurück, durch die sie eindeutig bestimmt sind. Dieses Verfahren ist dem geistigen Leben u seinen Erzeugnissen nicht gewachsen. Denn das freie Schöpfertum des Geistes unterliegt nicht eindeutiger kausaler Determination; auch lassen sich die ihm eigenen Ganzheiten nicht allein aus Elementen erklären; endlich können allg Gesetze nie das konkret Einmalige der Geschichte erschöpfen. Über das Erklären hinaus führt das V, indem es das geistige Leben als Sinn- u Wertverwirklichung faßt. So unterliegt dieses einer überkausalen oder werthaften Determination; so verdanken seine Ganzheiten als Sinn-strukturen einem Wert oder einer Werthierarchie ihre Eigenart; so läßt sich das Konkrete (Persönlichkeit, Ereignis, Gebilde) aus den in ihm führenden Werten oder als Verwirklichung der in einem Personkern oder Volksganzen angelegten Werte begreifen. Des genaueren geht das V von Zeichen (Überresten einer Epoche, Äußerungen einer Persönlichkeit) aus u schreitet über Sinnstrukturen zu letzten Werten fort. Dabei gilt es, die geschichtlichen Erscheinungen von den Werten her nicht nur zu begreifen, sondern auch zu beurteilen.

Durch das V als Methode werden die Geisteswissenschaften der Eigenart des Geistigen gerecht; hierfür waren vor allem die Arbeiten *Diltheys* bahnbrechend. Doch sind die bei ihm u anderen spürbaren Gefahren des Relativismus u des Irrationalismus zu vermeiden. Relativismus: man sondert die Werte nicht vom Wandel der Kulturgestalten, weil man nicht beachtet, daß das V als Methode einer Erfahrungswissenschaft die Werte nie letztlich rechtfertigen kann u deshalb in einer philosophischen Wertlehre gründen muß. Irrationalismus: man entzieht das V allzusehr dem rationalen Begriff, obwohl es in seiner ganzen Tiefe u Fülle nicht ein bloß begrifflicher Vorgang ist, sondern eine einfühlende Versenkung des ganzen Menschen verlangt. Wichtig für alles V ist auch der *Horizont*, aus dem es geschieht. Wenn dieser allzu eng u subjektiv bleibt, wie das bei Vorurteilen oder ↗ Ideologien der Fall ist, verbaut er den Zugang zur Wirklichkeit u besonders zum anderen Menschen, wodurch unabsehbare Mißverständnisse u unfruchtbare Kämpfe entstehen. Daher bedarf es immer wieder der Kritik des eigenen Horizontes, damit dieser möglichst weit u offen sei. Namentlich kommt ein V im ↗ Dialog zwischen verschiedenen Partnern nur in dem Maße zustande, wie sie durch ihre Auseinandersetzung zu einer möglichst weitgehenden Deckung ihrer Horizonte gelangen.

Nach *Heideggers* existenzialer Analytik hat das V unter den Komponenten des In-der-Welt-seins zwischen Befindlichkeit u Rede seinen Platz. Hier besagt es nicht bloß Wissen, sondern vor allem Können. In diesem V entwirft sich das Dasein (der Mensch) als Sein-können oder nach seinen Möglichkeiten.

W *Dilthey:* Einl i die Geisteswissenschaften ²1922 (dazu: *J Höfer:* Vom Leben z Wahrheit. Kath Besinnung an der Lebensanschauung W Diltheys 1936; *C Glock:* W Diltheys Grundlegung einer wiss Lebensphil 1939; *HA Hodges:* W Dilthey, an Introduction, NY 1944). – *J Wach:* Das V 1926–33; *W Erxleben:* Erlebnis, V u gesch Wahrheit 1937; *W Ehrlich:* Das V 1939; *OF Bollnow:* Das V 1949; *E Mezger:* Das V als Grundlage der Zurechnung 1951; *KO Apel:* V, in: Arch f Begriffsgesch 1 (1955); *Th Haering:* Phil des V 1963; *M Heidegger:* Sein u Zeit I 1927; *J Möller:* Existenzialphil u kath Theol 1952, bes 49–64; *E Rothacker:* Logik u Systematik der Geisteswissenschaften, Neudr 1972; *E Seiterich:* Die log Struktur des Typusbegriffes 1930; *HG Gadamer:* Wahrheit u Methode ³1972; *R Marten:* V 1971. Lotz

Vielheit steht im Ggs zur ↗ Einheit u besagt Zerteiltheit des Seins, aber so, daß sich die verschiedenen Elemente als Einheiten voneinander absetzen. Da das Seiende, insofern ihm Sein zukommt, Einheit besitzt, muß die V im Nicht-sein wurzeln. Wie es aber kein bloßes Nicht-sein geben kann, sondern immer nur ein vom Sein getragenes, dem Sein beigemischtes Nicht-sein, so ist auch keine bloße V möglich, sondern immer nur eine von der Einheit getragene, der Einheit beigemischte V; dh V verwirklicht sich immer nur als eine durch V gebrochene Einheit. Wo demnach das Sein, über jedes Nicht-sein erhaben, in unendlicher Fülle existiert, zeichnet es absolute Einheit ohne jede V aus. Erst wo das Sein durch Nicht-sein begrenzt wird, also endlich ist, hat die V ihren Ort; Endlichkeit u V gehören wesenhaft zusammen: wie es keine V ohne Endlichkeit gibt, so auch keine Endlichkeit ohne V. Zwei Formen der V sind für das Endliche charakteristisch: die der Seinsträger u die der Teile oder Aufbauelemente im Innern jedes einzelnen Seinsträgers. In beider Hinsicht nimmt mit wachsender Verendlichung auch die V zu.

Zum ersten: Gott ist nur einer, weil er die unendliche Fülle des Seins ausschöpft. Da jeder endliche Geist bloß einen Teilausschnitt dieser Fülle besitzt, gibt es viele endliche Geister. Doch verwirklicht beim reinen Geist nach Thomas v Aquin schon éin Individuum die ganze Vollkommenheit seiner Art. So gibt es zwar viele Arten, aber in jeder Art nur ein Individuum. Beim Menschen entfaltet sich die Art in einer V von Einzelwesen, weil keines von diesen die ganze Vollkommenheit seiner Art in sich ausprägen kann. Unterhalb des Menschen findet sich vielleicht nur noch éine metaphysische Art, nämlich die des untergeistigen Seins. Weil sie jedoch nicht auf einmal ausgeschöpft werden kann, legt sie sich in die drei großen physischen Arten des Tierischen, Pflanzlichen u Anorganischen sowie in eine Unmenge von empirischen Arten, immer wieder neuen Spielarten u schier zahllosen Individuen auseinander. Das ist der phil Hintergrund für die *Mannigfaltigkeit* der Welt, die aber zugleich eine V des Gleichartigen darstellt; deshalb kann sie auch mathematisch erfaßt werden, was vor allem vom Gleichartigsten, nämlich vom Anorganischen, gilt. Die der V dieser selbständigen Seinsträger zugrundeliegende Einheit offenbart sich zB in der physisch realen Einheit der Weltordnung, u beim Menschen in der geistig realen Einheit seiner Gemeinschaften.

Zum zweiten: Hier geht es um die an sich in einem zusammengesetzten Ganzen geeinte V von Teilen, durch deren Trennung das Ganze aufgehoben wird. Der absoluten Einfachheit Gottes steht schon im reinen Geist die Zweiheit von Wesen u Dasein, von Substanz u Tätigkeit gegenüber. Beim Körperlichen kommt noch die V von Wesensteilen (zB Leib u Seele) u Ausdehnungsteilen (zB Glieder des Leibes) hinzu. – Über die bloß begrifflich ausgeprägte, wenn auch im Wirklichen gründende V: ↗ Unterscheidung.

Obwohl die V im Nicht-sein wurzelt, ist sie nicht etwas Böses, Nicht-seinsollendes (wie der ↗ Buddhismus lehrt), auch nicht ein bloßer Schein (wie vielleicht *Parmenides* u der *Brahmanismus* meinen), endlich auch nicht nur eine V von Erscheinungen innerhalb desselben Seienden (wie wohl *Spinoza* u letztlich jeder ↗ Pantheismus sagt). Ihre unverkürzte Wirklichkeit empfängt die V einzig vom transzendenten Schöpfer, der in einer V von selbständigen Wesen die Einheit seines Reichtums mitteilen u darstellen will. – ↗ Pluralismus.

a) *Aristoteles:* Metaphysik I u X; *Thom v Aq:* Komm zu Arist Metaph I u X; STh I q 47 a 1; ScG II, 39–45; III, 97; De potentia q 3 a 16; Compendium theol c 71–3, 101; *G Hegel:* Logik, bes Buch I, Abschn 1, Kap 3. – b) *G Siewerth:* Der Thomismus als Identitätssystem 1939, bes VII u VIII; *C Nink:* Ontologie 1952; *A Brunner:* Der Stufenbau der Welt 1950, bes Kap 9; *A Marc:* Dialectique de l'affirmation 1952, bes Buch I, Kap 2; *JA Stommel:* L'unification du réel, Utrecht 1964. – c) *G Hegel* ↗ a); *N Hartmann:* Der Aufbau der realen Welt ²1949, bes Kap 29 u 39. – d) *J Maréchal:* Le point de départ de la métaphysique I ²1927. Lotz

Volk bezeichnet 1) *ethnisch* die Menschen, Familien u Sippen, die zunächst aufgrund ihrer Abstammung eine Einheit bilden („*natio*"- von nasci – im ethnischen Sinn), die sich in Eigentümlichkeiten einer ↗Rasse zeigen kann. Aber auch Sprache, Kultur u Geschichte können eine ähnliche Einheit stiften (*Nation* im sprachlichen oder kulturellen Sinn). In der Regel, jedoch – wie das jüdische V beweist – nicht notwendig kommt hinzu ein gemeinsames Siedlungsgebiet. Zur Nation im Vollsinn des Wortes gehört überdies die politische Einheit. Unter den heutigen Verhältnissen decken sich ↗Staat und *Sprach-* oder *Kulturnation* nur ausnahmsweise; meist bildet eine Nation die herrschende Staatsnation. Ein u dieselbe Sprach- od Kulturnation kann auf mehrere Staaten aufgeteilt sein u hier die Mehrheit, dort eine „völkische" Minderheit bilden; umgekehrt gibt es Mehrund Vielvölkerstaaten. Daraus erwachsen Fragen grundsätzlicher Art, insbes nach Sinn u Tragweite des *Nationalitätsprinzips*, konkret nach dem *Selbstbestimmungsrecht* der Völker u dem Recht auf „nationale" Eigenstaatlichkeit, aber auch praktische Fragen der Toleranz u des Schutzes der nationalen Güter von *Minderheiten*, insgesamt nach den Grenzen eines gesunden u eines krankhaft übersteigerten *Nationalismus*. – 2) *Politisch* oder staatsrechtlich das *Staats-V* („populus"), di die Staatsangehörigen, die nicht nur als Einzelne der Staatsgewalt unterworfen, sondern zugleich in ihrer Gesamtheit deren ursprüngliche Inhaber sind (V-↗ Souveränität); nicht dazu gehört, wer nur im Staatsgebiet lebt, ohne dem Staat als Personenverband anzugehören. Stillschweigend ausgenommen sind die (noch) Unmündigen u waren früher ausdrücklich meist die Frauen, wenn nicht gar die staatsbürgerlichen Rechte an bestimmte positive Merkmale (Wehrhaftigkeit, Steuerkraft) geknüpft waren oder sind. – 3) *Soziologisch* die Masse der „niederen" Bevölkerung („vulgus") im Ggs zu den in gehobener Lage befindlichen, d i wohlhabenderen, meist höher gebildeten u einflußreicheren Kreisen. ↗ Gesellschaft (4).

J Fels: Begriff u Wesen der Nation 1927; *W Schmidt:* Rasse u V ²1935; *H Sacher, O v Nell-Breuning:* Nationalismus, in: WBPol V/2; *E Lemberg:* Nationalismus 1964; *C Lévi-Strauss:* Strukturale Anthropologie 1967; *M Albertini* u a: L'idée de nation, P 1969; *R v Laun:* Staat u V ²1971 (1. Aufl = Der Wandel der Ideen Staat u V als Äußerung des Weltgewissens). v Nell-Breuning

Völkerrecht wird meist verstanden als Inbegriff der rechtl Normen, denen die Staaten in ihren gegenseitigen Beziehungen unterstehen. Demnach wäre nur der ↗ Staat *V-subjekt*. Neuerdings wird jedoch mehr u mehr anerkannt, daß in vielen Fällen das V, zB die Satzung der UN oder ein von ihnen in Kraft zu setzender Katalog von Menschenrechten, nicht bloß die Staaten, sondern unmittelbar auch die Staatsangehörigen, ja jeden Menschen angehen, dh berechtigen u verpflichten kann. Damit erweitert sich das V zur Gesamtheit all der Rechtsnormen, die, sei es als ↗ Naturrecht, sei es als positives ↗ Recht, für die Menschheit im ganzen, für die Gesamtheit oder doch für eine Mehrzahl von staatlich geeinten Völkern gemeinsam verbindlich sind.

Die von den Einzelstaaten bis in die jüngste Zeit beanspruchte absolute ↗ Souveränität duldete kein echtes, dh wirksam bindendes V. Die diesen Souveränitätsanspruch erhebenden Staaten anerkannten als V nur das auf übereinstimmendem Willen ihrer aller beruhende Vertrags- oder Gewohnheitsrecht. Der Einspruch (Veto) jedes einzelnen Staates genügte, um jeglichen Fortschritt im Bereich des V zu vereiteln. Ja durch einseitigen Widerruf der einmal erteilten Zustimmung wollte jeder Staat sich wieder lossagen u damit V – zB einen Friedensvertrag – aufheben können, wenn er sich nur stark genug dazu fühlte. Selbst der Angriffskrieg war kein Verstoß gegen das V, u das im Angriffskrieg gewaltsam eroberte Land u Volk galten als rechtmäßig erworben. Erst das Übermaß der Ausschreitungen im Zeitalter der Weltkriege führte zu einer Rückbesinnung, zur Anerkennung einer die Staaten u ihre Völker bindenden Rechts- u Friedensordnung, wenn auch vielleicht vorerst nur in Lippenbekenntnissen.

Wie jedes Recht, bedarf auch das Völkerrecht der *Exekutive,* dh eines Vollzugsorgans, das notfalls seine zwangsweise Durchsetzung gewährleistet. Solange die Staatengesellschaft nicht organisiert war (oder ist), kann nur im Bedarfsfall ein Staat oder eine Staatengruppe es übernehmen, einen Genossen der V-gemeinschaft, der das Recht bricht, gewaltsam zur Achtung des Rechts zurückzuführen. Darin liegt die – sehr begrenzte – Rechtfertigung sog völkerrechtlicher *Interventionen,* äußerstenfalls des Interventionskriegs. In dem

Maße, wie die Staatengesellschaft sich organisiert, entsteht in dieser Organisation eine ständige, auch verfahrensmäßig geregelte Exekutive des V mit verbindlicher Gerichtsbarkeit u gegebenenfalls Aktionen gegen den widersetzlichen Rechtsbrecher, die sich äußerlich vom ↗ Krieg vielleicht nicht unterscheiden, ihrer Natur nach aber Vollstreckungsmaßnahmen einer überstaatlichen Justiz sind. – Auch dem einzelnen Staatsangehörigen, dem der eigene Staat die Menschenrechte versagt, soll – theoretisch! – die Rechtshilfe der überstaatlichen Rechtsgemeinschaft zur Verfügung stehen.

Das *ius gentium* der Alten entspricht nicht unserem V, sondern bezeichnet das im Rechtsbewußtsein aller (damals bekannten) Völker übereinstimmend verwurzelte Recht. – Das sog *Internationale Privatrecht* ist kein V, sondern ein innerstaatliches Recht sog *„Kollisionsnormen":* welches Recht ist anzuwenden, wenn die Rechtsbereiche mehrerer Staaten berührt werden (zB Testament eines Ausländers über inländischen Nachlaß)? Zahlreiche solche Kollisionsnormen sind auf Grund internationaler Abkommen in einer großen Zahl von Staaten innerstaatlich übereinstimmend geregelt. Im übrigen ist die Vereinheitlichung der überstaatlichen Rechte zu einem *Weltrecht* (zB Wechsel- u Scheckrecht) bisher nur in sehr beschränktem Maß gelungen.

b) *A Hartmann:* Die sittl Ordnung der Völkergemeinschaft 1950; *A Hold-Ferneck:* Lehrb des V I 1930, II 1932; *A Verdross:* V ⁴1959; *J Mausbach:* Naturrecht u V 1918; *K Petraschek:* System der Phil des Staates u des V 1938; *AH Dantas de Brito:* La Phil du Droit des Gens, Washington 1944; *JT Delos:* La société internationale et les principes du droit public, P ²1950. – c) *F Berber:* Lehrb des V 1960 ff; *E Cassirer:* Natur- u V i Lichte der Gesch u der systemat Phil, Neudr 1963. – d) *G Stadtmüller:* Gesch des V I 1951; *E Reibstein:* V, eine Gesch seiner Ideen 1958–63; *O Schilling:* Das V nach Thom v Aq 1919; *J Soder:* Die Idee der Völkergemeinschaft. Fr de Vitoria u die phil Grundlagen des V 1955; *F Suárez:* Ausgew Texte z V, hg v *J de Vries,* 1965.   v Nell-Breuning

Vollkommenheit sagt dem Wort nach das Zum-Vollen-gekommen-sein. Dieselbe Bedeutung liegt in dem lat *perfectio,* nämlich das durch u durch (per), also ganz durchgeführte Gemacht- oder Geworden-sein. V schließt demnach Vollendung ein. Sie kann auf verschiedene Weise verwirklicht sein: entweder ist sie von Anfang an voll da, oder sie reift allmählich.

Von Anfang an u ohne jedes Werden vollendet ist allein Gott. Ihm eignet als dem Unendlichen die *absolute* V, weil er in jeder nur denkbaren Hinsicht vollkommen ist; sämtliche Möglichkeiten des Seins sind in ihm verwirklicht, u zwar in höchster Vollendung. – Das Endliche besitzt immer nur *relative* V, dh innerhalb des ihm durch seine Wesenheit zugemessenen Raumes, der bestimmte Seinsmöglichkeiten ein-, andere aber ausschließt. Außerdem erreicht es seine V einzig durch Werden; es geht unfertig aus des Schöpfers Hand hervor u soll sich selbst vollenden. (Das gilt auch vom reinen Geist auf seine überzeitliche Weise.) Diese Entfaltung durchläuft mehrere Stufen, womit verschiedene Bedeutungen der V gegeben sind.

Im vorzüglichsten Sinn legen wir dem Endzustand V bei, in dem alle Möglichkeiten eines Seienden verwirklicht sind, in dem es also das ihm vorgezeichnete

Ziel oder Ideal erreicht hat. V (1) besagt hier Voll-endung; so sprechen wir von einem vollendeten Meister. Dieser Endzustand baut sich aus mannigfachen Elementen auf, von denen jedes eine Seite der V darstellt oder das betreffende Wesen unter einer bestimmten Rücksicht vollkommen macht. Wie wir den Gesamtzustand *die V* nennen, so heißen wir jedes einzelne Element *eine* V, zB Gesundheit, Willenskraft, Reinheit. Das bisher als V Beschriebene bringt immer Entfaltung oder Erfüllung von Anlagen u ist Ergebnis eines den anfänglichen Seinsbestand weiter entwickelnden Wirkens. Im weiteren Sinn wird auch der ursprüngliche, unentfaltete Seinsbestand selbst schon als V (2) bezeichnet, weil damit ein Seiendes wenigstens die Grundstruktur seines Wesens voll besitzt (schon das Neugeborene ist Mensch). Ganz weit genommen ist schließlich V (3) jede, auch die geringste Teilhabe am Sein, weil sie jedesmal einen Schritt zum Vollen hin bedeutet (identisch mit ↗ Akt). – Über die Unterscheidung von reiner u nicht-reiner V ↗ Akt.

Die *ethisch-religiöse V* meint Vollendung der sittlichen Tugenden u der Gottverbundenheit. Sie verlangt auch, daß man seine übrigen Anlagen nicht brach liegen lasse, sondern nach Möglichkeit entfalte.

a) *Thom v Aq:* STh I q 4; II. II q 184; ScG I, 28; Comp theol c 20–22. – b) ↗ Akt, Sein; *A Marc:* Dialectique de l'affirmation 1952, bes Buch II, Kap 2; *J Bofill:* La escala de los seres o el dinamismo de la perfección, Barcelona 1950. – d) *MW Bloomfield:* Some Reflections on the Medieval Idea of Perfection, in: Franciscan Studies 17 (1957) 213–37; *F Marty:* La perfection de l'homme selon s Thom d'Aq, Rom 1962. – e) *J Lotz, J de Vries:* Phil i Grundriß ³1969, bes Teil II, Abschn 2 u Teil III.

Lotz

Voluntarismus. Als V bezeichnet man jene Richtungen der Phil, die in irgendeiner Weise dem ↗ Willen vor dem Verstand den Vorzug geben (Ggs ↗ Intellektualismus). Dies kann jedoch auf sehr verschiedene Weise geschehen. Nach dem *metaphysischen V* ist die Wirklichkeit ihrem tiefsten Grund u eigentlichen Sein nach Wille *(Schopenhauer, E v Hartmann)*. Der *psychologische V* geht nicht so weit, spricht aber dem Willen den Vorrang vor dem Verstand zu (*Heinrich v Gent:* der Verstand rein passiv, sein Objekt dem des Willens untergeordnet; gemäßigter *Duns Skotus:* der Verstand dienende Ursache des Wollens, die Wahrheit jedoch nicht vom Wollen abhängig). Der psychologische V erweitert sich meist auch zu einem *theologischen V* (Wesen der Seligkeit in der Liebe Gottes; Naturordnung u teilweise auch Sittenordnung vom Wollen Gottes abhängig). *Luther* u (mit einer gewissen Einschränkung) *Ockham* lassen die ganze Sittenordnung von der Willkür Gottes abhängen; nach Luther ist Gott unerkennbar, weil absoluter Wille. Von all diesen Formen verschieden ist der *erkenntnistheoretische V Kants,* nach dem der praktischen Vernunft vor der theoretischen der Primat zukommt, weil uns jene zu metaphysischen Überzeugungen führt, zu denen diese nicht hinreicht, wenngleich sie die Bahn dafür frei macht. Zum erkenntnistheoretischen V gehört auch der ↗ Pragmatismus. Einem *ethischen V* huldigt *Nietzsche,* indem der Wille zur Macht als moralischer Höchstwert erscheint. – Meist verwechselt der V Wollen u Tätigkeit. Wille (wenn er nicht mit blindem Trieb ineins gesetzt wird) u Verstand stehen ihrer Natur nach auf der-

selben Seinsstufe. Sie ergänzen sich, indem der Wille den Verstand bewegt u der
Verstand den Willen erleuchtet. In Gott sind sie der Sache nach eins.

Außer den Lehrbüchern der Gesch der Phil: *P Paulsen:* Einl i die Phil 1892; *HM Wolff:* A Schopenhauer 1960; *FA Prezioso:* L'evoluzione del Voluntarismo da Duns Scoto a Guglielmo Alnwick, Neapel 1964; *E Bucher* u a (Hgb): Von der Aktualität Schopenhauers 1972. Brugger

Voraussetzung. Das Wort wird in zwei verschiedenen Bedeutungen gebraucht, deren Vermengung zu manchen Mißverständnissen Anlaß gegeben hat. Sie können unterschieden werden als *reale V* (1) u *logische V* (2). Reale V-en können notwendige Vorbedingungen sein (B: ein bestimmter Studienabschluß für die Bewerbung zu einem Amt), aber auch tatsächliche Verhältnisse, die das Erreichen eines Zieles günstig oder auch ungünstig beeinflussen (gute V, schlechte V). Logische V ist dagegen ein als wahr angenommener Satz, der bei einer wissenschaftlichen Untersuchung als Grundlage (gegebenenfalls als Prämisse) dient, namentlich wenn dieser Satz hier u jetzt nicht auf seine Gültigkeit hin geprüft wird oder nicht einmal bewußt wird (stillschweigende V).

Diese Unterscheidungen sind bei der Forderung nach *Voraussetzungslosigkeit der Wissenschaft* zu beachten. Es ist völlig klar, daß diese Forderung sinnlos wird, wenn sie als Freiheit von allen realen V-en verstanden wird. Es gibt (↗ transzendentale) Bedingungen der Möglichkeit jeder Erkenntnis, aber auch die einzelnen Wissenschaften haben je ihre eigenen realen V-en, ohne die sie nicht möglich sind. In der Regel ist der Mensch, der das Studium oder die selbständige Forschung beginnt, auch über die notwendigen realen V-en hinaus vorgeprägt durch seine angeborene Eigenart u durch gesellschaftliche u religiöse Traditionen, in die er durch die Erziehung hineinwächst, ferner durch seine persönlichen Lebenserfahrungen. Vieles davon kann sich hemmend auswirken für die Wahrheitsfindung (↗ Ideologie), vieles aber auch befruchtend. Ein weitgehendes Fehlen all dieser V-en würde sich jedenfalls sehr ungünstig auswirken.

Ohne Zweifel enthalten die genannten realen V-en auch Überzeugungen in sich, die ohne persönliche Nachprüfung übernommen wurden, *Vor-urteile* (in einem wertneutralen Sinn), *Antizipationen* (die *prólēpsis* der *Stoiker*), und es kommt oft vor, daß diese Vor-urteile im Fortschreiten des Denkens zu logischen V-en werden, die unreflex den weiteren Überlegungen zugrunde gelegt werden. Im vorwissenschaftlichen Denken ist dieses Vorangehen unvermeidlich; der Mensch kann mit seinen lebenswichtigen Entscheidungen nicht warten, bis er über alles reflexe ↗ Gewißheit gefunden hat; die ohne Reflexion angenommenen V-en können echte natürliche Gewißheit haben; wenn die Antizipationen allerdings allein auf subjektiven Neigungen beruhen, werden sie zu *Vorurteilen* im abwertenden Sinn. Die Einzelwissenschaften sollten sich gewiß ihrer logischen V-en bewußt sein, können aber wenigstens die letzten V-en nach ihren eigenen Methoden nicht prüfen u begründen. Deren reflexe Prüfung u Begründung ist vielmehr Aufgabe der ↗ Philosophie; selbstverständlich besagt das nicht die unsinnige Forderung nach ↗ Beweis aller V-en, da der letzte ↗ Grund immer nur die unmittelbare ↗ Evidenz sein kann, deren sich die Philosophie reflex vergewissern soll.

J Donat: Die Freiheit der Wiss ³1925; *F Weidauer:* Objektivität, voraussetzungslose Wiss u wiss Wahrheit 1935; *G Hennemann:* Zum Probl der V-losigkeit u Objektivität der Wiss 1947; *E Spranger:* Der Sinn der V-losigkeit i den Geisteswissenschaften ³1964 – Zum Begriff der Antizipation: *JH Newman:* Entwurf einer Zustimmungslehre 1961. – d) *K Roßmann:* Wiss, Ethik u Politik 1949; *J v Kempski:* Brechungen 1964, 140–59.   de Vries

Vorherwissen Gottes. Von einem eigentlichen „Vorherwissen" kann bei Gott nicht die Rede sein, da er außer u über der Zeit steht, es also weder für sein Sein noch für sein Wissen ein Vorher oder Nachher gibt. Darum liegen nicht bloß die gegenwärtigen, sondern auch die vergangenen u in sich zukünftigen Ereignisse vor seinem ewigen Blick. Dieser umschließt selbst unsere freien zukünftigen Entschließungen, die uns selbst noch verborgen sind, ohne daß diesen deshalb ihr Charakter der Freiheit genommen würde. Unsere gegenwärtigen freien Handlungen ändern sich ja auch nicht dadurch, daß sie einen Zuschauer haben: Gott aber ist ewiger, überzeitlicher Zuschauer.

Gott erkennt auch unsere freien, *bedingt zukünftigen* Handlungen *(futuribilia)*, dh jene, die nur unter bestimmten Voraussetzungen geschehen würden, tatsächlich aber nie gesetzt werden, weil eben diese Voraussetzungen nie verwirklicht werden. Denn nur so läßt sich die Vorsehung erklären, ohne daß unsere Freiheit gefährdet wird. Wenn nämlich Gott weiß, wie die Menschen in all den besonderen Situationen handeln würden, braucht er, um sein bestimmtes Ziel zu erreichen, nur jene Situation eintreten zu lassen. Daß Gott die freien, bedingt zukünftigen Handlungen von Ewigkeit her weiß, wird heute innerhalb der Scholastik kaum bestritten. Dagegen gehen die Versuche, dieses Wissen zu erklären, es dem Wollen u den anderen Arten des Wissens in Gott zuzuordnen, weit auseinander, ähnlich wie bei der ↗Mitwirkung Gottes. Nach der „thomistischen" Lösung erkennt Gott die absolut freien wie die bedingt freien zukünftigen Akte aus seinen Willensdekreten, die das Wollen des Menschen zum voraus bestimmen; nach molinistischer Lehre erkennt er die bedingt zukünftigen freien Akte der Geschöpfe „in diesen selbst", insofern sie sich unabhängig von jedem Willensdekret Gottes auf für uns unerforschliche Weise in Gottes Erkenntnis darstellen *(scientia media, mittleres Wissen)*. Im einzelnen werden auch hier verschiedene Wege beschritten, ohne daß einer restlos befriedigte. – Die Tatsache des VG überhaupt wird vielfach damit begründet, daß Gott alle Wahrheiten erkenne. Doch läßt sich schwer einsehen, wie den zukünftigen Dingen in sich ein Sein u damit auch Wahrheit zukomme unabhängig vom göttlichen Wissen.

a) *Thom v Aq:* STh I q 14; ScG I, 44–71. – *L Molina:* Concordia disp 49–53. – *Thom Auffassung: F Diekamp:* Kath Dogmatik I ¹⁰ u ¹¹1949; *Garrigou-Lagrange:* Dieu, P ⁴1923, 791–847. – *Molinist Auffassung: M Rast:* Zu den Beweisen f das göttl V, in: Schol (1936) 481–98; *Hellin:* Theologia naturalis, Madrid 1950. – c) *J Lequier:* Œuvres complètes (Être et Penser 33–34), Neuchâtel 1952. – d) *K Kolb:* Menschl Freiheit u göttl V nach Augustin 1908; *C Schneider:* Das Wissen Gottes nach der Lehre des hl Thomas v Aq 1884–86; *J Stufler:* Die Lehre des hl Thomas v göttl V der freien Willensakte der Geschöpfe, in: Z f kath Theol (1937) 323ff; *H Schwamm:* Das göttl V bei Duns Scotus u seinen ersten Anhängern 1934; *J Schwane:* Das göttl V u seine neuesten Gegner 1855.   Rast

Vorsehung nennt man die Wirksamkeit Gottes, wodurch er die Geschöpfe zu ihrem Ziel hinlenkt. Sie umfaßt erstens den ewigen *Weltplan* Gottes, die Geschöpfe im einzelnen u in ihrer Gesamtheit ihrem obersten Ziel, der Verherrlichung Gottes, zuzuführen. Durch diesen Plan werden sowohl das Ziel wie die Mittel (Naturanlagen, Existenzbedingungen usw) vorausbestimmt. Zweitens umfaßt die V die Ausführung des Weltplans oder die *Weltregierung.* Diese ist nicht nur ein Ausfluß der Weisheit u Allmacht Gottes, sondern auch eine Wirkung seiner Liebe u Güte. Denn die Erreichung ihres Zieles bedeutet für die Geschöpfe eine je nach ihrer Natur verschiedene Teilnahme an Gottes Vollkommenheit. – Gott bedient sich bei der Weltregierung der Tätigkeit der geschaffenen Zweitursachen, nicht weil seine Macht versagte, sondern um die Geschöpfe an dem Vorzug, Ursache zu sein, teilnehmen zu lassen. – Je nachdem, ob Gott den (vernünftigen) Geschöpfen ein natürliches oder ↗ übernatürliches Ziel gesetzt hat, unterscheidet man eine *natürliche* u eine *übernatürliche V.* Daß die tatsächlich von Gott ausgeübte V eine übernatürliche ist, wissen wir nur durch die ↗ Offenbarung. – Die *allgemeine V* erstreckt sich auf die Gesamtheit aller Geschöpfe, die *besondere* auf die vernünftigen Wesen, auf welche die übrigen hingeordnet sind. Die V ist also allumfassend, so daß es in bezug auf Gott keinen ↗ Zufall geben kann.

Unter *Schicksal* versteht man die Summe aller Gegebenheiten des menschlichen Lebens, die nicht vom freien Willen des Menschen abhängen. Dieses Schicksal als ein blindes, selbst die Gottheit beherrschendes Gesetz aufzufassen (= *kosmischer Fatalismus*), ist eine Verkennung der absoluten Herrschermacht Gottes. Was das Schicksal ausmacht: das Hineingestelltsein in die Gesetze der Materie, des Lebens u der Geschichte mit den in diesen Bereichen sich auswirkenden physischen u moralischen Übeln, ist von Gott gewußt, gewollt oder doch zugelassen. – Das Schicksal als unabänderliche, willkürliche Vorausbestimmung von seiten Gottes zu nehmen, sei es zum Heil oder zur ewigen Verdammnis (= *theologischer Fatalismus* der Mohammedaner, des Kalvinismus), bedeutet die Aufhebung der menschlichen Freiheit. Gewiß geschieht nichts, was Gott nicht will oder wenigstens zuläßt, aber Gott hat in seiner Allwissenheit das freie sittliche Verhalten des Menschen in seine Ratschlüsse einbezogen. Darum ist das *Bittgebet* nicht sinnlos; der Betende will nicht gegen einen unabänderlichen, von Gott festgesetzten Plan ankämpfen, sondern durch sein Gebet die ihm von Gott gewährte Stelle in diesem Plan ausfüllen.

a) *Thom v Aq:* ScG III, 64, 71–83, 90–7. – b) *Lex Theol Kirche*[2], Artikel Vorsehung, X 885; *C Gutberlet:* Theodizee [4]1909, 295ff; *G Wunderle:* Grundzüge der Religionsphil 1918, 171ff; *A Lehmkuhl:* Die göttl V [16]1923; *J Ranft:* Der V-Begriff 1928; *A d'Alès:* Providence et liberté [9]1928; *P Doret:* L'irréprochable providence 1938. – *HE Hengstenberg:* Von der göttl V 1940; *J Konrad:* Schicksal u Gott 1947; *WG Pollard:* Zufall u V 1960; *L Scheffczyk:* Schöpfung u V 1963. – d) *V Cioffari:* Fortune and Fate from Democritus to St Thomas Aquinas, NY 1935; *V Schubert:* Pronoia u Logos.

Die Rechtfertigung der Weltordnung bei Plotin 1968; *Ch Parma:* Pronoia u Providentia. Der V-begriff Plotins u Augustins, Leiden 1972. – e) C *Gröber:* Handb der relig Gegenwartsfragen 1940, 566.

Naumann

Vorsokratiker. Die V bilden die erste große Phase der griechischen Phil. Zu ihnen gehören zunächst die *Ionischen Naturphilosophen: Thales v Milet* (um 585 v Chr), *Anaximander* u *Anaximenes*, die nach dem Urstoff der Welt fragen (Wasser, das Unbegrenzte, Luft) u Belebtes u Unbelebtes noch nicht wesentlich unterscheiden (daher *Hylozoismus*). Der sagenumwobene *Pythagoras* (um 532 v Chr) ist Gründer eines asketisch-politischen Männerbundes mit dem Glauben an die Seelenwanderung. Grund der Welt ist nach ihm die Zahl als Ausdruck einer inneren Harmonie des Seins. Erster Metaphysiker ist *Heraklit,* „der Dunkle", von Ephesus (um 500 v Chr), nach dem das Seiende sich in stetem Werdefluß befindet, das darum nicht durch starre, eindeutige Begriffe gefaßt werden kann. Über allem Wechsel steht nur das Weltgesetz. Im Ggs hierzu will *Xenophanes* aus Elea *(Eleatische Schule: Parmenides, Zeno)* nur ein einziges wahres Seiendes als Weltgrund u Absolutes anerkennen. Das Seiende ist eins, unveränderlich, nur Gegenstand des Denkens u eins mit ihm; deshalb ist die Sinnenwelt nur Schein. Von diesen metaphysischen Höhen steigt die sog *jüngere Naturphil (Empedokles, Anaxagoras, Leukipp* u *Demokrit)* wieder zur Sinnenwelt herab. Die Welt besteht entweder aus wenigen (vier) Urstoffen oder unendlich vielen, teils gleichartigen, teils verschiedenen Elementen, die durch den *Nus* (Vernunft) in Bewegung gesetzt werden (Anaxagoras), nach einem modern anmutenden, mechanisch-materialistischen Atomismus jedoch aus kleinsten Teilchen, die durch Zufall zusammenkommen oder auseinanderstreben (Demokrit). Fast alle diese Philosophen sind gegen die anthropomorphen Göttervorstellungen der Volksreligion kritisch eingestellt. In der Ethik verkünden sie als Lebensziel die Eudaimonie (Glückseligkeit), die im bewußten Maßhalten besteht. *Aristoteles* hat seine metaphysische Konzeption von Materie u Form als Aufbauprinzipien des körperlichen Seins nach historisch-kritischer Methode in der Auseinandersetzung mit Heraklit u der Eleatischen Schule (Alles ist nur Bewegung – Es gibt keine wirkliche Bewegung) entwickelt. – ↗[27–35]

Quellen: *Diels-Kranz:* Die Fragm der V, gr u dt, [6]1951–52; *W Capelle:* Die V, Fragm u Quellenberichte 1958. – Lit: *W Kranz:* Die griech Phil 1941; *W Nestle:* Vom Mythos z Logos [2]1942; *J Burnet:* Early Greek Phil [4]1945; *HF Cherniss:* Aristotle's Criticism of Presocratic Phil NY 1964, Octagon; *FM Cleve:* The Giants of Pre-sophistic Greek Phil, Den Haag 1965; *W Bröcker:* Die Gesch der Phil vor Sokrates 1965; *HG Gadamer* (Hgb): Um die Begriffswelt der V 1968; *A Kojève:* Essai d'une histoire raisonnée de la phil païenne I, P 1968; *U Hölscher:* Anfängliches Fragen 1968; *O Gigon:* Der Ursprung der griech Phil [2]1968; *K Hildebrandt:* Frühe griech Denker 1968; *G De Cecchi Duso:* L'interpretazione Heideggeriana dei presocratici, Padua 1970; *DJ Furley, RE Allen* (Hgb): Studies in Presocratic Phil, L 1970; *ML West:* Early Greek Phil and the Orient, Oxford 1971; Totok I 103 ff.

Schuster

Vorstellung im weiteren, phil Sinn ist jede Art intentionaler Darstellung eines Gegenstandes, sei sie nun geistig oder sinnlich, dem äußeren oder inneren Sinn zugehörig (scholastisch: *repraesentatio*). V in der engeren, psychologischen

Bedeutung (scholastisch: *phantasma*) ist das Sichvergegenwärtigen von Sinnesgegebenheiten, nicht auf Grund unmittelbar einwirkender Sinnesreize, sondern auf Grund der von früheren Wahrnehmungen zurückgebliebenen „Spuren". Im Ggs zur peripher (durch Sinnesreize) ausgelösten ↗ Wahrnehmung u dem folgenden *Nachbild* wird die V zentral ausgelöst. Je nachdem dabei frühere Wahrnehmungen mehr oder minder getreu wiedererweckt oder deren Elemente in freier Weise kombiniert werden, spricht man von *Gedächtnis-* oder bloßen *Phantasiebildern*. – Alle V-en stammen, wenigstens in letzten Elementen, aus dem Erfahrungsmaterial der Außensinne, wie umgekehrt V-en sich im Aufbau des Bildes der Wahrnehmungswelt mit den unmittelbaren Sinnesgegebenheiten verbinden können. Anderseits unterscheidet sich die V von der Wahrnehmung für gewöhnlich klar durch ihre charakteristischen Eigenschaften. Sie pflegt weniger deutlich, weniger stabil, mehr der willkürlichen Erweckung oder Abschaltung unterworfen zu sein. Diese Eigenarten fundieren psychologisch den „Unwirklichkeitscharakter" der V-bilder. Doch sind diese Unterschiede nur graduell u können schwinden. Das *eidetische* oder *subjektive Anschauungsbild* der *Eidetiker* kann so plastisch, bei gewissen Typen der Eidetiker auch so stabil u sich aufdrängend sein wie ein Wahrnehmungsbild. *Zwangsvorstellungen* können sich so in das Bewußtsein festkrampfen, daß sie durch allen willentlichen Kampf gegen sie eher noch mehr fixiert werden. Der „Wirklichkeitseindruck" kann sich zu schwersten *Trugwahrnehmungen* steigern, in *Illusionen* (bei denen rein Vorgestelltes sich allzu stark mit Wahrgenommenem zur trügerischen Ganzheit verbindet) u in *Halluzinationen* (in denen nicht Vorhandenes scheinbar „wahrgenommen", Vorhandenes hingegen überhaupt nicht in die V-welt aufgenommen wird). Solche Trugwahrnehmungen können auf den verschiedensten Sinnesgebieten auftauchen u elementare Phänomene (wie Lichtfunken) oder komplexe Dinge (wie Gespräche u ä) vortäuschen; sie können physiologisch bedingt sein (wie im Alkoholdelirium) oder psychogener Natur (wie in Hypnosen oder selbst in Autosuggestionen).

Das Auftauchen der V-inhalte im Bewußtsein vollzieht sich zumeist nicht isoliert (*freisteigende V*), sondern im Zusammenhang mit anderen „Bildern" nach den Assoziations- u Komplexgesetzen (↗ Assoziation, Komplex), insofern Erlebnisteile, die einmal in einem Erlebnisganzen beisammen waren, die Tendenz haben, einander ins Bewußtsein zurückzurufen. – Über die Bedeutung der V im Ganzen menschlicher Erkenntnis ↗ Denken, Phantasie, Gedächtnis. – Die Leichtigkeit im Behalten u Reproduzieren von V-bildern ist bei verschiedenen *Vorstellungstypen* verschieden hinsichtlich der Gegenstandsgebiete, weshalb man zwischen visuellen, akustischen, motorischen Typen, zwischen Form- u Farbensehern usw unterscheidet. – Eine seltsame V-verbindung haben wir in den sog *Synästhesien* vor uns, in denen mit Wahrnehmungsbildern eines Sinnesgebietes (etwa des akustischen) V-bilder eines anderen Sinnesgebietes (etwa des visuellen) regelmäßig sich verbinden (Phänomene des Farbenhörens und Tönesehens).

J Lindworsky: Wahrnehmung u V, in: Z f Psych 80 (1918); *P Hofmann:* Empfindung u V 1919; *GE Müller:* Zur Analyse des Gedächtnisses u des V-verlaufes, 3 Bde, 1911–24; *J Fröbes:* Lehrb der exper Psych I ³1929, 3. Abschn, 1. Kap; *F Scola:* Über das Verhältnis v V-bild, Anschauungsbild u Nachbild, in: Arch f d ges Psych 52; *E Jaensch:* Über den Aufbau der Wahrnehmungswelt I ²1928, II 1931 [u das Schrifttum seiner Schule]; *A Argelander:* Das Farbenhören u der synästh Faktor der Wahrnehmung 1927; *H Kunz:* Die anthropolog Bedeutung der Phantasie 1946; *K Jaspers:* Allg Psychopathologie ⁴1948; *JP Sartre:* L'imagination, P ⁶1965; *M Clark:* Logic and System, Den Haag 1971 [zu Hegel]; *JJ Chambliss:* Imagination and Reason in Plato, Aristotle, Vico, Rousseau and Keats, Den Haag 1974.
Willwoll

Wahrheit – I. Ansatz aus der heutigen Problematik. – W kann man unterschiedlich bestimmen, je nachdem, ob man sie als einen möglichst weiten, mit dem Sein selbst koextensiven Begriff oder ob man sie als einen möglichst engen u exakten Terminus zu fassen versucht. Die erste Tendenz entspricht dem Gebrauch dieses Ausdrucks in der phil Tradition des Abendlandes, während die zweite eher rein logischen u linguistischen Gesichtspunkten folgt. Um in der heutigen phil Problemlage einen fundierten Ansatz zu einer Bestimmung des W-begriffs zu finden, kann man von der klassischen Formel „W ist die Übereinstimmung *(Adäquation)* zwischen Verstand u Sache" ausgehen. Diese Definition erweist sich als genauso unverzichtbar wie unbefriedigend. Zur Klarheit kann man gelangen, wenn man versucht, den prädikativen Sinn von „wahr", etwa im Ausdruck „x ist wahr", zu erklären. Es zeigt sich dabei, daß dieser Ausdruck zunächst einen Geltungsanspruch besagt, insofern er sich gerade unter dem Gesichtspunkt dieses Anspruchs von anderen, ähnlichen Ausdrücken (etwa: „x soll sein") unterscheidet. Ferner besagt der Ausdruck nicht einen beliebigen, sondern einen mit Gründen einlösbaren Geltungsanspruch. Die erste Analyse zeigt also, daß „x ist wahr" zunächst einen diskursiv einlösbaren Geltungsanspruch besagt. Der Sinn von W kann aber nicht auf diese Bestimmung reduziert werden, da damit nur die „äußere", „pragmatische" Seite, die „Außenstruktur", noch nicht die „Innen-" oder „Tiefenstruktur" der W aufgezeigt wurde; m a W: Um den Sinn von „wahr" zu ermitteln, muß gezeigt werden, als was „x" in „x ist wahr" zu verstehen ist. „x" kann nun nicht für einen Satz – verstanden als rein graphisches oder syntaktisches Sprachgebilde – stehen, denn der Satz in diesem Sinne ist leer, sinnlos u kann daher keinen Geltungsanspruch erheben, „x" steht vielmehr für eine Aussage, in der sich ein Gehalt oder ein ↗ Sachverhalt ausdrückt. Das Prädikat „wahr" wird also „x" zugeschrieben, insofern „x" für eine Aussage steht. – Der Sachverhalt kann als bestehend oder nichtbestehend aufgefaßt werden. Wird er als bestehend behauptet, so ist die Aussage wahr. Der als bestehend behauptete Sachverhalt ist der *Sachverhalt*, insofern er Hinbeziehung auf die Sache selbst besagt, wobei diese Hinbeziehung als Identität von Sachverhalt u Sache selbst zu begreifen ist. Solange nämlich die Ebene dieser Identität nicht erreicht ist, bleiben sich Aussage bzw Sachverhalt u Sache selbst äußerlich. Es genügt auch nicht, zu sagen, daß die Aussage die Sache selbst „trifft", „bezeichnet" usw; es muß gezeigt werden, daß u wie dadurch die Sache selbst *erkannt*, dh offenbar (gemacht) wird.

„x ist wahr" ist damit auf der Ebene der Identität von Sachverhalt u Sache die Artikulation der Offenbarkeit der Sache selbst, u zwar nach dem Maß des Prädikats *(partielle Identität)*. Die adäquate sprachliche Artikulation ist demnach: „Die Sache verhält sich so ..." Der integrale Begriff der W kann daher nur durch die Bipolarität von Geltungsanspruch u Offenbarkeit der Sache selbst bestimmt werden. – Von diesem integralen Begriff der W her lassen sich verschiedene Unterscheidungen u Bezeichnungen erläutern, verstehen u gegebenenfalls korrigieren, die im Laufe der Denkgeschichte eingeführt wurden u heute gebräuchlich sind. Die Ausdrücke *„Transzendentale W"* *(Kant)* u *„reine W"* *(Hegel)* wollen nicht „den" umfassenden W-begriff charakterisieren, sondern sind als Strukturmomente zu verstehen: sie bezeichnen von einer bestimmten Perspektive aus jene formalen Bestimmtheiten (Kategorien), in denen sich W artikulieren kann.

Puntel

II. Bedeutungsmannigfaltigkeit. – W im allgemeinsten Sinn besagt eine Übereinstimmung zwischen Sein u Geist *(adaequatio rei et intellectus)*, im höchsten Sinn ein völliges Sichdurchdringen beider. Für den Menschen tritt die W zuerst als W der Erkenntnis hervor; diese *Erkenntniswahrheit (logische W)* kommt im ↗ Urteil zur Vollendung u besteht darin, daß sich das Denken dem seienden ↗ Sachverhalt angleicht, insofern es den Sachverhalt als seiend, bestehend zum Ausdruck bringt. Die menschliche W ist also (wenigstens in der theoretischen Erkenntnis) nicht für das Sein maßgebend, sondern am Sein gemessen, „seinsgerecht". Die W fordert nicht, daß das Denken das Seiende mit all seinen Bestimmungen wiedergibt u in diesem Sinn *adäquate Erkenntnis* ist; es genügt vielmehr eine *inadäquate Erkenntnis*, wenn nur die Merkmale, die gedacht u ausgesagt werden, sich wirklich im Seienden finden; m a W: Die W fordert nur eine Angleichung an das jeweils erfaßte Formalobjekt ↗ Gegenstand. – Analog zur W des Urteils kann auch ein Begriff wahr genannt werden, insofern er ein wahres Urteil voraussetzt, mit noch mehr Recht jenes Sichzeigen, Unverborgensein (griech a-letheia), Offenbarsein des Seienden, das die Urteils-W ermöglicht *(vorprädikative W* ↗ *Evidenz)*. – Echte W ist *allgemeingültig*, nicht freilich in dem Sinn, daß sie für jeden in gleicher Weise erfaßbar ist, wohl aber in dem Sinn, daß genau dasselbe, was für einen Geist wahr ist, nicht für einen anderen falsch sein kann; in diesem Sinn ist jede W *„absolut"* u kann es keine *„relative W"* geben ↗ Relativismus. Da aber die menschliche Erkenntnis-W nur in der tatsächlichen Erkenntnis von Menschen sich verwirklicht u anderseits das Zustandekommen der Erkenntnis von vielerlei geschichtlichen Bedingungen abhängt, kann man sehr wohl von *Geschichtlichkeit der W* sprechen, ohne darum dem Relativismus zu verfallen. In anderer Weise ist die *existentielle W* einer „allgemeingültigen" W im Sinne einer nur den Verstand angehenden („rein theoretischen") *wissenschaftlichen W* entgegengesetzt, die für jedermann, der die notwendige Vorbildung hat, in gleicher Weise zugänglich ist. Während die wissenschaftliche W dem ↗ „Bewußtsein überhaupt" zugeordnet ist, bedeutet die existentielle W einen Anruf an die „Existenz" des Einzelnen (↗ Existenzphilosophie), die dessen personale, freie Entscheidung fordert. Das besagt nicht, daß eine solche Entscheidung nicht vor der Vernunft gerechtfertigt werden kann, wohl aber, daß die Überzeugung nicht durch Beweise psychologisch „erzwungen" werden kann.

Von der Erkenntnis-W ist die *Seins-W (ontologische, nach andern ontische W)* zu unterscheiden, die dem Seienden u dem Sein selbst zukommt; sie besagt die Angemessenheit des Seienden an die geistige Erkenntnis. Nicht wesentlich ist dem Seienden W im Sinn von tatsächlicher Übereinstimmung mit der menschlichen Erkenntnis; in diesem Sinn sprechen wir von „wahrem" Gold u meinen damit, daß der so bezeichnete Stoff wirklich das ist, wofür er gehalten wird; aber wir sprechen auch von „falschem" Gold als von etwas, was wohl wie Gold glänzt u daher von einigen für Gold gehalten wird, es aber tatsächlich nicht ist. Wenn die Seinswahrheit zusammen mit Einheit u Gutheit zu den „transzendentalen", dh jedem Seienden zukommenden Bestimmungen (↗ Transzendentalien) gerechnet wird, so ist damit zunächst jene Angemessenheit an das Denken gemeint, kraft deren jedes Seiende Gegenstand des Denkens werden kann; Seins-W in diesem Sinn steht für uns dadurch als trl Bestimmung des Seienden fest, daß wir unsere Vernunft auf das Seiende als solches hingeordnet finden. Letztlich ist diese Erkennbarkeit *(intelligibilitas)* alles Seienden dadurch bedingt, daß alles nicht-göttliche Seiende nach den Ideen im Geiste Gottes geschaffen ist. So bedeutet die Seins-W, daß alles Seiende sein Maß an einer Idee Gottes hat u in diesem Sinn durchgeistet ist. – Zu einer falschen Verselbständigung der W kann die Lehre von der *W an sich* (oder allgemeiner: des *Satzes an sich)* führen, wenn damit nicht nur gesagt sein soll: *Wenn* jemand so denkt, denkt er eine W, sondern wenn außer dem Inhalt des Urteils auch seine logische Struktur *(Subjekt-Kopula-Prädikat)* als dem Denken gegenüber unabhängig, transzendent, betrachtet wird (daher der Name *logischer Transzendentalismus).*

W im sittl Sinn (Wahrhaftigkeit, W-Ethos) besagt nicht nur die Übereinstimmung des Redens mit der inneren Überzeugung (Ggs: ↗ Lüge), sondern auch die Übereinstimmung des äußeren Handelns mit der inneren Gesinnung (Ggs: Verstellung, Heuchelei), weiter die ehrliche Beurteilung seiner selbst (Ggs: sich selbst „etwas vormachen") u den aufrichtigen Willen, zur Erkenntnis der W zu gelangen.

Die *göttliche W* ist als *subsistierende W* (↗ Subsistenz) Seins-W, Erkenntnis-W u Wahrhaftigkeit in einem. Gegenüber den Geschöpfen ist die W Gottes nicht Angleichung der Erkenntnis an einen vorgegebenen Gegenstand, sondern *schöpferische W,* dh Angleichung des Geschöpfes an die Idee Gottes. – Eine menschliche Analogie zur schöpferischen W Gottes ist die menschliche *praktische W* in dem der Handlung vorausgehenden ↗ Gewissensurteil, im künstlerischen und technischen Planen. de Vries

III. Doppelte Wahrheit. – Jahrhundertelang wurde gewissen Autoren des Mittelalters *(Averroisten)* [107] die Theorie von der *doppelten* W zugeschrieben, indem behauptet wurde, diese Autoren hätten die Auffassung vertreten, phil könne das Gegenteil von dem wahr sein, was theol als Glaubens-W festgehalten wird. In Wirklichkeit hat niemand im Mittelalter die so verstandene doppelte W vertreten. Es handelte sich vielmehr um eine Schwierigkeit oder Aporie, die darin bestand, daß nicht (sofort) einsichtig war, wie gewisse Glaubenssätze mit anderen, mit phil Denkmitteln demonstrierbaren Sätzen in Einklang gebracht werden konnten *(Boëtius von Dazien)*. Später, besonders zur Zeit des *Modernismus*, wurde die doppelte W – in allerdings sehr konfuser Weise – vertreten.

Puntel

a) *Anselm v Canterbury:* De ver, lat u dt hg v FS Schmidt 1966; *Thom v Aq:* De ver, dt v E Stein 1930/31; STh I q 16; *GWF Hegel:* Wiss der Logik (ed Lasson 1934); *M Heidegger:* Vom Wesen der W [5]1967. – b) *G Söhngen:* Sein u Gegenstand 1930; *A Wilmsen:* Zur Kritik des log Transzendentalismus 1935; *M Müller:* Sein u Geist 1940; *HU v Balthasar:* W 1947; *J Pieper:* W der Dinge 1947; *JB Lotz:* Von der Geschichtlichkeit der W, in: Schol 27 (1952) 481–503; *ders:* Die Identität v Sein u Geist, Rom 1972; *F McLean* (Hgb): Truth and Historicity of Man: Proceedings of the American Cath Phil Association 43, Washington 1969; *J Möller:* W als Probl 1971; *V Fagone:* Die W des Kunstwerks, in: Der Mensch vor dem Anspruch der W u der Freiheit (Festgabe Lotz) 1973; *P Ricœur:* Gesch u W 1974. – c) *K Jaspers:* Von der W 1947; *W Stegmüller:* Das W-problem u die Idee der Semantik [2]1968; *AJ Ayer:* Sprache, W u Logik 1970; *AR White:* Truth, L 1971; *L Pareyson:* Verità e interpretazione, Mailand 1971; *A Tarski:* Der W-begriff in den formalisierten Sprachen, jetzt in: K Berka, L Kreiser: Logik-Texte 1971; *ders:* Die semant Konzeption der W u die Grundlagen der Semantik, jetzt in: Zur Phil der idealen Sprache 1972, 53–100; *HG Gadamer* (Hgb): Vérité, Den Haag 1972; *N Rescher:* The Coherence Theory of Truth, Oxford 1973; *J Habermas:* W-theorien, in: Wirklichkeit u Reflexion 1973, 211–65. – d) *G Pitcher* (Hgb): Truth, Englwood Cliffs 1964; *W Luther:* W, Licht u Erkenntnis i der griech Phil bis Demokrit, in: Arch f Begriffsgesch 10 (1966) 1–240; *JG Deninger:* „Wahres Sein" i der Phil des Arist 1960; *Ch Boyer:* L'idée de vérité dans la phil de s Augustin, P 1921; *A Hufnagel:* Die W als phil-theol Probl bei Albert dem Deutschen 1940; *P Wilpert:* Das Probl der W-sicherung bei Thom v Aq 1931; *E Morscher:* Das log An-sich bei B Bolzano 1973; *K Weisshaupt:* Die Zeitlichkeit der W [Kierkegaard] 1973; *V Hauber:* W u Evidenz bei F Brentano 1936; *E Tugendhat:* Der W-begriff bei Husserl u Heidegger 1967; *B Rioux:* L'être et la vérité chez Heidegger et s Thomas d'Aquin, P 1963; *W Bretschneider:* Sein u W 1965 [zu Heidegger]; *F Furger:* Struktureinheit der W bei K Jaspers, in: Salzburger Jb f Phil 4 (1960) 113–98. – *M Grabmann:* Der lat Averroismus i 13. Jht u seine Stellung z christl Weltanschauung 1931; *F Van Steenberghen:* Une légende tenace: la théorie de la double vérité, in: Bull de l'Acad Royale de Belgique 56 (1970) 179–96; *G Sajó;* Boëtius v Dacien u seine phil Bedeutung, in: Miscell mediaevalia 2 (1963) 454–63.

de Vries-Puntel

Wahrheitskriterium ist der Maßstab, der wahre von falschen Urteilen unterscheiden läßt. Die Frage, ob ein Urteil wahr oder falsch ist, entscheidet sich daran, ob es in einem ↗Sachverhalt begründet ist oder nicht. Die Art dieser Begründung ist nach den Gegenstandsgebieten verschieden. Ihre Bedingungen festzustellen, ist Sache der Einzelwissenschaften u ihrer Methodenlehre. Unter Voraussetzung dieser besonderen u inhaltlichen W-en muß aber in der Erkenntnistheorie auch nach den allgemeinen u letzten W-en gefragt werden. Es handelt sich dabei nicht mehr darum, in welchen Sachverhalten ein Urteil begründet sei, sondern wie dieser Sachverhalt dem Erkenntnisträger gegeben sein müsse, damit er wahre von falschen Urteilen unterscheiden u so mit ↗Gewißheit urteilen könne. Das allg W kann also immer nur in der Konkretisierung eines besonderen W zur Gewißheit führen. Da ein Urteil nur wahr ist, wenn es mit dem Sachverhalt, auf den es sich bezieht, übereinstimmt, u da Gewißheit darüber nur möglich ist, wenn sich der Sachverhalt selbst dem Urteilenden kundgibt, ist das allg W die ↗ Evidenz. Die W-en, die sonst angegeben werden, scheitern alle daran, daß sie entweder nicht allgemein sind oder als subjektive Bestimmungen keine Gewähr der Wahrheit bieten.

a) *I Kant:* Krit d rein Vern, Transzendentale Logik, Einl III. – b) *J Kleutgen:* Phil der Vorzeit I ²1878, nr 259–82; *J Geyser:* Auf dem Kampffeld der Logik 1926, 156–248; *C Nink:* Grundlegung der Erkenntnistheor 1930, 155; *A Brunner:* Erkenntnistheor 1948, 84–104; *J de Vries:* La pensée et l'être, P 1962, 165–66, 195–201; *A Keller:* Heutige Aufgaben der Erkenntnistheor, in: J Lotz, Neue Erkenntnisprobleme i Phil u Theol 1968, 33–38. – d) *P Wilpert:* Das Probl der Wahrheitssicherung bei Thom v Aq 1931; *JH Lambert:* Abhandl v „Criterium veritatis" (ed K Bopp) 1915. – e) *W Brugger:* Einl i die Phil u Erkenntniskritik 1959. Santeler

Wahrnehmung *(Apperzeption)* ist die sinnliche Gesamtauffassung einer komplexen Sinnesgegebenheit. Sie wurde in älterer „atomistischer" Psychologie gern wie ein mosaikartig aus vorgängig geformten „elementaren, einfachen ↗ Empfindungen" sich zusammenfügendes Gebilde gedeutet, während nach neuerer ganzheits-psychologischer Betrachtungsweise W der eigentliche „Ur-Akt" der ↗ Sinneserkenntnis ist, aus dem wir dann Elemente herauslösen. Beim Aufbau des W-bildes können mit den von Sinnesobjekt herkommenden Eindrücken (der *Perzeption*) mancherlei subjektive Faktoren mitwirken: assoziierte Vorstellungskomplexe, antizipierende Schemata, Aufmerksamkeitsverteilungen, die unter den zu beachtenden Teilen des Ganzen eine Art Auslese treffen. Diese u die beim Menschen sich mit den Sinnesfunktionen verbindende intellektuelle Einstellung u Sinndeutung machen aus der Perzeption eine *Apperzeption* oder *Apprehension*. Folge dieses „psychologischen Apriori" ist aber nicht notwendig eine Trugwahrnehmung (↗ Vorstellung), sondern zunächst Hervorhebung des für das Subjekt Bedeutsamen im sinnenfälligen Komplex. Soweit sich im menschlichen Erfassen der Sinnenwelt Intellektuelles u sinnliche W verbinden, weitet sich die W zur *Dingerfassung*, in der wir die Objekte als für sich stehende ↗ Substanzen uns vergegenwärtigen. (Die scholastische Terminologie spricht darum von der Substanzialität der Sinnendinge als einem *sensibile per accidens*). Über die den „Realitätseindruck" der W fundierenden u diese von bloßer Vorstellung abhebenden Eigenschaften ↗ Vorstellung; über die Totalitätserfassung in der W ↗ Gestalt.

J Fröbes: Lehrb d exper Psychol I ³1929, 3. Abschn, § 3; *E Jaensch:* Über d Aufbau d W-welt u die Grundlagen menschl Erkenntnis I ²1928, II 1931; *H Bender:* Zum Probl der außersinnl W 1936; *E Kaila:* Die perzeptuellen u konzeptuellen Komponenten der Alltagserfahrung, Helsinki 1962; *M Merleau-Ponty:* Phänomenologie der W 1966; *F Brentano:* Psych v empir Standpunkt III 1968; *J Thyssen:* Grundlinien eines realist Systems der Phil II 1970. Willwoll

Wahrscheinlichkeit. Wahrscheinlich (wahrsch) heißt ein Urteil oder eine Aussage, für deren Wahrheit gewichtige Gründe sprechen, die jedoch das Gegenteil nicht ausschließen, so daß keine ↗ Gewißheit gegeben ist. Im Ggs zu einem gewiß wahren Urteil ist ein wahrsch Urteil nur eine *Meinung (opinio).* Dasselbe Urteil kann zugleich wahrsch wahr u wahrsch falsch sein. Auch die größere W des einen Urteils hebt die W des Gegenteils an sich nicht auf. Was jedoch nur einen geringen u schlecht begründeten Grad der W besitzt, wird meist als unwahrsch bezeichnet. Im alltäglichen Leben muß man sich oft mit jenem hohen Grad der W begnügen, der zwar die wohlbegründete W, nicht aber die Möglichkeit des Gegenteils ausschließt u *moralische Gewißheit* im weiteren Sinn heißt. Auf welchem Wege es möglich ist, trotz eines zunächst nur wahrsch Urteils über die Erlaubtheit einer Handlung darüber mittelbar zur moralischen Gewißheit zu gelangen, zeigen die sog ↗ Moralsysteme.

Die *mathematische* W bezeichnet das Verhältnis der für ein Ereignis günstigen Fälle zu den gleichmöglichen Fällen. Sie heißt *apriorische* W, wenn sie auf Grund von allg Überlegungen unabhängig von der Erfahrung über die tatsächlich eingetretenen Fälle errechnet wird; *aposteriorische* W, wenn sie aus den wirklich eingetroffenen Ereignissen nach den Regeln der Statistik hergeleitet wird. Die W-rechnung bildet einen eigenen Zweig der mathematischen Wissenschaft. Der Begriff der mathematischen W ist natürlich verschieden von dem der Erkenntnistheorie u des praktischen Lebens u darf mit diesem nicht gleichgesetzt werden. Eine einwandfreie Theorie der mathematischen W liegt noch nicht vor. – Zu einer großen Bedeutung gelangt die W-rechnung in der modernen Physik durch die Entdeckung von statistischen ↗ Naturgesetzen.

J Seiler: Phil der unbelebten Natur 1948, 240–52; *A Gatterer:* Das Probl des statist Naturgesetzes 1924; *PS Laplace:* Phil Versuch über die W, hg v R v Mises, 1932; *R v Mises:* W, Statistik u Wahrheit ³1951; *E Czuber:* W-rechnung, 2 Bde, ²1924–28; *W Büchel:* Phil Probleme der Physik 1965; *M Boudot:* Logique inductive et probabilité, P 1972; *A Meinong:* Über Möglichkeit u W, Graz 1972 [Neudr]. – c) *R Carnap:* Induktive Logik u W, bearb v W Stegmüller, 1959; *B Juhos, W Katzenberger:* W als Erkenntnisform 1970; *AJ Ayer:* Probability and Evidence, L 1972. Junk

Wechselwirkung im engeren Sinn ist die gegenseitige, wirkursächliche Abhängigkeit der Dinge voneinander. Sie wird behauptet im Satz der Mechanik von der Gleichheit der Wirkung u Gegenwirkung: Jede Wirkung eines Körpers auf den anderen löst zugleich eine gleichwertige, entgegengesetzt gerichtete Wirkung des anderen Körpers aus. Noch enger ist die W im subatomaren Bereich ↗ Quantenphysik. – Im weiteren Sinn spricht man von W, wo es sich um die gegenseitige Zuordnung u Ergänzung verschiedenartiger ↗ Ursachen, zB der Form u des Stoffes, des Zweckes u der Wirkursache, handelt, wobei die eine Ursache jeweils die Bedingung dafür ist, daß sich die andere auszuwirken vermag. – Eine besondere Art der W waltet zwischen dem Leiblichen u Seelischen. Die Erfahrung zeigt, daß sie sich gegenseitig beeinflussen. Es kann aber aus dieser Tatsache nicht ohne weiteres geschlossen werden, daß zwischen Leib u Seele ein bloßes Verhältnis der W bestehe ↗ Leib-Seele-Verhältnis . – Auch die W zwischen Verstand u Wille haben wir uns nicht im Sinne einer wirkursächlichen Einflußnahme zu denken, sondern als eine innige Verbindung beider in der

Natur derselben geistigen Seele verwurzelten Betätigungsweisen. – Da sowohl zwischen allen Körpern des Universums wie auch zwischen Leib u Seele W-en bestehen u die ↗ Willensfreiheit Motiveinflüsse keineswegs ausschließt, sind Beeinflussungen des menschlichen Charakters u Verhaltens durch die Gestirne nicht auszuschließen, können aber ihrer Natur nach keine Voraussagen, wie sie die *Astrologie* sich anmaßt, begründen.

Hagemann-Endres: Metaph ⁸1922. – *N Hartmann:* Phil der Natur, Kap 36 u 37; *W Büchel:* Phil Probleme der Physik 1965. – C *Gutberlet:* Psych ⁴1904, 319 ff; *A Willwoll:* Seele u Geist 1938, 203 f. – Weitere Lit ↗ Kausalität, Ursache. Naumann

Weisheit ist nicht ein beliebiges Wissen, sondern ein Wissen um das Wesentliche, um die letzten Gründe u Ziele des Seienden, eine Betrachtung u Beurteilung alles Zeitlichen im Licht der Ewigkeit *(sub specie aeternitatis),* ein Wissen, das sich dadurch als fruchtbar erweist, daß es allen Dingen in der Rangordnung des Alls den ihnen zukommenden Platz anweist, nach dem Wort des *Thom v Aq:* „Sapientis est ordinare – Dem Weisen kommt es zu, zu ordnen." Die wissenschaftliche Form ist der W nicht wesentlich, wohl aber die Übereinstimmung von Denken u Handeln. *Thom v Aq* unterscheidet drei Stufen der W: erste Stufe ist die aus phil, namentlich metaphysischer Betrachtung erwachsende lebengestaltende Einsicht. Höher steht die aus dem Glauben u gegebenenfalls der theol Wissenschaft stammende W, die alle Dinge in den durch die göttliche Offenbarung erschlossenen Zusammenhang einordnet. Die dritte Stufe ist die W als Gabe des Heiligen Geistes; in ihr erspürt der Mensch, in liebendem Verkosten *(cognitio per connaturalitatem* ↗ Erfahrung) „Göttliches erleidend", Gottes Walten u die gottgewollte Ordnung aller Dinge.

a) *Thom v Aq:* STh II.II q.45. – b) *J Maritain:* Science et sagesse, P 1936; *E Biser:* Was ist W?, in: Wiss u W 15 (1952) 51–58, 98–108; *G Marcel:* Le déclin de la sagesse, P 1954; *ID Collins:* The Lure of Wisdom, Milwaukee 1962 – c) *CA Emge:* Der Weise 1967. – d) *M Grabmann:* Das Seelenleben des hl Thom v Aq 1924, 30–54; *F Sakaguchi:* Der Begriff der W i den Hauptwerken Bonaventuras 1968; *RD Franz:* Der W-begriff bei Leibniz 1972; *G Luck, J Kleinstück* in: Arch f Begriffsgesch 9 (1964) 203–31. de Vries

Welt. In der Gegenüberstellung zu Gott bedeutet W (1) die gesamte außergöttliche Wirklichkeit oder die ↗ Schöpfung. Während der Begriff der Schöpfung jedoch die Beziehung der Welt zu Gott einschließt, sieht der Begriff W (1) von dieser Beziehung ab u betrachtet die außergöttliche Wirklichkeit nach ihrem Sein in sich. Dieses Sein der W ist so selbständig, daß es sich im geistigen u freien Wollen sogar gegen Gott richten kann. Damit hängt der religiöse (biblische) Sinn von W (2) zusammen: W als widergöttliche Macht. Oft versteht man unter W (3) die Gesamtheit alles Beobachtbaren: das *Weltall,* das Universum, den *Kosmos.* Mit diesem befaßt sich die *Kosmologie* sowohl im Sinne der allg ↗ Naturphilosophie als auch im Sinne von *Kosmogonie* (einer Lehre vom Entstehen u Werden der W). Manchmal wird der genannte Begriff von W auch auf einen Teil des Universums, zB unser Sonnensystem oder die Erde, bezogen, zum Unterschied von anderen „Welten". Einen zu einem Subjekt relativen Sinn hat W (4), wenn wir von der W des Tieres, des Menschen sprechen. Man meint damit den Lebensraum, die Gesamtheit all dessen, was dem Tier, dem Menschen zugänglich ist, worauf es sich bewußt bezieht *(Umwelt).*

W (1) u Gott: Auch der ↗ Pantheismus anerkennt in den meisten seiner Formen einen wenigstens relativen Unterschied zwischen Gott u Welt. Die theistische Auffassung der Seinsverschiedenheit von Gott u W ist unausweichlich, sobald die wahre ↗ Kontingenz des W-seins feststeht. Die Überweltlichkeit Gottes (↗ Transzendenz) schließt zwar das W-sein Gottes oder die schlechthinnige Identität von Gott u W aus, nicht aber sein In-der-Welt-sein (↗ Immanenz).

W-einheit: Die W (1) hat den Grund ihrer Einheit in ihren wesentlichen Beziehungen zu Gott, ihrer ersten Ursache u ihrem letzten Ziel (Ggs: Pluralismus des ↗ Seins). Mit der eben genannten Einheit der W (1) ist eine räumliche oder zeitliche Vielheit der W (3) (kosmische *Mehr-Welten-Lehre*) nicht unvereinbar. – Die Einheit der W (3) bedeutet, daß zwischen allen körperlichen Wesen ein raumzeitlicher, kausaler u Ordnungs-Zusammenhang besteht. Das hat zur Folge, daß alle diese Körper in sich oder in ihren Wirkungen für ein zu dieser W gehöriges Sinnenwesen grundsätzlich erfahrbar sind. Zugleich erhellt daraus, daß eine etwaige Vielheit der W-en (3) mit astronomischen Mitteln niemals festgestellt werden kann. – *W-ordnung* u *W-ziel:* Die uns zugängliche W (3) ist geordnet ↗ Teleologie. Daher der griech Ausdruck *Kosmos* (Ordnung, Zierde). Über das Ziel der W (1) ↗ Schöpfung.

W-anfang und *W-ende:* Abgesehen von der ↗ Offenbarung, die uns einen Anfang der W (1) in oder mit der Zeit u ein Ende der W (3) nicht als Vernichtung, sondern als Katastrophe u Umwandlung („neuer Himmel" u „neue Erde") lehrt, ist die bloße Tatsache der Schöpfung noch kein Grund, einen zeitlichen Anfang der W (1) anzunehmen. Denn die immerwährende Abhängigkeit von einem ewigen, aber freien Willensakt Gottes schließt nicht aus, daß wir im zeitlichen Rückschritt auf die früheren W-dinge u W-begebenheiten an kein Ende gelangen. Die W wird dadurch nicht als gleichewig mit Gott gedacht, sondern nur als anfanglos (↗ Ewigkeit) oder von jeher in u mit der Zeit dagewesen. Ebensowenig ist die Abhängigkeit vom Schöpfer ein Grund für die Annahme eines zeitlichen Endes oder einer räumlichen Begrenztheit der W (1). – Hingegen schließt die in der astronomischen W-ordnung sich vorfindende stetige Entwicklung eine unbegrenzte Vorgeschichte der uns zugänglichen W (3) aus; das physische Entropiegesetz macht eine unbegrenzte Dauer unwahrscheinlich. Daß die allg Lebensbedingungen auf unserer Erde einmal durch eine kosmische Katastrophe zerstört werden, ist nicht nur möglich, sondern auch astronomisch wahrscheinlich. Ebenso deuten die astronomischen Gegebenheiten auf eine endliche Ausdehnung des W-alls. – Die pantheistischen Systeme haben immer entweder eine anfang- u endlose Dauer der W oder deren periodische Wiederkehr angenommen *(Heraklit, Pythagoreer* u die orientalische Phil). In neuerer Zeit spricht *Nietzsche* von der *ewigen Wiederkehr des Gleichen,* womit er nicht nur die periodische Wiederkehr der W im Ganzen, sondern auch all ihrer Einzelzustände, einschließlich der menschlichen Erlebnisse, meint. – ↗ Weltseele, Endlich, Unendlich.

a) *Augustinus:* Gottesstaat XII, 12–22, Kösel 1914 [über ewige Wiederkehr]. – b) *H Conrad-Martius, C Emmrich:* Das Lebendige, die Endlichkeit der W, der Mensch 1951; *M Rast:* Welt u Gott 1952; *J Meurers:* Das Alter des Universums 1954; *CF v Weizsäcker:* Die Tragweite der Wiss, I: Schöpfung u W-entstehung ³1971. – d) *W Kranz:* Kosmos, in: Arch f Begriffsgesch 2 (1955–57); *A Ehrhardt:* The Beginning, Manchester 1968 [z griech Phil]; *E Behler:* Die Ewigkeit der W I 1965; *A Antweiler:* Die Anfangslosigkeit der W nach Thom v Aq u Kant 1961; *K Löwith:* Der W.-begriff der neuzeitl Phil ²1968; *F Kauz:* Substanz u W bei Spinoza u Leibniz 1972; *H Heimsoeth:* Astronomisches u Theologisches i Kants Weltverständnis 1963; *K Löwith:* Nietzsches Phil der ewigen Wiederkehr des Gleichen 1956; *K Schuhmann:* Die Fundamentalbetrachtung der Phänomenologie. Zum W-problem i der Phil E Husserls, Den Haag 1971; *W Biemel:* Le concept de monde chez Heidegger, Louvain 1950. – e) *J Lotz, J de Vries:* Phil i Grundriß ³1969. Naumann

Weltanschauung ist die Gesamtauffassung von Wesen u Ursprung, Wert, Sinn u Ziel der ↗ Welt u des Menschenlebens. W besagt wesentlich mehr als „*Weltbild*"; unter Weltbild versteht man die Zusammenfassung der Ergebnisse der Naturwissenschaften zu einer wissenschaftlichen Gesamtschau; diese bleibt also rein theoretisch u stellt nicht die letzten, metaphysischen Fragen nach Sein u Sinn der Welt als ganzer. W geht dagegen über die Grenzen der Einzelwissenschaften hinaus, u obwohl das Wort „Welt" in W zunächst die sichtbare Welt meint, geht die Tragweite der W durch die Ursprungs- u Sinnfrage auf das Absolute, da nur von ihm aus die Fragen der W beantwortet werden können.

Es gibt W als vorwissenschaftliche Überzeugung; die wissenschaftliche Form ist ihr also – im Ggs zur Phil – nicht wesentlich. Philosophische W fällt im wesentlichen mit einer Seins- u Wertmetaphysik zusammen. Der Ggs von vorwissenschaftlicher u wissenschaftlicher W fällt dagegen nicht mit dem von irrationaler u rationaler W zusammen, da auch die vorwissenschaftliche W auf klarem, wenn auch nicht zu reflexer Bewußtheit erhobenem Denken beruhen kann. Die Auffassung, W sei in ihrer innersten Haltung nie rational zu begründen, beruht auf erkenntnistheoretischen Voraussetzungen, die den Bereich der menschlichen Erkenntnis zu sehr einschränken: ↗ Agnostizismus oder wenigstens Irrationalismus der ↗ Werte. Ähnliches gilt von *Diltheys* Einteilung der Wen in Naturalismus, objektiven Idealismus u Idealismus der Freiheit, zwischen denen nicht das Denken entscheiden kann, da sie durch die Verschiedenheit des irrationalen Lebensgefühls bestimmt sind; diese Auffassung schließt den ↗ Relativismus der W ein. Tatsächlich beruht die W allerdings oft auf irrationalen Haltungen: ↗ Ideologie, Pluralismus.

Die Möglichkeit einer atheistischen W zeigt schon, daß sich W u ↗ Religion keineswegs decken. Aber auch eine „religiöse W", selbst die christl auf Offenbarung beruhende u daher „gläubige" W ist nicht dasselbe wie Religion. Diese schließt zwar in der Regel eine W ein, besagt aber als Bindung des ganzen Menschen an Gott (durch Anbetung, Hingabe, Liebe usw) wesentlich mehr als eine „Anschauung" von der Welt u ihrem Verhältnis zu Gott.

K Jaspers: Psych der W ³1925; *P Simon:* Die geist Wurzeln unserer W-krise 1933; *A Auer, B Thum:* Weltbild u Metaph 1958; *M Scheler:* Schriften z Soziologie u W-lehre ²1963; *A Busemann:* W i psycholog Sicht 1967. – c) *W Dilthey:* W-lehre (Ges Schr VIII 1931); *E Topitsch:* Vom Ursprung u Ende der Metaph 1972. – d) *P Kluckkohn:* W der Frühromantik 1966; *W Bietak* (Hgb): Lebenslehre u W der jüngeren Romantik 1936, Neudr 1968.

de Vries

Weltseele. Eine solche wird von manchen Vertretern des biologischen Vitalismus angenommen, um das Zusammenwirken der Organismen u der verschiedenen Reiche der Natur zu erklären. Das Verhältnis der W zur sichtbaren Welt wäre ähnlich dem des Lebensprinzips (der Seele) zu den Einzelorganismen zu denken. Wie dieses, einer höheren Seinsstufe angehörend als die materiellen Bestandteile des Organismus, diesem die zielstrebige Entfaltung sichert u ihn überhaupt belebt, so würde die W mit der Welt einen einzigen großen Organismus darstellen. Im einzelnen gehen die Ansichten auseinander, indem die einen die W zugleich als Weltvernunft fassen, ja mit Gott ineins setzen *(Schelling, Scheler* in seiner Spätzeit), andere hingegen von den tieferen metaphysischen Fragen absehen *(E Becher).* Der ↗ Stoizismus nimmt eine Weltvernunft an, die in allem als feiner ätherischer, feuerähnlicher Stoff tätig ist. – Gegen eine W, deren Annahme auch den Menschen zu einer unselbständigen Zelle des Weltorganismus machen würde, spricht die Tatsache unseres Ichbewußtseins. Das Zusammenwirken u die Zweckmäßigkeit in der Welt lassen sich dadurch erklären, daß der Schöpfer den einzelnen Organismen das Lebensprinzip eingeschaffen u sie in einem weisen Plan aufeinander abgestimmt hat ↗ Teleologie.

A Aall: Gesch der Logosidee i der griech Phil 1896, 98–167; *E Becher:* Die fremddienl Zweckmäßigkeit der Pflanzengallen u die Hypothese eines überindividuellen Seelischen 1917; *Ph Delhaye:* Une controverse sur l'âme universelle au IXe siècle, Namur 1950; *J. Moreau:* L'âme du monde de Platon aux Stoïciens, Neudr 1965; *E Hoffmann:* Drei Schr z griech Phil: Platons Lehre v der W, etc 1964.

Rast

Weltverantwortung meint die bewußte Anerkennung sittl Grundverpflichtungen im internationalen Bereich. Die immer deutlicher hervortretenden wechselseitigen Abhängigkeiten in Weltpolitik u Weltwirtschaft erfordern neue Formen internationaler Zusammenarbeit (Vereinte Nationen, Europäische Gemeinschaft) u geltenden Rechts (Menschenrechte, staatliche Unabhängigkeit, ↗ Völkerrecht). Sozialer, ökonomischer u politischer ↗ Fortschritt, Sicherheit u ↗ Friede jedes einzelnen Staates hängen mit den Gegebenheiten aller übrigen Nationen zusammen. Das Bewußtsein eines gemeinsamen Wohls aller Völker *(internationales Gemeinwohl)* ist ebensowenig teilbar wie die Solidarität. Die wachsende Kluft zwischen Kernländern u Randländern der Dynamik im Prozeß der Expansion menschlicher u sachlicher Energien für die gesamte Menschheit erfordern Entwicklungspolitik u *Entwicklungshilfe,* die auf einem möglichst breiten Konsens der Nationen u Menschen aufbauen muß, welcher letztlich, soll er effektiv u beständig sein, in einem solidarischen Verantwortungsbewußtsein aller Menschen für den Aufbau einer gerechten u friedlichen Welt verwurzelt sein muß. – ↗ Technik.

L J Lebret: Welt i Umbruch 1961; *L Austruy:* Le Scandale du Développement, P 1965; *H de Riedmatten:* Die Völkergemeinschaft 1969; *Paul VI:* Populorum progressio, Rom 1967. Zwiefelhofer

Werden kennzeichnet fundamental uns selbst u alles, was uns in der Welt umgibt. Deshalb ist das phil Ringen von Anfang an auf das Begreifen des W gerichtet, wobei dessen Verhältnis zum ↗Sein die entscheidende Frage bildet. Zunächst sah man nur zwei Wege: man ließ entweder das W im Sein untergehen oder das Sein im W; man erklärte entweder das W oder das Sein als bloßen Schein. Die beiden Typen treten sich in *Parmenides* u *Heraklit* gegenüber, wenn auch nicht so extrem ausgeprägt, wie man lange meinte. Im Lauf der Geschichte sucht immer wieder das W den Primat zu erringen. Soweit man dabei Gott kennt, ist es der werdende Gott des Pantheismus oder des heutigen geschichtlich orientierten Denkens.

Eine echte Lösung des Problems verlangt, daß sowohl das W wie das Sein in gleicher Weise unverkürzt gewahrt werden. Diesen Grundansatz teilt *Nietzsche* mit der Scholastik. Doch trennen sich beider Wege sofort, weil Nietzsche Sein u W identisch setzt u so den absoluten Widerspruch zum Kern von allem macht, während die Scholastik den Widerspruch, der alles zerreißen würde, überwindet. Nietzsche kann keine andere Antwort finden; denn er sieht noch wie die Vorsokratiker das W als etwas Unauflösbares, Letztes. Die Scholastik hingegen durchschaut, geführt von Platon u Aristoteles, die innere Struktur des W u sein wesenhaftes Zurückweisen auf letzte, über-werdehafte Gründe. Es war die große Erkenntnis des *Aristoteles,* daß W notwendig verursacht ist, woraus er seine Lehre von den vier ↗Ursachen entwickelte, die von der Scholastik weitergeführt wurde.

Die phil Analyse setzt beim W im eigentlichsten Sinn, bei dem allmählich fortschreitenden Übergang an, zB dem Wachstum eines Baumes. Fassen wir eine bestimmte Stufe dieses Prozesses ins Auge, so ist bereits eine gewisse Verwirklichung erreicht, während weitere Stufen erst der Verwirklichung zustreben. Damit erscheint das W als zusammengesetzt aus dem schon verwirklichten ↗Akt u der ihrer Verwirklichung noch entgegenharrenden ↗Potenz. Das sind die inneren ↗Ursachen oder ↗Seinsprinzipien des W. Diese jedoch treten in das W einzig durch den Einfluß der äußeren Wirkursache ein; sie heißt äußere, weil sie nicht selbst ein Bestandteil des Werdevorgangs ist, muß aber zunächst nicht außerhalb des Werdenden liegen. So ist der Baum die nächste Wirkursache seines Wachstums. Die Wirkursache wiederum hängt in ihrem Tun von einer weiteren äußeren Ursache ab, nämlich vom ↗Ziel oder ‚Weswegen‘, das die Wirkursache anlockt u so ihre Tätigkeit auslöst u leitet; ihm strebt deshalb der ganze Werdeprozeß zu ↗Teleologie. Das Ziel heißt ebenfalls äußere Ursache, weil es nicht Bestandteil der Werdebewegung selbst, sondern ihr als zu erreichende Vollendung überlegen ist; doch muß es nicht von außen, sondern kann zunächst vom Werdenden selbst dem W vorgesetzt sein, wie der Baum kraft seiner En-tel-echie (dh kraft des ihm eingeprägten Wesensgesetzes ↗Form) sich unbewußt seine reife Entfaltung als Ziel setzt.

Solange wir nur das Werdende selbst als das Wirkende u Zielsetzende sehen, haben wir noch nicht den letzten Grund des W erreicht; denn das Werdende ist als solches selbst wieder verursacht, weshalb seine Wirkursächlichkeit letztlich von einer über-werdehaften Wirkursache u seine Zielursächlichkeit von einer über-werdehaften Zielursache abhängen. So muß es über allem W als dessen letzten Grund ein schlechthin Überwerdehaftes geben; *Aristoteles* nannte es das ‚unbewegte Bewegende', das die Scholastik zum subsistierenden Sein (Gott) vertiefte. Dieses ist zugleich erster Ursprung u letztes Ziel alles W. Zu ihm führt auch die Spannung der Seinsprinzipien von Akt u Potenz empor, insofern der in die Potenz aufgenommene u durch sie begrenzte Akt den unbegrenzten, subsistierenden Akt voraussetzt, letztlich das subsistierende Sein. W als Übergang vom Nichtsein zum Sein gründet also schließlich im absoluten Sein, was sowohl *Hegel* in spiritualistischer als auch *Bloch* in materialistischer Wendung (↗ Akt) bestreiten.

Betrachten wir noch die verschiedenen Formen des W. Alltäglich ist W als Wandel der Eigenschaften oder akzidentellen Akte bei gleichbleibendem substantiellem Kern, der sie als passive, oft auch als aktive Potenz trägt *(akzidentelles W)*. Tiefer greift das *substantielle W*, etwa eines Baumes oder eines Tieres, wobei die Verwandlung den substantiellen Kern selbst betrifft, indem die Potenz des materiellen Substrats (etwa der Nahrung) durch den Akt der Seele geformt wird. Am tiefsten dringt das W im Sinne von Erschaffen, wodurch ein Wesen ohne vorgängiges Substrat aus dem Nichts hervorgebracht wird. Dieses letzte W kann einzig von der göttlichen Allmacht vollzogen werden (↗ Schöpfung) u blieb selbst *Aristoteles* verborgen.

a) *Heraklit, Parmenides:* Fragm (der Vorsokratiker) (ed Diels-Kranz; W Capelle: Die Vorsokratiker 1935); *Platon:* bes Politeia; *Aristoteles:* Physik u Metaphysik; *Thom v Aq:* Komm zu Arist, Physik u Metaphysik; *G Hegel:* Logik, bes. Buch I, Abschn 1, Kap 1. – b) ↗ Akt, Potenz, Seinsprinzipien; *G Siewerth:* Der Thomismus als Identitätssystem 1939; *M Müller:* Sein u Geist 1940, Unters 3; *A Brunner:* Der Stufenbau der Welt 1950, Kap 16; *E Stein:* Endliches u ewiges Sein 1950, bes II-IV; *A Marc:* Dialectique de l'affirmation 1952, bes Buch II, Kap 2. – c) *G Hegel* ↗ a); *F Nietzsche:* Die Unschuld des W (Der Nachlaß), 2 Bde, 1931; *H Bergson:* L'évolution créatrice; *E Pitcairn:* Genologie. Lehre v Geschehen u W i Grundriß 1971. – d) *W Bröcker:* Arist 1935 [Thema: Bewegung]; *C Baeumker:* Das Probl der Materie i der griech Phil 1890. Lotz

Wert. Das Wort W verwandte zuerst die Volkswirtschaft, die von dem Gebrauchs- u Tausch-W der materiellen Dinge handelt. Die Phil sprach vor *H Lotze* nur gelegentlich von W; erst durch ihn wurde der W zu einem Hauptinhalt des phil Ringens. Der Sache nach hatte man sich freilich mit diesem Problem schon immer befaßt, u zwar unter dem Titel des Guten u seiner Gutheit *(bonum et bonitas)*.

Die moderne, von Lotze ausgehende ↗ W-philosophie (vorab *Scheler*) unterscheidet scharf zwischen W u ↗ Gut. Danach gehören die Güter der Seinsordnung an, während die W-e dieser in „letzter Unabhängigkeit" gegenüberstehen u ein eigenes Reich bilden. Wir begegnen hier einer Art von platonischen W-ideen, was bei *N Hartmann* besonders scharf ausgeprägt ist. Weil so die W-e an sich überweltliche Ideen sind, die einzig durch den Menschen in das Wirkliche eingeführt werden, können wir diese Ansicht *W-idealismus* nennen. Sein

Gegenspiel ist der *W-realismus* oder besser die *metaphysische W-lehre*, die jene Trennung der W-e vom Sein überwindet. – Diese wird nur verlangt, weil man das Sein im Sinn des ↗Positivismus nur noch als Erfahrungswirklichkeit ohne innere Wesensnotwendigkeit sieht; darin die W-e verankern heißt freilich sie relativieren. Wenn man hingegen zu dem metaphysischen Sein mit seiner absoluten Notwendigkeit, die auch den sichtbaren Dingen in Gestalt ihrer Wesensgesetzlichkeiten innewohnt, vordringt, bedeutet Verankerung des W im ↗Sein gerade Sicherung seiner Absolutheit. Ja es zeigt sich, daß der W zu den ↗Transzendentalien gehört; das Sein ist von seinem Innersten her werthaft, u der W ist von seinem Innersten her seinshaft; eine Trennung würde beide vernichten. Eine Unterscheidung von Gütern u W-en kann nur noch den Sinn haben, daß man mit *Gütern* die Einzeldinge meint, insofern in ihnen W-e verwirklicht sind, während W-e die von diesen abstrahierten W-ideen oder W-wesenheiten genannt werden. Nach allem können wir den W beschreiben als das Sein selbst, insofern es kraft seines Gehaltes eine Vollkommenheit bedeutet u so das Streben anlockt. Der Normcharakter des W wurzelt in den mit dem Sein gegebenen Wesensgesetzlichkeiten, die für das Einzelding maßgebend sind, u letztlich darin, daß dem Sein der unbedingte Vorrang vor dem Nichtsein zukommt.

Vom Wesen des W hängt die Eigenart der *W-erfassung* ab. Wird der W vom Sein getrennt, so ist er der auf das Sein gerichteten Vernunft nicht zugänglich; da er sich einzig dem emotionalen Fühlen erschließt, ergibt sich der *W-irrationalismus*. Das Gegenteil hierzu wäre ein *W-rationalismus*, der den Eigencharakter des W im Sein auflöst. Zwischen beiden steht das *intellektuelle W-erfassen*, dem der W sich erschließt, weil das Sein von innen heraus werthaft ist, das aber nie die Gesamtantwort auf den W sein kann, weil der W das Sein vollendet u so die ihm voll gemäße Antwort erst im Fühlen u Wollen findet; deshalb wird auch das intellektuelle W-erfassen immer in Fühlen u Streben eingebettet sein.

Dem W-gebiet eigen sind der Gegensatz von W u Un-W sowie die Rangordnung der W-e. Der W ruht in der Seinsordnung u dem ihr sich anmessenden Handeln, während das Abweichen von der Seinsordnung *Un-W* bedeutet u am Ende zu sittlicher ↗Schuld führt. Was die Rangordnung angeht, so entsprechen die *W-stufen* den Seinsstufen. Mehr formal unterscheidet man den Eigen-, den Genuß- u den Nutz-W. Der *Eigen-W (Selbstwert)* wird um seiner selbst willen erstrebt; der *Genuß-W* strahlt von dem Eigen-W aus, indem er zu diesem hinlockt u aus seinem Besitz als Beglückung erfließt; der *Nutz-W* dient dem Eigen-W als Mittel zum Zweck. Inhaltlich weist der Eigen-W folgende Stufen auf: wirtschaftliche, vitale, geistige (das Schöne, das Wahre, das sittlich Gute), religiöse (das Heilige) W-e. Ihre Rangordnung entspricht dieser Aufzählung, die den Seinsstufen folgt, wobei die religiösen W-e den höchsten Rang einnehmen, weil es bei ihnen unmittelbar um das unendliche Gut (Gott) geht.

Was die Unterscheidung von *Gut* u W betrifft, so kommen neben der obigen Sinngebung noch zwei andere vor. Erstens heißt *Gut* das Seiende in sich, W aber in seiner Bezogenheit auf anderes, wobei dasselbe Gut einen immer wieder anderen W gewinnt (W eines Glases Wasser für einen Verdurstenden in der Wüste). Zweitens tritt dem objektiven *Gut* die subjektive W-antwort gegenüber oder dem Gut als Gehalt der W als Haltung (zB Reinheit, Treue).

a) *Platon:* Philebos; Politeia; *Aristoteles:* Nikom Eth, bes I; *Thom v Aq:* Komm zu Arist, Nikom Eth; STh I q 5 u 6; I. II q 18; ScG I, 37–41; III, 3, 16, 20, 24; De ver 21 u 22; *F Suárez:* Disput metaph d 10. – b) *S Behn:* Phil der Werte 1930; *M Müller:* Über Grundbegriffe phil W-lehre 1932; *J Pieper:* Die Wirklichkeit u das Gute ⁵1949; *J Lotz:* Sein u Wert, in: Z f kath Theol 57 (1933) 557–613; *Th Steinbüchel:* Die phil Grundlegung der kath Sittenlehre II ³1947; *F Klenk:* W, Sein, Gott 1942; *G v Bredow:* Sittl W u Realwelt 1947; *M Reding:* Metaph der sittl W-e 1949; *C Nink:* Ontologie 1952, Teil II, Abschn 3; *J Delesalle:* Liberté et valeur, Louvain 1951; *R Daval:* La valeur morale, P 1951; *J Pirlot:* Destinée et valeur, Namur 1953; *Il Problema* del valore, Brescia 1957; vgl. auch *Sapienza* 13 (1960) nr 1–4; *H Kuhn:* Das Sein u das Gute 1962; *J de Finance:* Essai sur l'agir humain, Rom 1962. – c) *M Scheler:* Der Formalismus i der Ethik u die materiale W-ethik ⁴1954; *ders:* Vom Ewigen i Menschen; *J Hessen:* W-phil 1937; *ders:* Die W-e des Heiligen 1938: *ders:* Lehrb der Phil, II: W-lehre 1948; *JE Heyde:* W 1926; *J Pucelle:* Etudes sur la valeur 1957–59; *Les valeurs* (Actes du IIIe congr des Sociétés de phil de langue française) 1947; *Symposium* sobre valor in genere y valores específicos (Internat Phil Kongr XIII, 5), Mexiko 1963; *MS Frings:* Person u Dasein. Zur Frage der Ontologie des W-seins 1969. – d) *FJ Rintelen:* Der W-gedanke i der europ Geistesentwicklung I 1932; *E Mayer:* Die Objektivität der W-erkenntnis bei N Hartmann 1952. Lotz

Wertethik ist jene Richtung der ethischen Theorie, die im ↗ Wert das wesentliche Problem der Ethik sieht. Die *neukantianische (Windelband, Rickert)* u die *phänomenologische* Richtung *(Scheler, N Hartmann)* der W sind zu unterscheiden. Erstere versteht unter Wert nur das allg formale Element, das ungefähr dem „Sollen" gleichgesetzt wird u sich vom (rein empirisch aufgefaßten) ↗ Sein als transzendentale Bestimmung unterscheidet (rein *formale Ethik, Formalismus der Ethik*). Die phänomenologische W sieht im Wert ein inhaltlich mannigfaltiges, objektives, aber ebenfalls vom Sein geschiedenes Etwas, das apriorisch ist, das Streben sinnvoll macht u mit dem Sollen bzw der Pflicht keineswegs zusammenfällt, sondern das Sollen erst fundiert *(materiale W).* Allerdings nimmt auch die phänomenologische W keinen eigenen sittlichen Wert an, der als Objekt des Wollens den Akt zu einem sittlich guten macht. Vielmehr ist der sittliche Wert ausschließlich Aktwert, der dadurch zustande kommt, daß der Mensch von mehreren an sich nicht sittlichen Werten den bevorzugt, der wegen seiner größeren Werthöhe oder wegen anderer Gründe (zB der größeren Dringlichkeit) hier u jetzt den Vorzug verdient.

Die W hat gegenüber dem ↗ Moralpositivismus das Verdienst, die Objektivität des sittlichen Wertes nachdrücklich verteidigt zu haben. Die phänomenologische W ist dabei der formalen Ethik dadurch überlegen, daß sie die Priorität des Wertinhaltes gegenüber dem rein formalen Sollen klar herausarbeitet. – Doch hat auch die phänomenologische W ihre Mängel. Vor allem überwindet sie nicht die Trennung von Sein u Wert (↗ Wertphilosophie), weil auch sie noch zu sehr der positivistischen Auffassung des Seins als rein empirischer Tatsächlichkeit verhaftet bleibt. Daher übersieht sie, daß der Wert als die Wesensvollendung des Seienden im Sein gründet u zB im Vergleich des vollendenden Aktes mit dem naturhaft auf ihn angelegten Wesen durch eine Wesenseinsicht als Wert erkannt werden kann. Das *intentionale Wertfühlen* ist darum nicht, wie Scheler annimmt, eine letzte einfache Größe, sondern ein komplexes Gebilde, das Erkenntnis u emotionale Stellungnahme verbindet. Außerdem kann der sittliche Wert des Aktes nicht auf an sich nicht-sittliche objektive Werte zurückgeführt werden, aus denen der Mensch den höheren bzw. dringlicheren bevorzugt (↗ das Gute). Schließlich ist die Frage nach dem sittlichen Wert zwar die grundlegende, aber nicht die einzige Frage der Ethik; insbesondere fragt es sich, ob das ↗ Sittengesetz allein aus dem Wert erklärt werden kann. – ↗[179, 191]

b) *D v Hildebrand:* Die Idee der sittl Handlung 1930; *M Wittmann:* Die moderne W 1940; *G Ermecke:* Die natürl Seinsgrundlagen der christl Ethik 1941; *J de Vries:* „Seinsethik" oder W, in: Schol 31 (1956) 239–44; *S Krohn:* Die normative W, Turku 1958. – c) *H Rickert:* System der Phil I 1921; *B Bauch:* Grundzüge der Ethik 1935; *M Scheler:* Der Formalismus i der Ethik u die materiale W 1913–16, ⁴1954; *N Hartmann:* Ethik 1926; *J Hessen:* Ethik 1954; *H Reiner:* Phil Ethik 1964; ders: Die Grundlagen der Sittlichkeit 1974; *JM Rodríguez Paniagua:* La ética de los valores como ética juridica, Madrid 1972.
Schuster – de Vries

Wertphilosophie. Die W hat sich als eigene Richtung erst im Anschluß an *H Lotze* entwickelt. Wenn man von *Werttheorie (Wertlehre)* spricht, so umfaßt dieses Wort neben der phil meist auch die sonstige, etwa psychologische Erforschung der Werte u Wertungen. Seltener wird dafür *Axiologie* gebraucht (vom griech ‚axion' = würdig, wert). – Schon bei *Lotze*, dem Vater der neueren W, tritt der Wert vom Sein getrennt auf. Weil das Sein auf die einzig mathematisch-naturwissenschaftlichen Gesetzen unterliegende Erfahrungswirklichkeit eingeschränkt wird, ist es wertfrei. Die Werte, in denen der Sinn unseres Daseins gründet, bilden ein eigenes Reich des Geltens. Dieser Doppelheit entspricht im Menschen eine Zweiheit von Vermögen; wie der Verstand das Sein erkennt, so fühlt die Vernunft die Werte. – Lotzes Anregungen haben sich vorab in zwei Ausprägungen entfaltet: in der *neukantianischen* u in der *phänomenologischen* W.

Erstere nimmt den Aspekt der ↗ Geltung auf; ihr Träger ist die Badische Schule *(Windelband, Rickert).* Sie geht aus von dem Unterschied zwischen der Natur, die aus Gesetzen erklärt werden kann, u der geschichtlichen Kultur, die aus leitenden Werten verstanden werden muß. So steht neben dem wertfreien Wirklichen das eigenständige Reich der Werte, die unbedingt gelten, nicht aber existieren, weshalb sie auch als irreal oder unwirklich bezeichnet werden. Beide Sphären treffen sich in dem „*Weltknoten*", dh in den wertenden Akten des Menschen, die dann auch Werte dem Wirklichen einprägen u so Kulturgüter schaffen. – Ähnlich *Spranger* u der spätere *Meinong.*

Die phänomenologische W *(Scheler)* nimmt vor allem das Wertfühlen auf; im Ggs zu *Kants* Formalismus, den er einseitig herausarbeitet, begründet Scheler die materiale ↗ Wertethik. Eine Rückführung der Werte auf das Sein, das bloß im Sinne der vorhandenen Wirklichkeit verstanden wird, käme ihrer Relativierung gleich. Ihre Absolutheit ist also einzig durch „letzte Unabhängigkeit" vom Sein gesichert, weshalb sie ein eigenes Reich „*materialer Qualitäten*" (inhaltlicher Bestimmungen) bilden. Wegen ihrer Trennung vom Sein können die Werte nicht vom Verstand erkannt, sondern einzig emotional-schauhaft erfaßt werden durch das *intentionale Fühlen;* auf die Werte als seinen Gegenstand gerichtet, unterscheidet es sich von dem bloß subjektiven Gefühl. – Dem intentionalen Fühlen verwandt sind *Brentanos* „als richtig charakterisierte Liebe" u die *emotionale Präsentation* des späteren *Meinong,* während psychologistische Theorien den Wert im rein subjektiven Gefühl auflösen. Die ↗ Wertethik führt in eigenem Wurf *N Hartmann* fort. Alle diese Systeme hat *Jaensch* treffend als „dualistische Komplementärtheorien" gekennzeichnet; denn sie ergänzen nur das wertfreie Sein durch Danebenstellen des seinsfreien Wertes, statt beider letzte Einheit zu entwickeln, zu deren tiefster Wurzel aber nur die scholastische Wertphil vordringt. ↗ Wert. – ↗ [179, 190, 191, 210₁]

b) *FJ Rintelen:* Die Bedeutung des phil Wertprobl, in: Phil perennis II 1930; *J Lotz:* Sein u Wert, in: Z f kath Theol 1933; *F Klenk:* Wert, Sein, Gott 1942; *E Gutwenger:* W 1952; *B Thum:* W u Metaph, in: Salzburger Jb f Phil 4 (1960) 7–28. – c) *K Brinkmann:* Lehrb f Rechtsphil I (Allg W) 1960; *W Ehrlich:* Hauptprobleme einer W 1959; *B Juhos:* Das Wertgeschehen u seine Erfassung 1956; *A Meinong:* Abhandl z Werttheor (Ges Ausg, 3) 1968; *K Aschenbrenner:* The Concepts of Value. Foundations of value theory, Dordrecht 1971. – d) *O Kraus:* Die Werttheorien 1937; *A Messer:* Deutsche W der Gegenw 1926; *P Romano:* Ontologia del valore. Studio storico-critico sulla fil dei valori 1949; *H Seidel:* Wert u Wirklichkeit in der Phil H Rickerts 1968; *A Heller:* Hypothese über eine marx Theorie der Werte 1972; *E Mayer:* Die Objektivität der Werterkenntnis bei N Hartmann 1952. Lotz

Wertrelativismus heißt die Ansicht, die den ↗ Werten eine nur relative ↗ Geltung zuschreibt, dh nur für einen bestimmten Menschen oder für eine bestimmte Rasse oder für eine bestimmte Zeit. Werte, die unabhängig von all diesen Sonderbedingungen oder absolut gelten, gibt es danach nicht. Deshalb sind alle Werte ohne Ausnahme dem Wandel unterworfen; ewige, unvergängliche Werte, die alle Menschen, alle Rassen u alle Zeiten binden, werden geleugnet. Soweit solche Auffassungen aus dem allg ↗ Relativismus erwachsen, der jede Wahrheit relativiert, sind sie mit diesem gerichtet. Wird der Relativismus allein bezüglich der Werte vertreten, so trennt er diese vom Sein. Dann kommt es vielfach zum *Wertpsychologismus,* der fälschlich die objektiven Werte mit den Wertungen des Subjekts, vorab mit dessen Gefühlszuständen, gleichsetzt. Oder man verfällt dem *Wertsubjektivismus,* nach dem der Mensch selbst (das Subjekt) seine Werte bestimmt. Nach *Nietzsche,* der die Werte als Steigerungsbedingungen des Willens zur Macht sieht, setzen die „Herren der Erde" die Werte für die Menschheit u für die Völker. – Selbstverständlich gibt es auch wandelbare u von den Menschen selbst geschaffene Werte. Die Grundwerte des Daseins aber sind notwendig in der Wesensstruktur des Menschen u alles Seienden gegründet, weshalb ihnen absolute, unwandelbare Geltung zukommt.

↗ Wert, Wertphil; *H Spiegelberg:* Antirelativismus 1935. – *F Nietzsche:* Wille z Macht, Versuch einer Umwertung aller Werte 1930; *A Edel:* Ethical Judgement. The use of science in ethics, NY 1955; *L Closs:* Sittl Relativismus 1955; *M Kriele:* Kriterien der Gerechtigkeit. Zum Probl des rechtsphil u polit Relativismus 1963; *G Patzig:* Relativismus u Objektivität moral Normen 1968. Lotz

Wesen (W) bildet zunächst als *Sosein* den Gegenpol zu ↗ Dasein u wird dann *Wesenheit* (Wh) genannt. Wie das Dasein auf die Frage ‚ob' ein Seiendes ist, antwortet, so das Sosein auf die Frage ‚was' ein Seiendes ist; deshalb heißt die Wh auch *Washeit* (lat: *quidditas*). Wendet man für Dasein das Wort ‚Existenz' an, so bezeichnet man im Ggs dazu die Wh als ‚*Essenz*'. In diesem Zusammenhang ist die individuell bestimmte Wh oder der substantielle Kern des Seienden in seiner konkreten Vereinzelung gemeint (etwa: ‚dieser' Mensch Peter), da ja das Allgemeine als solches nicht existieren kann. – Die Wh des Endlichen bleibt als endliche hinter der Fülle des Seins zurück, umfaßt jeweils nur einen Ausschnitt seiner Möglichkeiten, während Gottes Wh die unendliche Fülle des Seins umgreift, ja ‚das' Sein selbst (ipsum esse) ist. Damit schließt Gottes Wh jede Unterscheidung vom Sein aus; das Endliche hingegen ist gekennzeichnet gerade durch diese Unterscheidung, wobei die Wh als subjektive ↗ Potenz u das Sein (Dasein) als ↗ Akt (beide als ↗ Seinsprinzipien) das Endliche aufbauen.

Nach einer zweiten Bedeutung sagt W den inneren intelligiblen oder nur geistig faßbaren W-grund des Seienden im Ggs zu seiner äußeren, sinnlich anschaubaren Erscheinung oder Gestalt. Hier ist W das eigentliche oder wahrhafte Sein der Dinge, das ihre erscheinende Gestalt hervorbringt, trägt u verständlich macht (dem entspricht der Wortsinn von ‚W', nämlich ‚Sein', zusammenhängend mit dem Zeitwort ‚wesen' = ‚sein'). Gegensätzliche Eigenschaften heben die beiden Bereiche voneinander ab. Während die erscheinende Gestalt der Vereinzelung, dem Wechsel u so der Nicht-Notwendigkeit unterliegt, tritt das W als der Vereinzelung Überlegenes, Bleibendes u Notwendiges auf. An der Auslegung dieser Doppelheit hat sich *Platons* Lehre von der ↗ Idee entzündet; an ihr scheiden sich immer wieder die phil Systeme. Eine Verflüchtigung des W in der Erscheinung liegt beim ↗ Positivismus vor, der nur die Phänomene kennt u deshalb jede Metaphysik unmöglich macht. Der ↗ Pantheismus hingegen wahrt nicht hinreichend den Unterschied des W von der Erscheinung, insofern nach ihm das W als Weise des Seins nicht zu dem absoluten, dh von allen sinnlichen Erscheinungen losgelösten Sein geleitet, sondern das Sein zum immanenten W-grund des sinnlich erscheinenden Seienden erniedrigt. In der Mitte steht unsere Auffassung, nach der den Dingen ein eigener immanenter W-grund zukommt, der zugleich eine Teilnahme am letzten transzendenten Grund, am absoluten Sein, darstellt, weshalb er auch dessen Eigenschaften analog widerspiegelt. Unsere Erkenntnis erfaßt den immanenten W-grund durch ↗ Abstraktion im Allgemeinbegriff, den letzten transzendenten Grund durch Schlußfolgerung im Gottesbeweis. – Der immanente W-grund kann metaphysisch oder physisch betrachtet werden. Das *metaphysische W* besagt in einer ersten Bedeutung nur den innersten Kern, ohne den dieses W aufgehoben würde; das *physische W* umfaßt außerdem die *Wesenseigenschaften* (proprietates), die notwendig aus jenem Kern folgen u ohne die dieses W nicht ↗ physisch verwirklicht werden kann. Von der ↗ Geschichtlichkeit her gesehen, tritt dem *metaphysischen W*, das sich im Wandel durchhält, das *physische W* gegenüber, mit dem wir die den verschiedenen Epochen entsprechenden Gestalten meinen, in denen jenes sich ausprägt; das zeigt sich deutlich am Menschen.

In anderer Wendung wird W so gebraucht, daß nicht nur das aus dem Seienden herausgegriffen wird, was wesentlich ist im Ggs zum Unwesentlichen; dann meint W das Seiende mit allem, was zu ihm gehört; es bedeutet also dasselbe wie das Seiende. So heißt auch das Einzelseiende ein W; wir sprechen sogar von Einzel-W (B: alle W der sichtbaren Welt; die Einzel-W einer Art).

a) *Platon:* Politeia; Symposion; Phaidon; Parmenides; *Aristoteles:* Metaphysik VII; *Thom v Aq:* Komm zu Arist, Metaph VII; De ente et essentia (↗Sein); STh I q 3 a 3 et 4; ScG I, 21 et 22; II, 52; De potentia q 7 a 2; *F Suárez:* Disput metaph d 31; *G Hegel:* Logik, Buch II. – b) *G Siewerth:* Der Thomismus als Identitätssystem ²1961, bes V; *A Brunner:* Der Stufenbau der Welt 1950, Kap 17 u 18; *E Stein:* Endliches u ewiges Sein 1950, III u IV; *C Nink:* Ontologie 1952, Teil I, Abschn 1; *É Gilson:* L'Être et l'Essence, P 1948; *St Breton:* Essence et existence 1962; *H Zubiri:* Vom W 1968. – c) *G Hegel:* ↗a); *E Husserl:* Ideen zu einer reinen Phänomenologie u phänomenolog Phil ²1922; *N Hartmann:* Zur Grundlegung der Ontologie ³1949, Teil IV; *J Haering:* Bemerkungen über das W, die Wh u die Idee 1926. – d) *C Fabro:* Neotomismo e Suarezismo 1941; *HH Berger:* Ousia in de Dialogen van Plato, Leiden 1961; *R Marten:* Ousia i Denken Platons 1962; *HE Pester:* Platons bewegte Usia 1971; *R Boehm:* Das Grundlegende u das Wesentliche, Den Haag 1965 [zu Arist].

Lotz

Wesenserkenntnis meint im Ggs zu einer rein empirischen Erkenntnis, die nur sinnliche ↗Erscheinungen (wie das Ding aussieht usw) erfaßt, jene Erkenntnis, durch die das ↗„Wesen" (dh was der Gegenstand ist) aufgedeckt wird. Eine unmittelbare u direkte (dh nicht nur in der Reflexion auf die eigenen Akte gegebene) Erfassung des Wesens im konkreten Seienden kann *Wesensschau* genannt werden. Gewisse Formen des ↗Intuitionismus nehmen eine von der ↗Erfahrung unabhängige Wesensschau an. Umgekehrt leugnet der ↗Empirismus, weil wir keine andere Anschauung als die Erfahrung haben, jede Wesensschau. Beiden ist die Auffassung gemeinsam, die Erfahrung sei rein sinnlich. Demgegenüber lehrt die aristotelisch-scholastische Phil eine unmittelbare Erfassung von Wesenhaftem im Erfahrungsgegebenen; das ist der Sinn des Ausdrucks „*intelligibile in sensibili*", dh geistig erfaßbarer Gehalt im Sinnlichen. Dieser Gehalt ist einerseits auf ein wesenhaftes Erfassen der sinnlich gegebenen Merkmale beschränkt (↗Abstraktion); anderseits wird das Wort ↗„Wesen" meist vom substantiellen Wesen verstanden. So ergibt sich das Bedenken, ob der Ausdruck „Wesensschau" nicht doch als mißverständlich besser gemieden wird. – Zur W im Bereich des Urteils ↗Erkenntnisprinzipien.

b) *J Geyser:* Neue u alte Wege der Phil 1916; *W Pöll:* Wesen u W 1936; *A Brunner:* Erkenntnistheorie 1948, 208–14, 230–34; *B Lonergan:* Insight, L 1957. – c) *E Husserl:* Ideen I 1913, Neuausg Den Haag 1950; *ders.:* Erfahrung u Urteil 1948, 410–28. – d) *HH Berger:* Ousia in de dialogen van Plato, Leiden 1961; *J Geyser:* Die Erkenntnistheor des Arist 1917; *A Hufnagel:* Intuition u Erkenntnis nach Thom v Aq 1932; *E Levinas:* Théorie de l'intuition dans la phénomenologie de Husserl, P 1963.

de Vries

Widerspruch, Satz vom. Der SW *(Widerspruchsprinzip, Kontradiktionsprinzip)*, genauer der Satz vom ausgeschlossenen Widerspruch, gilt der klassischen Scholastik mit Recht als das erste Prinzip (↗Erkenntnisprinzipien), dh als jener allgemeine Grundsatz, dessen Einsicht für unser ganzes Denken die grundlegendste Bedeutung hat. Weniger glücklich wollten manche neuere Philosophen statt seiner das sog *Identitätsprinzip* an die erste Stelle setzen; wenn dieses nicht eine bloße Tautologie („Was ist, ist"; A = A) oder eine andere Form des SW sein soll, bleibt sein Sinn unbestimmt u wird nicht von allen gleich erklärt. Dem SW hat *Aristoteles* die Fassung gegeben: „Es ist unmöglich, daß dasselbe (dieselbe Bestimmung) demselben (Seienden) unter der gleichen Rücksicht zugleich zukommt u nicht zukommt" (Metaph 4,3; 1005 b 19f). Der Satz beruht auf dem Begriff des ↗ Seins u der unbedingten Unvereinbarkeit des Seins mit dem Nichtsein; vom Seienden (dh dem Etwas, dem Sein zukommt) sagt er aus, daß es, insoweit (= zu der Zeit u unter der Rücksicht unter der) es ist, nicht nicht sein kann. – Aus dem Gesagten erhellt, daß der SW zunächst etwas über das Seiende selbst aussagt; er gehört also nicht in erster Linie in die Logik, sondern in die Ontologie. Der logische SW gründet erst auf dem ontologischen. Er besagt, daß zwei kontradiktorisch entgegengesetzte Sätze nicht beide wahr sein können, daß darum nie dasselbe bejaht u verneint werden darf. Die Einhaltung dieses Grundsatzes ist die erste Bedingung jedes geordneten Denkens. – ↗ Gegensatz.

a) *Aristoteles:* Metaphysik IV, 3–8. – b) *E Husserl:* Log Unters-en I 1975, 88–109; *L Fuetscher:* Die ersten Seins- u Denkprinzipien 1930; *E Przywara:* Analogia entis 1932, 69–99; *G Manser:* Das Wesen des Thomismus ³1949, 291–313. – c) *R Heiß:* Die Logik des Widerspruchs 1932; *FH Bradley:* The Principles of Logic I, Oxford ²1950. – d) *E Hoffmann:* Drei Schr z griech Phil: ... Der histor Ursprung des Satzes v W 1964; *N Lobkowicz* (Hgb): Das W-prinzip i der neueren sowjet Phil, Dordrecht 1959. – e) *J de Vries:* La pensée et l'être, Louvain 1962, 113–30.   de Vries

Wille. Erkennen u Wollen sind die beiden Grundweisen geistiger Betätigung. Wie ↗ Wirken nicht notwendig Veränderung u geistiges Erkennen nicht notwendig diskursives Denken ist, so besagt Wollen nicht notwendig Streben nach einem erst zu erwerbenden oder zu verwirklichenden Gut. Sein Grundakt ist die Bejahung eines Wertes oder die *Liebe.* Darum ist auch der nicht strebehafte geistige Vollzug des unendlichen Werts W (↗ Wille Gottes). Der *W überhaupt* hat als kennzeichnenden Gegenstand den ↗ Wert überhaupt oder das Gute als solches. Nur wo das Gute mit dem W weder identisch noch ihm ursprünglich verbunden ist, tritt das Wollen als ↗ Streben auf. Der *menschliche W* kann deshalb als das geistige Vermögen des Menschen bezeichnet werden, geistig erkannte Werte zu bejahen oder zu erstreben. Sein kennzeichnender Gegenstand ist das des W überhaupt, das Sein als Wert, aber vermittelt durch die besondere Art menschlicher Erkenntnis u menschlichen ↗ Verstandes. Während sinnliches Streben (↗ Trieb) auf den engen Bereich sinnlicher Annehmlichkeitsgüter eingeengt ist, hat der W ein unbeschränktes Gegenstandsgebiet. Er kann sich zwar nur auf das, aber auch auf all das richten, was irgendwie als gut erscheint; das ist aber, da alles Sein irgendwie werthaltig ist, der unbegrenzte Bereich des Seienden überhaupt.

Als Finalursache, die durch Vermittlung der geistigen Erkenntnis einwirkt, ist die lockende Gutheit des Objektes zugleich *Willensmotiv.* Das Wollen ist so unmittelbar im erkannten Motiv verankert, mittelbar aber in allem, was zur Konstituierung der Werturteile seitens der verschiedenen Anlagen u „Schichten" der Seele miteinwirkt. Zum Ganzen des Werterlebens wirken nämlich auch alle seelischen Befindlichkeiten mit, wie Gemütsstimmung, Temperament, sinnliche Grundlagen des Denkens, Charakter, Persönlichkeitstypus, die Fülle unbewußter Komplexe. Vom Werterlebnis her werden Erst-Regungen des W ausgelöst, die ihrerseits hinwieder auch auf die weitere Gestaltung der Motiverlebnisse rückwirken können. Die letzte Richtungnahme des W aber bleibt in Motivkämpfen innerhalb gewisser Grenzen freie W-tat ↗ Willensfreiheit.

Der Gegenstand des Wollens, der um seiner Gutheit willen erstrebt werden soll, muß irgendeine Abgestimmtheit auf die Seinsvollendung des Strebenden enthalten. Wo es sich um ernsthafte Verwirklichung von W-zielen handelt, darf er nicht als hier u jetzt für das Subjekt des Strebens unrealisierbar erscheinen, da der W nicht ernsthaft das Unmögliche u überhaupt nicht das Übel um seiner selbst willen wollen kann. – Man unterscheidet auf Grund zahlloser Erfahrungen starkes u schwaches Wollen. Doch ist es umstritten, ob der „Wille" (als besondere Fähigkeit) innerlich, seinshaft, stark oder schwach u durch „Übung" stärkbar sei. Gute Gründe sprechen dafür, daß der Sinn sog W-übungen nicht eine innerlich-seinshafte Mehrung von *Willenskraft* sei, sondern die Schaffung einer gesamtseelischen Konstellation von ↗ Komplexen, in der bestimmte objektive Werte leichter als Hochwerte subjektiv erlebt werden, dem entsprechenden Wollen sich weniger innerseelische Hemmungen entgegenstellen u günstige Gewöhnungen das Sichdurchsetzen des Wollens im Ganzen der Seele leichter machen (vgl *Lindworskys* Willenstheorie). – W als geistige Strebekraft entquillt geistigem Erkennen u umfaßt geistig erfaßte Ziele. Man kann darum nicht eigentlich von unbewußtem Wollen als bloßem dumpfem Drang sprechen (wie von sinnlichen Naturtrieben), es sei denn, man verstehe unter W dasselbe wie ↗ Streben. Den absoluten Urgrund aller Weltwirklichkeit in einem unbewußten Wollen zu sehen (Philosophie des Unbewußten, *Schopenhauer, E v Hartmann*) widerspricht dem Satz vom zureichenden Grunde, da das Höhere (der geistige W) seinen Grund nicht im Niederen (dem unbewußten Streben) haben kann.

J *Lindworsky:* Der W ³1923; *ders:* W-schule ¹²1927; *A Pfänder:* Phänomenologie des Wollens ²1930; *W Keller:* Psych u Phil des Wollens, Basel 1954; *P Foulquié:* La volonté, P ⁵1959; *P Ricœur:* Phil de la volonté, P 1963ff; *W Fischel:* Der W i psycholog u phil Betrachtung 1971. – *N Ach:* Analyse des W 1935; *H Rohracher:* Theorie des W 1932 (gegen ihn: *J Lindworsky* in: Arch f d ges Psych 86 [1932] 553ff); *W Haensel:* Beitr z Strukturanalyse d Wollens 1939. – *G Schaber:* Die Theor des W i der Psych v L Klages 1939; *D Esser:* Der doppelte W bei M Blondel 1961; *W Hoeres:* Der W als reine Vollkommenheit nach Duns Scotus 1962; *K Riesenhuber:* Die Transzendenz der Freiheit z Guten. Der W i der Anthropologie u Metaph des Thom v Aq 1971; *F Pittau:* Il volere umano nel pensiero di V Jankélévitch, Rom 1972. Willwoll

Wille Gottes (WG). In Gott gibt es keinen blinden Naturdrang *(Schopenhauer, E v Hartmann),* der sich allmählich zum Bewußtsein emporarbeitet (Idealistischer ↗ Pantheismus), noch ist Gott bloßes Denken oder eine bloße Idee, sondern es kommt ihm ein bewußtes, geistiges Wollen zu. Ähnlich wie beim Erkennen

(↗ Allwissenheit) ist das wollende Subjekt, der Akt des Wollens u dessen notwendig erfaßter Hauptgegenstand vom ewigen, unveränderlichen u notwendigen Sein Gottes nicht verschieden. Darum kann man dieses Wollen nicht ein „Streben" nennen, sondern ein „Sich-selbst-Bejahen", ein „Sich-selbst-Lieben", jedoch nicht in dem Sinne, als ob Gott sich selbst erst durch dieses Wollen „setzen" würde *(Fichte).* Das Endliche ist als beschränkte Nachahmungsmöglichkeit Gottes Gegenstand seines freien Willens (↗ Freiheit Gottes).

Das hervorstechendste Merkmal des göttlichen Willens ist seine absolute ↗ *Heiligkeit.* Gott kann nicht sündigen, weil bei ihm Natur u sittl Norm zusammenfallen. Er liebt das Gute u haßt das Böse, weil er etwas nur lieben kann, insofern es ein Abbild seines eigenen Seins ist. Doch dürfen wir uns das göttliche *Lieben* u *Hassen* nicht nach Art menschlicher Affekte u Leidenschaften vorstellen. Versteht man im modernen Sinn unter „sittlich" die Wahlfreiheit zwischen Gut u Böse, so würde Gott jenseits der Sittlichkeit stehen. – Unter WG kann man auch das von Gott Gewollte verstehen, wobei zwischen dem *bezeichneten Willen,* zB den Geboten, u dem *absoluten Willen* zu unterscheiden ist, der alles umfaßt, was in der Welt geschieht u vom WG in seiner Realität abhängt, ob es nun von Gott gebilligt oder bloß – im Hinblick auf geschöpfliche Freiheit – ermöglicht wird.

a) *Thom v Aq:* STh I q 19–20; ScG I, 72–96. – b) *Lehmen-Lennerz:* Theodizee 1923; *C Nink:* Phil Gotteslehre 1948; *M Rast:* Welt u Gott 1952; *Garrigou-Lagrange:* Dieu ⁴1923. – Weitere Lit ↗ Gott.

Rast

Willensfreiheit *(Wahlfreiheit, liberum arbitrium)* ist die Fähigkeit des geistigen Wesens, erkannten begrenzten Werten gegenüber selbstmächtig (dh ohne vorgängig von etwas eindeutig bestimmt zu sein) Richtung zu nehmen, das begrenzte Gut zu wählen oder nicht, bzw dieses oder jenes als begrenzt erfaßte Gut zu wählen. W kommt also nur in Frage, wo ein Wert als wirklicher, aber begrenzter, mit Unwert in anderer Sicht verbundener erfaßt wird. Wo etwas als schlechthinniger Wert aufscheint, mit dessen Erstreben keinerlei Unwerte in anderer Sicht verbunden sind, muß der Wille – nicht aus Zwang, sondern gemäß dem eigensten Naturdrang zum Wert hin (↗ Streben) – das betreffende Gut notwendigerweise bejahen u erstreben. W besagt ferner keineswegs eine Fähigkeit zu „ursachlosem" Wollen, wie manche Gegner der W *(Deterministen)* immer wieder behaupten, ohne die wirkliche Freiheitslehre zu kennen. Motivloses Wollen gibt es nicht. Ebensowenig besagt W, daß der Wille nicht von den Motiven intensiv beeindruckt u gezogen werden könne oder ihnen etwa völlig gleichmütig gegenüberstehe. Auch besagt W nicht, daß die Menschen tatsächlich immer frei wollen, denn viele Handlungen des Alltags geschehen ohne jede Motiverwägung. Da ferner die zur Wahl nötige Verstandeserwägung auch durch Leidenschaft oder pathologische Zustände, wie Zwangsideen u dergl. eingeschränkt u behindert sein kann, ist man berechtigt, in solchen Fällen von verminderter, wenngleich (mit Ausnahme akuter ↗ Geisteskrankheit) nicht ganz aufgehobener Freiheit u Zurechnungsfähigkeit zu sprechen.

Die Tatsache der W erhellt zunächst aus ihren Beziehungen zur ethischen Persönlichkeit. Ohne W, also ohne die Möglichkeit, so oder anders zu wollen, kann verständlicherweise ein Mensch für seine Willensrichtungen nicht mehr verantwortlich, lohn- oder strafwürdiger sein als ein Kranker für seine Krankheit. Infolgedessen könnte man ohne W auch nicht sinnvoll sittliche Gutheit oder Bosheit des Wollens von reinem Nutzwert trennen. Der kategorische Imperativ des Gewissens würde ebenso sinnlos wie das Erlebnis guten u bösen Gewissens, Schuldbewußtsein, Reue u a. Die ethische Würde der Persönlichkeit müßte bei Aufgabe der W mit aufgegeben werden, womit aber auch das ganze Sein des Menschen sinnentleert würde. – Ferner ist das (von vielen Gegnern der W übrigens als Tatsache zugegebene) Freiheitsbewußtsein vor, in u nach Willensentschlüssen eine derart allgemeine u faktisch unüberwindliche Tatsache, daß sie sich nicht immer u in allen Fällen aus bloßer Selbsttäuschung, Unkenntnis unbewußter Beweggründe u ä erklären läßt, sondern nur durch die Wirklichkeit der W. Daß es jedoch möglich ist, in manchen Fällen spätere Willensentschlüsse von Personen mit größter Wahrscheinlichkeit vorauszusagen, wenn man deren Charakter, Neigungen, Situationen genau kennt, erklärt sich daraus, daß in vielen Fällen die Menschen eben dasjenige wählen, was ihrer Gewohnheit, ihren Dauerneigungen, ihren Situationserwägungen am meisten entspricht, zumal wenn die Situation zu einer gegenteiligen Wahl keinerlei besonderen Anlaß bietet (vgl die Experimente *Achs* zur „Widerlegung" der W). – Ebenso kann man nicht sagen, die ethischen Grundbegriffe blieben sinnvoll ohne W, da zB der Mensch seinen Charakter, der ihn jetzt zum Schlechten bestimmt, besser hätte formen sollen. Denn wenn er nicht frei ist, konnte er den Charakter ja nicht anders formen, ist also auch für dessen Auswirkungen nicht verantwortlich.

Die letzte Verankerung der W liegt im Wesen des geistigen Seins selbst. Dieses muß wesensnotwendig einerseits zur Erkenntnis der bloß relativen Werterfülltheit begrenzter Strebeziele kommen (zum *indifferenten Werturteil*, das besagt: das betreffende Ziel sei teils gut, teils nicht gut, auf den Sinn des Wollens abgestimmt, aber in anderer Hinsicht ihm auch zuwider, somit nicht schlechthinnige Begründung eines Wollens bietend); anderseits wäre ein auch in diesem Fall psychologisch determinierter Wille wesensnotwendig auf ein solches Ziel hingeordnet; es wäre somit die Sinnrichtung des Willens sich selbst widersprechend, der Wille würde sich selbst aufheben u zum Widersinn werden. – Die W widerstreitet keineswegs dem allg gültigen Satz vom hinreichenden Grund oder dem ebenso allg gültigen ↗ Kausalprinzip, dessen Sonderfall, der ↗ Kausalsatz, seiner Geltung nach auf körperliches Geschehen beschränkt ist. Hinreichender, wenngleich nicht nötigender Grund für das Wollen bleibt immer das erfaßte Gutsein des Zieles. Genügende Wirkursache für den Willensakt ist der von den Motiven erfüllte Wille bzw die Seele selbst, insofern sie nicht nur für eine, sondern für mehrere Willensrichtungen die hervorbringende Wirkkraft in sich trägt. Daß aber eine hinreichende Ursache in jedem Fall, auch wenn sie sich im Lichte einer mehrere Möglichkeiten umfassenden Erkenntnis als Entscheidungsmacht betätigt, eine eingeengte, nur zu dem betreffenden Wirken befähigte Ursache sein dürfe, ist nicht als allg gültiges u denknotwendiges Gesetz erwiesen.

Vertreter der W *(Indeterministen)* haben in tiefdringenden spekulativen Erörterungen versucht, das „Wie" im Werden u in der Möglichkeit freier Willensakte sowie ihres Zusammenwirkens mit der göttlichen Allgewalt u der Vernunft näher zu erörtern. So im 16. u 17. Jht *Báñez, Molina, Bellarmin* (↗ Mitwirkung Gottes, Vorherwissen Gottes, Molinismus), *Leibniz* (Lehre von der Wahl des jeweils besser scheinenden Zieles, womit die Freiheit aber logisch aufgehoben wäre) u a. Letzte Einigung über diese Frage ist nicht erzielt worden, vielleicht psychologisch kaum möglich u an der Unmöglichkeit, das Wesen u Wirken Gottes in den Geschöpfen restlos mit unseren rationalen Mitteln zu durchleuchten, scheiternd. Wesentlich für die Bewertung solcher Versuche ist es, daß Freiheit, Verantwortlichkeit u ethische Würde des Menschen u damit Gottes Gerechtigkeit u Wahrhaftigkeit in den theoretischen Deutungsversuchen ebenso wie die Abhängigkeit des Geschöpfes vom Schöpfer gewahrt bleiben. – Nach *Kant* ist die W theoretisch nicht erweisbar. Als Voraussetzung der sittlichen Forderungen muß sie jedoch praktisch angenommen werden. Sie besteht in der Möglichkeit, sich unabhängig von allem selbstischen Interesse dem moralischen Gesetz dadurch zu unterwerfen, daß der Wille es sich selber gibt.

a) *Augustinus:* Der freie Wille ³1962; *Thom v Aq:* Die menschl W (Texte, ed Siewerth) 1954; *I Kant:* Grundlegung z Metaph der Sitten. – b) *K Schmid:* Die menschl W i ihrem Verhältnis zu den Leidenschaften 1925; *K Joel:* Der freie Wille 1908; *J de Finance:* Existence et liberté, P 1955; *A Antweiler:* Das Probl der W 1955; *V Kircher:* Die Freiheit des körpergebundenen Willens, Fribourg 1957; *G Siewerth:* Die Freiheit u das Gute 1959; *La Liberté*, approches scientifiques et théologique 1963; *B Welte:* Determination u Freiheit 1969. – *Zu den Hemmnissen der W:* K Jaspers: Allg Psychopathologie ⁴1948. – c) *N Ach:* Analyse des Willens 1935; *A v Spakovsky:* Freedom, Determinism, Indeterminism, Den Haag 1963; *W Keller:* Das Probl der W 1965; *A Gehlen:* Theor der W u frühe phil Schr 1965; *M Danner:* Gibt es einen freien Willen? 1967. – d) *J Auer:* Die menschl W bei Thomas u Duns Scotus 1938. – e) *A Willwoll:* Seele u Geist 1938, 149–65. – Weitere Lit ↗ Wille.
Willwoll

Wirken oder Tätigkeit begegnet uns in dieser oder jener Gestalt an jedem Seienden, das wir beobachten. Dabei scheint das Wesen des W zunächst darin zu bestehen, daß etwas hervorgebracht, ins Sein erhoben wird. Des genaueren treten zwei Typen des W hervor. Der erste ist das *transeunte*, hinübergehende oder *äußere W* (lat: *actio*), wodurch das Tätige auf ein anderes Seiendes einwirkt (der Künstler behaut zB den Marmor zur Statue). Der zweite ist das *immanente*, inne-bleibende oder *innere W* (lat: *operatio*), wodurch das Tätige sich selbst entfaltet (zB das Wachstum der Pflanze). Beide Typen greifen oft ineinander, besonders dann, wenn das äußere W im inneren wurzelt (vgl Denken u Wollen des Bildhauers, das jeden Meißelschlag durchseelt). Da das W aus dem Seienden hervorgeht, entspricht sein Vollkommenheitsgrad der Seinsstufe des Seienden; das sagt der Grundsatz: „*Agere sequitur esse*" (das W folgt dem Sein). Im gesamten gilt: Je höher ein Seiendes steht, desto innerlicher ist sein charakteristisches

W. Das An-organische oder Leblose ist ganz ins Äußere verloren, weshalb es einzig auf anderes einwirken kann. Mit der Pflanze hebt das in-sich-beharrende Seiende u damit das innere W an, das mit ↗ Leben identisch ist. Doch ist die Pflanze noch ganz in den Leib verloren, dessen Äußerlichkeit erst durch das sinnliche Bewußtsein (noch ganz leibgebunden u darum nur dumpf) u vor allem durch das geistige Leben, das innerlich vom Leib unabhängig ist, überwunden wird. Während die niederen Arten des W nicht über einen begrenzten Umkreis des Körperlichen hinauskommen, umgreift das geistige W das ganze Reich des Seins u reicht selbst zu Gott empor.

Unsere obige Beschreibung des W konnte nur vorläufig sein. Das Hervorbringen (Verursachen) eines andern u das Übergehen des W selbst von der ↗ Potenz in den ↗ Akt machen nicht das innerste Wesen des W aus. Dieses liegt darin, daß das Seiende im W sich selbst „vollzieht" u so in seiner vollen Wirklichkeit steht. Erst in seinem Denken u Wollen besitzt der Mensch die voll entfaltete Wirklichkeit seiner selbst, während er ohne diese Tätigkeit noch schlummert. Das Hervorbringen tritt nur insoweit zu dem Vollzug hinzu, als dieser noch nicht mit der Substanz eines Seienden gegeben ist, sondern als weitere akzidentelle Bestimmung erst hervorgebracht werden muß. Im Ggs zu jedem Geschöpf stellt sich Gottes denkender u wollender Selbstbesitz als lauterer Vollzug ohne alles Hervorbringen u damit als „actus purus" (reiner Akt) dar; ebensowenig bedeutet Gottes W nach außen (das Erschaffen) ein Hervorbringen in ihm selbst. Es ist eben der Sinn des W, das Seiende zum Vollbesitz seines Seins u letztlich des absoluten Seins zu erheben. Deshalb kann das W nur mit der Substanz dessen zusammenfallen, der das absolute Sein selbst ist; beim Endlichen hingegen muß es eine akzidentelle Bestimmung sein, durch die das Endliche um den Vollbesitz seiner selbst u um die Annäherung an das absolute Sein ringt: „Omnia appetunt Deum", dh alle Wesen erstreben Gott.

In seinem innersten Grund gehört das W zu den ↗ Transzendentalien. Gewiß kann man nicht wie der ↗ Dynamismus alles in bloßes, frei schwebendes W auflösen. Doch vollendet sich das Wesen des Seins im W, so daß das Sein erst im Vollzug ganz es selbst, ganz Sein ist. Das W tritt jedoch nicht als eigenes Transzendentale auf, sondern ist im Wahren u Guten (↗ Wahrheit u ↗ Wert) enthalten, die den Wesenszusammenhang des Seins mit Denken u Wollen u so mit dem W darstellen.

a) *Thom v Aq:* S Th I q 14 a 4; q 18 a 2; q 77; ScG I, 45; IV, 11; *JG Fichte:* Grundlage der gesamten Wissenschaftslehre 1794. – b) *A Marc:* Dialectique de l'agir, P 1954; *J Lotz:* Metaphysica operationis humanae methodo transcendentali explicata, Rom ³1972, Gregoriana; *J de Finance:* Être et Agir, Rom ²1960, Gregoriana. – *L Lavelle:* De l'acte, P 1937; *M Blondel:* L'action, P 1893, neue Bearbeitung P 1936–37. – c) *JG Fichte:* ↗ a); *H Bergson:* L'évolution créatrice 1907. Lotz

Wirklichkeit. Das Wort W, von der deutschen Mystik für das lat *actualitas* geprägt, benennt wie dieses das Seiende vom ↗ Wirken her u deutet so an, daß sich das Sein im Wirken kundtut u vollendet. Im heutigen Sprachgebrauch ist W fast gleichbedeutend mit *Realität* (R), wie *wirklich* mit *real* (von lat res = Sache), mit dem Unterschied, daß R eher die Seinsweise der materiellen Dinge bezeichnet. Im übrigen besagen beide Wortpaare das ↗ Dasein bzw das Daseiende im Ggs einerseits zum ↗ Schein u zur bloßen ↗ Erscheinung, anderseits zum nur Möglichen (↗ Möglichkeit). Im letzteren Sinn wird allerdings das Wort W bevorzugt; aber auch das Wort R wird kaum je vom nur Möglichen gebraucht. Anders ist der Wortgebrauch bei *Kant;* er unterscheidet R u W (letzteres = Dasein); die R gehört zu den Kategorien der Qualität, die W zu den Kategorien der Modalität. Während also W im Ggs zur Möglichkeit steht, ist R die Sachheit, Washeit – beide aber als Kategorien eingeschränkt auf die Erscheinungsgegenstände, denen nur „empirische R" zukommt (↗ Kritizismus). – W u R besagen zunächst das abstrakt gedachte Wirklichsein des Seienden; beide Wörter werden aber auch für das konkrete Seiende gebraucht; so spricht man von einem Seienden als *einer* R, von der Gesamtheit alles Seienden als *der* W.

Zuweilen wird das Wortpaar W u Möglichkeit auch für ↗ Akt u ↗ Potenz gebraucht. Jedoch ist dieser Wortgebrauch mißverständlich, da weder Akt das bloße Dasein noch Potenz die bloße Möglichkeit bedeutet, sondern beide als innere Seinsgründe oder ↗ Seinsprinzipien des Seienden gedacht werden.

G Jacoby: Allg Ontologie der W I 1925, 18–163; *N Hartmann:* Möglichkeit u W 1938; *R Reininger:* Metaph der W II 1948, 3–37; *S Krohn:* Definitionsfrage u W-frage, Helsinki 1953; *W Metzger:* Psychologie 1954, 8–47; *W Schulze-Sölde:* Die Problematik des Physikalisch-Realen 1962; *CA Van Peursen:* W als Ereignis 1971; *G Bandmann* u a: Zum W-begriff 1974. – d) *W Brugger:* Kant u das Sein, in: Schol 15 (1940) 363–85; *L Scaramelli:* Saggio sulla categoria kantiana della realtà, Florenz 1947; *G Sutter:* W als Verhältnis 1972 [zu M Buber]. de Vries

Wirtschaft ist die „Kulturfunktion der Unterhaltsfürsorge" (Sombart) oder – sachlich gleichbedeutend – die „Gestaltung menschlichen Zusammenlebens unter der Rücksicht ständigen Einklangs von Bedarf u Deckung" (v Gottl-Ottlilienfeld); ihre letzte Sinndeutung hat die *W-philosophie* zu geben, wie es die ↗ Gesellschaftsphilosophie für den Gesamtbereich des gesellschaftlichen (ges) Lebens versucht. Hiernach ist W ein Kultursachbereich u damit Teilbereich menschlichen Gesellschaftslebens. Da der Mensch Geist-Leib-Wesen ist, bleibt jede menschliche ↗ Kultur gebunden an stoffliche Voraussetzungen, an die Verfügung über stoffliche Güter zur nackten Erhaltung des Lebens bis zu dessen Bereicherung, Verschönerung u Veredelung; selbst die höchsten Kultursachgebiete (Kunst, Wissenschaft, Religion) sind in diesem Sinne nicht freischwebend. Der W kommt Wert u Würde des zwar untersten, aber eben damit grundlegenden u zugleich breitesten Kultursachgebiets zu.

Das Sachgütergeschehen (Erzeugung u Verbrauch) ist nur das technologische Substrat (↗ Technik) der W; das *Wirtschaften* selbst besteht darin, Ziele oder sinnvolle Kombinationen von Zielen zu wählen u ihnen die immer nur beschränkt verfügbaren Mittel zuzuteilen. Darauf aber haben Bau u Ordnung der ↗ Gesellschaft entscheidenden Einfluß. Darum gebührt der *Politik* der unbedingte Vorrang vor der W; sie u nicht die W ist unser Schicksal. In der kapitalistischen Ära konnte sich die W weitgehend den ges Bindungen entschlagen zum schweren Schaden der ges Ordnung selbst. – Als Zweck-Mittel-Zusammenhang ist die W eigengesetzlich; für welche Zwecke aber der Mitteleinsatz erfolgen soll (die „Zielgültigkeit"), bestimmt der Mensch in Freiheit u darum Verantwortlichkeit: Ethik.

b) *A Weber:* Allg Volkswirtschaftslehre ⁶1953; *A Tautscher:* W-ethik 1957; *O v Nell-Breuning:* W u Gesellsch heute, 3 Bde, 1956–60; *A Amonn:* Nationalökonomie u Phil 1961; *H Zbinden:* Humanismus der W 1963; *M Weber:* W u Gesellschaft, Neudr 1964; *L Wirz:* W-phil 1965; *CA Andreae:* Mensch u W, Wien 1966; *E Küng:* W u Gerechtigkeit 1967; *R Hettlage:* Die W zwischen Zwang u Freiheit 1971; *L Roos:* Ordnung u Gestaltung der W 1971; *P Binder:* W – materielle Grundlage 1972. – c) *W Sombart:* Die Ordnung des W-lebens ²1927; *W Weddigen:* W-ethik 1951 [christl-humanitär]; *O Weinberger:* Grundriß der allg W-phil 1958 [extrem liberal]. – d) *Th Suranyi-Unger:* Gesch der W-phil 1931; *ders:* W-phil des 20. Jht 1967. v Nell-Breuning

Wissenschaft. Während das Wort *Wissen* eine sichere Erkenntnis (↗ Gewißheit), im engeren Sinn eine begründete Erkenntnis u im Ggs zum ↗ Glauben eine auf eigener Erfahrung u Einsicht beruhende Erkenntnis bezeichnet, meint W nicht eine vereinzelte Erkenntnis, sondern entweder den Inbegriff des menschlichen Wissens der Zeit („die" W) oder (als „eine" W) eine Gesamtheit von Erkenntnissen, die sich auf den gleichen Gegenstandsbereich beziehen u untereinander in einem Begründungszusammenhang stehen. Heute wird meist noch ein weiteres Merkmal zum Begriff der W hinzugefügt: W bezieht sich auf einen begrenzten Gegenstandsbereich; so wird „W" gleichbedeutend mit *Einzelwissenschaft*. Wenn dadurch der Phil u der Theologie der Charakter hinreichend begründeter Erkenntnis abgesprochen werden soll, so kann wohl die Gegenfrage gestellt werden, ob eben diese These hinreichend begründet ist oder auf Unkenntnis echter Phil u Theologie beruht. Der logische Begründungszusammenhang einer W ist nicht einfach Abbild eines realen Zusammenhangs, entspricht aber doch auf seine Weise den im Realen sich findenden Zusammenhängen, Sachgründen (↗ Grund) bzw ↗ Ursachen. Gewißheit aller einzelnen Sätze u Begründungen wird für die W nicht gefordert; sie kann auch ↗ Hypothesen u noch nicht endgültig gesicherte ↗ Theorien in sich enthalten. Dagegen verbindet sich mit dem Begriff W oder wissenschaftliche Erkenntnis oft der Nebengedanke, daß die angewandten Hilfsmittel grundsätzlich allen zugänglich sein müssen; doch ist diese Forderung nichts weniger als eindeutig u wird darum besser nicht in den Begriff der W einbezogen. Die Forderung der Sachgebundenheit *(Objektivität)* ist dagegen der W wesentlich, weil sie als geistige Erkenntnis notwendig nach Wahrheit streben soll. Sie ist nicht zu verwechseln mit der Forderung der Objektivierbarkeit ↗ Gegenstand. Ein anderes wesentliches Merkmal der W ergibt sich aus der durch die Eigenart der menschlichen Vernunft begründeten Tatsache, daß sich die Zusammenhänge des Seienden nur in schrittweisem Vorgehen erschließen; dieses Vorgehen darf nicht ein planloses sein, sondern muß ein planvoll geordnetes, dh muß ↗ Methode sein. Ein wichtiges methodisches Hilfsmittel der W ist die *Terminologie*, die *Fachsprache*, die für die Begriffe der W möglichst klare u eindeutige Bezeichnungen zu geben sucht.

Die Einheit jeder W gründet allerdings weniger in der Einheit der Methode, da die Methode dem jeweiligen ↗ Gegenstand (Objekt) entsprechen muß. Man unterscheidet das *Materialobjekt (obiectum materiale)*, dh den ganzen konkreten Gegenstand, auf den sich eine W richtet, u das *Formalobjekt (obiectum formale)*, dh die besondere Rücksicht, unter der sie dieses Ganze betrachtet; kennzeichnend für jede W ist ihr Formalobjekt, während das gleiche Materialobjekt mehreren W-en gemeinsam sein kann. Die Aufspaltung der Bereiche der W-en hat zu deren fortschreitender *Spezialisierung* geführt; diese bringt, wenn einseitig gepflegt, nicht nur eine Einengung des Blicks mit sich, sondern auch die Gefahr, daß man die über das Fachgebiet hinausgehenden Fragen mit den Methoden der Spezialwissenschaft zu lösen versucht *(„Szientismus")*.

Diese u andere Gründe führen nicht selten zu einer Geringschätzung der „reinen", dh nicht unmittelbar in Technik, Medizin usw auswertbaren W. Gewiß kann eine einseitige Verstandesbildung lebensuntüchtig machen u die Überschätzung der wissenschaftlichen Form u Methode auf Kosten des Inhalts zu dürrem Rationalismus führen. Aber bei rechter Unterordnung unter das Streben nach gesamtmenschlicher Vollendung behält die W, auch die Einzel-W, ohne Zweifel einen großen Bildungswert.

a) *Aristoteles:* Metaphysik I, 1–2; VI, 1; *Thom v Aq:* In Boethii de Trinitate q 5 u 6; *F Bacon:* Novum Organon scientiarum 1620. – *J Maritain:* Les degrés du savoir, P [8]1963 (dt: Die Stufen des Wissens 1954); *E Husserl:* Die Krisis der europ W-en (Husserliana VI) 1954; *M Heidegger:* W u Besinnung, in: Vorträge u Aufsätze 1954, 45–70; *A Fischer:* Die phil Grundlagen der wiss Erkenntnis [2]1967; *JD Robert:* Phil et science [Bibliogr], P 1968; *CF v Weizsäcker:* Die Verantwortung der W i Atomzeitalter [5]1969; *R Wohlgenannt:* Was ist W? 1969; *AG van Melsen:* Science and Responsability, Pittsburgh 1970; *A Diemer* (Hgb): Der W-begriff 1970; *J Mittelstraß, F Kambartel:* Zum normativen Fundament der W 1973. – c) *W Stegmüller:* Metaph, W, Skepsis 1954; *Ph Frank:* Modern Science and its Phil 1949, Neudr NY 1962. – d) *J Mittelstraß:* Einf i die W-gesch 1974; *K v Fritz:* Grundprobleme der Gesch der antiken W 1971; *A Antweiler:* Der Begriff der W bei Arist 1936; *H Meyer:* Die W-lehre des Thom v Aq 1934; *A Koyré:* Études d'histoire de la pensée scientifique, P 1966. de Vries

Wissenschaftstheorie (WT) steht zuweilen synonym für (1) Wissenschaftslehre (WL), jene phil Disziplin, deren Gegenstand die ↗ Wissenschaft (W) ist. Diese umfaßt die WT im engeren Sinn (2), die Begriff u Einteilung der W-en, vor allem aber das System ihrer ↗ Erkenntnisprinzipien u Basissätze *(Axiomatik)*, ihre ↗ Methoden (Theorie der Theoriebildung u Methodologie) u ihre Sprache behandelt. Die WL fragt daneben als ↗ Erkenntnistheorie der W nach ihrer Möglichkeit, ihren ↗ Voraussetzungen u ihren prinzipiellen Grenzen, auch gegenüber anderen Erkenntnisweisen. Da die WL überdies neben den anthropologischen u – in der *Wissenssoziologie* – den gesellschaftlichen Bedingungen der W auch deren Sinn u Bedeutung im Ganzen der menschlichen Tätigkeiten untersucht u vom Ziel des Menschen u der menschlichen Gesellschaft her beurteilt, tritt neben die erkenntnistheoretische *Wissenschaftskritik* die *Wissenschaftsethik*, die von den Pflichten handelt, die der W gegenüber bestehen oder aus ihr resultieren u die eine völlige *Wertfreiheit* der W nicht zulassen, da diese in ihren voraussehbaren Wirkungen nach außen verantwortet u, innerhalb des wissenschaftlichen Vorgehens selbst, der Suche nach Wahrheit verpflichtet sein muß. Insofern die WL diese Untersuchungen auch auf die Universalwissenschaften, besonders die Phil, ausdehnt, ist sie Teil der *Fundamentalphilosophie.* Bei *JG Fichte* ↗ [155] bezeichnet WL die richtig aufgebaute Phil überhaupt.

Den Universal-W-en (↗ Philosophie u ↗ Theologie), deren Betrachtung auf keinen umgrenzten Objektbereich festgelegt ist, werden in der Einteilung der W-en zunächst die *Einzelwissenschaften* gegenübergestellt, die je ein umschriebenes Sachgebiet zum Gegenstand haben. Sie werden zunächst in zwei Gruppen unterteilt: die *formalen W-en (mathesis universalis),* wie ↗ Logik, ↗ Mathematik, Methodologie, u die *inhaltlichen W-en,* von denen die ↗ Naturwissenschaften die Dinge betrachten, wie sie „von Natur", dh ohne Zutun des freien Menschenwirkens, vorliegen, die ↗ Humanwissenschaften den Menschen, wie er sich selbst verändert, die ↗ Geisteswissenschaften die Werke menschlicher Geistestätigkeit. Oft zählt man heute in unklarer Weise auch Phil und Theologie zu den „Geisteswissenschaften". Unter anderer Rücksicht unterscheidet man *Erfahrungswissenschaften,* die auf das Feld der ↗ Erfahrung eingeschränkt bleiben, und *spekulative W-en,* dh W-en, die durch denkerisches Bemühen über die Erfahrungsgrenzen hinausstreben u sich die reine, dh nicht auf tätige Anwendung ausgerichtete Erkenntnis des Übersinnlichen zum Ziel setzen. Die Erfahrungs-W heißt *exakte W,* wenn sie sich auf genaue Messungen u mathematische Berechnungen stützt. Unter wieder anderer Rücksicht stellt man den rein *theoretischen W-en,* die sich auf die Erkenntnis dessen, was unabhängig von unserem Denken besteht, beschränken, die *normativen (praktischen) W-en* entgegen, die Normen für das menschliche Denken, Wollen u Tun aufstellen, oder auch die *angewandten W-en,* die die Ergebnisse der W-en für ↗ Technik, Medizin usw auswerten.

Die WT (2) konzentriert sich zumeist auf die Untersuchung der Sprache u Methode der Einzel-W-en. So regelt sie in der Definitionslehre die wissenschaftliche (wiss) Begriffsbildung u bestimmt innerhalb der wiss Fachsprache das Verhältnis von Beobachtungs- u theoretischer Sprache. Bei der Frage nach der Methode stellt sich das Grundlagenproblem verschieden für die logischmathematischen W-en (↗ Antinomien; Intuitionismus–Konstruktivismus–Diskussion; Nachweis, daß es kein mechanisches *Entscheidungsverfahren* gibt, auch keinen *Algorithmus,* d i Rechenvorschrift mit sich wiederholendem Schema, womit man die logische Wahrheit oder Falschheit einer beliebigen Aussage feststellen könnte); anders wieder für die Erfahrungs-W-en, deren Basisproblem es ist, welche Erfahrungssätze über die Geltung einer wiss ↗ Hypothese entscheiden, entweder indem sie sie (durch Erfüllung einer gesetzesartigen Prognose) bestätigen *(Verifikationsprinzip)* oder – weil Allsätze von Einzelbeobachtungen nicht logisch abgeleitet, aber durch sie widerlegt werden können – indem sie sie als nicht zutreffend erweisen *(Falsifikationsprinzip).*

Im weiteren Verfahren der Erfahrungs-W muß jeweils die Verbindung zwischen logisch-mathematischer Methode u Beobachtung hergestellt werden, zB indem man einem Axiomensystem ein *reales Modell* zuordnet (es mit Hilfe von Begriffen interpretiert, die aus der Empirie stammen – im Gegensatz zum *formalen Modell*, das logisch-mathematische Begriffe zur Interpretation verwendet) oder indem man mit Hilfe der Wahrscheinlichkeitstheorie eine induktive Methode für die jeweilige Erfahrungs-W erarbeitet (Problem der ↗ Induktion). Die entscheidende Rolle im Fortgang der W-en spielt das kreative Denken. Es ist – von verschiedenen Interessen geleitet – auf die Phantasie u deren *Modellvorstellungen* angewiesen, die durch einen „Paradigma-Wechsel" erst neuartige wiss Erklärungen u damit den wiss Fortschritt ermöglichen; es läßt sich freilich kaum durch methodische Regeln gängeln, ist auf sie jedoch zur Überprüfung oder Begründung angewiesen.

B Bolzano: WL 1837, Neudr 1929–31; *M Weber:* Ges Aufsätze z WL 1922; *J Piaget:* Introduction à l'Épistémologie, 3 Bde, P 1950; *P Weingartner* (Hgb): Grundfragen der W-en u ihre Wurzeln i der Metaph 1967; *ders:* WT 1971; *ThS Kuhn:* Die Struktur wiss Revolutionen 1967; *W Stegmüller:* Probleme u Resultate der WT u Analyt Phil, 2 Bde, 1969–70; *L Krüger* (Hgb): Erkenntnisprobleme der Naturwiss-en 1970; *R Lay:* Grundzüge einer komplexen WT, 2 Bde, 1971–73; *KR Popper:* Logik der Forsch ⁴1971; *J Mittelstraß:* Das prakt Fundament der W u die Aufgabe der Phil 1972; *JK Feibleman:* Scientific Method, Den Haag 1972; *F v Kutschera:* WT 1972; *F Kambartel, J Mittelstraß* (Hgb): Zum normativen Fundament der W-en 1973; *H Hendrichs:* Modell u Erfahrung 1973; *H Lange:* Die trl Logik als Grundform aller WL 1973. – e) *St Toulmin:* Einf i die Phil der W-en 1969; *H Seiffert:* Einf i die WT 1969; *WK Essler:* WT 1970; *E Ströcker:* Einf i die WT 1973. – *Zur Wissenssoziologie: W Stark:* Die Wissenssoziologie 1960; *B Glaeser:* Kritik der Erkenntnissoziologie 1972; *J Habermas:* Erkenntnis u Interesse 1973; *K Rahner:* Kollektive Findung der Wahrheit, in: Schr z Theol VI, 104–10.   Keller

Wunder in einem allg Sinn (1) ist jedes Ereignis, das Verwunderung erweckt (W der Natur, der Technik). In einem engeren, für die Religion bzw Theologie bedeutsamen Sinn spricht man von göttlichen W-en (2) u meint damit Ereignisse, die wegen ihrer Außergewöhnlichkeit u der von ihnen herbeigeführten Rettung aus Not oder Erfüllung der Sehnsucht nach Heil dem Menschen die persönliche Liebe Gottes zeichenhaft kundtun. Diese Bestimmung des W enthält schon eine Interpretation der als W bezeichneten Ereignisse: sie werden als göttliche Zeichen, dh als in besonderer Weise von Gott hervorgebrachte Taten, als dialogisches Handeln Gottes in bezug auf den Menschen gedeutet. Hier erst stellt sich die phil Frage: Wie ist diese Interpretation mit unseren übrigen Erkenntnissen über Wirklichkeit, vor allem über Gott u Welt, in Einklang zu bringen? Kann sie vor dem Forum der kritischen Vernunft bestehen, u wenn ja, wie ist das zu zeigen? – Seitdem man die von Gott herstammende Eigenwirklichkeit u -wirksamkeit der Geschöpfe erkannt hatte, machte man sich darüber tatsächlich Gedanken, was eine persönliche Tat Gottes in der Welt, ontologisch gesehen, denn sei. Die für lange Zeit allg angenommene Begründung der Interpretation gewisser Ereignisse als Taten Gottes ging davon aus, daß Gott in der Welt in zweifacher Weise wirke: gewöhnlich durch die von ihm herstammenden natürlichen Kräfte des Geschöpfes, in besonderen Fällen jedoch unmittelbar, dh ohne geschöpfliche Kräfte zu gebrauchen. Nach dieser Auffassung ist das W ein wahrnehmbares, außergewöhnliches Ereignis, das von Gott allein kraft seiner

Allmacht außerhalb der natürlichen Ordnung hervorgebracht wird. – Gegen die in dieser Definition zum Ausdruck kommende Deutung des W erheben sich aber zwei wichtige Einwände: 1. Es ist nicht exakt festzustellen, ob etwas außerhalb der natürlichen Ordnung geschehen ist, wenn man nicht die eindeutige Determiniertheit des gesamten Naturgeschehens u unsere erschöpfende Erkenntnis der Naturgesetze voraussetzen kann, was aber offensichtlich nicht der Fall ist. 2. Man stellt Gott auf die gleiche Ebene mit den innerweltlichen Ursachen, dh man deutet ihn als einen Teil der Welt, wenn man annimmt, er würde ohne entsprechende innerweltliche Ursachen etwas in der Welt bewirken. Dies widerspricht aber der Transzendenz Gottes. Deshalb muß gezeigt werden, daß es auch unter der Voraussetzung, Gott wirke in der Welt stets durch geschöpfliche Ursachen, sinnvoll (dh zumindest möglich u unter Umständen sogar geboten) ist, gewisse außergewöhnliche Ereignisse als persönliches Handeln Gottes zu deuten. Dazu muß man folgendes bedenken: 1. Gott u Geschöpf schließen sich als Ursachen der Ereignisse innerhalb der Welt nicht aus (↗ Mitwirkung Gottes). Es gilt im Gegenteil: Je intensiver Gott in der Welt handelt, desto mehr erscheint in der Welt die dem Geschöpf eigene Aktivität; u je mehr Eigenwirksamkeit das Geschöpf entfaltet, desto mehr wird Gott selbst in der Welt aktiv. 2. Von den innerweltlichen Ursachen (u deshalb auch von dem gerade durch sie wirkenden Gott) her ist mehr möglich, als was naturwissenschaftlich erkennbar u errechenbar ist. Denn für eine ontologische Betrachtung des geschöpflichen Wirkens ist auch das – von den Naturwissenschaften notwendig vernachlässigte, aber in jedem Seienden im Maße seines Seinsgrades hervortretende – Moment der je größeren Unmittelbarkeit zu Gott von Bedeutung. – Das W kann man darum beschreiben als ein außergewöhnliches, unser Vorverständnis in bezug auf das innerweltlich Mögliche gleichsam sprengendes Ereignis, durch das der transzendente Gott mittels der eigenen, zum Hervorbringen auch von Unvorhergesehenem fähigen Kräfte des Geschöpfes, dh weltimmanent wirkend, dem Menschen auf unerwartete Weise innerweltliche Rettung oder irdisches Heil schenkt u somit seine persönliche, auf unbedingtes Heil ausgerichtete Liebe in der Materialität der Welt zeichenhaft zum Ausdruck bringt.

Weil zwischen W u „gewöhnlichem Ereignis" hinsichtlich ihrer ontologischen Struktur kein grundsätzlicher Unterschied besteht, geschieht die Erkenntnis des W als solchen dadurch, daß man in der konkreten Situation die auf das Absolute hinweisende dialogische Bedeutung des Ereignisses erkennt. Bei den W-n aus vergangenen Zeiten muß freilich die historische Kritik dazukommen. – ↗ Allmacht.

a) *Thom v Aq:* ScG III, 98–103. – b) *R Guardini:* Wunder u Zeichen 1959; *B Weißmahr:* Gottes Wirken i der Welt 1973. – c) *A Michel:* Miracle, in: Dict de théol cath X 2, 1798–1858. – d) *JA Hardon:* The Concept of Miracle from St Augustin to Modern Apologetics, in: Theological Studies 15 (1954) 229–57; *L Monden:* Theol des W 1961. Weissmahr

Yoga (= Anspannung) bezeichnet in der indischen Phil (1) allg jede systematische Schulung des Körpers u Geistes, um auf dem Wege innerer Sammlung zur mystischen Schau u zur erlösenden, überbegrifflichen Erkenntnis zu gelangen. In diesem Sinne ist der Y auf kein bestimmtes System beschränkt. Der klassische Y (2) des *Patanjali* (5. Jht n Chr) entnimmt seine phil Grundlagen im großen u ganzen der dualistischen Samkhya-Phil. Das Ziel des *Yogin* (= Y-Übenden) ist die Unterdrückung der Funktionen der Denksubstanz, um sie in ein Anderes, Höheres überzuführen. Als Vorbereitung dazu dient die Einhaltung einer Reihe von ethischen Vorschriften, eine bestimmte Körperhaltung u Atemregulierung; die Hauptübung jedoch besteht in der Zurückziehung der Sinne von den Gegenständen, in Sammlung, Meditation u der vollständigen Versenkung. – ↗[9]

a) *Patanjali:* The Y-Sutras, L 1952. – *R Garbe:* Samkhya u Y 1896; *ders:* Die Samkhya-Phil ²1917; *O Strauß:* Indische Phil 1925, 8. Kap; *JW Hauer:* Der Y als Heilsweg 1932; *Eranos-Jb,* Bd I: Y u Meditation i Osten u i Westen 1934; *Sri Aurobindo:* Der integrale Y, dt 1957; *M Eliade:* Y. Unsterblichkeit u Freiheit 1960 [Üb]; *M Choisy:* La métaph des Y-s, Genf ²1962; *A Verdu:* Abstraktion u Intuition als Wege z Wahrheit i Y u Zen 1965; *GM Koelman:* Patañjala Y, Poona 1970; *Totok* I 32. – e) *JM Déchanet:* Y für Christen, Luzern 1957. Brugger

Zahl. Z kommt von zählen. Seit der Antike bis zur Ausbildung der Algebra in der neuzeitlichen Mathematik hat man dieses Wort auf die sog positiven ganzen Z-en (auch *natürliche Z-en* genannt): 1, 2, 3, ... (I, II, III, ...) beschränkt. Diese Z definiert *Aristoteles* als „eine durch die Einheit gemessene Vielheit" (Metaph X, 6:1057a3f.). – Neben dieser sog *prädikamentalen Z,* die in die Kategorie der ↗ Quantität gehört, unterschied die Scholastik die *transzendentale Z,* die auch auf immaterielle Wesen anwendbar ist. (Dieser Begriff ist von der *transzendenten Z,* dh einer nichtalgebraischen Z, zu unterscheiden.) – Die moderne mengentheoretische Grundlegung der natürlichen Z-en *(Frege, Russell)* geht von der Zuordnung (auch *Abbildung* genannt) der Elemente der Mengen aus. Besteht dann eine gegenseitig eindeutige (dh *eineindeutige*) Zuordnung der Elemente zweier Mengen, so sagt man, daß diese *gleichzahlig* sind oder daß ihnen dieselbe *Kardinal-Z* zukommt. Die *Mengenlehre* hat dann diesen Begriff auch auf die unendlichen Mengen erweitert. Die Kardinal-Z einer *abzählbaren* (dh auf die Folge der natürlichen Z-en abbildbaren) Menge bezeichnet man mit $\aleph_0$. Die sog höheren *transfiniten* Kardinal-Z-en: $\aleph_1, \aleph_2, \aleph_3, \ldots$ („*Cantors Paradies*" [*Hilbert*]), entbehren vom konstruktiven Standpunkt aus eines definiten Sinnes (↗ Mathematik, Phil der). – Die Reihe der natürlichen Z-en kann durch eine induktive Definition angegeben werden: (1) I ist eine Z; (2) wenn x eine Z ist, so ist auch xI eine Z (xI bezeichnet den Nachfolger von x). In der axiomatischen Grundlegung der Arithmetik fungieren die beiden genannten Teile der Definition als zwei der fünf Axiome von *Peano*. Ebenso können durch induktive Definitionen verschiedene Operationen mit Z-en (Addition, Subtraktion, Multiplikation usw) eingeführt werden. Für die Addition zB lautet das Definitionsschema: (1) x+I = xI; (2) x+yI = (x+y)I.

Mittels der Abstraktion (auch Definition durch Abstraktion genannt) kann man dann den Begriff der Z erweitern u weitere Z-en-arten einführen: positiverationale, negative, imaginäre Z-en. Die Einführung der *positiven-rationalen*

Z-*en* durch Abstraktion erfolgt zB so: Man geht von den Paaren der natürlichen Z-en $(m_1, n_1), (m_2, n_2), \ldots$ aus u definiert unter ihnen eine Äquivalenz so: Zwei Paare (m_1, n_1) u (m_2, n_2) heißen äquivalent, wenn die Gleichung gilt: $m_1 \cdot n_2 = m_2 \cdot n_1$. Die Abstraktion besteht darin, daß man sich nur auf solche Aussagen über diese Paare („Brüche") beschränkt, deren Gültigkeit sich bei der Ersetzung eines Paares durch ein äquivalentes nicht ändert. So spricht man dann von neuen „abstrakten Objekten", den positiven-rationalen Z-en.

Eine wesentlich größere logische Schwierigkeit bietet die Einführung der *reellen Z-en*. Schon in der Antike brachte die Entdeckung des *Irrationalen* (inkommensurable Größenverhältnisse) durch die Pythagoreer die griechische Mathematik in eine Krise. Diese Entdeckung dürfte am Fünfeck (Pentagon), dem Ordenssymbol der Pythagoreer, erfolgt sein. Die Seite u die Diagonale des Pentagons sind nämlich inkommensurable Größen. Die Lösung dieser Krise brachte die *eudoxische Proportionslehre*, die auch in das 5. Buch der „Elemente" *Euklids* aufgenommen wurde. Sie ermöglicht die Rede von inkommensurablen Verhältnissen, indem sie diese mit Z-en-Verhältnissen (heute sagen wir mit rationalen Z-en) vergleicht. Es werden zwei Verhältnisse gleich genannt, wenn sie zwischen denselben Z-en-Verhältnissen liegen. Dabei betrachten die Griechen nur jene Verhältnisse, die sich konstruieren lassen. Das Niveau dieser Proportionslehre ist vom Standpunkt der Grundlagenforschung der Gegenwart vorbildlich. Die aristotelische Auffassung des Kontinuums u des potentiellen Unendlichen entsprach dieser Proportionslehre. – Dagegen spricht man in der modernen Theorie der reellen Z-en *(Dedekind, Cantor)* von der Menge aller reellen Z-en, die bei Dedekind als „Schnitte" der rationalen Z-en definiert werden. Dabei übersah man den indefiniten Charakter dieses Begriffs, dh seine potentielle Unendlichkeit. Dies hatte die neuzeitliche Krise der Mathematik zur Folge. Die Berücksichtigung dieser Indefinitheit erlaubt (wie *Lorenzen* 1965 aufgezeigt hat) eine befriedigende Interpretation des wesentlichen Bestandteiles der klassischen Analysis (Differential, Integral) vom konstruktiven Standpunkt aus. An einer konstruktiven Theorie der reellen Z-en u der Analysis wird zur Zeit gearbeitet.

R Dedekind: Was sind u was sollen die Z-en [10]1965; *G Frege:* Die Grundlagen der Arithmetik 1961 [Neudr]; *E Husserl:* Phil der Arithmetik 1893; *BL van der Waerden:* Moderne Algebra I [3]1950, II [2]1940; *RL Goodstein:* Recursive Number Theory 1957; *E. Landau:* Grundlagen der Analysis 1930; *RL Goodstein:* Recursive Analysis 1961; *P Samuel:* Théorie algebrique des nombres, P 1967. – d) *J Stenzel:* Z u Gestalt bei Plato u Arist [3]1959; *G Martin:* Klass Ontologie der Z 1956; *P Lorenzen:* Die Entstehung der exakten Wissenschaften 1960; *G Stammler:* Der Z-begriff seit Gauß 1965 [Neudr]. ↗ Mathematik, Phil der. Richter

Zeichen ist alles, was als zuvor Erkanntes zur Erkenntnis eines andern führt. Damit das Z seine Aufgabe erfüllen kann, muß ein erkennbarer Zusammenhang zwischen ihm u dem Bezeichneten bestehen. Ist dieser Zusammenhang durch die Natur selbst gegeben, so haben wir ein *natürliches Z*, zB das Schreien des Kindes als Ausdruck des Schmerzes, wie überhaupt die Ausdrucksbewegungen. Wird dagegen der Zusammenhang willkürlich hergestellt, dann haben wir ein *konventionelles* Z. Hierher gehören Sprache u Schrift in ihrer entwickelten Form. Das ↗ Symbol steht in etwa in der Mitte zwischen beiden Klassen von Z. Dem Zweck nach sind die Z nur kundgebende oder zugleich stellvertretende Z, je nachdem das Z bloß etwas anzeigt (wie die Uhr die Zeit) oder auch irgendwie die Stelle des Bezeichneten vertritt (zB die Schlüssel der Stadt, die dem Sieger als Z der Übergabe der Stadt selbst überreicht wurden). – Im Zusammenhang mit der ↗ Logistik u den Bestrebungen, eine exakte Kunstsprache zu schaffen, wurde neuerdings die allgemeine Z-lehre stark entwickelt. Dabei versteht man unter *Signifik* die allg Lehre von den menschlichen Verständigungsmitteln; unter *Syntaktik* die Lehre von den Beziehungen der Z untereinander, wobei die *Semiotik* von den Z-reihengestalten handelt; unter *Semantik* die Lehre von den Beziehungen zwischen Z u Bezeichnetem; unter *Pragmatik* die Lehre von den Beziehungen zwischen den Z u ihren Benützern. – Für alles menschliche Gemeinschaftsleben sind die Z von größter Bedeutung; ohne Z ist keine Sprache u daher auch keine Kultur möglich. Die Notwendigkeit des Gebrauchs von Z ist eine Folge der leibseelischen Struktur des Menschen.

B Bolzano: Wissenschaftslehre III 1837, § 285; *R Gaetschenberger:* Grundzüge einer Psych des Z 1901; *ChW Morris:* Foundations of the Theory of Signs, Chicago 1938 (1960); *J Maritain:* Quatre essais sur l'esprit, P 1939, 2. essai; *P Kümmel:* Struktur u Funktion sichtbarer Z 1969. – *G Mannoury:* Die signifischen Grundlagen der Mathematik 1934; *R Carnap:* Introduction to Semantics, Cambridge, Mass ³1948; *W Stegmüller:* Das Wahrheitsprobl u die Idee der Semantik 1957; *Archiv f Begriffsgesch* 4 (1959), 6 (1960) 7-142. *U Eco:* Einf i die Semiotik 1972; *R Freundlich:* Einf i die Semantik 1972. – *J Derrida:* La voix et le phénomène [zu Husserl], P 1972.

Santeler-Brugger

Zeit ist eine Art der Dauer. *Dauer* bedeutet die Selbstidentität im Dasein. Was kein Dasein hat, hat auch keine Dauer. Die Dauer unveränderlicher Wesen ist die ↗ Ewigkeit, die Dauer veränderlicher Wesen die Z. In der Scholastik unterscheidet man weiter tempus u aevum, wobei *tempus* die Art der Dauer körperlicher, *aevum* aber die Art der Dauer rein geistiger Geschöpfe bedeutet. Wie der ↗ Raum ein Nebeneinander in der Ausdehnung aufweist, so die Z ein *Nacheinander (Aufeinanderfolge, Sukzession)* in der Dauer, das eine stetige Erstreckung der Z besagt von der Vergangenheit durch die Gegenwart in die Zukunft. *Vergangen* ist das, was selber nicht mehr ist, aber oft noch aufbewahrt wird, objektiv in seinen Wirkungen oder subjektiv im ↗ Gedächtnis. *Gegenwärtig* ist das, was zwischen Vergangenheit u Zukunft liegt, was jetzt ist. Im mathematischen Sinn gegenwärtig ist nur ein unteilbares Element der Z, der *Jetztpunkt. Zukünftig* sind die Dinge u Ereignisse, die noch nicht sind, sondern erst sein werden, oft auch in der Erwartung vorausgenommen werden. Der *Zeitpunkt (Moment)* bedeutet ein unteilbares Element, einen Schnitt in der Z. Da die Erstreckung der Z stetig ist, läßt sie sich nicht aufbauen aus Zeitpunkten. Die Sukzession der Z, die bedingt ist durch die Veränderungen der zeitlichen Dinge, ist orientiert von der Vergangenheit in die Zukunft (= *Zeitrichtung*) u ist nicht umkehrbar; ihr Richtungssinn ist festgelegt durch das Verhältnis von Ursache u Wirkung. Wie jedes Ding u jedes Ereignis seine Dauer hat, so hat es auch seine eigene konkrete

Z, die *physische* Z. Die Z als Form seiner irdischen Existenz, seines Ich- u Welterlebens *(Zeitlichkeit)* hat für den Menschen eine besondere Bedeutung, da er sie als Ganzes erfassen u gestalten kann. Neben der jedem Ding eigenen Zeit spricht man von der *imaginären* Z, die ein leeres allgemeines Schema darstellt, in das alle zeitlichen Ereignisse eingereiht werden können, ein Leersystem möglicher Geschehnisse. Sie ist abstrahierte, für sich seiend vorgestellte zeitliche Dauer u wird gedacht als ein gleichmäßig fließendes eindimensionales Kontinuum ohne Anfang u Ende, analog dem absoluten Raum. *Gleichzeitigkeit (Zugleichsein, Koexistenz)* von Ereignissen besagt, daß die Ereignisse demselben Punkt oder Teil der imaginären Z zuzuordnen sind. Ereignisse, die verschiedene Raumdistanz von einem Beobachter haben, können von ihm (strenggenommen) nicht zur selben Z wahrgenommen werden. Was von ihm bei verschiedener Raumdistanz zugleich wahrgenommen wird, sind keine gleichzeitigen Ereignisse (Astronomie!).

Zeittheorie heißt eine Lehre über den Ursprung u die Geltung des Z-begriffes. Die physische Z ist wie die Dauer eine reale Bestimmtheit zeitlicher Dinge. Die imaginäre Z ist das Ergebnis eines langwierigen begrifflichen Entwicklungsprozesses u hat als solche keine Realität. Sie ist ein ↗ Gedankending. Da sie aber die Dauer als objektives Element enthält, ist es möglich, mit Hilfe dieses Begriffes objektiv gültige Urteile über zeitliche Verhältnisse u Beziehungen zu fällen. – *Zeitmessung* bedeutet den Vergleich einer Z mit einem willkürlich gewählten Zeitmaß als Einheit. Als Zeiteinheit ist jeder periodische Vorgang möglich, wie der Wechsel von Tag u Nacht, die Pendelbewegung usw. – Vom Z-begriff zu unterscheiden ist die anschauliche *Zeitvorstellung*. Die zeitliche Dauer innerer Erlebnisse, die *psychische* Z, wird unmittelbar wahrgenommen durch den „Zeitsinn". Dieser vermag auf Grund physiologischer Tatbestände die Länge von Z-strecken abzuschätzen. *Psychische Präsenzzeit* heißt die Z-strecke, die der Z-wahrnehmung unmittelbar gegenwärtig ist. Ihre Dauer wird auf 6–12 Sekunden angegeben.

Aristoteles berücksichtigt vor allem die *physische* Z u versteht darunter die Aufeinanderfolge in der Bewegung oder als Zeitmaß die Zahl der Bewegung in ihrem Früher u Später. – *Kant* legt seinen Überlegungen den von *Newton* ausgearbeiteten Begriff der imaginären Z zugrunde u sieht darin eine apriorische Form der ↗ Anschauung, die eine geordnete Erfahrung erst möglich macht. Sie hat „empirische Realität" u „transzendentale Idealität", ↗ Kritizismus. – Für *Heidegger* ist die Z „das sich auslegende Gegenwärtige, dh im ,jetzt' ausgesprochene Ausgelegte". Sie ist „früher als jede Subjektivität u Objektivität, weil sie die Bedingung der Möglichkeit selbst für dieses ,früher' darstellt", ↗ Existenzphilosophie. – Die ↗ Relativitätstheorie befaßt sich mit der konkret feststellbaren Z. Viele ihrer Aussagen über Z betreffen eigentlich die Zeitmessung. Da die Z die Dimension der Wahrscheinlichkeit ist (↗ Quantenphysik), hat sie vor dem Raum einen Vorrang bei der Beschreibung der Naturvorgänge *(CF v Weizsäkker)*.

a) *Aristoteles:* Physik IV, 10–14; *Augustinus:* Confessiones XI, 13–29; *I Kant:* Krit d rein Vern, Transzendentale Ästhetik, 2. Abschn. – *J Seiler:* Phil der unbelebten Natur 1948, 118–23, 130–48; *N Hartmann:* Phil der Natur 1950, 136–250; *H Conrad-Martius:* Die Z 1954; *A Neuhäusler:* Z u Sein 1957; *GJ Witrow:* The Natural Phil of Time, L 1961; *W Gent:* Das Probl der Z, Neudr 1965; *J Zeman* (Hgb): Time in Science and Phil, L 1971; *M Heidegger:* Sein u Z ^{12}1972. – *W Büchel:* Phil Probleme der Physik 1965; *G Böhme:* Über die Z-modi 1966; *CF v Weizsäcker:* Die Einheit der Natur ^{3}1972. – *E Minkowski:* Die gelebte Z 1968; *FW v Herrmann:* Bewußtsein, Z u Weltverständnis 1971; *P Bieri:* Z u Z-erfahrung 1972. – d) *P Conen:* Die Z-theor des Arist 1964; *O Lechner:* Idee u Z i der Metaph Augustins 1964; *HJ Kaiser:* Augustinus. Z u „memoria" 1969; *W Gent:* Die Raum-Z-Phil des 19. Jht 1926–30; *RW Meyer* (Hgb): Das Z-probl i 20. Jht 1964; *SE Toulmin, J Goodfield:* The Discovery of Time, L 1965. – Weitere Lit ↗ Raum. Junk-Brugger

Zelle. Die Z ist jenes räumlich abgegrenzte Gebilde, dessen hochkomplexe Strukturen u Funktionen zuerst die Grundfunktionen des ↗ Lebens ermöglichen. Alles organische Leben ist an diese Grundform der *Zellularität* gebunden. Jede Z ist so entweder selbst ein *Elementarorganismus* oder letztes Lebenselement eines ↗ Organismus. Das Zelluläre ist in dreifacher Weise eine elementare u fundamentale Organisation: (1) Der Einzeller ist, *zeitlich* gesehen, Ursprung der mehrzelligen Organismen (Pflanze, Tier, Mensch) sowohl stammesgeschichtlich (↗ Evolution) wie in der Einzelentwicklung (jeder Organismus geht aus einer einzigen Z = Keimzelle hervor). (2) *Strukturell* gesehen, sind die Vielzeller (Metazoen) aus Z-n aufgebaut. Die vitalen Grundprozesse (zB Stoffwechsel, Vererbung) lassen sich auf zelluläre Prozesse zurückführen. Die Z ist in jeder Hinsicht Baustein der lebendigen Organisation. Deshalb ist in der hierarchischen Ordnung der Lebewesen von Pflanze, Tier u Mensch eine erste Fundamentalschicht anzusetzen: das Zelluläre. Die Art u Weise des mehrzelligen Aufbaus aus dem einzelligen Zustand der Keimzelle ist anorganischen Systemen gegenüber sehr charakteristisch: die Keimzelle vermehrt sich durch *Selbstabbildung* (Auto-reduplikation). Das Lebendige ist der Spiegel seiner selbst. Die Z-differenzierung muß als weiterer Lebensakt betrachtet werden (↗ Leben). (3) Die Z ist auch insofern als fundamentale Seinsform des Lebendigen anzusehen, als sie gegenüber den *Mehrzellern* auch als selbständiges Individuum auftritt (der *Einzeller*) u in ungeheurer Vielfalt nach Gestalt u Funktion in der Systematik der Organismen eine eigene Abteilung begründet.

J Klima: Einf i die Cytologie [Lit] 1970; *B Bavink:* Ergebnisse u Probleme der Naturwissenschaften, Zürich 1949, 350–69; *H Bielka:* Molekulare Biologie der Z ^{2}1973. Haas

Ziel. Wie sich der ↗ Wille in all seinen Betätigungen auf einen erkannten ↗ Wert richtet, so erstrebt er auch im Wollen eines noch zu verwirklichenden Seienden dieses Seiende um eines in ihm erhofften Wertes willen. So wird der Wert das, „um dessentwillen" ein Seiendes erstrebt wird (griech to hou héneka, lat. *finis*), u als solches eine ↗ Ursache des Seienden. Im älteren deutschen Sprachgebrauch wird für „finis" in jeder seiner Bedeutungen das Wort ↗ „Zweck" (Zw) gesetzt; so spricht noch *Kant* vom Menschen als dem End-Zw der Schöpfung. Der neuere Sprachgebrauch unterscheidet Z u Zw. Dabei ist Z als das Erstrebte unmittelbar dem Streben zugeordnet, Zw dagegen dem Mittel, insofern Zw das Erstrebte bedeutet als das, was durch bestimmte Mittel verwirklicht wird. Z ist zunächst das selbstgewählte Z. Aber auch beim Naturstreben (↗ Streben) spricht man vom Z (B: Lebensentfaltung u Fortpflanzung als Z des naturhaften Wirkens der Tiere u Pflanzen). Schließlich gibt es das dem freien Willen vorgesteckte, gesollte Z; so ist die sittl Vollendung des Menschen sein Z (seine „*Bestimmung*"), auch wenn sie tatsächlich von ihm nicht erstrebt wird. – Das Z wird oft nur dadurch erreicht, daß von ihm selbst wie auch vom Streben unterschiedene *Mittel* in den Dienst des Z-strebens genommen werden. Diese haben dann den Zw, der Person bei der Verwirklichung ihres Z zu helfen; sie haben aber ihren Zw, soweit sie zu diesem nur von außen hingeordnet werden, nicht selbst zum Z (B: die Uhr hat die Zeitanzeige nicht zum Z, sondern zum Zw). Umgekehrt ist die Person nicht für einen Zw bestimmt u darf nicht als bloßes Mittel zu einem Zw gebraucht, nicht „verzweckt" werden. – Zuweilen wird auch Zw dem Streben zugeordnet, wie in dem Ausdruck „seine Zw-e verfolgen". Zw meint dann nicht das dem Seinssinn des Strebenden entsprechende innere Z, sondern ein äußeres Z, das seinerseits als Mittel dem eigenen Vorteil dient. Damit hängt zusammen, daß „zweckhaftes Tun" oft als kalte, rein rationale Berechnung erscheint.

C Nink: Sein, Wert, Z, in: Ph Jb 49 (1936) 466–86; *J de Finance:* Grundlegung der Ethik 1968, 65–140. – ↗Zweck.

de Vries

Zufall kann bedeuten: 1. was weder durch sein Wesen notwendig ist, noch durch eine Wirk- oder Zielursache bestimmt ist *(absoluter* Z) ↗ Kausalprinzip; 2. was zwar eine Wirk-, aber keine Zielursache hat ↗ Finalitätsprinzip. – *Zufällig* wird entweder im Sinne der ↗ Kontingenz oder von Z (2) verstanden. – Der absolute Z (1) bedeutet völlige Sinnlosigkeit des Wirklichen; er steht im Ggs zur Einheit des ↗ Seins. Aber auch *relativen* Z (2) kann es nicht bezüglich der ersten ↗ Ursache (Gott) geben, sondern nur bezüglich der Zweitursachen als unbeabsichtigte Nebenwirkung eines Gewollten oder als eine Wirkung, die entsteht durch Zusammentreffen von zwei oder mehr Wirkursachen, die weder selbst naturhaft, noch durch eine fremde zielgerichtete Ursache eigens auf das Zusammentreffen eingestellt sind. Der Z in diesem Sinne ist weder naturhaft noch final regelmäßig. – *Z-theorie (Kasualismus)* ist der Versuch, das, was in der Natur als final (gezielt) erscheint, ohne finale Ursache zu erklären, wie zB die Ordnungen der Dinge u vor allem die Bildung der Lebewesen, in denen jeder Teil seine besondere Funktion für das Leben des ganzen ↗ Organismus hat.

Der Kern aller kasualistischen Auffassungen des Lebens besteht darin, daß das ↗ Leben u die ↗ Evolution keine besonderen, von den physikalisch-chemischen verschiedenen Naturgesetze voraussetze, durch welche die Materie auf die Bildung von Lebewesen hingeordnet sei. Der *biologische Kasualismus* in der Form des *Neudarwinismus* (*JS Huxley, JBS Haldane, Th Dobzhansky, B Rensch, AI Oparin, J Monod* u a) hält zwar das zufällige plötzliche Auftreten einer geordneten anatomischen Struktur für äußerst unwahrscheinlich, nicht jedoch ihr allmähliches Erscheinen. In Verbindung mit der Selektion des Lebensfähigen gilt ihm dies vielmehr als genügender Erklärungsgrund für Ursprung u Evolution der Lebewesen. – Die neudarwinistische Theorie ist in ihrer ausgearbeiteten Gestalt bestechend. Um sie erschöpfend zu kritisieren, bedürfte es zahlreicher genauerer Feststellungen. Hier sei nur ein kurzer Hinweis zur Kritik gegeben. Daß eine zufällige, aber langsame u allmähliche Strukturbildung, die sich über lange Zeitperioden hin erstreckt, weniger unwahrscheinlich sei als eine plötzliche Strukturbildung, ist unrichtig. In Wirklichkeit hat jede Struktur in jeder Phase ihrer Entwicklung außer der Möglichkeit, sich zu behaupten u zu vervollkommnen, auch die Möglichkeit zu zerfallen, u die Verwirklichung dieser Möglichkeit ist unter der Voraussetzung eines Universums ohne besondere *Lebensgesetze* um so wahrscheinlicher, einen je größeren Ordnungsgrad jene Struktur bereits erreicht hat. Das ist der Grund, warum noch nie jemand eine Maschine gesehen hat, die sich zufällig gebildet hätte, weder plötzlich noch langsam u allmählich. – ↗Teleologie

a) *Aristoteles:* Physik II, 4–6. – b) *E Dennert:* Naturgesetz, Z, Vorsehung 1917; *L v Bertalanffy:* Das biolog Weltbild 1949; *P Servien:* Science et hasard, P 1952; *WG Pollard:* Z u Vorsehung 1960; *G Blandino:* Theories on the Nature of Life, NY 1969; *V Marcozzi:* Il problema di Dio e le scienze, Brescia ¹⁰1974. – c) *CS Peirce:* Chance, Love and Logic, Neudr NY 1956; *W Strich:* Telos u Z [z Biologie] 1961; *M Barthélemy-Madaule:* L'idéologie du hasard et de la nécessité, P 1972; *J Monod:* Z u Notwendigkeit [z Biologie] ⁴1972. – d) *W Windelband:* Die Lehren v Z 1870; *ZL v Peter:* Das Probl des Z i der griech Phil 1910; *H Weiss:* Kausalität u Z i der Phil des Arist, Neudr 1967.

Frank-Blandino

Zwang im eigentlichen Sinn *(physischer Z)* ist die durch Gewaltanwendung erreichte Nötigung zu einer äußeren Handlung, die gänzlich der *äußeren Notwendigkeit* unterliegt u deshalb weder frei noch zurechenbar ist. *Moralischer Z* entsteht mittels Drohungen durch ungerecht eingeflößte Furcht, um ein bestimmtes Handeln zu erpressen oder zu verhindern. Obwohl die Freiheit der Entscheidung dadurch vermindert wird, bleibt sie, solange nicht jede Überlegung ausgeschlossen ist, grundsätzlich bestehen u hebt die Verantwortung für das aus Furcht begangene Böse nicht auf. Ein unter Einwirkung ungerechter Furcht eingegangener Vertrag ist auflösbar, weil zur Sicherung des Gemeinschaftslebens ein gewisses Mittelmaß von Freiheit erforderlich ist. Die psychologische Freiheit (↗Willensfreiheit) wird unmöglich durch *innere Nötigung,* dh durch alle jene Zustände, wie *Zwangsvorstellungen, Phobien* (verwirrende Furchtzustände), *Zwangsantriebe,* die unabhängig von jedem überlegten Entschluß die ihnen entsprechenden Handlungen auslösen *(psychischer Z, innere Notwendigkeit).*

Ursachen des psychischen Z sind Erschöpfungszustände (zB in der Pubertät), falsche Erziehung, besonders aber seelische Erkrankungen u Anomalien. Moralischer Z ergibt sich oft durch gesellschaftliche Vorurteile (Standesvorurteile) u stellt an die sittl Selbständigkeit u Treue nicht selten heroische Anforderungen. Physische Gewaltanwendung ist außerhalb der ↗Notwehr rechtswidrig u verbrecherisch. Die Staatsgewalt besitzt jedoch zur Sicherung des Gemeinwohls die Befugnis, gegen den unbotmäßigen Rechtsbrecher physische *Gewalt*, den *Rechts-Z*, anzuwenden.

Psych: O Bumke: Handb der Psychiatrie V1 1928; *Th Müncker:* Der psych Z u seine Beziehungen zu Moral u Pastoral 1922; *A Willwoll:* Seele u Geist 1938, 65–67; *K Jaspers:* Psychopathologie ⁵1948, 111 ff, 176 ff; *M Oraison:* Z oder Liebe; psycholog Grundlagen der relig Erziehung 1963; *L Szondi:* Freiheit u Z i Schicksal des Einzelnen 1968. – *Rechtsphil: K Petraschek:* System der Rechtsphil 1932, 121 ff; *V Cathrein:* Recht, Naturrecht, positives Recht 1901, 58 ff; *La violence*. Semaines des Intellectuels catholiques (1967), P 1967.
Schuster

Zweck ist nach dem älteren Sprachgebrauch, gleichbedeutend dem lat *finis*, alles, um dessentwillen etwas ist oder geschieht; im neueren Sprachgebrauch wird Z meist nur von dem ↗ Ziel gesagt, das durch Anwendung von *Mitteln* erstrebt wird. „Zweckmäßig" kann aber auch etwas genannt werden, das nur tatsächlich für ein Lebewesen förderlich ist, auch wenn nicht vorausgesetzt wird, daß es um dieses Nutzens willen erstrebt ist. *Zweckmäßig* ist jene Einstellung u Einrichtung der Mittel, die geeignet ist, den Z zu erreichen. *Zielstrebig* dagegen ist ein Seiendes bzw ein Wirken, das sich bewußt oder unbewußt (in bloßem Naturstreben) einem Ziel zuwendet ↗ Streben. Kennzeichen wahren Naturstrebens ist uns nicht bloß die Wahrnehmung, daß ein Seiendes sich selbst bei veränderten Wirkbedingungen jeweils so einstellt, daß schließlich stets die gleiche Endwirkung erreicht wird, sondern daß dies von Natur aus, „von selbst" geschieht u primär das Wohl des Lebewesens als Individuum oder Art, nicht außer ihm liegende Z-e, zum Ziel hat. Eine Maschine ist bloß zweckmäßig, die lebendige Natur zielstrebig. Unter *Z-mäßigkeit* der Natur versteht man – dem älteren Sprachgebrauch entsprechend – meist beides; doch liegt dann auch bei der Zielstrebigkeit der Nachdruck auf der Eignung zB der Organe als Mittel zu ihrem Z. Die Z-mäßigkeit ist *selbstdienlich*, wenn der Nutzen dem Wirkenden selbst als Individuum zukommt; *artdienlich*, wenn die Erhaltung der Art gefördert wird; *fremddienlich*, wenn der Nutzen artfremden Dingen zukommt, wie bei der Bildung der Pflanzengallen gewissen Insekten, die ohne diese Gallen nicht existieren könnten; hierher gehört die Eignung der Natur zu menschlichen Z-en. Begründung der Z-mäßigkeit: ↗Teleologie; Einwände: ↗Z-widrigkeit. – Moralischer Einfluß des Z: Während Mittel, die an sich weder gut noch schlecht sind, durch Verwendung zu einem sittl guten Z an dessen Gutheit teilhaben, kann die Verwendung von Mitteln, die ihrer Natur nach schlecht sind, durch keinen noch so guten u notwendigen Z gerechtfertigt werden; in diesem Sinn ist also der Satz „Der Z heiligt die Mittel" unhaltbar.

a) *Aristoteles:* Metaphysik V, 2; *Thom v Aq:* Komm zu Metaphysik V, 2. – b) *Th de Régnon:* La métaph des causes ²1906; *A Trendelenburg:* Der Z 1925; *E Becher:* Die fremddienl Z-mäßigkeit der Pflanzengallen 1917; *P Baumanns:* Das Probl der org Z-mäßigkeit 1965. – c) *R Kroner:* Z u Gesetz i der Biologie 1913; *R Eisler:* Der Z, seine Bedeutung f Natur u Geist 1914. – d) *Th Steinbüchel:* Der Z-gedanke i der Phil des Thom v Aq 1912; *J Seiler:* Der Z i der Phil des Franz Suárez 1936. – ↗Finalität.
Frank

Zweckwidrigkeit *(Dysteleologie)* ist das Gegenteil von Zweckmäßigkeit ↗ Zweck. Der Gebrauch des Wortes ist verschieden, je nach der Auffassung des Zweckmäßigen, dem etwas zuwider ist. Vulgär wird alles zweckwidrig (zw) genannt, was dem subjektiven Behagen zuwider ist. Philosophisch ist Z ein Versagen der ↗ Teleologie (Finalität), so daß der Zweck fehlerhaft oder nicht erreicht wird. Das Versagen zeigt sich in Anwendung unzulänglicher Mittel (zB bei Mißgeburten, Geisteskrankheiten) oder in der Anwendung des Zielstrebens auf „ungeeignete" Objekte (wenn zB Bakterien Tiere u Menschen angreifen). Vielfach hält man auch den Gegensatz zwischen selbst- u fremddienlicher Zweckmäßigkeit u bestimmte Begleiterscheinungen, die das Erreichen des Zweckes zur Qual machen, für zw (zB Schmerzen, „Grausamkeit" der Raubtiere).

Die Z-en können nur richtig beurteilt werden, wenn die Kontingenz des Seins u die Eigenart der Finalität berücksichtigt werden. Mit der ↗ Kontingenz ist die Veränderlichkeit (bei Lebewesen Verfall u Sterblichkeit) u die Begrenztheit der Naturdinge u ihrer Finalität gegeben. Die Eigenart der Finalität besteht in der Eingliederung der Dinge u ihrer Zwecke in eine Gesamtordnung. Diese besteht aus Teilordnungen, von denen die niedrigeren Stufen den höheren, alle aber dem Aufbau des Gesamtkosmos untergeordnet sind. Darüber hinaus sollen die Dinge der Natur höheren Absichten Gottes, des überweltlichen Ordners der Natur, dienen. Der letzte weltimmanente Zweck ist die geistige, moralische u religiöse Vervollkommnung des Menschen, der, durch die Selbstoffenbarung Gottes in der Natur zur Erkenntnis des Schöpfers gebracht, die Welt ihrem letzten transzendenten Ziel, der Verherrlichung Gottes, zuführen soll. Nur das, was unter keiner dieser Rücksichten sinnvoll ist, ist wirklich zw. So betrachtet, hören Unzulänglichkeiten u Disharmonien auf, Z zu sein. Aus den Schmerzen u Epidemien zB erkennt der Mensch sein kontingentes Sein; sie sind auch zum mächtigen Hebel des Kulturfortschrittes geworden. Daß bei Ausschluß der über die Natur hinausgreifenden Ziele vieles sinnlos wird, beweist gerade, daß diese Ziele notwendig sind. Wer beim Vorletzten stehenbleibt, kann den Sinn der Welt nicht erfassen ↗ Theodizee.

b) *G Siegmund:* Naturordnung als Quelle der Gotteserkenntnis ³1965. – d) *F Billicsich:* Das Probl der Theodizee i phil Denken des Abendlandes 1936–52. – Weitere Lit ↗ Teleologie, Theodizee, Übel, Leiden. Frank

Zweifel ist psychologisch die der ↗ Gewißheit entgegengesetzte Haltung gegenüber einem gedachten ↗ Sachverhalt. Wie die Gewißheit sich unwillkürlich einstellen oder auf freier Entscheidung beruhen kann, so ist auch der Z (1) oft eine sich unwillkürlich aufdrängende Hinneigung zur Ablehnung eines Satzes, zuweilen auch ein Schwanken zwischen der Hinneigung zum Ja oder Nein. Ein unwillkürlich sich einstellendes festes Urteil kann nur dann Z heißen, wenn sein Gegenstand die Unentscheidbarkeit der betr Frage ist. Der unwillkürliche Z ist, wie alles nicht frei gewollte Tun, in sich sittl indifferent. Der auf freier Entscheidung beruhende Z (2) ist das gewollte „Dahingestelltseinlassen" des betr

Sachverhalts („suspensio iudicii"), in dem wenigstens implizit das Urteil enthalten ist, daß die Gründe (u gegebenenfalls auch die Gegengründe) in der betr Frage logisch unzureichend sind. Der gewollte Z ist sittlich berechtigt, wenn die Gründe tatsächlich unzureichend sind, sonst ist er sittl unberechtigt. (Ein irriges ↗ Gewissen ist natürlich hier wie in anderen sittl Entscheidungen möglich.)

Von dem bisher beschriebenen *wirklichen* Z ist der *scheinbare, fingierte* Z zu unterscheiden, der in der wissenschaftlichen Fragestellung (↗ Problem) vorliegt; er besagt ein bloßes Absehen von der spontanen Gewißheit, um durch Prüfung u Herausarbeiten der Gründe zu wissenschaftlicher Gewißheit zu gelangen. So ist der *methodische* Z meist nur ein fingierter Z; wenn aber der Fragegegenstand wirklich ungewiß ist, kann er auch wirklicher Z sein.

J Kleutgen: Die Phil der Vorzeit I 1878, 341–96; *FJ v Tessen-Wesierski:* Wesen u Bedeutung des Z 1928; *E Husserl:* Erfahrung u Denken 1948, 365–68; *W Brüning:* Möglichkeiten u Grenzen des method Z bei Descartes, in: Z f phil Forsch 14 (1960) 536–52. – d) *F Amerio:* Il senso del dubbio cartesiano, in: Arch di Fil 9 (1939) 109–36.

de Vries

Abriß der Geschichte der Philosophie

Geschichte der morgenländischen Philosophie

INDIEN

[Vgl The Sacred Books of the East – O Strauß: Indische Phil – E Frauwallner: Geschichte der indischen Philosophie 1953–1956 – Totok I]

A. URZEIT: [1

Erste phil Regungen im *Rigveda* (Liedersammlung; 2. Jahrtausend v Chr) [A Hillebrandt: Lieder des Rgveda 1913] – Einheitstendenz, Frage nach dem Woher der Welt, nach dem unbekannten Gott; die magische Gewalt der Riten als Sinnbild der Weltschöpfung.

Die Grundbegriffe der späteren Phil in den *Brāhmanas* (Erklärungen der Opferriten): *Brahman* (der Opferspruch, das magische, selbst die Götter bezwingende Wort; die Macht des rituellen Wissens als Vorstufe der Macht des metaphysischen Wissens; später das Urprinzip des Alls). – *Atman* (Atem, das Selbst). – *Wiedertod* (Wiedergeburt).

B. DIE UPANISHADEN:

[Vgl. P Deussen: Sechzig Upanishads des Veda] nicht-systematische Textsammlungen; 800–300.

I. DIE ÄLTEREN UPANISHADEN: [2

(Geheimlehren; um 800 v Chr)

Lehre: Brahman ist das All, u Atman, meine Seele, ist Brahman. Was vom Brahman-Atman verschieden ist, ist leidvoll. Das künftige Dasein ist abhängig von der sittl Tat *(Karma).* Seelenwanderung *(Samsara),* die durch gutes oder böses Begehren bestimmt ist. Nur das mystische Wissen um Brahman-Atman führt zur *Erlösung* = Befreiung vom Samsara.

Hauptschriften: Brihadāranyaka- u *Chāndogya-Upanishad.*

II. DIE JÜNGEREN UPANISHADEN: [3

weitere Ausbildung der Upanishadlehre.

1. *Gruppe:* Vers-Upanishaden: *Kāthaka-, Shvetāshvatara-Upanishad* u a (Sāṃkhya-Ideen ↗ [9] über die Wertstufen des Wirklichen; Anwendung dieser Ideen auf den Weg zum Absoluten: Yoga; das Absolute als überweltlicher Gott: neuer Theismus).

2. *Gruppe:* Prosa-Upanishaden: *Maitrāyana-Up* u a (Weiterentwicklung der Sāṃkhyaphil u des Yoga; Gegenüberstellung von Einzelseele oder Element-Atman u Allseele).

C. SEKTEN
4] I. DER ÄLTERE BUDDHISMUS
(zwischen den älteren u jüngeren Upanishaden)
[Vgl RO Franke: Digha-Nikāya (üb) 1913] ↗[10, 11, 20, 23].

a) BUDDHA (weltl Name: *Gotama;* etwa 560–480; aus dem südl Nepal). Antimetaphysische, reine Erlösungslehre: ↗ Buddhismus. Gemeinsame Voraussetzungen mit den Upanishaden: Wiedergeburtslehre u Erlösungsstreben.

b) *Älteste Darstellung* im *Tipitaka* (Dreikorb); eine umfangreiche Schriftensammlung in Pāli, bestehend aus dem *Vinaya-pitaka* (Gemeindeordnung), *Sutta-pitaka* (Predigten u Erzählungen, darunter das *Dīghanikāya*, ‚Sammlung der langen Texte', die älteste erreichbare Gestalt der Buddhalehre), *Abidhamma-pitaka* (Lehrbücher).

5] II. DER JAINISMUS:
Mahāvīra oder Jaina (Sieger), Reformator der nach ihm benannten Sekte (zur Zeit Buddhas). – Erlösungslehre wie der Buddhismus, aber Mehrheit individueller Seelen u primitiv-realistische Auffassung vom Karma als einer feinmateriellen Substanz; starke Betonung des *Tapas,* der körperlichen Askese.

6] D. DAS MAHĀBHĀRATA:
ein Riesenepos von etwa 100 000 Doppelversen; die phil Texte etwa 200 v bis 200 n Chr. – [Vgl Deussen-Strauß: Vier phil Texte des Mahābhāratam] – Unter ihnen die berühmte

Bhagavadgītā (Gesang des Heiligen): poetische Belehrung über Moral u Sāṃkhya-Yoga auf theistischer Grundlage.

Mokshadharmaparvan (Abschnitt über die Erlösungslehre): eklektische Stücke verschiedenen Ursprungs über Metaphysik, Ethik, Psychologie, Kos-
7] E. DIE SYSTEME: [mologie.
in langer Entwicklung entstanden; jedes System umfaßt eine große Literatur; erste literarische Fixierung in den *Sutras* (Aphorismenkomplexe) in den ersten Jahrhunderten n Chr.

I. NYĀYA-VAISHESHIKA (Logik u Besonderheit):
Tendenz einer sachlich-realistischen Ordnung des Weltbildes, vielfach ohne Zurückführung auf ein transzendentes Prinzip; ausgebildete Kategorienlehre (sechs Kategorien, neun Substanzen, Atomtheorie), Erkenntnistheorie u Logik (Wahrnehmung, Definitionsmethode, Schlußlehre, Sprachphil). – Hauptvertreter: *Prashastapāda* (wahrsch 2. Hälfte des 6. Jhts n Chr); *Udayana* (10./11. Jht n Chr): theistische Gotteslehre (Nyāyakusumanjali); *Gangesha* (12. Jht n Chr).

8] II. MIMĀMSĀ (Erörterung):
aus einer Ritualwissenschaft hervorgegangenes, mit dem vorigen verwandtes, anti-metaphysisches System; atheistisch; Vielheit ewiger Seelen; Außenweltrealismus; Kategorienlehre; Erkenntnistheorie unter Voraussetzung der absoluten Autorität des ewigen Vedawortes; Sprachphilosophie. – Hauptvertreter: *Prabhākara* (7. Jht) u *Kumārila* (7. Jht n Chr).

9] III. SĀṂKHYA UND YOGA ↗[3]
a) *Sāṃkhya:* [Vgl *R Garbe:* Der Mondschein der Sāṃkhya-Wahrheit (üb) 1892] Dualität von ewigem Werden (*Prakriti,* das schöpferische, sich ewig wandelnde

Prinzip der Natur; Physisches u Psychisches nur ihre Aspekte) u ewigem Sein (*Purusha*, der unveränderliche Geist, das einzige Prinzip der Bewußtheit); Erlösung durch die richtige Erkenntnis; die Kausalität besteht in der aktuellen Manifestation eines schon potentiell Vorhandenen; keine selbständige Logik u Erkenntnistheorie. – Hauptvertreter Ishvarakrishna „Sāṃkhyakārikā" (vor 560 n Chr).
b) *Yoga:* [JH Woods: The Yoga-System of Patānjali (üb), Cambr 1914]. Zur Lehre: ↗Yoga. Abweichung vom Sāṃkhya durch den Theismus (Gott als besonderer Purusha). – Hauptvertreter: *Patānjali* „Yogasutras" (später als 450 n Chr).

IV. DER SPÄTERE BUDDHISMUS: [10

vom 3. Jht v Chr bis zum 8. Jht n Chr ausgebildet. – ↗[4, 20] ↗Buddhismus.
a) Gemeinsame Lehren: Alles ist momentan (zusammenhanglose Wirkmomente); alles ist Leiden (Abkehr vom Empirischen); alles ist isoliert (ohne übergeordnete Wesenheit); alles ist leer (substanzlos, nichtig).
b) Richtungen:
1. **Hinayana** (das kleine Fahrzeug), *Theravadins* (Anhänger der Lehre der Ältesten): weitere Ausbildung des ↗Buddhismus in enger Fühlungnahme mit den alten Texten des Pālikanons, besonders in Burma; Lehre von der Wirklichkeit u Erkennbarkeit der Außenwelt.
Schule der Sarvāstivādins (Anhänger der Lehre, daß alles existiert). Unterscheidungslehre: die Außenwelt ist direkt wahrnehmbar. – Hauptvertreter: *Vasubandhu* (4. od 5. Jht n Chr). – ↗11.
Schule der Sautrāntikas (Anhänger der Sutrantas = Sutras). Unterscheidungslehre: die Außenwelt ist nur erschließbar.
2. **Mahayana** (das große Fahrzeug). ↗Buddhismus. Die Werke in Sanskrit, aber [11 meist nur in chinesischer oder tibetanischer Übersetzung erhalten. – Leugnung der Außenwelt.
Vijnānavāda (Lehre von der alleinigen Realität des Geistes) oder *Yogācāra* (Wandel im Yoga). Unterscheidungslehre: die Innenwelt allein ist wirklich. – Hauptvertreter: *Asanga*, später auch sein Bruder *Vasubandhu* ↗[10] u das *Lankāvatāra-sutra* (7. Jht). – In Mittelstellung zu dieser Schule u den Sautrāntikas steht *Dharmakīrti* „Nyāyabindu" (kurzer Leitfaden der Logik): die äußere Realität ist zwar unerkennbar, aber bildet den wahren Bestandteil der im übrigen durch Denken konstruierten Vorstellung.
Shunyavāda (Leerheitslehre): [Vgl M Walleser: Die mittlere Lehre des Nāgārjuna (üb) 1911]. Unterscheidungslehre: Verneinung der Außen- u Innenwelt; Ablehnung jeder Meinungsäußerung: alles ist nicht (absolute Leerheit). – Hauptvertreter: *Nāgārjuna* (etwa 2. Jht. n Chr).
Im 8. Jht geht der Buddhismus in Indien in den Brahmanismus über.

V. VEDANTA [12

(Ende des Veda: Standpunkt der Upanishadenanhänger): systematische Bearbeitung der auseinanderstrebenden Upanishadlehren unter dem Gipfelbegriff Brahma; von den alten indischen Systemen allein noch lebenskräftig. ↗Vedantaphilosophie.

Bādarāyana: „Brahmasutras" (von den folgenden Schulhäuptern in verschiedenem Sinn kommentiert).
Gaudapāda (8. Jht n Chr): Lehrer Shaṃkaras; strenger Monist.
SHAMKARA (788–850) stellte das bekannteste u einflußreichste Vedantasystem auf; strenger Monismus. – [Vgl P Deussen: Die Sutras des Vedanta (mit Komm des Shaṃkara) 1887]
RĀMĀNUJA († 1137); Umbildung des Monismus in theistischer Richtung (Seele u Gott nicht identisch, nur ähnlich. Gott u Welt verhalten sich wie Seele u Leib). – [Vgl G Thibaut: The Vedantasutras with the commentary of Rāmānuja, Oxford 1904].
Nimbārka u *Shrinivāsa* (12. Jht): Standpunkt der Verschiedenheit (bheda) u Nicht-Verschiedenheit (abheda: Unmöglichkeit unabhängiger Existenz der Welt). – Von vielen Vishnuiten u Shivaiten übernommen.
Madhva (1199–1278): klarer Pluralismus; keine Schöpfung aus nichts, aber alles abhängig vom unabhängigen Gott.
Vallabha (1479–1531): reine Nicht-Zweiheit; die Welt gehört der idealen Ordnung an; sie ist die stückweise Sichtbarkeit der einen, absoluten Realität.

13] **VI. INDISCHE PHILOSOPHIE IM 19. UND 20. JAHRHUNDERT**
Ramakrishna (1833–1886): Mystiker, Vertreter der *Bhakti* (Gottesliebe); *Swami Vivekananda*, Schüler des Vorigen.
Theosophie: ↗[186]
Der Brahmo-Samaj: theistische Bewegung des 19. Jhts: *Ram Mohun Roy* (1777–1833); *Debendranāth Tagore* (1818–1905); *Rabindranāth Tagore:* Sohn des Vorigen, Dichter u Religionsphilosoph; „Sadhana, the Realisation of Life", London 1913.
Sri Aurobindo († 1950): der bedeutendste neuere Philosoph Indiens; Gegner der Mayalehre des Shankara. W: Life divine.

CHINA

[Vgl A Forke: Gesch d alten, mittelalterlichen, neueren chinesischen Phil, 1927–1938 – Totok I]

14] **A. DIE ALTEN KLASSIKER:**
allmählich in den obersten Staatsämtern entstanden. [Vgl Legge: Chinese Classics]
Yiking: Textbuch des Großwahrsagers; die 64 Hexagramme gaben auch Anlaß zu naturphil Ausdeutung; zwei einander entgegengesetzte, kosmische Kräfte: Yin u Yang.
Schuking: historische Aufzeichnungen; darin das *Hung-fan,* „die große Regel", eine Aufzählung von Grundbegriffen der Natur- und Staatslehre (Voraussetzung: Wechselwirkung der Natur- und Staatsvorgänge) (aus der Schangzeit: 1766–1122).
Tsch'un-tch'iu: chronologische Aufzeichnungen.
Tso-tschuan: geht auf amtliche Chroniken zurück.
Liki: Ritualvorschriften.

Morgenländische Philosophie – China

B. TAOISMUS [15

I. ÄLTERER TAOISMUS
a) *LAO-TSE* (geb 604 v Chr, nach anderen 480 v Chr): „Tao-tē-king", das Buch von Tao u der Tugend (metaphysisch-religiöse Spekulation über *Tao*, den Urgrund; Ethik; Staatslehre), die großartigste u tiefste Schöpfung des chinesischen Geistes.
b) *Lieh-tse* (5. Jht v Chr), *Tschuang-tse* (4. Jht), *Wên-tse* (3. Jht), *Han Fei-tse* († 233 v Chr): Staatsphilosophie.

II. SPÄTERER TAOISMUS:
gleitet ganz ins Zauberwesen ab.
a) Als Phil: alchimistische Geheimlehre.
b) Als religiöse Gemeinschaft: krasser Aberglaube.

C. KONFUZIANISMUS: ↗ dort.

I. ALTER KONFUZIANISMUS: [16
[Vgl Legge: Chinese Classics; Couvreur: Les quatre livres]
KONFUZIUS (Kung-tse; 551–479): Quellen seiner Lehre: *Lun-yü* (Gespräche) u ein Kap aus dem Schi-tchi. – ↗ Konfuzianismus.
Mencius (Meng-tse, 372–289): wissenschaftliche Begründung des Konfuzianismus.
Hsün-tse (3. Jht v Chr): großer Einfluß auf die konfuzianische Überlieferung.

II. NEUKONFUZIANISMUS: [17
Hsing-li-Philosophie (Phil der menschl Natur u der Vernunft) oder Phil der Sung-Epoche (960–1280). Angeregt durch taoistische u buddhistische Ideen, fügte sie zur Ethik der Alten eine Metaphysik.
a) *Begründer*: Tschou Tun-i (1017–1073): Grundgedanken des Systems im T'ai-tchi t'u-schuo (Erklärung zur Skizze des Urpinzips);
Tsch'êng Hao (1032–1085): idealistischer Monismus; und sein Bruder *Tsch'êng I* (1033–1107): realistischer Dualismus.
b) *Vollender*: TSCHU HSI (1130–1200), der größte chinesische Systematiker; realistischer Dualismus.
Lu Tchiu-yuan (1138–1191): monistischer Idealismus.

III. DER SOG „HÖHERE" KONFUZIANISMUS [18
K'ang Yu-wei (1858–1927): religiöse Umdeutung des Konfuzianismus.
Liang Tch'i-tsch'ao (1873–1929): sozialistisch-republikanische Umdeutung.

D. MEHISMUS [19
MÊ TI (etwa 480–400) gründet die Ethik auf die allg Menschenliebe; Anknüpfung an den alten Theismus; Betonung der Religion u des logischen Denkens. – [Vgl A Forke: Mê Ti (phil Werke) 1922]
Seine Schüler überspannten die allg Menschenliebe zum Nachteil der sozialen Gliederung

E. BUDDHISMUS: ↗ [11] [20
a) *Einführung* des Buddhismus in der Gestalt des Mahāyāna: „Sutra der 42 Abschnitte".

b) *Rege Übersetzertätigkeit* aus der buddhistischen Sanskritliteratur (3.–6. Jht).
c) *Wichtigere Schulen*, die heute noch bestehen:
T'ien-T'ai tsung: die Schule von T'ien-t'ai, oder Schule des Wissens u der Meditation; Hauptwerk: *Saddharmapundarīkasūtra* (Sutra der Lotosblume der wunderbaren Lehre).
Lü-tsung: reine Morallehre.
Tching-t'u tsung: Schule des reinen Landes, des Paradieses des Amitabha Buddha *(Amidismus);* noch heute am weitesten verbreitet.
Tschên-yen tsung: Schule der Zauberformeln, *Tantra-* oder *Mantra*-Schule; aus ihr entstand in Tibet der *Lamaismus.*
Tsch'an-tsung: Die *Dhyana-* oder *Meditationsschule,* gegründet von dem 28. Patriarchen *Boddhidarma,* der 520 von Indien nach China kam.
d) *Höhepunkt der Ausbreitung* des Buddhismus in China: 6.–7. Jht. Später Verfolgungen und Verfall.

F. PHILOSOPHIE DES WANG YANG-MING

(= *Wang Schou-jên,* 1472–1528): der bedeutendste Philosoph der Ming-Zeit; Idealismus.

JAPAN

[Vgl P Lüth: Die japanische Phil 1944]

21] ### A. SHINTO

(Weg der Götter): die Wurzel der japanischen Kultur; mythische Auffassung Japans, des Kaisers u des Volkes (Ahnenverehrung). Quellen: *Nihongi* u *Koijiki* (Geschichtswerke um 620 n Chr). – [Vgl K Florenz: Die historischen Quellen der Shinto-Religion (üb) 1919].

B. ÜBERNAHME DER CHINESISCHEN KULTUR

22] I. DER KONFUZIANISMUS: ↗[16, 17]
a) *Eigenart:* In China Vorbetonung der Kindespflicht, in Japan Vorbetonung der Untertanenpflicht.
b) *Schulen:* größerer Einfluß erst im 17. Jht.
Teishu: folgt dem Neukonfuzianismus des Tschu Hsi (jap: *Shushi*) ↗[17].
Oyomei: folgt der Schule des Wang Yang-ming ↗[20]. Bedeutendster u selbständiger Vertreter: *Nakae Toju* (1608–1648): Gott ist die Einheit von *Ri* (Weltseele) u *Ki* (Weltstoff); Unterscheidung des allg u speziellen Ich (*Ryoki* der Himmel in uns).
Fukko: Rückkehr zum alten Konfuzianismus.

23] II. DER BUDDHISMUS: ↗[20]
a) *Einführung* des Buddhismus in Japan in der Form des Mahāyāna zwischen 552 u 587; große Verbreitung; Umgestaltung im nationalen Sinn. – Unter den vielen Sekten hat phil Bedeutung der
b) *ZEN-BUDDHISMUS:* [Vgl Dumoulin: Zen. Gesch u Gestalt 1959] Anschluß an das Lankāvatārasutra ↗[11]. Zen = Kontemplation, Meditation. Die Zen-Schulung will den Menschen zum *Satori* führen, di zu einer blitzartigen, mystischen Erkenntnis des Ich als in seiner Wurzel identisch mit dem

Grunde des Seins, so daß der Mensch die Gegenwart im Angesichte der Ewigkeit gestaltet. Moderne Vertreter: *Suzuki* († 1966), *Nishida* ↗ [26].
Eisai (12. Jht): Begründer des *Rinzai-Zen* u der japan Tee-Kultur.
Dōgen (13. Jht): Begründer des *Sōtō-Zen*.

C. BUSHIDO: [24
der Weg des *Samurai* (Ritters). Die ritterliche Gesinnung erwächst aus drei Wurzeln: des Shinto (Glaube Japans an sich selbst), des Konfuzianismus (ethische Beziehungen der Menschen), des Zen-Buddhismus (Überwindung der Todesfurcht).

D. EINBRUCH DES ABENDLÄNDISCHEN GEISTES [25
(seit 1853) [vgl GK Piovesana: Recent Japanese Philosophical Thought: 1862–1962, Tokyo 1963]:
a) *ungehemmte Übernahme* des westlichen Geistes:
Englische Phil: Utilitarismus, Pragmatismus; soziale, ökonomische, politische Werke; Mill, Spencer, Darwin.
Französische Phil: Comte, Rousseau, Montesquieu.
Deutsche Phil: (seit 1870) Bluntschli, Gneisenau, Stein, Haeckel, Herbart, Kant, Lotze; E v Hartmann, Schopenhauer; Hegel.
b) *Periode wachsender Kritik:* (bis in die Gegenwart) Verarbeitung aller wesentlichen Richtungen der westlichen Phil durch Übersetzungen u Monographien. – Japanisches Sammelwerk: „Die geistigen Strömungen der Geschichte", Tokyo 1928.

E. RÜCKBESINNUNG [26
auf das Wesenseigene unter Verarbeitung der westlichen u östlichen Tradition.
KITARO NISHIDA (1870–1945): Anschluß an den Zen-Buddhismus; Grundbegriff des „*Nichts*", nicht als abstrakte Negation, sondern als Ausdruck der Konzentration alles Konkreten; das Seiende bloß Schatten des Nichts. Unterscheidung von drei Stufen der Wirklichkeit: die natürliche Welt, die Welt der inneren Erfahrung, die intelligible Welt des Ideals (das Feld des „Nichts"). Geschichtsphil: Entfaltung verschiedener Kulturtypen als Ausdruck des „Nichts". Das Letzte der Wirklichkeit (die Identität des Endlichen u Unendlichen) entzieht sich diskursiv-logischer Erfassung.

W: (japanisch in 14 Bdn) Üb von Schinzinger: Die intelligible Welt, Berlin 1943; engl: Intelligibility and the Philosophy of Nothingness, Tokyo 1958.
Hatano Seiichi (1877–1950): beginnende christl Religionsphilosophie. –
Watsuji Tetsurō (1889–1960): Ethik; japan Geistesgeschichte.
HAJIME TANABE (1885–1962): Begründer der *Kyoto-Schule;* unter dem Einfluß des Amidismus, Protestantismus; Meta-Noëtik im eth u phil Sinn.
– *Nishitani Keiji:* Schüler Nishidas u Tanabes: Religionsphilosophie.

Geschichte
der abendländischen Philosophie

PHILOSOPHIE DES ALTERTUMS
(7. Jht v Chr–6. Jht n Chr)

[Vgl Totok I]

27] **A. ANFÄNGE DES PHILOSOPHISCHEN DENKENS:**
die ↗Vorsokratiker, kosmologische Richtung (7.–4. Jht) – [Vgl Diels: Fragmente der Vorsokratiker (griech-dt); Dt Üb v W Capelle 1935].

I. UNTERSUCHUNGEN ÜBER DAS SEIN DER DINGE (600–450):

a) *Die älteren Ionier* (7.–5. Jht): Frage nach dem Woraus der Dinge; physische Abstraktion.

Thales v Milet (etwa 624–545): das Wasser als Urstoff aller Dinge.

Anaximander v Milet (etwa 610–547): das Unbestimmte *(ápeiron)* als Urstoff aller Dinge, die daraus entstehen.

Anaximenes v Milet (etwa 588–524): alle Dinge entstehen aus (lebendiger) Luft durch Verdichtung u Verdünnung.

Diogenes v Apollonia (5. Jht): die Luft als Urgrund aller Dinge besitzt Verstand (eigentlicher *Hylozoismus*); von Anaxagoras abhängig ↗[31].

28] b) *Altpythagoreer* (6.–4. Jht): Frage nach dem Was der Dinge; mathematische Abstraktion.

Pythagoras v Samos (etwa 580–500): ethisch-religiöser Bund zu Kroton in Unteritalien. Das Wesen der Dinge die Zahl; die Welt ein Kosmos; Sphärenharmonie; Seelenwanderung.

Philolaos (5. Jht): die Erde dreht sich mit Sonne, Mond u Sternen um das Weltfeuer.

Hiketas: Achsenumdrehung der Erde; bloß scheinbare Bewegung des Himmelsgewölbes (Einfluß auf Kopernikus über Cicero).

Andere (bei Platon öfter genannt): *Lysis, Hippasos, Simmias, Cebes, Archytas, Alkmaion* (das Gehirn Zentralorgan der Sinne).

Im 4. Jht erlischt die Schule; Neubelebung im 1. Jht, ↗[57].

29] c) *Eleaten* (6.–5. Jht): Frage nach dem Sein; metaphysische Abstraktion.

Xenophanes aus Kolophon in Kleinasien (etwa 580–490), später in Elea in Süditalien: Gott ist das Eine, Unveränderliche u mit der Welt identisch. Das Seiende kann nicht werden.

PARMENIDES aus Elea (geb etwa 540): Hauptvertreter der Schule. Das Sein ist, das Nichtsein ist nicht. Es gibt kein Werden u Vergehen (gegen Heraklit), keine Vielheit (Monismus); die Sinne täuschen. Was gedacht wird, ist (Rationalismus).

Zenon aus Elea (um 500 geb): Beweise gegen die Möglichkeit der Vielheit u

Bewegung, die berühmten Antinomien (Vorbereitung der Infinitesimalrechnung).
Melissos v Samos (um 444): Das Sein ist ewig, unendlich, eins, unbewegt, leidlos.

II. UNTERSUCHUNG ÜBER DAS WERDEN UND DIE VERÄNDERUNG (etwa 500–370):

a) *Dynamische Erklärung:* innere Prinzipien der Veränderung; qualitative Unterschiede der Elemente.

HERAKLIT v Ephesus (etwa 535–465), der „Dunkle": alles in ständigem Fluß (das Kennwort *pánta rhei* nicht von ihm), die Dinge entstehen durch den Gegensatz (der Krieg der Vater aller Dinge); Urgrund ist das Feuer. Alles Geschehen wird durch ein Weltgesetz, Weltvernunft *(Logos)* beherrscht.
Kratylos (ein Lehrer Platons).

b) *Mechanische Erklärung:* äußere Prinzipien der Veränderung; quantitativer Unterschied der Elemente.

1. *Nicht streng durchgeführter Mechanismus:* auch qualitativ verschiedene Elemente.

Empedokles v Agrigent in Sizilien (etwa 483–423): die Substanz unveränderlich (gegen Heraklit), aber vielfach (gegen die Eleaten); alles, auch die Seele, entsteht aus den Elementen durch Mischung; Sinneswahrnehmung durch körperliche Ausflüsse.

Anaxagoras v Klazomenai in Kleinasien (etwa 499–428): unendliche Vielheit von Urstoffen, die in sich gleichartig, aber voneinander qualitativ verschieden sind *(Homöomerien)*. Prinzip der Veränderung ist die Vernunft *(Nous)*; Beweis dafür aus der kosmischen Bewegung u Ordnung. Erklärung der Einzelvorgänge mechanisch.

2. *Strenger, atomistischer Mechanismus:* unbegrenzte Vielheit bloß quantitativer Elemente.

Leukipp v Milet (5. Jht): meist mit seinem Schüler Demokrit genannt u von ihm kaum unterschieden.

Demokrit v Abdera in Thrazien (460–370): unendliche Menge unteilbarer *Atome*, die nur durch Größe, Gestalt, Lage u Anordnung voneinander verschieden sind; sie sind unveränderlich. Kein Tätigkeitsprinzip außer der Schwere. Ihre Bewegung ist ewig; zwischen ihnen ist das (existierende) *Leere*. Die Wahrnehmung entsteht durch materielle Bilder *(eidola)*, die von den Dingen ausgehen. Theorie der Kulturentstehung.

III. SKEPTISCHE KRITIK AN DEN BISHERIGEN UNTERSUCHUNGEN (SOPHISTIK):
Verfall der vorsokratischen Phil (450–350).

a) *Gründe der Skepsis: innere Gründe:* Verschiedenheit u Ungenügen der aufgestellten Lehren; *äußere Gründe:* Wohlleben nach den Perserkriegen; Athens demokratische Verfassung; Überwuchern der Redekunst.

b) *Theoretischer Skeptizismus:*

Protagoras v Abdera (etwa 480–410): kommt von Heraklit zum Relativismus u Skeptizismus. Die Dinge sind, wie sie jedem erscheinen. Alles ist wahr. Der Mensch ist das Maß aller Dinge.

Gorgias v Leontini in Sizilien (etwa 480-375): kommt von den Eleaten zum Skeptizismus. Alles ist falsch. Seine drei Thesen: es ist nichts; wenn etwas wäre, wäre es unerkennbar; wenn es erkennbar wäre, wäre es nicht mitteilbar.

35] c) **Praktischer Skeptizismus:** Anwendung der Skepsis auf das moralische u soziale Leben.

Hippias (400): das Gesetz ist der Tyrann des Menschen.

Polos u *Trasymmachus:* für den Starken ist Recht, was ihm nützt.

Kallikles: jeder besitzt das Recht, seine Begierden durch beliebige Mittel zu befriedigen.

36] **B. KLASSISCHE PHILOSOPHIE**

(etwa 450 v Chr bis 200 n Chr): anthropologische Richtung.

I. ATTISCHE PHILOSOPHIE:

(450-320): Begründung der klassischen Phil, systematische Periode.

a) *SOKRATISCHE PHILOSOPHIE:*

Einführung der wissenschaftlichen Methode ↗ Sokratik.

1. *SOKRATES* (469-399): [Vgl Xenophon: „Apologie des Sokrates", u Platons Dialoge.]

Methode: negativ: Sokratische Ironie, Dialektik, d i Überführung der Unwissenheit; positiv: Sokratische Induktion als Mittel der Begriffsbildung u Definition.

Ziel: Erziehung durch wahre Erkenntnis (Lehrbarkeit der Tugend).

Gegenstand: der Mensch als sittliches Wesen.

2. **Die späteren Sokratiker:** einseitige Fortbildung sokratischer Gedanken. Sokratiker im vollen Sinn sind Platon u Aristoteles. Zu den Sokratikern u anderen Philosophen der Antike vgl Diogenes Laertius: „Leben u Meinungen berühmter Philosophen".

Dialektische Richtung:

Megarische Schule: Eukleides v Megara (um 400): verbindet die sokratische Ethik mit dem Monismus der Eleaten: *Eubulides* v Milet: Erfinder von Fangschlüssen; *Stilpon* (um 320) u a.

Elisch-Eretische Schule: Phaidon v Elis u *Menedemos* (Dialektische Kritik).

38] Ethische Richtung:

Ältere Kynische Schule: ↗[44, 51, 73]: *Antisthenes* v Athen (Schüler des Gorgias u Sokrates): Nominalismus; Tugend = Selbstgenügsamkeit; Ablehnung der Kultur; *Diogenes* v Sinope (Schüler des Vorigen); Weiber- u Kindergemeinschaft; Kosmopolitismus; Schamlosigkeit, Abhärtung (viele Legenden); *Krates* v Theben.

Kyrenaische Schule: Aristippos v Kyrene (Schüler des Sokrates): Sensualismus, Hedonismus.

39] b) *PLATONISMUS:* ↗[40, 49, 56, 57] Begründung des transzendenten Idealismus: die Ideen *über* den Dingen.

1. *PLATON* (427-347): aus vornehmer athenischer Familie, zuerst Dichter, Schüler des Sokrates, mehrere Reisen nach Unteritalien u Sizilien, Gründung der „*Akademie*" in Athen.

Hauptschriften (Dialoge): *Jugendschriften* (Ethische Begriffsbestimmungen, wesentlich sokratisch): Apologie des Sokrates, Kriton, Ion, Protagoras (Lehr-

barkeit u Einheit der Tugend), Laches (Tapferkeit), Politeia I (Gerechtigkeit), Charmides (Maßhaltung), Euthyphron (Frömmigkeit), Lysis (Freundschaft). – *Übergangsschriften* (Stellungnahme zu öffentlichen Fragen, orphisch-pythagoreische Anschauungen, von der logischen Begriffslehre zur Ideenlehre): Gorgias (Sophistik), Menon (Tugend), Enthydemos, kl Hippias, gr Hippias, Kratylos (Sprachphilosophie), Menexenos. – *Schriften der Reife* (ausgestaltete Ideenlehre): Symposion (Eros u Schönheit), Phaidon (Unsterblichkeit), Politeia II-X (Staat), Phaidros (Rhetorik). – *Altersschriften* (logische Bedeutung der Ideenlehre, größerer Realismus der Staatslehre): Theaitetos (Wissen), Parmenides (Einwände gegen die Ideenlehre), Sophistes, Politikos, Philebos (das Gute), Timaios (Naturphilosophie), Kritias, Nomoi (Gesetze), Epinomis (Weisheit).
Hauptlehren: ↗ Platonismus.

2. **Ältere Akademie** (3.–4. Jht): ↗ [39, 49] Persönliche Schüler u erste Schulhäupter; Fortsetzung der pythagoreisierenden Gedanken des älteren Platon; Ideen = getrennte Zahlen. [40]

Speusippos (Schulleiter 347–338): Aufhebung des Dualismus von Wissen u Wahrnehmung: *Xenokrates* (Schulleiter 338–314); *Polemon* (Schulleiter 314 bis 269): systematische Güterlehre; *Herakleides Pontikos, Krantor, Hermodor, Chion, Eudoxos.*

c) *ARISTOTELISMUS:* ↗ [42, 43, 55, 73] Begründung des immanenten Idealismus: die Ideen *in* den Dingen. [41]

1. *ARISTOTELES* von Stagira in Thrazien (384–322): 20 Jahre Schüler Platons, Erzieher Alexanders des Großen, 335 Gründung des „*Peripatos*" in Athen.
Hauptschriften: [zur Chronologie u Echtheit vgl W Jäger: „Aristoteles"] *Logische Schriften:* Organon, darin Kategorien, peri Hermeneias (vom Satz), Erste u Zweite Analytiken (vom Schluß), Topik (Wahrscheinlichkeitsschluß), Sophistische Widerlegungen (Trugschlüsse); zur *Metaphysik:* die später „Metaphysik" genannten Schriften der „Ersten Phil", Peri Kosmou (Über die Welt) (pseudo-aristotelisch, meist um 100 n Chr angesetzt); zur *Naturphilosophie:* Physik, Peri Psychēs (Über die Seele); zur *Ethik:* Nikomachische Ethik, Eudemische Ethik, Politik (Staatslehre).
Hauptlehren: ↗ Aristotelismus.

2. **Die älteren Peripatetiker:** ↗ [43] Die Schüler des Aristoteles wenden sich von der Metaphysik ab u positiven Studien sowie einer populären Ethik zu. [F Wehrli: Die Schule des Aristoteles, Texte u Kommentare, 10 Bde, 1944–1959.] [42]
Theophrastos (erster Nachfolger in der Schulleitung 322–288): naturwissenschaftliche Studien, Schrift über die „Charaktere".
Aristoxenos: schrieb über die Geschichte u Theorie der Musik; *Eudemos, Dikaiarchos, Demetrios* von Phaleron u a.

II. HELLENISTISCH-RÖMISCHE PHILOSOPHIE
(320 v Chr bis 200 n Chr): Niedergang der klassischen Phil. [Vgl W Nestle: Die Nachsokratiker in Auswahl 1923.]
a) *VORWIEGEND ETHISCHE RICHTUNGEN* (320 bis 50 v Chr): [43]
1. **Die Peripatetiker** dieser Periode: ↗ [42] Fortsetzung fachwissenschaftlicher Studien. *Straton* der Physiker, *Aristarch* v Samos (heliozentrische Lehre), *Kritolaos* u a.

44] 2. **Die Kyniker** dieser Periode: ↗[38] *Bion* v Borystenes (um 300–250): Begründer der *Diatribe* (populäre Form des phil Vortrags); hedonistischer Kynismus. *Menippos* v Gadara (Satiren) u a.

45] 3. **Stoa** (4. Jht v Chr bis 2. Jht n Chr): zur Lehre ↗ Stoizismus.

Ältere Stoa (um 300–150): [Vgl J v Arnim: Stoicorum veterum fragmenta, 1905–1924.]

ZENON v Kition auf Kypros (um 336–264): Begründer der Stoa um 300; Verbindung kynischer Ethik u heraklitischer Physik.

Kleanthes (330–232): Nachfolger Zenons.

Chrysippos aus Kilikien (um 280–207): allseitige Durchbildung des Systems; zweiter Gründer der Stoa.

Diogenes der Babylonier, *Boëthos* v Sidon u a.

46] *Mittlere Stoa* (um 150–50): Preisgabe stoischer Lehren unter dem Einfluß der skeptischen Akademie; Milderung stoischer Härten; Annäherung an platonisch-aristotelische Gedanken.

Panaitios v Rhodos (um 185–110): Schüler des Diogenes des Babyloniers; Begriff der *humanitas;* Verbreitung des Stoizismus in Rom. *Poseidonios* aus Apameia in Syrien (um 151 bis 135): Schüler des Panaitios; Reisen; Schule in Rhodos; unter seinen Schülern Cicero u Pompeius; Verbindung des Gegensätzlichen zu Einheit u Harmonie; Vorbereitung des Neuplatonismus; große Nachwirkung. *Asklepiodotos* (Vermittler zu Seneca), *Jason* v Nysa (Philosophiegesch).

Spätere Stoa (um 50 v Chr bis 180 n Chr) = Stoischer Eklektizismus: ↗[52].

47] 4. **Epikureismus** (4. Jht v Chr bis 1. Jht n Chr): ↗[54]. Zur Lehre: ↗ Epikureismus. – [Vgl H Usener: Epicurea 1887; E Bignone: Epicuro, Bari 1920.]

EPIKUR v Samos (341–271): unter dem Einfluß der demokritischen u kyrenaischen Phil [32, 38]; um 307 Gründung der Schule in Athen. – *Metrodoros* v Lampsakos, *Philodemos, Lucretius Carus* (96–55): „De rerum natura".

48] b) *VORWIEGEND SKEPTISCHE RICHTUNGEN* (320 v Chr bis 200 n Chr): ↗ Skeptizismus.

1. **Ältere oder pyrrhonische Skepsis:** ethischer Skeptizismus.

Pyrrhon aus Elis (um 360–270): unter Einfluß der demokritischen u kyrenaischen Phil [32, 38]. Die Dinge sind für uns unerkennbar; Enthaltung von allem Urteil *(epochē);* voller Gleichmut *(Ataraxie)* als Ziel der Ethik. – *Timon* (320–230) u a.

49] 2. **Die Skepsis der Akademie:** ↗[40, 56]; methodischer Skeptizismus.

Zweite Akademie (seit 265): *Arkesilaos* (314–240); bekämpfte jede Meinung, ließ aber eine Begründung des Handelns gelten.

Dritte Akademie (seit 150): *Karneades* v Kyrene (214–129): es gibt kein Wahrheitskriterium; Theorie der Wahrscheinlichkeit; Kritik der Stoa. – *Kleitomachos* u a.

Vierte Akademie (seit 110): *Philon* v Larissa (nach 110 Schulhaupt): Rückkehr zum Dogmatismus.

Fünfte Akademie (seit 88 v Chr): *Antiochos* v Askalon (lehrte um 88–68): vollendet die Rückkehr zum Dogmatismus. *Terentius Varro* (116–27): Eklektiker.

Tullius Cicero (106–43): Eklektiker, Vermittler griechischer Phil; Schrif-

ten: de re publica, de legibus, Paradoxa Stoicorum, Academica, de finibus, Tusculanae disputationes, de natura deorum, Cato maior (de senectute), de divinatione, Laelius (de amicitia), de officiis, de oratore u a.

3. **Die späteren Skeptiker** (um 50 v Chr bis 150 n Chr): systematischer Skeptizismus. Anschluß an die Skepsis der Pyrrhoniker u der Akademie. *Ainesidemos* aus Knosos (schrieb um 50 v Chr). [50

SEXTUS EMPIRICUS (um 150 n Chr): der Klassiker des Skeptizismus. W: Pyrrhonische Hypotyposen (Grundzüge); Gegen die Dogmatiker (Logiker, Physiker, Ethiker); Gegen die „Mathematiker" (Vertreter der Bildungsfächer). – *Lehre:* skeptische Argumente gegen den Syllogismus, den Begriff der Ursache, die Gotteslehre, die Vorsehung; das praktische Verhalten soll sich an das allen gemeinsame Leben anschließen.

c) *VORWIEGENDER EKLEKTIZISMUS* [51
(um 50 v Chr bis 200 n Chr): ↗ Eklektizismus. – Günstige Vorbedingungen: der Skeptizismus, der alle Systeme für gleich wahrscheinlich hielt; die Vorherrschaft Roms, das nicht auf Theorie, sondern Handeln Wert legte; die Phil wird infolge des Wohlstandes allg Bildungsgut.

1. **Kyniker** dieser Periode: ↗[44, 73] Zurückschauende Tendenz; pseudepigraphische Kynikerbriefe; Annäherung an die Stoa.
Dion Chrysostomos (um 40–110): kynischer Prediger, soziales Programm, Gotteslehre, Religiosität; von Poseidonios abhängig [46].
Demetrios der Kyniker, *Oinomaos, Demonax, Peregrinos Proteus* u a.

2. **Stoiker** dieser Periode = spätere Stoa [46] (1.–2. Jht n Chr). [52
Cato der Jüngere: stoische Idealgestalt.
SENECA aus Corduba in Spanien (um 1–65): unter dem Einfluß des Poseidonios [46]; Lehrer Neros; gibt sich auf dessen Befehl den Tod; sein Briefwechsel mit Paulus ist gefälscht. – W: Naturalium quaestionum libri VII; Dialogorum libri XII (moralisch-religiöse Abhandlungen); epistolae morales. – *Lehre:* betont die praktische Bedeutung der Phil; die theistische Seite des Gottesbegriffs tritt hervor; Nächstenliebe auf Grund der allg Verwandtschaft der Menschen.
Musonius Rufus (1. Jht n Chr).
Epiktet (um 50–138): Freigelassener; nach seiner Vertreibung von Rom Schulleiter in Nikopolis in Epirus; Betonung des Religiösen auf der Grundlage der Vernunft; Menschenliebe, Weltbürgertum; Rückgriff auf die altstoische Ethik. – W: Vier Bücher „Diatriben" (von seinem Schüler *Arrian* aufgezeichnet); daraus als Auszug das „Enchiridion" oder „Handbüchlein der Moral".
Marc Aurel (Kaiser v 161–180): „Selbstbetrachtungen". – Der stoische Materialismus wird durchbrochen; der Nous, ein Ausfluß der Gottheit, steht über dem Leib u der materiellen Seele; Verbindung von Religiosität u Ethik.
Nach Marc Aurel wird der Stoizismus durch den Neuplatonismus aufgesogen. [53
Mit den Stoikern verwandt: die *Sextier*, von *Sextius* begründet (kynisierender u eklektischer Stoizismus) u der Eklektizismus des *Potamon*.

3. **Epikureer** (im zweiten Jht n Chr): ↗[47]. [54
Diogenes v Oinoanda (in Stein gehauene Rieseninschrift); *Diogenianos*.

55] 4. **Peripatetiker:** ↗[43, 73] Gelehrte Arbeit an den Werken des Aristoteles. Einfluß Stratons.
Andronikos v Rhodos (um 70 v Chr): Sammler, Ordner u kritischer Herausgeber der aristotelischen Schriften. – *Klaudios Ptolemaios* (2. Jht n Chr), Astronom (Ptolemäisches Weltsystem) u Geograph; aristotelischer Eklektiker. *Galenos* (um 129–199): Arzt, Eklektiker; nach ihm benannte vierte Schlußfigur. *Alexander v Aphrodisias* (lehrte 198–211 in Athen): der berühmte Kommentator des Aristoteles; Konzeptualist.

56] 5. **Der mittlere Platonismus:** ↗[49, 58] Keine einheitliche Lehre; Eklektizismus; Vorbereitung des Neuplatonismus.
Thrasyllos (Hofastrolog unter Tiberius): nach ihm ist die tetralogische Gruppierung der platonischen Dialoge benannt.
Plutarch v Chaironeia (um 45–125): Studium in Athen, Reisen, politische Betätigung, Priester v Delphi, Lehrer u Schriftsteller; W: außer den Biographien u den „Moralia" eine Fülle phil Abhandlungen. *Theon* v Smyrna (unter Hadrian): schrieb eine mathematische Einleitung zu Platon. *Gaios* (um 100–150): Ableitung der Tugend aus dem Ziel der Gottverähnlichung. *Albinos* (Schüler des Vorigen): „Prolog", „Didaskalikos" (systematische Übersicht über die platonische Lehre). *Apuleius* (geb um 125): „De deo Socratis", „De Platone et eius dogmate". *Nikostratos* (um 160–170): Kritik der aristotelischen Kategorien. *Attikos* (um 176): orthodoxe Richtung mit stoischem Einschlag. *Celsus* (Kelsos): „Wahres Wort" (Streitschrift gegen die Christen), Gegenschrift von Origenes; Übersteigerung der göttlichen Transzendenz; Dualismus: Gott, Materie.

57] **C. NEUPLATONISMUS**
(um 250–600): ↗[39, 56] Theosophische Richtung; zur Lehre ↗ Neuplatonis-
[mus.
I. **VORLÄUFER** (um 50 v Chr bis 250 n Chr):
a) *HEIDNISCHE THEOSOPHIE:* Identifizierung der platonischen Ideen mit den pythagoreischen Zahlen u den göttlichen Ideen; Zwischenwesen zwischen Gott u den Menschen; Dualismus: Gott u Materie; mystische Lehren.
1. **Neupythagoreer** (1. Jht v Chr bis 2. Jht n Chr): ↗[28] Verbindung altpythagoreischer, platonischer, peripatetischer u stoischer Elemente.
Nigidius Figulus († 45 v Chr). *Appolonius* v Tyana (Ende des 1. Jht v Chr): Wundermann, Zauberer, Theosoph; über ihn Tendenzroman des Philostratos. *Nikomachos* v Gerasa (um 140 n Chr). *Numenios* v Apameia (um 150–200): Dreigötterlehre (Gott, Demiurg, Welt).

58] 2. **Hermetische Literatur:** mystische Schriften, nach dem Gott Hermes trismegistos benannt.
3. **Pythagoreisierende Platoniker** des mittleren Platonismus: Thrasyllos, Plutarch, Theon, Apuleius u a: ↗[56]

59] b) *JÜDISCH-ALEXANDRINISCHE THEOSOPHIE*
1. **Vorbereitung:** Bekanntwerden der Juden mit orientalischen Mythen während der Babylonischen Gefangenschaft; Sekte der *Essäer (Essener)* u *Therapeuten.* – Berührung der Diasporajuden, besonders in Alexandrien, mit der griechischen Phil. – Allegorische Auslegung der Hl Schrift dient der Harmonisierung mit phil Lehren. – Wegen der überragenden Heiligkeit Gottes werden Zwischen-

wesen angenommen. So bei *Aristobul* (um 150 v Chr): sucht durch Fälschungen die Abhängigkeit der griechischen Philosophen von der Bibel zu erweisen.
2. *PHILON*, der Jude (um 25 v Chr bis 50 n Chr in Alexandrien). [60
Lehre: Verschmelzung von Judaismus, Stoizismus u Platonismus. – Transzendenz des unfaßbaren Gottes; Präexistenz der (von Gott abhängigen) Materie; Gott wirkt auf die Welt durch dienende Geister, vor allem den *Logos* als Kraft Gottes, d i ein persönliches, aber Gott untergeordnetes Wesen, in dem die Ideen sind; die Seele eine Idee; asketische Loslösung von Welt u Materie; Gottvereinigung durch Gnade.
Werke: Die Schriften rein phil Inhalts sind wahrscheinlich Lesefrüchte. – Erläuterungsschriften zum Pentateuch (den 5 Büchern Mosis): Allegorischer Kommentar zur Genesis; Fragen u Lösungen zur Genesis; Historisch-exegetische Darstellung des Pentateuch. – Historisch-apologetische Schriften.
c) *GNOSTISCH-MANICHÄISCHE THEOSOPHIE:* besonders [61
Saturnil, Basilides, Valentin im 2. Jht n Chr. ↗[76]

II. PHILOSOPHIE DES NEUPLATONISMUS:
Alle antiken Philosophien, besonders die des Platon, werden durch den Gedanken des Stufenbaus in ein großes System zusammengefügt. Emanativer Monismus mit mystisch-religiösem Einschlag ↗ Neuplatonismus.
a) *BEGRÜNDUNG DES NEUPLATONISMUS:* [62
AMMONIOS SAKKAS (um 175–242): Alexandriner; zuerst Christ; Lehrer Plotins; hinterließ keine Schriften. – Schüler (außer Plotin): *Origenes*, der Neuplatoniker; *Herennios, Longinos, Origenes*, der Kirchenschriftsteller ↗[78].
b) *METAPHYSISCH-SPEKULATIVE RICHTUNG:*

1. **Die Schule des Plotin:** [63
PLOTIN (203–269): von Lykopolis in Ägypten; lehrte seit etwa 243 in Rom; mit Proklus Hauptvertreter des ↗ Neuplatonismus.
Werke: verschiedene Abhandlungen, zunächst für seine Schüler bestimmt, in seinem Auftrag von Porphyrios gesammelt u herausgegeben: „Enneaden" (nach den sechs Gruppen von je neun Abhandlungen). Darin Ethisches: Enn I; Kosmologisches: Enn II–III; Psychologisches: Enn IV; über den Nous: Enn V; über das Seiende u das Eine: Enn VI.
Unmittelbare Schüler: Amelios Gentilianos (hörte Plotin von 246 an): [64 zerlegte den Nous in drei Hypostasen. *Porphyrios* v Tyrus (um 233–300): seit 263 Plotins Anhänger, Herausgeber seiner Schriften; Philosoph u Gelehrter; unter seinen (meist verlorenen) Kommentaren zu Aristoteles, Platon, Theophrast am bekanntesten die „Eisagogē" (Einführung) zu den Kategorien des Aristoteles (als Schulbuch jahrhundertelang von größtem Einfluß); „Gegen die Christen" (Fragmente).
2. **Die syrische Schule:** [65
JAMBLICHOS († um 330) aus Chalkis, Schüler der Prophyr. *Lehre:* Weitere Zerspaltung der Wesensstufen durch triadische Teilung (Einfluß auf die athenische Schule); Einverleibung griechischer u orientalischer Religionsvorstellungen (Einfluß auf die pergamenische Schule); Begründung schulmäßiger Platonexegese.

Werke: Leben des Pythagoras (als Gegenfigur zu Christus); Ermahnung zur Philosophie; Einführung zur Nikomachischen Arithmetik; Theologumena Arithmeticae; De mysteriis Aegyptiorum u a. – Der Brief Kaiser Julians an Iamblichos ist unterschoben.

Schüler: Theodoros v Asine: weiterer Ausbau des Triadensystems. *Sopatros* v Apameia: zuerst Einfluß auf Kaiser Konstantin den Großen im Sinne des Polytheismus; Konstantin ließ ihn später hinrichten.

66] 3. **Die athenische Schule:** im Anschluß an die syrische Schule.

Vorgänger des Proklus: *Plutarchos* v Athen († 431); *Syrianos* (seit 431 Leiter der Akademie): Lehrer des Proklus; zahlreiche Kommentare zu Aristoteles u Platon. Erhalten sind vier Bücher zur Metaphysik des Aristoteles.

67] *PROKLUS* (410–485): von Konstantinopel; der Scholastiker des Altertums; Einfluß auf Pseudodionys ↗[85].

Lehre: Die Grundzüge des Systems waren durch Plotin, Jamblichos u Syrian gegeben. Proklus baute alles bis in die Einzelheiten aus. Abschluß der neuplatonischen Entwicklung ↗Neuplatonismus.

Werke: Kommentare zum platonischen Timaios, zur Politeia, zum Parmenides, zum 1. Alkibiades u Kratylos; In Platonis theologiam; De decem dubitationibus circa providentiam; De providentia et fato; De malorum subsistentia; Institutio theologica u a.

68] *Schüler: Marinos* v Sichem; *Damaskios:* Die begrifflichen Deduktionen haben nur Analogiewert; Mystizismus; *Simplikios* (Schüler des Damaskios u Ammonios): wertvolle Aristoteleskommentare zur Schrift „Über den Himmel", „Über die Seele", zu den „Kategorien", zur „Physik" u zu Epiktets „Enchiridion".

529 Schließung der Schule von Athen, die sich nicht vom Polytheismus trennen konnte, durch Kaiser Justinian.

69] c) *RELIGIÖS-MYSTISCHE RICHTUNG:*
schon in der einen Komponente der syrischen Schule enthalten.

Pergamenische Schule: die theoretische Seite von der Schule des Jamblichos übernommen; im Vordergrund die religiös-praktische Verwertung: Pflege geheimnisvoller Einwirkungen auf die übersinnliche Welt *(Theurgie);* Erhaltung u Wiederherstellung des Polytheismus.

Aidesios aus Kappadokien (4. Jht): Schüler des Jamblichos; Begründer der Schule von Pergamon. *Maximos:* Hauptvertreter der Theurgie, großer Einfluß auf Julian.

Julian „der Abtrünnige" (332–363; seit 361 Kaiser): suchte den jamblichisch gedeuteten Polytheismus wiederherzustellen. Philosophische *Werke:* Reden auf die Göttermutter, auf den König Helios; Kynikerreden; Königsspiegel; Gegen die Christen (Galiläer) u a. – *Sallustios:* Schrift „über die Götter u die Welt". *Eunapios* v Sardes: Philosophen- u Sophistenbiographien.

70] d) *GELEHRTE RICHTUNG:*

1. **Alexandrinische Schule** (5.–7. Jht): Enge persönliche Beziehungen zur athenischen Schule, aber Einfachheit des Systems; Pflege der Fachwissenschaften; Verbindung mit dem Christentum unter Mitwirkung der alexandrinischen Katechetenschule ↗[78].

Hypatia, Philosophin, 415 ermordet. *Synesios* v Kyrene (geb um 370): Schüler Hypatias, später Bischof v Ptolemais; Verschmelzung von Neuplatonismus u Christentum. *Hierokles* v Alexandrien: christlicher Einschlag. *Ammonios Hermeiu:* Lehrer des Simplikios [68], Kommentare zu Aristoteles. *Johannes Philoponos* (6. Jht), später Christ; zahlreiche Aristoteleskommentare; aus der christlichen Zeit: de aeternitate mundi; de opificio mundi. *Stephanos* v Alexandreia: unter Kaiser Herakleios (610–641) nach Konstantinopel berufen; Bindeglied zum Platonismus des christlichen Mittelalters; Kommentar zu Aristoteles' „De interpretatione".

2. **Mit den Alexandrinern mehr oder weniger verwandt:** [71
Nemesios, Bischof von Emesa (4.–5. Jht): „De natura hominis" (weist auf Poseidonios zurück [46]. *Johannes Lydos* (geb 490): lehrte in Byzanz.

3. **Neuplatoniker des lateinischen Westens** (um 250 bis 500): Vermittler der an- [72 tiken Philosophie zum Mittelalter durch Übersetzung u Kommentierung platonischer u aristotelischer Schriften. Keine Schule; meist Christen.
Chalcidius (4. Jht): Kommentar zum platonischen Timaios. *Marius Victorinus* (4. Jht): Kommentare zu Aristoteles; De definitionibus; Lehrer Augustins [84]. *Macrobius* (um 400): Kommentar zu Ciceros „Somnium Scipionis" (großer Einfluß auf das Mittelalter). *Favonius Eulogius:* Schüler Augustins; „Disputatio de somnio Scipionis". *Martianus Capella* (um 410–439): „De nuptiis Philologiae et Mercurii" (Einfluß auf das mittelalterliche Bildungswesen).
Boëthius (480–525): Christ, der „letzte Römer u der erste Scholastiker". Übersetzung u Kommentierung aristotelischer Schriften, besonders zum Organon, ferner zur porphyrischen Eisagogē, zu Ciceros Topik. Eigene Arbeiten zur Logik, Mathematik, Musik; Hauptwerk: De consolatione Philosophiae (eklektischer Platonismus).

III. **ANDERE RICHTUNGEN DIESER PERIODE:** [73
Der Neuplatonismus hatte sie fast alle verdrängt; es bleiben nur:
a) *die späteren Peripatetiker:* ↗ [55] *Anatolius* (3. Jht): Mathematiker, später Bischof. *Themistios* (320–390): hauptsächlich in Konstantinopel; Reden; Paraphrasen zu Aristoteles;
b) *die späteren Kyniker:* ↗ [51] *Maximos* v Alexandreia (um 380): christlicher Kyniker.

PHILOSOPHIE DES CHRISTLICHEN ALTERTUMS UND MITTELALTERS
(bis etwa 1450)

[Vgl. Totok II] [74

A. PATRISTISCHE PHILOSOPHIE
(bis ins 8. Jht): ↗ Patristische Phil. [Die Werke der Patristik vgl in: JP Migne, Patrologiae cursus completus (griechische u lateinische Reihe); Corpus scrip-

torum ecclesiasticorum latinorum, Wien, seit 1866; Die griechischen christlichen Schriftsteller der ersten drei Jahrhunderte (griech), Berlin, seit 1897; Üb: Bibliothek der Kirchenväter[2], seit 1911; Corpus Christianorum, Turnhoult (Belgien) seit 1954.]

I. ANFÄNGE

(bis etwa 325): **vorwiegend** Apologetik gegen Heidentum u Gnostizismus.

a) *ÄLTESTE CHRISTLICHE URKUNDEN*
u die Phil:

1. **Evangelien** (1. Jht: Person u Sendung *JESU CHRISTI;* die Lehre Jesu nicht Ergebnis phil Denkarbeit, sondern Offenbarung des Vaters; Einwirkung auf das phil Denken mittelbar durch die Umbildung des religiösen Bewußtseins: sittlicher Monotheismus, innige Verbindung von Sittlichkeit u Religion, überragender Wert der menschlichen Seele, selbständiger Wert des Geistigen u der Person; allgemeine Menschen- u Feindesliebe, Verpflichtung zum Martyrium, Gemeinschaft des Reiches Gottes. – Das tiefste Wesen des Christentums: die Menschwerdung Gottes, die Berufung zur Kindschaft Gottes, die Erlösung übersteigen die Dimensionen der Phil ↗ Geheimnis, Übernatur.

2. **Paulus und Johannes** (1. Jht):
Paulus: kannte die griechische Phil wohl nur, soweit sie Gemeingut der Gebildeten war; Berührung mit der stoischen Phil im Gottesbeweis aus der Natur, in der Formulierung der Lehre vom natürlichen Sittengesetz u dem Gewissen.
Johannesevangelium: Verwendung des Logosbegriffs der heraklitisch-stoisch-philonischen Phil bei charakteristisch neuem Inhalt.

b) *CHRISTLICHE VERWENDUNG DER PHIL*
zur Verteidigung des Christentums (bis zum 3. Jht):

1. **Die Apologeten des 2. Jhts:** Kampf gegen heidnische Vorurteile u Anklagen.
Quadratus v Athen: Apostelschüler, Verteidigungsschrift, um 124 (Fragment).
M Aristides v Athen: Apologie (um 140); geistiger Monotheismus.
Justinus (um 150): von griech Eltern in Palästina; studierte stoische u platonische Phil. – *Lehre:* Alles Wahre, Vernunftgemäße ist christlich; es stammt vom Logos, der samenartig überall verbreitet, in seiner Fülle aber nur in Christus erschienen ist. Außerdem meint er, Pythagoras u Platon hätten aus Moses u den Propheten geschöpft. – Ewigkeit der Materie, angeborene Gottesvorstellung, Unsterblichkeit der Seele nur aus Gnade. – *Werke:* Dialog mit dem Juden Tryphon; größere u kleinere Apologie.
Tatian, der Syrer (um 162): Gegner der griech Bildung. *Athenagoras* v Athen: „Apologie" (um 177): Vernunftbeweis für den Monotheismus. *Theophilus* v Antiochien: „Ad Autolycum": Gott hat alles aus nicht Seiendem geschaffen; er wird aus seinen Werken erkannt. – Brief an Diognet (anonym). – *Hermias:* „Verspottung der heidnischen Philosophen"; *Melito* v Sardes u a.

2. **Der Gnostizismus** u seine Bekämpfung (2.-3. Jht): erster Versuch einer christlichen Religions- u Geschichtsphilosophie, nicht in der Form des Begriffs, sondern phantastischer Vorstellung (alttestamentliche, christliche, orientalische u hellenistische Elemente). Dualismus von Gott u Materie, Emanation von Mittelwesen u ihre Rückkehr zum Ursprung durch Erlösung.

Vertreter der Gnosis: Cerinthus (um 115), *Saturnilus, Cerdon; Marcion, Basilides* (um 130), *Valentinus* (2. Jht): stellte das umfassendste gnostische System auf;
Mani oder *Manes* (um 216–276): ↗ Manichäismus.
Gegner der Gnosis: Irenäus (um 140–202): Hauptschrift: „Wider die Häresien"; Gott u der Weltschöpfer ist eins; auch die Materie ist durch seinen Willen geworden; Ursprung des Bösen aus dem Mißbrauch der menschlichen Freiheit. *Hippolytus* († um 236): Schüler des Irenäus; Hauptwerk: „Philosophumena".

3. **Anfänge der lateinischen christlichen Literatur** (2.–3. Jht): [77
Minucius Felix (um 200): „Octavius" (Dialog); Unvergänglichkeit der Seele; natürliche Gotteserkenntnis aus der Finalität der Natur; Harmonie zwischen Vorausbestimmung u Freiheit.
Tertullian (um 160–230): Jurist, um 195 Christ, seit 213 Anhänger der Sekte der Montanisten; Feindseligkeit gegen heidnische Phil, aber dennoch unter dem Einfluß der stoischen Phil.
Lehre: Schöpfung der Materie durch Gott; Betonung des Gegensatzes zwischen Sittlichkeit u Sinnlichkeit; alle Substanzen sind körperlich, auch Gott u die Seele; sensualistische Erkenntnislehre; Traduzianismus; Unsterblichkeit u Willensfreiheit; Monotheismus; Verteidigung der Religionsfreiheit.
Werke: vormontanistische: Apologeticum, De idolatria, De testimonio animae; De patientia, Ad uxorem, De cultu feminarum; De praescriptione haereticorum u a; – montanistische: De exhortatione castitatis, De monogamia, De pudicitia, De ieiuniis; Adversus Marcionem, De anima u a.
Arnobius (um 300): „Gegen die Heiden"; die Seele körperlich, nicht von Natur aus unsterblich; Polemik gegen die platonische Theorie der Wiedererinnerung; nur der Glaube an Gott ist angeboren.

c) *ERSTE VERSUCHE DER SYSTEMATISIERUNG* der christlichen [78 Weltanschauung (3. Jht): Notwendigkeit einer systematischen Darstellung der Glaubenslehren in den Katechetenschulen, vorab in Alexandrien.

1. **Alexandrinische Katechetenschule:** in Beziehung zum alexandrinischen Neuplatonismus ↗ [70]; sucht die hellenistische Phil in den Dienst der christlichen Theologie zu stellen.
Pantänus (um 180–200).
Klemens v Alexandrien († 215): „Protreptikos", „Paedagogus", „Stromata" u a. – Die Phil ein Geschenk Gottes durch den Logos, den Erzieher der Heiden zum Christentum; der Glaube soll auf die Stufe des Wissens erhoben werden (christliche Gnosis); Kampf gegen die häretische Gnosis ↗ [76]; Weltschöpfung von Ewigkeit her.
ORIGENES († 254): ↗ [62] Erstes System der christlichen Lehre; synthetisch-deduktive Methode; neuplatonische Elemente. – Von der allg christlichen Lehre abweichende u später verurteilte Lehren: anfanglose Schöpfung, Präexistenz der Seelen, ihr Verhältnis zum Leib gemäß einer früheren Schuld, Erlösung aller Wesen in der allg Wiederherstellung *(Apokatastasis).* – *W:* Peri archōn (systematisches Werk; um 220–230); Gegen Celsus ↗ [56] (Vernunftgemäßheit u Beweisbarkeit des christlichen Glaubens).
Dionysius „der Große": Schüler des Origenes; schrieb gegen den Atomismus.

Gregor der Wundertäter (um 213–275): phil Schrift „Über die Seele". *Pamphilus* v Caesarea (3. Jht): eröffnete eine theologische Schule in Caesarea; „Apologie" für Origenes.

2. **Im Westen:**
Lactantius (um 250–325): erster systematischer Versuch einer Darstellung des Christentums im Westen; weniger selbständig als Origenes. – W: Institutiones divinae; De opificio Dei; De ira Dei ua (Ciceronische Reinheit des Stils).

79] **II. VOLLE ENTWICKLUNG DER PATRISTISCHEN PHILOSOPHIE**
(325 bis etwa 450): tiefere Entfaltung der christl Lehren im Kampf gegen innere Feinde.

a) *Die veränderten Bedingungen* des kirchlichen Lebens:
Äußere Bedingungen: Das Mailänder Edikt Konstantins 313; Aufhören der Verfolgung, öffentliches Ansehen des Christentums.
Innere Bedingungen: das Konzil von Nicäa stellt die Grundlagen der christl Lehre fest. Dogmatische Kämpfe innerhalb der Kirche.

b) *DIE GRIECHISCHEN VÄTER* des 4. Jhts: Schule des Origenes ↗ [78], Kampf gegen trinitarische u christologische Irrlehren.

80] 1. **Die Häresien** (Abweichungen von der allg Kirchenlehre): meist aristotelisch gerichtet; die beiden nächsten von der Stoa beeinflußt:
Der Arianismus: Arius († 336) lehrte, daß der Logos, der in Christus erschienen ist, von Gott, dem Vater geschaffen, also nur ein Gott zweiter Ordnung sei *(Subordinatianismus);* Eunomius (um 370) lehrte die vollständige Begreifbarkeit Gottes.
Der Apollinarismus: nach *Apollinaris dJ* (um 375) besteht der Mensch aus Leib, Seele u Geist; der Logos steht in Christus an Stelle des Geistes, hat also nur Leib u Seele, nicht die volle menschliche Natur angenommen.
Der Nestorianismus: nach *Nestorius* († 440) sind in Christus nicht bloß zwei Naturen, sondern auch zwei Personen; der Logos wohnt bloß im Menschen Christus, ist nicht eigentlich Mensch geworden.
Der Monophysitismus: nach *Eutyches* ist in Christus nur eine Person u eine aus Göttlichem u Menschlichem vermischte Natur.

81] 2. **Gegner dieser Häresien:** phil von Platon u Origenes beeinflußt.
Athanasius der Große (um 295–373): „Rede wider die Heiden", „Rede über die Fleischwerdung des Logos" (enthält seine Psychologie), „Reden wider die Arianer".
Basilius der Große (um 330–379): starke Naturfreudigkeit (Homilien zum Hexaēmeron); tritt für die griech Bildung ein (Ad adolescentes).
GREGOR v NYSSA (um 335–394): Bruder des Basilius: phil bedeutsame Werke: Große katechetische Rede (System der Theologie); Über die Seele u die Auferstehung; Gegen Eunomius; Gegen das Fatum; Apologeticus de hexaēmero; Über die Erschaffung des Menschen; Vita Moysis (Mystik) ua.
– Klare Scheidung von Glaube u Wissen; die Wissenschaft Freundin des Glaubens; methodischer Zweifel; die Materie eine Einheit von an sich immateriellen Qualitäten; Rückkehr aller Wesen zu Gott.
Kyrillos v Alexandrien († 444): Hauptvertreter der Alexandrinischen Theologie

↗ [78]; um ihn kreisen die theol Auseinandersetzungen der folgenden Jhte.
W: Schriftkommentare, Briefe u polem Schriften.
3. **Andere Väter dieser Zeit:**
Makarios v Magnesia: große Apologie „Apokritikos". *Methodius* v Philippi [82
(† 311): schrieb gegen Origenes u Porphyrios. *Eusebius* v Caearea (um
265–340): der „Vater der Kirchengeschichte"; christl Platoniker; apologetisches Werk: „Evangelische Vorbereitung". – Die angeblich dem *Makarius*
v Ägypten († 395) zugehörigen „Homilien" (Mystik).
c) *DIE LATEINISCHEN VÄTER* des 4. Jhts:
1. **Vor Augustinus:** *Hilarius* v Poitiers († 366): Hauptgegner des Arianismus [83
↗ [80] im Westen; Hauptwerk: De fide adversus Arianos (de trinitate). *Ambrosius* (340–397): „De officiis ministrorum" (christliche Sittenlehre im Anschluß
an Cicero); an Augustins Bekehrung beteiligt. *Marius Victorinus* ↗ [72].
2. *AUGUSTINUS* v Tagaste in Nordafrika (354–430): ↗ [104]. Höhepunkt der [84
Patristik, größter Einfluß auf das Mittelalter.
Leben: zuerst Rhetor, Manichäer, Skeptiker; unter dem Einfluß des Neuplatonismus Bekehrung zum Christentum (387); später Bischof v Hippo. – Kampf
gegen Skeptizismus, Manichäismus, Donatismus (um die Einheit der Kirche),
Pelagianismus (um die Allwirksamkeit Gottes u die Notwendigkeit der
Gnade).
Lehre: ↗ Augustinismus.
Werke: Vor der Taufe: Contra Academicos (gegen die Skepsis); De beata vita
(Glückseligkeit); De ordine (Gut u Böse in der Weltordnung); Soliloquia (das
Übersinnliche, Unsterblichkeit); De immortalitate animae (Unsterblichkeit).
– *Nach der Taufe:* De musica; De quantitate animae (Leib u Seele); De libero
arbitrio (Problem des Bösen, Freiheit); De duabus animabus (u a Schriften
gegen die Manichäer); De magistro; De vera religione (vom Glauben zum
Wissen). – *Als Bischof:* De trinitate (Dreifaltigkeit); das Hauptwerk: De civitate Dei (Vom Gottesstaat; Geschichtsphilosophie u -theologie); Confessiones (Selbstbekenntnisse; Zeitproblem); De fide, spe et caritate (systematische
Glaubenslehre); Retractationes (Berichtigungen der eigenen Werke) u a.
Schüler: Prosper v Aquitanien († 463): Liber sententiarum (Abriß der augustinischen Theologie).
III. **AUSKLANG DER PATRISTISCHEN PHILOSOPHIE** [85
(um 450–800): Bewahrung des Überkommenen.
a) *Zeitverhältnisse:* Völkerwanderung, Ende des weströmischen Reiches,
Eroberungszüge der Sarazenen. – Unterbrechung der geistigen Entwicklung,
Verlust vieler Schriften, Tendenz zur Bewahrung (Sentenzenliteratur).
b) *DIE GRIECHISCHEN SCHRIFTSTELLER:*
Synesius ↗ [70]; *Nemesius* ↗ [71]; *Theodoret* (um 386–458); *Aeneas v Gaza*
(† 534); *Zacharias v Mytilene* († vor 553): „Ammonios" (gegen die Ewigkeit
der Welt), *Johannes Philoponus* ↗ [70]; *Leontius* v Byzanz (6. Jht): verwertet
auch aristotelische Begriffe in der Theologie.
Dionysius der „Areopagite" (um 500 in Syrien): vorgeblich Apostelschüler, daher „*Pseudo-Dionysius*"; Verschmelzung neuplatonischer (Proklus) u
christlicher Gedanken; Unterscheidung der positiven u negativen Theologie.
Werke: De divinis nominibus; De coelesti Hierarchia; De mystica theologia

u a. – Bedeutender Einfluß auf Mystik u Scholastik des Mittelalters; seine Schriften oft kommentiert. *Maximus Confessor* (580–662): Kommentare zu Pseudo-Dionysius; De anima (Anthropologie).

Johannes Damaszenus († 749): Sammler u Systematiker; die Patristik abschließendes Hauptwerk: „Quelle der Erkenntnis" mit phil Einleitung: aristotelische Logik u Ontologie mit neuplatonischem Einschlag.

86] c) *DIE LATEINISCHEN SCHRIFTSTELLER:*
Claudianus Mamertus (5. Jht): „De statu animae" (Immaterialität der Seele). *Boëthius* (480–525): ↗[72] Neben Augustinus die maßgebende Autorität des frühen Mittelalters. – *Isidor* v Sevilla († 636): Vermittler antiker Bildung in Spanien: „Etymologiae" (ein Realwörterbuch). *Beda Venerabilis* (674–735): Vermittler antiker Bildung in England.

B. PHILOSOPHIE DES MITTELALTERS:
SCHOLASTIK
(800–1450). Zur allg Charakterisierung ↗Scholastik. ↗[127, 141, 152, 200–210, 226, 229, 249, 261, 264]

87] **I. DIE VORSCHOLASTIK** (8.–9. Jht):
   a) *KAROLINGISCHE RENAISSANCE:* zunächst noch kompilatorisch. *Alcuin* (730–804): Berater Karls des Großen, Organisator des Studienwesens im Frankenreich. *Hrabanus Maurus* (um 776 bis 856): Schöpfer des deutschen Schulwesens. *Candidus Bruun:* erster Versuch eines Gottesbeweises im Mittelalter. – *Paschasius Radbertus, Ratramnus, Godescalc.*

88] b) *JOHANNES SCOTUS* oder *ERIUGENA* (um 810–877, aus Irland): begründet das erste große phil-theol System des MA; wegen seines scheinbar spiritualistisch-pantheisierenden Charakters u unvorsichtiger, neuplatonischer Formulierungen später oft angefochten.
   Lehre: Umfassender Grundbegriff seines Systems ist die „Natur"; Die Existenz Gottes wird aus dem Glauben vorausgesetzt; logische Einteilung der „Natur"; die ungeschaffene u schaffende N (Gott als Schöpfer), die geschaffene u schaffende N (die in u aus Gott zeitlos hervorgehenden Ideen der geschaffenen Dinge), die geschaffene u nicht schaffende N (Erfahrungswelt), die ungeschaffene u nicht schaffende N (Gott als Endziel).
   Werke: De divisione naturae. Viele Übersetzungen u Kommentare.
   Schüler: Eric u *Remigius* v Auxerre (9. Jht).

89] **II. DIE FRÜHSCHOLASTIK**
(11.–12. Jht): Nach dem „dunklen" 10. Jht Wiederaufleben der Wissenschaften; größere Selbständigkeit des Fragens.
   a) *GLAUBE UND WISSEN:*
   1. **Der Dialektikstreit:**
      Die „Dialektiker": sie durchzogen, ähnlich den griechischen Sophisten, das Land; intensive Pflege der Dialektik (Logik); Rationalismus in theologischen Fragen. – Vertreter: *Anselm* v Besate (gemäßigt), *Berengar* v Tours u a.
      Deren Gegner: Petrus Damiani (1007–72): Unterordnung der Phil unter die Theologie, des Widerspruchsgesetzes unter die göttliche Allmacht. – *Lanfrank* (1010–89): nur gegen den Rationalismus der Dialektiker, nicht gegen die Dialektik selb-

2. *ANSELM*, Erzbischof v *Canterbury* (1033–1109, v Aosta): systematischer [90 Denker; Schüler v Lanfrank; sein Motto: Credo ut intelligam (Erhebung des Glaubens zum Wissen); Verwertung der Phil für die Theol ohne Rationalismus.
Lehre: Das wahre Denken kann dem Glauben nicht widersprechen; Versuch, alle Glaubenswahrheiten auch aus natürlicher Vernunft zu begründen; der Glaube muß jedoch vorangehen, ontologischer Gottesbeweis (im Proslogion). – Dagegen: *Gaunilo:* „Liber pro insipiente".
Werke: Monologium (Gotteslehre); Proslogion, dazu: Liber apologeticus; De veritate; Cur Deus homo? De libero arbitrio; De concordia praescientiae et praedestinationis u a.

b) *DAS UNIVERSALIENPROBLEM:* im Anschluß an Porphyrs Eisa- [91 gogē u Boëthius [64, 86] ↗ Allgemeinbegriff.

1. **Ultrarealismus:**
Wilhelm v Champeaux (1070–1121): Schüler Roscelins ↗[92], vertrat zuerst einen extremen Begriffsrealismus, den er später, von Abälard genötigt, milderte u schließlich aufgab.
Außerdem: *Johannes Scotus* [88], *Anselm v Canterbury* [90], die Schule von Chartres [93] u a.

2. **Gegner des Ultrarealismus:** in verschiedenen Formen. [92
Extremer ↗*Nominalismus:* Roscelin (um 1050–1125).
Gemäßigter Realismus: Petrus Abälard (Schüler Roscelins, 1079–1142): einflußreichster Philosoph des 12. Jhts; logische u theologische Schriften: kritische Analyse der Bewußtseinsinhalte an Hand der Sprache; durch die Methode des *Sic et Non* (Verwertung von Autoritäten u Gegenautoritäten) u den methodischen Zweifel Begründer der scholastischen Methode; Lehre vom Gewissen.
Andere Formen, die schließlich auch zu einem gemäßigten Realismus führen. – *Adelard v Bath, Walter v Mortagne, Gilbert de la Porrée* [94], *Joh v Salisbury* [94].

c) *DIE SCHULE v CHARTRES* [93

1. **Naturphilosophische Richtung:**
in platonischer Gestalt; Harmonisierung mit Aristoteles; Verbindung mit naturwissenschaftlichen Theorien.
Bernhard v Chartres, Thierry v Chartres, Wilhelm v Conches.

2. **Richtung des Gilbert de la Porrée:** [94
Gilbert de la Porrée (um 1150): Schüler Bernhards v Chartres; Wissenschaftslehre; „De sex principiis" (über die sechs letzten Kategorien; viel benütztes Textbuch); einige theol Lehren verurteilt.
Otto v Freising (etwa 1114–1158): „Chronicon" (Geschichtsphilosophie); Förderung aristotelischer Studien. – *Joh v Salisbury* (um 1110–1180): „Policraticus" (erste große Staatstheorie des MA), „Metalogicus" (über den Wert der Logik). *Alanus ab Insulis* (um 1203): „Maximae theologicae" (Anwendung der axiomatischen Methode auf die Theologie). *Nikolaus v Amiens* (um 1190): „De arte catholicae fidei" (Glaubenslehre more geometrico). *Radulfus Ardens* (um 1200): Speculum universale (System der Ethik).

95] 3. **Pantheisierende Richtung:**
Bernhard v Tours (um 1150). *Amalrich v Bène* († um 1206): Gott ist die Essenz u Form aller Kreaturen (Zusammenhang mit Joh Scotus [88]. *David v Dinant* (gg 1200): Gott u der Urstoff sind eins.

96] d) *DIE MYSTIK:* Streben nach innerer Schau u Erlebnis der religiösen Wahrheit.
   1. **Bernhard v Clairvaux** (1091–1153): Begründer der mittelalterlichen Mystik; Gegner Abälards u Gilberts; W: De diligendo Deo (Gottesliebe); De gratia et libero arbitrio; De consideratione u a.
   2. **Die Viktoriner:**
   Hugo v St Victor (1096–1141, Sachse): bedeutender Theologe; vereinte Wissenschaft u Mystik in einer Person, *Phil W:* Didascalion (Einl in die Phil u Theol); De unione corporis et animae. *Mystische W:* De contemplatione; Kommentar zu Pseudo-Dionys u a.
   Richard v St Victor († 1173): fordert gesicherte Beweisführung; Ausgang von der Erfahrung in den Gottesbeweisen: sucht die Geheimnisse diskursiv zu durchdringen; zugleich Theoretiker der Beschauung. – W: De trinitate; De gratia contemplationis u a.

97] e) *SENTENZEN- UND SUMMENLITERATUR:*
   1. *Sentenzen:* ursprünglich Sammlungen von Bibel- u Väterstellen; allmählicher Übergang zu den Summen; das bekannteste Sentenzenbuch von *Petrus Lombardus* († 1160) diente bis ins 16. Jht als Lehrbuch.
   2. *Summen:* selbständige, systematische Darstellung der Theologie (oder Phil) mit breitem Raum für rationale Argumente. Summa philosophiae der Oxforder Schule; *Alexander v Hales; Bonaventura, Albert der Große, Thomas v Aquin* u a.

98] III. **NICHT-SCHOLASTISCHE PHILOSOPHIE DES MITTELALTERS:**
   a) *BYZANTINISCHE PHILOSOPHIE:*
   Vorwiegend Tradition, Paraphrasen u Kommentare zu Aristoteles u Platon. *Photios, Arethas, Michael Psellos, Michael Ephesios, Nikolaus v Methone* u a.

99] b) *ARABISCHE PHILOSOPHIE* griechischer Prägung, die im Islam fremd blieb, aber auf die Entwicklung der Scholastik einwirkte. [Vgl M Horten: Die Phil des Islam 1924.]
   1. **Im Orient:**
   Al-Kindī († 873): erster arabischer Denker griechischer Richtung.
   Al-Farabi († 950): vermittelte dem Islam die griech Logik; Mystiker *(Sufi);* Verschiedenheit von Wesenheit u Dasein im Geschöpf.
   AVICENNA oder Ibn Sīnā (980–1037): überragendes Ansehen im MA; Hauptwerk: Buch der Genesung (phil Enzyklopädie auf aristotelisch-neuplatonischer Grundlage). – Vom „arabischen" ist der (vielfach mißverstandene) „lateinische" Avicenna zu unterscheiden.
   Alhazen († 1038): Physiologie u Psychologie des Sehens.
   Algazel oder Gazali (1059–1111): Mystiker; in der Phil Skeptiker. W: Die Absichten der Philosophen; Die Widersprüche der Philosophen (dagegen Averroes: Destructio destructionis); Die Neubelebung der Religionswissenschaften (Hauptwerk). – *Lehre:* Zeitliche Schöpfung aus Nichts; Vorsehung;

Auferstehung des Leibes; Wundermacht Gottes; Leugnung der geschöpflichen Kausalität.
2. **Im Okzident** (Spanien): [100
Avempace († 1138): „Leitung der Einsamen" (Erhebung zum geistigen Selbstbewußtsein).
Abubacer oder Ibn Tufail († 1185): „Der Lebende, der Sohn des Wachsenden" (phil Roman).
AVERROES oder Ibn Roschd v Cordova (1126–1198): Richter u Arzt; umfangreiches Kommentarwerk zu Aristoteles (große, mittlere, kleine Kommentare), in denen er seine eigene *Lehre* ausspricht: Die Formen liegen keimartig in der Materie; anfanglose Schöpfung aus Nichts; Gott actus purus; kein Pantheismus, aber Panpsychismus; der „tätige" Verstand ist von der Seele verschieden u einer für alle Menschen; erst durch Berührung mit ihm entsteht der potentielle Verstand der Einzelnen, der im Tod wieder in den allg Verstand (die Intelligenz der Mondsphäre) zurückgenommen wird; Ausgleich mit der Religion durch allegorische Deutung des Koran; die Lehre von der „doppelten Wahrheit" scheint sich nur im „lateinischen" Averroes zu finden ↗[107, 125].

c) *JÜDISCHE PHILOSOPHIE DES MITTELALTERS:* [101
[Vgl J Guttmann: Die Phil des Judentums 1933].
1. **Die Kabbala:** eine emanatistische Geheimlehre, zwischen dem 9. u 14. Jht schriftlich niedergelegt.
2. **Philosophierende Theologen:**
Isaak ben Salomon Israeli (um 845–940 in Ägypten): „Buch der Definitionen", „Buch der Elemente".
Saadja (892–942): Begründer der jüdischen Religionsphilosophie: „Glaubensu Vernunftgesetze".
Ibn Gebirol (= Avicebron = Avencebrol): in Spanien um 1020 bis 1070. „Lebensquelle": neuplatonisch; alle Substanzen außer Gott bestehen aus Materie u Form; Okkasionalismus; Einfluß auf die Scholastik.
Moses Maimonides v Cordova (1135–1204): Hauptwerk: Führer der Irrenden (im ganzen aristotelisch; Schöpfung der Welt aus Nichts; Vorsehung; Willensfreiheit). Großer Einfluß auf die Scholastik.

IV. **HOCHSCHOLASTIK** [102
(13. Jht): Zeit der großen systematischen Schöpfungen.
a) *DER UMSCHWUNG:*
1. **Ursachen und Umstände:**
Die Aristotelesübersetzungen aus dem Arabischen u Griechischen (*Wilhelm v Moerbeke* u a) vermitteln den ganzen Aristoteles, während bis dahin nur die logischen Schriften im Westen bekannt waren. Dazu kommt die Kenntnis der arabischen Kommentare u Schriften.
Der Aristotelesstreit: Die arabische Form des Aristoteles u der Neuplatonismus mancher dem Aristoteles fälschlich zugeschriebenen Schriften führen zu pantheisierenden Neigungen ↗[95]; Widerstand der kirchlichen Autorität (Aristotelesverbote). Der Aristotelismus gelangt erst zum Sieg, nachdem sein Theismus erkannt ist. Methodische Scheidung der natürlichen ↗Theologie u der Offenbarungstheologie.

Der Schulbetrieb: Universitäten: seit 1200; Gliederung in vier Fakultäten; die Artistenfakultät enthält das Studium der Phil, das jedoch meist von Theologen betrieben wird. *Formen des Unterrichts:* lectio (Kommentierung) u disputatio. *Literarische Formen:* die Summen ↗[97], quaestiones disputatae (zur wissenschaftlichen Vertiefung; Niederschlag der gewöhnlichen Disputationen), quaestiones quodlibetales (Niederschlag der feierlichen Disputationen), opuscula (Abhandlungen). *Ausbildung:* für die Artisten 6 Jahre (Voraussetzung für die Theologen), für die Theologen 8 Jahre; bis zum Magisterium weitere 8 Jahre Lehrtätigkeit. *Einfluß der Bettelorden:* Franziskaner, Dominikaner.

103] 2. **Erste Versuche einer Synthese:**
Dominicus Gundisalvi v Segovia (noch im 12. Jht). *Wilhelm v Auvergne; Robert Grosseteste* (1175–1253): Kanzler v Oxford, vorwiegend naturwissenschaftlich gerichtet; mathematisch unterbaute Lichttheorie u -metaphysik. – Die „Summa philosophiae" aus der Oxforder Schule.

104] b) *DIE TRADITIONELLE, AUGUSTINISCHE RICHTUNG:*
↗[84] Trotz gründlicher Kenntnis der aristotelischen, arabischen, jüdischen Literatur Festhalten am ↗ Augustinismus.

1. **Die ältere Franziskanerschule:**
Alexander v Hales, Engländer (kurz vor 1186–1245): „Glossa in quattuor lib Sententiarum"; „Summa fratris Alexandri" (nur bedingte Echtheit, zum großen Teil von *Johannes v Rupella*); erste umfassende Benutzung des Aristoteles; im Konfliktsfall wird Augustinus vorgezogen.
Bonaventura oder Johannes Fidanza (ca 1217–1274): Freund von Thomas v Aquin; Scholastiker u Mystiker; W: Sentenzenkommentar; Itinerarium mentis ad Deum (mystisches Hauptwerk); Collationes in Hexaëmeron; De reductione artium ad theologiam. – Illuminationstheorie.
Walter v Brügge (ca 1225–1307): W: QQ disp (bedeutsame Gewissenslehre).
Gilbert v Tournai († 1284): pädagog Schriften.

2. **Die ältere Dominikanerschule:**
Peter v Tarantaise (= Innozenz V.); *Richard Fishacre* u a.

105] 3. **Die mittlere Franziskanerschule** (zwischen Bonaventura u Duns Scotus). Der bei Thomas [109] u Bonaventura latent gebliebene Gegensatz der traditionellen u neuen Richtung führt zum offenen Kampf.
Matthäus ab Aquasparta (um 1235–1302): Quaestiones disputatae, darunter De cognitione. – *Johannes v Peckham* (um 1240–1292): W: De anima. Heftiger Gegner von Thomas v Aquin, besonders dessen Lehre von der Einheit der Wesensform im Menschen ↗[110]. – *Wilhelm de la Mare* († 1298): ↗[110]. – *Roger v Marston, Richard v Middletown, Wilhelm v Ware* (Ende des 13. Jhts) nähern sich dem Aristotelismus in der Erkenntnislehre.
Vitalis v Furno († 1327): Gegner Olivis; W: De rerum principio (fälschlich Duns Scotus zugeschrieben).
Petrus Joannis Olivi (um 1248–1298): Quaestiones in II. librum Sententiarum; Lehre von den Wesensteilen der Seele, die durch die Seelenmaterie zusammengehalten werden, so daß die Geistseele den Leib nur mittels der Sinnenseele informiert (vom Konzil v Vienne verurteilt u von Petrus widerrufen); Primat des Willens; Impetustheorie.

106] 4. *HEINRICH v GENT* († 1293): Quodlibeta; Summa theologica (unvollendet). Die Materie nicht bloß potentiell, sondern wirklich; Wesen u Dasein nicht real verschieden; Individuation durch Negation; Annahme einer Körperform außer der Seele im Menschen; zur Erkenntnis der vollen Wahrheit ist außer der Abstraktion aus dem Sinnenbild eine (nicht allen zugängliche) Illumination durch das göttliche Urbild nötig.

c) *DIE NEUE, ARISTOTELISCHE RICHTUNG:* [107

1. **Reiner Aristotelismus** oder **Lateinischer Averroismus:** ↗[100, 125]. Aufnahme des im Sinne des (lateinischen) Averroes verstandenen Aristoteles ohne jede Ausrichtung am christlichen Dogma. Lehre von der Ewigkeit der Welt, der Bewegung, von der Einheit des Intellekts in allen Menschen u (angeblich) von der „doppelten Wahrheit". Vertreter: *Siger v Brabant* (um 1235–1284) u *Boëtius v Dacien.*

2. **Die Synthese mit der christlichen Lehre:** getragen vom Dominikanerorden. [108
Vorbereitung:
ALBERT DER GROSSE (um 1200–1280): Philosoph, Theolog u Naturforscher; erste vollständige Darstellung der aristotelischen Phil in systematischer Ordnung unter Berücksichtigung der Araber u Umbildung im Sinne der christlichen Lehre; in der Theologie bleibt Albert dem Augustinismus zugetan.
Schüler Alberts: die bei Albert unverbundenen Strömungen des Aristotelismus, Neuplatonismus, Augustinismus werden von verschiedenen Schülern aufgenommen, der Aristotelismus vor allem von *Thomas v Aquin* [109], der Neuplatonismus von *Ulrich v Straßburg* u a [113], der Augustinismus von *Hugo Ripelin* v Straßburg.
Vollendung: [109
THOMAS v AQUIN (um 1225–1274): der größte Systematiker des MA ↗[110–111, 119, 127, 128, 141, 205].
Lehre: ↗Thomismus.
Werke: Aristoteleskommentare, Quaestiones disputatae, Sentenzenkommentar, Opuscula, Summa contra Gentiles (rationale Begründung der Theologie, phil Summe), Summa theologiae (System der Theologie u Phil, Hauptwerk) u a.
Der Kampf um Thomas: [110
Gegner: ↗auch [117]
aus dem eigenen Orden: *Peter Tarantaise* ↗[104], *Robert Kilwardby* († 1279), der als Erzbischof v Canterbury thomistische Lehren verurteilte (1277);
aus dem Weltklerus: *Stephan Tempier*, Bischof v Paris: Verurteilung averroistischer Lehren, die indirekt auch thomistische Sätze betrafen (1277); *Heinrich v Gent:* ↗[106];
aus dem Franziskanerorden: *Johannes v Peckham:* ↗[105]; erneuerte als Nachfolger Roberts dessen Verurteilung 1284 u 1286; *Wilhelm de la Mare:* ↗[105]: „Correctorium fratris Thomae" (1278). – Später *Johannes Duns Scotus:* ↗[112].
Verteidigung: Offizielle Empfehlung des Thomismus durch den Dominikanerorden. – Fünf Correctoria corruptorii fratris Thomae als Antwort auf Wilhelm de la Mares Correctorium.
Der Thomismus im 13. u 14. Jht: [111

Gottfried v Fontaine († nach 1306): steht dem Thomismus nahe.
Die ältere Thomistenschule (um 1300): freie Auffassung im einzelnen. – Dominikaner: darunter *Hervaeus Natalis* († 1323) u *Thomas Sutton*. Augustiner: ihr Führer *Aegidius Romanus* (um 1245–1316). Karmeliter u Zisterzienser: im Gefolge von *Gottfried v Fontaine*.
Dante: wird von manchen Albert dem Großen nähergestellt.

112] d) *DER SKOTISMUS:* vorbereitet durch die mittlere Franziskanerschule ↗[105].

JOHANNES DUNS SCOTUS (1266–1308): „doctor subtilis", Franziskaner, † in Köln; scharfsinniger Kritiker des Thomismus. – ↗[120, 141].

Lehre: ↗ Skotismus.

Werke: De primo principio, Quaestiones in metaphysicam, Ordinatio, auch Opus Oxoniense genannt (Sentenzenkommentar, Hauptwerk), Reportata Parisiensia; Theoremata (Echtheit von einigen bestritten); Aristoteleskommentare.

113] e) *DIE NEUPLATONISCHE RICHTUNG:* ↗[57, 78, 84, 88].

1. **Neuplatonische Elemente:** bei *Albert dem Großen* (Metaphysik) u *Thomas v Aquin* (in den letzten Schriften zunehmend).
2. **Durchbruch des Neuplatonismus:** vor allem in Deutschland u im Dominikanerorden.

Witelo: ↗[115]. *Ulrich v Straßburg:* Schüler Alberts. *Dietrich v Freiberg* i Sachsen (um 1250 bis nach 1310): auch Naturforscher (richtige Regenbogentheorie); Anschluß an Proklus u Augustinus.

114] *MEISTER ECKHART* (1260–1327): Begründer der spekulativen Mystik im Abendland (gedankliche Durchdringung des mystischen Erlebnisses). Kirchliche Verurteilung mehrerer seiner Sätze.

Lehre: Dynamische Auffassung des Seins; Verwendung der Paradoxie. Seelenlehre: zunächst thomistisch, darüber hinaus Lehre vom Seelengrund oder *Seelenfünklein*, in dem die Seele Gott auf bildlose Weise schaut. Gotteslehre: im ganzen thomistisch, aber starke Betonung der negativen Theologie als Durchbruch zum überbegrifflichen, mystischen Erlebnis des Ureinen; Schöpfung der Welt aus nichts als freie Tat Gottes. – Die verurteilte Lehre von der Ewigkeit der Welt wird ihm mit Unrecht zugeschrieben; die Lehre vom Sein der Geschöpfe (u noch mehr vom Seelenfünklein) schillert manchmal zum Pantheismus. – Ziel des Menschen ist die Rückkehr zu Gott in der „*Abgeschiedenheit*" von aller Kreatur u durch die „*Geburt Gottes*" in ihm aus Gnade. – Die Deutung Eckharts muß zwischen dem natürlichen u übernatürlichen Verhältnis der Seele zu Gott unterscheiden.

Werke: Opus tripartitum; Quaestiones; Deutsche Traktate u Predigten (oft unzuverlässige Nachschriften!); Rechtfertigungsschrift.

115] f) *DIE NATURWISSENSCHAFTLICHE RICHTUNG:*

Robert Grosseteste: ↗[103] mathematische Interessen. *Albert der Große:* ↗[108] biologische Interessen (Zoologie u Botanik); Beobachtung. *Petrus Peregrinus* de Marcourt: Epistola de magnete; Forderung der experimentalen Methode.

ROGER BACON (um 1210 bis nach 1292): W: Opus maius, Opus minus, Opus tertium. – Scharfe Kritik der theologischen Methode; sein Plan, eine

zusammenfassende Darstellung der Profanwissenschaften zu geben, nur im Fragment ausgeführt; Empirismus, pragmatistischer Wahrheitsbegriff; innere Erfahrung durch göttliche Erleuchtung; die Mathematik Grundlage der wissenschaftlichen Bildung.
Witelo (Schlesier, um 1220–1270): Perspectiva (Optik).

g) *DIE ENTWICKLUNG DER LOGIK:* [116
1. **Die Logica vetus:** die Logik bis gegen die Mitte des 12. Jhts auf Grund der Eisagogē Porphyrs [64], der aristotelischen Schriften De interpretatione (Peri hermeneias), De categoriis u der Traktate des Boëthius [72].
2. **Die Logica nova:** seit *Thierry v Chartres* [93] († um 1150), auf Grund der übrigen Teile des aristotelischen Organons u De sex principiis [94].
3. **Die Logica modernorum** (13. Jht): unter arabischem Einfluß; Vermischung von Logik u Grammatik *(„terministische" Logik);* Kompendienliteratur der „Summulae".
Petrus Hispanus (= Johannes XXI., † 1277): „Summulae logicales" (durch Jahrhunderte benütztes Lehrbuch).
4. **Sprachlogik:** Untersuchung der Beziehungen von Logik u Grammatik *(grammatica speculativa).*
Roger Bacon: ↗ [115] Summa grammaticae. *Thomas v Erfurt* (14. Jht): De modis significandi (fälschlich Duns Scotus zugeschrieben).
5. *RAYMUNDUS LULLUS* (1235–1315): bewegtes Wanderleben; Kampf gegen den Islam u lateinischen Averroismus; Dichter, Philosoph, Theolog u Mystiker; Lullus erstrebte eine *Ars generalis,* ein System von obersten Grundbegriffen u Sätzen, aus denen sich durch Kombinationen u mechanische Operationen die einzelnen Wissenschaften ableiten lassen. Letzte literarische Gestalt seiner Ideen in der „Ars magna et ultima". Lullus ist Vorläufer der Ars combinatoria von Leibniz u der ↗ Logistik.

h) *VORBOTEN EINER NEUEN ZEIT:* zwischen Duns Scotus u Wilhelm [117 v Ockham; Auflösung der scholastischen Synthese.
Jakob v Metz (um 1300): Kritik an Thomas. *Durandus de S Porciano* († 1334): scharfer Gegner des Aquinaten; Einschränkung der realen Relationen auf die Kausalrelation; Identität der Seelenvermögen mit der Seelensubstanz u mit den Akten; die Objekte nur Bedingungen der Akte; keine Abbildung der Objekte im Erkennen. – *Petrus Aureolus* († 1322): Kritiker, besonders an Duns Scotus; konzeptualistischer Nominalismus u Empirismus; *Prinzip der Ökonomie:* die Erklärungsprinzipien sind möglichst zu beschränken.

V. SPÄTSCHOLASTIK [118
(14.–15. Jht): Zeit des Niedergangs; Periode des Nominalismus; nach Ockham keine neuen Ideen.

a) *URSACHEN DES NIEDERGANGS:*
1. *Äußere Ursachen:* französisch-englischer Krieg (1339–1453); die große Pest; das abendländische Schisma: Vermehrung der Universitäten bei Herabminderung der Anforderungen.
2. *Innere Ursachen:* Mangel an Lehrfreiheit in den Orden; zunehmende Unkenntnis der großen Philosophen der Vergangenheit; Barbarei der Sprache; leere Spitzfindigkeiten.

119] b) *DIE VIA ANTIQUA:* Der Gegensatz via antiqua u via moderna betrifft die Universalienlehre (↗ Allgemeinbegriff). Die via antiqua umfaßt die realistisch gerichteten Schulen im Ggs zum Nominalismus der via moderna.
1. **Die spätere Thomistenschule** (gemäßigter Realismus): ↗[109, 111]. *Johannes Capreolus* (1380–1444): „princeps thomistarum"; Hauptwerk: Libri quattuor Defensionum theologiae divi doctoris Thomae de Aquino. *Antonin v Florenz* (1389–1459): Anwendung des Thomismus auf Sozialethik u Volkswirtschaft. *Dionys der Kartäuser* (um 1403–1471): fruchtbarer Schriftsteller, Mystiker. In Paris, wo *Franz de Vitoria* studierte, Verbindung mit der spanischen Scholastik ↗[127].

120] 2. **Die Skotistenschule:** ↗[112].
Franz v Marchia (14. Jht): Impetustheorie; *Franciscus Mayronis* († 1325); *Walter Burleigh* († nach 1343); *Petrus Tartaretus* (um 1500): Kommentare zu Skotus. Dem Skotismus steht nahe *Thomas Bradwardine* (um 1290–1349): auch Mathematiker; Entdeckung der mathematischen Funktion als Mittel zur Beschreibung physikalischer Abhängigkeitsverhältnisse; lehrt im Ggs zu Skotus eine Determinierung des Willens durch Gott (Einfluß auf Wiclif u die Reformation).

121] c) *DIE VIA MODERNA* ↗[92] Auflösung der Synthese zwischen Glaube u Wissen.
1. **WILHELM v OCKHAM** (vor 1300 bis etwa 1350): Franziskaner; W: Sentenzenkommentar (um 1320); Summa logicae; Kommentare zu Porphyrius u zu logischen u naturphilosophischen Schriften des Aristoteles; theologische sowie antipäpstliche u kirchenpolitische Schriften im Schutze Ludwigs des Bayern. – *Lehre:* ↗ Konzeptualismus; Kritik des Thomismus u Skotismus; die Intuition als natürliche Form unserer Erkenntnis; Gegenstand der Realwissenschaften sind nicht die Dinge (res) selbst, sondern die *termini* u propositiones in Vertretung der Dinge; Einschränkung der rationalen Psychologie u Theologie; die Glaubensartikel sind weder beweisbar noch Beweisprinzipien; Forderung der Denkfreiheit für die Phil; das Sittengesetz – später: mit Ausnahme der Liebe Gottes – nur im Willen Gottes begründet.

122] 2. **Die nominalistische Schule:**
Verstärkung der kritischen u skeptischen Tendenzen: Gregor v Rimini († 1358); *Johannes v Mirecourt* (um 1345): Gott Ursache der Sünde. *Nikolaus v Autrecourt* (um 1340): Der Widerspruchsatz u die innere Erfahrung sind die einzigen Prinzipien der Erkenntnis; Leugnung der Evidenz des Kausalitätsprinzips; Leugnung der Substanzerkenntnis (außer dem Ich); Atomismus u Mechanismus. Sechzig seiner Sätze kirchlich verurteilt.

123] *Beschäftigung mit den Naturwissenschaften:* besonders in Paris u Oxford; teilweise Loslösung von Aristoteles u eigenständige Beobachtung; Vorspiel der quantitativen Methode, aber ohne Messungen. – *Johann Buridan* († nach 1358): Logiker u Physiker; Impetustheorie; Anwendung auf die Himmelsmechanik, wodurch die aristotelischen „Sterngeister" überflüssig werden; Einfluß durch Albert v Sachsen auf Leonardo da Vinci, auf Dominicus Soto u Galilei. – Unentscheidbarkeit der Frage, ob der Wille sich unter gleichen Umständen entscheiden könne; sonst gegen den Skeptizismus Ockhams. – *Nikolaus v Oresme* († 1382): der bedeutendste Nationalökonom des

14. Jhts; bedeutend auch für Mathematik, Physik u Astronomie; Übernahme der Impetustheorie Buridans; Einbeziehung des unendlich Großen u Kleinen in die Mathematik. – Vorläufer des Kopernikus durch die Lehre von der täglichen Bewegung der Erde, Descartes' durch die Erfindung der Koordinatengeometrie, Galileis durch die Entdeckung der Fallgesetze. – *Albert v Sachsen:* in der Logik Ockhamist.

Weiterbildung der Logik: besonders in England. Außerdem *Peter v Ailly* (1350–1420): vielseitig. – *Gabriel Biel* v Speyer († 1495): geschickte Darstellung des Ockhamismus; Einfluß auf Luther [129]. ⌈124

d) *DER SPÄTERE AVERROISMUS* (bis ins 17. Jht): ↗[100, 107]. ⌈125

1. **Strengere Richtung:** mit Einschluß der widerchristlichen Lehren.

Johannes v Jandun († 1328): Volkssouveränität als Quelle aller politischen Macht; mit *Marsilius v Padua* Verfasser des „Defensor pacis" (gg das Papsttum).

2. **Mildere Richtung:** christianisierter Averroismus. – *Fitz-Ralph:* identifiziert den intellectus agens mit Gott. – *Johannes v Baconthorp* († 1348) u a.

e) *DIE MYSTIK IM SPÄTEN MITTELALTER:* ⌈126

1. **Im Gefolge von Meister Eckhart:** ↗[114] Erklärung des Meisters im kirchlichen Sinn; Zurücktreten des Spekulativen. *Johannes Tauler* (1300–1361): ethisch gerichtete Mystik; Predigten.

Heinrich Seuse (um 1295–1366): gemütstief; W: Das Büchlein der Wahrheit; Büchlein der Ewigen Weisheit.

„*Eine deutsche Theologie*" (anonym): von Luther (1516) herausgegeben.

Jan van Ruysbroeck (1293–1381): W: Das Königreich der Liebhaber Gottes, Die Zierde der geistlichen Hochzeit (Hauptwerk), Das Buch von den zwölf Beghinen.

2. **Im Gefolge der Viktoriner u Bonaventuras** [96, 104]: *Joh Gerson* (1363–1429): Schüler v Peter d'Ailly [124], Gegner van Ruysbroecks [126]; von den Nominalisten fälschlich für ihre Schule in Anspruch genommen; betont jedoch Freiheit Gottes in der Schöpfung gg platon Ultrarealismus; Kritik unberechtigter Methodenübertragung; fordert Krönung der schol durch die myst Theologie.

3. *Kontroverse über den Erkenntnischarakter der Mystik:* *Vincenz v Aggsbach* (Erhebung zu Gott ohne Erkenntnis); *Nikolaus v Kues* (docta ignorantia): ↗[133].

PHILOSOPHIE DER NEUZEIT

A. BIS ZUR REVOLUTION DER PHILOSOPHIE DURCH KANT (1450–1781).
I. ZEIT DES ÜBERGANGS (1450–1640). ⌈127

a) *ZEITBEDINGUNGEN:*

1. *Äußere Bedingungen:* Entwicklung der Nationalstaaten; Entdeckung neuer Länder u Völker, Buchdruckerkunst.

2. *Innere Bedingungen:* Humanismus u Renaissance; Reformation u Gegenreformation; Entwicklung der Naturwissenschaften; wachsender Individualismus.

b) *FORTSETZUNG DER ALTEN PHILOSOPHIE.*
1. **Spanische Scholastik** (nach dem Ursprungsland der Erneuerung des scholastischen Denkens): ↗ [119]. Kritische u selbständige Beschäftigung mit der scholastischen Tradition; Anwendung auf neue Fragen, besonders der Gesellschafts- u Staatsphil; gepflegtere Sprache. ↗ [141, 152, 200]
Dominikaner: Petrus Crockaert († 1516); dessen Schüler *Franz de Vitoria* († 1546): Urheber der neuen Bewegung in Salamanca. „De iure belli" (Kriegsrecht). – Seine Schüler: *Dominikus Soto* († 1560) u *Melchior Cano* († 1560): De locis theologicis (theologische Quellen- u Methodenlehre). – *Dominikus Báñez* († 1604): ↗ Mitwirkung Gottes.
Die großen *Kommentare zu Thomas von Aquin:*
zur Summa theologiae (1507–1522) von *Thomas de Vio (Cajetanus);*
zur Summa contra Gentiles (1516) von *Franciscus de Silvestris (Ferrariensis).*

128] *Jesuiten:* „Cursus Conimbricensium" (Coimbra). – *Franz Toletus* († 1596): Schüler Sotos. *Petrus Fonseca* († 1599); *Gregor v Valencia* († 1603); *Jacob Ledesma* († 1575); *Gabriel Vázquez* († 1604); *Luis de Molina* (1535–1600) ↗ Molinismus; *Juan de Mariana* (1536–1624): Theologe u Historiker: „De rege et regis institutione" (1599): bedingte Erlaubtheit des Tyrannenmords.
FRANZ SUÁREZ (1548–1617): Theologe u Philosoph; *Phil Werke:* Disputationes metaphysicae (erstes systematisches Lehrbuch der scholastischen Metaphysik mit umfassender Verwertung der phil Tradition); Ergänzung durch De anima (Seelenlehre), De legibus (Rechtsphil, Staats- u Völkerrecht). – Zur *Lehre:* ↗ Suarezianismus. – Einfluß auf die kath u protest Scholastik u Leibniz.

129] 2. **Protestantische Scholastik:**
[*Luther* (1483–1546) vom Nominalismus, Augustin u der Mystik beeinflußt; schroffe Ablehnung der Phil, „De servo arbitrio" (Gott der bestimmende Grund alles Geschehens)].
Melanchthon (1497–1565): Begründer der protestantischen Scholastik; eklektischer Aristotelismus.

130] 3. **Rückkehr zur antiken Phil:**
Platoniker: in **Italien:** *Plethon* († 1450); *Bessarion* († 1472); *Marsilius Ficinus* (1433–1499): Übersetzungen, „Theologia Platonica"; Seele der Platonischen Akademie in Florenz; *Pico v Mirandola* († 1494) vermittelt mit Aristoteles. – In **Deutschland:** *Johann Reuchlin* († 1522): Einfluß der Kabbala [101]; *Erasmus v Rotterdam* (1467–1536); *Zwingli* (1484–1531): Reformator, „De Providentia" (Pantheismus mit stoischen Elementen).
Aristoteliker: Ausrichtung an Averroes oder Alexander Aphrodisias. Letzterem folgt *Petrus Pomponatius* († 1524): „De immortalitate animae" (gg die substantielle Unsterblichkeit). *Jakob Zabarella* († 1589).
Stoiker: Justus Lipsius († 1606).
Epikureer: Laurentius Valla [131]; *Gassendi* [131].
Skeptiker: in Verbindung mit stoischer Lebensphil: *Montaigne* (1533 bis 1592): „Essais"; *Pierre Charron* (1541–1603): De la sagesse.

131] c) *ERSTE VERSUCHE EINER NEUGESTALTUNG:*
1. **Humanistische Dialektik:** *Laurentius Valla* (1407–1447): Dialecticae disputa-

tiones contra Aristotelicos; *Peter Ramus* (1515–1572): Institutiones dialecticae (rhetorische Dialektik).

2. **Naturphilosophie u Naturwissenschaft:**
   Naturphilosophie: unmittelbare Hingebung an die Natur; unkritische Verallgemeinerungen; Verschmelzung mit mystisch-religiösen Elementen.
   In **Italien:** *Cardanus, Telesius, Patrizius, Thomas Campanella* ↗[134]; *Giordano Bruno* ↗[133].
   In **Deutschland:** *Theophrastus Paracelsus* (1493–1541): innige Verbindung von Natur u Mensch; *van Helmont, D Sennert* († 1637): Korpuskulartheorie; *J Jungius.*
   In **Frankreich:** *Sebastian Basso:* Phil naturalis (1621), erste physikalische Atomistik; *JCh Magnenus* (17. Jht).
   Pierre Gassendi (1592–1655). „Syntagma philosophiae" (sucht das Christentum mit der Atomistik Epikurs zu verbinden). – *M Mersenne* († 1648): Freund Descartes'; verteidigt die mathematischen Wissenschaften gegen die Skeptiker.
   Naturwissenschaft: auf dem Experiment u der Verwendung der Mathematik gründend ↗[123].
   Coppernicus (1473–1543): Begründer des heliozentrischen Systems. *Tycho Brahe* (1546–1601); *Johannes Kepler* (1571–1630): Keplersche Gesetze; *Galilei* (1564–1642): exakte Begründung der Naturwissenschaft: Subjektivität der (sekundären) Sinnesqualitäten.

3. **Mystische Theosophie:** [132
   Agrippa v Nettesheim (1486–1535): Okkultist u Neuplatoniker; *Sebastian Frank* (1499–1542): von aller Autorität unabhängige Religiosität; *Valentin Weigel* (1533–1588): Entwurf einer panentheistischen Mystik.
   Jacob Böhme (1575–1624): Schuhmacher. Höhepunkt der deutschen Theosophie; Synthese deutscher Naturphilosophie u reformatorischer Gläubigkeit. Gott als Wille des Ungrundes, der den ewigen Prozeß des Werdens einleitet; Gutes u Böses quellen aus dem Ungrund: Ja u Nein sind eins. – Einfluß auf Angelus Silesius u Schelling.

4. **Metaphysik:** [133
   NIKOLAUS v KUES (1401–1464): der erste große deutsche Philosoph der Neuzeit; christlich-scholastische Weltansicht, aber mit Problemen u Programmen, die in die Neuzeit weisen; unter dem Einfluß des Neuplatonismus u der deutschen Mystik [126].
   Lehre: Der Verstand, der nur auf endliche Gegenstände geht, kann von Gott nur ein Nichtwissen haben; die Vernunft hingegen, die die Gegensätze zur Einheit zusammenzuschauen vermag, gewinnt so eine gewisse Erkenntnis des Unendlichen (das eine *coincidentia oppositorum* oder höhere Einheit der Gegensätze ist) = *docta ignorantia* (Wissenschaft des Nichtwissens). Anwendung dieser Prinzipien auf die Welt, die als Wirkung Gottes an seiner Unerkennbarkeit teilhat (in der Schrift De coniecturis). – Nikolaus ist Mittelglied zwischen Eckhart u Leibniz.
   Werke: De docta ignorantia u De coniecturis (1440); De quaerendo Deum; De visione Dei; De possest; De venatione sapientiae u a.
   GIORDANO BRUNO (1548–1600): ↗[131] Dichter u Philosoph; das erste

durchgeführte pantheistische System der Neuzeit; unter dem Einfluß von Nikolaus v Kues; leidenschaftlich u maßlos.

Lehre: Die Natur ist ewig; sie wirkt durch die ihr innewohnende Weisheit; indem sie vom Unvollkommenen zum Vollkommenen fortschreitet, bewirkt sie sich selbst; vielfältig ist ihr Werk, aber einfach ihre Ordnung; das Universum, das aus einer körperlichen u unkörperlichen Substanz besteht, ist eins u unendlich. Die sichtbare Welt ist kein Teil des Universums; sie ist beseelt (Schwankungen u Unklarheiten!).

Werke: Della causa, principio et uno (metaphysisches Hauptwerk); De l'infinito, universo e mondi; De gl'eroici furori (Moralphilosophie); De triplici minimo.

5. Rechts- u Staatsphilosophie:

Machiavelli (1467–1527): Discorsi sopra la prima decade di Tito Livio; Il principe (1513): Primat des Politischen vor dem Sittlichen u Religiösen.

Thomas Morus (1480–1535): „Utopia" (1516). Staatsroman, gemäßigter Kommunismus. *Jean Bodin* († 1596): Souveränitätsbegriff. *Robert Bellarmin* (1542–1621): Disputationes de controversiis christianae fidei; De potestate Summi Pontificis (Kirche u Staat). *Richard Hooker* (1553–1600): Naturrecht, anglikanisches Kirchenrecht. *Althusius* († 1636): Volkssouveränität. *Thomas Campanella* († 1638): „Sonnenstaat".

HUGO GROTIUS (1583–1645): Klassiker des Natur- u Völkerrechts – Mare liberum; De Iure Belli ac Pacis (1625).

6. Religionsphilosophie:

Bodin [134]: Naturreligion u Toleranz.

Herbert of Cherbury (1581–1648): De veritate (1624): System einer rationalistischen Naturreligion.

7. Reform der Wissenschaften:

Ludovicus Vives (1492–1540): De disciplinis (1531): Wissenschaftskritik; De anima et vita (empirische Seelenlehre; Assoziationsgesetz).

FRANCIS BACON von Verulam (1561–1626): De dignitate et augmentis scientiarum; Novum organum scientiarum (1620). – Programm einer Reform der Wissenschaften; Ziel der Wissenschaft: Dienstbarmachung der Welt; Trennung von Religion u Wissenschaft; induktive Methode. Ausgang von Beobachtung u Experiment. Bacon vermischt aber noch naturphil u naturwissenschaftliche Anschauungen. Dem Programm folgt keine Ausführung.

Franz Sánchez († 1623): „Quod nihil scitur" (methodischer Zweifel).

II. DESCARTES UND DIE KONSTRUKTIVEN SYSTEME DES 17. JHTS:

a) *BEDINGUNGEN UND ZIELE DER PERIODE:*

Bedingungen: Loslösung vom Weltbild der Scholastik, vorbereitet durch die Kritik u Skepsis der nominalistischen Spätscholastik; die Erfolge der Naturwissenschaften als Weg zur Autonomie der Vernunft; ihre mathematische Methode Vorbild des phil Denkens.

Ziele: eine Theorie über den allg mechanischen Zusammenhang der Natur, über das Verhältnis von Natur u Geist u eine erkenntnistheoretische Grundlegung der neuen Phil.

Abendländische Philosophie – Neuzeit 521

b) *RENÉ DESCARTES* (1596–1650): der Begründer der Phil der Neuzeit. Er lebte nach längerem Militärdienst u Reisen in Holland.
Lehre: ↗ Kartesianismus.
Werke: Regulae ad directionem ingenii; Discours de la méthode; Meditationes de prima philosophia (1641), Principia philosophiae (1644, systematische Hauptschrift); Les passions de l'âme.
Anhänger verschiedenen Grades: Die Okkasionalisten [140], viele Oratorianer u Jansenisten (Die *Logik von Port-Royal:* L'art de penser 1662, von *Arnauld* u *Nicole*) u a in Frankreich, Holland u Deutschland.
Gegner: Voetius († 1676), *Huët* (1721) u a. – Starker Widerstand der staatlichen u kirchlichen Autorität.
Blaise Pascal (1623–1662): Mathematiker u Mystiker. „Pensées sur la religion" (postum 1669). Mathematisches Ideal der Wissenschaft, aber Kritik des theologischen Rationalismus der Kartesianer.
Pierre Bayle (1647–1706): Skeptiker, Trennung von Vernunft u Glauben, Autonomie der Vernunftmoral; W: Dictionnaire historique et critique (1697).

c) *UMBILDUNG DES KARTESIANISMUS:* [137
ausgehend vom Problem der ausgedehnten u denkenden Substanz (Natur u Geist).

1. Aufhebung der geistigen Substanz:
Anschluß an die mechanistische Naturphil Descartes'; allg *Mechanismus u Materialismus.*
THOMAS HOBBES (1588–1679): „Elementa philosophiae: de corpore, de homine, de cive"; „Leviathan" (Staatslehre). – Phil = Körperlehre. Logik: Begründung des math Denkens aus nominalistischen Voraussetzungen. Subjektivität der Empfindungsqualitäten, mechanische Ideenassoziation. Der Staat ein künstlicher, rational konstruierter Körper; seine Prinzipien der Erfahrung entnommen: das Streben nach Besitz u Macht sowie die Vernunft, die den gewaltsamen Tod zu vermeiden sucht; im Urzustand Krieg aller gegen alle; Übergang zum Staat durch Vertrag; absolute Staatsgewalt; Recht u Unrecht nur in Beziehung zum Staat. – *Einfluß* im ganzen nicht weitreichend; in England starke idealistische Gegenströmung im *Platonismus* der Cambridger Schule (*Ralph Cudworth*, 1617–1688).

2. Aufhebung der materiellen Substanz:
im Anschluß an die Bewußtseinsanalyse Lockes: *akosmistischer Idealismus: BERKELEY* ↗ [142].

3. Aufhebung der Dualität der Substanzen: [138
Monistische Lösung: im Anschluß an die Substanzdefinition Descartes' (ein Ding, das so existiert, daß es zu seiner Existenz keines anderen Dinges bedarf: *Pantheismus*).
BENEDICTUS (Baruch) *DE SPINOZA* (1632–1677): zur Lehre ↗ Spinozismus. Hauptwerk: Ethica, ordine geometrico demonstrata: streng mathematische Methode mit Definitionen, Axiomen u Lehrsätzen. *Einfluß* auf Herder, Goethe, Schleiermacher, Schelling, Hegel, den psychophysischen Parallelismus u die rationalistische Bibelkritik.

139] **Pluralistische Lösung:** Monadologie u prästabilierte Harmonie.
GOTTFRIED WILHELM LEIBNIZ (1646–1716): allseitiger, schöpferischer Geist; Politiker, Gelehrter u Philosoph; Organisation der Wissenschaften durch Begründung u Anregung von Akademien; Streben nach Ausgleich u Versöhnung von Theorie u Praxis, mathematisch-mechanischer u organischer Naturbetrachtung, von Naturwissenschaft u Geschichte, von Universalität u Individualität, von Glaube u Wissen.
Werke: Seine Anschauungen sind weit zerstreut dargestellt in einer großen Zahl von Schriften, Fragmenten u Briefen. Das Wichtigste in: Discours de métaphysique (1686); Système nouveau (1695); Monadologie (1714); Nouveaux essais sur l'entendement humain; Essais de Théodicée (1710); De arte combinatoria (Prinzipien der Logistik).
Lehre: ↗Monade, Optimismus, Logistik.
Einfluß auf Wolff, Bolzano, Teichmüller, Herbart, Lotze.
Zeitgenossen von Leibniz: Amos Comenius (1592–1670): bedeutender Pädagoge u Didaktiker. *Angelus Silesius* (= Johann *Scheffler*, 1624 bis 1677): Mystiker, „Cherubinischer Wandersmann". *Tschirnhaus* (1651 bis 1709): seine „Medicina mentis" behandelt die Logik als Erfindungskunst.
Samuel Pufendorf (1632–1694): Verdienst um das Natur- u Völkerrecht; De iure naturae et gentium (1672).
Christian Thomasius (1655–1728): Vorläufer der Aufklärung; Fundamenta iuris naturae et gentium (1705).
Giovanni B Vico (1668–1744): Programm einer Geschichtsphil u Völkerpsychologie. W: Principi di una Scienza nuova d'intorno alla commune natura delle nazioni (1725). ↗[227]

140] **4. Aufhebung der Wechselwirkung der Substanzen:**
Problem des physischen Zusammenhangs:
Okkasionalismus.
Vorläufer: Seb Basso [131], *Joh Clauberg* († 1665), *Louis de la Forge, Cordemoy.*
Ausgebildetes System: ARNOLD GEULINCX (1624–1669): Hauptwerk: Ethica. Lehre ↗Okkasionalismus.
Problem des intentionalen Zusammenhangs:
Ontologismus: ↗[227].
NICOLE MALEBRANCHE (1638–1715): Hauptwerk: De la recherche de la vérité (1674). Zur Lehre ↗Ontologismus.

141] d) *DIE SCHOLASTIK IM ZEITALTER DES KARTESIANISMUS.*
(Vgl B Jansen: Gesch der Erkenntnislehre 1940).
1. Fortsetzung der Schulen:
Thomisten: Dominikaner: *Johannes a S Thoma* (1589–1644): Cursus philosophicus (1637); *Ant Goudin* († 1695); Unbesch Karmeliten: *Antonius a Matre Dei:* Cursus Salmanticensis; *Philippus a SS Trinitate* († 1671): Summa philosophiae (1648); Benediktiner: *Kard Saënz d'Aguirre* († 1699): Phil nova-antiqua rationalis (1671); *L Babenstuber* († 1726): Phil thomistica Salisburgensis (1704).
Skotisten (viele Franziskaner; andre folgen Bonaventura oder Thomas): *L Wadding* (1588–1657): Begründer der Neublüte des Skotismus; *Mastrius,*

Abendländische Philosophie – Neuzeit 523

Bellutius, J Poncius: Herausgeber des „Philosophiae ad mentem Scoti cursus integer" (1668).
Suarezianer (meist Jesuiten): *Cosmas Alamanni:* Summa totius philosophiae (1618); *Kard de Lugo* († 1660): De iustitia et iure (1642).
Freier Aristotelismus (einige Jesuiten): *Hurtado; Arriaga:* Cursus philosophicus (1632); *Oviedo.*

2. **Lehrstoff:** weniger Kommentare (zu Aristoteles, Thomas), mehr systematische „Cursus" u Einzeldarstellungen. – Geschichte der Phil: *Povius, Steinacker; Ph Couplet:* „Confucius Sinarum philosophus" (1687).

3. **Auseinandersetzung mit dem Kartesianismus und der modernen Naturwissenschaft:**
Mersenne [131]; *E Maignan* († 1676): *Honoré Fabri* SJ († 1688); *Kard Tolemei* SJ († 1728): Phil mentis et sensuum (1696); *JB Duhamel* († 1706): Phil vetus et nova (1678).

III. **DIE PHILOSOPHIE DER AUFKLÄRUNG** [142
(18. Jht): Anspruch auf restlose Durchdringung der gesamten Wirklichkeit u Regelung aller Lebensverhältnisse durch bloße Vernunft; ↗ Aufklärung.

a) *DIE AUFKLÄRUNG IN ENGLAND:*

1. **Der englische Empirismus:**
JOHN LOCKE (1632–1704): Begründer der Aufklärung. Hauptwerk: An essay concerning human understanding (1690): es gibt keine angeborenen Ideen; alle Vorstellungen stammen aus der äußeren oder inneren Erfahrung; Nominalismus; Substanz = unbekannter Träger wahrgenommener Eigenschaften; es ist nicht undenkbar, daß Gott der Materie die Fähigkeit des Denkens gebe. – Andere *Werke:* Gedanken über Erziehung (Ideal des Gentleman); Die Vernunftgemäßheit des Christentums; Brief über die Toleranz (ausgeschlossen werden Atheisten u Katholiken); Abhandlungen über Regierung (der Staat zur Wahrung der allg Freiheit u Gleichheit geschaffen).
Weiterbildung Lockescher Ideen:
im Sinne des Materialismus: Hartley († 1757): Assoziationspsychologie; fester Zusammenhang der psychischen u physiologischen Prozesse. *J Priestley* (1733–1804): volle Identität des Psychischen u Physiologischen unter Beibehaltung der Unsterblichkeit der Seele;
im Sinne des Spiritualismus: Burthogge († nach 1700); *Collier* († 1732).
GEORGE BERKELEY (1685–1753): Treatise concerning the principles of human knowledge (1710): Unseren Empfindungen entsprechen keine materiellen Gegenstände; diese sind bloße Vorstellungen, die von Gott in geordneter Weise in uns hervorgebracht werden = *akosmistischer Idealismus.*
David Hume ↗[145]

2. **Die englische Naturwissenschaft u Naturphilosophie dieser Periode:** [143
Robert Boyle (1627–1691): Begründer der Chemie; atomistische Körpertheorie in Verbindung mit teleologischer Weltanschauung.
Isaak Newton (1642–1727): Philosophiae naturalis principia mathematica (1687): Gravitationstheorie; Abschluß der mechanistischen Weltansicht ↗[131]; methodisches Vorbild der Philosophen. – Der absolute Raum ist das grenzenlose, gleichartige Sensorium der Gottheit.

3. **Die englische Religionsphilosophie:** ↗[135] Deismus; Kritik aller positiven

Religionen („Freidenker") durch die natürliche Vernunftreligion. – *Toland* († 1722): Pantheist; *Collins* († 1729); *Tindal* († 1733); *Bolingbroke* († 1751).

144]   4. **Die englische Moralphilosophie:** ↗[137]
Locke [142]: Gründung der Sittlichkeit auf Lust u Schmerz als Folgen unserer Handlungen. *Cumberland* († 1718): Gut ist, was dem allg Wohle dient.
SHAFTESBURY (1671–1713): Gut ist, was der Harmonie der Persönlichkeit dient; Begründung aus der inneren Erfahrung. – W: „Inquiry concerning virtue" (1699): Betrachtung der Tugend unabhängig von der Religion. „Die Moralisten": künstlerische Betrachtung von Welt u Leben; Identität von Tugend u Schönheit. – *Anhänger: Butler* († 1752), *Hutcheson* († 1746). – *Einfluß* auf Voltaire, Rousseau, die deutsche Klassik u Romantik.
Mandeville († 1733): Prinzip des Egoismus. *S Clarke* (1675–1729): objektives Moralprinzip; gut ist die Handlung, die ihrem Gegenstand gemäß ist. *Paley* († 1805): gut ist, was die allg Glückseligkeit vermehrt.

5. **Englische Ästhetik:** Shaftesbury [oben]; *Henry Home* († 1782); *Edm Burke* († 1797).

145]   6. *DAVID HUME* (1711–1776): Abschluß der Aufklärung in England.
Lehre: Empirismus u Skepsis; Auflösung des Substanz- u Kausalitätsbegriffs; das Ich ein Vorstellungsbündel; alle Handlungen sind durch Dispositionen bestimmt; die Sittlichkeit beruht auf dem angeborenen Wohlwollen; sittlich gut ist das wahrhaft Nützliche; Betonung der moralischen Gefühle; die Religion aus den Bedürfnissen des Gemüts hervorgegangen; ihre erste Form der Polytheismus.
Werke: A treatise on human nature; An Enquiry concerning human understanding (1748); Enquiry concerning the principles of morals; Essays moral and political; The natural history of religion; Dialogues concerning natural religion.
Weiterbildung: Adam Smith (1723–1790): bedeutender Nationalökonom.

146]   *Gegner:* Die **schottische Philosophie.** Um dem Skeptizismus zu entgehen, nahm sie in Analogie zum moralischen Gefühl Humes u a ein unmittelbares Beurteilungsvermögen an für das Wahre, den *Common Sense* oder gesunden Menschenverstand. Vorläufer: *Cl Buffier* SJ: W: Traité des premières vérités (1717).
Thomas Reid (1710–1796): An Inquiry into the human mind on the principles of Common Sense (1764). – Wirkung auf FH Jacobi [154]. Andere: *J Beattie* († 1803), *D Stewart* († 1828), *Th Brown* († 1820), *J Mackintosh* († 1832).

147]   b) *DIE AUFKLÄRUNG IN FRANKREICH:*
Fortschreitende Loslösung von der Macht der historisch gewordenen Gebilde: Religion, Staat, Wissenschaft, Kunst. Vorbereitung der Französischen Revolution.

1. **Einführung des englischen Empirismus:** vorbereitet durch Bayle [136].
Pierre de Maupertuis (1698–1759): Deismus; Einführung Newtons in Frankreich.
FM Voltaire (Arouet) (1694–1778): typischer Vertreter u Führer der Aufklärung; Übergang vom Optimismus zum Pessimismus, vom Indeterminismus zum Determinismus, vom Vernunftwissen zur Skepsis; Festhalten am Gottes-

glauben auf Grund des sittlichen Gefühls. W: Essai sur les mœurs; Dictionnaire philosophique (1764); „Philosophe ignorant" (1767). – *Montesquieu* (1698–1755): verpflanzt die politischen Lehren Englands nach Frankreich. „Esprit des lois" (1748): über die politische Freiheit. – *La Rochefoucauld* († 1680); *La Bruyère* (Les caractères 1687): die Eigenliebe Quelle aller Handlungen; *Ch Bonnet* (1720–1793): W: Essai analytique des facultés de l'âme; *Vauvenargues* (1715–1747): W: Introduction à la connaissance de l'Esprit humain.

2. **Ausbildung des vollen Materialismus:** [148
Lamettrie (1709–1751): L'homme machine (1748); *Baron v Holbach* (1723–1789): Système de la nature (1770): Hauptwerk des franz Materialismus u Atheismus. *Helvétius* (1715–1771): De l'Esprit (1758); *D Diderot* (1713 bis 1784): Begründer u Leiter der „Encyclopédie" (1751–1772); *E B de Condillac* (1715–1780): Traité des sensations: konsequenter Sensualismus; Annahme einer immateriellen Seele.

3. **Übergang zum Positivismus:** [149
JL d'Alembert (1717–1783): Mitherausgeber der Encyclopédie; dazu: Discours préliminaire (1751); Essai sur les éléments de philosophie: Umbildung des Materialismus zum Positivismus. – *Turgot* († 1781): bedeutender Wirtschaftsphilosoph.

4. **Naturwissenschaft u Naturphilosophie:**
Roger Jos Boscovich ↗ [152]; *GL Lesage* († 1803): Versuch einer Erklärung der Gravitation.

5. *JEAN JACQUES ROUSSEAU* (1712–1778): Abschluß u Überwindung [150 der franz Aufklärung; Wahrung der Rechte des Herzens gegenüber dem Verstand. – Discours sur les sciences et les arts (leidenschaftliche Kulturkritik); Discours sur l'origine et les fondements de l'inégalité parmi les hommes; Du contrat social (1762, Staatslehre); Émile ou sur l'éducation (darin das Glaubensbekenntnis des Savoyischen Vikars).

c) *DIE AUFKLÄRUNG IN DEUTSCHLAND:*
Rationalismus

1. *CHRISTIAN WOLFF* (1679–1754): Eklektiker; vorherrschend von Leibniz [151 [139] beeinflußt; systematische Durchführung des Rationalismus mit sittlichem Endzweck; bedeutsam für die deutsche phil Terminologie; von größtem Einfluß auf seine Zeit. – Viele deutsche u lateinische Schriften. Metaphysisches Hauptwerk: Vernünftige Gedanken von Gott, der Welt u der Seele des Menschen, auch allen Dingen überhaupt (1719).

2. **Anhänger Wolffs:** *Bilfinger* († 1750), *Gottsched* († 1766), *Knutzen* († 1751), *AG Baumgarten* (1714–1762): Begründer der deutschen Ästhetik.

3. **Gegner von Leibniz und Wolff:** *ChA Crusius* († 1775); *L Euler* (1707–1783): Mathematiker; Äther- u Raumtheorie; *G Ploucquet* († 1790): Weiterentwicklung des logischen Kalküls; *J H Lambert* (1728–1777): Naturforscher u Philosoph; erkenntniskritisches Hauptwerk: „Neues Organon" (1764); „Anlage zur Architektonik"; Briefwechsel mit Kant.

4. **Weitere Verbreitung der Aufklärung:**
Reimarus († 1768): Deist; „Wolfenbütteler Fragmente"; *Moses Mendelssohn* († 1786); *Wieland* († 1813); *Friedrich der Große* (1712–1786): „Antimac-

chiavell", "De la superstition et de la religion", "Essai sur l'amour propre". – *Ch Garve* († 1788); *Lessing* (1729–1781): W: Erziehung des Menschengeschlechts (1780), Laokoon, Hamburgische Dramaturgie. *JN Tetens* (1736–1807): bedeutsam für die Entwicklung der empirischen Psychologie; Unterscheidung dreier Vermögen: Gefühl, Verstand, Wille; Hauptwerk: Philosophische Versuche über die menschliche Natur u ihre Entwicklung (1777). *JG Sulzer* (1720–1779): Psychologie des künstlerischen Schaffens; *JB Basedow* († 1790): Pädagoge.

5. **JH Pestalozzi** (1746–1827): Überwinder der Aufklärung auf dem Gebiet der Pädagogik; selbständige Umbildung Rousseaus. W: Meine Nachforschungen über den Gang der Natur in der Entwicklung des Menschengeschlechts (1797), Wie Gertrud ihre Kinder lehrt (1801).

d) *DIE SCHOLASTIK IM ZEITALTER DER AUFKLÄRUNG*
(Vgl B Jansen: Gesch d Erkenntnislehre 1940).

1. **Freier Aristotelismus:** *L Lossada:* Cursus philosophicus; *Compton Carlton; Ant Mayr* († 1749).
2. **Berührung mit der neuzeitlichen Philosophie:** Versuch eines Ausgleichs der aristotelischen Metaphysik mit der modernen Naturauffassung (Atomismus-Hylemorphismus; mathematische Methode); zum Teil unter Preisgabe scholastischer Lehren.
   Benediktiner: *Ulrich Weiß* († 1763): De emendatione intellectus humani (1747); *Berthold Vogl.* – Franziskaner: *Karl Joseph a S Floriano; Fortunatus a Brixia.* – Jesuiten: *Roger Boscovich* (1711–1787): dynamischer Atomismus, „Philosophiae naturalis theoria" (1759); *Berthold Hauser:* Phil rationalis et experimentalis (1755); *Jak Zallinger:* Interpretatio naturae (nach Newtonischer Methode) (1773–1775); *Berthier* († 1782); *Bened Stattler* († 1797): Phil methodo scientiis propria explanata (1769); Anti-Kant (1788). – Dominikaner: *Salv Roselli:* Summa philosophica (1777). – *Andere: Euseb Amort* († 1775); *S Mutschelle* († 1800); *Sig Storchenau:* Institutiones Logicae et Metaphysicae; Phil der Religion (1773); *Gerdil* († 1802).

B. KANT UND DAS ZEITALTER DES DEUTSCHEN IDEALISMUS
(1781 bis um 1854).

I. **DER KRITIZISMUS** oder die **TRANSZENDENTALPHILOSOPHIE**:
Das transzendentale Subjekt bleibt in der Schwebe zwischen dem Allgemeinmenschlichen u dem Absoluten.

a) *IMMANUEL KANT* (1724–1804): Grundlage u Voraussetzung der gesamten neueren Phil.

1. **Auf dem Weg zum Kritizismus:** Das Ideal der mathematischen Naturwissenschaft; die Notwendigkeit eines Ausgleichs zwischen dogmatischem Rationalismus (Wolff) u skeptischem Empirismus (Hume); Einfluß der englischen Moralisten u Rousseaus.
2. **Lehre u Beurteilung:** ↗ Kritizismus, Pflicht, Kategorischer Imperativ, Antinomien, Ding an sich, Transzendental.
3. **Werke:**
   Vorkritische Periode: Der einzig mögl Beweisgrund zu einer Demonstration des Daseins Gottes 1763; Träume eines Geistersehers 1766; De mundi sensibilis atque intelligibilis forma et principiis 1770.

Kritische Periode: Kritik der reinen Vernunft 1781, ²1787, Prolegomena 1783, Grundlegung zur Metaphysik der Sitten 1785, Die metaphysischen Anfangsgründe der Naturwissenschaft 1788, Kritik der praktischen Vernunft 1788, Kritik der Urteilskraft 1790, Die Religion innerhalb der Grenzen der bloßen Vernunft 1793, Die Metaphysik der Sitten 1797 u a.

b) *ERSTE AUFNAHME UND UMBILDUNG DES KRITIZISMUS:* [154
GE Schulze (= Änesidem): Kritik am Begriff der Affektion. *KL Reinhold:* Versuch, Sinnlichkeit u Verstand aus einem Vorstellungsvermögen abzuleiten; ähnlich *JG Hamann. Salomon Maimon* († 1800): Kritik am Ding an sich, Ausscheidung der Affektion; ähnlich: *SJ Beck; CG Bardili* (Realidealismus).

JG Herder (1744–1803): gegen Kants Apriorismus; theistisch umgedeuteter Spinozismus; Begründer der deutschen Geschichtsphil: „Ideen zur Phil der Geschichte der Menschheit" (1791).

FH Jacobi(1743–1819): Begründer der „*Glaubensphilosophie*": unmittelbare Gewißheit von der Realität der Außenwelt u vom Übersinnlichen; klare Herausstellung des Widerspruchs in der Kantischen „Affektion"; nach Jacobi führt das folgerichtige Denken zum Spinozismus, den er jedoch verwirft, da er den Bedürfnissen des Gemütes widerstreite; Vorläufer der *Dialogphilosophie* ↗[199₂].

Friedrich Schiller (1759–1805): W: Über Anmut u Würde (gegen Kants Härte der Pflichtidee); Briefe über ästhetische Erziehung; Über naive u sentimentalische Dichtung.

II. PANTHEISTISCHE WEITERBILDUNG DER TRANSZENDENTAL-PHILOSOPHIE: [155
Das transzendentale Subjekt wird als das Absolute betrachtet.

a) *IDEALISTISCHE SYSTEME:* das Absolute als Vernunft – der sog ↗*Deutsche Idealismus* (1794–1854): ↗[181, 227, 231, 237–239, 256, 263, 265].

1. *JOHANN GOTTLIEB FICHTE* (1762–1814): ↗[181].
Primat der praktischen Vernunft; Problematik des Verhältnisses von Ich, Wissen u Absolutem.
Lehre: ↗Deutscher Idealismus.
Werke: Versuch einer Kritik aller Offenbarung (im Sinne Kants); Grundlage der gesamten Wissenschaftslehre (1794, entscheidend für die weitere Entwicklung der Phil; *dialektische Methode*, Lehre vom *Ich*, von der *Tathandlung* u der *intellektuellen Anschauung*). – Fichte gab noch mehrere Darstellungen der Wissenschaftslehre. Außerdem: Grundlage des Naturrechts; Das System der Sittenlehre; Die Bestimmung des Menschen; Der geschlossene Handelsstaat; Über den Grund unseres Glaubens an eine göttliche Weltregierung; Die Anweisung zum seligen Leben (mystisches Element); Rechtslehre (Trennung von Recht u Moral); Grundzüge des gegenwärtigen Zeitalters (Geschichtsphil). – Neue kritische Ausgabe begonnen von *R Lauth*.

2. *FRIEDRICH WILHELM SCHELLING* (1775–1854): [156
Periode des Aufstiegs zur Identitätsphilosophie (1794–1800): Herausarbeiten von zwei komplementären Betrachtungsweisen (Naturphil u Transzendentalphil), Betonung des künstlerischen Schaffens.
W: Über die Möglichkeit einer Form der Phil (1794); Vom Ich als Prinzip der Phil (1795); Phil Briefe über Dogmatismus u Kritizismus; Ideen zu einer Phil

der Natur; Von der Weltseele; Erster Entwurf eines Systems der Naturphil; System des trl Idealismus (1800, Hauptwerk).

Periode der ausgebildeten Identitätsphilosophie (1800–1806): die absolute Vernunft als die totale Indifferenz des Subjekts u Objekts.

W: Darstellung meines Systems der Phil (1801); Bruno oder über das göttl u natürl Prinzip der Dinge; Über die Methode des akademischen Studiums.

Periode der „positiven", christlichen Philosophie:
- *Philosophie der „Weltalter"* (1806–1827): Welt u Geschichte aus dem Absoluten nicht ableitbar.

W: Phil Untersuchungen über das Wesen der menschl Freiheit; Die Weltalter; Initia philosophiae universae.

- *Philosophie der Offenbarung* (1827–1854): Unterscheidung von negativer (logischer) u positiver Phil.

W: Phil der Mythologie u der Offenbarung (postum veröffentlicht).

Lehre: ↗ Deutscher Idealismus.

157] **Einfluß:** ↗ [181]

auf *Hegel, Krause, Schleiermacher* in der früheren Periode.

Franz v Baader (1765–1841). Baader wirkte auch wieder auf Schelling zurück. Theosoph; vielfach Anschluß an J Böhme [132]. „Vorlesung über spekulative Dogmatik".

Wilhelm v Humboldt (1767–1835): Vertreter der klassischen Humanität; Ziel des Menschen ist die Ausbildung seiner Individualität zu einem harmonischen Kunstwerk; Grenze des Staates an der inneren Entwicklung der Individuen u Nationen; Erkenntnistheorie der Geschichte; Begründer der Sprachphil (die Sprache Abbild der Struktur der Volksgeister); Reform des Bildungswesens (hum Gymnasium). W: Über die Kawi-Sprache; Ideen zu einem Versuch, die Grenzen der Wirklichkeit des Staates zu bestimmen; Über die Aufgaben des Geschichtsschreibers.

158] *DIE ROMANTIKER:* ↗ Romantik.

Friedrich Hölderlin (1770–1843): phil Dichter; Freund Hegels u Schellings; „Hyperion".

Friedrich Schlegel (1772–1829): wechselseitiger Einfluß mit Schelling u auf Hegel; „Fragmente"; „Philosophische Vorlesungen von 1804–1806"; „Vorlesungen über die Phil des Lebens".

Novalis (= Fr v Hardenberg): Dichter; enge Verbindung mit Schlegel; „Heinrich v Ofterdingen"; „Fragmente".

Andere: GTh Fechner: ↗ [182]; *F Ast; L Oken; J v Görres; KG Carus* (Psychologe u Kranioskop); *Justinus Kerner* (Okkultismus); *Henrik Steffens; KCh Planck; C Frantz.*

159] 3. *GEORG WILHELM FRIEDRICH HEGEL* (1770–1831): Problematik des Verhältnisses von dialektisch-spekulativer Logik u Realphil.

Vorsystematische Zeit (1793–1800): Religiöse, politische u historische Thematik.

W: Jugendschriften (erst 1907 hg).

Kritische Schriften u Systementwürfe (1801–1806):

W: Differenz des Fichteschen u Schellingschen Systems der Phil (1801); Über das Wesen der phil Kritik überhaupt; Verhältnis des Skeptizismus zur Phil;

Glauben u Wissen oder die Reflexionsphil der Subjektivität; Über die wissenschaftlichen Behandlungsarten des Naturrechts; Logik, Metaphysik, Naturphil; Realphil (1805/06).
Versuch eines Systems der Wissenschaft (1807–1816):
W: Phänomenologie des Geistes (1807); Wissenschaft der Logik (1812/16).
Letzte Systemkonzeption (1817–1831):
W: Enzyklopädie der phil Wissenschaften (1817); Grundlinien der Phil des Rechts (1821); Berliner Vorlesungen über Religion, Ästhetik, Weltgesch, Gesch der Phil (postum nach Hörernachschriften ediert).
Lehre: ↗ Deutscher Idealismus.

4. *HEGELSCHE SCHULE:* ↗[181, 227, 231, 237–239, 252]. [160

Bis zur Mitte des Jhts:
Sog „rechter Flügel": Auslegung Hegels im Sinne des Theismus u der Orthodoxie: *Gabler, Hinrichs, Göschel, Bruno Bauer* (früher).
Sog „linker Flügel" oder die *Junghegelianer:* Auslegung Hegels im Sinne des Pantheismus: *Richter, Ruge, Bruno Bauer* (später), *Michelet*.
Vermittelnde Stellung: *Vatke, JKF Rosenkranz* (1805–1879): „Hegels Leben".
Der radikale linke Flügel mündet in den Materialismus aus ↗[171].
DF Strauß (1808–1874): „Leben Jesu", „Der alte u der neue Glaube". *Ludw Feuerbach* (1804–1872): „Das Wesen des Christentums", „Theogonie" (Ursprung der Religion aus dem Egoismus). *Karl Marx* (1818–1883): ↗ Marxismus; W: Das Kapital (seit 1867); Kommunistisches Manifest 1848, mitverfaßt von seinem Mitarbeiter *Friedr Engels* (1820–1895). W: Herrn Eugen Dührings Umwälzung der Wissenschaft; Ludwig Feuerbach u der Ausgang der klass dt Phil; Die Dialektik der Natur (unvollendete Entwürfe).
Max Stirner, Pseudon f *Kaspar Schmidt* (1806–56): „Der Einzige und sein Eigentum" (absoluter Egoismus).

Weiterer Einfluß bis zum Ende des Jhts: auf die [161
Religionsphilosophie: *Ferd Chr Baur* (1792–1860), Begründer der (kritischtheologischen) *Tübinger Schule; L Noack.*
Rechtsphilosophie: *Ferd Lassalle* (1825–1864).
Geschichte der Phil: *JE Erdmann* (1805–1892), *Kuno Fischer* (1824–1907); *Lassalle, Schwegler, K Prantl* (Gesch d Logik).
Ästhetik: *Hotho, Köstlin, Schasler* († 1903), *FTh Vischer* (1807–1887): psychologische Behandlung der Ästhetik; *Zeising* († 1876): „Der goldene Schnitt".

5. *GEGNER HEGELS:* [162
Der Spätidealismus oder spekulative Theismus:
IMMANUEL HERMANN FICHTE (1796–1879): Sohn von JG Fichte [155]; Rückkehr zum Theismus; Ausgang von der Erfahrung. W: Grundzüge zum System der Phil (1833–1846); System der Ethik; Anthropologie; Psychologie; Die theistische Weltanschauung (1873); Der neuere Spiritualismus (= Spiritismus).
H Ulrici (1806–1884): „Gott u die Natur", „Gott u der Mensch".
M Perty († 1884): Schriften über Okkultismus; Über das Seelenleben der Tiere.
CHRISTIAN HERMANN WEISSE (1801–1866): engerer Anschluß an Hegel, aber in theistischer, christlicher Richtung u unter Verwertung der Erfahrung. W: System der Ästhetik; Grundzüge der Metaphysik; Philos Dogmatik.

Rudolf Seydel († 1892): Religionsphil; *Trahndorff* († 1863); *M Carrière* († 1895): „Die Kunst" (geschichtsphil); *Fr Jul Stahl* (1801–1861): „Die Phil des Rechts". *W Rosenkranz* (1821–1874): „Die Wissenschaft des Wissens" (Anschluß an Aristoteles u die Scholastik); „Prinzipienlehre der Theologie"; „Phil der Liebe".
Nachwirkung des spekulativen Theismus auf Lotze [182].

163] **Der Semirationalismus:** kath Versuche der Auseinandersetzung mit dem Deutschen Idealismus im 19. Jht. – Unterordnung der christl Mysterien unter die Phil. – *Georg Hermes* (1775–1831): W: Untersuchung über die innere Wahrheit des Christentums. *Franz v Baader:* ↗[157]. *Anton Günther* (1783–1863): obwohl Gegner Hegels, hat er viel von ihm übernommen. W: Vorschule zur spekulativen Theologie des positiven Christentums. *Jakob Frohschammer* (1821–1893): W: Die Phantasie als Grundprinzip des Weltprozesses; Monaden u Weltphantasie. *Martin Deutinger* (1815–1864): W: Grundlinien einer positiven Phil. – Die Lehren von Hermes, Günther, Frohschammer wurden kirchlich verurteilt.

Trendelenburg (1802–1872): Rückkehr zu Aristoteles; organische Weltanschauung. W: Logische Untersuchungen; Naturrecht; Schriften zur Gesch d Phil. – Einfluß auf Brentano, O Willmann, G Teichmüller, R Eucken.

164] 6. *KARL CHRISTIAN FRIEDRICH KRAUSE* (1781–1832): Panentheismus; Zweck der Menschheit ein allg Menschheitsbund. Großer Einfluß in Spanien ↗[263]. W: Vorlesungen über die Grundwahrheiten der Wissenschaft; Vorlesungen über das System der Phil (1828); Das System der Rechtsphil u a. – *Anhänger: Ahrens* († 1874): Ausbildung der Rechtsphil; *del Rio* († 1869) u a.

b) *VOLUNTARISCHES SYSTEM:* das Absolute als Wille, Streben.

165] *ARTHUR SCHOPENHAUER* (1788–1860): anthropologische Deutung der Erkenntnislehre Kants.

Lehre: Die Dinge als Erscheinungen sind bloße Vorstellungen; das Ding an sich ist Wille (Streben); der eine Wille objektiviert sich in den empirischen Dingen mittels der (platonisch gedachten) Ideen; die Kunst ist reine Darstellung der Ideen, während die Naturdinge sie nur getrübt verwirklichen; auf den höchsten Stufen der Verwirklichung des Willens tritt das Bewußtsein hervor; die Welt ist die schlechteste der möglichen; der Wille als Begehren ist Entbehren u Leid; die Kunst bringt nur zeitweilige Erhebung darüber; volle Erlösung nur durch die Askese, di die völlige Ertötung des Willens zum Leben (Verwandtschaft mit dem Buddhismus); Fundament der Ethik ist das Mitleid.

Werke: Über die vierfache Wurzel des Satzes vom zureichenden Grunde; Die Welt als Wille u Vorstellung (1819); Parerga u Paralipomena.

166] *Einfluß:* auf *Jul Frauenstädt* († 1879); *E v Hartmann* [183]; *Richard Wagner* (1813–1883); *Nietzsche* der Frühzeit [195] (bei Wagner u Nietzsche das Christentum in der buddhistischen Entstellung Schopenhauers); *Heinr v Stein* († 1887): „Die Entstehung der neueren Ästhetik"; „Vorlesungen über Ästhetik"; *Jul Bahnsen* († 1881); *Paul Deussen* (1845–1919): „Elemente der Metaphysik"; Schriften zur indischen Phil; *Leop Schröder* († 1920): Indologe; *Ferd Tönnies* (1855–1936): „Gemeinschaft u Gesellschaft".

III. ANTHROPOLOGISCHE WEITERBILDUNG DER TRANSZENDENTALPHILOSO- [167
PHIE:
Psychologische Deutung des transzendentalen Subjekts ↗ Psychologismus.

a) *Jakob Friedrich Fries* (1773–1843): Die empirische Psychologie grundlegende Disziplin der Phil; enger Anschluß an Kant; zum Wissen u Glauben tritt die „Ahndung" im religiös-ästhetischen Gefühl; rein kausale Auffassung der Geschichte. – W: Neue Kritik der Vernunft (1807). – Anhänger: *EF Apelt* († 1859): „Epochen der Gesch d Menschheit"; „Metaphysik". – Neu-Friessche Schule: ↗ [177].

b) *Friedrich Eduard Beneke* (1798–1854): Die Disziplinen der Phil sind angewandte empirische Psychologie (Benekes Methode tatsächlich mehr konstruktiv); individueller Charakter der Sittlichkeit auf der Grundlage des sittlichen Gefühls; Determinismus. – W: Neue Grundlegung zur Metaphysik (1822); Lehrb d Psychologie als Naturwissenschaft (1833); Grundlinien des natürlichen Systems der praktischen Phil.

c) *Schopenhauer* [165] in der Erkenntnislehre.

IV. REALISTISCHE WEITERBILDUNG DES KRITIZISMUS: [168

a) *FRIEDRICH ERNST DANIEL SCHLEIERMACHER* (1768–1834): Ideal-Realismus.

Lehre: Die Formen der Sinnlichkeit u des Verstandes sind auch Formen der Realität; Wesen der Religiosität im Gefühl als unmittelbares Bewußtsein der Abhängigkeit von der Gottheit, d i von der unendlichen Einheit des Weltganzen; Religion u Wissenschaft unabhängig voneinander; die Dogmatik bloß Reflexion über das religiöse Gefühl; Ethik der Individualität u der Harmonie von Sinnlichkeit u Geist.

Werke: Über die Religion (1799); Monologen; Vertraute Briefe; Grundlinien einer Kritik der bisherigen Sittenlehre; Der christliche Glaube (Einfluß auf die protest Theologie).

Anhänger: ChA Brandis, H Ritter: beide Historiker der Phil.

b) *JOHANN FRIEDRICH HERBART* (1776–1841): Anschluß auch an [169 Platon u Leibniz; bedeutsam für Psychologie u Pädagogik.

Lehre: Phil ist Bearbeitung der Begriffe: die Logik zielt auf Deutlichkeit, die Metaphysik auf Berichtigung, die Ästhetik u Ethik auf Ergänzung durch Wertbestimmungen; phil Behandlung der Pädagogik; Theismus; Einfachheit u Unräumlichkeit der Seele; die Dinge bestehen aus einfachen realen Wesen mit je einer Qualität.

Werke: Allg Pädagogik; Allg praktische Phil; Lehrb d Psychologie; Allg Metaphysik; Lehrb zur Einl i d Phil.

Schule: Steinthal († 1899): Abriß der Sprachwissenschaft; *H Bonitz* († 1888); *MW Drobisch* († 1896); *WF Volkmann* († 1877): Lehrb d Psychologie (mit hist Nachweisen). Nicht strenge Herbartianer: *L Strümpell* († 1899): „Die Einl i d Phil vom Standpunkt der Gesch d Phil"; „Pädagogische Pathologie"; *Th Waitz* († 1884): „Grundlegung der Psychologie", „Anthropologie der Naturvölker", u a.

V. IM GEGENSATZ ZU KANT: Rückgang auf Leibniz. [170

BERNARD BOLZANO (1781–1848): Mathematiker u Logiker.

Lehre: Erneuerung der Monadologie; Theismus; Trennung von Logik u Psychologie; Lehre von den „Wahrheiten, Vorstellungen, Sätzen an sich".
Werke: Athanasia; Wissenschaftslehre (1837), Paradoxien des Unendlichen. *Einfluß* auf Brentano [190] u Husserl [191].

C. NACHIDEALISTISCHE PHILOSOPHIE
(1850 bis zur Gegenwart).

171] I. IM GEGENSATZ ZUR TRANSZENDENTALPHILOSOPHIE:
starker Einfluß der Naturwissenschaften.
a) *METAPHYSISCHER GEGENSATZ:*
Der *Materialismus:* Zusammenhang mit dem radikalen Flügel der Hegelschen Schule [160].
1. **Der Materialismus als Welterklärung:**
atomistisch-mechanische Weltauffassung.
Ausschlaggebende Lehren der Naturwissenschaft: Prinzip der Erhaltung der Energie: *R Mayer, Joule, Helmholtz;* mechanische Auffassung des Lebens bei vielen Naturforschern: *Du Bois-Reymond, Virchow* u a; Darwins mechanische Entwicklungstheorie: *Charles Darwin* (1809–1882): „On the origin of species" (1859), „The descent of Man" (1871) ⁊ Evolution.
Vertreter des mechanistischen Materialismus: C Vogt († 1895); *J Moleschott* († 1893); *L Büchner* (1824–1899): „Kraft u Stoff" (1855, Grundbuch des Materialismus) u a.
Vertreter des dialektischen Materialismus: in Rußland: *Lenin, Stalin* u a ⁊ [266]; in der DDR: *G Klaus, K Zweiling* († 1968). ⁊ Dialektischer Materialismus.
Gegner des Materialismus(Gegenschriften): *Frohschammer, Michelis, Stöckl, Fabri; Snell, Schleiden, Hertling, Laßwitz, Lange* u a.
2. **Der Materialismus als Soziallehre:** der Sozialismus u ⁊ Marxismus ⁊ [160, 213, 220, 232, 266].
3. **Der Materialismus als „Religion":** der ⁊ Monismus.
E Löwenthal (1836–1917); *Ernst Haeckel* (1834–1919): „Der Monismus", „Welträtsel". – Weitere, unter teilweiser Loslösung vom mechanistischen Materialismus: *H Schmidt, A Drews* u a. – *Gegenschriften: Klimke, Reinke, Bavink, Dennert* u a.
172] b) *ANTIMETAPHYSISCHER GEGENSATZ:*
Der ⁊ *Positivismus* in Verbindung mit erkenntnistheoretischer Bemühung. Einfluß von Hume [145], Berkeley [142]; wenig Berührung mit dem französischen Positivismus [213].
1. **Reiner Positivismus:** *Ernst Laas* (1837–1855): „Idealismus u Positivismus"; *Theob Ziegler* (1846–1918): „Gesch d Ethik", „Gesch d Pädagogik", „Die geistigen u sozialen Strömungen des 19. Jhts"; *Fr Jodl* (1848–1914): „Kritik des Idealismus", „Gesch d Ethik", „Lehrb d Psychologie". *Eugen Dühring* (1833–1921): W: Natürliche Dialektik; Kritische Gesch d Phil; Kursus d Phil; Logik u Wissenschaftstheorie.
173] 2. **Der Empiriokritizismus:** *Richard Avenarius* (1843–1896): Rückkehr zum naiven Realismus, der jenseits des Gegensatzes von Innen- u Außenwelt stehe;

Auflösung der Wirklichkeit in Empfindungsinhalte. W: Kritik der reinen Erfahrung; Der menschliche Weltbegriff. – *Ernst Mach* (1838–1916): reiner Empirismus; auch die Physik hat es nur mit Empfindungen zu tun; *Prinzip der Denkökonomie:* die Naturgesetze sind bloß Abkürzungen für eine Vielheit von Erfahrungen. W: Die Analyse der Empfindungen; Erkenntnis u Irrtum. – *Wilhelm Ostwald* (1853–1932): Schöpfer der physikalischen Chemie; energetische Weltauffassung: alles Wirkliche besteht aus Energie. W: Vorlesungen über Naturphil (1902); Moderne Naturphil. – *Theodor Ziehen* († 1950): ein Teil unserer Empfindungsinhalte geht in das physikalische Weltbild ein = reduzierte Empfindungen; sie gehen über das individuelle Bewußtsein hinaus; Assoziationspsychologie (Begründung der Psychophysik).
3. **Die Immanenzphilosophie:** Alle Wirklichkeit besteht als Bewußtseinsinhalt des Ich. – *Wilhelm Schuppe* (1836–1913): Grundriß der Erkenntnistheorie u Logik.
4. **Die Philosophie des Als-Ob:** Die Erkenntnis besteht aus Fiktionen, deren Zweck die biologische Selbsterhaltung ist. ↗Pragmatismus. – *Hans Vaihinger* (1852–1933): „Die Phil des Als-Ob".
5. **Der Neu-Positivismus:** Der sog *Wiener Kreis.* ↗Positivismus. *M Schlick* (1882–1936); *Reichenbach* (1891–1953); *Ph Frank* (1884–1966); *Rud Carnap* (1891–1970): „Der logische Aufbau der Welt" (1928); „Scheinprobleme der Phil". Reichenbach u Carnap haben später den streng positivist Standpunkt verlassen. ↗[189₁, 244, 258].

II. WIEDERERNEUERUNG DER TRANSZENDENTALPHILOSOPHIE:
a) *NEUKANTIANISMUS* (im weiteren Sinn): Vorherrschen der Erkenntnistheorie; Beibehaltung der mechanischen Naturauffassung.
1. **Physiologische Richtung:** die Sinnesphysiologie als Bestätigung des Kritizismus. – *H Helmholtz* (1821–1894): Physiker u Physiologe. *Fr A Lange* (1828–1875): „Gesch des Materialismus".
2. **Realistisch-metaphysische Richtung:** *O Liebmann* (1840–1912); *J Volkelt* (1848–1930): „Ästhetik", „Gewißheit u Wahrheit".
3. **Realistisch-positivistische Richtung:** *A Riehl* (1844–1924): „Der phil Kritizismus". Sein Schüler *R Hönigswald* (1875–1947) mehr idealistisch gerichtet.
4. **Relativistische Umbildung Kants:** *Georg Simmel* (1858–1918): pragmatistische Wahrheitstheorie; historisches Apriori; deskriptive Moralwissenschaft. – W: Einl i d Moralwissenschaft; Die Probleme der Geschichtsphil; Phil des Geldes; Lebensanschauung.
5. **Psychologistische Umbildung Kants:** *H Cornelius* (1863–1947): „Transzendentale Systematik"; *E v Aster.*
Die Neufriesische Schule: ↗[167]
L Nelson († 1927), W: Die Unmöglichkeit der Erkenntnistheorie; Über die Grundlagen der Ethik; System der phil Rechtslehre. *Rud Otto* (1869–1937): „Das Heilige" (1917 u ö).
Gegner: E Marcus: A Kastil. – Fries nahestehend: Th Elsenhans († 1918): „Fries u Kant", „Lehrbuch der Psychologie".
6. **Der Neukantianismus** im engeren Sinn: ↗Neukantianismus.
Marburger Schule: logizistisch-methodologische Richtung: *Herm Cohen*

(1842–1918): „System d Phil" (1902–1912). *Paul Natorp* (1854–1924): W: Die logischen Grundlagen der exakten Wissenschaften; Sozialpädagogik; Allg Psychologie (1912); Phil, ihr Problem u ihre Probleme. *Ernst Cassirer* (1874–1945): W: Das Erkenntnisproblem in der Phil u Wissenschaft der neueren Zeit; Substanzbegriff u Funktionsbegriff. *A Liebert* (1878–1946); *R Stammler* (1856–1938): W: Rechtsphil; Die Lehre vom richtigen Recht; *H Noack* (1895–1977): Symbol u Existenz der Wissenschaft (1936).

179] **Südwestdeutsche Schule** (Badener Schule): Werttheoretische Richtung; ↗ Wertphilosophie.

Wilhelm Windelband (1848–1915): W: Präludien; Die Prinzipien der Logik; Lehrb d Gesch d Phil (Problemgeschichte); Einl i d Phil. *Emil Lask* (1875–1915); *Bruno Bauch* (1877–1942): W: Immanuel Kant; Wahrheit, Wert u Wirklichkeit (1923); Die Idee; Grundzüge der Ethik; *Heinrich Rickert* (1863–1936): W: Der Gegenstand der Erkenntnis; Die Grenzen der naturwissenschaftlichen Begriffsbildung; Kulturwissenschaft u Naturwissenschaft (methodische Scheidung); Vom System der Werte; Die Phil des Lebens; System der Phil. – *Max Weber* (1864–1920): W: Die protest Ethik u d Geist d Kapitalismus; Über einige Kategorien der verstehenden Soziologie; Die Wirtschaftsethik der Weltreligionen; Wirtschaft u Gesellschaft (1921). *Jonas Cohn* (1869–1947): Allg Ästhetik; Der Sinn der gegenwärtigen Kultur; Geist der Erziehung. *Hugo Münsterberg* (1863–1916): W: Grundzüge der Psychologie; Psychologie u Wirtschaftsleben; Grundzüge der Psychotechnik. *J Ebbinghaus* (geb 1885): Rechtsphil; *K Reich*.

180] 7. **Andere im Gefolge Kants:** *Graf H v Keyserling* ↗[195]; *H St Chamberlain* ↗[197].

8. **Kantinterpretation:** *Kuno Fischer, E Adickes, B Bauch, E Cassirer, H Cohen, H Vaihinger, B Erdmann, A Riehl, J Volkelt, E Herrigel, M Wundt, M Heidegger, H Heimsoeth, G Martin* u a.

181] b) *NEUIDEALISMUS:*

Rudolf Eucken (1846–1926): W: Die Einheit des Geisteslebens; Die Lebensanschauungen der großen Denker; Der Kampf um einen geistigen Lebensinhalt; Mensch u Welt.

Anschluß an Hegel: ↗[160] *Adolf Lasson; Georg Lasson* (Hegelausgabe mit Einleitungen), *O Pfleiderer* (Religionsphil), *Richard Kroner:* „Von Kant bis Hegel"; *K Larenz* u *G Holstein* (Staatsphil); *Th Litt* ↗[189]. *M Horkheimer:* Soziologie ↗[199$_3$].

Hegelinterpretation: die beiden *Lasson, Th Haering, H Glockner* (1896–1979, Hegellexikon), *J Hoffmeister* († 1955): Krit Hegelausgabe; *K Schilling, Th Steinbüchel, N Hartmann.*

Anschluß an Fichte: ↗[155] *JM Verweyen, Fr Medicus* († 1956), *H Schwarz* ↗[197].

Anschluß an Schelling: ↗[136]: *O Braun, K Joel.* Zur Interpretation: *H Fuhrmans; M Schröter* (1880–1973).

182] c) *SYNTHESE ZWISCHEN NATURWISSENSCHAFT UND TRANSZENDENTALPHILOSOPHIE:*

1. *GUSTAV THEODOR FECHNER* (1801–1887): Naturphil System; All-

beseelung der Welt; Begründung der Psychophysik; psychologische Ästhetik. – W: Zend-Avesta; Elemente der Psychophysik; Vorschule der Ästhetik u a.
Anhänger: PJ Möbius († 1907).

2. *HERMANN LOTZE* (1817–1881): Schüler Weißes [162]; umfassende Synthese unter Einbeziehung der geistig-geschichtlichen Welt; Theismus; Anschluß an die Monadologie von Leibniz; die materielle Welt eine Erscheinung von Seelenmonaden. Unterscheidung des Seienden u des Gültigen (Wahrheit u Wert).
W: Medizinische Psychologie; Mikrokosmos; Gesch d Ästhetik; System der Phil u a.
Mit Lotze verwandte Theisten: G Portig († 1911): „Das Weltgesetz des kleinsten Kraftaufwandes"; *Jul Baumann* († 1916); *L Busse* (1862–1907); „Phil u Erkenntnistheorie"; „Geist u Körper, Seele u Leib". *Max Wentscher* (geb 1862): „Ethik"; *Gustav Teichmüller* (1832–1888): „Die wirkliche u die scheinbare Welt". *Jul Bergmann* (1840–1904): „Vorlesungen über Metaphysik"; „System des objektiven Idealismus". *G Glogau* († 1895); *H Siebeck* († 1920): „Gesch d Psychologie", „Lehrb d Religionsphil".

3. *EDUARD VON HARTMANN* (1842–1906): Die Urwirklichkeit ist das [183 Unbewußte (vgl Schopenhauer); es besitzt eine Willensseite, der die Existenz der bestmöglichen, aber daseinsunwürdigen Welt zur Last fällt, u einen Intelligenzcharakter, der die teleologische Struktur der Welt bedingt. Ziel der Welt ist die Aufhebung ihrer Existenz = Erlösung Gottes; Mittel dazu ist der Kulturprozeß. W: Phil des Unbewußten; Phänomenologie des sittl Bewußtseins; Religionsphil; Ästhetik; Das Grundproblem der Erkenntnistheorie; Kategorienlehre; Gesch d Metaphysik; System der Phil. – Von E v Hartmann ging aus:
Leopold Ziegler (1881–1958): Kulturphilosoph; gnostische Auffassung des Christentums: „Gestaltwandel der Götter"; „Überlieferung"; „Menschwerdung"; „Von Platons Staatheit zum christl Staat"; „Die neue Wissenschaft".

III. NEUANSÄTZE DES PHILOSOPHISCHEN DENKENS:
[Vgl *IM Bocheński:* Europ Phil d Gegenw, Bern ²1951; *Klibansky* (Hg): Philosophy in the Mid-Century. A Survey: 4 Bde, Florenz 1958].

a) *VON DEN EINZELWISSENSCHAFTEN HER:* [184

1. **Die induktive Metaphysik:**
Phil als Weltanschauungssynthese der Einzelwissenschaften.
WILHELM WUNDT (1832–1920): spiritualistischer Idealismus; durchgängiger Parallelismus des Psychischen u Physischen (als Erscheinung); Aktualitätsauffassung des Seelischen, Ausbau der experimentellen Psychologie (erstes Institut in Leipzig); Neubegründung der Völkerpsychologie (Psychologie der Sprache, Religion, Kunst u Sitte).
W: Grundzüge der physiol Psychologie ⁶1908; Logik; Ethik; System der Phil; Völkerpsychologie; Einl i d Phil.
Von Wundt phil beeinflußt: R Richter († 1912): „Der Skeptizismus in d Phil". *GF Lipps; R Eisler; Fr Paulsen* (1846–1908): W: System der Ethik; Immanuel Kant; Einl i d Phil. *E Adickes.*

2. **Anschluß an die Psychologie:** [185

Die Entwicklung der Psychologie: ↗Psychologie.
Einfluß auf die Logik: Auffassung der Logik als Normen- u Methodenlehre des Denkens: ↗Psychologismus. *Ch Sigwart* (1830–1904): „Logik". *B Erdmann* (1851–1921): histor Schriften, „Logik". *Heinr Maier* (1867–1933): W: Psychologie des emotionalen Denkens; Die Syllogistik des Aristoteles (1896–1900); Phil der Wirklichkeit (1926 bis 1935); hist Schriften.
Einfluß auf die Metaphysik: William Stern († 1938): Kinderpsychologie; histor Personalismus. *K Groos* († 1946): „Untersuchungen über den Aufbau der Systeme". *Paul Häberlin:* ↗[198]. *Th Lipps* (1851–1914): Phil ist Psychologie; Annahme eines transzendentalen Bewußtseins, dem die Einzelbewußtseine angehören. W: Grundtatsachen des Seelenlebens; Die ethischen Grundfragen; Psychologische Untersuchungen; Ästhetik. *Felix Krueger* (1874–1948): W: Ist Phil ohne Psychologie möglich? Das Wesen der Gefühle; Der Strukturbegriff i d Psychologie; Zur Psychologie der Gemeinschaft. *Ludwig Klages* (1872–1956): W: Prinzipien der Charakterologie; Der Geist als Widersacher der Seele (1929–1933); Grundlegung d Wissenschaft vom Ausdruck ⁵1936. *CG Jung* (1875–1961); W: Psychologische Typen; Wirklichkeit der Seele; Psychologie u Religion. *Erich Jaensch* (1883–1940): Begründung einer phil Anthropologie im Ausgang von der Strukturpsychologie; Entdeckung der eidetischen Phänomene. – W: Die Eidetik; Grundformen menschlichen Seins (1929); Wirklichkeit u Wert; Über den Aufbau der Wahrnehmungswelt; Der Gegentypus. *A Wellek* (geb 1904): Ästhetik.

186] *Parapsychologie:* ↗Okkultismus. – *Carl du Prel* (1839–1899): W: Entdeckung der Seele; Magie als Naturwissenschaft. *H Driesch* ↗[187]; *v Schrenk-Notzing; TK Österreich.*

Theosophie u Anthroposophie: ↗Theosophie. – *HB Blavatsky* (1831–1891): Gründerin der Theosophie; *Annie Besant* (1847–1933); *CW Leadbeater; Rud Steiner* (1861–1925): Begründer der Anthroposophie.

187] 3. **Anschluß an die Naturwissenschaften:**
Hans Driesch (1867–1941): Begründer des ↗Vitalismus der Gegenwart. Unterscheidung einer Ordnungslehre (Aufweis der allg Struktur des Wirklichen auf dem Boden eines methodischen Solipsismus) u einer Wirklichkeitslehre oder Metaphysik (die durch eine kritische Naturphilosophie des Organischen gewonnen wird). – W: Phil des Organischen; Ordnungslehre; Leib u Seele; Wirklichkeitslehre; Wissen u Denken; Der Okkultismus; Metaphysik der Natur; Die Maschine u der Organismus u a.

J v Uexküll (1864–1944): Forschung über Umwelt u Innenwelt der Tiere; *Joh Reinke* (1843–1931): „Die Welt als Tat". *E. Dacqué* (1878–1945): „Urwelt, Sage u Menschheit"; *E Becher* (↗192); *A Wenzl* (↗194); *P Jordan* (geb 1902): „Die Physik des 20. Jhts"; *A Einstein* (1879–1955): Begründer der Relativitätstheorie; *M Planck* (1858–1947): Begründer der Quantentheorie; *H Dingler* (1881–1954): Wissenschaftstheoretiker. *CF v Weizsäcker* (geb 1912): Physik der Gegenwart (1952); Die Einheit der Natur 1971.

188] 4. **Anschluß an die Religionswissenschaft:**
Ernst Troeltsch (1865–1923): religiöses Apriori; eigentliche Gotteserfahrung. – W: Die Absolutheit des Christentums u die Religionsgeschichte; Psy-

chologie u Erkenntnistheorie in der Religionswissenschaft; Der Historismus. *TK Österreich* (1880–1949): W: Die religiöse Erfahrung; Einf i d Religionspsychologie. *H Scholz* (1884–1956): Logistiker; vertritt die Trennung der Logik vom Positivismus. W: Religionsphilosophie; Gesch d Logik; Metaphysik als strenge Wissenschaft (1941).

5. **Anschluß an die Geschichte:** ↗ Historismus. [189

Wilhelm Dilthey (1833–1911): bedeutender Historiker der Geistesgeschichte; Begründer der Erkenntnistheorie der ↗ Geisteswissenschaften; skeptischer Historismus. – W: Einl i d Geisteswissenschaften; Die Einbildungskraft des Dichters; Ideen über eine beschreibende u zergliedernde Psychologie; Der Aufbau der geschichtlichen Welt in den Geisteswissenschaften; Die Typen der Weltanschauung. – *Schule:* G Misch († 1965); *M Frischeisen-Köhler; Eduard Spranger* (1882–1963); W: Lebensformen; Theorie d Verstehens. – *Oswald Spengler* (1880–1936): Kultur u Geschichtsphilosophie; Zwangsläufigkeit des Geschehens. – W: Der Untergang des Abendlandes; Der Mensch u die Technik. *E Rothacker* (geb 1888): „Logik u Systematik der Geisteswissenschaften"; „Archiv f Begriffsgeschichte". *Hans Freyer* († 1969): W: Theorie des obj Geistes; Soziologie als Wirklichkeitswissenschaft. *Th Litt* (1880–1962): W: Individuum u Gemeinschaft; Pädagogik; Wissenschaft, Bildung u Weltanschauung; Gesch u Leben; Wege u Irrwege gesch Denkens; Denken u Sein (1948); Mensch u Welt (1948). *H Nohl* († 1960): Pädagogik.

6. **Anschluß an die Logik u Mathematik:** Entwicklung der ↗ **Logistik:** ↗ [139, [189₁ 175, 244, 258).

A de Morgan, G Boole: ↗ 244; *E Schröder* (1841–1902): W: Algebra der Logik (1890–1895); *G Frege* (1848–1925): W: Die Grundlagen der Arithmetik (1884); Grundgesetze d Arithmetik (1893–1903); *G Peano* (1858–1932): W: Formulario matematico, Turin ⁵1908; *AN Whitehead* ↗ [242]; *B Russell:* ↗ 241; *H Scholz:* ↗ 188; *D Hilbert; W Ackermann* (1896–1962); *A Heyting; P Bernays; F Gonseth; EW Beth* († 1964); *R Feys; IM Bocheński; P Lorenzen:* Operative Logik; *K Gödel* (1906–76): ↗ Platonismus, System; *A Menne.*

b) *DIE WENDE ZUM OBJEKT:* [190

1. **Die Brentano-Schule:**

FRANZ BRENTANO (1838–1917): Logiker; Anschluß an Aristoteles u Leibniz; Neubegründung des Theismus. – W: Psychologie vom empirischen Standpunkt; Vom Ursprung sittlicher Erkenntnis; Von der Klassifikation psychischer Phänomene.

Schüler: Anton Marty (1847–1914): „Untersuchungen zur allg Grammatik u Sprachphil"; *O Kraus* (1874–1942); *Emil Utitz* († 1956); *Carl Stumpf* (1848–1936): W: Erkenntnislehre; Tonpsychologie. – Im Anschluß an Brentano: *S Moser* (geb 1901).

2. **Die Gegenstandstheorie:**

A Meinong (1853–1921): Lehre von den Gegenständen als solchen, abgesehen vom Dasein oder Nichtsein. – W: Psychologisch-ethische Untersuchungen zur Werttheorie; Über Gegenstände höherer Ordnung; Über Annahmen; Stellung der Gegenstandstheorie; Über Möglichkeit u Wahrscheinlichkeit.

Schule: Alois Höfler (1853–1922): „Psychologie"; *Ferd Weinhandl* (geb 1896): W: Die Gestaltanalyse (1927): Über das aufschließende Symbol.

3. **Die Philosophie als „Grundwissenschaft":**
Joh Rehmke (1848–1930): Gegenstand der Phil ist das Allgemeinste (wie Bewegung, Raum, Wesen usw) im Gegebenen überhaupt (das Wirkliches u Nicht-Wirkliches umfaßt) u das den je verschiedenen Fachwissenschaften zugrunde liegt. W: Lehrb d allg Psychologie; Philosophie als Grundwissenschaft (1910); Logik oder Phil als Wissenslehre. – Schüler: *JE Heyde* (1892–1979).

4. **Die Phänomenologie:** ↗ Phänomenologie.
Logisch-erkenntnistheoretische Richtung:
EDMUND HUSSERL (1859–1938): Zur Lehre ↗ Phänomenologie. W: Phil d Arithmetik; Logische Untersuchungen (1900ff); Ideen zu einer reinen Phänomenologie u phänomenolog Phil (1913); Formale u transzendentale Logik; Erfahrung u Urteil (ed Landgrebe, 1948); Cartesianische Meditationen (fr 1931; dt, Löwen 1950). – Husserl-Archiv in Löwen: *L van Breda* (1911–74). Schule: *Alexander Pfänder; Edith Stein; Moritz Geiger; GK Uphues: A Diemer* (geb 1920)
Werttheoretische Richtung:
MAX SCHELER (1874–1928): mehrfache Wandlungen; ↗ Phänomenologie. W: Der Formalismus i d Ethik u die materiale Wertethik (1913–1916); Das Ewige im Menschen (1923, Religionsphil); Soziologie des Wissens; Die Wissensformen u d Gesellschaft; Die Stellung des Menschen im Kosmos. – *Joh Hessen* (1889–1971): christl Wertphil. W: Wertphil 1937; Religionsphil 1948; Schriften zum Augustinismus u a. *H Reiner* (geb 1896): Freiheit u Aktivität (1927); Pflicht u Neigung (1951); Die phil Ethik (1964).
Ontologische Richtung:
O Gründler; Dietrich v Hildebrand; Th Lessing; M Heidegger ↗[199]; *A Metzger* († 1974); *L Landgrebe* (geb 1902); *E Fink* († 1975): Das Problem der Phänomenologie Husserls (1938); Zum Problem der ontol Erfahrung (1949); Zur ontologischen Frühgeschichte von Raum, Zeit, Bewegung (1957); Sein, Wahrheit, Welt (1958); Alles u Nichts (1959); Spiel als Weltsymbol (1960). *Hedw Conrad-Martius* (1888–1966): Realontologie (1923); Selbstaufbau der Natur (1944), Abstammungslehre (²1949); Die Zeit (1954);

5. **Kritischer Realismus:** gegen den Neukantianismus. [Der Raum (1958)].
Oswald Külpe (1862–1915): Begründer der „Würzburger Schule" (Denk- u Willenspsychologie: *Marbe, Ach, Bühler*). W: Einl i d Phil; Die Realisierung (1912–1920).
August Messer (1867–1937): W: Empfindung u Denken; Psychologie; Gesch d Phil; Weltanschauung u Erziehung; Glaube u Wissen. *Erich Becher* (1882–1929): W: Gehirn u Seele; Naturphilosophie; Die fremddienliche Zweckmäßigkeit der Pflanzengallen; Geisteswissenschaften u Naturwissenschaften. – *Gustav Störring* (1860–1946): „Logik". *O v d Pfordten:* „Konformismus". *Th Haering* (1884–1964): „Phil d Naturwissenschaft". *N Hartmann* ↗[193]: von der Marburger Schule ausgegangen.

6. **Neue Ontologie:**
als metaphysikfreie Seinsbeschreibung.
NICOLAI HARTMANN (1882–1950): W: Grundzüge einer Metaphysik der Erkenntnis (1921); Die Phil d deutschen Idealismus; Ethik; Zum Problem der

Realitätsgegebenheit; Das Problem des geistigen Seins; Zur Grundlegung der Ontologie (1935); Möglichkeit u Wirklichkeit; Der Aufbau der realen Welt; Phil der Natur (1950). Teleologisches Denken (1951); Ästhetik (1953).
Günther Jacoby (1881–1969): W: Der Pragmatismus; Allg Ontologie der Wirklichkeit (1925f). – *Hans Pichler* (1882–1958): W: Zur Logik der Gemeinschaft; Die Logik d Seele; Einf i d Kategorienlehre. – Schriften über Wolff u Leibniz. *M Heidegger:* ↗[199]. *E May* (1905–1956): Naturphilosophie; *H Wein*

7. **Neue Metaphysik:** [(1912–81). [194
Max Wundt (1879–1963): W: Staatsphil; Ewigkeit u Endlichkeit (1937, Hauptwerk); Gesch d griech Ethik; Gesch d Metaphysik. – Schriften zur griech Phil, Kant u Fichte. *H Heimsoeth* (1886–1975); *Wolfg Cramer* (1901 bis 74): Schüler Hönigwalds ↗[176]; *G. Martin* († 1972) ↗[180].
Othmar Spann (1878–1950): Universalismus: eine idealistische Ganzheits- u Gesellschaftslehre, nach der das Ganze vor den Teilen ist. W: Der wahre Staat; Kategorienlehre; Der Schöpfungsgang des Geistes; Gesellschaftslehre (1930); Geschichtsphilosophie; Erkenne dich selbst; Naturphilosophie.
Alois Wenzl (1887–1967): W: Das Leib-Seele-Problem; Wissenschaft u Weltanschauung; Metaphysik der Physik von heute; Metaphysik der Biologie von heute; Phil der Freiheit (1947). – *Arnold Gehlen* (1904–76): W: Der Staat u d Phil; Der Mensch, seine Natur u s Stellung i d Welt.

c) *ANTHROPOLOGISCHER ANSATZ* [195

1. **Irrationalismus:**
Lebensphilosophie: ↗ Lebensphil. Die französische Lebensphilosophie
Biologische Richtung: [↗ [218, 222].
FRIEDRICH NIETZSCHE (1844–1900): – *Lehre* vom absoluten Werden; Voluntarismus (Einfluß von Schopenhauer u Wagner); pragmatistisch-biologistische Erkenntnisauffassung; Kulturkritik; heroischer Pessimismus; über seine Ethik; ↗Herrenmoral; schroffe Ablehnung des Christentums, das Nietzsche in der buddhistischen Verfälschung Schopenhauers sah. – Tiefgreifender Einfluß. – *Werke:* Also sprach Zarathustra; Jenseits von Gut u Böse; Der Wille zur Macht; u a. ↗ B i o l o g i s m u s : *Erwin Kolbenheyer* (geb 1878): Dichter; „Die Bauhütte" (1940). *Ernst Krieck* (1882–1947): Pädagoge W: Phil der Erziehung; Das Naturrecht der Körperschaften auf Erziehung u Bildung; Erziehungsphil; Völkisch-politische Anthropologie. – *HG Holle.*
Geistige Richtung:
SÖREN KIERKEGAARD (1813–1855): Vorläufer der Existenzphil [198]. W: Entweder-Oder; Erbauliche Reden; Philos Brocken (u: Unwissenschaftl Nachschrift); Der Begriff d Angst; Die Krankheit zum Tode; Einübung ins Christentum.
Wilhelm Dilthey u seine Schule: ↗ [189]. *Hermann v Keyserling* (1880 bis 1946): W: Buch vom Ursprung (1947). *OF Bollnow* (geb 1903).

Dialektische Theologie: ↗ Dialektische Theologie. [196
Karl Barth (1886–1968): W: Römerbrief (²1922); Prolegomena zur christl Dogmatik; Die kirchl Dogmatik (1932–1967). – *Emil Brunner* (1889–1966): W: Erlebnis, Erkenntnis u Glaube; Religionsphil protestantischer Theol; Gott u Mensch. – *Friedr Gogarten* (1887–1967): W: Die religiöse Entscheidung; Politische Ethik.

197] **Völkische Philosophie:**
Staatsrecht u Staatsphilosophie:
Carl Schmitt: Staatsrechtslehrer. W: Die Diktatur; Politische Theologie; Begriff des Politischen; Verfassungslehre; Staat, Bewegung, Volk. – *Otto Koellreutter:* W: Der nationale Rechtsstaat; Grundriß der allg Staatslehre; Der deutsche Führerstaat; Deutsches Verfassungsrecht. – *Kurt Schilling* (geb 1899): W: Der Staat; Gesch d Staats- und Rechtsphilosophie; Gesch d Phil;
Rassenphilosophie: [Platon (1948).
A v Gobineau (1816–1882). – *HSt Chamberlain* (1855–1927): W: Die Grundlagen des 19. Jhts; Arische Weltanschauung. – *Alfred Rosenberg* (1893–1946): Die Rasse als identisch mit der Rassenseele ist die Wirklichkeit, hinter der nichts mehr zu suchen u die für alle Lebensbereiche maßgebend ist; Primat der nordischen Rasse. – W: Der Mythus des 20. Jhts; Das Wesensgefüge des Nationalsozialismus.
Deutsche Glaubensbewegung:
Hermann Schwarz (1864–1951): W: Der Gottesgedanke i d Gesch d Phil; Das Ungegebene, eine Religions- u Wertphil (1921); Gott, jenseits von Theismus u Pantheismus; Christentum, Nationalsozialismus u deutsche Glaubensbewegung. – *Ernst Bergmann; JW Hauer* (geb 1881): Religionsgeschichte.

Pädagogik: Alfred Bäumler (geb 1887): W: Ästhetik; Männerbund u Wissenschaft; Bildung u Gemeinschaft. – *Ernst Krieck:* ↗ [195].

Biologismus: ↗[195].

198] 2. **Existenzphilosophie:** ↗Existenzphil u [210₁, 225, 233] – Vorläufer: Kierke-
Pädagogische Existenzphilosophie: [gaard [195].
Eberhard Grisebach (1880–1945): „Wahrheit u Wirklichkeiten"; „Die Grenzen des Erziehers u s Verantwortung". *Paul Häberlin* (1878–1960): W: Wissenschaft u Phil; Der Leib u die Seele; Der Charakter; Das Wunderbare (Religionsphil); Philosophische Anthropologie; Gegenwart; Schicksalsfrage des Abendlandes; Das Gute.

Kritische Existenzphilosophie:
KARL JASPERS (1883–1969): W: Psychologie der Weltanschauungen; Philosophie (1932); Vernunft u Existenz; Existenzphilosophie; Von der Wahrheit (1947); Der phil Glaube (1948).

199] *Ontologische Existenzphilosophie:*
MARTIN HEIDEGGER (1889–1976); Zur Lehre: ↗Existenzphilosophie. W: Sein u Zeit I, 1927; Was ist Metaphysik?; Vom Wesen des Grundes; Kant u das Problem der Metaphysik; Platons Lehre von der Wahrheit. Mit e Brief über d „Humanismus" 1947; Holzwege ²1951; Was heißt denken? (1954); Der Satz vom Grund (1957); Identität u Differenz (1957); Unterwegs zur Sprache (1959); Nietzsche, 2 Bde (1961); Gesamtausgabe 1975 ff.
F Brecht; W Bröcker; W Szilasi (1889–1966); *HG Gadamer* (geb 1900); *W Kamlah* (1905–76); *J Ritter* (1903–1974): Hgb des „Historischen Wörterbuchs der Phil" (seit 1971); *W Weischedel* (1905–75); *KH Volkmann-Schluck* (geb 1914). In Auseinandersetzung mit der Existenzphil: *K Löwith* (1897–1973); *M Thiel.* – *Oskar Becker* († 1964): „Transzendenz u Paratranszendenz"; „Mathematische Existenz".

Völkische Existenzphilosophie:
   Hans Heyse (geb 1891): W: Der Begriff der Ganzheit u die Kantische Phil; Idee u Existenz (1935).
Christliche Existenzphilosophie:
   P Wust (1884–1940): W: Dialektik des Geistes; Ungewißheit u Wagnis (1937); *G Marcel* ↗[225]; *Max Müller; B Welte* (1906–83).
3. **Personale Anthropologie:** [199₁
   H Weinstock (geb 1889): Die Tragödie des Humanismus (1953); *P Lersch* († 1972): Der Aufbau der Person (1951); *Aug Vetter* († 1976); *H Plessner* (1892–1985): Die Stufen des Organischen u d Mensch; Lachen u Weinen; *HE Hengstenberg.*
4. **Dialogphilosophie:** [199₂
   Zur Lehre ↗ Dialog. – Vorläufer: *FH Jacobi* („Sendschreiben an Fichte") ↗[154], *F Schleiermacher* („Dialektik") ↗[168], *L Feuerbach* („Grundsätze einer Phil der Zukunft") ↗[160]. – Hauptvertreter: *F Ebner* (1882–1931): WW 1–4, 1963ff; *F Rosenzweig* (1886–1929): „Der Stern der Erlösung" ⁴1954; *M Buber* (1878–1965) WW I 1962; *G Marcel:* „Journal métaphysique" ↗[225].
5. **Neomarxismus:** verschiedene Richtungen; Ablehnung der materialistischen [199₃ Naturdialektik, Betonung der menschl Praxis (Überwindung der Entfremdung, Freiheit, Kommunikationsgemeinschaft):
   Kritische Theorie der Gesellschaft (Frankfurter Schule):
   Max Horkheimer (1895–1973), W: Kritische Theorie I–II (neu hg 1968); *ThW Adorno* (1903–1969), W: Negative Dialektik (1966); *H Marcuse* (1898–1979), W: Kultur u Gesellschaft (1965); Der eindimensionale Mensch (1967); *Jürgen Habermas* (geb 1929), W: Theorie u Praxis (1963); Erkenntnis u Interesse (1968).
   Außerdem: Ernst Bloch (1885–1977): Thematik des Noch-Nicht-Seins. W: Das Prinzip Hoffnung (1959); Tübinger Einl in die Phil (1964); Atheismus u Christentum (1968).
6. **Kritischer Rationalismus:** [199₄
   Zur Lehre ↗ Rationalismus. – Begründer der Richtung: *R Popper* (geb 1902), W: Logik der Forschung (1935); Die offene Gesellschaft u ihre Feinde (³1973); Objektive Erkenntnis (1973). – Hauptvertreter in Deutschland: *Hans Albert* (geb 1921), W: Traktat über kritische Vernunft (1968).

IV. **CHRISTLICHE PHILOSOPHIE DER GEGENWART:** [200
   (Vgl Souilhé: La Phil chrétienne de Descartes à nos jours 1933). – ↗ Neuscholastik; ↗[141, 152, 223, 224, 226, 228, 229, 236, 249, 261, 264, 265].
a) *LAGE* zu Beginn des 19. Jhts:
   Verfall der scholastischen Phil:
   Zeitbedingungen: Einfluß der Französischen Revolution auf das kirchliche Leben; Säkularisierung; Unterdrückung der Orden; Staatskirchentum; Unkenntnis der großen Autoren der Scholastik.
   Lehre: Kritische Untersuchungen zur Zeitphilosophie, zur Geschichte der Phil u apologetische Werke: *Rixner, Windischmann, Rozaven, de Maistre.*
   Versuche einer Auseinandersetzung mit der modernen Phil: unzulänglich [201–
   wegen mangelnder Kenntnis der Scholastik: ↗ Traditionalismus: ↗[211]; [203
   ↗ Ontologismus: ↗[140, 227]; Semirationalismus: ↗ Rationalismus, ↗[163].

b) *WIEDERAUFNAHME DER ÜBERLIEFERUNG:*

1. **In Italien:** *V Buzzetti* († 1824); *Seraph* u *Dominik Sordi; M Liberatore* († 1892): „Della conoscenza intellettuale"; *Sanseverino* († 1865): „Philosophia christiana cum antiqua et nova comparata"; *A Taparelli* (1793–1862): „Saggio teoretico di diritto naturale"; *S Tongiorgi* († 1865); Eklektiker: Erkenntniskritik; *JM Cornoldi* († 1892); *Lepidi; Zigliara* († 1893); *Costa Rosetti* (1841 bis 1900); *Dom Palmieri* († 1909): Dynamismus.

2. **In Spanien:** Jakob Balmes (1810–1848): W: Filosofía fundamental; *Z González.* ↗ [262, 264].

3. **In Frankreich:** *Roux-Lavergne: Domet de Vorges* († 1910); *F Morin.*

4. **In Deutschland:** *FJ Clemens* († 1862); *C Werner* († 1888): geschichtliche Werke; *Alb Stöckl* (1823–1895): Philosophiegeschichte; *E Commer* (1847–1928): W: System der Phil (1883–85); *K Gutberlet* (1837–1928); *Jos Kleutgen* (1811–1883): „Theologie der Vorzeit", „Philosophie der Vorzeit" (1860).

c) *KIRCHLICHE STELLUNGNAHMEN:*

Pius IX: Über die Beziehung von Glaube u Wissen, den Rationalismus u Indifferentismus, den Traditionalismus.

Leo XIII: Encyclica „Aeterni Patris" (1879) über Aufgabe, Quellen u Methode der Phil; ihre Beziehung zur Offenbarung; Empfehlung der Phil des hl Thomas v Aquin; Richtlinien für weiteren Fortschritt.

Pius X: Verwerfung der neuen, rein subjektiven Apologetik u des Modernismus (Enc „Pascendi gregis").

d) *ZENTREN DER CHRISTLICHEN PHILOSOPHIE*

Die kirchl Hochschulen in Rom: Päpstl Gregorianische Universität (Jesuiten); Angelicum (Dominikaner); Collegium Internationale S Anselmi (Benediktiner), Athenaeum Antonianum (Franziskaner), Athenaeum Urbanum (Propag Fid). – Kath Universitäten in Mailand, Freiburg i d Schw, Löwen, Nimwegen, Washington, Ottawa (Canada), St Louis. – Institut Cath in Paris, Institut f schol Phil in Innsbruck, Instituto Luis Vives in Madrid, Institut f mittelalt Studien in Toronto (Canada). – Die Ordenshochschulen u Fakultäten.

e) *GESCHICHTLICHE ERFORSCHUNG DER SCHOLASTIK:*

H Denifle, Kard *F Ehrle* (1845–1934), *Clemens Baeumker* (1853–1924), *Martin Grabmann* (1875–1949), *P Mandonnet* (1858–1936), *Longpré* († 1965), *E Gilson, M de Wulf* (1867–1947), *J Koch* († 1967), *F Pelster* († 1956); *F Stegmüller; T Barth* († 1967).

f) *SYSTEMATISCHE WEITERENTWICKLUNG*
im engeren oder weiteren Anschluß an die Scholastik:

1. **Darstellungen in den Einzeldisziplinen:**

Metaphysik: L Baur; P Descoqs; D Feuling; S Behn; P Simon; G v Hertling; GM Manser (1866–1950); *A Horvath* († 1957); *Geyser* [209]; *de Raeymaeker* († 1970); *H Krings.*

Naturphilosophie: Tilm Pesch (1836–1899): „Die großen Welträtsel"; *J Schwertschlager:* „Phil der Natur" (1921); *V Rüfner:* „Die Natur u der Mensch in ihr"; *A Mitterer* († 1966); *G Siegmund; Z Bucher; J Seiler.*

Ethik u Naturrecht: Th Meyer: „Institutiones iuris naturalis" (1885); *V Cathrein* (1845–1931): Moralphil (ö); Die Einheit des sittl Bewußtseins der Menschheit (1914); *J Mausbach* (1861–1931): „Die kath Moral u ihre Gegner"; „Natur- u Völkerrecht"; *G v Hertling; Th Steinbüchel* († 1949); *Mich Wittmann; Sigfr Behn; O v Nell-Breuning; M Reding; J Pieper* (geb 1904): Tugendlehre.
Gotteslehre: J Mausbach; Garrigou-Lagrange: „Dieu"; *C Nink* († 1975).
Religionsphilosophie: G Wunderle, P Steffes († 1955); *K Rahner, Rosenmöller, E Przywara* (1889–1972), *R Guardini* (1885–1968).
Kulturphilosophie: A Dempf († 1982).
Pädagogik: O Willmann (1839–1920): W: Gesch des Idealismus; Didaktik als Bildungslehre; *Fr Eggersdorfer.*
Nationalökonomie u Gesellschaftslehre: Heinrich Pesch (1854 bis 1926): Lehrb der Nationalökonomie (1914–1926): *E Welty* († 1965).
Geschichtsphilosophie: F Sawicki († 1957); *A Delp:* Der Mensch u die Geschichte (1943); *P Wust* [199]; *G Krüger* (geb 1902).
Geschichte der Philosophie: G v Hertling (1843–1919): *St Dunin-Borkowski* (1864–1934): W: Spinoza (1933–36); pädag Schr; *A Dyroff* (1866–1943); *O Willmann; F Klimke; H Meyer* (1884–1966); *Ph Boehner* († 1955); *É Gilson; J Hirschberger; P Wilpert* (1906–1967).
Ästhetik: G Gietmann; J Jungmann; H Lützeler; A Dyroff; J Maritain; H Kuhn, JB Lotz.

2. **Auseinandersetzung mit den Naturwissenschaften u der empirischen Psychologie:** [208]
Naturwissenschaft: J Maritain; P Hoenen; E Wasmann; Z Bucher; J Seiler; F Dessauer († 1963); *H Dolch* († 1984); *A Neuhäusler; W Büchel.*
Psychologie: J Geyser ↗[209]; *J Fröbes* (Lehrb d experim Psychologie); *J Lindworsky; A Gemelli* [229]; *Kard Mercier* [226]; *V Rüfner* († 1976); *O Most* (1904–1968).

3. **Pflege der Erkenntnistheorie:** [209]
Kritischer Realismus
D Mercier; M-D Roland-Gosselin; Picard; G Zamboni; G Söhngen („Sein u Gegenstand"); *C Nink; J de Vries; J Maréchal* [226]; *A Brunner; J Maritain* [226]; *J Engert; F van Steenberghen.*
Josef Geyser (1869–1948); W: Lehrb d allg Psychologie; Neue u alte Wege der Phil (zur Phänomenologie); Allg Phil des Seins u d Natur; Grundlegung der Logik; Erkenntnistheorie; Auf dem Kampffelde der Logik; Einige Hauptprobleme der Metaphysik (über Kant); Das Gesetz der Ursache u a.

4. **Auseinandersetzung mit anderen Richtungen der Philosophie:** [210]
Geschichtlich: Die Arbeiten der kath Universität in Mailand, *Olgiati u a; B Jansen; HU v Balthasar:* „Apokalypse der deutschen Seele".
Systematisch: Mit Kant: *J Geyser, B Jansen, J Maréchal, C Nink, E Przywara, Ch Sentroul:* „Kant u Aristoteles", *J Lotz:* Kant u die Scholastik heute (1955);
mit dem Deutschen Idealismus (Hegel): *C Nink, Th Steinbüchel, H Niel, E Coreth; P Henrici; B Lakebrink, J Möller; B Puntel;*
mit der Phänomenologie: *J Geyser;* mit N Hartmann: *A Guggenberger;*

mit der Existenzphil: *A Delp, Th Steinbüchel, J Lotz, J Hommes* († 1966), *H Kuhn* (geb 1899): Begegnung mit dem Nichts (1950); Begegnung mit dem Sein (1954);
mit der indischen Phil: *P Johanns* (Vers le Christ par le Vedanta); *Dandoy* (The Ontology of the Vedanta);
mit der fernöstlichen Phil: *L Wieger; H Bernard* (Sagesse Chinoise et Phil chrétienne). – Die kath Enzyklop f Japan (Katorikku Daijiten)
Zu 2.–4. (u zur Gesch der Schol) vgl auch „Philosophie u Grenzwissenschaften", Innsbruck seit 1924 *(L Fuetscher, J Santeler* [† 1968], *H Schwamm, J Stufler* u a).

5. **Neuvollzug scholastischer Metaphysik im Lichte der modernen Philosophie:**
E Przywara (1889–1972): „Analogia entis I"; „Humanitas". *Jos Maréchal:* „Le point de départ de la métaphysique". *Gustav Siewerth* († 1963): „Der Thomismus als Identitätssystem". *Max Müller:* „Sein u Geist". *Karl Rahner* (1904–84): „Geist in Welt"; „Hörer des Wortes" (Religionsphil). *J Lotz:* „Das Urteil u das Sein" (1957). *A Marc; J de Finance; A Hayen.*

g) **NICHT-SCHOLASTISCHE RICHTUNGEN:**
1. **Christliche Wertphilosophie u Phänomenologie:** *E Stein, D v Hildebrand* (1899–1977), *Al Müller* († 1952), *J Hessen* ↗ [191].
2. **Neue Metaphysik:** *O Spann, A Dempf, A Wenzl* ↗ [194], *FJ v Rintelen* († 1979), *Th Haecker, W Szylkarski* († 1960), *B v Brandenstein.*
3. **Christl. Existenzphil:** ↗ [199].

V. **AUSSERDEUTSCHE PHILOSOPHIE:**
a) *FRANKREICH:* Die Phil wird seit Napoleon in allen Schulen gelehrt. [Vgl *Benrubi:* Philos Strömungen d Gegenwart in Frankreich 1928; *E Bréhier:* Histoire de la Phil, Tome II/2–3 (1938–40); *M Farber:* L'activité phil contemporaine en France et aux États Unis, II. vol (1950).]
Anfänge: 16.–18. Jht: ↗ [131, 136, 140, 147–150].
Phil des 19. Jhts: Erste Hälfte:
1. **Traditionalismus:**
↗ Tradition, Fideismus – Die Lehre d Traditionalisten wird verschiedentlich von der Kirche zurückgewiesen.
Joseph de Maistre (1753–1821): W: Soirées de Saint-Pétersbourg. *Louis de Bonald* (1754–1840): W: Théorie du pouvoir politique et religieux dans la société civilisée (1796); Législation primitive (1802); Essai analytique sur les lois naturelles de l'ordre social. *F de Lamennais* (1782–1854): W: Essai sur l'Indifférence en matière de religion (1817–1823); Paroles d'un Croyant; Esquisse d'une Phil (1841–1846).
Gemäßigter Traditionalismus: Ballanche (1776–1847); *Ph Buchez* (1796–1866): bis 1831 Anhänger von Saint-Simon; *Louis Bautain* (1796 bis 1867): zuerst Anhänger Cousins; W: La Phil du Christianisme (1833); *A Bonnetty* († 1879).
Traditionalisten außerhalb Frankreichs: Ubaghs (Löwen; † 1875); *J Ventura* († 1861); *M Deutinger* († 1864); *Donoso Cortés* († 1853) ↗ [264].
Rationale Gegenbewegung: H Maret (1804–1884): W: Essai sur le Pan-

théisme; Phil et religion (1856); *Alphonse Gratry* (1805–1872): W: De la connaissance de Dieu; Cours de phil (1861 ff); La phil du Credo; Les Sophistes et la critique.
2. **Ideologie** (Analyse der menschlichen Vermögen): Fortsetzung des Sensualismus von Condillac ↗[148]; Vorläufer des Positivismus ↗[213, 214]. – *Destutt de Tracy* (1754–1836): W: Éléments d'Idéologie (1801–1815); *P Cabanis* (1757 bis 1808): Agnostiker; W: Rapports du physique et du moral de l'homme (1802).
3. **Spiritualismus:** [212
MAINE DE BIRAN (1766–1824): überwindet den anfänglichen Sensualismus: Anerkennung des Ich u seiner Kausalität; W: Œuvres de M de Biran (ed Tisserand). – *Jouffroy* († 1842); *AM Ampère* (Physiker; 1775–1836): W: Essai sur la phil des sciences (1834).
4. **Spiritualistischer Eklektizismus:**
Laromiguière: Leçons de phil (1815–1818); *Royer-Collard* (1763–1843); *Victor Cousin* (1792–1867): W: Cours de l'Histoire de phil; Fragments de phil contemporaine (1826). – Großer Einfluß auf die Universitätsphilosophie.
5. **Sozialphilosophie u Positivismus:** [213
Ch Fourier (1772–1837): Gruppensozialismus (Phalangen): W: Traité d'association domestique et agricole (1822); Le nouveau monde industriel (1829). – *V Considérant; Henry Saint-Simon* (1760–1824): Schüler d'Alemberts, Lehrer Comtes; Staatssozialismus; Christentum den sozialen Bedürfnissen untergeordnet; W: Système industriel (1821); Nouveau Christianisme (1825). – Anhänger: *Bazard, Enfantin.*
AUGUSTE COMTE (1798–1857): Begründer des ↗ Positivismus; W: Cours de phil positive (1830–1842); Discours sur l'Esprit positif (1844); Discours sur l'ensemble du positivisme (1848); Le système de politique positive (1851–54); Catéchisme positiviste (1852); La synthèse subjective (1856; Logik). – *J Proudhon* (1809–1865): Eigentum ist Diebstahl; W: Qu'est-ce que la propriété? (1840); Système des contradictions économiques (1846).
Phil des 19. Jhts: Zweite Hälfte [214
1. **Positivismus** ↗[213]:
É Littré (1801–1881): W: Conservation, révolution et positivisme (1852); La Science au point de vue philosophique (1873); *P Lafitte* (1823–1903): W: Cours de Phil première (1889); *Ernest Renan* (1823–1892): W: Dialogues philosophiques (1876); Vie de Jésus (1863); *Hippolyte Taine* (1828–1893): W: De l'Intelligence (1870); *A de Gobineau* (1816–1882): ↗[197] W: Essai sur l'inégalité des races (1853–55). – In Verbindung mit dem Evolutionismus: *F Le Dantec* (1869–1917): W: Les limites du connaissable (1903); L'Athéisme (1907); Contre la métaphysique (1912); L'Égoisme seule base de toute société (1911).
2. **Religionsphilosophie:**
P Leroux (1779–1871): von Saint-Simon u Hegel abhängig; *J Reynaud* (1806–1863): Reinkarnationslehre; *Ch Secrétan* (1815–1895): phil Auslegung des Christentums; Gott ist, was er durch seine Freiheit sein will. W: Phil de la liberté (1848–49); *J Lequier* (1814–1862): die Freiheit als Erkenntnismittel.
3. **Kritizismus:** [215
Charles Renouvier (1815–1903): Die Freiheit als Wurzel des geistigen Lebens, Finitismus, Relativismus. W: Essais de critique générale (1851–64); La Science

de la morale (1869); L'Esquisse d'une classification systématique des doctrines philosophiques (1885–86); La philosophie analytique de l'Histoire (1896–98); Nouvelle Monadologie (mit Prat, 1899); Dilemmes de la métaphysique pure (1901); Personalisme (1903). – Unter dem Einfluß von Renouvier: *L Prat, V Brochard, L Dauriac, JJ Gourd, L Liard, F Evellin.* – *A Cournot* (1801–1877): Wahrscheinlichkeitslehre; W: Essai sur les fondements de la connaissance et sur les caractères de la critique philosophique (1851); Traité de l'enchaînement des idées fondamentales dans les sciences et dans l'histoire (²1911); Matérialisme, Vitalisme et Rationalisme (1875).

4. **Spiritualismus:**
Einfluß von V Cousin ↗[212]; Preisgabe des Eklektizismus; Pflege der Gesch der Phil: *A Franck* (1819–1890; Hgb des Dictionnaire des sciences philosophiques); *Chaignet, Ch de Rémusat* (1797–1875); *Hauréau* (Gesch d Mittelalters); *F Bouillier* (Gesch d Kartesianismus); *ThH Martin.* – *É Vacherot* (1807–1897): Endlichkeit der Existenz, Idealität des Vollkommenen; W: Métaphysique et la Science (1858); Le nouveau Spiritualisme (1884). – Sein Gegner: *E Caro:* W: L'Idée de Dieu (1864). – *Paul Janet* (1823–1899): enger Anschluß an V Cousin; W: Causes finales (1877); La morale (1874); Psychologie et Métaphysique (1897).

Spiritualistischer Positivismus (spiritualistische Lebensphilosophie): *Ravaisson Mollien* (1813–1900): Urheber der Bewegung; W: De l'Habitude (1838); Essai sur la métaphysique d'Aristote (1837–46). *J Lachelier* (1832–1918): reflexive Methode; W: Fondement de l'Induction (1871); Psychologie et métaphysique (1885); *Émile Boutroux* (1845–1921): Wissenschaftskritik, Theist; W: De la contingence des lois de la Nature (1874, Hauptwerk); L'Idée de loi naturelle (1895); Psychologie du Mysticisme (1902); Science et Religion dans la Phil contemporaine (1908); W: zur Gesch d Phil.

Ende des 19. und das 20. Jht [*A Robinet:* La philosophie française, P 1966.]

1. **Idealismus:**
Octave Hamelin (1856–1907); Anschluß an Renouvier [215]; personaler Idealismus; W: Éléments principaux de la représentation (²1925). *J de Gauthier:* Fiktionstheorie; W: De Kant à Nietzsche (1900); La fiction universelle (1903); La dépendance de la morale et l'indépendance des mœurs (1907); La sensibilité métaphysique.

Im Gefolge Hegels: É Vacherot ↗[216]; *Jean Hyppolite:* W: Genèse et structure de la Phénoménologie de l'Esprit de Hegel 1946; *A Kojève* (1902–1968): W: Introduction à la lecture de Hegel 1947.

2. **Wissenschaftskritik:**
Nicht im Namen des Lebens, sondern als Selbstbesinnung auf das Verfahren der Wissenschaft. – *Henri Poincaré* (1853–1912): Mathematiker; Zurückführung der Grundbegriffe auf zweckmäßige Übereinkunft; die Tatsachen als Grenzen der freien Konvention; W: La science et l'hypothèse (1902); La Valeur de la Science (1905); Science et Méthode (1909). *Pierre Duhem* (1861–1916): W: La théorie physique, son objet et sa structure (1906); Système du Monde, Histoire des doctrines cosmologiques de Platon à Copernic (1913–17); *G Milhaud* (1858–1918): W: Essai sur les conditions et les limites de la certitude logique (1894); Le Rationnel (1898); Le positivisme et le progrès de l'Esprit (1902);

Claude Bernard († 1878); *Berthelot* († 1907): Chemiker; *J Duhamel* († 1872): Mathematiker; *P Tannery* († 1904): Gesch u Phil d Wissenschaften; *L Couturat* (1868–1914): Logistiker; W: La Logique de Leibniz; Les Principes des Mathématiques.

Im Geiste des Kritizismus: A Hannequin (1856–1905): W: Essai sur l'hypothèse des atomes; *MA Darbon*.

Im Geiste des Positivismus: M Abel Rey: W: La Théorie de la physique chez les physiciens contemporains (1908, ^{2}1923); *H Berr*.

Kritik am Positivismus: Emil Meyerson (1859–1933): metaphysisch realistische Auffassung der Erkenntnis; W: Identité et réalité (1908, ^{2}1912); De l'Explication dans les sciences (1921); La déduction relativiste (1925); Du cheminement de la pensée (1931).

3. **Positivistischer Spiritualismus** ⁊[216]: [218

Vitalistische Richtung: A Fouillée (1838–1912): Dynamismus; W: Liberté et déterminisme (1872); Psychologie des Idées-forces (1893); L'Évolutionisme des Idées-forces; La Morale des Idées-forces (1908); *G Séailles:* W: Le génie dans l'art (1883); *Ch Dunan:* Experimentalidealismus; W: Essais de phil générale (1898); Les deux idéalismes (1911); *Durand de Gros* († 1900); *JM Guyau* (1854–1888): Lebensphilosophie; *P Souriau:* W: La beauté rationnelle (1904); *J Lagneau* (1851–94) im Anschluß an Lachelier [216]; W: Écrits réunis (1924); L'existence de Dieu (1923, beide postum).

Rationalistische Richtung: Léon Brunschvicg (1869–1944): Wissen- [219 schaftslehre; W: La modalité du Jugement (1897); Les étapes de la phil mathématique (1912); L'Expérience humaine et la Causalité physique (1922); Les Progrès de la conscience dans la phil occidentale (1927); De la Connaissance de soi (1931); Bibliogr: Deschoux 1949. *André Lalande* (1867–1963): Wissenschaftslehre; W: Les illusions évolutionistes (^{2}1930); Théories de l'induction et de l'expérimentation (1929); Vocabulaire technique et critique de la phil (Hgb 1926, ^{10}1968); *É Goblot:* Essai sur la classification des sciences (1898); Traité de Logique (1918); Le système des sciences (1922); La barrière et le niveau (1925); La Logique des jugements de valeur (1927).

Anwendung auf Moralprobleme: P Lapie: W: La logique de la volonté (1902); *D Parodi:* W: Le problème moral et la pensée contemporaine (^{2}1921); *Fr Rauh* (1861–1909): experimentelle Ethik; W: De la méthode dans la psychologie des sentiments (1899); L'expérience morale (1903).

4. **Sozialphilosophie:** [220

Sozialreform: F Le Play: W: Réforme Sociale en France (1864); *H de Tourville; Demolin; P Bureau:* W: La crise morale des temps nouveaux (^{10}1908). – *G Sorel* (1847–1922): Marxist; W: Illusions du progrès; Réflexions sur la violence.

Imitationstheorie: G Tarde (1843–1904): Nachahmung als soziales Grundphänomen; W: Les lois de l'imitation (1890); La logique sociale (1893); L'opposition universelle (1897); Les lois sociales (1898). Organizismus: *A Espinas* (1844–1922): W: Des sociétés animales (1877).

Positivistische Soziologie: im Anschluß an Saint-Simon u Comte. *É Durkheim* (1858–1917): Die Sozialregeln als Apriori des Einzelnen; W: De la division du travail social (1893); Les règles de la méthode sociologique (1895);

Le suicide (1897); Les formes élémentaires de la vie religieuse (1912); L'éducation morale (1925). – *Anhänger* Durkheims: *M Halbwachs; L Duguit; G Belot;* auf dem Gebiet der Religionssoziologie: *H Hubert; M Mauss;* in der Rechtssoziologie: *F Fauconnet; G Davy;* in der Soziologie der Kunst: *Ch Lalo.* – *Gegner* Durkheims: *G Richard:* W: La sociologie générale et les lois sociologiques (1912); *G Bouglé:* W: Les idées égalitaires (1899); Essai sur le régime des castes (1908). – *L Lévy-Bruhl* (1857–1939): im Anschluß an Durkheim; Soziologie der Primitiven; prälogischer Charakter des primitiven Denkens; W: La morale et la science des mœurs (1903); Les fonctions mentales des sociétés inférieures (1910); La mentalité primitive (1922); L'âme primitive (1927); Le surnaturel et la nature dans la pensée primitive (1931). – *Kritik* an Lévy-Bruhl: *D Essertier:* W: Les formes inférieures de l'explication (1927).

221] 5. **Psychologie:** Tendenz zur ganzheitlichen Betrachtung.
Alfred Binet (1857–1911): W: Les altérations de la personnalité (1892); L'étude expérimentale de l'Intelligence (1903); *F Paulhan:* W: L'activité mentale et les éléments de l'esprit (1889); *Pierre Janet:* W: Automatisme psychologique (1889); *H Pieron:* physiologische Methode; *G Dumas; Ch Blondel; H Delacroix; J Piaget:* Kinderpsychologie; *Th Ribot* (1839–1916): Begründer der neueren franz Psychologie; W: L'hérédité psychologique (1873); Les maladies de la mémoire (1881); Des sentiments (1896); L'Imagination créatrice (1900).

222] 6. **Spiritualismus** ↗[216]:
HENRI BERGSON (1859–1941): Phil als Reflexion auf die Gegebenheiten der Intuition; weitreichender Einfluß ↗ Lebensphilosophie. W: Les données immédiates de la conscience (1889); Matière et mémoire (1896); L'évolution créatrice (1907; Hauptwerk); Le rire (^{10}1910); L'énergie spirituelle (^{2}1919); Durée et Simultanéité (1922); Les deux sources de la morale et de la religion (1932). – *Jean Baruzi* († 1953): Psychologie der Mystik; *J Chevalier* († 1962); *É le Roy* (1870–1954): dem Modernismus nahestehend; W: L'Exigence idéaliste et le fait de l'évolution (1927); Les origines humaines et l'évolution de l'intelligence (1928); La pensée intuitive (1929–30); Le problème de Dieu (1929); Introduction à l'étude du problème religieux (1944). – Gegner Bergsons: *J de Tonquédec; Garrigou-Lagrange.*
Philosophie des Geistes: Louis Lavelle (1883–1951): W: De l'être (1927); De l'acte (1937). *Le Senne* (1882–1954): Anschluß an Hamelin [217]; W: Introduction à la phil (^{2}1939); Le Devoir (1930); Obstacle et Valeur (1947); *Pradines* († 1958): Psychologie.
Vl *Jankélévitch* (geb 1903).

223] 7. **Philosophie des Wirkens:** Antirationalismus.
Ollé-Laprune († 1899): unter dem Einfluß Newmans [236] u Renouviers [215]; Lehrer Blondels; W: De la Certitude morale (^{2}1898). *Maurice Blondel* (1861–1949): W: L'Action, Essai d'une critique de la vie et d'une science de la pratique (1893); La Pensée (1934); L'être et les êtres; L'Action (1936–37); La phil et l'esprit chrétien (1944–1946). *J Paliard. É Mounier* (1905–1950): W: Le Personnalisme (1949).

224] 8. **Theologische Religionsphilosophie:**
Protestantische Religionsphilosophie: Rationalismus; symbolische Auslegung der Glaubenslehren: *A Vinet* († 1847): *Aug Sabatier* (1839–1901): kriti-

scher Symbolismus; *E Ménégoz* (1838–1921): Symbolfideismus. – Modernismus: *Alfred Loisy* (1857–1940).
Katholische Religionsphilosophie: neue Wege der Apologetik: *Kard Deschamps* († 1883); *L Laberthonnière* (1860–1932).
9. **Existenzialismus:** ↗ Existenzphilosophie. [225
Vorläufer: Pascal [136], *Maine de Biran* [212]; Anbahnung von der Phänomenologie her durch *G Berger* († 1960): W: Le Cogito dans la philosophie de Husserl.
Atheistisch: Jean-Paul Sartre (1905–1980): W: L'être et le néant (1943); L'existentialisme est un humanisme (1946); Matérialisme et Révolution. *Simone de Beauvoir* (Schülerin Sartres). *Albert Camus* (1913–1960): W: Le Mythe de Sisyphe (1942); L'homme révolté (1951). *M Merleau-Ponty* (1908–1961): W: La structure du comportement (1942); Phénoménologie de la perception (1945); Sens et non-sens (1948); Les aventures de la dialectique (1955).
Theistisch: Gabriel Marcel (1889–1973); W: Journal métaphysique 1914–1923 (1927); Être et Avoir (1935); Homo Viator (1945); Du Refus à l'Invocation (⁵1948); Le mystère de l'Être (1951); L'homme problématique (1955). *Jean Wahl* (1888–1974): Études Kierkegaardiennes (1938); Traité de métaphysique (1953); Vers la fin de l'ontologie (1956). *R Aron* († 1983): Geschichtsphil.
10. **Neuscholastik:** [226
Pflege am Institut Catholique in Paris, am Institut Supérieur de Phil in Löwen (von *Mercier* gegründet) u an der Universität Fribourg/Schweiz. *Gardeil* (1859–1931): W: La structure de l'âme et l'expérience mystique (1927); *R Garrigou-Lagrange* (1877–1964); W: Dieu (¹¹1950); La Synthèse thomiste (1946); *AD Sertillanges* (1863–1948): W: La phil de S Thomas d'Aquin; L'Idée de Création et ses retentissements en philosophie (1945); La phil morale de S Thomas d'Aquin (1946); Le christianisme et les philosophes; Les grandes thèses de la phil thomiste; Les sources de la croyance en Dieu; Le problème du mal (1948–51). *MD Roland-Gosselin* (1883–1934); Essai d'une critique de la connaissance I 1932; *LB Geiger:* W: La participation dans la phil de S Thomas d'Aquin; *É Gilson* (1884–1979): W: Réalisme thomiste et critique de la connaissance (1939); La phil en moyen âge (³1947); L'Esprit de la phil médiévale (³1948); L'être et l'essence (1948) u WW zur Gesch d Phil (Augustinus, Bonaventura, Thomas v Aquin, Duns Scotus). *Th Régnon:* W: Métaphysique des causes; *P Descoqs:* W: Institutiones metaphysicae generalis; Praelectiones Theologiae naturalis; *L de Raeymaeker* († 1970): W: Introductio generalis ad Philosophiam et Thomismum (²1934); Metaphysica generalis (²1935); Phil de l'être (²1947); *de Wulf* (1867–1947): W: Histoire de la Phil médiévale (⁶1934 bis 47); *P Rousselot:* W: L'intellectualisme de S Thomas 1924.
In *Auseinandersetzung mit den empirischen Wissenschaften:*
Kard D Mercier (1851–1926): W: Cours de Phil; Les origines de la psychologie contemporaine (1897). *Jacques Maritain* (1882–1973): W: De la phil chrétienne (1933): Distinguer pour unir: les degrés du savoir (1934); Humanisme intégral (1936); Quatre essais sur l'Esprit dans sa condition charnelle (1939); Sept leçons sur l'être; Court traité de l'existence et de l'existant. *Pierre Teilhard de Chardin* (1881–1955): Einbau der Entwicklungslehre in eine christl

Gesamtschau; W: Le Phénomène humain (1955); L'apparition de l'Homme (1956); L'Avenir de l'Homme (1959) u a, Dt Ges-Ausg, Olten-Fr.

In *Auseinandersetzung mit der modernen Philosophie: R Jolivet* (1891–1966): W: Les sources de l'idéalisme (1936); Le Thomisme et la critique de la connaissance (1933); Traité de Phil (1939–42); *Joseph Maréchal* (1878 bis 1944): W: Le point de départ de la métaphysique (1923–1926); *J de Finance:* W: Cogito Cartésien et réflexion thomiste; Être et Agir; Ethica generalis (1959); *André Marc:* W: Psychologie réflexive (1949); Dialectique de l'affirmation (1952); Dialectique de l'agir (1954); L'être et l'esprit (1958).

b) *ITALIEN:* [Vgl Bibliografia Filosofica Italiana dal 1900 al 1950, Roma 1950; MF Sciacca: Ital Phil d Gegenw, Bern 1948 (Bibl); *FE Marciano:* Storia della fil ital 1959].

Anfänge einer nationalen Philosophie:
GB Vico (1668–1744) ↗[139]; *Genovesi* (1712–1769): Phänomenismus.

Aus dem 19. Jht:

Neuscholastik: ↗[204].

Christlicher Spiritualismus:
Antonio Rosmini-Serbati (1797–1855): W: Nuovo Saggio sull'origine delle idee (1830); Principi della scienza morale (1831); Teodicea (1845); Introduzione alla filosofia (1850); Teosofia (postum, 1859–74).

Ontologismus: ↗Ontologismus; ↗[140]. *Vincenzo Gioberti* (1801–1852): Introduzione allo studio della filosofia (²1846); Protologia. *T Mamiani della Rovere* (1799–1885): In Verbindung mit dem Idealismus; W: Dell'ontologia e del metodo; Confessioni di un metafisico; *GB Bertini* (1818–1876): W: Idea di una filosofia della vita (1850); *F Acri* (1836–1913): W: Videmus in aenigmate (1907); *F Bonatelli* (1830–1911): W: Pensiero e conoscenza.

Sensismus: *GD Romagnosi* (1761–1835): W: Genesi del diritto penale (1791); Introduzione allo studio del diritto pubblico universale (1805); Che cosa è la mente sana? (1827); Vedute fondamentali sull'arte logica (1832).

Positivismus: *C Cattaneo* (1801–1869); *G Ferrari* (1812–1876); *C Lombroso* (1835–1909): W: Genio e Follia (1864); L'uomo delinquente (1876). *R Ardigò* (1828–1920): vollständiges System des Positivismus; W: Psicologia come scienza positiva (1870); La morale dei positivisti (1885); La scienza dell'educazione (1893); L'unità della coscienza (1898).

Kantianismus: *C Cantoni* (1840–1906): W: Corso elementare di filosofia; E Kant (1879–1884). – Gegner Kants: *P Galluppi* (1770–1846): Empirist; W: Saggio filosofico sulla critica della conoscenza (1819–1823); Lezioni di logica e metafisica (1832–1834); Filosofia della volontà (1832–1840).

Ältere Hegelianer: *A Vera* (1813–1885); *B Spaventa* (1817–1883): Gesch d Phil; W: Principi di Filosofia (1867). *A Labriola* (1843–1904): zuerst Hegelianer, dann Übergang zu *Herbart* u schließlich zum theoretischen Kommunismus.

Aus dem 20. Jht: 1920–1940 Vorherrschen des Idealismus; seit 1940 vorherrschende Tendenz zum Realismus.

1. **Christlicher Spiritualismus** (im Anschluß an Augustinus u den Ontologismus):
A Carlini (1878–1959): früher Neuhegelianer; W: Il mito del Realismo (1936); La vita dello spirito (²1940); Lineamenti di una concezione realistica dello spi-

rito umano (1942); *A Guzzo* (geb 1894): W: L'Io e la ragione (1947); La moralità (1950); La scienza (1955); *MF Sciacca* (1908–75): Gesch d Phil; W: Problemi di filosofia (²1944); Linee di uno spiritualismo critico (1936); Il problema di Dio (1944–1947); Fil e metafisica (1950); Atto ed essere (1956); L'uomo, questo squilibrato (1956). *L Stefanini* (1891–1956): W: Idealismo cristiano (1930); Platone (1932–1935); Metafisica della persona (1950); Personalismo educativo (1954); Trattato di estetica (1955).

2. **Neuscholastik** (Pflege bes an den römischen Instituten, an der Kath Universität [229 Mailand u am Bonaventura-Kolleg in Quaracchi: Gesch d franziskanischen Scholastik):

A Gemelli (1878–1959): Psychologie; Gründer d Kath Universität Mailand. *F Olgiati* (1886–1962): Gesch d Phil u Rechtsphil; W: I fondamenti della filosofia classica (1950). *A Masnovo* (1880–1955): Gesch d mittelalt Phil; W: La filosofia verso la religione (²1945). *UA Padovani* (1894–1968): W: La filosofia della religione e il problema della vita (1937); Filosofia e teologia della storia (1953). *E Chiochetti* (1880–1951): Studien über den ital Idealismus. *C Mazzantini* († 1971): W: Capisaldi filosofici (1945); La fil nel filosofare umano (1949). *G Zamboni* (1875–1950): W: La gnoseologia dell'atto come fondamento della filosofia dell'essere (1923); La persona umana (1940); Itinerario filosofico della propria coscienza all'esistenza di Dio (1948). *G Bontadini* (geb 1903): W: Saggio di una metafisica dell'esperienza I (1938); Studi sul idealismo (1942); Indagini di struttura sul gnoseologismo moderno (1952). *C Giacon* (geb 1900): Hgb der „Enciclopedia Filosofica", 6 Bde, ²1968–69; W: Occam (1941); Il problema della trascendenza (1942); La seconda scolastica (1944–1950). *C Fabro:* La nozione metafisica di partecipazione secondo S Tommaso (1939); Percezione e pensiero (1941); Problema di Dio (1953); Problema dell'anima (1955). *V Kuiper:* W: Lo sforzo verso la trascendenza (1940). *E Toccafondi:* W: La ricerca critica della realtà (1941). *M Cordovani. P Dezza.*

3. **Neukantianismus:** [230

F Masci (1884–1922): W: Pensiero e conoscenza (1922). *E Juvaltà* (1863 bis 1934): W: Prolegomeni a una morale distinta della metafisica (1901); I limiti del razionalismo etico (hg v Geymonat 1945). *F Orestano* (1873–1945): W: I valori umani (1907); Nuovi principi (1925); Opere complete (1938).

4. **Realistischer Spiritualismus:**

F de Sarlo (1864–1937): W: Il pensiero moderno (1915); Psicologia e filosofia (1918); Introduzione alla filosofia (1928). *G Tarozzi* (1866–1958): kommt vom Positivismus; W: La ricerca filosofica (1936); La libertà umana e la critica del determinismo (1936). *C Ottaviano* (geb 1906): Zeitschrift „Sophia"; W: Critica dell'Idealismo (1936, dt 1941); Metafisica dell'essere parziale (1942).

5. **Kritischer Idealismus** (meist mit relativer Transzendenz Gottes): *I Petrone* (1870–1913): W: La filosofia del diritto (1898). *G del Vecchio* (1878–1970): führender Rechtsphilosoph; W: Il concetto del diritto (1906); La giustizia (⁴1951); Lezioni di filosofia del diritto (⁹1953, dt ²1950 Bern); Lo stato (1953). *B Varisco* (1850–1933): früher Positivist; W: I massimi problemi (1910); Conosci te stesso (1912); Dall'uomo a Dio (1939, postum). *V La Via* (geb 1895): Zeitschrift „Teoresi"; W: Dall'idealismo al realismo assoluto (1941). *P Martinetti* (1872–1943): W: Introduzione alla metafisica (1902–1904); La libertà (1928). *P*

Carabellese (1877–1948): W: Critica del concreto (1921); Il problema teologico come filosofia (1931); L'essere (1946–47). *GE Barié* (1894–1956): transzendentale Zurückgewinnung des Seins; W: L'io trascendentale (1948). *G Galli* († 1974): konkreter Immanentismus; W: La dialettica della realtà spirituale (1933); L'uno e i molti (1939); Dall'idea dell'essere alla forma della coscienza (1944); Filosofia dello spirito come libertà (1954–55).

231] 6. **Spekulativer Idealismus:** In Auseinandersetzung mit Hegel.

P D'Ercole (1831–1917); *BENEDETTO CROCE* (1886–1952): die Wirklichkeit als Entwicklung des Geistes unter den Formen der Kunst, Philosophie, Wirtschaft, Ethik; W: Filosofia dello Spirito: I Estetica come scienza dell'espressione e linguistica generale (1902); II Logica come scienza del concetto puro (1909); III Filosofia della pratica, Economia e Etica (1909); IV Teoria e storia della storiografia (1917) (Bibliogr bei Castellano). *GIOVANNI GENTILE* (1875–1944): von der Hegelschen Dialektik des objektiven Gedankens zur Dialektik des aktuellen Denkens (Aktualismus) als alleiniger Wirklichkeit u absoluter Freiheit; W: La riforma della dialettica hegeliana (1913); Teoria generale dello spirito come atto puro (1916); I fondamenti della fil del diritto (1916); Sistema di logica come teoria del conoscere (1917–23); Filosofia dell'arte (1931); Genesi e struttura della società (1946, postum); Bibliogr bei Bellezza (1950).

G Chiavacci († 1969): auch unter dem Einfluß Michelstaedters [233]; Phil als innere Entscheidung; W: Saggio sulla natura dell'uomo (1936); La ragione poetica (1947); *G Calogero* (geb 1904): vom erkenntnistheoretischen Aktualismus zum ethischen Voluntarismus; W: La conclusione della fil del conoscere (1938); La scuola dell'uomo (1939); Lezioni di Fil (1946–48); Logo e dialogo (1950); *V Fazio-Allmayr* (1885–1958): Il significato della vita (1955); *U Spirito* (1896 bis 1979): Abkehr vom Idealismus; Problematismus u Übergang zum Naturalismus; W: Scienza e fil (1933): La vita come ricerca (1937); La vita come arte (1941); Il problematicismo (1948); La vita come amore (1953).

232] 7. **Marxismus:**

A Banfi (1886–1957): Verbindung von kritischem Rationalismus u dialektischem Materialismus; W: Principi di una teoria della ragione (1926); Verità ed umanità nella filosofia contemporanea (1948); L'uomo copernicano (1950); Problemi di storiografia (1951).

8. **Positivismus** (Phänomenismus):

C Guastella (1854–1922): Weiterbildung des englischen Empirismus; W: Filosofia della metafisica (1905); Le ragioni del fenomenismo (1921–23); *V Pareto* (1848–1923): empiristische Soziologie; W: Trattato di Sociologia generale (^{2}1921); *G Marchesini* (1868–1931): Schüler von Ardigò [227], Vorläufer der Als-Ob-Phil Vaihingers [174]; W: Le finzioni dell'anima (1905); La finzione nell'educazione, o la pedagogia del „come se" (1925); *VA Pastore* (1868–1956): W: Il problema della causalità, con particolare riguardo alla teoria del metodo sperimentale (1921); La logica del potenziamento (1936).

9. **Relativistischer Skeptizismus:**

A Aliotta (1881–1964): kam über den Empirismus u Relativismus zu einem fideistischen Spiritualismus; W: La reazione al positivismo (1906); Realismo e idealismo (1922); Il problema di Dio e il nuovo pluralismo (1924); Il sacrificio come significato del mondo (1946); *G Rensi* (1871–1941): kam über den materialistischen Skeptizismus von einem idealistischen zu einem gewissen spiritualistischen Mystizismus; W: Le antinomie dello spirito (1910); Lineamenti di fil scettica (1919); Apologia dell'ateismo (1925); La fil dell'assurdo (1937); Testamento filosofico (1939).

10. **Pragmatismus:**
G Vailati (1863–1909): im Gefolge von Peirce [255]; W: Gli strumenti della conoscenza (1916); Il pragmatismo (1918); Scritti (1911); *M Calderoni* (1879–1914): W: Métaphysique et positivisme (1901); Scritti (1924).

11. **Existenzphilosophie** [vgl *L Pareyson:* Sull'esistenzialismo 1943]: [233
C Michelstaedter (1887–1910): Vorläufer der ital Existenzphil; W: La persuasione e la retorica; Dialogo della salute (beide postum 1912); *N Abbagnano* (geb 1901): positive, atheistische Existenzphil; Gesch d Phil; W: La struttura dell'esistenza (1938); Introduzione all'esistenzialismo (1942); Fil, religione, scienza (1947); Esistenzialismo positivo (1948); Possibilità e libertà (1956). Synthese der Existenzphil mit der ital Überlieferung: *F Lombardi* (geb 1906): Il mondo degli uomini (1935); Il concetto della libertà (1955). *E Paci* (geb 1911): Il nulla e il problema dell'uomo (1950); Tempo e relazione (1954). *E Grassi:* W: Vom Vorrang des Logos (dt 1939). *E. Castelli* († 1977): Zeitschr Archivio di Fil; W: Existentialisme théologique (P 1948); I presupposti di una teologia della storia (1952); *L Pareyson* (geb 1918): Esistenza e persona (1950); Estetica, teoria della formatività (1954).

c) *ENGLAND.* [234

Aus dem 19. Jht: [*W. R. Sorley:* A History of British Philosophy to 1900, NY 1965.]

1. **Die Common-Sense-Phil:** ↗[146] Vorherrschend zwischen 1830 u 1860. William Hamilton (1788–1856): unter dem Einfluß Kants teilweiser Skeptizismus; W: Lectures on Metaphysics and Logic (1858–60; postum); *HL Mansel* (1820–1871); *H Calderwood* (1830–1897): Abwehr des Darwinismus; *J Veitch* (1829–1894): Abwehr des Idealismus.

2. **Moderner Empirismus** (Utilitarismus, Assoziationsphilosophie; Fortsetzung des durch Reid ↗[146] unterbrochenen englischen Empirismus; großer Einfluß auf das praktische Leben). Jeremy Bentham (1748–1832): W: Traité de la Législation Civile et Pénale (1802); Deontology (1834). *W Godwin* (1756–1836): W: An Enquiry concerning Political Justice; *ThR Malthus* (1766–1834): W. Essay on the Principle of Population (1798); *D Ricardo* (1772–1823): W: Principles of Political Economy and Taxation; *James Mill* (1773–1836); W: Analysis of the Phenomena of the human mind (1829); *John Herschel* (Astronom): W: Discourse on the Study of Natural Philosophy (1830); *W Whewell:* W: Philosophy of the inductive Sciences (1840).
JOHN STUART MILL (Sohn v James Mill; 1806–1873): Vollender des modernen Empirismus; W: A System of Logic, Rationative and Inductive (1843); Utilitarianism (1863); Examination of Sir W Hamilton's Philosophy (1865). *A Bain; Th Fowler; GC Robertson; J Sully;* H Sidgwick (1838–1900): W: Methods of Ethics (1874); *Carveth Read* (1848–1931).

3. **Naturalismus** (Evolutionismus): vorherrschend zwischen 1860 u 1900. [235 Anschluß an Charles Darwin ↗[171].

HERBERT SPENCER (1820–1903): Systematiker der Entwicklungslehre; die mechanistische Entwicklung das oberste Gesetz aller Wirklichkeit; das Wißbare ist Gegenstand der Phil, das Unwißbare (Absolute) Gegenstand der Religion. W: A System of Synthetic Philosophy (10 Bde, 1860–96). – *ThH Huxley* (1825–1895); *J Tyndall; JC Maxwell:* Physiker; *K Pearson* (1857–1936): Szientismus; W: The Grammar of Science; *Francis Galton* (1822–1911): Begründer der Eugenik; *WK Clifford* (1845–1879); *H Drummond* (1851–97): einflußreicher Popularphilosoph; Anwendung der Entwicklungslehre auf die Anthropologie u Religionswissenschaft: *EB Tylor* (1932–1917); *J Lubbock; JG Frazer* (1854–1941); W: The Golden Bough; *GJ Romanes* (1848–1894): theistisch modifizierter Darwinismus; Anwendung auf die Ethik: *Leslie Stephen* (1832 bis 1904): W: The Science of Ethics (1882); *E Westermark;* auf die Soziologie: *B Kidd* (1858–1916): W: Social Evolution (1894); *S Butler* (1835–1902). – LT Hobhouse (1864–1929): von Spencer über den Oxforder Idealismus zum Empirismus kommend; W: Development and Purpose (1927).

4. **Positivismus:** Verpflanzung der Phil A Comtes ↗[213] nach England. – *R Congreve* (1818–1899): Begründer der Bewegung in England; *GH Lewes* (1817–1878); *F Harrison; E Spencer Beesly;* seit 1867 London Positivist Society, mit religiösem Kult; seit dem ersten Weltkrieg bedeutungslos.

236] 5. **Theismus u Religionsphilosophie:** Oxford-Bewegung (ca 1830–1850): Reaktion gegen den Geist der Aufklärung; katholisierende Tendenzen. *E Pusey; WG Ward* (1812–1882); Kard *JOHN HENRY NEWMAN* (1801–1890): Haupt der Bewegung; Betonung des gesamtmenschlichen Vollzugs, des Gewissens, der Ideenentwicklung. W: An Essay on the Development of Christian Faith (1846; dt 1922); Idea of a University (1852); An Essay in Aid of a Grammar of Assent (1870, dt 1921). James Martineau (1805–1900): Ethischer Idealismus. W: Types of Ethical Theory; A Study of Religion; The seat of Authority in Religion. – *Max Müller* (1823–1900): führender Orientalist; vgl Religionsgeschichte; *R Flint* (1838–1900): Geschichts- u Religionsphil.

237] **Aus dem 20. Jht** (mit Ende des 19. Jhts): vgl GJ Warnock: Englische Phil i 20. Jh 1971 [Üb].

1. **Neuidealismus:** durch den Zustrom deutschen Denkens; seit etwa 1860; Höhepunkt um 1900; vollständige Umbildung des englischen Denkens.
Vorbereitung: S Taylor Coleridge (1772–1834): spiritualistische Metaphysik; *Thomas Carlyle* (1795–1881): praktischer Idealismus; *JF Ferrier* (1808–1864): spekulative Metaphysik.
Durchbruch: J Hutchison Stirling (1820–1909): W: The secret of Hegel (1865); Thomas Hill Green (1836–1882): Abrechnung mit der entgegengesetzten Überlieferung; W: Introductions to Hume (1874/75); Prolegomena to Ethics (ed Bradley).
Hegelianismus: Edward Caird (1835–1908): Gesch d Phil; W: The Evolution of Religion (1893); *J Caird* (1820–98), Bruder d vorigen, Theologie; *DG Ritchie* (1853–1903): Ethik, Sozialphil; *JH Muirhead* (1855–1940): Ethik, Politik; *J Stuart Mackenzie* (1860–1935): Sozialphil, Metaphysik; *RB Haldane* (1857–1928): Staatsmann; W: An Autobiography (1929; dt 1930); The Pathway to Reality (1903/4); The Reign of Relativity (1921); *JA Smith* (1863–1939): Aristotelesforscher. – *W Wallace* (1844–97): W: Prolegomena; *GRG Mure*

(geb 1893): über Hegel; *TM Knox* (geb 1900): W: Hegel's Phil of Right (1942).

Spaltungen: [238

Absoluter Idealismus: Fr Herbert Bradley (1846–1924): Das Absolute als umfassendes System der sinnlichen Erfahrung. W: Ethical Studies (1876, ²1927); The principles of Logic (1883, ²1923); Appearance and Reality (1893 u ö, dt 1928; Hauptwerk). *BERNHARD BOSANQUET* (1848–1923): umfassendes System; das wahrhaft Individuelle als das konkret Allgemeine des Absoluten. W: Logic or the Morphology of Knowledge (1888; ²1911); The phil Theory of the State (1899 u ö); The principle of Individuality and value (1912); The Value and Destiny of the Individual (1913); Three lectures on Aesthetic (1905). *HH Joachim* (1868–1938): W: The nature of truth (1906); Logical Studies (nachgel 1948).

Personaler Idealismus: [239

JME McTaggart (1866–1925): das Absolute als unendlich differenziertes System endlicher, aber zeitloser Personen, die einander in Liebe angehören. W: Schriften über Hegel; The Nature of Existence (1921–27).

A Pringle-Pattison (1856–1931; bis 1897 = *A Seth*): Orientierung an Hegel u Lotze; keine eigentliche Freiheit Gottes. W: Essay in Philosophical Criticism (1883, hg mit Haldane); Hegelianism and Personality (1887); The Idea of God in the Light of recent Phil (1917); *J Seth* (1860–1924), Bruder des vorigen: Ethik; *W Ritchie Sorley* (1855–1935): Ethik u Wertphil; *Hastings Rashdall* (1858–1924): von Lotze u Berkeley beeinflußt.

Mit dem Neuidealismus verwandt: S Somerville Laurie (1829 bis 1909): W: Metaphysica Nova et Vetusta (²1889); *Douglas Fawcett* (geb 1866); *E Belfort Bax* (1854–1926); *RFA Hoernlé* (1880–1943); *HW Carr* (1857–1931); *RG Collingwood* (1889–1943): W: Essay on Philos Method (1933); The Idea of Nature (1945); The Idea of History (1946).

2. **Pragmatismus:** [240

Seit 1900 entstehen dem Neuidealismus im Pragmatismus u dem kritischen Neurealismus [241] Gegenbewegungen. Der ↗ Pragmatismus, durch *W James* begründet ↗ [257]; *A Sidgwick* (1850–1943): pragmatische Logik; Vorläufer Schillers; FCS Schiller (1864–1937): W: Riddles of the Sphinx (anonym 1891); Axioms as Postulates (1902, in: Personal Idealism, ed H Sturt); Humanism (²1912); Studies in Humanism (²1912) (Teile aus den drei letzten: dt 1911); Formal Logic (²1931); Logic for Use (1929); Must Philosophers disagree? (1934.)

3. **Älterer Realismus:**

Die meisten Vertreter kommen vom Idealismus; keine einheitliche Richtung. *Shadworth H Hodgson* (1832–1912): Mitbegründer der Aristotelian Society; kritischer Empirismus; W: The Metaphysics of Experience (1898); *R Adamson* (1852–1902); Gesch d Phil; kritischer Realismus; *GD Hicks* (1862–1941): Psychologie u Erkenntnistheorie; krit Realismus; *ThHCase* (1844–1925): W: Physical Realism (1888); *J Cook Wilson* (1849–1915): Problematiker u Polemiker; *WD Ross* (1877–1971): Aristotelesforscher, ↗ [247]; *RJ Aaron* (geb 1901).

241] **4. Neurealismus:**
Seit 1900 bis zur Gegenwart; in England bodenständig; Kampf gegen den Neuidealismus; Vorherrschaft der Erkenntnistheorie; starker Einfluß der Physik u Mathematik; mehr kritisch als spekulativ, teils skeptisch gegen die Metaphysik; im einzelnen nicht gleichgerichtet.
George Edward Moore (1873–1958): von Brentano u Meinong ↗[190] beeinflußt; Bahnbrecher u treibende Kraft des Neurealismus; W: Principia Ethica (^{3}1929); Philosophical Studies (1922).
Bertrand AW Russell (1872–1970): vielseitig u widerspruchsvoll; kommt von der Mathematik; stark von Hume u Moore geprägt; empiristischer Positivismus; epochemachende Arbeit über die Zurückführung der Mathematik auf die Logik. W: The Principles of Mathematics I (1903, dt 1932); Principia Mathematica (gemeinsam mit *Whitehead*) (1910–1913); The Problems of Phil (1912, dt 1926); Our Knowledge of the External World (1914, dt 1926); The Analysis of Mind (1921, dt 1927); The Analysis of matter (1927, dt 1929); Principles of Social Reconstruction (1916, dt 1921); An Inquiry into Meaning and Truth (1940); Human Knowledge: its Scope and Limits (1948); The Impact of Science on Society (1951); The Problems of Phil (1959); Future of Science (1959); Autobiography, 1872–1914 (1967).

242] *ALFRED NORTH WHITEHEAD* (1861–1947; seit 1924 in Nordamerika): der bedeutendste englisch-amerikanische Phil des 20. Jhts. 1. Periode: Mathematik (mit Russell; s oben); 2. Periode: empiristisch orientierte Naturphilosophie; Anstoß durch die Problematik der Relativitätstheorie; 3. Periode: spekulative Metaphysik; Panentheismus. W: An Enquiry concerning the Principles of natural Knowledge (1919, ^{2}1925); The Concept of Nature (1920, ^{2}1926); Science and the modern world (1926 u ö); Religion in the Making (1926); Process and Reality. An Essay in Cosmology (1929; Hauptwerk). ↗[260]

243] Samuel Alexander (1859–1938): in Australien geb; mit dem Denken Bergsons u Palágyis ↗[267] verwandt; die Raumzeit als Absolutes u Urstoff; die Dinge dessen Differenzierungen; Gott als Drang des Universums zum Übergeistigen. W: Moral, Order and Progress 1889; Space, Time, Deity (1920, ^{2}1927; Hauptwerk).
C Lloyd Morgan (1852–1936): Tierpsychologie; Vorbereitung des Behaviorismus; theistisch orientierte Entwicklungsphil. W: Emergent Evolution (1923); Life, Mind, Spirit (1926). Ch Dunbar Broad (1887–1971): an der math Physik orientiert; Phil als Begriffsanalyse u Begriffskritik. W: Scientific Thought (1923); The Mind and its place in Nature (^{2}1929); Five Types of Ethical Theory (1930). *J Laird* (1887–1946): empiristischer Realismus; W: Knowledge, Belief and Opinion (1931); *TP Nunn* (1870–1944); *Norman Kemp Smith* (geb 1872): Übers u Komm d Kritik d rein Vern; *WE Johnson* (1858–1931): Logiker.

244] **5. Bearbeitung von Einzelgebieten:**
Logik u Logistik:
A de Morgan (1806–1871): W: Formal Logic (1847); Syllabus of a proposed System of Logic (1860). George Boole (1815–1864): bahnbrechend für die math Logik; ordnet die Logik der Mathematik unter. W: The mathematical analysis of Logic (1847); An investigation of the Laws of Thought (1854). *W Stanley Jevons* (1835–1882): ordnete die Mathematik der Logik unter. W: The

Theory of Political Economy (1871); The Principles of Science (1874); Studies in Deductive Logic (1880). *John Venn* (1834–1923): strenge Scheidung von Logik u Mathematik. W: Symbolic Logic (1881). – Von diesen abhängig *E Schröder* ↗[189₁]. – *Ludwig Wittgenstein* (1889–1951) (Österreicher, in England ansässig): Philosophie als Kritik der Sprache ↗[175]; W: Tractatus Logico-Philosophicus (1922); Phil Untersuchungen (1953). *Fr Plumpton Ramsey* (1903–1930): W: The Foundations of Mathematics and other Logical Essays (1931, postum). *LS Stebbing* (1885–1943): W: A modern Introduction to Logic (1930); *W Kneale* (geb 1906): W: Probability and Induction (1949).
Sprachanalyse:
Zurückführung der phil Probleme auf Sprachprobleme; Anschluß an GE Moore [241], Russell [241] u Wittgenstein [oben]. AJ Ayer (geb 1910): W: Language, Truth and Logic (²1946); The Foundations of Empirical Knowledge (1940). G Ryle (1900–76): The Concept of Mind (1949); *A John TD Wisdom* (geb 1904): W: Other Minds (1952); Phil and Psychoanalysis (1952).
Antipositivistische Strömung:
CEM Joad (1891–1953): A Critique of Logical Positivism (1950): *WHF Barnes*: The Philos Predicament (1950); *Dorothy M Emmet:* The Nature of Metaphys Thinking (1945); *HH Price* (geb 1899); *Viscount HL Samuel* (geb 1870): Staatsmann u Phil; *HJ Paton* (1887–1969): Kantforscher. *Michael Polanyi* (1891 bis 1976), W: Personal Knowledge: towards a post-critical philosophy (1958).
Naturphilosophie u Naturwissenschaften: [245
Oliver Lodge (1851–1940): Physiker; W: My Philosophy (1933); *AS Eddington* (1882–1944): Astronom; W: The nature of the Physical World (1928, dt 1931); The Expanding Universe (1935); New Pathways in Science (1935); The Relativity Theory of Protons and Electrons (1936; Fundamental Theory (nachgel 1946); *James Jeans* (1877–1946): Mathematiker, Physiker, Astronom; die Welt als Werk eines math Geistes; W: The mysterious Universe (1930, dt 1931); The new Background of Science (1933, dt 1934). *JA Thomson* (1861–1933): Zoologe; Teleologie, Theismus; W: The system of animate nature (1920); Purpose in Evolution (1932). *H Dingle* (geb 1890): W: Through Science to Philosophy (1937); *JO Wisdom* (geb 1908): W: Causality and the Foundations of Science (1946); Foundations of Inference in Natural Science (1952). – *J Scott Haldane* (1860–1936): Vorläufer des Holismus, Theist; W: The sciences and Phil (1929). *JC Smuts* (1870–1950): südafrikanischer Staatsmann; Holismus (↗Ganzheit); W: Holism and Evolution (1926).
Psychologie u Philosophie: [246
J Ward: ↗[248] Erneuerung der Psychologie gegenüber d alten Assoziationspsychologie; *GF Stout* (1860–1944): Realismus, Theismus; W: Mind and Matter I (1931); God and Nature (nachgel) u psych Arbeiten. *William McDougall* (1871–1938): seit 1920 in USA; bedeutender Psychologe; Anknüpfung an d aristot Tradition; W: An Outline of Psychology (1923); An Outline of Abnormal Psychology (1926); An Introduction to Social Psychology (²²1932, dt 1928); Body and Mind (1911); Religion and the Sciences of Life (1934). *Hobhouse* ↗[235]; *Lloyd Morgan* ↗[243]; *AF Shand* (1858–1936): W: The Foundations of Character (³1927). Weitere Psychologen: *C Sherrington; LW Grensted; FC Bartlett; CE Spearman* (Psychology down the Ages 1937); *EB Titchener*

(wirkte in Amerika); *F Aveling* (1875–1941): W: The psychological Approach to Reality (1929); Personality and Will (1931). – *FWH Myers* (1843–1901): Gründer der „Society for Psychical Research" (Parapsychologie, ↗Okkultismus); W: Phantoms of the Living (1886, mit Gurney u Podmore); Human Personality and its Survival of Bodily Death (1903). *Fr Podmore* (1856–1910): W: Modern Spiritualism, a History and a Criticism (1902).

247] *Ethik:*
Verschiedene Auffassungen der Grundlegung der Ethik. – *GE Moore* (teleol) [241]; *HA Prichard* (1871–1947): Moral Obligation (1950) (intuit); *EF Carritt* (geb 1876): Ethical and Political Thinking (1947); *WD Ross* [240]: The Right and the Good (1930); Foundations of Ethics (1939); *HWB Joseph; JH Muirhead* [237]: Rule and End in Morals (1932): *CL Stevenson* (Amerikaner): Ethics and Language (1945) (posit); AC E w i n g (geb 1900): The Definition of Good (1947) (intuit); *JH Paton* [244]; SE T o u l m i n : An Examination of the Place of Reason in Ethics (posit); *AN Prior* († 1969): Logic and the Basis of Ethics (1949); Past, Present and Future (1967).

248] **6. Theismus u Religionsphilosophie:**
Seit 1888 alljährlich die von Lord Adam Gifford gestifteten *„Gifford Lectures"* über die „natürliche Theologie". – J a m e s W a r d (1843–1925): Psychologie; theistische Monadologie; W: Psychological Principles (1918). *CCJ Webb* (geb 1865): Religionsphilosophie; W: God and Personality (1919). AE T a y l o r (1869–1945): kommt von Empirismus zu einer theistischen u fideistischen Metaphysik; W: The Problem of Conduct (1901); The Faith of a Moralist (1930); Does God exist? (1945); *W Temple* (1881–1944), *AJ Balfour* (1848–1930): Staatsmann; theistischer Humanismus; W: The foundations of Belief (1895, dt 1896); Theism and Humanism (1915). *WR Inge* (1860–1954): hervorragender Führer des Protestantismus; vom Neuplatonismus inspiriert; W: Personal Idealism and Mysticism (1907); Phil and Religion (1924); The Phil of Plotinus (³1948). *BH Streeter* (1874–1937): Theist; W: Reality, a new Correlation of Science and Religion (1926). *WG de Burgh* (1866–1943): From morality to Religion (1938); The Life of Reason (nachgel 1949). *A Farrer* (geb 1904): Finite and Infinite (1943). – Fr v H ü g e l (1852–1925): österr u schott Abstammung; lebte seit 1871 in England; Laientheologe, Religionsphil; W: The mystical Element of Religion as studied in Saint Catherine of Genoa and her Friends (²1923); Eternal Life (1912); The Reality of God and Religion and Agnosticism (1931, postum); *G Tyrrell* (1861–1909): führender Modernist: W: Lex credendi (1906).

249] **7. Neuscholastik:**
Th Morton Harper (1821–1893): W: The Metaphysics of the School (1879–1884, unvollendet). *RF Clarke:* Hgb von Handbüchern. *Peter Coffey* (1876–1943), Irland: W: The Science of Logic (1912); Ontology (1914); Epistemology (1917). LJ W a l k e r (geb 1877): W: Theories of Knowledge (1910 u ö); The Return to God (1933). *MC D'Arcy* (geb 1888): W: Thomas Aquinas (1930); The nature of Belief (1931); The Mind and Heart of Love (1945). *FC Copleston* (geb 1907): Nietzsche (1942); Schopenhauer (1946); A History of Philosophy (1946–50); Medieval Phil (1952). *DJB Hawkins* (geb 1906): Causality and Implication (1937); The Criticism of Experience (1945); Essentials of Theism

(1949). *RP Phillips* (geb 1887): Modern Thomistic phil (1934). *EI Watkin* (geb 1888): A Phil of Form (1935). *EL Mascall* (geb 1905): He Who Is (1943); Existence and Analogy (1949). *Illtyd Trethowan* (geb 1907): Certainty, Philosophical and Theological (1948).

d) **NORDAMERIKA:** [250

[Vgl *RB Winn:* Amerik Phil, Bern 1948; *GE Müller:* Amerik Phil ²1950; *JF Blau:* Phil u Philosophen Amerikas (Üb) 1957; *HW Schneider:* Gesch der amerik Phil, Hamburg 1957 (Üb).] – Vorherrschen des praktisch-moralischen, personalistisch-individualistischen Geistes. Mit Ausnahme des absoluten Idealismus, des Kartesianismus, des französischen Spiritualismus u des Existentialismus werden alle europäischen Richtungen der Phil (wie die Phänomelologie u a) heute auch in Amerika vertreten.

1. **Neu-England-Philosophie:** auf der puritanischen Urstufe der amerikanischen Geschichte; Verbindung von Phil und Theol; Einfluß des Platonismus u Empirismus (Locke). – J o n a t h a n   E d w a r d s (1703–1758); W: The Freedom of the Will; Notes on the Mind; Of Being. (Representative Selections 1935.) – *Samuel Johnson* (1696–1772): Einfluß von Berkeley, Optimist; W: Elementa philosophica (1752). *C Colden:* Naturphil; W: An Explication of the First Causes of Action in Matter (1745). *John Woolman* (1720–1772): Mystik; W: Journal.

2. **Aufklärung:** seit der zweiten Hälfte des 18. Jhts; Deismus, unsystematisch; [251 engste Verbindung mit dem öffentl Leben. – *B e n j a m i n   F r a n k l i n* (1706–1790): Geschäftsmann, Stratege, Staatsmann; Säkularisierung der kalvinistischen Idee der Auserwählung; pragmatischer Relativismus. W: A Dissertation on Liberty and Necessity, Pleasure and Pain. – *Thomas Jefferson* (1743–1826): Verfasser der Erklärung der Menschenrechte; *J Madison:* Memorial and Remonstrance on the Religious Rights of Man (1785); *J Taylor:* Sozialphil; *J Witherspoon:* Moralphil; *WE Channing* (um 1800): unter dem Einfluß Schleiermachers; Übergang zur Transzendentalphil; *Ethan Allen* (1737–1789): Deist; W: Reason, the Only Oracle of Man (1784); Essay on the Universal Plenitude of Being etc; *Thomas Paine* (1737–1809): materialistischer Freidenker; W: Age of Reason; Common Sense (1776).

3. **Politische Philosophie:** [252

Nationalismus: Alexander Hamilton († 1804): sein ökonomischer Nationalismus begünstigt den amerik Kapitalismus; *D Raymond:* Thoughts on political Economy (1820).

Demokratie: R Hildreth: Theory of Morals (1844); Theory of Politics (1853); *Fr Lieber; OA Brownson:* Ontologist; W: The American Republic (1866).

Demokratischer Hegelianismus (Schule v St Louis): *HC Brokmeyer* (1826–1906); *WT Harris* (1835–1909); *DT Snider:* Journal of Speculative Phil (Hgb); *E Mulford:* The Nation (1870); The Republic of God (1881).

Sozial- u Wirtschaftskritik: H George: Progress and Poverty (1879); *Edw Bellamy:* utopischer Sozialismus; W: Equality (1897); *L Gronlund:* The Cooperative Commonwealth (1884).

4. **Akademische Schulphilosophie:** [253

Liberalismus: J Priestley: Unitarier ↗[142]; *J Buchanan* (1785–1829): Phil of Human Nature (1821). – *P s y c h o l o g i e: S West:* Essays on Liberty and

Necessity (1739); *A Burton* u a. – *Phil des Geistes:* unter dem Einfluß der Schottischen Phil [146]: *TC Upham:* Elements of Mental Phil (1831); *N Porter:* Human Intellect (1868); *J McCosh:* Psychology (1886–87). – *Moralphil: F Wayland:* Elements of Moral Science (1835 uö); *M Hopkins; N Porter.* – *Schottischer Realismus:* ↗[146]; *J McCosh:* Realistic Phil (1887); First and Fundamental Truths (1889); *Ch W Shields.*

254] 5. **Transzendentalphilosophie:**
Christlicher Transzendentalismus: Th Parker; WE Channing ↗[251]; *ST Coleridge:* Aids to Reflection (amerik Ausg 1829); *J Marsh; CS Henry; FH Hedge:* Reason in Religion (1866); Atheism in Phil (1884).
Liberalistischer Transzendentalismus: eklektisch, individualistisch. – *Ralph Waldo Emerson* (1803–1882): Romantischer Idealismus unter dt Einfluß; Pantheismus; der Mensch als org Glied der Natur; W: Essays; Complete Works, Boston (1903). *A Bronson Alcott:* „amerik Pestalozzi"; *H Thoreau:* antinomistischer Idealismus; *H Melville* (1814–1891); *Henry James* (der Ältere): mystifizierender Spiritualismus; W: Lectures and Miscellanies (1852).

255] 6. **Naturalismus** u Evolutionsphil; im Ggs zur spiritualistischen Transzendentalphil; Einfluß Darwins u Spencers. – *Naturphilosophie: J Fiske* (1842–1901): Ansatz zu einem theist Entwicklungssystem im Anschluß an Spencer [235]; W: Outlines of Cosmic Phil (1874); The Idea of God affected by modern Knowledge (1887); *FE Abbot:* objektiver Relationalismus; W: Scientific Theism (1885). – *Romantische Naturphil:* Anschluß an Goethe u Schelling [156]: *JB Stallo:* General Principles of the Phil of Nature (1848); The Concepts and Theories of Modern Physics (1882); *P Garus:* Monism and Meliorism (1885). – *Ch S Peirce* (1839–1914): originelle Entwicklungsphil; Vorläufer des Pragmatismus ↗[257]; späte Nachwirkung; W: Collected Papers (ed 1931–35). – *Spekulative Biologie: Ch Wright; A Winchell:* Sketches of Creation (1870); The Doctrine of Evolution (1874); *J Le Conte:* Evolution (²1894); *L Agassiz; ED Cope* (1840–1897); *E Montgomery:* Philos Problems in the Light of Vital Organization (1907). – *Evolutionstheologie:* Vermittlung zwischen Bibel u Entwicklungslehre: *E Hitchcock:* The Religion of Geology (1851). Im Anschluß an Darwin: *J Mc Cosh* ↗[253]: The Religious Aspect of Evolution (1888); *A Gray; GF Wright.* Im Anschluß an Spencer: *MJ Savage* (1841–1918); *JTh Bixby* (1843–1921); *FH Johnson:* What is Reality (1891). – *Genetische Sozialphilosophie: WG Sumner:* The Forgotten Man (ed 1918); *LF Ward:* Dynamic Sociology (1883); The Psychic Factors of Civilization (1893); *JM Baldwin:* Thought and Things (= Genetic Logic) (1906–11); Dictionary of Phil and Psychology (hg 1901–02); ferner die Schule von Chicago ↗[257]. – Pessimistische u naturalistische Geschichtsauffassung: *Henry Adams* (1838 bis 1918): The Education of H Adams (1918).
George Santayana (1863–1952): Pluralismus (Wesenheit, Materie, Wahrheit, Geist); Konflikt zwischen Realismus u Idealismus. W: The Life of Reason (1905 ff); Skepticism and Animal Faith (1923); The Realms of Being (1942).

256] 7. **Idealismus:** ↗[254] seit etwa 1870; selbständige, keinen anderen Interessen unterworfene, mehr systematische Phil. Im Übergang von der Theol zum Idealismus: *Fr Bowen; N Porter* ↗[253]. Im Anschluß an Kant: *LP Hickok* (1798–1888): Moral Science (1853); Empirical Psychology (1854); Rational

Cosmology (1858); Humanity Immortal (1872); *Ch E Garman; G Fullerton:* A System of Metaphysics (1904). – *Personaler Idealismus: GH Howison* (1834–1916); *GT Ladd* (1834–1916); *BP Bowne* (1847–1916): Personalism (1908); *RT Flewelling* († 1960). – Die **Schule von St Louis** ↗ [252]; *Davidson.* – *Objektiver Idealismus: JG Schurman; JE Creighton* († 1924): Studies in Speculative Phil (1925). – *Dynamischer Idealismus: GS Morris* († 1889): Phil and Christianity (1883); *AH Lloyd:* Dynamic Idealism (1898). – *Absoluter Idealismus:* Josiah Royce (1855–1916): systematische Fassung des amerik Idealismus; W: The World and the Individual (1901–1902). – Andere Idealisten: *Cunningham, Everett, WE Hocking* († 1966), *K Schmidt, Sheldon.*

8. **Pragmatismus:** ↗ [Art] [257
Vorläufer: Peirce, Wright, Abbot: ↗ [255].
William James (1842–1910, Sohn von Henry James [254]; empiristischer Pluralismus, pragmatischer Idealismus. W: Principles of Psychology (1890); The Will to Believe (1897); The Varieties of Religious Experience (1903); Pragmatism (1907); A Pluralistic Universe (1908); The Meaning of Truth (1909).
Die **Schule von Chicago:** John Dewey (1859–1952): werkzeugliche Auffassung des Denkens *(Instrumentalismus);* W: The School and Society (1899); Experience and Nature (1925); The Quest for Certainty (1929); A Common Faith (1934); Logic, the Theory of Inquiry (1938): Problems of Men (1946). Zur Bibliogr: Thomas-Schneider: NY 1939. – *GH Mead:* Mind, Self and Society; The Phil of the Act (1938); *AW Moore; JH Tufts:* The Ethics of Cooperation (1918).
Anwendungen des Pragmatismus: im Behaviorismus: *EL Thorndike, JB Watson;* im Operationalismus auf die Naturwissenschaften: *PW Bridgman:* The Logic of Modern Physics (1927); in der Religionsphil: *W James, ES Ames, JB Pratt;* in der Rechtsphil u Soziologie: *Th Veblen;* in der Ästhetik: *Dewey:* Art as Experience (1934); *HM Kallen;* in der Pädagogik: *Dewey.*

9. **Szientismus:** [258
Phil als „Wissenschaft", dh ohne eigene phil Methode; empiristischer Realismus: *EG Spaulding:* The New Rationalism (1918); (mit *EB Holt* ua) New Realism (1912); *RB Perry* (1876–1957): A General Theory of Value (1926). – *Moderner Naturalismus* ↗ [255]; *YH Krikorian* (geb 1892): Hgb: Naturalism and the Human Spirit (1944); *AO Lovejoy* († 1962): Revolt against Dualism (1930); *RW Sellars* (1881–1973): materialistischer Realismus; W: Philosophy of Physical Realism (1933); *WP Montague:* animistischer Materialist; W: The Way of Things (1940); *FJE Woodbridge:* An Essay on Nature (1940).
Analytische Phil (u Phil der Wissenschaften): *A Pap:* Elements of Analytic Phil, NY 1949; *Ch Stevenson; H Feigl; E Nagel; NR Campbell; AH Korzybski:* Science and Sanity. An introduction to Non-Aristotelian Systems and General Semantics (²1941); *CJ Ducasse:* Philos Liberalismus; *CI Lewis* (1883–1964): Pragmatistische Logik; *JH Woodger; MR Cohen:* Reason and Nature (1931). *Logik u Phil d Mathematik:* W Quine: Mathematical Logic (1940); *M Black:* The Nature of Mathematics (1934); *EV Huntington;* Phil d Math; *A Church.* – Die Emigranten ↗ [175]: *R Carnap:* The Logical Syntax of Language, L-NY (1937); Formalization of Logic, Cambr Mass (1943); Intro-

duction to Semantics, Cambr Mass (³1948); The continuum of inductive Methods (1952); *A Tarski:* Introduction to Logic and to Methodology of deductive Sciences (1941).

259] 10. **Metaphysische Philosophie:**
Neuer Humanismus: I Babitt (1865–1933); *PE More* (1864–1937): New Shelburne Essays (1928). – *DH Parker:* empirischer Idealismus; W: Experience and Substance (1941); *JE Boodin:* Cosmic Evolution: Outline of Cosmic Idealism (1925); *EA Singer Jr:* The contented Life (1936); *AC Knudson:* The Phil of Personalism (1950) ↗[256]. – *EA Burtt:* The Metaphysical Foundations of Modern Science (1925); *RM Hutchins; Mortimer Adler; John Wild; Paul Weiß.*

260] 11. ALFRED NORTH WHITEHEAD (1861–1947, seit 1924 in USA): organisch-platonisches Weltbild; Gegner des Szientismus, Subjektivismus u Mechanismus. W: Science and the Modern World (1926); Process and Reality (1929, Hauptwerk); weitere WW ↗[242]; vollständige Bibliogr bei Schilpp.

261] 12. **Neuscholastik:**
Institut d'Études Médiévales Albert-le-Grand, Montréal (Kanada); Pontifical Institute of Medieval Studies, Toronto (Kanada); Medieval Academy of America, Cambridge Mass (gibt das „Corpus Philosophorum medii aevi" heraus); Franciscan Institute, New York. – *JA Ryan* (1869–1945): Distributive Justice; Social Reconstruction; *JF McCormick* (1874–1943): Scholastic Metaphysics; *ChA Hart* (geb 1893): Aspects of the new Scholastic Phil; *H Renard* (geb 1894): Phil of Being; Phil of God; Phil of Man; *L Keeler* (1890–1937): Problem of Error; *ThV Moore* (geb 1877): Cognitive Psychology, Driving Forces of Human Nature; Process of Abstraction; *Ph Boehner:* History of the Franciscan School; Critical editions of Texts of Ockham; Medieval Logic (1952); *G Phelan:* St Thomas and Analogy; *LM Régis:* La critique néo-thomiste; L'Opinion selon Aristote; St Thomas and Epistemology; *Ch de Koninck:* In Defense of St Thomas; *VJ Bourke* (geb 1907): Augustine's Quest of Wisdom; Thomistic Bibliography 1920–40; Ethics; *AC Pegis* († 1978): St Thomas and the Greeks; The Problem of the Soul in the thirteenth century; Basic Works of St Thomas (ed); *JD Collins* (geb 1917): Thomistic Phil of the Angels; Existentialism; *GP Klubertanz:* The Phil of Human Nature (1951). – Die Emigranten: *J Maritain* ↗[226]: Man and the State; *Y Simon:* Nature and Functions of Authority; Phil of Democratic Government; *R Allers* (1883–1963): The new Psychologies; Psychology of Character; *H Rommen* (geb 1897): The State in Catholic Thought; The Natural Law.

262] e) *SPANIEN:*
[Vgl J Roig Gironella: La Filosofía española en el siglo XIX, in: F Klimke: Historia de la Filosofía (ed Roig Gironella, Barcelona 1947). *L Martínez Gómez* in: Hirschberger, Historia de la filosofía, 1954–56: Appéndice I].

1. **Im 18. Jahrhundert:**
Neben einer extrem konservativen, sterilen Scholastik u einer den Naturwissenschaften sklavisch ergebenen, in der negativen Kritik des Alten sich erschöpfenden Richtung das Bestreben einer eklektischen Auseinandersetzung zwischen Scholastik u Naturwissenschaft: die Schule von Cervera. – Starker Einfluß von Luis Vives ↗[135].

2. Im 19. Jahrhundert:
Christliche Phil: Erneuerung der Tradition [vgl 204] *Fr Alvarado* (1756–1814, bekannt als El filósofo rancio): selbständige Polemik; W: Cartas críticas (1824–25). *Jaime Balmes Urpia* (1810–1848): Phil als Vollzug des ganzen Menschen (gg Sensualismus, Rationalismus u formalistische Scholastik); Lehre vom instinto intelectual u den sog Fundamentalwahrheiten; W: El criterio (1845); Cartas a un escéptico en materia de Religión (1846); Filosofía fundamental (1846). *Fernández Cuevas* († 1864). *JM Orti y Lara* (1826–1904): Kritiker des Krausismus. *A Comellas y Cluet* (1832–84): Introducción a la filosofía (1883). *J Mendive* (1836–1906). *JJ de Urráburu* (1844–1904): umfassende Darstellung der schol Phil; W: Institutiones philosophicae (8 Bde, 1890–1900). *Cefirino González y Díaz Tuñón* (1831–1894): Kardinal, Vorkämpfer der schol Phil des 19. Jhts; W: Estudios sobre la filosofía de Santo Tomás (1864); Phil elementaris (1868).

Traditionalismus:
Juan Donoso Cortés (1809–53): bedeutender Politiker; W: Ensayo sobre el catolicismo, el liberalismo y el socialismo (1851). *JM Quadrado y Nieto* (1819–1896): vielseitiger Politiker u Gelehrter; zuerst Traditionalist.

Phil des Common Sense:
ähnlich der Schottischen Schule [146], jedoch ohne Abhängigkeit. *R Martí de Eixalá* (1808–57): Phil u Rechtslehrer. Dessen Schüler: *FJ Llorens y Barba* (1820–72): Lecciones de Fil (postum 1920), drängt auf vollständige Analyse des Bewußtseins; mittelbarer Einfluß auf *Menéndez y Pelayo* (1856–1912): vielseitig u aufgeschlossen, Gesch der Phil; W: Historia de los Heterodoxos españoles (1880); Hist de las ideas estéticas en España (1882–91); Ensayos de crítica filosófica (1892).

Krausismus: ↗[164]
J Sanz del Río (1814–1869): W: Lecciones sobre el sistema de Fil Analítica de Krause (1850). Die Bewegung des Krausismus erlischt gegen 1900.

3. Im 20. Jahrhundert:
Christliche Phil:
A Gómez Izquierdo (1870–1930): Análisis del pensamiento lógico (1928). *Angel Amor Ruibal* (1869–1930): vielseitiger Gelehrter; W: Los problemas fundamentales de la Fil y del Dogma (10 Bde; 1900–1945). *J Zaragüeta* (1883–1975): Fil y vida (1954). *J Roig Gironella. A Muñoz Alonso* (1915–74): Fundamentos de Fil (1947); Persona humana y sociedad (1955). *I Casanovas Camprubí* (1872–1936): Balmesforscher; *J Hellín* († 1973).
Unter dem Einfluß Ortega y Gassets: *M García Morente* (1886–1942): in den letzten Jahren der kath Phil zugewandt; W: Fundamentos de Fil (mit *Zaragüeta* 1943). *X Zubiri* († 1983): Schüler Heideggers und Ortega y Gassets; christl orientiert; W: Ensayo de una teoría fenomenológica de juicio (1923); Naturaleza, historia, Dios (1944). *Eugenio d'Ors Rovira* (1882–1954): christl Kulturphil der konkreten Idee; W: Las ideas y las formas (1928); Estilos del pensar (1944); El secreto de la Fil (1947).

Andere Richtungen:
Miguel de Unamuno Jugo (1864–1936): bedeutender Schriftsteller; als Phil unsystematisch, paradox, skeptisch; Einfluß Kierkegaards; W: Vida de Don Qui-

jote y Sancho etc (1905); Del sentimiento trágico de la vida en los hombres y en los pueblos (1913); La agonía del cristianismo (1931). *Ramíro de Maeztu* (1875–1936): Pädagoge; von Kant u Nietzsche zur span Tradition zurückkehrend; W: La crisis del Humanismo (1919); En defensa de la Hispanidad (1919).

José Ortega y Gasset (1883–1955): von der Marburger Schule ↗[178] kommend; Perspektivismus; Phil als biologische Vitalfunktion; W: El tema de nuestro tiempo (1923); La rebelión de las masas (1929; dt 1931 u ö); Historia como sistema (1941; dt 1943); Dos Prólogos (1944); Betrachtungen über die Technik (1948). *J Marías* (geb 1914): El método histórico de las generaciones (1949).

f) *RUSSLAND:* [*A Koyré:* Etude sur l'histoire de la pensée philosophique en Russie, P 1950].

1. **Im Gefolge des Deutschen Idealismus:** *N Stráchow* (1828–1896): Hegelianer; W: Die Welt als Ganzes (1872, russ); Grundbegriffe d Psych u Physiol (1886, russ). *Wellanski* (1774–1847): Schellingianer; W: Übersicht des Hauptinhaltes der phil Naturerkenntnis (1815, russ); *Davýdow* (1794–1863): Schellingianer; W: Elemente der Logik (1821, russ).

2. **Christliche Realisten:**
G Skoworodá (1722–1794): Ethiker, Mystiker; *P Tschaadájew* (ca 1796 bis 1856): Psychologie, Anthropologie, Geschichtsphil, Kath Universalismus; W: Acht „Phil Briefe" (geschr 1829–1831; vgl. Üb H Falk 1953); Apologie eines Wahnsinnigen. *I Kiréjewski* (1806–1856) u *A Chomjaków* (1804–1860): Häupter der Slawophilen; Betonung der nationalen u ostkirchlichen Überlieferung; von Hegel u bes Schelling abhängig.

WLADIMIR SOLOWJÓW (1853–1900): erster u bis heute bedeutendster selbständiger Phil Rußlands, Publizist, Theologe. – Phil der All-Einheit; Sophialehre. W: Zwölf Vorlesungen über das Gottmenschentum (1877 bis 1881); La Russie et l'Église universelle (1898; 3. Teil phil bedeutsam); Die Rechtfertigung des Guten; Schriften zur Unionsfrage.

L Lopátin (1855–1920): Spiritualist, Psychologe. W: Positive Aufgaben der Phil (russ 1886–1891).

Philos ausgerichtete Dichter u Schriftsteller: *F Dostojewski* (1821–1881); *L Tolstói* (1828–1910); *K Leóntjew* (1838–1891); *W Rósanow* (1856–1919). *N Berdjájew* (1874–1948): Personalismus existenzphilosophischer Prägung, Überbewertung d Freiheit gg jede Autorität, der Intuition gg diskursives Denken, des Subjekts gg Objektivismus. – W: Phil des freien Geistes (1927); Von der Bestimmung des Menschen; Essai de métaphysique eschatologique. – *S Bulgákow* (1871–1944): Theol Ausbau der Sophialehre. *N Lósski* (geb 1870): Personalismus, organischer Real-Idealismus.

3. **Positivisten:**
P Lawrów (1823–1900): W: Historische Briefe (1870, russ); Aufgaben des Begreifens der Geschichte (1899, russ). *N Michailówski* (1842–1904): Soziologe. *N Grot* (1852–1899): näherte sich später der Metaphysik.

4. **Materialisten:** ↗Dialektischer Materialismus:
M Bakúnin (1814–1875): Geschichtsphil Ansätze, später Anarchist u Nihilist. *N Tschernyschéwski* (1828–1899): Vulgärmaterialist, von Feuerbach u Comte abhängig; *G Plechánow* (1856–1918); *Bogdánow* (geb 1873). Lenin (1870–1924): Voluntaristischer ↗Marxismus, Betonung der Dialektik, Neu-

fassung des Materiebegriffs, Abbildtheorie. W: Materialismus u Empiriokritizismus (1909); Phil Hefte (Nachlaß). - *N Buchárin* (1888-1938): Theorie des hist Materialismus (russ, 1922); *Debórin* (geb 1881): seine Phil 1931 v Stalin verurteilt. *Mítin:* W: Histor Materialismus (russ, 1932); Dial Materialismus (russ, 1933).

g) *ANDERE LÄNDER:* [zu 1-4 vgl *RE Olson, AM Paul:* Contemporary Phil in Scandinavia, Lo 1972]

1. **Schweden:** *J Boström* († 1866): Persönlichkeitsidealismus.
2. **Finnland:** *GJ Hartmann* († 1809); *Eino Kaila* (1890-1958): Physik u Erkenntnistheorie.
3. **Dänemark:** *Sören Kierkegaard* ↗ [195]. *H Höffding* (1843-1931): Positivist.
4. **Norwegen:** *Niels Treschow* († 1833): individualistische Entwicklungslehre. *Monrad* († 1897): Hegelianer. *A Aall* (1867-1943): Religions- u Philosophiegeschichte.
5. **Niederlande:** [*JJ Poortman:* Repertorium der nederlandse Wijsbegeerte 1948]: *Opzomer* († 1892): Empirismus. *Bolland* († 1922): Führer der Hegelbewegung. *G Heymans* (1857-1930): Kritizismus. *Van der Leeuw:* Kritizismus.
6. **Böhmen:** *A Smetana* († 1951): Hegelsche Naturphil. *TG Masaryk* (1850 bis 1937): Verbindung von Positivismus u mystischer Religiosität; W: Modern Man and Religion (L 1938). (Bibliogr v B Jakovenko, Prag 1935).
7. **Polen:** *Pflege der Kath Phil* auf der Kath Universität in Lublin: *Morawski, Michalski* ua.
   Positivismus: Sniadecki († 1830).
   Polnischer Messianismus: Wronski († 1853).
   Lemberger Schule: Denkanalytik. *Twardowski* (1866-1938): Begründer. *Jan Lukasiewicz* (1878-1956): Begründer der mehrwertigen Logik.
   Phänomenologie: R Ingarden (1893-1970).
8. **Bulgarien:** Begründer u Vermittler westlicher Phil: *Peter Beron* (1798-1871), *Ivan Güselev* (1844-1916), *Nikola Alexiev* (1877-1912), *Ivan Georgov* (1862-1936). - *D Blagojev* (1856-1924): Begründer des bulgar Sozialismus. - *D Michaltschev* (1880-1966): Rehmke-Schule ↗ [190].
9. **Ungarn:** *K Böhm* († 1911): positiver Kritizismus; W: Der Mensch u seine Welt; *Beöthy:* W: Das Tragische. *Palágyi:* Die Raumzeit als Urstoff der Dinge; *B v Brandenstein:* theist Metaphysik ↗ [210]. *Akos v Pauler* (1876-1933): an Aristoteles, Leibniz, Bolzano, Husserl orientiert. W: Einl in d Phil (System); Logik. *G Lukács* (1885-1971): marxistische Ästhetik.
10. **Mexiko:** *O Robles* (1904-1969): Introducción a la psicología científica; Filósofos Mexicanos del Siglo XVI.; Símbolo y deseo (1956). *J Vasconcelos* (geb 1887): zuerst Anhänger Bergsons, später Annäherung zur kath Phil; W: Tratado de Metafísica (1929); Ética (1932); Estética (1936); Lógica orgánica (1945). *A Caso* (1883-1946): Gegner des Positivismus, Lebensphil; W: La filosofía de la intuición (1914); El concepto de la historia universal (1918); Principios de Estética (1925); El acto ideatorio (1934); El peligro del hombre (1942). *J Gaos* (1902-1969): Existenzphilosophie.

Philosophiegeschichtliches Verzeichnis

Die Zahlen beziehen sich
auf die Randnummern im Abriß der Geschichte
der Philosophie
*Kursiv*druck zeigt die Hauptstelle an

Aall A: 267
Aaron RJ: 240
Abälard P: 92, Scholastik
Abbagnano N: 233
Abbot FE: 255
Abidhamma pitaka: 4
Abubacer: 100
Ach: 192
Ackermann W: 189_1
Acri F: 227
Action, Phil des Wirkens: 223
Adams H: 255
Adamson R: 240
Adelard v Barth: 92
Adickes E: 180, *184*
Adler, Alfred: Persönlichkeit
Adler M: 259
Adorno ThW: 199_3
Aegidius Romanus: 111
Aeneas v Gaza: 85
Agassiz L: 255
Agrippa v Nettesheim: 132
Aguirre, Karl Saënz de: 141
Ahrens: 164
Aidesios: 69
Ainesidemos v Knossos: 50
Akademie: 39, 40, 49, Platonismus
Akosmistischer Idealismus: 143
Alamanni Cosmas: 141
Alanus ab Insulis: 94
Albert d Große: 97, *108*, 113, 115,
  Aristotelismus, Augustinismus,
  Scholastik, Schönheit
Albert H: 199_4, Rationalismus
Albert v Sachsen: 123
Albinos: 56
Alcott, A Bronson: 254
Alcuin: 87

Alembert, JL d': 149
Alexander v Aphrodisias: 55
Alexander v Hales: 97, *104*, Scholastik
Alexander S: 243, Entwicklung
Alexandrinische Katechetenschule: 78
Alexiev N: 267
Al-Farabi: 99
Algazel: 99
Alhazen: 99
Aliotta A: 232
Al-Kindi: 99
Alkmaion: 28
Allan, Ethan: 251
Allers R: 261
Als-ob, Phil des: 174
Althusius: 134
Altpythagoreer: 28
Alvarado F: 263
Amalrich: 95
Ambrosius: 83
Amelios: 64
Amerikanische Phil: 250–261
Ames ES: 257
Ammonios Hermeiu: 70
Ammonios Sakkas: 62, Neuplatonismus
Amor Ruibal A: 264
Amort E: 152
Ampère: 212
ANALYTISCHE PHILOSOPHIE:
  Positivismus, 244, 258
Anatolius: 73
Anaxagoras: 31, Gottesbeweise, Vorsokratiker
Anaximander: 27, Vorsokratiker
Anaximenes: 27, Vorsokratiker
Andronikos: 55
Angelus Silesius: 139
Anselm v Besate: 89

Anselm v Canterbury: *90*, 91, Gottesbeweise, Illumination, Ontologischer Gottesbeweis, Scholastik
Anthropologie: personale, 199
ANTHROPOSOPHIE: 186
Antiochos: 49
Antipositivismus: 244
Antisthenes: 38
Antonin v Florenz: 119
Antonius a Matre Dei: 141
Apelt: 167
Apollinaris d J: 80
Apollinarismus: 80
Apollonius v Tyana: 57
Apologeten: 75, Gottesbeweise
Apuleius: 56
Arabische Phil: 99–100, Aristotelismus
Archytas: 28
Ardigò R: 227
Arethas: 98
Arianismus: 80
Aristarch: 43
Aristides: 75
Aristippos v Kyrene: 38, Hedonismus
Aristobul: 59
Aristoteles: 41, Vorsokratiker, *Aristotelismus*, Stoizismus, Christl Phil, Patrist Phil, Scholastik, Thomismus, Skotismus. – Abstraktion, Akt, Ästhetik, Begriffsbildung, Bewegung, Demokratie, Dialektik, Erkenntnis, Ethik, Glückseligkeit, Gottesbeweise, Hylemorphismus, Idealismus, Kategorien, Lebensprinzip, Leib-Seele-Verhältnis, Logik, Materie; Math, Phil der; Metaphysik, Potenz, Prädikabilien, Praxis, Realismus, Seele, Sein, Werden, Wesenserkenntnis, Zahl u ö
Aristotelesstreit: 102
Aristotelesübersetzungen: 102
ARISTOTELISMUS: *41–3*, 55, 73, 99, 100–102, 107–9, 125, 130, 141, 152, 163, 190
Aristoxenos: 42
Arius: 80
Arkesilaos: 49

Arnauld: 136
Arnobius: 78
Aron R: 225
Arouet: 147
Arriaga: 141
Arrian: 52
Ars generalis: 116
Asanga: 11
Asklepiodotos: 46
Ast F: 158
Aster E v: 177
ÄSTHETIK: 144, 161, 207
Athanasius: 81
Athenagoras: 75
Attikos: 56
Attische Phil: 36–42
AUFKLÄRUNG: 142–152, 251, Deismus, Religionspsychologie, Spinoza
AUGUSTINISMUS: 104–106, Seelenvermögen
Augustinus: *84*, Manichäismus, Platonismus, *Patristische Phil*, Scholastik, *Augustinismus*, Thomismus – Ästhetik, Erkenntnistheorie, Frieden, Geschichtsphil, Glückseligkeit, Gottesbeweise, Ich, Idee, Illumination, Psychologie, Teilhabe, Unsterblichkeit
Aureolus: 117
Aurobindo S: 13
Aveling F: 246
Avempace: 100
Avenarius: 173, Neukantianismus
Avencebrol: 101
Averroes: 100, Aristotelismus, Scholastik
Averroismus, latein: 107; später: 125, Begriffsbildung, Scholastik, Wahrheit
Avicebron: 101
Avicenna: 99, Scholastik
Ayer A J: 244, Analytische Phil

Baader F: *157*, 163, Neuscholastik
Babenstuber L: 141
Bacon Roger: 115, Scholastik
Bacon v Verulam, Francis: 135, Empirismus, Deduktion, Ideologie, Induktion

Bādarāyana: 12
Badener Schule: 179, Neukantianismus, Sinn
Baeumker Cl: 206, Neuscholastik
Bahnsen J: 166
Bain A: 234
Bakúnin M: 266
Baldwin JM: 255
Balfour AJ: 248
Ballanche: 211
Balmes J: 204, 263
Balthasar, Urs v: 210
Báñez D: 127, Mitwirkung Gottes, Molinismus, Willensfreiheit
Banfi A: 232
Bardili CG: 154
Barié GE: 230
Barnes WHF: 244
Barth K: 196, Dialektische Theologie
Barth T: 206
Bartlett FC: 246
Baruzi J: 222
Basedow JB: 151
Basilides: 76, Gnostizismus
Basilius: 81
Basso S: 131, 140
Bauch Br: 179, 180
Bauer Br: 160
Baumann J: 182
Baumgarten AG: 151, Ästhetik
Bäumler A: 197
Baur FChr: 161
Baur L: 207
Bautain L; 211
Bavink: 171
Bax EB: 239
Bayle P: 136, Aufklärung
Bazard: 213
Beattie J: 146
Beauvoir S de: Existenzphil
Becher E: 187, 192, Assoziation, Metaphysik, Leib-Seele-Verhältnis, Seele, Weltseele
Bechterew: Seele
Beck JS: 154
Becker O: 199

Beda Venerabilis: 86
Behn S: 207
Bellamy E: 252
Bellarmin Robert: 134, Willensfreiheit
Bellutius: 141
Belot G: 220
Beneke FE: 167
Bentham J: 234, Aufklärung, Ethik
Beöthy: 267
Berdjájew N: 265
Berengar: 89
Berger G: 225
Bergmann E: 197
Bergmann J: 182
Bergson H: 222, Anschauung, Dynamismus, Entwicklung, Evolution, Existenzphil, Gottesbeweis, Intuitionismus, Lebensphil, Pantheismus, Seele
Berkeley: 137, 142, Idealismus, Nominalismus, Seele, Spiritualismus
Berlinger R: Ästhetik
Bernard Cl: 217
Bernard H: 210
Bernays P: 189_1
Bernhard v Chartres: 93
Bernhard v Clairvaux: 96
Bernhard v Tours: 95
Bernstein: Marxismus
Beron P: 267
Berr H: 217
Berthelot: 217
Berthier: 152
Bertini GM: 227
Besant Annie: 186, Theosophie
Bessarion Kard: 130
Beth EW: 189_1
Bethe: Tier
Betti, E: Hermeneutik
Bhagavadgītā: 6
Biel G: 124
Bilfinger: 151
Binet A: 221
Biologie, spekulative: 255
BIOLOGISMUS: 187, 195, 197
Bion: 44
Biran, Maine de: 212, Existenzphil

Bixby JTh: 255
Black M: 258
Blagojev D: 267
Blavatsky HP: 186, Theosophie
Bloch, E: 199_3, Akt, Anthropologie, Dialektischer Materialismus, Marxismus, Werden
Blondel Ch: 221
Blondel M: Immanenz, 223
Bocheński IM: 189_1
Boddhidarma: 20
Bodin Jean: *134*, 135
Boehner Ph: 207, *261*
Boëthius: 72, 86, Ewigkeit, Scholastik
Boëtius v Dacien: 107, Wahrheit
Bogdánow: 266
Böhm K: 267
Böhme Jakob: 132
Bois-Reymond, Du: 171
Bolingbroke: 143
Bolland: 267
Bollnow OF: 195
Bolyai: Math, Phil der
Bolzano B: 170, Urteil
Bonald, L de: 211
Bonatelli F: 227
Bonaventura: 97, *104*, Hylemorphismus, Illumination, Scholastik
Bonitz H: 169
Bonnet Ch: 147
Bonnetty A: 211
Bontadini G: 229
Boodin JE: 259
Boole G: 189_1, *244*
Bosanquet B: 237
Boscovich Roger: 149, *152*, Dynamismus
Bossuet: Geschichtsphil
Boström J: 267
Bouglé G: 220
Bouillier F: 216
Bourgh WG de: 248
Bourke VJ: 261
Boutroux E: 216
Bowen F: 256
Bowne BP: 256
Boyle Robert: 143

Bradley FH: 238
Bradwardine Th: *120*, 123
Brahe T: 131
Brahmanas: 1
Brahmanismus: Buddhismus
Brahmo-Samaj: 13
Brandenstein, B v: 210_1, 267
Brandis ChA: 168
Braun O: 181
Brecht F: 199
Brentano Fr: 190, Wertphil
Bridgman PW: 257
Brihadāranyaka-Upanishad: 2
Broad ChD: 243
Brochard V: 215
Bröcker W: 199
Brouwer: Mathematik, Phil d
Brown Th: 146
Brownson OA: 252
Brunner A: 209
Brunner E: 196, Dialektische Theol
Bruno Giordano: 131, *133*, Naturalismus
Brunschvicg L: 219
Bruun C: 87
Bruyère, La: 147
Buber M: 199_2, Anthropologie, Dialog, Gott
Buchanan J: 253
Buchárin N: 266
Büchel W: 208
Bucher Z: 207, 208
Buchez Ph: 211
Büchner L: 171, Seele
Buddha: 4, Buddhismus
BUDDHISMUS: 4, 10, 11, 20, 23
Buffier Cl: 146
Bühler K: 192, Ausdruck, Sozialpsychologie
Bulgakow S: 265
Bureau P: 220
Buridan: 123
Burke Edm: 144
Burthogge: 142
Burton A: 253
Burtt A: 259
Bushido: 24

Busse L: 182
Butler: 144
Butler S: 235
Buzzetti V: 204, Neuscholastik
Byzantinische Phil: 98

Cabanis P: 211
Caird E: 237
Caird J: 237
Cajetanus, Thomas de Vio: 127
Calderoni M: 232
Calderwood H: 234
Calogero: 231
Cambridge-Schule: Analytische Phil
Campanella Thomas: 131, *134*
Campbell NR: 258
Camus A: 225, Atheismus
Candidus Bruun: 87
Cano Melchior: 127
Cantoni C: 227
Cantor G: Math, Phil der; Platonismus, Zahl
Capreolus: 119
Carabellese P: 230
Cardanus: 131
Carlini A: 228
Carlton C: 152
Carlyle Th: 237
Carnap R: 175, 258
Caro E: 216
Carr HW: 239
Carrière M: 162
Carritt EF: 247
Cartesius: 136, Kartesianismus
Carus KG: 158, Ausdruck, Unbewußtes
Carus P: 255
Casanovas Camprubí I: 264
Case ThH: 240
Caso A: 268
Cassirer: *178*, 180
Castelli E: 233
Cathrein V: 207
Cato der J: 52
Cattaneo C: 227
Cattell: Persönlichkeit
Cebes: 28
Celsus: 56

Cerdon: 76
Cerinthus: 76
Cervera, Schule v: 262
Ch: bei chines Namen s auch Tsch
Chaignet: 216
Chalcidius: 72
Chamberlain HSt: 180, *197*, Geschichtsphil, Lebensphil
Chāndogya-Upanishad: 2
Channing WE: *251*, 254
Charron P: 130, Skeptizismus
Chartier E: 218
Chartres, Schule v: 91, *93–95*, Scholastik
Cherbury, Herbert of: 135
Chevalier J: 222
Chiavacci G: 231
Chicago, Schule v: 257
Chinesische Phil: 14–20
Chiocchetti E: 229
Chion: 40
Chomjaków A: 265
Christl Phil d Gegenw: 200–210, 224, 226, 228, 229, 248–249, 254, 261, 264–265
Chrysippos: 45, Stoizismus
Chu Hi: 17, Konfuzianismus
Church A: 258, Platonismus
Cicero, M Tullius: 49, Gottesbeweise
Clarke RF: 249
Clarke S: 144
Clauberg Joh: 140
Claudianus Mamertus: 86
Clauß F: Ausdruck
Clemens FJ: 204
Coffey P: 249
Cohen H: *178*, 180, Logizismus, Neukantianismus
Cohen MR: 258
Cohn J: 179
Colden C: 250
Coleridge ST: 254
Collier: 142
Collingwood RG: 239
Collins: 143
Collins JD: 261
Comellas Cluet: 263
Comenius A: 139
Common-Sense-Phil: 146, 234

Comte A: 213, Geschichtsphil, *Positivismus*, Sensismus
Condillac EB de: 148, Empirismus, Sensismus
Congreve R: 235
Conrad-Martius Hedw: 191
Considérant V: 213
Conte, J Le: 255
Cope ED: 255
Copleston FC: 249
Coppernicus: 131
Cordemoy: 140
Cordovani M: 229
Coreth: 210
Cormick, JF Mc: 261
Cornelius H: 177, Neukantianismus
Cornoldi JM: 204
Corpus Hermeticum: Gnostizismus
Cortés JD: 263
Cosh, J Mc: 253 (bis), 255
Costa-Rosetti: 204
Couplet Ph: 141
Cournot A: 215
Cousin V: 212, Eklektizismus
Couturat L: 217
Cramer W: 194
Creighton JE: 256
Croce B: 231, Pantheismus
Crockaert Petrus: 127
Crusius ChA: 151
Cudworth Ralph: 137
Cumberland: 144
Cunningham: 256

Dacqué E: 187
Damaskios: 68
Damaszenus: 85
Damiani Petrus: 89
Dandoy: 210
Dante: Geschichtsphil
Darbon MA: 217
D'Arcy MC: 249
Darwin Ch: 171, Ausdruck, Evolution
Dauriac L: 215
David v Dinant: 95
Davidson: 256
Davýdow: 265
De Bonald: 211

Debórin: 266
Dedekind: Zahl
Delacroix H: 221
De Lamennais: 211
Delp A: 207, 210
Del Vecchio G: 230
Demetrios der Kyniker: 51
Demetrios v Phaleron: 42
Demokratie: 252
Demokrit: 32, Atomismus, Hedonismus, Mechanismus, Vorsokratiker
Demolin: 220
Demonax: 51
Dempf A: 207, 210$_1$
Denifle H: 206, Neuscholastik
Dennert: 171
D'Ercole P: 231
Descartes: 136, *Kartesianismus*, Rationalismus, Aufklärung – Mechanismus, Spiritualismus, Dualismus – Akzidens, Allmacht, Anthropologie, Erkenntnislehre, Gottesbeweise, Ich, Körper, Leib-Seele-Verhältnis, Möglichkeit, Monade, Ontologischer Gottesbeweis, Psychologie, Quantität, Raum, Seele, Substanz, Tier, Unsterblichkeit
Deschamps Kard: 224
Descoqs: 207, 226
Dessauer F: 208
Dessoir: Unbewußtes
Destutt de Tracy: 211, Ideologie
Deussen P: 166
Deutinger M: 163, 211, Neuscholastik
Deutsche Glaubensbewegung: 197
DEUTSCHER IDEALISMUS: 155 bis 164, 265, Bewußtsein überhaupt
„Deutsche Theologie": 126
Dewey J: 257
Dezza P: 229
Dharmakirti: 11
Dhyana-Schule: 20
Dialektik, humanistische: 131
„Dialektiker": 89
DIALEKTISCHER MATERIALISMUS: 171, 266
DIALEKTISCHE THEOLOGIE: 196

Dialogphilosophie: 199₂
Diatribe: 44
Diderot D: 148
Diemer A: 191
Dietrich v Freiberg: 113
Dīghanikāya: 4
Dikaiarchos: 42
Dilthey W: *189*, 195, Anthropologie, Existenzphil, Geisteswissenschaften, Geistiges Sein, Hermeneutik, Historismus, Psychologismus, Verstehen, Weltanschauung
Dingle H: 246
Dingler H: 187
Diogenes, der Babylonier: 45
Diogenes v Apollonia: 27
Diogenes v Oinoanda: 54
Diogenes v Sinope: 38
Diogenianos: 54
Dion Chrysostomus: 51
Dionys der Kartäuser: 119
Dionysius der „Areopagite" (der Pseudo-Areopagite): 85, Negative Theologie
Dionysius der Große: 78
Dobzhansky Th: Zufall
Dōgen: 23
Dolch H: 208
Domet de Vorges: 204
Dominicus Gundisalvi: 103
Dostojewski F: 265
Drews A: 171
Driesch H: 186, *187*, Ganzheit, Lebensprinzip, Potenz, Seele
Drobisch MW: 169
Droysen: Hermeneutik
Drummond H: 235
Du Bois-Reymond: 171
Ducasse CJ: 258
Duchenne: Ausdruck
Duguit L: 220
Duhamel J: 217
Duhamel JB: 141, Metaphysik
Duhem P: 217
Dühring E: 172
Dumas G: 221
Dunan Ch: 218

Duns Scotus: 110, *112*, *Skotismus*, Voluntarismus, Scholastik
Durand de Gros: 218
Durandus de S Porciano: 117
Durkheim E: 220, Ethik, Moralpositivismus
Dyroff A: 207

Ebbinghaus J: 179
Ebner F: 199₂
Eckhart, Meister: *114*, 126, Negative Theologie, Nichts, Scholastik, Verneinung, Wirklichkeit
Eddington AS: 245
Edwards J: 250
Eggersdorfer F: 207
Ehrenfels: Ganzheit, Gestalt
Ehrle, Kard Fr: 206, Neuscholastik
Eibl-Eibesfeld: Biologismus
Einstein A: 187, Relativitätstheorie
Eisai: 23
Eisler R: 184
Eklektizismus: 51–56, 212
Eleaten: 29, Vorsokratiker
Elisch-Eretrische Schule: 37
Elsenhans: 177
Emerson RW: 254
Emmet, Dorothy M; 244
Empedokles: 31, Vorsokratiker
Empiriokritizismus: 173, Neukantianismus
EMPIRISMUS: 142, 147, 234
Enfantin: 213
Engels Fr: 160, Atheismus, Dialektik, Dialektischer Materialismus, Marxismus
Englische Philosophie: 234–249
Enzyklopädisten: Aufklärung
Epiktet: 52, Stoizismus
Epikur: 47, *Epikureismus*, Ethik, Hedonismus
EPIKUREISMUS: 47, 54, 130
Erasmus v Rotterdam: 130
Erdmann B: 180, *185*
Erdmann JE: 161
Eric: 88
Eriugena Skotus: *88*, 91, Scholastik

Erkenntnistheorie: 209
Espinas A: 220
Essäer (Essener): 59
Essertier D: 220
Ethik: 207, 247
Eubulides: 37
Eucken R: 181, Pantheismus
Eudemos: 42
Eudoxus: 40, Hedonismus
Eukleides v Megara: 37
Euklid: Mathematik, Phil d; Zahl
Euler L: 151
Eunapios: 69
Eunomius: 82
Eusebius v Caesarea: 82
Eutyches: 80
Evangelien: 74
Evellin F: 215
Everett: 256
EVOLUTIONISMUS: 235, 255
Ewing AC: 247
Existentialismus: 225
EXISTENZPHILOSOPHIE: 198, 210_1, 225 233
Eysenck: Persönlichkeit

Fabri H: 141
Fabro C: 229
Farrer A: 248
Fauconnet F: 220
Favonius Eulogius: 72
Fawcett D: 239
Fazio-Allmayr V: 231
Fechner GTh: 158, *182*, Leib-Seele-Verhältnis, Psychologie
Feigl H: 258
Ferrari G: 227
Ferrariensis, Franciscus de Silvestris: 127
Ferrier JF: 237
Feuerbach L: 160, 199_2, Atheismus, Dialog, Entfremdung, Gottesbeweis
Feuling D: 207
Feys R: 189_1
Fichte JG: 155, *Deutscher Idealismus*, Dialektik, Gott, Idealismus, Kategorien, Optimismus, Pantheismus, Romantik, Wille Gottes, Wissenschaftstheorie
Fichte IH: 162
Fidanza: 104
Finance, de: 226
Fink E: 191
Fischer K: *161*, 180, Neukantianismus
Fishacre Richard: 104
Fiske J: 255
Flewelling RT: 256
Flint R: 236
Flournoy: Religionspsychologie
Fonseca Petrus: 128, Molinismus
Forge, Louis de la: 140
Fortunatus a Brixia: 152
Fouillée A: 218
Fourier Ch: 213
Fowler Th: 236
Fraenkel: Mathematik, Phil d
Franciscus de Silvestris: 127
Franciscus Mayronis: 120
Franck A: 216
Frank Ph: 175
Frank Seb: 132
Frankfurter Schule: Marxismus, 199_3
Frankl V: Persönlichkeit
Franklin B: 251
Frantz C: 158
Franz v Marchia: 120
Franz de Vitoria: 119, *127*
Franziskanerschule: 104–105
Französische Phil: 211–226
Frauenstädt J: 166
Frazer JG: 237
Frege: 189_1, Mathematik, Phil d; Platonismus, Zahl
Freud S: Ethik, Gewissen, Liebe, Persönlichkeit, Religionspsychologie, Tiefenpsychologie, Unbewußtes
Freyer H: 189
Friedrich d Gr: 151
Fries JF: 167, Idealismus
Frischeisen-Köhler: 189
Fröbes J: 208, Gefühl, Neuscholastik
Frohschammer: *163*, 171
Frühscholastik: 89–97
Fuetscher L: 210

Fuhrmans H: 181
Fukko: 22
Fullerton G: 256

Gabler: 160
Gadamer HG: 199
Gaios: 56
Galenos: 55, Persönlichkeit
Galilei: 131, Erscheinung
Gall: Ausdruck
Galli G: 230
Galluppi P: 227
Galton: 235, Sensismus
Gangesha: 7
Gaos: 268
Garcia Morente M: 264
Gardeil: 226
Garman: 256
Garrigou-Lagrange R: 207, 222, *226*
Garve Ch: 151
Gassendi P: 130, *131*, Atomismus
Gaudapada: 12   [weis
Gaunilo: 90, Ontologischer Gottesbe-
Gauthier, J de: 217
Gauss: Math, Phil d
Gazali: 99
Gehlen A: 194, Instinkt
Geiger LB: 226
Geiger M: 191
Geist, Phil des Geistes: 222, 253, Spiritualismus
Gemelli A: 208, *229*,
Genovesi: 227
Gentile G: 231, Pantheismus
George H: 252
Georgov I: 267
Gerdil: 152
Gerson: 126
GESCHICHTE DER PHILOSOPHIE: 161, 206
GESCHICHTSPHILOSOPHIE: 207
Gesellschaftslehre: 207
Geulincx A: 140, Okkasionalismus
Geyser J: 207–210
Giacon C: 229
Gietmann G: 207
Gifford Lectures: 248

Gilbert de la Porrée: 93, *94*
Gilbert v Tournai: 104
Gilson É: 206, *226*, Ästhetik
Gioberti V: 227, Begriffsbildung, Ontologismus
Girgensohn K: Religionspsychologie
Glaubensphilosophie: 154
Glockner H: 181
Glogau G: 182
Gnosis: Gnostizismus, Patristische Phil
Gnostisch-Manichäische Theosophie: 61
Gnostizismus: 76, Böse, das; Patristische Phil
Gobineau, A v: 197, 214, Lebensphil
Goblot: 219
Gödel K: 189_1, Platonismus, System
Godescalc: 87
Godwin W: 234
Goethe: Ausdruck, Pflanze, Lebensphil, Pantheismus, Spinozismus
Gogarten F: 196, Dialektische Theologie
Gómez Izquierdo A: 264
Gonseth F: 189_1
González C (Z): 204, 263
Goodman N: Nominalismus
Goodstein RL: Math, Phil d
Gorgias: 34
Görres, J v: 158, Geschichtsphil
Göschel: 160
Gotama: 4
Gotteslehre: 207
Gottfried v Fontaine: 111
Gottl-Ottlilienfeld: Wirtschaft
Gottsched: 151
Goudin A: 141
Gourd JJ: 215
Grabmann M: 206, Neuscholastik
Grassi E: 233
Gratiolet: Ausdruck
Gratry A: 211
Gray A: 255
Green, Th Hill: 237
Gregor v Nyssa: 81
Gregor v Rimini: 122
Gregor der Wundertäter: 78

Grensted LW: 246
Grisebach E: 198
Gronlund L: 252
Groos K: 185
Gros, Durand de: 218
Grosseteste R: *103*, 115
Grot N: 266
Grotius Hugo: 134, Lüge
Gruehn W: Religionspsychologie
Gründler O: 191
Grundwissenschaft: 190
Guardini R: 207
Guastella C: 232
Guggenberger A: 210
Günther A: 163, Neuscholastik
Guilford: Persönlichkeit
Güselev I: 267
Gutberlet K: 204
Guyau JM: 218
Guzzo A: 228

Häberlin P: 185, 195, *198*
Habermas J: 199$_3$
Haeckel E: 171, Evolution, Pantheismus
Haecker Th: 210$_1$
Haering Th: 181, *192*
Halbwachs M: 220
Haldane, J Scott: 245, Ganzheit, Zufall
Haldane RB: 237
Hamann JG: 154
Hamelin O: 217
Hamilton A: 252
Hamilton W: 234
Han Fei-tse: 15
Hannequin A: 217
Hardenberg, F v: 158
Harper ThM: 249
Harris WT: 252
Harrison F: 235
Hart ChA: 261
Hartley: 142
Hartmann, E v: 166, *183*, Dynamismus, Irrational, Kategorien, Pantheismus, Pessimismus, Unbewußtes, Voluntarismus, Wille, Wollen Gottes
Hartmann GJ: 267

Hartmann Nik: 181, 192, *193*, Idealismus, Irrational, Kategorien, Metaphysik, Neukantianismus, Ontologie, Realismus, Wert, Wertethik, Wertphil
Hastings R: 239
Hatano Seiichi: 26
Hauer JW: 197
Hauréau: 216
Hauser B: 152
Hawkins DJB: 249
Hedge FH: 254
Hegel GWF: 157, *159*, *Deutscher Idealismus*, Romantik, Solipsismus, Historismus – Idealismus, Pantheismus, Logizismus, Optimismus – Analogie, Ästhetik, Begriff, Dialektik, Dialektischer Materialismus, Entfremdung, Freiheit, Freiheit Gottes, Geistiges Sein, Geschichtsphilosophie, Geschichtswissenschaft, Gottesbeweise, Idee, Kategorien, Konkret, Logik, Negation, Person, Phänomenologie, Potenz, Praxis, Sein, Veränderung, Vernunft, Wahrheit, Werden

Hegelianismus, Hegelsche Schule: 160, 181, 227, 231, 237, 252
Heidegger M: 180, 191, 193, *199*, Anthropologie, Ästhetik, Dasein, Ding, *Existenzphilosophie*, Hermeneutik, Kategorien, Phänomenologie, Nichts, Ontologie, Pessimismus, Sein, Tod, Transzendenz, Verstehen, Zeit
Heimsoeth H: 194
Heinrich v Gent: *106*, 110, Voluntarismus
Heinrich Seuse: 126
Heisenberg: Quantenphysik
Hellenistisch-römische Phil: 43–56
Hellpach: Sozialpsychologie
Helmholtz H: 171, *176*
Helmont, van: 131
Helvetius: 148
Hengstenberg HE: 199$_1$
Henrici P: 210
Henry CS: 254
Herakleides Pontikos: 40

Heraklit: 30, Logos, Seele, Vorsokratiker, Welt, Werden
Herbart JF: 169
Herbert of Cherbury: 135
Herder JG: 154, Aufklärung, Geschichtsphilosophie, Optimismus
Hermes: 163
Hermetische Literatur: 58
Hermias: 75
Hermodor: 40
Herrenios: 62
Herrigel E: 180
Herschel J: 234
Hertling, G v: 171, *207*
Hervaeus Natalis: 111
Hessen J: *191*, 210_1, Gottesbeweis
Heyde JE: 190
Heymans: 267
Heyse H: 199
Heyting: Mathematik, Phil d, 189_1
Hickok LP: 256
Hicks GD: 240
Hierokles: 70
Hiketas: 28
Hilarius: 83
Hilbert: Mathematik, Phil d; Zahl, 189_1
Hildebrand, D v: 191, *210_1*
Hildreth R: 252
Hīnayāna: 10
Hinrichs: 160
Hippasos: 28
Hippias: 35
Hippolytus: 76
Hirschberger J: 207
HISTORISMUS: 189
Hitchcock E: 255
Hobbes Th: 137, Aufklärung, Moralpositivismus, Staat
Hobhouse LT: *235*, 246
Hochscholastik: 102–117
Hocking: 256
Hodgson ShH: 240
Hoenen P: 208
Hoernlé RFA: 239
Höffding H: 267
Hoffmeister J: 181
Höfler A: 190

Holbach, Baron v: 148, Aufklärung
Hölderlin F: 158
Holle HG: 195
Home H: 144
Hommes J: 210
Hönigswald R: 176
Hooker R: 134
Horkheimer M: 181, 199_3
Horvath A: 207
Hotho: 161
Howison GH: 256
Hrabanus Maurus: 87
Hsing-li-Philosophie: 17
Hsün-tse: 16
Hubert H: 220
Huët: 136
Hügel, Fr v: 248
Hugo v St Victor: 96
Humanismus (neuer): 259
Humboldt, W v: 157, Sprachphil
Hume D: 142, *145*, Akzidens, Aufklärung, Immanenz, Nominalismus, Positivismus, Sensismus, Ursache
Hung-fan: 14
Huntington EV: 258
Hurtado: 141
Husserl E: 191, Anthropologie, Bewußtsein überhaupt, Existenzphil, Immanenz, Neukantianismus, *Phänomenologie*
Hutcheson: 144
Hutchins RM: 259
Hutchison JSt: 237
Huxley JS: Zufall
Huxley ThH: 235, Agnostizismus
Hyppolite J: 217
Hypathia: 70

Ibn Gebirol: 101
Ibn Roschd: 100
Ibn Sīnā: 99
Ibn Tufail: 100
IDEALISMUS: 142, 155–164, 217, 230 bis 231, 237–239, 256
Idealismus, akosmistischer: 137
IDEOLOGIE: 211
Immanenzphilosophie: 174, Immanenz

Indische Phil: 1–13
Induktive Metaphysik: 184
Ingarden R: 267
Inge WR: 248
Ionische Naturphilosophen: Vorsokratiker
Ipsen: Sprachphilosophie
Irenäus: 76
Irrationalismus: 195, Irrational
Isaak ben Salomon: 101
Ishvarakrishna: 9
Isidor v Sevilla: 86
Italienische Philosophie: 227–233

Jacobi FH: 146, *154*, 199$_2$, Dialog, Fideismus
Jacoby Günther: 193
Jaensch E: 185, Integration, Persönlichkeit, Wertphilosophie
Jainismus: 5
Jakob v Metz: 117
Jamblichos: 65, Neuplatonismus
James H: 254
James W: 240, *257*, Pragmatismus, Religionspsychologie, Sensismus
Janet Paul: 216
Janet Pierre: 221, Religionspsychologie, Unbewußtes
Janke W: Deutscher Idealismus
Jankélévich W: 222
Jan van Ruysbroeck: 126
Jansen B: 210
Japanische Phil: 21–26
Jason: 46
Jaspers K: 198, Anthropologie, *Existenzphilosophie*, Glaube, Persönlichkeit, Transzendenz
Jeans J: 245
Jefferson Th: 251
Jesus Christus: 74
Jevons WSt: 244
Joachim HH: 237
Joad CEM: 244
Jodl Fr: 172
Joel K: 181
Johannes a Sancto Thoma: 141, Transzendental

Johannes Buridan: 123
Johannes Capreolus: 119
Johannes Damaszenus: 85
Johannes Duns Scotus: 110, *112*, Einzelne, das; Gottesbeweise, Scholastik, *Skotismus*, Transzendental, Voluntarismus
Johannes Fidanza: 104
Johannes Gerson: 126
Johannes Lydos: 71
Johannes v Mirecourt: 122
Johannes v Peckham: *105*, 110
Johannes Philoponus: *70*, 85
Johannes v Rupella: 104
Johannes v Salisbury: 93, *94*
Johannes Scottus Eriugena: *88*, 91, Scholastik
Johannes Tauler: 126
Johannesevangelium: 74, Logos
Johanns P: 210
Johnson FH: 255
Johnson S: 250
Johnson WE: 243
Jolivet R: 226
Jordan P: 187
Joseph HWB: 247
Jouffroy: 212
Joule: 171
Jüdisch-Alexandrinische Theosophie: 59–60
Jüdische Philosophie: 101, Aristotelismus
Julian, Kaiser: 69
Jung CG: *185*, 195, Ich, Persönlichkeit, Religionspsychologie, Symbol, *Unbewußtes*
Junghegelianer: 160, Marxismus
Jungius J: 131
Jungmann J: 207
Junk N: 208
Justinus: 75
Justus Lipsius: 130
Juvaltà E: 230

Kabbala: 101
Kaila: 267
Kallen HM: 257

Kallikles: 35
Kalvinismus: Vorsehung
Kamlah W: 199
Kant I: 153, Rationalismus, Empirismus, Aufklärung, *Kritizismus,* Idealismus, Deutscher Idealismus, Neukantianismus, Phänomenologie, Wertethik, Existenzphilosophie, Neuscholastik – Realismus, Dogmatismus, Dynamismus, Voluntarismus, Phänomenalismus, Agnostizismus – Analogie, Anschauung, Anthropologie, Antinomien, A posteriori, A priori, Autonomie, Bewußtsein an sich, Dialektik, Ding an sich, Erscheinung, Ethik, Form, Freiheit, Geltung, Glaube, Gottesbeweis, Heiligkeit, Idee, Kategorien, Kategorischer Imperativ, Kausalprinzip, Methode, Ontologischer Gottesbeweis, Postulat, Praxis, Raum, Schein, Schema, Sinnlichkeit, Transzendental, Wahrheit, Zeit
Kantianismus: 227, Neukantianismus, Kritizismus
Karl Joseph a S Floriano: 152
Karneades: 49
KARTESIANISMUS: 136–141
Kastil A: 177
Kāthaka-Upanishad: 3
Keeler L: 261
Kelsos: 56
Kepler J: 131
Kerner J: 158
Keyserling H v: 180, *195*
Kidd B: 235
Kierkegaard S: *195*, 267, Dasein, Anthropologie, *Existenzphil*, Lebensphil, Person, Sokratik, Tod
Kilwardby Robert: 110
Kirchenväter: Christl Phil, Patrist Phil
Kiréjewski I: 265
Klages L: *185*, Ausdruck, *Geist,* Natur, Persönlichkeit, Trieb
Klaudios Ptolemaios: 55
Klaus G: 171
Kleanthes: 45, Stoizismus

Klein: Persönlichkeit
Klein F: Math, Phil d
Kleitomachos: 49
Klemens v Alexandrien: 78, Patristische Phil
Kleutgen J: 204, Neuscholastik
Klimke F: 171, *207*
Klubertanz: 261
Kneale W: 244
Knox TM: 237
Knudson AC: 259
Knutzen: 151
Koch J: 206
Koellreuther O: 197
Koffka: Sensismus
Koijiki: 21
Kojève A: 217
Kolbenheyer E: 195, Biologismus
KONFUZIANISMUS: 16–18, 22
Konfuzius: 16, Konfuzianismus
Koninck, Ch de: 261
Korzybski: 258
Köstlin: 161
Krantor: 40
Krates: 38
Kratylos: 30
Kraus O: 190
Krause KChrF: 157, *164*
Krausismus: 263
Kretschmer: Persönlichkeit
Krieck E: *195*, 197, Biologismus
Krikorian YH: 258
Krings H: 207
Kritias: Atheismus
KRITIZISMUS: 153–154, 215, 230
Kritolaos: 43
Kroner R: 181, Deutscher Idealismus
Krueger F: 185, Gefühl
Krüger G: 207
Kues s. Nikolaus
Kuhn Helmut: 207, *210*, Ästhetik
Kuiper V: 229
Külpe O: 192, Metaphysik, Neukantianismus, Psychologie, *Realismus*
Kulturphilosophie: 207
Kumarila: 8
Kung-tse: 16, Konfuzianismus

Kynische Schule: 38, 44, 51, 73
Kyoto-Schule: 26
Kyrenaische Schule: 38, Epikureismus
Kyrillos v Alexandrien: 81

Laas E: 172
Laberthonnière L: 224
Labriola A: 227
La Bruyère: 147
Lachelier J: 216
Lactantius: 78
Ladd GF: 256
Lafitte P: 214
Lagneau J: 218
Laird J: 243
Lakebrink B: 210
Lalande A: 219
Lalo Ch: 220
Lamaismus: 20
Lambert JH: 151, Phänomenologie
Lamennais, F de: 211
Lamettrie: 148, Aufklärung
Landgrebe L: 191
Laṅkāvatāra-sutra: 11
Lao-tse: 15
Lapie P: 219
La Rochefoucauld: 147
Laromiguière: 212
Laros: Gottesbeweis
Lassalle F: 161
Lask E: 179
Lasson A: 181
Lasson G: 181
Laßwitz: 171
Lateinischer Averroismus: 107
Lauth R: 155
Lavater: Ausdruck
Lavelle L: 222
La Via V: 230
Lawrow: 266
Leadbeater CW: 186
Lebensphilosophie: 195, 216, 218, 222
Le Dantec F: 214
Ledesma Jac: 128
Leeuw, van der: 267
Leibniz: 139, Kartesianismus, Rationalismus, Aufklärung – Dynamismus, Optimismus, Spiritualismus – Begriffsbildung; Einzelne, das; Freiheit Gottes; Grund, Satz vom zureichenden; Gottesbeweise, Identität, Kraft, Leib-Seele-Verhältnis, Logistik, *Monade*, Ontologischer Gottesbeweis, Übel, Unsterblichkeit, Willensfreiheit
Leisegang: Psychologismus
Lenin: 171, 266, Dialektischer Materialismus, Marxismus, Neukantianismus
Leo XIII.: 205, Neuscholastik
Leontius: 85
Leóntjew K: 265
Lepidi: 204
Le Play F: 220
Lequier J: 214
Leroux P: 214
Le Roy E: 222
Lersch Ph: 199$_1$, Persönlichkeit
Lesage GL: 149
Le Senne: 222
Lessing GE: 151, Aufklärung, Optimismus
Lessing Th: 191
Leuba: Religionspsychologie
Leukipp: 32, Atomismus, Mechanismus, Vorsokratiker
Lévy-Bruhl L: 220
Lewes GH: 235
Lewis CI: 258
Liang Tsch'i-tschao: 18
Liard L: 215
Liberalismus: 253
Liberatore M: 204
Liber de causis: Scholastik
Lieber F: 252
Liebert A: 178
Liebmann O: 176, Neukantianismus
Lieh-tse: 15
Liki: 14
Lindworsky J: 208, Wille, Gefühl, Gestalt
Linné: Art
Lipps GF: 184
Lipps Th: 185
Lipsius Justus: 130

Liszt, F v: Strafrecht
Litt Th: 181, *189*
Littré E: 214
Llorens y Barba J: 263
Lloyd AH: 256
Lobatschewski: Math, Phil der
Locke J: *142*, 144, Aufklärung, Empirismus, Erkenntnistheorie, Nominalismus
Lodge O: 242
Loeb: Tier
Logik: *116*, 189₁
Logik v Port Royal: 136
Logistik: 139, 175, 189₁, 214, 244, 258
Loisy A: 224
Lombardi F: 233
Lombardus Petrus: 97
Lombroso C: 227, Strafrecht
Longinus: 62
Longpré: 206
Lopátin L: 265
Lorenz K: Biologismus, Instinkt
Lorenzen P: Math, Phil der; Zahl, 189₁
Lossada L: 152
Lósski: 265
Lotz JB: 207, 210
Lotze H: 162, *182*, Geltung, Wert, Wertphilosophie
Lovejoy AO: 258
Löwenthal: 171
Löwith K: 199
Lubbock J: 235
Lucretius Carus: 47, Atheismus, Epikureismus
Lugo, Kard de: 141
Lukács G: 267
Lukasiewicz J: 267
Lukrez = Lucretius Carus
Lun-yü: 16
Lu Tchiu-yuan: 17
Luther: 129, Dialektische Theologie, Voluntarismus
Lü-tsung: 20
Lützeler H: 207
Lydos: 71
Lysis: 28
Lyzeum: Aristotelismus

Mach: 173, Neukantianismus, Nominalismus, Phänomenalismus, Pragmatismus
Machiavelli: 134
Mackenzie JSt: 237
Mackintosh J: 146
Macrobius: 72
Madison J: 251
Madva: 12
Maeztu, R de: 264
Magnenus JCh: 131
Mahābhārata: 6
Mahāyāna: 11, Buddhismus
Maier Heinr: 185
Maignan E: 141
Maimon Salomon: 154
Maine de Biran: 212, Existenzphil
Maistre, J de: 211
Maitrāyana-Upanishad: 3
Makarios v Ägypten: 82
Malebranche Nic: 140, Begriffsbildung, Kartesianismus, Leib-Seele-Verhältnis, Okkasionalismus, Ontologismus
Malthus ThR: 234
Mamiani della Rovere: 227
Mandäismus: Gnostizismus
Mandeville: 144
Mandonnet P: 206, Neuscholastik
Manes: 76, Manichäismus
MANICHÄISMUS: 76, Augustinismus, Gnostizismus
Mansel HL: 234
Manser GM: 207, Christl Phil
Mantra-Schule: 20
Mao Tse-tung: Marxismus
Marbe: 192
Marburger Schule: 178, Neukantianismus
Marc André: 226
Marc Aurel: 52, Stoizismus
Marcel G: 199₂, *225*, Existenzphil, Gott
Marchesini G: 231
Marcion: 76
Markion = Marcion: Gnostizismus
Markos: Gnostizismus
Marcus E: 177
Marcuse H: 199₃

Maréchal J: 209, 210, *226*, Dynamismus, Neuscholastik, Transzendental, Urteil
Maret: 211
Mariana, J de: 128
Marias J: 264
Marinos: 68
Maritain J: 207, 209, *226*, 261, Ästhetik
Marius Victorinus: 72, 83
Markow AA: Math, Phil der
Marsh J: 254
Marsilius Ficinus: 130
Martianus Capella: 72
Martì de Eixala: 263
Martin G: 180, *194*
Martin ThH: 216
Martineau J: 236
Martinetti P: 230
Marty A: 190, Sprachphilosophie
Marx K: 160, Marxismus, Dialektik, Dialektischer Materialismus, Entfremdung, Ideologie, Praxis, Sozialismus
MARXISMUS: 232, Freiheit, Optimismus
Masaryk TG: 267
Mascall EL: 249
Masci F: 230
Masnovo A: 229
Mastrius: 141
MATERIALISMUS: 137, 142, 148, 160, 171, 266
Mathematik: 189_1, 258
Matthäus ab Aquasparta: 105
Maupertuis, P de: 147
Mausbach J: 207
Mauss M: 220
Maximos v Alexandrien: 73
Maximos, der Neuplatoniker: 69
Maximus Confessor: 85
Maxwell JG: 235
May E: 193
Mayer R: 171
Mayr A: 152
Mazzantini C: 229
McDougall W: 246
McTaggart JME: 239

Mead GH: 257
MECHANISMUS: 31, 32, 137
Mechanistischer Materialismus: 171
Medicus F: 181
Meditationsschule: 20
Megarische Schule: 37
Mehismus: 19
Meinong A: 190, Gestalt, Wertphilosophie
Melanchthon: 129
Melissos: 29
Melito v Sardes: 75
Melville H: 254
Mencius: 16
Mendel: Vererbung
Mendelssohn M: 151
Menedemus: 37
Ménégoz E: 223
Menéndez y Pelayo M: 263
Menippos: 44
Mennais, F de la: 211
Menne A: 189_1
Mercier, Kard: 208–209, *226*, Neuscholastik
Merleau-Ponty M: 225, Marxismus, Phänomenologie
Mersenne M: *131, 141*
Messer A: 192
METAPHYSIK: 133, 207
Metaphysik, neue: 194, 210_1
Metaphysische Phil: 259
Methodius: 82
Mê Ti: 18
Metrodoros: 47
Metzger A: 191
Meyer H: 207
Meyer Th: 207
Meyerson E: 217
Michael Ephesios: 98
Michael Psellos: 98
Michaijlowskij: 266
Michalski: 267
Michaltschev D: 267
Michelet: 160
Michelis: 171
Michelstaedter C: 233
Milhaud G: 217

Mill James: 234
Mill JSt: 234, Ethik, Induktion, Nominalismus
Mīmānsā: 8
Minucius Felix: 77
Misch G: 189
Mítin: 267
Mitterer A: 207
Möbius PJ: 182
Modernismus: 244, Agnostizismus, Fideismus, *Immanenz*, Symbol, Wahrheit
Mokshadharmaparvan: 6
Moleschott J: 171
Molina, Luis de: 128, Molinismus, Willensfreiheit
MOLINISMUS: Allwissenheit
Monod J: Atheismus, Biologismus, Zufall
Monophysitismus: 80
Monrad: 267
Montague WP: 258
Montaigne: 130, Skeptizismus
Montesquieu: 147
Montgomery E: 255
Moore AW: 257
Moore GE: *241*, 247, Analytische Phil
Moralphilosophie: 114, 253
Morawski: 267
More PE: 259
Morgan, A de: 189₁, *244*
Morgan CL: *243*, 246
Morin F: 204
Morris D: Biologismus
Morris GS: 256
Morus Th: 134
Moser S: 190
Moses Maimonides: 101, Aristotelismus
Most O: 208
Mounier E: 223, Existenzphilosophie
Muirhead JH: *237*, 247
Mulford E: 252
Müller, Al: 210₁
Müller, Fr Max: 236
Müller Max: 210
Muñoz, Alonso A: 264
Münsterberg H: 179

Mure GRG: 237
Musonius Rufus: 52
Mutschelle S: 152
Myers FWH: 246
MYSTIK: 126
Mystik (Theosophie): 132

Nachkantische Phil: 263, 264
Nāgārjuna: 11, Negative Theologie
Nagel E: 258
Nakae Toju: 22
Nationalismus: 252
Nationalsozialismus: Freiheit
Natorp: 178, Neukantianismus
NATURALISMUS: 235, 255, 258
NATURPHILOSOPHIE: 131, 143, 149, 207, 245, 255
NATURRECHT: 207
NATURWISSENSCHAFT: 245
Nell-Breuning, O v: 207
Nelson L: 177
Nemesios: *71*, 85
Neomarxismus: 199₃
Nestorianismus: 80
Nestorius: 80
Neu-England-Phil: 250
Neufriesische Schule: 177
Neuhäusler A: 208
Neuidealismus: 181, 237–239
NEUKANTIANISMUS: 176, 178, 230, Bewußtsein überhaupt
Neukonfuzianismus: 17
NEUPLATONISMUS: 52–72, 78, 84, 85, 88, 95, 99, 108, 113–114, 132–133, Augustinismus, Scholastik
Neupositivismus: 175, Positivismus, Symbol
Neupythagoreer: 57
Neurealismus: 241
NEUSCHOLASTIK: 200–210, 226, 229, 249, 261, 264
Neuthomismus: Neuscholastik
Newman, Kard JH: 236, Gottesbeweise, Schluß
Newton I: 143, Zeit
Nicole: 136
Niel H: 210

Nietzsche Fr: 166, *195*, Anthropologie, Atheismus; Böse, das; Ethik, Existenzphil, Geschichtsphil, Individualismus, Irrational, Lebensphil, Mythus, Natur, Nichts, Person, Pessimismus, Voluntarismus, Schuld, Sokratik, Welt, Werden, Wertrelativismus
Nigidius Figulus: 57
Nihongi: 21
Nikolaus v Amiens: 94
Nikolaus v Autrecourt: 122
Nikolaus v Kues: 126, *133*, Gegensatz, Negative Theologie, Teilhabe
Nikolaus v Methone: 98
Nikolaus v Oresme: 123
Nikomachos v Gerasa: 57
Nikostratos: 56
Nimbarka: 12
Nink C: 207, 209, 210
Nishida Kitaro: 23, *26*, Negative Theologie
Nishitani Keiji: 26
Noack H: 178
Noack L: 161
NOMINALISMUS: 92, 122–124
Nordamerikanische Phil: 250–261
Novalis: 158
Numenios: 57
Nunn TP: 243
Nyāya-Vaisheshika: 7

Ockham: 121, *Konzeptualismus*, Moralpositivismus, Nominalismus, Scholastik, Voluntarismus
Oinomaos: 51
Oken L: 158
OKKASIONALISMUS: 140
OKKULTISMUS: 246
Olgiati: 210, 229
Olivi PJ: 105, Leib-Seele-Verhältnis
Ollé-Laprune: 223
Ontologie, neue: 193
ONTOLOGISMUS: 140, 227
Oparin, AI: Zufall
Opzomer: 267
Orestano: 230

Origenes, der Kirchenschriftsteller: 62, 78, Patristische Phil
Origenes, der Neuplatoniker: 62
Ors Rovira: E de: 264
Ortega y Gasset, J: 264
Orti y Lara, JM: 263
Österreich TK: 186, *188*
Ostwald W: 173, Pantheismus
Ottaviano C: 230
Otto v Freising: 94, Geschichtsphilosophie
Otto R: 177, Heiligkeit, Irrational, Religionspsychologie
Oviedo: 141
Oxford-Schule: Analytische Phil
Oyomei: 22

Paci E: 233
PÄDAGOGIK 197, 207
Padovani UA: 229
Paine Th: 251
Palágyi: 267
Paley: 144
Paliard J: 223
Palmieri D: 204
Pamphilus: 78
Panaitios: 46, Stoizismus
Pantänus: 78
PANTHEISMUS: 138, 155–166
Pap A: 258
Paracelsus Theophr: 131
Parapsychologie: 186, 246
Pareyson L: 233, Ästhetik
Parker DH: 259
Parker Th: 254
Parmenides: 29, Beziehung, Einheit, Person, Vielheit, Vorsokratiker, Werden
Parodi D: 219
Parsismus: Böse, das; Übel
Pascal B: *136*, 225, Existenzphil
Paschasius Radbertus: 87
Pastore A: 232
Patānjali: 9, Yoga
Paton HJ: *244*, 247
PATRISTISCHE PHILOSOPHIE: 74–86, Eklektizismus, Seele, Unsterblichkeit

Patrizius: 131
Pauler Akos: 267
Paulhan F: 221
Paulsen F: 184, Seele
Paulus, Ap: 74, Glaube
Pawlow: Assoziation, Seele
Peano: 189_1, Zahl
Pearson K: 235
Peckham: *105*, 110
Pegis AC: 261
Peirce ChS: 255, Pragmatismus
Pelster F: 206
Peregrinus Petrus: 115
Peregrinus Proteus: 51
Peripatetiker: 41–43, 55, 73, Aristotelismus
Perry RB: 258
Personalismus: 239
Perty M: 162
Pesch Heinr: 207, Neuscholastik, Solidarismus
Pesch Tilm: 207
Pestalozzi JH: 151
Petrone I: 230
Petrus Abälard: 92, Scholastik
Petrus v Ailly: 124
Petrus Aureolus: 117
Petrus Damiani: 89
Petrus Hispanus: 116
Petrus Joannis Olivi: 105
Petrus Lombardus: 97
Petrus Peregrinus: 115
Petrus Pomponatius: 130
Petrus v Tarantaise: *104*, 100
Petrus Tartaretus: 120
Pfahler: Persönlichkeit
Pfänder A: 191, Seele
Pfleiderer O: 181
Pfordten, O v d: 192
PHÄNOMENOLOGIE: 191, 210_1
Phaidon v Elis: 37
Phelan G: 261
Philippus a SS Trinitate: 141
Philipps RP: 249
Philodemus: 47
Philolaos: 28
Philon der Jude: 60, Logos, Patrist Phil

Philon v Larissa: 49
Philoponus: *70*, 85
Photius: 98
Piaget J: 221
Picard: 209
Pichler H: 193
Pico v Mirandola: 130
Piderit: Ausdruck
Pieper J: 207
Pieron H: 221
Planck M: *187*, Quantenphysik
Planck KCh: 158
Platon: 39, Sokratik, *Platonismus*, Stoizismus, Neuplatonismus, Augustinismus – Art, Ästhetik, Begriffsbildung, Dialektik, Gottesbeweise; Grund, Satz vom zureichenden; Ideal, Idealismus, Idee, Intuitionismus, Leib-Seele-Verhältnis, Leidenschaft; Math, Phil der; Ordnung, Person, Psychologie, Schönheit, Seele, Seelenwanderung, Sein, Sprachphil, Teilhabe, Unsterblichkeit, Vernunft, Werden, Wesen
PLATONISMUS: 39, 40, 49, 56, 57, 130, 137, Aristotelismus, Deutscher Idealismus; Math, Phil der; Neuplatonismus, Teilhabe
Plechánow G: 266, Dialektischer Materialismus
Plessner H: 199_1 [rialismus
Plethon: 130
Plotin: 63, Ästhetik, Idee, *Neuplatonismus*, Ordnung, Pantheismus, Seele, Unsterblichkeit
Ploucquet G: 151
Pluralismus: 239, 255, 257
Plutarchos v Athen: 66
Plutarchos v Chaironeia: 56
Podmore Fr: 246
Poincaré H: 217
Polanyi M: 244
Polemon: 40
Politische Phil: 252
Polos: 35
Pomponatius: 130
Poncius J: 141

Popper KR: 1994, Dialektik, Rationalismus
Porphyrios: 64, Kategorien, Neuplatonismus
Porter N: *253* (bis), 256
Portig G: 182
Port Royal, Logik v: 136
Poseidonios: 46, Stoizismus
POSITIVISMUS: 149, 172, 213–214, 216–220, 227, 232, 235, 244, 266
Potamon: 53
Povius: 141
Prabhākara: 8
Pradines M: 222
PRAGMATISMUS: 232, 240, 257
Prantl K: 161
Prashastapada: 7
Prat L: 215
Pratt JB: 257
Prel, C du: 186
Price HH: 244
Prichard HA: 247
Priestley J: 142, 253
Pringle-Pattison A: 239
Prior AN: 247
Problematizismus: 231, Problem
Prodikos: Atheismus
Proklus: 67, Negative Theologie, *Neuplatonismus*
Prosper v Aquitanien: 84
Protagoras: 34, Subjektivismus
Protestantismus, mod: Agnostizismus
Proudhon J: 213
Przywara: 207, *210*, Analogie
Pseudo-Areopagite (Pseudo-Dionysius): 85, Scholastik [253
PSYCHOLOGIE: 185, 208, 221, 246,
Ptolemaeus: Gnostizismus
Ptolemaios Klaudios: 55
Pufendorf S: 139
Puntel, B: 210
Pusey E: 236
Pyrrhon 48, Skeptizismus
Pythagoras: 28, Unsterblichkeit, Vorsokratiker
Pythagoreer: 28, 57–58; Math, Phil der; Platonismus, Seelenwanderung

Quadrado y Nieto JM: 263
Quadratus: 75
Quine WV: 258
Quintilian: Ausdruck

Radulfus Ardens: 94
Raeymaeker: 207, *226*
Rahner K: 207, *210*, Tod
Ramakrishna: 13
Rāmānuja: 12, Vedantaphilosophie
Ram Mohun Roy: 13
Ramsay FP: 244
Ramus P: 131 [1994
RATIONALISMUS: 151, kritischer
Ratramnus: 87
Rauh Fr: 219
Ravaisson-Mollien: 216
Raymond D: 252
Raymundus Lullus: 116
Read C: 234
REALISMUS: 92, 192, 240, 241, 253, 265
Rechtsphilosophie: 134, 161
Reding M: 207
Régis LM: 261
Régnon Th: 226
Rehmke Joh: 190
Reich K: 180
Reichenbach: 175
Reid Thomas: 146, Fideismus
Reimarus: 151, Aufklärung
Reiner H: 191
Reinhold KL: 154
Reinke Joh: 171, *187*
RELATIVISMUS: 232
RELIGIONSPHILOSOPHIE: 135, 143, 161, 188, 207, 214, 224, 236, 248
Remigius: 88
Rémusat, Ch de: 216
Renaissance: Person, Platonismus
Renan E: 214, Gott
Renard: 261
Renouvier Ch: 215
Rensch B: Biologismus, Zufall
Rensi G: 231
Reuchlin: 130

Rey MA: 217
Reynaud J: 214
Ribot Th: 221
Ricardo D: 234
Richard Fishacre: 104
Richard G: 220
Richard v Middletown: 105
Richard v St Victor: 96
Richter F: 160
Richter R: 184
Rickert H: 179, Hermeneutik, Lebensphil, *Neukantianismus*, Urteil, Wertethik, Wertphilosophie
Ricœur P: Phänomenologie
Riehl A: *176*, 180
Riemann: Math, Phil d
Rigveda: 1
Rilke RM: Tod
Rintelen, FJ v: 210_1
Rinzai-Zen: 23
Rio del: 164
Ritchie DG: 237
Ritschl: Fideismus
Ritter H: 168
Ritter J: 199
Rixner: 200
Robert Grosseteste: *103*, 115
Robert Kilwardby: 110
Robertson GC: 234
Robles O: 268
Rochefoucauld: 147
Roger Bacon: *115*, 116, Scholastik
Roger v Marston: 105
Roig Gironella I: 264
Rokeach: Persönlichkeit
Roland-Gossellin MD: 209, *226*
Romagnosi: 227
Romanes GJ: 235
ROMANTIK: 158, Deutscher Idealismus, Lebensphil
Rommen H: 261
Rósanow W: 265
Roscelin v Compiègne: 92, Nominalismus
Roselli S: 152
Rosenberg A: 197, Geschichtsphil, Lebensphil, Mythus

Rosenkranz JKF: 162
Rosenmöller: 207
Rosenzweig F: 199_2
Rosmini-Serbati A: 227, Freiheit Gottes, *Ontologismus*
Ross WD: *240*, 247
Rothacker E: 189, Persönlichkeit
Rousseau JJ: 150, Aufklärung, Staat
Rousselot P: 226
Roux-Lavergne: 204
Roy, Ram Mohun: 13
Royce J: 256
Royer-Collard: 212
Rozaven: 200
Rüfner V: 207, 208
Ruge: 160
Russell B: 189_1, *241*, Analytische Phil; Mathematik, Phil d; Platonismus, Zahl
Russische Philosophie: 265–266
Ruysbroeck: 126
Ryan JA: 261
Ryle G: 244, Analytische Phil

Saada: 101
Sabatier A: 224, Fideismus, Religionsphilosophie
Saddharma-pundarīka-sūtra: 20
Saint-Simon H: 213
Sallustios: 69
Sāmkhya: 9, Yoga
Samuel HL: 244
Sánchez Fr: 135, Skeptizismus
Sanseverino: 204, Neuscholastik
Santayana G: 255
Santeler J: 210
Sanz del Rio, J: 263
Sarlo, F de: 230
Sartre, JP: 225, Anthropologie, Atheismus, Ethik, *Existenzphil*, Marxismus, Nichts, Ontologie, Sinn, Tod
Sarvāstivādins: 10
Satornil (Saturnilus): 76, Gnostizismus
Sautrantikas: 10
Savage MJ: 255
Sawicki F: 207
Schasler: 161

Scheffler J: 139
Scheler M: 191, Anthropologie, Existenzphil, Gottesbeweis, Intuitionismus, Irrational, Person, Persönlichkeit, *Phänomenologie*, Realismus, Sozialpsychologie, Weltseele, Wert, Wertethik, Wertphil
Schelling FW: 156, Anthropologie, Ästhetik, *Deutscher Idealismus*, Dialektik, Dynamismus, Existenzphil, Gott, Idealismus, Naturalismus, Naturphil, Pantheismus, Romantik, Spinozismus, Theodizee, Weltseele
Schiller FCS: 240, Pragmatismus
Schiller Fr: 154, Ästhetik
Schilling K: 181, *197*
Schlegel Fr: 158, Geschichtsphil, Lebensphil, Romantik
Schleiden: 171
Schleiermacher FED: 157, *168*, 199$_2$, Fideismus, Glaube, Hermeneutik, Pantheismus, Religionspsychologie, Romantik, Spinozismus
Schlick M: *175*, 258, Ethik
Schmidt H: 171
Schmidt K: 256
Schmitt C: 197
SCHOLASTIK: 87–128, 141, 152, Aristotelismus, Christl Phil, Neuscholastik uö
Scholastik, Zentren der: 206
Scholz H: 188, 189$_1$
Schopenhauer A: *165*, 167, Ästhetik, Gott, Ich, Irrational, Pantheismus, Person, Pessimismus, Unbewußtes, *Voluntarismus*, Wille, Wollen Gottes
Schottische Phil: 146, 253, Fideismus
Schrenk-Notzing, v: 186
Schröder E: 189$_1$
Schröder L: 166
Schröter M: 181
Schuking: 14
Schulz W: Deutscher Idealismus
Schulze GE: 154
Schuppe W: 174
Schurman JG: 256

Schwamm H: 210
Schwarz H: 181, *197*
Schwegler: 161
Schwertschlager J: 207
Sciacca MF: 228
Scotus Eriugena: *88*, 91, Pantheismus, Scholastik
Séailles G: 218
Secrétan Ch: 214
Seiler J: *207*, 208
Seitz: Instinkt
Sellars RW: 258
Semirationalismus: 163
Seneca: 52, Stoizismus
Sennert D: 131
SENSISMUS: 227
Sentenzen: 97
Sentroul Ch: 210
Sertillanges AD: 226
Seth A: 239
Seuse: 126
Sextier: 53
Sextius: 53
Sextus Empiricus: 50, Skeptizismus
Seydel R: 162
Shaftesbury: 144, Aufklärung
Shaṃkara: 12, Vedantaphil
Shand AF: 246
Sheldon: 256, Persönlichkeit
Sherrington C: 246
Shields ChW: 253
Shinto: 21
Shrinivasa: 12
Shunyavāda: 11
Shushi: 22
Shvetāshvatara-Upanishad: 3
Sidgwick A: 240
Sidgwick H: 234
Siebeck H: 182
Siegmund G: 207
Siewerth G: 210
Siger v Brabant: 107, Scholastik
Sigwart Ch: 185
Simmel G: 176
Simmias: 28
Simon P: 207
Simon Y: 261

Simplikios: 68
Simpson GG: Biologismus
Singer Jr, EA: 259
SKEPTIZISMUS: 33–35, 48–50, 130, 232
SKOTISMUS: 120, 141
Skoworodá F: 265
Smetana A: 267
Smith Ad: 145
Smith JA: 237
Smith NK: 243
Smuts JC: 245, Ganzheit
Snell: 171
Sniadecki: 267
Snider DT: 252
Söhngen G: 209
Sokrates: 36, Intellektualismus, Platonismus, Rationalismus, *Sokratik*
SOKRATIK
Solowjów (Solowjew) W: 265, Geschichtsphil
Sombart: Wirtschaftsphil
Somerville LS: 239
Sopatros: 65
Sophistik: 33–35, Skeptizismus, Sprachphil
Sordi D: 204, Neuscholastik
Sordi S: 204, Neuscholastik
Sorel G: 220
Sorley WR: 246
Soto Dom: 127
Sōtō-Zen: 23
Souriau P: 218
Sozialphil: 213, 220, 255
Soziologie: 220
Spanische Philosophie: 262–264
Spanische Scholastik: Neuscholastik, 127–128
Spann O: *194*, 210_1
Spätidealismus: 162
Spätscholastik: 118–126
Spaulding EG: 258
Spaventa B: 227
Spearman CE: 246
Spencer Beesly E: 235
Spencer H: 235, Biologismus, Nominalismus, Entwicklung

Spengler O: 189, Biologismus, Pessimismus, Psychologismus
Speusippos: 40
Spinoza B: 138 Akzidens, Allgegenwart, Dialektischer Materialismus, Einheit, Freiheit Gottes, Gott, Kartesianismus, Möglichkeit, Monade, Natur, Optimismus, Pantheismus, Rationalismus, *Spinozismus*, Substanz, Vielheit
SPINOZISMUS: 138
Spirito U: 231, Problem
Spiritualismus: 212, 216, 218–220, 228, 230
Sprachanalyse: 244
Sprachlogik: 116
Spranger E: 189, Persönlichkeit, Wertphilosophie
Staatsrecht, Staatsphil: 197
Stahl FrJ: 162
Stalin: 171
Stallo JB: 255
Stammler R: 178
Stattler B: 152
Stebbing LS: 244
Steenberghen, F van: 209
Stefanini L: 228, Ästhetik
Steffens H: 158
Steffes P: 207
Stegmüller Fr: 206
Stein Ed: *191*, 210_1
Stein, H v: 166
Steinacker: 141
Steinbuch K: Biologismus
Steinbüchel Th: 181, *207*, 210
Steiner R: 186, Theosophie
Steinthal: 169
Stenzel: Sprachphilosophie
Stephan Tempier: 110
Stephanos v Alexandreia: 70
Stephen L: 235
Stern W: 185
Stevenson Ch: 258
Stevenson CL: 247
Stewart D: 146
Stilpon: 37
Stirner M: 160, Solipsismus

St Louis, Schule v: 252, 256
Stoa: 45–46, 52, 130, Ethik, *Stoizismus*
Stöckl: 171
Stoiker: Augustinismus, Gottesbeweise, Logos, Optimismus, Sprachphil, Voraussetzung
STOIZISMUS: 45–46, 52, 130
Storchenau S: 152
Störring G: 192
Stout GF: 246
Strachow N: 265
Straton: 43
Strauß DF: 160
Streeter BH: 248
Strümpell: 169
Stufler J: 210
Stumpf C: 190
St Viktor, Schule v: 96, Scholastik
Suárez Fr: 128, Endlich, *Suarezianismus*, Scholastik, Transzendental
SUAREZIANISMUS: 128
Subordinatianismus: 80
Südwestdeutsche Schule: 179
Sufi: 99
Sully J: 234
Sulzer JG: 151
Summen: 97
Summulae: 116
Sumner WG: 255
Sutras: 7
Sutta-pitaka: 4
Sutton Thomas: 111
Suzuki: 23
Synesios v Kyrene: *70*, 85
Syrianos: 66
Szentismus: 258
Szilasi W: 199
Szylkarski: 210₁

Tagore D: 13
Tagore R: 13
Taine H: 214, Gott, Pantheismus
Tanabe Hajime: 26
Tannery P: 217
Tantra-Schule: 20
Taoismus: 15
Taparelli A: 204

Tarde G: 220
Tarozzi G: 230
Tarski A: 258
Tartaretus Petrus: 120
Tatian: 75
Tauler: 126
Taylor AE: 248
Taylor Coleridge S: 237
Taylor J: 251
Tching-t'u tsung: 20
Teichmüller G: 182
Teilhard de Chardin: Anthropologie, Biologismus, Evolution, Gott, 226
Teishu: 22
Telesius: 131
Tempier St: 110
Terentius Varro: 49
Terminismus: Nominalismus
Terministische Logik: 116
Tertullian: 77
Tetens JN: 151, Gefühl
Thales v Milet: 27, Vorsokratiker
THEISMUS: 236, 248
Themistios: 73
Theodoret: 85
Theodoros: 65
Theodot: Gnostizismus
Theon: 56
Theophilus: 75
Theophrastos: 42, Ausdruck
Theophrastus Paracelsus: 131
THEOSOPHIE: 13, 57–61, 132, 186
Therapeuten: 59
Theravadins: 10
Theurgie: 69
Thiel M: 199
Thierry v Chartres: *93*, 116
Thomas v Aquin: 97, 108, *109*, 113 – Aristotelismus, Scholastik, Augustinismus, *Thomismus,* Skotismus, Neuscholastik – Intellektualismus – Abstraktion, Ästhetik, Anschauung, Begriffsbildung; Einzelne, das; Einzigkeit, Endlich, Form, Frieden, Glückseligkeit, Gottesbeweise, Ich, Idee, Illumination; Kausalprinzip, metaphysisches; Körper, Leib-

Seele-Verhältnis, Leidenschaft, Methode, Negative Theologie, Ontologischer Gottesbeweis, Ordnung, Schönheit, Sinnlichkeit, Seinsgrade, Teilhabe, Transzendental(ien), Unsterblichkeit, Weisheit
Thomas Bradwardine: *120*, 123
Thomas v Erfurt: 116
Thomas Morus: 134
Thomas Sutton: 111
Thomas de Vio: 127
Thomasius Chr: 139
THOMISMUS: 111, 119, 141, Hylemorphismus, Vorherwissen Gottes
Thomson JA: 245
Thoreau H: 254
Thorndike EL: 257
Thrandorff: 162
Thrasyllos: 56
T'ien T'ai tsung: 20
Timon: 48
Tinbergen: Instinkt
Tindal: 143
Tipitaka: 4
Titchener EB: 246
Toccafondi E: 229
Toland: 143
Tolemei Kard: 141
Toletus Franz: 128
Tolstói L: 265
Tongiorgi: 204, Neuscholastik
Tönnies F: 166, Gemeinschaft
Tonquédec, J de: 222
Toulmin SE: 247
Tourville: 220
Traditionalismus: 211, Tradition
Transzendentalphilosophie: 153–169, 254
Trasymmachus: 35
Trendelenburg: 163
Treschow: 267
Trethowan I: 249
Troeltsch E: 188, Pessimismus
Tschaadájew P: 265
Tsch'an-tsung: 20
Tsch'êng Hao: 17
Tsch'êng I: 17

Tschên-yen tsung: 20
Tschernyschéwski N: 266
Tschirnhaus: 139
Tschou Tun-i: 17
Tschuang-tse: 15
Tschu Hsi: 17, Konfuzianismus
Tsch'un-tch'iu: 14
Tso-tschuan: 14
Tübinger Schule: 161
Tufts JH: 257
Turgot: 149
Twardowski: 267
Tycho Brahe: 131
Tylor EB: 235
Tyndall J: 235
Tyrrell G: 248

Ubaghs: 211, Ontologismus
Udayana: 7
Uexküll, J v: 187
Ulrich v Straßburg: 113
Ulrici H: 162
Ultra-Realismus: 91
Unamuno, M de: 264
Universalismus: 194
Upanishaden: 2
Upham TC: 253
Uphues GK: 191
Urráburu JJ: 263
Utitz E: 190

Vacherot E: *216*, 217
Vaihinger H: *174*, 180, Gottesbeweis,
Vailati G: 232   [Schein
Valencia, Gregor v: 128
Valentinus: 76, Gnostizismus
Vallabha: 12
Valla Laurentius: 130, *131*
Van Breda: 191
Varisco B: 230
Varro Terentius: 49
Vasconcelos J: 268
Vasubandhu: 10, 11
Vatke: 160
Vauvenargues: 147
Vázquez Gabriel: 128
Veblen Th: 257

Vecchio, del: 230
Vedanta: 12, Vedantaphil
VEDANTAPHILOSOPHIE: 12
Veitch J: 234
Venn J: 244
Ventura J: 211
Vera A: 227
Verweyen JM: 181
Vetter A: Persönlichkeit
Via antiqua: 119
Via moderna: 121
Vico GB: *139*, 227
Vijnānavāda: 11
Vinaya-pitaka: 4
Vincenz v Aggsbach: 126
Vinet A: 224
Vio, Thomas de: 127
Virchow: 171
Vischer FTh: 161
Vitalis v Furno: 105
VITALISMUS: 187
Vitoria, Franz de: 127
Vivekananda, Swami: 13
Vives Ludw: 135
Voëtius: 136
Vogl: 152
Volkelt J: *176*, 180
Vogt C: 171, Seele
Volckmann-Schluck KH: 199
Völkische Philosophie: 197
Volkmann WF: 169
Voltaire FM: 147, Aufklärung, Geschichtsphilosophie
VOLUNTARISMUS: 165
Vorscholastik: 87–88
VORSOKRATIKER: 27–35, Aristotelismus, Werden
Voßler: Sprachphilosophie
Vries, J de: 209

Wadding L: 141
Wagner R: 166
Wahl J: 225
Waitz Th: 169
Walker LJ: 249
Wallace W: 237
Walter v Brügge: 104

Walter Burleigh: 120
Walter v Mortagne: 92
Wang Schou-jên: 20
Wang Yang-ming: 20
Ward J: 246, *248*
Ward LF: 255
Ward WG: 236
Wasmann E: 208
Watkin EI: 249
Watson JB: 257
Watsuji Tetsurō: 26
Wayland F: 253
Webb CCJ: 248
Weber Max: 179, Fortschritt
Weigel Val: 132
Wein H: 193
Weinhandl F: 190
Weinstock H: 199_1
Weischedel W: 199
Weisse ChrH: 162
Weiß P: 259
Weiß U: 152
Weizsäcker, CF v: Atomismus, Zeit
Wellanskij: 265
Wellek A: 185, Persönlichkeit
Welte B: 199
Welty E: 207
Wên-tse: 15
Wenzl A: 187, *194*, 210_1, Metaphysik
Werner C: 204
Werner H: Biologismus
Wertheimer: Gestalt
Wertphilosophie: 191, 210_1
West S: 253
Westermark E: 235
Weyl: Math, Phil d
Whewell W: 234
Whitehead AN: 189_1, *242*, 260
Wickler: Biologismus
Wieger L: 210
Wieland: 151
Wiener Kreis: 175, Analytische Phil, Positivismus
Wild J: 259
Wilhelm v Auvergne: 103
Wilhelm v Champeaux: 91

Wilhelm v Conches: 93
Wilhelm de la Mare: *105*, 110
Wilhelm v Ockham: 121, Konzeptualismus, Scholastik
Wilhelm v Ware: 105
Willmann O: 206–207
Willwoll: Raum
Wilpert P: 207
Wilson JC: 240
Winchell A: 255
Windelband W: 179, Neukantianismus, Wertethik, Wertphilosophie
Windischmann: 200
Wisdom A John TD: 244, Analytische Phil
Wisdom JO: 245
Wissenschaftskritik: 217
Wissenschaftsphilosophie: 258
Witelo: 113, *115*
Witherspoon J: 251
Witkin: Persönlichkeit
Wittgenstein L: 244, Anschauung, Analytische Phil; Math, Phil d; Metaphysik, Methode
Wittmann M: 207
Wolff Chr: 151, Aufklärung, Mechanismus, Monismus, Ontologie, Ontologischer Gottesbeweis, Psychologie, Rationalismus
Woodbridge FJE: 258
Woodger JH: 258
Woolman: 250
Wright Ch: 255
Wright GF: 255
Wronski: 267
Wulf, M de: 206, *226*, Neuscholastik

Wunderle G: 207
Wundt M: 180, *194*
Wundt W: 184, Ausdruck, Gefühl, Leib-Seele-Verhältnis, Nominalismus, Religionspsychologie, Seele
Wust P: *199*, 207

Xenokrates: 40
Xenophanes: 29, Atheismus, Vorsokratiker

Yiking: 14
Yoga: 9
Yogācāra: 11

Zabarella: 130
Zacharias v Mytilene: 85
Zallinger J: 152
Zamboni G: *229*, 209
Zaragüeta J: 264
Zarathustra: Manichäismus
Zeising: 161
Zen-Buddhismus: 23
Zenon v Elea: 29; Math, Phil d; Vorsokratiker
Zenon v Kition: 45, Stoizismus
Ziegler L: 183
Ziegler Theob: 172
Ziehen Th: 173, Nominalismus, Sensismus
Zigliara: 204
Zoroaster: Manichäismus
Zubiri X: 264
Zweiling K: 171
Zweite Scholastik: Neuscholastik
Zwingli: 130